PRAXISEUROPARECHT

Thorsten Mäger [Hrsg.]

Europäisches Kartellrecht

2. Auflage

Dr. Jeannine Bartmann, M.B.L.-HSG, Rechtsanwältin, Syndikusanwältin, München | **Dr. Paul Fort,** Rechtsanwalt, Syndikusanwalt, Leverkusen | **Dr. Stefan Gehring**, Rechtsanwalt, Syndikusanwalt, Leverkusen | **Dr. Anke Johanns**, Beamtin im Bundeskartellamt, Bonn | **Dr. Boris Kasten**, LL.M. (University of Chicago), Attorney-at-Law (New York), Rechtsanwalt, Syndikusanwalt, München | **Dr. Stefan Mäger**, Rechtsanwalt, Berlin | **Dr. Thorsten Mäger**, Rechtsanwalt, Düsseldorf | **Dr. Markus M. Wirtz**, LL.M., Rechtsanwalt, Düsseldorf

Nomos

Zitiervorschlag: *Bearbeiter,* in: Mäger (Hrsg.), Europäisches Kartellrecht, Kap. ... Rn. ...

Die Deutsche Nationalbibliothek verzeichnet diese Publikation in
der Deutschen Nationalbibliografie; detaillierte bibliografische
Daten sind im Internet über http://dnb.d-nb.de abrufbar.

ISBN 978-3-8329-6196-1

2. Auflage 2011
© Nomos Verlagsgesellschaft, Baden-Baden 2011. Printed in Germany. Alle Rechte,
auch die des Nachdrucks von Auszügen, der fotomechanischen Wiedergabe und
der Übersetzung, vorbehalten. Gedruckt auf alterungsbeständigem Papier.

Vorwort

Die erste Auflage des Handbuchs, die eine freundliche Aufnahme gefunden hat, erschien 2006. Seitdem hat sich das europäische Kartellrecht weiterentwickelt. Dies gilt zwar nicht für das Primärrecht. Der Vertrag von Lissabon und die Schaffung der einheitlichen und rechtsfähigen Europäischen Union führten vor allem zu einer neuen Terminologie und einer neuen Artikelzählung des ehemaligen EG-Vertrages, der jetzt Vertrag über die Arbeitsweise der Europäischen Union heißt. Wichtige inhaltliche Änderungen haben sich aber auf der Ebene des Sekundärrechts ergeben. Auch hat sich die Europäische Kommission durch eine Vielzahl von neuen Mitteilungen und Bekanntmachungen einen neuen Rechtsrahmen geschaffen. Erlassen wurden neue Regelwerke zur Anwendung des europäischen Kartellrechts auf die Kooperation zwischen Wettbewerbern (Horizontal-Leitlinien vom Januar 2011 sowie die Gruppenfreistellungsverordnungen für Spezialisierungsvereinbarungen und für Vereinbarungen über Forschung und Entwicklung vom Dezember 2010), zur Beurteilung von Absprachen zwischen Lieferanten und Abnehmern (neue Vertikalleitlinien vom Mai 2010 sowie die Gruppenfreistellungsverordnung vom April 2010), und eine Mitteilung zu Behinderungsmissbräuchen vom Februar 2009. Auch haben sich neue Entwicklungen in der Fusionskontrolle und bei den Verfahrensregelungen ergeben.

Diese Neuregelungen sind auch Ausdruck des "more economic approach" der Europäischen Kommission, also der Uminterpretation des Kartellrechts – weg von einem Institutionenschutz (Sicherung der Freiheit des Wettbewerbsprozesses) und hin zu einer Sicherung der Verbraucherwohlfahrt. Dies hat wichtige Auswirkungen auf die Praxis. Im Vordergrund steht jetzt eine auswirkungsbasierte Einzelfall-Betrachtung unter Verwendung industrieökonomischer Modelle und quantitativer Analysen. Die Rechtsanwendung wird dadurch nicht einfacher. Denn in der Ökonomie ist die Meinungsvielfalt nicht geringer als in der Juristerei. All diese Neuerungen sind in der Neuauflage berücksichtigt.

Nicht geändert hat sich jedoch die Zielrichtung des Werkes. Angestrebt wird ein Leitfaden für alle, die mit praktischen kartellrechtlichen Fragestellungen konfrontiert werden. Die Darstellung orientiert sich soweit wie möglich nicht an den abstrakten Normstrukturen, sondern an den konkreten Sachverhalten und Problembereichen.

Der Autorenkreis hat sich erweitert. Frau Dr. Jeannine Bartmann hat sich des Versicherungskartellrechts angenommen (10. Kap., Abschnitt A). Mit Kartellschadensersatzklagen von Abnehmern (Private Enforcement) hat sich Herr Dr. Paul Fort befasst (11. Kap., Abschnitt B). Die Kartellrechtscompliance wird von Herrn Dr. Boris Kasten erläutert (2. Kap.). Die Darstellung ist auf die Bedürfnisse der Praxis ausgerichtet. Einige Bereiche sind ausgespart worden, etwa die – in der ersten Auflage noch knapp gestreiften – Sonderregelungen für den Verkehr und die Landwirtschaft.

Der Herausgeber ist Frau Sarah Milde und Herrn Daniel J. Zimmer, LL.M. (Duke) für die Unterstützung bei der Überarbeitung des Abschnitts zum Energiekartellrecht (11. Kap., Abschnitt B) und Frau Raphaela Thunnissen für die Mithilfe bei der Aktualisierung einzelner Abschnitte sehr dankbar. Frau Kerstin Gredig hat wiederum umsichtig und tatkräftig das schwierige Manuskript am PC betreut. Anregungen und Hinweise zur Verbesserung des Werkes sind stets willkommen.

Düsseldorf, im Juni 2011
Thorsten Mäger

Inhaltsübersicht

Inhalt

2. Kapitel:
Kartellrechtscompliance

3. Kapitel:
Horizontale Vereinbarungen

4. Kapitel:
Vertikale Vereinbarungen

5. Kapitel:
Vereinbarungen betreffend gewerbliche Schutzrechte und F&E

6. Kapitel:
Verhaltenskontrolle bei marktbeherrschenden Unternehmen

7. Kapitel:
Konzerninterne Wettbewerbsbeschränkungen

8. Kapitel:
Fusionskontrolle

10. Kapitel:
Einzelne Sektoren/Branchen

11. Kapitel:
Zivilrechtliche Sanktionen bei Kartellverstößen

12. Kapitel:
Behörden, Verfahren, Rechtsschutz

Verzeichnis der Abkürzungen und der abgekürzt zitierten Literatur[1]

a.A.	anderer Ansicht
ABl.	Amtsblatt der Europäischen Gemeinschaften bzw. der Europäischen Union
Abs.	Absatz
AcP	Archiv für die civilistische Praxis
a.E.	am Ende
AEUV	Vertrag über die Arbeitsweise der Europäischen Union
a.F.	alte(r) Fassung
AG	Aktiengesellschaft; die Aktiengesellschaft (Zeitschrift)
AGB	Allgemeine Geschäftbedingungen
AktG	Aktiengesetz
a.M.	anderer Meinung
Art.	Artikel
Aufl.	Auflage
AWR	Archiv für Wettbewerbsrecht
van Bael & Bellis	van Bael & Bellis, Competition Law of the European Community, 4. Aufl., Den Haag, 2005
Bagatellbekanntmachung (des Bundeskartellamts)	Bekanntmachung Nr. 18/2007 des Bundeskartellamts vom 13. März 2007 über die Nichtverfolgung von Kooperationsabreden mit geringer wettbewerbsbeschränkender Bedeutung
BB	Der Betriebs-Berater (Zeitschrift)
Bechtold	Bechtold, Kartellgesetz, Gesetz gegen Wettbewerbsbeschränkungen, Kommentar, 6. Aufl., München, 2010
Bechtold/Bosch/Brinker/Hirsbrunner	Bechtold/Bosch/Brinker/Hirsbrunner, EG-Kartellrecht, Kommentar, 2. Aufl., München 2009
BeckRS	Beck Rechtsprechung (Online-Datenbank)
Bekanntmachung zu Beratungsschreiben	Bekanntmachung der Kommission über informelle Beratung bei neuartigen Fragen zu den Artikeln 81 und 82 des Vertrages, die in Einzelfällen auftreten (Beratungsschreiben) (ABl. 2004 C 101/78)
Bekanntmachung über die Behandlung von Beschwerden	Bekanntmachung der Kommission über die Behandlung von Beschwerden durch die Kommission gemäß Art. 81 und 82 EG-Vertrag (ABl. 2004 C 101/65)
Bekanntmachung über die Beurteilung kooperativer GU	Bekanntmachung der Kommission über die Beurteilung kooperativen Gemeinschaftsunternehmen nach Art. 85 des EWG-Vertrages (ABl. 1993 C 43/2)
Bekanntmachung zur Marktabgrenzung	Bekanntmachung der Kommission über die Definition des relevanten Marktes im Sinne des Wettbewerbsrechts der Gemeinschaft (ABl. 1997 C 372/5)
Bekanntmachung zu Nebenabreden	Bekanntmachung der Kommission über Einschränkungen des Wettbewerbs, die mit der Durchführung von Unternehmenszusammenschlüssen unmittelbar verbunden und für diese notwendig sind (ABl. 2005 C 56/24)

---

[1] Aufgeführt sind Bücher, soweit sie abgekürzt zitiert sind und auf sie in mindestens zwei Kapiteln verwiesen wird. Aufsätze sowie Literaturhinweise zu Einzelfragen sind zu Beginn jedes einzelnen Kapitels aufgeführt.

Bekanntmachung über die Unterscheidung zwischen konzentrativen und kooperativen GU	Bekanntmachung der Kommission über die Unterscheidung zwischen konzentrativen und kooperativen Gemeinschaftsunternehmen nach der Verordnung (EWG) Nr. 4064/89 des Rates vom 21. Dezember 1989 über die Kontrolle von Unternehmenszusammenschlüssen (ABl. 1994 C 385/1)
Bekanntmachung über ein vereinfachtes Verfahren	Bekanntmachung der Kommission über ein vereinfachtes Verfahren für bestimmte Zusammenschlüsse gemäß der Verordnung (EG) Nr. 139/2004 des Rates (ABl. 2005 C 56/32)
Bekanntmachung Gerichte	Bekanntmachung der Kommission über die Zusammenarbeit zwischen der Kommission und den Gerichten der EU-Mitgliedstaaten bei der Anwendung der Artikel 81 und 82 EG-Vertrag (ABl. 2004 C 101/54)
Bellamy/Child	Bellamy/Child, European Community Law of Competition, 6. Aufl., London, 2010
Beratender Ausschuss	Beratender Ausschuss für Kartell- und Monopolfragen gemäß Art. 14 VO (EG) Nr. 1/2003
Berliner Kommentar zum Energierecht	Säcker (Hg.), Berliner Kommentar zum Energierecht, 2. Aufl., München, 2010
Benelux-Staaten	Belgien, Niederlande, Luxemburg
BGB	Bürgerliches Gesetzbuch
BGBl.	Bundesgesetzblatt
BGH	Bundesgerichtshof
BGHSt.	Entscheidungen des Bundesgerichtshofs in Strafsachen
BGHZ	Entscheidungen des Bundesgerichtshofs in Zivilsachen
Bishop/Walker	Bishop/Walker, The Economics of EC Competition Law, 3. Aufl., London, 2010
BKartA	Bundeskartellamt
BMWi	Bundesministerium für Wirtschaft und Arbeit
Bonusregelung (des Bundeskartellamtes)	Bekanntmachung Nr. 9/2006 des Bundeskartellamtes über den Erlass und die Reduktion von Geldbußen in Kartellsachen – Bonusregelung – vom 7. März 2006 (verfügbar auf der Internetseite des Amtes)
BR-Drucks.	Drucksache des Deutschen Bundesrates
Breg.	Bundesregierung
BT	Bundestag
BT-Drucks.	Drucksache des Deutschen Bundestages
Bunte	Bunte, Kartellrecht, 2. Aufl., München, 2008
Bußgeldleitlinien des Bundeskartellamtes	Bekanntmachung Nr. 38/2006 über die Festsetzung von Geldbußen nach § 81 Abs. 4 Satz 2 des Gesetzes gegen Wettbewerbsbeschränkungen (GWB) gegen Unternehmen und Unternehmensvereinigungen – Bußgeldleitlinien – vom 15. September 2006 (verfügbar auf der Internetseite des Amtes)
Butterworth	Butterworths Competition Law Handbook, 16. Aufl., London, 2010
BverfG	Bundesverfassungsgericht
BverfGE	Entscheidungen des Bundesverfassungsgerichts
bzw.	beziehungsweise
Calliess/Ruffert	Calliess/Ruffert (Hg.), Kommentar des Vertrages über die Europäische Union und des Vertrages zur Gründung der Europäischen Gemeinschaft, 2. Aufl., Neuwied, 2002
CMLR	Common Market Law Reports (Zeitschrift)
CMLRev.	Common Market Law Review (Zeitschrift)

Competition Policy Newsletter	Competition Policy Newsletter (Zeitschrift)
Dalheimer/Feddersen/Miersch	Dalheimer/Feddersen/Miersch, EU-Kartellverfahrensverordnung, München, 2005
d.h.	das heißt
Dauses	Dauses (Hg.), Handbuch des EU-Wirtschaftsrechts, Loseblattsammlung, München, 26. Ergänzungslieferung, Stand: Juni 2010
DB	Der Betrieb (Zeitschrift)
De Bronett	De Bronett, Kommentar zum europäischen Kartellverfahrensrecht, München 2005
De-minimis-Bekanntmachung	Bekanntmachung der Kommission über Vereinbarungen von geringer Bedeutung, die den Wettbewerb gemäß Artikel 81 Absatz 1 des Vertrags zur Gründung der Europäischen Gemeinschaft nicht spürbar beschränken (de minimis) (ABl. 2001 C 368/13)
DZWiR	Deutsche Zeitschrift für Wirtschafts- und Insolvenzrecht
E	Entwurf
EAGV	Vertrag zur Gründung der Europäischen Atomgemeinschaft
ECA	European Competition Authorities (Diskussionsforum der Wettbewerbsbehörden im EWR)
ECLR	European Competition Law Review (Zeitschrift)
ECN	European Competition Network (Netzwerk der europäischen Wettbewerbsbehörden nach der VO (EG) Nr. 1/2003)
ECR	European Court Report (Zeitschrift)
ed.	Edited; edition; editor
EEA	European Economic Area
EFTA	European Free Trade Association
EG	Europäische Gemeinschaft; Vertrag zur Gründung der Europäischen Gemeinschaften
EG	Erwägungsgrund
EGKS	Europäische Gemeinschaft für Kohle und Stahl
EGKSV	Vertrag über die Gründung der Europäischen Gemeinschaft für Kohle und Stahl vom 18. April 1951, BGBl II, 445
Emmerich	Emmerich, Kartellrecht, 11. Aufl., München, 2008
EMRK	Europäische Konvention zum Schutz der Menschenrechte und Grundfreiheiten v. 4. Januar 1950, BGBl. 1952 II, 685
EnWG	Gesetz über die Elektrizitäts- und Gasversorgung (Energiewirtschaftsgesetz) vom 13. Juni 2005
ErwGr.	Erwägungsgrund
etc.	et cetera
EU	Europäische Union
EU-Bußgeldleitlinien (2006)	Leitlinien der Kommission für das Verfahren zur Festsetzung von Geldbußen gemäß Artikel 23 Absatz Buchstabe a) der Verordnung (EG) Nr. 1/2003 (ABl. 2006 C 210/2)
EuG	(Europäisches) Gericht
EuGH	Gerichtshof (der EU)
EU-Kronzeugenmitteilung	Mitteilung der Kommission über den Erlass und die Ermäßigung von Geldbußen in Kartellsachen (ABl. 2006 C 298/17)
EuR	Europarecht (Zeitschrift)
Euratom	Europäische Atomgemeinschaft

EUV	Vertrag über die Europäische Union
EuZW	Europäische Zeitschrift für Wirtschaftsrecht
EWG	Europäische Wirtschaftsgemeinschaft
EWGV	Vertrag zur Gründung der Europäischen Wirtschaftsgemeinschaft vom 25. März 1957, BGBl II, 753
EWiR	Entscheidungen zum Wirtschaftsrecht
EWR	Europäischer Wirtschaftsraum
EWS	Europäisches Wirtschafts- und Steuerrecht (Zeitschrift)
f., ff.	folgend(e)
F & E-GVO	Verordnung (EU) Nr. 1217/2010 der Kommission vom 14. Dezember 2010 über die Anwendung von Artikel 101 Absatz 3 des Vertrages über die Arbeitsweise der Europäischen Union auf bestimmte Gruppen von Vereinbarungen über Forschung und Entwicklung (ABl. 2010 L 335/36)
Faull&Nikpay	Faull&Nikpay (Hg.), The EC Law of Competition, 2. Aufl., Oxford, 2007
FIW-Schriftenreihe	Schriftenreihe des Forschungsinstituts für Wirtschaftsverfassung und Wettbewerb e.V., Köln
FK	Frankfurter Kommentar zum Kartellrecht, hrsg. V. Hahn/Jaeger/Pohlmann/Rieger/Schroeder, Loseblattsammlung, Bd. 1 – 6, Köln, 72. Ergänzungslieferung, Stand: Oktober 2010
FKVO	Verordnung (EG) Nr. 139/2004 des Rates vom 20. Januar 2004 über die Kontrolle von Unternehmenszusammenschlüssen (EU-Fusionskontrollverordnung) (ABl. 2004 L 24/1)
FKVO-DVO	Verordnung (EG) Nr. 802/2004 der Kommission vom 7. April 2004 zur Durchführung der Verordnung (EG) Nr. 139/2004 des Rates über die Kontrolle von Unternehmenszusammenschlüssen (ABl. 2004 L 133/1)
Fn.	Fußnote
Frenz	Frenz, Handbuch Europarecht, Band 2: Europäisches Kartellrecht, Heidelberg, 2006
FS	Festschrift
FTC	Federal Trade Commission
GASP	Gemeinsame Außen- und Sicherheitspolitik
GATT	General Agreement on Tariffs and Trade/allgemeines Zoll- und Handelsabkommen
GD	Generaldirektion; General Direction
GG	Grundgesetz für die Bundesrepublik Deutschland
GK	Gemeinschaftskommentar, Hootz/Müller-Henneberg/Schwartz, Gesetz gegen Wettbewerbsbeschränkung und Europäisches Kartellrecht, 5. Aufl., Köln, 1999
Gleiss/Hirsch	Gleiss/Hirsch (Hg.), Kommentar zum EG-Kartellrecht, Band 1, 4. Aufl., Heidelberg, 1993
GmbHG	Gesetz betreffend die Gesellschaften mit beschränkter Haftung
Goyder	Goyder/Albors-Llorens, Goyder´s EC Competition Law, 5. Aufl., Oxford, 2009
Grabitz/Hilf	Grabitz/Hilf (Hg.), Das Recht der Europäischen Union, Loseblattsammlung, München,41. Ergänzungslieferung, Juli 2010

Groeben/Schwarze	v. d. Groeben/Schwarze (Hg.), Kommentar zum Vertrag über die Europäische Union und zur Gründung der Europäischen Gemeinschaft (EU/EG-Vertrag), 6. Aufl., Baden-Baden, 2003-2004
Groeben/Thiesing/Ehlermann	v. d. Groeben/Thiesing/Ehlermann (Hg.), Kommentar zum EU-/EG-Vertrag, Bd. 1 – 5, 5. Aufl., Baden-Baden, 1997
GRUR	Gewerblicher Rechtsschutz und Urheberrecht (Zeitschrift)
GRUR Int.	Gewerblicher Rechtsschutz und Urheberrecht, Auslands- und internationaler Teil (Zeitschrift)
GU	Gemeinschaftsunternehmen
GVBl.	Gesetz- und Verordnungsblatt
GVO	Gruppenfreistellungsverordnung
GVO Vers 2003	Verordnung (EG) Nr. 358/2003 der Kommission vom 27. Februar 2003 über die Anwendung von Artikel 81 Absatz 3 EG-Vertrag auf Gruppen von Vereinbarungen, Beschlüssen und aufeinander abgestimmten Verhaltensweisen im Versicherungssektor, (ABl. 2003, L 53/8)
GVO Vers 2010	Verordnung (EU) Nr. 267/2010 der Kommission vom 24. März 2010 über die Anwendung von Artikel 101 Absatz 3 des Vertrags über die Arbeitsweise der Europäischen Union auf Gruppen von Vereinbarungen, Beschlüssen und abgestimmten Verhaltensweisen im Versicherungssektor, (ABl. 2010 L 83/1)
GWB	Gesetz gegen Wettbewerbsbeschränkungen
GWR	Gesellschafts- und Wirtschaftsrecht (Zeitschrift)
h.M.	herrschende Meinung
Hailbronner/Klein/Magiera/Müller-Graff	Hailbronner/Klein/Magiera/Müller-Graff, Handkommentar zum EU-Vertrag, Loseblattsammlung, Köln, Stand 2004
Hg.	Herausgeber
Hossenfelder/Töllner/Ost	Hossenfelder/Töllner/Ost, Kartellrechtspraxis und Kartellrechtsprechung 2004/05, 21. Aufl., Köln, 2006
Hs.	Halbsatz
ICN	International Competition Network (informelles Internationales Netzwerk der Wettbewerbsbehörden)
i.F.d.	in der Fassung
i.V.m.	in Verbindung mit
Immenga/Mestmäcker GWB	Immenga/Mestmäcker (Hg.), Gesetz gegen Wettbewerbsbeschränkungen/Kommentar, 4. Aufl., München, 2007
Immenga/Mestmäcker EG-WettbR	Immenga/Mestmäcker (Hg.), EG-Wettbewerbsrecht/Kommentar, Bd. I und II, 4. Aufl., München, 2007
Inc.	Incorporated
JECLAP	Journal of European Competition Law & Practice
Jephcott/Lübbig	Jephcott/Lübbig, Law of Cartels, Bristol, 2003
JZ	Juristenzeitung (Zeitschrift)
Kerse	Kerse, E.C. Antitrust Procedure, 5. Aufl., London, 2004
Kfz.	Kraftfahrzeug
Kfz-GVO	Verordnung (EU) Nr. 461/2010 der Kommission vom 27. Mai 2010 über die Anwendung von Artikel 101 Absatz 3 des Vertrages über die Arbeitsweise der Europäischen Union auf Gruppen von vertikalen Vereinbarungen und abgestimmten Verhaltensweisen im Kraftfahrzeugsektor (ABl. 2010 L 129/52)

Kfz-GVO 2002	Verordnung (EG) Nr. 1400/2002 der Kommission vom 31. Juli 2002 über die Anwendung von Artikel 81 Absatz 3 EG-Vertrag auf Gruppen von vertikalen Vereinbarungen und aufeinander abgestimmten Verhaltensweisen im Kraftfahrzeugsektor (ABl. 2002 L 203/30)
Kfz-Leitlinien	Ergänzende Leitlinien für vertikale Beschränkungen in Vereinbarungen über den Verkauf und die Instandsetzung von Kraftfahrzeugen und den Vertrieb von Kraftfahrzeugersatzteilen (ABl. C 2010, 138)
KG	Kammergericht (Berlin)
KK	Hannich (Hg.), Karlsruher Kommentar zur StPO, 6. Aufl., München, 2008
Klees	Klees, Europäisches Kartellverfahrensrecht, Köln, 2005
Kleinmann/Bechtold	Kleinmann/Bechtold, Kommentar zur Fusionskontrolle, 2. Aufl., Heidelberg, 1989
Kling/Thomas	Kling/Thomas, Kartellrecht, München, 2007
KMU	Kleine und mittlere Unternehmen
Köhler/Bornkamm	Köhler/Bornkamm, UWG, Kommentar, 29. Aufl., München, 2011
KOM DOK	Kommissionsdokument
Kommission	Europäische Kommission
Kommission–Wettbewerbsbericht	Europäische Kommission, Bericht über die Wettbewerbspolitik, Nr. und Jahr
Konsolidierte Mitteilung zu Zuständigkeitsfragen	Konsolidierte Mitteilung der Kommission zu Zuständigkeitsfragen gemäß der Verordnung (EG) Nr. 139/2004 des Rates über die Kontrolle von Unternehmenszusammenschlüssen (ABl. 2009 C-43/10)
Kooperationsfiebel	Zwischenbetriebliche Zusammenarbeit im Rahmen des Gesetzes gegen Wettbewerbbeschränkungen, Veröffentlichung des Bundesministeriums für Wirtschaft, Neuauflage März 1976
Korah	Korah, An introductory guide to EEC Competition Law and Practice, 9. Aufl., Oxford, 2007
Lampert/Niejahr/Kübler/Weidenbach	Lampert/Niejahr/Kübler/Weidenbach, EG-KartellVO, Kommentar, Heidelberg, 2004
Lange	Lange, Handbuch zum deutschen und europäischen Kartellrecht, 2. Aufl., Heidelberg, 2006
Langen/Bunte	Langen/Bunte (Hg.), Kommentar zum deutschen und europäischen Kartellrecht, Bd. I und II, 11. Aufl., Neuwied, 2010
Leitlinien über horizontale Zusammenschlüsse	Leitlinien zur Bewertung horizontaler Zusammenschlüsse gemäß der Ratsverordnung über die Kontrolle von Unternehmenszusammenschlüssen (ABl. 2004 C 31/5)
Leitlinien über nichthorizontale Zusammenschlüsse	Leitlinien zur Bewertung nichthorizontaler Zusammenschlüsse gemäß der Ratsverordnung über die Kontrolle von Unternehmenszusammenschlüssen (ABl. 2008 C 265/6)
Leitlinien über horizontale Zusammenarbeit	Mitteilung der Kommission: Leitlinien zur Anwendbarkeit von Art. 101 des Vertrages über die Arbeitsweise der Europäischen Union auf Vereinbarungen über horizontale Zusammenarbeit (ABl. 2011 C 11/1)
Leitlinien zu Art. 81 Abs. 3 EG	Bekanntmachung – Leitlinien zur Anwendung von Artikel 81 Absatz 3 EG-Vertrag (ABl. 2004 C 101/97)

Leitlinien zum zwischenstaatlichen Handel	Bekanntmachung – Leitlinien über den Begriff der Beeinträchtigung des zwischenstaatlichen Handels in den Artikeln 81 und 82 EG-Vertrag (ABl. 2004 101/54)
LG	Landgericht (mit Ortsnamen)
Liebscher/Flohr/Petsche	Liebscher/Flohr/Petsche, Handbuch der EU-Gruppenfreistellungsverordnungen, München, 2003
lit.	Buchstabe
Loewenheim/Meessen/Riesenkampff	Kartellrecht, Kommentar, Band I: Europäisches Recht, 2. Aufl., München, 2009
Löffler	Löffler, Kommentar zur europäischen Fusionskontrollverordnung, Neuwied, 2001
Mäsch	Mäsch (Hg.), Praxiskommentar zum deutschen und europäischen Kartellrecht, Münster, 2010
Mestmäcker/Schweitzer	Mestmäcker/Schweitzer, Europäisches Wettbewerbsrecht, 2. Aufl., München, 2004
Mio.	Million(en)
Mitteilung GVO Vers 2010	Mitteilung der Kommission über die Anwendung von Artikel 101 Absatz 3 des Vertrags über die Arbeitsweise der Europäischen Union auf Gruppen von Vereinbarungen, Beschlüssen und abgestimmten Verhaltensweisen im Versicherungssektor (ABl. 2010 C 82/20)
Mitteilung über Abhilfemaßnahmen	Mitteilung der Kommission über nach der Verordnung (EG) Nr. 139/2004 des Rates und der Verordnung (EG) Nr. 802/2004 der Kommission zulässige Abhilfemaßnahmen (ABl. 2008 C 267/1)
Mitteilung zur Akteneinsicht	Mitteilung der Kommission über die Regeln für die Einsicht in Kommissionsakten in Fällen einer Anwendung der Artikel 81 und 82 EG-Vertrag, Artikel 53, 54 und 57 des EWR-Abkommens und der Verordnung (EG) Nr. 139/2004 (ABl. 2005 C 325/7)
Mitteilung über den Begriff des Vollfunktions-GU	Mitteilung der Kommission über den Begriff des Vollfunktionsgemeinschaftsunternehmens nach der Verordnung (EWG) Nr. 4064/89 des Rates über die Kontrolle von Unternehmenszusammenschlüssen (ABl. 1998 C 66/1)
Mitteilung über den Begriff der beteiligten Unternehmen	Mitteilung der Kommission über den Begriff der beteiligten Unternehmen in der Verordnung (EWG) Nr. 4064/89 des Rates über die Kontrolle von Unternehmenszusammenschlüssen (ABl. 1998 C 66/14)
Mitteilung Behinderungsmissbrauch	Mitteilung der Kommission - Erläuterungen zu den Prioritäten der Kommission bei der Anwendung von Art. 82 des EG-Vertrages auf Fälle von Behinderungsmissbrauch durch marktbeherrschende Unternehmen (ABl. 2009 C-45/7)
Mitteilung über die Beurteilung von Vollfunktions-GU	Mitteilung über die Beurteilung von Vollfunktionsgemeinschaftsunternehmen nach den Wettbewerbsregeln der Europäischen Gemeinschaft (ABl. 1998 C 66/38)
Mitteilung zur Berechnung des Umsatzes	Mitteilung der Kommission über die Berechnung des Umsatzes im Sinne der Verordnung (EWG) Nr. 4064/89 des Rates über die Kontrolle von Unternehmenszusammenschlüssen (ABl. 1998 C 66/25)
Mitteilung zu Vergleichsverfahren	Mitteilung der Kommission über die Durchführung von Vergleichsverfahren bei dem Erlass von Entscheidungen nach Art. 7 und Art. 23 der Verordnung (EG) Nr. 1/2003 des Rates in Kartellfällen (ABl. 2008 C 167/1)

Mitteilung über die Verweisung von Fusionssachen	Mitteilung über die Verweisung von Fusionssachen (ABl. 2005 C 56/2)
Mitteilung über den Zusammenschlussbegriff	Mitteilung der Kommission über den Begriff des Zusammenschlusses der Verordnung (EWG) Nr. 4064/89 des Rates über die Kontrolle von Unternehmenszusammenschlüssen (ABl. 1998 C 66/5)
MMR-Aktuell	Newsletter zur Zeitschrift MultiMedia & Recht (MMR)
Mrd.	Milliarde
MünchKomm	Montag/Säcker (Hg.), Münchener Kommentar zum Europäischen Wettbewerbsrecht, Band I, München, 2007
MünchKomm GWB	Hirsch/Montag/Säcker (Hg.), Münchener Kommentar zum Deutschen Wettbewerbsrecht, Band II, München, 2007
MuW	Markenschutz und Wettbewerb
N&R	Netzwirtschaften und Recht (Zeitschrift)
Netzwerk	Netzwerk der europäischen Wettbewerbsbehörden
Netzwerkbekanntmachung	Bekanntmachung der Kommission über die Zusammenarbeit innerhalb des Netzes der Wettbewerbsbehörden (ABl. 2004 C 101/43)
n.F.	neue Fassung
NJW	Neue Juristische Wochenschrift
NJW-WettbR	NJW-Entscheidungsdienst Wettbewerbsrecht
Nr.	Nummer(n)
NVwZ	Neue Zeitschrift für Verwaltungsrecht
OECD	Organisation for Economic Cooperation and Development/Organisation für wirtschaftliche Zusammenarbeit und Entwicklung
OECD J. Comp. L.P.	OECD Journal of Competition Law and Policy
OLG	Oberlandesgericht
R+W	Recht und Wirtschaft
RabelsZ	Zeitschrift für ausländisches und internationales Privatrecht, begründet von Rabel
RdE	Recht der Energiewirtschaft, (Zeitschrift)
RefE	Referentenentwurf
RegE	Regierungsentwurf
Ritter/Braun	Ritter/Braun, European Competition Law – A Practionerás Guide, 3. Aufl., Den Haag, 2005
Rittner	Rittner, Wettbewerbs- und Kartellrecht, 7. Aufl., Heidelberg, 2007
RIW	Recht der internationalen Wirtschaft (Zeitschrift)
RL	Richtlinie
Rn.	Randnummer
Rosenthal/Thomas	Rosenthal/Thomas, European Merger Control, München, 2010
S.	Satz, Seite
Satzung des EuGH	Satzung des Europischen Gerichtshofs (ABl. 2008 C 115/210)
Schnelle/Bartosch/Hübner	Schnelle/Bartosch/Hübner, Das neue EU-Kartellverfahrensrecht, Auswirkungen der Verordnung (EG) Nr. 1/2003 auf die Kartellrechtspraxis, Stuttgart, 2004
Schröter/Jakob/Mederer	Schröter/Jakob/Mederer (Hg.), Kommentar zum Europäischen Wettbewerbsrecht, Baden-Baden, 2003
Schulte	Schulte (Hg.), Handbuch Fusionskontrolle, 2. Aufl., München, 2010

Schultze/Pautke/Wagener, TT-GVO	Schultze/Pautke/Wagener, Die Gruppenfreistellungsverordnung für Technologietransfer-Vereinbarungen, Heidelberg, 2005
Schultze/Pautke/Wagener, Vertikal-GVO	Schultze/Pautke/Wagener, Die Vertikal-GVO, 3. Aufl., Heidelberg 2010
Schwarze	Schwarze (Hg.), EU-Kommentar, 2. Aufl., Baden-Baden, 2008
Schwarze, Europäisches Verwaltungsrecht	Schwarze, Europäisches Verwaltungsrecht, 2. Aufl., Baden-Baden, 2008
Schwarze/Weitbrecht	Schwarze/Weitbrecht, Grundzüge des europäischen Kartellverfahrensrechts – Die Verordnung (EG) Nr. 1/2003, Baden-Baden, 2004
sec.	Section
Slg.	Amtliche Sammlung der Entscheidungen des Europäischen Gerichtshofes bzw. des Europäischen Gerichts Erster Instanz
Spezialisierungs-GVO	Verordnung (EU) Nr. 1218/2010 der Kommission vom 14. Dezember 2010 über die Anwendung von Artikel 101 Absatz 3 des Vertrages über die Arbeitsweise der Europäischen Union auf bestimmte Gruppen von Spezialisierungsvereinbarungen (ABl. 2010 L 335/43)
StGB	Strafgesetzbuch
StPO	Strafprozessordnung
str.	streitig
Streinz	Streinz (Hg.), EUV/EGV, Vertrag über die Europäische Union und Vertrag zur Gründung der europäischen Gemeinschaft, Kommentar, München 2003
TB	Berichte des Bundeskartellamtes über seine Tätigkeit sowie die Lage und Entwicklung auf seinem Aufgabengebiet, Tätigkeitsbericht
TKG	Telekommunikationsgesetz
TRIPS	Agreement on Trade Related Aspects of Intellectual Property Rights
TT-GVO	Verordnung (EG) Nr. 772/2004 der Kommission vom 27. April 2004 über die Anwendung von Artikel 81 Absatz 3 EG-Vertrag auf Gruppen von Technologietransfer-Vereinbarungen (ABl. 2004 L 123/11)
TT-Leitlinien	Bekanntmachung der Kommission, Leitlinien zur Anwendung von Artikel 81 EG-Vertrag auf Technologietransfer-Vereinbarungen (ABl. 2004 C 101/2)
Tz.	Textziffer
UA	Unterabsatz
UrhG	Urheberrechtsgesetz
U.S.	United States; United States Supreme Court; United States Reports
UNCTAD	United Nations Conference on Trade and Development
UNICITRAL	United Nations Commission on International Trade Law
UWG	Gesetz gegen den unlauteren Wettbewerb
v.	versus
VerfO EuG	Verfahrensordnung des Gerichts (ABl. 2010 C 177/37)
VerfO EuGH	Verfahrensordnung des Gerichtshof (ABl. 2010 C 177/1)

Versicherungs-GVO	Verordnung (EU) Nr. 267/2010 der Kommission vom 24. März 2010 über die Anwendung von Artikel 101 Absatz 3 des Vertrages über die Arbeitsweise der Europäischen Union auf Gruppen von Vereinbarungen, Beschlüssen und aufeinander abgestimmte Verhaltensweisen im Versicherungssektor (ABl. 2010 L 83/1)
VersR	Versicherungsrecht (Zeitschrift)
Versw	Versicherungswirtschaft (Zeitschrift)
Vertikal-GVO	Verordnung (EG) Nr. 330/2010 der Kommission vom 20. April 2010 über die Anwendung von Artikel 101 Absatz 3 des Vertrages über die Arbeitsweise der Europäischen Union auf Gruppen von vertikalen Vereinbarungen und abgestimmten Verhaltensweisen (ABl. 2010 L 102/1)
Vertikal-GVO 1999	Verordnung (EG) Nr. 2790/1999 der Kommission vom 22. Dezember 1999 über die Anwendung von Artikel 81 Absatz 3 des Vertrages auf Gruppen von vertikalen Vereinbarungen und aufeinander abgestimmten Verhaltensweisen (ABl. 1999 L 336/21)
Vertikal-Leitlinien	Mitteilung der Kommission, Leitlinien für vertikale Beschränkungen (ABl. 2010 C 130/01)
Vertikal-Leitlinien 2000	Mitteilung der Kommission, Leitlinien für vertikale Beschränkungen (ABl. 2000 C 291/1)
vgl.	vergleiche
VO	Verordnung
VO (EG) Nr. 1/2003	Verordnung (EG) Nr. 1/2003 des Rates vom 16. Dezember 2002 zur Durchführung der in den Artikeln 81 und 82 des Vertrages niedergelegten Wettbewerbsregeln (ABl. 2003 L 1/1)
VO (EG) Nr. 773/2004	Verordnung (EG) Nr. 773/2004 der Kommission vom 7. April 2004 über die Durchführung von Verfahren auf der Grundlage der Artikel 81 und 82 EG-Vertrag durch die Kommission (ABl. 2004 L 123/18)
VO (EWG) Nr. 17/62	Verordnung (EWG) Nr. 17/1962 des Rates vom 6. Februar 1962, Erste Durchführungsverordnung zu den Artikeln 81 und 82 des Vertrags (ABl. 1962/204)
Vol.	Volume
VW	Versicherungswirtschaft (Zeitschrift)
VwGO	Verwaltungsgerichtsordnung
VwVfG	Verwaltungsverfahrensgesetz
VwVG	Verwaltungsvollstreckungsgesetz
Weatherill/Beaumont	Weatherill/Beaumont, EU Law, 3. Aufl., London, 1999
Wettbewerbsbericht	Europäische Kommission, Bericht über die Wettbewerbspolitik, Nr. und Jahr
Wettbewerbsrechtsabkommen EU/USA	Beschluss des Rates und der Kommission über den Abschluss des Abkommens zwischen den Europäischen Gemeinschaften und der Regierung der Vereinigten Staaten von Amerika über die Anwendung ihrer Wettbewerbsregeln (ABl. 1995 L 95/45)
Whish	Whish, Competition Law, 6. Aufl., London, 2008
Wiedemann	Wiedemann (Hg.), Handbuch des Kartellrechts, 2. Aufl., München 2008
Wiedemann, GVO-Kommentar, Bd. I	Wiedemann, Kommentar zu den Gruppenfreistellungsverordnungen des EWG-Kartellrechts, Band I, Köln, 1989

Wiedemann, GVO-Kommentar, Bd. II	Wiedemann, Kommentar zu den Gruppenfreistellungsverordnungen des EWG-Kartellrechts, Band II, Köln, 1990
WiVerw	Wirtschaft und Verwaltung (Beilage zum Gewerbearchiv)
WM	Wertpapiermitteilungen, Zeitschrift für Wirtschaft und Bankrecht
WPg	Die Wirtschaftsprüfung (Zeitschrift)
WRP	Wettbewerb in Recht und Praxis
WTO	World Trade Organisation/Welthandelsorganisation
WuW	Wirtschaft und Wettbewerb (Zeitschrift)
WuW/E	Wirtschaft und Wettbewerb – Entscheidungssammlung
WuW/E BGH	Wirtschaft und Wettbewerb – Entscheidungen des Bundesgerichtshofs
WuW/E BKartA	Wirtschaft und Wettbewerb – Entscheidungen des Bundeskartellamtes
WuW/E DE-R	Wirtschaft und Wettbewerb – Entscheidungssammlung – Deutschland Rechtsprechung
WuW/E DE-V	Wirtschaft und Wettbewerb – Entscheidungssammlung – Deutschland Verwaltung
WuW/E EU-R	Wirtschaft und Wettbewerb – Entscheidungssammlung – Europäische Union Rechtsprechung
WuW/E EU-V	Wirtschaft und Wettbewerb – Entscheidungssammlung – Europäische Union Verwaltung
WuW/E OLG	Wirtschaft und Wettbewerb – Entscheidungen der Oberlandesgerichte
WuW/E Verg	Wirtschaft und Wettbewerb – Entscheidungssammlung – Vergabe und Verwaltung
z.B.	zum Beispiel
ZGR	Zeitschrift für Unternehmens- und Gesellschaftsrecht
ZHR	Zeitschrift für das gesamte Handelsrecht und Wirtschaftsrecht
ZIP	Zeitschrift für Wirtschaftsrecht
ZNER	Zeitschrift für neues Energierecht
ZRP	Zeitschrift für Rechtspolitik
Zuliefer-Bekanntmachung	Bekanntmachung der Kommission vom 18. Dezember 1978 über die Beurteilung von Zulieferverträgen nach Artikel 85 Absatz 1 des Vertrages zur Gründung der Europäischen Wirtschaftsgemeinschaft (ABl. 1979 C 1/2)
ZWeR	Zeitschrift für Wettbewerbsrecht

1. Kapitel:
Einführung und Grundlagen

Literatur: *Bechtold*, Maßstäbe der „Selbstveranlagung" nach Art. 81 Abs. 3 EG, WuW 2003, 343; *Behrens*, Der Wettbewerb im Vertrag von Lissabon, EuZW 2008, 193; *Brunn*, Die EG-Kartellverfahrensordnung 1/2003 und ihre Auswirkungen auf die Gruppenfreistellungsverordnungen und die Entzugsverfahren der Vertikal-GVO, Frankfurt am Main, 2004; *Bornkamm*, Die Freistellung vom Kartellverbot nach dem Systemwechsel, in: FS Baudenbacher, Baden-Baden, 2007, S. 299; *Canenbley/Rosenthal*, Co-operation between Antitrust Authorities in- and outside the EU: What does it mean for Multinational Corporations? – Part 2, ECLR 2005, 178; *Deselaers*, Weißbuch zum europäischen Kartellrecht, EWS, 2000, 41; *Dreher*, Die europafreundliche Anwendung des GWB-Zwang schadet! WuW 2005, 251; *ders.*, Kartellrechtscompliance, ZWeR 2004, 75; *Dreher/Thomas*, Rechts- und Tatsachenirrtümer unter der neuen VO 1/2003, WuW 2004, 8; *Eilmansberger*, Verbraucherwohlfahrt, Effizienzen und ökonomische Analyse – Neue Paradigmen im Europäischen Kartellrecht?, ZWeR 2009, 437; *Eilmansberger*, Zum Vorschlag der Kommission für eine Reform des Kartellvollzugs, JZ 2001, 365; *Fuchs*, Die Gruppenfreistellungsverordnung als Instrument der europäischen Wettbewerbspolitik im System der Legalausnahme, ZWeR 2005, 1; *Ewald*, Ökonomie im Kartellrecht: Vom *more economic approach* zu sachgerechten Standards forensischer Ökonomie, ZWeR 2011, 15; *Frenz/Ehlenz*, Defizitäre gerichtliche Wettbewerbskontrolle durch more-economic-approach und Vermutungen?, EuR 2010, 490; *Gregor*, Die Gruppenfreistellungsverordnungen als kartellrechtliche Allgemeinverfügungen, WRP 2008, 330; *Hirsch*, Anwendung der Kartellverfahrensordnung (EG) Nr. 1/2003 durch nationale Gerichte, ZWeR 2003, 233; *Holzinger*, Wirtschaftliche Tätigkeit der öffentlichen Hand als Anwendungsvoraussetzung des europäischen und des deutschen Kartellrechts, Baden-Baden, 2011; *Hossenfelder/Lutz*, Die neue Durchführungsverordnung zu den Art. 81 und 82 EG-Vertrag, WuW 2003, 118; *Jaeger*, Die möglichen Auswirkungen einer Reform des EG-Wettbewerbsrechts für die nationale Gerichte, WuW 2000, 1062; *Kamann/Bergmann*, Die neue EG-Kartellverfahrensverordnung – Auswirkungen auf die unternehmerische Vertragspraxis, BB 2003, 1743; *Karl*, Die Änderungen des Gesetzes gegen Wettbewerbsbeschränkungen durch die 7. GWB-Novelle, DB 2005, 1436; *Kersting/Faust*, Krankenkassen im Anwendungsbereich des Europäischen Kartellrechts, WuW 2011, 6; *dies.*, Sozialversicherung und Kartellrecht, Vortrag vom 15. Juni 2010 an der Universität Bonn (http://ssrn.com/abstract=1709434); Kirchhoff, Sachverhaltsaufklärung und Beweislage bei der Anwendung des Art. 81 EG-Vertrag, WuW 2004, 745; *Klees*, Welcher Unternehmensbegriff gilt im GWB? EWS 2010, 1; *Klein*, SSNIP-Test oder Bedarfsmarktkonzept? WuW 2010, 169, 175; *Koch*, Beurteilungsspielräume bei der Anwendung des Art. 81 Abs. 3 EG, ZWeR 2005, 380; *Koenigs*, Die VO Nr. 1/2003: Wende im EG-Kartellrecht, DB 2003, 755; *Kokkoris*, The Concept of Market Definition and the SSNIP-Test in the Merger Appraisal, ECLR 2005, 209; *Leupold/Weidenbach*, Neues zum Verhältnis zum Art. 81 Abs. 1 und Art. 81 Abs. 3 EG-Vertrag? WuW 2006, 1003; *Lutz*, Schwerpunkt der 7. GWB-Novelle, WuW 2005, 718; *T. Mäger*, Unilateral Effects in European Merger Analysis, in: 2010 Fordham Comp. L. Inst., New York, 2011, S. 123 (im Erscheinen); *Montag/Rosenfeld*, A solution to the problems? Regulation 1/2003 and the modernization of competition procedure, ZWeR 2003, 107; *Möschel*, Der Missbrauch marktbeherrschender Stellungen nach Art. 82 EG-Vertrag und der „More Economic Approach", JZ 2009, 1040; *Pampel*, Rechtsnatur und Rechtswirkungen horizontaler und vertikaler Leitlinien im reformierten europäischen Wettbewerbsrecht, Baden-Baden, 2005; *dies.*, Rechtsnatur und Rechtswirkungen von Mitteilungen der Kommission im europäischen Wettbewerbsrecht, EuZW 2005, 11; *Pfeffer/Wegner*, Neue Bekanntmachungen des Bundeskartellamts zur zwischenbetrieblichen Kooperation: Bagatellbekanntmachung 2007 und Bekanntmachung KMU 2007, BB 2007, 1173; *Pohlmann*, Keine Bindungswirkung von Bekanntmachungen und Mitteilungen der Europäischen Kommission, WuW 2005, 1005; *dies.*, Probleme der Rezeption US-amerikanischen Kartellrechts („*more economic approach*") im europäischen Kartellrecht, in: Ebke/Elsing/Großfeld/Kühne (Hg.), Das deutsche Wirtschaftsrecht unter dem Einfluss des US-amerikanischen Rechts, Frankfurt am Main, 2011; *E. Rehbinder*, Zum Verhältnis zwischen nationalem und EG-Kartellrecht nach der VO Nr. 1/2003, in: FS Immenga, München, 2004, S. 303; *Röhling*, Die Zukunft des Kartellverbots in Deutschland nach In-Kraft-Treten der neuen EU-Verfahrensrechtsordnung, GRUR 2003, 1019; *Säcker*, Abschied vom Bedarfsmarktkonzept, ZWeR 2004, 1; *Sandrock*, Grundbegriffe des GWB, München, 1968; *Schaub/Dohms*, Das Weißbuch der Kommission über die Modernisierung der Vorschriften zur Anwendung der Art. 81 und 83 EG-Vertrag, die Reform der VO Nr. 17, WuW 1999, 1055; *K. Schmidt*, Umdenken im Kartellverfahrensrecht! Gedanken zur europäischen VO Nr. 1/2003, BB 2003, 1237; *Schulte*, Effizienzkontrolle der Fusionskontrolle, AG 2010, 358; *Schuma-*

cher, Die unmittelbare Anwendbarkeit von Art. 81 Abs. 3 EG, WuW 2005, 1222; *Schweda*, Die Bindungswirkung von Bekanntmachungen und Leitlinien der Europäischen Kommission, WuW 2004, 1133; *Schwintowski/Klaue*, Kartellrechtliche und gesellschaftsrechtliche Konsequenzen des Systems der Legalausnahme für die Kooperationspraxis der Unternehmen, WuW 2005, 370; *Thomas*, Grundsätze zur Beurteilung vertikaler Wettbewerbsverbote, WuW 2010, 177; *Wagner*, Der Systemwechsel im EG-Kartellrecht – Gruppenfreistellungen und Übergangsproblematik, WRP 2003, 1369; *Weitbrecht*, Das neue Kartellverfahresrecht, EuZW 2003, 69; *Weiß*, Das Leitlinien(un)wesen der Kommission verletzt den Vertrag von Lissabon, EWS 2010, 257; *Wirtz*; Anwendbarkeit von § 20 GWB auf selektive Vertriebssysteme nach In-Kraft-Treten der VO 1/2003, WuW 2003, 1039.

A. Regelungszweck des Kartellrechts

1 Die Vorschriften des europäischen Kartellrechts nehmen eine zentrale Rolle im Gesamtgefüge des europäischen Rechts ein. Leitbild des Kartellrechts ist ein System des freien, unverfälschten und wirksamen **Wettbewerbs**. Dem liegt die Vorstellung zugrunde, dass ein solcher Wettbewerb die Marktteilnehmer zu Höchstleistungen anspornt und dadurch den Wohlstand der Verbraucher fördert sowie eine effiziente Ressourcenallokation gewährleistet.[1] Ein wirksamer Wettbewerb ist für die Verbraucher von Nutzen, wenn er zu niedrigen Preisen, hochwertigen Produkten, einer breiten Auswahl an Waren und Dienstleistungen und zu Innovationen führt. Die Aufgabe des Kartellrechts ist es, den Wettbewerb vor Beschränkungen zu schützen, die von Unternehmen veranlasst werden. Dabei geht es vor allem darum, die Handlungs- und Entscheidungsfreiheit der auf dem Markt tätigen Unternehmen sicherzustellen. Wie ein Unternehmen von dieser Freiheit gebraucht macht, soll dabei grundsätzlich ihm selbst überlassen sein. Das Kartellrecht erwartet von Unternehmen, dass sie ihr Marktverhalten unabhängig von ihren Wettbewerbern festlegen und umsetzen. Ziel des Kartellrechts ist allerdings stets der Schutz des Wettbewerbs und nicht der Schutz einzelner Wettbewerber.[2] Das europäische Kartellrecht hat den Wettbewerb innerhalb des **Binnenmarktes** im Blick.

2 Was unter Wettbewerb zu verstehen ist, wird im europäischen Recht nicht definiert. Die Wissenschaft hat eine Vielzahl von Konzepten entwickelt. Eine allgemein gültige Definition erscheint aber weder möglich noch zweckmäßig, da zwischen den einzelnen Verhaltensweisen der Marktteilnehmer vielfältige Wechselbeziehungen bestehen und das unternehmerische, marktbezogenen Handeln in seine Bedingungen, Wirkungsweisen und Folgen ohnehin nicht präzise erfasst werden kann. Im Gegensatz zum Begriff des Wettbewerbs lässt sich das Phänomen der **Wettbewerbsbeschränkung** besser greifen: Mittel einer Wettbewerbsbeschränkung können Verträge (und abgestimmte Verhaltensweisen) sowie einseitige Maßnahmen von Unternehmen sein. Um den klassischen Fall einer vertraglichen Wettbewerbsbeschränkung handelt es sich beispielsweise, wenn Konkurrenten vereinbaren, einen bestimmten Mindestpreis zu Lasten ihrer Kunden nicht zu unterschreiten. Derartige Kartellabsprachen bilden zwar nur einen Ausschnitt möglicher Wettbewerbsbeschränkungen, sie haben aber dem gesamten Rechtsgebiet seinen im deutschen Sprachraum geläufigen Namen gegeben.

3 Unterschieden wird traditionell zwischen der Verhaltenskontrolle und der Strukturkontrolle. Der **Verhaltenskontrolle** unterliegen vertragliche Wettbewerbsbeschränkungen und einseitiges Verhalten, insbesondere solcher marktbeherrschender Unternehmen. Die **Strukturkontrolle** ist demgegenüber auf die Erhaltung oder Wiederherstellung von wettbewerblichen Marktstrukturen gerichtet, etwa in Gestalt der Fusionskontrolle.

4 Das Kartellrecht lässt sich auch als Recht gegen Wettbewerbsbeschränkungen bezeichnen und dadurch vom **Lauterkeitsrecht** (teilweise Wettbewerbsrecht im engeren Sinne genannt) abgrenzen. Vereinfacht gesagt, soll das Recht gegen Wettbewerbsbeschränkungen die Freiheit des Wettbewerbs sichern, d.h. dafür sorgen, dass ein Freiraum besteht, innerhalb dessen die Unternehmen miteinander in Wettbewerb treten können. Demgegenüber untersagt das Lauterkeitsrecht bestimmte Verhaltensweisen innerhalb dieses Freiraums. In Deutschland stehen mit dem GWB (Kartellrecht) und dem UWG (Lauterkeitsrecht) zwei ausdifferenzierte Regelungs-

---

1 Vgl. Leitlinien der Kommission zu Art. 81 Abs. 3 EG, Rn. 33.
2 Siehe auch Erwägungsgrund 9 der VO (EG) Nr. 1/2003.

systeme nebeneinander. Auf europäischer Ebene gibt es demgegenüber kein vergleichbares lauterkeitsrechtliches Normgefüge. Das Lauterkeitsrecht ist bislang in erster Linie auf mitgliedstaatlicher Ebene verankert und durch Vorgaben des europäischen Rechts nur in Ansätzen harmonisiert. Kartell- und Lauterkeitsrecht stehen damit in einem Spannungsverhältnis. Das mitgliedstaatliche Lauterkeitsrecht genießt keinen Vorrang vor den Wettbewerbsregeln des europäischen Rechts. Es kann vielmehr seinerseits den Grundfreiheiten des Binnenmarktes widersprechen.[3] Kartell- und Lauterkeitsrecht sind darüber hinaus eng verzahnt. Unlauter Wettbewerb ist grundsätzlich auch kartellrechtlich nicht schutzwürdig. Allerdings rechtfertigt die Abwehr unlauteren Wettbewerbs nicht die präventive Kartellbildung. Bestimmte Maßnahmen, insbesondere unlautere Verhaltensweisen marktbeherrschender Unternehmen, können sowohl gegen das Kartell- als auch gegen das Lauterkeitsrecht verstoßen.

Zu den Wettbewerbsregeln des europäischen Rechts gehören auch die Vorschriften über **Beihilfen**, die Unternehmen seitens der Mitgliedstaaten gewährt werden. Das Beihilferecht hat sich zu einem eigenständigen Rechtsbereich entwickelt und wird im Folgenden ausgeklammert. 5

B. Überblick über die Rechtsquellen des europäischen Kartellrechts

Bis zum Inkrafttreten des Vertrags von Lissabon[4] am 1. Dezember 2009 bildete der Vertrag 6 über die Europäische Union (**EU-Vertrag oder EUV**) das Dach über drei Säulen (Europäische Gemeinschaften, gemeinsame Außen- und Sicherheitspolitik, Zusammenarbeit in den Bereichen Justiz und Inneres). Diese Drei-Säulen-Struktur ist mit Inkrafttreten des Vertrags von Lissabon aufgegeben worden. Eine einheitliche und rechtsfähige Europäische Union ist an die Stelle der aufgelösten Europäischen Gemeinschaft getreten (Art. 1 Abs. 3 S. 3, Art. 47 EUV). Das bisherige Nebeneinander von Europäischer Union (EU) und Europäischer Gemeinschaft (EG) ist damit beendet. Es gibt nur noch die Europäische Union.[5] Das Gemeinschaftsrecht ist zum Unionsrecht geworden. Der EG-Vertrag wurde umbenannt in „Vertrag über die Arbeitsweise der Europäischen Union" (AEUV). Der EUV hat seinen Namen zwar behalten. Seine Artikel wurden aber – ebenso wie diejenigen des AEUV – neu durchgezählt.

Ihr rechtliches Fundament bilden der AEUV und der EUV.[6] Die Wettbewerbsregeln des **pri**- 7 **mären** Unionsrechts[7] sind in den Art. 101 bis Art. 106 AEUV (bisher Art. 81 bis 86 EG) niedergelegt. Diese haben durch den Vertrag von Lissabon keine wesentlichen inhaltlichen Änderungen erfahren. Zwar enthält die neue zentrale Vorschrift über den Binnenmarkt, Art. 3 Abs. 3 EUV, den freien Wettbewerb[8] nicht mehr.[9] Vielmehr wird nur noch in einem Protokoll zu den Verträgen festgestellt, dass der Binnenmarkt ein System umfasst, das den Wettbewerb vor Verfälschungen schützt.[10] Durchgreifende praktische Folgen sollte dies aber nicht haben.[11] Denn die Protokolle zu den Verträgen haben denselben rechtlichen Status wie die Verträge selbst, Art. 51 EUV. Weiterhin räumt Art. 3 Abs. 1 lit b) AEUV der Europäischen Union die ausschließliche Zuständigkeit für Wettbewerbsregeln ein, die für das Funktionieren des Binnenmarktes erforderlich sind. Schließlich verpflichtet Art. 120 AEUV die Union und die EU-

---

3 *Mestmäcker/Schweitzer*, § 10 Rn. 34.
4 ABl. 2007 C 306/1; siehe auch die neueste konsolidierte Fassung in ABl. 2010 C-83.
5 Neben der Europäischen Union bleibt die Europäische Atomgemeinschaft (EAG) als eigenständige supranationale Gemeinschaft erhalten. Das Recht der EU und der EAG bilden das Europarecht im engeren Sinne. Zum Europarecht im weiteren Sinne gehört der Europarat mit seinem Schutzsystem der Europäischen Menschenrechtskonvention (EMRK) und die Europäische Freihandelsassoziation (EFTA). Heute gehören der EFTA Island, Norwegen, die Schweiz und Liechtenstein an, die sich (mit Ausnahme der Schweiz) mit der EU zum Europäischen Wirtschaftsraum (EWR) zusammengeschlossen haben.
6 Sowie der Euratom-Vertrag.
7 Im Folgenden wird grundsätzlich der Begriff Unionsrecht verwendet, auch, wenn teilweise – im Einklang mit der Praxis der Europäischen Gerichte – von „Gemeinschaftsrecht" die Rede ist, soweit die Rechtsprechung der europäischen Gerichte vor Inkrafttreten des Vertrages von Lissabon betroffen ist.
8 Bezug genommen wird lediglich auf eine in hohem Maße wettbewerbsfähige soziale Marktwirtschaft. Daneben werden weitere Unionsziele, etwa der soziale Fortschritt und der Umweltschutz, genannt.
9 Anders die Vorgängervorschrift Art. 3 Abs. 1 lit. g) EG.
10 Protokoll über den Binnenmarkt und den Wettbewerb (Protokoll-Nr. 27), ABl. 2008 C 115/309.
11 *Behrens*, EuZW 2008, 193.

Mitgliedstaaten bei der Durchführung ihrer Wettbewerbspolitik auf eine offene Marktwirtschaft mit freiem Wettbewerb.

8   Die materiell-rechtlichen Grundnormen des primären Unionsrechts sind zum einen das allgemeine **Verbot wettbewerbsbeschränkender Vereinbarungen** in Art. 101 AEUV (bisher: Art. 81 EG) – Kartellverbot – und zum anderen das Verbot bestimmter einseitiger Verhaltensweisen in Gestalt der missbräuchlichen Ausnutzung marktbeherrschender Stellungen in Art. 102 AEUV (bisher: Art. 82 EG) – Missbrauchsverbot.

9   Art. 101 AEUV ist zweistufig aufgebaut. Art. 101 Abs. 1 AEUV verbietet alle Vereinbarungen zwischen Unternehmen, Beschlüsse von Unternehmensvereinigungen und aufeinander abgestimmte Verhaltensweisen, die den Handel zwischen Mitgliedstaaten zu beeinträchtigen geeignet sind und eine Verhinderung, Einschränkung oder Verfälschung des Wettbewerbs innerhalb des Binnenmarktes (bisher: Gemeinsamen Marktes) bezwecken oder bewirken. Diese sind nach Art. 101 Abs. 2 AEUV nichtig. Ausnahmsweise sind wettbewerbsbeschränkende Vereinbarungen jedoch zulässig, wenn sie die Voraussetzungen des Art. 101 Abs. 3 AEUV erfüllen, d.h., unter angemessener Beteiligung der Verbraucher Effizienzgewinne bewirken, hierzu unerlässlich sind und den Wettbewerb nicht ausschalten. Die weitgefassten Kriterien des Art. 101 Abs. 3 AEUV machen deutlich, dass die Anwendung des Kartellverbots eine umfassende Würdigung der wirtschaftlichen Aspekte des Einzelfalles erfordert.

10 Art. 102 AEUV (bisher: Art. 82 EG) erfasst einseitige Verhaltensweisen von Unternehmen. Die Vorschrift verbietet die **missbräuchliche Ausnutzung einer beherrschenden Stellung** auf dem Binnenmarkt oder einem wesentlichen Teil desselben durch ein oder mehrere Unternehmen, soweit dies dazu führen kann, den Handel zwischen Mitgliedstaaten zu beeinträchtigen. Die Vorschrift richtet sich nur an marktbeherrschende Unternehmen. Diese sollen an der Ausnutzung ihrer wirtschaftlichen Machtposition gehindert, d.h. gezwungen werden, sich so zu verhalten, als ob sie wirksamem Wettbewerb unterliegen würden. Art. 102 AEUV untersagt jedoch nicht die Beherrschung eines Marktes als solche. Auch wird ein Unternehmen nicht verwehrt, die Schwelle der Marktbeherrschung zu erreichen.[12] Das Verbot des Art. 102 AEUV erfasst vielmehr allein den Missbrauch einer marktbeherrschenden Stellung. Anders als bei Wettbewerbsbeschränkungen im Sinne des Art. 101 Abs. 1 AEUV, die unter bestimmten Voraussetzungen nach Art. 101 Abs. 3 AEUV zulässig sein können, sind Missbräuche nach Art. 102 AEUV ohne Ausnahme verboten. Der Begriff des Missbrauchs erfordert allerdings eine Wertentscheidung. Auch hier findet also eine umfassende Würdigung der wirtschaftlichen Aspekte des Einzelfalles statt.

11 Neben den beiden mit direkter Wirkung ausgestatteten, materiell-rechtlichen Verboten in Art. 101 und Art. 102 AEUV treten die Ermächtigungs- und Zuständigkeitsvorschriften der Art. 103 bis 106 AEUV (bisher: Art. 83 bis 86 EG). Von großer Bedeutung ist insbesondere Art. 103 AEUV (bisher: Art. 83 EG), der den Rat ermächtigt, Verordnungen und Richtlinien zur Verwirklichung der in Art. 101 und Art. 102 AEUV (bisher: Art. 81 und 82 EG) niedergelegten Grundsätze zu erlassen. Art. 106 AEUV (bisher: Art. 86 EG) enthält Sonderregelungen für öffentliche und monopolartige Unternehmen.

12 Das primäre Unionsrecht der Art. 101 bis Art. 106 AEUV wird durch eine Vielzahl von Wettbewerbsregeln des **sekundären** europäischen Kartellrechts ergänzt. Zwar haben Richtlinien im europäischen Kartellrecht bisher keine Rolle gespielt. Der Rat hat aber auf der Grundlage von Art. 103 AEUV (bisher: Art. 83 EG) mehrere Verordnungen verabschiedet. Zu den meisten von ihnen hat die Kommission Ausführungsbestimmungen erlassen. Von zentraler Bedeutung ist die Kartellverfahrensverordnung (EG) Nr. 1/2003. Daneben gibt es eine Reihe von sektoralen Verordnungen.[13] Dies betrifft insbesondere den Verkehrssektor sowie die Landwirtschaft. Eine Sondergruppe bilden die Gruppenfreistellungsverordnungen (GVO).[14]

---

12 Sofern dies nicht aus eigener Kraft erfolgt, sind die fusionskontrollrechtlichen Vorschriften zu beachten (siehe 8. Kap.).
13 Siehe Auflistung bei *Schröter*, in: Schröter/Jakob/Mederer, Vorbemerkung zu den Art. 81 bis 85, Rn. 5.
14 Siehe hierzu Rn. 28.

Zu den Wettbewerbsregeln des europäischen Kartellrechts zählen schließlich die **Bekanntma-** **13**
chungen (Mitteilungen, Leitlinien)[15] der Kommission über die Auslegung bestimmter kartellrechtlicher Fragen. Diese haben nicht den Charakter von Rechtsnormen, erfüllen aber eine
wichtige Funktion in der kartellrechtlichen Praxis, da sie die Unternehmen über die Haltung
der Kommission zu bestimmten Fragen unterrichten. Die Generalanwälte beim Gerichtshof
sprechen deshalb vom „Hinweischarakter" der Bekanntmachungen.[16] Der Gerichtshof selbst
hat bislang nicht zur Rechtsnatur von Kommissionsbekanntmachungen Stellung genommen.
Sie führen zu einer Selbstbindung der Kommission.[17] Das EuG und der EuGH werden durch
sie jedoch nicht gebunden. Sie entfalten auch keine rechtliche Bindungswirkung für nationale
Behörden und Gerichte.[18] Die Ergänzung von Unionsrecht durch Mitteilung und Leitlinien der
Kommission wird teilweise kritisch gesehen, da sich die Kommission damit zum Ersatzgesetz-
geber aufschwinge, ohne dessen Standards zu beachten.[19]

C. Neue Terminologie

Mit Inkrafttreten des Vertrages von Lissabon am 1. Dezember 2009 sind folgende terminolo- **14**
gische Änderungen zu beachten:[20]

Alte Terminologie	Neue Terminologie
Vertrag zur Gründung der Europäischen Ge-meinschaft (EG-Vertrag oder EG)	Vertrag über die Arbeitsweise der Europä-ischen Union (AEUV)
Vertrag über die Europäische Union (EUV)	Vertrag über die Europäische Union (EUV)
Europäische Gemeinschaft (EG)/Europä-ische Union (EU)	Europäische Union (EU)
Gemeinschaftsrecht	Unionsrecht
Gemeinsamer Markt	Binnenmarkt
Kommission der Europäischen Gemeinschaf-ten	Europäische Kommission oder Kommission
EG-Fusionskontrollverordnung	EU-Fusionskontrollverordnung
Zusammenschluss von gemeinschaftsweiter Bedeutung	Zusammenschluss von unionsweiter Bedeu-tung
Gerichtshof (üblicherweise: Europäischer Gerichtshof, EuGH)	Gerichtshof (EuGH)[21]
Gericht erster Instanz (EuG)	Gericht (EuG)[22]

---

15 Zwischen diesen drei Begriffen bestehen weder inhaltliche noch formale Unterschiede, siehe nur *Pampel*,
EuZW 2005, 11, Fn. 4.
16 GA *Warner*, Rs. 19/77 (Miller International Schallplatten), Slg. 1978, 153, 157.
17 *Schröter*, in: Schröter/Jakob/Mederer, Vorbemerkung zu den Art. 81 bis 85, Rn. 14.
18 OLG Düsseldorf, VI-2 (Kart) 12/04 (Filigranbetondecken), WuW/E DE-R 1610, 1613; siehe im Einzelnen
Pampel, 33 ff., 112 ff.; a.A.: *Schweda*, WuW 2004, 1133: Bindung nationaler Gerichte und Behörden aus
Art. 10 EG; dagegen *Pohlmann*, WuW 2005, 1005.
19 *Weiß*, EWS 2010, 257, 259.
20 Vgl. auch die neue Terminologie gemäß den Änderungen der Verfahrensordnungen der Europäischen Gerichte
(ABl. 2010 L 92/12, 14, 17).
21 Praktischerweise sollte die Abkürzung EuGH weiterbehalten werden. Jedenfalls ist eine Abkürzung "GH"
noch nicht gebräuchlich.
22 Siehe vorhergehende Fn. Da in der deutschen Sprachfassung die nicht unterscheidungskräftige Bezeichnung
"Gericht" gewählt wurde (anders etwa im Englischen: General Court), bietet sich eine alternative Abkürzung
nicht an.

Alte Terminologie	Neue Terminologie
Gerichtshof der Europäischen Gemeinschaften (zusammengefasste Bezeichnung für den Gerichtshof, das Gericht erster Instanz und das Gericht für den öffentlichen Dienst)	Gerichthof der Europäischen Union (zusammengefasste Bezeichnung für den Gerichtshof, das Gericht und das Gericht für den öffentlichen Dienst)

D. Geltungsbereich des europäischen Kartellrechts

I. Persönlicher Geltungsbereich

15 Die Verbote der Art. 101 und Art. 102 AEUV richten sich an Unternehmen und Unternehmensvereinigungen. Der **Unternehmensbegriff** ist funktional auszulegen. Erfasst wird jede eine Wirtschaftstätigkeit ausübende Einheit unabhängig von ihrer Rechtsform und der Art ihrer Finanzierung.[23] Maßgeblich ist eine nicht nur gelegentliche oder vorübergehende Teilnahme am Wirtschaftsleben. Die Ausführung einer Anti-Doping-Regelung stellt z.B. unabhängig von dem sportlichen Regelungscharakter eine wirtschaftliche Tätigkeit dar.[24] Abzugrenzen ist die wirtschaftliche Betätigung von hoheitlichen Tätigkeiten und vom privaten Verbrauch. Auf die Nachfragetätigkeit von Hoheitsträgern ist nach der Rechtsprechung des EuGH[25] und des EuG[26] das Kartellrecht nicht anwendbar. Der Kauf eines Erzeugnisses könne nicht von dessen späteren Verwendung getrennt werden, so dass der wirtschaftliche oder nicht wirtschaftliche Charakter der späteren Verwendung des erworbenen Erzeugnisses zwangsläufig den Charakter der Einkaufstätigkeit bestimme.[27] Mit dem Begriff der **Unternehmensvereinigung** sind vor allem Unternehmensverbände gemeint. Unternehmensvereinigungen sind von Art. 101 und Art. 102 AEUV allerdings nur in dem Umfang betroffen, in dem sie das Verhalten von Unternehmen koordinieren.

16 Art. 106 Abs. 1 AEUV (bisher: Art. 86 Abs. 1 EG) hebt hervor, dass die Wettbewerbsregeln auch von den Mitgliedstaaten im Hinblick auf solche Unternehmen zu beachten sind, auf die sie besonderen Einfluss haben (**öffentliche Unternehmen**). Art. 106 AEUV bezieht sich auf sämtliche Vertragsvorschriften und nicht nur auf die Wettbewerbsregeln. Bei der Vorschrift handelt es sich um einen Kompromiss zwischen den Mitgliedstaaten mit überwiegend privatwirtschaftlich organisierter Wirtschaft und denjenigen mit einem ausgeprägten öffentlichen Sektor. Art. 106 AEUV erfasst staatlich veranlasstes Verhalten. Dieses ist von der autonomen Unternehmensbetätigung abzugrenzen, für die Art. 106 AEUV nicht gilt. Ein mit einem gesetzlichen Monopol ausgestattetes Unternehmen verfügt über eine marktbeherrschende Stellung im Sinne von Art. 102 AEUV.[28] Die Schaffung einer marktbeherrschenden Stellung durch die Gewährung eines ausschließlichen Rechts im Sinne von Art. 106 Abs. 1 AEUV verstößt nicht automatisch gegen Art. 102 AEUV.[29] Ein Mitgliedstaat verstößt aber insbesondere dann gegen Art. 106 Abs. 1 AEUV in Verbindung mit Art. 102 AEUV, wenn das betreffende Unternehmen durch die bloße Ausübung des ihm übertragenen ausschließlichen Rechts seine marktbeherrschende Stellung missbräuchlich ausnutzt.[30] Die Handlung eines Mitgliedstaats kann nach Art. 106 Abs. 2 AEUV gerechtfertigt sein. Diese Vorschrift richtet sich anders als Art. 106 Abs. 1 AEUV nicht an die Mitgliedstaaten, sondern an öffentliche wie private Unternehmen, die mit Dienstleistungen von allgemeinem wirtschaftlichen Interesse betraut sind (oder den

---

23 EuGH, Rs. C-364/92 (Eurocontrol), Slg. 1994, I-55, Rn. 18.
24 So wohl: EuGH, Rs. C-519/04 P (David Meca-Medina und Igor Majcen), Slg. 2006, I-6991, Rn. 23.
25 EuGH, Rs. C-159/91 und C-160/91 (Poucet), Slg. 1993, I-637, Rn. 18 ff.; EuGH, Rs. C-205/03 P (FENIN), Slg. 2006, I-6295; siehe auch EuGH, Rs. C-264, 306, 354, 355/01 (AOK Bundesverband) Slg. 2004, I-2493: keine Unternehmenseigenschaft der Krankenkassen der gesetzlichen Krankenversicherung in Deutschland aufgrund der Wahrnehmung rein sozialer Aufgaben ohne Gewinnerzielungsabsicht und nach gesetzlich festgelegten Kriterien; dazu ausführlich *Kersting/Faust*, WuW 2011, 6; *Holzinger*, S. 92 ff.
26 EuG, Rs. T-155/04 (SELEX), Rn. 68.
27 EuGH, Rs. C-205/03 P (FENIN), Slg. 2006, I-6295.
28 EuGH, Rs. C-41/90 (Höfner/Macrotron), Slg. 1991, I-1979, Rn. 28.
29 EuGH, Rs. C-41/90 (Höfner/Macrotron), Slg. 1991, I-1979, Rn. 29.
30 EuGH, Rs. C-41/90 (Höfner/Macrotron), Slg. 1991, I-1979, Rn. 34.

T. Mäger

Charakter eines Finanzmonopols haben). Zwischen Art. 106 Abs. 1 und Art. 106 Abs. 2 AEUV besteht ein systematischer Zusammenhang: Ist der Ausnahmetatbestand des Art. 106 Abs. 2 AEUV erfüllt, kann die Maßnahme eines Mitgliedstaats, die eine bestimmte Handlung eines der in Art. 106 Abs. 1 AEUV genannten Unternehmen veranlasst, nicht gegen Art. 106 Abs. 1 AEUV verstoßen. Auch dürfen sich Mitgliedstaaten auf Art. 106 Abs. 2 AEUV berufen, sobald sie selbst durch staatliche Maßnahmen gegen Art. 106 Abs. 1 AEUV verstoßen würden.[31] Für die Normadressaten des Art. 106 Abs. 2 AEUV gelten die Regeln des AEUV und insbesondere dessen Wettbewerbsregeln nicht, soweit die Anwendung dieser Vorschriften die Erfüllung der den Normadressaten übertragenen besonderen Aufgabe rechtlich oder tatsächlich verhindert.

In einigen jüngeren Urteilen haben die europäischen Gerichte die Unternehmenseigenschaft 17 verneint, obwohl es auch möglich gewesen wäre, die Anwendbarkeit des europäischen Kartellrechts im konkreten Fall nach Art. 106 Abs. 2 AEUV in Abrede zu stellen, was eine flexiblere Anwendung des europäischen Kartellrechts ermöglicht hätte.[32]

II. Sachlicher Geltungsbereich

Das europäische Kartellrecht erfasst grundsätzlich alle Wirtschaftsbereiche,[33] wobei teilweise 18 sektorspezifische Sonderregelungen bestehen. Die allgemeinen Regeln des europäischen Kartellrechts gelten insbesondere auch für den **Montanbereich**, da mit Ablauf der 50-jährigen Geltungsdauer des EGKS-Vertrages am 22. Juli 2002 dessen besondere Wettbewerbsregeln (Art. 65, 66) außer Kraft getreten sind. Gleichzeitig sind die nationalen Wettbewerbsregeln, deren Anwendung zuvor ausgeschlossen war, seitdem anwendbar.[34] Dies gilt insbesondere auch für den Bereich der Fusionskontrolle, für den nach altem Recht ausschließlich die Kommission zuständig war.

III. Räumlicher Geltungsbereich

1. Allgemein

Der räumliche Geltungsbereich der Art. 101 bis Art. 105 AEUV erstreckt sich auf die 27 Mit- 19 gliedstaaten der EU, Art. 52 Abs. 1 EUV. Das EWR-Abkommen (Art. 53, 54) hat den Geltungsbereich der Wettbewerbsregeln des EG-Vertrages ab 1. Januar 1994 auch auf die **EFTA-Staaten** erstreckt (mit Ausnahme der Schweiz, die dem EWR nicht beigetreten ist). Seit dem Beitritt Schwedens, Finnlands und Österreichs zur Union betrifft das EWR-Abkommen nur noch **Norwegen, Island** und **Liechtenstein**.[35]

Die EFTA verfügt mit der **EFTA-Überwachungsbehörde** (Art. 108 Abs. 1 EWR-Abkommen) 20 und dem **EFTA-Gerichtshof** (Art. 108 Abs. 2 EWR-Abkommen) im Anwendungsbereich des EWR-Abkommens über eigene Organe. Die Zuständigkeitsverteilung zwischen der Kommission einerseits und der EFTA-Überwachungsbehörde andererseits beruht auf dem sog. Zwei-Pfeiler-Modell, Art. 56 EWR-Vertrag. Danach ist jeweils nur eines der Organe zur Entscheidung über einen bestimmten Einzelfall berufen.[36]

---

31 EuGH, Rs. C-320/91 (Corbeau), Slg. 1993, I-2533, Rn. 13 f.
32 Siehe z.B. Rn. 15 zu Krankenkassen.
33 EuGH, Rs. 65/86 (Verband der Sachversicherer), Slg. 1987, 405, 451.
34 Aufgrund des seit 1. Mai 2004 erweiterten Vorranges insbesondere des Art. 101 AEUV vor den Kartellrechtsregimen der Mitgliedstaaten (dazu unter Rn. 47 ff. darf die praktische Auswirkung der Anwendbarkeit nationalen Rechts (abgesehen von der Fusionskontrolle) allerdings nicht überschätzt werden.
35 Zu Einzelheiten, insbesondere auch im Hinblick auf die Geltung der Wettbewerbsregeln im Verhältnis zur Schweiz, siehe *Mestmäcker/Schweitzer*, § 1, Rn. 32 ff.
36 Für Art. 53 EWR-Vertrag, der Art. 101 AEUV entspricht, gilt Folgendes: Für die "reinen" EU Fälle und die "gemischten" Fälle, die den zwischenstaatlichen Handel beeinträchtigen, sind die Kommission und der EuGH zuständig. Über die "reinen" EFTA-Fälle und jene "gemischten" Fälle, in denen die betreffenden Unternehmen im Gebiet der EFTA-Staaten zumindest 33 % ihres Umsatzes im EWR erzielen, entscheiden die EFTA-Überwachungsbehörde und der EFTA-Gerichtshof. Für Art. 54 EWR-Vertrag, der Art. 102 AEUV entspricht, gilt Folgendes: Einzelfälle werden von demjenigen Überwachungsorgan entschieden, in dessen Zuständigkeitsbereich die beherrschende Stellung festgestellt wird, siehe im Einzelnen *Mestmäcker/Schweitzer*, § 1, Rn. 37; zur Fusionskontrolle siehe 8. Kap., Rn. 144 ff.

T. Mäger 45

2. Extraterritoriale Anwendung des europäischen Kartellrechts

21   In einigen Kartellrechtsordnungen ist ausdrücklich geregelt, in welchem Umfang sie auf grenzüberschreitende Sachverhalte anwendbar sind. Beispielsweise findet nach § 130 Abs. 2 GWB
das deutsche Kartellrecht Anwendung auf alle Wettbewerbsbeschränkungen, die sich im Geltungsbereich des Gesetzes, d.h. innerhalb Deutschlands, auswirken, auch wenn sie außerhalb
des Geltungsbereiches veranlasst werden (**Auswirkungsprinzip**). Ähnliches gilt für das US-amerikanische Antitrustrecht.[37] Der AEUV enthält zwar keine vergleichbare Kollisionsnorm. Nach
Art. 3 Abs. 1 lit. b) AEUV (ex Art. 3 Abs. 1 lit. g) EG) wird aber lediglich der Wettbewerb innerhalb des Binnenmarktes geschützt. Dementsprechend verbietet Art. 101 AEUV Vereinbarungen, die eine Einschränkung des Wettbewerbs „innerhalb des Binnenmarktes bezwecken
oder bewirken". Art. 102 AEUV verbietet die Ausnutzung einer beherrschenden Stellung „auf
dem Binnenmarkt oder einem wesentlichen Teil desselben". Auszugehen ist deshalb auch im
europäischen Kartellrecht vom Auswirkungsprinzip.[38] Dies entspricht auch der Auffassung der
Kommission.[39] Der EuGH hat in seiner bisherigen Rechtsprechung ebenfalls eine Tendenz zum
Auswirkungsprinzip erkennen lassen, bislang aber eine eindeutige Stellung zu diesem Prinzip
und zu seiner Vereinbarkeit mit dem Völkerrecht vermieden.[40]

22   Von den europäischen Wettbewerbsregeln werden demnach nicht nur diejenigen Fälle erfasst,
in denen Unternehmen durch Handlungen innerhalb des Binnenmarktes die tatbestandsmäßigen Voraussetzungen einer europäischen Wettbewerbsregel erfüllen. Vielmehr fallen auch diejenigen Wettbewerbsbeschränkungen unter Art. 101 und Art. 102 AEUV, die sich im Binnenmarkt auswirken, aber von außen her initiiert worden sind, ohne dass die Parteien in der Union
selbst gehandelt haben. Umgekehrt gelten die Wettbewerbsregeln nicht für wettbewerbsbeschränkende Verhaltensweisen, die ausschließlich Drittstaaten betreffen und sich nicht innerhalb der Union auswirken, unabhängig davon, ob sie innerhalb oder außerhalb der Union initiiert wurden. Für die Anwendbarkeit des europäischen Kartellrechts spielt es keine Rolle, ob
die beteiligten Unternehmen ihren Sitz innerhalb oder außerhalb der Union haben.

23   Die Anwendung des Auswirkungsprinzips birgt das Risiko, dass Konflikte mit Drittstaaten über
die Reichweite der Wettbewerbsregeln der Union entstehen.[41] Die Kommission ist deshalb bestrebt, Streitigkeiten durch den Abschluss von Abkommen über die Zusammenarbeit bei der
Anwendung des Kartellrechts vorzubeugen.[42]

3. Fusionskontrolle

24   Die europäische Fusionskontrolle gilt nur für Zusammenschlüsse von unionsweiter Bedeutung,[43] Art. 1 Abs. 1 FKVO. Dieser Begriff wird allerdings ausschließlich anhand von **Umsatz-
schwellenwerten** definiert, Art. 1 Abs. 2 und 3 FKVO. Sind die Umsatzschwellen erfüllt, wird
die fusionskontrollrechtliche Anmeldepflicht von der Kommission bejaht. Ob der Zusammenschluss inhaltlich Auswirkungen auf die Union hat, wird nicht geprüft.[44]

---

37   Ausführlich *Mestmäcker/Schweitzer*, § 6, Rn. 11 ff.
38   Demgegenüber ist das Tatbestandsmerkmal der Eignung zur Beeinträchtigung des zwischenstaatlichen Han-
     dels (dazu Rn. 67 ff.) in diesem Zusammenhang ohne Aussagekraft. Es begrenzt den Anwendungsbereich der
     Wettbewerbsregeln der Union gegenüber den Rechtsordnungen der Mitgliedstaaten, nicht jedoch gegenüber
     den Rechtsordnungen von Drittländern.
39   Siehe etwa Entscheidung im Fall Zellstoff, ABl. 1985 L 85/1, 25 ff.
40   EuGH, Rs. 89, 104, 114, 117, 125 bis 129/85 (Ahlström/Zellstoff), Slg. 1988, 5193; der EuG hat sich im Fall
     Gencor/Lonrho zum Auswirkungsprinzip bekannt, Rs. T-102/96, Slg. 1999, II-753, Rn. 76 ff., 89 ff.; dazu:
     Gonzales Diaz/ Gippini-Fournier/Mojzesowicz, in: Loewenheim/Meessen/Riesenkampff, Art. 81 Abs. 1,
     Rn. 173 ff.; siehe auch *Schröter*, in: von der Groeben/Schwarze, Vorbemerkung zu den Art. 81 bis 85 EG,
     Rn. 95 ff, 100.
41   Zu den völkerrechtlichen Grenzen des Auswirkungsprinzips siehe *Mestmäcker/Schweitzer*, § 6, Rn. 46 ff.
42   Siehe etwa das Abkommen zwischen der EU Kommission und der Regierung der Vereinigten Staaten von
     Amerika über die Anwendung der Wettbewerbsgesetze, ABl. 1991 L 95/47.
43   Die FKVO verweist noch auf den Begriff "gemeinschaftsweite Bedeutung". Eine Anpassung an "unionsweite
     Bedeutung" ist bislang nicht erfolgt.
44   Vgl. 8. Kap., Rn. 72 ff.; kritisch *Wiedemann*, in: Wiedemann, § 5, Rn. 16.

T. Mäger

E. Durchsetzung des europäischen Kartellrechts

Das europäische Kartellrecht war schon immer in Deutschland unmittelbar geltendes Recht   25
und damit von den Behörden und Gerichten zu berücksichtigen. Dies gilt sei jeher für das
Missbrauchsverbot des Art. 102 AEUV. Bis zur Kartellverfahrensverordnung (EG) Nr. 1/2003,
die seit 1. Mai 2004 gilt, gab es jedoch eine praktisch wichtige Besonderheit im Hinblick auf
Art. 101 AEUV (ex Art. 81 EG). Für eine „Freistellung" nach Art. 81 Abs. 3 EG (dazu sogleich)
war ausschließlich die Kommission zuständig, die damit praktisch ein Durchsetzungsmonopol
im Hinblick auf Art. 81 EG besaß. Im Zuge des grundlegenden Systemwechsels gemäß der VO
(EG) Nr. 1/2003 wurde diese Besonderheit abgeschafft. Das geltende Normgefüge erschließt
sich am besten durch einen Rückblick auf die Rechtslage bis zum 1. Mai 2004.

I. Hintergrund der Reform 2004

Die Einzelheiten zur Durchsetzung der Art. 101 und Art. 102 AEUV sind nach Art. 103 AEUV   26
(ex Art. 83 EG) einer vom Rat zu erlassenden Verordnung vorbehalten. Bis zum 1. Mai 2004
war dies die im Jahre 1962 erlassene VO (EWG) Nr. 17/62. Diese regelte insbesondere die
zentrale Frage, auf welchem Weg eine „**Freistellung**" nach Art 101 Abs. 3 AEUV (ex Art. 81
Abs. 3 EG) erfolgt. Der Begriff der Freistellung knüpft an den mehrstufigen Aufbau von
Art. 101 AEUV an. Nach Art. 101 Abs. 1 AEUV sind wettbewerbsbeschränkende Vereinbarungen unzulässig, soweit sie nicht die Voraussetzungen des Art. 101 Abs. 3 AEUV erfüllen.
Nach Art. 101 Abs. 3 AEUV können die Bestimmungen des Art. 101 Abs. 1 AEUV „für nicht
anwendbar erklärt" werden auf Vereinbarungen, die unter angemessener Beteiligung der Ver-
braucher Effizienzgewinne bewirken, hierzu unerlässlich sind und den Wettbewerb nicht ausschalten. Die Regelung des Art. 101 Abs. 3 AEUV wird als „Freistellung" bezeichnet. Der VO
(EWG) Nr. 17/62 lag die Vorstellung zugrunde, dass eine derartige Freistellung eine behördliche Entscheidung voraussetzt und zudem nur die Europäische Kommission befugt war, im
Einzelfall Freistellungsentscheidungen zu treffen (**Freistellungsmonopol**), Art. 9 Abs. 1 VO
(EWG) Nr. 17/62.

Die Kommission durfte das Verbot einer Wettbewerbsbeschränkung gemäß Art. 101 Abs. 1   27
AEUV erst feststellen, nachdem sie vorher die Möglichkeit einer Ausnahme nach Art. 101
Abs. 3 AEUV geprüft hatte und dabei zu einem negativen Ergebnis gelangt war. Dies bereitete
allerdings keine Probleme, da die Kommission diese Prüfung selbst vornehmen konnte. Demgegenüber mussten sich die nationalen Behörden und Gerichte grundsätzlich auf die Anwendung von Art. 101 Abs. 1 AEUV beschränken. Dabei war jedoch darauf zu achten, dass durch
eine Entscheidung in Anwendung des Art. 101 Abs. 1 AEUV nicht eine ernsthaft in Betracht
kommende Freistellung der Absprache nach Art. 101 Abs. 3 AEUV durch die Kommission tatsächlich verhindert wurde.[45] Waren die Voraussetzungen des Art. 101 Abs. 1 AEUV offensichtlich nicht erfüllt und bestand somit nicht die Gefahr einer anders lautenden Entscheidung
der Kommission, so konnte das nationale Gericht eine Entscheidung treffen. Gleiches galt,
wenn ein Verstoß gegen Art. 101 Abs. 1 AEUV außer Zweifel stand und unter Berücksichtigung
der Gruppenfreistellungsverordnungen[46] und der bisherigen Entscheidungspraxis der Kommission eine Freistellung nach Art. 101 Abs. 3 AEUV keinesfalls in Betracht kam.[47] Kam das
Gericht demgegenüber zu dem Ergebnis, dass eine Freistellung in Betracht kam (was grundsätzlich eine Anmeldung voraussetzte),[48] konnte das Gericht beschließen, das Verfahren auszusetzen oder einstweilige Maßnahmen zu treffen.[49] Ob die Voraussetzungen des Art. 101
Abs. 3 AEUV erfüllt sind oder nicht, lässt sich indessen angesichts der vom Gesetz verwendeten

---

45 Bekanntmachung der Kommission über die Zusammenarbeit der Kommission und Gerichte der Mitgliedstaa-
    ten, ABl. 1993 C 39/5, Rn. 24ff; Bekanntmachung über die Zusammenarbeit zwischen der Kommission und
    den Wettbewerbsbehörden der Mitgliedstaaten, ABl. 1998 C 313/3, Rn. 37ff, 53, 56ff; *Schröter*, in: von der
    Groeben/Schwarze, Art. 81 Abs. 3, Rn. 268; *Schröter*, in: Schröter/Jakob/Mederer, Art. 81, Rn. 276.
46 Dazu sogleich Rn. 28.
47 EuGH, Rs. C-234/89 (Delimitis), Slg. 1991, I-935, Rn. 50.
48 EuGH, Rs. C-234/89 (Delimitis), Slg. 1991, I-935, Rn. 51.
49 EuGH, Rs. C-234/89 (Delimitis), Slg. 1991, I-935, Rn. 52.

unbestimmten Rechtsbegriffe oft nur schwer beurteilen. Das Freistellungsmonopol der Kommission führte in der Praxis deshalb zu einem weitgehenden **Durchsetzungsmonopol** für das europäische Wettbewerbsrecht. Die nationalen Wettbewerbsbehörden wandten demgegenüber in erster Linie ihr eigenes nationales Wettbewerbsrecht an.

28 Die Kompetenzverteilung der VO (EWG) Nr. 17/62 zwischen der Kommission einerseits und den nationalen Behörden andererseits war nicht nur rechtssystematisch unbefriedigend. Sie führte auch zu einer Arbeitsüberlastung der Kommission. Freistellungsanträge erfolgten gemäß einem detaillierten Formblatt (Formblatt A/B). Es kam zu einer Vielzahl von Anträgen auf Einzelfreistellung. Die Kommission versuchte, das Massenproblem durch verschiedene Maßnahmen zu bewältigen. Insbesondere wurden sogenannte **Gruppenfreistellungsverordnungen** (GVO) erlassen. Die Möglichkeit hierzu war bereits in Art. 83 EG in Verbindung mit Art. 81 Abs. 3 EG (nunmehr: Art. 103 AEUV in Verbindung mit Art. 101 Abs. 3 AEUV) angelegt: Nach Art. 101 Abs. 3 AEUV kann das Verbot wettbewerbsbeschränkender Vereinbarungen nach Art. 101 Abs. 1 AEUV auch auf Gruppen von Vereinbarungen für nicht anwendbar erklärt werden. „Gruppen" von Absprachen sind solche, denen gemeinsame oder vergleichbare Tatbestände zu Grunde liegen, die angesichts der weitreichenden Gleichförmigkeit der Interessen der Beteiligten selbst, ihrer Handelspartner, ihrer Wettbewerber sowie der Verbraucher einer typisierenden Beurteilung zugänglich sind.[50] Erfüllte eine Vereinbarung die in einer GVO festgelegten Voraussetzungen für den Eintritt der gruppenweisen Freistellung, war eine Anmeldung der Vereinbarung bei der Kommission nicht mehr erforderlich. Die Freistellungswirkung trat automatisch ein.

29 Trotz des Erlasses von GVO und anderen auf die Entlastung der Kommission gerichteten Maßnahmen zeigte sich aber, dass die Kommission die Vielzahl von Freistellungsanträgen nicht bewältigen konnte. Förmliche Freistellungsentscheidungen nach Art. 81 Abs. 3 EG wurden deshalb nur in sehr wenigen Fällen – und nach langen Verwaltungsverfahren – erteilt.[51] In den allermeisten Fällen mussten sich die Unternehmen mit sogenannten **Verwaltungsschreiben** (*comfort letters*) begnügen, die lediglich zu einer Selbstbindung der Kommission gegenüber dem Adressaten führten. Im Ergebnis war die Durchsetzung der – unionsweit geltenden – Art. 81 und 82 EG (nunmehr: Art. 101 und Art. 102 AEUV) innerhalb der Union nicht gewährleistet. Infolge des Beitritts weiterer zehn Mitgliedstaaten zur EU zum 1. Mai 2004 hätte sich das Problem mangelnder Kohärenz auf dem Gebiet des Kartellrechts weiter verschärft.[52] Die Kommission hat sich deshalb entschlossen, die Mängel des Anmelde- und Genehmigungssystems – insbesondere die Ineffizienz und die mangelnde Beteiligung der nationalen Behörden und Gerichte an der Kontrolle wettbewerbsbeschränkender Vereinbarungen – zu beseitigen. Dies ermöglicht der Kommission auch, frei werdende Ressourcen verstärkt in der Kartellbekämpfung und in der faktischen Öffnung rechtlich liberalisierter Sektoren (etwa im Energiebereich) einzusetzen.

30 Die Kommission hat deshalb im Frühjahr 1999 mit einem Weißbuch eine umfassende Neuordnung des Regimes der VO (EWG) Nr. 17/62 vorgeschlagen[53] und ein Jahr später den Ent-

---

50 *Schröter,* in: Schröter/Jakob/Mederer, Vorbemerkung zu den Art. 81 Abs. 3, Rn. 323. Zunächst war streitig, ob die Kommission befugt ist, Typen von Wettbewerbsbeschränkungen freizustellen. Der drohende Kompetenzkonflikt zwischen Kommission und Rat wurde durch einen Kompromiss beigelegt. Danach bestimmt der Rat in einer Rahmenverordnung, auf welche Kategorien von Absprachen Art. 101 Abs. 3 AEUV angewendet werden kann, und ermächtigt zugleich die Kommission zum Erlass von Durchführungsvorschriften. Die Zulässigkeit dieses zweistufigen Rechtsetzungssystems wurde vom Gerichtshof bestätigt: EuGH, Rs. 32/65 (Italien), Slg. 1966, 457, 481. In der Folgezeit hat die Kommission eine Reihe von GVO erlassen, etwa zu Alleinvertriebs- und Alleinbezugsvereinbarungen zum Zwecke des Weiterverkaufs. Neben den erwähnten Ermächtigungsverordnungen hat der Rat von der Befugnis, GVO selbst zu erlassen, nur teilweise im Verkehrsbereich Gebrauch gemacht.

51 Die nachteiligen Folgen dieser Praxis wurden dadurch abgemildert, dass die Vereinbarungen ab Anmeldung ohne Bußgeldrisiko praktiziert werden konnten, Art. 15 Abs. 5. a) VO (EWG) Nr. 17/62.

52 *Schwarze/Weitbrecht,* § 1, Rn. 5.

53 Weißbuch über die Modernisierung der Vorschriften zur Anwendung der Art. 85 und 86 EGV, ABl. 1999 C 132, 1 ff.; siehe auch *Schaub/Dohms,* WuW 1999, 1055 ff.; *Deselaers,* EWS 2000, 41 ff.

T. Mäger

wurf einer neuen Verordnung vorgelegt.[54] Nach intensiver Diskussion haben die Mitgliedstaaten und das Europäische Parlament[55] dem Reformvorhaben im Wesentlichen zugestimmt und die VO (EG) Nr. 1/2003 wurde vom Rat erlassen.

II. Prinzip der Legalausnahme (Rechtslage seit 1. Mai 2004)

1. Allgemein

Das neue Regime hat das System des behördlichen Genehmigungsvorbehalts durch das Prinzip der **Legalausnahme** ersetzt. Vereinbarungen, die zwar gegen Art. 101 Abs. 1 AEUV verstoßen, aber die Voraussetzungen des Art. 101 Abs. 3 AEUV erfüllen, sind künftig automatisch vom Verbot des Art. 101 Abs. 1 AEUV ausgenommen, ohne dass es einer behördlichen Entscheidung bedarf, Art. 1 Abs. 2 VO (EG) Nr. 1/2003. Ob die Voraussetzungen des Art. 101 Abs. 3 AEUV vorliegen, muss – wie bei jeder „normalen" Rechtsnorm auch – von den Parteien selbst geprüft und beurteilt werden („Selbstveranlagung"). Der Maßstab des Art. 101 Abs. 3 AEUV (bisher: Art. 81 Abs. 3 EG) ist allerdings sehr allgemein formuliert. Freigestellt sind wettbewerbsbeschränkende Vereinbarungen, wenn sie unter angemessener Beteiligung der Verbraucher Effizienzgewinne bewirken, hierzu unerlässlich sind und den Wettbewerb nicht ausschalten. Bei der Auslegung kommt der bisherigen gerichtlichen und behördlichen Praxis große Bedeutung zu. Dies gilt insbesondere für die GVO. 31

2. Rechtswirkungen der GVO im System der Legalausnahme

Im System der Legalausnahme stellen GVO auf dem ersten Blick einen Fremdkörper dar: Was durch Legalausnahme schon erlaubt ist, kann – so könnte man argumentieren – durch Verordnungen nicht noch einmal erlaubt werden. In der Literatur wird den GVO deshalb oft nur eine rein deklaratorische Wirkung zugebilligt.[56] Die direkte Anwendbarkeit des Art. 101 Abs. 3 AEUV hat jedoch nur die Möglichkeit einer „Entscheidung" beseitigt, Art. 1 Abs. 2 VO (EG) Nr. 1/2003. Hierunter fallen Einzelfreistellungen der Kommission im Wege des förmlichen Beschlusses nach Art. 288 Abs. 3 AEUV.[57] Demgegenüber ergeht eine GVO in der Rechtsform der VO nach Art. 288 Abs. 2 AEUV. Die VO (EG) Nr. 1/2003 lässt das Instrument der GVO ausdrücklich unberührt. Die VO (EG) Nr. 1/2003 setzt vielmehr die Fortgeltung der bestehenden Ermächtigungsverordnungen des Rates und der auf ihrer Grundlage erlassenen GVO der Kommission sowie ihre Berechtigung zum Erlass weiterer GVO in der Zukunft voraus. Dies ergibt sich aus Erwägungsgrund 10 der VO (EG) Nr. 1/2003, aus der Entzugsmöglichkeit nach Art. 29 VO (EG) Nr. 1/2003 sowie daraus, dass GVO ausdrücklich an der Vorrangwirkung des Unionsrechts nach Art. 3 Abs. 2 VO (EG) Nr. 1/2003 partizipieren.[58] Art. 101 Abs. 3 AEUV gewinnt damit eine „Doppelfunktion": Sind die Voraussetzungen der Vorschrift erfüllt, führt dies unmittelbar zur Freistellung, d.h.; Zulässigkeit, wettbewerbsbeschränkender Absprachen. Gleichwohl bleibt die Vorschrift einer Konkretisierung durch abstrakt-generelle Regelungen für eine unbestimmte Vielzahl von Fällen durch sekundärrechtliche Verordnungen zugäng- 32

---

54 Vorschlag für eine Verordnung des Rates zur Durchführung der in den Art. 81 und 82 EG-Vertrag niedergelegten Wettbewerbsregeln und zur Änderung der Verordnungen (EWG) Nr. 1017/68, (EWG) Nr. 2988/74, (EWG) Nr. 4056/86 und (EWG) Nr. 3975/87, KOM (2000) 582 endg., ABl. 2000 C 365 E, 284 ff.

55 Entschließung des Europäischen Parlaments zum Weißbuch der Kommission über die Modernisierung der Vorschriften zur Anwendung der Art. 85 und 86 EG-Vertrag (KOM 1999 101-C 5-0105/1999-1999/2108 (COS)), ABl. 2000 C 304, 66 ff.

56 *Schwarze/Weitbrecht*, § 2, Rn. 25; *Hirsch*, ZWeR 2003, 233, 246 f.; *Koenigs*, DB 2003, 755, 756; *GK/Schütz*, Art. 29 VO 1/2003, Rn. 9, 11; so wohl auch: *Bechold/Bosch/Brinker/Hirsbrunner*, Art. 1 VO 1/2003, Rn. 22: Deklaratorische Wirkung, aber verbindliche Regelung.

57 Die informelle Entscheidung im Sinne von Art. 249 Abs. 4 EG ist als Beschluss im Sinne von Art. 288 Abs. 3 AEUV zu qualifizieren, *Gregor*, in WRP 2008, 330, 333.

58 *Fuchs*, ZWeR 2005, 1, 7.

lich.[59] Damit ergibt sich, dass GVO auch im System der Legalausnahme **konstitutive** Wirkungen entfalten.[60]

33 GVO bilden also nach wie vor einen „sicheren Hafen", d.h. die GVO konkretisieren rechtsverbindlich – auch für die Gerichte und Behörden der Mitgliedstaaten[61] – die Tatbestandsvoraussetzungen des Art. 101 Abs. 3 AEUV.[62] Die GVO verlieren ihre normkonkretisierende Wirkung auch dann nicht, wenn **im Einzelfall** die materiellen **Freistellungsgrenzen** des Art. 101 Abs. 3 AEUV **überschritten** sein sollten (Abschirmeffekt).[63] Die Freistellung bleibt vielmehr solange bestehen, bis dem beteiligten Unternehmen der Rechtsvorteil der GVO durch gesonderte Entscheidung der Kommission nach Art. 29 Abs. 1 VO (EG) Nr. 1/2003 oder einer nationalen Wettbewerbsbehörde nach Art. 29 Abs. 2 VO (EG) Nr. 1/2003 wieder **entzogen** wird. Diese Entzugsentscheidung wirkt **konstitutiv**[64] und mit Wirkung ex nunc.

34 Der Abschirmeffekt entfällt nur, wenn eine GVO den Ermächtigungsrahmen überschreitet oder bereits auf abstrakt-genereller Ebene gegen die Kriterien der primärrechtlichen Legalausnahme nach Art. 101 Abs. 3 AEUV verstößt. Die Rechtswidrigkeit und **Unwirksamkeit** der GVO kann jedoch nur der EuGH verbindlich feststellen. Bis dahin haben nationale Behörden und Gerichte die GVO zu beachten. Zieht ein mitgliedstaatliches Gericht die Gültigkeit einer GVO in Zweifel, muss es den EuGH im Wege des Vorabentscheidungsersuchens nach Art. 267 AEUV anrufen.[65]

35 GVO sind aufgrund ihres abstrakt-generellen Regelungscharakters grundsätzlich wie Gesetze **auszulegen**. Entscheidungserhebliche Auslegungszweifel sind dem EuGH im Verfahren nach Art. 267 AEUV vorzulegen.[66]

36 Eine **analoge Anwendung** einer GVO dürfte kritisch zu beurteilen sein, da der Abschirmeffekt der GVO über den eigentlichen Anwendungsbereich hinaus ausgedehnt und die Beweislastregelung des Art. 2 VO (EG) Nr. 1/2003 ausgehebelt würde.[67] Bei **Überschreitung** des Anwendungsbereichs einer GVO gilt allerdings **nicht** die **Vermutung der Rechtswidrigkeit**.[68] Dies folgt schon daraus, dass eine Freistellung bei direkter Anwendung von Art. 101 Abs. 3 AEUV möglich ist. Bei geringfügiger Überschreitung einer GVO liegt eine derartige Freistellung sogar nahe.[69]

37 In den Ermächtigungsverordnungen des Rates werden der Kommission bestimmte strukturelle Vorgaben für den Erlass von GVO gemacht. Hierzu gehört eine zeitliche Befristung der Geltungsdauer der GVO. Angesichts des konstitutiven Charakters von GVO behalten derartige

---

59 *Fuchs*, ZWeR 2005, 1, 11.
60 *Fuchs*, ZWeR 2005, 1, 11; im Ergebnis ebenso *Schumacher*, WuW 2005, 1222, 1224, K. *Schmidt*, BB 2003, 1237, 1241; *Wagner*, WRP 2003, 1369, 1375; *Jaeger*, WuW 2000, 1062, 1066; *Eilmansberger*, JZ 2001, 365, 273 f.; *Veelken*, in: Immenga/Mestmäcker, EG-WettbR, GFVO (Vertikal-GVO), Rn. 55; ähnlich *Bornkamm*, FS Baudenbacher, S. 299, 305 f. (keine gestaltende Wirkung, aber auch nicht lediglich deklaratorische Wirkung, da nationale Richter nicht über GVO als unmittelbar anzuwendendes Recht hinwegsetzen dürfte).
61 *Fuchs*, ZWeR 2005, 1, 11 f.
62 Siehe auch Art. 3 Abs. 2 Satz 1 VO (EG) Nr. 1/2003, der die Vorrangwirkung des Art. 81 EG (nunmehr Art. 101 AEUV) gegenüber einer abweichenden Anwendung nationalen Wettbewerbsrecht ausdrücklich auch auf Verhaltensweisen erstreckt, die "durch eine Verordnung zur Anwendung von Art. 81 Abs. 3 [nunmehr Art. 101 Abs. 3 AEUV]" des Vertrages erfasst sind. Dies wäre überflüssig, wenn die GVO nur feststellen könnten, was ohnehin von Rechts wegen nach Art. 81 Abs. 3 EG (nunmehr Art. 101 Abs. 3 AEUV) gilt, *Fuchs*, ZWeR 2005, 1, 11.
63 *Fuchs*, ZWeR 2005, 1, 8, 12; *Lampert/Niejahr/Kübler/Weidenbach*, Rn. 13; *Wagner*, WRP 2003, 1369, 1377; a.A. *GK/Schütz*, Art. 29 VO 1/2003, Rn. 11 und 27; *Brunn*, S. 83, 88.
64 *Fuchs*, ZWeR 2005, 1, 12; im Ergebnis auch *Brunn*, S. 93; a.A. *GK/Schütz*, Art. 29 VO 1/2003, Rn. 14, 24 und 26: Entzug nur noch deklaratorisch.
65 *Brunn*, S. 53 f.; *Fuchs*, ZWeR 2005, 1, 14.
66 Diskutiert wird, ob die enge Auslegung von GVO durch den EuGH (z.B. EuGH, Rs. C-266/93 (Volkswagen und VAG Leasing), Slg. 1995, I-3477, 3520) auf dem Boden des Systems der Legalausnahme weiterhin ihre Berechtigung hat, bejahend: *Mestmäcker/Schweitzer*, § 13, Rn. 2; *Fuchs*, ZWeR 2005, 1, 14; verneinend: *GK/Schütz*, Art. 2 VO 1/2003, Rn. 12.
67 *Fuchs*, ZWeR 2005, 1, 15, Fn. 84; zum Analogieverbot im alten Genehmigungssystem siehe EuGH, Rs. C-234/89 (Delimitis), Slg. 1991, I-935, 992.
68 So auch Vertikal-Leitlinien, Rn. 62; *Wagner*, WRP 2003, 1369, 1378.
69 Siehe Rn. 121.

T. Mäger

Befristungen ihren Sinn. Nach **Auslaufen einer GVO** wird aber eine positive Indizwirkung für die Erfüllung der Freistellungsvoraussetzung des Art. 101 Abs. 3 AEUV anzunehmen sein.[70]

3. Praktische Aspekte

Der Erlass neuer bzw. die Verlängerung bestehender GVO ist auch in Zukunft zulässig und im Hinblick auf das dadurch erreichbare Maß an Rechtssicherheit auch wünschenswert. Daneben kann die Kommission Leitlinien in Form von Bekanntmachungen erlassen. Mangels Normqualität entfalten diese zwar keine unmittelbare Bindungswirkung, sondern führen lediglich zu einer Selbstbindung der Kommission.[71] Angesichts der Vielzahl von Generalklauseln und unbestimmten Rechtsbegriffen im Kartellrecht besteht für diese Instrumentarien aber gleichwohl ein großes praktisches Bedürfnis.   **38**

Das neue Regime sieht zwei Instrumente vor, die ihrer Funktion nach die Verwaltungsschreiben nach altem Recht ersetzen. Möglich sind zum einen **informelle Beratungsschreiben** der Kommission, Art. 10 VO (EG) Nr. 1/2003, die im Amtsblatt zu veröffentlichen sind.[72] Zum anderen können die nationalen Wettbewerbsbehörden nach Art. 5 VO (EG) Nr. 1/2003 Entscheidungen des Inhalts erlassen, dass nach ihrer Auffassung **kein Anlass zum Einschreiten** besteht.[73] Die Ermächtigung des Art. 5 VO (EG) Nr. 1/2003 muss von den nationalen Gesetzgebern allerdings umgesetzt werden.[74] Die vorgenannten Instrumentarien entfalten jedoch keinerlei Bindungswirkung für die Gerichte und andere Kartellbehörden.   **39**

Mit der **Dezentralisierung der Rechtsanwendung** beim Vollzug des EU-Kartellrechts ist zunächst eine Verlagerung der Interpretationsherrschaft auf die Behörden und Gerichte der Mitgliedstaaten verbunden. Allerdings verfügt die Kommission über ein **Evokationsrecht** nach Art. 11 Abs. 6 VO (EG) Nr. 1/2003: Nach Art. 11 Abs. 3 und 4 VO (EG) Nr. 1/2003 müssen die nationalen Wettbewerbsbehörden der Mitgliedstaaten der Kommission vor Beginn der Verfahrenseinleitung, vor der Vornahme von Ermittlungshandlungen und vor Erlass der Entscheidung bestimmte Informationen in Fällen übermitteln, in denen sie nach Art. 101 oder Art. 102 AEUV tätig werden wollen.[75] Gewinnt die Kommission den Eindruck, dass die nationalen Behörden einem faktischen Vorrang des nationalen Kartellrechts durch extensive oder restriktive Interpretation der Freistellungsvoraussetzungen oder des Missbrauchbegriffs anstreben, kann die Kommission den Fall an sich ziehen und damit die Zuständigkeit der nationalen Wettbewerbsbehörden beenden. Mit der Dezentralisierung der Anwendung des EU-Kartellrechts hat die Kommission damit faktisch einen Machtzuwachs erfahren.[76]   **40**

Insgesamt sind die **nationalen Behörden und Gerichte** einem nicht zu unterschätzenden **Druck** ausgesetzt, Art. 101 und Art. 102 AEUV in **Übereinstimmung mit der Kommissionspraxis**, d.h. insbesondere unter Berücksichtigung der – rechtlich nur die Kommission bindenden[77] – Bekanntmachungen der Kommission, auszulegen.[78] Eine kohärente Auslegung reduziert das Risiko von Rechtsmitteln. Die nationalen Behörden müssen berücksichtigen, dass die Kommission das Verfahren nach Art. 11 Abs. 6 VO (EG) Nr. 1/2003 an sich ziehen kann. Die nationalen Gerichte müssen in Rechnung stellen, dass die Kommission ein paralleles Kartell-   **41**

---

70   *Schnelle/Bartosch/Hübner*, S. 59; *Fuchs*, ZWeR 2005, 1, 16; *Wagner*, WRP 2003, 1369, 1378 f.; siehe aber auch Rn. 123 zum Erlass einer neuen GVO mit strengeren Voraussetzungen.
71   Siehe Rn. 13 auch zur Kritik an der zunehmenden Nutzung von Leitlinien und Mitteilungen durch die Kommission.
72   12. Kap., Rn. 63 ff.
73   12. Kap., Rn. 172.
74   Siehe z.B. § 32 c GWB.
75   12. Kap., Rn. 99 ff.
76   *E. Rehbinder*, in: FS Immenga, S. 303, 305.
77   Dazu Rn. 13.
78   Auch, wenn es um die Auslegung rein deutschen Rechts geht, zieht der BGH die Praxis der europäischen Gerichte und der Europäischen Kommission heran, siehe z.B. BGH, KVR 1/09 (Phonak/GN Store), WuW/ E DE-R 2905, Rn. 50.

verfahren eröffnen und damit die Sperrwirkung des Art. 16 Abs. 1 Satz 1 VO (EG) Nr. 1/2003 begründen kann.[79]

F. Verhältnis des europäischen Kartellrechts zu anderen Rechtsordnungen

I. Verhältnis des europäischen Kartellrechts zum Kartellrecht der Mitgliedstaaten

42   Neben der unmittelbaren Anwendbarkeit des Art. 101 Abs. 3 AEUV[80] führte die VO (EG) Nr. 1/2003 zu einer zweiten grundlegenden Änderung des Rechtsrahmens. Diese betrifft die **Ausdehnung des Vorrangs** des europäischen Kartellrechts vor nationalen Kartellrechtsordnungen. Auch diese Änderung lässt sich am besten vor dem Hintergrund der alten Rechtslage darstellen.

1. Hintergrund der Reform 2004

43   In Art. 83 Abs. 2 lit. e) EG wurde der Rat ermächtigt, das Verhältnis zwischen dem EG-Kartellrecht und den nationalen Kartellrechtsordnungen zu regeln. Die VO (EWG) Nr. 17/62 hat hiervon jedoch keinen Gebrauch gemacht. Die Frage musste deshalb gerichtlich geklärt werden. In der grundlegenden *Walt Wilhelm*-Entscheidung[81] kam der EuGH zum Ergebnis, dass nationales und europäisches Kartellrecht **zwei Schranken** bilden, die von den Unternehmen nebeneinander zu beachten seien und von den Behörden angewandt werden könnten. Das nationale Kartellrecht dürfe sich allerdings nicht in Widerspruch zum EG-Kartellrecht setzen. Einen solchen Widerspruch sah der EuGH vor allem in den Fällen, in denen die Gemeinschaft „positive, obgleich mittelbare Eingriffe zur Förderung einer harmonischen Entwicklung des Wirtschaftslebens innerhalb der Gemeinschaft im Sinne von Art. 2 EWG-Vertrag" vornahm.[82] In derartigen Fällen sollte sich das Gemeinschaftsrecht entsprechend seinem allgemeinen **Vorrang** durchsetzen. Das wenig präzise Kriterium des „positiven Eingriffs" führte zu einer Reihe von Unschärfen hinsichtlich der Reichweite des Anwendungsvorranges.[83] Als „positiver Eingriff" wurden zunächst Einzelfreistellungen nach Art. 81 Abs. 3 EG (jetzt Art. 101 Abs. 3 AEUV) verstanden. Der Vorrang galt jedoch nicht für einfache Verwaltungsschreiben der Kommission nach Art. 81 Abs. 3 EG. Diese wurden vielmehr als bloßes Informationsmaterial für die Mitgliedstaaten angesehen und stellten lediglich ein Abwägungselement dar für die Anwendung des nationalen Rechts im Rahmen des Opportunitätsprinzips dar.[84] Der Vorrang wurde demgegenüber später auf GVO erstreckt.[85] Das bloße Vorliegen der Freistellungsvoraussetzungen nach Art. 81 Abs. 3 EG, ohne dass eine konstitutive Entscheidung seitens der Kommission vorlag, löste aber nach wie vor keine Vorrangwirkung aus.

44   Allgemein wurde angenommen, dass Art. 81 EG (jetzt Art. 101 AEUV) **keinen Vorrang** in den Fällen beanspruchte, in denen zwar der zwischenstaatliche Handel beeinträchtigt war, aber keine Wettbewerbsbeschränkung vorlag und damit insgesamt der Tatbestand des Art. 81 Abs. 1 EG nicht erfüllt, wohl aber ein Verstoß gegen nationales Recht gegeben war. Ebenso wurde in Missbrauchsfällen das nationale Recht angewandt, auch wenn dieses strenger als Art. 82 EG (jetzt Art. 102 AEUV) war.[86]

45   Außerhalb der – ohnehin eher restriktiven – Einzelfreistellungen und GVO verblieb für das nationale Kartellrecht damit ein großer Anwendungsbereich. In der Praxis stützten die Kar-

---

79 Zu dieser faktischen Bindungswirkung der Bekanntmachung der Kommission: *Pohlmann*, WuW 2005, 1005, 1008 f.
80 Siehe Rn. 31 ff.
81 EuGH, Rs. 14/68 (Walt Wilhelm), Slg. 1969, 1, Rn. 9.
82 EuGH, Rs. 14/68 (Walt Wilhelm), Slg. 1969, 1, Rn. 5.
83 E. *Rehbinder*, in: FS Immenga, S. 303, 304.
84 Siehe EuGH, Rs. 253/78 u. 1–3/79 (Guerlain), Slg. 1980, 2327, Rn. 17 f; E. *Rehbinder*, in: FS Immenga, S. 303, 304.
85 *Schwarze/Weitbrecht* § 3, Rn. 3.
86 EuGH, Rs. 253/78, 1–3/79 (Guerlain), Slg. 1980, 2327, Rn. 14 ff; *Schwarze/Weitbrecht* § 3, Rn. 5.

                        T. Mäger

tellbehörden der Mitgliedstaaten ihre Entscheidungen auch in diesen Fällen lediglich auf das nationale Recht.[87]

In privatrechtlichen Streitigkeiten hatten die nationalen Gerichte zwar Art. 81 Abs. 1 und 2 EG (jetzt Art. 101 Abs. 1 und 2 AEUV) sowie Art. 82 EG (jetzt Art. 102 AEUV) als unmittelbar geltendes Recht zu berücksichtigen.[88] Da die nationalen Gerichte aufgrund des Freistellungsmonopols der Kommission nicht ermächtigt waren, Art. 81 Abs. 3 EG (jetzt Art. 101 Abs. 3 AEUV) selbst anzuwenden, ergaben sich hieraus jedoch teilweise Probleme.[89] Das EG-Kartellrecht spielte in zivilrechtlichen Streitigkeiten jedenfalls nur selten eine Rolle. Zudem haben deutsche Gerichte sich weitgehend auf die Anwendung deutschen Rechts beschränkt, sofern sich keine Partei auf das EG-Kartellrecht berief.[90]   **46**

2. Erweiterung des Vorrangs des Europäischen Kartellrechts (Rechtslage seit 1. Mai 2004)

Die VO (EG) Nr. 1/2003 hat zu einer klareren Abgrenzung der Anwendbarkeit des europäischen Kartellrechts gegenüber den nationalen Kartellrechtsordnungen geführt und insgesamt den Vorrang des europäischen Kartellrechts erheblich erweitert. Danach müssen Behörden und Gerichte der Mitgliedstaaten Art. 101 und Art. 102 AEUV auf unternehmerische Verhaltensweisen anwenden, die geeignet sind, den Handel zwischen den Mitgliedstaaten zu beeinträchtigen (Zwischenstaatlichkeitskriterium). Zwar kann das jeweilige nationale Recht daneben angewendet werden. Im Konfliktfall setzt sich jedoch das Unionsrecht durch, Art. 3 Abs. 2 S. 1 VO (EG) Nr. 1/2003. Die parallele Anwendung läuft deshalb weitgehend leer. Lediglich im Bereich des Art. 102 AEUV können unter bestimmten Voraussetzungen strengere nationale Vorschriften angewandt werden.[91] Soweit das Zwischenstaatlichkeitskriterium nicht erfüllt ist, wird das nationale Recht ausschließlich angewandt. Hierfür macht das Unionsrecht keine Vorgaben.[92]   **47**

a) Reichweite des erweiterten Vorrangs des europäischen Kartellrechts. Mit dem durch die VO (EG) Nr. 1/2003 vollzogenen Systemwechsel – Legalausnahme statt Genehmigungsvorbehalt[93] – erstreckt sich der **Vorrang** des europäischen Kartellrechts konsequenterweise auch auf die Legalausnahme nach **Art. 101 Abs. 3 AEUV,** dessen Voraussetzungen die nationalen Behörden und Gerichte bei allen Vereinbarungen, die das Zwischenstaatlichkeitskriterium erfüllen, zu prüfen haben. Liegen die Freistellungsvoraussetzungen vor, wird das nationale Recht verdrängt, soweit es im Widerspruch hierzu steht. Faktisch führt dies zu einem erweiterten Vorrang des europäischen Kartellrechts vor dem nationalen Recht.[94]   **48**

Im Hinblick auf die Beurteilung nach **Art. 101 Abs. 1 AEUV** gilt Folgendes: Kommen die Behörden und Gerichte der Mitgliedstaaten zu dem Ergebnis, dass eine Vereinbarung **keine Wettbewerbsbeschränkung** im Sinne des Art. 101 Abs. 1 AEUV darstellt, dürfen sie ein etwaiges schärferes nationales Verbot nicht anwenden, Art. 3 Abs. 2 S. 1 VO (EG) Nr. 1/2003. Die Vorrangregel gilt ihrem Wortlaut nach auch für den Fall, dass eine Wettbewerbsbeschränkung lediglich **mangels Spürbarkeit**[95] verneint wird. Dies betrifft aber wohl nur theoretische Fälle, da bei fehlender Spürbarkeit der Wettbewerbsbeschränkung in der Regel auch die Spürbarkeit der Beeinflussung des zwischenstaatlichen Handels[96] fehlen dürfte, so dass Art. 101 AEUV nicht anwendbar ist und dessen Vorrangwirkung nicht zum Tragen kommt. Ungeklärt ist, ob die Vorrangregel nur hinsichtlich des Tatbestandsmerkmals der Wettbewerbsbeschränkung gilt, oder auch in den Fällen, in denen sich nationales Recht und europäisches Kartellrecht   **49**

---

87 Siehe auch Rn. 24.
88 EuGH, Rs. 127/73 (BRT/SABAM), Slg. 1974, 51, 62. Siehe oben Rn. 24.
89 Vgl. Rn. 24 sowie EuGH, Rs. C-234/89 (Delimitis), Slg. 1991, I-935, Rn. 43 ff.
90 *Schwarze/Weitbrecht* § 3, Rn. 6.
91 Rn. 58 ff.
92 Siehe aber Rn. 54 ff.
93 Siehe Rn. 31.
94 Siehe z.B. § 22 GWB.
95 Zu diesem Erfordernis siehe Rn. 94 ff.
96 Zu diesem Erfordernis siehe Rn. 74 ff.

hinsichtlich anderer Tatbestandsmerkmale, z.B. des **Unternehmensbegriffs** oder des Begriffs der **Vereinbarung**, unterscheiden.[97] Diskutiert wird diese Frage insbesondere im Bereich des Sozialversicherungsrechts. Nimmt man an, dass die deutschen gesetzlichen Krankenkassen keine Unternehmen i.S.d. europäischen Kartellrechts sind (was umstritten ist),[98] stellt sich die Frage, ob der Vorrang des europäischen Kartellrechts die Anwendung eines etwaigen strengeren nationalen Kartellverbots „blockiert".[99] Verneint man dies, bleibt die Frage, ob das Unionsinteresse eine **einheitliche Auslegung** des Unternehmensbegriffs nach deutschem und europäischem Kartellrecht gebietet.[100]

50 Die Vorrangregelung des Art. 3 Abs. 2 S. 1 VO (EG) Nr. 1/2003 bezieht sich dem Wortlaut nach nur auf den Fall des – gegenüber nationalem Recht – **milderen europäischen Kartellrechts**. Art. 3 Abs. 1 VO (EG) Nr. 1/2003 schreibt lediglich die parallele Anwendung von nationalem und europäischen Kartellrecht vor und verhindert nicht die Anwendung milderen nationalen Rechts. Da die VO (EG) Nr. 1/2003 keine allgemeine Regelung hinsichtlich des Rangverhältnisses getroffen hat, ist aber weiterhin die Vorrangregel gemäß der Rechtsprechung des EuGH anzuwenden.[101] Danach setzt sich **strengeres** europäisches Kartellrecht durch, weil die Anwendung milderen nationalen Rechts die Effektivität und einheitliche Anwendung des europäischen Kartellrechts beeinträchtigen würde.[102]

51 Die **inhaltliche Reichweite** der Vorrangwirkung ist in Art. 3 Abs. 2 VO (EG) Nr. 1/2003 nicht eindeutig präzisiert. Nach der Vorschrift darf die Anwendung des nationalen Kartellrechts nicht zu einem Verbot einer nach europäischem Kartellrecht zulässigen vertraglichen Wettbewerbsbeschränkung führen. Eine bloße Rechtsschutzverweigerung durch Anordnung der Nichtigkeit könnte damit zulässig sein,[103] zumal die Nichtigkeitsfolge an die Geltung des nationalen Verbots anknüpft und nicht voraussetzt, dass das Verbot im Sinne von Art. 3 Abs. 2 S. 1 VO (EG) Nr. 1/2003 angewendet wird. Eine Rechtsschutzverweigerung nach nationalem Recht für nach europäischem Recht zulässige vertragliche Wettbewerbsbeschränkungen ist aber abzulehnen, da Art. 101 AEUV das gesetzliche Verbot und die Nichtigkeitsfolge verklammert.[104]

52 Die Vorrangwirkung gilt auch, wenn auf eine Vereinbarung, die sich **teilweise** auf den **zwischenstaatlichen Handel** und teilweise nur innerstaatlich auswirkt, im Hinblick auf die letzteren Wirkungen nationales Recht angewandt wird, wobei die Eignung zur Beeinflussung des zwischenstaatlichen Handels allerdings ohnehin aufgrund einer Gesamtschau aller Vertragsklauseln ermittelt werden muss.[105]

53 Entscheidungen, mit denen die Kommission ein Verfahren abschließt, haben Vorrang vor der Entscheidung nationaler Stellen.[106] Dies gilt sowohl für Wettbewerbsbehörden als auch für Urteile der **nationalen Gerichte**. Art. 16 VO (EG) Nr. 1/2003 schreibt ausdrücklich vor, dass

---

97 Gegen eine Vorrangwirkung im Hinblick auf andere Tatbestandsmerkmale z.B. *E. Rehbinder*, in: FS Immenga, S. 303, 310.
98 Dazu *Kersting/Faust*, WuW 2011, 6, siehe auch Rn. 15.
99 Dazu im Einzelnen *Kersting/Faust*, Sozialversicherungsrecht und Kartellrecht, S. 33 f.
100 Dazu grundsätzlich EuGH, Rs. C-280/06, Slg. 2007, I-10893 Rn. 21 (ETI Spa); verneinend *Kersting/Faust*, Sozialversicherungsrecht und Kartellrecht, S. 34, sofern es nicht um Begriffe gehe, die in Folge der Verweisung aus dem Unionsrecht in das deutsche nationale Recht übernommen werden, sondern um Tatbestandsmerkmale, deren Vorliegen das nationale Recht voraussetze, bevor es den Anwendungsbereich des europäischen Rechts durch Inbezugnahme erst eröffne, wozu der Unternehmensbegriff gehöre; ebenso *Klees*, EWS 2010, 1, 5.
101 EuGH, Rs. 14/68 (Walt Wilhelm), Slg. 1969, 1, Rn. 9.
102 EuGH, Rs. C-198/01 (Consorzio Industrie Fiammiferi); EuG, Rs. T-203/01 (Michelin II), Slg. 2003, II-4071 Rn. 112; *Hossenfelder/Lutz*, WuW 2003, 118, 121; *Lutz*, WuW 2005, 718.
103 So *Koenigs*, DB 2003, 755, 758.
104 *E. Rehbinder*, in: FS Immenga, S. 303, 310.
105 EuGH, Rs. 193/83 (Windsurfing International), Slg. 1986, 611, Rn. 95ff; siehe auch *E. Rehbinder*, in: FS Immenga, S. 303, 311.
106 EuGH, Rs. 14/68 (Walt Wilhelm), Slg. 1969, 1, 13, Rn. 4.

T. Mäger

nationale Gerichte keine Entscheidung erlassen dürfen, die im Gegensatz zu einer Entscheidung der Kommission steht.[107]

b) Bedeutung des Zwischenstaatlichkeitskriteriums und Gleichklang des deutschen Kartell- 54
rechts. Dreh- und Angelpunkt bei der Prüfung des Vorrangs des europäischen Kartellrechts ist damit die Frage, ob eine unternehmerische Verhaltensweise – d.h. eine Vereinbarung nach Art. 101 AEUV oder eine Maßnahme nach Art. 102 AEUV – geeignet ist, den Handel zwischen den Mitgliedstaaten zu beeinträchtigen. Diese Frage kann im Einzelfall schwierig zu beantworten sein.[108] Nach der Konzeption der VO (EG) Nr. 1/2003 bleibt das nationale Recht jedoch stets anwendbar – im Konfliktsfall setzt sich lediglich das Unionsrecht durch. Damit kann die Frage, ob das Zwischenstaatlichkeitskriterium erfüllt ist oder nicht, von den nationalen Wettbewerbsbehörden und den nationalen Gerichten offen gelassen werden, wenn beide Rechtsordnungen zum selben Ergebnis führen.[109]

Der deutsche Gesetzgeber hat sich – auch unter Berufung auf diesen Aspekt – entschieden, das 55
deutsche Kartellrecht im Rahmen der 7. GWB-Novelle weitgehend an das europäische Kartellrecht anzupassen.[110] Dies führt zu dem wünschenswerten Ergebnis, dass rein nationale Sachverhalte, die unzweifelhaft keine Auswirkungen auf den zwischenstaatlichen Handel haben, und die typischerweise kleinere und mittlere Unternehmen betreffen, grundsätzlich nicht auf Basis des (zuvor) teilweise strengeren nationalen Rechts beurteilt werden, als Sachverhalte, bei denen sich der Vorrang des europäischen Kartellrechts auswirkt und die typischerweise – im Hinblick auf das Erfordernis der grenzüberschreitenden Wirkung – größere Unternehmen betreffen.[111]

Aus der Regierungsbegründung und dem Zweck der 7. GWB-Novelle ergibt sich im Übrigen, 56
dass ein und dieselbe Vorschrift des GWB nicht in unterschiedlicher Weise interpretiert und angewendet werden soll, je nach dem, ob der zu beurteilende Sachverhalt geeignet ist, den zwischenstaatlichen Handel zu beeinträchtigen oder nicht.[112]

Die weitgehende Anpassung des deutschen Kartellrechts an das europäische Kartellrecht führt 57
damit zu erhöhter Rechtssicherheit. Zwar hat das Bundeskartellamt auch bereits im Vorfeld der 7. GWB-Novelle z.T. bei Fragen, die nach deutschem Kartellrecht strenger als nach europäischem Recht beurteilt wurden, eine „Inländerdiskriminierung" vermieden.[113] Hierdurch wurde aber nicht das Risiko der zivilrechtlichen Unwirksamkeit der Vereinbarung beseitigt.[114]

c) Ausnahme von der Vorrangregel bei einseitigen Maßnahmen. Im Anwendungsbereich des 58
Art. 102 AEUV gilt das Vorrangprinzip nicht in gleicher Weise wie bei Art. 101 AEUV. Vielmehr greift das Vorrangprinzip bei einseitigen Handlungen nicht ein, Art. 3 Abs. 2 S. 2 VO (EG) Nr. 1/2003. Die Mitgliedstaaten dürfen in ihrem Hoheitsgebiet strengere innerstaatliche Vorschriften zur Unterbindung oder Ahndung einseitiger Handlungen von Unternehmen er-

---

107   Zur Vereinbarkeit dieser Regelung mit den Grundsätzen der Gewaltenteilung zwischen Rechtsprechung und Verwaltung siehe *Mestmäcker/Schweitzer* § 5, Rn. 42. Bereits vor Geltung der VO (EG) Nr. 1/2003 hat der EuGH entschieden, dass ein nationales Gericht, wenn es zu einer Vereinbarung Stellung nimmt, deren Vereinbarkeit mit Art. 81 Abs. 1 und Art. 82 EG (nunmehr Art. 101 Abs. 1 und Art. 102 AEUV) bereits Gegenstand einer Entscheidung der Kommission ist, keine Entscheidung erlassen darf, die der Entscheidung der Kommission zuwider läuft, selbst wenn letztere im Widerspruch zu einer Entscheidung eines erstinstanzlichen nationalen Gerichts steht (EuGH, Rs. C-344/98 (Masterfoods), Slg. 2000, I-11369, 11431, Rn. 60); siehe 12. Kap., Rn. 158 f.
108   Siehe Rn. 67 ff.
109   Siehe auch *Lutz*, WuW 2005, 718, 722.
110   Siehe insbesondere §§ 2 Abs. 2, 22 GWB.
111   Siehe bereits Entwurf von Eckwerten einer 7. GWB-Novelle des Bundeswirtschaftsministeriums vom 24. Februar 2003. Zur insoweit unbefriedigenden Ausnahme hinsichtlich einseitiger Handlungen siehe sogleich Rn. 58 ff.
112   Regierungsbegründung BT-Drucks. 15/3640, S. 22 und 32 (Gleichklang).
113   Siehe z.B. Tätigkeitsbericht des Bundeskartellamtes 1999/2000, S. 58: Das Bundeskartellamt werde im Rahmen seines Aufgreifermessens die Freistellungsvoraussetzungen der jeweiligen GVO berücksichtigen, um eine Inländerdiskriminierung zu vermeiden.
114   Unzutreffend deshalb *Kamann/Bergmann*, BB 2003, 1743, 1745, die annehmen, dass sich durch die Reform insoweit im Ergebnis nichts ändere.

lassen und anwenden. Damit kommt strengeres nationales Recht auch in denjenigen Fällen zur Geltung, in denen der Handel zwischen den Mitgliedstaaten berührt ist.

59 Diese Regelung geht in erster Linie auf das Betreiben der Bundesrepublik Deutschland zurück, die das Reformvorhaben in Gestalt der VO (EG) Nr. 1/2003 und insbesondere die Erweiterung des Vorrangprinzips sehr kritisch sah. Dabei spielte auch eine Rolle, dass das deutsche Kartellrecht über verschiedene Regelungen unterhalb der Eingriffsschwelle des Art. 102 AEUV verfügt. Das GWB erfasst die Diskriminierung, die Behinderung, den Boykott oder die Druckausübung (auch) nicht marktbeherrschender Unternehmen, § 20 und 21 GWB. Darüber hinaus enthält das Verbot des Missbrauchs einer marktbeherrschenden Stellung nach § 19 GWB Regelungen, die über Art. 102 AEUV hinausgehen.[115]

60 Die für einseitige Handlungen vorgesehene Ausnahmeregelung führt zu erheblichen Abgrenzungsschwierigkeiten. Einseitige Handlungen sind von **zweiseitigen Vereinbarungen** zu unterscheiden.[116] Eine derartige Unterscheidung sollte – so könnte man auf den ersten Blick annehmen – keine Schwierigkeiten bereiten. Der EuGH hat jedoch einseitige Maßnahmen, die ein Vertragspartner im Rahmen einer abgeschlossenen Vereinbarung ergreift, sehr weitgehend als Teil der Vereinbarung angesehen und Art. 101 Abs. 1 AEUV hierauf angewendet.[117] Dies geschah, um einem Konstruktionsfehler des europäischen Kartellrechts, d.h. den Umstand auszugleichen, dass Vorschriften über Diskriminierung, Behinderung, Boykott und Druckausübung nicht marktbeherrschender Unternehmen nicht in den EG-Vertrag (heute AEUV) aufgenommen wurden.[118] Für die Abgrenzung zwischen einseitiger Maßnahme und zweiseitiger Vereinbarung ist jeweils maßgeblich, ob der andere Vertragspartner der **Maßnahme zustimmt oder sie jedenfalls duldet.** Andernfalls liegt keine Vereinbarung vor.[119]

61 d) **Ausnahme von der Vorrangregel für Vorschriften mit abweichender Zielsetzung.** Nationale Vorschriften, die ein von den Art. 101 und Art. 102 AEUV abweichendes Ziel verfolgen, sind insgesamt vom Vorrang des europäischen Kartellrechts ausgenommen, Art. 3 Abs. 3 2. Halbsatz VO (EG) Nr. 1/2003. Der 9. Erwägungsgrund der VO (EG) Nr. 1/2003 verweist in diesem Zusammenhang insbesondere auf nationale Rechtsvorschriften, die sich gegen unlautere Handelspraktiken richten. In Deutschland betrifft dies das **UWG.** In der Praxis könnten Parteien vor den nationalen Gerichten versuchen, Vorschriften der nationalen Rechtsordnung zu finden, die dasselbe Ergebnis wie diejenigen nationalen kartellrechtlichen Bestimmungen erzielen, die vom vorrangigen europäischen Kartellrecht verdrängt werden. Um das Vorrangprinzip nicht faktisch auszuhebeln, ist es Aufgabe der nationalen Gerichte, in derartigen Fällen eine wertende Auslegung der betreffenden Vorschriften vorzunehmen. Dabei geht es nicht darum, zu prüfen, ob eine Vorschrift Teil der kartellrechtlichen Kodifikation ist. Maßgeblich ist vielmehr, ob der Schutzzweck der betreffenden Norm Auswirkungen im Wettbewerb (und damit den Schutzzweck des Kartellrechts) berücksichtigt oder nicht.[120] Aufgrund des Wettbewerbsbezugs des Lauterkeitsrechts können sich insoweit schwierige Abgrenzungsfragen ergeben. Aus Sicht des BGH wird das Verbot sittenwidriger Rechtsgeschäfte in § **138 Abs. 1 BGB** nicht durch

115 Dies gilt etwa im Hinblick auf das Recht auf Netzzugang nach § 19 Abs. 4 Nr. 4 GWB, das in bestimmten Fällen weiter gehen kann, als die *Essential Facilities Doctrine* nach Art. 102 AEUV (siehe 6. Kap., Rn. 113 f.).
116 Diese Abgrenzung ist erforderlich, da die Ausnahmeregelung nur eingreift, wenn eine einseitige Handlung vorliegt und beispielsweise § 20 GWB von vornherein als von der Vorrangregel ausgenommen betrachtet werden kann (so zwar *Weitbrecht*, EuZW 2003, 69, 72; zurecht ablehnend aber *Wirtz*, WuW 2003, 1039, 1043; *E. Rehbinder*, in: FS Immenga, S. 303, 311 f.; *Schwarze/Weitbrecht*, § 3, Rn. 34).
117 Siehe unten Rn. 80 ff.
118 Siehe etwa *Brinker*, in: Schwarze, Art. 81, Rn. 30; *E. Rehbinder*, in: FS Immenga, S. 303, 314.
119 Rn. 80 ff.
120 *Schnelle/Bartosch/Hübner*, S. 44 f.

Art. 101 AEUV verdrängt.[121] § 138 Abs. 1 BGB stellt im Übrigen einen strengeren Maßstab dar als das Kartellverbot, da das Spürbarkeitskriterium[122] nicht erfüllt sein muss.[123]

e) Fusionskontrolle. Sowohl nach altem als auch neuem Recht ergeben sich grundsätzlich keine   **62** Abgrenzungsprobleme auf dem Gebiet der Fusionskontrolle. Die FKVO enthält ausdrückliche Regelungen betreffend das Verhältnis zum nationalen Recht.[124] Soweit die nationalen Fusionskontrollregime von der FKVO nicht verdrängt werden, können die Mitgliedstaaten ihr nationales Recht anwenden, auch wenn dieses strengere Regelungen enthält als das europäische Recht, Art. 3 Abs. 3 1. Halbsatz VO (EG) Nr. 1/2003.[125]

f) Bußgeldverfahren. Bei **parallelen Bußgeldverfahren** vor der Kommission und nationalen   **63** Kartellbehörden der Mitgliedstaaten ergibt sich die Frage, ob Doppelsanktionen zulässig sind. Nach Auffassung des EuGH findet der Grundsatz „ne bis in idem" im Verhältnis zwischen dem Unionsrecht und dem nationalen Recht zwar keine Anwendung, da es sich um verschiedene Rechtsordnungen handelt. Allerdings sei nach einem allgemeinen Billigkeitsgedanken die zuerst verhängte Bußgeldsanktion bei der Festsetzung der späteren zu berücksichtigen. Die Kommission hat damit eine von den nationalen Behörden verhängte Geldbuße auf die von ihr selbst in Aussicht genommene Geldbuße anzurechnen.[126] Dieselbe Verpflichtung trifft im umgekehrten Fall die nationale Kartellbehörde.[127] Da die nationalen Behörden bei Sachverhalten mit zwischenstaatlichem Bezug die Art. 81 und 82 EG anzuwenden haben, ist jedenfalls das Argument der unterschiedlichen Rechtsordnungen nicht mehr stichhaltig, so dass sich die Frage stellt, ob der Grundsatz „ne bis in idem" nicht doch Anwendung findet. Im Zuge der von der VO (EG) Nr. 1/2003 angestrebten Dezentralisierung der Anwendbarkeit der europäischen Wettbewerbsregeln ist jedoch ohnehin davon auszugehen, dass es zu parallelen Verfahren vor der Kommission und den nationalen Behörden nur in Ausnahmefällen kommen wird.[128]

II. Verhältnis des europäischen Kartellrechts zum Kartellrecht von Drittstaaten

Das europäische Kartellrecht einerseits und die Kartellrechtsordnungen von Drittstaaten außerhalb der EU andererseits sind grundsätzlich **parallel** nebeneinander anwendbar. Geht es um   **64** die Legalisierung wettbewerbsbeschränkender Vereinbarungen, können mehrere Genehmigungen erforderlich sein. Internationale Kartelle und missbräuchliche Verhaltensweise können parallel von den Kartellbehörden in verschiedenen Jurisdiktionen verfolgt werden.

Ob sich die an internationalen Kartellen beteiligten Unternehmen im Falle der Verhängung von   **65** Bußgeldern durch die Kommission einerseits und Kartellbehörden in Drittstaaten andererseits auf den Grundsatz des „ne bis in idem" berufen können, ist noch nicht abschließend geklärt. Die Kommission hat die Anrechnung einer von einem US-Gericht verhängten Geldbuße auf den von der Kommission festzusetzenden Betrag abgelehnt, da das Unionsrecht eine derartige Anrechnung nicht vorschreibe und es im konkreten Fall zudem an der Identität der Tat fehle.[129] Der EuGH folgte dem Argument der fehlenden Tatidentität, wobei er nicht auf die wettbe-

---

121 BGH, KRZ 54/08 (Subunternehmervertrag II), WuW/E DE-R 2554, 2558: Bejahung eines Sittenwidrigkeitsverstoßes, obwohl ein Kartellverstoß mangels Feststellungen zur Freistellungsfähigkeit und Spürbarkeit offen geblieben ist; zustimmend im Hinblick auf die unterschiedlichen Regelungszwecke der Normen – Verhinderung von Rechtsgeschäften, die im Widerspruch zu den Grundprinzipien der Rechts- und Sittenordnung stehen einerseits und wettbewerblicher Institutionenschutz andererseits: *Thomas*, WuW 2010, 177, 181.
122 Zum Kriterium der Spürbarkeit der Wettbewerbsbeschränkungen siehe Rn. 94.
123 BGH, KZR 54/08 (Subunternehmervertrag II), WuW/E DE-R 2554, 2558; zustimmend *Thomas*, WuW 2010, 177, 181.
124 Siehe 8. Kap., Rn. 9.
125 Z.B. wurde das geplante Produktions-GU von BHP Billiton und Rio Tinto zur Förderung von Eisenerz in West-Australien parallel durch die Europäische Kommission (nach Art. 101 AEUV) und das Bundeskartellamt (nach deutscher Fusionskontrolle) geprüft (siehe Fallbericht des Bundeskartellamtes von 7. Dezember 2010 im Fall B1-10/10). Die europäische Fusionskontrolle griff nicht ein, da kein sog. Vollfunktions-GU vorlag, siehe dazu 9. Kap. Rn. 13 ff.
126 Siehe auch EuG, Rs. T-149/89 (Sotralentz SA), Slg. 1995, II-1127, 1142.
127 *Schröter*, in: von der Groeben/Schwarze, Vorbemerkung zu den Art. 81 bis 85 EG, Rn. 122.
128 Siehe auch 12. Kap., Rn. 96 ff.
129 Kommission, 71/400/EWG (Boehringer II), ABl. 1971 L 282/46.

werbsbeschränkende Vereinbarung selbst abstellte, sondern auf die jeweiligen Durchführungshandlungen in der Union. Der EuGH ließ dabei ausdrücklich offen, ob bei Tatidentität eine Anrechnung zu erfolgen hat.[130] Das EuG hat im *Lysinfall* die Verhängung eines Bußgeldes durch die Kommission nach bereits erfolgter Ahndung durch US-amerikanische und kanadische Behörden für zulässig gehalten, da die jeweiligen Verfahren verschiedenen Zielen – Schutz der amerikanischen/kanadischen bzw. europäischen Märkte – dienten. Aus diesem Grund liege den bereits abgeschlossenen Verfahren und dem von der Kommission geführten Verfahren auch nicht derselbe Sachverhalt zugrunde, so dass auch eine Bußgeldreduzierung nicht erforderlich sei.[131]

66 Die **FKVO** ist neben den Fusionskontrollregimen von Drittstaaten anwendbar.[132]

G. Aufgreifschwelle des europäischen Kartellrechts (Zwischenstaatlichkeitskriterium)

67 Das Merkmal der Eignung zur Beeinträchtigung des zwischenstaatlichen Handels dient der Abgrenzung des Anwendungsbereichs der Wettbewerbsregeln der Union gegenüber den Rechtsordnungen der Mitgliedstaaten. Die Faustregel, nach der das Zwischenstaatlichkeitskriterium erfüllt ist, wenn die wettbewerbsbeschränkende Vereinbarung das gesamte Territorium eines Mitgliedstaates betrifft, gilt zumindest heute nicht mehr.[133] Im Einzelfall kann in einer derartigen Fallgestaltung die Eignung zur Beeinträchtigung des zwischenstaatlichen Handels zu verneinen sein.[134] In anderen Fällen kann das Kriterium erfüllt sein, auch wenn nur eine Region innerhalb eines Mitgliedstaats betroffen ist.[135]

68 Das Zwischenstaatlichkeitskriterium ist nicht nur anhand des betreffenden Vertrages zu prüfen. Ist der Vertrag Teil eines Vertragsbündels, das als Gesamtheit geeignet ist, die Handelsströme zwischen den Mitgliedstaaten zu beeinflussen, reicht dies aus (**Bündeltheorie**). Das Vertragsbündel wird dann jedem Einzelvertrag zugerechnet, der einen hinreichenden Beitrag zur Abschottungswirkung des Gesamtbündels leistet.[136]

69 Im Einzelnen zu prüfen sind folgende drei Kriterien: Der Handel zwischen Mitgliedstaaten, die Eignung zur Beeinträchtigung und die Spürbarkeit der Beeinträchtigung.

I. Handel zwischen Mitgliedstaaten

70 Unter den Begriff des Handels fällt nicht nur der klassische Warenaustausch, sondern auch der Austausch von Dienstleistungen. Erfasst werden alle grenzüberschreitenden wirtschaftlichen Tätigkeiten.[137]

II. Eignung zur Beeinträchtigung

71 Entscheidend ist, ob sich anhand objektiver, rechtlicher oder tatsächlicher Umstände mit hinreichender Wahrscheinlichkeit voraussehen lässt, dass die unternehmerische Verhaltensweise

---

130 EuGH, Rs. 7/72 (Boehringer II), Slg. 1972, 1281.
131 EuG v. 29. Juli 2003, Rs. T-224/00 (Archer Daniels Midlands), Rn. 91; kritisch z.B: *Canenbley/Rosenthal*, ECLR 2005, 178, 183; siehe auch die Entscheidung im Graphitelektroden-Fall: EuG v. 29. April 2004, Rs. T-236, 239, 244 – 246, 251, T-252/01 (Tokai), Rn. 134 ff.
132 8. Kap., Rn. 10.
133 *Hossenfelder/Töllner/Ost*, Rn. 1102.
134 Z.B. EuGH, Rs. C-215, 216/96 (Bagnasco), Slg. 1999, I-135; siehe aber auch BGH, KZR 28/03 (Bezugsbindung), WuW/E DE-R 1449, 1451: Die Vereinbarung erstrecke sich auf das gesamte Territorium der Bundesrepublik Deutschland. "Schon aus diesem Grund" seien die Beschränkungen geeignet, den innergemeinschaftlichen Handel zu beeinträchtigen.
135 Siehe z.B. EuGH, Rs. C-475/99 (Ambulanz Glöckner), Slg. 2001, I-8089.
136 EuGH, Rs. C-234/89 (Delimitis), Slg. 1991, I-935, Rn. 14 f; EuG, Rs. T-22/97 (Kesko), Slg. 1999, II-3775, Rn. 104.
137 EuGH, Rs. C-309/99 (Wouters), Slg. 2002, I-1577, Rn. 97; Leitlinien zum zwischenstaatlichen Handel, Rn. 19.

T. Mäger

den Handel zwischen den Mitgliedstaaten unmittelbar oder mittelbar, tatsächlich oder potentiell beeinflussen kann.[138] Nicht erforderlich ist, dass tatsächlich eine Beeinträchtigung erfolgt. Vielmehr reicht die bloße Eignung hierzu aus. Auch kommt es nicht darauf an, ob die Beeinträchtigung des zwischenstaatlichen Handels positiv oder negativ zu beurteilen ist.

In den **Leitlinien** über den Begriff der Beeinträchtigung des zwischenstaatlichen Handels hat   72
die Kommission ausführlich das Erfordernis einer Eignung zur Beeinträchtigung anhand von drei Elementen erläutert: (1.) Die hinreichende Wahrscheinlichkeit aufgrund objektiver, rechtlicher oder tatsächlicher Umstände, (2.) die Beeinflussung des „Warenverkehrs zwischen den Mitgliedstaaten" und (3.) die „unmittelbare oder mittelbare, tatsächliche oder potentielle Beeinflussung" des Warenverkehrs.[139]

Im Hinblick auf das dritte Element ist hervorzuheben, dass tatsächliche Auswirkungen auf den   73
Handel zwischen Mitgliedstaaten auch im Falle einer **Vereinbarung zwischen Parteien in demselben Mitgliedstaat** erwartet werden können. Dies liegt auf der Hand, wenn beispielsweise eine Vereinbarung zwischen einem Lieferanten und einem Vertriebshändler die Ausfuhren in andere Mitgliedstaaten verbietet.[140] Ähnlich kann es bei Bezugsverpflichtungen liegen, wenn der Abnehmer die Produkte auch von Lieferanten aus anderen Mitgliedstaaten beziehen könnte. Das Zwischenstaatlichkeitskriterium kann auch bei Vereinbarungen mit Unternehmen aus **Drittländern** erfüllt sein. Beschränkungen, die dem außerhalb der Union ansässigen Vertragspartner auferlegt werden, können dazu führen, dass Produkte nicht mehr in die Union reimportiert werden. In diesen Fällen ist das Zwischenstaatlichkeitskriterium dann erfüllt, wenn aufgrund der rechtlichen und tatsächlichen Rahmenbedingungen ein wirtschaftlicher Anreiz zum Reimport besteht und darüber hinaus ein derartiger Reimport den grenzüberschreitenden Handel innerhalb der Union spürbar beeinflussen kann.[141]

III. Spürbarkeit der Beeinträchtigung

Das Kriterium der Spürbarkeit bezieht sich auf zwei verschiedene Tatbestandsmerkmale der   74
Art. 101 und Art. 102 AEUV. Zum einen muss die Wettbewerbsbeschränkung im Sinne des Art. 101 Abs. 1 AEUV spürbar sein.[142] Das gleiche Erfordernis gilt zum anderen für die Beeinträchtigung des zwischenstaatlichen Handels, das gleichermaßen bei Art. 101 Abs. 1 und bei Art. 102 AEUV erfüllt sein muss.

Die Spürbarkeit wird insbesondere unter Bezugnahme auf die Stellung und Bedeutung der betreffenden   75
Unternehmen auf dem relevanten Markt ermittelt. Dabei bieten sich umsatzbezogene als auch marktanteilsbezogene Kriterien an. Der EuGH hat die Spürbarkeit in Fällen bejaht, in denen der Umsatz der beteiligten Unternehmen einem Marktanteil von **ca. 5 %** entsprach.[143] Die Kommission hat bereits mehrere Bekanntmachungen über Vereinbarungen von geringer Bedeutung veröffentlicht (**Bagatellbekanntmachungen**). Diese behandelten zunächst sowohl die Spürbarkeit der Wettbewerbsbeschränkung als auch die Eignung zur spürbaren Beeinträchtigung des zwischenstaatlichen Handels, ohne zwischen beiden Kriterien zu unterscheiden.[144] Eine Differenzierung wurde jedoch mit der Bekanntmachung vom 22. Dezember 2001 eingeführt.[145] Diese Bekanntmachung behandelt lediglich die Spürbarkeit der Wettbewerbsbeschränkung.

Zu dem Kriterium der Eignung zur spürbaren Beeinträchtigung des zwischenstaatlichen Handels   76
hat die Kommission in der Folgezeit eine separate Bekanntmachung veröffentlicht.[146] Da-

---

138 Siehe etwa EuGH, Rs. 319/82 (Kerpen), Slg. 1983, 4173; Leitlinien zum zwischenstaatlichen Handel, Rn. 23 m.w.N. in Fn. 15.
139 Leitlinien zum zwischenstaatlichen Handel, Rn. 24 ff.
140 Leitlinien zum zwischenstaatlichen Handel, Rn. 40.
141 EuGH, Rs. C-306/96 (Javico), Slg. 1998, I-1983, Rn. 25 f.
142 Siehe Rn. 94 ff.
143 EuGH, Rs. 19/77 (Miller), Slg. 1978, 131, Rn. 9, 10; EuGH, Rs. 107/82 (AEG), Slg. 1983, 3151, Rn. 58.
144 Siehe zuletzt die Bekanntmachungen über Vereinbarungen von geringer Bedeutung, ABl. 1986 C 231/2 und ABl. 1997 C 39/13.
145 De-minimis-Bekanntmachung; dazu Rn. 93.
146 Leitlinien zum zwischenstaatlichen Handel; zu deren Rechtswirkungen vgl. Rn. 96 ff.

nach wird vermutet, dass Vereinbarungen grundsätzlich nicht geeignet sind, den Handel zwischen Mitgliedstaaten zu beeinträchtigen, wenn die folgenden Voraussetzungen kumulativ erfüllt sind (*No Appreciable Affection of Trade* oder **NAAT-Regel**):[147] Der gemeinsame Marktanteil der Parteien überschreitet auf keinem von der Vereinbarung betroffenen relevanten Markt innerhalb der Union 5 % und der Jahresumsatz, der mit den von der Vereinbarung erfassten Produkte erzielt wird, überschreitet nicht den Betrag von **40 Mio. EUR.** Im Falle horizontaler Vereinbarungen gilt dies für den gesamten Jahresumsatz der beteiligten Unternehmen (einschließlich verbundener Unternehmen) mit den von der Vereinbarung umfassten Produkten innerhalb der Union. Im Falle vertikaler Vereinbarungen ist der Jahresumsatz der Lieferanten mit den von der Vereinbarung erfassten Produkten innerhalb der Union entscheidend. Geht es allerdings um Bezugsvereinbarungen, die Bedenken hinsichtlich der Nachfragemacht aufwerfen, ist der Umsatz des Käufers maßgeblich.[148] Die Vermutung, dass es an einer spürbaren Auswirkung fehlt, ist widerlegbar. Umgekehrt besteht bei **Überschreiten** einer der beiden vorgenannten Schwellen **keine Vermutung**, dass eine Eignung zur Beeinträchtigung des zwischenstaatlichen Handels vorliegt.[149] Allerdings geht die Kommission davon aus, dass im Falle einer Vereinbarung über Ein- oder Ausfuhren zwischen Mitgliedstaaten[150] eine widerlegbare[151] positive Vermutung für die Eignung zur Beeinträchtigung besteht, sofern der von der Vereinbarung erfasste Umsatz 40 Mio. EUR überschreitet.[152] Kann nach der NAAT-Regel eine Eignung zur spürbaren Beeinträchtigung des zwischenstaatlichen Handels nicht ausgeschlossen werden, ist anhand der ausführlichen Erläuterungen in den Leitlinien im Einzelfall zu prüfen, ob das Spürbarkeitskriterium erfüllt ist.[153] Die Prüfung, ob die Parteien zusammen die Marktanteilsschwelle von 5 % überschreiten, setzt zunächst eine Abgrenzung des sachlich und räumlich relevanten Marktes voraus.[154]

H. Grundstruktur des „modernisierten" Kartellverbots des Art. 101 AEUV (ex Art. 81 EG)

77   Aufgrund des mehrstufigen Aufbaus weist das Kartellverbot des Art. 101 AEUV eine im Vergleich zum Missbrauchsverbot des Art. 102 AEUV kompliziertere Normstruktur auf. Zur Anwendung des Art. 101 AEUV hat die Kommission eine Reihe von Bekanntmachungen und Leitlinien erlassen, die allerdings teilweise recht abstrakt und theoretisch gefasst sind. Im Folgenden soll die Grundstruktur des Kartellverbots beleuchtet werden.

I. Art. 101 Abs. 1 AEUV

78   Neben dem Zwischenstaatlichkeitskriterium[155] setzt Art. 101 Abs. 1 AEUV eine Vereinbarung (bzw. einen Beschluss oder eine abgestimmte Verhaltensweise) voraus, die zu einer Wettbewerbsbeschränkung führt.

---

147   Leitlinien zum zwischenstaatlichen Handel, Rn. 52; bei Vereinbarungen von kleinen und mittleren Unternehmen (KMU – siehe Empfehlung 2003/361/EG zur Definition von kleinsten, kleinen und mittleren Unternehmen, ABl. 2003 L 124/36) dürfte das Zwischenstaatlichkeitskriterium regelmäßig aufgrund der lokal oder regional ausgerichteten Tätigkeit zu verneinen sein, so jedenfalls *Lutz*, WuW 2005, 718, 721 und *Karl*, DB 2005, 1436, 1438, jeweils unter Berufung auf die Leitlinien zum zwischenstaatlichen Handel, Rn. 50, deren Wortlaut allerdings etwas offen ist. Im Ergebnis dürfte es auf den Einzelfall ankommen. So auch BKartA v. 25. Oktober 2005, B1-248/04 (Mein Ziegelhaus), S. 7.
148   Leitlinien zum zwischenstaatlichen Handel, Rn. 52.
149   Leitlinien zum zwischenstaatlichen Handel, Rn. 51.
150   Dazu auch OLG Düsseldorf, VI-2 (Kart) 12/04 (Filigranbetondecken), WuW/E DE-R 1610, 1614.
151   Nach OLG Düsseldorf v. 23. Juni 2004, VI-U (Kart) 29/04 (Tschechisches Bier), WuW DE-R 1410, 1412 ist diese Vermutung bei einem Marktanteil von 0,16 % in Deutschland und 0,08 % in der EG widerlegt.
152   Leitlinien zum zwischenstaatlichen Handel, Rn. 53; demgegenüber BKartA v. 25. Oktober 2005, B 1-248/04 (Mein Ziegelhaus), S. 7 f. im Falle einer Kartellvereinbarung, die nur einen Teil der Bundesrepublik erfasst: Keine Spürbarkeit bei Marktanteil unter 10 %.
153   Leitlinien zum zwischenstaatlichen Handel, Rn. 58 ff.
154   Zur Marktabgrenzung siehe Rn. 129 ff.
155   Siehe Rn. 67 ff.

T. Mäger

Innerhalb von Art. 101 Abs. 1 AEUV findet nach der Rechtsprechung keine Abwägung von   79
wettbewerbsfördernden und wettbewerbsbeschränkenden Aspekten statt (keine rule of reason).[156] Eine derartige Abwägung erfolgt vielmehr nur im Rahmen von Art. 101 Abs. 3
AEUV.[157] Allerdings sind die Tatbestandsmerkmale von Art. 101 Abs. 1 AEUV – wie bei jeder
anderen Rechtsnorm auch – auszulegen. Dabei kann sich ergeben, dass unter wertenden Gesichtspunkten eine bestimmte Verhaltensweise keine Wettbewerbsbeschränkung darstellt.[158]

1. Vereinbarungen, Beschlüsse und abgestimmte Verhaltensweisen

Eine **Vereinbarung**[159] liegt vor, wenn die betreffenden Unternehmen ihren gemeinsamen Willen   80
zum Ausdruck gebracht haben, sich auf dem Markt in einer bestimmten Weise zu verhalten.[160] Vereinbarungen sind von einseitigen Verhaltensweisen abzugrenzen, die nicht unter
Art. 101 Abs. 1 AEUV fallen.[161] Für das Vorliegen einer Vereinbarung ist unerheblich, ob die
Willensübereinkunft teilweise oder vollständig umgesetzt wurde. Auch kommt es nicht darauf
an, ob die Vereinbarung lediglich mündlich getroffen oder schriftlich niedergelegt wurde. Ein
Bindungswille ist für die Qualifizierung einer Absprache als Vereinbarung nicht erforderlich.[162] Erfasst werden also auch *gentlemen's agreements*. Diese Frage ist jedoch ohnehin von
geringer praktischer Bedeutung, da unter das Kartellverbot auch abgestimmte Verhaltensweisen fallen. Bei komplexen Kartellabsprachen in Gestalt eines Geflechts unterschiedlicher Abreden und Abkommen wird deshalb häufig zulässigerweise pauschal auf beides (Vereinbarungen und aufeinander abgestimmte Verhaltensweisen) Bezug genommen.[163] Unerheblich ist
schließlich auch die Art und Weise, wie die Willensübereinstimmung der Parteien zustande
gekommen ist, etwa ob Zwang ausgeübt oder Sanktionsmaßnahmen angedroht wurden.[164]
Erfasst werden auch alle Formen **konkludenter Zustimmung**,[165] z.B. nicht beanstandete Rundschreiben, etwa mit der Aufforderung, bestimmte Unternehmen nicht zu beliefern[166] oder die
widerspruchslose Hinnahme (und Befolgung) des Rechnungsausdrucks „Export verboten".[167]

Eine stillschweigende Einigung darf jedoch nicht ohne Weiteres unterstellt werden.[168] Dies gilt   81
insbesondere bei Maßnahmen oder Vergünstigungen, die ein Hersteller seinen Abnehmern
auferlegt bzw. gewährt. Zwar können scheinbar einseitige Maßnahmen des Herstellers Teil
einer Vereinbarung sein. Dies setzt aber die Feststellung eines subjektiven Elements, d.h. einer
auf ein im Sinne des Art. 101 AEUV wettbewerbswidriges Ziel gerichteten Willensbekundung
sowohl beim Hersteller als auch beim Abnehmer voraus. Dies gilt insbesondere, wenn die
Maßnahme des Herstellers den Interessen des Abnehmers zuwider läuft und dieser entschlossen
ist, sich der zugrunde liegenden Geschäftspolitik des Herstellers zu widersetzen.[169] Der Partei,
welche die einseitige Handlung tatsächlich vornimmt, muss es gelingen, die **Willensübereinstimmung** herbeizuführen. Bringt die andere, unter Druck gesetzte Vertragspartei demgegen-

---

156   EuG, Rs. T-65/98 (Van den Bergh Foods), Rn. 107; Rs. T-112/99 (Metropole Television (M6)), Slg. 2001,
 II-2459, Rn. 74; Leitlinien über horizontale Zusammenarbeit, Rn. 20; a.A. *Eilmansberger* ZWeR 2009, 437,
 450, der sich für eine streng wettbewerbsbezogene rule of reason ausspricht (Abwägung wettbewerbsför-
 dernder und wettbewerbsdämpfender Effekte einer Vereinbarung im Rahmen des Art. 101 Abs. 1 AEUV).
157   Rn. 101 ff.
158   Siehe z.B. beschränkende Abreden zwischen Prinzipal- und Handelsvertreter (dazu 4. Kap., Rn. 96 ff.), Vereinbarungen in Franchise-Verträgen (4. Kap., Rn. 103 ff.) oder die Anwendbarkeit des Konzernprivilegs (dazu 7. Kap.); siehe auch Rn. 89 f.
159   Siehe auch Rn. 60.
160   EuG, Rs. T-99/04 (AC Treuhand), Rn. 118; EuG, Rs. T-41/96 (Bayer), Slg. 2000, II-3383, Rn. 67.
161   EuG, Rs. T-325/01 (DaimlerChrysler), Rn. 84; EuGH, Rs. 25, 26/84 (Ford), Slg. 1985, 2725, Rn. 21.
162   EuG, Rs. T-9/99 (HFB Holding), Slg. 2002, II-1487, Rn. 190.
163   EuG, Rs. T-1/89 (Rhône-Poulenc), Slg. 1991, II-867, Rn. 127; EuG RS T-62/98 (VW), Slg. 2000, II-2707,
 Rn. 237.
164   EuG, Rs. T-23/99 (LR AF 1998), Slg. 2002, II-1705, Rn. 142.
165   EuG, Rs. T-41/96 (Bayer), Slg. 2000, II-3383, Rn. 71.
166   Nachweise bei *Eilmansberger*, in: Streinz, Art. 81 Rn. 4, Fn. 15/16.
167   EuGH, Rs. 277/87 (Sandoz Prodotti Farmaceutici), Slg. 1990, I-45; EuGH Rs. C-279/87 (Tipp-Ex),
 Slg. 1990, I-261.
168   EuGH, Rs. C-74/04 P (Volkswagen), Slg. 2006, I 6585, Rn. 34-36; im Einzelnen: *E. Rehbinder*, in: FS Immenga, S. 303, 312 ff.
169   EuGH, Rs. C-2/01 P und C-3/01 P (Adalat), Slg. 2004, I-23, Rn. 101 f., 122 f., 141.

über zum Ausdruck, dass sie die Befolgung der betreffenden Verhaltensanordnung ablehnt und dem Druck standhält, liegt keine Vereinbarung vor.[170] In diesem Fall macht es auch keinen Unterschied, wenn die Geschäftsbeziehung fortgesetzt wird.[171] Legt man diesen Maßstab an, kann eine Vereinbarung nicht bereits dann bejaht werden, wenn ein Lieferant seine Händler auffordert, die Preisdisziplin zu beachten.[172]

82 Eine einseitige, nicht befolgte Empfehlung stellt eine einseitige Maßnahme dar. Umgekehrt reicht der Umstand, dass ein Unternehmen von einer Maßnahme nachteilig betroffen ist, nicht dafür aus, eine Vereinbarung oder abgestimmte Verhaltensweise zu verneinen und diese dem Anwendungsbereich von Art. 101 AEUV zu entziehen. Bei Maßnahmen gegenüber Dritten dürfte die Annahme einer Vereinbarung oder abgestimmten Verhaltensweise regelmäßig fern liegen. Bei der Verweigerung der Zulassung zum Händlernetz im Rahmen eines selektiven Vertriebssystems hat die Rechtsprechung eine Vereinbarung im Sinne von Art. 101 Abs. 1 AEUV allerdings im Hinblick darauf bejaht, dass sich die Maßnahme gegenüber dem Dritten in die vertragliche Beziehung zwischen dem Hersteller und den zugelassenen Händlern einfügt.[173]

83 Eine Vereinbarung zwischen Unternehmen im Sinne von Art. 101 Abs. 1 AEUV liegt nicht vor, wenn es um eine Abrede innerhalb einer wirtschaftlichen Einheit geht, z.B. zwischen einer Gesellschaft und einem Handelsvertreter, wobei das EuG in diesen Fällen nicht an das Tatbestandsmerkmal der Vereinbarung, sondern an dasjenige des Unternehmens anknüpft.[174]

84 Neben Vereinbarungen zwischen Unternehmen erfasst das Kartellverbot des Art. 101 Abs. 1 AEUV auch **Beschlüsse von Unternehmensvereinigungen**. Hierunter fallen auch mündlich gefasste Beschlüsse, nicht aber bloße Empfehlungen, die weder rechtlich noch faktisch verbindlich sind.[175] Die Umsetzung der Beschlüsse führt zumindest zu abgestimmten Verhaltensweisen gemäß Art. 101 Abs. 1 AEUV (dazu sogleich). Die zusätzliche Einbeziehung von Beschlüssen ermöglicht den Kartellbehörden, Verfügungen, insbesondere auch Bußgeldentscheidungen, direkt an (rechtsfähige) Unternehmensvereinigungen zu richten.

85 Schließlich erfasst Art. 101 Abs. 1 AEUV auch **abgestimmte Verhaltensweisen**.[176] Hierbei handelt es sich um einen Auffangtatbestand. Eine abgestimmte Verhaltensweise ist gekennzeichnet durch eine Koordination einerseits und ein darauf aufbauendes tatsächliches Verhalten im Sinne einer praktischen Zusammenarbeit andererseits.[177] Damit ist zunächst eine **Fühlungnahme** zwischen Unternehmen erforderlich, die entweder auf eine planmäßige Koordination des Marktverhaltens gerichtet ist, oder darauf, dass die Reaktionsverbundenheit zwischen Unternehmen künstlich verstärkt, d.h. die Anpassung an das gegenwärtige oder zukünftige Verhalten der Wettbewerber erleichtert wird.[178] Abzugrenzen ist die abgestimmte Verhaltensweise von einem **reinen Parallelverhalten** im Sinne einer einseitigen, autonomen Anpassung an das Wettbewerbsverhalten anderer Unternehmen, etwa in Form der Anpassung an die von einem Preisführer praktizierten Preise. Ein derartiges Parallelverhalten wird nicht vom Kartellverbot erfasst, unabhängig davon, ob es zufällig, d.h. unbewusst, oder bewusst erfolgt. Schwierige Abgrenzungsfragen ergeben sich in Fällen, in denen wettbewerblich sensible **Informationen** zwischen Unternehmen **ausgetauscht** werden.[179]

170 EuG, Rs. T-41/96 (Bayer), Slg. 2000, II-3383, Rn. 151 ff.
171 EuG, Rs. T-41/96 (Bayer), Slg. 2000, II-3383, Rn. 172 f.
172 Aber noch EuG, Rs. T-62/98 (VW), Slg. 2000, II-2707, Rn. 236; Kommission, COMP/F–2/36.693 (VW), ABl. 2001 L 262/14, Rn. 62 und COMP/36.264 (Mercedes Benz), ABl. 2002 L 257/1, Rn. 136.
173 Siehe 4. Kap., Rn. 160.
174 EuG, Rs. T-325/01 (DaimlerChrysler), Rn. 83 ff.; siehe im Einzelnen 4. Kap., Rn. 98; zum Konzernprivileg siehe 7. Kap.
175 So wohl auch EuGH, Rs. 209–215, 218/78 (van Landewyck), Slg. 1980, 3125, Rn. 89; Rs. 45/85 (Verband der Sachversicherer), Slg. 1987, 405 Rn. 26; kritisch hierzu *Stockenhuber*, in: Grabitz/Hilf, Art. 81, Rn. 104.
176 Siehe bereits Rn. 80.
177 Grundlegend die Farbstoff-Entscheidung des EuGH, Rs. 48/69 (ICI), Slg. 1972, 619, Rn. 64.
178 Siehe EuGH, Rs. 40–48, 50, 54–56, 111, 113 und 114/73 (Suiker Uni), Slg. 1975, 1663, Rn. 174.
179 Siehe 3. Kap., Rn. 19 ff.

T. Mäger

Weiterhin setzt der Begriff der abgestimmten Verhaltensweise ein der Abstimmung entspre- 86
chendes **Marktverhalten** sowie einen ursächlichen Zusammenhang zwischen beidem voraus.[180] Allerdings kann nach Auffassung des EuGH **vermutet** werden, dass die an der Abstimmung beteiligten Unternehmen die dabei erlangten Informationen bei der Bestimmung ihres Marktverhaltens berücksichtigen.[181] Diese Vermutung soll nach Auffassung des EuGH auch
im Rahmen nationaler Bußgeldverfahren zu berücksichtigen sein, soweit Art. 101 AEUV angewendet werde. Dieses Ergebnis wird lediglich damit begründet, dass sich die Kausalitätsvermutung aus Art. 101 Abs. 1 AEUV in seiner Auslegung durch den Gerichtshof ergebe und daher
integraler Bestandteil des anwendbaren Unionsrechts sei.[182] Dies erscheint mit der – auch ver-
fassungsrechtlich abgesicherten – Beweislastverteilung jedenfalls des deutschen Ordnungswid-
rigkeiten- und Strafrechts kaum vereinbar. Im Ergebnis muss die Umsetzung der Verhaltensabstimmung nach Auffassung des EuGH von der Kartellbehörde nicht nachgewiesen werden.
Dem betroffenen Unternehmen steht zwar die Möglichkeit eines Gegenbeweises offen. Es dürfte
jedoch sehr schwer nachweisbar sein, dass die Abstimmung des Wettbewerbsverhaltens keines
der beteiligten Unternehmen in ihrem Marktauftritt beeinflusst hat.[183] Das Vorliegen einer abgestimmten Verhaltensweise hat die Kommission jedoch nachzuweisen, ggf. auf der Grundlage
von Indizien, wozu auch das tatsächliche (gleichförmige) Verhalten von Unternehmen gehören
kann. Dies setzt aber voraus, dass ein bloßes Parallelverhalten auszuschließen ist.[184]

2. Wettbewerbsbeschränkung

Zentrales Tatbestandsmerkmal von Art. 101 Abs. 1 AEUV ist die Wettbewerbsbeschränkung. 87
Der Wortlaut der Vorschrift differenziert zwischen der Verhinderung, Einschränkung und Verfälschung des Wettbewerbs. In der Praxis erfolgt allerdings insoweit regelmäßig keine Unterscheidung. Die Wettbewerbsbeschränkung muss entweder **bezweckt** oder zumindest **bewirkt**
sein. Wenn nachgewiesen ist, dass eine Vereinbarung eine Wettbewerbsbeschränkung bezweckt, müssen die konkreten Auswirkungen der Vereinbarung nicht analysiert werden.[185]
Wenn eine Vereinbarung keine Wettbewerbsbeschränkung bezweckt, sind demgegenüber die
tatsächlichen sowie potentiellen Auswirkungen im Einzelnen zu prüfen.[186] Bei genauerer Betrachtung ist die Unterscheidung allerdings weniger eindeutig, als sie auf den ersten Blick
scheint. Geht es um eine bezweckte Wettbewerbsbeschränkung, spielt zwar die Frage, ob und
in welchem Ausmaß eine wettbewerbswidrige Wirkung tatsächlich eingetreten ist, für die Feststellung des Verstoßes keine Rolle (sondern allenfalls für die Bemessung der Höhe etwaiger
Geldbußen und für Ansprüche auf Schadensersatz). Die Vereinbarung bzw. abgestimmte Verhaltensweise muss aber konkret, unter Berücksichtigung ihres jeweiligen rechtlichen und wirtschaftlichen Zusammenhangs, geeignet sein, zu einer Verhinderung, Einschränkung oder Verfälschung des Wettbewerbs innerhalb des Binnenmarktes zu führen.[187] Bezwecken heißt im
Gegensatz zum Bewirken also **konkrete Eignung**.

Besonders schwerwiegende Wettbewerbsbeschränkungen werden als **Kernbeschränkungen** 88
(*hardcore restrictions*) bezeichnet. Diese erscheinen in den Gruppenfreistellungsverordnungen

---

180 EuGH, Rs. C-49/92 P (Anic Partecipazioni), Slg. 1999, I-4125, Rn. 118; EuG, Rs. T-9/99 (HFB Holding),
     Slg. 2002, II-1487.
181 EuGH, Rs. C-49/92 P (Anic Partecipazioni), Slg. 1999, I-4125, Rn. 121.
182 EuGH, Rs. C-8/02 (T-Mobile), Entscheidung vom 4. Juni 2009, Rn. 53.
183 So auch *Eilmansberger*, in: Streinz: Art. 81, Rn. 22.
184 Siehe EuGH, Rs. C-89, 104, 114, 116, 117, 125–129/85 (Ahlström), Slg. 1993, I-1307, Rn. 71; siehe auch
     Rn. 85.
185 EuGH, Rs. C-49/92 (Anic Partecipazioni), Slg. 1999, I-4125, Rn. 99; EuGH, Rs. C-551/03 P (General Mo-
     tors), Slg. 2006, I-3173, Rn. 66 ff.; EuGH, Rs. C-8/08 P (T-Mobile Netherlands), Slg. 2009, I-4529,
     Rn. 29 ff.; Leitlinien zu Art. 81 Abs. 3 EG, Rn. 20.; Leitlinien über horizontale Zusammenarbeit, Rn. 24.
186 Leitlinien zu Art. 81 Abs. 3 EG, Rn. 24.
187 EuGH, Rs. C-8/08, (T-Mobile Netherlands BV) Slg. 2009, I-4562, Rn. 32 und 44; siehe allgemein auch
     Eilmansberger, ZweR 2009, 437 ff.: Das Kartellrecht schützt den Wettbewerb, weil und nicht wenn er wirt-
     schaftlich effiziente Ergebnisse hervorbringt. Das Eingreifen des Kartellrechts im Einzelfall hängt auch nicht
     davon ab, dass das betreffende Verhalten Verbraucherinteressen tatsächlich beeinträchtigt. Andererseits muss
     bei der Anwendung der kartellrechtlichen Vorschriften der wirtschaftliche Kontext stets berücksichtigt wer-
     den.

auf einer schwarzen Liste[188] und werden in Leitlinien oder Bekanntmachungen der Kommission als Kernbeschränkungen eingestuft. Eine Kernbeschränkung stellt aber **nicht zwingend** eine **bezweckte** Wettbewerbsbeschränkung dar. Auch die Kommission geht hiervon nur „in der Regel" aus.[189] Darüber hinaus ist es auch für die Beurteilung einer bezweckten Wettbewerbsbeschränkung erforderlich, die Umstände des Einzelfalls zu würdigen (auch wenn diese Einzelfallprüfung in eindeutigen Fällen kurz ausfallen mag).[190] Es greift auch keine Vermutung dafür ein, dass eine Kernbeschränkung tatsächlich gegen Art. 101 Abs. 1 AEUV verstößt.[191] Auch Kernbeschränkungen unterliegen deshalb nicht von vornherein einem Per-se-Verbot.[192] Vielmehr sind die Umstände des Einzelfalles zu ermitteln. Dies gilt umso mehr, als die Einordnung einer Wettbewerbsbeschränkung als Kernbeschränkung eine Wertentscheidung voraussetzt, die sich im Laufe der Zeit auch ändern kann, wie das Beispiel der Bewertung von Höchst- und Mindestpreisbindungen zeigt.[193]

89 Damit wird nicht jede Vereinbarung, welche die **Handlungsfreiheit** eines oder mehrerer Beteiligter beschränkt, zwangsläufig von dem Verbot des Art. 101 Abs. 1 AEUV erfasst. Vielmehr sind der konkrete Rahmen zu berücksichtigen, in dem die Vereinbarung ihre Wirkung entfaltet, insbesondere der wirtschaftliche und rechtliche Kontext, in dem die betroffenen Unternehmen tätig sind, die Art der Waren bzw. Dienstleistungen, auf die sich die Vereinbarung bezieht, sowie die tatsächlichen Bedingungen der Funktion und der Struktur des relevanten Marktes.[194] Das Wesen der Wettbewerbsbeschränkung ergibt sich aus einer Kombination eines Eingriffs in die wirtschaftliche Handlungsfreiheit und den Marktauswirkungen.[195]

90 Insbesondere werden Beschränkungen, die für das Bestehen einer – für sich gesehen kartellrechtsneutralen – Vereinbarung **objektiv notwendig** sind, von Art. 101 Abs. 1 AEUV grundsätzlich nicht erfasst. So können z.b. Gebietsbeschränkungen in einer Vereinbarung zwischen einem Anbieter und einem Vertriebshändler für einen bestimmten Zeitraum nicht unter Art. 101 Abs. 1 AEUV fallen, wenn die Beschränkungen objektiv erforderlich sind, damit der Vertriebshändler in einen neuen Markt eintreten kann.[196] In diesem Fall wird der Inter-Brand-Wettbewerb nicht beschränkt. Auch eine Beschränkung des Intra-Brand-Wettbewerbs liegt nicht vor, da ohne die Vereinbarung ein Wettbewerb von vornherein nicht eröffnet worden wäre. Geht es demgegenüber um eine Beschränkung des Inter-Brand-Wettbewerbs, fällt eine Beschränkung grundsätzlich nicht bereits deswegen aus dem Anwendungsbereich aus Art. 101 Abs. 1 AEUV heraus, weil ohne die Beschränkung die Vereinbarung nicht geschlossen worden wäre. Denn aus wettbewerblicher Sicht wäre in diesem Fall der Nichtabschluss der Vereinbarung vorzugswürdig. Etwaige wettbewerbsfördernde Wirkungen der Vereinbarung können nur im Rahmen von Art. 101 Abs. 3 AEUV berücksichtigt werden. Als Beispiel kann der Fall dienen, dass ein Produzent nur bereit ist, eine Produktionsanlage zu errichten, wenn ein bestimmter

---

188 Dazu Rn. 103 ff.
189 Leitlinien zu Art. 81 Abs. 3 EG, Rn. 23; siehe auch Rn. 96 und 4. Kap., Rn. 70 zu einer "reflexhaft überschießenden" Kernbeschränkung.
190 Rn. 87.
191 Siehe nur Schlussanträge des Generalanwalts Mazak vom 3. März 2011 in der Rs. C-439/09 (Pierre Fabre). Erst recht greift keine Vermutung, dass eine Kernbeschränkung die Freistellungsvoraussetzungen nach Art. 101 Abs. 3 AEUV (dazu Rn. 101 ff.) nicht erfüllt.
192 Ein Per-se-Verbot steht im Gegensatz zu der Anwendung der Rule of Reason, die eine auswirkungsbezogene Analyse des Einzelfalles erfordert. Beide Begriffe entstammen dem US-amerikanischen Kartellrecht.
193 4. Kap., Rn. 179.
194 EuG, Rs. T-112/99 (TPS), Rn. 76; siehe auch EuGH, Rs. C-309/99 (Wouters), Slg. 2002 I-1577, Rn. 97: Nicht jede Vereinbarung zwischen Unternehmen, durch welche die Handlungsfreiheit der Parteien oder einer der Parteien beschränkt wird, wird automatisch vom Verbot des Art. 101 Abs. 1 AEUV erfasst. Vielmehr sind im Einzelfall der Gesamtzusammenhang, in dem die Vereinbarung zustande gekommen ist oder ihre Wirkung entfaltet, und insbesondere ihre Zielsetzung zu würdigen. Das Verbot von Sozietäten zwischen Rechtsanwälten und Wirtschaftsprüfern, das durch eine berufsständische Vertretung im Interesse der Rechtspflege ausgesprochen worden war, unterfällt daher nicht dem Verbot des Art. 101 Abs. 1 AEUV; Fuchs, ZWeR 2007, 369, 376 ff.
195 *Eilmansberger* ZWeR 2009, 437 f.; *Schröter*, in: Schröter/Jakob/Mederer, Art. 81, Rn. 103 m.w.N; *Bunte*, in Langen/Bunte, Art. 81 EG, Rn. 82.
196 Leitlinien zu Art. 81 Abs. 3 EG, Rn. 18 unter Ziffer 2; EuGH, Vertikal-Leitlinien, Rn. 119; TT-Leitlinien, Rn. 101; Rs. T-56/65 (Société Technique Minière/Maschinenbau Ulm), Slg. 1966, 281.

Kunde sich verpflichtet, für eine lange Laufzeit einen hohen Anteil des Gesamtbedarfs von dem Anbieter zu beziehen.

Von Art. 101 Abs. 1 AEUV erfasst werden horizontale und vertikale Beschränkungen. **Horizontale** Beschränkungen sind solche, die zwischen Unternehmen abgeschlossen werden, die auf derselben Produktions- oder Vertriebsstufe tätig sind, etwa Preis- oder Gebietsabsprachen zwischen konkurrierenden Lieferanten. **Vertikale** Wettbewerbsbeschränkungen sind solche, bei denen die Vertragsparteien auf unterschiedlichen Produktions- oder Vertriebsstufen tätig sind. Entscheidend ist jedoch nicht die Einordnung der Vertragspartei als solche, sondern der Vertragsabrede. So kann ein Unternehmen, das im Hinblick auf die Belieferung von Kunden mit einem anderen Unternehmen in einem Konkurrenzverhältnis steht, mit diesem einen Liefervertrag abschließen, etwa um Produktionsengpässe auszugleichen. Dieser Liefervertrag kann eine als vertikal einzuordnende Beschränkung enthalten, z.B. eine ausschließliche Bezugspflicht. Bei der wettbewerblichen Würdigung dieser vertikalen Abrede ist allerdings zu berücksichtigen, dass die beiden Vertragsparteien in einem Konkurrenzverhältnis stehen. **91**

Art. 101 Abs. 1 AEUV schützt zunächst den sog. **Inter-Brand-Wettbewerb**, d.h. den Wettbewerb zwischen Anbietern konkurrierender Produkte.[197] Um diesen Wettbewerb geht es z.B., wenn zwei Unternehmen aus verschiedenen Mitgliedstaaten vereinbaren, ihre Produkte jeweils nicht in dem Heimatmarkt des anderen Unternehmens zu verkaufen oder wenn ein Anbieter seinen Vertriebshändler verpflichtet, keine konkurrierenden Produkte zu verkaufen. Eine Beschränkung des Inter-Brand-Wettbewerbs setzt regelmäßig voraus, dass die Parteien entweder aktuelle oder potentielle Wettbewerber sind. Zwingend ist dies aber nicht, wie das Beispiel der Verpflichtung der Vertriebshändler, keine konkurrierenden Produkte zu verkaufen, zeigt. **92**

Art. 101 Abs. 1 AEUV (bisher: Art. 81 Abs. 1 EG) schützt darüber hinaus auch den sog. **Intra-Brand-Wettbewerb**, d.h. den Wettbewerb zwischen Vertreibern der gleichen Produkte.[198] Diese Fallgruppe ist z.B. betroffen, wenn ein Anbieter seine Vertriebshändler am Wettbewerb untereinander hindert, z.B. durch Preisbindungen oder gebiets- bzw. kundenbezogene Absatzbeschränkungen zwischen den Händlern. Eine wettbewerbsbeschränkenden Abrede kann sowohl den Inter-Brand-Wettbewerb als auch den Intra-Brand-Wettbewerb betreffen. **93**

3. Spürbarkeit der Wettbewerbsbeschränkung

Die Wettbewerbsbeschränkung muss auch spürbar sein. Hierzu hat die Kommission eine Bekanntmachung erlassen.[199] Die Kommission ist der Auffassung, dass bei Vereinbarungen **zwischen Wettbewerbern** die Spürbarkeit zu verneinen ist, wenn der gemeinsame Marktanteil auf keinem von der Vereinbarung betroffenen relevanten Markt **10 %** überschreitet. Bei Vereinbarungen zwischen **Nicht-Wettbewerbern** liegt keine Spürbarkeit vor, wenn der von jedem der beteiligten Unternehmen gehaltene Marktanteil auf keinem von der Vereinbarung betroffenen relevanten Markt **15 %** überschreitet.[200] An der Spürbarkeit kann es auch unter qualitativen Aspekten fehlen.[201] **94**

Ergeben sich kumulative Marktabschottungseffekte durch nebeneinander bestehende **Netze von Vereinbarungen**, die ähnliche Wirkungen auf dem Markt haben, werden die vorgenannten quantitativen Schwellen auf 5 % herabgesetzt. Bei einzelnen Lieferanten oder Händlern mit einem Marktanteil, der 5 % nicht überschreitet, ist in der Regel nicht davon auszugehen, dass sie wesentlich zu dem kumulativen Abschottungseffekt beitragen. Es ist nach Auffassung der Kommission unwahrscheinlich, dass ein kumulativer Abschottungseffekt vorliegt, wenn weniger als 30 % des relevanten Marktes von nebeneinander bestehenden Netzen von Vereinbarungen abgedeckt werden.[202] **95**

---

197 Siehe z.B. Leitlinien zu Art. 81 Abs. 3 EG, Rn. 18 unter Ziffer 1.
198 Leitlinien zu Art. 81 Abs. 3 EG, Rn. 18 unter Ziffer 2.
199 De-minimis-Bekanntmachung.
200 De-minimis-Bekanntmachung, Rn. 7.
201 EuGH, Rs. 40/73 (Suiker Unie), Slg. 1975, 1663, Rn. 67, 70 ff.
202 De-minimis-Bekanntmachung, Rn. 8.

96 Die Spürbarkeitsschwellen der De-minimis-Bekanntmachung gelten nicht, wenn sog. **Kernbe-schränkungen**, d.h. schwerwiegende Wettbewerbsbeschränkungen, z.b. Preis- oder Gebietsab-sprachen zwischen Wettbewerbern, vereinbart werden.[203] Dies bedeutet jedoch zunächst nur, dass sich die Behörde vorbehält, Kernbeschränkungen auch unterhalb der quantitativen Baga-tellschwellen zu verfolgen. Es findet sich aber keine Aussage, „wie weit herunter" eine Verfol-gung reicht. Auch Kernbeschränkungen sind nur dann kartellrechtlich verboten, wenn sie eine spürbare Wettbewerbsbeschränkung nach sich ziehen. Greift der „safe harbour" der De-mini-mis-Bekanntmachung[204] nicht ein, muss die Spürbarkeit im konkreten Fall geprüft werden. Auch bei einer Kernbeschränkung kann die Spürbarkeit fehlen.[205] Bei einer Kernbeschränkung ist aber wohl nur denkbar, die Spürbarkeit unter quantitativen Aspekten – und nicht unter qualitativen Aspekten – zu verneinen. Es könnte argumentiert werden, dass sich die (quanti-tative) Spürbarkeitsprüfung bei Kernbeschränkungen lediglich auf den Test einer „konkreten Eignung" beschränkt. Dies liegt nahe, wenn Kernbeschränkunken mit bezweckten Wettbe-werbsbeschränkungen[206] gleichgesetzt werden. Zwingend erscheint dies aber nicht. In ihren Leitlinien zu Art. 81 Abs. 3 EG[207] führt auch die Kommission aus, dass Beschränkungen, die in den Gruppenfreistellungsverordnungen auf einer schwarzen Liste erscheinen oder in Leitli-nien oder Bekanntmachungen als Kernbeschränkungen eingestuft sind, von ihr nur „in der Regel" als bezweckte Wettbewerbsbeschränkungen betrachtet werden. Bei der Kategorie der Kernbeschränkung handelt es sich um keinen feststehenden Rechtsbegriff. Vielmehr erfordert es eine Wertentscheidung, welche Beschränkungen als Kernbeschränkungen eingestuft wer-den.[208]

97 Wettbewerbsbeschränkende Abreden, welche die **Bagatellschwelle** der De-minimis-Bekannt-machung **überschreiten**, sind nicht automatisch als spürbar anzusehen. Sie können gleichwohl nur geringfügige Auswirkungen auf den Wettbewerb haben.[209] Die Kommission muss im Ein-zelfall die Spürbarkeit nachweisen.[210]

98 Wettbewerbsbeschränkende Abreden, welche **unterhalb der Bagatellschwelle** bleiben, sind um-gekehrt **nicht automatisch zivilrechtlich wirksam**. Die De-minimis-Bekanntmachung führt zwar zu einer Selbstbindung der Kommission. Insoweit besteht ein „safe harbour". Die Kom-mission kann die Reichweite der Nichtigkeitsfolge nach Art. 101 Abs. 2 AEUV aber nicht ver-bindlich festlegen.[211] Die europäischen Gerichte haben im Rahmen der Spürbarkeitsprüfung in erster Linie auf die Umstände des konkreten Einzelfalles abgestellt.[212] Dabei kommt der Markt-stellung der Parteien zwar besondere Bedeutung zu. Eine allgemeingültige Marktanteilsschwelle hat sich jedoch bislang nicht herausgebildet. Erreichen die Beteiligten einzeln oder gemeinsam einen Marktanteil von **5 %**, liegt die Bejahung der Spürbarkeit nahe.[213] Bei einer zersplitterten Angebotsstruktur kann jedoch auch ein Marktanteil in Höhe von 3 % das Spürbarkeitskrite-rium erfüllen, insbesondere, wenn es sich um den Anbieter mit dem größten Marktanteil han-

---

203 De-minimis-Bekanntmachung, Rn. 11.
204 Siehe aber Rn. 98.
205 Siehe etwa OLG Düsseldorf v. 23. Juni 2004, VI-U (Kart) 29/04 (Tschechisches Bier), WuW DE-R 1410, 1412: keine Spürbarkeit bei einem Marktanteil von 0,16 % bzw. 0,08 %; siehe auch: EuGH, Rs. 5/69 (Völk/ Vervaecke) Slg. 1969, 295: Es sei möglich, dass eine Alleinvertriebsvereinbarung selbst bei absolutem Ge-bietsschutz mit Rücksicht auf die schwache Stellung, welche Beteiligten auf dem Markt der fraglichen Er-zeugnisse im geschützten Gebiet hätten, nicht unter das in Art. 85 Abs. 1 EWGV (heute Art. 101 Abs. 1 AEUV) enthaltene Verbot falle; siehe auch 10. Kap., Rn. 118.
206 Rn. 88.
207 Dort Rn. 23.
208 Rn. 88.
209 De-minimis-Bekanntmachung, Nr. 2.
210 EuGH, Rs. T-374/94 (European Night Services), Slg. 1998, II-3141, Rn. 102.
211 Missverständlich deshalb *Bechtold/Bosch/Brinker/Hirsbrunner*, Art. 81 Rn. 101: Die Rechtsprechung der europäischen Gerichte zur Spürbarkeit sei nur außerhalb des Anwendungsbereiches der De-minimis-Bekannt-machung nach wie vor von Bedeutung.
212 Vgl. etwa EuGH, Rs. 56/65 (Société Technique Minière/Maschinenbau Ulm), Slg. 1966, 281; in der Recht-sprechung wird nicht stets klar zwischen der Spürbarkeit der Beeinträchtigung des zwischenstaatlichen Han-dels einerseits und der Spürbarkeit der Wettbewerbsbeschränkung andererseits unterschieden.
213 EuGH, Rs. 19/77 (Miller), Slg. 1978, 131; Rs. 107/82 (AEG-Telefunken), Slg. 1983, 3151.

T. Mäger

delt und diesem ein hoher Umsatz entspricht.[214] Bei Marktanteilen **unter 1 %** dürfte die Spürbarkeit jedoch regelmäßig fehlen.[215]

Bleibt eine wettbewerbsbeschränkende Abrede unterhalb der Bagatellschwelle nach europäischem Kartellrecht, stellt sich die Frage, ob im Rahmen des nationalen Kartellrechts dieselben Erwägungen hinsichtlich der Spürbarkeit eingreifen. Hierfür spricht der vom deutschen Gesetzgeber angestrebte Gleichklang des deutschen mit dem europäischen Kartellrecht. Dies sollte sowohl für Fälle gelten, die das Zwischenstaatlichkeitskriterium erfüllen (und auf die Art. 101 Abs. 1 AEUV lediglich mangels spürbarer Wettbewerbsbeschränkungen nicht anwendbar ist),[216] als auch für Fälle, in denen das Zwischenstaatlichkeitskriterium nicht erfüllt ist.[217] Das **Bundeskartellamt** hat allerdings im Jahr 2007 eine neue **Bagatellbekanntmachung** veröffentlicht,[218] die an die De-minimis-Bekanntmachung der Kommission nicht angeglichen ist. Eine Abweichung der Bagatellbekanntmachungen ist insbesondere in folgenden Punkten festzustellen: Senkung der Marktanteilsschwellen auch im Falle eines kumulativen Marktabschottungseffekts bei tatsächlicher Beschränkung des Wettbewerbs (Kommission)[219] bzw. bereits entsprechendem Verdacht (Bundeskartellamt);[220] kumulativer Abschottungseffekt bei 30 %-iger Marktabdeckung als positives Regelbeispiel (Bundeskartellamt)[221] oder bloße Negativabgrenzung;[222] Ausnahmeregelung bei zeitweiliger Überschreitung der Schwellenwerte (nur Kommission);[223] kein Bußgeld bei gutgläubiger Annahme eines Bagatellfalls (nur Kommission);[224] Unterschiede im Bereich der Kernbeschränkungen (Kommission: Differenzierung zwischen Absprachen von Wettbewerbern und solchen von Nicht-Wettbewerbern,[225] Bundeskartellamt: keine Unterscheidung zwischen vertikalen und horizontalen Vereinbarungen,[226] also keine Anwendung der Ausnahmen in vertikalen Vereinbarungen für Beschränkungen des Gebiets oder Kundenkreises, zudem Erstreckung auf Vereinbarungen betreffend den Einkauf); Selbstbindung der Kommission[227] gegenüber Ermessensvorbehalt des Bundeskartellamtes.[228] Diese Abweichungen erschweren die Rechtsanwendung,[229] auch, wenn es nur um das Aufgreifermessen der Behörden geht und ein einheitlicher quantitativer Spürbarkeitsmaßstab im Hinblick auf die Nichtigkeitsfolge nach Art. 101 Abs. 2 AEUV bzw. § 1 GWB i.V.m. § 134 BGB ohnehin kaum erreichbar sein dürfte, da jeder Fall anhand seiner individuellen Umstände zu würdigen ist.

Das Bundeskartellamt ist nicht nur für die Anwendung des GWB, sondern auch des Art. 101 AEUV zuständig, Art. 3 Abs. 1 VO 1/2003, § 50 GWB. Die Regelung zum Aufgreifermessen in der Bagatellbekanntmachung gilt daher auch in den Fällen, in denen nicht das deutsche Kartellverbot (§ 1 GWB), sondern das Europäische Kartellverbot (Art. 101 AEUV) anwendbar ist. Demgegenüber greift die De-minimis-Bekanntmachung der Kommission nur ein, wenn

99

100

---

214 EuGH, Rs. T 100-103/80 (Pioneer), Slg. 1983, 1825.
215 EuGH, Rs. 5/69 (Völk/Vervaecke), Slg. 1969, 295 zur Spürbarkeit der Beeinträchtigung des zwischenstaatlichen Handels sowie zur Spürbarkeit der Wettbewerbsbeschränkung; Rs. 1/71 (Cadillon/Höss), Slg. 1971, 351; Rs. 22/71 (Beguelin), Slg. 1971, 949.
216 Vgl. Rn. 49.
217 Zweifelnd *Dreer*, WuW 2005, 251, da die hohen Marktanteilsschwellen der De-minimis-Bekanntmachung möglicherweise für Sachverhalte, die nur lokale oder regionale Bedeutung hätten, nicht geeignet seien. Dies betrifft die Frage, ob die Schwellen der De-minimis-Bekanntmachung mit Art. 101 AEUV vereinbar sind (siehe Rn. 98).
218 Bekanntmachung Nr. 18/2007 des Bundeskartellamtes vom 13. März 2007 über die Nichtverfolgung von Kooperationsabreden mit geringer wettbewerbsbeschränkender Bedeutung.
219 De-minimis-Bekanntmachung, Rn. 8.
220 Bagatellbekanntmachung, Rn. 11.
221 Bagatellbekanntmachung, Rn. 11: Kumulativer Abschottungseffekt regelmäßig gegeben, wenn 30 % oder mehr des betroffenen Marktes abgedeckt werden.
222 De-minimis-Bekanntmachung, Rn. 8: Abschottungseffekt "unwahrscheinlich", wenn weniger als 30 % des Marktes von Netzen abgedeckt werden.
223 De-minimis-Bekanntmachung, Rn. 9.
224 De-minimis-Bekanntmachung, Rn. 4.
225 De-minimis-Bekanntmachung, Rn. 11.
226 Bagatellbekanntmachung, Rn. 13.
227 De-minimis-Bekanntmachung Rn. 4.
228 Bagatellbekanntmachung, Rn. 12: Von Einleitung eines Kartellordnungswidrigkeitenverfahrens wird nur "regelmäßig" abgesehen.
229 Kritisch auch *Pfeffer/Wegner*, BB 2007, 1173.

Art. 101 AEUV anwendbar ist, d.h., wenn die Wettbewerbsbeschränkung spürbare Auswirkungen auf den zwischenstaatlichen Handel haben kann.

II. Freistellungsvoraussetzungen des Art. 101 Abs. 3 AEUV

101   Eine Wettbewerbsbeschränkung nach Art. 101 Abs. 1 AEUV ist ausnahmsweise dann zulässig, wenn sie nach Art. 101 Abs. 3 AEUV freigestellt[230] ist. Eine Freistellung ist auf zwei Wegen denkbar.

1. GVO

102   Unter praktischen Gesichtspunkten ist zunächst zu prüfen, ob eine GVO eingreift. Die erlassenen GVO bestehen fort. Der durch sie gewährte Rechtsvorteil kann aber durch die Kommission, Art. 29 Abs. 1 VO (EG) Nr. 2003, oder durch eine Kartellbehörde der Mitgliedstaaten für das Gebiet des betreffenden Mitgliedstaates oder ein Teilgebiet entzogen werden, Art. 29 Abs. 2 VO (EG) Nr. 1/2003.

103   Die Regelungstechnik von GVOs unterscheidet sich jeweils. Ältere GVO enthalten eine Auflistung sowohl der freigestellten („**weißen**") als auch der einer Freistellung im Wege stehenden („**schwarzen**") Klauseln.[231] In der Praxis erwies sich die Notwendigkeit, Vertragsklauseln dem engen Normenkorsett anzupassen, als hinderlich („Zwangsjackeneffekt"). Die in jüngerer Zeit erlassenen GVO – Vertikal-GVO, F&E-GVO, Spezialisierungs-GVO, TT-GVO – enthalten demgegenüber eine allgemeine Freistellungsklausel (**Schirmfreistellung**) und beschränken sich darauf, die „schwarzen" Klauseln aufzuzählen, die einer Freistellung entgegenstehen. Die gruppenweise Freistellung im Rahmen des modernen GVO wird – im Sinne des ökonomisch ausgerichteten Gesamtkonzepts (*„economic approach"*) – davon abhängig gemacht, dass bestimmte Marktanteilsschwellen nicht überschritten werden.

104   Auf dem Boden einer Regel/Ausnahme-Technik werden teilweise indessen auch in den „modernen" GVO zulässige Klauseln aufgelistet, wobei aus der Auflistung wiederum nicht zwingend gefolgert werden darf, dass es sich um eine wettbewerbsbeschränkende, aber freigestellte Klausel handelt, da auch eine **vorsorgliche Freistellung** denkbar ist.[232] Dies kann im Einzelfall zu einer Rechtsunsicherheit führen. Zwar ist für das praktische Ergebnis meist nicht entscheidend, ob eine Abrede bereits keine Wettbewerbsbeschränkung im Sinne des Art. 101 Abs. 1 AEUV darstellt, oder ob dies der Fall ist, aber eine Freistellung nach Art. 101 Abs. 3 AEUV gegeben ist. Ein Unterschied kann sich aber aus der Verteilung der **Beweislast** ergeben.[233] Nach Art. 2 VO (EG) Nr. 1/2003 trägt in kartellbehördlichen Verfahren sowie zivilrechtlichen Streitigkeiten diejenige Partei, die einen Verstoß gegen Art. 101 Abs. 1 AEUV behauptet, insoweit die Beweislast. Demgegenüber obliegt die Beweislast im Hinblick auf Art. 101 Abs. 3 AEUV derjenigen Partei, welche das Eingreifen dieser Vorschrift behauptet.[234] Ob sich die Zulässigkeit einer bestimmten Abrede bereits daraus ergibt, dass Art. 101 Abs. 1 AEUV nicht erfüllt ist, oder (erst) eine Rechtfertigung nach Art. 101 Abs. 3 AEUV eingreift, kann auch in den Fällen von praktischer Bedeutung sein, in denen sich die Rechtfertigung auf eine GVO stützt, die z.B. wegen Überschreitens der Marktanteilsschwelle nicht eingreift. In Fällen, in denen zweifelhaft ist, ob überhaupt eine Wettbewerbsbeschränkung vorliegt, dürfte sich allerdings regelmäßig ergeben, dass die Voraussetzungen des Art. 101 Abs. 3 AEUV bei direkter Anwendung erfüllt sind.

105   Bei Vereinbarung einer „schwarzen" Klausel fällt die Gruppenfreistellung insgesamt weg („**Alles-oder-nichts-Prinzip**"). Auch diejenigen wettbewerbsbeschränkenden Klauseln, die an sich die Voraussetzung der GVO erfüllen, sind dann nicht gruppenweise freigestellt.[235] Denkbar

---

230   Zum Begriff der Freistellung siehe oben Rn. 26.
231   Zu sog. "grauen Klauseln" Rn. 105 und 4. Kap., Rn. 72 f.
232   EuGH, Rs. 32/65 (Italien), Slg. 1966, 457, 483; *Fuchs*, ZWeR 2005, 1, 25; *Frenz*, Rn. 769.
233   Zur Beweislast siehe auch 12. Kap., Rn. 16 f.
234   Zu praktischen Anwendungsproblemen: *Bechtold/Bosch/Brinker/Hirsbrunner*, Art. 2 VO (EG) 1/2003, Rn. 13 ff.
235   Beispiel: Art. 4 Vertikal-GVO ("Die Freistellung ... gilt nicht für vertikale Vereinbarungen, die ...").

ist aber eine Freistellung bei direkter Anwendung des Art. 101 Abs. 3 AEUV. Daneben enthalten GVO auch Vorgaben, bei deren Nichteinhaltung lediglich die entsprechende Klausel nicht gruppenweise freigestellt ist, die GVO auf die übrigen Vertragsklauseln aber anwendbar bleibt (meist „graue Klauseln" genannt).[236]

2. Einzelprüfung

Greift keine GVO ein, sind die Voraussetzungen des Art. 101 Abs. 3 AEUV im Einzelnen zu prüfen.[237] Die Ausnahmeregelung des Art. 101 Abs. 3 AEUV gilt solange, wie die vier Voraussetzungen erfüllt sind. Danach verliert sie ihre Anwendbarkeit.[238] Ob die Freistellung nach der Legalausnahme gemäß Art. 1 VO (EG) Nr. 1/2003 rückwirkende Kraft hat, ist zweifelhaft.   **106**

a) Kriterien des Art. 101 Abs. 3 AEUV. Art. 101 Abs. 3 AEUV enthält vier Freistellungsvoraussetzungen, zu denen die Kommission – allerdings abstrakt und theoretisch gefasste – Leitlinien[239] erlassen hat. Im Rahmen von Art. 101 Abs. 3 AEUV sind nach bisheriger Praxis nur **wettbewerbliche Aspekte** zu berücksichtigen.[240]   **107**

Im Rahmen von Art. 101 Abs. 3 AEUV wird grundsätzlich jeder Markt separat analysiert. Die positiven Wirkungen (z.B. sinkende Preise, Vergrößerung des Angebots) müssen nach Auffassung der Kommission grundsätzlich auf **demselben Markt** eintreten, auf dem die negativen Auswirkungen zu verzeichnen sind.[241] Anders kann es liegen, wenn zwei Märkte miteinander verknüpft sind und die jeweilige Marktgegenseite weitgehend deckungsgleich ist.[242]   **108**

Die Freistellungsvoraussetzungen des Art. 101 Abs. 3 AEUV müssen während der gesamten Laufzeit der Kooperation erfüllt sein. Bei der Anwendung von Art. 101 Abs. 3 AEUV müssen etwaige **verlorene Erstinvestitionen** (sunk investment) der Parteien berücksichtigt werden sowie der Zeitraum und die Wettbewerbsbeschränkungen, die erforderlich sind, um eine leistungssteigernde Investition vorzunehmen und ihre Kosten zu amortisieren. Das Risiko, vor dem die Parteien stehen und die verlorenen Investitionen, die zur Durchführung der Vereinbarung vorgenommen werden müssen, können somit bewirken, dass die Vereinbarung nicht unter Art. 101 Abs. 1 AEUV fällt bzw. die Voraussetzungen von Art. 101 Abs. 3 AEUV für den Zeitraum erfüllt sind, der erforderlich ist, um die Investitionskosten zu amortisieren.[243] Darüber hinaus führt eine wettbewerbsbeschränkende Vereinbarung in einigen Fällen zu einem **irreversiblem Ereignis**. Ist die Vereinbarung einmal durchgeführt, kann die Ausgangslage nicht wieder hergestellt werden. Dies kann z.B. im Falle einer F&E Vereinbarung gegeben sein, in deren   **109**

---

236 Beispiel: Art. 5 Vertikal-GVO ("Die Freistellung ... gilt nicht für folgende, in vertikalen Vereinbarungen enthaltenen Verpflichtungen: ...").

237 Zur unmittelbaren Anwendung des Art. 81 Abs. 3 EG (nunmehr: Art. 101 Abs. 3 AEUV) im nationalen Zivilrecht: BGH, KZR 10/03 (Citroen), WuW/E DE-R, 1335, 1338 f.

238 Leitlinien zu Art. 81 Abs. 3 EG, Rn. 44.

239 Leitlinien zu Art. 81 Abs. 3 EG.

240 Zu wettbewerblichen Aspekten, die indirekt eintreten, siehe z.B. EuGH, Rs. T-26/76 (Metro (I)), Slg. 1977, 1875: Stabilisierende Wirkung auf Arbeitsplätze berücksichtigungsfähig, da hierdurch Verbesserung der Produktion; siehe auch EuG, Rs. T-17/93 (Matra Hachette), Slg. 1994, 595, Rn. 139; einen anderen Ansatz vertritt demgegenüber *Eilmansberger*, ZWeR 2009, 437, 452: Art. 81 Abs. 1 AEUV sei einzig auf den Schutz des Wettbewerbs bezogen, ermögliche aber, wettbewerbsfördernde und wettbewerbsdämpfende Effekte einer Vereinbarung gegeneinander aufzuwiegen. Demgegenüber solle Art. 101 Abs. 3 AEUV direkt auf jene Ziele bezogen werden, die durch die Gewährleistung von Wettbewerb erreicht werden sollten (Verbesserung der Warenerzeugung und -verteilung sowie der Förderung des technischen und wirtschaftlichen Fortschritts jeweils zum Nutzen der Verbraucher). Möglich solle auch sein, andere Vertragsziele bei der wettbewerbsrechtlichen Beurteilung unternehmerischer Kooperation zu berücksichtigen. Art. 101 Abs. 3 AEUV habe die Funktion, Wettbewerbs- und Marktfehlfunktionen zu korrigieren. Eine Freistellung sei dann, wenn der Wettbewerb ausnahmsweise keine effizienten Ergebnisse oder solche hervorbringe, die mit anderen Unionszielen in Widerspruch stünden. Vgl. zur Abgrenzung von Art. 101 Abs. 1 und Abs. 3 AEUV auch *Leupold/Weidenbach*, WuW 2006, 1003: Vorliegen einer Wettbewerbsbeschränkung bei allokativen oder dynamischen Effizienzverlusten und Gesamtsaldierung mit anderweitigen Effizienzgewinnen im Rahmen des Art. 101 Abs. 3 AEUV.

241 EuG, Rs. T-131/99 (Shaw), Slg. 2002, II-2023, Rn. 163; Leitlinien zu Art. 81 Abs. 3 EG, Rn. 43.

242 Leitlinien zu Art. 81 Abs. 3 EG, Rn. 43; siehe auch EuG, Rs. T-86/95 (Compagnie Generale Maritime), Slg. 2002, II-1011, Rn. 343 ff.; EuG, Rs. T-213/00 (CMA CGM), Slg. 2003, II-913, Rn. 226.

243 Leitlinien zu Art. 81 Abs. 3 EG, Rn. 44.

Rahmen bestimmte Forschungsarbeiten eingestellt und Kapazitäten zusammengelegt werden. In derartigen Fällen muss die Bewertung allein anhand des zum Zeitpunkt der Durchführung gegebenen Sachverhalts erfolgen.[244]

110 **aa) Effizienzgewinne.** Die Vereinbarung muss zunächst zu einer **Verbesserung der Produktion, des Vertriebs oder der Forschung** beitragen.[245] Hierfür reicht jede Art von ökonomischem Vorteil aus – nach der Terminologie der Kommission: Effizienzgewinn. Die Verbesserung muss sich mit hinreichender Wahrscheinlichkeit spürbar positiv auf die gesamtwirtschaftliche Situation auswirken und so die mit der Abrede verbundenen Nachteile für den Wettbewerb zumindest ausgleichen.[246] Beispiele für derartige Effizienzgewinne[247] sind Kosteneinsparungen bei der Produktion, etwa aufgrund besserer Auslastung oder Erhöhung der Kapazität (nicht aber aufgrund der Drosselung der Produktion, einer Marktaufteilung oder der Ausübung der Markmacht), die Verbreiterung des Angebots oder die Verbesserung der Qualität der produzierten Erzeugnisse oder erbrachten Dienstleistungen, die Erschließung neuer Märkte, die Verbesserung der wirtschaftlichen Effizienz durch Reduzierung der Transaktions- und Distributionskosten (etwa durch ein Alleinvertriebssystems), die Erweiterung der Wahlmöglichkeiten der Kunden durch Erhöhung der Zahl der Verkaufsstellen oder der angebotenen Waren und die Förderung innovativer bzw. verbesserter Produkte, etwa durch die zwischenbetriebliche Zusammenarbeit bei Forschung und Entwicklung oder den Transfer technischen Wissens durch Lizenzverträge. Unbeachtlich sind Effizienzvorteile, die sich aus der Wettbewerbsbeschränkung, z.B. der Preisabsprache, Quotenvereinbarung oder Angebotsverknappung, ergeben. Derartige Absprachen sind zwar (für die beteiligten Unternehmen) ökonomisch vorteilhaft, haben aber keine wettbewerbsfördernde bzw. wertsichernde oder werterhöhende Wirkung.[248]

111 **bb) Beteiligung der Verbraucher.** Eine Freistellung erfordert weiterhin die angemessene Beteiligung der Verbraucher.[249] Nach den Gesamtumständen muss anzunehmen sein, dass die Unternehmen die positiven Wirkungen an die Verbraucher weitergeben. Der Begriff der angemessenen Beteiligung bedeutet nach Auffassung der Kommission, dass die Weitergabe der Vorteile die tatsächlichen oder voraussichtlichen negativen Auswirkungen „mindestens ausgleicht", die den Verbrauchern durch die Wettbewerbsbeschränkungen nach Art. 101 Abs. 1 AEUV entstehen.[250] Es ist nicht erforderlich, dass die Marktgegenseite einen Anteil an jedem einzelnen Effizienzgewinn erhält.[251] Erfasst werden sämtliche Nutzer der Produkte oder Dienstleistungen, etwa Großhändler, Einzelhändler und Endverbraucher. Abzustellen ist auf die **unmittelbare Marktgegenseite**, d.h. die Abnehmer der Produkte. Dies müssen nicht zwingend die Endverbraucher sein.[252] Werden die direkten Abnehmer angemessen an den Effizienzgewinnen beteiligt, ist die Freistellungsvoraussetzung erfüllt. Dies gilt unabhängig davon, ob die Vorteile auf dem nachgelagerten Markt an die Endverbraucher weitergegeben werden. Ob dies der Fall ist, hängt von den dortigen Marktverhältnissen ab, die sich die auf dem vorgelagerten Markt tätigen Parteien nicht zurechnen lassen müssen.[253]

112 Effizienzgewinne, die sich in der **Qualität** des Angebots niederschlagen, werden naturgemäß an die Marktgegenseite weitergegeben. In diesen Fällen geht es nur um die Abwägung der Effizienzvorteile gegenüber den negativen wettbewerblichen Wirkungen der Vereinbarung. Einspa-

---

244 Leitlinien zu Art. 81 Abs. 3 EG, Rn. 45.
245 Leitlinien zu Art. 81 Abs. 3 EG, Rn. 48.
246 EuGH, Rs. 209–215, 218/78 (van Landewyck), Slg. 1980, 3125, Rn. 185; Leitlinien zu Art. 81 Abs. 3 EG, Rn. 32.
247 Nachweise bei *Schnelle/Bartosch/Hübner*, S. 54 f.
248 Leitlinien zu Art. 81 Abs. 3 EG, Rn. 49.
249 Leitlinien zu Art. 81 Abs. 3 EG, Rn. 83 ff.
250 Leitlinien zu Art. 81 Abs. 3 EG, Rn. 85.
251 Leitlinien zu Art. 81 Abs. 3 EG, Rn. 86.
252 Siehe nur *Kjølbye*, ECLR 2004, 566, 575.
253 Zwar nehmen die Leitlinien zu Art. 81 Abs. 3 EG, Rn. 84 auch auf die "späteren Käufer der Produkte" Bezug. Dies soll aber vor allem Fallgestaltungen erfassen, in denen der unmittelbare Verkäufer für das Produkt nicht bezahlt und er deshalb auch nicht an Effizienzgewinnen beteiligt werden kann (z.B. im Fall von verschreibungspflichtigen Arzneimitteln, die von Krankenkassen bezahlt werden), *Kjølbye*, ECLR 2004, 566, 575.

T. Mäger

rungen an **variablen Kosten** werden nach ökonomischen Erfahrungsgrundsätzen eher an die Marktgegenseite weitergegeben als Einsparungen an **Fixkosten**.[254]

cc) Unerlässlichkeit der Wettbewerbsbeschränkung. Weiterhin muss die Beschränkung des Wettbewerbs durch die betroffene Abrede unerlässlich sein.[255] Weniger einschränkende Mittel, die dieselben wirtschaftlichen Vorteile erzielen, dürfen nicht zur Verfügung stehen. Hypothetische oder theoretische Alternativen sind jedoch nicht zu berücksichtigen. Die Kommission nimmt auch keine wirtschaftliche Beurteilung für die Unternehmen vor, sondern schreitet nur in solchen Fällen ein, in denen es hinreichend klar ist, dass es realistische und erreichbare Alternativen gibt.[256] Es darf kein Missverhältnis zwischen den erreichbaren Vorteilen und den Beschränkungen bestehen. Einschränkungen, die üblicherweise auf der „schwarzen Liste" von GVOs erscheinen,[257] oder die in Leitlinien und Bekanntmachungen der Kommission als Kernbeschränkungen eingestuft werden, erfüllen regelmäßig nicht das Kriterium der Unerlässlichkeit.[258] **113**

In den Leitlinien zu Art. 101 Abs. 3 AEUV befasst sich die Kommission mit dem Unerlässlichkeitskriterium (dritte Freistellungsvoraussetzung) vor dem Kriterium der Beteiligung der Verbraucher (zweite Freistellungsvoraussetzung). Dies ist darauf zurückzuführen, dass nach Auffassung der Kommission die zweite Freistellungsvoraussetzung eine Abwägung von wettbewerbsfördernden und wettbewerbsschädlichen Wirkungen erfordert und im Rahmen dieser Abwägung nur unerlässliche Wettbewerbsbeschränkungen zu berücksichtigen sind.[259] **114**

dd) Kein Ausschluss des Wettbewerbs. Schließlich ist erforderlich, dass die Vereinbarung dem beteiligten Unternehmen nicht die Möglichkeit eröffnen darf, den Wettbewerb auszuschließen. Zu prüfen sind die Verhältnisse auf den – zunächst abzugrenzenden[260] – Märkten, d.h. die Marktanteile der Parteien und Wettbewerber sowie der Abstand zwischen diesen und insbesondere die Struktur der Marktgegenseite. **115**

Das Kriterium des Ausschlusses des Wettbewerbs ist nicht deckungsgleich mit dem Kriterium der **Marktbeherrschung**.[261] Dementsprechend wird in den Leitlinien zu Art. 101 Abs. 3 AEUV eine Bejahung der Freistellungsvoraussetzungen bei marktbeherrschenden Unternehmen nicht von vornherein ausgeschlossen. Die Anwendung von Art. 101 Abs. 3 AEUV darf allerdings nicht die Anwendung von Art. 102 AEUV verhindern.[262] Darüber hinaus kommt eine Freistellung nicht in Betracht, wenn die betreffende Vereinbarung den Missbrauch einer beherrschenden Stellung darstellt.[263] Damit ist zu prüfen, ob ein Missbrauch einer marktbeherrschenden Stellung vorliegt. Hiermit befassen sich die Leitlinien zu Art. 101 Abs. 3 AEUV nicht. Sie beschränken sich nur auf die Aussage, dass nicht jede wettbewerbsbeschränkende Abrede, die von einem beherrschenden Unternehmen getroffen wird, einen Missbrauch der marktbeherrschenden Stellung darstellt.[264] In den Leitlinien zu Art. 101 Abs. 3 AEUV werden auch keine Marktanteilschwellen für das Kriterium des Ausschlusses des Wettbewerbs genannt. Derartige Schwellen erscheinen geeignet, „safe harbours" festzulegen, nicht aber, Bereiche für einen behördlichen Eingriff zu definieren.[265] **116**

b) Beurteilungsspielraum der Unternehmen (Irrtumsprivileg). Da Art. 101 Abs. 3 AEUV weitgehend auf unbestimmte Rechtsbegriffe verweist, stellt sich die Frage, ob den Unternehmen bei der Auslegung dieser Vorschrift ein „Irrtumsprivileg" einzuräumen ist. Der EuGH hat der **117**

---

254 Leitlinien zu Art. 81 Abs. 3 EG, Rn. 98; *Kjølbye*, ECLR 2004, 566, 575 f.
255 Leitlinien zu Art. 81 Abs. 3 EG, Rn. 73 ff.
256 Leitlinien zu Art. 81 Abs. 3 EG, Rn. 75.
257 Dazu Rn. 103.
258 Leitlinien zu Art. 81 Abs. 3 EG, Rn. 46; Vertikal-Leitlinien, Rn. 46; Leitlinien über horizontale Zusammenarbeit, Rn. 70.
259 *Kjølbye*, ECLR 2004, 566, 574.
260 Zur Marktabgrenzung siehe Rn. 126 ff.
261 EuG, Rs. T-191, 212, 214/98 (Atlantic Container Line (TACA), Rn. 939; Rs. T-395/94 (Atlantic Container Line), Slg. 2002, II-875, Rn. 330.
262 EuGH, Rs. C-395, 396/96 P (Compagnie Maritime Belge), Slg. 2000, I-1365, Rn. 130.
263 EuG, Rs. T-51/89 (Tetra Pak), Slg. 1990, II-309; EuGH, Rs. T-191, 212/98 (TACA), Rn. 1456.
264 Leitlinen zu Art. 81 Abs. 3 EG, Rn. 106.
265 *Kjølbye*, ECLR 2004, 566, 577.

Kommission auf dem Boden der alten Rechtslage, d.h. vor Inkrafttreten der VO (EG) Nr. 1/2003, einen weiten Beurteilungsspielraum bei der Anwendung des Art. 101 Abs. 3 AEUV zuerkannt[266] und ist deshalb bei der Überprüfung von Freistellungsentscheidungen stets sehr zurückhaltend gewesen. Die Unternehmen sind nunmehr gehalten, die Kriterien des Art. 101 Abs. 3 AEUV selbst zu prüfen. Dies spricht dafür, ihnen vergleichbare Beurteilungsspielräume bei der Auslegung der Vorschrift zuzubilligen.[267] Anderenfalls würde der kartellrechtliche Maßstab verschärft.[268] Dies erscheint angesichts der Vielzahl der auslegungsbedürftigen unbestimmten Rechtsbegriffe im Kartellrecht nicht angemessen. Dass es angesichts der notwendigen Einzelfallbetrachtung schwierig ist, allgemeine und konkrete Prinzipien zur Auslegung des Art. 101 Abs. 3 AEUV festzulegen, machen auch die Verlautbarungen der Kommission deutlich.[269] Vor diesem Hintergrund erscheint es naheliegend, das Subsumtionsrisiko nicht allein den Unternehmen aufzuerlegen. Die Kommission nimmt für sich allerdings das Recht in Anspruch, die Einschätzung der Unternehmen hinsichtlich der Freistellungsfähigkeit einer Vereinbarung nach Art. 101 Abs. 3 AEUV in vollem Umfang zu überprüfen und verneint jeden Beurteilungsspielraum der Vertragsparteien. Gleiches müsste aus dieser Perspektive für die nationalen Kartellbehörden sowie die Gerichte gelten.

118   **c) Rechtsfolge bei Fehleinschätzungen.** Auch wenn den Unternehmen bei der Beurteilung der Frage, ob die Freistellungsvoraussetzungen nach Art. 101 Abs. 3 AEUV im Einzelfall erfüllt sind, ein Beurteilungsspielraum zugebilligt wird, wird es stets Fälle geben, in denen die Unternehmen sich bei der Beurteilung, ob die Freistellungsvoraussetzungen vorliegen, geirrt haben. Ein Tatsachen- oder Rechtsirrtum[270] hat keine Auswirkungen auf die zivilrechtliche Nichtigkeitssanktion nach Art. 101 Abs. 2 AEUV. Dieses Risiko sollte nach Möglichkeit durch geeignete Vertragsformulierungen aufgefangen werden.[271] Eine andere Frage ist, ob sich Unternehmen, die sich über das Vorliegen der Freistellungsvoraussetzung nach Art. 101 Abs. 3 AEUV geirrt haben, im Rahmen eines Bußgeldverfahrens auf einen Tatsachen- oder Rechtsirrtum berufen könnten. Dies wurde unter Geltung des Prinzips des behördlichen Genehmigungsvorbehalts unter Hinweis darauf verneint, dass die Unternehmen bei Zweifelsfragen die Möglichkeit hatten, eine Einzelfreistellung bei der Kommission zu beantragen.[272] Nach Einführung des Systems der Legalausnahme kann dies jedoch nicht mehr gelten.[273] Allerdings müssen die Unternehmen alles Zumutbare getan haben, um Sachverhaltsfragen aufzuklären, und im Zweifel Rechtsrat von einem erfahrenen Kartellrechtler einholen.[274] Ggf. kann es auch erforderlich sein, ökonomische Analysen in Auftrag zu geben.[275]

119   **d) Sachverhaltsaufklärung und Beweislast.** Die Beweislastverteilung ist in Art. 2 VO (EG) Nr. 1/2003 eindeutig geregelt: Wer im Rahmen eines einzelstaatlichen oder europäischen Verfahrens den Vorwurf eines Verstoßes gegen Art. 101 Abs. 1 AEUV oder Art. 102 AEUV erhebt, trägt insoweit die Beweislast. Die Beweislast dafür, dass die Voraussetzungen des Art. 101 Abs. 3 AEUV vorliegen, obliegt demgegenüber derjenigen Partei, die sich hierauf beruft.

---

266 Siehe nur EuGH, Rs. 56, 58/64 (Consten und Grundig), Slg. 1966, 321, 396; Rs. 26/76 (Metro), Slg. 1977, 1875, 1906.

267 *Dreher/Thomas*, WuW 2004, 8, 16; *Montag/Rosenfeld*, ZWeR 2003, 107, 117; *Bechtold*, WuW 2003, 343; *Bechtold/Bosch/Brinker/Hirsbrunner*, Art. 1 VO 1/2003, Rn. 38 f.; etwas einschränkend *Hirsch*, ZWeR 2003, 233, 237; noch einschränkender *Bornkamm*, FS Baudenbacher, S. 299; gegen einen Beurteilungsspielraum *Frenz/Ehlenz*, EuR 2010, 490, 492; *Röhling*, GRUR 2003, 1019, 1020; *Schnelle/Bartosch/Hübner*, S. 65 ff.; *Jaeger*, WuW 2000, 1062, 1073 f.; *GK/Schütz*, Einführung VO 1/2003, Rn. 12; Art 1 VO 1/2003, Rn. 18; *Fuchs*, ZWeR 2005, 1, 22; *Koch*, ZWeR 2005, 380.

268 Zur Frage, ob die Kommission den mitgliedstaatlichen Kartellbehörden oder nationalen Gerichten ein Beurteilungsspielraum zuzubilligen ist, siehe *Fuchs*, ZWeR 2005, 1, 16 ff.

269 In den Leitlinien über horizontale Zusammenarbeit (Rn. 96) weist die Kommission z.B. darauf hin, dass die Wahrscheinlichkeit, ob aus einem Informationsaustausch zwischen Unternehmen Effizienzgewinne folgen, von den Markteigenschaften abhänge, etwa davon, ob Firmen um Preise oder Mengen konkurrieren. Diese – ökonomisch zutreffende – Aussage ist zu abstrakt, um in der Praxis als Leitfaden zu dienen.

270 Die VO (EG) Nr. 1/2003 unterscheidet nicht zwischen Tatsachen- und Rechtsirrtümern.

271 Siehe dazu Rn. 123 f.

272 *Dreher/Thomas*, WuW 2004, 8, 10 ff. m.w.N.

273 *Dreher/Thomas*, WuW 2004, 8, 10 ff.; *Bechtold/Bosch/Brinker/Hirsbrunner*, Art. 1 VO 1/2003, Rn. 39.

274 Dazu auch *Schwintowski/Klaue*, WuW 2005, 370, 377.

275 Siehe im Einzelnen *Bechtold/Bosch/Brinker/Hirsbrunner*, Art. 1 VO 1/2003, Rn. 38 ff.

         T. Mäger

Für die Kommission gilt der Untersuchungsgrundsatz. Sie ermittelt den Sachverhalt selbst und   **120**
besitzt eigene Ermittlungsrechte. Ging es in der Vergangenheit um die Erteilung einer Freistellung, hat die Kommission nicht verlangt, dass die Voraussetzungen von Art. 101 Abs. 3 AEUV
eindeutig vorliegen. Vielmehr hat die Kommission regelmäßig einen Wahrscheinlichkeitsstandard angewendet.[275] Im deutschen Zivilverfahren gilt dagegen der Beibringungsgrundsatz.
Über das Ergebnis der Beweisaufnahme entscheidet das Gericht nach freier Überzeugung
(Grundsatz der freien Beweiswürdigung), § 286 ZPO. Maßstab ist die persönliche Gewissheit
des Richters. Mit einer bloßen Wahrscheinlichkeit darf sich der Richter nicht begnügen.[277] Im
deutschen Verwaltungsverfahren gilt derselbe materielle Beweisstandard, § 71 Abs. 1 Satz 1
GWB.[278] In Einzelfällen wurde allerdings ein **Wahrscheinlichkeitsmaßstab** gebilligt.[279] Betrachtet man die bisherige Praxis, ist die Kommission leichter von den Freistellungsvoraussetzungen des Art. 101 Abs. 3 AEUV zu überzeugen als ein deutsches Gericht.[280] Das deutsche
Zivilprozessrecht wird jedoch von europäischem Recht überlagert.[281] Das Gebot der effizienten
und kohärenten Anwendung des europäischen Kartellrechts in der Union legt es nahe, den – in
Einzelfällen vom BGH bereits angewendeten – Wahrscheinlichkeitsstandard für die Prüfung
des Art. 101 Abs. 3 AEUV in Zivilsachen anzuwenden und sachgerecht weiterzuentwickeln.
Maßgeblich wäre danach, dass der Eintritt der Freistellungsvoraussetzungen des Art. 101
Abs. 3 AEUV mit ausreichender Wahrscheinlichkeit erwartet werden kann.[282] Praktische
Schwierigkeiten bei der Anwendung des Art. 101 Abs. 3 AEUV können durch eine Reihe von
Instrumentarien des deutschen Zivilprozessrechts gelöst werden.[283] Denkbar ist eine Anwen-
dung der Grundsätze des Anscheinsbeweises unter Hinzuziehung ökonomischer
Erfahrungssätze. Offenkundige Tatsachen, z.B. Angaben statistischer Jahrbücher, bedürfen
keines Beweises, § 291 ZPO. Zur Förderung der Sachverhaltsaufklärung bei den Freistellungsvoraussetzungen sollte von der Hinweispflicht des Gerichts nach § 139 Abs. 1 ZPO und ggf.
von der Möglichkeit Gebrauch gemacht werden, nach § 144 ZPO die Begutachtung durch
Sachverständige anzuordnen, wenn die Parteien dies nicht bereits beantragen. Im Übrigen kann
das nationale Gericht die Kommission um Übermittlung von Informationen und Stellungnahmen bitten, § 90 a Abs. 3 Satz 1 GWB. Insgesamt gebietet der Schutzzweck des europäischen
Kartellrechts bei der Anwendung des Art. 101 Abs. 3 AEUV eine Einschränkung des Beibrin-
gungsgrundsatzes durch Anwendung von Beweiserleichterungen und Nutzung prozessualer
Aufklärungsinstrumente.[284]

e) Praktische Aspekte. Weicht die betreffende Vereinbarung nur **geringfügig von einer GVO**   **121**
ab, kann sich die Einzelprüfung nach Art. 101 Abs. 3 AEUV regelmäßig auf die Frage beschränken, ob aufgrund der konkreten Abweichung die Freistellungsvoraussetzungen zu ver-

---

276   Kommission, 2004/207/EG (T-Mobile Deutschland/O2 Germany), ABl. 2004 L 75/32, Rn. 126 und 130:
      Bestimmte positive wettbewerbliche Wirkungen unwahrscheinlich ohne wettbewerbsbeschränkende Abrede,
      Weitergabe von Kosteneinsparungen an Endabnehmer wahrscheinlich; Kommission, 69/241/EWG (Clima
      Chappee-Buderus), ABl. 1969 L 195/1: hinreichende Wahrscheinlichkeit der Beteiligung der Verbraucher am
      Gewinn.
277   BGH, II ZB 15/97 VersR 1998, 1301, 1302.
278   Dies gilt unabhängig davon, dass im Verwaltungsverfahren der Untersuchungsgrundsatz nach § 70 Abs. 1
      GWB anwendbar ist.
279   BGH, KVR 2/74 (Zementverkauf Niedersachsen), WuW/E BGH, 1367: Hoher Grad von Wahrscheinlichkeit,
      dass die Voraussetzungen eines Rationalisierungskartells vorliegen; BGH KVR 8/93 (Anzeigenblätter II)
      WuW/E BGH. 2899, 2903: Abwägungsklausel des § 36 Abs. 1 GWB erfüllt, wenn ausreichende Wahr-
      scheinlichkeit für Verbleib eines Marktteilnehmers auf dem Markt infolge des Zusammenschlusses; siehe
      hierzu: *Kirchhoff*, WuW 2004, 745, 747 f.
280   *Kirchhoff*, WuW 2004, 745, 747.
281   Die VO (EG) Nr. 1/2003 berührt nach ihrem Erwägungsgrund 5 weder die nationalen Rechtsvorschriften
      über das Beweismaß, noch die Verpflichtung der Wettbewerbsbehörden und Gerichte der Mitgliedstaaten,
      zur Aufklärung rechtserheblicher Sachverhalte beizutragen, sofern diese Rechtsvorschriften und Anforde-
      rungen im Einklang mit den allgemeinen Grundsätzen des Gemeinschaftsrechts stehen.
282   *Kirchhoff*, WuW 2004, 745, 749 f.
283   Im Einzelnen *Kirchhoff*, WuW 2004, 745, 749 ff.
284   Vgl. auch 12. Kap., Rn. 17, 153.

neinen sind.[285] Erfüllt eine vertikale Vereinbarung z.b. die Voraussetzung der Vertikal-GVO mit Ausnahme der Marktanteilsgrenze von 30 % in Art. 3 Vertikal-GVO, wird diese Schwelle aber nur geringfügig überschritten, liegt es nahe, dass die Freistellungsvoraussetzungen erfüllt sind. Zu prüfen wäre lediglich, ob die vierte Freistellungsvoraussetzung – keine Ausschaltung des Wettbewerbs – trotz geringfügiger Überschreitung der Marktanteilschwelle bejaht werden kann.

122   Umgekehrt ergibt sich auch insoweit eine Ausstrahlungswirkung von GVO auf Art. 101 Abs. 3 AEUV, als es unwahrscheinlich ist, dass eine **Kernbeschränkung** die Kriterien des Art. 101 Abs. 3 AEUV erfüllt.[286]

123   Nach **Auslaufen** einer GVO wird eine positive Indizwirkung für die Erfüllung der Freistellungsvoraussetzungen anzunehmen sein.[287] Zweifelhaft ist jedoch, ob eine derartige Ausstrahlungswirkung auch dann noch bejaht werden kann, wenn in der Zwischenzeit eine **neue GVO mit strengeren Vorraussetzungen** ergangen ist, die im konkreten Fall nicht erfüllt werden. Wird eine Liefervereinbarung z.b. nur deswegen von einer neuen Vertikal-GVO (Verordnung (EU) Nr. 330/2010) nicht erfasst, weil die neue Marktanteilsschwelle überschritten wird,[288] könnte argumentiert werden, dass die alte Vertikal-GVO (Verordnung (EG) Nr. 270/1990) eine hinreichende Ausstrahlungswirkung erzeugt, um eine positive Beurteilung nach Art. 101 Abs. 3 AEUV in direkter Anwendung nahezulegen. Z.B. hat die Kommission in der Mitteilung zur GVO Vers 2010 ausdrücklich darauf hingewiesen, dass einige Bestimmungen der Vorgänger-GVO weiterhin relevant für die Selbstveranlagung von Vereinbarungen nach Art. 101 AEUV seien.[289] Die Ausstrahlungswirkung von nicht mehr gültigen GVO mag allerdings Grenzen haben, wenn der Verordnungsgeber in einer neuen GVO zu einer bestimmten Frage eine klare abweichende (neue) Wertentscheidung getroffen hat, von der anzunehmen ist, dass sie nicht nur im Gesamtgefüge der neuen GVO Gültigkeit beansprucht.

124   Aus praktischer Sicht sollten sich die Unternehmen bei der Vertragsgestaltung möglichst eng an die GVO sowie Einzelfallentscheidungen der Gerichte und Behörden halten. Die direkte Anwendbarkeit des Art. 101 Abs. 3 AEUV führt dazu, dass Unternehmen sich bei der Prüfung einer bestimmten Vereinbarung zunächst über die Marktverhältnisse und die rechtlichen Voraussetzungen genaue Kenntnis verschaffen müssen. Die Überlegungen, die das Unternehmen bei der Prüfung des Art. 101 Abs. 3 AEUV vornimmt, sollten stets schriftlich **dokumentiert** und so abgefasst werden, dass sie im Streitfall vorgelegt werden können.

125   Da die Freistellungsvoraussetzungen während der gesamten Laufzeit der Kooperation erfüllt werden müssen, kann es sich empfehlen vertraglich zu vereinbaren, die Regelungen zu bestimmten Zeitpunkten auf ihre Vereinbarkeit mit den Freistellungsvoraussetzungen zu überprüfen und ggf. **Anpassungen** an das Vertragswerk vorzusehen. Sofern die kartellrechtliche Zulässigkeit einer vertraglichen Abrede davon abhängt, dass die Parteien bestimmte Marktanteilsschwellen nicht überschreiten, ist insbesondere zu prüfen, ob Veränderungen der Marktposition der Parteien während der Vertragslaufzeit durch geeignete Vertragsklauseln – Anpassungsregelungen, Kündigungsrechte – aufgefangen werden sollten.[290]

126   Aufgrund der von Art. 101 Abs. 3 AEUV verwendeten unbestimmten Rechtsbegriffe wird es stets Fälle geben, in denen nicht völlig auszuschließen ist, dass einzelne Vertragsklauseln nichtig sind. In diesen Fällen ist der **Formulierung der salvatorischen Klausel** besondere Aufmerksamkeit zu widmen. Von der Verwendung von Standardklauseln ist abzuraten. Wenn der Parteiwille darauf gerichtet ist, dass die Vereinbarung soweit wie möglich wirksam bleibt, sollte dies

---

285 Vgl. auch *Fuchs*, ZWeR 2005, 1, 14, 16: Beweiserleichterung für das Eingreifen der primärrechtlichen Legalausnahme des Art. 101 Abs. 3 AEUV bei geringer Überschreitung der Marktanteilsschwelle und Übereinstimmung einer Abrede mit den übrigen Tatbestandsmerkmalen der GVO; zurückhaltender, Kommission, Leitlinien zu Art. 81 Abs. 3 EG, Rn. 24: Notwendigkeit einer Einzelprüfung.
286 Siehe Rn. 113.
287 Rn. 37.
288 Dazu 4. Kap. Rn. 16.
289 Mitteilung der Kommission über die Anwendung von Artikel 101 Absatz 3 des Vertrages über die Arbeitsweise der Europäischen Union auf Gruppen von Vereinbarungen, Beschlüssen und abgestimmten Verhaltensweisen im Versicherungssektor (Abl. 2010 C 82/20), Rn. 23, dort Fn. 4; siehe 10. Kap., Rn. 76.
290 Siehe z.B. *Kamann/Bergmann*, BB 2003, 1743, 1747.

präzise zum Ausdruck gebracht werden. Umgekehrt ist zu prüfen, ob sich das wirtschaftliche Interesse eines Unternehmens möglicherweise gerade auf eine Klausel beschränkt, deren kartellrechtliche Wirksamkeit nicht ganz zweifelsfrei ist. In diesem Fall wäre durch eine „umgekehrte" salvatorische Klausel sicherzustellen, dass für den Fall, dass sich das Nichtigkeitsrisiko realisiert, sich das Unternehmen nicht an einem aus seiner Sicht wirtschaftlich unausgewogenen Restvertrag festhalten lassen muss.[291] Durch geeignete Vertragsklauseln sollte auch sichergestellt werden, dass sich ein wirtschaftlich unausgewogener Vertrag nicht aufgrund einer geltungserhaltenden Reduktion ergibt.[292]

Wird im Rahmen einer salvatorischen Klausel eine **Ersetzungsregelung**[293] getroffen, sind in der Praxis zwei Gestaltungen anzutreffen. Entweder vereinbaren die Parteien, dass an die Stelle der nichtigen Klausel automatisch eine wirtschaftlich gleichwertige Regelung treten soll oder sie vereinbaren lediglich sich – nach Offenbarwerden der Nichtigkeit – auf eine derartige Ersatzregelung zu verständigen. Die zweite Alternative ist meist vorzugswürdig, da andernfalls der Vertragsinhalt unklar ist. Denn über den genauen Inhalt der Ersatzregelung bestehen – je nach Blickwinkel – meist unterschiedliche Auffassungen. 127

I. Reformvorhaben betreffend das Missbrauchsverbot des Art. 102 AEUV (ex Art. 82 EG)

Nach Abschluss der „Modernisierung" des Kartellverbots des Art. 102 AEUV hat die Kommission die „Modernisierung" des Missbrauchsverbots des Art. 102 AEUV in Angriff genommen. Ziel ist es, auch bei der Anwendung des Art. 102 AEUV weniger rechtliche als vielmehr ökonomische Überlegungen – und verstärkt industrieökonomische Modelle sowie quantitative Analysen – in den Vordergrund zu stellen (*economic-based approach*).[294] 128

J. Abgrenzung des relevanten Marktes im Kartellrecht

I. Marktanteil als Indikator für Marktmacht

Bei der Anwendung der Wettbewerbsregeln ist häufig zu prüfen, ob die betreffenden Unternehmen über **Marktmacht** verfügen. Die Kommission definiert Marktmacht als die Fähigkeit, die Preise über einen gewissen Zeitraum hinweg gewinnbringend oberhalb des Wettbewerbsniveaus oder die Produktionsmenge, Produktqualität, Produktvielfalt bzw. Innovationen für einen gewissen Zeitraum gewinnbringend unterhalb des Wettbewerbniveaus zu halten.[295] Dies gilt insbesondere für das Missbrauchsverbot des Art. 102 AEUV und die Fusionskontrolle,[296] aber auch für die vierte Freistellungsvoraussetzung „kein Ausschluss des Wettbewerbs" des Art. 101 Abs. 3 AEUV.[297] Als Indikator für Marktmacht wird der **Marktanteil** eines Unternehmens angesehen. Dazu muss zunächst der relevante Markt in sachlicher und räumlicher Hinsicht abgegrenzt werden. Dies ist häufig schwierig. Hieraus können sich Unsicherheiten im Hinblick auf die von den Unternehmen selbst vorzunehmende Prüfung nach Art. 101 und Art. 102 AEUV ergeben. 129

Die Marktabgrenzung stellt den Versuch dar, einen Bereich abzugrenzen, der für die wettbewerbliche Würdigung maßgeblich ist. Insbesondere geht es darum, diejenigen Wettbewerber zu bestimmen, die einen wettbewerblichen **Disziplinierungsdruck** auf das Marktverhalten der betreffenden Unternehmen – insbesondere deren Preisbildung – ausüben. Der bei der kartellrechtlichen Prüfung verwandte Begriff des relevanten Marktes unterscheidet sich von dem um- 130

---

291 Siehe auch 11. Kap., Rn. 6 ff.
292 Die Frage der geltungserhaltenden Reduktion stellt sich z.B. bei Wettbewerbsverboten im Rahmen eines Unternehmenskaufs, siehe 8. Kap., Rn. 272 ff. und bei Bezugsbindungen, siehe 4. Kap., Rn. 114 ff.; siehe auch 11. Kap., Rn. 6 ff.
293 Siehe zur Ersetzungsklausel auch 11. Kap., Rn. 13 ff.
294 Dazu *Möschel*, JZ 2009, 1040; und 6. Kap., Rn. 54.
295 Leitlinien über horizontale Zusammenarbeit, Rn. 39.
296 8. Kap., Rn. 173 ff.
297 Die GVO enthalten deshalb regelmäßig Marktanteilsschwellen.

gangssprachlichen Begriff, der z.B. das Gebiet bezeichnet, auf dem ein Unternehmen seine Produkte verkauft oder allgemein eine bestimmte Branche.[298] Bei der Marktabgrenzung stehen zwei Aspekte im Vordergrund. Zum einen geht es um die Austauschbarkeit der Produkte (oder Dienstleistungen) aus der Sicht der Marktgegenseite, d.h. der unmittelbaren Abnehmer (**Nachfrageflexibilität**). Können diese ohne Weiteres auf alternative Lieferanten ausweichen, hat das betreffende Unternehmen hierauf z.B. bei seinen Preisentscheidungen Rücksicht zu nehmen. Geht es um die Nachfragemacht eines Unternehmens, ist entsprechend zu prüfen, ob die Anbieter bestimmter Waren und Dienstleistungen ggf. auch auf andere Kunden ausweichen können. Zum anderen kann ein Wettbewerbsdruck auch von Erzeugern an sich nicht austauschbarer Produkte ausgehen. Dies ist dann der Fall, wenn diese Unternehmen in der Lage sind, ihre Produktion kurzfristig und ohne spürbaren Kostenaufwand umzustellen und in den betreffenden Markt einzutreten (**Angebotsflexibilität**).

131 Ein Markt ist in sachlicher und räumlicher Hinsicht abzugrenzen.[299]

II. Abgrenzung des sachlich relevanten Marktes

132 Bei der sachlichen Marktabgrenzung geht es um die Frage, welchem Produktmarkt das betreffende Produkt zuzuordnen ist, d.h., welche anderen Produkte in denselben Markt einzubeziehen sind. Dies ist für sämtliche Produkte zu bejahen, die mit den betreffenden Produkten aus Sicht des Kunden austauschbar sind. Maßgebliche Kriterien sind die **Eigenschaften**, der **Verwendungszweck** und der **Preis** der Produkte.[300] Dabei kommt es auf die tatsächliche Sicht der Marktgegenseite an, auch wenn ihr vermeintlich irrationale Verbraucherpräferenzen zugrunde liegen.

133 Die Abgrenzung des sachlich relevanten Marktes kann im Einzelfall schwierig sein. Entwickelt wurden eine Reihe, teils komplexer, ökonometrischer Methoden. Weit verbreitet ist die Prüfung der **Kreuzpreiselastizität**. Geprüft wird dabei, ob und in welchem Ausmaß eine Preiserhöhung bei dem betreffenden Produkt zur Verlagerung der Nachfrage auf ein anderes Produkt führt. In der Praxis erfolgt dies mit Hilfe des sogenannten **SSNIP**[301]**-Tests** oder **hypothetischen Monopoltests**, d.h., es wird die wahrscheinliche Reaktion der Kunden auf eine geringe, aber noch spürbare und nicht bloß vorübergehende Änderung der relativen Preise ermittelt. Zugrunde gelegt wird eine Preiserhöhung zwischen 5 % und 10 %. Ist die Verlagerung der Nachfrage so groß, dass aufgrund des Absatzrückganges eine Preiserhöhung nicht mehr einträglich wäre, sind die betreffenden Produkte in den sachlich relevanten Markt einzubeziehen.[302] Dieser Ansatz ist auch bei der Marktabgrenzung im Fall von Nachfragemacht (im Gegensatz zur Angebotsmacht) anwendbar. Gefragt wird dann nach alternativen Vertriebswegen und Verkaufsstellen für ein Produkt.[303]

III. Abgrenzung des räumlich relevanten Marktes

134 Bei der Abgrenzung des räumlich relevanten Marktes geht es darum, zu bestimmen, innerhalb welchen Gebietes die Abnehmer im Falle einer Preiserhöhung oder sonstigen Verschlechterung des Angebots durch das betreffende Unternehmen auf andere Anbieter ausweichen können. Die Praxis orientiert sich häufig an der Definition des Art. 9 Abs. 7 FKVO. Der räumlich relevante

---

298 Bekanntmachung zur Marktabgrenzung, Rn. 3.

299 In bestimmten Fällen kann es erforderlich sein, auch eine zeitliche Dimension eines relevanten Marktes festzustellen, etwa in Bezug auf jahreszeitabhängige Produkte oder Dienstleistungen.

300 Siehe Bekanntmachung zur Marktabgrenzung, Rn. 7; Abschnitt 6 I des Formblattes CO zur Anmeldung eines Zusammenschlusses gemäß der FKVO (Anhang I zur FKVO-DVO).

301 Small but Significant Non-transitory Increase in Price.

302 Bekanntmachung zur Marktabgrenzung, Rn. 16. Zugrundegelegt wird grundsätzlich der Marktpreis bzw. der von den betreffenden Unternehmen verlangte Preis. Geht es um die Prüfung des Missbrauchs einer marktbeherrschenden Stellung, kann der Marktbeherrscher den Preis allerdings bereits so angesetzt haben, dass jeder weitere Preisanstieg verlustbringend wäre. In diesem Fall muss ein niedrigerer Preis als der Marktpreis als Ausgangspunkt genommen werden (sog. *Cellophane Fallacy*, siehe *Kokkoris*, ECLR 2005, 209, 212); zum hypothetischen Monopoltest ausführlich *Bishop/Walker*, Rn. 4-005 ff.

303 Bekanntmachung zur Marktabgrenzung, Rn. 17.

T. Mäger

Markt umfasst danach dasjenige Gebiet, in dem die beteiligten Unternehmen als Anbieter oder Nachfrager von Waren oder Dienstleistungen auftreten, in dem die Wettbewerbsbedingungen hinreichend **homogen** sind und das sich von den Nachbargebieten unterscheidet, insbesondere durch deutlich unterschiedliche Wettbewerbsbedingungen. Dabei ist besonders auf die Art und die Eigenschaften der betreffenden Waren und Dienstleistungen abzustellen, ferner auf das Vorhandensein von Zutrittsschranken, etwa rechtlichen Rahmenbedingungen oder Sprachbarrieren, sowie auch auf Verbrauchergewohnheiten. In der Praxis spielt vor allem die Frage eine Rolle, ob sich die Preise in den verschiedenen geografischen Gebieten unterscheiden und wie umfangreich die tatsächlichen Handelsströme zwischen Mitgliedstaaten sind.[304]

IV. Entwicklungstendenzen

1. Alternative Modelle zur Marktabgrenzung

Zur sachlichen Marktabgrenzung wurde eine Vielzahl von Modellen entwickelt. In der Praxis **135** der Europäischen Kommission hat sich der vorgenannte SSNIP-Test etabliert.[305] Dieser Test findet auch in der Praxis des Bundeskartellamtes Anerkennung, auch wenn sich das ökonomische Konzept des SSNIP-Tests von dem **Bedarfsmarktkonzept** – das von den deutschen Behörden und Gerichten grundsätzlich angewandt wird[306] – unterscheidet.[307] Der SSNIP-Test setzt bei der Grenznachfrage an. Ob ein zusätzliches Produkt in den relevanten Markt einbezogen wird, hängt von dem Substitutionsverhalten des marginalen Nachfragers ab, d.h. desjenigen Abnehmers, der im Falle einer Preiserhöhung am ehesten auf alternative Produkte ausweicht (oder seine Nachfrage ganz einstellt). Entscheidend ist, ob der dem hypothetischen Monopolisten durch Abwanderung der marginalen Nachfrager zugefügte Mengenverlust ausreichend groß ist, eine Preiserhöhung unattraktiv zu machen. Der Umfang des hierfür benötigten Mengenverlustes hängt von der Gewinnmarge ab, die aufgrund der Preiserhöhung verdient wird. Demgegenüber ist nach dem Bedarfsmarktkonzept das Verhalten des durchschnittlichen Verbrauchers maßgeblich.[308] Eine Betrachtung des Durchschnittsabnehmers kann zur Abgrenzung von engeren Märkten führen als eine Anwendung des SSNIP-Tests. Das umgekehrte Ergebnis ist jedoch ebenfalls denkbar.[309]

SSNIP-Test und Bedarfsmarktkonzept stellen auf die Sicht des (marginalen oder durchschnitt- **136** lichen) Nachfragers ab. Denkbar ist demgegenüber auch, den Markt aus **Anbietersicht** abzugrenzen. Zwar ist von jeher anerkannt, dass neben der Nachfrageflexibilität auch die Angebotsflexibilität von Bedeutung sein kann.[310] Aus Sicht der Kommission soll die Angebotsflexibilität, sofern eine rasche Produktionsumstellung möglich ist, auch bereits bei der Marktabgrenzung (und nicht erst im Rahmen der wettbewerblichen Würdigung) berücksichtigt werden.[311] Der potentielle Wettbewerb soll demgegenüber aber nicht zur Marktdefinition heran-

---

304 Siehe etwa *Kokkoris*, ECLR 2005, 209, 211.
305 Siehe etwa Kommission, COMP/M.4734 (Ineos/Kerling).
306 Siehe etwa BGH KVR 14/03 (Staubsaugerbeutelmarkt), WRP 2004, 1502, 1504; BGH KZR 1/95 (Pay-TV-Durchleitung), WuW/E BGH 3058, 3062; ausführlich *Schulte*, in: Schulte, Rn. 412 ff.
307 Nachweise zur Praxis des Bundeskartellamtes bei *Klein*, WuW 2010, 169, 175.
308 Siehe etwa OLG Düsseldorf (trans-o-flex), WuW/E DE-R 1149.
309 *Klein*, WuW 2010, 169, 175.
310 Siehe Rn. 130.
311 Bekanntmachung zur Marktabgrenzung, Rn. 20, 23; dies ist im Grundsatz auch in der deutschen Praxis anerkannt. Soweit das Bedarfsmarktkonzept nicht geeignet ist, die Frage nach den auf die beteiligten Unternehmen wirkenden Wettbewerbskräften zutreffend und umfassend zu beantworten (dazu BGH KVR 60/07 (E.ON/Stadtwerke Eschwege), WuW/E DE-R 2451) ist das Bedarfsmarktkonzept im Einzelfall durch das Konzept des Vollsortiments bzw. der Angebotsumstellungsflexibilität zu ergänzen, BGH KVR 12/06 (National Geographic II), WuW/DE-R 1925, 1928; BKartA vom 21. Oktober 2010, B 4-45/10 (Sparkasse Karlsruhe/Sparkasse Ettlingen), Rn. 24.

gezogen werden.[312] Hierin mag ein Widerspruch gesehen werden.[313] Vorgeschlagen wird demgegenüber, nicht nur in bestimmten Fällen ergänzend den Aspekt der Angebotsflexibilität heranzuziehen, sondern Märkte grundsätzlich aus Sicht der Anbieter zu definieren. Nach dem Konzept der Wirtschaftspläne ist der von den Unternehmen „gefühlte Wettbewerbsdruck" entscheidend. Maßgeblich ist danach die Angebotsumstellungsflexibilität aus Sicht der Unternehmen. Hierzu wären die Wirtschaftspläne der beteiligten Unternehmen zu analysieren.[314]

2. Erforderlichkeit einer Marktabgrenzung

137 Die europäischen Wettbewerbsregeln gehen davon aus, dass immer dann, wenn Marktmacht zu prüfen ist, zunächst der relevante Markt abgegrenzt werden sollte. Ökonomisch zwingend ist das nicht. Zum Beispiel würde in der Fusionskontrolle ein ausschließlich ökonomischer Ansatz lediglich auf den zusammenschlussbedingten Wegfall von Wettbewerb in Folge der Fusion abstellen und prüfen, ob und in welchem Umfang sich dem fusionierten Unternehmen oder seinen Wettbewerbern dadurch Preiserhöhungsspielräume bieten.[315] Diesen Ansatz verfolgen in der Tat die Horizontal Merger Guidelines des US Department of Justice und der Federal Trade Commission vom 19. August 2010.[316] Grundsätzlich ist es zu begrüßen, wenn die Kartellbehörden einen Fall nicht nach Standardkriterien prüfen, sondern – unter Verwendung differenzierter ökonometrischer und empirischer Ansätze – die spezifischen Marktgegebenheiten im konkreten Einzelfall untersuchen. Dies darf allerdings nicht darüber hinwegtäuschen, dass dieser Vorteil mit einer Reihe von Nachteilen erkauft wird.[317] Ist es stets notwendig, die spezifischen zukünftigen Auswirkungen der in Rede stehenden Maßnahmen – z.B. eines Zusammenschlusses oder einer bestimmten vertraglichen Exklusivitätsabrede – präzise vorherzusagen und diese Prognose hinreichend empirisch zu belegen, werden die Verfahren immer **zeit- und kostenaufwendiger**. Gleichzeitig ist das Ergebnis immer **schwerer vorhersehbar**. Denn in der Ökonomie ist die Meinungsvielfalt nicht geringer als in der Rechtswissenschaft. Verzichtet man auf eine Marktabgrenzung als ersten Schritt einer wettbewerblichen Analyse, steht kein Grobraster mehr zur Verfügung, das es ermöglicht, (vermeintlich) unkritische Fälle ohne detaillierte Prüfung auszusondern und die (vermeintlich) kritischen Fälle zu identifizieren. Denn einer positiven Beurteilung, soweit bestimmte Marktanteilsschwellen unterschritten werden (*safe harbour*), wäre die Grundlage entzogen.[318]

138 Im Rahmen einer detaillierten Prüfung der konkreten Auswirkungen der in Rede stehenden Maßnahme stellen sich auch mehrere Folgefragen. So mag die ökonometrische Untersuchung nahelegen, dass z.B. ein bestimmter Zusammenschluss zwar einerseits zu einer Preiserhöhung, aber andererseits zu technologischen Verbesserungen führt. Diese verschiedenen Folgen müssten dann **gegeneinander abgewogen** werden. Sofern ein behördlicher Eingriff in die unternehmerische Freiheit damit begründet wird, dass aufgrund konkreter empirischer Untersuchungen mit bestimmten negativen wettbewerblichen Auswirkungen zu rechnen ist, spricht schließlich einiges dafür, die Kartellbehörden zu verpflichten, im Rahmen eines breit angelegten Marktmonitoring zu überprüfen, ob die jeweils prognostizierten Ergebnisse auch tatsächlich in der Marktwirklichkeit eintreten.[319]

---

312 Bekanntmachung zur Marktabgrenzung, Rn. 24.
313 So *Säcker*, ZWeR 2004, 1, 8 (Fn. 31). Es bleibt allerdings die praktische Frage, ob bei einer Einbeziehung potentiellen Wettbewerbs die Berechnung von Marktanteilen möglich ist. Nach *Säcker* (ZWeR 2004, 1, 12) sind die Umsätze der marktnahen Produkte in den relevanten Wettbewerbsmarkt einzubeziehen. Als potentielle Wettbewerber betrachtet werden dabei aber nur solche Unternehmen, die bereits – sei es regional, sei es funktional – im Umfeld operieren. Damit werden jedoch potentielle Liefermengen nicht erfasst, die Wettbewerber ohne Weiteres (etwa bei einer Preiserhöhung) auf den Markt bringen könnten, bislang aber noch nicht produziert bzw. (auf benachbarten Märkten) vertrieben haben. Dieser potentielle Wettbewerb lässt sich kaum quantitativ (im Sinne der Berechnung von Marktanteilen) erfassen, sondern nur qualitativ.
314 Zu dem Konzept der Wirtschaftspläne *Säcker*, ZWeR 2004, 1 ff.
315 *Montag/von Bonin*, in: MünchKomm, Art. 2 FKVO Rn. 95.
316 Siehe 8. Kap. Rn. 236.
317 Dazu *T. Mäger*, 2010 Fordham Comp. L. Inst., S. 194 f.
318 In der Tat enthält z.B. die Mitteilung zu Behinderungsmissbräuchen keine *Safe Harbours* (siehe 6. Kap. Rn. 54); siehe auch Leitlinien über horizontale Zusammenarbeit, Rn. 44.
319 Siehe auch *Schulte*, AG 2010, 358.

Gerade das wirkungsbasierte und ökonomisch ausgerichtete Gesamtkonzept (*economic approach*) führte dazu, dass bei den GVO das frühere enge Normenkorsett durch **Schirmfreistellungen** ersetzt wurde, die daran anknüpfen, dass bestimmte Marktanteilsschwellen nicht überschritten werden.[320] Aus rein ökonomischer Sicht wurde damit offenbar nur ein Fortschritt gegenüber dem früheren Zustand, nicht aber ein vollkommen befriedigender Endzustand, erreicht. Auch wenn das Kartellrecht die modernen ökonomischen Erkenntnisse berücksichtigen muss, dürfen gleichwohl die Aspekte von Rechtssicherheit und Vorhersehbarkeit nicht aus den Augen verloren werden. Dies gilt insbesondere im Hinblick auf die schwerwiegenden Rechtsfolgen – von der zivilrechtlichen Nichtigkeit von Vertragsklauseln oder gesamten Vertragswerken bis zu Geldbußen –, die eintreten, wenn Unternehmen den kartellrechtlich zulässigen Rahmen überschreiten. Soweit ein ökonometrisches Modell, mit dem die wettbewerbsförderlichen oder wettbewerbsschädlichen Auswirkungen z.B. eines Zusammenschlusses belegt werden sollen, es erforderlich macht, Millionen von Datenpunkten zusammenzutragen, die dann von einem Computerprogramm in einem Prozess, der sich über mehrere Tage erstreckt, ausgewertet werden, ist dies jedenfalls aus Sicht des praktischen Rechtsanwenders kein befriedigendes Ergebnis.[321]

3. Würdigung von Marktanteilen

Auch wenn die Anwendung der kartellrechtlichen Regeln eine Marktabgrenzung und die Würdigung von Marktanteilen erfordert – wie dies nach den Regelungen des europäischen Kartellrechts der Fall ist – und dieser Ansatz auch grundsätzlich zweckmäßig erscheint, darf dies aber jedenfalls nicht mechanisch erfolgen.[322] Marktanteile stellen lediglich einen möglichen **Indikator** für Marktmacht dar,[323] der stets im Rahmen einer Gesamtwürdigung der konkreten Marktverhältnisse zu prüfen ist. So besitzt z.B. ein hoher Marktanteil, der sich aus wenigen Großaufträgen, womöglich mit kurzer Laufzeit, ergibt, eine geringere Aussagekraft als ein über viele Jahre gleichbleibender Marktanteil, dem eine Vielzahl von Kundenbeziehungen zugrunde liegt.

K. Der More Economic Approach

Jede kartellrechtliche Bewertung erfordert eine Würdigung wirtschaftlicher Sachverhalte. Deshalb hat das Kartellrecht seit jeher ökonomische Überlegungen einbezogen. Der von der Kommission eingeleitete und weiter betriebene *more economic approach*[324] führt jedoch zu einer grundlegenden Änderung der Kartellrechtsanwendung.[325] Dabei dürfte unstreitig sein, dass sich das Kartellrecht nicht modernen industrieökonomischen Erkenntnissen verschließen darf. Dies gilt auch für die Anwendung empirischer quantitativer Analysen. Im Rahmen einer derartigen **deskriptiven Ökonomie**,[326] die anstrebt, das Wettbewerbsgeschehen in seinen tatsächlichen Abläufen zu beschreiben und hierzu Modelle entwickelt, muss nur stets berücksichtigt werden, dass jedes Modell lediglich einen Teilausschnitt der Wirklichkeit beschreiben kann. Dies erfordert es, herauszuarbeiten, welche Bedingungen und Voraussetzungen im Rahmen der Modellbetrachtung zugrunde gelegt wurden. Ob aufgrund dieser Bedingtheiten komplizierte ökonometrische Modelle zu praktisch handhabbaren Erkenntnisgewinnen führen, kann nur im Einzelfall beurteilt werden. Grundsätzliche rechtliche Bedenken gegen die „Ökonomisierung des Kartellrechts" beziehen sich jedoch auch weniger auf die deskriptive Ebene, sondern in erster Linie auf die normative Ebene.[327] Die **normative Ökonomie** befasst sich mit der Frage, welche Ziele von einer Wettbewerbsordnung angestrebt werden sollten, z.B. Verbraucher-

139

---

320 Siehe Rn. 103.
321 Ausführlich zu ökonometrischen Modellen: *Bishop/Walker*, Rn. 9-001 ff.
322 Zur Aussagekraft von Marktanteilen insbesondere bei differenzierten Produkten: *Bishop/Walker*, Rn. 4-047 ff.
323 Rn. 129 f.
324 Dieser Begriff wird von *Ewald*, ZWeR 2011, 15, 46 als wettbewerbspolitisch überfrachtet bezeichnet.
325 *Pohlmann*, in: Ebke/Elsing/Großfeld/Kühne, S. 69, 71 spricht von einer "Uminterpretation des Kartellrechts".
326 Dazu *Pohlmann*, a.a.O., S. 69, 73; im Anschluss an *Sandrock*, S. 10.
327 Dazu *Pohlmann*, a.a.O., S. 69, 72.

wohlfahrt oder Gesamtwohlfahrt. Die deskriptive und die normative Ebene lassen sich nur auf den ersten Blick sehr klar trennen. Denn im Hinblick auf die Vielzahl unbestimmter Rechtsbegriffe der kartellrechtlichen Vorschriften[328] verfügen die Kartellbehörden über einen Spielraum, Akzentverschiebungen bei der behördlichen Anwendungspraxis ohne Weiteres unter demselben Normendach – zumindest des Primärrechts – vorzunehmen.[329] Dieser Spielraum mag unvermeidlich sein, wenn einerseits Erkenntnisfortschritte in der Ökonomie nicht ausgeblendet werden sollen und es andererseits schwierig ist, das Normengerüst jeweils anzupassen, zumal es in der Ökonomie – ebenso wenig wie in der Rechtswissenschaft – kaum allseits anerkannte Erkenntnisfortschritte gibt, die nicht teilweise auch in Frage gestellt werden. Da es im Rahmen des *more economic approach* nicht mehr darum geht, die bloße Freiheit des Wettbewerbsprozesses zu sichern, sondern Effizienzaspekte im Vordergrund stehen, müssen positive und negative Wirkungen der zu beurteilenden Maßnahme im Einzelfall beurteilt und dazu auch quantitativ abgeschätzt werden. Das Ergebnis dieser sehr einzelfallbezogenen Wertung, die zudem eine Reihe von Abwägungen erfordert,[330] ist naturgemäß meist schwierig vorherzusagen. Ziel der Kommission sollte es aber gleichwohl sein, möglichst klare Linien und möglichst wenig von Ökonomen auszufüllenden Bewertungsspielraum vorzugeben.[331] Andernfalls würden auch die Gerichte im Rahmen der Überprüfung kartellbehördlicher Maßnahmen sowie der Prüfung von zivilrechtlichen Nichtigkeitsfolgen bei Kartellverstößen überfordert.[332]

---

328 Siehe nur die Freistellungsvoraussetzungen des Art. 101 Abs. 3 AEUV (Rn. 101 ff.) und den Missbrauchsbegriff, 6. Kap., Rn. 38 ff.

329 Siehe auch *Ewald*, ZWeR 2011, 15, der im Rahmen der forensischen Ökonomie zwischen der theoretisch-konzeptionellen Ebene (Übersetzung der ökonomischen Theorie in justitiable ökonomische Erfahrungssätze) einerseits und die empirische Ebene (Anwendung empirischer Analysemethoden im Rahmen des konkreten Nachweises der Voraussetzung für ein behördliches Einschreiten) andererseits unterscheidet, wobei es bei der theoretisch-konzeptionellen Ebene um die Ausgestaltung "und ggf. Anpassung" rechtlicher Normen geht, a.a.O. S. 28.

330 Siehe Rn. 138.

331 So *Pohlmann*, in: Ebke/Elsing/Großfeld/Kühne, S. 69, 73.

332 Zur Kontrolldichte des EuGH im Rahmen des more economic approach: *Frenz/Ehlenz*, EuR 2010, 490.

T. Mäger

2. Kapitel:
Kartellrechtscompliance

Literatur:

ABA Section of Antitrust Law (Hg.), Antitrust Compliance: Perspectives and Resources for Corporate Counselors, 2. Aufl., Chicago, 2010; *Albers*, Der Pflicht-Selbstbehalt im Rahmen der D&O Versicherung – Überlegungen zur Umsetzung in der Praxis, CCZ 2009, 222; *Annuß/Pelz*, Amnestieprogramme – Fluch oder Segen?, BB Special 4 (zu BB 2010, Heft 50), 14; *Baumbach/Hueck*, GmbHG, Gesetz betreffend die Gesellschaften mit beschränkter Haftung, Kommentar, 19. Aufl., München, 2010; *Benz/Klindt*, Compliance 2020 – ein Blick in die Zukunft, BB 2010, 2977; *Bergmoser*, Integration von Compliance-Management-Systemen, BB Special 4 (zu BB 2010, Heft 50), 2; *ders./Theusinger/Gushurst*, Corporate Compliance – Grundlagen und Umsetzung, BB Special 5 (zu BB 2008, Heft 25), 1; *Berndt/Hoppler*, Whistleblowing – ein integraler Bestandteil effektiver Corporate Governance, BB 2005, 2623; *Besen/Gronemeyer*, Kartellrechtliche Risiken bei Unternehmenskäufen – Informationsaustausch und Clean Team, CCZ 2009, 67; *Bosch/Colbus/Harbusch*, Berücksichtigung von Compliance-Programmen in Kartellbußgeldverfahren, WuW 2009, 740; *Bremer/Groß/Heim/Hünermann/Jaspers/Lorenz/Rolf*, Internal Investigations bei Compliance-Verstößen, Praxisleitfaden für die Unternehmensleitung, Studien des Deutschen Aktieninstituts, Heft 48, Frankfurt am Main, August 2010; *Breßler/Kuhnke/Schulz/Stein*, Inhalte und Grenzen von Amnestien bei Internal Investigations, NZG 2009, 721; *Brouwer*, Compliance im Wirtschaftsverband, CCZ 2009, 161; *Brückner*, Die Aufarbeitung von Compliance-Verstößen – Praktische Erfahrungen und Fallstricke, BB Special 4 (zu BB 2010, Heft 50), 21; *Buchert*, Der externe Ombudsmann – ein Erfahrungsbericht, CCZ 2008, 148; *Bürger*, Die Haftung der Konzernmutter für Kartellrechtsverstöße ihrer Tochter nach deutschem Recht, WuW 2011, 130; *Bürkle*, Corporate Compliance als Standard guter Unternehmensführung des Deutschen Corporate Governance Kodex, BB 2007, 1797; *Bussmann/Matschke*, Die Zukunft der unternehmerischen Haftung bei Compliance-Verstößen, CCZ 2009, 132; *Bussmann/Salvenmoser*, Der Wert von Compliance und Unternehmenskultur – Ergebnisse der aktuellen Studien von PricewaterhouseCoopers zur Wirtschaftskriminalität, CCZ 2008, 192; *Cauers/Haas/Jakob/Kremer/Schartmann/Welp*, Ist der gegenwärtig viel diskutierte Begriff „Compliance" nur alter Wein in neuen Schläuchen?, DB 2008, 2717; *Debevoise & Plimpton*, Compliance Verantwortung in der Aktiengesellschaft, Ein Leitfaden zu Möglichkeiten der Begrenzung und Aufarbeitung von Compliance-Problemen, Frankfurt am Main, September 2009; *de Crozals/Jürgens*, Dawn Raids durch die Kartellbehörden – Ablauf, Grenzen und Handlungsoptionen, CCZ 2009, 92; *de Wolf*, Kollidierende Pflichten: zwischen Schutz von E-Mails und „Compliance" im Unternehmen, NZA 2010, 1206; *Dieners (Hg.)*, Handbuch Compliance im Gesundheitswesen, Kooperation von Ärzten, Industrie und Patienten, 3. Aufl., München, 2010; *Domke/Stehr/Tolksdorf*, Wirtschaftsethische und operative Anforderungen an kartellrechtliche Compliance in Unternehmen, ZRFC 3/2010, 110; *Donald*, The Science of Compliance, GCR 2010, Vol. 13 Iss. 8 (August/September), 8; *Dreher*, Die persönliche Außenhaftung von Geschäftsleitern auf Schadenersatz bei Kartellrechtsverstößen, WuW 2009, 133; *ders.*, Die Vorstandsverantwortung im Geflecht von Risikomanagement, Compliance und interner Revision, in: Festschrift für Uwe Hüffer zum 70. Geburtstag, München, 2010, S. 161; *ders.*, Kartellrechtscompliance, ZWeR 2004, 75; *ders.*, Kartellrechtscompliance in der Versicherungswirtschaft, VersR 2004, 1; *ders.*, Wider die Kriminalisierung des Kartellrechts, WuW 2011, 232; *Eilers/N. Schneider*, Steuerliche Abzugsfähigkeit von Kartellbußen der EU-Kommission, DStR 2007, 1507; *Engelhart*, Reform der Compliance-Regelungen der United States Sentencing Guidelines, NZG 2011, 126; *Eisolt*, Prüfung von Compliance-Management-Systemen: erste Überlegungen zu IDW EPS 980, BB 2010, 1843; *Fecker/Kinzl*, Ausgestaltung der arbeitsrechtlichen Stellung des Compliance-Officers – Schlussfolgerungen aus der BSR-Entscheidung des BGH, CCZ 2010, 13; *Fett/Gebauer*, Compliance-Strukturen im faktischen Bankkonzern, in: Unternehmensrecht zu Beginn des 21. Jahrhunderts, Festschrift für Eberhard Schwark zum 70. Geburtstag, München, 2009, S. 375; *Fett/Theusinger*, Compliance im Konzern – Rechtliche Grundlagen und praktische Umsetzung, BB Special 4 (zu BB 2010, Heft 50),

6; *Fleischer (Hg.)*, Handbuch des Vorstandsrechts, München, 2006; *ders.*, Kartellrechtsverstöße und Vorstandsrecht, BB 2008, 1070; *ders.*, Vorstandsverantwortlichkeit und Fehlverhalten von Unternehmensangehörigen – Von der Einzelüberwachung zur Errichtung einer Compliance-Organisation, AG 2003, 291; *Fritz/Nolden*, Unterrichtungspflichten und Einsichtsrechte des Arbeitnehmers im Rahmen von unternehmensinternen Untersuchungen, CCZ 2010, 170; *Früh*, Legal & Compliance – Abgrenzung oder Annäherung (am Beispiel einer Bank), CCZ 2010, 121; *Gelhausen/Wermelt*, Haftungsrechtliche Bedeutung des IDW EPS 980: Grundsätze ordnungsmäßiger Prüfung von Compliance-Management-Systemen, CCZ 2010, 208; *Giesen*, Die Haftung des Compliance-Officers gegenüber seinem Arbeitgeber – Haftungsprivilegierung bei innerbetrieblichem Schadensausgleich?, CCZ 2009, 102; *Gilch/Pelz*, Compliance Klauseln – Gut gemeint, aber unwirksam?, CCZ 2008, 131; *Göpfert/Merten/Siegrist*, Mitarbeiter als „Wissensträger" – Ein Beitrag zur aktuellen Compliance-Diskussion, NJW 2008, 1703; *Görling/Inderst/Bannenberg (Hg.)*, Compliance, Aufbau – Management – Risikobereiche, Heidelberg u.a., 2010; *Görtz*, Der neue Compliance-Prüfungsstandard (EPS 980). Inhalte und Aussagen, CCZ 2010, 127; *dies./Roßkopf*, Zur Signalwirkung von zertifizierten Compliance-Management-Systemen, CCZ 2011, 103; *Goette/Habersack (Hg.)*, Münchener Kommentar zum Aktiengesetz: AktG, Band 2: §§ 76-117, MitbestG, DrittelbG, 3. Aufl., München, 2008; *Hamacher*, Der Syndikusanwalt ist kein Anwalt 2. Klasse, Das Urteil in Sachen Akzo Nobel zum Anwaltsgeheimnis, AnwBl 2011, 42; *Hasselbach*, Der Verzicht auf Schadensersatzansprüche gegen Organmitglieder, DB 2010, 2037; *ders./Seibel*, Die Freistellung des GmbH-Geschäftsführers von der Haftung für Kartellrechtsverstöße, GmbHR 2009, 354; *dies.*, Die Freistellung von Vorstandsmitgliedern und leitenden Angestellten von der Haftung für Kartellrechtsverstöße, AG 2008, 770; *Hauschka (Hg.)*, Corporate Compliance, Handbuch der Haftungsvermeidung im Unternehmen, 2. Aufl., München, 2010; *ders.*, Der Compliance-Beauftragte im Kartellrecht, Absicherungsstrategien für mittelständische Unternehmen und deren Organe, BB 2004, 1178; *Heine/Roth*, Rechtsgutachten zur Sanktionierung natürlicher Personen/Unternehmen im Zuge der Schweizer Kartellrechtsrevision (Stand 13.10.2010, teilweise aktualisiert zum 25.3.2011), abrufbar unter www.weko.admin.ch; *Heineman*, The General Counsel as Lawyer-Statesman, A Blue Paper, Cambridge, Massachusetts, 2010, abrufbar unter www.law.harvard.edu; *Held*, Die Garantenpflicht des Compliance Officers und die D&O-Versicherung als „Allheilmittel", CCZ 2009, 231; *Herzog*, Kartellrechtliche Compliance – Prävention statt Strafe, ZRFC 3/2010, 97; *Hopson/Koehler*, Effektive ethische Compliance-Programme im Sinne der United States Federal Sentencing Guidelines, CCZ 2008, 208; *Horney/Kuhlmann*, Der Entwurf des IDW für einen Standard zur Prüfung von Compliance-Management-Systemen aus Sicht der Unternehmenspraxis, CCZ 2010, 192; *Immenga, U.*, Compliance als Rechtspflicht nach Aktienrecht und Sarbanes-Oxley-Act, in: Unternehmensrecht zu Beginn des 21. Jahrhunderts, Festschrift für Eberhard Schwark zum 70. Geburtstag, München, 2009, S. 199; *Itzen*, Richtungswechsel, Bestandsaufnahme, Prävention: Das Gerüst einer erfolgreichen Compliance-Strategie, BB Special 5 (zu BB 2008, Heft 25), 12; *Kapp/Gärtner*, Die Haftung von Vorstand und Aufsichtsrat bei Verstößen gegen das Kartellrecht, CCZ 2009, 168; *Klengel/Mückenberger*, Internal Investigations – typische Rechts- und Praxisprobleme unternehmensinterner Ermittlungen, CCZ 2009, 81; *Klindt*, Nicht-börsliches Compliance-Management als zukünftige Aufgabe der Inhouse-Juristen, NJW 2006, 3399; *ders.*, Wenn die Einführung von Compliance ansteht: Moderierte Diskussionen in Geschäftsführung, Vorstand und Aufsichtsrat, BB Special 4 (zu BB 2010, Heft 50), 1; *ders./Pelz/Theusinger*, Compliance im Spiegel der Rechtsprechung, NJW 2010, 2385; *Krieger*, Zahlungen der Aktiengesellschaft im Strafverfahren gegen Vorstandsmitglieder, in: Festschrift für Gerold Bezzenberger zum 70. Geburtstag am 13. März 2000, Berlin u.a., 2000, S. 211; *Lampert*, Gestiegenes Unternehmensrisiko Kartellrecht – Risikoreduzierung durch Competition-Compliance-Programme, BB 2002, 2237; *Liese*, Compliance in Due-Diligence-Fragelisten, BB Special 4 (zu BB 2010, Heft 50), 27; *ders.*, Much Ado About Nothing? oder: Ist der Vorstand einer Aktiengesellschaft verpflichtet, eine Compliance-Organisation zu implementieren? BB Special 5 (zu BB 2008, Heft 25), 17; *Lösler*, Zur Rolle und Stellung des Compliance-Beauftragten, WM 2008, 1098; *Lützeler/Müller-Sartori*, Die Befragung des Arbeitnehmers – Auskunftspflicht oder Zeugnisverweigerungsrecht?, CCZ 2011, 19; *Mäger/Zimmer/Milde*, Konflikt zwischen öffentlicher und privater Kartellrechtsdurchsetzung, WuW 2009, 885; *Meier-Greve*, Zur Unabhängigkeit des sog. Compli-ance Officers, CCZ 2010, 216; *Mengel/Hagemeister*, Compliance und arbeitsrechtliche Imple-mentierung im Unternehmen, BB 2007, 1386; *Moosmayer*, Compliance, Praxisleitfaden für Unternehmen, 2010; *ders.*, Der EuGH und die Syndikusanwälte, NJW 2010, 3548; *ders.*, Die neuen Leitlinien der Europäischen Kommission zur Festsetzung von Kartellgeldbußen, wistra 2007, 91; *ders.*, Qualifikation und Aufgaben des Compliance Officers, AnwBl 2010, 634; *Müller-Bonanni/Sagan*, Arbeitsrechtliche Aspekte der Compliance, BB Special 5 (zu BB 2008, Heft 25), 28; *Müller-Glöge/Preis/I. Schmidt (Hg.)*, Erfurter Kommentar zum Arbeitsrecht, 11. Aufl., München, 2011; *Nolte/Becker*, IT-Compliance, BB Special 5 (zu BB 2008, Heft 25), 23; *Pahlke*, Risikomanagement nach KonTraG – Überwachungspflichten und Haftungsrisiken für den Aufsichtsrat, NJW 2002, 1680; *Pampel*, Die Bedeutung von Compliance-Programmen im Kartellordnungswidrigkeitenrecht, BB 2007, 1636; *Pape*, Zur Wirksamkeit von Corporate Compliance, CCZ 2009, 233; *Reichelsdorfer*, Kartellrechtliche Compliance, Thesen aus der Praxis der mittelständischen Beratung, ZRFC 3/2010, 118; *Reufels/Deviard*, Die Implemen-tierung von Whistleblower-Hotlines aus US-amerikanischer, europäischer und deutscher Sicht, CCZ 2009, 201; *Rieble*, Zivilrechtliche Haftung der Compliance-Agenten, CCZ 2010, 1; *Rie-der/Jerg*, Anforderungen an die Überprüfung von Compliance-Programmen, CCZ 2010, 201; *Säcker*, Gesellschafts- und dienstvertragsrechtliche Fragen bei Inanspruchnahme der Kronzeu-genregelung, WuW 2009, 362; *Schall*, Steuerliche Behandlung von EU-Bußgeldern wegen Kar-tellrechtsverstößen, DStR 2008, 1517; *Schimansky/Bunte/Lwowski (Hg.)*, Bankrechts-Hand-buch, 3. Aufl., München, 2007; *Schmidt, B.*, Vertrauen ist gut, Compliance ist besser! – An-forderungen an die Datenverarbeitung im Rahmen der Compliance-Überwachung, BB 2009, 1295; *Schmidt, J.*, The case for a European Competition Disqualification Order, ZWeR 2010, 378; *Schneider, U H.*, Compliance als Aufgabe der Unternehmensleitung, ZIP 2003, 645; *ders./Schneider, S.H.*, Konzern-Compliance als Aufgabe der Konzernleitung, ZIP 2007, 2061; *Schni-chels/Resch*, Das Anwaltsprivileg im europäischen Kontext, EuZW 2011, 47; *Schönke/Schrö-der*, Strafgesetzbuch: StGB, Kommentar, 28. Aufl., München, 2010; *Schroeder*, Keine Kopien von Bonusanträgen für andere Betroffene, WuW 2011, 109; *Schürrle/Olbers*, Compliance-Verantwortung in der AG – Praktische Empfehlungen zur Haftungsbegrenzung an Vorstände und Aufsichtsräte, CCZ 2010, 102; *dies.*, Praktische Hinweise zu Rechtsfragen bei eigenen Untersuchungen im Unternehmen, CCZ 2010, 178; *Schwarze/Bechtold/Bosch*, Rechtsstaatli-che Defizite im Kartellrecht der Europäischen Gemeinschaft, Eine kritische Analyse der der-zeitigen Praxis und Reformvorschläge, Stuttgart, 2008, abrufbar unter www.gleisslutz.com; *Seeliger*, Compliance und Kartellrecht – Hinweise für die Praxis, AnwBl 2010, 643; *Seitz*, Kein Legal Privilege für Syndikusanwälte – Ein Pyrrhussieg?, EuZW 2010, 761; *Soltész*, Kartell-bußgelder unter Almunia – Eine erste Bilanz, EuZW 2011, 121; *Thomas*, Die Haftungsfrei-stellung von Organmitgliedern, Bürgerlichrechtliche, gesellschaftsrechtliche und versicherungs-rechtliche Grundlagen der Freistellung und der Versicherung von organschaftlichen Haftungs-risiken im Kapitalgesellschaftsrecht, Tübingen, 2010; *Thüsing*, Arbeitnehmerdatenschutz und Compliance, München, 2010; *ders.*, Datenschutz im Arbeitsverhältnis – Kritische Gedanken zum neuen § 32 BDSG, NZA 2009, 865; *Umnuß (Hg.)*, Corporate Compliance Checklisten, Rechtliche Risiken im Unternehmen erkennen und vermeiden, München, 2008; *Voet van Vor-mizeele*, Die EG-kartellrechtliche Haftungszurechnung im Konzern im Widerstreit zu den na-tionalen Gesellschaftsrechtsordnungen, WuW 2010, 1008; *ders.*, Kartellrechtliche Complian-ce-Programme im Rahmen der Bußgeldbemessung de lege lata und de lege ferenda, CCZ 2009, 41; *ders.*, Kartellrechtliche Compliance – Rechtliche Anforderungen an ein effektives kartell-rechtliches Compliance-Programm und dessen praktische Umsetzung, ZRFC 3/2010, 102; *Vogt*, Compliance und Investigations – Zehn Fragen aus Sicht der arbeitsrechtlichen Praxis, NJOZ 2009, 4206; *Wagner-von Papp*, Kartellstrafrecht in den USA, dem Vereinigten König-reich und Deutschland, WuW 2009, 1236; *ders.*, Kriminalisierung von Kartellen, WuW 2010, 268; *Wecker/van Laak (Hg.)*, Compliance in der Unternehmerpraxis, 2. Aufl., Wiesbaden, 2009; *Weitbrecht/Weidenbach*, Achtung, Dawn Raid! Die Rolle des Anwalts bei Durchsu-chungen, NJW 2010, 2328; *Willems/Schreiner*, Anmerkungen zum Entwurf eines IDW Prü-fungsstandards EPS 980 aus Sicht der deutschen Industrie, CCZ 2010, 214; *Winter*, Die Ver-antwortlichkeit des Aufsichtsrats für „Corporate Compliance", in: Festschrift für Uwe Hüffer zum 70. Geburtstag, München, 2010, S. 1103; *Withus*, Bedeutung der geänderten Compliance Anforderungen der US Sentencing Guidelines für deutsche Unternehmen, CCZ 2011, 63; *Wrase/Fabritius*, Prämien für Hinweisgeber bei Kartellverstößen?, CCZ 2011, 69; *Zimmermann*, Aktienrechtliche Grenzen der Freistellung des Vorstands von kartellrechtlichen Bußgeldern, DB 2008, 687; *ders.*, Kartellrechtliche Bußgelder gegen Aktiengesellschaft und Vorstand: Rückgriffsmöglichkeiten, Schadensumfang und Verjährung, WM 2008, 433.

A. Begriff und Funktionen der Kartellrechtscompliance

I. Begriff

1 „Compliance" bedeutet bei wörtlicher Betrachtung **Regeltreue oder -konformität**.[1] Kartellrechtscompliance bezeichnet in Anlehnung daran zunächst einmal die Befolgung der anwendbaren **gesetzlichen und unternehmensinternen kartellrechtlichen Vorgaben** sowie anderer relevanter, national bzw. international anerkannter (Corporate Governance-) Verhaltensgrundsätze durch Unternehmen und Unternehmensvereinigungen, Organmitglieder und Mitarbeiter.

2 Normadressaten haben naturgemäß seit jeher die für sie geltenden Gesetze und Verpflichtungen einzuhalten. Deshalb wird zum Teil vertreten, bei mit der „neumodischen"[2] Bezeichnung Compliance versehenen Themen handle es sich nicht um etwas Neuartiges, sondern um „alten Wein in neuen Schläuchen"[3] bzw. im Grunde um „Selbstverständlichkeiten",[4] die ggf. durch Organisationsmaßnahmen abgesichert werden. Der Einwand ist insoweit berechtigt, als die bloße Befolgung des Kartellrechts kaum eine eigene Begriffsbildung rechtfertigen würde.[5] Die Praxis zeigt indessen, dass für viele Unternehmen die bloße Existenz kartellrechtlicher Normen kein nachhaltig kartellrechtkonformes und intern angemessen dokumentiertes Verhalten im Wettbewerb gewährleistet. Dies wird belegt durch die in den letzten Jahren stark gestiegene Zahl aufgedeckter Kartellrechtsverstöße trotz gleichzeitig erheblich verschärfter Sanktionen.[6] Unternehmen können sich ganz offensichtlich trotz des breiten Bündels an empfindlichen Sanktionen nicht ohne Weiteres auf eine flächendeckende Einhaltung des Kartellrechts durch alle ihre Mitarbeiter verlassen. Dies begründet die praktische Notwendigkeit, zur Vermeidung von Zuwiderhandlungen die unternehmensinternen kartellrechtlich relevanten Prozesse und Vorgaben nicht dem zufallsbedingt unterschiedlichen individuellen Engagement verschiedener Unternehmensteile für die Regeleinhaltung zu überlassen. Für ein funktionierendes **Risikomanagement** und **Internes Kontrollsystem (IKS)** müssen die im Unternehmen maßgeblichen **Prinzipien, Prozesse und Vorschriften** vielmehr **systematisch** derart aufgestellt werden, dass sie sich zu einem umfassenden Kartellrechtscompliance-Regelwerk zusammenfügen.[7] Unter Kartellrechtscompliance ist demnach, zusätzlich zur bloßen Rechtskonformität, die Gesamtheit der zur Erreichung dieses Ziels eingesetzten unternehmensinternen Maßnahmen zu verstehen.[8] Dieses Verständnis entspricht der Regelung des **Deutschen Corporate Governance Kodex**. Danach hat der Vorstand[9] deutscher börsennotierter Gesellschaften „für die Einhaltung der gesetzlichen Bestimmungen und der unternehmensinternen Richtlinien zu sorgen und wirkt auf deren Beachtung durch die Konzernunternehmen hin."[10] Die so beschriebene **Legalitäts- und**

---

1 Vom englischen „to comply with", also „einhalten" bzw. „befolgen".
2 *Zöllner/Noack*, in: Baumbach/Hueck, § 35 Rn. 68a.
3 Siehe *Cauers/Haas/Jakob/Kremer/Schartmann/Welp*, DB 2008, 2717 ff.
4 So *Zöllner/Noack*, in: Baumbach/Hueck, § 35 Rn. 68a. Ähnlich *U.H. Schneider/S.H. Schneider*, ZIP 2007, 2061 („Binsenweisheit"). A.A. *Klindt*, NJW 2006, 3399, 3400; *ders./Pelz/Theusinger*, NJW 2010, 2385; *Benz/Klindt*, BB 2010, 2977.
5 *Dreher*, ZWeR 2004, 75, 79.
6 Zu den wesentlichen Gründen hierfür siehe 12. Kap., Rn. 79 ff., 186 (intensivierte Ermittlungstätigkeit der Kartellbehörden insbesondere aufgrund des Erfolgs von Kronzeugenprogrammen) und 12. Kap., Rn. 77 ff. (neue Berechnungsmethode für Geldbußen nach den EU-Bußgeldleitlinien 2006).
7 Siehe *Klindt/Pelz/Theusinger*, NJW 2010, 2385.
8 Siehe *Moosmayer*, S. 1.
9 Dies gilt entsprechend bei der Europäischen Gesellschaft (SE) für den Verwaltungsrat.
10 Deutscher Corporate Governance Kodex (DCGK), Nr. 4.1.3, Fassung vom 26. Mai 2010, abrufbar unter www.corporate-governance-code.de.

Organisationsverantwortung[11] des Vorstands definiert der Kodex in einem Klammerzusatz als „Compliance".

Der Begriff der Kartellrechtscompliance bezeichnet darüber hinaus die durch ein erfolgreiches 3 Regelwerk im Unternehmen verankerte „**Kartellrechtsethik**". Deren Gegenstand ist ein nachhaltiges Kartellrechtscompliance-**Bewusstsein** aller Mitarbeiter und Organmitglieder. Dieses sollte nicht nur defensiv begründet sein, also allein auf Abschreckung (Furcht vor Sanktionen) beruhen. Ebenso wichtig ist eine zugleich **affirmative** Denkweise und eine sich aus ihr ergebende „positive" Kartellrechtscompliance-**Kultur**: Die Mitarbeiter sollten die wettbewerblichen **Chancen kartellrechtlicher Integrität** im täglichen Geschäftsverkehr erkennen und als **Wettbewerbsvorteil** begreifen.[12] Der Begriff der Kartellrechtscompliance kann heute demnach – insoweit durchaus „neuer Wein in neuen Schläuchen"[13] – als offener, dynamischer[14] Oberbegriff für sämtliche Wertentscheidungen, Prinzipien, Vorgaben und Prozesse im Unternehmen verstanden werden, die dem Ziel eines systematischen, **unternehmensweit integrierten** Kartellrechts-Risikomanagements dienen.

II. Drei Grundfunktionen: Prävention, Kontrolle und Aufdeckung, Reaktion

Es ist anerkannt, dass die vorstehend umrissenen Ziele von Kartellrechtscompliance durch 4 **Instruktion** (insbesondere mittels Schulungen), **präventive Kontrolle** und **repressive Sanktionierung** erreicht werden sollen.[15] Im Folgenden soll für diese **drei Grundfunktionen**, um den nicht nur repressiven, sondern auch positiv-affirmativen Charakter von Kartellrechtscompliance deutlicher herauszustellen, eine etwas andere Begrifflichkeit verwendet werden: Erstens sollen Maßnahmen der Kartellrechtscompliance die Organmitglieder und Mitarbeiter vorbeugend zu kartellrechtlich rechtmäßigem Verhalten anleiten (**Prävention**). Zweitens soll nach dem Gedanken eines Frühwarnsystems die Einhaltung ihrer Verhaltenspflichten überwacht und Verdachtsmomenten nachgegangen werden (**Kontrolle und Aufdeckung**). Schließlich soll drittens auf festgestellte Risiken bzw. Zuwiderhandlungen angemessen reagiert und insbesondere Fehlverhalten geahndet werden (**Reaktion**). Dieser Dreiklang (englisch: „prevent", „detect", „respond") hat sich auch in der Praxis etabliert.[16]

III. Professionalisierung der Kartellrechtscompliance

Kartellrechtscompliance hat in der Unternehmenspraxis erheblich an Bedeutung gewonnen. 5 Dies hat in den vergangenen Jahren eine rasant gestiegene Professionalisierung des Themas bewirkt. Die Erforschung und Diskussion der für ein systematisches Risikomanagement und Compliance-Regelwerk relevanten Themen in Wissenschaft und Praxis hat zur Gründung von Compliance-**Vereinigungen** und -**Fachzeitschriften** sowie Veranstaltung eigener Compliance-**Konferenzen** geführt. Die Entwicklung hat ihren Niederschlag ferner in der Schaffung des noch relativ jungen **Berufsbilds** des (Chief) Compliance Officers[17] sowie Initiativen für die Aufstellung von **Prüfungs- und Zertifizierungsstandards** für Compliance Management Systeme (CMS) gefunden.[18] So hat das Institut der Wirtschaftsprüfer in Deutschland e.V. (IDW) im Jahr 2010

---

11 *Bürkle*, BB 2007, 1797, 1798.
12 Siehe auch Office of Fair Trading (OFT), Drivers of Compliance and Non-compliance with Competition Law, Mai 2010, S. 34, abrufbar unter www.oft.gov.uk; *Heineman*, S. 5 f. Näher dazu Rn. 64, 77 und 83.
13 Siehe *Benz/Klindt*, BB 2010, 2977; *Klindt/Pelz/Theusinger*, NJW 2010, 2385.
14 Siehe einen Ausblick auf eine „Compliance 2020" unternehmen *Benz/Klindt*, BB 2010, 2977.
15 Siehe *Fleischer*, in: ders., § 8 Rn. 42; *Lampert/Matthey*, in: Hauschka, S. 626 f. m.w.N.; *Dreher*, ZWeR 2004, 75, 94; *Bosch/Colbus/Harbusch*, WuW 2009, 740, 741; *Janssen*, in: Wecker/van Laak, S. 199, 214.
16 *Moosmayer*, S. 2, 31, 35. *Lampert/Matthey*, in: Hauschka, S. 626 sprechen von „Information", „Überwachung und Aufdeckung" und „Handeln".
17 *Moosmayer*, AnwBl 2010, 634.
18 Siehe *Benz/Klindt*, BB 2010, 2977; *Klindt/Pelz/Theusinger*, NJW 2010, 2385. Dazu auch Rn. 73.

den Entwurf eines Prüfungsstandards für CMS (IDW EPS 980) veröffentlicht.[19] Im März 2011 wurde der endgültige Prüfungsstandard über „Grundsätze ordnungsmäßiger Prüfung von Compliance Management Systemen (**IDW PS 980**)" verabschiedet.[20] Dieser legt für CMS die miteinander in Wechselwirkung stehenden „Grundelemente" angemessener CMS fest, nämlich Compliance-Kultur, -Ziele, -Organisation, -Risiken, -Programm, -Kommunikation sowie -Überwachung und -Verbesserung. Der Prüfungsstandard definiert zudem verschiedene Prüfungstypen für betriebswirtschaftliche Prüfungen von CMS mit unterschiedlich weit gehenden Prüfungsinhalten.[21] Am **Kapitalmarkt** analysieren international anerkannte Bewertungssysteme mittlerweile auch die Compliance-Programme von Unternehmen (z.b. Dow Jones Sustainability Index).[22]

B. Kartellrechtscompliance als Bestandteil unternehmerischen Risikomanagements

I. Risikomanagement und -controlling als Aufgabe der Unternehmensleitung

6 Unternehmerisches Handeln am Markt ist zwangsläufig mit Risiken verbunden. Unternehmen sollten, um diese Risiken bewusst und systematisch erkennen, analysieren, überwachen und steuern zu können, ein **angemessenes Risikomanagement und -controlling** betreiben. Der Deutsche Corporate Governance Kodex erklärt dies zu einer Aufgabe der **Unternehmensleitung**.[23] Dies entspricht § 92 Abs. 1 AktG, wonach der Vorstand ein Früherkennungssystem für bestandsgefährdende Entwicklungen einzurichten hat. Compliance ist - unabhängig von der Frage, ob § 92 Abs. 1 AktG darüber hinaus auch die Einrichtung eines umfassenden Risikomanagementsystems fordert[24] - jedenfalls faktisch **Bestandteil des Risikomanagements**.[25] In der Praxis setzen Unternehmen im Rahmen des Risikomanagements regelmäßig Schwerpunkte auf spezifische Compliance-Themen (wie etwa die Einhaltung des Kartellrechts, daneben typischerweise Korruptionsbekämpfung sowie Einhaltung des Datenschutzrechts und gegebenenfalls branchenspezifischer Sonderregelungen), bei denen besonders hohe Gefahren von Haftungs- und Reputationsschäden bestehen.[26] Ein wirksames Kartellrechtscompliance-System kann dabei zwar **nicht jedes nur denkbare kartellrechtliche Fehlverhalten** von Mitarbeitern und Organen eines Unternehmens mit absoluter Sicherheit **verhindern** und dadurch das **Risiko auf Null reduzieren**.[27] Es müssen aber, entsprechend den drei Grundfunktionen der Kartellrechtscompliance,[28] dem konkreten Fall angemessene Maßnahmen dafür getroffen werden, Risiken zu identifizieren, insbesondere Warnzeichen für systematisches Fehlverhalten im Unternehmen rechtzeitig zu erkennen, dieses zu verhindern und notwendige Gegenmaßnahmen zu ergreifen.

---

19 IDW, Entwurf des Hauptfachausschusses (HFA) für einen Prüfungsstandard über „Grundsätze ordnungsgemäßer Prüfung von Compliance Management Systemen (IDW EPS 980)", Stand 11.3.2010, abrufbar unter www.idw.de. Dazu *Eisolt*, BB 2010, 1843; *Willems/Schreiner*, CCZ 2010, 214; *Görtz*, CCZ 2010, 127; *dies./Rosskopf*, CCZ 2011, 103; *Horney/Kuhlmann*, CCZ 2010, 192; *Gelhausen/Wermelt*, CCZ 2010, 208; *Rieder/Jerg*, CCZ 2010, 201.
20 IDW PS 980, Stand 11.3.2011, abgedruckt in IDW Fachnachrichten 4/2011, S. 203 ff. Siehe auch www.idw.de. Der neue Prüfungsstandard ist erstmals verpflichtend anzuwenden für CMS-Prüfungen, die nach dem 30.9.2011 durchgeführt werden.
21 Dazu Rn. 73.
22 Siehe *Moosmayer*, S. 21 sowie Rn. 26.
23 Nr. 4.1.4 DCGK: „Der Vorstand sorgt für ein angemessenes Risikomanagement und Risikocontrolling im Unternehmen".
24 Für eine enge, am Wortlaut der Norm orientierte Auslegung von § 92 Abs. 1 AktG wird vornehmlich im rechtswissenschaftlichen Schrifttum eingetreten, siehe (jeweils m.w.N. auch zur insbesondere im betriebswirtschaftlichen Schrifttum vertretenen Gegenansicht) *Dreher*, in: FS Hüffer, S. 161, 162 ff.; *U. Immenga*, in: FS Schwark, S. 199, 200 f.; *Pahlke*, NJW 2002, 1680, 1681 ff.
25 *U. Immenga*, in: FS Schwark, S. 199, 200.
26 Zu den spezifischen Risiken von Kartellrechtsverstößen siehe Rn. 19 ff.
27 Zu entsprechenden Aussagen in der Rspr. des BGH sowie in den US Federal Sentencing Guidelines siehe Rn. 37, 156. Ferner *Moosmayer*, S. 3, 23; *ders.*, wistra 2007, 91, 94. Siehe auch Rn. 154 (aktuelle Reformbestrebungen im schweizerischen Kartellrecht) und Rn. 157.
28 Siehe Rn. 4.

II. Rechtspflicht der Unternehmensleitung zu (Kartellrechts-) Compliancemaßnahmen?

Die Frage des Bestehens einer Rechtspflicht zu (Kartellrechts-) Compliancemaßnahmen hat praktische Bedeutung für die Haftung der Unternehmensleitung bei Nichteinhaltung der für sie geltenden kartell-, gesellschafts- und ordnungswidrigkeitenrechtlichen Verhaltensregeln sowie für den Umfang der Abschlussprüfung bei börsennotierten Gesellschaften.   **7**

Es gibt keine gesetzliche Bestimmung, die eine generelle, spezifische Rechtspflicht zur Einrichtung und Unterhaltung von *Kartellrechts*compliance-Organisationen oder -Systemen festlegt. Daher ist nicht eindeutig, ob die Unternehmensleitung (bzw. Aufsichtsorgane) eine allgemeine Rechtspflicht zur Kartellrechtscompliance bzw. zu Compliance-Organisationsmaßnahmen haben. Auch im Hinblick auf andere Rechtsbereiche, für die keine ausdrücklichen spezialgesetzlichen Compliance-Anforderungen gelten, sind die Ansichten über das Bestehen einer generellen Rechtspflicht zu Compliance bzw. entsprechenden organisatorischen Maßnahmen geteilt.[29] Der Deutsche Corporate Governance Kodex erklärt[30] Compliance für deutsche börsennotierte Gesellschaften (primär) zu einer Aufgabe des Vorstands.[31] Der Kodex kann allerdings als „soft law" nicht selbst zwingendes Recht setzen. Er gibt Inhalte wesentlicher Bestimmungen über die Leitung und Überwachung deutscher börsennotierter Gesellschaften (Unternehmensführung) wieder, die als geltendes Gesetzesrecht von den Unternehmen zu beachten sind und enthält im Hinblick auf die praktische Anwendung dieser Regelungen international und national anerkannte Standards („best practices") guter und verantwortungsvoller Unternehmensführung.[32] Das Aktiengesetz selbst erwähnt den Begriff der Compliance nicht. Im Schrifttum wird deshalb zum Teil vertreten, dass **keine generelle Rechtspflicht** für alle Unternehmen, unabhängig von deren jeweiliger Größe, Branche, Struktur, Lage, Risikoprofil und sonstigen relevanten Faktoren, zur Einrichtung eines umfassenden Compliance-Systems bestehe.[33]   **8**

Die Gegenauffassung nimmt eine **allgemeine Verpflichtung** zur Einrichtung einer Compliance-Organisation an, wobei dies **unterschiedlich begründet** wird.[34] Ein Teil des Schrifttums will diese Pflicht auf eine **Gesamtanalogie** aus öffentlich-rechtlichen Regelungen hinsichtlich bestimmter Kontrollmechanismen stützen.[35] Bei genauer Betrachtung der dafür angeführten Vorschriften (§ 33 Abs. 1 Satz 2 Nr. 1 WpHG, § 12 WpDVerOV, § 25a Abs. 1 KWG, § 64a Abs. 1 Sätze 1 und 3 VAG, § 52a Abs. 2 BImSchG, § 53 Abs. 2 KrW-/AbfG, § 14 GeldwäscheG) ist indessen nicht eindeutig, ob diese einen verallgemeinerungsfähigen, über den jeweiligen   **9**

---

29 Siehe *Moosmayer*, S. 6. Für jüngere Stellungnahmen zur Frage des Bestehens einer Rechtspflicht von Vorständen deutscher Aktiengesellschaften siehe *Dreher*, in: FS Hüffer, S. 161, 168 ff.; *U. Immenga*, in: FS Schwark, S. 199, 202 ff.; *Liese*, BB Special 5 (zu BB 2008, Heft 25), 17 ff.; *Eisele*, in: Schimansky/Bunte/Lwowski, § 109 Rn. 95; *Spindler*, in: MünchKomm AktG, § 91 Rn. 35 ff.; *Fleischer*, in: ders., § 8 Rn. 42. Für die GmbH siehe *Zöllner/Noack*, in: Baumbach/Hueck, § 35 Rn. 68a m.w.N.

30 Siehe Rn. 2.

31 Zur Compliance-Verantwortlichkeit des Aufsichtsrats siehe *Winter*, in: FS Hüffer, S. 1103 ff. Nr. 5.3.2 DCGK regelt hierzu: „Der Aufsichtsrat soll einen Prüfungsausschuss (Audit Committee) einrichten, der sich insbesondere mit Fragen der Rechnungslegung, des Risikomanagements und der *Compliance*, der erforderlichen Unabhängigkeit des Abschlussprüfers, der Erteilung des Prüfungsauftrags an den Abschlussprüfer, der Bestimmung von Prüfungsschwerpunkten und der Honorarvereinbarung befasst." Zum Zusammenwirken von Vorstand und Aufsichtsrat bestimmt Nr. 3.4 Abs. 2 DCGK: „Der Vorstand informiert den Aufsichtsrat regelmäßig, zeitnah und umfassend über alle für das Unternehmen relevanten Fragen der Planung, der Geschäftsentwicklung, der Risikolage, des Risikomanagements und der *Compliance*." (Hervorh. d. Verf.).

32 DCGK, unter „1. Präambel".

33 So etwa *Spindler*, in: MünchKomm AktG, § 91 Rn. 36 m.w.N. Offen gelassen bei *Eisele*, in: Schimansky/Bunte/Lwowski, § 109 Rn. 95.

34 Es ist nicht eindeutig, welche der beiden Auffassungen heute mehrheitlich vertreten wird. Laut *Liese*, BB Special 5 (zu BB 2008, Heft 25), 17, und *Winter*, in: FS Hüffer, S. 1103, 1125, verneint der wohl überwiegende Teil der Stimmen (noch) eine allgemeine – branchen- und einzelfallunabhängige – Rechtspflicht zur Compliance. Hingegen geht *Dreher* (in: FS Hüffer, S. 161, 168) davon aus, dass die heute überwiegende Ansicht das Bestehen einer generellen Rechtspflicht zur Compliance anerkennt. Es bestehe lediglich Uneinigkeit hinsichtlich der dogmatischen Herleitung der Vorstandspflicht aus dem Aktiengesetz.

35 *U.H. Schneider*, ZIP 2003, 645, 648 f. Siehe ferner Darstellungen zum Streitstand bei *U. Immenga*, in: FS Schwark, S. 199, 200; *Liese*, BB Special 5 (zu BB 2008, Heft 25), 17. Das VG Frankfurt am Main (WM 2004, 2157, 2160) hat den Gedanken einer Rechtsanalogie in einem versicherungsrechtlichen Fall aufgegriffen und § 25a Abs. 1 KWG auch auf Versicherungsgesellschaften für anwendbar gehalten.

branchen- bzw. risikospezifischen Normzweck hinausweisenden Gedanken für eine generelle Rechtspflicht enthalten. Es wird daher vertreten, dass *e contrario* für „Normal-Gesellschaften" anderer Branchen bzw. ohne vergleichbare Risikoneigung keine allgemeine Rechtspflicht bestehe, bzw. dass eine solche nur unter Beachtung der Erforderlichkeit und Zumutbarkeit im konkreten Fall in Betracht komme.[36] In jedem Fall scheint es zweifelhaft, eine Rechtspflicht zur *Kartellrechts*compliance im Wege einer Rechtsanalogie zu Vorschriften ohne Bezug zu spezifisch kartellrechtlichen Risiken[37] herzuleiten.

10 Andere Stimmen möchten eine generelle Pflicht zur Compliance aus **aktienrechtlichen** Vorgaben herleiten. Nach einer Meinung soll hierfür die allgemeine Geschäftsleitungsverantwortung nach §§ 76 Abs. 1, 93 Abs. 1 AktG einschlägig sein.[38] Teilweise wird auch eine spezifische Verhaltenspflicht des Vorstands zur *Kartellrechts*compliance auf diese Vorschrift gestützt.[39] Eine andere Ansicht möchte die Compliance im Pflichtenprogramm des § 91 Abs. 2 AktG verorten,[40] wonach der Vorstand ein Risikofrüherkennungssystem für bestandsgefährdende Entwicklungen einrichten muss.[41] Die dogmatische Verankerung hat praktische Bedeutung für den Umfang der **Abschlussprüfung**: Bei börsennotierten Gesellschaften bewirkt die Verortung der Compliance-Pflicht in § 91 Abs. 2 AktG, dass die Compliance-Organisation in den Prüfgegenstand des Abschlussprüfers und damit in die Abschlussprüfung einzubeziehen ist.[42] Bei einer Verankerung (nur)[43] in §§ 76 Abs. 1, 93 Abs. 1 AktG ist dies nicht der Fall.[44]

11 Gegen die aktienrechtliche Verankerung einer Rechtspflicht wird teilweise eingewandt, dass die entsprechenden Regelungen nicht ohne Weiteres auf in anderer Rechtsform geführte Unternehmen übertragbar seien.[45] Compliance als originäre Aufgabe und Verantwortung der Unternehmensleitung wird stattdessen in den **ordnungswidrigkeitenrechtlichen** Regeln zur Haftung der **Aufsichtspflichtigen** eines Unternehmens bzw. zur Haftung des **Unternehmens selbst** bei zurechenbarem Fehlverhalten von Aufsichtspflichtigen[46] verortet (§§ 130, 9 OWiG und gegebenenfalls § 30 OWiG).[47] Teilweise wird ausdrücklich auch ein „Erfordernis zur Errich-

---

36 *Zöllner/Noack*, in: Baumbach/Hueck, § 35 Rn. 68a m.w.N.; *Winter*, in: FS Hüffer, S. 1103, 1104 f.

37 Nach *§ 33 Abs. 1 Satz 2 Nr. 1 WpHG* müssen Wertpapierdienstleistungsunternehmen – entsprechend dem Ursprung von Compliance-Programmen im angelsächsischen Bank- und Kapitalmarktrecht (siehe *Pampel*, BB 2007, 1636 m.w.N.) – zur Prävention von Zuwiderhandlungen gegen das WpHG bestimmte (vom Gesetz auch ausdrücklich so bezeichnete) „Compliance"-Anforderungen erfüllen. *§ 12 WpDVerOV* enthält konkretisierende Bestimmungen, insbesondere hinsichtlich der Benennung eines Compliance-Beauftragten zur Beratung der Mitarbeiter über die Einhaltung des WpHG. Die anderen für eine Rechtsanalogie angeführten Vorschriften enthalten ebenfalls, allerdings ohne die Bezeichnung „Compliance", Organisationsanforderungen ohne ersichtlich verallgemeinerungsfähigen Bezug zu kartellrechtlichen Risiken: Nach *§ 25a Abs. 1 KWG* (auf dessen Vorgaben durch *§ 33 Abs. 1 Satz 1 WpHG* auch Wertpapierdienstleistungsunternehmen verpflichtet sind) besteht für Kreditinstitute die Pflicht zur Einrichtung eines Risikomanagements. *§ 64a Abs. 1 Sätze 1 und 3 VAG* enthält Regeln über die Geschäftsorganisation von Versicherungsunternehmen und ein detailliert beschriebenes Risikomanagement. Nach *§ 52a Abs. 2 BImSchG* müssen Betreiber genehmigungsbedürftiger Anlagen der zuständigen Behörde mitteilen, auf welche Weise der Schutz u.a. vor schädlichen Umwelteinwirkungen sichergestellt ist. *§ 53 Abs. 2 KrW-/AbfG* regelt entsorgungsrechtliche Mitteilungspflichten. *§ 14 GeldwäscheG* legt Anzeigepflichten gegenüber Strafverfolgungsbehörden und Bundeskriminalamt fest.

38 Für diesen Ansatz (jeweils m.w.N.) statt aller *Winter*, in: FS Hüffer, S. 1103, 1104; *U. Immenga*, in: FS Schwark, S. 199, 201.

39 So ausdrücklich *Fleischer*, BB 2008, 1070, 1072: „Kartellrechts-Compliance ist angesichts drastischer Sanktionen und drohender Reputationsverluste (1.) ein Gebot ökonomischer Klugheit, (2.) ein Bestandteil guter Corporate Governance und (3.) eine Verhaltenspflicht der Vorstandsmitglieder i.S.d. § 93 Abs. 1 AktG".

40 *Dreher*, in: FS Hüffer, S. 161, 171 m.w.N. auch zur Gegenauffassung.

41 Siehe Rn. 6.

42 Siehe §§ 317 Abs. 4, 321 Abs. 4 HGB.

43 § 91 Abs. 2 AktG ist selbst eine konkrete Ausformung der allgemeinen Vorstandspflichten aus §§ 76 Abs. 1, 93 Abs. 1 AktG, siehe *Dreher*, in: FS Hüffer, S. 161, 169.

44 Ausführlich dazu *U. Immenga*, in: FS Schwark, S. 199, 200 f.; *Dreher*, in: FS Hüffer, S. 161, 168 ff. m.w.N.; *Winter*, in: FS Hüffer, S. 1103, 1118.

45 *Moosmayer*, S. 6.

46 Das Bundeskartellamt kann Bußgelder nur gegen solche Gesellschaften verhängen, deren Organe oder Leitungspersonen eine Ordnungswidrigkeit (und sei es in Form einer Aufsichtspflichtverletzung) begangen haben. Dagegen besteht im deutschen Recht, anders als im EU-Kartellrecht, keine allgemeine Haftung (sog. „parental liability") der Konzernmutter für Kartellrechtsverstöße der Töchter; siehe *Bürger*, WuW 2011, 130, 135 f., 140.

47 *Moosmayer*, S. 6. Siehe auch *U.H. Schneider*, ZIP 2003, 645, 648.

B. Kasten

tung und zum Betrieb einer *Compliance-Organisation* mit Personalbezug"[48] aus § 130 OWiG abgeleitet. Inhalt und Umfang der Aufsichtspflicht sind allerdings nicht im Einzelnen vom Gesetzgeber festgelegt, sondern müssen von der Unternehmensleitung selbst nach Durchführung einer Risikoanalyse bestimmt werden.[49]

Für die Zwecke der vorliegenden praxisorientierten Darstellung ist der zuletzt genannte Aspekt **12** von besonderer Bedeutung. Die Vorgaben des Aktienrechts und des § 130 OWiG mögen erste Anforderungen an eine Compliance-Organisation bestimmen.[50] Die kartellrechtliche Rechtsprechung zu § 130 OWiG hat festgestellt, dass die konkret erforderlichen Aufsichtsmaßnahmen jedoch immer erst anhand des jeweiligen Einzelfalls festzulegen sind.[51] Ein uniformes, umfassendes und abstraktes „Pflichtenheft" zur Kartellrechtscompliance für Unternehmen unterschiedlicher Rechtsform (bzw. deren Organe) wäre auch in der Sache nicht zielführend.[52] Für die Praxis ist letztlich entscheidend, dass heute jedenfalls Unternehmen von einiger Größe, besonders börsennotierte Gesellschaften sowie kleine und mittlere Unternehmen (KMU) mit nennenswerten Mitarbeiterzahlen und Umsätzen, im Rahmen ihres Risikomanagements unabhängig vom etwaigen Bestehen einer Rechtspflicht schon aufgrund von Sachzwängen – insbesondere der Gefahr massiver bußgeld- und schadensersatzrechtlicher Konsequenzen für Kartellrechtsverstöße in vielfacher Millionen Euro-Höhe[53] sowie Haftungsgefahren für Vorstände und Aufsichtsräte[54] – faktisch gar nicht umhin können, ein Mindestmaß an Kartellrechtscompliance-Maßnahmen umzusetzen.[55]

III. Kartellrechtliche Risikofelder unternehmerischer Betätigung

Für ein effektives Kartellrechtsrisiko-Management – und entsprechende, risikoadjustierte Compliance-Maßnahmen[56] – müssen zunächst alle risikorelevanten Tätigkeiten, Personengruppen **13** sowie Markt- und Unternehmensfaktoren identifiziert werden.[57]

1. Risikorelevante Tätigkeiten

Kartellrechtlich relevante Risiken können grundsätzlich durch alle Tätigkeiten von Unternehmen **14** entstehen, die Kontakte mit anderen Marktteilnehmern ermöglichen. Ein besonderes Augenmerk gilt in der Praxis zunächst **Kontakten mit Wettbewerbern**. Solche ergeben sich typischerweise im Rahmen von Verbandstätigkeiten, Messen, Benchmarking- und Marktinformationssystemen. Auch bei anderen Tätigkeiten des operativen Geschäfts, wie z.B. Konsortien und Arbeitsgemeinschaften, gemeinsamer Forschung und Entwicklung (F&E), gemeinsamer Produktion, Spezialisierung, Technologietransfer, Outsourcing- und Standardisierungsaktivitäten und Verfahren für die Vergabe öffentlicher oder privater Aufträge, können sich Wettbewerberkontakte ergeben.

Kartellrechtsrisiken können ferner durch Kontakte mit **Unternehmen anderer Marktstufen** **15** begründet werden, z.B. mit Lieferanten, Kunden, Absatzmittlern wie etwa Eigenhändlern oder Handelsvertretern, sowie Lizenznehmern und -gebern.[58] Vertriebs- und Einkaufsmitarbeiter haben solche Kontakte regelmäßig im Rahmen der Verhandlung, Ausgestaltung und Betreuung

---

48 *B. Schmidt*, BB 2009, 1295, 1296 (Hervorh. d. Verf.).
49 *Moosmayer*, S. 6 f. m.w.N. Zur Reichweite der sich aus § 130 OWiG insoweit ergebenden Pflichten siehe auch *U. Immenga*, in: FS Schwark, S. 199, 200 („Organisationspflichten dürften sich aus dieser Rechtsgrundlage allerdings nicht herleiten lassen."); *Fleischer*, AG 2003, 291, 299 („Allgemein verbindliche Leitlinien lassen sich dabei naturgemäß nicht aufstellen."); *U.H. Schneider*, ZIP 2003, 645, 649 („§ 130 OWiG enthält nur eine unvollkommene Organisationspflicht.").
50 *B. Schmidt*, BB 2009, 1295.
51 Siehe Rn. 37 ff.
52 Siehe *Winter*, in: FS Hüffer, S. 1103, 1105 m.w.N.
53 Siehe Rn. 20 ff., ferner 12. Kap., Rn. 77 ff. und 11. Kap., Rn. 20 ff.
54 Siehe dazu *Schürrle/Olbers*, CCZ 2010, 102; *Kapp/Gärtner*, CCZ 2009, 168; ferner Rn. 27 ff.
55 *Lampert/Matthey*, in: Hauschka, S. 626.
56 Siehe Rn. 6.
57 Auf Grundlage der identifizierten Risikofelder eines Unternehmens können dann eine konkrete Risikoanalyse durchgeführt und darauf aufbauende Kartellrechtscompliance-Maßnahmen getroffen werden, siehe Rn. 45 ff.
58 Dazu *Moosmayer*, S. 23 f., 27 f.

von Vertriebs- und Einkaufsbeziehungen. Die kartellrechtlich relevanten Tätigkeiten bei Beziehungen zu Unternehmen anderer Marktstufen entsprechen ansonsten den Kooperationsformen, die auch im Hinblick auf Wettbewerberkontakte relevant sind.[59] Kontakte zu Unternehmen anderer Marktstufen können zugleich zu Kontakten mit Wettbewerbern führen, etwa bei Veranstaltungen von Kunden, zu denen mehrere (potenzielle) Anbieter eingeladen werden.

16 Kartell- und insbesondere fusionskontrollrechtliche Risiken ergeben sich ferner im Rahmen von **M&A- und Joint Venture**-Aktivitäten. Bei (potenziell) marktbeherrschenden Unternehmen haben schließlich auch rein **einseitige, faktische** Maßnahmen ohne kooperatives Element, z.b. die Preis- oder Rabattgestaltung, Risikopotenzial.[60]

2. Risikorelevante Personengruppen im Unternehmen

17 Besonders risikoanfällig ist das Handeln solcher Personen, die **Verantwortung** für oder **Kenntnisse** über die Gestaltung von **Preisen** oder sonstige wettbewerblich sensible **Konditionen** haben. Im Fokus stehen zunächst die Mitarbeiter des Vertriebs, des Einkaufs und der Marketingabteilungen. Betroffen sind aber auch alle anderen Mitarbeiter mit Zugang zu nicht öffentlich verfügbaren Informationen hinsichtlich der **künftigen Unternehmensentwicklung** (z.B. Erforschung, Entwicklung und Vermarktung neuer Produkte), sofern auch sie realistischerweise Kontakte zu Wettbewerbern oder anderen relevanten Unternehmen haben.[61] Hierzu zählen typischerweise Mitarbeiter der Entwicklungs-, Produktions-, und Strategieabteilungen. Die genannten Personen müssen in besonderem Maße kartellrechtlich informiert, angeleitet und überwacht werden.

3. Risikorelevante Faktoren des Marktes und Wettbewerbsumfelds

18 Die kartellrechtlichen Risiken eines Unternehmens sind, vor allem im Hinblick auf Hardcore-Kartelle und Marktmachtmissbrauch, besonders hoch, wenn sich auf Grund der Marktbedingungen erhöhte **Anreize** zu wettbewerbswidrigen Verhaltensweisen ergeben.[62] Ein wichtiger marktstruktureller Risikoindikator ist zunächst eine hohe **Konzentration** auf dem relevanten Markt, beispielsweise belegt durch hohe kumulierte Marktanteile der größten drei oder fünf Anbieter (Concentration Ratio – CR) oder den Herfindahl-Hirschman Index (HHI),[63] insbesondere wenn diese das Vorliegen eines (engen) Oligopols mit Tendenz zur Preisstarre nahelegen.[64] Potenziell risikoerhöhend sind ferner hohe absolute oder relative **Marktanteile** des im Fokus der Kartellrechtscompliance stehenden Unternehmens selbst, hohe **Marktzutrittsschranken** (gegebenenfalls empirisch belegt durch nur wenige Marktzutritte), sowie eine **geringe Volatilität** der Marktpositionen. Ein erhöhtes Risiko kann sich ferner ergeben bei hoher **Markttransparenz**, vor allem hinsichtlich von Preisen und sonstigen Konditionen, eine hohe **Homogenität** der Produkte oder Renditen (im Gegensatz zu Märkten mit differenzierten Produkten und stark schwankenden Renditen), seltene und dann möglicherweise parallele oder sprunghafte Preisbewegungen, gemeinsame Aktivitäten mit anderen Unternehmen in Form von Joint Ventures, das Auftreten besonders enger oder häufiger **Kontakte** von Vertriebs- und Marketingpersonal mit Wettbewerbern sowie ein geringes Maß an **Innovation** bei der Produktentwicklung, -anpassung oder -verbesserung, im Vertrieb oder anderen wettbewerbsrelevanten Bereichen. Eine negative **Kartellhistorie** (oder entsprechende Verdachtsmomente) des Unternehmens oder des gesamten Marktes kann ebenfalls eine erhöhte Risikoneigung indizieren. Dasselbe gilt für aktuelle Kartellrechtsprobleme, z.B. laufende Ermittlungen, bei deren Vorliegen eine Untersuchung anderer Geschäftsbereiche wegen der Gefahr von „spillover"-Effekten angebracht sein kann. Auf Märkten, bei denen der Produktabsatz von öffentlichen (oder pri-

---

59   Siehe Rn. 14.
60   Dazu 6. Kap., Rn. 38 ff.
61   Siehe Rn. 14 f.
62   Zum Folgenden siehe *Moosmayer*, S. 28; *Janssen*, in: Wecker/van Laak, S. 199, 214 f.; *Kapp*, in: Umnuß, S. 224 ff.; OFT, How Your Business Can Achieve Compliance, Oktober 2010, Guidance, abrufbar unter www.oft.gov.uk, S. 19 ff.
63   Siehe 8. Kap., Rn. 187.
64   Dazu 8. Kap., Rn. 200 ff.

B. Kasten

vaten) **Ausschreibungen** abhängt, können ebenfalls erhöhte Risiken bestehen. Wenn etwa intern geplante Preise oder andere Konditionen vom externen Angebotsverhalten abweichen, stellt dies regelmäßig ein Verdachtsmoment für Submissionsabsprachen mit Wettbewerbern dar (z.b. sollte bei Angebotslegung zu einem höheren Preis als dem intern geplanten Preis geprüft werden, ob das – preislich höhere – Angebot gegebenenfalls absichtlich überhöht wurde, damit ein Wettbewerber den Zuschlag erhält).[65]

IV. Arten kartellrechtlicher Risiken

Kartellrechtsverstöße führen zu vielfältigen Arten von Risiken für die betroffenen Unternehmen **19** und natürlichen Personen. In der Praxis müssen, insbesondere für Kartellrechtscompliance-Programme international tätiger Unternehmen, auch typische Sanktionen ausländischer Kartellrechtsordnungen[66] mit in den Blick genommen werden.[67]

1. Risiken für Unternehmen

a) Hohe Bußgelder. Die in der Praxis zentrale Sanktion für Verstöße gegen europäisches Kar- **20** tellrecht sind Geldbußen für die betroffenen Unternehmen oder Unternehmensvereinigungen.[68] Die Höhe der Kartellgeldbußen für Unternehmen ist, auch international, gerade im vergangenen Jahrzehnt enorm gestiegen.[69] Die von der Kommission verhängten Geldbußen erlauben keine Anrechnung von bereits in anderen Ländern verhängten Bußen.[70] Da EU-Kartellgeldbußen keinen Abschöpfungsanteil enthalten, sondern rein bestrafender Natur sind, sind sie auch nicht (ganz oder anteilig) als Betriebsausgaben steuerlich abzugsfähig nach § 4 Abs. 5 Satz 1 Nr. 8 Satz 1 i.V.m. Satz 4 EStG.[71]

b) Abstellungsentscheidung im Verwaltungsverfahren und fusionskontrollrechtliche Entflech- 21 tung. Nach Art. 7 VO 1/2003 kann die Kommission bei Zuwiderhandlungen gegen Art. 101 und Art. 102 AEUV die beteiligten Unternehmen und Unternehmensvereinigungen dazu verpflichten, den festgestellten Verstoß abzustellen. Abstellungsentscheidungen müssen sich nicht auf eine künftige Unterlassung des festgestellten Verstoßes beschränken. Die Kommission kann den Unternehmen vielmehr alle geeigneten verhaltensorientierten oder strukturellen Abhilfemaßnahmen vorschreiben.[72] Im Bereich der Fusionskontrolle, der für die Kartellrechtscompliance nicht übersehen werden sollte,[73] besteht die Gefahr einer Entflechtung bereits rechtswidrig vollzogener Zusammenschlüsse (Art. 8 Abs. 4 FKVO).[74]

c) Zivilrechtliche Unwirksamkeit. Kartellrechtswidrige Vertragsklauseln sind zivilrechtlich **22** unwirksam und gerichtlich nicht durchsetzbar.[75] Die Nichtigkeitsfolge kann neben einzelnen Vertragsbestimmungen auch das gesamte Vertragswerk betreffen. In der Praxis besonders relevant sind Klauseln in Vertriebs-, Technologietransfer- oder F&E-Vereinbarungen, die die wettbewerbliche Handlungsfreiheit des Vertragspartners in kartellrechtlich unzulässiger Weise einschränken. Ebenso besteht bei M&A-Vereinbarungen die Gefahr, dass bestimmte Klauseln

---

65 Siehe auch Rn. 43, 51. Näher zur Analyse relevanter Risikofaktoren und entsprechenden Fragenkatalog-Beispielen siehe Rn. 47 ff.

66 Zu Risiken im US-Kartellrecht siehe *ABA Section of Antitrust Law*, Antitrust Compliance, S. 54 ff.

67 Siehe auch *ABA Section of Antitrust Law*, Antitrust Compliance, S. 161 ff.

68 Siehe 12. Kap., Rn. 69 ff. (allgemein), 6. Kap., Rn. 132 ff. (Marktmachtmissbrauch).

69 *Soltész*, EuZW 2011, 121.

70 1. Kap., Rn. 63 ff., 12. Kap. Rn. 96 ff.

71 Bayerisches Landesamt für Steuern, Verfügung vom 5.11.2010 – S 2145.1.1-5/4 St32, DB 2010, 2700, unter Verweis auf ein entsprechendes Schreiben der Europäischen Kommission vom 20.5.2010. Siehe auch Verfügung der OFD Münster vom 31.5.2007 (S 2144 – 10 – St 12 – 33, DB 2007, 1332). Dazu *Schall*, DStR 2008, 1517 sowie (kritisch) *Eilers/N. Schneider*, DStR 2007, 1507. Ferner *Klusmann*, in: Wiedemann, § 57 Rn. 101 ff. Die fehlende Abzugsfähigkeit wird auch im Steuerrecht anderer Mitgliedstaaten kontrovers diskutiert, siehe z.B. (zum niederländischen Recht) EuGH, Rs. C-429/07, Inspecteur van de Belastingdienst/X BV (Urt. v. 11.6.2009).

72 Näher dazu 6. Kap., Rn. 134 ff. (hinsichtlich des Missbrauchs marktbeherrschender Stellungen).

73 Siehe Rn. 56 f., 127.

74 8. Kap., Rn. 336 ff.

75 Dazu 11. Kap., Rn. 3 ff. (allgemein), 8. Kap., Rn. 331 f. (Fusionskontrolle).

(z.B. Wettbewerbsverbote)[76] oder bestimmte fusionskontrollrechtlich unzulässige Vollzugshandlungen bzw. deren vertragliche Substrate unwirksam sind. Damit die getroffenen Vereinbarungen durchsetzbar sind und somit den erwünschten wirtschaftlichen Wert erhalten, sollte die Kartellrechtscompliance-Organisation von Unternehmen eine kartellrechtliche Begleitung der Vertragsgestaltung sicherstellen.

23   **d) Schadensersatz und Unterlassung.** Kunden und Wettbewerber, die durch kartellrechtswidriges Verhalten Schaden erleiden, können bei schuldhaften Zuwiderhandlungen zivilrechtliche Schadensersatzansprüche gegen die Kartellanten haben. Daneben bestehen möglicherweise Unterlassungs- und Rückabwicklungsansprüche.[77] Gerade Schadensersatzansprüche werden heute **zunehmend geltend gemacht.** Nach dem Willen der Kommission sollen potenzielle Kläger, vor allem Kunden von Hardcore-Kartellen, künftig gegebenenfalls noch **weitergehende Möglichkeiten** haben, kartellrechtliche Schadensersatzansprüche in Form von **Kollektivklagen** geltend zu machen.[78]

24   **e) Vergabe- und gewerberechtliche Sanktionen.** Kartellrechtsverstöße haben in einer zunehmenden Zahl von Ländern (einschließlich Deutschland) vergabe- und gewerberechtliche Konsequenzen. Zuwiderhandlungen, insbesondere gezielte Preisabsprachen unter Bietern, können einen Ausschluss von der Bewerbung auf öffentliche (und zum Teil auch private) Aufträge für zum Teil mehrere Jahre zur Folge haben („**debarment**" bzw. „**blacklisting**"). International tätige Unternehmen bzw. Mehrproduktunternehmen unterliegen der Gefahr, mit ihren Leistungen auch für andere als die „kartellbefangenen" räumlichen oder sachlichen Märkte ausgeschlossen zu werden.

25   **f) Opportunitätskosten.** In Folge von Zuwiderhandlungen, Ermittlungen und auch bloßen Verdachtsfällen entsteht den betroffenen Unternehmen regelmäßig erheblicher Kosten- und Zeitaufwand. Dieser wird verursacht durch interne Aufklärungsarbeit und Beratung, Kommunikation mit Behörden und anderen Parteien bzw. deren Rechtsbeistand während Ermittlungs- und anschließende Rechtsmittelverfahren sowie bei schadensersatzrechtlichen Auseinandersetzungen. Auch PR-Maßnahmen gegenüber Kunden, anderen Geschäftspartnern und der Öffentlichkeit können erhebliche Ressourcen binden, die das Unternehmen **produktiver für andere Zwecke** einsetzen könnte.

26   **g) Reputationsschaden.** Das Bekanntwerden von Kartellrechtsverstößen begründet ein erhebliches Schädigungspotenzial für das Renommee des betroffenen Unternehmens als integrer und attraktiver **Geschäftspartner, Arbeitgeber** und **Investitionsziel.** Ein **Vertrauensverlust** kann handfeste **finanzielle Konsequenzen** haben. In der Öffentlichkeit als Kartellsünder „gebrandmarkte" Unternehmen können hinsichtlich ihrer **Finanzierungsmöglichkeiten** aufgrund von heute vermehrt auf Compliance und Nachhaltigkeit abstellenden Bewertungssystemen für die Kreditwürdigkeit benachteiligt sein.[79] Es drohen Konsequenzen am **Kapitalmarkt** durch negative Nachhaltigkeitsbewertungen aufgrund unzureichender Kartellrechtscompliance; diese wird z.B. vom Dow Jones Sustainability Index als Bewertungskriterium herangezogen.[80] Kartellrechtsverstöße können auch den **Aktienkurs** börsennotierter Unternehmen negativ beeinflussen. Erheblicher Schaden kann ferner durch eine **Schwächung der Verhandlungsposition** bei künftigen Aufträgen entstehen, wenn Kunden in Anbetracht bisher kartellbedingt überhöhter Preise Zugeständnisse bei der Preis- oder Konditionengestaltung verlangen.

---

76   Dazu 8. Kap., Rn. 272 ff.; 11. Kap., Rn. 6 ff.
77   Siehe hierzu eingehend 11. Kap., Rn. 20 ff.
78   Dazu ausführlich 11. Kap., Rn. 20 ff. Die Kommission hat als gemeinsames Projekt der drei Generaldirektionen Wettbewerb, Gesundheit und Verbraucherpolitik (SANCO) sowie Justiz, Grundrechte und Bürgerschaft am 4.2.2011 in Konsultationsverfahren zum kollektiven Rechtsschutz in Europa eingeleitet, siehe Pressemitteilung IP/11/132. Das Konsultationsdokument „Kollektiver Rechtsschutz: Hin zu einem kohärenten europäischen Ansatz" ist abrufbar unter http://ec.europa.eu.
79   Siehe *Moosmayer*, S. 20 f.
80   www.sustainability-index.com, z.B. unter Publications/Guidebooks, Dow Jones Sustainability World Indexes – Version 11.5, January 2011: Im Rahmen des „Corporate Sustainability Monitoring" wird innerhalb des Kriteriums „Codes of Conduct/Compliance" u.a. das Thema „Antitrust" bewertet. Siehe auch Rn. 5.

2. Risiken für Unternehmensleitung und andere natürliche Personen

a) Bußgelder für Organe und Mitarbeiter. Im europäischen Kartell(verfahrens)recht kommt 27
eine Bebußung natürlicher Personen nur dann in Betracht, wenn sie selbst Unternehmen
sind.[81] Hingegen können die Kartellbehörden in manchen Ländern, einschließlich Deutschland,
die an kartellrechtswidrigem Verhalten beteiligten natürlichen Personen selbst empfindlich be-
bußen.[82] Das Bundeskartellamt kann dabei seit der 7. GWB-Novelle auch Verstöße gegen materielles europäisches Kartellrecht mit Bußgeldern gegen **natürliche Personen** belegen (§ 81
Abs. 1, Abs. 4 Satz 1 GWB). Eine solche Sanktionierung ist in drei Konstellationen möglich:
Erstens können nach § 9 Abs. 1 und 2 OWiG Geldbußen gegen **unmittelbar an einer Zuwiderhandlung beteiligte** vertretungsberechtigte Organe oder Organmitglieder, Gesellschafter und
gesetzliche Vertreter sowie zur Betriebsleitung und zu eigenverantwortlicher Aufgabenerledi-
gung beauftragte Personen verhängt werden. Zweitens wird dieser Personenkreis nach § 14
Abs. 1 Satz 1 OWiG um die anderen an der Ordnungswidrigkeit **Beteiligten** erweitert. Drittens
können – subsidiär zu den genannten Möglichkeiten – nach § 130 OWiG Bußgelder gegen den
Inhaber des Betriebs oder Unternehmens sowie gegen für diesen handelnde, nach § 9 Abs. 1
und 2 OWiG gleich gestellte, **Aufsichtspersonen** verhängt werden, wenn sie die erforderlichen
Aufsichtsmaßnahmen unterlassen haben.[83]

Versicherungen (z.B. Directors and Officers Liability Insurance – „D&O") für das Verhalten 28
von Vorständen, Geschäftsführern und Aufsichtsräten decken das erhebliche Bußgeldrisiko
gegen natürliche Personen regelmäßig nicht ab.[84] Unternehmen können allerdings teilweise eine
Übernahme bzw. **Freistellung** von gegen natürliche Personen verhängten Bußgeldern mit den
betroffenen Organmitgliedern oder Mitarbeitern – insbesondere in Form von internen **Amnes-
tieprogrammen**[85] – vereinbaren. Dabei sind die hierfür bestehenden rechtlichen **Grenzen** zu
beachten.[86] Die Zusage einer Übernahme bzw. Freistellung von kartellrechtlichen Bußgeldern
bereits vor Begehung des Kartellrechtsverstoßes bzw. dessen Entdeckung („vortatliche Zusagen") ist nach §§ 134, 138 BGB unzulässig (kein „Freifahrtschein" für kartellrechtswidriges
Handeln).[87] Hingegen kann die Übernahme bzw. Freistellung von einem Bußgeld bei bereits
eingetretenen Verstößen („nachtatliche Zusagen") dann in Betracht kommen,[88] wenn das haf-
tungsbegründende Verhalten der natürlichen Person keinen Verstoß gegen deren Pflichten gegenüber der Gesellschaft darstellt oder wenn, bei pflichtwidrigem Verhalten, im Rahmen einer
umfassenden Interessenabwägung ein überwiegendes oder zumindest gegenüber anderen Belangen gleichwertiges **Gesellschaftsinteresse** für eine entsprechende Haftungsbefreiungszusage
festgestellt wird. Dies kann der Fall sein, wenn durch eine solche Zusage die **Kooperation der
betroffenen Person** bei Aufklärung des Sachverhalts und Verteidigung des Unternehmens
sichergestellt werden soll.[89] Von besonderer praktischer Bedeutung sind dabei Fälle, in denen
das Unternehmen ein Kronzeugenprogramm[90] in Anspruch nehmen will, hierfür – regelmäßig
unter erheblichem Zeitdruck – die relevanten Vorgänge aufklären muss und dabei auf eine

---

81 Dazu 12. Kap., Rn. 70.
82 Dazu auch 12. Kap., Rn. 184.
83 Siehe *Bosch/Colbus/Harbusch*, WuW 2009, 740, 741 f.; *Kapp/Gärtner*, CCZ 2009, 168 f.
84 *Janssen*, in: Wecker/van Laak, S. 199, 204 zu D&O-Versicherungen und den üblichen Konditionen bei Ver-
    mögensschaden-Haftpflichtversicherungen für das Management. Bei vorsätzlichen Zuwiderhandlungen ent-
    fällt der Versicherungsschutz bereits nach § 81 Abs. 1 VVG. Zur Reichweite von D&O-Versicherungen siehe
    auch *Albers*, CCZ 2009, 222 (zum Pflicht-Selbstbehalt); *Held*, CCZ 2009, 231 (zu D&O-Versicherungen für
    Compliance Officer).
85 Siehe Rn. 124 f.
86 Die Dreijahresfrist des § 93 Abs. 4 Satz 3 AktG ist dabei keine rechtliche Grenze für Haftungsbefreiungszusa-
    gen zu Gunsten von Vorstandsmitgliedern einer Aktiengesellschaft hinsichtlich der Inanspruchnahme durch
    Kartellbehörden. Die Regelung gilt nur für einen Verzicht auf *eigene* Ansprüche des Unternehmens.
87 Siehe etwa BAG, NJW 2001, 1962, 1963 (Zusagen des Arbeitgebers, Geldbußen des Arbeitnehmers wegen
    sog. Lenkzeitüberschreitung im Güterfernverkehr zu übernehmen, sind nach § 138 BGB nichtig).
88 Solche „nachtatlichen Zusagen" stellen auch keine Strafvereitelung nach § 258 Abs. 2 StGB (Vollstreckungs-
    vereitelung) dar, BGHSt 37,226 = BGH, NJW 1991, 990, 992 f.
89 *Hasselbach/Seibel*, AG 2008, 770, 771; *dies.*, GmbHR 2009, 354, 355.
90 Siehe 12. Kap., Rn. 79 ff.

B. Kasten 93

intensive Mitarbeit der unternehmensinternen Wissensträger angewiesen ist.[91] Darüber hinaus können auch die **Förderung einer raschen Verfahrensbeendigung** sowie die **Abwehr von Störungen** für die innerbetrieblichen Geschäftsabläufe und das Betriebsklima durch kartellrechtliche Ermittlungs- und Bußgeldverfahren eine nachtatliche Übernahme- bzw. Freistellungszusage rechtfertigen.[92] Die gesellschaftsrechtlichen Zuständigkeitserfordernisse und sonstigen Voraussetzungen für die Entscheidung über eine Übernahme- bzw. Freistellungszusage können sich im Detail je nach Rechtsform des Unternehmens und den sonstigen Umständen des konkreten Falles unterscheiden. Die Gründe für eine Haftungsbefreiungszusage müssen in jedem Einzelfall gesondert geprüft und sollten nachvollziehbar dokumentiert werden.[93]

29 **b) Schadensersatzansprüche gegen Organmitglieder sowie Mitarbeiter.** Schuldhafte Zuwiderhandlungen gegen europäisches Kartellrecht verpflichten nach § 33 Abs. 3 GWB zum Schadensersatz. Die Vorschrift regelt nicht ausdrücklich, ob auch natürliche, für ein Unternehmen handelnde Personen (ohne eigene Unternehmenseigenschaft) anspruchsverpflichtet sein können. Im Schrifttum wird die Frage unterschiedlich beurteilt. Eine Schadensersatzpflicht der den Verstoß selbst ausführenden natürlichen Personen – und damit auch eine **Geschäftsleiteraußenhaftung** – wird mit einer wörtlichen Lesart von § 33 Abs. 3 GWB („wer …") und analoger Heranziehung von § 9 OWiG begründet, der keine Unternehmenseigenschaft des Zuwiderhandelnden voraussetzt.[94]

30 Kartellrechtsverstöße können zu **Regressansprüchen** des Unternehmens gegen die handelnden Organmitglieder (insbesondere Vorstände und Aufsichtsrat) bzw. Mitarbeiter führen. Je nach Ausgestaltung des nationalen Rechts kommt dies in Betracht zur Restitution von Unternehmensbußgeldern sowie für einen Rückgriff wegen Schadensersatzansprüchen Dritter gegen das Unternehmen (zum Beispiel nach § 33 Abs. 3 GWB).[95] Aufsichtsräte deutscher Aktiengesellschaften sind nach Auffassung des BGH ausdrücklich **verpflichtet**, „eigenverantwortlich das Bestehen von Schadensersatzansprüchen der Gesellschaft gegenüber Vorstandsmitgliedern aus ihrer organschaftlichen Tätigkeit zu prüfen und, soweit die gesetzlichen Voraussetzungen dafür vorliegen, solche unter Beachtung des Gesetzes- und Satzungsrechts und der von ihm vorgegebenen Maßstäbe zu verfolgen."[96] Eine pflichtwidrige Nichtverfolgung von Ersatzansprüchen kann auch für den Vorstand eine eigene Haftung wegen Verletzung des § 93 Abs. 1 Satz 1 AktG

---

91 Haftungsbefreiungszusagen haben gerade in diesen Fällen auch deshalb erheblichen praktischen Wert, weil Bestand, Umfang und Grenzen einer bereits aus dienstvertraglichen Loyalitäts- und Treuepflichten erwachsenden Mitwirkungspflicht der Mitarbeiter bei der Aufklärung – insbesondere im Hinblick auf den nemotenetur-Grundsatz – im Detail umstritten sind; näher dazu *Göpfert/Merten/Siegrist*, NJW 2008, 1703, 1704 ff.; *Moosmayer*, S. 92 ff.; *Klengel/Mückenberger*, CCZ 2009, 81, 82 f.; *Schürrle/Olbers*, CCZ 2010, 102 f.; *Hasselbach/Seibel*, AG 2008, 770, 774; *Säcker*, WuW 2009, 362, 365; *Lützeler/Müller-Sartori*, CCZ 2011, 19. Die Diskussion hierzu wurde zuletzt weiter angefacht durch eine Entscheidung des LG Hamburg, NJW 2011, 942, 943 f. (rechtskräftig; dazu Anm. *Knierim*, FD-StrafR 2011, 314177), wonach für Aussagen von Mitarbeitern im Rahmen von unternehmensinternen Ermittlungen trotz des nemo-tenetur-Grundsatzes kein Beschlagnahme- und Verwertungsverbot nach der StPO besteht. Es ist offen, ob die Begründung des LG Hamburg nach Neufassung der Regelung des § 160a Abs. 1 StPO zum 1.2.2011 über die Unzulässigkeit bestimmter Ermittlungsmaßnahmen (Wegfall des Erfordernisses eines besonderen Vertrauensverhältnisses und Erstreckung auf alle Rechtsanwälte) aufrecht erhalten werden kann.

92 *Hasselbach/Seibel*, GmbHR 2009, 354, 355; *dies.*, AG 2008, 770, 771.

93 Näher zu den rechtlichen Grenzen für Freistellungszusagen *Kapp/Gärtner*, CCZ 2009, 168, 172 f.; *Säcker*, WuW 2009, 362, 371 f.; *Zimmermann*, DB 2008, 687; *ders.*, WM 2008, 433; *Hasselbach/Seibel*, GmbHR 2009, 354; *dies.*, AG 2008, 770. Grundlegend BGHZ 135, 244 = NJW 1997, 1926 (ARAG/Garmenbeck); *Krieger*, in: FS Bezzenberger, S. 211 ff. Umfassend zu den zivil-, gesellschafts- und versicherungsrechtlichen Fragen *Thomas*, Die Haftungsfreistellung von Organmitgliedern, 2010. Zu beachten sind auch die steuerrechtlichen Vorgaben. Grundsätzlich liegt bei einer Freistellung vom Bußgeld ein zu versteuernder Arbeitslohn (bzw. eine Schenkung) vor.

94 So etwa *Dreher*, WuW 2009, 133; 138 ff.; *Kapp/Gärtner*, CCZ 2009, 168, 169 f. m.w.N. auch zur Gegenansicht.

95 *Kapp/Gärtner*, CCZ 2009, 168, 170 f. mit näheren Ausführungen zu den im deutschen Recht maßgebenden aktienrechtlichen Vorgaben der §§ 93 Abs. 2 Satz 1, Abs. 1 AktG (für Vorstände) und §§ 116 Satz 1, 93 Abs. 2, 111 Abs. 1 AktG (für Aufsichtsräte). Siehe auch *Zimmermann*, WM 2008, 433; *Fleischer*, BB 2008, 1070.

96 BGHZ 135, 244 = NJW 1997, 1926, 1927 (ARAG/Garmenbeck).

B. Kasten

begründen. Sie kann ferner – bei fehlendem zukunftsbezogenem Nutzen für die Gesellschaft – eine strafbare Untreue (§ 266 StGB) begründen.[97]

Für die **Versicherbarkeit** sowie die **Übernahme** oder **Freistellung** von bzw. den **Verzicht auf** kartellrechtliche(n) Schadensersatzansprüche(n) gegen Organmitglieder oder Mitarbeiter gelten zunächst die Ausführungen zu Bußgeldern entsprechend.[98] Ein Verzicht auf eigene Ersatzansprüche des Unternehmens setzt nach den skizzierten Vorgaben der Rechtsprechung[99] entsprechend der Business Judgment Rule[100] voraus, dass gewichtige Gründe des **Gesellschaftswohls** die für eine Rechtsverfolgung sprechenden Gründe überwiegen oder ihnen zumindest gleichwertig sind. Der BGH nennt als mögliche Gründe für eine Nichtverfolgung beispielhaft **negative Auswirkungen auf Geschäftstätigkeit und Ansehen** der Gesellschaft in der Öffentlichkeit, die **Behinderung der Vorstandsarbeit** sowie eine Beeinträchtigung des **Betriebsklimas**.[101] Dagegen seien andere Gesichtspunkte als diejenigen des Unternehmenswohls, wie etwa der Schonung eines verdienten Vorstandsmitglieds oder das Ausmaß der mit der Beitreibung für das Mitglied und seine Familie verbundenen sozialen Konsequenzen, regelmäßig nicht berücksichtigungsfähig.[102] Wenn sich das Unternehmen für einen Verzicht auf eigene, gegen Vorstandsmitglieder einer Aktiengesellschaft bestehende Schadensersatz- bzw. Regressansprüche entscheidet, ist die Dreijahresfrist des § 93 Abs. 4 Satz 3 AktG zu beachten.[103] Diese Beschränkung gilt hingegen nicht für Ersatzansprüche gegen Geschäftsführer einer GmbH[104] und leitende Angestellte,[105] so dass ein Verzicht insoweit auch innerhalb der ersten drei Jahre nach Anspruchsentstehung zulässig ist. Daneben kommt – auch bei Vorstandsmitgliedern einer Aktiengesellschaft – in Betracht, dass der Aufsichtsrat beschließt, nach Abwägung aller Umstände *derzeit* keine Schadensersatzansprüche geltend zu machen (was allerdings für die Zukunft nicht bindend ist).

c) Berufliche „Disqualifikation". In einigen Ländern bestehen Ausschlussmöglichkeiten gegen die verantwortlichen Personen hinsichtlich ihrer weiteren Berufsausübung als Mitglied einer Geschäftsleitung. So kann in **Großbritannien** die Kartellbehörde (Office of Fair Trading – OFT), auf Grundlage des Company Directors Disqualification Act 1986 in der durch den Enterprise Act 2002 geänderten Fassung, bei den Gerichten sog. „**Competition Disqualification Orders**" gegen die betroffenen Direktoren für eine Dauer von bis zu 15 Jahren beantragen.[106] Im Schrifttum wird angeregt, auch im europäischen Kartellrecht entsprechende Sanktionen zu verankern.[107]

d) Strafrechtliche Sanktionen gegen natürliche Personen. Das europäische Kartellrecht kennt keine Sanktionen für Individuen[108] und insbesondere keine Kriminalstrafen für die an Kartellrechtsverstößen beteiligten natürlichen Personen. Dagegen bestehen in einer **zunehmenden Zahl von Ländern** empfindliche strafrechtliche Sanktionen für die beteiligten Mitarbeiter und Organmitglieder. Dies gilt seit jeher in den **USA**. Der U.S. Sherman Antitrust Act stuft Kartellabsprachen als Verbrechen („felony") ein und erlaubt Haftstrafen von bis zu 10 Jahren.[109] Im

31

32

33

---

97 Siehe BGH NJW 2006, 522, 524 (Mannesmann/Vodafone). Bei Absehen von Schadensersatzansprüchen wird von Seiten der Staatsanwaltschaft teilweise ein zu versteuernder geldwerter Vorteil für möglich gehalten.

98 Rn. 28 m.w.N.

99 Siehe Rn. 28.

100 Die Business Judgment Rule ist für deutsche Aktiengesellschaften kodifiziert in § 93 Abs. 1 Satz 2 AktG. Sie gilt entsprechend für andere Rechtsträger (insbesondere GmbHs).

101 BGHZ 135, 244 = NJW 1997, 1926, 1928 (ARAG/Garmenbeck).

102 Ebd. Als Ausnahme von dieser Regel nennt der BGH solche Fälle, in denen auf der einen Seite das pflichtwidrige Verhalten nicht allzu schwerwiegend und die der Gesellschaft zugefügten Schäden verhältnismäßig gering sind, auf der anderen Seite jedoch einschneidende Folgen für das ersatzpflichtig gewordene Vorstandsmitglied drohen; ebd. Eingehend zum Verzicht auf eigene Schadensersatzansprüche des Unternehmens gegen Organmitglieder siehe *Hasselbach*, DB 2010, 2037.

103 *Hasselbach/Seibel*, AG 2008, 770, 772.

104 *Hasselbach/Seibel*, GmbHR 2009, 354, 356.

105 *Hasselbach/Seibel*, AG 2008, 770, 775.

106 OFT, Director disqualification orders in competition cases, 2010, abrufbar unter www.oft.gov.uk.

107 *J. Schmidt*, ZWeR 2010, 378 ff.

108 Eine Ausnahme gilt, wenn eine natürliche Person selbst ein Unternehmen ist; siehe Rn. 27.

109 15 U.S.C. § 1.

Jahr 2010 lag die durchschnittliche Dauer verhängter Gefängnisstrafen in den USA bei Kartellrechtsverstößen bei 30 Monaten; die Verurteilungsrate lag bei 78%.[110] Auch ausländischen, an einem Verstoß beteiligten Personen drohen teils mehrjährige Gefängnisstrafen.[111] In **zahlreichen anderen Ländern** wie etwa Kanada, Großbritannien, Irland, Australien, Israel, Japan und Korea bestehen ebenfalls strafrechtliche Sanktionen.[112] In manchen Ländern, wie **Deutschland**, besteht eine **partielle Strafbarkeit** für besondere Kartellrechtsverstöße.[113] Aktuell werden zudem, etwa in Neuseeland, den Niederlanden und zum Teil auch in Deutschland, Überlegungen zu einer (weiteren) strafrechtlichen Sanktionierung angestellt.[114]

C. Ausgestaltung von Maßnahmen der Kartellrechtscompliance

34 Eine für jedes Unternehmen gleichermaßen gültige Vorgabe an die Ausgestaltung von Schwerpunkten, Inhalten und organisatorischen Maßnahmen angemessener Kartellrechtscompliance-Programme im Sinne eines „Pflichtenhefts" gibt es nicht.[115] Eine Studie der britischen Kartellbehörde (2010) hat ergeben, dass nur solche Programme ihre risikopräventive Aufgabe erfüllen können, die für den konkreten geschäftlichen Bedarf eines Unternehmens bzw. bestimmter Abteilungen oder Personengruppen innerhalb des Unternehmens maßgeschneidert sind.[116] Art und Umfang der erforderlichen und zumutbaren Maßnahmen hängen demnach vom Einzelfall ab, insbesondere der Größe des Unternehmens, seiner Branche und einer umfassenden Analyse der konkreten Risikofaktoren.[117] Für eine effektive Kartellrechtscompliance müssen auch nicht immer alle in Betracht kommenden Maßnahmen zugleich zum Einsatz kommen. Es empfiehlt sich eine bedarfsgerechte Auswahl unter den in Betracht kommenden organisatorischen und inhaltlichen Möglichkeiten. Allerdings gibt es **Mindestanforderungen** für die Ausgestaltung von Kartellrechtscompliance-Programmen, die sich aus Vorgaben der Rechtsprechung (unten I.) und „best practices" einer risikoanalysegestützten Compliance-Praxis (unten II.) ergeben. An diesen sollten sich Organisation (unten III.) und Gegenstand der Kartellrechtscompliance (unten IV.) orientieren.

I. Rechtliche Anforderungen an die drei Grundfunktionen (Prävention, Kontrolle und Aufdeckung, Reaktion)

35 Das europäische Kartellrecht trifft selbst **keine Vorgaben** zu Gegenstand und Organisation ordnungsgemäßer Kartellrechtscompliance. Auch die Kommission und das Bundeskartellamt haben bislang keine Leitlinien, Empfehlungen oder anderweitige Regelungen für deren Gestaltung herausgegeben.[118] Das deutsche Recht enthält auch für andere Compliance-relevante Gebiete, mit Ausnahme der genannten spezialgesetzlichen Regelungen,[119] keine konkreten Vor-

---

110 U.S. Department of Justice, Antitrust Division, Criminal Enforcement, Fine and Jail Charts, 2000-2010, abrufbar unter www.usdoj.gov/atr.

111 *Janssen*, in: Wecker/van Laak, S. 199, 205 f., mit Hinweisen zur Praxis bei der Auslieferung ausländischer Manager in die USA.

112 Weitere Beispiele bei *ABA Section of Antitrust Law*, Antitrust Compliance, S. 161.

113 § 298 StGB bedroht wettbewerbsbeschränkende Absprachen bei Ausschreibungen (sog. Submissionsabsprachen) mit Geld- und Freiheitsstrafe von bis zu fünf Jahren. Die Vorschrift schützt auch Ausschreibungen durch Private, sofern das private Vergabeverfahren den öffentlich-rechtlichen Vergabevorschriften wettbewerbsrechtlich entspricht; *Heine*, in: Schönke/Schröder, StGB, § 298 Rn. 4. Bei Kartellrechtsverstößen kann auch ein Betrug vorliegen (§ 263 StGB). Zur kartellstrafrechtlichen Praxis in Deutschland siehe (rechtsvergleichend) *Wagner-von Papp*, WuW 2009, 1236, 1242 ff.

114 *ABA Section of Antitrust Law*, Antitrust Compliance, S. 161. Zur Diskussion in Deutschland siehe *Wagner-von Papp*, WuW 2010, 268; *Dreher*, WuW 2011, 232.

115 *Lampert/Matthey*, in: Hauschka, S. 626; *Dreher*, ZWeR 2004, 75, 93 f.; *Winter*, in: FS Hüffer, S. 1103, 1105 m.w.N.

116 OFT, Drivers of Compliance and Non-compliance with Competition Law, Mai 2010, a.a.O., S. 51 f., 93.

117 *Moosmayer*, S. 23 ff.

118 *Lampert/Matthey*, in: Hauschka, S. 626.

119 Rn. 9.

B. Kasten

gaben.[120] Den Unternehmen wird vielmehr explizit ein weiter Beurteilungs- und Gestaltungsspielraum bei der Errichtung eines geeigneten Systems zugestanden.[121]

Die deutschen Gerichte haben allerdings die Anforderungen an die Aufsichtspflicht des § 130   **36**
OWiG zur Verhinderung von Kartellrechtsverstößen näher auskonturiert. Diese Grundsätze
lassen sich zu **allgemeinen Handlungsanleitungen** verdichten.[122] Sie können, weil der Maßstab
des § 130 OWiG auch für die Anwendung des EU-Kartellrechts relevant ist,[123] Anhaltspunkte
für die Ausgestaltung von Kartellrechtscompliance in der Europäischen Union geben.[124]

Für die drei Grundfunktionen von Kartellrechtscompliance (Prävention, Kontrolle und Auf-   **37**
deckung, Reaktion)[125] gelten die Grundsätze der **objektiven Eignung**, der **Erforderlichkeit** und
der **Zumutbarkeit**.[126] Das Ausmaß der Aufsichtspflicht hängt von den Umständen des **Einzelfalles** ab.[127] Für die Bestimmung konkreter Aufsichtsmaßnahmen macht die Rechtsprechung
gleichwohl Vorgaben. Der BGH hat frühzeitig klargestellt, dass Kartellrechtscompliance nicht
darauf abzielen kann oder muss, jedes denkbare Fehlverhalten zu vermeiden. Es sei „**weder
möglich noch notwendig**, betriebliche Aufsichtsmaßnahmen so zu gestalten, dass sie **alle vorsätzlichen Verstöße** gegen betriebliche Pflichten verhindern."[128] Deshalb seien „Art und Umfang der Aufsichtsmaßnahmen, die von einem Betriebsinhaber oder dem ihm gleichgestellten
Vertreter verlangt werden müssen, (…) **nicht allein an dem Ziel auszurichten**, durch eine möglichst umfassende Beaufsichtigung der Betriebsangehörigen **jegliche Zuwiderhandlungen** gegen
betriebliche Pflichten zu verhindern."[129] Es seien „auch die Grenzen des für den Aufsichtspflichtigen **realistischerweise Zumutbaren** und die Eigenverantwortung der Betriebsangehörigen zu beachten."[130] Zudem bestehe die Gefahr, dass „überzogene, von zu starkem Misstrauen
geprägte Aufsichtsnahmen den Betriebsfrieden stören."[131] Es können nach Auffassung des
OLG Düsseldorf nur solche Aufsichtsmaßnahmen erforderlich sein, „die auch geeignet sind,
betriebsbezogene Verstöße zu verhindern."[132] § 130 OWiG fordere „keine ‚flächendeckende
Personalkontrolle', also nicht die Aufsicht bloß um der Aufsicht willen, sondern nur solche
Maßnahmen (…), die eine hohe **Wahrscheinlichkeit** dafür bieten, dass betriebsbezogene Verstöße **unterbleiben**."[133] Die Unternehmensleitung muss ihre Aufsichtspflicht aber so ausüben,
dass „die betriebsbezogenen Pflichten aller **Voraussicht nach eingehalten**"[134] bzw. „vorsätzliche Zuwiderhandlungen gegen gesetzliche Bestimmungen und Anweisungen der Betriebsleitung voraussichtlich vermieden" werden.[135] Das OLG Düsseldorf rechnet zu den „erforderlichen Aufsichtsmaßnahmen (…) insbesondere die sorgfältige **Auswahl** der Mitarbeiter und gegebenenfalls die Bestellung von **Aufsichtspersonen**, sachgerechte **Instruktion** und **Aufgaben-**

---

120 Es enthält z.B. Nr. 4.1.3 DCGK keine spezifischen Vorgaben für die Gestaltung von Compliance-Systemen.
121 *Winter*, in: FS Hüffer, S. 1103, 1104.
122 *Dreher*, ZWeR 2004, 75, 93 ff.
123 Rn. 11 f., 27, 138.
124 *Lampert/Matthey*, in: Hauschka, S. 626; *Dreher*, ZWeR 2004, 75, 93 ff.
125 Siehe Rn. 4
126 Z.B. OLG Düsseldorf, VI-2 Kart 5 + 6/05 OWi (Transportbeton), WuW/E DE-R 1893, 1896; ferner Nachw.
      bei *Dreher*, ZWeR 2004, 75, 94.
127 OLG Düsseldorf, VI-2 Kart 5 + 6/05 OWi (Transportbeton), WuW/E DE-R 1893, 1896. Dies gilt insbeson-
      dere auch für die Kontrollpflichten, BGH, KRB 2/85 (Brückenbau Hopener Mühlenbach), WuW/E BGH
      2202, 2203.
128 BGH, KRB 7/85 (Aktenvermerke), WuW/E BGH 2262, 2265 (Hervorh. d. Verf.); siehe auch Rn. 6, 154,
      156 f.
129 BGH, KRB 7/85 (Aktenvermerke), WuW/E BGH 2262, 2264 (Hervorh. d. Verf.).
130 BGH, KRB 7/85 (Aktenvermerke), WuW/E BGH 2262, 2264 (Hervorh. d. Verf.).
131 BGH, KRB 7/85 (Aktenvermerke), WuW/E BGH 2262, 2264. Nach Ansicht des OLG Düsseldorf sind solche
      Organisationsmaßnahmen zu ergreifen, die „erforderlich und geeignet sind, Verstöße gegen kartellrechtliche
      Bestimmungen zu verhindern"; VI-2 Kart 5 + 6/05 OWi (Transportbeton), WuW/E DE-R 1893, 1896. Die
      „Aufsichtsmaßnahmen müssen *objektiv erforderlich und zumutbar* sein, wobei der Maßstab wesentlich
      durch die konkrete Zuwiderhandlungsgefahr in dem jeweiligen Betrieb geprägt ist." Ebd. (Hervorh. d.
      Verf.). Für den Umfang der Maßnahmen sei „die Sorgfalt bestimmend, die einem ordentlichen Angehörigen
      des jeweiligen Tätigkeitsbereichs abverlangt werden kann." Ebd.
132 OLG Düsseldorf, VI-2 Kart 5 + 6/05 OWi (Transportbeton), WuW/E DE-R 1893, 1896.
133 OLG Düsseldorf, VI-2 Kart 5 + 6/05 OWi (Transportbeton), WuW/E DE-R 1893, 1896 (Hervorh. d. Verf.).
134 OLG Düsseldorf, VI-2 Kart 5 + 6/05 OWi (Transportbeton), WuW/E DE-R 1893, 1896 (Hervorh. d. Verf.).
135 OLG Düsseldorf, VI-Kart 3/05 (OWi) (Papiergroßhandel), WuW/E DE-R 1733, 1745.

verteilung, **Aufklärung, Belehrung** und **Überwachung** der Mitarbeiter und Aufsichtspersonen, unter Umständen auch Androhung und Vollzug zulässiger Sanktionen."[136]

38   Im Hinblick auf angemessene Maßnahmen zur **Instruktion** fordert die Rechtsprechung, dass die Mitarbeiter, insbesondere solche, die aufgrund ihrer konkreten Aufgabe im Unternehmen potenziell besonders risikobehaftet sind, durch **Schulungsveranstaltungen** über die für sie maßgeblichen Verhaltensgebote und -verbote informiert werden.[137] Nicht ausreichend sind allgemeine Hinweise, dass nicht gegen die kartellrechtlichen Bestimmungen verstoßen werden darf, weil damit nur Selbstverständliches wiedergegeben wird.[138] Auch sind einmalige Belehrungen der Mitarbeiter nicht ausreichend. Vielmehr müssen diese in **regelmäßigen** Abständen **wiederholt** werden.[139] Der BGH fordert, dass auch **schriftliche Belehrungen** stattfinden.[140] Diese sollten anschaulich, möglichst in Form von Beispielen,[141] gestaltet und regelmäßig wiederholt werden.[142] Im Schrifttum werden 12 bis 24-Monats-Abstände als „üblich" genannt; bei Änderungen der Rechtslage sollen kürzere Zeiträume gelten.[143]

39   Teilweise wird der Rechtsprechung entnommen, dass die Adressaten **Empfang und Kenntnisnahme** von schriftlichen Vorgaben in Schriftform bestätigen müssen.[144] Dies wird jedoch weder von der Rechtsprechung für alle Fälle gefordert noch scheint es praktikabel.[145] Zweckmäßig ist es, wenn das Unternehmen jeweils im Einzelfall entscheidet, ob und im Hinblick auf welche Vorgaben es eine Quittierung von Empfang und Kenntnisnahme verlangt. Der Arbeitgeber kann z.B. bei Präsenzschulungen regelmäßig die Unterzeichnung einer Anwesenheitsliste zu Beginn der Schulung (und gegebenenfalls nochmals an deren Ende) verlangen. Dagegen kann zumindest in großen, weltweit tätigen Unternehmen die Einholung einer schriftlichen Bestätigung des Erhaltes sämtlicher kartellrechtlicher Materialien, insbesondere bei regelmäßiger Verteilung an viele Mitarbeiter, praktische Schwierigkeiten bereiten, ohne dass eine erhöhte Präventionswirkung erkennbar wäre.

40   Im Hinblick auf Dokumentationspflichten begründet § 130 OWiG nach Auffassung des BGH „**keine Pflicht**, seine Betriebsangehörigen anzuweisen, über **alle geschäftlichen Kontakte** mit fremden Firmenangehörigen **Aktenvermerke** anzufertigen".[146] Dies gelte auch für Kontakte mit

---

136   OLG Düsseldorf, VI-2 Kart 5 + 6/05 OWi (Transportbeton), WuW/E DE-R 1893, 1896 (Hervorh. d. Verf.). Siehe auch OLG Düsseldorf, VI-Kart 3/05 (OWi) (Papiergroßhandel), WuW/E DE-R 1733, 1745.

137   KG, Kart 26/79 (Revisionsabteilung), WuW/E OLG 2330, 2332; KG, Kart 12/80 (Japanische Hifi-Geräte), WuW/E OLG 2476, 2478; *Klusmann*, in: Wiedemann, § 55 Rn. 36.

138   KG, Kart 26/79 (Revisionsabteilung), WuW/E OLG 2330, 2332.

139   KG, Kart 15/73 (Bitumenhaltige Bautenschutzmittel II), WuW/E OLG 1449, 1457: „Der Betreffende hat dafür Sorge zu tragen, daß das Personal (…) *fortlaufend* über die gesetzlichen Vorschriften, deren Beachtung in dem Betrieb erforderlich ist, unterrichtet wird, hier insbesondere die Vorschriften des Kartellgesetzes." (Hervorh. d. Verf.).

140   BGH, KRB 5/86 (Prüfgruppe), WuW/E BGH 2329, 2331. Ebenso KG, Kart 26/79 (Revisionsabteilung), WuW/E OLG 2330, 2332.

141   KG, Kart 26/79 (Revisionsabteilung), WuW/E OLG 2330, 2332 fordert „in der Regel" eine konkrete, gegebenenfalls auch schriftliche Belehrung, „bei der u.U. auch beispielhaft die typischen Fälle unzulässiger Kartellabsprachen ausgeführt werden".

142   KG, Kart a 29/84 (Bauvorhaben U-Bahn-Linie 6 – West), WuW/E OLG 3399, 3402 f.; KG, Kart 12/80 (Japanische Hifi-Geräte), WuW/E OLG 2476, 2478; *Klusmann*, in: Wiedemann, § 55 Rn. 36; *Dreher*, ZWeR 2004, 75, 98.

143   *Klusmann*, in: Wiedemann, § 55 Rn. 36.

144   *Dreher*, ZWeR 2004, 75, 98 f.

145   *Dreher*, ZWeR 2004, 75, 98 f. verweist auf den Sachverhalt der Entscheidung BGH, KRB 5/86 (Prüfgruppe), WuW/E BGH 2329, 2331. Dort hatte der Vorstand allen Niederlassungsleitern „mit allem Ernst" die Teilnahme an kartellrechtlich verbotenen Abreden untersagt und arbeitsrechtliche Sanktionen für den Fall der Nichtbeachtung angedroht. Alle Niederlassungsleiter mussten das Schreiben unterzeichnen und sich dazu verpflichten, den für sie maßgeblichen Mitarbeitern das Verbot bekanntzugeben und seine Einhaltung zu überwachen. Der BGH-Entscheidung ist aber nicht zu entnehmen, dass dieses Vorgehen rechtlich gefordert war.

146   BGH, KRB 7/85 (Aktenvermerke), WuW/E BGH 2262, 2264 f. (Hervorh. d. Verf.).

Wettbewerbern, da anzunehmen sei, dass solche Anordnungen jedenfalls bei vorsätzlichen Kartellabsprachen wirkungslos blieben.[147]

Die Unternehmensleitung (bzw. die interne Revision) muss nach Ansicht des BGH die Möglichkeit haben, **stichprobenartige, überraschende Prüfungen** durchzuführen. Solche Überprüfungen sind nach Auffassung des BGH erforderlich und regelmäßig auch geeignet, vorsätzliche Zuwiderhandlungen gegen kartellrechtliche und unternehmensinterne Vorgaben zu verhindern, da sie den Betriebsangehörigen das Entdeckungs- und Ahndungsrisiko solcher Verstöße vor Augen führen.[148] Dieser Rechtsprechung ist nicht eindeutig zu entnehmen, mit welcher Regelmäßigkeit und Prüfungsdichte Stichproben möglich seien – bzw. tatsächlich durchgeführt werden – müssen und insbesondere, wie sich dieses Erfordernis zur laufenden kartellrechtlichen Beratung eines Unternehmens verhält. Da (Hardcore-) Kartellabsprachen von den Beteiligten im Wissen um deren Rechtswidrigkeit häufig auch unternehmensintern bewusst geheim gehalten und nicht dokumentiert werden, besteht die praktische Schwierigkeit, dass solche Verstöße durch bloße Sichtung von Unterlagen regelmäßig nur schwer (oder gar nicht) aufgedeckt werden können.[149] Richtigerweise sollte es deshalb zur Erfüllung der „Stichproben"-Anforderung ausreichen, wenn eine regelmäßige interne oder externe kartellrechtliche Beratung des gesamten operativen Geschäfts und damit einhergehende Prüfungen relevanter Unterlagen sichergestellt sind und zugleich die jederzeitige Möglichkeit weitergehender Stichproben – und somit ein entsprechendes Entdeckungsrisiko – besteht. Ein solcher „Beratungsansatz" bietet in aller Regel auch höhere Entdeckungschancen als die bloße stichprobenartige Prüfung zufällig ausgewählter Akten. **41**

Der BGH hat, damit im Einklang, noch strengere Anforderungen für solche Fälle formuliert, in denen von vornherein abzusehen ist, dass solche stichprobenartige Kontrollen „nicht ausreichen, um die genannte Wirkung zu erzielen, weil z.B. die Überprüfung von nur einzelnen Vorgängen etwaige Verstöße nicht aufdecken könnte."[150] Der Unternehmer sei dann „zu anderen geeigneten Aufsichtsmaßnahmen verpflichtet. In solchen Fällen **kann** es geboten sein, **überraschend umfassende Geschäftsprüfungen** durchzuführen."[151] Ein einzelfallunabhängiger, flächendeckender Einsatz umfassender (d.h. über bloße Stichproben hinausgehender) interner Prüfungen scheint allerdings wenig bedarfsgerecht und wird auch vom BGH nicht gefordert. Überraschende, umfassende interne Nachprüfungen sollten vielmehr dann gezielt eingesetzt werden, wenn das konkrete Risikoprofil des Unternehmens[152] hierzu Anlass gibt. Nach Auffassung des OLG Düsseldorf besteht jedenfalls dann eine gesteigerte Aufsichtspflicht, wenn in einem Betrieb bereits Unregelmäßigkeiten vorgekommen sind. Soweit bekannt ist, dass ein Unternehmen bereits früher an einem verbotenen Preiskartell beteiligt war, genügt die bloße Verteilung eines Merkblatts „Richtlinien für kartellrechtlich korrektes Verhalten" nicht zur Erfüllung der Aufsichtspflichten. Es besteht dann besonderer Anlass, die Beachtung und Einhaltung der im Merkblatt beschriebenen Verhaltensweisen in regelmäßigen Abständen zu kontrollieren.[153] In der **Praxis** empfiehlt es sich nach alledem, durch eine laufende kartellrechtliche **42**

---

147 Ebd. Ebenso BGH, KRB 5/86 (Prüfgruppe), WuW/E BGH 2329, 2331 f., wo sich der BGH mit der Frage einer spezifischen Dokumentationsverpflichtung zu Kontakten mit Wettbewerbern im Rahmen von Ausschreibungen befasste. Das Kammergericht hatte eine Pflicht zur Anweisung aller mit Ausarbeitung und Abgabe von Angeboten befassten Mitarbeiter angenommen, stichwortartige Vermerke über jedes mündlich oder telefonisch mit Wettbewerbern in Zusammenhang mit einer Ausschreibung geführte Gespräch zu machen (Gesprächsteilnehmer, -gegenstand und -ergebnis). Diese Vermerke hätten nach Kammergericht zu den Akten für das jeweilige Ausschreibungsprojekt genommen werden sollen. Der BGH lehnte eine solche Verpflichtung ab.
148 BGH, KRB 4/80 (Revisionsabteilung), WuW/E BGH 1799. Zur Kontrollpflicht durch Stichproben siehe auch BGH, KRB 2/85 (Brückenbau Hopener Mühlenbach), WuW/E BGH 2202; OLG Düsseldorf, VI-Kart 3/05 (OWi) (Papiergroßhandel), WuW/E DE-R 1733, 1745; KG, Kart 26/79 (Revisionsabteilung), WuW/E OLG 2330, 2332; KG, Kart a 29/84 (Bauvorhaben U-Bahn-Linie 6 – West), WuW/E OLG 3399, 3403; KG, Kart 15/73 (Bitumenhaltige Bautenschutzmittel II), WuW/E OLG 1449, 1457.
149 *Moosmayer*, S. 86 f.
150 BGH, KRB 2/85 (Brückenbau Hopener Mühlenbach), WuW/E BGH 2202, 2203.
151 BGH, KRB 2/85 (Brückenbau Hopener Mühlenbach), WuW/E BGH 2202, 2203 (Hervorh. d. Verf.). Der konkret erforderliche Prüfungsumfang hängt dabei von den gesamten Umständen des Einzelfalls ab; ebd.
152 Dazu Rn. 45 ff.
153 OLG Düsseldorf, VI-Kart 3/05 (OWi) (Papiergroßhandel), WuW/E DE-R 1733, 1745.

Beratung des operativen Geschäfts mit entsprechender Einsichtnahme in die relevanten Dokumente und Möglichkeit weitergehender Stichproben zunächst eine grobmaschige Überwachung sicherzustellen. Wenn darüber hinaus, etwa aufgrund der Kartellhistorie des Unternehmens (oder bestimmter Geschäftsbereiche) oder im Hinblick auf andere Risikofaktoren, weitergehende überraschende und umfassende Regelkontrollen erforderlich scheinen, ist es sinnvoll, wenn sich die verantwortlichen Stellen der Compliance-Organisation nicht auf die bloße Prüfung von Dokumenten beschränken. Anzuraten ist zusätzlich eine **enge Abstimmung** mit den betroffenen Geschäftsbereichen, damit von diesen Informationen über die operativen Besonderheiten eingeholt und **Gespräche mit Mitarbeitern** („**Interviews**") geführt werden können, die aufgrund ihrer Stellung Kenntnisse über mögliche Zuwiderhandlungen haben könnten.[154]

43   Die Rechtsprechung hat sich teilweise auch mit **inhaltlichen Anforderungen** an interne Nachprüfungspflichten befasst. Es kommen z.B. in Betracht eine Prüfung des Gleichlaufs zwischen interner Vorkalkulation und endgültigem Angebot,[155] die Suche nach gezielten Hinweisen auf problematische Wettbewerberkontakte, erweiterte Aktenprüfungen und entsprechende interne Befragungen sowie individuelle Ermahnungen bei Verdachtsfällen, und die Erstellung sowie Erörterungen von Prüfungsprotokollen und -berichten durch die maßgeblichen Aufsichtspersonen für die zuständigen Organe.[156]

44   Den Betriebsangehörigen können ferner von vornherein bzw. „ins Blaue hinein" (und demnach auch gegenüber bislang nicht betroffenen Mitarbeitern) **arbeitsrechtliche Konsequenzen** angedroht werden für den Fall der Begehung von Kartellrechtsverstößen. Nach der Rechtsprechung besteht zwar keine Verpflichtung zu derartigen Androhungen. Sie mag im Einzelfall auch unzweckmäßig sein, insbesondere weil eine generelle Androhung von Sanktionen ohne vorher eingetretene Zuwiderhandlungen den Betriebsfrieden stören kann.[157] Der BGH und das Kammergericht haben aber grundsätzlich die Möglichkeit anerkannt, solche allgemeinen Androhungen auszusprechen.[158] Bei festgestellten Zuwiderhandlungen kann, insbesondere im Wiederholungsfall, die Durchführung arbeitsrechtlicher Sanktionen (Abmahnung, Versetzung oder Kündigung) notwendig sein.[159] Nach Auffassung des BGH kann es ein Indikator für die Beurteilung der tatsächlichen Wahrnehmung der Aufsichtspflicht sein, ob bei vorher angedrohten arbeitsrechtlichen Konsequenzen eine Zuwiderhandlung gegen die Anordnung tatsächlich mit den angedrohten Maßnahmen geahndet wird.[160] In der Praxis sollte vor Anwendung arbeitsrechtlicher Sanktionen jeweils geprüft werden, ob ein vorrangiges Interesse des Unternehmens besteht, interne Kronzeugen von Disziplinarmaßnahmen (und ggf. weiteren Sanktionen) freizustellen.[161]

II. Ausgangspunkt: Ermittlung und Steuerung des kartellrechtlichen Risikoprofils

45   Ausgangspunkt für Aufbau, Implementierung und kontinuierliche Weiterentwicklung eines Kartellrechtscompliance-Programms sollte – im Einklang mit der Anforderung der Rechtsprechung, Art und Umfang von Aufsichtsmaßnahmen im Einzelfall bedarfsgerecht zu bestimmen[162] – das konkrete **Risikoprofil** des Unternehmens sein. Empirische Untersuchungen zeigen, dass Kartellrechtscompliance-Programme dann besonders effektiv sind, wenn sie auf eine umfassende **Risikoanalyse** gestützt werden.[163] Hierzu sind alle relevanten kartellrechtlichen Risi-

---

154   *Moosmayer*, S. 86 ff. Zur praktischen Ausgestaltung kartellrechtlicher Audits und sog. Mock Dawn Raids siehe näher Rn. 114 ff.
155   Siehe auch Rn. 18, 51.
156   *Klusmann*, in: Wiedemann, § 55 Rn. 36 m.w.N.; *Dreher*, ZWeR 2004, 75, 100.
157   *Dreher*, ZWeR 2004, 75, 101.
158   BGH, KRB 5/86 (Prüfgruppe), WuW/E BGH 2329, 2331; BGH, KRB 4/80 (Revisionsabteilung), WuW/E BGH 1799; KG, Kart 26/79 (Revisionsabteilung), WuW/E OLG 2330, 2333.
159   BGH, KRB 4/80 (Revisionsabteilung), WuW/E BGH 1799; *Klusmann*, in: Wiedemann, § 55 Rn. 36.
160   BGH, KRB 2/85 (Brückenbau Hopener Mühlenbach), WuW/E BGH 2202, 2204; *Dreher*, ZWeR 2004, 75, 101.
161   Dazu Rn. 28, 31, 124 f.
162   Rn. 37.
163   OFT, How Your Business Can Achieve Compliance, Oktober 2010, a.a.O., S. 19 ff.; OFT, Drivers of Compliance and Non-compliance with Competition Law, Mai 2010, a.a.O., S. 49 ff., 87 f.

ken zu bestimmen (**Risikoidentifikation**) und anschließend zu evaluieren (**Risikobewertung**).[164] Die Ergebnisse dieser „Risikoinventur"[165] sollten Grundlage für die konkreten Kartellrechtscompliance-Maßnahmen sein (**Risikosteuerung**).[166]

Die Risikoanalyse sollte **unternehmens- bzw. konzernweit** erfolgen. Erhebungs- und Bewertungsmethodik sollten im Einzelfall nach Zweckmäßigkeitsgesichtspunkten ausgestaltet werden. In Betracht kommen eine streng zentral ausgerichtete Erhebung, eine getrennte Erhebung für alle Konzerngesellschaften oder Regionen, eine Erhebung nach Geschäftsbereichen oder eine Erhebung auf noch engmaschigerer Ebene (z.B. Kostenstellen innerhalb der vorgenannten Bereiche). Die Risikoanalyse sollte **regelmäßig wiederholt** werden.[167] Zeitliche Abstände und Intensität wiederholter Prüfungen sind im Einzelfall bedarfsgerecht festzulegen. Eine anfängliche Risikoanalyse sollte grundsätzlich alle relevanten markt-, branchen- und unternehmensbezogenen Risikofaktoren,[168] sowie alle risikorelevanten Tätigkeitsfelder[169] und Personengruppen[170] berücksichtigen. Bei erneuten Prüfungen kann es sich im Einzelfall anbieten, gewisse Prüfschwerpunkte zu bilden.[171] Es können beispielsweise Schwerpunkte auf bereits durch Zuwiderhandlungen auffällig gewordene Unternehmensbereiche oder auf bestimmte Arten von Kartellrechtsverstößen gelegt werden (etwa im Hinblick auf horizontale Kartellabsprachen in Produktbereichen, bei denen frühere Risikoprüfungen das Bestehen eines engen Oligopols ergeben haben, oder Einhaltung von Vorgaben für marktbeherrschende Unternehmen, soweit das Unternehmen sehr hohe Marktanteile hat). **46**

1. Risikoidentifikation: Praktische Beispiele

Bei der Bestimmung von Kartellrechtsrisiken können bestimmte Antworten auf die unten dargestellten Fragen typischerweise ein erhöhtes Risiko aufzeigen.[172] Bei der Erstellung konkreter Fragenkataloge sollte den nachfolgenden Beispielen nicht blind gefolgt werden. Empirische Untersuchungen haben gezeigt, dass ein schematischer Ansatz („box-ticking approach") bei der Ausgestaltung von Kartellrechtscompliance-Programmen kontraproduktiv ist.[173] Jeder Fragenkatalog sollte deshalb auf den Verständnishorizont der Adressaten und die konkreten Umstände des Einzelfalls abgestimmt werden. Beispielsweise sind spezifische Fragen zu Selektivvertriebssystemen oder Konsortialpraktiken entbehrlich, wenn feststeht, dass das untersuchte Unternehmen keine derartigen Maßnahmen verwendet. **47**

a) Allgemeiner Risikoindikator „Kartellhistorie". Für eine umfassende Ermittlung der möglichen Risiken sollte zunächst die **Kartellhistorie** des Unternehmens und seines Marktumfeldes betrachtet werden. Dazu können folgende Fragen untersucht werden: **48**

- ■ Waren das Unternehmen, bestimmte Geschäftsbereiche, Regionalgesellschaften oder -niederlassungen in der Vergangenheit Ziel von kartellbehördlichen Untersuchungen?

- ■ Haben Kartellbehörden Nachprüfungen bzw. Durchsuchungen („Dawn Raids") durchgeführt?

- ■ Wurden gegen das Unternehmen Geldbußen oder andere Sanktionen ausgesprochen?

---

164 *Moosmayer*, NJW 2010, 3548, 3550; *ders.*, S. 27 f., 86 f.
165 *B. Schmidt*, BB 2009, 1295, 1296 (ohne spezifischen Bezug zum Kartellrecht).
166 *Janssen*, in: Wecker/van Laak, S. 199, 214 f.
167 Zum Nachhaltigkeitserfordernis für Kartellrechtscompliance siehe auch Rn. 72 f.
168 Siehe Rn. 18.
169 Rn. 14 ff.
170 Dazu Rn. 17.
171 Siehe auch OFT, Drivers of Compliance and Non-compliance with Competition Law, Mai 2010, a.a.O., S. 50; *Lampert/Matthey*, in: Hauschka, S. 626.
172 Siehe zum Folgenden auch die Beispiele für Fragenkataloge bei OFT, How Your Business Can Achieve Compliance, Oktober 2010, a.a.O., S. 19 ff.; *Moosmayer*, S. 27 f.; *Janssen*, in: Wecker/van Laak, S. 199, 214 f.; *Kapp*, in: Umnuß, S. 224 ff. (mit ausführlichen Erläuterungen zu den Hintergründen der jeweiligen Musterfragen bzw. Checklisten und der kartellrechtlichen Bedeutung bestimmter Antworten). Ferner Rn. 14 ff.
173 Die britische Wettbewerbsbehörde spricht insoweit von einem „driver for non-compliance with competition law"; OFT, Drivers of Compliance and Non-compliance with Competition Law, Mai 2010, a.a.O., S. 5, 7, 43 f., 67, 71, 80, 82, 93 f.

■ Gab es unternehmensintern Verdachtsmomente für Zuwiderhandlungen, auch wenn diese nicht Gegenstand interner Ermittlungen (Audits),[174] kartellbehördlicher Ermittlungen oder von Kronzeugenanträgen des Unternehmens waren?

■ Wie lange liegen die (etwaigen) Vorfälle zurück?

■ Hat das Unternehmen Gegenmaßnahmen getroffen, und wenn ja, welche?

49 Dieselben Überlegungen sollten für das Branchenumfeld des Unternehmens angestellt werden. Dies empfiehlt sich, weil Verfolgungsaktivitäten der Kartellbehörden in einer Branche häufig Ermittlungstätigkeiten in anderen – benachbarten bzw. vor- oder nachgelagerten Märkten – zur Folge haben. Die Erfahrung zeigt, dass Kartellrechtsverstöße oft in solchen „verwandten" Produktbereichen auftreten, etwa weil bestimmte kartellrechtswidrige Praktiken „Branchenusus" sind, oder weil an anderweitigen Zuwiderhandlungen beteiligte Mitarbeiter auch für andere Produktlinien zuständig sind, bei denen sie dann ebenfalls Zuwiderhandlungen begehen. Es sollte deshalb, soweit bekannt, die Kartellhistorie der **Wettbewerber** sowie der Unternehmen auf den **vor- und nachgelagerten Wirtschaftsstufen (Lieferanten und Kunden)** betrachtet werden. Soweit erforderlich und aus externer Sicht möglich, sollte diese Betrachtung nicht nur für die relevanten Unternehmen insgesamt angestellt werden, sondern auch hinsichtlich der verschiedenen für sie maßgeblichen Geschäftsfelder und Regionen.

50 **b) Risikoindikatoren für Hardcore-Kartellabsprachen.** Im Hinblick auf Hardcore-Kartellvereinbarungen sollten im Hinblick auf deren enorme Haftungsrisiken – zumindest bei einer erstmaligen Risikobestandsaufnahme – zunächst direkte Fragen nach dem Vorliegen entsprechender Verstöße gestellt werden, beispielsweise:

■ Gibt es (oder gab es in der Vergangenheit) Absprachen mit Wettbewerbern über Preise, Preisbestandteile, Gebiets- oder Kundenaufteilungen, Marktaufteilungen, Mengen- oder Kapazitätsbeschränkungen oder Investitionsbeschränkungen?

■ Hat sich das Unternehmen an Submissionsabsprachen (d.h. wechselseitige Zuteilung von Aufträgen) mit Wettbewerbern beteiligt? Gibt es Absprachen zwischen Wettbewerbern über die Abgabe von Scheinangeboten bzw. darüber, überhaupt kein Angebot abzugeben („no bid")?

51 Des Weiteren sollten folgende Indikatoren für ein erhöhtes Risiko von Hardcore-Kartellvereinbarungen betrachtet werden:

■ Nimmt das Unternehmen an öffentlichen Aufträgen bzw. Ausschreibungen und/oder an privaten Ausschreibungsverfahren teil?

■ Bestehen Unterschiede zwischen der Kalkulation interner Preise (oder anderweitiger Konditionen) und den gegenüber den Kunden letztlich angebotenen Preisen (oder sonstigen Konditionen)?[175]

■ Sind die von dem Unternehmen angebotenen Produkte homogene Massengüter, deren Preis das alleinige oder überragende Differenzierungsmerkmal im Wettbewerb ist?

■ Gibt es nennenswerte Produktinnovationen, oder haben Innovationen des Unternehmens und/oder des gesamten Marktes ein relativ geringes Ausmaß?

■ Operiert das Unternehmen in einem konzentrierten Markt mit wenigen (weniger als 10) Anbietern bzw. in einem – engen oder weiten – Oligopol (weniger als 5 oder 3 Anbieter, die jeweils gemeinsam einen hohen Marktanteil auf sich vereinen)?

■ Sind die Marktpositionen der Branche volatil, oder waren die Marktanteile des Unternehmens und gegebenenfalls auch der anderen Unternehmen am Markt in der Vergangenheit relativ konstant?

---

174 Dazu Rn. 114 ff.
175 Siehe hierzu auch Rn. 18, 43.

B. Kasten

- Bestehen Marktzutrittsschranken[176] für potenzielle Wettbewerber? Insbesondere: Würde auch eine geringfügige dauerhafte Erhöhung der Preise[177] durch die bestehenden Anbieter in absehbarer Zeit keine neuen Anbieter zum Markteintritt bewegen? Um welchen Prozentsatz müssten die Preise erhöht werden, damit in absehbarer Zeit weitere Anbieter in den Markt eintreten würden? (Wenn eine erhebliche prozentuale Erhöhung der Preise erforderlich wäre, damit zusätzliche Markteintritte stattfinden, legt dies eine geringe disziplinierende Wirkung durch potenziellen Wettbewerb nahe und indiziert ein erhöhtes Risiko für verbotene Kartellabsprachen der bestehenden Anbieter.)

- Wie häufig sind Preisänderungen des Unternehmens (und, soweit bekannt, seiner Wettbewerber)? Sind die Preisänderungen relativ sprunghaft, und finden sie, sofern bekannt, relativ zeitgleich mit den Preisänderungen der Konkurrenten statt?

- Sind die Kunden des Unternehmens (teilweise) zugleich seine Wettbewerber?

- Haben Mitarbeiter, insbesondere solche aus den Bereichen Vertrieb, Verkauf, Marketing und Einkauf, im Rahmen von Messen, Verbandstreffen oder anderweitig Kontakte zu Wettbewerbern? Wie regelmäßig sind diese Kontakte? Haben die betreffenden Mitarbeiter die Möglichkeit, mit Wettbewerbern ohne Beobachtung der Unternehmensleitung oder anderer Aufsichtspersonen oder -gremien zu kommunizieren (insbesondere über kartellrechtlich bedenkliche Themen)?

- Wie groß ist die Transparenz über geschäftliche Tätigkeiten und insbesondere Preise und Konditionen von Wettbewerbern? Gibt es konkrete Anhaltspunkte dafür, dass einzelne Mitarbeiter Informationen über Kostenstrukturen, Geschäftspläne und Preispolitik von Konkurrenten haben?

- Unterhält das Unternehmen mit Wettbewerbern gemeinsame Marktinformationssysteme oder Preismeldestellen?

- Engagiert sich das Unternehmen mit Wettbewerbern bei gemeinsamen Benchmarking-Aktivitäten?

- Gibt es anderweitige Kooperationen mit Wettbewerbern, z.B. in den Bereichen Konsortien/Arbeitsgemeinschaften, gemeinsamer Einkauf, gemeinsame Produktion, gemeinsamer Vertrieb, gemeinsame F&E, Technologietransfer?

- Sind Arbeitgeberwechsel bei den Mitarbeitern konkurrierender Unternehmen auf dem Markt relativ üblich und häufig? Sind frühere Mitarbeiter von Wettbewerbern heute, insbesondere in leitender Funktion oder im Verkauf/Vertrieb, für das Unternehmen tätig? Sind umgekehrt frühere Mitarbeiter des Unternehmens heute für Wettbewerber tätig?

- Kooperiert das Unternehmen im Rahmen von Gemeinschaftsunternehmen mit Wettbewerbern, oder hat es entsprechende Pläne?

c) **Risikoindikatoren für Marktmachtmissbrauch.** Im Hinblick auf ein erhöhtes Risikopotenzial für Marktmachtmissbrauch können die folgenden Fragen Aufschluss geben: 52

- Hat das Unternehmen relativ kontinuierlich einen beträchtlichen Marktanteil (insbesondere mehr als 40%, gegebenenfalls sogar über 50%)?[178]

- Bestehen Marktzutrittsschranken für potenzielle Wettbewerber?[179]

---

176 Zu Marktzutrittsschranken siehe näher 8. Kap. Rn. 215.
177 Zum sog. SSNIP-Test (small but significant and non-transitory increase in price) siehe auch 1. Kap. Rn. 133, 135 ff.
178 Nur wenn das Unternehmen eine marktbeherrschende Stellung auf einem der für seine Geschäftstätigkeit sachlich und räumlich relevanten Märkte hat, kommt ein Missbrauch in Betracht. Je höher der absolute und relative Marktanteil eines Unternehmens, desto höher die Wahrscheinlichkeit für das Vorhandensein einer marktbeherrschenden Stellung i.S.v. Art. 102 AEUV. Dazu 6. Kap., Rn. 13.
179 Siehe auch das entsprechende Kriterium bei Rn. 51.

- Kann sich das Unternehmen weitgehend unabhängig von Kunden und Wettbewerbern verhalten (z.b. den Preis nicht nur vorübergehend erhöhen, ohne in einem so großen Umfang Kunden zu verlieren, dass die Preiserhöhung unprofitabel wird).[180]

- Besitzt die Marktgegenseite (bei Lieferanten: Kunden; bei Einkäufern: Lieferanten) gegenläufige Marktmacht zur Durchsetzung ihrer Geschäftsinteressen?

- Verwendet das Unternehmen Praktiken im Wettbewerb, die bei Vorliegen einer marktbeherrschenden Stellung als missbräuchlich angesehen werden können? Hierzu zählen insbesondere:[181] Gewährung unterschiedlicher Preise oder Konditionen gegenüber verschiedenen Kunden oder Lieferanten; Recht auf exklusive Belieferung von bestimmten Kunden; Gewährung von Preisnachlässen oder anderen Vorteilen für Kunden, die ihren gesamten oder einen erheblichen Teil ihres Bedarfs bei dem Unternehmen decken (Treue- oder Loyalitätsrabatte); Bündelungs- oder Koppelungspraktiken; Produktbepreisung unterhalb des Kostenniveaus (Kampfpreise); Verweigerung des Zugangs zu wesentlichen Einrichtungen („Essential Facilities", z.b. Infrastruktur), ohne deren Nutzung auf vor- oder nachgelagerten Märkten kein Wettbewerb möglich ist.

53   **d) Risikoindikatoren hinsichtlich sonstiger Beschränkungen.** Für ein höheres Risikopotenzial hinsichtlich sonstiger, insbesondere vertikaler,[182] Beschränkungen sind – je nach Branche und sonstigen relevanten Umständen des Einzelfalls – folgende Indikatoren relevant:

- Sofern das Unternehmen Vertragspartei von Vertriebsvereinbarungen, insbesondere Vertriebshändlerverträgen, Handelsvertreterverträgen oder Kommissionärsverträgen ist: Bestehen – insbesondere langjährige (über 5 Jahre) – Exklusivvereinbarungen mit anderen Unternehmen (Kunden, Lieferanten oder Wettbewerbern)?

- Haben Vereinbarungen des Unternehmens mit Nicht-Wettbewerbern einen Austausch, und möglicherweise auch die Beeinflussung, von preisbezogenen Parametern zum Gegenstand (insbesondere Wiederverkaufspreise oder Preisempfehlungen)?

- Hat das Unternehmen Vereinbarungen über Meistbegünstigungsklauseln abgeschlossen?

- Hat das Unternehmen in Vertriebsverträgen Kunden- oder Gebietsbeschränkungen vereinbart?

- Ist das Unternehmen Vertragspartei von selektiven Vertriebssystemen (insbesondere: betreibt es selbst Selektivvertriebssysteme)?

- Ist das Unternehmen Vertragspartei von Franchisesystemen (insbesondere: betreibt es selbst solche)?

- Kooperiert das Unternehmen mit anderen Unternehmen (Wettbewerbern oder Nicht-Wettbewerbern) in den Bereichen Konsortien/Arbeitsgemeinschaften, gemeinsamer Einkauf, gemeinsame Produktion, gemeinsamer Vertrieb, gemeinsame F&E, Technologietransfer?

- Beinhalten Vereinbarungen des Unternehmens mit Wettbewerbern den Austausch von nicht-preisbezogenen geschäftlichen Informationen?

- Ist das Unternehmen Vertragspartei von Vereinbarungen, die branchenweit gültige Konditionen enthalten? (Wenn z.b. eine Vielzahl von Unternehmen auf dem Markt dieselben Konditionenempfehlungen eines Branchenverbandes befolgt, ist der Wettbewerb im Hinblick auf diese Konditionen faktisch beschränkt. Es empfiehlt sich dann eine genauere Betrachtung des sonstigen wettbewerblichen Umfelds und der konkreten wirtschaftlichen Auswirkungen auf den Markt.)

- Nimmt das Unternehmen an Standardisierungsaktivitäten oder -vereinbarungen teil?

- Ist das Unternehmen Vertragspartei von Vereinbarungen, die eine Beschränkung der Werbeanstrengungen vorsehen?

---

180   Siehe auch 1. Kap., Rn. 133, 135 ff. zum sog. SSNIP-Test.
181   Näher dazu 6. Kap., Rn. 59 ff.
182   Dazu 4. Kap.

e) Risikoindikatoren hinsichtlich M&A und Joint Ventures. Kartellrechtliche Risiken können **54** sich auch im Rahmen von Unternehmenskäufen und -veräußerungen sowie bei Beteiligungen an Gemeinschaftsunternehmen ergeben (zusammenfassend „M&A"). Kartellrechtliche „Sicherheitsmaßnahmen" bzw. Prüfungen sind üblicherweise bereits im Rahmen des M&A-Prozesses (einschließlich Due Diligence) angelegt. Sie sollten zugleich als Aufgabe der Kartellrechtscompliance verstanden werden.[183]

Zunächst können M&A-Vorgänge Anlass für eine **kartellrechtliche Due Diligence** sein. Es kann **55** für den Erwerber eines Unternehmens, je nach Branche und sonstigen Umständen, geboten sein, vor Unterzeichnung eines Unternehmenskaufvertrags („Signing") die kartellrechtlichen Risiken der Zielgesellschaft auf den Prüfstand zu stellen. Bei Erwerbsvorgängen im Rahmen von Joint Ventures kommt dies ebenfalls in Betracht, sofern das (künftige) Gemeinschaftsunternehmen bereits existiert und aufgrund seiner vorangegangenen Aktivitäten am Markt möglicherweise kartellrechtliche Risiken aufweist. Gegenstand einer kartellrechtlichen Due Diligence der Zielunternehmen können, je nach Einzelfall, die Übereinstimmung von dessen operativen Verträgen mit den kartellrechtlichen Vorgaben hinsichtlich Marktmachtmissbrauch und „sonstiger" (Nicht-Hardcore-) Beschränkungen sein (z.B. Prüfung der Vertriebspraktiken der Zielgesellschaft). Ferner kann eine Überprüfung des Risikos für Hardcore-Kartellvereinbarungen in Betracht kommen. Da Letztere regelmäßig nicht schriftlich dokumentiert werden, müssen für eine effektive Due Diligence-Prüfung insoweit regelmäßig auch relevante Wissensträger der Zielgesellschaft persönlich befragt werden.[184] Für die Erstellung zweckmäßiger Due Diligence-Fragelisten zu den genannten Themenkomplexen kann auf die vorstehenden Fragenkataloge verwiesen werden.[185] Sofern relevante kartellrechtliche Risiken des Zielunternehmens identifiziert werden, empfiehlt es sich, diese im Unternehmenskaufvertrag zu adressieren und die operativen Verträge des Zielunternehmens vor Vollzug des Zusammenschlusses („Closing") kartellrechtskonform umzugestalten. Sofern Risiken im Hinblick auf Hardcore-Kartellvereinbarungen identifiziert wurden, ist zu überlegen, ob Kronzeugenregelungen in Anspruch genommen werden sollen.[186]

M&A-bezogene Kartellrechtsrisiken ergeben sich ferner aus den Vorgaben des **Fusionskon-** **56** **trollrechts.** Wenn z.B. bei einem früheren Erwerbsvorgang eine für die zivilrechtliche Übertragung maßgebliche Anmeldepflicht nicht beachtet wurde, hat der Erwerber das Zielunternehmen nicht wirksam erworben. Dieser „Mangel" muss vor einem Erwerb der entsprechenden Unternehmen beseitigt werden.[187] Ebenso müssen für das aktuelle M&A-Projekt die fusionskontrollrechtlichen Anmeldepflichten beachtet werden.[188] Es müssen kartellrechtliche Vorgaben ferner bei der Ausgestaltung der Kauf-, Verkaufs- oder Joint Venture-Verträge beachtet werden (z.B. Festlegung der anmeldepflichtigen Jurisdiktionen, Aufteilung des Fusionskontrollrisikos, Wettbewerbsverbote etc.). Risiken können zudem durch missverständliche Inhalte bestimmter unternehmensinterner Dokumente entstehen, die für das oder vom Management in Zusammenhang mit einer M&A-Transaktion erstellt werden und den Kartellbehörden im Rahmen des Fusionskontrollverfahrens vorgelegt werden müssen (sog. „4(c)"-Dokumente).[189] Die Kartellbehörden messen den Inhalten solcher Dokumente regelmäßig eine hohe Glaubwürdigkeit zu. Sie sollten deshalb keine unbedachten Formulierungen zu Themen enthalten, die an sich kartell- und fusionskontrollrechtlich unbedenklich sind und nur aufgrund einer missverständlichen Terminologie den Behörden Anlass zu (sachlich nicht gerechtfertig-

---

183 Siehe auch *Voet van Vormizeele*, ZRFC 3/2010, 102, 108 f.
184 Siehe auch Rn. 42.
185 Siehe Rn. 47 ff.
186 Zu den bei festgestellten Zuwiderhandlungen in Betracht kommenden Abhilfemaßnahmen siehe auch Rn. 127.
187 8. Kap., Rn. 331 (Heilung durch Freigabeentscheidung nach Vollzug).
188 8. Kap., Rn. 1 ff., 10.
189 Die Bezeichnung „4(c)"-Dokument stammt aus der US-Fusionskontrolle. „Item 4(c)" des für Hart-Scott-Rodino (HSR)-Anmeldungen maßgeblichen Formblatts („Antitrust Improvements Notification and Report Form for Certain Mergers and Acquisitions", abrufbar unter www.ftc.gov) regelt, welche transaktionsbezogenen internen Dokumente mit eingereicht werden müssen. Zur entsprechenden Regelung der europäischen Fusionskontrolle im Formblatt CO (sog. „Abschnitt 5.4"-Dokumente) siehe 8. Kap., Rn. 293.

tem) Misstrauen geben könnten. Auch der Informationsaustausch zwischen Veräußerer und Erwerber[190] sowie etwaige Integrationsplanungen oder -maßnahmen vor Vollzug des Zusammenschlusses[191] bergen kartellrechtliche Risiken.

57 Folgende Fragen können Aufschluss zu spezifisch fusionskontrollrechtlichen[192] Risiken geben:

- ■ Hat das Unternehmen in der Vergangenheit Beteiligungen an anderen Unternehmen in Höhe von 25% oder mehr erworben? Hat es Beteiligungen in geringerer Höhe (wie hoch?) an anderen Unternehmen erworben?

- ■ Wurden die entsprechenden Erwerbsvorgänge zur Fusionskontrolle angemeldet? Wenn nein, wurde das Nichtbestehen einer Anmeldepflicht geprüft und dokumentiert?

- ■ Wurde bei früheren fusionskontrollpflichtigen Erwerbsvorgängen jeweils sichergestellt, dass bei deren Vollzug alle erforderlichen Freigaben vorlagen (Vermeidung von Verstößen gegen das Vollzugsverbot – „Gun Jumping")?[193]

- ■ Findet im Rahmen aller M&A-Prozesse des Unternehmens eine kartellrechtliche Begleitung statt? Werden die erforderlichen Vorsichtsmaßnahmen eingehalten für den Austausch wettbewerblich sensibler Informationen im M&A-Prozess zwischen Wettbewerbern (z.B. Einschaltung eines „Clean Teams" für besonders sensible Daten)[194] sowie für – vorab durchgeführte – Post-merger Integrationsplanungen?[195]

- ■ Wird im M&A-Prozess die Gestaltung aller sog. „4(c)"- bzw. „Abschnitt 5.4"-Dokumente[196] kartellrechtlich begleitet?

- ■ Hat das Unternehmen im Rahmen von Unternehmenskäufen, -verkäufen oder Joint Venture-Verträgen Wettbewerbsverbote (zu Lasten oder zu Gunsten des Unternehmens) vereinbart? Wenn ja, was ist deren Inhalt (insbesondere Gegenstand, räumlicher Geltungsbereich und Dauer)? Wird die Beachtung von Wettbewerbsverboten zu Lasten des Unternehmens im laufenden Geschäftsbetrieb sichergestellt?

2. Risikobewertung

58 Im Anschluss an die Identifikation der für das Unternehmen relevanten Kartellrechtsrisiken müssen diese bewertet werden.[197] Die Risikobewertung wirft bei der Ermittlung des kartellrechtlichen Risikoprofils eines Unternehmens regelmäßig die größten **praktischen Schwierigkeiten** auf. Eine für die Zwecke nachfolgender Kartellrechtscompliance-Maßnahmen sinnvolle Risikobewertung erfordert Branchenverständnis, Fingerspitzengefühl und eine von Interessenkonflikten freie, sachgerechte Einstufung der relevanten Risiken durch die beteiligten Mitarbeiter. Die für die Risikobewertung verantwortliche Unternehmensleitung bzw. die zuständige Managementebene darunter sollten durch die relevanten Stellen der Compliance-Organisation, insbesondere die Rechtsabteilung, sowie Fachleute aus den jeweiligen Geschäftsbereichen unterstützt werden. Den an der Bewertung mitwirkenden Mitarbeitern sollte die Furcht vor (vermeintlich) allzu hohen Risikoeinstufungen genommen werden. Die Mitarbeiter können beispielsweise informiert werden, dass die von ihnen vorgenommenen Risikobewertungen (z.B. eines bestimmten Geschäftsbereichs als „hoch riskant"), auch wenn in der Folge gegebenenfalls umfangreiche Kartellrechtscompliance-Maßnahmen durchgeführt werden (z.B. Schulungen), zu keinen persönlichen Sanktionen führen werden. Die Mitarbeiter sollten vielmehr dazu ermutigt werden, die erkannten Risiken **eindeutig** offenzulegen und einzustufen.

---

190 Siehe 8. Kap., Rn. 322.
191 8. Kap., Rn. 320 ff.
192 Für Fragen zu kartellrechtlichen Risiken außerhalb der Fusionskontrolle, die im Rahmen einer kartellrechtlichen Due Diligence der Zielgesellschaft relevant sein können, siehe bereits Rn. 48 ff.
193 Dazu 8. Kap., Rn. 319 ff.
194 8. Kap., Rn. 322.
195 Dazu 8. Kap., Rn. 322.
196 Siehe Rn. 56.
197 Zum Folgenden siehe OFT, Drivers of Compliance and Non-compliance with Competition Law, Mai 2010, a.a.O., S. 10, 88; OFT, How Your Business Can Achieve Compliance, Oktober 2010, a.a.O., S. 23 f., 37.

B. Kasten

Unternehmen haben bei der Risikobewertung einen weiten Ermessensspielraum. In dessen 59
Rahmen sollten die Ergebnisse der Risikoidentifikation sowohl **isoliert** für sich bewertet als
auch zu einander in **Beziehung** gesetzt werden. Ziel der Bewertung ist eine **kartellrechtliche
Standortbestimmung.** In der Praxis ist es üblich, die verschiedenen Risikofaktoren unternehmensintern in **Risikoklassen** einzuteilen (zum Beispiel „niedrig", „mittel" und „hoch"). Dabei
können „**statische**" Klassifizierungen sowie „**dynamische**" Bewertungen der einzelnen Faktoren vorgenommen werden. Letzteres kann z.b. geschehen durch eine „höhere" Wertung bestimmter Risikofaktoren, wenn zugleich andere, damit in Zusammenhang stehende Faktoren
erfüllt sind (z.b. sehr hohe Marktkonzentration *und* regelmäßige Wettbewerberkontakte). Eine
dynamische Gewichtung kann durch Software erleichtert werden, in der Formeln für die relative Gewichtung einzelner Faktoren hinterlegt sind.

Als Ergebnis der Risikoanalyse sollte feststehen, welche kartellrechtliche Risikoklasse das **Un-** 60
ternehmen insgesamt erfüllt. Für große Unternehmen, insbesondere Konzerne, müssen ferner
engmaschigere spezifische Risikobewertungen vorgenommen werden, z.B. für einzelne Geschäftsbereiche, Tochtergesellschaften, Landesgesellschaften, Regionen oder Kostenstellen. In
Betracht kommt zudem, Risikokategorien für bestimmte Personen oder Personengruppen im
Unternehmen festzulegen. Zusätzlich zur Feststellung „globaler" Risikoklassen können auch
gesonderte Einordnungen vorgenommen werden z.B. für verschiedene Arten von Kartellrechtsverstößen (z.b. „niedriges Risiko für Hardcore-Kartellverstöße in Region A"; „hohes Risiko
für Marktmachtmissbrauch im Geschäftsbereich B" usw.).

3. Risikosteuerung

Die Risikosteuerung bzw. -bewältigung zieht **praktische Konsequenzen** aus der Risikoinventur. 61
Je aussagekräftiger und detaillierter deren Ergebnisse ausgefallen sind, desto zielgerichteter
können Gegenmaßnahmen der Kartellrechtscompliance und damit die Feinsteuerung des spezifischen kartellrechtlichen Risikoprofils des Unternehmens ansetzen.[198] Die Geeignet- und
Angemessenheit von korrektiven Maßnahmen wird sich regelmäßig an den Ergebnissen einer
internen Kosten-Nutzen-Analyse orientieren.[199] Die als hoch riskant eingestuften Tätigkeiten
des Unternehmens bzw. bestimmter Geschäftsbereiche oder Regionen, und insbesondere auch
die besonders risikorelevanten Personengruppen, sollten engmaschiger als andere Mitarbeiter,
Tätigkeiten oder Bereiche überwacht werden. Wenn ein festgestelltes Risiko selbst durch Einsatz weniger risikogeneigter unternehmerischer Maßnahmen nicht beherrschbar scheint, sollte
die entsprechende Praxis im Extremfall gänzlich eingestellt werden. Dies wäre z.B. angezeigt
bei Benchmarkingaktivitäten unter sehr wenigen Wettbewerbern, wenn trotz Aggregation und
Anonymisierung der relevanten Daten immer auf wettbewerblich sensible Informationen anderer Teilnehmer rückgeschlossen werden kann.[200]

III. Organisation der Kartellrechtscompliance

1. Initiator Unternehmensleitung: „Tone from the top" und „Tone from the middle"

Kartellrechtscompliance kann nur dann erfolgreich sein, wenn sie von der **Unternehmenslei-** 62
tung initiiert wird.[201] Die Unternehmensspitze erfüllt durch Maßnahmen der Kartellrechtscompliance ihre (gesellschafts- bzw. ordnungswidrigkeitenrechtliche) Verpflichtung zu entsprechenden Organisationsmaßnahmen.[202] Dementsprechend muss sie von der Notwendigkeit
und Richtigkeit des konkreten Compliance-Programms überzeugt sein und dies im gesamten

---

198 Die wesentlichen Mittel der Risikobewältigung – z.B. Anpassung von als problematisch erkannten Praktiken
bzw. Vereinbarungen an die kartellrechtlichen Vorgaben sowie Compliance-Schulungen – werden weiter
unten im Rahmen der Compliancefunktion „Reaktion" dargestellt, siehe Rn. 126 ff.
199 Siehe das Beispiel bei *Moosmayer*, S. 41 f.
200 Näher zum Benchmarking siehe 3. Kap., Rn. 26 ff.
201 *Janssen*, in: Wecker/van Laak, S. 199, 214 („Chefsache"). Hierzu und zum Folgenden *Moosmayer*, S. 43 ff.;
OFT, How Your Business Can Achieve Compliance, Oktober 2010, a.a.O., S. 28 ff.; OFT, Drivers of Compliance and Non-compliance with Competition Law, Mai 2010, a.a.O., S. 31 f., 38, 45 ff., 61, 94; *Heineman*, S. 5 f.; ABA Section of Antitrust Law, Antitrust Compliance, S. 17 ff. („corporate commitment").
202 Siehe Rn. 7 ff. sowie Rn. 36 ff.

Unternehmen auf allen Hierarchieebenen mit Nachdruck glaubwürdig kommunizieren („**tone from the top**" bzw. „**top down-Ansatz**"). Damit die entsprechende Kommunikation nicht als Lippenbekenntnis empfunden wird, muss die Unternehmensleitung ihren Worten auch Taten folgen lassen. Deshalb empfiehlt sich der eigene, nicht nur delegierte, **persönliche Einsatz** der Unternehmensleitung bei Einführung und Umsetzung.

63 Die Unternehmensleitung darf sich nicht mit einer einmaligen „Verkündigungsaktion" begnügen. Sie muss durch eine langfristige **Kommunikationsstrategie**, also wiederholte und dauerhafte Kontakte mit dem Management und allen anderen Mitarbeitern, **unmissverständlich** zum Ausdruck bringen, dass das Unternehmen keine Kartellrechtsverstöße toleriert und insbesondere Hardcore-Kartellvereinbarungen kein geduldetes Mittel zur Erlangung von Aufträgen sind („**zero tolerance**").[203] Es muss jedes Missverständnis vermieden werden, dass das Unternehmen im Zweifel doch „ein Auge zudrücken" wird oder die Verstöße sogar „augenzwinkernd" gutheißt. Die erforderliche Eindeutigkeit kann insbesondere dadurch erreicht werden, dass die Unternehmensleitung ihre klare **Erwartung** (und ggf. sogar eine arbeitsvertragliche **Verpflichtung**)[204] kommuniziert, dass **jegliche Verstöße**, die in der **Vergangenheit vorgekommen** sein mögen,[205] der Kartellrechtscompliance-Organisation – auf Wunsch auch anonym – **gemeldet** werden. Es sollte dabei klargestellt werden, dass das Unternehmen keine Sanktionen gegen Hinweisgeber wegen der gutgläubigen Meldung möglicher Zuwiderhandlungen ergreifen oder tolerieren wird.[206]

64 Die Kommunikation sollte, neben diesem **repressiven** Ansatz, in gleichem Maße **affirmativ** sein. Eine **nachhaltige Motivation** der Mitarbeiter ist regelmäßig erfolgversprechender, wenn sie das Kartellrecht nicht nur aus Furcht vor Sanktionen beachten. Der Wille zur Befolgung sollte zugleich auf der glaubhaft kommunizierten Überzeugung der Unternehmensleitung beruhen, dass das Unternehmen auf seine eigene Stärke im Wettbewerb vertrauen kann und für nachhaltigen unternehmerischen Erfolg keine Kartellrechtsverstöße „nötig" hat.[207] Die Unternehmensleitung sollte den Mitarbeitern versichern, dass das Unternehmen lieber auf Geschäft und das Erreichen interner, insbesondere auch kurzfristiger, unmittelbar bevorstehender Ziele verzichtet, als diese durch Kartellrechtsverstöße zu ermöglichen. Ein solches ausdrückliches Bekenntnis darf nicht als „Sonntagsrede" empfunden werden, deren Umsetzung im Tagesgeschäft nicht praktikabel ist. Hinzutreten sollte deshalb eine klare Aufforderung an die Mitarbeiter, die Einhaltung des Kartellrechts im täglichen Geschäft zu „leben". Die Unternehmensführung sollte dabei eine sichtbare Vorbildrolle einnehmen.

65 Für eine nachhaltige Verankerung der gewünschten **Kartellrechtscompliance-„Ethik"** darf es nicht bei einem „Kommunikationsprojekt" nur der Unternehmensspitze bewenden.[208] Sie muss zugleich vom mittleren Management dauerhaft und nachhaltig in die täglichen Geschäftsab-

---

203 *Moosmayer*, NJW 2010, 3548, 3550.

204 Zur Kommunikation einer „Erwartung" der Unternehmensleitung (im Gegensatz zu einer entsprechenden Verpflichtung), dass mögliche Kartellrechtsverstöße – insbesondere mittels interner Hinweisgebersysteme („Whistleblower Hotline") – gemeldet werden, siehe Rn. 110.

205 Die unmissverständliche Kommunikation einer Melde„pflicht" auch für Verstöße oder Verdachtsfälle aus der (nicht nur jüngeren) Vergangenheit ist besonders wegen der von Land zu Land unterschiedlichen Verjährungszeiträume (im europäischen Kartellrecht: regelmäßig 5 Jahre; näher 12. Kap., Rn. 94 f.) von Bedeutung.

206 Die Kommunikation einer Melde„pflicht" für Zuwiderhandlungen kann im Einzelfall mit einem internen Amnestieprogramm für die an Kartellrechtsverstößen selbst beteiligten Mitarbeiter verbunden werden; näher dazu Rn. 124 f.

207 Darauf gerichtete konkrete Kommunikationsmaßnahmen können z.B. die Auffassung der Unternehmensleitung kundtun, es sei nicht der „Stil" des Unternehmens, Geschäfte unter Verstoß gegen das Kartellrecht zu machen. Ferner kann auf greifbare kommerzielle Ergebnisse von effektiver Kartellrechtscompliance hingewiesen werden, z.B. dass ein im Markt anerkanntes *Renommee kartellrechtlicher Integrität* dem Unternehmen im Wettbewerb ungleich höhere Vorteile bringen kann (etwa wenn Kunden überzeugt sind, für den gezahlten Preis innovative, wettbewerbskonforme Leistungen zu erhalten und keine überhöhten Preise zu bezahlen). Denkbar sind auch Hinweise auf durch Kartellrechtscompliance bewirkte Wettbewerbsvorteile dadurch, dass den Mitarbeitern unternehmerische Handlungsspielräume aufgezeigt werden, die sie bisher möglicherweise nicht kannten oder nur unzureichend ausgelotet haben („ermöglichende" Funktion von Compliance; siehe OFT, Drivers of Compliance and Non-compliance with Competition Law, Mai 2010, a.a.O., S. 34).

208 Siehe *Heineman*, S. 6.

B. Kasten

läufe hineingetragen und dort glaubhaft vorgelebt werden („**tone from the middle**").[209] Es sollte die klare Erwartung kommuniziert werden, dass alle Mitarbeiter in ihrem Verantwortungsbereich aktiv an der Umsetzung mitwirken. Dies kann durch praktische Maßnahmen flankiert werden. Es kann insbesondere überwacht werden, ob das Management auf allen Ebenen seiner Verantwortung für die glaubhafte Kommunikation zur Einhaltung des Kartellrechts gerecht wird.

Die **Kartellrechtscompliance-Kosten** sollten denjenigen Tochtergesellschaften, Regionen oder 66
Geschäftsbereichen eines Unternehmens **intern (weiter) belastet** werden, auf deren Verantwortungsbereich sie entfallen. Im Einklang mit den auch für sonstige Rechtsberatungskosten üblichen Grundsätzen sollten den betroffenen Stellen dabei neben den Kosten für die Grundfunktionen[210] Kontrolle und Aufdeckung sowie Reaktion[211] regelmäßig auch die Kosten für präventive Maßnahmen[212] intern weiterbelastet werden. Dabei kann es zwar zu **Zielkonflikten** mit dem Bekenntnis des Unternehmens zu umfassender Kartellrechtscompliance („zero toleran-ce")[213] kommen, wenn die betroffenen Einheiten bestrebt sind, ihre Aufwendungen für Prävention möglichst gering zu halten. Dieses Problem kann aber grundsätzlich ebenso im Hinblick auf Umfang und Kosten interner und externer anwaltlicher Beratung auftreten. Die Unternehmensleitung sollte deshalb klarstellen, dass der Weg zur Compliance-Organisation und insbesondere der Rechtsabteilung immer offen steht und dass als erforderlich erkannte Maßnahmen insbesondere der Prävention (ebenso wie auch ansonsten, außerhalb des Kartellrechts, die Beratung durch interne und externe Anwälte) nicht aus Kostengründen unterbleiben dürfen. Gegebenenfalls sind angemessene Budgetierungsgrundsätze und sonstige Prinzipien oder Maßnahmen zu implementieren. In Ausnahmefällen kommt auch eine nur anteilige Kostentragung der betroffenen Stellen für Präventivbemühungen in Betracht.

2. Kartellrechtscompliance-Organisation

a) Grundmodelle. Die für die Kartellrechtscompliance verantwortliche Unternehmensleitung 67
(möglicherweise unter Einbindung des Aufsichtsorgans)[214] wird über die organisatorische Ausgestaltung innerhalb der Grenzen unternehmerischen Ermessens regelmäßig nach Praktikabilitätsgesichtspunkten unter Beachtung des zuvor ermittelten Risikoprofils entscheiden.[215] Es besteht die Wahl zwischen zwei Grundmodellen, die jeweils unterschiedliche Vor- und Nachteile haben.[216] Zum einen kann eine **autonome Kartellrechtscompliance-Organisation** eingerichtet werden. Eine solche übernimmt autonom sämtliche Aufgaben der drei Grundfunktionen[217] Prävention, Kontrolle und Aufdeckung sowie Reaktion. Zum anderen kann eine **Matrix Organisation** gewählt werden. Bei dieser konzentriert sich die (Kartellrechts-) Compliance-Abteilung auf die Prävention und übernimmt hinsichtlich der anderen beiden Funktionen[218] Kontrolle und Aufdeckung sowie Reaktion lediglich koordinierende Aufgaben. Letztere werden dann typischerweise gegenüber der Unternehmensleitung der Gesamtverantwortung eines „Compliance Komitees" unterstellt, aber inhaltlich von anderen Abteilungen geführt, insbesondere der internen Revision, der Rechtsabteilung und der Personalabteilung. Teilweise werden auch rein präventive Aufgaben nur der Verantwortung des Compliance Komitees unterstellt und inhaltlich den bestehenden Fachabteilungen zugeordnet. Für **mittelständische Unternehmen** scheidet die Einrichtung einer eigenen (Kartellrechts-) Compliance-Organisation vielfach aus Kosten- und Kapazitätsgründen aus. Es ist auch hier gleichwohl wichtig, eine klare Zuständigkeitsbestimmung und Organisation für die Kartellrechtscompliance vorzuneh-

---

209 *Moosmayer*, S. 43 f.
210 Siehe Rn. 4.
211 Rn. 106 ff. und Rn. 126 ff.
212 Rn. 75 ff.
213 Rn. 63 f.
214 Siehe DCGK Nr. 4.1.3, Nr. 5.3.2 sowie Nr. 3.4 Abs. 2; *Fleischer*, in: ders., § 8 Rn. 42; *Schürrle/Olbers*, CCZ 2010, 102; Rn. 2, 6 ff.
215 *Moosmayer*, S. 34.
216 Eingehend zum Folgenden *Moosmayer*, S. 31 ff. m.w.N.
217 Siehe Rn. 4.
218 Rn. 4.

men.[219] Dafür bietet sich die Ernennung eines Syndikusanwalts oder anderen Mitarbeiters[220] zum **Kartellrechtscompliance-Beauftragten**[221] an. Auch (börsennotierte) Großunternehmen sehen vielfach Vorteile in einem Verbund von Compliance- und Rechtsabteilung.[222]

68 **b) Konkrete Ausgestaltung.** Für den Erfolg der Kartellrechtscompliance ist, unabhängig von der gewählten Organisationsform, zunächst ein **direkter Berichtsweg** und eine **Eskalationsmöglichkeit** der Kartellrechtscompliance-Organisation an die **Unternehmensleitung** entscheidend.[223] Berichtslinie und Eskalationsmöglichkeit sollten der Compliance-Organisation, insbesondere der (Kartell-) Rechtsabteilung, dem (Chief) Compliance Officer,[224] dem Compliance-Beauftragten und ihren jeweiligen Mitarbeitern, Zugang zur Unternehmensleitung und allen relevanten Managementebenen auch außerhalb von Regelberichtsterminen geben. Die Kartellrechtscompliance-Organisation sollte jederzeit die Möglichkeit haben, relevante Vorgänge aus ihren drei Grundfunktionen Prävention, Kontrolle und Aufdeckung sowie Reaktion zu berichten, gemeinsame Risikoanalysen mit der Unternehmensleitung anzustellen und die daraus abgeleiteten Maßnahmen des Risikomanagements, in Koordination mit anderen zuständigen Stellen, im Unternehmen praktisch umzusetzen. Neben der direkten Berichtslinie an die Unternehmensspitze sollten dafür auch die anderweitigen Berichtswege und -inhalte festgelegt werden. Im Einzelfall kann der Kartellrechtscompliance-Organisation zusätzlich ein direkter Berichtsweg an den **Aufsichtsrat** oder einen zuständigen Aufsichtsratsausschuss gegeben werden. Dies kann als Regel- oder (zusätzlich) als „ad hoc"-Berichterstattung zu besonders relevanten Vorgängen ausgestaltet werden. Eine solche Festlegung sollte mit der Unternehmensleitung abgestimmt werden.[225] Es ist eine Frage der unternehmensinternen Praktikabilität, ob die **Berichtspflichten** zur Kartellrechtscompliance selbständigen Charakter haben oder im Rahmen einer ohnehin praktizierten Risikoberichterstattung erfüllt werden.[226] Die Kartellrechtscompliance-Organisation muss im Ergebnis alle erforderlichen **Durchgriffsbefugnisse** haben, damit Verdachtsmomente aufgeklärt, Verstöße unterbunden und abgestellt sowie sanktioniert werden. In welchem Ausmaß hierfür andere Stellen im Unternehmen eingebunden werden, hängt von der gewählten Organisationsform ab.[227]

69 Die Kartellrechtscompliance-Organisation sollte über eine ausreichende **finanzielle und personelle**[228] **Ausstattung** verfügen, um ihre drei Grundfunktionen[229] und etwaige Sonderaufgaben erfüllen zu können. Sie sollte in angemessene interne und externe Ressourcen investieren können. Das Budget sollte z.B. die auf die Unternehmensmitarbeiter entfallenden Pro-Kopf-Kosten für anfallende Präventionsmaßnahmen (Schulungskosten, Zeitaufwand etc.) und angemessene Aufsichts- und Überprüfungsmaßnahmen abdecken.[230]

70 **Aufgaben und Verantwortlichkeiten** der Kartellrechtscompliance hinsichtlich Prozessgestaltung, -steuerung und -überprüfung sollten eindeutig zugewiesen und dokumentiert werden. Die an der Kartellrechtscompliance beteiligten Einheiten sind regelmäßig die (Kartell-) Rechtsabteilung, der oder die (Chief) Compliance Officer, der Compliance-Beauftragte und die interne Revision. Eine für alle Unternehmen gleichermaßen passende Aufgaben- und Zuständigkeits-

---

219 *Moosmayer*, S. 42.
220 Eine komplette Auslagerung auf externe Berater wird im Schrifttum kritisch beurteilt, siehe *Moosmayer*, S. 43.
221 Eingehend zum Compliance-Beauftragten im Kartellrecht als Absicherungsmaßnahme für mittelständische Unternehmen siehe *Hauschka*, BB 2004, 1178. Ferner *Lösler*, WM 2008, 1098.
222 Zu den insoweit maßgeblichen Gesichtspunkten siehe *Früh*, CCZ 2010, 121.
223 Zum Folgenden und weiterführend *Moosmayer*, S. 34 ff. m.w.N.
224 Zu Stellung, Qualifikation und Funktion des (Chief) Compliance Officers siehe *Moosmayer*, AnwBl 2010, 634; *ders.*, S. 36 ff.; *Fecker/Kinzl*, CCZ 2010, 13; *Meier-Greve*, CCZ 2010, 216.
225 Näher dazu (mit Beispielen) *Moosmayer*, S. 35 f.
226 *Dreher*, ZWeR 2004, 75, 100.
227 Rn. 67; *Moosmayer*, S. 34.
228 Das Kammergericht hat in einer schon älteren Entscheidung eine mit vier Mitarbeitern besetzte Revisionsabteilung als „zu klein" bewertet, um im konkreten Fall „den großen Kontrollbereich mit 5000 Mitarbeitern wirksam – also auch im Hinblick auf mögliche Kartellverstöße – überwachen zu können". KG, Kart 26/79 (Revisionsabteilung), WuW/E OLG 2330, 2332.
229 Rn. 4.
230 Siehe OFT, Drivers of Compliance and Non-compliance with Competition Law, Mai 2010, a.a.O., S. 61 f.

B. Kasten

beschreibung kann es dabei nicht geben.[231] Der genaue Aufgabenzuschnitt für alle Beteiligten sollte die Ergebnisse der Risikoanalyse berücksichtigen.[232] Für besondere **Krisensituationen** können Sonderzuständigkeiten und konkrete Ablaufpläne festgelegt werden (z.B. für „Dawn Raids" der Kartellbehörden).[233]

Die von der Kartellrechtscompliance-Organisation gewonnenen Erkenntnisse erfordern vielfach ein Tätigwerden anderer Stellen im Unternehmen. Die Kartellrechtscompliance-Organisation sollte deshalb ein **integrierter Teil des operativen Geschäfts** sein und in alle relevanten Geschäfts- und Personalprozesse eingebunden werden.[234] Je enger und nachhaltiger die auf Grundlage der Risikoanalyse entwickelten Compliance-Maßnahmen[235] in Abläufe anderer Abteilungen implementiert werden, desto höher sind ihre Erfolgschancen. Es können z.B. an Industrieverbandssitzungen teilnehmende Mitarbeiter verpflichtet werden, vor und im Nachgang zu den Sitzungen verteilte Dokumente (Agenda und Sitzungsprotokoll) auf Kartellrechtskonformität zu prüfen und entsprechend zu archivieren. Ferner empfiehlt es sich, eine Pflicht zur rechtzeitigen und fortlaufenden Einbindung von Kartellrechtsanwälten so in unternehmensinterne M&A-Prozesse einzugliedern, dass die Einhaltung der fusions- und kartellrechtlichen Anforderungen gewährleistet ist.

3. Nachhaltigkeit: Regelmäßige Überprüfung und Verbesserung

Kartellrechtscompliance-Systeme dürfen kein starres, dauerhaft feststehendes Korsett von Prinzipien und Regeln vorgeben. Sie müssen, um ihre drei Grundfunktionen[236] nachhaltig erfüllen zu können, regelmäßig überprüft und bei festgestelltem Anpassungsbedarf aktualisiert werden.[237] Anpassungsbedarf ergibt sich z.B. aufgrund der ständigen Fortentwicklungen des Kartellrechts sowie der Aktivitäten und Marktpositionen des Unternehmens und der hierdurch möglichen Verschiebung seines individuellen Risikoprofils.[238] Auch die Fortentwicklung der Kartellrechtscompliance-Praxis und entsprechender „best practices" kann Anpassungen erforderlich machen.

Die regelmäßige Überprüfung eines Kartellrechtscompliance-Programms sollte zum einen im **täglichen Umgang** damit stattfinden. Wenn Erfahrungen der Unternehmensangehörigen und externer Personen (z.B. anwaltlicher Berater) mit dem Programm Anlass zu Anpassungen geben, sollten die als erforderlich erkannten Änderungen unmittelbar und „informell" Eingang in die tägliche Compliance-Praxis finden. Darüber hinaus sollten regelmäßig umfassende **Audits** von Geeignetheit und Effektivität des Programms vorgenommen werden. Die jeweils angemessenen Zeitabstände sind im Einzelfall zu bestimmen. Eine solche Prüfung kann von Unternehmensangehörigen, insbesondere der internen Revision,[239] vorgenommen werden, aber auch durch Externe (z.B. Rechtsanwälte oder Wirtschaftsprüfer). Intensiv diskutiert wird auch die Schaffung spezifischer Prüfstandards und Zertifizierungen von Compliance Management Systemen. Das Institut der Wirtschaftsprüfer in Deutschland e.V. (IDW) hat im Jahr 2010 den Entwurf eines Prüfungsstandards für Compliance Management Systeme (IDW EPS 980) vorgeschlagen.[240] Der Entwurf definierte drei „Auftragstypen" mit unterschiedlichem Prüfungs-

71

72

73

---

231 Siehe Rn. 34, 67.
232 Siehe auch *Moosmayer*, S. 36. Zur Risikoanalyse Rn. 45 ff.
233 Dazu Rn. 90 ff.
234 Dazu *Moosmayer*, S. 35, 60 ff.
235 Rn. 74 ff.
236 Rn. 4.
237 Zur Überprüfung von (kartellrechtlichen) Compliance-Programmen ausführlich OFT, How Your Business Can Achieve Compliance, Oktober 2010, a.a.O., S. 31; OFT, Drivers of Compliance and Non-compliance with Competition Law, Mai 2010, a.a.O., S. 11, 90 f.; *Moosmayer*, S. 83 ff.
238 Siehe Rn. 47 ff.
239 Zur wichtigen Rolle der internen Revision hierbei siehe *Moosmayer*, S. 38, 85.
240 IDW EPS 980, Stand 11.3.2010, abrufbar unter www.idw.de. Siehe auch Nachw. bei Rn. 5.

umfang.[241] Interessenverbände, Industrie und Schrifttum haben den Entwurf kommentiert. Im März 2011 wurde der auf dieser Grundlage überarbeitete, endgültige Prüfungsstandard „Grundsätze ordnungsmäßiger Prüfung von Compliance Management Systemen (**IDW PS 980**)" verabschiedet.[242] Er knüpft an die Unterscheidung unterschiedlicher Prüfungsintensitäten an und sieht die aufeinander aufbauenden Prüfungstypen „Konzeptionsprüfung", „Angemessenheitsprüfung" und „Wirksamkeitsprüfung" vor.

IV. Gegenstand von Kartellrechtscompliance-Maßnahmen

74   Zur Erfüllung der drei Grundfunktionen von Kartellrechtscompliance[243] wird regelmäßig eine Vielzahl unterschiedlicher Maßnahmen eingesetzt. Die Wahl, konkrete Ausgestaltung und Gewichtung bedarfsgerechter Maßnahmen sollte im Einzelfall anhand des konkreten Risikoprofils des Unternehmens vorgenommen werden, welches regelmäßig neu zu ermitteln ist.[244] Die nachstehenden Ausführungen hinsichtlich der zur Verfügung stehenden Mittel der Kartellrechtscompliance sollten deshalb nicht so verstanden werden, dass jedes Unternehmen – gleich welcher Größe, Branche und Struktur – stets alle genannten Mittel für die Zwecke der Prävention (nachstehend 1.), der Kontrolle und Aufdeckung (unten 2.) und der Reaktion (unten 3.) zugleich einsetzen muss, um eine effektive Kartellrechtscompliance sicherzustellen. Stattdessen empfiehlt es sich, unter den generell in Betracht kommenden Maßnahmen die jeweils Zweckdienlichsten auszuwählen, sie an den konkreten Bedarf anzupassen, die fortbestehende Angemessenheit regelmäßig zu kontrollieren und gegebenenfalls im Hinblick auf die im Laufe der Zeit wechselnden Bedürfnisse und Anforderungen die bedarfsgerechten Maßnahmen neu zu bestimmen.

1. Prävention („prevent")

75   a) **Ausrichtung aller präventiven Maßnahmen am „Null-Toleranz"-Prinzip.** Grundpfeiler aller präventiven Anstrengungen[245] sollte der Grundsatz der „Null-Toleranz" („zero tolerance")[246] gegenüber Kartellrechtsverstößen sein. Alle schriftlichen und verbalen präventiven Maßnahmen, einschließlich der täglichen kartellrechtlichen Beratung des operativen Geschäfts, sollten dieses Prinzip umsetzen und dadurch täglich „mit Leben füllen".

76   b) **Adressatenkreis für präventive Maßnahmen.** Der Adressatenkreis für präventive Maßnahmen bestimmt sich nach dem **konkreten Bedarf**.[247] Adressaten sind zunächst alle Mitglieder der **Unternehmensleitung** und des **Managements**. Nur wenn dieser Personenkreis über ein ausreichendes kartellrechtliches Grundwissen und ein entsprechendes Risiko- und Problembewusstsein verfügt, lässt sich Kartellrechtscompliance nachhaltig im Unternehmen umsetzen. Darüber hinaus sind alle übrigen Unternehmensangehörigen mit Kontakt zu anderen Marktteilnehmern potenzielle Adressaten. Das Augenmerk gilt in der Praxis zunächst denjenigen, für die die **Risikoanalyse** eine erhöhte Risikogeneigtheit ergeben hat.[248] Es müssen aber auch alle anderen Personen, die **kartellrechtlich relevante Kontakte** zu Wettbewerbern, Kunden, Ver-

---

241   IDW EPS 980, Nr. 3 lit. a) -c). Es sollte z.B. bei „Auftragstyp 3" geprüft werden, ob die Grundsätze und Maßnahmen des Compliance Management Systems in allen wesentlichen Belangen zutreffend dargestellt und angemessen sind, dass sie mit hinreichender Sicherheit zur rechtzeitigen Erkennung und Vermeidung wesentlicher Regelverstöße geeignet sind, und dass die Grundsätze und Maßnahmen zu einem bestimmten Zeitpunkt *implementiert* sind und während eines bestimmten Zeitraums *wirksam* waren. Auftragstypen 1 und 2 definieren weniger weit gehende Prüfungsanforderungen.

242   IDW PS 980, Stand 11.3.2011, veröffentlicht in IDW Fachnachrichten 4/2011, S. 203 ff. Siehe ferner www.idw.de.

243   Rn. 4.

244   Dazu Rn. 47 ff.

245   Allgemein zum Präventionszweck siehe Rn. 4.

246   Siehe Rn. 63, 66.

247   *Lampert/Matthey*, in: Hauschka, S. 627.

248   Dazu Rn. 14 ff., 47 ff.

triebsmittlern oder Lieferanten haben,[249] Zugang zu kartellrechtlicher Beratung haben und ihnen darüber hinaus zumindest kartellrechtliche Grundkenntnisse vermittelt werden.

c) **Kartellrechtliche Beratungsangebote.** Kartellrechtliche Beratungsangebote für alle Mitarbeiter sind die für den praktischen Erfolg aller Kartellrechtscompliance-Maßnahmen **zentrale Maßnahme** der Prävention.[250] Es empfiehlt sich ein möglichst wenig „legalistischer", **pragmatischer Beratungsansatz.** Die kartellrechtliche Beratung sollte auf den jeweiligen Adressatenhorizont abgestimmt sein[251] und den ratsuchenden Mitarbeitern in einer auch für kartellrechtliche Laien leicht verständlichen Weise nicht nur kartellrechtliche Grenzen, sondern zugleich kartellrechtskonforme **Handlungsalternativen** aufzeigen. Die Mitarbeiter sollten **jederzeitigen Zugriff** auf alle kartellrechtlichen Beratungsangebote haben. Die **Kontaktdaten** der relevanten Ansprechpartner des Unternehmens sollten in allen Mitarbeiterinformationen zum Kartellrecht und insbesondere im Intranet verfügbar sein. **77**

Alle Mitarbeiter sollten die Möglichkeit haben, die für sie zuständigen **Unternehmensjuristen,** **(Chief) Compliance Officer** oder **Compliance-Beauftragten direkt zu kontaktieren.** Großunternehmen beschäftigen zum Teil interne Kartellrechtsanwälte, an welche inhaltliche kartellrechtliche Fragen der Mitarbeiter kanalisiert werden können. Bei Bedarf werden die zuständigen internen Ansprechpartner auch externe Kartellrechtsanwälte oder -ökonomen hinzuziehen. Es empfiehlt sich dabei, aufgrund der erheblichen, mit kartellrechtlichen Fragestellungen verbundenen Haftungsrisiken unternehmensintern klar zu stellen, dass die Einschaltung externen Sachverstands ausschließlich durch die Rechtsabteilung oder eine andere zuständige Stelle der Compliance-Organisation geschehen darf. Dadurch kann eine „Bündelung" aller das Unternehmen betreffenden kartellrechtlichen Fragestellungen – insbesondere im Hinblick auf Berichtspflichten und Wechselwirkungen unterschiedlicher Vorgänge – bei der zuständigen Stelle erreicht werden. **78**

Bei großen Unternehmen bestehen für die Kartellrechtscompliance darüber hinaus häufig weitere „Beratungskanäle". So wird regelmäßig eine **Beratungshotline** eingerichtet (sog. „Telefon-Hotline", „Helpdesk" oder „Q&A-Hotline").[252] Die Mitarbeiter können hierüber, direkt oder durch Vermittlung eines Helpdesk-Mitarbeiters, Kontakt zu kartellrechtlich erfahrenen internen oder externen Ansprechpartnern, regelmäßig Rechtsanwälten, aufnehmen. In der internen Kommunikation sollte dieses Beratungsangebot deutlich von einer möglicherweise zusätzlich bestehenden „Whistleblower Hotline" abgegrenzt werden, unter der Kartellrechtsverstöße oder Verdachtsmomente gemeldet werden können. Eine solche Trennung empfiehlt sich, weil die beiden Angebote unterschiedlichen Funktionen dienen (Beratung vs. Meldestelle) und die Mitarbeiter im Hinblick auf interne Meldestellen ausdrücklich darüber informiert werden sollten, dass diese auf Wunsch auch anonym in Anspruch genommen werden können.[253] **79**

Inhaltlich sollten die Beratungsangebote alle kartellrechtlich relevanten Themen des Unternehmens abdecken. Es muss eine eingehende Beratung im Hinblick auf die Gefahr von **Hardcore**-Kartellvereinbarungen sowie sonstigen Hardcore-Kartellrechtsverstößen durch Marktmachtmissbrauch oder in Vereinbarungen mit anderen Unternehmen sichergestellt sein. Die Beratung sollte darüber hinaus sicherstellen, dass das Unternehmen in seiner **operativen Tätigkeit** das Kartellrecht auch über den besonders problematischen Hardcore-Bereich hinausgehend einhält. Dies gilt neben der täglichen Vertragsgestaltung im operativen Geschäft insbesondere im Hinblick auf den unternehmensstrategisch bedeutsamen Bereich der **M&A-Aktivitäten,** in dem alle relevanten Aspekte des Kartell- und Fusionskontrollrechts beachtet werden müssen. **80**

---

249 Zu den entsprechenden Personengruppen siehe Rn. 17.

250 Hierzu *Lampert/Matthey*, in: Hauschka, S. 631; OFT, How Your Business Can Achieve Compliance, Oktober 2010, a.a.O., S. 33 f., 42 ff., 57.

251 Es kommt z.B. für einen mit M&A befassten Mitarbeiter der Rechtsabteilung eine stärker „juristische" Kartellrechtsberatung in Betracht als bei einem mit vertriebskartellrechtlichen Fragen konfrontierten Außendienstmitarbeiter.

252 Solche Hotlines decken regelmäßig auch andere Themen ab, auf deren Beachtung die Compliance-Organisation des jeweiligen Unternehmens ihren Schwerpunkt legt, z.B. Korruptionsvermeidung oder Datenschutzrecht.

253 Dazu Rn. 110 ff.

81   Die Kartellrechtsberatung sollte, um ihre präventiven Aufgaben effektiv erfüllen zu können, eng in das **operative Tagesgeschäft** eingebunden sein. Es empfiehlt sich, ihre Zuständigkeiten und Verantwortlichkeiten so auszugestalten, dass sie nicht nur – im Sinne der „traditionellen" Rolle einer Rechtsabteilung – auf Anfrage Rechtsrat erteilt. Die im Unternehmen für Kartellrechtsberatung zuständigen Mitarbeiter werden heute zunehmend ausdrücklich dazu angehalten, auch proaktiv auf relevante, operativ tätige Ansprechpartner zuzugehen, um gemeinschaftlich mit diesen die Einhaltung des Kartellrechts zu verantworten (sog. „business partner"-Konzept).[254] Die kartellrechtliche Beratung sollte neben spezifisch „juristischen" Produkten (z.b. Vertragsdokumentation etc.) zugleich kartellrechtlich relevante **tatsächliche Verhaltensweisen** abdecken (z.b. Entscheidungen über die Verweigerung eines Vertragsabschlusses). Auch die Sorgfaltsanforderungen bei der Abfassung **interner und externer Kommunikation**, wie z.b. E-Mails, „4(c)"-Dokumente),[255] Pressemitteilungen und Analysten-/Investoreninformationen zu M&A-Transaktionen können im Fokus der Beratung stehen. Als „proaktive" Beratungsmaßnahme kommt ferner, je nach Bedarf, die Gestaltung von **Musterverträgen** (z.b. angeboten im Intranet des Unternehmens) oder anderer **Muster-Texte** in Betracht, durch deren Verwendung kartellrechtliche Risiken minimiert werden können.

82   **d) Schriftliche Information der Mitarbeiter.** Es ist heute vielfach üblich, den Mitarbeitern – über die präventive kartellrechtliche Beratung zu konkreten Fragen des operativen Tagesgeschäfts hinausgehend – allgemeine schriftliche Hinweise zum Kartellrechtscompliance-Programm des Unternehmens an die Hand zu geben. Es empfiehlt sich dabei, gut verständliche praktische Hinweise zu geben, die auf die konkreten Kommunikationsziele und Adressatenkreise abgestimmt sind.[256]

83   **aa) Mission Statement.** Es ist üblich, zunächst in einem „Mission Statement" bzw. „Compliance Commitment" die uneingeschränkte Bekenntnis der Unternehmensleitung („tone from the top") zur Einhaltung des Kartellrechts festzuhalten und die Mitarbeiter darüber zu informieren, dass Kartellrechtsverstöße in keinem Fall toleriert werden („Null-Toleranz"). Das Mission Statement sollte einen Appell an alle Mitarbeiter enthalten, das Kartellrecht einzuhalten und sie der Tatsache versichern, dass kartellrechtswidrige „Geschäftschancen" nicht im Unternehmensinteresse liegen und deshalb nicht wahrgenommen werden dürfen. Eine solche Klarstellung ist deshalb sinnvoll, weil gegen das Kartellrecht verstoßende Mitarbeiter sich, anders als in (passiven) Bestechungsfällen, regelmäßig nicht (direkt)[257] persönlich bereichern. Kartellierende Mitarbeiter sind teilweise vielmehr der (fehlerhaften) Auffassung, dass die Zuwiderhandlungen wirtschaftliche Ergebnisse ermöglichen, die im Sinne des Unternehmens liegen.[258] Das Mission Statement kann darüber hinaus die konkreten Risiken von Zuwiderhandlungen für das Unternehmen und die handelnden Personen darstellen.[259] Zugleich sollte, im Sinne einer „affirmativen" Kartellrechtscompliance-Kultur, betont werden, dass das Unternehmen auf die Stärke und Qualität seiner Leistungen im Wettbewerb vertraut und die Beachtung des Kartellrechts im gemeinsamen Interesse von Mitarbeitern und Unternehmen liegt, weil eine „Kartellrechtsintegrität" geschäftliche Vorteile ermöglicht.[260] Das Mission Statement sollte allen Mitarbeitern des Unternehmens **dauerhaft zur Verfügung stehen**. Es kommt eine Verteilung gedruckter Kopien, die Versendung per E-Mail, Bekanntmachung im Intranet des Unternehmens oder durch Newsletter sowie sonstige interne Publikationen in Betracht. Die Kom-

---

254 Näher zu diesem Gedanken siehe *Heineman*, S. 8.
255 Siehe Rn. 56 f. sowie 8. Kap., Rn. 293.
256 Zum Folgenden *Lampert/Matthey*, in: Hauschka, S. 627 ff.; *Moosmayer*, S. 46 ff.; *Dreher*, ZWeR 2004, 75, 96 ff.; *Voet van Vormizeele*, CCZ 2009, 41, 42 f.; *ders.*, ZRFC 3/2010, 102, 105 f.; *Lampert*, BB 2002, 2237, 2240 f.
257 Gegen das Kartellrecht verstoßende Mitarbeiter mögen allerdings teilweise (ähnlich wie bei „aktiver" Korruption) eine „indirekte" Bereicherung durch eine erhoffte Erhöhung ihres variablen Gehalts anstreben. Bei der Ausgestaltung variabler Gehaltskomponenten ist deshalb darauf zu achten, dass keine falschen Anreize (zu Kartellrechtsverstößen) gesetzt werden; siehe Rn. 102.
258 *Lampert/Matthey*, in: Hauschka, S. 627 f.
259 Dazu Rn. 20 ff.
260 Siehe Rn. 3, 64 und 77.

munikation der Inhalte und Verhaltensanweisungen sollte in geeigneter Form **regelmäßig wiederholt** werden.[261]

bb) Mitarbeiter-Handbuch ("Antitrust Compliance Guide"). Jedenfalls in Unternehmen von   **84** einiger Größe und typischerweise in Unternehmen, die bereits Gegenstand kartellrechtlicher Sanktionen waren, stellt die Kartellrechtscompliance-Organisation häufig allen Mitarbeitern eine umfassende Kartellrechtscompliance-**Kodifikation** zur Verfügung (sog. Mitarbeiter-Handbuch bzw. -Leitfaden, "Antitrust Compliance Guide" oder "Competition Law Compliance Manual"; die Bezeichnungen variieren und sind letztlich Geschmackssache).[262] Die sprachliche Darstellung der Inhalte sollte dabei **leicht verständlich** und möglichst frei von kartellrechtlichem Jargon sein. Das Präventionsziel kann nur dann erreicht werden, wenn auch Nichtjuristen und kartellrechtliche Laien die für sie relevanten Vorgaben verstehen. Das Handbuch soll den Adressaten keine Spezialkenntnisse im Kartellrecht vermitteln. Es sollte jedoch klare Anweisungen enthalten, welche Verhaltensweisen **verboten** und welche **erlaubt** sind. Es sollte zudem ein **Problembewusstsein** dafür schaffen, welche Verhaltensweisen möglicherweise bedenklich sind. Die Mitarbeiter sollten angewiesen werden, für alle geschäftlichen Vorgänge in einer solchen „Grauzone", auch bei Zweifelsfällen, einen kartellrechtskundigen internen oder externen Berater einzuschalten, damit eine angemessene rechtliche Prüfung gewährleistet ist. Unternehmen mit internationalen Mitarbeitern sollten zumindest auch eine **englischsprachige Fassung** des Handbuchs erstellen.

Der Inhalt eines Mitarbeiter-Handbuchs sollte zunächst in einem **Verhaltenskodex** für die Mit-   **85** arbeiter bestehen. Die Inhalte des Mission Statements[263] müssen anschaulich vermittelt werden. Dies kann zweckmäßigerweise durch dessen Abdruck oder einen Verweis geschehen. Ferner sollten die für das Unternehmen relevanten, gesetzlichen und internen **kartellrechtlichen Vorgaben** und **Risiken** sowie die von den Mitarbeitern zu beachtenden **praktischen Verhaltensregeln** dargestellt werden. Die genauen Inhalte sollten sich am spezifischen Bedarf des Unternehmens orientieren,[264] wie er sich nach den Ergebnissen der kartellrechtlichen Standortbestimmung darstellt.[265] In der Praxis üblich[266] ist z.B. eine Darstellung, die nach den Themen horizontale Absprachen und abgestimmte Verhaltensweisen, Verbandsaktivitäten, Teilnahme an Messen, Vertriebs- und sonstige Vereinbarungen, Verhaltensweisen marktbeherrschender Unternehmen, M&A- und Joint Venture-Aktivitäten, Verhaltensanforderungen bei behördlichen Nachprüfungen ("Dawn Raids")[267] sowie gegebenenfalls Aufbewahrungspflichten und interne Kommunikation[268] geordnet ist. Zur Verdeutlichung können unterschiedliche Risikogruppen gebildet werden, z.B. „stets verboten", „immer zulässig" (bzw. „immer erforderlich") und „Einzelfallprüfung durch Rechtsabteilung erforderlich". Der Bereich verbotener Maßnahmen sollte nicht aus Präventionsgründen denkbar weit definiert werden. Untersuchungen haben ergeben, dass ein unangemessen risikoaverser bzw. „legalistischer" Ansatz die Gefahr begründet, dass Kartellrechtscompliance aufgrund mangelnder Praktikabilität nicht hinreichend ernst genommen wird und zur Nichtbeachtung der maßgeblichen Vorgaben führen kann.[269] Es empfiehlt sich ferner, praktische **Beispiele** zu nennen, die die kartellrechtliche Brisanz konkreter Situationen und Geschäftsbereiche des Unternehmens illustrieren. Ferner sollte praxisnah beschrieben werden, wie Risiken im täglichen Geschäftsleben wirksam **vermieden** werden kön-

---

261 Zu möglichen Anhaltspunkten für angemessene Zeitabstände siehe Rn. 38.
262 Das Handbuch sollte ebenfalls allen Mitarbeitern des Unternehmens dauerhaft zur Verfügung und seine Inhalte regelmäßig in angemessener Form kommuniziert werden. Siehe Rn. 83.
263 Rn. 83.
264 So sind z.B. detaillierte Ausführungen zu Selektivvertriebssystemen wenig sinnvoll, wenn das Unternehmen seine Produkte ausschließlich durch andere Absatzformen vertreibt. Umgekehrt sind z.B. Ausführungen zum Versicherungskartellrecht empfehlenswert, wenn das Handbuch für ein Versicherungsunternehmen erstellt wird.
265 Rn. 45 ff.
266 Dazu eingehend *ABA Section of Antitrust Law*, Antitrust Compliance, S. 149 ff., 235 ff. sowie *Lampert/ Matthey*, in: Hauschka, S. 628 f., jeweils mit praktischen Beispielen für die Inhalte entsprechender Erläuterungen.
267 Näher Rn. 90 ff.
268 *ABA Section of Antitrust Law*, Antitrust Compliance, S. 127 ff., 150.
269 OFT, Drivers of Compliance and Non-compliance with Competition Law, Mai 2010, a.a.O., S. 33 f., 42 ff.

nen. Dazu können bewährte Vorgehensweisen („**best practices**") benannt werden.[270] Die im Handbuch enthaltenen, ausführlicheren Handlungsanweisungen können noch einmal prägnant in Form von „**Dos and Don'ts**" zusammengefasst werden.

86 Ein Mitarbeiter-Handbuch sollte auch über die **Kartellrechtscompliance-Organisation** des Unternehmens informieren. Es sollte Hinweise enthalten zu den wesentlichen Aufgaben sowie den zuständigen Abteilungen und Personen sowie konkrete **Ansprechpartner und Kontaktdaten** für eine eingehende kartellrechtliche Beratung (Rechtsabteilung, Compliance Officer, Compliance-Beauftragte, Beratungshotline) nennen, an die sich die Mitarbeiter mit Fragen und Zweifelsfällen wenden können.[271] Die Mitarbeiter sollten über **Meldestellen** des Unternehmens für konkrete Verdachtsfälle (insbesondere Whistleblower Hotline und Ombudsman)[272] informiert werden. Es wird regelmäßig auch die Erwartung ausgesprochen, dass die Mitarbeiter Verdachtsfälle sofort melden.[273] In diesem Zusammenhang können sich Erläuterungen zu Kronzeugenprogrammen[274] anbieten, um den Mitarbeitern zu verdeutlichen, dass eine frühzeitige interne Meldung schon deshalb wichtig ist, um alle Möglichkeiten zur Bußgeldvermeidung oder -reduktion ausschöpfen zu können.

87 cc) **Unternehmensrichtlinien, kartellrechtliche Hinweise, Merkblätter, Rundschreiben, Flyer und FAQs.** Für eine effektive Prävention können zusätzliche schriftliche Informationen und Instruktionen der Mitarbeiter zweckmäßig sein.[275] Für besonders wichtige Themen werden häufig **Unternehmensrichtlinien** mit besonderen Handlungsanweisungen erlassen. Dies kann z.B. angebracht sein bei Neu- oder Wiedereinführung eines überarbeiteten Kartellrechtscompliance-Programms, um alle Mitarbeiter zu dessen ausnahmsloser Einhaltung anzuweisen und sie zur Meldung von Zuwiderhandlungen zu verpflichten bzw. eine solche Meldung anzuregen.[276] Richtlinien bieten sich regelmäßig auch an für die Erörterung und Anweisung zur Beachtung spezifischer Sonderthemen (z.B. Vorsichtsmaßnahmen bei gemeinsamen Standardisierungs- oder Benchmarkingaktivitäten; Aufbewahrung von Dokumenten – „Document Retention Policy"). Es kann ferner die Aufstellung und Kommunikation einer umfassenden, **allgemeinen** – ggf. konzernweiten – **Unternehmensrichtlinie zum Kartellrecht** sinnvoll sein. Je nach Einzelfall, insbesondere Risikoprofil und Größe des Unternehmens, mag eine alle relevanten präventiven, kontrollierenden und reaktiven Elemente[277] abdeckende Richtlinie auch an die Stelle eines Mitarbeiter-Handbuchs[278] und weiterer schriftlicher Vorgaben treten.[279]

88 Ferner können **Merkblätter zu spezifischen Einzelthemen** sinnvoll sein. Dies gilt besonders dann, wenn deren Erläuterung nur einen bestimmten Adressatenkreis betrifft, wenn sie ihrem Inhalt oder Umfang nach nicht zum Zuschnitt eines gegebenenfalls bestehenden Mitarbeiter-Handbuchs[280] passen, oder wenn bestimmte Hinweise zur Steigerung der „Benutzerfreundlichkeit" noch einmal in Kurzform zusammengefasst werden sollen (z.B. Hinweise für Verbandssitzungen „zum Mitnehmen").[281] Neben eher „unjuristisch" formulierten Merkblättern kann es sich auch anbieten, z.B. für Syndikus- oder Patentanwälte des Unternehmens **kartellrechtliche Hinweise** zu Sonderthemen (etwa Gruppenfreistellungsverordnungen) anzubieten.

---

270 Typisch dafür sind etwa Handlungsanweisungen für Dawn Raids (dazu Rn. 90 ff.) oder für die Teilnahme an Verbandstreffen mit Wettbewerbern (z.B. bei unzulässiger Informationsweitergabe zwischen Wettbewerbern: Verlassen der Sitzung unter Protest – „noisy withdrawal", sofortige Einschaltung von Rechtsabteilung oder Compliance Officer, schriftliche Dokumentation des Vorgangs; näher dazu *Lampert/Matthey*, in: Hauschka, S. 629; *Lampert*, BB 2002, 2237, 2241 f.; 12. Kap., Rn. 10 f.).
271 Rn. 77 ff.
272 Näher dazu Rn. 110 ff.
273 Dazu Rn. 110. Weitere Beispiele für den Inhalt eines Handbuchs bei *Lampert*, BB 2002, 2237, 2240 f., der auch Hinweise zu E-Mail Verkehr und Aufbewahrung von Dokumenten für sinnvoll hält.
274 Dazu 12. Kap., Rn. 79 ff.
275 *Voet van Vormizeele*, ZRFC 3/2010, 102, 105 f.; *Lampert/Matthey*, in: Hauschka, S. 628.
276 Zu den möglichen Nachteilen einer Verpflichtung (und Vorteilen einer bloßen „Anregung") siehe Rn. 110.
277 Siehe Rn. 4.
278 Rn. 84 ff.
279 Siehe Rn. 74.
280 Rn. 84 ff.
281 Siehe auch Rn. 85.

Im Einzelfall kann Bedarf für weitere benutzerfreundliche Hilfestellungen bestehen. Es gibt   89
keinen Standardkatalog für insoweit übliche Dokumente. Praktische Beispiele sind Listen mit
„Häufig gestellten Fragen" und entsprechenden Antworten (**FAQ**), elektronisch oder als Kopien verteilte **Flyer**, ferner **Newsletter**, Publikationen in **Mitarbeiterzeitschriften** und andere
interne **PR-Maßnahmen**.

dd) Handlungsanweisungen für Durchsuchungen („Dawn Raid Manual"). Es ist üblich, den-   90
jenigen Mitarbeitern, die mit kartellbehördlichen Durchsuchungen („**Dawn Raids**")[282] in Be-
rührung kommen können (insbesondere der Empfang, Mitarbeiter der Rechtsabteilung und der
Compliance-Organisation sowie bestimmte Mitarbeiter eines Standorts), schriftliche Handlungsanweisungen für das vom Unternehmen erwartete ordnungsgemäße Verhalten bei solchen
Nachprüfungen an die Hand zu geben; die Adressaten werden regelmäßig zugleich zur Beachtung dieser Hinweise angewiesen (sog. „**Dawn Raid Manuals**"). Eine verständliche Information
der Mitarbeiter über ihre Verhaltenspflichten bei Dawn Raids ist von erheblicher Bedeutung.
Nur wenn sie die relevanten Vorgaben beachten, kann sichergestellt werden, dass die Kartellrechtscompliance-Organisation so schnell wie möglich von einem Dawn Raid erfährt. Dies ist
erforderlich, damit das Unternehmen alle Handlungsoptionen ausschöpfen und Schaden bestmöglich abwenden kann. Ohne ausreichende Information der Mitarbeiter sind auch „inhaltliche" Fehler zu befürchten (z.B. voreiliger Verzicht auf eine formelle Beschlagnahme;[283] z.B.
Herausgabe von Informationen oder Unterlagen an Kartellbeamte, zu deren Offenlegung das
Unternehmen nicht verpflichtet ist, etwa weil sie nicht die von der Nachprüfung erfassten Gesellschaften oder Produkte betreffen, sondern andere Konzerngesellschaften bzw. andere Produkte des Unternehmens). Für eine umfassende Mitarbeiterinstruktion kann sich, je nach Einzelfall, die Erstellung mehrerer Dokumente für unterschiedliche Adressatenkreise und Bedürfnisse empfehlen. Im Schrifttum finden sich hierzu ausführliche Beispiele.[284] Je nach Größe,
Branche und Unternehmensstruktur kommt aber auch in Betracht, die relevanten Hinweise in
einem einzigen Dokument zusammenzufassen, gegebenenfalls auch gemeinsam mit relevanten
Hinweisen zum Verhalten bei behördlichen Durchsuchungen, die andere Rechtsgebiete betreffen (z.B. Steuerprüfungen).[285]

Das richtige Verhalten des **Empfangspersonals** stellt die Weichen für alle weiteren Handlungs-   91
möglichkeiten des Unternehmens. Sinnvoll ist deshalb eine prägnante Information des Emp-
fangs (z.B. in einem einseitigen Merkblatt) darüber, dass das Unternehmen jederzeit Gegenstand einer kartellbehördlichen Durchsuchung sein kann, und welche Handlungen der betroffene Empfangsmitarbeiter in einem solchen Fall vorzunehmen hat. Die Kartellrechtscompliance-Organisation sollte dafür Sorge tragen, dass die Anweisungen am Empfang jederzeit griff-
bereit sind und alle Empfangsmitarbeiter stets über deren Existenz informiert sind. Die Handlungsanweisungen behandeln typischerweise folgende Themen:

- Die Beamten müssen professionell und höflich behandelt und nicht bei ihrer Nachprüfung
  oder Durchsuchung behindert werden. Sie müssen nach dem Grund ihres Erscheinens gefragt und die Antwort sollte notiert werden.

- Die Beamten sollten darauf hingewiesen werden, dass der Empfang angewiesen ist, die
  Ermittlungen zu unterstützen und dafür zunächst bestimmte Personen über die Anwesenheit der Ermittlungsbeamten informieren muss.

- Der Empfang muss unverzüglich konkret bezeichnete Mitglieder eines **Dawn Raid Response Teams informieren**. (Die Kartellrechtscompliance-Organisation sollte dieses Team,
  zum Teil auch bezeichnet als „Dawn Raid Task Force", nicht erst *ad hoc* anlässlich der
  Nachprüfung, sondern vorab bilden. Je nach Einzelfall ist es sinnvoll, dass ihm Mitarbeiter

---

282   Dazu 12. Kap., Rn. 10 ff.
283   Dazu Rn. 92.
284   Siehe zum Folgenden die detaillierten Muster-Richtlinien für das Empfangspersonal, das „Dawn Raid Re-
      sponse Team" sowie für Geschäftsleitung und Manager bei *Geiger*, in: Görling/Inderst/Bannenberg,
      S. 199 ff. Für Zusammenfassungen wesentlicher Verhaltensregeln siehe ferner *Besen*, in: Dieners, E., Rn. 65;
      Weitbrecht/Weidenbach, NJW 2010, 2328, 2330; *ABA Section of Antitrust Law*, Antitrust Compliance,
      S. 219 ff., 34 f.
285   Siehe auch Rn. 74.

der Kartellrechtscompliance-Organisation, insbesondere der Rechts- und Complianceabteilungen, Mitglieder der Geschäftsleitung, sowie aus Gründen des **Anwaltsprivilegs** externe Rechtsanwälte angehören.)[286] Es empfiehlt sich, dass das Merkblatt für den Empfang alle relevanten **Kontaktdaten** nennt, einschließlich Büro-, Privat- und Mobiltelefonnummern sowie E-Mail Adressen. Das Empfangspersonal sollte angewiesen werden, **keine dritten**, unternehmensexternen Personen – gegebenenfalls mit Ausnahme externer Rechtsanwälte – über den Dawn Raid zu informieren.[287]

■ Das Empfangspersonal muss die **Legitimation** der Beamten prüfen und **Kopien** der schriftlichen Nachprüfungsentscheidung der Europäischen Kommission und/oder des richterlichen Durchsuchungsbeschlusses anfertigen. Auch die Dienstausweise der Beamten sollten kopiert werden.

■ Das Empfangspersonal muss die angefertigten Kopien unverzüglich per Telefax, E-Mail oder anderweitig an die Mitglieder des Dawn Raid Response Teams **übermitteln**.

■ Es empfiehlt sich, dass der Empfang die Beamten darum bittet, mit dem Beginn der Nachprüfung in einem geeigneten Raum (z.B. Konferenzraum) bis zum Eintreffen externer Rechtsanwälte zu **warten**.[288]

■ Wenn die Beamten auf einem sofortigen Beginn der Untersuchung bestehen, muss der Empfang unverzüglich einen sofort verfügbaren Mitarbeiter der Rechtsabteilung oder einen Bereichs- oder Abteilungsleiter kontaktieren. Es ist anzuraten, dass dieser weitere verfügbare Mitarbeiter hinzuzieht. Es sollte eine ständige Begleitung der Beamten sichergestellt sein, damit sich diese **zu keiner Zeit alleine** im Unternehmen bewegen können.

■ Die kurzfristig hinzugezogenen Mitarbeiter sind anzuweisen, **keinerlei Dokumente** zu **vernichten**.

■ Es empfiehlt sich, dass das Empfangspersonal Diskussionen mit den Ermittlungsbeamten vermeidet und diese an die demnächst eintreffenden Mitglieder des Dawn Raid Response Teams verweist.

92 Das **Dawn Raid Response Team**[289] koordiniert und begleitet auf der Seite des Unternehmens die Nachprüfung. Für die Mitglieder des Dawn Raid Response Teams wird häufig ein **gesonderter Verhaltensleitfaden** erstellt. Zur leichteren Befolgung der Verhaltensregeln kann es sich anbieten, prägnante Zusammenfassungen[290] vorzubereiten und diese den betroffenen Unternehmensmitarbeitern sowie den Mitgliedern des Dawn Raid Response Teams auszuhändigen. Folgende Themen sollten behandelt werden:

■ Es empfiehlt sich, klare **Zuständigkeiten** für die Begleitung der Durchsuchung zu bestimmen. Es kann z.B. der Chefsyndikus des Unternehmens (oder der betroffenen Tochtergesellschaft bzw. des Standorts) die leitende Rolle erhalten. Ferner sollten Vertretungsregelungen getroffen werden.

■ Der Leiter des Dawn Raid Response Teams sollte anhand der Nachprüfungsentscheidung, des Prüfungsauftrags oder des Durchsuchungsbeschlusses den **Gegenstand** der Untersuchung feststellen (z.B. Preiskartellverdacht gegen eine bestimmte Tochtergesellschaft). Die

---

286 Die Beteiligung *externer* Rechtsanwälte ist schon deshalb geboten, weil die Kommunikation der Mitarbeiter des Unternehmens mit dessen Syndikusanwälten und anderen Unternehmensjuristen im europäischen Kartellrecht kein *Anwaltsprivileg* („legal privilege") genießt. EuGH, C-550/07 P (Akzo Nobel), Urt. v. 14.9.2010, EuZW 2010, 778 (m. Anm. *Berrisch*) = NJW 2010, 3557. Näher dazu Rn. 117 sowie 12. Kap. Rn. 30.

287 Eine solche Information würde die Gefahr begründen, dass (auch) andere an einem möglichen Kartellrechtsverstoß beteiligte Unternehmen die Gelegenheit erhalten, von der Kronzeugenregelung Gebrauch zu machen; siehe auch Rn. 123.

288 Bei Prüfungsaufträgen (Art. 20 Abs. 3 VO 1/2003) unterliegt das Unternehmen keiner Duldungspflicht. Die Beamten müssen dann warten. Dagegen besteht bei Nachprüfungsentscheidungen gemäß Art. 20 Abs. 4 VO 1/2003 eine Duldungspflicht. Gleichwohl sind die Beamten der Kommission auch hier regelmäßig bereit, zumindest kurz (ca. 30 Minuten) zu warten. Dies gilt grundsätzlich auch für Beamte des Bundeskartellamts.

289 Siehe Rn. 91.

290 Beispiele bei *Besen*, in: Dieners, E., Rn. 65; *Weithbrecht/Weidenbach*, NJW 2010, 2328, 2330.

konkreten Rechte und Pflichten des Unternehmens bestimmen sich im weiteren Verlauf an diesem Gegenstand.

■ Bei Vorliegen einer Nachprüfungsentscheidung sollten ohne rechtliche Beratung im Zweifel **Antworten auf Fragen zum Untersuchungsgegenstand** nicht verweigert werden (Art. 20 Abs. 2 lit. e, 23 Abs. 1 lit. d VO 1/2003).

■ Es ist anzuraten, dass der jeweilige Leiter des Teams Kontakt mit den Ermittlungsbeamten aufnimmt und die übrigen Teammitglieder anweist, jeweils einen Ermittlungsbeamten kontinuierlich als „Schatten" zu **begleiten**.

■ Das Dawn Raid Response Team und die von der Nachprüfung betroffenen Mitarbeiter sollten während der Durchsuchung Ruhe bewahren und mit den untersuchenden Beamten im Rahmen der im konkreten Fall bestehenden Rechtspflichten **kooperieren**. In Zweifelsfällen ist der Umfang der Kooperationspflichten durch Rücksprache mit internen oder externen Kartellrechtsanwälten bzw. anderen anwesenden Mitgliedern der Kartellrechtscompliance-Organisation zu klären.

■ **EU-Beamte** dürfen im Rahmen ihrer Nachprüfungen sämtliche vom Untersuchungsgegenstand erfassten Bücher und Geschäftsunterlagen sichten und kopieren sowie hierzu alle Räumlichkeiten der betroffenen Gesellschaften betreten (Art. 20 Abs. lit. a-c VO 1/2003). Eine Verweigerung der Herausgabe bzw. eine Vernichtung oder Verfälschung – sowie eine Nichtduldung von Nachprüfungen, die auf Grundlage einer Entscheidung nach Art. 20 Abs. 4 VO 1/2003 stattfinden – sind bußgeldbewehrt (Art. 23 Abs. 1 lit. c VO 1/2003). Die Kommission kann bei durch Entscheidung angeordneten Nachprüfungen die Duldungspflicht des Unternehmens durch Zwangsgeld durchsetzen (Art. 24 Abs. 1 lit. e VO 1/2003).

■ Bei Durchsuchungen durch das **Bundeskartellamt** (bzw. einfachen Prüfungsaufträgen der Kommission, Art. 20 Abs. 3 VO 1/2003) besteht keine Duldungspflicht. Es ist anzuraten, dass das Dawn Raid Response Team in solchen Fällen nach Konsultation der anwesenden internen oder externen Kartellrechtsanwälte entscheidet, ob eine formelle **Beschlagnahme** von Dokumenten und elektronischen Daten nach deutschem Recht durch die anwesenden Beamten des Bundeskartellamts verlangt bzw. gegen die Beschlagnahme Widerspruch eingelegt wird, um die Rechte des Unternehmens im weiteren Verfahrensgang zu wahren. Eine freiwillige Herausgabe empfiehlt sich regelmäßig nicht. Wenn sich nach erfolgtem Widerspruch gegen Sicherstellung (§ 94 Abs. 1 StPO) und Beschlagnahme (§ 94 Abs. 2 StPO) im weiteren Verlauf herausstellt, dass ein Rechtsmittel gegen die Beschlagnahme allzu geringe Aussicht auf Erfolg hat, kann es immer noch zurückgenommen werden.[291]

■ Es empfiehlt sich, **gesonderte Räume** (z.B. Konferenzraum) zur Nutzung durch die Ermittlungsbeamten während der Nachprüfung zu bestimmen. Die Räume sollten keine dem laufenden Geschäftsbetrieb dienenden Dokumente enthalten und keine Gelegenheit bieten, Gespräche von Unternehmensmitarbeitern zu verfolgen. Es ist anzuraten, den Beamten ein Kopiergerät zur Verfügung zu stellen.

■ Das Dawn Raid Response Team stellt während des Dawn Raids sicher, dass die Mitarbeiter des Unternehmens keine **physischen oder elektronischen Dokumente** vernichten, **Dritte** nicht über die Nachprüfung **informieren**, und dass sie **Passwörter** für IT-Systeme und Datenträger offenlegen, wenn die Ermittlungsbeamten darum bitten.

■ Die Beamten werden regelmäßig von IT-Experten begleitet, die häufig eigene **Suchsoftware** auf die Systeme des Unternehmens aufspielen. Dabei sollten die Beamten nicht behindert werden. Es empfiehlt sich regelmäßig, dass auch das Unternehmen **eigene IT-Experten** hinzuzieht.

■ Bei längeren Nachprüfungen muss das Dawn Raid Response Team alle betroffenen, möglicherweise auch externe und bei Nachprüfungsbeginn noch gar nicht anwesende, Personen anweisen, keinesfalls von den Behörden angebrachte **Siegel** zu beschädigen und dafür Sorge

---

291 Siehe auch *Weitbrecht/Weidenbach*, NJW 2010, 2328, 2330.

zu tragen, dass dies auch nicht über Nacht oder am frühen Morgen geschieht (etwa durch Reinigungspersonal).[292]

■ Das Dawn Raid Response Team muss während der gesamten Untersuchung für die Ermittlungsbeamten **erreichbar** sein. Es gewährleistet, dass alle auftretenden praktischen, insbesondere technischen, Fragen unverzüglich und umfassend geklärt werden.

■ In Abstimmung mit den Beamten sollte frühzeitig ein **zweiter Satz** der kopierten Dateien oder Dokumenten erstellt werden (bzw. Kopien von nach deutschem Recht beschlagnahmten Dokumenten). Es empfiehlt sich, darüber hinaus auch alle von den Beamten durchsuchten Ordner zu kennzeichnen (z.b. durch Beiseitestellen und spätere Aufnahme in eine Liste). Das Unternehmen muss später genau nachvollziehen können, welche Informationen die Behörde aufgrund des Dawn Raids erlangt hat.

■ Zum Abschluss der Untersuchung sollte das Dawn Raid Response Team eine **Abschlussbesprechung**, ein entsprechendes **Protokoll** sowie ein **Verzeichnis** der kopierten (oder beschlagnahmten)[293] Dokumente verlangen. Das Protokoll sollte Namen und Kontaktdaten aller Ermittlungsbeamten enthalten.

93 Schließlich kann, je nach Bedarf, ein weiteres Informationsmerkblatt für die **Unternehmensleitung** erstellt werden. Dieses kann die Funktion eines Dawn Raid, den typischen Ablauf einer Nachprüfung, die Mitwirkungspflichten des Unternehmens und seine Rechte während der Nachprüfung[294] sowie Beispiele für Ermittlungsmaßnahmen darstellen, die die Behörden typischerweise anwenden.[295] Es empfiehlt sich häufig, die Merkblätter für das Empfangspersonal und das Dawn Raid Response Team als Anlagen beizufügen.[296]

94 **Nach Beendigung der Durchsuchung** unterliegen Unternehmen einem hohen Aufklärungs-, Zeit- und Handlungsdruck. Der untersuchte Sachverhalt muss intern schnell aufgeklärt,[297] etwaige Fragen der Behörde beantwortet und die weitere Verteidigungs- oder Kooperationsstrategie (insbesondere Kronzeugenantrag)[298] bestimmt werden.[299] Ferner können Maßnahmen erforderlich sein, um eine schnelle Fortführung des normalen Geschäftsverkehrs sicherzustellen (z.B. im Hinblick auf Dokumente in versiegelten Räumen sowie nach deutschem Recht beschlagnahmte Dokumente).[300] In einem Dawn Raid Manual sind Ausführungen hierzu entbehrlich. Die Betreuung dieser Themen sollte vielmehr durch Rechtsabteilung, Compliance Officer und externe Rechtsanwälte sichergestellt werden.

95 **e) Schulungen.** Die Inhalte des Kartellrechtscompliance-Programms müssen dem Management und allen risikorelevanten Mitarbeitern durch gezielte, maßgeschneiderte Schulungen vermittelt werden.[301] Praktische Leitlinie für die Bestimmung von **Schwerpunkten** und **Inhalten** dieser Veranstaltungen, der entsprechenden **Adressatenkreise**, sowie von **Häufigkeit**, **Umfang** und **Intensität** der Schulungen sollte, neben den allgemeinen Anforderungen der Rechtsprechung (insbesondere: kein bloßer Hinweis, dass nicht gegen kartellrechtliche Bestimmungen verstoßen werden darf; anschauliche Gestaltung in Form von Beispielsfällen; regelmäßige Wiederholung; gegebenenfalls Unterzeichnung von Anwesenheitslisten),[302] der **konkrete Bedarf** sein, wie er

---

292 Siegelbrüche sind bußgeldbewehrt, Art. 20 Abs. 2 lit. d, 23 Abs. 1 lit. e VO 1/2003. Die Kommission hat in einem Verfahren gegen E.ON dem Unternehmen eine Geldbuße von 38 Mio. EUR wegen eines zumindest fahrlässigen Siegelbruchs auferlegt; das Gericht hat dies bestätigt (Rs. T-141/08, Urt. v. 15.12.2010).
293 Für Beschlagnahmen nach deutschem Recht siehe § 109 StPO (Erstellung eines genauen Verzeichnisses).
294 Dazu 12. Kap., Rn. 10 ff.
295 Siehe die Überblicke bei *de Crozals/Jürgens*, CCZ 2009, 92; *Weitbrecht/Weidenbach*, NJW 2010, 2328; *Besen*, in: Dieners, E., Rn. 62 ff.; *ABA Section of Antitrust Law*, Antitrust Compliance, S. 213 ff.
296 So das Muster bei *Geiger*, in: Görling/Inderst/Bannenberg, S. 199, 203 ff.
297 Dazu auch Rn. 28.
298 Siehe 12. Kap. Rn. 79 ff.
299 Näher zu den nach Abschluss einer Untersuchung erforderlichen Maßnahmen siehe *de Crozals/Jürgens*, CCZ 2009, 92, 97; *Geiger*, in: Görling/Inderst/Bannenberg, S. 199, 198 f.
300 Dazu 12. Kap. Rn. 10 ff.
301 Zum Folgenden *Moosmayer*, S. 49 ff.; *Lampert*, BB 2002, 2237, 2240; *Lampert/Matthey*, in: Hauschka, S. 631; *Janssen*, in: Wecker/van Laak, S. 199, 215 f.; *Voet van Vormizeele*, ZRFC 3/2010, 102, 106.
302 Siehe näher Rn. 38 f.

B. Kasten

sich aus den Ergebnissen der kartellrechtlichen Risikoanalyse ergibt.[303] International tätige Unternehmen sollten, soweit erforderlich, **landestypische Besonderheiten** unterschiedlicher Kartellrechtsregimes in ihren Schulungen berücksichtigen. Bei **kleinen und mittelständischen Unternehmen** wird eine sehr engmaschige Ausdifferenzierung des Schulungsprogramms häufig praktisch ausscheiden. Es sollten indessen auch hier keine Schulungen „aus der Schublade" zum Einsatz kommen, sondern der im Einzelfall bestehende Bedarf berücksichtigt werden.

Es empfiehlt sich, dass die Schulungen für **Laien verständlich** die kartellrechtlichen Vorgaben **96** vermitteln, die „verbotenen" und „zulässigen" Bereiche unternehmerischen Handelns im Wettbewerb herausarbeiten, praktisch verwertbare Handlungsempfehlungen geben und ein Problembewusstsein für diejenigen Konstellationen und Zweifelsfälle schaffen, in denen die Mitarbeiter kartellrechtlichen Sachverstand hinzuziehen müssen. Es sollten auch konkrete Ansprechpartner und Kontaktdaten benannt sowie Informationen zur Kartellrechtscompliance-Organisation gegeben werden.[304]

Für die konkrete Ausgestaltung von Schulungen bestehen zwei Grundtypen: **Präsenzschulungen** **97** erlauben den Mitarbeitern eine unmittelbare Interaktion mit dem Referenten. Umgekehrt können die Referenten, und über diese die Unternehmensleitung, Erkenntnisse über **Verdachts- und weitere Themen** gewinnen, die im Anschluss an die Schulung **weiterverfolgt** werden sollten. Es kann sich, besonders bei kleinen und mittleren Unternehmen (KMU), die Frage stellen, ob ein gleichzeitiger Besuch von Präsenzschulungen durch die Unternehmensleitung und sonstige Mitarbeiter ratsam ist. Die Anwesenheit der Unternehmensleitung kann andere Mitarbeiter hemmen, Fragen und Verdachtsmomente „ungefiltert" zu schildern. Anderseits kann die Anwesenheit der Leitung das Bekenntnis zur Kartellrechtscompliance unterstreichen. Die Abwägung dieser Vor- und Nachteile muss im konkreten Fall vorgenommen werden. Als Kompromiss kann in Betracht kommen, dass die Unternehmensleitung oder einzelne Vertreter nur zu Beginn der Schulung anwesend sind, in einer kurzen Ansprache das klare Bekenntnis des Unternehmens zur Kartellrechtscompliance unterstreichen und die Mitarbeiter auffordern, ihre Fragen im anschließenden Schulungsteil (dann in Abwesenheit der Unternehmensleitung) offen zu stellen.[305]

Da Präsenzschulungen einen hohen personellen und zeitlichen Aufwand verursachen, kommen **98** heute zunehmend auch **Online-Schulungen** zum Einsatz (teilweise auch bezeichnet als „E-Learning Programme" oder „Web-based Trainings"). Diese relativ kostengünstig von externen Anbietern erhältlichen Schulungen können zumindest Grundkenntnisse zur Kartellrechtscompliance vermitteln und diese unproblematisch regelmäßig wiederholen. Sie sind ubiquitär, können also von einer großen Teilnehmermenge, insbesondere auch von neuen Mitarbeitern unmittelbar bei Arbeitsantritt, an entlegenen Orten sowie zu jeder Tageszeit verwendet werden. Online-Schulungen können in gewissem Umfang interaktiv ausgestaltet werden und neben Beispielen insbesondere **Verständnis- und Prüfungsfragen** beinhalten. Es können auch **zusätzliche Module** für den Bedarf unterschiedlicher Risikogruppen angeboten werden (z.B. „Advanced Trainings" oder „Refresher Trainings"). Online-Schulungen erlauben jedoch keinen unmittelbaren Dialog zwischen Referent und Zuhörern und kein zielgerichtetes Eingehen auf konkrete Fragen. Ebenso entfällt der unmittelbare Eindruck der Kartellrechtscompliance-Organisation von etwaigen Verdachtsmomenten und weiterem Beratungsbedarf. Diese geringere Flexibilität und „Trainingstiefe" sollte in der Praxis durch eine bedarfsgerechte **Mischung mit Präsenzschulungen** ausgeglichen werden. Die zum Teil höheren Kosten von Präsenzschulungen werden dabei durch den Vorteil ausgeglichen, dass sie eine höhere Chance für die Aufdeckung erfolgter Zuwiderhandlungen oder anderweitig erhöhter Kartellrechtsrisiken bieten und damit unmittelbar im Anschluss daran eine Verringerung identifizierter Risiken ermöglichen (z.B. Abstellung festgestellter Missstände und ggf. Stellung von Kronzeugenanträgen).

In manchen Situationen kann eine zeitnahe, präventive „Basis"-Schulung großer Adressaten- **99** kreise zu grundlegenden Themen des Kartellrechts erforderlich sein. Dies kommt etwa in Be-

---

303 Siehe Rn. 38 f., 45 ff.
304 Siehe Rn. 84 ff. zu den entsprechenden Anforderungen für kartellrechtliche Mitarbeiter-Handbücher.
305 Die Unternehmensleitung sollte unabhängig davon in jedem Fall regelmäßig kartellrechtlich geschult werden.

tracht nach einem Unternehmenskauf (für die Mitarbeiter des hinzuerworbenen Unternehmens) oder wenn die Kartellrechtsspezialisten des Unternehmens anderweitig personell nicht in der Lage sind, die Anzahl der zu schulenden Mitarbeiter in einem vertretbaren Zeitrahmen alleine zu bewältigen. In solchen Fällen können, neben Online-Schulungen, sog. „Train-the-trainer" Konzepte eingesetzt werden. Dabei unterrichten kartellrechtlich erfahrene Referenten nach dem „Outsourcing"-Gedanken Mitarbeiter ohne vorherige Kartellrechtserfahrung in der Durchführung von einführenden[306] Schulungen. Der Erfolg dieser Maßnahme steht und fällt mit der Effektivität der Anleitungs- und Überwachungsmaßnahmen für die „neuen" Trainer.

100 Die **Teilnahme** an Schulungen sollte **überwacht** und **dokumentiert** werden (z.b. durch Teilnahmebestätigungen und interne Statistiken über Teilnahmequoten). Kartellrechtliche Schulungen sind regelmäßig, möglicherweise auch in abgekürzter Form, zu **wiederholen**. Die jeweils angemessenen Zeitabstände sind von der Unternehmensleitung anhand der rechtlichen Anforderungen (regelmäßig Ein- bis Zweijahresabstände)[307] und des jeweiligen Risikoprofils[308] festzulegen.

101 f) **Organisatorische Präventivmaßnahmen, insbesondere Vergütungs- und Anreizsysteme.** Unternehmensinterne Anreizsysteme, die die Einhaltung der geforderten Verhaltensregeln belohnen oder die Nichteinhaltung sanktionieren, dienen ebenfalls der Prävention.[309] Solche Anreizsysteme sollten in enger Abstimmung mit der Personalabteilung ausgestaltet und arbeitsrechtlich begleitet werden.

102 Compliance-orientierte **Vergütungssysteme** sollten zunächst so ausgestaltet sein, dass die vergütungsrelevanten Zielvorgaben (z.B. hinsichtlich Gewinn, Umsatz oder Marktanteilen) die Mitarbeiter **nicht zu Kartellrechtsverstößen verleiten**. Die Zielvorgaben für variable Gehaltsbestandteile müssen realistischerweise durch kartellrechtskonforme Leistungen des Mitarbeiters erreicht werden können. (Es sollten z.B. marktbeherrschende Unternehmen vermeiden, ihren Mitarbeitern Umsatz-Zielvorgaben zu machen, die realistischerweise nur dann erreichen werden können, wenn die Mitarbeiter den Abnehmern des Unternehmens verbotene Treuerabatte[310] mit entsprechender Sogwirkung zu Lasten des Wettbewerbs bieten.) Die Gehaltssystematik kann darüber hinaus so gewählt werden, dass die **Einhaltung** der Kartellrechtscompliance-Vorgaben durch einzelne Mitarbeiter, einen bestimmten Geschäftsbereich, oder eine bestimmte Gesellschaft oder Region gehaltsmäßig honoriert wird („**Compliance Bonus**"). Die Bewertung des Compliance-Einsatzes kann z.B. im Hinblick auf den Einsatz für die Vermittlung des „Tone from the top" oder „Tone from the middle", die Implementierung von Kartellrechtscompliance-Maßnahmen, die Menge erfolgreich durchgeführter Compliance-Schulungen, das Nichtauftreten von Verdachtsfällen oder Zuwiderhandlungen, oder das Engagement bei der Bearbeitung von Verdachtsfällen erfolgen. Umgekehrt könnte unzureichendes Compliance-Engagement zu einer **Verringerung** oder **Nichtauszahlung** variabler Gehaltskomponenten führen. Auch im Rahmen der **Einkommensentwicklung** kann der individuelle oder kollektive Einsatz für Kartellrechtscompliance berücksichtigt werden.

103 Als weiterer Anreiz kommt eine Berücksichtigung des Compliance-Engagements für den internen **Karriereweg** in Betracht (z.B. bei periodischen Leistungsbewertungen oder durch ein explizites „Compliance Screening" vor Beförderungen). Schließlich besteht die Möglichkeit der Androhung und Durchführung von arbeitsrechtlichen **Disziplinarmaßnahmen** (z.B. Ermahnung, Abmahnung, Versetzung, fristlose oder ordentliche Kündigung), besonders bei bereits eingetretenen Zuwiderhandlungen.

104 Andere **unternehmensorganisatorische Maßnahmen** können ebenfalls so ausgestaltet werden, dass sie präventive Wirkung entfalten. Ein Beispiel ist das sog. **Vier-Augen-Prinzip** für be-

---

306 Komplexere Schulungen sowie detaillierte Fragen der Schulungsteilnehmer müssen regelmäßig weiterhin von Mitarbeitern mit kartellrechtlicher Erfahrung betreut werden.
307 Rn. 38.
308 Rn. 45 ff.
309 *Janssen*, in: Wecker/van Laak, S. 199, 216; *Moosmayer*, S. 77 ff., 94 ff.; OFT, How Your Business Can Achieve Compliance, Oktober 2010, a.a.O., S. 32 f.
310 Dazu 6. Kap. Rn. 83 ff.

stimmte Entscheidungen oder die ihnen unterliegenden Prozesse (z.B. Preisfindung).[311] Ferner kann ein **Rotationsprinzip** für kartellrechtlich sensible Tätigkeiten (z.B. Verbandssitzungen) sinnvoll sein.[312]

g) Collective Action. Es gibt ferner präventive Maßnahmen der Kartellrechtscompliance, die   105
über das eigene Unternehmen hinausgehen, sog. „Collective Action" mit anderen Unternehmen. Dazu zählen projektbezogene Integritätsvereinbarungen mit anderen Unternehmen zur Kartellrechtscompliance (z.B. von öffentlichen Auftraggebern geforderte Zusagen aller potenziellen Lieferanten zur Einhaltung des Kartellrechts bei einem bestimmten Projekt), branchenspezifische Integritätsvereinbarungen (sog. „Compliance Pacts") sowie Langzeitinitiativen für kartellrechtskonformen Wettbewerb, etwa in Form von „best practices" für die Tätigkeit von Unternehmensverbänden.[313] Derartige Aktivitäten (z.B. „Kartell der Guten") unterliegen allerdings selbst den allgemeinen kartellrechtlichen Grenzen. Da sie Gelegenheit zu einem Austausch mit Wettbewerbern bieten, sind beispielsweise die für Verbandstreffen geltenden Vorsichtsmaßnahmen zu beachten.

2. Kontrolle und Aufdeckung („detect")

Zweite Grundfunktion[314] der Kartellrechtscompliance ist die **fortlaufende Überwachung** der   106
Einhaltung des Kartellrechts und der entsprechenden unternehmensinternen Vorgaben durch ein wirksames maßgeschneidertes **Internes Kontrollsystem (IKS)**. Die Einhaltung der Vorgaben, über die die Mitarbeiter im Rahmen der präventiven Maßnahmen informiert und zu deren Beachtung sie angewiesen werden, muss kontrolliert werden, damit das Unternehmen etwaige Zuwiderhandlungen oder Verdachtsmomente **aufdecken** und auf sie reagieren kann. Darüber hinaus bestehen auch rechtliche Vorgaben für eine ordnungsgemäße Überwachung im Rahmen der Aufsichtspflicht der Unternehmensleitung (§ 130 OWiG).[315]

a) Überwachung der Kartellrechtscompliance im täglichen Geschäftsverkehr. Die Kartell-   107
rechtscompliance-Organisation muss die Einhaltung der relevanten Vorgaben im **täglichen Geschäftsverkehr** des Unternehmens sicherstellen. Dies kann umso besser erreicht werden, je stärker sie in die Geschäfts- und Personalprozesse des Unternehmens **eingebunden** ist.[316] Die praktisch wohl wichtigste Kontroll- und Aufdeckungsfunktion wird durch die kartellrechtlichen **Beratungsangebote** des Unternehmens erfüllt.[317] Wenn z.B. die (Kartell-) Rechtsabteilung des Unternehmens oder der (Chief) Compliance Officer rechtzeitig in alle relevanten Vertragsverhandlungen und Vorbereitungen faktischer Maßnahmen einbezogen werden, können sie deren Rechtmäßigkeit prüfen (Kontrolle) und dabei gegebenenfalls kartellrechtlich bedenkliche Inhalte feststellen (Aufdeckung).[318]

Regelmäßige **Stichproben**, mit denen – wie von der Rechtsprechung zu § 130 OWiG gefor-   108
dert[319] – die Einhaltung des Kartellrechtscompliance-Programms überprüft wird, haben ebenfalls Kontroll- und Aufdeckungsfunktion. Anlass für Prüfungen des operativen Geschäfts können sich auch durch **Fragen** oder Hinweise ergeben, die die Kartellrechtscompliance-Organisation während Compliance-Schulungen[320] oder über die Beratungshotline[321] erhält.

---

311 Die Beteiligung von mindestens zwei Unternehmensangehörigen an der Preissetzung soll die Wahrscheinlichkeit verringern, dass der Preis unter Koordination mit einem Wettbewerber zustande kommt.
312 Wenn Sitzungen z.B. eines Industrieverbandes von periodisch wechselnden Unternehmensvertretern besucht werden, verringert dies die Wahrscheinlichkeit für langfristige informelle Kontakte zu bestimmten Mitarbeitern von Wettbewerbern. Gespräche zu wettbewerblich sensiblen Themen fallen dann umso schwerer.
313 Ausführlich zu Collective Action *Moosmayer*, S. 103 ff.
314 Rn. 4.
315 Siehe Rn. 36 ff.
316 Dazu Rn. 71 und 81.
317 Rn. 77 ff.
318 Ferner können sie zur Beseitigung der kartellrechtlichen Bedenken alternative Lösungen für die entsprechenden Vertragsziele oder faktischen Verhaltensweisen vorschlagen (Reaktion); dazu Rn. 77, 127.
319 Siehe Rn. 41 f.
320 Rn. 38 f., 95 ff.
321 Rn. 79.

109   **b) Periodische Risikoanalysen.** Die regelmäßig durchzuführende Risikoanalyse des Unternehmens auf Grundlage detaillierter Fragebögen, Mitarbeiterbefragungen oder anderweitiger Prüfung des Risikoprofils erfüllt ebenfalls eine wichtige Kontroll- und Aufdeckungsfunktion. Diese kartellrechtliche Standortbestimmung kann wichtige Informationen zur (Nicht-) Beachtung des Kartellrechtscompliance-Programms sowie Hinweise zu etwaigen Verstößen und Verdachtsthemen liefern. Es kann auf die bereits gemachten Ausführungen verwiesen werden.[322]

110   **c) Hinweisgebersysteme: Whistleblower Hotline und Ombudsman.** Hinweisgebersysteme bzw. Meldestellen ermöglichen es den Mitarbeitern, und erforderlichenfalls auch Dritten (Kunden, Lieferanten, Wettbewerber), dem Unternehmen Zuwiderhandlungen oder Verdachtsfälle mitzuteilen.[323] Dies sollte auf Wunsch auch **anonym** geschehen können. Meldestellen eröffnen Unternehmen die Möglichkeit, schneller und in größerem Ausmaß Kenntnis von Kartellrechtsverstößen und entsprechenden Verdachtsfällen zu erhalten. Mitarbeiter scheuen nicht selten davor zurück, dem Unternehmen Verdachtsmomente auf „direkten Kanälen" mitzuteilen, also über den vorgesehenen Berichtsweg zur Führungskraft, den (Chief) Compliance Officer, die Rechtsabteilung oder direkt an die Unternehmensleitung, wenn der an die Kartellrechtsverstößen beteiligte Personenkreis nicht eindeutig feststeht und möglicherweise sogar Vorgesetzte darin verwickelt sind. Die Einrichtung eines Meldesystems bedeutet keinen Verzicht auf die etablierten Meldewege. Diese bleiben weiter bestehen. Es sollte im Einzelfall genau abgewogen werden, ob die Mitarbeiter zur Meldung von Verstößen verpflichtet werden sollen, oder ob ihnen dies nur angeraten wird. Eine Verpflichtung kann die Anreize zur Nutzung der etablierten Kanäle verringern und die Akzeptanz der neu geschaffenen Meldestelle beeinträchtigen.[324]

111   Geordnete Hinweisgebersystemen können organisatorisch und technisch unterschiedlich ausgestaltet werden. Häufigste Beispiele sind die Einrichtung einer „Hotline" (sog. „Whistleblower Hotline") und einer **Ombudsstelle**. Für die konkrete Ausgestaltung im Einzelfall sind Praktikabilitätserwägungen ausschlaggebend. **Whistleblower Hotlines** können als interne oder externe Meldestellen ausgestaltet werden. Da sie eine zusätzliche Anlaufstelle bieten sollen, ist regelmäßig die Wahl eines externen Betreibers vorzugswürdig (z.B. Rechtsanwaltskanzlei oder andere professionelle Anbieter eines Hotlinesystems). Eine Kontaktaufnahme sollte möglichst jederzeit, im Extremfall an jedem Tag des Jahres rund um die Uhr, möglich sein. Hinweise auf Kartellrechtsverstöße sollten telefonisch und idealerweise auch per E-Mail oder webbasierte Formulare übermittelt werden können. Bei international tätigen Unternehmen sollten Hinweise sinnvollerweise in mehreren Sprachen entgegen genommen werden. Die organisatorische Ausgestaltung, insbesondere die Kontaktaufnahme und Dokumentation der übermittelten sensiblen Hinweise, muss im Einklang mit allen relevanten – insbesondere datenschutz- und telekommunikationsrechtlichen – Vorgaben erfolgen.[325]

112   Die externe Meldestelle sollte erhaltene Hinweise nach einheitlichen Kriterien auswerten und der Kartellrechtscompliance-Organisation oder einer anderen zuständigen Stabsstelle beim beauftragenden Unternehmen einen **Bericht** übermitteln. Der Bericht sollte keine Hinweise auf die Identität des Hinweisgebers enthalten, wenn dieser um Anonymität nachgesucht hat. Wenn das Unternehmen Kontakt mit dem Hinweisgeber aufnehmen möchte, sollten entsprechende Gesprächsangebote oder Rückmeldungen über die Meldestelle laufen. Es steht dem Hinweisgeber dann frei, darauf einzugehen.[326] Das Unternehmen sollte einen transparenten Prozess für

---

322 Rn. 45 ff.

323 Zum Folgenden *Reufels/Deviard*, CCZ 2009, 201; *Moosmayer*, S. 52 ff.; *Lampert/Matthey*, in: Hauschka, S. 634; *Berndt/Hoppler*, BB 2005, 2623.

324 Zurückhaltend insoweit daher *Moosmayer*, S. 52, 55. Zur Frage einer „Meldepflicht" siehe auch *Müller-Bonanni/Sagan*, BB Special 5 (zu BB 2008, Heft 25), 28, 31. Es sollte den Mitarbeitern in jedem Fall klar gemacht werden, dass aufgrund der erheblichen, von Land zu Land verschiedenen Verjährungszeiträume (im EU-Kartellrecht: in der Regel 5 Jahre; siehe 12. Kap., Rn. 94 f.) auch länger zurückliegende Verstöße und Verdachtsfälle gemeldet werden sollen.

325 Näher dazu *Reufels/Deviard*, CCZ 2009, 201 ff.; *B. Schmidt*, BB 2009, 1295 ff.; *Thüsing*, S. 75 ff., 93 ff., 151 ff., 201 ff. und passim. Zu den Vor- und Nachteilen „prämiengestützter" Hinweisgebersysteme und den bei ihrer Verwendung zu beachtenden, insbesondere datenschutz-, arbeits- und prozessrechtlichen Regelungen, siehe *Wrase/Fabritius*, CCZ 2011, 69 ff.

326 *Moosmayer*, S. 54.

den Umgang mit Hinweisen einrichten. Dieser sollte geeignet sein, Ungleichbehandlungen, Missbrauch des Hinweisgebersystems zu Denunziationszwecken und eine Verfolgung von Fällen ohne ausreichenden „Anfangsverdacht" zu verhindern. Liegen hinreichende Verdachtsmomente vor, leitet die Kartellrechtscompliance-Organisation weitere geeignete Untersuchungsschritte ein. Es ist üblich, den Hinweisgeber nach Abschluss ohne Nennung detaillierter Ergebnisse zu informieren, ob der Verdachtsfall sich bestätigt hat, und ob geeignete Maßnahmen getroffen wurden.[327]

Der **Ombudsman** ist ein vom Unternehmen beauftragter externer Rechtsanwalt. Er kann an   **113** Stelle oder zusätzlich zu einer Whistleblower Hotline eingeschaltet werden.[328] Der Ombudsman steht Mitarbeitern und Dritten für kartellrechtliche Hinweise oder Beschwerden zur Verfügung. Er fungiert als neutrale Stelle, behandelt die erhaltenen Informationen sowie die Identität des Hinweisgebers vertraulich und gibt diese nur dann an das Unternehmen weiter, wenn er vom Hinweisgeber dazu autorisiert wurde. Die organisatorischen Anforderungen sowie das Verfahren für Berichte und die weitere Verfolgung entsprechen weitgehend denjenigen für Whistleblower Hotlines.[329]

d) Interne Untersuchungen: Audits (einschließlich Mock Dawn Raids). aa) Gegenstand und   **114** **Zweck.** Die Kartellrechtscompliance-Organisation sollte ihre Kontroll- und Aufdeckungsfunktion, sofern das Risikoprofil das Unternehmen dies indiziert,[330] auch durch angemessene interne Untersuchungen, sog. Audits, erfüllen.[331] Diese Maßnahme kann als „**Gesundheitscheck**" hinsichtlich des kartellrechtlichen Risikostatus des Unternehmens oder bestimmter Unternehmensteile verstanden werden.[332] In Betracht kommen zum einen Untersuchungen aufgrund konkreter Verdachtsfälle oder festgestellter Zuwiderhandlungen (sog. **anlassbezogene** Audits). Zum anderen können ohne konkrete Verdachtsmomente umfassende stichprobenartige, gegebenenfalls auch unangekündigte, Kontrollen von Geschäftsvorgängen und der Effektivität der Kartellrechtscompliance vorgenommen werden (sog. **nicht anlassbezogene** Audits bzw. **Regelkontrollen**).[333] Eine Sonderform stellen simulierte kartellbehördliche Nachprüfungen dar, sog. „**Mock Dawn Raids**".[334]

Bei beiden Varianten werden in aller Regel **Befragungen** („Interviews") relevanter Mitarbeiter   **115** durchgeführt.[335] Ferner kommt – je nach Einzelfall – eine eingehende Prüfung von **Akten** und **elektronischen Dokumenten** in Betracht. Die Durchsuchung elektronischer Dokumente – einschließlich E-Mails – kann in der Praxis regelmäßig durch IT-Maßnahmen, insbesondere Suchsoftware, wie sie auch die Kartellbehörden verwenden, erleichtert werden (sog. **E-Search**). Solche Software erlaubt es, auf im Rahmen des Audits untersuchten Servern oder Festplatten gezielt nach einzelnen Schlagworten zu suchen (z.B. Namen von Mitarbeitern eines Wettbewerbers, Orte und Daten mutmaßlicher Kartelltreffen oder anderweitige Risikoindikatoren).

Bei der Durchführung von Audits sind zahlreiche Vorgaben des **Datenschutz-, Telekommuni-**   **116** **kations-, Arbeits-, Straf- und Zivilrechts** zu beachten. Dies gilt insbesondere für die Sichtung von Reisekostenabrechnungen und -belegen, Telefonabrechnungen (insbesondere Einzelverbindungsnachweisen), elektronischen Dokumenten und E-Mail Verkehr (insbesondere wenn der Arbeitgeber die private Nutzung stillschweigend duldet oder sogar ausdrücklich gestattet). Ein **erhebliches praktisches Problem** besteht darin, die Anforderungen der genannten Rechtsgebiete mit den Vorgaben der kartellrechtlichen Rechtsprechung[336] in Einklang zu bringen. Da

---

327   Dazu *Moosmayer*, S. 55. Siehe auch Rn. 119.
328   Siehe *Buchert*, CCZ 2008, 148 ff.; *Moosmayer*, S. 54.
329   Rn. 111 f.
330   Siehe Rn. 41 f. und Rn. 45 ff.
331   Hierzu und zum Folgenden siehe *Lützeler/Müller-Sartori*, CCZ 2011, 19; *Besen*, in: Dieners, E., Rn. 61; *Schürrle/Olbers*, CCZ 2010, 178; *Fritz/Nolden*, CCZ 2010, 170; *Brückner*, BB Special 4 (zu BB 2010, Heft 50), 21; *Klengel/Mückenberger*, CCZ 2009, 81; *Vogt*, NJOZ 2009, 4206; *Lampert/Matthey*, in: Hauschka, S. 632 ff.; *Moosmayer*, S. 86 ff.; *Bremer u.a.*
332   OFT, Drivers of Compliance and Non-compliance with Competition Law, Mai 2010, a.a.O., S. 59.
333   Auch der BGH fordert stichprobenartige, überraschende Kontrollen; siehe Rn. 41 f.
334   Dazu Rn. 121 ff.
335   Siehe auch Rn. 42.
336   Rn. 41 f. m.w.N.

der BGH in seiner Rechtsprechung eine überraschende Durchführung *stichprobenartiger* Prüfungen und bei Bedarf auch *umfassenderer* Geschäftsprüfungen fordert, kann eine allzu weite Auslegung der spezialgesetzlichen Beschränkungen dazu führen, dass die kartellrechtlich gebotenen internen Kontrollen entweder gar nicht oder nicht mehr effektiv durchgeführt werden können.[337] Dies wiederum kann, wenn es zu Zuwiderhandlungen kommt, kartellrechtliche Sanktionen in mehrstelliger Millionen Euro-Höhe zur Folge haben. Die **Konflikte** zwischen den kartellrechtlichen Anforderungen an interne Untersuchungen und den für sie bestehenden „außerkartellrechtlichen" Grenzen sind unter anderem deshalb problematisch, weil die Auslegung der – teils noch sehr jungen – spezialgesetzlichen Grenzen für „Internal Investigations" großteils völlig **offene oder sehr strittige Rechtsfragen** aufwirft. Zu deren Klärung ist überwiegend noch keine Entscheidungspraxis verfügbar. Es ist z.b. unklar, ob der seinem Wortlaut nach nur die „Aufdeckung von Straftaten" betreffende und die Möglichkeiten darauf gerichteter interner Ermittlungen stark beschränkende § 32 Abs. 1 Satz 2 BDSG[338] entsprechend auf Ordnungswidrigkeiten anzuwenden ist,[339] ob interne Ermittlungen (und wenn ja, welche) sich darüber hinaus auch am Maßstab des § 28 Abs. 1 Satz 1 Nr. 2 BDSG orientieren müssen,[340] sowie ob (und welche) kartellrechtlichen Audits bei mitbestimmten Unternehmen gegebenenfalls als arbeitnehmerüberwachende technische Einrichtungen im Sinne von § 87 Abs. 1 Nr. 6 BetrVG zu qualifizieren sind. Ferner ist offen, welche Auswirkungen eine jüngere Entscheidung des LG Hamburg,[341] derzufolge Mitarbeiteraussagen bei unternehmensinternen Ermittlungen trotz *nemo-tenetur*-Grundsatz keinem Beschlagnahme- und Verwertungsverbot unterliegen, gegebenenfalls auf die arbeitsvertraglichen Mitwirkungspflichten von Arbeitnehmern bei internen Ermittlungen hat. Schwierige Rechtsanwendungsfragen können sich auch im Hinblick auf die Reichweite von §§ 202, 206 Abs. 1, Abs. 5 StGB (Verletzung des Brief- sowie des Post- oder Fernmeldegeheimnisses), § 202 a StGB (Ausspähen von Daten, z.b. hinsichtlich passwortgeschützter Dateien) und §§ 88, 3 Nr. 6, Nr. 10 TKG[342] (Verpflichtung zur Wahrung des Fernmeldegeheimnisses) bei internen Nachprüfungen bzw. Ermittlungen stellen. Die bestehenden **Spannungsverhältnisse** können hier nur skizzenhaft an einigen Beispielen aufgezeigt werden. Eine für alle oder auch nur die Mehrzahl praktischer Fälle bestehende Patentlösung ist nicht ersichtlich. Es kann hier deshalb für nähere Ausführungen zu den einschlägigen Problemkreisen nur auf weiterführendes Schrifttum verwiesen werden.[343] Für die **praktische Beratung** zur konkreten Auslegung und Anwendung der widerstreitenden rechtlichen Rahmenbedingungen ist anzuraten, jeweils ausreichend die **empfindlichen kartellrechtlichen Sanktionen** zu gewichten, die bei sachlich unzureichenden, ihren Kontrollzweck verfehlenden, internen Untersuchungen im Raum stehen. Die rechtliche Komplexität kann ferner dadurch praktisch verringert werden, dass Unternehmen die **private Nutzung von E-Mails und Internet eindeutig untersagen** und

---

337 Siehe auch *de Wolf*, NZA 2010, 1206, 1211, der den Arbeitgeber „vor die schier unlösbare Aufgabe" gestellt sieht, „zu wissen, was in seinem Unternehmen genau vorgeht, ohne dabei jedoch auf die E-Mails seiner Mitarbeiter kontrollierend zugreifen zu können." Er fordert eine gesetzliche Lösung (Erlaubnis einer beschränkten Kontrolle durch Software). In der Praxis solle vor Einsicht in die Suchergebnisse gegebenenfalls ein unabhängiger Dritter beauftragt werden, die Relevanz der Ergebnisse einer Softwarekontrolle für den Untersuchungszweck zu prüfen.

338 Nach § 32 Abs. 1 Satz 2 BDSG sind Erhebung, Verarbeitung und Nutzung personenbezogener Daten eines Beschäftigten zur Aufdeckung von Straftaten nur dann zulässig, wenn zu dokumentierende tatsächliche Anhaltspunkte den *Verdacht begründen*, dass der Betroffene im Beschäftigungsverhältnis eine Straftat begangen hat, die Erhebung, Verarbeitung oder Nutzung zur Aufdeckung *erforderlich* ist und das *schutzwürdige Interesse des Beschäftigten* an dem Ausschluss der Erhebung, Verarbeitung oder Nutzung *nicht überwiegt*, insbesondere Art und Ausmaß im Hinblick auf den Anlass *nicht unverhältnismäßig* sind.

339 Siehe etwa *Wank*, in: Erfurter Kommentar zum Arbeitsrecht, 11. Aufl. 2011, § 32 BDSG Rn. 29.

340 *Wank*, a.a.O.

341 Siehe Nachw. bei Rn. 28.

342 Nach § 1 Abs. 3 Satz 1 BDSG ist das BDSG gegenüber anderen Vorschriften zu personenbezogenen Daten subsidiär; näher *Thüsing*, S. 94 ff.

343 Siehe (jeweils m.w.N.) *Klengel/Mückenberger*, CCZ 2009, 81 ff.; *Fritz/Nolden*, CCZ 2010, 170 ff.; *Schürrle/Olbers*, CCZ 2010, 178; *Vogt*, NJOZ 2009, 4206, 4210; *B. Schmidt*, BB 2009, 1295 ff.; *de Wolf*, NZA 2010, 1206; *Thüsing*, S. 75 ff., 93 ff., 151 ff., 201 ff. und passim; *ders.*, NZA 2009, 865; *Lampert/Matthey*, in: Hauschka, S. 633 f.

B. Kasten

auch nicht konkludent dulden[344] (dies kann z.b. durch einen entsprechenden Hinweis auf dem PC-Bildschirm geschehen, der beim Start des Unternehmensrechners erscheint und gegebenenfalls vom Mitarbeiter durch einen „Klick" zu bestätigen ist).

bb) Leitung. Die Gesamtverantwortung für einen kartellrechtlichen Audit liegt bei der Unter- **117** nehmensleitung (und gegebenenfalls einem Aufsichtsorgan).[345] Zuständigkeit und Federführung für die faktische Durchführung werden zweckmäßigerweise den allgemeinen Regelungen der Kartellrechtscompliance-Organisation folgen und sollten vor jedem Audit ausdrücklich festgelegt werden. Die Leitung der Untersuchung liegt praktisch häufig bei der (Kartell-) Rechtsabteilung, der Compliance-Abteilung oder dem Compliance-Beauftragten. Da Syndikusanwälte im europäischen Kartellrecht **kein Anwaltsprivileg** genießen[346] – anders die Rechtslage z.b. in den USA, Großbritannien und den Niederlanden – werden für die Anfertigung von auditrelevanten anwaltlichen Arbeitsprodukten (z.b. Interviewprotokolle und rechtliche Begutachtungen) regelmäßig **externe Rechtsanwälte** hinzugezogen. Dies bietet sich jedenfalls bei anlassbezogenen Audits an.[347] In diesem Bereich ist die Vertraulichkeit der Kommunikation über gegebenenfalls aufgefundene Beweismittel von besonderer Bedeutung für die weitere Strategie und das Risiko des Unternehmens, etwa im Hinblick auf die Stellung eines Kronzeugenantrags oder spätere zivilrechtliche Schadensersatzklagen von möglicherweise Kartellgeschädigten.[348]

cc) Untersuchungsgegenstand und Ablaufplan. Jeder Audit muss sorgfältig **vorbereitet** werden. **118** Bei **anlassbezogenen Audits** liegen regelmäßig konkrete Information für Zuwiderhandlungen vor (z.b. Namen von mutmaßlichen Kartellbeteiligten, Daten und Orte potenzieller Kartelltreffen) und möglicherweise auch Beweismittel. Eine Herausforderung liegt gleichwohl darin, dass die an Hardcore-Kartellabsprachen Beteiligten diese in aller Regel geheim halten und bewusst nicht dokumentieren. Spuren für kartellrechtswidriges Verhalten sind deshalb häufig nur unter erheblichem Aufwand und mittlerer Raffinesse auffindbar.

Deshalb kommt der gezielten Befragung von Mitarbeitern erhebliche Bedeutung zu. Zu Beginn **119** der Untersuchung sollten regelmäßig zumindest **fünf Verfahrensschritte** festgelegt werden:[349]

- Erstens empfiehlt es sich, dass die untersuchende Stelle den **Untersuchungsgegenstand und -umfang** festlegt und einen **Untersuchungsplan** aufstellt. Dabei ist auch die rechtliche Zulässigkeit der geplanten Untersuchungshandlungen, insbesondere im Hinblick auf arbeits-, datenschutz- und telekommunikationsrechtliche Anforderungen, zu prüfen. Bereits diese **Vorprüfung** kann in der Praxis aufgrund der unklaren, sich vielfach widersprechenden Verhaltensanforderungen, erhebliche Schwierigkeiten bereiten und erheblichen Zeitaufwand verursachen.[350] Es kann sich im Einzelfall anbieten, Untersuchungsumfang und -inhalt einzuschränken oder vor Untersuchungsbeginn noch zusätzliche Rechtmäßigkeitsvoraussetzungen zu schaffen (z.b. Einholung von Zustimmungen betroffener Mitarbeiter zu bestimmten Maßnahmen oder anwaltliche Begutachtung geplanter Maßnahmen im Hinblick auf außerkartellrechtliche Anforderungen).[351]

- Zweitens sollte die **eigentliche Untersuchung** durchgeführt werden. Bei anlassbezogenen Audits treffen Mitarbeiter-Befragungen häufig auf eine „Mauer des Schweigens"[352] bzw. inhaltlich ausweichende oder unrichtige Aussagen. Die Verdachtspersonen könnten zudem versucht sein, etwaige Beweismittel zu beseitigen. Als Gegenmaßnahmen bieten sich gezielte

344 Siehe etwa *Lempert/Matthey*, in: Hauschka, S. 634; *Klengel/Mückenberger*, CCZ 2009, 81, 83 f.
345 Siehe Rn. 6 ff , 36 ff.
346 EuGH, C-550/07 P (Akzo Nobel), Urt. v. 14.9.2010, EuZW 2010, 778 (m. Anm. *Berrisch*) = NJW 2010, 3557. Zu dieser problematischen Entscheidung siehe (kritisch) *Moosmayer*, NJW 2010, 3548; *Hamacher*, AnwBl 2011, 42; *Seitz*, EuZW 2010, 761. Befürwortend *Schnichels/Resch*, EuZW 2011, 47. Zum Anwaltsprivileg siehe 12. Kap., Rn. 30 ff. Ferner Rn. 91.
347 *Moosmayer*, NJW 2010, 3548, 3550 f. Auch bei „Mock Dawn Raids" (Rn. 121 ff.) kann es sich je nach deren Anlass anbieten, diesen von externen Beratern begleiten zu lassen.
348 Siehe auch Rn. 23, 91, 130.
349 Siehe auch *Moosmayer*, S. 90.
350 Siehe Rn. 115.
351 Siehe Rn. 116.
352 *Göpfert/Merten/Siegrist*, NJW 2008, 1703, 1704.

zusätzliche Anweisungen zur Datensicherung an („document retention").[353] Es ist anzuraten, die Befragungsstrategie sehr bewusst zu gestalten. Sofern schriftliche Beweismittel oder gezielte mündliche Hinweise auf Fehlverhalten vorliegen, kann versucht werden, durch deren Vorhalt ein Überraschungsmoment zu nutzen. Im Laufe der Untersuchung sollten alle relevanten Informationen kontinuierlich miteinander abgeglichen und gegebenenfalls bei wiederholten Befragungen zur Aufklärung von Unstimmigkeiten genutzt werden.

■ Drittens empfiehlt es sich, dass die untersuchende Stelle einen **Abschlussbericht** über die Untersuchungsergebnisse und Vorschläge für angemessene Reaktionen erstellt.

■ Viertens sollte die **Unternehmensleitung** (und möglicherweise auch ein etwaiger **Hinweisgeber**)[354] über den Abschluss der Untersuchung und deren wesentliche Ergebnisse **informiert** werden.

■ Schließlich sollten fünftens die vorgeschlagenen **Abhilfemaßnahmen durchgeführt** sowie die Erforderlichkeit einer **Anpassung** des Kartellrechtscompliance-Programms aufgrund der gewonnenen Erkenntnisse geprüft werden.[355]

120 Für einen **nicht anlassbezogenen Audit** („Regelaudits") bietet sich ein etwas modifizierter Ablauf an. Zunächst sollte ebenfalls dessen Umfang festgelegt werden. Dies geschieht, mangels Hinweisen auf konkrete Verstöße, in aller Regel durch eine Auswahl der zu prüfenden Gesellschaften, Geschäftsbereiche oder Regionen des Unternehmens an Hand des festgestellten Risikoprofils.[356] Anschließend sollte entschieden werden, ob die Prüfung für alle Mitarbeiter „überraschend" durchgeführt wird.[357] Die Alternative besteht in einem etwas geordneteren Verfahren unter enger Einbindung von Führungspersonal des untersuchten Bereichs, anfänglichem Kickoff Meeting und genauer Erläuterung von Verantwortlichkeiten, Ablaufplan und nachzuprüfender Geschäftsvorgänge (bestehende Vertragsbeziehungen, Kommunikationstätigkeit etc.). Im Anschluss daran ist der Audit durchzuführen, ein entsprechender Bericht zu erstellen und die Unternehmensleitung zu informieren. Erforderlichenfalls sollten dann ebenfalls Abhilfemaßnahmen ergriffen und Anpassungen des Compliance-Systems vorgenommen werden.

121 **dd) Sonderform „Mock Dawn Raid".** Eine grundsätzlich ebenfalls zur Verfügung stehende Sonderform eines Audit stellen sog. „Mock Dawn Raids" dar.[358] Bei einem Mock Dawn Raid wird in Abstimmung mit der Unternehmensleitung eine kartellbehördliche Durchsuchung durch externe Rechtsanwälte und/oder interne Mitarbeiter simuliert. Mock Dawn Raids sind keinesfalls eine zwingende Kontrollmaßnahme. Es ist aufgrund des ihnen innewohnenden, pauschalen Misstrauensbeweises im Wesentlichen eine Frage der Unternehmenskultur, ob ein Unternehmen zu dieser drastischen Maßnahme greifen möchte.[359]

122 Mock Dawn Raids haben keinen zwingend feststehenden Inhalt. Es kommen im Wesentlichen **zwei Varianten** in Betracht:

■ Ein Mock Dawn Raid kann sich darauf beschränken, die Einhaltung der vom Unternehmen vorgeschriebenen **Melde- und Verhaltensregeln** bei kartellbehördlichen Nachprüfungen zu kontrollieren.[360]

■ Darüber hinaus kann ein Mock Dawn Raid auch Gelegenheit geben, wie bei einer tatsächlichen kartellbehördlichen Nachprüfung eine **inhaltliche Überprüfung** vorzunehmen, also Dokumente zu sichten, Mitarbeiter zu befragen und aus dem Verhalten der Mitarbeiter bei der „Durchsuchung" und ihren Antworten bei der Befragung Rückschlüsse auf mögliche

---

353 Zu allgemeinen Aufbewahrungspflichten siehe Rn. 85, 87.
354 Rn. 110 ff.
355 Siehe Rn. 72 f., 126 ff. und 133.
356 Dazu Rn. 45 ff.
357 Siehe die entsprechende Rspr. des BGH, Rn. 41 f.
358 Dazu *Besen*, in: Dieners, E., Rn. 61; *Lampert/Matthey*, in: Hauschka, S. 634; *Moosmayer*, S. 88; OFT, Drivers of Compliance and Non-compliance with Competition Law, Mai 2010, a.a.O., S. 58 f.
359 Siehe *Moosmayer*, S. 88 sowie Rn. 74.
360 Zu den entsprechenden Handlungsanweisungen für Durchsuchungen siehe Rn. 90 ff.

B. Kasten

Verstöße zu ziehen.[361] Diese können Grundlage für weitere gezielte Kontrollen und spätere Gegenmaßnahmen sein.[362]

Es sollte im Einzelfall bewusst entschieden werden, ob die betroffenen „probedurchsuchten" Mitarbeiter vorab über die Maßnahme informiert werden sollten. Hiergegen kann sprechen, dass die simulierte Nachprüfung ihren Überraschungseffekt verliert. Die Untersuchungsergebnisse können dann weniger aufschlussreich sein, besonders im Hinblick auf das von den Mitarbeitern geforderte richtige Verhalten bei Dawn Raids,[363] die Antworten auf etwaige Fragen der „Beamten"[364] und die aufgefundenen Dokumente.[365] Für eine vorherige Einweihung der Betroffenen kann dagegen sprechen, dass das Vertrauensverhältnis zur Unternehmensleitung und damit der Betriebsfriede deutlich weniger strapaziert wird. Es wird auch die Gefahr vermieden, dass an Kartellabsprachen beteiligte Mitarbeiter einen Konkurrenten über den (vermeintlich echten) Dawn Raid informieren und dadurch einen Kronzeugenantrag des Wettbewerbers auslösen. Deshalb werden die Mitarbeiter bei unangekündigten Mock Dawn Raids regelmäßig noch in deren Verlauf informiert, dass es sich nicht um eine echte Durchsuchung handelt.[366] **123**

ee) **Interne Amnestieprogramme.** Bei internen Untersuchungen stellt sich die Schwierigkeit, dass an einem Kartell beteiligte Mitarbeiter die Zuwiderhandlung regelmäßig nicht einräumen.[367] In der Praxis werden deshalb zum Teil **interne Amnestieprogramme** verwendet, um die an einer Zuwiderhandlung beteiligten Mitarbeiter zu einer Offenlegung zu motivieren.[368] Der Inhalt solcher Programme besteht regelmäßig in einer Zusage für solche Mitarbeiter, die mit dem Unternehmen bei der Aufklärung von Kartellrechtsverstößen zusammenarbeiten, sie mit (bestimmten) arbeitsrechtlichen Konsequenzen zu verschonen. Zugesagt wird vielfach auch ein Verzicht auf Schadensersatzforderungen, die Übernahme von dem Mitarbeiter auferlegten kartellrechtlichen Bußgeldern und/oder Schadensersatzforderungen Dritter sowie eine Übernahme von Rechtsanwaltskosten. Die Zulässigkeit derartiger Zusagen muss aufgrund unterschiedlicher rechtlicher Vorgaben, insbesondere des Gesellschafts-, Zivil-, Versicherungs- und Arbeitsrechts, im Einzelfall sehr genau geprüft werden.[369] Darüber hinaus sollten Amnestieprogramme auch deshalb mit **Zurückhaltung** verwendet werden, weil sie in einem gewissen **Spannungsverhältnis** zum „Null-Toleranz" Grundsatz[370] stehen. Bei unsachgemäßer Handhabung kann der fehlerhafte Eindruck entstehen, die Unternehmensleitung nehme „zero tolerance" im Ernstfall doch nicht ernst und werde aussagewilligen Mitarbeitern nachteilige Reaktionen im Zweifel ersparen. Neben den Gefahren für die Präventionswirkung können Amnestieprogramme dazu führen, dass Mitarbeiter die Offenlegung von Fehlverhalten bis zur Entdeckung hinauszögern, um dann den (vermeintlichen) „Joker" der internen Amnestie zu ziehen.[371] **124**

Andererseits sind Unternehmen für das Abstellen von Verstößen und etwaige Kronzeugenanträge bei den Kartellbehörden sowie weitere strategische Maßnahmen regelmäßig auf detaillierte Kenntnisse der internen Wissensträger angewiesen. In begründeten Fällen können interne Amnestieprogramme daher, gerade wenn die sonstige interne Aufklärung ergebnislos verlief, praktisch unverzichtbar sein. Es empfiehlt sich, sie den betroffenen Mitarbeitern jeweils nur **zeitlich begrenzt** anzubieten und ihre Anwendbarkeit an bestimmte **Bedingungen** zu knüpfen, insbesondere die uneingeschränkte Offenlegung des für den aufzuklärenden Sachverhalt rele- **125**

---

361 *Moosmayer*, S. 88.
362 Zu den Reaktionsmöglichkeiten siehe Rn. 126 ff.
363 Dazu Rn. 90 ff.
364 Bei vorheriger Information verlieren die „Beamten" ihre ansonsten vorhandene vermeintliche Autorität.
365 Bei einer vorherigen Einweihung der Mitarbeiter besteht die Gefahr einer „Bereinigung" des Dokumentenbestands.
366 *Lampert/Matthey*, in: Hauschka, S. 634.
367 Siehe bereits Rn. 41 f.
368 Zum Folgenden *Annuß/Pelz*, BB Special 4 (zu BB 2010, Heft 50), 14; *Moosmayer*, S. 93; *Breßler/Kuhnke/Schulz/Stein*, NZG 2009, 721.
369 Siehe Rn. 28 und Rn. 31 (jeweils m.w.N.); *Annuß/Pelz*, BB Special 4 (zu BB 2010, Heft 50), 14 ff.; *Breßler/Kuhnke/Schulz/Stein*, NZG 2009, 721, 723 ff.
370 Rn. 63, 66 und 75.
371 *Moosmayer*, S. 93.

vanten Wissensstandes des Mitarbeiters und seine dauerhafte Kooperation bei der Sachverhaltsaufklärung. In der Kommunikation gegenüber betroffenen Mitarbeitern muss – besonders zur Vermeidung von Missverständnissen in der Außenwirkung gegenüber anderen Mitarbeitern – darauf geachtet werden, dass Amnestiezusagen ganz zweifelsfrei der Aufklärung und Abstellung etwaiger Kartellrechtsverstöße dienen und demnach im Einklang mit dem „Null Toleranz" Grundsatz stehen.

3. Reaktion („respond")

126 Die dritte Grundfunktion der Kartellrechtscompliance besteht in der Reaktion auf festgestellte Missstände. Die Maßnahmen betreffen zum einen erkannte Kartellrechtsverstöße. Zum anderen bestehen sie in der Überarbeitung und Anpassung derjenigen Elemente des Kartellrechtscompliance-Programms, die als verbesserungswürdig erkannt wurden.

127 **a) Abstellen von Zuwiderhandlungen.** Nach Aufdeckung eines Kartellrechtsverstoßes muss dieser unverzüglich und konsequent abgestellt werden.[372] Im täglichen **operativen Geschäft** des Unternehmens geschieht dies regelmäßig dadurch, dass anwaltliche Berater im Rahmen von Vertragsverhandlungen die Einhaltung des Kartellrechts sicherstellen. Auch im Rahmen von **M&A-Verhandlungen** können festgestellte Kartellrechtsprobleme durch Vertragsgestaltung beseitigt werden. Wenn z.b. eine Due Diligence kartellrechtlich problematische Vertriebsvereinbarungen der Zielgesellschaft ans Licht bringt, können diese vor Vollzug des Unternehmenskaufs „beseitigt" bzw. mit dem Kartellrecht in Einklang gebracht werden.[373] Sofern frühere Unternehmenskäufe aufgrund fehlender Fusionskontrollfreigaben einem Unwirksamkeitsrisiko unterliegen, sollte über Heilungsmaßnahmen nachgedacht werden.[374] Die Kartellrechtscompliance-Organisation kann ferner faktische Maßnahmen des operativen Geschäfts (z.B. Gestaltung von Rabattsystemen) prüfen und nötigenfalls mit Änderungsvorschlägen eingreifen.[375] Bei festgestellten **Hardcore-Kartellabsprachen** stellen sich erhöhte praktische Anforderungen. Ein Rückzug aus bisherigen Kartellaktivitäten kann die übrigen Kartellanten warnen und zum „Windhundrennen" um Kronzeugenanträge führen. Für das Auslösen der Verjährung des festgestellten Verstoßes ist gleichwohl unerlässlich, dass dieser vollständig und nicht nur halbherzig (z.B. durch fortgesetzte „passive" Teilnahme an den Treffen des Kartells) eingestellt wird.[376] Es kommt letztlich auf den Einzelfall an, ob und in welcher Form die Teilnahme an einem Kartell „unauffällig" beendet werden kann, oder ob die Risiken praktisch nur durch einen Kronzeugenantrag bewältigt werden können.

128 **b) Gezielte Schulungsmaßnahmen.** Gezielte Schulungen sind eine wichtige Reaktion auf identifizierte Risiken.[377] Es können z.b. zusätzlich zu den üblichen Schulungen „fortgeschrittene" Schulungen für besonders risikonahe Mitarbeiter oder Geschäftsbereiche durchgeführt werden. Es kommen auch vertiefte individuelle Schulungen für einzelne Mitarbeiter in Betracht, die gegebenenfalls durch spezifische arbeitsrechtliche Anweisungen zur Befolgung von Verhaltensleitlinien ergänzt werden.[378] Wenn die Risikoanalyse Informationsbedarf ergibt, den bisherige Schulungen nicht abgedeckt haben, sollte dieses Defizit durch Ergänzungsschulungen und/oder Anpassung der bestehenden Schulungsinhalte behoben werden.

129 **c) Strategiebestimmung: Kronzeugenanträge, Verteidigung, Vergleiche („Settlements").** Wenn die Unternehmensleitung von der Beteiligung des Unternehmens an einem Hardcore-Kartell erfahren hat, stellt sich die Frage, ob ein **Kronzeugenantrag** gestellt werden soll.[379] Diese Option scheint regelmäßig dann attraktiv, wenn die Zuwiderhandlung ohne vorherige Ermittlungen der Kartellbehörden im Unternehmen bekannt wurde. Es besteht dann die Chance, dass das Unternehmen als erstes die Kartellbehörden unterrichtet und von einem Bußgeld*erlass* (100%

---

372 *Lampert/Matthey*, in: Hauschka, S. 635; *Janssen*, in: Wecker/van Laak, S. 199, 217.
373 Siehe Rn. 55.
374 Rn. 56 f.
375 Siehe Rn. 50 ff.
376 12. Kap., Rn. 94 ff.
377 Siehe auch Rn. 95 ff.
378 Zu den Anforderungen der Rspr. insoweit siehe Rn. 38 f.
379 Dazu 12. Kap., Rn. 79 ff.; *Moosmayer*, S. 98 ff.; *Lampert/Matthey*, in: Hauschka, S. 635 f.

B. Kasten

Reduktion) profitiert. Umgekehrt sind die Vorteile eines Leniency-Antrags häufig geringer, wenn das Unternehmen durch einen Dawn Raid auf den Verstoß aufmerksam wurde, der (ersichtlich) durch den Kronzeugenantrag eines Wettbewerbers ausgelöst wurde. Es kann dann im Hinblick auf das vom Kronzeugen der untersuchenden Behörde mitgeteilte Verhalten allerdings immer noch eine Bußgeld*reduzierung* erreicht werden. Ferner können durch einen Dawn Raid ausgelöste Kronzeugenanträge bei anderen Behörden oder aber bei derselben Behörde, aber im Hinblick auf andere (z.B. benachbarte) Produkte, immer noch einen vollständigen Bußgelderlass für die insoweit mitgeteilten Kartellrechtsverstöße zur Folge haben.

Die möglichen Vorteile von Kronzeugenanträgen müssen gegen die Gefahr abgewogen werden, **130** dass die einer Behörde „gebeichteten" Details eines Verstoßes und entsprechende Beweismittel in einem späteren **Schadensersatzprozess** privaten Klägern offen gelegt werden.[380] Die von Kronzeugenprogrammen üblicherweise geforderte dauerhafte Kooperation mit der Behörde ist zudem sehr zeitaufwendig und kann über mehrere Jahre erhebliche Ressourcen binden.

Weitere strategische Alternativen sind „reine" **Verteidigungsstrategien** sowie **Vergleichsver-** **131** **handlungen**[381] mit den Behörden („Settlements"). Die Kartellrechtscompliance-Organisation sollte alle Handlungsoptionen prüfen, bewerten und der Unternehmensleitung über die jeweiligen Vor- und Nachteile berichten. Die Verantwortung für die Wahl der konkreten Strategie liegt dann bei der Geschäftsleitung. Die Entscheidung der Unternehmensleitung unterliegt – anders als die Abstellung der Zuwiderhandlung[382] – grundsätzlich der sog. Business Judgment Rule.[383]

d) Disziplinarmaßnahmen und andere Sanktionen. Kartellrechtsverstöße der Mitarbeiter müs- **132** sen angemessen sanktioniert werden.[384] Dies ist aufgrund des Präventionsgedankens und des Null-Toleranz Grundsatzes erforderlich.[385] Die Glaubwürdigkeit eines Kartellrechtscompliance-Programms kann irreparablen Schaden nehmen, wenn Mitarbeiter den Eindruck erhalten, dass an „zero tolerance" keine Sanktionen geknüpft sind. Mittel der Wahl sind zunächst, auch um den Erfordernissen der Rechtsprechung zu § 130 OWiG Rechnung zu tragen,[386] arbeitsrechtliche Disziplinarmaßnahmen (Abmahnung, Versetzung, ordentliche oder außerordentliche Kündigung).[387] Ferner sollte das Bestehen von Schadensersatzansprüchen gegen die beteiligten Mitarbeiter und die zur Aufsicht verpflichteten Organmitglieder geprüft werden.[388]

e) Fortlaufende Verbesserung der Kartellrechtscompliance. Zur Reaktion gehört auch die fort- **133** laufende Verbesserung des Kartellrechtscompliance-Programms. Es kann hierzu auf die bereits gemachten Ausführungen verwiesen werden.[389]

---

380 Der EuGH hat in seinem Pfleiderer-Urteil vom 14. Juni 2011 zum Vorabentscheidungsersuchen des Amtsgerichts Bonn im Ergebnis nicht entschieden, unter welchen Voraussetzungen Personen, die eine Schadensersatzklage gegen einen Kronzeugen erheben möchten, Zugang zu Dokumenten eines Kronzeugenprogramms zu gewähren oder zu verweigern ist. Es ist nach Ansicht des EuGH eine Abwägung erforderlich zwischen dem Schutz der vom Kronzeugen freiwillig vorgelegten Informationen einerseits und andererseits den Interessen von Schadensersatzklägern, die ggf. Übermittlung der Informationen rechtfertigen können. Diese Abwägung sei im Einzelfall von den nationalen Gerichten im Rahmen des nationalen Rechts und unter Berücksichtigung aller maßgeblichen Gesichtspunkte der Rechtssache vorzunehmen; siehe EuGH, Rs. C-360/09 (Pfleiderer AG/Bundeskartellamt), Urt. v. 14.6.2011, Rn. 19 ff. Es bleibt abzuwarten, zu welchem Ergebnis die konkrete, nun vom AG Bonn vorzunehmende Abwägung im Pfleiderer-Verfahren führen wird. Siehe auch Schlussanträge Generalanwalt Mazák, 16.12.2010, Rs. C-360/09 (Pfleiderer AG/Bundeskartellamt). Eingehend zu den relevanten Rechtsfragen *Mäger/Zimmer/Milde*, WuW 2009, 885; ferner *Schroeder*, WuW 2011, 109; zur Akteneinsicht allgemein siehe 12. Kap., Rn. 178.
381 12. Kap., Rn. 83.
382 Rn. 127.
383 Siehe Rn. 31.
384 *Lampert/Matthey*, in: Hauschka, S. 636.
385 Rn. 4, 63, 66 und 75.
386 Rn. 36 ff.
387 *Moosmayer*, S. 94 ff.
388 Für die Pflicht des Aufsichtsrats zur Prüfung und gegebenenfalls Durchsetzung von Schadensersatzansprüchen gegen den Vorstand siehe Rn. 30.
389 Rn. 45 ff. und Rn. 72 f.

D. Berücksichtigung der Kartellrechtscompliance bei Verhängung und Bemessung von Geldbußen

134 Ob und inwieweit sich Kartellrechtscompliance bei der Sanktionierung von gleichwohl eingetretenen Verstößen auswirkt, ist umstritten. Im Grundsatz bestehen zwei Ansatzpunkte. Zum einen kann die Verhängung eines Bußgelds ausgeschlossen sein, wenn eine Zuwiderhandlung unter Missachtung von Maßnahmen der Kartellrechtscompliance geschah und sie deshalb dem Unternehmen bzw. einer Aufsichtsperson nicht **zuzurechnen** ist. Zum anderen könnte Kartellrechtscompliance bei der **Bußgeldbemessung** positiv (d.h. bußgeldmindernd) berücksichtigt werden. Die derzeitige Praxis von Kommission und Bundeskartellamt ist restriktiv (unten I.). Vor diesem Hintergrund wird über Reformvorschläge diskutiert (unten II.). Da Zuwiderhandlungen gegen Art. 101 und 102 AEUV auch vom Bundeskartellamt bebußt werden können,[390] ist jeweils zwischen der Zurechnung bzw. Bußgeldbemessung nach EU- und deutschem Recht zu unterscheiden.

I. Berücksichtigungsfähigkeit de lege lata

1. Verhängung von Bußgeldern

135 a) **EU-kartellrechtliche Zurechnung.** Die Kommission kann nach Art. 23 Abs. 2 lit. a VO 1/2003 Geldbußen gegen Unternehmen verhängen, die vorsätzlich oder fahrlässig gegen Art. 101 oder 102 AEUV verstoßen. Nach ständiger Praxis soll es für die Zurechnung einer Zuwiderhandlung zum Unternehmen **nicht** auf **direkte Handlungen** oder **Kenntnisse** der gesetzlichen Vertreter oder Inhaber von dem Verstoß ankommen.[391] Es genügt, dass die Zuwiderhandlung von einer Person begangen wurde, die unabhängig von ihrer Stellung in der Unternehmenshierarchie „**berechtigt**" ist, für das Unternehmen tätig zu werden."[392] Selbst bei mangelnder Berechtigung der handelnden Person soll eine Zurechnung erst ausgeschlossen sein, wenn der Handelnde den Rahmen des ihm übertragenen Aufgabenbereichs eindeutig überschritten hat.[393] Das Vorliegen eines Unternehmensorganisations- oder Aufsichtspflichtverschuldens ist nach dieser Praxis unerheblich.[394] Vielmehr soll trotz erheblicher Compliance-Bemühungen bei Verschulden des unmittelbar Handelnden eine Bebußung möglich sein.[395] Da es nicht auf eine tatsächliche Vertretungsbefugnis ankommen soll, haften Unternehmen letztlich für jedes Mitglied der Belegschaft.[396]

136 Ebenso lehnt die Kommission jedenfalls bei 100%iger Anteilseignerschaft den Nachweis konzernweiter Compliance-Maßnahmen („Compliance Defense") als Enthaftungsgrund für Verstöße von Tochtergesellschaften ab.[397]

137 Nach bisheriger Praxis ist allerdings – soweit ersichtlich – noch offen,[398] ob Unternehmen selbst dann für das Handeln ihrer Angestellten verantwortlich gemacht werden können, wenn sie vernünftige präventive Vorkehrungen getroffen haben und ein „ungehorsamer Angestellter" („**rogue employee**")[399] gleichwohl Kartellrechtsverstöße **im Widerspruch zu den Anweisungen**

---

390 Rn. 27 sowie 12. Kap., Rn. 185.
391 Grundlegend EuGH, verb. Rs. 100-103/80 (Musique Diffusion Française), Slg. 1983, 1825, Rn. 97.
392 EuGH, verb. Rs. 100-103/80 (Musique Diffusion Française), Slg. 1983, 1825, Rn. 97 (Hervorh. d. Verf.). Weitere Nachw. siehe *Dannecker/Biermann*, in: Immenga/Mestmäcker EG-WettbR, Vor Art. 23 VO (EG) Nr. 1/2003, Rn. 113.
393 So *Dannecker/Biermann*, in: Immenga/Mestmäcker EG-WettbR, Vor Art. 23 VO (EG) Nr. 1/2003, Rn. 116.
394 *Dannecker/Biermann*, in: Immenga/Mestmäcker EG-WettbR, Vor Art. 23 VO (EG) Nr. 1/2003, Rn. 113; *Bosch/Colbus/Harbusch*, WuW 2009, 740, 743, 748 f.
395 Eine Berücksichtigung von Kartellrechtscompliance insoweit ablehnend *Dreher*, ZWeR 2004, 75, 83.
396 *Moosmayer*, wistra 2007, 91, 94.
397 Kommission, COMP/39.396 (Calciumcarbid und Reagenzien auf Magnesiumbasis für die Stahl- und die Gasindustrien, 2009), Rn. 325. Zur sehr weitgehenden Interpretation der Haftung im Unternehmensverbund durch die Kommission siehe 12. Kap., Rn. 70 ff. Kritisch zu der sich ergebenden faktischen verschuldensunabhängigen Erfolgshaftung im Konzern *Voet van Vormizeele*, WuW 2010, 1008, 1014 ff.
398 *Dannecker/Biermann*, in: Immenga/Mestmäcker EG-WettbR, Vor Art. 23 VO (EG) Nr. 1/2003, Rn. 116.
399 Siehe OFT, Drivers of Compliance and Non-compliance with Competition Law, Mai 2010, a.a.O., S. 38 f.

B. Kasten

seiner Vorgesetzten begeht.[400] Richtigerweise sollte die Zurechnung bei eindeutig weisungswidrigem, in klarem Widerspruch zu internen Vorgaben stehendem Verhalten, ausgeschlossen sein.[401]

b) Zurechnung nach deutschem Ordnungswidrigkeitenrecht. Bei einer Sanktionierung von Verstößen gegen europäisches Kartellrecht gemäß § 81 Abs. 1 GWB ist § 130 OWiG maßgeblich (gegebenenfalls i.V.m. §§ 9 Abs. 1 und 2, 30 Abs. 1 OWiG).[402] Die Geschäftsleitung handelt dann nicht ordnungswidrig, wenn sie die zur Vermeidung von Kartellrechtsverstößen erforderlichen Aufsichtsmaßnahmen getroffen hat. Es sind dabei solche Maßnahmen erforderlich, die Zuwiderhandlungen verhindern oder wesentlich erschweren, insbesondere die sorgfältige Bestellung, Auswahl und Überwachung des Personals.[403] Effektive Kartellrechtscompliance-Maßnahmen der Unternehmensleitung sind deshalb geeignet, den Vorwurf einer Aufsichtspflichtverletzung auszuräumen.[404] Gleichwohl begangene Verstöße können den Aufsichtspersonen dann nicht zugerechnet werden, so dass gegen sie kein Bußgeld verhängt werden kann.[405] Diese im Schrifttum ausdrücklich, auch von Kartellbeamten,[406] anerkannte **Enthaftungsmöglichkeit** hat indessen – soweit ersichtlich – noch keinen Niederschlag in der veröffentlichten Entscheidungspraxis des Bundeskartellamts gefunden. **138**

2. Bemessung von Bußgeldern

a) Bußgelder der Kommission. aa) Rechtlicher Rahmen. Die Kommission hat für die Bußgeldhöhe „sowohl die **Schwere** der Zuwiderhandlung als auch deren **Dauer** zu berücksichtigen" (Art. 23 Abs. 3 VO 1/2003). Nach ständiger Rechtsprechung besteht, über diese nur beispielhaften Kriterien hinaus, ein erheblicher Ermessensspielraum bei der Bestimmung der konkreten Bußgeldhöhe.[407] Maßnahmen der Kartellrechtscompliance können deshalb im Rahmen der erforderlichen **Gesamtwürdigung** aller rechtlichen und tatsächlich relevanten Umstände des Einzelfalls grundsätzlich berücksichtigt werden. **139**

---

400 In der Entscheidung EuG, Rs. T-7/89 (Hercules Chemicals), Slg. 1991, II-1711 Rn. 81 ff. (insb. Rn. 84 f., 90, 102 f.), hat das Gericht zwar ein solches Verteidigungsvorbringen (Verstoß war den Vorgesetzten nicht bekannt, wurde von ihnen nicht gebilligt und widersprach der Unternehmenspolitik) im Ergebnis abgelehnt. Dies geschah aber schon aus tatsächlichen Gründen. Soweit die Kommission im Jahr 2007 die Vernichtung von Unterlagen während einer behördlichen Nachprüfung bei der Bußgeldbemessung berücksichtigt hat, obwohl das Unternehmen eine „policy of full compliance with antitrust laws" hatte, betraf dies nicht die Haftungszurechnung; Kommission, COMP/38.432 (Videobänder), WuW/E EU-V 1255, Rn. 45, 219, 226. Im konkreten Fall war der mit Behinderungsabsicht handelnde Mitarbeiter offenbar nicht ordnungsgemäß ausgewählt, instruiert und überwacht worden. Eine allgemeine Bekenntnis zur Kartellrechtscompliance konnte die Zurechnung deshalb nicht verhindern. Entsprechend konnte die Kommission den Verstoß des Mitarbeiters als erschwerenden Umstand nach Rn. 28 der EU-Bußgeldleitlinien 2006 berücksichtigen.
401 Hierzu kann man auch mit der Auffassung gelangen, die auch für das EU-Kartellrecht zusätzlich zum Verschulden des unmittelbar Handelnden noch ein „eigenes" Verschulden des Unternehmens fordert, besonders ein Aufsichtspflicht- oder Organisationsverschulden; so *Bosch/Colbus/Harbusch*, WuW 2009, 740, 749; weitere Nachw. bei *Dreher*, ZWeR 2004, 75, 83. Nach dieser Ansicht kann im Fall von Compliance-Programmen, die Kartellrechtsverstöße unmissverständlich verhindern sollen, bei Zuwiderhandlungen von Nicht-Organen ein vorsätzliches, und gegebenenfalls auch fahrlässiges, Verhalten des Unternehmens ausgeschlossen sein.
402 § 130 Abs. 1 Satz 1 OWiG normiert einen eigenen Bußgeldtatbestand für Aufsichtspflichtverletzungen der Geschäftsleitung. Zu den anderen Bußgeldadressaten siehe Rn. 27. Nach deutschem Ordnungswidrigkeitenrecht können nur diejenigen Gesellschaften bebußt werden, aus denen heraus ein Kartellrechtsverstoß (z.B. auch in Form einer Aufsichtspflichtverletzung) begangen wurde. Eine allgemeine Haftung der Konzernmutter für Kartellrechtsverstöße ihrer Tochtergesellschaften (sog. „parental liability") gibt es nach deutschem Recht nicht; *Bürger*, WuW 2011, 130, 135 f., 140 und Rn. 11.
403 Näher dazu Rn. 11 und 37.
404 *Dreher*, ZWeR 2004, 75, 93; *Voet van Vormizeele*, CCZ 2009, 41, 45 m.w.N.; *Pampel*, BB 2007, 1636, 1637 ff.; *Bosch/Colbus/Harbusch*, WuW 2009, 740, 742 f., 748.
405 Zur Haftung anderer natürlicher Personen siehe Rn. 27 ff. Bei diesen ist keine Enthaftung durch Kartellrechtscompliance-Programme möglich.
406 *Pampel*, BB 2007, 1636, 1638.
407 12. Kap., Rn. 84 ff.; *Voet van Vormizeele*, CCZ 2009, 41, 44.

140 Nach den EU-**Bußgeldleitlinien** (2006)[408] legt die Kommission zunächst einen Grundbetrag anhand von Schwere und Dauer des Verstoßes fest.[409] Diesen kann sie bei Vorliegen erschwerender oder mildernder Umstände erhöhen oder ermäßigen.[410] Maßnahmen der Kartellrechtscompliance können innerhalb dieser Systematik an zwei Stellen berücksichtigt werden: Erstens im Rahmen der Schwere des Verstoßes,[411] und zweitens bei der Feststellung mildernder Umstände.

141 Die **Schwere** der Zuwiderhandlung wird in jedem Einzelfall unter Berücksichtigung aller relevanten Umstände beurteilt.[412] Die Kommission berücksichtigt bei der Bestimmung der genauen Höhe „mehrere Umstände", für welche die EU-Bußgeldleitlinien 2006 typische Sachverhaltsumstände nennen.[413] Maßnahmen der Kartellrechtscompliance werden dabei nicht erwähnt. Die Kriterien für die Schwere sind nach dem klaren Wortlaut jedoch nur beispielhaft. Wenn ein Verstoß in Widerspruch zum Kartellrechtscompliance-Programm steht, hat die Zuwiderhandlung einen deutlich geringeren Unrechtsgehalt, als wenn sie durch fehlende Kontrollen ermöglicht oder von der Unternehmensleitung sehenden Auges hingenommen wurde oder wenn die Unternehmensspitze sogar selbst beteiligt war. Bei Existenz umfassender Kartellrechtscompliance-Maßnahmen können gleichwohl erfolgte Verstöße deshalb grundsätzlich als minder schwerer Fall eingestuft werden.

142 Die EU-Bußgeldleitlinien 2006 zählen konkrete **mildernde** Umstände zur Anpassung des Grundbetrags auf.[414] Compliance-Maßnahmen finden keine explizite Erwähnung.[415] Die Kommission würdigt jedoch „in einer Gesamtperspektive sämtliche einschlägigen Umstände",[416] die zu einer Ermäßigung führen können. Die Aufzählung mildernder Umstände ist nach dem klaren Wortlaut nicht abschließend.[417] Wenn sich ein Unternehmen nachweislich ernsthaft um die Vermeidung von Verstößen bemüht hat, kann die Kommission dies *de lege lata* schon deshalb als mildernden Umstand werten.[418] Als normativer Anknüpfungspunkt in Betracht kommt auch der mildernde Umstand der vom Unternehmen beigebrachten „Beweise, dass die Zuwiderhandlung aus Fahrlässigkeit begangen wurde".[419] Fahrlässiges Verhalten – und damit ein mildernder Umstand – dürfte dann vorliegen, wenn Kartellrechtsverstöße von Nicht-Organen eines Unternehmens begangen wurden und das Unternehmen im Rahmen seiner Compliance-Bemühungen alles Zumutbare für eine Vermeidung unternommen hat.[420]

143 **bb) Kommissions- und Gerichtspraxis.** Die Kommission nutzt in ihrer **aktuellen Verwaltungspraxis** die beschriebenen, derzeit bestehenden rechtlichen Spielräume nicht.[421] In jüngeren Entscheidungen begrüßt sie zwar regelmäßig die getroffenen Compliance-Maßnahmen, lehnt jedoch eine Berücksichtigung als mildernder Umstand ab, da gleichwohl eingetretene Kartell-

---

408 ABl. 2006 C 210/2; dazu 12. Kap., Rn. 84 ff. Zu den Bußgeldleitlinien des Bundeskartellamts siehe Rn. 147 sowie 12. Kap., Rn. 185.
409 EU-Bußgeldleitlinien 2006, Rn. 20.
410 Näher zur Bußgeldberechnung nach den EU-Bußgeldleitlinien 2006 siehe 12. Kap., Rn. 84 ff.
411 EU-Bußgeldleitlinien 2006, Rn. 19.
412 EU-Bußgeldleitlinien 2006, Rn. 20.
413 EU-Bußgeldleitlinien 2006, Rn. 22.
414 EU-Bußgeldleitlinien 2006, Rn. 29.
415 Die Bußgeldleitlinien des Bundeskartellamts erwähnen Compliance-Programme ebenfalls nicht als Bemessungsfaktor (Bekanntmachung Nr. 38/2006 vom 15. September 2006, abrufbar unter www.bundeskartellamt.de, Rn. 17). Zur Praxis im deutschen Kartellrecht, insbesondere zur dort bestehenden Enthaftungsmöglichkeit durch effektive Kartellrechtscompliance-Programme hinsichtlich des Vorwurfs einer Aufsichtspflichtverletzung nach § 130 OWiG siehe Rn. 138 ff. sowie *Bosch/Colbus/Harbusch*, WuW 2009, 740, 741 ff., 747 f.; *Pampel*, BB 2007, 1636, 1638 f.; *Voet van Vormizeele*, CCZ 2009, 41, 45 f.; *Bechtold*, § 81 Rn. 67; *Dannecker/Biermann*, in: Immenga/Mestmäcker GWB, § 81 Rn. 379.
416 EU-Bußgeldleitlinien 2006, Rn. 27.
417 *Moosmayer*, wistra 2007, 91, 93; *Dannecker/Biermann*, in: Immenga/Mestmäcker EG-WettbR, Art. 23 VO (EG) Nr. 1/2003, Rn. 211.
418 Ebenso im Ergebnis *Voet van Vormizeele*, CCZ 2009, 41, 44, 47 f.; *Bosch/Colbus/Harbusch*, WuW 2009, 740, 749; *Dreher*, ZWeR 2004, 75, 88 f.
419 EU-Bußgeldleitlinien 2006, Rn. 29.
420 *Bosch/Colbus/Harbusch*, WuW 2009, 740, 749.
421 Siehe *Engelsing/Schneider*, in: MünchKomm, VO 1/2003, Art. 23 Rn. 151. Siehe auch Rn. 150, 157 (Stellungnahmen von EU-Wettbewerbskommissar Almunia).

rechtsverstöße sanktionswürdig blieben.[422] Nach heutiger Auffassung der Kommission gilt dies unabhängig davon, ob das Compliance-Programm vor oder nach der Zuwiderhandlung bzw. deren Aufdeckung oder Verfolgung eingeführt wurde.[423] Die Rechtsprechung hat bestätigt, dass die Kommission nicht verpflichtet ist, Bemühungen um Kartellrechtscompliance als mildernden Umstand zu berücksichtigen.[424]

Bei **Hardcore-Kartellabsprachen** erkennt die Kommission, vom EuG gebilligt, nachträgliche **144** Bemühungen bereits seit Längerem nicht als mildernden Umstand an.[425] Die Kommission hat die Nichtberücksichtigung damit begründet, dass die Initiative im konkreten Fall zu spät gekommen sei. Sie könne „nicht als vorbeugendes Mittel die Kommission von ihrer Pflicht entbinden, die (…) in der Vergangenheit begangenen Zuwiderhandlungen gegen die Wettbewerbsregeln zu ahnden."[426] Der Umstand, dass die Kommission in früheren Verfahren nachträgliche, zur Verhinderung neuer Zuwiderhandlungen getroffene Maßnahmen berücksichtigt hatte, zwingt sie nach Ansicht des EuG nicht, dies auch bei besonders schweren, vorsätzlichen und unter größter Geheimhaltung begangenen Verstößen zu tun.[427] Allerdings muss die Kommission insoweit den Gleichbehandlungsgrundsatz beachten. Dies setzt nach Ansicht des EuG voraus, dass Unternehmen, an die *dieselbe* Entscheidung gerichtet ist, in diesem Punkt nicht unterschiedlich behandelt werden.[428]

Ein Blick auf die **frühere Praxis** zeigt, dass der derzeitige Ansatz nicht zwingend ist. Bis in die **145** 1990er-Jahre hinein hat die Kommission Bemühungen um Kartellrechtscompliance als bußgeldrelevant angesehen: Sie wurden bei **Nicht-Hardcorekartellen** als mildernder Umstand gewertet, wenn sie vor Aufdeckung bzw. Verfolgung des Verstoßes unternommen wurden.[429] Die

---

422 Siehe etwa Kommission, COMP/39.396 (Calciumcarbid und Reagenzien auf Magnesiumbasis für die Stahl- und die Gasindustrien, 2009), Rn. 325: „Auch wenn die Kommission Maßnahmen von Unternehmen begrüßt, die darauf gerichtet sind, die Wiederholung von Kartellverstößen zu vermeiden und Zuwiderhandlungen den zuständigen Behörden zu melden, können diese Maßnahmen nichts an der Tatsache ändern, dass eine Zuwiderhandlung vorliegt, die sanktioniert werden muss." Ähnlich Kommission, COMP/36.545/F3 (Aminosäuren), ABl. 2001 L 152/24, Rn. 312; COMP/F/38.443 (Kautschukchemikalien, 2005), Rn. 345; COMP/F/38.645 (Methacrylates, 2006), Rn. 386 f.; COMP/E-1/38.823 (PO/Elevators and Escalators, 2007), Rn. 754; COMP/38710 (Bitumen Spain, 2007), Rn. 563; COMP/39.129 (Power Transformers, 2009), Rn. 261, 277; COMP/39092 (Bathroom fittings & fixtures, 2010), Rn. 1253 f.

423 *Pampel*, BB 2007, 1636, 1638 f.; Kommission, C.38.359 (Elektrotechnische und mechanische Kohlenstoff- und Graphitprodukte, 2003), Rn. 313: „Die Kommission begrüßt diese Initiative (…), die hoffentlich neuen Zuwiderhandlungen vorbeugen wird. Sie hält es jedoch nicht für angebracht, ein Programm zur Einhaltung des Wettbewerbsrechts als mildernden Umstand für ein Kartellvergehen zu werten, ob diese Zuwiderhandlung nun vor oder nach Einführung eines solchen Programms begangen wurde".

424 EuGH, verb. Rs. C-189/02 P, C-202/02 P, C-205/02 P bis C-208/02 P und C-213/02 P (Dansk Rørindustri u.a.), Slg. 2005, I-5425, Rn. 373; EuG, Rs. T-7/89 (Hercules Chemicals), Slg. 1991, II-1711, Rn. 357; EuG, Rs. T-224/00 (Archer Daniels Midland und Archer Daniels Midland Ingredients/Kommission), Slg. 2003, II-2597, Rn. 280 f.; EuG, Rs. T-279/02 (Degussa), Slg. 2006, II-897, Rn. 350 f.; EuG, verb. Rs. T-109/02, T-118/02, T-122/02, T-125/02, T-126/02, T-128/02, T-129/02, T-132/02 und T-136/02 (Bolloré u.a.), Slg. 2007, II-947, Rn. 653.

425 Siehe das Verfahren Hercules (der Umstand der Nichtberücksichtigung ergibt sich erst aus dem Gerichtsurteil): Kommission, IV/31.149 (Polypropylen), ABl. 1986 L 230/66, Rn. 108; EuG, Rs. T-7/89 (Hercules Chemicals), Slg. 1991, II-1711 Rn. 351, 354, 357.

426 Kommission, COMP/36.545/F3 (Aminosäuren), ABl. 2001 L 152/24, Rn. 312.

427 EuG, Rs. T-7/89 (Hercules Chemicals), Slg. 1991, II-1711, Rn. 357. Ähnlich siehe EuG, Rs. T-224/00, Archer Daniels Midland und Archer Daniels Midland Ingredients/Kommission, Slg. 2003, II-2597, Rn. 280 f.; EuG, Rs. T-279/02 (Degussa), Slg. 2006, II-897, Rn. 350 f.; Kommission, COMP/F/38.443 (Kautschukchemikalien, 2005), Rn. 345; Kommission, COMP/E-1/38.823 (PO/Elevators and Escalators, 2007), Rn. 754.

428 EuG, Rs. T-224/00, Archer Daniels Midland und Archer Daniels Midland Ingredients/Kommission, Slg. 2003, II-2597, Rn. 281; EuG, Rs. T-279/02 (Degussa), Slg. 2006, II-897, Rn. 351.

429 Kommission, IV/32.725 (VIHO/Parker Pen), ABl. 1992 L 233/27, Rn. 24.

Kommission hat ferner bereits seit 1982 auch nachträglich durchgeführte Compliance-Maßnahmen positiv berücksichtigt.[430]

146 Auch bei **Marktmachtmissbrauch** hat die Kommission eine bußgeldmindernde Wirkung nachträglicher Maßnahmen angenommen.[431] In einem späteren Fall, der ein Preiskartell betraf, hat die Kommission die Existenz desselben Compliance-Programms[432] dann allerdings als bußgelderhöhend gewürdigt.[433] Diese in der Folgezeit niemals wiederholte Bewertung wird zu Recht als Einzelfallentscheidung gewertet. Die Kommission wollte die Wiederholungstäterschaft eines Unternehmens – zumal dieses die künftige Einhaltung des Missbrauchsverbots der Kommission ausdrücklich zugesagt hatte – sanktionieren bzw. den früher gewährten Vorteil wieder entziehen. Sie wollte hingegen keinen Präzedenzfall für eine bußgelderhöhende Wirkung gescheiterter Compliance-Maßnahmen setzen.[434]

147 **b) Bebußung durch das Bundeskartellamt.** Das Kammergericht hat in mindestens zwei Entscheidungen Compliance-Bemühungen zur Vermeidung von Zuwiderhandlungen bei der Bußgeldbemessung positiv berücksichtigt.[435] Im Schrifttum wird ebenfalls für eine bußgeldmindernde Berücksichtigung insbesondere nachträglicher Compliance-Bemühungen eingetreten.[436] Die Bußgeldleitlinien des Bundeskartellamts (2006)[437] erwähnen Compliance dagegen nicht ausdrücklich als Bemessungsfaktor. Die Leitlinien erlauben aber eine Berücksichtigung des **Nachtatverhaltens** als **mildernden Umstand**.[438] Bereits deshalb können nach Bekanntwerden eines Verstoßes eingeführte Compliance-Programme zumindest theoretisch bußgeldmindernd wirken. Die in den Leitlinien genannten mildernden Umstände sind überdies nicht abschließend.[439] In seiner **Praxis** hat das Bundeskartellamt Kartellrechtscompliance-Maßnahmen bisher allerdings weder bei der Bebußung von natürlichen Personen gemäß §§ 9, 14 OWiG noch von Unternehmen nach § 30 OWiG als bußgeldmindernd berücksichtigt. Dies gilt unabhängig davon, ob die Maßnahmen vor oder nach Bekanntwerden einer Zuwiderhandlung durchgeführt wurden.[440] Jüngere Hinweise aus der Behörde deuten auf keine Änderung dieser Praxis hin.[441] Soweit ersichtlich, gibt es in der veröffentlichten Behördenpraxis auch keine gegenteilige, also bußgelderhöhende Berücksichtigung. Soweit Kartellrechtverstöße zu Sanktionen des Bundeskartellamts führen,[442] hat Kartellrechtscompliance demnach keine Auswirkungen auf die Bußgeldhöhe, d.h. sie ist „bußgeldneutral".

---

430 Kommission, IV/30.070 (National Panasonic), ABl. 1982 L 354/28, Rn. 68: Ein solches Verhalten müsse „als ein positiver Schritt angesehen werden, der dazu beiträgt, das Bewusstsein für die sich täglich manifestierende Bedeutung der Wettbewerbspolitik auf allen Ebenen des Konzerns zu schärfen. Er zielt darauf ab sicherzustellen, daß die obere Führungsebene in der Lage ist, das Marktverhalten des gesamten Konzerns zu überwachen und damit wirksame interne Regeln für die Einhaltung des (...) Wettbewerbsrechts aufzustellen." Siehe ferner Kommission, IV/31.017 (Fisher-Price/Quaker Oats Ltd – Toyco), ABl. 1988 L 49/19, Rn. 27; Kommission, IV/32.879 (Viho/Toshiba), ABl. 1991 L 287/39, Rn. 28 ff.

431 Kommission, IV/30.787 und 31.488 (Eurofix-Bauco/Hilti), ABl. 1988 L 65/19, Rn. 103; Kommission, IV/30.178 (Napier Brown/British Sugar), ABl. 1988 L 284/41, Rn. 86.

432 D.h. das Programm aus Kommission, IV/30.178 (Napier Brown/British Sugar), ABl. 1988 L 284/41, Rn. 86.

433 Kommission, IV/F-3/33.708 (British Sugar), ABl. 1999 L 76/1, Rn. 208.

434 *Dannecker/Biermann*, in: Immenga/Mestmäcker EG-WettbR, Art. 23 VO 1/2003, Rn. 163; *Bechtold/Bosch/Brinker/Hirsbrunner*, Art. 23 VO 1/2003, Rn. 66; *Bosch/Colbus/Harbusch*, WuW 2009, 740, 744 f.

435 KG, Kart 12/89, WuW/E OLG 4572, 4574 (Berücksichtigung der nach einem Gesellschafterwechsel getroffenen organisatorischen Maßnahmen, um künftige Zuwiderhandlungen zu unterbinden). Ferner bereits KG, Kart 27/72 (japanischer Fotoimport), WuW/E OLG 1394, 1399: „Da der Betroffene (...) auch die glaubhaften Ausführungen der Verteidigung sonst bestrebt ist, durch Rückfragen in ihrer Kanzlei Gesetzesverstöße auszuschließen," sei keine höhere Geldbuße erforderlich gewesen.

436 *Cramer/Pananis*, in: Loewenheim/Meessen/Riesenkampff, § 81 Rn. 67; *Achenbach*, in: FK, § 81 Rn. 271; *Dannecker/Biermann*, in: Immenga/Mestmäcker GWB, § 81 Rn. 379 m.w.N.; *Klusmann*, in: Wiedemann, § 57 Rn. 86.

437 Bekanntmachung Nr. 38/2006 vom 15. September 2006, abrufbar unter www.bundeskartellamt.de.

438 BKartA, Bußgeldleitlinien 2006, a.a.O., Rn. 17.

439 *Vollmer*, in: MünchKomm GWB, § 81 Rn. 129.

440 Zur Praxis des Bundeskartellamts *Bosch/Colbus/Harbusch*, WuW 2009, 740, 741 ff., 747 f.; *Dreher*, ZWeR 2004, 75, 89 ff.; *Pampel*, BB 2007, 1636, 1638 f.; *Voet van Vormizeele*, CCZ 2009, 41, 45 f.; *Bechtold*, § 81 Rn. 67.

441 *Pampel*, BB 2007, 1636, 1638 ff.; *Voet van Vormizeele*, CCZ 2009, 41, 45.

442 Siehe Rn. 27, 138 sowie 12. Kap., Rn. 185.

II. Reformdiskussion de lege ferenda

Die im Ergebnis heute weitgehend bußgeldneutrale Bewertung von Kartellrechtscompliance[443] hat lebhafte Reformdiskussionen ausgelöst. Zu Recht wird eingewandt, dass die primär auf Abschreckung und Repression vertrauende Praxis dem **präventiven Wert** von Kartellrechtscompliance nicht gerecht wird.[444] Die wechselnde, missverständliche Entscheidungspraxis hat ferner zu Rechtsunsicherheit geführt.[445]   148

1. Wertungswidersprüche und falsche Anreize

Die generelle Nichtberücksichtigung bei der Bußgeldbemessung schafft ein gewisses **Spannungsverhältnis**[446] zur Motivation für die Einführung der Möglichkeiten von Bußgelderlass und -reduktion durch **Kronzeugenprogramme**.[447] Letztere stehen auch Unternehmen zur Verfügung, die vorsätzlich oder fahrlässig Hardcore-Kartellabsprachen getroffen haben. Es wäre konsequent, die Möglichkeiten einer Bußgeldreduktion oder Enthaftung auch solchen Unternehmen zuzugestehen, die durch ihre Compliance-Organisation erhebliche Investitionen in Präventivbemühungen getätigt haben. Ein Spannungsverhältnis ergibt sich auch daraus, dass erfolgreiche Leniency-Anträge die Übermittlung umfangreicher Informationen hinsichtlich der Beteiligung an dem Kartell voraussetzen.[448] Unternehmen mit Compliance-Programmen drohen ihren Mitarbeitern regelmäßig ernsthafte Konsequenzen für eine Kartellbeteiligung an. Dies benachteiligt sie im Hinblick auf die praktische Nutzung der Kronzeugenregelung, weil die an Kartellrechtsverstößen beteiligten Mitarbeiter häufig nur unter erhöhten Schwierigkeiten und Zeitverlust dafür gewonnen werden können, die für einen Kronzeugenantrag erforderlichen Details und Beweismittel aufzudecken. Investitionen in Kartellrechtscompliance werden insoweit doppelt bestraft.[449]   149

Die Ein- und Durchführung umfassender Kartellrechtscompliance-Maßnahmen (unter Einbeziehung kartellrechtlicher Beratung)[450] ist die einzige organisatorische Maßnahme, die Unternehmen zur Verhinderung von Kartellrechtsverstößen ihrer Mitarbeiter zur Verfügung steht.[451] Solche Programme können zwar keine absolute Gewähr für die dauerhafte Vermeidung von Zuwiderhandlungen bieten.[452] Sie schaffen aber ein Kartellrechtscompliance-Bewusstsein und eine -Kultur bei den Mitarbeitern[453] und vermitteln ihnen Gewissheit, dass die Geschäftsleitung es ernst damit meint, kaufmännische Ziele nur mit kartellrechtlich legalen Mitteln erreichen zu wollen.[454] Zugleich verengen Kartellrechtscompliance-Strukturen die Handlungsspielräume für Zuwiderhandlungen und ermöglichen eine frühzeitige Aufdeckung und Abstellung gleichwohl eingetretener Verstöße. Effektive Compliance-Programme machen unternehmensintern und extern deutlich, dass die Geschäftsleitung ihre Aufsichts- und Organisationspflichten ernst nimmt und erhöhen die Hemmschwelle für Verstöße.[455] Ähnlich wie im Strafrecht sollten in einem optimalen kartellrechtlichen Sanktionssystem auch Präventions-   150

---

443 Siehe auch den Konferenzbericht in The European Lawyer, Januar 2010, S. 30 f. mit Zitat des Kommissionsbeamten Ewoud Sakkers: „We are neutral on compliance. (…) The days of seeing it as a counterproductive measure are over".
444 *Dreher*, ZWeR 2004, 75, 88 f.; *Voet van Vormizeele*, CCZ 2009, 41, 47 ff.; *Bosch/Colbus/Harbusch*, WuW 2009, 740, 745 ff.; *Schwarze/Bechtold/Bosch*, S. 63, 65 f.
445 *Moosmayer*, wistra 2007, 91, 94.
446 Siehe auch *Dreher*, ZWeR 2004, 75, 88.
447 Siehe dazu 12. Kap., Rn. 79 ff.
448 Dazu 12. Kap., Rn. 80 ff.
449 *Schwarze/Bechtold/Bosch*, S. 63, 65 f.; *Bosch/Colbus/Harbusch*, WuW 2009, 740, 746, 749.
450 Rn. 77 ff.
451 *Bosch/Colbus/Harbusch*, WuW 2009, 740, 745.
452 *Moosmayer*, wistra 2007, 91, 94; *Bosch/Colbus/Harbusch*, WuW 2009, 740, 745.
453 Siehe Rn. 3, 64 f.
454 Rn. 63 ff.
455 *Moosmayer*, wistra 2007, 91, 94; *Bosch/Colbus/Harbusch*, WuW 2009, 740, 745; *Voet van Vormizeele*, CCZ 2009, 41, 48.

anreize angemessen honoriert werden.[456] Die derzeitige behördliche Praxis vermindert die Anreize, Kartellrechtsverstöße durch Compliance zu verhindern.[457] Der – auch von EU-Wettbewerbskommissar Almunia formulierte – Einwand, es müsse der Anreiz genügen, Verstöße und damit Geldbußen zu vermeiden,[458] greift zu kurz. Compliance-Programme können nicht jedes Risiko von Kartellrechtsverstößen eliminieren und müssen dies nach der Rechtsprechung des BGH auch nicht.[459] Sie zielen auf eine Risiko*minimierung* ab. Die derzeitige Verwaltungspraxis führt indessen zu einer *Erhöhung* kartellrechtlicher Risiken. Kartellrechtscompliance-Programme haben zur Folge, dass kartellrechtlich geschulte Mitarbeiter hinsichtlich verbotener und kartellrechtlich kritischer Handlungen am Markt „bösgläubig" sein können. Dies kann die Berufung auf den mildernden Umstand einer fahrlässigen Tatbegehung[460] erschweren.[461] Als Korrektiv, und um nicht Unternehmen ohne Präventivbemühungen zu privilegieren, sollte ernstlichen Compliance-Anstrengungen risikominimierende Wirkung dadurch zuerkannt werden, dass sie grundsätzlich als mildernder Umstand berücksichtigt werden.[462] Ferner sollten, entsprechend § 130 OWiG, auch die Gemeinschaftsorgane bei ihrer Anwendung des europäischen Kartellrechts eine Enthaftungsmöglichkeit („Compliance Defense") anerkennen und jeweils prüfen, ob die Unternehmensleitung ihre Aufsichts- und Organisationspflichten erfüllt hat.[463]

2. Rechtsvergleich

151 Ein Rechtsvergleich zeigt, dass ernstliche Bemühungen um Kartellrechtscompliance anderswo bereits in unterschiedlicher Weise bußgeld- bzw. strafrechtlich berücksichtigt werden oder dass eine Berücksichtigung rechtspolitisch in Erwägung gezogen wird.[464]

152 In den **USA** enthalten die „Federal Sentencing Guidelines", die für die US-Bundesgerichte Strafzumessungsgrundsätze festlegen, Vorgaben für die Strafbemessung gegenüber Organisationen.[465] Die Guidelines legen verschiedene Schritte für die Strafzumessung fest.[466] Im Rahmen des „Culpability Score" wird das Bestehen eines effektiven Compliance- und Ethikprogramms zum Zeitpunkt der Zuwiderhandlung als strafmindernd gewertet.[467] Die Guidelines legen dabei ausführliche Mindestanforderungen für effektive Compliance-Programme, etwa im Hinblick auf personelle Verantwortlichkeiten, Schulungs- und Informationsangebote, Berichtspflichten

---

456 *Voet van Vormizeele*, CCZ 2009, 41, 48, sowie *Moosmayer*, wistra 2007, 91, 94, auch unter Hinweis auf die im europäischen Kartellrecht derzeit sehr weit gehende Haftung von Unternehmen für ihre Tochtergesellschaften („parental liability"; dazu auch Rn. 11 und 138, sowie eingehender 12. Kap., Rn. 70 ff.) und Mitarbeiter (dazu Rn. 135), die angemessener Korrektive bedarf, wenn sich die Unternehmensleitung ernsthaft um die Einhaltung des Kartellrechts bemüht.

457 *Dreher*, ZWeR 2004, 75, 88.

458 Nachw. zu den entsprechenden Ausführungen von Almunia bei Rn. 157.

459 Rn. 6, 37. Siehe ferner Rn. 152.

460 Rn. 29 der EU-Bußgeldleitlinien 2006; siehe Rn. 142.

461 *Dreher*, ZWeR 2004, 75, 88.

462 *Dreher*, ZWeR 2004, 75, 88 f., der allerdings keinen mildernden Umstand bei Zuwiderhandlungen durch die gesetzlichen Vertreter eines Unternehmens oder eine Unternehmensvereinigung annehmen will. Solche Organpersonen würden selbst über die Ein- und Durchführung von Compliance-Programmen entscheiden und dürften ihr Unternehmen bei eigenem „widersprüchlich kartellrechtswidrig[en]" Verhalten nicht durch Einsatz von Compliance-Maßnahmen „bußgeldrechtlich privilegieren".

463 Siehe Rn. 137.

464 Zum Folgenden siehe auch OFT, Drivers of Compliance and Non-compliance with Competition Law, Mai 2010, a.a.O., S. 20 ff.; *Moosmayer*, S. 12; *Pampel*, BB 2007, 1636, 1638; *Voet van Vormizeele*, CCZ 2009, 41, 47; *Heine/Roth*, S. 17 ff.

465 United States Sentencing Commission, 2010 Federal Sentencing Guidelines Manual, Chapter Eight – Sentencing of Organizations, abrufbar unter www.ussc.gov.

466 Zum Beispiel Festlegung eines „Offense Level", des „Base Fine", eines „Culpability Score", sowie von „Minimum and Maximum Multipliers". Näher zur Systematik der Strafzumessung nach den Federal Sentencing Guidelines siehe *Voet van Vormizeele*, CCZ 2009, 41, 47. Siehe auch OFT, Drivers of Compliance and Non-compliance with Competition Law, Mai 2010, a.a.O., S. 20. Zu den jüngsten Änderungen der in den US Federal Sentencing Guidelines enthaltenen Regelungen zur Compliance siehe *Engelhart*, NZG 2011, 126; *Withus*, CCZ 2011, 63.

467 2010 Federal Sentencing Guidelines Manual, § 8B2.1 und § 8C2.5(f)(1).

B. Kasten

und diverse andere Mechanismen fest.[468] Ferner definieren sie in Form einer widerlegbaren Vermutung, dass bei Teilnahme, stillschweigender Duldung oder mutwilliger Unwissenheit eines bestimmten Personenkreises kein effektives Programm vorlag[469] und dass bei Vorliegen bestimmter weiterer Umstände eine Sanktionsreduktion ausscheidet.[470] Die Federal Sentencing Guidelines zielen auf die Schaffung von Anreizen für Unternehmen ab, durch Compliance- und Ethikprogramme intern die umfassende Beachtung aller rechtlichen und ethischen Verhaltensstandards zu unterstützen. Dadurch sollen Prävention und Aufdeckung von Rechtsverstößen erleichtert werden.[471] In den USA engagieren sich auch die Kartellbehörden für Präventivbemühungen der Unternehmen. Die OECD hebt positiv hervor, dass das US-Justizministerium (Antitrust Division) Vorträge über Compliance-Programme für Führungskräfte von Unternehmen veranstaltet.[472]

In **Großbritannien** hat das Office of Fair Trading (OFT) dem Thema „Impact on the amount   153
of a penalty" in einem am 19. Oktober 2010 veröffentlichten Konsultationspapier zur Kartellrechtscompliance einen eigenen Abschnitt gewidmet.[473] Das OFT sieht den wesentlichen Zweck zunächst in der Vermeidung von Zuwiderhandlungen. Compliance-Bemühungen sollen zu keinen automatischen Bußgeldermäßigungen oder -erhöhungen führen. Sie seien zunächst „neutral" zu bewerten. Obgleich es keinen bußgeldmindernden Automatismus geben soll,

---

468 2010 Federal Sentencing Guidelines Manual, § 8B2.1.(a) verlangt für die Existenz eines effektiven Compliance- und Ethikprogramms im Grundsatz (i) *Due Diligence* hinsichtlich der Vermeidung und Entdeckung von strafrechtlichem Verhalten sowie (ii) Förderung einer *Unternehmenskultur*, die ethisches Verhalten und ein Bekenntnis zur Compliance fördert. § 8B2.1.(b) enthält detaillierte *organisatorische Mindestanforderungen* dazu, wie diese beiden Grundprinzipien im täglichen Geschäft zu erfüllen sind. Dazu zählen: Aufstellung von Standards und Prozessen zur Vermeidung und Entdeckung kriminellen Verhaltens; Kenntnis der relevanten Unternehmensgremien (insbesondere Geschäftsleitung) von Inhalt und Abläufen des Compliance- und Ethikprogramms im Hinblick auf Implementierung und Effektivität des Programms; Sicherstellung der Existenz eines effektiven Programms durch hochrangiges Personal des Unternehmens und Zuweisung einer Gesamtverantwortlichkeit für das Programm; Übertragung der operativen Verantwortlichkeit für das Programm im Tagesgeschäft an konkrete Mitarbeiter; Bestimmung regelmäßiger Berichtspflichten dieser Individuen hinsichtlich der Effektivität des Programms gegenüber hochrangigem Personal des Unternehmens, den Unternehmensgremien oder unternehmensinternen Komitees; Zuteilung von angemessenen Ressourcen und Kompetenzen sowie Einrichtung direkter Berichtswege zur Wahrnehmung der operativen Verantwortlichkeit; Anwendung vernünftiger Anstrengungen bei Auswahl des mit den erforderlichen Kompetenzen ausgestatteten Personals (insbesondere keine Ernennung von Personen, deren Teilnahme an illegalem oder anderweitig mit einem effektiven Programm unvereinbaren Verhalten bekannt ist oder bekannt sein sollte); angemessene, regelmäßige und praktische Kommunikationsmaßnahmen hinsichtlich der Standards, Prozesse und sonstigen Aspekte des Programms durch effektive Schulungsprogramme und anderweitige Informationsmaßnahmen; Abstimmung der Kommunikationsmaßnahmen auf Funktion und Verantwortlichkeiten der jeweiligen Adressaten (Adressaten sind Mitglieder der relevanten Unternehmensgremien, hochrangiges Personal, Personal mit wesentlichen Kompetenzen sowie die Angestellten); Implementierung vernünftiger Maßnahmen, um die Befolgung des Programms zu gewährleisten, insbesondere Überwachung und Prüfung durch die Revision bzw. Auditierung zur Entdeckung kriminellen Verhaltens; regelmäßige Bewertung der Effektivität des Programms; Implementierung und Kommunikation eines Systems, durch das Mitarbeiter – gegebenenfalls anonym oder vertraulich – ohne Furcht vor Vergeltungsmaßnahmen mögliche oder tatsächliche Zuwiderhandlungen berichten oder weitere Beratung in Anspruch nehmen können; Bekanntmachung und beständige Durchsetzung des Programms durch angemessene Anreize für seine Befolgung sowie disziplinarische Maßnahmen für Zuwiderhandlungen und unterlassene präventive oder kontrollierende Maßnahmen; bei Entdeckung von kriminellem Verhalten: angemessene reaktive Maßnahmen, insbesondere zur künftigen Vermeidung ähnlicher Zuwiderhandlungen, einschließlich erforderlicher Anpassungen des Programms; regelmäßige Bewertung des Risikos krimineller Zuwiderhandlungen und Durchführung angemessener Maßnahmen zur Gestaltung, Implementierung oder Anpassung der vorstehend beschriebenen Elemente mit dem Zweck einer Verringerung der erkannten Risiken.
469 2010 Federal Sentencing Guidelines Manual, § 8C2.5(f)(3)(B).
470 2010 Federal Sentencing Guidelines Manual, § 8C2.5(f)(2) und (3)(A).
471 2010 Federal Sentencing Guidelines Manual, Chapter 8, Introductory Commentary.
472 OECD, Hard Core Cartels: Third report on the implementation of the 1998 Council Recommendation, 2005, abrufbar unter www.oecd.org, S. 18.
473 Office of Fair Trading (OFT), How Your Business Can Achieve Compliance, Guidance, Oktober 2010, a.a.O., S. 32. Siehe auch die entsprechende Pressemitteilung vom 19.10.2010, „OFT consults on competition compliance guidance", abrufbar unter www.oft.gov.uk/news-and-updates/press. Das Konsultationsverfahren endete am 21.1.2011. Ergebnisse bzw. ein endgültiges Guidance-Papier des OFT waren bei Drucklegung noch nicht veröffentlicht.

möchte das OFT angemessene Compliance-Maßnahmen jedoch im Rahmen einer Ermessensentscheidung mit einer Bußgeldermäßigung von bis zu 10% honorieren. Solche Maßnahmen können vorliegen, wenn sie die vier Stufen Risikoidentifizierung, -bewertung, -verringerung sowie regelmäßige Überprüfungen umsetzen. Eine Bußgelderhöhung wegen Existenz eines Compliance-Programms soll regelmäßig nicht in Betracht kommen. Als Ausnahmen nennt die Behörde den Einsatz von Compliance-Programmen zur Erleichterung von Zuwiderhandlungen, zur Täuschung des OFT hinsichtlich Bestehen oder Art eines Verstoßes sowie zur Tatverschleierung. Die in dem Konsultationspapier des OFT enthaltenen Grundsätze stehen in Einklang mit der bisherigen Behördenpraxis. Das OFT hatte bereits 2004 in seinen Bußgeldleitlinien den Einsatz angemessener Maßnahmen zur Vermeidung von Kartellrechtsverstößen als mildernden Umstand ausdrücklich festgeschrieben.[474]

154 In der **Schweiz** wird im Rahmen einer möglichen Revision des Kartellgesetzes (KG) seit Einsetzung einer Evaluationsgruppe im Winter 2006/2007 die Möglichkeit einer sanktionsmindernden oder -befreienden Berücksichtigung von Kartellrechtscompliance diskutiert. Der Bundesrat hat im Rahmen eines ersten Konsultationsverfahrens („Vernehmlassung") im Jahr 2010 eine Sanktionsbefreiung abgelehnt.[475] In einem ergänzenden, am 30. März 2011 eröffneten zweiten Konsultationsverfahren hat der Bundesrat entsprechend der „Motion Schweiger" jedoch eine *Milderung* der Verwaltungssanktionen für Unternehmen befürwortet, die über ein glaubwürdiges Compliance-Programm zur Einhaltung der kartellgesetzlichen Bestimmungen verfügen. Der Gesetzentwurf sieht eine Ergänzung von Art. 49a KG vor, nach welcher „[d]er Geschäftstätigkeit und der Branche angemessene Vorkehrungen zur Verhinderung von Kartellrechtsverstößen (...) sanktionsmindernd zu berücksichtigen [sind], wenn sie und deren Wirksamkeit von den Unternehmen hinreichend dargetan werden."[476] Der Erläuternde Bericht zum Gesetzentwurf stellt fest, dass „Compliance-Bemühungen einen wertvollen Beitrag zur Erreichung der Zielsetzung des KG [leisten], volkswirtschaftlich oder sozial schädliche Auswirkungen von Wettbewerbsbeschränkungen zu verhindern".[477] Deshalb sollten „Compliance-Programme, die einen wirksamen Beitrag zur Durchsetzung des Kartellrechts leisten",[478] durch eine Sanktionsreduktion als „Belohnung" für die im konkreten Fall erfolglose Bemühung zu rechtstreuem Verhalten honoriert werden.[479] Die Erläuterungen zum Entwurf von Art. 49a KG n.F. enthalten nähere Ausführungen zu den konkreten Anforderungen an wirksame Kartellrechtscompliance-Programme.[480] Über das Vorliegen der erforderlichen Qualität und Güte sollen die Wettbewerbsbehörden bzw. Gerichte im Einzelfall innerhalb des ihnen zustehenden Beurteilungsspielraums zu befinden haben.[481]

---

474 OFT's guidance as to the appropriate amount of a penalty, 2004, Rn. 2.16, abrufbar unter www.oft.gov.uk.

475 Näher dazu (jeweils abrufbar unter www.weko.admin.ch) Erläuternder Bericht zur Änderung des Bundesgesetzes über Kartelle und andere Wettbewerbsbeschränkungen, 30.6.2010, S. 7 f.; Bericht des Bundesrates vom 25.3.2009 über die Evaluation des Kartellgesetzes, S. 6, 13.

476 Revision des Kartellgesetzes: Zweite Vernehmlassung, 30.3.2011, abrufbar unter www.weko.admin.ch.

477 Erläuternder Bericht zur Änderung des Bundesgesetzes über Kartelle und andere Wettbewerbsbeschränkungen, Teil 2, 30.3.2011, abrufbar unter www.weko.admin.ch, S. 17.

478 Ebd., S. 18. Siehe auch ebd., S. 28.

479 Ebd., S. 14, 17.

480 Insbesondere: Sie müssen Ausdruck nachhaltiger Bemühungen um Verhinderung von Zuwiderhandlungen der begangenen Art sein. Ferner: Angemessene finanzielle und personelle Ausstattung; Angemessenheit im Hinblick auf Geschäftstätigkeit, Branche und Größe des Unternehmens; wirksame innerbetriebliche Umsetzung durch Aufstellung von Verhaltensrichtlinien, regelmäßige Analyse der rechtlichen Risiken, Durchsetzung interner Weisungen, periodische branchen-, funktions- und stufengerechte Ausbildung des Managements und der Mitarbeiter, Sensibilisierung für die Anforderungen des Kartellrechts und regelmäßige Wissenskontrollen; Verwendung interner Zielvorgaben, die ohne Kartellrechtsverstöße erreichbar sind; strenge und effektive firmeninterne Kontrollmechanismen, die mögliche Kartellrechtsverstöße zeitnah aufdecken, beseitigen und intern ahnden. Siehe ebd., S. 28 f. sowie *Heine/Roth*, S. 28 ff.

481 Erläuternder Bericht, a.a.O., S. 18, 29, wonach ab Vorliegen einer gefestigten Rechtsprechung zudem geprüft werden soll, ob der Bundesrat oder die Wettbewerbsbehörde durch Verordnung oder Bekanntmachung nähere Vorgaben für die Ausgestaltung ausreichender Compliance-Maßnahmen regeln soll. Die Reformdiskussion über eine ausdrückliche Festlegung der sanktionsmindernden Wirkung bestimmter Kartellrechtscompliance-Maßnahmen (eine *Möglichkeit* zur Sanktionsreduktion bei Vollzug des KG bestand in der Schweiz schon nach geltendem Recht; ebd., S. 14, 29) war bei Drucklegung noch nicht abgeschlossen. Die zweite Vernehmlassung endete am 6. Juli 2011.

B. Kasten

In **Brasilien, Australien, Kanada** und **Frankreich** gibt es unterschiedliche Ausprägungen einer   155
Berücksichtigung von Kartellrechtscompliance-Programmen bzw. entsprechender Reformbestrebungen. Mögliche Vorbilder für entsprechende Maßnahmen im europäischen Kartellrecht
sind z.b. von den Behörden zur Verfügung gestellte Muster und Richtlinien für eine Errichtung
effektiver, potenziell bußgeldmindernder Programme sowie Evaluierungen oder Zertifizierungen durch die Behörden.[482]

3. Keine überzeugenden Einwände gegen eine bußgeldrechtliche Berücksichtigung

Gegen eine bußgeldmindernde Wirkung nachträglich eingeführter Compliance-Maßnahmen   156
wird teilweise angeführt, es müssten dann konsequenterweise diejenigen Maßnahmen bußgelderhöhend berücksichtigt werden, die vor einer Zuwiderhandlung bestanden, aber offensichtlich „versagt" hätten.[483] Ein sachlicher Grund hierfür ist jedoch nicht ersichtlich. Kartellrechtscompliance-Maßnahmen brauchen bereits nach der Rechtsprechung des BGH nicht jeden
denkbaren Verstoß vermeiden.[484] Eine pauschale Unterstellung, dass bei einem gleichwohl erfolgten Verstoß das bestehende Programm seine Aufgabe verfehlt habe, ist demnach wenig
überzeugend. Das Auftreten einzelner Verstöße bedeutet nicht zwingend, dass das Programm
zur angemessenen Prävention, Kontrolle und Aufdeckung sowie Reaktion generell ungeeignet
wäre. Die US Sentencing Guidelines erkennen dies ausdrücklich an.[485] Vor diesem Hintergrund
sollte auch im europäischen Kartellrecht, anstelle einer pauschalen Nichtberücksichtigung von
Kartellrechtscompliance, eine einzelfallbezogene Prüfung der konkreten Ausgestaltung und
Umsetzung des Programms sowie der konkreten Art der Tatbegehung vorgenommen werden.[486] Wenn Struktur und praktische Umsetzung Zuwiderhandlungen grundsätzlich effektiv
verhindern können, haben gleichwohl eingetretene Zuwiderhandlungen – zumal bei Verstößen
einzelner Mitarbeiter („rogue employees") – einen deutlich niedrigeren „systemischen" Unrechtsgehalt als in Fällen, in denen das Unternehmen keine Präventivmaßnahmen ergriffen
hatte.[487] Gerade als Korrektiv zur grundsätzlich „scharfen" Zurechnung des europäischen
Kartellrechts bei Zuwiderhandlungen von berechtigterweise für das Unternehmen tätigen Mitarbeitern (einschließlich „rogue employees")[488] sollte bei gleichwohl eingetretenen Zuwiderhandlungen die bei umfangreichen Compliancemaßnahmen geringere Schuld auf der Ebene des
Unternehmens (wenn auch nicht notwendigerweise des handelnden Mitarbeiters) positiv berücksichtigt werden. Auch dient gerade eine „nachträgliche" Einführung von Compliance-
Programmen nicht „nur"[489] der Erfüllung von Rechtspflichten. Sie sollte als positives Nachtatverhalten gewürdigt werden.[490] Der Einwand, die Aufstellung objektiver Qualitätsmerkmale
für Kartellrechtscompliance sei schwierig,[491] überzeugt in Anbetracht der Federal Sentencing
Guidelines in den USA[492] ebenfalls nicht. Es sollten deshalb, um nicht den ernsthaften Willen
zu Präventivbemühungen zu konterkarieren, „vorherige" wie „nachträgliche" sachgerechte
Kartellrechtscompliance-Maßnahmen grundsätzlich bußgeldausschließende oder -mindernde
Wirkung haben.[493]

---

482 Ausführlicher dazu *Voet van Vormizeele*, CCZ 2009, 41, 47. Zur Praxis in Australien und Kanada siehe
     auch OFT, Drivers of Compliance and Non-compliance with Competition Law, Mai 2010, a.a.O., S. 21 ff.
483 *Pampel*, BB 2007, 1636, 1638, unter Verweis auf die „British Sugar"-Entscheidung vom 14.10.1998
     (ABl. 1999 L 76/1, Rn. 208), die indessen keine allgemeine Gültigkeit beanspruchen kann; siehe Rn. 146.
484 Rn. 6, 37.
485 2010 Federal Sentencing Guidelines Manual, § 8B2.1.(a)(2): "Such compliance and ethics program shall be
     reasonably designed, implemented, and enforced so that the program is generally effective in preventing and
     detecting criminal conduct. The *failure to prevent or detect* the instant offense *does not necessarily mean that
     the program is not generally effective* in preventing and detecting criminal conduct." (Hervorh. d. Verf.).
486 *Bosch/Colbus/Harbusch*, WuW 2009, 740, 745.
487 Siehe auch Rn. 137.
488 Das EU-Kartellrecht sieht im Gegensatz zum deutschen Recht (§ 130 OWiG; siehe Rn. 138) bislang keine
     Enthaftungsmöglichkeit vor; siehe Rn. 135 ff., 150.
489 So aber (mit Bezug auf die Praxis des Bundeskartellamts) *Pampel*, BB 2007, 1636, 1638.
490 Siehe im Hinblick auf die Praxis im deutschen Recht *Voet van Vormizeele*, CCZ 2009, 41, 46.
491 So etwa der Einwand von *Whish*, siehe Konferenzbericht in The European Lawyer, Januar 2010, S. 31.
492 Rn. 152.
493 *Voet van Vormizeele*, CCZ 2009, 41, 46.

4. Ausblick

157 EU-Wettbewerbskommissar Almunia hat vor dem Hintergrund der aktuellen Reformdiskussionen in den Jahren 2010 und 2011 eine Fortsetzung der derzeit neutralen Beurteilung von Compliance-Bemühungen in Aussicht gestellt: „I am often asked whether companies should be rewarded for operating compliance programmes when they are found to be involved in illegal commercial practices. The answer is no. There should be no reduction of fines or other preferential treatment for these companies."[494] Gleichwohl ist zu hoffen, dass die derzeitige Praxis mittel- bis langfristig überdacht wird. Es könnte ein ausdrücklicher Rechtsgrundsatz verankert werden, dass umfassende Kartellrechtscompliance-Maßnahmen bei der Verhängung und Bemessung von Unternehmensgeldbußen zu berücksichtigen sind.[495] Die skizzierten Ansätze in anderen Kartellrechtsordnungen[496] könnten ferner Anregungen für eine Anpassung der Verwaltungsvorschriften geben. Bedenkenswert scheint, in Anlehnung an das englische Recht und die aktuellen Reformbestrebungen in der Schweiz einen ausdrücklichen mildernden Umstand „Kartellrechtscompliance" in die Bußgeldleitlinien von Kommission und Bundeskartellamt aufzunehmen. Ein weiterer Ansatz wären Konvergenzbemühungen im Rahmen des ICN oder ECN,[497] z.B. in Form von empfohlenen „best practices", Leitlinien für Kartellrechtscompliance oder Empfehlungen hinsichtlich ihrer Berücksichtigung bei der Bußgeldbemessung.[498]

---

494 *Joaquín Almunia*, Rede am 25.10.2010 auf der Businesseurope & US Chamber of Commerce Competition Conference in Brüssel (Speech/10/586). Almunia hat dort weiter ausgeführt: „As already mentioned, we reward cooperation in discovering the cartel, we reward cooperation during the proceedings before the Commission, we reward companies that have had a limited participation in the cartel, but that, I think is enough. To those who ask us to lower our fines where companies have a compliance programme, I say this: if we are discussing a fine, then you have been involved in a cartel; why should I reward a compliance programme that has failed? The benefit of a compliance programme is that your company reduces the risk that it is involved in a cartel in the first place. That is where you earn your reward. (…)". Siehe ferner *Almunia*, Cartels: the priority in competition enforcement, 15th International Conference on Competition: A Spotlight on Cartel Prosecution, Berlin, 14.4.2011, (Speech/11/268): „A *successful* compliance programme brings its own reward. The main reward for a successful compliance programme is not getting involved in unlawful behaviour. Instead, a company involved in a cartel should not expect a reward from us for setting up a compliance programme, because that would be a *failed* programme by definition.". Vgl. auch die Antwort Almunias vom 9.6.2011 auf eine parlamentarische Anfrage vom 26.4.2011 (E-004019/2011; abrufbar unter www.europarl.europa.eu). Dieser scheinbar auf der Hand liegende Gedanke greift indessen zu kurz, da er anderweitige (nachteilige) Auswirkungen der derzeitigen Praxis ausblendet; siehe Rn. 150. Verstöße, die trotz bestehendem Compliance-Programm auftreten, sind kein hinreichender Beleg dafür, dass das Programm seine präventive Aufgabe insgesamt verfehlen würde. Praxisnäher wäre stattdessen – wie dies in den U.S. Federal Sentencing Guidelines festgelegt ist (Rn. 156) und nun auch in Großbritannien (Rn. 153) und der Schweiz überlegt wird (Rn. 154) – ein Maßstab, nach dem Kartellrechtscompliance-Maßnahmen trotz eingetretener Verstöße dann sanktionsrelevant sind, wenn das Programm generell auf die Vermeidung von Zuwiderhandlungen der begangenen Art abzielt und bestimmte „Qualitätsanforderungen" erfüllt.

495 *Voet van Vormizeele*, CCZ 2009, 41, 48 f. schlägt eine Verankerung in der VO (EG) 1/2003 vor.

496 Rn. 151 ff.

497 12. Kap., Rn. 99, 105.

498 Zu den bisher fehlenden Konvergenzbestrebungen im Bereich Kartellrechtscompliance siehe *Donald*, GCR 2010, Vol. 13 Iss. 8 (August/September), 8, 12. Eine Koordination im Rahmen des ICN hat z.B. auch *Whish* angeregt, siehe Konferenzbericht in The European Lawyer, Januar 2010, S. 31.

3. Kapitel:
Horizontale Vereinbarungen

Literatur: *Ahlborn/Seeliger*, Business to Business Exchanges: EG-kartellrechtliche Probleme bei Unternehmenskooperaticnen im Internet, EuZW 2001, 552; *Capobianco*, Information Exchange Under EU Competition Law, CMLR 2004, 1247; *Carle/Johnsson*, Benchmarking and E.C. Competition Law, ECLR 1998, 74; *Gehring*, Der Fall „Microsoft" (COMP/C-3/37792), ELR 2004, 235; *Gehring/Mäger*, Kartellrechtliche Grenzen von Kooperationen zwischen Wettbewerbern – neue Leitlinien der EU-Kommission, DB 201:, 398; *Gramlich/Kröger/Schreibauer*, Rechtshandbuch B2B Plattform, München 2003; *Gutermuth*, The Revised EU Competition Rules for Production and R&D Agreements Create a More Coherent Framework of Assessment and Provide Better Guidance to Companies, CPI Antitrust Chronicle, February 2011(1); *Hauck*, Club-Bids und Kartellrecht, CCZ 2010, 53; *Jestaedt*, Funktionalität, Effizienz und Wettbewerb: B2B-Marktplätze und das Kartellrecht, BB 2001, 581; *Karenfort*, Der Informationsaustausch zwischen Wettbewerbern – kompetitiv oder konspirativ, WuW 2008, 1154; *Koenig/Kühling/Müller*, Marktfähigkeit, Arbeitsgemeinschaften und das Kartellverbot, WuW 2005, 126; *Schroeder*, Informationsaustausch zwischen Wettbewerbern, WuW 2009, 718; *Stancke*, Marktinformation, Benchmarking und Statistiken – Neue Anforderungen an Kartellrechts-Compliance, BB 2009, 912; *Voet van Vomizeele*, Möglichkeit und Grenzen von Benchmarking nach europäischem und deutschem Kartellrecht, WuW 2009, 143; *Wagner-von Papp*, Wie „identifizierend" dürfen Marktinformationsverfahren sein?, WuW 2005, 732.

A. Überblick

Das folgende Kapitel behandelt Zulässigkeit und Grenzen verschiedener Absprachen und Kooperationsformen, die Wettbewerber untereinander treffen oder eingehen. Diese **horizontalen Vereinbarungen** zwischen Unternehmen einer Marktstufe sind besonders sensibel, weil sich beschränkende Verpflichtungen meist unmittelbar auf das bestehende Konkurrenzverhältnis der Wirtschaftsteilnehmer auswirken.[1]   1

I. Horizontale Vereinbarungen

Absprachen zwischen Unternehmen lassen sich unterteilen in vertikale und horizontale Vereinbarungen. **Vertikale Vereinbarungen** werden zwischen Parteien begründet, die auf unterschiedlichen Produktions- oder Vertriebsstufen tätig sind,[2] z.B. ein Liefervertrag über ein Produkt zwischen dem Hersteller und dem weiterverarbeitenden Abnehmer. **Horizontale Vereinbarungen** sind solche, die zwischen Unternehmen derselben Produktions- oder Vertriebsstufe abgeschlossen werden, wie etwa ein Konsortialvertrag zwischen zwei Baufirmen zur Durchführung eines Großvorhabens. Maßgeblich ist dabei der konkrete Vertragsgegenstand. Vertikale Vereinbarungen können z.B. auch von konkurrierenden Herstellern abgeschlossen werden, etwa wenn ein Hersteller ein Vorprodukt von dem Wettbewerber bezieht.[3] Eine horizontale Vereinbarung liegt auch dann vor, wenn eine Absprache zwischen Unternehmen getroffen wird, die lediglich auf der Handelsstufe miteinander konkurrieren oder die im Wettbewerb stehende Dienstleistungen[4] erbringen. Für nicht wechselseitige Vereinbarungen normiert **Art. 2 Abs. 4 Vertikal-GVO** hiervon zwei Ausnahmen. Die erste Ausnahme ermöglicht die Freistellung von Vertriebsvereinbarungen, wenn der Hersteller die Produkte sowohl über Händler als auch über das eigene Unternehmen vertreibt (dualer Vertrieb). Die zweite Ausnahme betrifft den Fall, in dem der Anbieter ein auf mehreren Handelsstufen tätiger Dienstleister ist, der Abnehmer dagegen Waren oder Dienstleistungen auf der Einzelhandelsstufe anbietet und auf der Handelsstufe, auf der er die Vertragsdienstleistungen bezieht, kein Wettbewerber ist. Erfüllt eine Vereinbarung unter Wettbewerbern eine der vorgenannten Vorausset-   2

---

1 Allgemein *Gehring/Mäger*, DB 2011, 398.
2 Siehe 4. Kap., Rn. 1.
3 Siehe 1. Kap., Rn. 91.
4 *Gehring/Mäger*, DB 2011, 400.

zungen, gelten für sie ausschließlich die Vorschriften der Vertikal-GVO.[5] Liegt indes eine horizontale Zusammenarbeit vor, müssen in einer solchen Vereinbarung enthaltene vertikale Wettbewerbsbeschränkungen zusätzlich nach den Vertikal-Leitlinien beurteilt werden.[6]

3 Art. 101 AEUV schützt neben dem **tatsächlichen** auch den **potentiellen** Wettbewerb. Deswegen kann eine horizontale Vereinbarung auch dann vorliegen, wenn die Vertragsparteien keine aktuellen Konkurrenten sind, sondern es Anhaltspunkte dafür gibt, dass eine Partei in der Lage ist, innerhalb kurzer Zeit die notwendigen zusätzlichen Investitionen und andere Umstellungskosten auf sich zu nehmen und voraussichtlich hierzu auch bereit ist, um als Reaktion auf eine geringfügige, aber dauerhafte Heraufsetzung der relativen Preise gegebenenfalls in den Markt einzutreten.[7] Dieser Einschätzung müssen realistische Annahmen zugrunde liegen. Eine lediglich theoretische Möglichkeit des Markteintritts reicht nicht aus, um potentiellen Wettbewerb zu begründen.[8] Ferner müsste der Markteintritt so schnell erfolgen, dass dessen Bevorstehen das Verhalten anderer Marktteilnehmer diszipliniert. Von einem entsprechend kurzen Zeitraum geht die Kommission grundsätzlich dann aus, wenn der Markteintritt innerhalb von höchstens drei Jahren erfolgt.[9]

II. Anwendbarkeit von Art. 101 AEUV auf horizontale Vereinbarungen

4 Die Vorschriften der Art. 101 ff. AEUV gelten für alle Formen der horizontalen Zusammenarbeit zwischen Unternehmen.[10] Wegen ihrer unmittelbaren wettbewerblichen Relevanz müssen horizontale Kooperationen besonders sorgfältig auf ihre Vereinbarkeit mit Art. 101 AEUV geprüft werden. Während außer Frage steht, dass klassische horizontale Kartellabsprachen wie Preisfestsetzungen oder Markt- und Kundenaufteilungen unzulässig sind, können andere Formen der Kooperation zwischen Wettbewerbern auch zu erheblichen positiven wettbewerblichen Effekten führen. So können etwa Produktions- oder Forschungs- und Entwicklungsgemeinschaften ein Mittel dazu sein, Risiken zu teilen, Kosten einzusparen oder die Innovation zu beschleunigen.[11]

5 Anders als bei den vertikalen Absprachen gibt es keine allgemeine GVO[12] für die horizontalen Kooperationen. Lediglich in den Bereichen gemeinsame Forschung und Entwicklung und Produktionsspezialisierungen existieren GVO (F&E-GVO, Spezialisierungs-GVO). Um die Einzelfallprüfung in der Praxis zu erleichtern, hat die Kommission die **Leitlinien über horizontale Zusammenarbeit** erlassen.[13] Darin erörtert sie, unter welchen Voraussetzungen horizontale Vereinbarungen mit Art. 101 AEUV vereinbar sind und wann solche nicht freistellungsfähig sind. Die Leitlinien nehmen allerdings nicht zu allen Formen horizontaler Zusammenarbeit Stellung. Sie umfassen nur die Bereiche, in denen nach Meinung der Kommission **Effizienzgewinne** entstehen können. Hierzu zählen der Informationsaustausch zwischen Unternehmen, Forschungs- und Entwicklungsgemeinschaften, Vereinbarungen über die Produktion (einschließlich Zuliefervereinbarungen) oder den Einkauf, gemeinsame Vermarktung und Zusammenarbeit bei der Normung.[14] Andere Kooperationsformen müssen außerhalb der Leitlinien an den allgemeinen Vorschriften gemessen werden.

6 Die Leitlinien der Kommission fußen auf dem **effects based approach**. Bei Vereinbarungen über die **Festsetzung von Preisen**, die **Beschränkung der Produktion** oder die **Aufteilung der Märk-**

---

5 *Veelken*, in: Immenga/Mestmäcker, EG-WettbR, Bd. 1, Vertikal-VO, Rn. 121; siehe auch 4. Kap., Rn. 43 ff.
6 Leitlinien über horizontale Zusammenarbeit, Rn. 227.
7 Leitlinien über horizontale Zusammenarbeit, Rn. 10.
8 Leitlinien über horizontale Zusammenarbeit, Rn. 10.
9 Leitlinien über horizontale Zusammenarbeit, Rn. 10, Fn. 3; die von der Kommission vorgenommene zeitliche Differenzierung zwischen an der Vereinbarung Beteiligten und Dritten ist fraglich, da in beiden Fällen die gleichen Kriterien maßgeblich sind.
10 *Heckenberger*, in: Loewenheim/Meessen/Riesenkampff, Anh. Art. 81, Rn. 2.
11 Leitlinien über horizontale Zusammenarbeit, Rn. 2.
12 Zu GVO allgemein 1. Kap., Rn. 28 ff.
13 Hierzu *Gehring/Mäger*, DB 2011, 398.
14 Leitlinien über horizontale Zusammenarbeit, Rn. 5.

S. Gehring

te nimmt die Kommission grundsätzlich eine **bezweckte** Wettbewerbsbeschränkung an.[15] Wettbewerbsbeschränkende Auswirkungen nicht auf diese **Kernbeschränkungen** zielender Abreden sind vor dem Hintergrund des tatsächlichen und wirtschaftlichen Umfelds zu prüfen, in dem der Wettbewerb ohne die Vereinbarung und dazugehörige Nebenabreden stattfindet.[16] Typische Wettbewerbsbeschränkungen in horizontalen Vereinbarungen sieht die Kommission, wenn die **Entscheidungsfreiheit** der Wettbewerber aufgrund der Abrede eingeschränkt wird, es zur Offenlegung sensibler Unternehmensdaten, einer spürbaren Angleichung von Kosten oder zu Marktverschließungseffekten kommt.[17] Bei der wettbewerblichen Prüfung misst die Kommission der **Marktmacht** der beteiligten Unternehmen besondere Bedeutung zu: Je höher der von den Kooperationspartnern gehaltene Marktanteil, desto kritischer ist die horizontale Zusammenarbeit zu sehen.[18] Während die Leitlinien keine konkrete Marktanteilsschwelle vorgeben, empfiehlt sich eine grobe Orientierung an den in der Spezialisierungs-GVO, der TT-GVO und der F&E-GVO vorgesehenen Schwellen.[19] Insgesamt ist zu erwarten, dass die Behörde das Vorliegen von Marktmacht zukünftig entlang des Maßstabes prüft, den sie an die Gründung von der Fusionskontrolle unterfallende Vollfunktionsgemeinschaftsunternehmen anlegt.[20]

Die Zusammenarbeit zwischen **Nicht-Wettbewerbern**, die horizontale Zusammenarbeit zwischen jeweils für sich genommen **nicht marktfähigen Unternehmen** sowie die Kooperation bei Tätigkeiten, welche die relevanten Wettbewerbsparameter nicht beeinflussen, sind grundsätzlich zulässig.[21]   7

Die Leitlinien über horizontale Zusammenarbeit stellen kein Sekundärrecht dar[22] und sind weder für Gemeinschaftsgerichte noch für nationale Gerichte oder Behörden verbindlich.[23] Sie dienen den Rechtsanwendern allerdings als Orientierungshilfe und führen zu einer Selbstbindung der Kommission bei der Ausübung ihres Aufgreifermessens.[24]   8

III. Gruppenfreistellungsverordnungen

Neben den Leitlinien über horizontale Zusammenarbeit existieren im Bereich der Kooperation zwischen Wettbewerbern zwei Gruppenfreistellungsverordnungen: die Spezialisierungs-GVO[25] und die F&E-GVO.[26] Beide Verordnungen folgen dem Grundsatz der Schirmfreistellung und fügen sich damit in den in letzter Zeit von der Kommission verfolgten Ansatz des „more economic approach" ein.[27] Die in den Schutzbereich der jeweiligen Verordnung fallenden Vereinbarungen sind freigestellt, sofern keine ausdrücklich verbotenen Kernbeschränkungen vereinbart werden. Zur Konkretisierung der beiden GVO macht die Behörde ergänzende Ausführungen in den Leitlinien über horizontale Zusammenarbeit.[28]   9

---

15 Leitlinien über horizontale Zusammenarbeit, Rn. 73, 128, 160, 205, 234 f., 276.
16 Leitlinien über horizontale Zusammenarbeit, Rn. 29.
17 Leitlinien über horizontale Zusammenarbeit, Rn. 32 ff.
18 Leitlinien über horizontale Zusammenarbeit, Rn. 44 ff.
19 *Heckenberger*, in: Loewenheim/Meessen/Riesenkampff, Anh. Art. 81, Rn. 33; zur Spezialisierungs-GVO siehe Rn. 40; zur TT-GVO vgl. 5. Kap., Rn. 25 ff., zur F&E-GVO vgl. 5. Kap., Rn. 166.
20 Leitlinien über horizontale Zusammenarbeit, Rn. 21; ferner zur fusionskontrollrechtlichen Prüfung von Gemeinschaftsunternehmen 9. Kap., Rn. 25 ff.
21 Leitlinien über horizontale Zusammenarbeit, Rn. 30; *Heckenberger*, in: Loewenheim/Meessen/Riesenkampff, Anh. Art. 81, Rn. 32.
22 Siehe 1. Kap., Rn. 13; siehe auch *Lübbig*, in: Wiedemann, § 7, Rn. 53.
23 *Heckenberger*, in: Loewenheim/Meessen/Riesenkampff, Anh. Art. 81, Rn. 26.
24 *Kirchhoff*, in: MünchKomm, Einl., Rn. 451; siehe 1. Kap., Rn. 13.
25 Zu den Einzelheiten siehe unten Rn. 39 ff.
26 Zu den Einzelheiten siehe 5. Kap., Rn. 157 ff.
27 *Heckenberger*, in: Loewenheim/Meessen/Riesenkampff, Anh. Art. 81, Rn. 20.
28 Rn. 111 ff. für Vereinbarungen über gemeinsame Forschung und Entwicklung; Rn. 150 ff. für gemeinsame Produktion.

S. Gehring   145

B. Einzelfragen

I. Kernbeschränkungen

10   Als **Kernbeschränkungen** oder **Hardcore-Kartelle** bezeichnet man grundsätzlich diejenigen Absprachen zwischen Wettbewerbern, die den Kern der Wettbewerbsparameter betreffen, die Preisfestsetzung, das Vorgehen der Konkurrenten im Markt mit Blick auf Kunden und Gebiete und den Produktionsausstoß. Entsprechende Abreden sind in aller Regel nicht freistellungsfähig und unterfallen auch nicht der De-Minimis-Bekanntmachung.[29]

1. Absprachen über Preise und Geschäftsbedingungen

11   Zu den schwerwiegendsten und gemäß Art. 101 Abs. 1 lit. a) AEUV ausdrücklich verbotenen Wettbewerbsbeschränkungen zählen Vereinbarungen zwischen Unternehmen, welche die unmittelbare oder mittelbare Festsetzung der An- oder Verkaufspreise oder sonstiger Geschäftsbedingungen bewirken. Die erste Alternative der Vorschrift behandelt den klassischen Fall des Kartells, die **Preisabsprache**. Abstimmungen oder Vereinbarungen über das individuelle Preisverhalten miteinander im Wettbewerb stehender Unternehmen wirken sich grundsätzlich negativ auf den Wettbewerb aus und können in der Regel nicht gemäß Art. 101 Abs. 3 AEUV freigestellt werden. Die Preispolitik eines Unternehmens gilt als sein effektivstes Wettbewerbsmittel, dessen Ausschaltung grundsätzlich nachteilige Folgen für den Markt und die Verbraucher hat.[30] Preisabsprachen zählen deshalb zu den Hardcore-Kartellen, die von der Europäischen Kommission mit Nachdruck verfolgt und mit hohen Geldbußen belegt werden. Sie können weder durch Hinweise auf ein niedriges Preisniveau oder angeblich ruinösen Wettbewerb durch andere Unternehmen, hohe Rohstoffkosten oder Überkapazitäten gerechtfertigt werden, sondern sind ihrer Natur nach Wettbewerbsbeschränkungen.[31] Wenn derartige Absprachen Auswirkungen auf etwa den amerikanischen Markt haben, ziehen sie neben Bußgeldzahlungen regelmäßig empfindliche Haftstrafen für die daran beteiligten natürlichen Personen nach sich. Zu den Formen der **unmittelbaren Preisabsprache** zählen neben der nackten Vereinbarung der Verkaufspreise auch die gemeinsame Erhöhung von unterschiedlichen Preisen,[32] die Vereinbarung von Höchst-, Mindest- oder Referenzpreisen[33] oder die gemeinsame Vorgabe von Zielpreisen.[34] **Mittelbare Preisabsprachen** werden ebenso sanktioniert wie unmittelbar wirkende Maßnahmen. Von Art. 101 Abs. 1 AEUV sind deshalb auch Abstimmungen über einzelne Preisbestandteile wie Rabatte oder Skonti,[35] Vereinbarung einheitlicher Zahlungsziele[36] oder die Vereinheitlichung von Gebührensätzen oder Zinsen im Bankengeschäft erfasst.[37] Zu den verbotenen mittelbaren Absprachen zählen ferner gemeinsame Preisfestsetzungssysteme,[38] die

---

29   Bei Kernbeschränkungen muss die Spürbarkeit im konkreten Fall geprüft werden. Denn auch Kernbeschränkungen sind kartellrechtlich nur dann verboten, wenn sie eine spürbare Wettbewerbsbeschränkung nach sich ziehen, hierzu auch 1. Kap., Rn. 96.

30   *Wägenbaur*, in: Loewenheim/Meessen/Riesenkampff, Art. 81, Rn. 204.

31   *Wägenbaur*, in: Loewenheim/Meesen/Riesenkampff, Art. 81, Rn. 208 m.w.N.; *Lübbig*, in: Wiedemann, § 7, Rn. 22.

32   Kommission, 2003/2/EG (Vitamine), ABl. 2003 L 6/1, 57.

33   Kommission, 2002/742/EG (Zitronensäure), ABl. 2002 L 239/18, 29; Kommission, 75/497/EWG (IFTRA-Hüttenaluminium), ABl. 1975 L 228/3, 9; Kommission, 93/438/EWG (CNSD), ABl. 1993 L 203/27, 32.

34   Kommission, 2004/421/EG (Industrierohre), ABl. 2004 L 125/50, 52.

35   Kommission, 69/240/EWG (Internationales Chininkartell), ABl. 1969 L 192/5, 14; Kommission, 74/431/EWG (Papiers peints), ABl. 1974 L 237/3, 7, bestätigt durch EuGH, Rs. 73/74 (Belgische Tapetenhersteller), Slg. 1975, 1491, 1513; Kommission, 86/399/EWG (Dach- und Dichtungsbahnen), ABl. 1986 L 232/15, 27; bestätigt durch EuGH, Rs. 246/86 (Belasco), Slg. 1989, 2117, 2187.

36   Kommission, 78/670/EWG (FEDETAB), ABl. 1978 L 224/29, 38, bestätigt durch EuGH, Rs. 209-215, 218/78 (Heintz van Landewyck), Slg. 1980, 3125, 3267.

37   Kommission, 2004/138/EG (Österreichische Banken), ABl. 2004 L 56/1, 57; EuGH, Rs. 172/80 (Züchner/Bayerische Vereinsbank), Slg. 1981, 2021, 2032; zur Praxis vgl. ferner *Schröter*, in: Schröter/Jakob/Mederer, Art. 81 Abs. 1, Rn. 171 ff.

38   Kommission, 94/601/EG (Karton), ABl. 1994 L 243/1, 42.

S. Gehring

kollusive Verwendung von Kalkulationsschemata[39] oder Erlösausgleichssysteme.[40] Eine unzulässige horizontale Absprache liegt auch vor, wenn sich mehrere Lieferanten über die Höhe oder Art der Kalkulation von **unverbindlichen Preisempfehlungen** absprechen. Neben unmittelbaren und mittelbaren Preisabsprachen kann auch die Festlegung von **sonstigen Geschäftsbedingungen** unter das Kartellverbot fallen.[41]

Ferner wird diskutiert, ob auch der **reine Informationsaustausch**[42] über Preise und Geschäftsbedingungen als Maßnahme gleicher Wirkung zu einer Preisabsprache gesehen werden kann, da auch der Austausch von preisrelevanten Informationen die Preisautonomie zumindest mittelbar beschränke.[43] Auch das BKartA hat einen Informationsaustausch kürzlich als schweren Verstoß qualifiziert.[44] Insgesamt kommt es darauf an, ob der Informationsaustausch Mittel zur Aufhebung des Wettbewerbs oder zur Preisfestsetzung ist.[45] Ein unzulässiger Informationsaustausch, der als Kernbeschränkung angesehen werden könnte bzw. zumindest von Kartellbehörden so bebußt wird, als ob es eine Kernbeschränkung wäre, liegt deshalb vor, wenn er darauf gerichtet ist, Preisunterschiede ganz oder teilweise zu beseitigen und damit den Wettbewerb entscheidend zu schwächen.[46]

12

2. Marktaufteilungen, Submissionsabsprachen

Zu den Kernbeschränkungen zählen auch zwischen Wettbewerbern vorgenommene Aufteilungen der Märkte und Versorgungsquellen, Art. 101 Abs. 1 lit. c) AEUV.[47] Marktaufteilungen sind in verschiedenen Formen denkbar. So können sich konkurrierende Unternehmen etwa verschiedene Territorien, Erzeugnisse oder Abnehmergruppen zuweisen und untereinander aufteilen.[48] Marktaufteilungen treten häufig in Kombination mit und zur Absicherung von Preisabsprachen auf.[49] Derartige Maßnahmen gelten als Hardcore-Kartelle, weil sie dem Gedanken der Herstellung eines einheitlichen Binnenmarktes zuwider laufen.[50] Schulbeispiel für **regionale Marktaufteilungen** ist eine Vereinbarung, bestimmte Inlands- und Heimatmärkte zu respektieren[51] und für Verstöße gegen die Markt- und Quotenaufteilungen interne Sanktionsmechanismen vorzusehen.[52] Neben dieser direkten Form der Zuweisung von Märkten erfasst das Kartellverbot auch solche Absprachen oder Verträge, die dieselbe Wirkung wie unmittelbare Maßnahmen haben. Dies gilt beispielsweise für die Gewährung wechselseitiger Alleinvertriebsrechte zwischen Konkurrenten[53] oder für die Absprache von Ausgleichszahlungen oder Provisionen für den Fall, dass Wettbewerber in vorbehaltene Gebiete liefern.[54] **Marktaufteilungen nach Abnehmergruppen** innerhalb eines einheitlichen Wirtschaftszweiges sind ebenfalls

13

---

39 Kommission, 74/292/EWG (IFTRA-Verpackungsglas), ABl. 1974 L 160/1, 13; Kommission, 75/497/EWG (IFTRA-Hüttenaluminium), ABl. 1975 L 228/3, 12.

40 Kommission, 72/291/EWG (Feinpapier), ABl. 1972 L 182/4, 26.

41 EuG, verb. Rs. T-68/89, T-77/89 und 78/89 (Flachglas), Slg. 1992, II-415 ff; OGH (Österreich), 16 Ok 17/04 (Wärmedämmverbundsysteme), WuW 2005, 220 ff; vgl. zu den Standardbedingungen auch Rn. 84 ff.

42 Hierzu auch näher unter Rn. 19 ff.

43 *Wägenbauer*, in: Loewenheim/Meessen/Riesenkampff, Art. 81 Abs. 1, Rn. 243.

44 Siehe Pressemitteilung des BKartA vom 17. März 2011 und vom 10. Juli 2008, jeweils abrufbar unter www.bundeskartellamt.de.

45 So wohl auch *Wollmann/Schedl*, in: MünchKomm, Art. 81, Rn. 116.

46 Pressemitteilung des BKartA vom 17. März 2011, abrufbar unter www.bundeskartellamt.de; *Wägenbauer*, in: Loewenheim/Meessen/Riesenkampff, Art. 81 Abs. 1, Rn. 248; Leitlinien über horizontale Zusammenarbeit, Rn. 73 f.

47 EuG, Verb. Rs. T-67/00, T-68/00, T-71/00 und T-78/00 (Nahtlose Stahlrohre), WuW 2004, 959, 960.

48 Kommission, 2008/C 75/10 (Aufzüge und Fahrtreppen), ABl. 2008, C 75, 19, 20.

49 Kommission, 2003/2/EG (Vitamine), ABl. 2003 L 6/1, 57; Kommission, 2002/742/EG (Zitronensäure), ABl. 2002 L 239/18, 29.

50 *Schröter*, in: Schröter/Jakob/Mederer, Art. 81 Absatz 1, Rn. 185.

51 Kommission, 94/815/EG (Zement), ABl. 1994 L 343/1; EuG, verb. Rs. T-25/95, T-26/95, T-31-39/95, T-42-46/95, T-48/95, T-50-65/95, T-68-71/95, T-87/95, T-88/95, T-103/95, T-104/95 (Cimenteries CBR u.a./Kommission), Slg. 2000, II-491 ff.

52 Siehe zur Darstellung des Sachverhalts Kommission, 94/815/EG, (Zement), ABl. 1994 L 343/1; *Mestmäcker/Schweitzer*, § 11, Rn. 17 ff.

53 Kommission, 73/109/EWG (Europäische Zuckerindustrie), ABl. 1973 L 140/17, 30 ff.

54 Kommission, 75/76/EWG (RANK/SOPELEM), ABl. 1975 L 29/20, 23.

verboten und werden von der Kommission mit Geldbußen geahndet.[55] Einen Sonderfall der Marktaufteilung stellen **Exportkartelle** dar. Entsprechende Vereinbarungen zeichnen sich dadurch aus, dass die an ihnen beteiligten Unternehmen einheitliche Preise oder Konditionen für Exporte vorsehen, gemeinsame Verkaufseinrichtungen für Exportländer betreiben, oder diese untereinander aufteilen. Beziehen sich Exportkartelle auf Mitgliedstaaten der Europäischen Union, liegt stets eine Kernbeschränkung in Form einer geographischen Marktaufteilung vor. Betrifft die Vereinbarung ausschließlich **Drittmärkte** außerhalb der EU, ist sie gleichwohl unzulässig, wenn negative Rückwirkungen auf den Wettbewerb im Binnenmarkt zu befürchten sind.[56] Neben dem EU-Kartellrecht muss bei Exportkartellen das in dem von ihnen betroffenen Drittland geltende Recht geprüft werden. In aller Regel gilt auch hier das Auswirkungsprinzip.[57] Vor dem Hintergrund des dann zwingend zu berücksichtigenden Rechts des Drittlandes können auch solche Exportkartelle verboten sein, die – beispielsweise wegen der Beteiligung kleiner oder mittlerer Unternehmen – im EU-Markt nicht spürbar[58] sind.[59]

14 Zu den verbotenen Marktaufteilungen zählt auch die Fallgruppe der **Submissionsabsprachen**. Innerhalb solcher Absprachen vereinbaren die an einer Ausschreibung teilnehmenden Unternehmen, dass einzelne Wettbewerber keine oder überhöhte Scheinangebote abgeben, um bei späteren Ausschreibungen durch entsprechendes Verhalten der anderen Beteiligten den Zuschlag zu bekommen.[60] Im deutschen Recht sind Submissionsabsprachen nicht nur bußgeldbewehrt. Sie stellen ferner einen Straftatbestand gemäß § 298 StGB dar.

3. Einschränkung oder Kontrolle der Erzeugung, des Absatzes, der technischen Entwicklung oder der Investition

15 Gemäß Art. 101 Abs. 1 lit. b) AEUV ebenfalls verboten sind Vereinbarungen über die Einschränkung oder Kontrolle der Erzeugung, des Absatzes, der technischen Entwicklung oder der Investitionen. Mit entsprechenden Übereinkünften entheben sich die beteiligten Unternehmen der Möglichkeit, ihre Geschäfts- und Investitionsplanung selbständig und eigenverantwortlich und ausschließlich unter Berücksichtigung ihrer jeweiligen Eigeninteressen zu gestalten. Aus dieser grundsätzlich zu wahrenden Handlungsfreiheit folgt aber zugleich, dass es Unternehmen gestattet ist, autonom darüber zu entscheiden, ob und in welcher Form sie ihre Geschäfte ausrichten. Kartellrechtlich neutral sind deshalb Einschränkungen der Produktion oder des Absatzes, die Unternehmen aus Eigeninitiative und ohne Mitwirkung konkurrierender Marktteilnehmer vornehmen.[61] Zu den **Produktions- und Absatzbeschränkungen** zählen sämtliche Formen der Reduktion des Ausstoßes.[62] Als Beispiel für eine Produktionsbeschränkung kann neben dem Produktionsverbot ferner das **Quotenkartell** angeführt werden, innerhalb dessen sich die Mitglieder Produktions- und Absatzvolumina zuweisen und so die bestehenden Marktanteile einfrieren wollen.[63] Zu den verbotenen Kernbeschränkungen zählen ferner die Vereinheitlichung von Produktions- und Stillstandszeiten[64] und die Verständigung auf den konzertierten Abbau von Produktionskapazitäten.[65] Besonderheiten gelten für Spezialisierungsvereinbarun-

---

55 Kommission, 1999/60/EG (Fernwärmetechnik-Kartell), ABl. 1999, L 24/1, 54; Kommission, 86/399/EWG (Dach- und Dichtungsbahnen), ABl. 1986 L 232/15, 24.

56 *Bunte*, in: Langen/Bunte, Art. 81 Generelle Prinzipien, Rn. 110; *Roehling*, in: MünchKomm, Einl., Rn. 594.

57 Vgl. hierzu allgemein 1. Kap., Rn. 21 und 4. Kap., Rn. 11 f.

58 Zum Kriterium der Spürbarkeit siehe 1. Kap., Rn. 74 ff. und 94 ff.

59 So verfolgt die Kommission auch Exportkartelle, die in Drittstaaten mit Blick auf den Gemeinsamen Markt gebildet werden; vgl. hierzu auch die Bekanntmachung betreffend die Einfuhr japanischer Erzeugnisse in die Gemeinschaft, auf die der Vertrag von Rom anwendbar ist, ABl. 1972 C 111/13.

60 Kommission, 2008/C 75/10 (Aufzüge und Fahrtreppen), ABl. 2008, C 75, 19, 20; Kommission, 1999/60/EG (Fernwärmetechnik-Kartell), ABl. 1999 L 24/1, 54.

61 Es bleibt einem Produktionsunternehmen unbenommen, aus autonomen Motiven heraus Anlagen stillzulegen und zukünftig das davon betroffene Erzeugnis bei Dritten einzukaufen – lediglich die Vereinbarung mit Wettbewerbern über die Stilllegung und den anschließenden Zukauf ist kartellrechtlich relevant.

62 Kommission, 2002/271/EG (Graphitelektroden), ABl. 2002 L 100/1, 26.

63 Kommission, 2003/2/EG (Vitamine), ABl. 2003 L 6/1, 57; Kommission, 2004/337/EG (Selbstdurchschreibepapier), ABl. 2004 L 115/1, 44.

64 Kommission, 94/691/EG (Karton), ABl. 1994 L 243/1, 43.

65 Kommission, 2002/271/EG (Graphitelektroden), ABl. 2002 L 100/1, 27.

S. Gehring

gen,[66] Zuliefervereinbarungen zur Produktionsausweitung[67] und Strukturkrisenkartelle.[68] Absatzbeschränkungen treten in Form von Verkaufsverboten, Quotenabsprachen oder Verwendungsbeschränkungen auf.[69]

Neben direkten Produktions- und Absatzbeschränkungen unter den Kartellmitgliedern erfasst **16** das Kartellverbot auch die **koordinierte Beschränkung der Produktion von Kartellaußenseitern**.[70] Unter Art. 101 Abs. 1 AEUV fallen daher kollektive Ausschließlichkeitsvereinbarungen, mit denen Wettbewerber von Bezugs- oder Absatzmärkten ausgeschlossen werden,[71] kollektiver Boykott[72] oder die Ausübung von Druck auf Vorlieferanten oder Kunden mit dem Ziel, die Beendigung bzw. Nichtaufnahme von Geschäftsbeziehungen mit Kartellaußenseitern zu erreichen.[73]

Wegen der für den technischen Fortschritt enormen Bedeutung uneingeschränkter Forschung **17** und Entwicklung sind Abreden, die die **technische Entwicklung** hemmen oder beschränken, ebenfalls vom Kartellverbot erfasst. Im Vordergrund des Verbotstatbestands stehen Vereinbarungen, mit denen sich Unternehmen in ihren Forschungs- und Entwicklungsaktivitäten beschränken.[74] Betroffen sind auch Vereinbarungen, die darauf zielen, von technischen Neuentwicklungen keinen Gebrauch zu machen oder neue Produkte nicht herzustellen.[75] Wettbewerbsbeschränkende Wirkung können auch solche Abreden haben, mit denen die Beteiligten den zwischen ihnen bestehenden **Investitionswettbewerb** aufheben oder einschränken.[76] Zu den Tatbeständen, die die Kommission in ihrer Praxis unter Art. 101 Abs. 1 AEUV gefasst hat, zählen den Kartellmitgliedern auferlegte Verbote, neue Produktionsanlagen zu errichten, bestehende Produktionsanlagen zu erweitern, diese ohne Zustimmung der am Kartell Beteiligten an Dritte zu veräußern oder sich an Investitionen Dritter zu beteiligen.[77] Investitionshemmende Wirkung können auch **langfristige Zulieferverträge**[78] zwischen Wettbewerbern haben.[79]

II. Horizontale Kooperationen

Außerhalb der Kernbeschränkungen gibt es eine Vielzahl von Gebieten, auf denen potentielle **18** oder aktuelle Wettbewerber zulässig kooperieren können. Das Spektrum kann von gemeinsamer Forschung und Entwicklung bis hin zur Zusammenlegung bestimmter Vermarktungsfunktionen reichen. Welches der nachstehenden Kapitel maßgeblich ist, hängt davon ab, wo das Kooperationsvorhaben seinen **Schwerpunkt** hat.[80] Die Kommission prüft dann alle Stufen der Zusammenarbeit nach den für den den Schwerpunkt bildenden Baustein geltenden Grundsätzen.[81]

---

66 Siehe hierzu unter Rn. 32 ff.
67 Siehe hierzu unter Rn. 33.
68 Siehe hierzu unter Rn. 90.
69 Vgl. mit Nachweisen aus der Kommissionspraxis *Wägenbaur*, in: Loewenheim/Meessen/Riesenkampff, Art. 81, Rn. 264 ff.
70 *Eilmansberger*, in: Streinz, Art. 81, Rn. 232.
71 Kommission, 2000/117/EG (FEG und TU), ABl. 2000 L 39/1, 17.
72 EuGH, Rs. 73/74 (Papiers Peints), Slg. 1975, 1491, 1513.
73 Kommission, 1999/60/EG (Fernwärmetechnik-Kartell), ABl. 1999 L 24/1, 17.
74 Siehe nur Art. 4 Abs. 1 lit. d) und 5 Abs. 2 TT-GVO und Art. 5 lit. a) F&E-GVO; darüber hinaus Kommission, 76/743/EWG (BASF/Reuter), ABl. 1976 Nr. L 254/40, 47.
75 Siehe mit weiteren Nachweisen *Schröter*, in: Schröter/Jakob/Mederer, Art. 81 Abs. 1, Rn. 182.
76 Siehe hierzu Kommission, 84/405/EWG (Zinc Producer Group), ABl. 1984 L 220/27, 33.
77 Kommission 86/399/EWG (Dach- und Dichtungsbahnen), ABl. 1986 L 232/15, 18; Kommission 72/68/EWG (Nederlandse Cement-Handelsmaatschappij), ABl. 1972 L 22/16, 17.
78 Zu Zuliefervereinbarungen allgemein Rn. 33 ff.
79 Vgl. hierzu etwa die bei *Mestmäcker/Schweitzer*, § 11 Rn. 15 ff. dargestellte Problematik bei Roaming-Verträgen in der Mobilfunkbranche; siehe auch Kommission, 2003/570/EG (UK Network Sharing Agreement), ABl. 2003/ L 200/59, 78. In dem vorstehenden Fall stellte die Kommission die betroffenen Mitbenutzungsverträge lediglich für einen Zeitraum von 5 Jahren frei.
80 Leitlinien über horizontale Zusammenarbeit, Rn. 13; Bsp.: Beabsichtigen die Parteien eine gemeinsame F&E-Kooperation und wollen sie die gefundenen Technologien im Wege der gemeinsamen Produktion verwerten, so wird die Zusammenarbeit insgesamt am Maßstab gemessen, der für F&E-Kooperationen gilt.
81 Unberührt von dieser Regel bleibt die Beziehung zwischen verschiedenen GVOen, deren jeweiliger Anwendungsbereich sich aus den jeweils geltenden Vorschriften ableitet.

S. Gehring

1. Informationsaustausch

19 Der Informationsaustausch zwischen Wettbewerbern ist von hoher praktischer Bedeutung und kann in unterschiedlichen Formen auftreten.[82] Die Kommission differenziert zwischen dem direkten Datenaustausch zwischen Wettbewerbern und dem indirekten Austausch, etwa über eine gemeinsame Einrichtung (z.B. einen Wirtschaftsverband), ein Marktforschungsinstitut oder Lieferanten oder Einzelhändler der Unternehmen.[83] Damit diese Erscheinungsformen des Informationsaustauschs überhaupt in den Anwendungsbereich des Art. 101 AEUV fallen, muss jeder dieser Fallgruppen eine Vereinbarung, eine abgestimmte Verhaltensweise oder ein Beschluss einer Unternehmensvereinbarung zugrunde liegen.[84] Einseitiges Kommunikationsverhalten von Unternehmen erfüllt grundsätzlich nicht den Tatbestand des Kartellverbots und kann folglich kartellrechtlich nicht sanktioniert werden.[85] Anders liegt der Fall und eine abgestimmte Verhaltensweise ist anzunehmen, wenn einseitig Informationen einem Wettbewerber offenbart werden und dieser die Offenlegung **akzeptiert**.[86] Die Kommission unterstellt entsprechende Akzeptanz immer dann, wenn das die Informationen empfangende Unternehmen nicht ausdrücklich erklärt, dass es die Daten nicht erhalten wolle. Zulässiges unabgestimmtes Parallelverhalten wäre jedoch gegeben, wenn ein Wettbewerber von einer Preiserhöhung über eine echte öffentliche Verlautbarung, etwa über ein Zeitungsinterview eines anderen Wettbewerbers, erfährt.[87]

20 **a) Bezweckte oder bewirkte Wettbewerbsbeschränkung.** Ausgangspunkt für die wettbewerbliche Beurteilung des Informationsaustauschs ist das **Selbständigkeitspostulat**, wonach jeder Unternehmer eigenständig zu bestimmen hat, welche Politik er auf dem Gemeinsamen Markt betreiben will.[88] Dieses Prinzip steht streng jeder unmittelbaren oder mittelbaren Fühlungnahme zwischen Unternehmen entgegen, die geeignet ist, entweder das Marktverhalten eines gegenwärtigen oder potentiellen Mitbewerbers zu beeinflussen oder einen solchen Mitbewerber über das Verhalten ins Bild zu setzen, das man selbst auf dem betreffenden Markt an den Tag zu legen entschlossen ist oder in Erwägung zieht, wenn diese Kontakte bezwecken oder bewirken, dass Wettbewerbsbedingungen entstehen, die im Hinblick auf die Art der Waren oder erbrachten Dienstleistungen, die Bedeutung und Zahl der beteiligten Unternehmen sowie den Umfang des in Betracht kommenden Marktes nicht den normalen Bedingungen dieses Marktes entsprechen.[89] Daraus folgt, dass der Austausch von Informationen zwischen Wettbewerbern dann gegen die Wettbewerbsregeln verstoßen kann, wenn er den Grad der Ungewissheit über das fragliche Marktgeschehen verringert oder beseitigt und dadurch zu einer Beschränkung des Wettbewerbs führt.[90]

21 Von besonderer Bedeutung ist es, ob die an einem Informationsaustausch beteiligten Unternehmen die Wettbewerbsbeschränkung **bezwecken** oder ob eine solche lediglich **bewirkt**

---

82 Zur besonderen Problematik des Informationsaustauschs im Rahmen von M&A-Transaktionen siehe 8. Kap., Rn. 322.

83 Leitlinien über horizontale Zusammenarbeit, Rn. 55.

84 *Schroeder*, WuW 2009, 718, 718.

85 Der EuGH hat in Bezug auf den Zellstoffmarkt festgestellt, dass einseitige Preisankündigungen der einzelnen Hersteller gegenüber den Abnehmern eine Handlung darstellen, die für sich genommen nicht geeignet ist, die Unsicherheit jedes Unternehmens darüber zu verringern, welche Haltung seine Konkurrenten einnehmen werden, sofern es zu einem früheren Zeitpunkt nicht zu abgestimmten Verhaltensweisen gekommen ist; EuGH, C-89, 104, 114, 116, 117 und 125-129/85 (A. Ahlström Osakeyhtioe), Slg. 1993, I-1307, 1599. Diese Auffassung hat der EuGH unlängst in der Sache C-8/08 (T-Mobile Netherlands), Rn. 33 bestätigt. Die von der Generalanwältin in den Schlussanträgen in Rn. 47 vertretene Auffassung, auch eine einseitige Information könne als unzulässiger Informationsaustausch gewertet werden, hat der EuGH im Urteil nicht aufgegriffen.

86 Leitlinien über horizontale Zusammenarbeit, Rn. 62.

87 Leitlinien über horizontale Zusammenarbeit, Rn. 63; zum Begriff des Parallelverhaltens in Abgrenzung zur abgestimmten Verhaltensweise auch *Paschke*, in: MünchKomm, Art. 81, Rn. 61; zur Besonderheit bei Preisverhalten *Wollmann/Schedl*, in: MünchKomm, Art. 81, Rn. 118.

88 EuGH, Rs. 40/73 u.a. (Suiker Unie), Slg. 1975, 1663, Rn. 173.

89 EuGH, Rs. 40/73 u.a. (Suiker Unie), Slg. 1975, 1663, Rn. 173; EuGH, Rs. 172/80 (Züchner), Slg. 1981, 2021, Rn. 13; EuGH, C-238/05 (Asnef-Equifax), Slg. 2006, I-11125, Rn. 11161; EuGH, C-8/08 (T-Mobile Netherlands), Rn. 33.

90 EuGH, C-8/08 (T-Mobile Netherlands), Rn. 35; *Stancke*, BB 2009, 912, 913.

S. Gehring

wird.[91] Nur im Fall der bewirkten Wettbewerbsbeschränkung müssen ihre Auswirkungen auf den Markt festgestellt werden. Diese müssen nicht geprüft werden, wenn feststeht, dass der geplante Informationsaustausch einen wettbewerbswidrigen Zweck verfolgt.[92] EuGH und Kommission stellen darauf ab, ob die Verhaltensweise konkret, unter Berücksichtigung des jeweiligen rechtlichen und wirtschaftlichen Zusammenhangs, geeignet sein kann, zu einer Wettbewerbsbeschränkung zu führen.[93] Die Kommission steht dessen ungeachtet auf dem Standpunkt, dass jedenfalls der Austausch unternehmensspezifischer Daten über geplantes künftiges Preis- oder Mengenverhalten zwischen Wettbewerbern als bezweckte Wettbewerbsbeschränkung zu betrachten ist und *per se* verboten ist.[94] Marktinformationsverfahren, die lediglich der **Überwachung eines Kartells** dienen und dessen Durchführung erleichtern sollen, gelten ebenfalls als bezweckte Wettbewerbsbeschränkung.[95]

b) Wettbewerbsbeschränkende Auswirkungen. Kann eine bezweckte Wettbewerbsbeschränkung ausgeschlossen werden, muss geprüft werden, wie sich der konkret geplante Informationsaustausch im Markt auswirkt.[96] Im Vordergrund steht die Befürchtung, dass es aufgrund des Informationsaustauschs zu koordiniertem Verhalten zwischen Wettbewerbern kommen wird, das ein **Kollusionsergebnis** nach sich zieht.[97] Ferner kann der Informationsaustausch bewirken, dass sowohl die innere als auch die äußere Stabilität eines solchen Kollusionsergebnisses verstärkt wird.[98] Ob ein Austausch von Informationen mit Art. 101 AEUV vereinbar ist, richtet sich deshalb im Wesentlichen danach, ob es aufgrund des Vorgangs zu negativen Veränderungen der in dem betroffenen Markt vorherrschenden Wettbewerbsparameter wie Preis, Produktionsmenge, Produktqualität, Produktvielfalt oder Innovation kommen wird.[99] Die Kommission prüft in diesem Zusammenhang zwei wesentliche Kriterien; die Marktmerkmale und die Merkmale des Informationsaustauschs.[100]

Innerhalb der **Marktmerkmale** prüft die Kommission den auf dem betroffenen Markt vorherrschenden Grad an Transparenz, Konzentration und Marktabdeckung, Komplexität, Stabilität und Symmetrie. Kritisch wird es beurteilt, wenn sich der Informationsaustausch auf einen bereits transparenten Markt bezieht oder der Informationsaustausch die **Transparenz** in einem Markt spürbar erhöht.[101] Entscheidend ist insofern, ob die verfügbaren Informationen Rückschlüsse auf die Handlungen der Wettbewerber zulassen.[102] In **oligopolistischen Märkten** befürchtet die Kommission Wettbewerbsbeschränkungen durch den Austausch von Marktinformationen, da sich Unternehmen auf hochgradig konzentrierten Märkten leichter abstimmen und wettbewerbsbeschränkende Auswirkungen mit höherer Wahrscheinlichkeit auftreten können und mit ebenso hoher Wahrscheinlichkeit länger anhalten als auf Märkten mit einem geringen Konzentrationsgrad.[103] Wettbewerbsbeschränkungen sind immer dann wahrscheinlich,

22

23

91 Siehe für die entsprechende Differenzierung 1. Kap., Rn. 87 ff.
92 EuGH, C-8/08 (T-Mobile Netherlands), Rn. 30.
93 EuGH, Rs. C-8/08 (T-Mobile Netherlands), Rn. 31; Leitlinien über horizontale Zusammenarbeit, Rn. 72. Im Rahmen des "Geeignetheits-Tests" ist also eine Mindestprüfung möglicher Auswirkungen erforderlich; siehe 1. Kap., Rn. 87.
94 Leitlinien über horizontale Zusammenarbeit, Rn. 74; Ausnahmen gelten indes für öffentlich bekannt gemachte Preisgestaltungen.
95 Kommission, 94/601/EG (Karton), ABl. 1994 L 243/1, 43: "Jedes Informationssystem, das von den Teilnehmern für Kartellzwecke eingesetzt wird, fällt unabhängig davon, ob individuelle Positionen offen gelegt werden, als solches unter Art. 85".
96 *Schroeder*, WuW 2009, 718, 722.
97 Leitlinien über horizontale Zusammenarbeit, Rn. 65.
98 Leitlinien über horizontale Zusammenarbeit, Rn. 67 f.
99 Leitlinien über horizontale Zusammenarbeit, Rn. 75; siehe auch *Wollmann/Schedl*, in: MünchKomm, Art. 81, Rn. 213.
100 Leitlinien über horizontale Zusammenarbeit, Rn. 77 ff.
101 Leitlinien über horizontale Zusammenarbeit, Rn. 79 ff.
102 EuGH, C-238/05 (Asnef-Equifax), Slg. 2006, I-11125, 11163; hier stellte das Gericht darauf ab, ob aufgrund der zersplitterten Marktstruktur eine Identifizierung der anderen Anbieter möglich und damit eine Verringerung der Ungewissheit über die dem Wettbewerb inhärenten Risiken zu befürchten sei.
103 Kommission, 92/157/EWG (UK Agricultural Tractor Registration Exchange), ABl. 1992, L 68/19, 26; bestätigt von EuG, T-34/92 (Fiatagri und New Holland), Slg 1994, II-905, 949 und EuGH, C-7/95 P (John Deere/Kommission), Slg. 1998, I-3111, 3164; Leitlinien für Seeverkehrsdienstleistungen, Rn. 48.

wenn die am Informationsaustausch Beteiligten einen **hinreichend großen Teil des Marktes abdecken**. In Ermangelung klarer Vorgaben seitens der Behörde, empfiehlt sich eine Orientierung an den in den Gruppenfreistellungsverordnungen vorgesehenen Schwellenwerten für Vereinbarungen zwischen Wettbewerbern, die bei jeweils 20% (Spezialisierungs-GVO, TT-GVO) bzw. 25% (F&E-GVO) gemeinsamen Marktanteil liegen.[104] Daneben berücksichtigt die Kommission die **Komplexität des Marktes** und ob sich der Informationsaustausch auf homogene Massengüter oder differenzierte Produkte bezieht.[105] Die Preisgabe von Geschäftsgeheimnissen in heterogenen Produktmärkten wird für die beteiligten Unternehmen regelmäßig nur wenig Rückschlüsse auf das Wettbewerbsverhalten anderer Marktteilnehmer zulassen.[106] Ebenfalls von Bedeutung ist die **Struktur von Angebot und Nachfrage**.[107] In einem instabilen Umfeld sind Kollusionsergebnisse unwahrscheinlich.[108] Schließlich müssen die Unternehmen den Grad an **Symmetrie** im betroffenen Markt untersuchen und prüfen, in welcher Form sie in Bezug auf Kosten, Nachfrage, Marktanteile, Produktpalette und Kapazitäten homogen sind. Je homogener die Struktur, desto eher sind Kollusionen möglich.

24 Des Weiteren kommt es auf die **Eigenschaften des Informationsaustauschs** an. Auch hier steht die Frage im Vordergrund, welche Rückschlüsse die beteiligten Unternehmen auf das Wettbewerbsverhalten ihrer Konkurrenten ziehen können.[109] Vor diesem Hintergrund ist in dem Austausch **strategischer Daten**, die als **Geschäftsgeheimnisse** anzusehen sind, grundsätzlich eine Wettbewerbsbeschränkung zu sehen.[110] Zu diesen strategischen Daten können nach Auffassung der Kommission Preise, Kundenlisten, Produktionskosten, Mengen, Umsätze, Verkaufszahlen, Kapazitäten, Qualität, Marketingpläne, Risiken, Investitionen, Technologien und FuE-Programme zählen.[111] Allerdings dürfte nicht jeder Austausch von Daten der vorstehenden Kategorien ohne Weiteres eine Wettbewerbsbeschränkung bewirken. So hebt die Kommission selbst hervor, dass die größte strategische Bedeutung den Preis- und Mengeninformationen beizumessen ist, gefolgt von Informationen über die Kosten und die Nachfrage.[112] Ob bei dem Austausch der verbleibenden Kategorien ebenfalls Rückschlüsse auf das Wettbewerbsverhalten gezogen werden können, bleibt der Einzelfallprüfung vorbehalten.

25 Dessen ungeachtet gibt es von dem Verbot des Austauschs von Geschäftsgeheimnissen von Kommission und Gerichten entwickelte Ausnahmetatbestände. Zunächst gilt Art. 101 Abs. 1 AEUV nicht für den Austausch **öffentlicher Informationen**.[113] Ob es sich um öffentliche Informationen handelt, hängt davon ab, ob es für Abnehmer und nicht am Informationsaustausch beteiligte Unternehmen nicht teurer ist, sich diese Informationen zu beschaffen, als für die Parteien der betroffnen Vereinbarung.[114] Eine weitere Ausnahme vom Verbot des Austauschs von Geschäftsgeheimnissen gilt für **aggregierte Daten**. Insofern sind nicht identifizierende und auf aggregierter Datenbasis arbeitende Informationssysteme unkritisch, solange gewährleistet ist,

---

104 Einen dahin zu verstehenden Hinweis gibt die Kommission in den Leitlinien über horizontale Zusammenarbeit in Rn. 88.
105 Leitlinien über horizontale Zusammenarbeit, Rn. 80; Kommission, Mitteilung nach Art. 19 Abs. 3 VO Nr. 17 (EUDIM), ABl. 1996, C 111/8; *Capobianco*, CMLR 2004, 1247, 1268.
106 *Carle/Johnsson*, ECLR 1998, 74, 77.
107 Leitlinien für Seeverkehrsdienstleistungen, Rn. 49.
108 Leitlinien über horizontale Zusammenarbeit, Rn. 81. Im Fall *EUDIM* verneinte die Kommission, dass mit dem Austausch individueller und vertraulicher Daten eine Wettbewerbsbeschränkung einhergehe, da der betroffene Markt mit ca. 3000 Anbietern breit gefächert war; Kommission, Mitteilung nach Art. 19 Abs. 3 VO Nr. 17 (EUDIM), ABl. 1996, C 111/8.
109 EuG, T-43/92 (Fiatagri und New Holland), Slg. 1994, II-905,949; BKartA, B 1 – 63/00, Beschluss vom 9. August 2001, Rn. 2.1.
110 Pressemitteilung des BKartA vom 17. März 2011, abrufbar über www.bundeskartellamt.de; *Karenfort*, WuW 2008, 1154, 1163; *Capobianco*, CMLRev 2004, 1247, 1263.
111 Leitlinien über horizontale Zusammenarbeit, Rn. 86; siehe auch *Stancke*, BB 2009, 912, 914.
112 Leitlinien über horizontale Zusammenarbeit, Rn. 86.
113 Verb. Rs. T-191/98, T-212/98 und T-214/98 (Atlantic Container Line), Slg. 2003, II-3275, Rn. 1154; *Stancke*, BB 2009, 912, 914.
114 Leitlinien über horizontale Zusammenarbeit, Rn. 92.

S. Gehring

dass keine Rückschlüsse auf Wettbewerbsverhalten der einzelnen Unternehmen möglich sind.[115] Dies wäre etwa dann der Fall, wenn die Aufstellung der Daten so detailliert erfolgt, dass es den teilnehmenden Unternehmen möglich ist, durch Herausrechnen ihrer eigenen Meldedaten die Daten bestimmter Wettbewerber zu errechnen.[116] Daten, mit denen ein selbständiges Marktinformationsverfahren gespeist wird, müssen deshalb von mindestens **drei Unternehmen** stammen.[117] Kritisch sieht die Kommission indes den **Austausch aggregierter Daten im Oligopol**, da Rückschlüsse auf das konkrete Verhalten der Wettbewerber leicht gezogen werden könnten.[118] Ferner ausgenommen ist die Übermittlung entsprechender Daten an einen unabhängigen Dritten, wenn dieser statistische Erhebungen durchführt, die keinerlei **Identifizierung** der teilnehmenden Unternehmen ermöglichen.[119] Zulässig ist auch der Austausch **historischer Daten**. Damit wird vermieden, dass den Konkurrenten aktuelle oder zukünftige Strategien bekannt werden.[120] Ob Daten historisch sind, hängt von den konkreten Marktgegebenheiten ab.[121] Entscheidend ist insofern, ob die Daten geeignet sind, für zukünftiges Marktverhalten relevant zu werden.[122]

c) Besondere Formen des Informationsaustauschs: Benchmarking und Internet-Marktplätze. Einen Sonderfall des Informationsaustauschs bildet das sog. **Benchmarking**.[123] Hierbei handelt es sich um die Zusammenstellung leistungsrelevanter Daten anderer Unternehmen durch ein oder mehrere Unternehmen zum Zwecke des systematischen Vergleichs mit den eigenen Daten.[124] In vielen Fällen zielt Benchmarking nicht auf die Schaffung von Markttransparenz zwischen Anbietern ab, sondern wird als Mittel eingesetzt, die eigene Wettbewerbsfähigkeit durch Prozessoptimierung zu verbessern und so die unternehmensinterne Effizienz und schließlich die eigene Wettbewerbsfähigkeit zu steigern.[125] Benchmarking-Vorhaben betreffen häufig den Vergleich bestimmter Produktionstechniken, Vertriebsmöglichkeiten oder unternehmensinterner Verwaltungspraktiken.   **26**

Insgesamt muss man auch bei Benchmarkingvorhaben prüfen, welche Rückschlüsse die an der Studie beteiligten Unternehmen auf das Wettbewerbsverhalten ihrer Konkurrenten ziehen können. Sind Gegenstand des Projekts lediglich Momentaufnahmen eines bestimmten technischen Ablaufs, wird eine Wettbewerbsbeschränkung nicht vorliegen, es sei denn, das Vorhaben bezieht sich auf einen hochkonzentrierten Markt, in dem der konkrete Gegenstand der Studie einen wesentlichen Wettbewerbsbeitrag leistet. Bezieht Benchmarking allerdings Aktionsparameter wie Preisbildung, -bestandteile (wie Produktionskosten) oder andere, dem Geheimwettbewerb unterliegende Geschäftsgeheimnisse ein, bemisst sich das Vorhaben nach den allgemeinen und vorstehend dargestellten Grundsätzen[126] und verstößt grundsätzlich gegen Art. 101 AEUV. Im Übrigen können wettbewerbliche Bedenken darüber abgefedert werden, dass unabhängige Dritte mit der Sammlung der Informationen betraut werden und diese die   **27**

---

115   In diesem Sinne auch *Capobianco*, CMLR 2004, 1247, 1269; siehe auch *Wagner-von Papp*, WuW 2005, 732, 740, der auch nicht identifizierende Marktinformationsverfahren unter bestimmten Voraussetzungen als wettbewerbsbeschränkend ansieht. Eine Wettbewerbsbeschränkung scheidet nach *Wagner-von Papp* erst aus, wenn entweder die an die Teilnehmer rückgemeldeten Daten so stark aggregiert sind, dass Wettbewerbsvorstöße aus ihnen nicht erkennbar sind, oder die Drohung mit einer allgemeinen Bestrafung von Wettbewerbern als Reaktion auf den Wettbewerbsvorstoß unvorteilhaft wäre.

116   Kommission, 94/601/EG (Karton), ABl. 1994 L 243/1, 19; *Wagner-von Papp*, WuW 2005, 732, 734.

117   *Schroeder*, WuW 2009, 718, 724.

118   Leitlinien über horizontale Zusammenarbeit, Rn. 89.

119   EuG, T-334/94 (Sarrio), Slg. 1998, II-1439, 1527; wohl auch EuG, T-354/94 (Stora Koppabergs Bergslags), Slg. 1998, II-2111, 2150; *Stancke*, BB 2009, 912, 915, der zurecht darauf hinweist, dass auch ein Verband eine neutrale Stelle sein kann, wenn der Verband nicht selbst auf dem maßgeblichen Markt tätig ist und die Daten nicht zu eigenen Wettbewerbszwecken nutzt.

120   *Carle/Johnsson*, ECLR 1998, 74, 78.

121   Leitlinien über horizontale Zusammenarbeit, Rn. 90; *Karenfort*. WuW 2008, 1154, 1164.

122   *Schroeder*, WuW 2009, 718, 724.

123   Hierzu insbesondere *Voet van Vormizeele*, WuW 2009, 143 ff.

124   *Stancke*, BB 2009, 912; *Lübbig*, in: Wiedemann, § 8, Rn. 240.

125   *Voet van Vormizeele*, WuW 2009, 143, 146; *Capobianco*, CMLR 2004, 1247, 1270; Leitlinien über horizontale Zusammenarbeit, Rn. 57.

126   *Schroeder*, WuW 2009, 718, 725.

Ergebnisse der Effizienzstudie nur in nicht identifizierbarer Form und aggregiert an die beteiligten Unternehmen weitergeben.[127]

28   Die Gründung von **Internet-Plattformen** kann zu erhöhtem Informationsaustausch zwischen den über den Marktplatz anbietenden Unternehmen führen. Die bisherige Praxis deutet darauf hin, dass die Gründung von Internet-Marktplätzen an den Grundsätzen gemessen wird, die auf den Informationsaustausch angewendet werden.[128] Die Behörden haben in der Vergangenheit in entsprechenden Freigabeverfahren deshalb großen Wert darauf gelegt, dass jeder Austausch sensibler Geschäftsinformationen – etwa durch Implementierung entsprechender *Firewalls* – verhindert wird.[129] Zur Vermeidung von Konflikten mit dem Kartellverbot sollte bei der Gründung von Internet-Marktplätzen ferner über Anonymisierungen sichergestellt werden, dass jegliche Abstimmung auf Anbieterseite nicht stattfinden kann.[130] Weitere Sicherheit kann dadurch erzielt werden, dass das Daten offenbarende Unternehmen eigenständig bestimmt, welche weiteren Nutzer Zugang zu den Informationen erhalten sollen.[131] In oligopolistisch geprägten Märkten dürfte die Gründung von Internet-Marktplätzen nur in Ausnahmefällen zulässig sein, da die Gefahr zu groß ist, dass der für die Aufrechterhaltung von Konkurrenz wichtige Geheimwettbewerb zwischen den wenigen Anbietern über die B2B-Plattform aufgehoben wird. Insofern verbleibt es auch hier bei der Anwendbarkeit der allgemeinen Grundsätze. Unschädlich ist indes, wenn es über eine B2B-Plattform zu einer schnelleren und effizienteren Angebotstransparenz zu Gunsten der Kunden kommt, von der Preisdruck auf die Anbieter ausgeht.[132] Denn insofern liegt kein horizontaler Informationsaustausch vor. Die erhöhte Markttransparenz zwischen Anbietern und Abnehmern ist lediglich Folge der schnelleren Transaktionsabwicklung und des effizienteren Austauschs von Angebot und Nachfrage, was in erster Linie den Verbrauchern zugute kommt.

2. Produktions- und Spezialisierungsvereinbarungen

29   Produktionsbezogene Vereinbarungen zwischen konkurrierenden Erzeugern oder Anbietern von Dienstleistungen können neben wettbewerbsbeschränkenden Wirkungen auch Rationalisierungsmomente mit sich bringen.[133] Vereinbarungen über die Spezialisierung in der Produktion tragen im Allgemeinen zur Verbesserung der Warenerzeugung oder –verteilung bei, weil die beteiligten Unternehmen durch die Konzentration auf die Herstellung bestimmter Erzeugnisse effizienter arbeiten und die betroffenen Produkte preisgünstiger anbieten können. Bei wirksamem Wettbewerb erwartet der Gesetzgeber, dass die Verbraucher am entstehenden Gewinn angemessen partizipieren.[134] Vor dem Hintergrund dieses **Rationalisierungsgedankens** hat die Kommission seit langem die Zulässigkeit von Spezialisierungsabreden anerkannt.[135] Bestimmte Formen von Rationalisierungsvereinbarungen sind deshalb über die Spezialisierungs-GVO freigestellt. Ferner enthalten die Leitlinien über horizontale Zusammenarbeit ergänzende Ausführungen zur wettbewerblichen Relevanz von Produktionsvereinbarungen und die Freistellungsfähigkeit entsprechender Abkommen außerhalb des Anwendungsbereichs der Spezialisierungs-GVO.

30   **a) Typen von Produktionsvereinbarungen.** Unter dem Oberbegriff „Produktionsvereinbarungen" differenziert die Kommission in den Leitlinien über horizontale Zusammenarbeit zwischen verschiedenen Formen produktionsbezogener Kooperation. Die Behörde unterscheidet die **gemeinsame Produktion, einseitige und gegenseitige Spezialisierungsvereinbarungen** und **Zuliefervereinbarungen zur Produktionsausweitung.** Sämtliche dieser Erscheinungsformen sind von unzulässigen Absprachen über die Einschränkung oder Kontrolle der Erzeugung oder

---

127 *Lübbig,* in: Wiedemann, § 8, Rn. 240.
128 *Schroeder,* WuW 2009, 718, 725; *Lübbig,* in: Wiedemann, § 8, Rn. 233.
129 Kommission, 2001/C 49/04 (Covisint), ABl. 2001 C 49/4; Pressemitteilung der Kommission in der Sache Volbroker vom 31. Juli 2000, IP/00/896.
130 *Mestmäcker/Schweitzer,* § 9, Rn. 46; *Sura,* in: Gramlich/Kröger/Schreibauer, § 6, Rn. 61.
131 *Sura,* in; Gramlich/Kröger/Schreibauer, § 6, Rn. 61.
132 *Jestaedt,* BB 2001, 581, 583.
133 *Braun,* in: Langen/Bunte, Art. 81 Fallgruppen, Rn. 148.
134 Spezialisierungs-GVO, Erwägungsgrund Nr. 6.
135 Vgl. zur Entstehungsgeschichte *Wiedemann,* GVO-Kommentar, Bd. I, GVO 417/85 Einl., Rn. 3 ff.

S. Gehring

des Absatzes abzugrenzen. Produktionsvereinbarungen, die lediglich ein Vorwand für geographische oder produkt- bzw. dienstleistungsbezogene Marktaufteilungen sind, sind stets unzulässig. Gleiches gilt für Quotenkartelle und Absprachen über Produktionsmengen. Mit derartigen Vereinbarungen gehen keine Rationalisierungseffekte einher.[136] Deswegen darf ein reiner Produktionsverzicht nicht vereinbart werden. Vielmehr muss die Herstellung der von etwaigen Verzichten betroffenen Erzeugnisse anderweitig über einen Vertragspartner der Vereinbarung, ein Gemeinschaftsunternehmen oder einen Dritten sichergestellt werden.[137]

aa) Gemeinsame Produktion. Für eine gemeinsame Produktion ist es erforderlich, dass die **31** Partner bestimmte Erzeugnisse **gemeinsam** herstellen.[138] Dies setzt voraus, dass die beteiligten Unternehmen die von der gemeinsamen Herstellung betroffenen Produkte in dem sachlich und geographisch relevanten Produktmarkt daneben individuell nicht mehr produzieren.[139] Denn nur so wird gewährleistet, dass der die Zulässigkeit der Vereinbarung rechtfertigende Rationalisierungseffekt eintritt. Unschädlich ist aber, wenn bei Gemeinschaftsunternehmen-Sachverhalten eine der Muttergesellschaften parallel weiterproduziert, solange mit der parallelen Produktion zwischen einer Muttergesellschaft und dem Gemeinschaftsunternehmen Rationalisierungen einhergehen und die andere Muttergesellschaft auf die Produktion der Erzeugnisse insgesamt verzichtet.[140] Freilich kann bei Vorliegen entsprechend geographisch abzugrenzender Märkte z.B. eine gemeinsame Produktion im asiatischen Raum vorliegen, obwohl die Parteien unabhängig voneinander in Europa herstellen. Der Produktionsverzicht muss sich deshalb nur auf den jeweils sachlich und geographisch relevanten Markt beziehen. Aus der in Art. 1 Abs. 1 lit. g) Spezialisierungs-GVO enthaltenen Definition lässt sich ableiten, dass die Produktion nicht zwingend von den beteiligten Unternehmen durchgeführt werden muss, sondern auch über einen Dritten im Wege der Erteilung von Unteraufträgen erfolgen kann.[141] Die Form der gemeinsamen Produktion ist unerheblich.[142]

bb) Einseitige und gegenseitige Spezialisierungsvereinbarungen. Einseitige Spezialisierungsvereinbarungen sind Vereinbarungen zwischen zwei auf dem selben sachlich relevanten Markt **32** tätigen Unternehmen, mit denen sich eine Partei verpflichtet, die Produktion bestimmter Produkte ganz oder teilweise[143] einzustellen oder von der Produktion abzusehen und diese Produkte von der anderen Partei zu beziehen, die sich ihrerseits verpflichtet, die betroffenen Waren zu produzieren und zu liefern.[144] Von einer **gegenseitigen Spezialisierungsabrede** ist bei Abreden zwischen auf demselben sachlich relevanten Markt tätigen Unternehmen auszugehen, mit denen diese sich verpflichten, die Produktion bestimmter, aber unterschiedlicher Produkte ganz oder teilweise einzustellen oder von deren Produktion abzusehen und diese Produkte von der anderen Partei zu beziehen, die sich ihrerseits verpflichtet, die Erzeugnisse herzustellen und zu

---

136 *Wiedemann*, GVO-Kommentar, Bd. I, GVO 417/85, Art. 1, Rn. 10; Art. 2, Rn. 40.
137 *Völcker*, in: MünchKomm, Art. 1 GVO 2658/2000, Rn. 13; *Polley/Seeliger*, in: Liebscher/Flohr/Petsche, § 10, Rn. 48.
138 Art. 1 Abs. 1 lit. a) und d) Spezialisierungs-GVO; Spezialisierungs-GVO, Erwägungsgrund Nr. 7.
139 Vgl. Erwägungsgrund Nr. 7 zur Spezialisierungs-GVO, der unter gemeinsamer Produktion versteht, dass sich die beteiligten Unternehmen verpflichten, das betroffene Produkt *nur* noch gemeinsam herzustellen; *Polley/Seeliger*, in: Liebscher/Flohr/Petsche, § 10, Rn. 68.
140 *Wiedemann*, GVO-Kommentar, Bd. I, GVO 417/85, Art. 1, Rn. 16.
141 *Völcker*, in: MünchKomm, Art. 1 GVO 2658/2000, Rn. 22; so auch *Polley/Seeliger*, in: Liebscher/Flohr/Petsche, § 10, Rn. 69.
142 Bei der Gründung eines Produktionsgemeinschaftsunternehmens ist stets zu prüfen, ob das Vorhaben nach nationalen oder EU-rechtlichen Fusionskontrollvorschriften anmeldepflichtig ist. Im Rahmen der Prüfung wird stets die Frage im Vordergrund stehen, ob das gegründete Gemeinschaftsunternehmen vollfunktionsfähig ist, hierzu 9. Kap., Rn. 11 ff. Dies wäre bspw. der Fall, wenn dem Gemeinschaftsunternehmen auch der Vertrieb der betroffenen Produkte übertragen wird. Vollfunktions-Gemeinschaftsunternehmen unterliegen allerdings nicht den Leitlinien über horizontale Zusammenarbeit, vgl. hierzu *Eilmansberger*, in: Streinz, Art. 81, Rn. 246; *Polley/Selliger*, in: Liebscher/Flohr/Petsche, § 10, Rn. 19.
143 Anders als nach der Vorgänger-VO (EG) 2658/2000, ABl. 2000 L 304/3, ist es nunmehr für eine Spezialisierung nicht mehr erforderlich, dass sich die Abrede auf die vollständige Einstellung der Herstellung des betroffenen Erzeugnisses im relevanten Markt bezieht; teilweiser Produktionsverzicht reicht insofern aus; hierzu auch *Gutermuth*, CPI Antitrust Chronicle, February 2011(1), 7.
144 Art. 1 Abs. 1 lit. b) Spezialisierungs-GVO; Leitlinien über horizontale Zusammenarbeit, Rn. 152.

liefern.[145] Um in beiden Fällen die mit einer Spezialisierung verbundenen Vorteile sicherzustellen und Marktaufteilungen zu verhindern, müssen die Unternehmen **Liefer- und Bezugspflichten** über die der Abrede unterliegenden Waren eingehen.[146] Andernfalls wäre nicht gewährleistet, dass die Parteien auch nach Durchführung der Spezialisierung weiterhin als Anbieter erhalten bleiben. Derartige Vertragsverhältnisse können, müssen aber nicht exklusiv ausgestaltet sein.[147] Auch bei einseitigen oder gegenseitigen Spezialisierungen kann das jeweils zur Erzeugung verpflichtete Unternehmen die Herstellung auslagern und über Dritte beziehen.[148]

33 cc) **Zulieferverträge zur Produktionsausweitung.** Eine Sonderform der produktionsbezogenen Kooperation sind Zuliefervereinbarungen zwischen Wettbewerbern zur Produktionsausweitung.[149] Derartige Zulieferungen unterscheiden sich von gemeinsamer Produktion oder Spezialisierungsabreden dadurch, dass über die Belieferung hinaus keine weiteren Abreden – wie etwa die Einstellung oder das Absehen von Produktion – getroffen werden.[150]

34 b) **Wettbewerbsbeschränkungen in Produktionsvereinbarungen.** Ob und unter welchen Umständen Produktionsvereinbarungen den Wettbewerb beschränken, ergibt sich im Wesentlichen aus den Leitlinien über horizontale Zusammenarbeit.[151] Beinhalten Produktionsvereinbarungen **Kernbeschränkungen** wie die Festsetzung der Preise, die Beschränkung der Produktion sowie Markt- und Kundenaufteilungen, geht die Kommission stets von bezweckten Wettbewerbsbeschränkungen aus, die *per se* verboten sind.[152] Dies gilt allerdings nicht, wenn die Parteien Vereinbarungen über den unmittelbar von der Produktionsvereinbarung betroffenen Ausstoß[153] treffen oder wenn in einer Produktionsvereinbarung, die auch den gemeinsamen Vertrieb der Produkte umfasst, die Festsetzung der Verkaufspreise für diese Produkte vorgesehen ist, sofern dies für die Integration der Produktions- und der Vertriebsfunktion der Vereinbarung erforderlich ist.[154]

35 Bei Vereinbarungen, deren Zweck nicht auf eine Wettbewerbsbeschränkung gerichtet ist, muss geprüft werden, ob es zur **Koordinierung des Wettbewerbsverhaltens** der beteiligten Unternehmen auf den betroffenen und benachbarten Märkten kommen kann, die eine Kollusion in Form höherer Preise oder geringerer Produktionsmengen, Innovation, Produktqualität oder -vielfalt verursacht.[155] Ob Wettbewerbsbeschränkungen zu befürchten sind, misst die Kommission daran, wie die Wettbewerbssituation wäre, die ohne die Produktionsvereinbarung und alle damit verbundenen Beschränkungen bestehen würde.[156]

36 Ein entscheidendes Kriterium bei dieser Betrachtung ist die Frage, ob infolge der in Frage stehenden Vereinbarung die **Marktmacht** der beteiligten Unternehmen zunimmt. Ob Marktmacht vorliegt, orientiert sich in erster Linie am Marktanteil der betroffenen Unternehmen.[157] Grundsätzlich, so die Behörde, sind wettbewerbsbeschränkende Auswirkungen von keine Kernbeschränkungen enthaltenden Produktionsvereinbarungen nicht zu erwarten, wenn die Parteien

---

145 Art. 1 Abs. 1 lit. c) Spezialisierungs-GVO; Leitlinien über horizontale Zusammenarbeit, Rn. 152.
146 Spezialisierungs-GVO; Erwägungsgrund Nr. 9.
147 Spezialisierungs-GVO; Erwägungsgrund Nr. 9.
148 Siehe die Definition von „Produktion" in Art. 1 Abs. 1 lit. g) Spezialisierungs-GVO.
149 Liefervereinbarungen zwischen Nicht-Wettbewerbern sind vertikale Vereinbarungen, die sich nach den Vorschriften der Vertikal-GVO richten, siehe hierzu 4. Kap., Rn. 114 f.; Zulieferverträge zwischen Nicht-Wettbewerbern, die mit einem Transfer von Know-how an den Zulieferer verbunden sind, richten sich nach den Grundsätzen der Zulieferbekanntmachung; siehe 4. Kap., Rn. 114 ff.
150 Leitlinien über horizontale Zusammenarbeit, Rn. 152.
151 Leitlinien über horizontale Zusammenarbeit, Rn. 157 ff.
152 Leitlinien über horizontale Zusammenarbeit, Rn. 160; siehe zur Abgrenzung zwischen bezweckter und bewirkter Wettbewerbsbeschränkung 1. Kap., Rn. 87 ff.
153 Dies umfasst die Festlegung der gemeinsamen Produktionskapazität oder des Umfangs der ausgelagerten Produkte, siehe Leitlinien über horizontale Zusammenarbeit, Rn. 160.
154 Leitlinien über horizontale Zusammenarbeit, Rn. 160.
155 Leitlinien über horizontale Zusammenarbeit, Rn. 158.
156 Leitlinien über horizontale Zusammenarbeit, Rn. 163.
157 In diesem Zusammenhang berücksichtigt die Kommission auch, ob es über die Zusammenarbeit zu einem Zuwachs auf dem etablierten Produktmarkt dadurch kommen kann, dass ein marktstarkes Unternehmen mit einem potentiellen neuen Wettbewerber auf einem benachbarten geographischen oder sachlichen Markt zusammenarbeitet, vgl. Leitlinien über horizontale Zusammenarbeit, Rn. 166.

einen gemeinsamen Marktanteil von 20% nicht überschreiten.[158] Neben dem Marktanteil orientiert sich die Kommission am **Konzentrationsgrad** des Marktes und der Zahl der darauf agierenden Wettbewerber sowie anderer dynamischer Faktoren wie Marktzutrittsschranken und Schwankungen in den Marktanteilen.[159] Ferner prüft die Kommission bei der Frage der Marktmacht auch die Zahl und die Intensität der Verbindungen zwischen den Wettbewerbern auf dem Markt (sog. **Netzwerkeffekte**).[160]

Neben einer möglichen Zunahme von Marktmacht kommt es für die Beurteilung der wettbe- 37
werblichen Auswirkungen der Produktionsvereinbarung darauf an, ob es zu einer **Angleichung des Anteils der gemeinsamen Kosten** kommt.[161] Für die Kommission sind bei der Beurteilung dieser Frage die **variablen Kosten** maßgeblich, da die Parteien nach ihrer Auffassung mit diesen Kosten im Wettbewerb stehen.[162] Entfällt auf die Produktionskosten ein großer Teil der variablen Kosten, befürchtet die Behörde Wettbewerbsbeschränkungen. Weniger restriktiv beurteilt die Kommission hingegen Fälle, wenn die Zusammenarbeit Erzeugnisse mit hohen Vermarktungskosten betrifft, die variablen Kosten also nur einen geringen Teil der Produktionskosten ausmachen.[163] Marktverschließungseffekte befürchtet die Kommission allerdings, wenn die Parteien eine Produktionsvereinbarung für ein Vorprodukt bilden, das einen großen Teil der Gesamtkosten des Endprodukts ausmacht. Denn diese Vereinbarung kann höhere Preise für das Vorprodukt verursachen und infolge dessen zu einer Schwächung des Wettbewerbs auf Ebene des Endprodukts führen.[164] Insgesamt wird man davon ausgehen dürfen, dass eine Angleichung der Gesamtkosten jedenfalls von bis zu 30% ausreichend Spielraum für individuellen Preiswettbewerb lässt.

c) **Freistellung von Produktionsvereinbarungen.** Wettbewerbsbeschränkende Produktionsver- 38
einbarungen können entweder über die Spezialisierungs-GVO oder unmittelbar gemäß Art. 101 Abs. 3 AEUV vom Kartellverbot freigestellt sein. Sofern die Spezialisierungs-GVO nicht eingreift, muss im Einzelfall und unter Zugrundelegung der in den Leitlinien über horizontale Zusammenarbeit zum Ausdruck gebrachten Grundsätze geprüft werden, ob die Freistellungsvoraussetzungen nach Art. 101 Abs. 3 AEUV vorliegen.

aa) **Spezialisierungs-GVO.** Die Spezialisierungs-GVO[165] folgt dem Prinzip der Schirmfreistel- 39
lung. Alle in ihren Anwendungsbereich fallenden Vereinbarungen sind freigestellt, es sei denn, sie enthalten solche Kernbeschränkungen, die nach der Spezialisierungs-GVO ausdrücklich unzulässig sind.[166]

(1) **Von der Spezialisierungs-GVO geschützter Bereich.** Art. 2 Abs. 1 Spezialisierungs-GVO 40
stellt **einseitige und gegenseitige Spezialisierungen** sowie Vereinbarungen über die **gemeinsame Produktion** vom Kartellverbot frei.[167] Zuliefervereinbarungen zur Produktionsausweitung zwischen Wettbewerbern sind von der Freistellung nicht erfasst. Die Freistellung gemäß Art. 2 Spezialisierungs-GVO gilt allerdings nur unter der Voraussetzung, dass die **Summe der Markt-**

---

158 Leitlinien über horizontale Zusammenarbeit, Rn. 169; dieser *safe harbour* gilt ausdrücklich auch für Zuliefervereinbarungen zur Produktionsausweitung.

159 Leitlinien über horizontale Zusammenarbeit, Rn. 168; unklar bleibt, ob die Kommission den – naheliegenden und noch in den Vorgänger-Leitlinien (ABl. 2001 C 3/2) explizit erwähnten – Herfindahl-Hirschman-Index anwenden will; hierzu siehe auch 8. Kap., Rn. 187.

160 Leitlinien über horizontale Zusammenarbeit, Rn. 172, konkretisiert durch das Beispiel 2 in Rn. 188.

161 Leitlinien über horizontale Zusammenarbeit, Rn. 175 ff; siehe auch Kommission, 94/322/EG (Exxon/Shell), ABl. 1994 L 144/20, 29.

162 Leitlinien über horizontale Zusammenarbeit, Rn. 176; das zu Einkaufsgemeinschaften in den Leitlinien über horizontale Zusammenarbeit gebildete Beispiel 2 in Rn. 222 legt die Annahme nahe, dass jedenfalls eine Angleichung von 80% der variablen Kosten zu einer Wettbewerbsbeschränkung führt.

163 Leitlinien über horizontale Zusammenarbeit, Rn. 178; das in Rn. 190 gebildete Beispiel 4 erlaubt die Schlussfolgerung, dass die Kommission von keiner Wettbewerbsbeschränkung ausgeht, wenn die Marketing- und Vertriebskosten 65-70% der Gesamtkosten ausmachen.

164 Leitlinien über horizontale Zusammenarbeit, Rn. 179.

165 Die Spezialisierungs-GVO löst die Vorgänger-VO 2658/2000 ab. Altverträge, die nach der Vorgänger-GVO, nicht aber nach der Spezialisierungs-GVO freigestellt sind, bleiben bis zum 31. Dezember 2012 freigestellt und müssen danach an die neue Rechtslage angepasst werden.

166 *Lübbig*, in: Wiedemann, § 8, Rn. 169; *Völcker*, in: MünchKomm, Art. 5 GVO 2658/2000, Rn. 1.

167 *Gutermuth*, CPI Antitrust Chronicle, February 2011(1), 8; zum Inhalt der jeweiligen Art der Produktionsvereinbarung vgl. Rn. 30 ff.

anteile der beteiligten Unternehmen im relevanten Markt **20%** nicht überschreitet. Liegt der gemeinsame Marktanteil der Kooperationspartner nicht über 20%, geht die Kommission davon aus, dass Produktionsvereinbarungen grundsätzlich wirtschaftlichen Nutzen in Form von Größen- oder Verbundvorteilen oder von besseren Produktionstechniken unter angemessener Beteiligung der Verbraucher am entstehenden Gewinn mit sich bringen.[168] Als relevanten Markt definiert Art. 1 Abs. 1 lit. i) Spezialisierungs-GVO den sachlich und räumlich relevanten Markt, zu dem die Produkte gehören, die Gegenstand einer Spezialisierungsabrede sind.[169] Betrifft die Spezialisierungsabrede Zwischenprodukte, die die Parteien intern für die Produktion nachgelagerter Produkte verwenden, muss zusätzlich der Marktanteil betrachtet werden, den die Parteien auf dem Markt für die nachgelagerten Produkte halten.[170] Die Marktanteile werden gemäß Art. 5 lit. b) Spezialisierungs-GVO anhand des Absatzwertes des vorhergehenden Kalenderjahres berechnet. Liegen diesbezüglich keine Angaben vor, dürfen die Unternehmen auf Schätzungen zurückgreifen, die auf verlässlichen Marktdaten unter Einschluss der Absatzmengen beruhen.

41   Die Spezialisierungs-GVO gilt bis zum 31. Dezember 2022. Die **Dauer der Freistellung** ist allerdings dann begrenzt, wenn die Marktanteile nach Abschluss der Vereinbarung 20% übersteigen. Ist dies der Fall und liegt der gemeinsame Marktanteil der Parteien nicht über 25%, so gilt die Schirmfreistellung für zwei weitere Kalenderjahre im Anschluss an das Jahr, während dessen die 20%-Grenze erstmals überschritten wird, Art. 5 lit. d) Spezialisierungs-GVO. Überschreiten die Marktanteile die Grenze von 25%, gilt die Freistellung nur für ein weiteres Jahr, Art. 5 lit. e) Spezialisierungs-GVO. Insgesamt ergibt sich ein maximaler Übergangszeitraum von zwei Kalenderjahren, Art. 5 lit. f) Spezialisierungs-GVO.

42   Die Freistellung gemäß Art. 2 Abs. 1 Spezialisierungs-GVO erfasst nach Art. 2 Abs. 2 der Verordnung auch Vereinbarungen über die Übertragung oder Lizenzierung von **gewerblichen Schutzrechten**, sofern diese nicht den Hauptgegenstand der Vereinbarung bilden, mit ihrer Durchführung unmittelbar verbunden und für diese notwendig sind.

43   **(2) Insbesondere: Alleinbezugs- und Alleinbelieferungsverpflichtungen.** Die Schirmfreistellung greift auch dann ein, wenn die Parteien im Rahmen einer einseitigen oder zweiseitigen Spezialisierung oder einer gemeinsamen Produktion eine Alleinbezugs- und/oder eine Alleinbelieferungsverpflichtung[171] akzeptieren, Art. 2 Abs. 3 lit. a) Spezialisierungs-GVO. Entsprechende Ausschließlichkeitsvereinbarungen sind typische Begleitabreden, mit denen die Partner die Rahmenbedingungen für den wirtschaftlichen Erfolg der Spezialisierungsvereinbarung absichern. So kann über eine Alleinbelieferungsverpflichtung sichergestellt werden, dass der produzierende Partner keine weitere Spezialisierung mit Dritten vereinbart. Gleichzeitig kann mit einer Alleinbezugsverpflichtung eine bestimmte Mindestauslastung bei dem Erzeuger erreicht werden. In der Praxis sollte jedoch bei Alleinbelieferungsverpflichtungen klargestellt werden, dass sich diese lediglich auf Lieferungen an Wettbewerber im von der Spezialisierung betroffenen sachlichen und geographisch relevanten Markt beziehen.[172] Lieferungen an „normale" Abnehmer des von der Spezialisierung betroffenen Produkts können mittels der Alleinbelieferungspflicht nicht beschränkt oder unterbunden werden.

44   **(3) Insbesondere: Gemeinsamer Vertrieb.** Die Schirmfreistellung gilt nach Art. 2 Abs. 3 lit. b) Spezialisierungs-GVO des weiteren, wenn die Parteien innerhalb einer Spezialisierungsverein-

---

168 Spezialisierungs-GVO, Erwägungsgrund Nr. 10.

169 Vgl. zur Ermittlung der sachlich und geographisch relevanten Produktmärkte 1. Kap., Rn. 129 ff.

170 Art. 1 Abs. 1 lit. i) Spezialisierungs-GVO. Werden die der Spezialisierung unterfallenden Zwischenprodukte also zum Teil intern weiterverarbeitet und teilweise verkauft, müssen sowohl der Anteil der Parteien auf dem Markt für die Zwischenprodukte und der Anteil der Parteien auf dem Markt der aus den Zwischenprodukten gefertigten Enderzeugnisse betrachtet werden; siehe auch *Gutermuth*, CPI Antitrust Chronicle, February 2011(1), 8.

171 Art. 1 Abs. 1 lit. o) Spezialisierungs-GVO definiert den Begriff der **Alleinbelieferungsverpflichtung** als Verpflichtung, das Produkt welches Gegenstand der Spezialisierungsvereinbarung ist, nicht an ein konkurrierendes Unternehmen zu liefern, es sei denn, es sei denn die Vertragspartei der Vereinbarung; Art. 1 Abs. 1 lit. p) Spezialisierungs-GVO definiert den Begriff der **Alleinbezugsverpflichtung** als Verpflichtung, das Spezialisierungsprodukt nur von einer Vertragspartei zu beziehen.

172 Vgl. die Definition in Art. 1 Abs. 1 lit. o) Spezialisierungs-GVO.

barung die davon betroffenen Produkte nicht selbständig vertreiben, sondern einen gemeinsamen Vertrieb vorsehen oder sich auf die Benennung eines Dritten als Vertriebshändler mit oder ohne Ausschließlichkeitsbindung verständigen. Der Dritte darf allerdings kein aktueller oder potentieller Wettbewerber im relevanten Markt sein.[173]

(4) Kernbeschränkungen. Art. 4 Spezialisierungs-GVO bestimmt, dass die Freistellung nicht **45** für die darin genannten **Kernbeschränkungen** greift. Werden Kernbeschränkungen gleichwohl vereinbart, entfällt der Vorteil der Spezialisierungs-GVO insgesamt.[174] Die jeweiligen Abreden müssen dann gemäß Art. 101 Abs. 3 AEUV auf ihre Zulässigkeit geprüft werden, wobei die Freistellung von Kernbeschränkungen regelmäßig ausscheidet.[175] Letztere sind deshalb grundsätzlich gemäß Art. 101 Abs. 2 AEUV nichtig. Wie sich dies auf den Rest des Vertrags auswirkt, richtet sich nach nationalem Recht; für deutsches Recht gilt § 139 BGB.[176]

Zu den nicht freigestellten Kernbeschränkungen rechnet die Kommission in Art. 4 Spezialisie- **46** rungs-GVO die Festsetzung von Preisen für den Verkauf der Produkte an dritte Abnehmer, die Beschränkung der Produktion oder des Absatzes und die Aufteilung von Märkten oder Abnehmerkreisen.

Die erste Fallgruppe betrifft **gemeinsame Preisfestsetzungen und -absprachen** innerhalb von **47** Spezialisierungen. Diese sind unzulässig.[177] Die Parteien sollen auch nach der Spezialisierung noch miteinander über die Handelsmargen konkurrieren können. Eine Ausnahme hierzu gilt gemäß Art. 4 lit. a) Spezialisierungs-GVO für die Festsetzung von Preisen für direkte Abnehmer, wenn die Parteien einer Spezialisierungsvereinbarung den gemeinsamen Vertrieb der Produkte nach Art. 2 Abs. 3 lit. b) Spezialisierungs-GVO vorgesehen haben.

Die zweite Kernbeschränkung betrifft **Produktions- und Absatzbeschränkungen.** Entsprechen- **48** de Vereinbarungen wirken grundsätzlich freistellungsschädlich. Gemäß Art. 4 lit. b) Spezialisierungs-GVO können die Parteien einer einseitigen oder gegenseitigen Spezialisierung aber Mengenvereinbarungen treffen. Innerhalb gemeinsamer Produktion dürfen die beteiligten Unternehmen den Umfang der Kapazität und der Produktion des Gemeinschaftsunternehmens festlegen. Haben die Parteien den gemeinsamen Vertrieb vereinbart, können sie ferner Absatzziele festlegen, Art. 4 lit. b) (ii) Spezialisierungs-GVO.

Die dritte Kernbeschränkung betrifft **gebiets- oder kundenbezogene Marktaufteilungen.** Diese **49** sind stets unzulässig und führen ausnahmslos zur Unanwendbarkeit der Spezialisierungs-GVO.

bb) Freistellung nach Art. 101 Abs. 3 AEUV außerhalb der Spezialisierungs-GVO. Produkti- **50** onsvereinbarungen, die nicht unter die Spezialisierungs-GVO fallen, müssen auf ihre Freistellung nach Art. 101 Abs. 3 AEUV geprüft werden. In der Praxis werden hier die Fälle relevant werden, in denen die Marktanteilsschwelle überschritten wird. Die Leitlinien über horizontale Zusammenarbeit geben zahlreiche Anhaltspunkte dafür, unter welchen Voraussetzungen eine Freistellung in Betracht kommt.

(1) Freistellungsfähigkeit von Spezialisierungsvereinbarungen und gemeinsamer Produktion **51** **außerhalb der Spezialisierungs-GVO.** Beabsichtigen Unternehmen eine Spezialisierung oder ein gemeinsames Produktionsvorhaben und beträgt ihr gemeinsamer Marktanteil im relevanten Markt mehr als 20%, so greift die Schirmfreistellung der Spezialisierungs-GVO nicht ein. Zumindest bei geringfügigen Überschreitungen der Marktanteilsschwelle dürften die Wertungen der Spezialisierungs-GVO jedoch entsprechende Anwendung finden.[178]

In ihrer Praxis verlangt die Kommission, dass Spezialisierungen und gemeinsame Produktion **52** mit **Effizienzgewinnen** verbunden sind. Weisen die beteiligten Unternehmen nach, dass es auf-

---

173 Gegenüber der Vorgänger-VO besteht nunmehr insofern eine Erleichterung, als ein gemeinsamer Vertrieb nicht nur bei gemeinsamer Produktion, sondern auch bei einseitiger oder gegenseitiger Spezialisierung möglich ist; siehe auch *Gutermuth*, CPI Antitrust Chronicle, February 2011(1), 8.

174 *Bechtold/Bosch/Brinker/Hirsbrunner*, VO 2658/2000, Art. 5, Rn. 1; *Reher/Holzhäuser*, in: Loewenheim/Messen/Riesenkampff, Spez-GVO, Rn. 41.

175 Leitlinien über horizontale Zusammenarbeit, Rn. 184; *Polley/Seeliger*, in: Liebscher/Flohr/Petsche, § 10, Rn. 123.

176 Ausführlicher hierzu 11. Kap., Rn. 3 ff.

177 Vgl. auch Kommission, 72/291/EWG (Feinpapier), ABl. 1972 L 182/24, 26.

178 Siehe hierzu auch 1. Kap., Rn. 121.

grund der Spezialisierungsvereinbarung infolge von Größenvorteilen zu Kosteneinsparungen kommt, wird regelmäßig von Leistungsgewinnen ausgegangen.[179] Als weitere Effizienzsteigerungen kommen in Betracht die Verbesserung der Produktqualität und -vielfalt,[180] verbesserte und kostensparend arbeitende Produktionstechnologien[181] sowie die Verminderung von Gesundheits- und Umweltrisiken.[182]

53 Darüber hinaus müssen die Abnehmer an den mit der Spezialisierungsvereinbarung realisierten Vorteilen beteiligt werden.[183] Dies ist etwa der Fall, wenn infolge der mit der Spezialisierung einhergehenden Rationalisierungen Wettbewerbsdruck entsteht, der seinerseits zur Senkung der allgemeinen Preise führt.[184] Allerdings hält es die Behörde für eher unwahrscheinlich, dass Kosteneinsparungen an die Abnehmer weitergegeben werden, wenn sich die Rationalisierung überwiegend auf die Fixkosten bezieht. Betreffen die Einsparungen überwiegend die variablen Kosten, werden Verbraucher eher profitieren.[185] Eine angemessene Beteiligung der Verbraucher ist aber auch gegeben, wenn zwar keine unmittelbare Preissenkung aus der Spezialisierung folgt, die Produktionsvereinbarung aber die Beibehaltung des aktuellen Preisniveaus trotz gestiegener Kosten ermöglicht oder den Verbrauchern verbesserte Erzeugnisse oder Dienstleistungen angeboten werden.[186] Leistungsgewinne, die nur den beteiligten Unternehmen zugute kommen, können nicht berücksichtigt werden.[187] Einsparungen, die mit der Verringerung der Produktion oder einer Aufteilung des Marktes verbunden sind, zählen ebenfalls nicht zu den anerkannten Leistungsgewinnen.[188]

54 Weiterhin müssen die mit der Spezialisierung verbundenen Wettbewerbsbeschränkungen unerlässlich sein, um Effizienzen zu erzielen.[189] In der Vergangenheit hat die Kommission dies unter anderem dann bejaht, wenn die mit dem Vorhaben verbundenen Investitionen besonders hoch und risikoreich waren und der ökonomische Anreiz für eine alleinige Produktion aufgrund hoher Rentabilitätsschwellen gering war.[190] Ebenso liegt Unerlässlichkeit vor, wenn mit der Spezialisierungsvereinbarung Produktverbesserungen und Marktreife schneller erreicht werden können.[191] Beschränkungen, welche die Beteiligten in ihrem Wettbewerbsverhalten außerhalb des von der Spezialisierung betroffenen Produktmarkts beeinträchtigt, sind grundsätzlich nicht unerlässlich.[192]

55 Schließlich scheidet eine Freistellung nach Art. 101 Abs. 3 AEUV aus, wenn die Parteien die Möglichkeit haben, den Wettbewerb für einen wesentlichen Teil der Erzeugnisse auszuschalten. Hiervon ist nach Auffassung der Kommission immer dann auszugehen, wenn ein Unternehmen infolge der Produktionsvereinbarung auf dem relevanten oder einem benachbarten Produktmarkt marktbeherrschend ist oder wird.[193]

56 **(2) Zuliefervereinbarungen zur Produktionsausweitung.** Von Art. 101 Abs. 3 AEUV gedeckt oder von Art. 101 Abs. 1 AEUV bereits gar nicht erfasst, weil zeitlich und mengenmäßig be-

---

179 Leitlinien über horizontale Zusammenarbeit, Rn. 183; Kommission, Kommission, 93/49/EWG (Ford/Volkswagen), ABl. 1993 L 20/14, Rn. 25; Kommission, 94/986/EG (Philips/Osram), ABl. 1994 L 378/37, 42; *Lübbig*, in: Wiedemann, § 8, Rn. 171. Kommission, 94/986/EG (Philips/Osram), ABl. 1994 L 378/37, 42.
180 Leitlinien über horizontale Zusammenarbeit, Rn. 183; Kommission, 75/76/EWG (Rank/Sopelem); ABl. 1975 L 29/20, Abschnitt III. B) 1.
181 Kommission, 94/322/EG (Exxon/Shell), ABl. 1994 L 144/20, 31.
182 Kommission, 94/322/EG (Exxon/Shell), ABl. 1994 L 144/20, 32.
183 Dazu auch *Polley/Seeliger*, in: Liebscher/Flohr/Petsche, § 10, Rn. 125.
184 Kommission, 93/49/EWG (Ford/Volkswagen), ABl. 1993 L 20/14, 17; Kommission, 94/322/EG (Exxon/Shell), ABl. 1994 L 144/20, 32; Kommission, 94/986/EG (Philips/Osram), ABl. 1994 L 378/37, Rn. 42; *Lübbig*, in: Wiedemann, § 8, Rn. 172.
185 Leitlinien über horizontale Zusammenarbeit, Rn. 185.
186 *Lübbig*, in: Wiedemann, § 8, Rn. 143.
187 Leitlinien über horizontale Zusammenarbeit, Rn. 185.
188 Leitlinien über horizontale Zusammenarbeit, Rn. 185.
189 Mit verschiedenen Nachweisen *Braun*, in: Langen/Bunte, Art. 81 Fallgruppen, Rn. 175 ff.
190 Kommission, 94/322/EG (Exxon/Shell), ABl. 1994 L 144/20, 32; Kommission, 94/986/EG (Philips/Osram), ABl. 1994 L 378/37, 43.
191 Kommission, 94/986/EG (Philips/Osram), ABl. 1994 L 378/37, 43; Kommission, 94/823/EG (Fujitsu AMD Semiconductor), ABl. 1994 L 341/66, 73.
192 Leitlinien über horizontale Zusammenarbeit, Rn. 184.
193 Leitlinien über horizontale Zusammenarbeit, Rn. 159.

S. Gehring

grenzt, sind Zuliefervereinbarungen zur Produktionsausweitung, mit denen sich Wettbewerber in **Krisensituationen** wie höherer Gewalt oder Erneuerung und Wartung von Anlagen zur Überbrückung von Engpässen punktuell und ohne Automatismus aushelfen.[194] Dies gilt nicht, wenn die Parteien systematisch Belieferungspflichten für Notfälle in Rahmenverträgen von konkreten Anlass vereinbaren.[195] Zulieferverträge, die über eine vorübergehende Aushilfslieferung hinausgehen und systematisch angelegt sind, müssen deshalb im Einzelfall auf ihre Vereinbarkeit mit Art. 101 Abs. 3 AEUV geprüft werden, wenn der gemeinsame Marktanteil der Parteien den in den Leitlinien erwähnten Schwellenwert von 20% überschreitet.[196] Besondere Bedeutung wird in diesem Zusammenhang der Frage beigemessen, ob die jeweilige Zuliefervereinbarung zu Kosteneinsparungen führt, von denen die Verbraucher in angemessener Weise profitieren.[197] Des Weiteren ist maßgeblich, ob die Zuliefervereinbarung zu einer Verbesserung der Warenerzeugung etwa dadurch führt, dass leistungsstärkere Technologien breiter eingesetzt werden, neue Produkte gefördert oder Marktzutritte ermöglicht werden.[198] Unbedenklich und nach Art. 101 Abs. 3 EG freistellungsfähig sind ferner Zuliefervereinbarungen, wenn sie einzelne Hersteller in die Lage versetzen, durch gegenseitige **Ergänzung des Produktportfolios** mit vollständigen Angeboten gegeneinander zu konkurrieren.[199]

Als Zuliefervereinbarungen müssen ebenfalls **Swap-Geschäfte**[200] zwischen Herstellern betrachtet werden. Wenn diese Form der Zusammenarbeit Wettbewerbsbeschränkungen bewirken kann, hängt die Freistellungsfähigkeit von den aufgrund der Vereinbarung entstehenden wirtschaftlichen Vorteilen (etwa Einsparung von Transportkosten) und deren Weitergabe an Abnehmer ab.[201] Ein systematisch angelegtes Tauschgeschäft kann dann gerechtfertigt sein, wenn aufgrund des wegfallenden Transports der betroffenen Produkte Gesundheits- und Umweltrisiken vermieden werden.[202]   **57**

3. Gemeinsamer Einkauf

Einkaufsgemeinschaften lassen sich auf verschiedene Weise strukturieren. Die stärkste Form   **58**
der Kooperation ist die Gründung eines auf den gemeinsamen Einkauf gerichteten Gemeinschaftsunternehmens. Dient dieses Gemeinschaftsunternehmen lediglich dem gemeinsamen Einkauf, liegt aus Sicht des EU-Rechts ein Teilfunktionsgemeinschaftsunternehmen[203] vor, das keinen Zusammenschluss im Sinne der FKVO darstellt, sondern lediglich nach Art. 101 AEUV zu prüfen ist.[204] Neben der Gründung einer gemeinsam kontrollierten Einkaufsgesellschaft oder einer aus zahlreichen Minderheitsgesellschaftern bestehende Genossenschaft kommt eine Zusammenarbeit auch auf vertraglicher Basis in eher lockerer Form in Betracht.[205]

Die Bündelung von Nachfrage kann sich positiv auf den Wettbewerb etwa dort auswirken, wo   **59**
die Bildung von Nachfragemacht durch die Vereinigung kleinerer Abnehmer zu einem **Gegen-**

---

194 So wohl EuGH, Rs. 29/83 und 30/83 (Compagnie Royale Asturienne des Mines SA und Rheinzink GmbH), Slg. 1984, 1679, 1706; *Wägenbaur*, in: Loewenheim/Meessen/Riesenkampff, Art. 81, Rn. 269.
195 EuGH, Rs. 29/83 und 30/83 (Compagnie Royale Asturienne des Mines SA und Rheinzink GmbH), Slg. 1984, 1679, 1706.
196 Leitlinien über horizontale Zusammenarbeit, Rn. 170; *Bechtold/Bosch/Brinker/Hirsbrunner*, Art. 81, Rn. 86; *Wägenbaur*, in: Loewenheim/Meessen/Riesenkampff, Art. 81, Rn. 269.
197 Kommission, 89/93/EWG (Flachglas), ABl. 1988 L 33/44, Rn. 73.
198 Kommission, 94/771/EG (Olivetti-Digital), ABl. 1994 L 309/24, Rn. 30.
199 Kommission. 80/1074/EWG (Industrieverband Solnhofener Natursteinplatten), ABl. 1980 L 318/32, 37.
200 Unter einem Swap-Geschäft versteht man einen Tauschvertrag zwischen konkurrierenden Herstellern. Bsp.: A produziert das Erzeugnis X in Südspanien; B produziert das Erzeugnis X im Osten Polens. Zur Vermeidung von aufwändigen Transportkosten vereinbaren die Parteien, sich an ihren jeweiligen Standorten eine bestimmte Menge X zur Belieferung der eigenen Kunden zur Verfügung zu stellen. Vgl. auch das von der Kommission in Rn. 193 der Leitlinien über horizontale Zusammenarbeit gebildete Beispiel.
201 In Rn. 193 der Leitlinien über horizontale Zusammenarbeit stellt sich die Kommission auf den Standpunkt, dass die Tatsache, dass Wettbewerber für einen Teil ihrer Produkte einen Swap vornehmen, an sich noch kein Anlass für wettbewerbsrechtliche Bedenken ist.
202 Kommission, 94/322/EG (Exxon/Shell), ABl. 1994 L 144/20, 32.
203 Hierzu 9. Kap., Rn. 72 ff.
204 *Schroeder*, in: Wiedemann, § 8, Rn. 86; *Braun*, in: Langen/Bunte, Art. 81 Fallgruppen, Rn. 186.
205 Leitlinien über horizontale Zusammenarbeit, Rn. 194.

gewicht gegenüber starken Anbietern führt.[206] Ferner können Einkaufsgemeinschaften den effizienten Zugang zu ausländischen Versorgungsmärkten überhaupt erst erschließen.[207] Im Rahmen von konzernweiten Umstrukturierungsmaßnahmen können Einkaufsgemeinschaften zwischen den zuvor miteinander verbundenen Unternehmensteilen unerlässlich sein, um einen vernünftigen Übergang solcher Strukturmaßnahmen zwischen den betroffenen Unternehmen zu gewährleisten. Unter bestimmten Umständen kann die Bündelung von Nachfragemacht aber auch zur Beeinträchtigung des Wettbewerbs führen. Betrifft die Vereinbarung nicht wirklich den gemeinsamen Einkauf, sondern wird sie als Mittel zur Bildung eines verschleierten Kartells für verbotene Praktiken wie Preisfestsetzung, Produktionsbeschränkung oder Marktaufteilung genutzt, dann handelt es sich um eine unzulässige bezweckte Wettbewerbsbeschränkung.[208] Im Übrigen sind die wettbewerblichen Auswirkungen des Vorhabens entlang der von der Kommission aufgestellten Leitlinien daraufhin zu prüfen, ob sie zu höheren Preisen, geringerer Produktmenge, Produktqualität oder -vielfalt, Marktaufteilungen oder Marktverschließungen für andere Einkäufer führen.[209]

60   a) Wettbewerbliche Relevanz von Einkaufsgemeinschaften. Auch bei der Würdigung von Einkaufsgemeinschaften folgt die Kommission dem *effects based approach*. Im Rahmen der Prüfung, ob die Horizontalvereinbarung Wettbewerbsbeschränkungen bewirkt, müssen durch das Vorhaben etwa entstehende Marktmacht, Kostenangleichung und Informationsaustausch eingehend analysiert werden.[210]

61   Ob eine Einkaufsgemeinschaft Marktmacht begründet, hängt davon ab, welche Stellung die beteiligten Unternehmen auf den relevanten Einkaufs- und Verkaufsmärkten haben. Entfällt auf die Einkaufsvereinbarung ein hinreichend großer Anteil des gesamten, im relevanten Markt zur Verfügung stehenden Produkts, besteht die Gefahr, dass Preise unter das Wettbewerbsniveau gedrückt werden und konkurrierenden Abnehmern der Marktzugang versperrt bleibt.[211] Ferner befürchtet die Kommission, dass andere Einkäufer von den Einkaufsmärkten ausgeschlossen werden könnten.[212] Hohe Marktanteile auf den relevanten Verkaufsmärkten werden ebenfalls kritisch beurteilt.[213] Je höher die auf den Verkaufsmärkten entstehende gemeinsame Marktmacht der beteiligten Unternehmen ist, desto kritischer sieht die Kommission die Zusammenarbeit auf den Einkaufsmärkten. Marktmacht auf den Verkaufsmärkten birgt insbesondere die Gefahr, dass Kosteneinsparungen beim Einkauf nicht an die nächste Marktstufe weitergegeben werden und kann auf den Verkaufsmärkten zu abgestimmten Verhaltensweisen führen.[214] Die Kommission stellt fest, dass in den meisten Fällen das Vorliegen von Marktmacht unwahrscheinlich ist, wenn die an der Vereinbarung Beteiligten auf den relevanten Einkaufs- und Verkaufsmärkten einen Marktanteil von nicht mehr als 15% haben.[215]

62   Die Zusammenfassung von Nachfragemacht kann ferner die Koordination zwischen Wettbewerbern auf der Marktgegenseite erleichtern,[216] etwa wenn durch die Einkaufsgemeinschaft ein hohes Maß an Angleichung der variablen Kosten erzielt wird.[217]

---

206   EuGH, Rs. C- 250/92 (DLG), Slg. 1994, I-5641, 5687.
207   Kommission, 68/318/EWG (Socemas), ABl. 1968 L 294/4, 6.
208   Leitlinien über horizontale Zusammenarbeit, Rn. 205.
209   Leitlinien über horizontale Zusammenarbeit, Rn. 200.
210   Leitlinien über horizontale Zusammenarbeit, Rn. 207 ff.
211   *Schroeder*, in: Wiedemann, § 8, Rn. 89.
212   Leitlinien über horizontale Zusammenarbeit, Rn. 210.
213   Insofern ist allerdings erforderlich, dass die gemeinsamen Einkäufer auf dem anhand der allgemeinen Vorschriften zu ermittelnden sachlich und geographisch relevanten Verkaufsproduktmarkt miteinander im Wettbewerb stehen; so wohl auch Kommission in Leitlinien über horizontale Zusammenarbeit, Rn. 199, 212.
214   *Schroeder*, in: Wiedemann, § 8, Rn. 89; Leitlinien über horizontale Zusammenarbeit, Rn. 219.
215   Leitlinien über horizontale Zusammenarbeit, Rn. 208; unklar ist, ob diese Schwelle bereits mangelnde Spürbarkeit definiert oder ob es sich um einen *safe harbour* handelt. Die praktische Bedeutung dieser Frage dürfte allerdings gering sein.
216   *Braun*, in: Langen/Bunte, Art. 81 Fallgruppen, Rn. 195.
217   Leitlinien über horizontale Zusammenarbeit, Rn. 214; Bsp. 2 in Rn. 222 der Leitlinien stellt klar, dass jedenfalls bei einer Angleichung von 80% der variablen Kosten eine erhebliche Kostenangleichung anzunehmen ist; *Eilmansberger*, in: Streinz, Art. 81, Rn. 248.

S. Gehring

Schließlich prüft die Behörde im Rahmen der Wettbewerbsbeschränkung, ob es infolge der **63** Vereinbarung zu einem **Informationsaustausch** über sensible Daten kommt.[218] Fraglich ist insofern, ob der beabsichtigte Informationsaustausch für die Umsetzung der Vereinbarung erforderlich ist und ob er wettbewerbswidrige Auswirkungen auf die Produktion und den Verkauf der nachgelagerten Erzeugnisse hat.[219] Unkritisch ist der Informationsaustausch über die der Einkaufsgemeinschaft unterfallenden Produkte (einschließlich von Einkaufspreisen und – Mengen) damit jedenfalls immer dann, wenn die Nachfragemacht unterhalb des Schwellenwerts von 15% ist und die Parteien auf den Verkaufsmärkten nicht konkurrieren oder die gemeinsam eingekauften Produkte oder Dienstleistungen keinen wesentlichen Einfluss auf die Preise der Verkaufsprodukte haben. Stehen die Parteien indes auf den nachgelagerten Märkten im Wettbewerb und ist die Kostenangleichung infolge des gemeinsamen Einkaufs nicht unwesentlich, muss überlegt werden, ob etwaigen Spillover-Effekten dadurch entgegengewirkt werden kann, dass die auszutauschenden Daten nur von einer gemeinsamen Organisation zusammengestellt werden, die die Informationen nicht an Mitglieder weitergibt.

b) Freistellung von Einkaufsgemeinschaften. Für Einkaufsgemeinschaften existiert keine eigene **64** GVO. Halten die beteiligten Unternehmen auf den relevanten Einkaufs- und Verkaufsmärkten gemeinsame Marktanteile von mehr als 15%, führt dies nicht automatisch zur Rechtswidrigkeit der Einkaufsvereinbarung.[220] Daraus kann gefolgert werden, dass auch geringfügige Überschreitungen hinnehmbar sind. Liegen die jeweiligen Marktanteile hingegen deutlich über der 15%-Schwelle, muss geprüft werden, ob für die Einkaufsgemeinschaft die Voraussetzungen von Art. 101 Abs. 3 AEUV vorliegen. Im Rahmen der Freistellungsvoraussetzungen können die infolge der Zusammenarbeit realisierten **Leistungsgewinne und Einsparungen** berücksichtigt werden.[221] Neben niedrigeren Einkaufspreisen werden niedrigere Transport- und Logistikkosten als effizienzsteigernd berücksichtigt.[222] Allerdings sind Leistungseinsparungen nicht freistellungsfähig, die ausschließlich auf die Ausübung von Marktmacht zurückgehen.[223] Vielmehr kommt es darauf an, dass die Abnehmer der an der Einkaufsgemeinschaft teilnehmenden Unternehmen an den entstehenden Leistungsgewinnen angemessen beteiligt werden.[224] Hiervon ist auszugehen, wenn es auf den Verkaufsmärkten wirksamen Wettbewerb gibt und die an der Einkaufsvereinbarung beteiligten Unternehmen über günstigere Einkaufspreise den Wettbewerb bei den Verkaufsprodukten durch Anbieten niedrigerer Preisniveaus fördern.

Die Freistellung greift auch dann nicht, wenn sich die Mitglieder Beschränkungen auferlegen, **65** die zur Verwirklichung der Leistungsgewinne nicht unerlässlich sind. In der bisherigen Praxis standen hier Vereinbarungen im Vordergrund, mit denen sich die Beteiligten verpflichteten, ihren Gesamtbedarf an den betroffenen Produkten über die Einkaufsgemeinschaft zu beziehen.[225] Die Kommission geht davon aus, dass ein hundertprozentiger **Bezugszwang** im Einzelfall unerlässlich sein kann, um Größenvorteile zu erzielen.[226] Für die Frage, ob der Bezugszwang unerlässlich ist, können die Grundsätze herangezogen werden, die im Bereich der vertikalen Vereinbarungen angewandt werden, wenn Alleinbezugsverpflichtungen über den freigestellten Zeitraum hinaus beabsichtigt sind.[227] Haben die Parteien **vertragsspezifische Investitionen** in die Gründung der Einkaufskooperation getätigt und können diese nur erwirtschaftet werden,

---

218 Leitlinien über horizontale Zusammenarbeit, Rn. 215.
219 Leitlinien über horizontale Zusammenarbeit, Rn. 215; maßgeblich für die inhaltliche Prüfung sind die für den allgemeinen Informationsaustausch aufgestellten Kriterien; siehe hierzu Rn. 19 ff.
220 Leitlinien über horizontale Zusammenarbeit, Rn. 209.
221 Vgl. etwa Kommission, 2000/400/EG (Eurovision), ABl. 2000 L 151/18, 31, als die Kommission die niedrigeren Transaktionskosten berücksichtigte.
222 *Braun*, in: Langen/Bunte, Art. 81 Fallgruppen, Rn. 201 m.w.N.
223 Leitlinien über horizontale Zusammenarbeit, Rn. 219.
224 Leitlinien über horizontale Zusammenarbeit, Rn. 219; wohl auch Kommission, 80/917/EWG (National Sulphuric Acid), ABl. 1980 L 260/24, 30.
225 So in Kommission, 91/50/EWG (Ijsselcentrale), ABl. 1991 L 28/32, 45; Kommission, 80/917/EWG (National Sulphuric Acid), ABl. 1980 L 260/24, 31.
226 Leitlinien über horizontale Zusammenarbeit, Rn. 218; im Fall 80/917/EWG (National Sulphuric Acid), ABl. 1980 L 260/24, 31 stellte die Kommission indes lediglich die Verpflichtung frei, 25% des jeweiligen Gesamtbedarfs über die Einkaufsgemeinschaft zu beziehen; im Übrigen blieben die Parteien ungebunden.
227 Siehe hierzu 4. Kap., Rn. 124 ff.

S. Gehring   163

wenn die Teilnehmer auch über das Konsortium einkaufen, dann ist der Bezugszwang ebenfalls gerechtfertigt. Liegen entsprechende spezifische Investitionen und sonstige Gründe nicht vor, die einen vollständigen Bezugszwang rechtfertigen, sollten sich Grad des Bezugszwangs und Höhe der aggregierten Nachfragemacht wie kommunizierende Röhren zueinander verhalten. Während bei kleineren und mittleren Unternehmen höhere Bezugsquoten zulässig sein dürften, sollten bei Einkaufsgemeinschaften zwischen großen Industriekonzernen mit höherer Nachfragemacht niedrigere Prozentsätze angesetzt werden, da in diesen Fällen Ausweichmöglichkeiten der Anbieter beeinträchtigt werden könnten. Im Zusammenhang mit Einkaufsgemeinschaften nicht freistellungsfähig sind Verwendungsbeschränkungen[228] oder die Beschränkung der beteiligten Unternehmen in ihrer Preis- und Absatzpolitik.[229]

66 **c) Insbesondere: B2B-Plattformen.** Die Bündelung von Nachfrage in Form von **B2B-Marktplätzen** im Internet ist grundsätzlich nach denselben Kriterien wie klassische Einkaufsgemeinschaften zu beurteilen.[230] Die teilweise vertretene Auffassung, Nachfragebündelung auf B2B-Marktplätzen sei mangels planmäßiger Vorgehensweise der Teilnehmer grundsätzlich nicht spürbar,[231] ist kritisch zu sehen.[232] Auch von punktuellen, ad-hoc erfolgenden Bündelungen kann Preisdruck auf die Anbieter ausgehen. Aus Wettbewerbssicht dürfte insofern entscheidend sein, dass überhaupt eine Zusammenfassung der Nachfrage der B2B-Teilnehmer erfolgt.[233] Ob diese kurzfristig im Einzelfall oder im Vorfeld geplant erfolgt, ist wohl unerheblich.[234]

67 **d) Insbesondere: Bietergemeinschaften.** In jüngerer Zeit sind insbesondere Bietergemeinschaften im Rahmen von M&A-Transaktionen zum Erwerb eines Unternehmens in den kartellrechtlichen Fokus geraten.[235] Für die Frage, ob die Gründung sog. **Bid-Clubs** zulässig ist, kommt es auf den Marktanteil an, der den die Bietergemeinschaft bildenden Unternehmen zuzurechnen ist. Bilden Finanzinvestoren ein auf Dauer angelegtes Gemeinschaftsunternehmen zur Durchführung von M&A-Aktivitäten, entsteht grundsätzlich keine Nachfragemacht, da der relevante Markt derjenige für sämtliche M&A-Transaktionen ist.[236] Bezieht sich die Bietergemeinschaft lediglich auf ein konkretes Kaufobjekt, ist der relevante Markt regelmäßig derjenige des Verkaufs dieses Unternehmens. Auch in diesem Fall kommt es auf die Nachfragemacht an, die den gemeinsamen Bietern im konkreten Fall beizumessen ist. Da für den Erwerb eines Unternehmens regelmäßig eine Vielzahl von potentiellen Käufern zur Verfügung steht, wird es ganz überwiegend auch hier an der Spürbarkeit der Absprache fehlen.[237] Ermöglicht die Bietergemeinschaft den beteiligten Unternehmen überhaupt erst die Teilnahme an dem Verkaufsprozess, dann liegt eine dem Kartellverbot nicht unterfallende Arbeitsgemeinschaft vor.[238] Anders beurteilt werden müssen Absprachen, die während eines konkreten Auktionsprozesses erfolgen, um Einfluss auf den möglichen Verkaufspreis der Zielgesellschaft zu nehmen. Hierbei handelt es sich regelmäßig um bezweckte Wettbewerbsbeschränkungen, die *per se* unter das Kartellverbot fallen und grundsätzlich nicht freistellungsfähig sind.[239]

228 Kommission, 2000/400/EG (Eurovision), ABl. 2000 L 151/18, 33.
229 Kommission, 75/482/EWG (Intergroup), ABl. 1975 L 212/23, 25.
230 *Lübbig*, in: Wiedemann, § 8, Rn. 234; so wohl auch *Ahlborn/Seeliger*, EuZW 2001, 552, 558.
231 *Jestaedt*, BB 2001, 581, 585.
232 *Eilmansberger*, in: Streinz, Art. 81 EG, Rn. 250; *Schroeder*, in: Wiedemann, § 8, Rn. 101.
233 *Sura*, in: Gramlich/Kröger/Schreibauer, § 6, Rn. 67.
234 Die Betreiber der Internetplattform *Covisint* haben dem BKartA gegenüber erklärt, ihre Einkäufe zwar über die gemeinsame Plattform abzuwickeln, jedoch nicht zu einer gemeinsamen Nachfrage zu aggregieren; vgl. BKartA, WuW 2000, 1237, 1240.
235 Siehe hierzu insbesondere *Hauck*, CCZ 2010, 53, der diese Problematik allerdings schwerpunktmäßig unter dem Aspekt der Arbeitsgemeinschaft untersucht; hierzu Rn. 85 ff.
236 *Lübbig*, in: Wiedemann, § 8, Rn. 229, vorbehalten bleibt freilich die Prüfung des Zusammenschlusses nach nationalem oder gemeinschaftsrechtlichem Fusionskontrollrecht.
237 *Schroeder*, in: Wiedemann, § 8, Rn 85; *Lübbig*, in: Wiedemann, § 8, Rn. 229; *Hauck*, CCZ 2010, 53, 58.
238 Siehe hierzu Rn. 85.
239 *Hauck*, CCZ, 2010, 53, 60; *Schroeder*, in: Wiedemann, § 8, Rn. 92; regelmäßig wird ferner der Tatbestand des § 298 StGB zu prüfen sein, dessen Anwendungsbereich nicht ausschließlich auf die Ausschreibung öffentlicher Aufträge beschränkt ist.

S. Gehring

4. Kooperation beim Verkauf

Kooperationen beim Verkauf können in unterschiedlicher Form auftreten. Die extremste Form   **68**
der Zusammenarbeit ist der gemeinsame Vertrieb einschließlich der gemeinsamen Festlegung
sämtlicher mit dem Verkauf eines Produkts verbundenen Tätigkeiten. Daneben sind schwä-
chere Formen der Kooperation dann denkbar, wenn Unternehmen nur in Bezug auf einzelne
Absatzfunktionen zusammenarbeiten. Dies wäre etwa der Fall bei Vereinbarungen über die
Zusammenlegung von Logistik- oder Wartungsleistungen, Kundendienst oder Werbung.[240]

a) **Wettbewerbsbeschränkende Vermarktungsgemeinschaften.** Ob Vereinbarungen über den   **69**
Verkauf wettbewerbsbeschränkende Wirkung haben, hängt zunächst von dem Verhältnis der
an der Kooperation Beteiligten zueinander ab. Sind die betroffenen Unternehmen weder aktuelle noch potentielle Wettbewerber in den Bereichen Herstellung und Vertrieb der relevanten
Produktmärkte, ist der gemeinsame Vertrieb grundsätzlich unbedenklich.[241] Ferner sind solche
Vertriebsgemeinschaften wettbewerbsneutral, bei denen die Beteiligten für sich allein den Verkauf der Produkte objektiv nicht durchführen könnten und deshalb eine vom Kartellverbot
ausgenommene Arbeitsgemeinschaft vorliegt[242] oder wenn die Vereinbarung objektiv erforderlich ist, um einer Partei den Markteintritt zu ermöglichen.[243]

Demgegenüber werden **Vermarktungsgemeinschaften** über substituierbare Produkte zwischen   **70**
Unternehmen derselben Marktstufe häufig als wettbewerbsbeschränkend angesehen.[244] Wettbewerbsbeschränkend wirkt, dass sich die Kooperationspartner der Möglichkeit begeben, mit
unterschiedlichen Preisen im Markt zu agieren und dadurch die Wahlmöglichkeiten der Kunden
einschränken.[245] In ihren Leitlinien geht die Kommission vor diesem Hintergrund stets von
bezweckten[246] und folglich *per se* verbotenen Wettbewerbsbeschränkungen aus, wenn die Ver-
marktungsvereinbarung die **Festsetzung von Verkaufspreisen** vorsieht oder bei gegenseitigen
Vertriebsvereinbarungen als **Mittel zur Marktaufteilung** benutzt wird.[247] Im Extremfall können
solche Abkommen sogar ein typisches horizontales Kartell darstellen.[248] Wenn eine Vereinheitlichung der Preispolitik zu befürchten ist, liegt eine Wettbewerbsbeschränkung auch dann
vor, wenn die Parteien frei sind, ihre Produkte unabhängig voneinander zu verkaufen.[249]

Vermarktungsvereinbarungen, die nicht den gemeinsamen Verkauf vorsehen und die Festset-   **71**
zung der Preise ausklammern, sondern **andere Vertriebsfunktionen** betreffen, können nach
Meinung der Kommission ebenfalls wettbewerbsbeschränkend wirken.[250] Auch bei dieser Fallgruppe sind aus Sicht der Behörde die Kriterien Marktmacht, Angleichung der Kosten und
Informationsaustausch maßgeblich.

Bis zu einem gemeinsamen Marktanteil von **15%** ist es unwahrscheinlich, dass die beteiligten   **72**
Unternehmen über **Marktmacht** verfügen.[251] Gleichen die Parteien indes ihre **Vermarktungskosten** an und machen diese einen hohen Teil ihrer variablen Kosten für das zugrunde liegende

---

240 Leitlinien über horizontale Zusammenarbeit, Rn. 225.
241 *Braun*, in: Langen/Bunte, Art. 81 Fallgruppen, Rn. 210.
242 Leitlinien über horizontale Zusammenarbeit, Rn. 237; Kommission, 90/446/EWG (Konsortium ECR 900),
     ABl. 1990 L 228/31, 34; vgl. insgesamt zur Arbeitsgemeinschaft Rn. 85 ff.
243 *Lübbig*, in: Wiedemann, § 8, Rn. 181.
244 Kommission, 78/732/EWG (Centraal Stikstof Verkoopkantoor), ABl. 1978 L 242/15, 42; Kommission,
     80/182/EWG (FLORAL), ABl. 1980 L 39/51, 55; Kommission, 91/301/EWG (ANSAC), ABl. 1991 L 152/54,
     58.
245 Kommission, 91/301/EWG (ANSAC), ABl. 1991 L 152/54, 58.
246 Zur Abgrenzung zu den bewirkten Wettbewerbsbeschränkungen siehe 1. Kap., Rn. 87 ff.
247 Leitlinien über horizontale Zusammenarbeit, Rn. 234 ff.
248 Kommission, 72/68/EWG (Nederlandse Cement-Handelsmaatschappij), ABl. 1972, L 22/16, 17.
249 Leitlinien über horizontale Zusammenarbeit, Rn. 235; *Lübbig*, in: Wiedemann, § 8, Rn. 182; die Gefahr der
     Vereinheitlichung von Kosten und Preisen dürfte besonders groß sein, wenn Gegenstand der Vereinbarung
     der Vertrieb homogener Massengüter ist; siehe Kommission, 78/732/EWG (Centraal Stikstof Verkoopkan-
     toor), ABl. 1978 L 242/15, 27.
250 Zu den grundlegenden kartellrechtlichen Bedenken siehe Leitlinien über horizontale Zusammenarbeit,
     Rn. 230 ff.
251 Leitlinien über horizontale Zusammenarbeit, Rn. 240, wobei unklar ist, ob die Behörde in diesem Zusam-
     menhang von mangelnder Spürbarkeit oder von einem *safe harbour* ausgeht.

Erzeugnis aus, liegt eine Wettbewerbsbeschränkung vor.[252] Gleiches gilt, sofern es aufgrund des Vorhabens zu einem **Informationsaustausch** kommt, der zu kollusivem Verhalten führen kann.[253]

73 **b) Freistellung von wettbewerbsbeschränkenden Vermarktungsgemeinschaften. aa) „Nackte"** **Vermarktungsvereinbarungen (einschließlich der Festsetzung der Verkaufspreise).** In ihrer Entscheidungspraxis hat die Kommission reine Verkaufssyndikate grundsätzlich kritisch beurteilt und in vielen Fällen untersagt.[254] In engen Ausnahmefällen hat sie die Voraussetzungen von Art. 101 Abs. 3 AEUV allerdings bejaht.[255] Unter dem Gesichtspunkt der **Rationalisierung** hat sie ein Vertriebssystem zwischen Wettbewerbern mit geringen Marktanteilen freigegeben, da Wettbewerbsnachteile aufgrund zweier Vermarktungsorganisationen vermieden werden konnten.[256] Ferner erkannte die Kommission an, dass der gemeinsame Vertrieb der Fernsehrechte an den Spielen der *Champions League* zur Verbesserung der Warenerzeugung und -verteilung beiträgt, da die gemeinsame Vermarktung das **Produkt** *Champions League* überhaupt **erst begründe** und Verbrauchern Vorteile verschaffe, die bei individueller Vermarktung nicht erreichbar seien.[257] Eine Verkaufsgemeinschaft kleiner und mittlerer Unternehmen wurde vor dem Hintergrund für unbedenklich erklärt, dass sie den Beteiligten die erforderliche **Markterschließung** ermögliche.[258] Kritisch beurteilt werden allerdings Verkaufsgemeinschaften in oligopolistischen Märkten.[259]

74 Im Regelfall wird allerdings verlangt, dass infolge der Integration zweier oder mehrerer Vertriebsfunktionen **erhebliche Leistungsgewinne** entstehen. Hierbei darf es sich nicht um Einsparungen handeln, die auf den Wegfall von Wettbewerb zurückgehen. Vielmehr kommt es darauf an, dass die Leistungsgewinne unmittelbar aus der Zusammenlegung wirtschaftlicher Tätigkeiten hervorgehen.[260] Keine Leistungsgewinne sind zu erwarten, wenn die beteiligten Unternehmen nur geringfügige Vermögenswerte in die Gemeinschaft einbringen. In diesen Fällen liegt häufig ein verschleiertes Kartell vor.[261]

75 **bb) Vereinbarungen über andere Vertriebsfunktionen ohne Festsetzung der Verkaufspreise.** Kooperationen, die sich nicht auf den Verkauf der Produkte und somit auch nicht auf die Festsetzung der Verkaufspreise erstrecken, sind nur dann zu problematisieren, wenn die Kooperationspartner den von der Kommission definierten **Schwellenwert eines gemeinsamen Marktanteils von 15 %** überschreiten. In diesem Fall muss vor dem Hintergrund der bestehenden Marktkonzentration ermittelt werden, ob wettbewerbsbeschränkende Auswirkungen in dem betroffenen Produktmarkt zu befürchten sind.[262] Die Gefahr, dass es zu Kollusionsergebnissen kommt, wächst mit **Umfang der Marktmacht** und der mit der Vereinbarung verbundenen **Kostenangleichung.**

76 **cc) Gemeinsamer Verkauf im Rahmen einer Spezialisierung oder gemeinsamer Forschung und Entwicklung.** Im Rahmen von Spezialisierungsvereinbarungen kann der gemeinsame Vertrieb

---

252 Leitlinien über horizontale Zusammenarbeit, Rn. 243; die Gefahr der Kostenangleichung drohe nicht so stark bei homogenen Massengütern, da dort die Produktion der größte Kostenfaktor ist. Zum Grad der Kostenangleichung kann insgesamt auf die Ausführungen unter Rn. 37 verwiesen werden.

253 Für die inhaltliche Prüfung verweist die Kommission auf die Grundsätze über den Informationsaustausch; siehe hierzu Rn. 19 ff. Unzulässig ist ein Austausch über Preise der die Grundlage der Vereinbarung bildenden Produkte; siehe auch Rn. 12.

254 Kommission, 80/182/EWG (FLORAL), ABl. 1980 L 39/51, 58; Kommission, 91/301/EWG (ANSAC), ABl. 1991 L 152/54, 58; Kommission, 72/68/EWG (Nederlandse Cement-Handelsmaatschapij), ABl. 1972, L 22/16, 17.

255 Auch in den Leitlinien über horizontale Zusammenarbeit, Rn. 246, betont die Kommission, dass eine Festsetzung der Preise nur dann zu rechtfertigen ist, wenn sie für die Integration anderer Marketingfunktionen erforderlich ist und diese Integration erhebliche Effizienzgewinne verursacht.

256 Kommission, 78/251/EWG (SOPELEM/Vickers), ABl. 1978 L70/47, 51.

257 Kommission, 2003/778/EG (UEFA/Champions League), ABl. 2003 L 291/25, 48; siehe in diesem Zusammenhang auch das in Rn. 252 der Leitlinien gebildete Beispiel.

258 Kommission, 72/73/EWG (SAFCO), ABl. 1972 L 13/44, 45.

259 *Wägenbaur*, in: Loewenheim/Meessen/Riesenkampff, Art. 81, Rn. 266.

260 Leitlinien über horizontale Zusammenarbeit, Rn. 247.

261 Leitlinien über horizontale Zusammenarbeit, Rn. 248; siehe auch das von der Kommission in Rn. 255 gebildete Bsp. zu Vertriebs-Jointventures.

262 *Lübbig*, in: Wiedemann, § 8, Rn. 183.

S. Gehring

der Spezialisierungspartner von der Spezialisierungs-GVO erfasst sein.[263] Dies gilt auch für die gemeinsame Verwertung von Forschungsergebnissen innerhalb einer nach der F&E-GVO freigestellten F&E-Vereinbarung.[264]

c) Kooperation in der Werbung. Einen Unterfall des gemeinsamen Verkaufs bildet die Kooperation in der Werbung.[265] Hier können Wettbewerbsbeschränkungen dann auftreten, wenn gemeinsame Werbung gezielt dafür eingesetzt wird, vom Kauf anderer als der beworbenen Erzeugnisse abzuhalten.[266] Darüber hinaus kann sich gemeinsame Werbung negativ auf den Wettbewerb auswirken, wenn gerade die Werbung die betroffenen Unternehmen in die Lage versetzt, miteinander zu konkurrieren und ihre Produkte gegeneinander abzugrenzen.[267] Diese Gefahr dürfte in oligopolistischen oder stark konzentrierten Märkten homogener Massengüter besonders groß sein, da die Werbung oftmals das einzig effektive Wettbewerbsmittel ist.[268]

77

5. Kooperation im Hinblick auf Normen

In Anlehnung an die Kommissionspraxis ist zu differenzieren zwischen Vereinbarungen über Normen und Vereinbarungen über Standardbedingungen. **Normenvereinbarungen** bezwecken grundsätzlich die Festlegung technischer oder qualitätsbezogener Anforderungen an bestehende oder zukünftige Produkte, Verfahren oder Dienstleistungen.[269] Zugangsbedingungen zu **Gütezeichen** oder Vereinbarungen über die Umweltleistung von Produkten sind ebenfalls als Normenvereinbarungen anzusehen.[270] Allerdings fallen die Vorbereitung und Ausarbeitung technischer Normen in Ausübung hoheitliche Befugnisse nicht unter das Kartellverbot. **Standardbedingungen** betreffen branchenweit vereinheitlichte Verkaufsbedingungen, die Wettbewerber und Verbraucher untereinander für austauschbare Produkte vereinbaren.[271]

78

a) Vereinbarungen über Normen. Wettbewerbliche Rückwirkungen können sich auf vier Produktmärkten ergeben. Die Norm kann sich auf den **Produkt- und Dienstleistungsmärkten** auswirken, die von ihr betroffen sind. Sie kann sich ferner auf **Technologiemärkte** auswirken, wenn die genormten Sachverhalte die Inanspruchnahme von gewerblichen Schutzrechten erfordern. Schließlich kann die Normenvereinbarung die Märkte der **Dienstleistung für die Festsetzung von Normen** und die **Prüfung und Zertifizierung der Norm berühren**.[272]

79

In ihren Leitlinien definiert die Kommission, unter welchen Umständen Vereinbarungen über Normen keine Wettbewerbsbeschränkung bewirken.[273] Keine Wettbewerbsbedenken bestehen zunächst bei Normenvereinbarungen, bei denen nicht davon auszugehen ist, dass sie Marktmacht entstehen lassen. Ist die Begründung von Marktmacht aufgrund der Norm indes anzunehmen, müssen die am Normungsprozess beteiligten Unternehmen vier Anforderungen kumulativ erfüllen. Im Rahmen des **Transparenzgebots** wird vorausgesetzt, dass sich alle interessierten Parteien am Normungsprozess beteiligen dürfen und keine spezifischen Gruppen aus-

80

263 Siehe hierzu Rn. 44.
264 Zu den Voraussetzungen, unter denen die gemeinsame Verwertung von der Freistellung erfasst ist, siehe 5. Kap., Rn. 159.
265 Leitlinien über horizontale Zusammenarbeit, Rn. 225.
266 Kommission, 85/76/EWG (Milchförderungsfonds), ABl. 1985 L 35/35, 41.
267 So geht die Kommission in Rn. 243 der Leitlinien über horizontale Zusammenarbeit davon aus, dass gemeinsame Werbungsvereinbarungen wettbewerbsbeschränkende Auswirkungen haben, wenn die damit verbundenen Kosten einen wichtigen Kostenfaktor ausmachen.
268 Kommission, 1. WB (1971), Rn. 36; *Braun*, in: Langen/Bunte, Art. 81 Fallgruppen, Rn. 219.
269 *Lübbig*, in: Wiedemann, § 8, Rn. 190.
270 *Haag*, in: Schröter/Jakob/Mederer, Art. 81, Fallgruppen Kooperationsabsprachen, Rn. 56.
271 Leitlinien über horizontale Zusammenarbeit, Rn. 259.
272 Leitlinien über horizontale Zusammenarbeit, Rn. 261.
273 Jeder Versuch, den Wettbewerb über eine Norm zu beschränken, wird als bezweckte und dem *per se* Verbot unterfallende Wettbewerbsbeschränkung betrachtet; Leitlinien über horizontale Zusammenarbeit, Rn. 273. Exemplarisch werden Verhaltensweisen angeführt, mit denen unter Verwendung der Norm Druck auf nicht der Norm angeschlossene Dritte ausgeübt wird, um austauschbare Produkte vom Markt fernzuhalten oder falls es zur Offenlegung von normrelevanten Informationen nur deshalb kommt, um Preise festzulegen. Siehe auch *Haag*, in: Schröter/Jakob/Mederer, Art. 81, Fallgruppen Kooperationsabsprachen, Rn. 55.

geschlossen werden.[274] Ferner müssen die betroffenen Unternehmen Gelegenheit erhalten, sich fortwährend über die Normungsarbeit zu **informieren**.[275] Des Weiteren muss gewährleistet sein, dass **kein Benutzungszwang** besteht, die Beteiligten also weiterhin frei darin sind, andere Normen oder Produkte zu entwickeln, die nicht der Norm entsprechen.[276] Ferner müssen die Regeln der Normenorganisation den **effektiven Zugang** zu der Norm zu fairen, zumutbaren und diskriminierungsfreien Bedingungen gewährleisten.[277]

81 Setzt der Zugang zur Norm voraus, dass Unternehmen bestimmte Rechte an gewerblichen Schutzrechten anderer Parteien erhalten, empfiehlt die Kommission den Parteien, ein Konzept vorzusehen, mittels dessen Dritten Zugang zu den Schutzrechten gewährt wird. Um zu vermeiden, dass Inhaber gewerblicher Schutzrechte erhöhte Lizenzgebühren für den Normzugang verlangen, sollte die Normenorganisation ihren Mitgliedern eine umfassende **Informationspflicht** auferlegen, jene Schutzrechte und die damit verbundenen Kosten offenzulegen, die für die Anwendung der in Ausarbeitung befindlichen Norm in Betracht kommen können.[278] Schließlich verlangt die Kommission von der Normenorganisation und ihren Mitgliedern vor Annahme der Norm die Abgabe einer sog. **FRAND-Selbstverpflichtung**. Dadurch soll im Normungstext sichergestellt werden, dass in eine Norm aufgenommene patentierte Technologien den Anwendern zu fairen, zumutbaren und diskriminierungsfreien Bedingungen zugänglich gemacht werden.[279] Maßgeblich ist nach Auffassung der Behörde insofern, ob die Lizenzgebühren in einem angemessenen Verhältnis zum wirtschaftlichen Wert der Patente stehen.[280]

82 Vereinbarungen über Normen, die die vorstehenden Kriterien erfüllen, können zusätzliche wettbewerbsbeschränkende Bestimmungen enthalten. Ferner müssen Vereinbarungen, die die vorstehenden Kriterien nicht erfüllen, darauf geprüft werden, ob sie Wettbewerbsbeschränkungen enthalten. Unter Art. 101 Abs. 1 AEUV fällt etwa der Fall, wenn Mitglieder gegenüber Nichtmitgliedern zur Verhinderung von Parallelimporten bevorzugt werden.[281]

83 Im Rahmen der **Freistellungsprüfung** akzeptiert die Kommission grundsätzlich, dass mit Normenvereinbarungen erhebliche Leistungsgewinne einhergehen können. Anerkannte Leistungsgewinne sind aufgrund der Norm verbesserte Marktintegration und -einführung sowie die Senkung der Transaktionskosten.[282] Auch wenn aufgrund der Norm **Interoperabilität** zwischen verschiedenen Technologien geschaffen wird, geht die Kommission in der Regel von der Freistellungsfähigkeit aus[283] und berücksichtigt, ob mit der Vereinbarung ein **offener Industriestandard** geschaffen wird, der zur Förderung des technischen Fortschritts beiträgt.[284] Die Freistellung entfällt mangels Unerlässlichkeit indes regelmäßig dann, wenn einzelne Wettbewerber von der Normsetzung ausgeschlossen sind oder in Ansehung der Norm ein branchenweiter Anwendungszwang besteht.[285] Kritisch beurteilt die Kommission ebenfalls, wenn die Norm

---

274 Leitlinien über horizontale Zusammenarbeit, Rn. 281; *Braun*, in: Langen/Bunte, Art. 81 Fallgruppen, Rn. 231.

275 Leitlinien über horizontale Zusammenarbeit, Rn. 282.

276 Kommission, 78/156/EWG (Video-Cassettenrecorders), ABl. 1978 L 47/42, 45; Leitlinien über horizontale Zusammenarbeit, Rn. 293; *Braun*, in: Langen/Bunte, Art. 81 Fallgruppen, Rn. 234.

277 Leitlinien über horizontale Zusammenarbeit, Rn. 283, 294; Kommission, 86/69/EWG (X/Open Group), ABl. 1987 L 35/36, 40.

278 Leitlinien über horizontale Zusammenarbeit, Rn. 286; in Rn. 299 stellt die Kommission ferner klar, dass die Pflicht zur Offenlegung der restriktivsten Lizenzbedingungen grundsätzlich keine Wettbewerbsbeschränkung darstellt.

279 Leitlinien über horizontale Zusammenarbeit, Rn. 287.

280 Leitlinien über horizontale Zusammenarbeit, Rn. 289; ohne sich abschließend festzulegen, schlägt die Kommission drei Berechnungsmethoden vor. Zum einen könnten die vor Anwendung der Norm vorherrschenden Lizenzgebühren mit denjenigen verglichen werden, die gelten, nachdem die Branche an die Norm gebunden ist. Alternativ könnten unabhängige Expertengutachten eingeholt werden. Insgesamt sollte für die Frage der Angemessenheit der Lizenzgebühr auf die allgemeinen Grundsätze abgestellt werden, die für den Missbrauch von marktbeherrschenden Stellungen gelten; vgl. hierzu 6. Kap., Rn. 113 ff.

281 EuGH, Rs. 96-102, 104, 105, 108 und 110/82 (IAZ/Kommission), Slg. 1983, 3367, 3411.

282 Leitlinien über horizontale Zusammenarbeit, Rn. 308.

283 Leitlinien über horizontale Zusammenarbeit, Rn. 308; siehe zum Kriterium der Interoperabilität bei Missbrauchsfällen auch *Gehring*, ELR 2004, 235, 241.

284 So in Kommission, 87/69/EWG (X/Open Group), ABl. 1987 L 35/36, 41.

285 Leitlinien über horizontale Zusammenarbeit, Rn. 318.

S. Gehring

unterschiedliche, untereinander jedoch austauschbare, Technologien einbezieht und die Nutzer gezwungen werden, mehr als technisch notwendig zu zahlen oder wenn die Normenvereinbarung vorsehen würde, dass diese austauschbaren Technologien außerhalb der Norm nicht benutzt werden dürften.[286] Freistellungsschädlich wirkt es auch, wenn die Bedingungen für die Erteilung des Normierungszertifikats Handelsströme innerhalb der Gemeinschaft verhindern oder hemmen.[287]

b) Vereinbarungen über Standardbedingungen. Auch bei Standardisierungsvereinbarungen gilt, dass eine Wettbewerbsbeschränkung grundsätzlich ausscheidet, solange eine uneingeschränkte und transparente Beteiligung an der tatsächlichen Festlegung von Standardbedingungen gewährleistet ist und es sich um nicht verbindliche und uneingeschränkt zugängliche Bedingungen handelt.[288] Ob wettbewerbsbeschränkende Wirkungen vorliegen, muss stets geprüft werden, wenn die Parteien beabsichtigen, sich hinsichtlich der Bedingungen einem Verwendungszwang zu unterwerfen oder wenn davon auszugehen ist, dass die Bedingungen auch ohne Nutzungszwang aufgrund der vorherrschenden Marktverhältnisse *de facto* zu einem Branchenstandard werden.[289] Ferner wird kritisch beurteilt, wenn sich die Standardbedingungen auch auf preisbildende Faktoren beziehen.[290] Im Rahmen einer Freistellung nach Art. 101 Abs. 3 AEUV berücksichtigt die Kommission regelmäßig, ob die Standardbedingungen für den Verbraucher die Vergleichbarkeit des Kaufs austauschbarer Erzeugnisse erleichtern.[291] Ein Benutzungszwang oder die Vereinheitlichung preisrelevanter Parameter sind regelmäßig nicht freistellungsfähig. Für die **Messen- und Börsenbranche** kam die Kommission zu dem Ergebnis, dass vereinheitlichte Klauseln der Veranstalter gegen Art. 101 Abs. 1 AEUV verstoßen, mit denen den Teilnehmern der Zugang zu Konkurrenzveranstaltungen versperrt werden soll.[292]

6. Arbeitsgemeinschaften

Arbeitsgemeinschaften sind dadurch gekennzeichnet, dass sich mehrere Unternehmen projektbezogen zusammenschließen, um ein bestimmtes Vorhaben gemeinsam durchzuführen.[293] Sofern die Zusammenarbeit miteinander konkurrierende Unternehmen einschließt, muss untersucht werden, ob hiermit eine den Wettbewerb beeinträchtigende Koordinierung verbunden ist. Dies ist nicht der Fall, wenn die Konkurrenten die von der Zusammenarbeit erfasste Tätigkeit oder das Projekt nach objektiven Kriterien eigenständig nicht durchführen können.[294] Bei diesen typischen Arbeitsgemeinschaften fehlt den kooperierenden Unternehmen die **individuelle Marktfähigkeit**.[295] Das einzelne Unternehmen könnte das von der Arbeitsgemeinschaft durchgeführte Projekt nicht nutzen, um sich einen Wettbewerbsvorsprung zu erarbeiten.[296] Die Arbeitsgemeinschaft führt also nicht zu einer Bündelung von Angeboten, sondern zu einem zusätzlichen Angebot und ist damit wettbewerblich positiv zu bewerten.

In einzelnen Fällen hat die Behörde die individuelle Marktfähigkeit von Unternehmen abgelehnt und die Gründung von Arbeitsgemeinschaften zugelassen. Im Fall *Eurotunnel* stellte die Kommission darauf ab, dass die an dem Konsortium beteiligten Unternehmen das Projekt (Bau eines Kanaltunnels) nur gemeinsam, nicht aber allein durchführen konnten.[297] Ähnlich argumentierte die Behörde in der Sache *Elopak/Metal Box – Odin*. Beide Muttergesellschaften verfügten in diesem, die Gründung eines Gemeinschaftsunternehmens betreffenden Sachverhalt, unab-

84

85

86

---

286 Leitlinien über horizontale Zusammenarbeit, Rn. 317.
287 EuGH, Rs. 96-102, 104, 105, 108 und 110/82 (IAZ/Kommission), Slg. 1983, 3367, 3413.
288 Leitlinien über horizontale Zusammenarbeit, Rn. 301.
289 Leitlinien über horizontale Zusammenarbeit, Rn. 301, 303 ff.
290 Kommission, 74/292/EWG (IFTRA Verpackungsglas), ABl. 1974 L 160, 1, 13; Leitlinien über horizontale Zusammenarbeit, Rn. 276.
291 Leitlinien über horizontale Zusammenarbeit, Rn. 312.
292 Für den Bereich der **Messen** siehe Kommission, 91/128/EWG (Sippa), ABl. 1991 L 60/19; für den Bereich der **Börsen** siehe Kommission 87/2/EWG (International Petroleum Exchange of London), ABl. 1987 L 3/27.
293 *Bechtold/Bosch/Brinker/Hirsbrunner*, Art. 81, Rn. 116.
294 Leitlinien über horizontale Zusammenarbeit, Rn. 30; *Bechtold/Bosch/Brinker/Hirsbrunner*, Art. 81, Rn. 117.
295 *Koenig/Kühling/Müller*, WuW 2005, 126.
296 *Braun*, in: Langen/Bunte, Art. 81 Fallgruppen, Rn. 60.
297 Kommission, 88/568/EWG (Eurotunnel), ABl. 1988 L 311/36, 38.

hängig voneinander nicht über die erforderliche Technologie und hätten die gebotenen Investitionen für den Markteintritt selbständig nicht realisiert.[298] In der Entscheidung *Konsortium ECR 900* wurde die Kooperation der miteinander konkurrierenden Anbieter für unbedenklich erklärt, da der personelle und finanzielle Aufwand für das Gemeinschaftsprojekt (Entwicklung eines neuen Kommunikationssystems) keinen Anreiz für individuelle Tätigkeiten bot.[299]

87 Für die Zulässigkeit einer Arbeitsgemeinschaft genügt es auch, wenn die beteiligten Unternehmen **relativ marktunfähig** sind, also lediglich das konkrete Projekt alleine nicht realisieren können, im Übrigen aber am Markt auch individuell teilnehmen können.[300] Ferner muss die Bildung einer Arbeitsgemeinschaft unter Mitwirkung eines voll marktfähigen Unternehmens dann möglich sein, wenn erst dessen Mitwirkung überhaupt zur Marktfähigkeit der übrigen Teilnehmer führt.[301] Denn auch in diesem Fall kommt es nicht zu einer Reduzierung des Angebots. Anders könnte es nur liegen, wenn als Alternative zur Zusammenarbeit zwischen dem marktfähigen Unternehmen und den nicht marktfähigen Teilnehmern auch in Betracht kommt, dass letztere sich mit weiteren, nicht marktfähigen Unternehmen zusammentun.

88 Nicht abschließend geklärt ist, welcher Maßstab bei der Beurteilung der Marktfähigkeit einzelner Kooperationspartner anzulegen ist. Die Kommission legt rein **objektive Kriterien** zu Grunde.[302] Die Behörde untersucht unabhängig von dem Vortrag der beteiligten Unternehmen, ob deren Marktfähigkeit ausreicht, das jeweilige Vorhaben auch alleine in die Tat umzusetzen.[303] Ein subjektiver Beurteilungsspielraum wird den Marktteilnehmern offenbar nicht eingeräumt.[304] So hat die Kommission in *GEAM/P&W* klargestellt, dass die individuelle Marktfähigkeit von Unternehmen nicht allein deswegen abzulehnen ist, weil die Gründung eines Konsortiums für die Mitglieder wirtschaftlich effizienter wäre, sie aber technisch und wirtschaftlich zur selbständigen Verwirklichung des Vorhabens in der Lage sind.[305] Auch die deutsche Behördenpraxis wählt einen objektiven Beurteilungsansatz. Allerdings berücksichtigt das Bundeskartellamt unter Verweis auf die einschlägige Rechtsprechung des BGH, ob die Zusammenarbeit **wirtschaftlich zweckmäßig und kaufmännisch vernünftig** ist.[306] Mit Einführung dieser subjektiven Kriterien wird den Unternehmen allerdings kein eigener Beurteilungsspielraum zugebilligt. Sie ermöglichen der behördlichen und gerichtlichen Praxis vielmehr eine an der individuellen Leistungsfähigkeit orientierte objektive Prüfung der selbständigen Markfähigkeit der beteiligten Unternehmen, also den Nachvollzug einer subjektiven Unternehmenseinschätzung auf der Grundlage objektiver Kriterien.[307] Insofern dürften sich die Prüfungsmaßstäbe von Kommission und deutscher Behörden- und Gerichtspraxis weitestgehend entsprechen.[308]

89 Die **zulässige Dauer** von Arbeitsgemeinschaften bemisst sich danach, ob ihre Aufrechterhaltung erforderlich ist, um den beteiligten Unternehmen die Marktteilnahme zu ermöglichen. Sobald infolge der Veränderung der Wettbewerbs- und Marktverhältnisse ein Teilnehmer selbständig marktfähig wird, entfällt für ihn die Möglichkeit, an der Arbeitsgemeinschaft mitzuwirken.

7. Strukturkrisenkartelle

90 Ökonomische Krisensituationen sind von den betroffenen Unternehmen grundsätzlich mit marktwirtschaftlichen Mitteln aus eigener Kraft und nicht mit Kartellabsprachen zu bewälti-

---

298 Kommission, 90/410/EWG (Elopak/Metal Box – Odim), ABl. 1990 L 209/15, Rn. 24.
299 Kommission, 90/446/EWG (Konsortium ECR 900), ABl. 1990 L 228/31, 34.
300 *Koenig/Kühling/Müller*, WuW 2005, 126, 132.
301 *Koenig/Kühling/Müller*, WuW 2005, 126, 132.
302 Leitlinien über horizontale Zusammenarbeit, Rn. 30; Kommission, 2000/182/EG (GEAE/P&W), ABl. 2000 L 58, 3, 25.
303 Kommission, 2000/182/EG (GEAE/P&W), ABl. 2000 L 58, 3, 25.
304 *Mestmäcker/Schweitzer*, § 10, Rn. 57.
305 Kommission, 2000/182/EG (GEAE/P&W), ABl. 2000 L 58/3, 25.
306 BKartA, B 10-74/04, Beschluss vom 16. November 2004, Rethmann/Tönsmeier, Rn. 209 ff; bestätigt durch OLG Düsseldorf, WuW DE-R 1625, 1630.
307 BKartA, B 10-74/04, Beschluss vom 16. November 2004, Rethmann/Tönsmeier, Rn. 209 ff.; OLG Düsseldorf, WuW DE-R 1625, 1631; *Koenig/Kühling/Müller*, WuW 2005, 126, 131.
308 *Hauck*, CCZ 2010, 53, 57.

S. Gehring

gen.[309] In Ausnahmefällen können allerdings Strukturkrisenkartelle nach Art. 101 Abs. 3 AEUV freigestellt sein. Derartige bi- oder multilaterale Vereinbarungen sind auf den gemeinsamen **Abbau von Überkapazitäten** gerichtet.[310] Die von der Kommission in ihrer bisherigen Entscheidungspraxis an die Freistellung eines Strukturkrisenkartells gestellten Voraussetzungen sind allerdings streng. Von einer Strukturkrise geht die Behörde nur dann aus, wenn in dem betroffenen Industriezweig eine erhebliche **Unterauslastung** der Kapazitäten vorherrscht.[311] Des Weiteren ist erforderlich, dass die von der Strukturkrise betroffenen Anbieter **wesentliche Verluste** hinnehmen müssen.[312] Ferner muss nachgewiesen werden, dass es sich nicht nur um eine konjunkturelle Schwankung, sondern um eine strukturelle Krise mit **langfristiger Auseinanderentwicklung von Kapazitäten und Nachfrage** handelt, deren Beseitigung mittelfristig unwahrscheinlich ist.[313] Schließlich ist entscheidend, dass die Anbieter individuell nicht in der Lage sind, durch marktwirtschaftliche Maßnahmen wie Preiserhöhungen oder Mengenreduktion die Krise zu beseitigen.[314]

Liegen die vorstehenden Voraussetzungen vor, erfasst die Freistellung solche Kartellvereinbarungen, deren Gegenstand der planmäßige Abbau von Produktionskapazitäten ist.[315] Diesen Zweck absichernde **Nebenabreden** wie Vertragsstrafenregelungen oder von den Parteien eingerichtete Ausgleichsfonds wurden als begleitende Beschränkungen hingenommen.[316] Wettbewerbsbeschränkende Abreden, die für den Kapazitätsabbau nicht unerlässlich sind, werden von Art. 101 Abs. 3 AEUV jedoch nicht erfasst. Hierzu zählen Preis- und Quotenabsprachen, Vereinbarungen über Absatzbedingungen, Ein- und Ausfuhren oder Lieferungen anderer Erzeugnisse sowie übermäßiger Informationsaustausch.[317] Aufgrund der bestehenden Entscheidungspraxis der Kommission muss ferner davon ausgegangen werden, dass der Restrukturierungsplan auf eine Dauer von höchstens **fünf Jahren** zu begrenzen ist.[318]

91

Nach Einführung des Systems der Legalausnahme dürfte zukünftig bei der Prüfung der Zulässigkeit eines Strukturkrisenkartells besondere Sorgfalt geboten sein. Die im Rahmen einer solchen Kartellmaßnahme zu treffenden Absprachen stellen zumeist weitreichende Wettbewerbsbeschränkungen dar. Das Einschätzungsrisiko, ob Art. 101 Abs. 3 AEUV erfüllt ist, geht im Zweifel zu Lasten der Unternehmen.[319] Zur Erlangung ausreichender Rechtssicherheit kann empfohlen werden, von der in der Bekanntmachung zu Beratungsschreiben vorgesehenen Möglichkeit Gebrauch zu machen, die Kommission mit dem Fall vorab zu befassen und um ein **Beratungsschreiben** zu ersuchen.[320] Insofern dürfte davon auszugehen sein, dass die in der Bekanntmachung an die Voraussetzungen eines Beratungsschreibens gestellten Anforderungen erfüllt sind:[321] Die materiellrechtliche Beurteilung einer Strukturkrise kann aufgrund der wenigen und lange zurückliegenden Entscheidungen der Kommission nicht belastbar vorgenommen werden. Darüber hinaus handelt es sich bei einer Strukturkrise um einen Sachverhalt, der von erheblicher wirtschaftlicher Bedeutung ist.

92

---

309 EuGH, verb. Rs. 238/99 P, C-244/99 P, C-245/99 P, C- 247/99 P, C-250-252/99 P und C-254/99 P (LVM e.a./Kommission), Slg. 2002, I-8375; Kommission, 2003/600/EG (Französischer Rindfleischmarkt), WuW 2003, 1101, 1104; Kommission, 84/405/EWG (Zinc Producer Group), ABl. 1984 Nr. L 220/27, 39.
310 *Lübbig*, in: Wiedemann, § 8, Rn. 208 ff.
311 Kommission, 12.WB (1982), Rn. 38.
312 Kommission, 94/296/EG (Stichting Baksteen), ABl. 1994 L 131/15, 17.
313 *Winterstein*, in: Schröter/Jakob/Mederer, Art. 81, Fallgruppen Marktabsprachen, Rn. 30; *Lübbig*, in: Wiedemann, § 8. Rn. 209.
314 Kommission, 94/296/EG (Stichting Baksteen), ABl. 1994 L 131/15, 19.
315 Kommission, 84/38/EWG (Kunstfasern), ABl. 1984 L 207/17, 21; *Wägenbauer*, in: Loewenheim/Meessen/Riesenkampf, Art, 81 Abs. 1, Rn. 259.
316 Kommission, 94/296/EG (Stichting Baksteen), ABl. 1994 L 131/15, 20.
317 Kommission, 94/296/EG (Stichting Baksteen), ABl. 1994 L 131/15, 20; Kommission, 84/38/EWG (Kunstfasern), ABl. 1984 L 207/17, 24.
318 So die Freistellungsdauer in Kommission, 94/296/EG (Stichting Baksteen), ABl. 1994 L 131/15, 21.
319 Zur Problematik des Irrtumsprivilegs siehe 1. Kap., Rn. 117.
320 Zu den Voraussetzungen siehe Bekanntmachung zu Beratungsschreiben, Rn. 8 ff.
321 Siehe Bekanntmachung zu Beratungsschreiben, Rn. 8 b).

S. Gehring

C. Rechtsfolgen

I. Zivilrechtliche Folgen

1. Nichtigkeit gemäß Art. 101 Abs. 2 AEUV

93　Vereinbarungen oder aufeinander abgestimmte Verhaltensweisen, die gegen Art. 101 Abs. 1 AEUV verstoßen und nicht gemäß Art. 101 Abs. 3 AEUV unmittelbar oder über eine GVO vom Kartellverbot freigestellt sind, sind gemäß Art. 101 Abs. 2 AEUV nichtig.[322] Von der Nichtigkeit werden allerdings nur diejenigen Bestimmungen erfasst, die jeweils gegen Art. 101 Abs. 1 AEUV verstoßen.[323] Von einer gemeinschaftsrechtlichen Gesamtnichtigkeit der Vereinbarung ist nur auszugehen, wenn sich die gegen Art. 101 AEUV verstoßenden Teile von der Restvereinbarung nicht trennen lassen.[324] Liegt keine Untrennbarkeit vor, bemisst sich die Wirksamkeit des Restvertrags nicht nach Gemeinschaftsrecht, sondern nach dem jeweils anwendbaren nationalen Recht.[325] Für das deutsche Recht richten sich die Auswirkungen einer aus Art. 101 Abs. 2 AEUV resultierenden Teilnichtigkeit auf den Restvertrag nach § 139 BGB.[326] Damit gilt auch für die Reichweite von **salvatorischen Klauseln** die nationale Rechtspraxis.[327]

2. Schadensersatz, Unterlassung

94　Für zivilrechtliche Ansprüche aufgrund von Kartellverstößen gelten die nationalen Rechtsvorschriften, die allerdings weitgehend unionsrechtlich bestimmt sind.[328] In Betracht kommen Schadensersatzansprüche und Unterlassungsansprüche.[329]

II. Bußgeld/Strafen

95　Verstöße gegen Art. 101 AEUV kann die Kommission nach Art. 23 VO Nr. 1/2003 mit Geldbußen ahnden. Die Geldbuße richtet sich gegen die den Verstoß begehenden Unternehmen.[330]

96　Im deutschen Recht sind die Submissionsabsprachen ferner strafbewehrt, § 298 StGB. Schließlich ist nochmals darauf hinzuweisen, dass sich in den USA auswirkende Kartellverstöße nach US-amerikanischem Recht mit Haftstrafen von bis zu zehn Jahren geahndet werden können.

III. Verwaltungsverfahren

97　Das Verfahren, nach dem die Kommission Verstöße gegen Art. 101 AEUV verfolgt, richtet sich nach der VO (EG) 1/2003. Hierzu wird auf die Ausführungen im 12. Kapitel verwiesen.

322　Ausführlich hierzu 11. Kap., Rn. 3 ff.
323　EuGH, Rs. C-234/89 (Delimitis), Slg. 1991, I-935, 990.
324　EuGH, Rs. C-234/89 (Delimitis), Slg. 1991, I-935, 990.
325　EuGH, Rs. C-230/96 (Cabour), Slg. 1998, I-2055, 2079.
326　11. Kap., Rn. 10 ff.; *Jaeger*, in: Loewenheim/Meessen/Riesenkampff, Art. 81 Abs. 2, Rn. 26 ff.
327　11. Kap., Rn. 10.
328　Ausführlich hierzu 11. Kap., Rn. 20 ff.
329　11. Kap., Rn. 20 ff.
330　Zu den Einzelheiten siehe 12. Kap., Rn. 69 ff.

4. Kapitel:
Vertikale Vereinbarungen

Literatur: *Bach*, Form-based Approach at its Best-German FCO Re-discovers Old Rules on Recommended Resale Prices, JECLAP, Vol. 1, 241; *Baron*, Überlegungen zur Revision der Vertikal-Gruppenfreistellungsverordnung: Weiter so wie bisher oder Aufbruch zu neuen Ufern?, in: Festschrift für Loewenheim, München, 2009, S. 423; *Bauer*, Kartellrechtliche Zulässigkeit von Beschränkungen des Internetvertriebs in selektiven Vertriebssystemen, WRP 2003, 243; *Bauer/de Bronett*, Die EU-Gruppenfreistellungsverordnung für vertikale Wettbewerbsbeschränkungen, Köln, 2001; *Bechtold*, EG-Gruppenfreistellungsverordnungen – eine Zwischenbilanz, EWS 2001, 49; *ders.*, Maßstäbe der „Selbstveranlagung" nach Art. 81 Abs. 3 EG, WuW 2003, 343; *ders.*, Zulassungsansprüche zu selektiven Vertriebssystemen unter besonderer Berücksichtigung der Kfz-Vertriebssysteme, NJW 2003, 3729; *Bechtold/Denzel*, Weiterverkaufs- und Verwendungsbeschränkungen in Vertikalverträgen, WuW 2008, 1272; *Bergmann*, Selektive vertikale Vertriebsbindungssysteme im Lichte der kartell- und lauterkeitsrechtlichen Rechtsprechung des Bundesgerichtshofs und des Gerichtshofs der Europäischen Gemeinschaften, ZWeR 2004, 28; *Besen/Jorias*, Kartellrechtliche Grenzen des Category Managements unter Berücksichtigung der neuen EU-Leitlinien für vertikale Beschränkungen, BB 2010, 1099; *Beutelmann*, Selektive Vertriebssysteme im europäischen Kartellrecht, Heidelberg, 2004; *Coumes/Wilson*, New rules on supply and distribution agreements: Main changes oft the new system, ECLR 2010, 439; *Ebenroth/Durach*, Vertriebswegegestaltung und Beendigung von Absatzvermittlungsverträgen aus britischer Sicht, RIW 1993, Beilage 4; *Eilmansberger*, EG-Wettbewerbsrecht und Internet, wbl 2001, 502; *Ensthaler/Funk*, Zukunft des selektiven Kfz-Vertriebs – Vertikal-GVO und Leitlinien der Kommission, BB 2000, 1685; *Ensthaler/Gesmann-Nuissl*, Entwicklung des Kfz-Vertriebsrechts unter der GVO 1400/2002, BB 2005, 1749; *Franck*, Zum Schutz des Produktimages im selektiven Vertrieb, WuW 2010, 772; *Franzen/Wallenfels/Russ*, Preisbindungsgesetz, Die Preisbindung des Buchhandels, 5. Aufl. 2006; *Freund*, Kontakt als Druck?, WuW 2011, 29; *Funke/Just*, Neue Wettbewerbsregeln für den Vertrieb: Die Verordnung (EU) Nr. 330/2010 für Vertikalverträge, DB 2010, 1389; *Gehring/Fort*, Die Field of Use-Klausel – Verwendungsbeschränkung im europäischen Kartellrecht, EWS 2007, 160; *Holzmüller/von Köckritz*, Zur Kartellrechtswidrigkeit langfristiger Bezugsbindungen und ihrer prozessualen Geltendmachung, BB 2009, 1712; *Horsch*, Die Handelsvertretung im EG-Kartellrecht unter besonderer Berücksichtigung der Gruppenfreistellungsverordnung Nr. 2790/1999 und der Leitlinien für vertikale Beschränkungen, Münster, 2005; *Kapp*, Reform der Vertikal-GVO: Der Wind weht schärfer, WuW 2009, 1003; *Kasten*, Höchstpreisbindungen – die kartellrechtliche Sanktionierung privatautonom-vertikaler Maximalpreisvereinbarungen, Baden-Baden, 2005; *ders.*, Vertikale (Mindest-)Preisbindung im Licht des „more economic approach" – Neuorientierung der Behandlung von Preisbindungen im deutschen und EG-Kartellrecht?, WuW 2007, 994; *Köhnen*, Paradigmenwechsel – Die geplanten Änderungen der EU-Kommission für den Kfz-Vertrieb ab 2010, BB 2010, 781; *Korah*, Draft Block Exemption for Technology Transfer, ECLR 2004, 247; *Kraus/Oberrauch*, Der Ticket-Vergabemodus für die Fußball-WM 2006 im Lichte des EG-Kartellrechts – materiellrechtliche Probleme und Fragen der Rechtsdurchsetzung, EuZW 2006, 199; *Kurth*, Meistbegünstigungsklauseln im Licht der Vertikal-GVO, WuW 2003, 28; *Lange*, Handelsvertretervertrieb nach den neuen Leitlinien der Kommission, EWS 2001, 18; *Lettl*, Die neue Vertikal-GVO (EU Nr. 330/2010), WRP 2010, 807; *Liebscher/Petsche*, Franchising nach der neuen Gruppenfreistellungsverordnung (EG) Nr. 2790/99 für Vertikalvereinbarungen, EuZW 2000, 400; *Malek/von Bodungen*, Die neue Vertikal-GVO und ihre Auswirkungen auf die Gestaltung von Liefer- und Vertriebsverträgen, BB 2010, 2383; *Martinek/Semler/Habermeier/Flohr*, Handbuch des Vertriebsrechts, 3. Aufl., München 2010; *Metzlaff*, Franchisesysteme und EG-Kartellrecht – neueste Entwicklungen, BB 2000, 1201; *Möschel*, Markenartikel und vertikale Kooperationen, WuW 2010, 1229; *Niebling*, Vertragshändlerrecht, 2. Aufl., Köln, 2003; *Pautke/Schultze*, Internet und Vertriebskartellrecht – Hausaufgaben für die Europäische Kommission, BB 2001, 317; *Peeperkorn*, The Economics of Verticals, in: Europäische Kommission, Competiton Policy Newsletter 1998, Nr. 2, S. 1; *Polley/Rhein*, Anforderungen an die Vereinbarung bzw. abgestimmtes Verhalten bei vertikaler Priesbindung – Praxis des BKartA und europäische Rechtslage, KSzW 2011, 15; *Polley/Seeliger*, Die neue Gruppenfreistellungsverordnung für Vertikalverträge, Nr. 2790/1999 – ihre praktische Anwendung, WRP 2000, 1203; *Pukall*, Neue EU-Gruppenfreistellungsverordnung für Vertriebsbindungen, NJW 2000, 1375; *Rheinländer*, Beschränkungen des Internet-Einzelhandels in selektiven Vertriebssystemen nach Art. 81 EGV, WRP 2005, 285; *Rittner*, Die Handelsvertreterpraxis nach dem neuen EG-Kartellrecht für Vertikalvereinbarungen, DB 2000, 1211; *Röhling/Haus*, Hub and spoke – Kartelle im Handel, KSzW 2011, 32; *Rösner*, Aktuelle Probleme der Zulässigkeit von Selektivvertriebssystemen vor dem Hintergrund der Reform der Vertikal-GVO, WRP 2010, 1114; *Schultze/Pautke/Wagener*,

Wasserstandsmeldung aus Brüssel: Änderungsvorschläge zur Vertikal-GVO für 2010, BB 2009, 2266; *Säcker/Jaecks*, Langfristige Energielieferungsverträge und Wettbewerbsrecht, Berlin, 2003; *Scheerer*, Rechtsfragen der Gruppenfreistellungsverordnung für vertikale Wettbewerbsbeschränkungen, Hamburg, 2002; *Schulze/Pautke/Wagener*, Die Gruppenfreistellungsverordnung für vertikale Vereinbarungen, 2. Aufl., Frankfurt am Main 2008; *dies.*, Wasserstandsmeldung aus Brüssel: Änderungsvorschläge der EU-Kommission zur Vertikal-GVO für 2010, BB 2009, 2266; *Seeliger*, EG-kartellrechtliche Probleme in Vertikalverhältnissen beim Vertrieb über das Internet, WuW 2000, 1174; *Seeliger/Klauß*, Auswirkungen der neuen Vertikal-GVO und Vertikal-Leitlinien auf den Internetvertrieb, GWR 2010, 233; *Semler/Bauer*, Die neue EU-Gruppenfreistellungsverordnung für vertikale Wettbewerbsbeschränkungen – Folgen für die Rechtspraxis, DB 2000, 193; *Simon*, Die neue Kfz-GVO 461/2010, ÖZK 2010, 83; *ders*, Die neue Kartellrechtsverordnung (EU) Nr. 330/2010 für Vertriebs- und Lieferverträge, EWS 2010, 497; *Thomas*, Grundsätze zur Beurteilung vertikaler Wettbewerbsverbote, WuW 2010, 177; *Veelken*, Anmerkungen zum Grünbuch der Kommission zur EG-Wettbewerbspolitik gegenüber vertikalen Wettbewerbsbeschränkungen, ZvglRWiss 97 (1998), 241; *Vogel*, EU Competition Law Applicable to Distribution Agreements: Review of 2009 and Outlook for 2010, JECLAP, Vol. 1, 218; *Weck*, Antitrust infringements in the distribution chain – When is leniency available to suppliers? ECLR 2010, 394; *Wegner*, Neue Kfz-GVO (VO 461/2010) – des Kaisers neue Kleider? – Teil 1: die Anschlußmärkte, BB 2010, 1803; *dies.*, Neue Kfz-GVO (VO 461/2010) – Teil 2: Individuelle Beurteilung von Verträgen außerhalb der GVO auf den Anschlußmärkten, BB 2010, 1867; *Wiemer*, Informationsaustausch im Vertikalverhältnis, WuW 2009, 750.

A. Überblick

I. Definition und Einordnung

1   Vertikale Vereinbarungen sind Absprachen[1] zwischen zwei oder mehr Unternehmen,[2] die auf **verschiedenen Ebenen der Produktions- oder Vertriebskette** tätig sind (Legaldefinition gem. Art. 1 Abs. 1 lit. a) Vertikal-GVO.[3] Sie sind von Vereinbarungen zwischen Unternehmen auf der gleichen Wirtschaftsstufe abzugrenzen (horizontale Vereinbarungen).[4] Vertikale Vereinbarungen betreffen v.a. den Vertrieb von Waren oder Dienstleistungen, aber z.B. auch den Bezug von Waren, die zur Weiterverarbeitung bestimmt sind (Beispiel: industrieller Liefervertrag).[5] Entscheidend für die Einordnung einer vertikalen Vereinbarung ist nicht der Gesamtcharakter der beteiligten Unternehmen, sondern die **Art der Geschäftsbeziehung** im konkreten Einzelfall (Austauschvertrag). Das **einseitige Handeln** eines Unternehmens genügt nur bei (nachgewiesener) stillschweigender Zustimmung der übrigen beteiligten Unternehmen.[6]

2   Grundsätzlich ist jeder Hersteller frei, seine Absatzwege nach eigenem Ermessen zu gestalten. Dies ist ein Ausfluss des Grundsatzes der Vertragsfreiheit. Die Bandbreite ist groß: Der eine Pol wird dadurch markiert, dass ein Hersteller bei unabhängigen Absatzmittlern die Vertriebsleistung dergestalt einkauft, dass er die Ware mit einem Abschlag gegenüber dem bei Endabnehmern tendenziell erzielbaren Preis veräußert.[7] Ein Hersteller kann aber auch – dies ist der andere Pol – ein eigenes Vertriebsnetz aufbauen und den Absatz damit vertikal integrieren.[8] Vertikale

---

1   Soweit im Folgenden von "Vereinbarung" oder "Absprache" die Rede ist, so fallen hierunter sämtliche Vereinbarungen, Beschlüsse (von Unternehmensvereinigungen) und abgestimmte Verhaltensweisen im Sinne von Art. 101 Abs. 1 AEUV, siehe dazu 1. Kap., Rn. 80 ff.
2   Zum Unternehmensbegriff 1. Kap., Rn. 15 f.; zu konzerninternen Vereinbarungen 7. Kap.
3   VO (EU) Nr. 330/2010, ABl. 2010 L 102/1. Die Definition in der alten Fassung der Vertikal-GVO aus dem Jahr 1999 wich hiervon ab ("unterschiedliche Produktions- oder Vertriebsstufe"). Eine inhaltliche Änderung ist damit nicht verbunden; kritisch zu derartigen Begriffsänderungen *Lettl*, WRP 2010, 807, 810.
4   Näher 1. Kap., Rn. 91.
5   Erfasst werden auch Energielieferverträge, siehe *Säcker/Jaecks*, S. 30 ff. Wirtschaftlich ist allerdings eine "Übertragung" der Ware/Dienstleistung erforderlich mit der Folge, dass die nur pacht- oder mietweise Überlassung nicht ausreicht (Vertikal-Leitlinien, Rn. 26 sowie *Petsche*, in: Liebscher/Flohr/Petsche § 7 Rn. 54).
6   In den Vertikal-Leitlinien, Rn. 25, werden zwei Fallgruppen genannt: Vorabmächtigung im Händlervertrag für nachträgliche Ergänzungen (im Anschluss an EuGH, Rs. C-74/04 [Kommission/Volkswagen], Slg. 2006, I-6585) oder einseitiges Handeln mit einer bestimmten Erwartungshaltung an die Reaktion der anderen Seite, die diese sodann auch erfüllt (EuGH, Rs. T-41/96 [Bayer AG/Kommission], Slg. 2000, II-3383).
7   *Möschel*, WuW 2010, 1229, 1232.
8   *Möschel*, a.a.O.

Vereinbarungen sind weniger geeignet, den Wettbewerb zu beschränken als horizontale Vereinbarungen. Vertikale Vereinbarungen weisen regelmäßig sogar **wettbewerbsfördernde Wirkungen** auf.[9] Sie tragen zu einer Verringerung der Transaktionskosten bei und können zu Effizienzen zwischen Unternehmen verschiedener Stufen der Wertschöpfungskette führen, indem sie z.b. die Produktionskosten verringern, die Qualität bestehender Produkte verbessern oder neue Produkte hervorbringen.[10] Auch bestimmte wettbewerbsbeschränkende Abreden in vertikalen Vereinbarungen haben ökonomisch erwünschte Wirkungen. Dies betrifft z.b. den Aspekt der **doppelten Marginalisierung** (*double marginalisation*): Sofern der Hersteller und der Händler über Marktmacht verfügen, werden beide ihre Preise oberhalb der Grenzkosten ansetzen. Sowohl der Preis des Herstellers als auch der Preis des Händlers enthalten dann eine Gewinnspanne oberhalb des Marktniveaus. Dies kann zu einem Endpreis führen, der sogar den Monopolpreis eines vertikal integrierten Unternehmens übersteigt. In diesem Szenario können Mindestabnahmeverpflichtungen oder eine Höchstpreisbindung bezogen auf den Wiederverkaufspreis zu einer Reduzierung des vom Hersteller verlangten Preises führen.[11] Vertikale Abreden können auch dazu dienen, die **Trittbrettfahrer-Problematik** (*free rider problem*) zu verringern. So sind Händler häufig nicht bereit, in Marketing- oder Service-Aktivitäten für ein neues Produkt zu investieren, solange zu befürchten ist, dass konkurrierende Händler als Trittbrettfahrer von den Investitionen profitieren. Der Händler kann jedoch dadurch abgesichert werden, dass ihm der Hersteller Gebietsschutz gewährt. Ein Unterfall des Trittbrettfahrer-Aspektes ist die sogenannte **Hold-up-Problematik**. Dabei geht es um eine Situation, in der entweder der Lieferant oder der Abnehmer Investitionen vornehmen müssten, z.b. in spezifische Ausrüstungsgegenstände oder Ausbildungsmaßnahmen, nach Vornahme der Investitionen aber eine deutliche Schwächung ihrer Verhandlungsposition gegenüber dem Vertragspartner befürchten. Die notwendigen Investitionen könnten deshalb unterbleiben. Bestimmte Ausschließlichkeitsabreden sind geeignet, dieser Befürchtung entgegenwirken.

Auch wenn vertikale Vereinbarungen regelmäßig ökonomisch positive Wirkungen aufweisen, können mit ihnen auch wettbewerbsbeschränkende Effekte verbunden sein. Denkbar sind zunächst Beschränkungen der Wahlmöglichkeiten des Abnehmers (Vertriebsmittlers) durch eine allzu enge Bindung an den Hersteller (Lieferanten) mit der Folge, dass die Absatzmöglichkeiten konkurrierender Hersteller eingeschränkt werden. Ein typisches Beispiel ist die Vereinbarung eines Alleinvertriebsrechtes, verbunden mit einem entsprechenden Wettbewerbsverbot zu Lasten des Vertriebsmittlers. Man bezeichnet diese Fallgruppe als Beschränkung des **Inter Brand-Wettbewerbs**, d.h. des Wettbewerbs zwischen Herstellern konkurrierender Produkte.[12] In der Praxis steht die zweite Fallgruppe im Vordergrund, nämlich die Beschränkung des **Intra Brand-Wettbewerbs**.[13] Dabei wird der Wettbewerb zwischen den Vertriebsmittlern einer bestimmten Marke eingeschränkt, etwa durch feste Gebietszuweisungen. Dies führt dazu, dass bei fortschreitender Eingliederung die wirtschaftliche Unabhängigkeit der Vertriebsmittler – und langfristig damit die Wettbewerbsintensität – abnimmt.[14] **3**

In vielen Bereichen besteht nach wie vor eine größere Inhomogenität des Binnenmarktes, wie dies für die auf den einzelnen Märkten erzielbaren Preise besonders augenfällig ist. In der Frühphase hat die Kommission eine sehr strenge Haltung gegenüber vertikalen Wettbewerbsbeschränkungen eingenommen, um insbesondere einer Verfestigung großer Preisdifferenzen von Produkten in den einzelnen Mitgliedstaaten zu begegnen.[15] Seit längerem ist jedoch eine großzügigere Grundhaltung der Kommission zu erkennen. Dies kam bereits in der **Vertikal-GVO a.F.** aus dem Jahr 1999[16] zum Ausdruck. Gleiches gilt allgemein[17] auch für die neue **4**

---

9 *Bergmann*, ZWeR 2004, 28, 30.
10 Siehe auch Leitlinien zu Art. 81 Abs. 3 EG, Rn. 33 sowie Erwägungsgrund 6 Vertikal-GVO.
11 Siehe etwa *Peeperkorn*, Competition Policy Newsletter der Europäischen Kommission, 1998, Nr. 2, S. 1; *Bishop/Walker*, Rn. 5-038.
12 Siehe 1. Kap., Rn. 92.
13 1. Kap., Rn. 93.
14 *Ebenroth/Durach*, RIW 1993, Beil. 4, 8 f.
15 Kommission, 54/566/EWG (Grundig/Consten), ABl. 1964, 161/2545, 2551.
16 VO (EG) Nr. 2790/1999, ABl. L 336/21.
17 Verschiedene kartellrechtliche Maßstäbe werden allerdings strenger ausgelegt, *Kapp*, WuW 2009, 1003.

Vertikal-GVO vom 20. April 2010,[18] die – ebenso wie ihre Vorgängerin – aufgrund ihres umfassenden Anwendungsbereiches die Rechtslage für vertikale Vereinbarungen heute maßgeblich prägt. Derselbe Ansatz lag den im Jahre 2000 veröffentlichten Leitlinien der Kommission für vertikale Beschränkungen (**Vertikal-Leitlinien a.f.**) zugrunde[19] und findet sich jetzt auch in den überarbeiteten neuen **Vertikal-Leitlinien**[20] vom 19. Mai 2010.[21]

5   Insgesamt hat sich die Erkenntnis durchgesetzt, dass vertikale Beschränkungen nur dann wettbewerbliche Bedenken auslösen, wenn jedenfalls eine der Parteien über hinreichende **Marktmacht** verfügt. Damit besteht ein Bedürfnis, für die Mehrzahl der unbedenklichen vertikalen Abreden einen „sicheren Hafen" (**safe harbour**) zu schaffen, d.h. einen Freiraum zu definieren, innerhalb dessen eine eingehende kartellrechtliche Prüfung nicht erforderlich ist.[22] Dieser ökonomische Ansatz wird durch die Marktanteilsschwellen der Vertikal-GVO umgesetzt. Denn der Marktanteil wird als Indikator für Marktmacht angesehen.[23]

II. Anwendbarkeit von Art. 101 Abs. 1 AEUV auf vertikale Vereinbarungen

1. Grundsatz

6   Art. 101 Abs. 1 AEUV enthält das Verbot von Vereinbarungen und aufeinander abgestimmter Verhaltensweisen,[24] die geeignet sind, den zwischenstaatlichen Handel in der Europäischen Union spürbar zu beeinträchtigen[25] und die eine spürbare Wettbewerbsbeschränkung bezwecken oder bewirken.[26] Dabei unterscheidet der Wortlaut des Art. 101 Abs. 1 AEUV nicht danach, auf welcher Wirtschaftsstufe die an der Vereinbarung beteiligten Unternehmen stehen mit der Folge, dass das Verbot neben horizontalen Beschränkungen[27] auch Beschränkungen in vertikalen Vereinbarungen umfasst. Dies ist vom EuGH auch bereits im Jahr 1966 in der Entscheidung „Grundig/Consten" klargestellt worden.[28]

7   Nach Art. 101 Abs. 1 AEUV verbotene Beschränkungen sind gemäß Art. 101 Abs. 2 AEUV grundsätzlich nichtig,[29] soweit sie nicht nach Art. 101 Abs. 3 AEUV freigestellt, d.h. zulässig sind. Eine Freistellung liegt zunächst vor, wenn die Voraussetzungen einer Gruppenfreistellungsverordnung erfüllt sind.[30] Greift keine GVO ein, sind die Freistellungsvoraussetzungen von Art. 101 Abs. 3 AEUV im Einzelnen zu prüfen. In bestimmten Ausnahmefällen erfüllt eine wettbewerbsbeschränkende Abrede jedoch bereits nicht den Verbotstatbestand des Art. 101 Abs. 1 AEUV. Einzugehen ist im Folgenden auf die Besonderheiten mit Blick auf vertikale Vereinbarungen.

2. Ausnahmen

8   Es ist zwischen qualitativen und quantitativen Ausnahmeregelungen zu unterscheiden. In **qualitativer** Hinsicht werden eine Reihe von Vereinbarungen, welche die wettbewerblichen Verhaltensweisen des Vertragspartners beschränken, gleichwohl unter wertenden Gesichtspunkten bereits auf der Tatbestandsebene des Art. 101 Abs. 1 AEUV herausgenommen.[31] Im Rahmen von vertikalen Wettbewerbsbeschränkungen hat dies zu verschiedenen Fallgruppen geführt –

---

18 VO (EU) Nr. 330/2010, ABl. 2010 L 102/1.
19 ABl. 2000 C 291/1 – siehe insbesondere die Auflistung negativer und positiver Auswirkungen vertikaler Beschränkungen (Rn. 103 ff. sowie Rn. 115 ff.).
20 Rn. 100 ff. (negative Auswirkungen) und Rn. 106 ff. (positive Auswirkungen).
21 ABl. 2010 C 130/1.
22 Im Folgenden geht es nur um die kartellrechtliche Bewertung. Angesichts der unterschiedlichen Normziele kann die Vertikal-GVO grundsätzlich keinen „safe harbour" im Rahmen allgemeiner zivilrechtlicher Maßstäbe, insbesondere des § 138 Abs. 1 BGB, darstellen, siehe 1. Kap., Rn. 61.
23 Siehe im Einzelnen Rn. 16 ff.
24 1. Kap., Rn. 80 ff.
25 1. Kap., Rn. 67 ff.
26 Näher 1. Kap., Rn. 87 ff.
27 Siehe 3. Kap.
28 EuGH, verb. Rs. 56 und 58/64 (Grundig/Consten), Slg. 1966, 322, 387 und 392.
29 Siehe 11. Kap., Rn. 3 ff.
30 Siehe Rn. 13 ff.
31 Siehe Rn. 94 ff., und allgemein 1. Kap., Rn. 89 ff.

als Beispiel sei die Tätigkeit des Handelsvertreters genannt -, die im Rahmen der Einzelfragen (Abschnitt B) im Detail behandelt werden.[32]

In **quantitativer** Hinsicht ist vor allem das – ungeschriebene – Kriterium der **Spürbarkeit** von Bedeutung. Das Verbot wettbewerbsbeschränkenden Verhaltens kommt dann nicht zur Anwendung, wenn die Wettbewerbsbeschränkung relativ unbedeutend ist. Das Kriterium der Spürbarkeit bezieht sich auf zwei verschiedene Tatbestandsmerkmale des Art. 101 Abs. 1 AEUV. Zum einen muss die Wettbewerbsbeschränkung spürbar sein und zum anderen ebenso die Beeinträchtigung des zwischenstaatlichen Handels.[33] Die De-Minimis-Bekanntmachung der Kommission betrifft die Spürbarkeit der Wettbewerbsbeschränkung,[34] die Kriterien für eine spürbare Beeinträchtigung des zwischenstaatlichen Handelns sind in einer separaten Bekanntmachung veröffentlicht.[35] In der De-Minimis-Bekanntmachung hat die Kommission die Spürbarkeitsschwelle für vertikale Vereinbarungen auf **Marktanteile von 15 %** angehoben.[36] Die Spürbarkeitsschwelle gilt bei Vertikalvereinbarungen zwar nicht für sog. Kernbeschränkungen, d.h. schwerwiegende Wettbewerbsbeschränkungen.[37] Nicht jede Kernbeschränkung ist aber automatisch spürbar. Die De-Minimis-Bekanntmachung gibt auch nur Auskunft, welche Fälle die Kommission im Rahmen ihres Aufgreifermessens untersuchen möchte. Die Bekanntmachung kann aber nicht verbindlich festlegen, ob die Spürbarkeit (mit den zivil- und bußgeldrechtlichen Folgen) gegeben ist oder nicht. Dies muss vielmehr im Einzelfall geprüft und im Streitfall letztendlich von den Gerichten geklärt werden.[38]

Die Kommission hat weiterhin in der De-Minimis-Bekanntmachung – erstmals – eine separate Marktanteilsschwelle von **5 % für Parallelvereinbarungen mit kumulativen Auswirkungen** auf den Wettbewerb festgelegt. Zum Verständnis dieser Regelung ist die Entwicklung der Rechtsprechung des EuGH zu **Netzen gleichartiger Verträge** bedeutsam. Der EuGH beurteilt im Rahmen der sog. „Bündeltheorie" nicht nur den einzelnen zwischen dem Hersteller und dem Händler geschlossenen Vertrag. Ist die Vereinbarung Teil eines Netzes gleichartiger Verträge, die zwischen einer der Parteien mit dritten Unternehmen bestehen, kommt es vielmehr auf die Auswirkungen dieses Netzes auf den Wettbewerb und den Handel zwischen den Mitgliedstaaten an. Wird der relevante Markt insgesamt durch die Existenz paralleler Netze von Verträgen verschiedener Hersteller oder Händler gekennzeichnet (Beispiele: Bier- und Mineralölsektor), sind – weitergehend – die kumulativen Auswirkungen der nebeneinander bestehenden Netze gleichartiger Vereinbarungen zu berücksichtigen. Danach können auch Vereinbarungen mit lokaler oder regionaler Bedeutung oder auch Vereinbarungen zwischen wirtschaftlich unbedeutenden Unternehmen dem Anwendungsbereich von Art. 101 Abs. 1 AEUV unterfallen.[39] Dazu muss die konkrete Vereinbarung allerdings hinreichend zu dem kumulativen Abschottungseffekt beitragen (was die Kommission bei einem Marktanteil bis 5 % verneint). Der EuGH hat diese Betrachtung bei Alleinbezugsbindungen[40] und beim selektiven Vertrieb[41] zur Anwendung gebracht. Diese Grundsätze dürften jedoch auch auf andere vertikale Vereinbarungen anzuwenden sein.[42]

9

10

---

32 Eine Übersicht gibt *Bauer*, in: Bauer/de Bronett, Rn. 36 ff.
33 Siehe 1. Kap., Rn. 74 ff., 94 ff.
34 De-Minimis-Bekanntmachung, näher 1. Kap., Rn. 74 ff.
35 Leitlinien zum zwischenstaatlichen Handel – näher 1. Kap., Rn. 72.
36 Siehe 1. Kap., Rn. 94.
37 Siehe dazu 1. Kap., Rn. 96.
38 Siehe 1. Kap., Rn. 96 f.
39 *Klotz*, in: Schröter/Jakob/Mederer, Art. 81 – FG Liefer- und Bezugsvereinbarungen, Rn. 6.
40 EuGH, Rs. 23/67 (Haecht I), Slg. 1967, 543, 555, dazu Rn. 114 ff.
41 EuGH, Rs. 99/77 (Lancome), Slg. 1980, 2511, dazu Rn. 159 ff.
42 *Klotz*, in: Schröter/Jakob/Mederer, Art. 81 – FG Liefer- und Bezugsvereinbarungen, Rn. 7. Allerdings hat die Kommission in einem Fall trotz einer Vielzahl gleichartiger, mit Gastwirtschaften abgeschlossener Bierlieferungsverträge eine Wettbewerbsbeschränkung unter Hinweis darauf verneint, dass die betroffenen Brauereien nur geringe Marktanteile aufwiesen – bestätigt durch EuG, Rs T-25/99 (Roberts), Slg. 2001, II – 1881.

3. Vereinbarungen mit Unternehmen in oder betreffend Drittstaaten

11 Art. 101 Abs. 1 AEUV stellt auf eine Verfälschung des Wettbewerbs „innerhalb des Binnenmarktes" ab. Für die Anwendbarkeit der Vorschrift auf Wettbewerbsbeschränkungen, die in Vereinbarungen mit Unternehmen in oder betreffend Drittstaaten außerhalb der EU getroffen werden, ist entscheidend, ob und in welcher Weise sich die betreffende Wettbewerbsbeschränkung im gemeinsamen Markt auswirkt (**Auswirkungsprinzip**).[43] Nach diesem Kriterium unterfallen Vereinbarungen, die ausschließlich den Wettbewerb auf Märkten in Drittstaaten beschränken, nicht dem Verbot des Art. 101 Abs. 1 AEUV. Ein typischer Anwendungsfall im Vertikalbereich sind Preisbindungsregelungen, die ein Hersteller mit Sitz in der EU für den Absatz seiner Produkte in Drittstaaten mit den dortigen Vertriebsmittlern vereinbart.

12 **Reimport-Verbote**, die beim Export in Drittstaaten vereinbart werden, unterfallen unter folgenden Voraussetzungen nicht dem Verbot des Art. 101 Abs. 1 AEUV:[44] Erstens muss deutlich werden, dass das Verbot v.a. der Markterschließung in den Drittstaaten dient (und zu diesem Zweck die Aktivitäten des Vertriebsmittlers auf das Vertragsgebiet in den Drittstaaten konzentriert werden – ausschlaggebend kann dafür sein, dass dem Vertriebsmittler der Weiterexport in sämtliche Länder und nicht nur die EU-Mitgliedstaaten untersagt wird). Zweitens darf der betreffende Unionsmarkt, der vor den Reimporten geschützt wird, keine oligopolistische Struktur aufweisen, die nur einen geringen Wettbewerb zulässt. Drittens darf kein spürbarer Preisunterschied zwischen der EU und dem Drittstaat bestehen.[45] Im Übrigen gilt das allgemeine Spürbarkeitskriterium. In der Kommentarliteratur findet sich die Einschätzung, dass derartige Reimport-Vereinbarungen „häufig" nicht geeignet seien, die Wettbewerbsverhältnisse innerhalb der Gemeinschaft spürbar zu beeinflussen.[46]

III. Gruppenfreistellungsverordnungen

13 Gem. Art. 101 Abs. 1 AEUV sind verbotene Beschränkungen nichtig (Art. 101 Abs. 2 AEUV). Denkbar sind aber nach Art. 101 Abs. 3 AEUV Freistellungen von dem Verbot des Art. 101 Abs. 1 AEUV (und damit von der Nichtigkeitsfolge des Art. 101 Abs. 2 AEUV). Freistellungen konnten bis zum 1. Mai 2004 entweder durch Einzelfallentscheidungen der Kommission erfolgen oder – für typisierte Gruppen wettbewerbsbeschränkender Vereinbarungen – durch Verordnung. Nach der VO (EG) Nr. 1/2003 sind die durch Art. 101 Abs. 1 AEUV an sich verbotenen Vereinbarungen, Beschlüsse und aufeinander abgestimmten Verhaltensweisen ab dem 1. Mai 2004 auch ohne Freistellung nicht verboten, wenn sie die Freistellungsvoraussetzungen gem. Art. 101 Abs. 3 AEUV erfüllen. Diese **Legalausnahme**[47] macht jedoch das nachfolgend beschriebene System der Gruppenfreistellungsverordnungen der Kommission nicht überflüssig. Bestehende GVO gelten fort. Im Übrigen kann die Kommission auch künftig GVO erlassen[48] – wie dies bei der neuen Vertikal-GVO auch der Fall ist – und die Laufzeit der bestehenden GVO verlängern.

1. Vertikal-GVO

14 Anders als bei der horizontalen Zusammenarbeit gibt es im Bereich der vertikalen Vereinbarungen seit der ersten Vertikal-GVO aus dem Jahre 1999 eine umfassende GVO. Die Vertikal-

---

43 Näher 1. Kap., Rn. 21 ff.
44 EuGH, Rs. C-306/96 (Javico/Yves St. Laurent) Slg. 1998, I – 1983.
45 An dieser Stelle sind allerdings die Reimport-Kosten zu berücksichtigen. Ein spürbarer Preisunterschied ist also dann nicht ausschlaggebend, wenn die Einfuhrzölle, Beförderungskosten und sonstigen Reimport-Kosten so hoch sind, dass der Preisunterschied nivelliert wird.
46 *Klotz*, in: Schröter/Jakob/Mederer, Art. 81 – FG Liefer- und Bezugsvereinbarungen, Rn. 13 – verbunden mit folgendem Hinweis: Art. 101 Abs. 1 AEUV bezwecke nicht ein Verbot vertikaler Vereinbarungen, die den Intra Brand-Wettbewerb zwischen der EU insgesamt und dritten Ländern mit dem Ziel einschränken, den Hersteller in die Lage zu versetzen, eine den Verhältnissen auf den betreffenden Drittlandsmärkten angepasste Preispolitik zu führen.
47 1. Kap., Rn. 31 ff.
48 Siehe Erwägungsgrund 10 der VO (EG) Nr. 1/2003 und 1. Kap., Rn. 32 ff.

S. Mäger

GVO a.F. hatte die speziellen GVO zu Alleinvertriebsvereinbarungen,[49] zu Alleinbezugsvereinbarungen[50] und zu Franchise-Vereinbarungen[51] ersetzt. Der Vertikal-GVO unterfallen **alle Typen vertikaler Vereinbarungen**[52] mit **Ausnahme des Kfz-Vertriebs**, für den die Kfz-GVO gilt.[53]

a) Geschützter Bereich. Die Vertikal-GVO stellt im Gegensatz zu den bis 1999 anwendbaren   15
Vorgänger-GVO keine Liste freigestellter Wettbewerbsbeschränkungen auf, sondern folgt –
umgekehrt – dem **Grundsatz, dass alle vertraglichen Vereinbarungen zulässig sind, die nicht
von der GVO ausdrücklich verboten** werden.[54] Mit Blick auf die alten GVO ist vielfach der
Vorwurf des „Zwangsjackeneffektes" für die unternehmerische Vertragsfreiheit erhoben worden.[55]

aa) Marktanteilsobergrenze. (1) Grundsätze. Die Vertikal-GVO geht von der Überzeugung   16
aus, dass die wettbewerblichen Vorteile vertikaler Beschränkungen ihre Nachteile nur dann
überwiegen, wenn die Marktmacht der beteiligten Unternehmen eine bestimmte Grenze nicht
übersteigt. Als Indikator für die Marktmacht ist der Marktanteil von entscheidender Bedeutung.[56] Die Kommission hat in der Vertikal-GVO eine **Marktanteilsschwelle von 30 %** zugrunde gelegt. Vertikale Beschränkungen sind grundsätzlich gruppenweise nur freigestellt,
wenn sowohl der **Anbieter (Lieferant)** an dem relevanten Markt, auf dem er die Vertragswaren
oder -dienstleistungen anbietet (**Absatzmarkt**) als auch der **Abnehmer (Käufer)** an dem relevanten Markt, auf dem er die Vertragswaren oder -dienstleistungen bezieht (**Bezugsmarkt oder
Beschaffungsmarkt**) jeweils einen Marktanteil von weniger als 30 % hält (Art. 3 Abs. 1 Vertikal-GVO).[57] Die Einführung einer Marktanteilsobergrenze durch die Vertikal-GVO 1999 stellte eine erhebliche Neuerung gegenüber der Rechtslage vor 1999 dar und wurde von der Praxis
überwiegend abgelehnt.[58] Die Vertikal-GVO 1999 hat allerdings nur auf den Anteil des Lieferanten auf dem Absatzmarkt abgestellt.[59]

Der erste Entwurf der neuen Vertikal-GVO aus dem Jahr 2009[60] sah sogar vor, auf den Anteil   17
des Anbieters und des Lieferanten auf allen betroffenen Märkten abzustellen mit der Folge,
dass auch der Verkaufsmarkt des Abnehmers (Käufers) hätte einbezogen werden müssen. Die
hiergegen vorgebrachten Einwände sind in der endgültigen Fassung der Vertikal-GVO jedoch
berücksichtigt worden. Gleichwohl führt die nunmehrige Regelung dazu, dass Anbieter nicht

---

49 VO (EWG) Nr. 1983/83, ABl. 1983 L 173/1.
50 VO (EWG) Nr. 1984/83, ABl. 1983 L 173/5.
51 VO (EWG) Nr. 4087/88, ABl. 1988 L 359/46.
52 Dies gilt auch für Formen von Vertriebssystemen, die bislang nicht Gegenstand einer GVO waren (Beispiel:
    selektiver Vertrieb). Die Vertikal-GVO findet ebenso auf Mischformen von Vertriebssystemen Anwendung,
    siehe auch die Bemerkung der Kommission in den Vertikal-Leitlinien, Rn. 176.
53 Siehe Rn. 201 ff.
54 Das System der Vertikal-GVO mit ihrem Regel-Ausnahme-Gegenausnahme-Gegengegenausnahme-System
    wird gleichwohl teilweise als (unnötig) kompliziert und zum Teil schwer handhabbar kritisiert, siehe *Baron*,
    Festschrift Loeweinheim, S. 423, 431.
55 Die Parteien kamen nur dann in den Genuss der Gruppenfreistellung, wenn die enumerativ aufgezählten Klauseln verwendet wurden. Für andere – zivilrechtlich sinnvolle und wettbewerbsrechtlich durchaus freistellungsfähige – Regelungen war die Einholung einer Einzelfreistellung notwendig; siehe 1. Kap., Rn. 26 ff.
56 Siehe oben Rn. 5.
57 Gegenüber der alten Vertikal-GVO wurden die Begriffe „Lieferant" durch „Anbieter" und "Käufer" durch
    „Abnehmer" ersetzt. Inhaltliche Auswirkungen sind damit nicht verbunden, da auch der Anwendungsbereich
    der alten Vertikal-GVO Dienstleistungen umfasste. Die Begriffe werden im Rahmen dieser Darstellung gleichbedeutend verwendet.
58 *Veelken*, ZVglRWiss 97 (1998) 241 ff., 249 ff.; *Semler/Bauer*, DB 2000, 193, 195 und *Bauer*, in: Bauer/de
    Bronett, Rn. 179 unter Hinweis auf die mit den Ermittlungen der Marktanteile verbundenen Schwierigkeiten
    nebst Aufwand und Kosten.
59 Art. 3 Abs. 1 Vertikal-GVO 1999. Nur bei Vertikalvereinbarungen mit Alleinbelieferungsverpflichtung war
    der Marktanteil des Käufers auf dem Beschaffungsmarkt entscheidend (Art. 3 Abs. 2 Vertikal-GVO 1999).
    Diese Hürde konnte jedoch leicht genommen werden, da definitionsgemäß eine Alleinbelieferungsverpflichtung voraussetzte, dass nur an einen einzigen Käufer im EWR geliefert wurde (Art. 1 lit. c) Vertikal-GVO
    1999). Mit der Lieferung an einen weiteren Käufer beispielsweise in Malta war daher der Weg eröffnet, eine
    Alleinbelieferungsverpflichtung in Deutschland zu vereinbaren, auch wenn der Käufer dort mehr als 30 %
    Marktanteil innehatte, *Simon* EWS 2010, 497, 498.
60 Entwurf vom 28.7.2009, K (2009) 5365/23.

nur ihren eigenen, sondern auch den Marktanteil ihrer Abnehmer einschätzen und während der Vertragsdauer beobachten müssen. Die Einführung der zweiten Marktanteilsschwelle bewirkt gleichzeitig, dass künftig mehr Vertriebsverträge als bisher nicht mehr der Gruppenfreistellung unterfallen, sondern im Einzelfall am Maßstab des Art. 101 Abs. 3 AEUV geprüft werden müssen. Dies hat naturgemäß für die betroffenen Unternehmen mehr Verwaltungsaufwand und eine Abnahme der Rechtssicherheit zur Folge.[61] Bereits auf Basis der Vertikal-GVO 1999 hat sich das Risiko der Selbstveranlagung insbesondere für mittelständische Unternehmen, die mit innovativen Produkten hochspezialisiert in Nischenmärkten tätig sind und dort hohe Marktanteile erzielen, bemerkbar gemacht.[62]

18   Der gestiegenen Rechtsunsicherheit bei der Bestimmung der Marktanteile hatte die Kommission in den Vertikal-Leitlinien 2000 Rechnung getragen: Wenn die Vereinbarungen nicht angemeldet würden, weil die Unternehmen in gutem Glauben davon ausgingen, dass die in der GVO vorgesehene Marktanteilsschwelle nicht überschritten werde, so werde die Kommission von Geldbußen absehen.[63] Auch wenn die Formulierung noch auf das Anmeldesystem Bezug nahm, dürfte sie sinngemäß im System der Legalausnahmen ebenso[64] oder sogar erst recht[65] gelten.

19   Unabhängig davon entfaltet die Vertikal-GVO auch eine gewisse „Ausstrahlungswirkung" auf die Anwendbarkeit von Art. 101 Abs. 1 AEUV bei vertraglichen Regelungsinhalten oberhalb der Marktanteilsschwellen.[66] Es besteht insbesondere auch **keine Vermutung**, dass vertikale Vereinbarungen oberhalb der Marktanteilsschwelle von 30 % einen Verstoß gegen Art. 101 Abs. 1 AEUV darstellen oder die Voraussetzungen des Art. 101 Abs. 3 AEUV nicht eingreifen.[67] Wird die Marktanteilsschwelle nur geringfügig überschritten, liegt es vielmehr sogar nahe, im Rahmen der Direktanwendung des Art. 101 Abs. 3 AEUV die Wertung der Vertikal-GVO zu übernehmen.[68] Derjenige, der sich auf einen Kartellverstoß beruft, hat nach wie vor die Darlegungslast, während die Parteien sodann etwaige Effizienzen im Sinne des Art. 101 Abs. 3 AEUV nachweisen müssen.[69]

20   Der Ansatz der Kommission, nachfragemächtigen Unternehmen mit der Einführung einer zweiten Marktanteilsschwelle zu begegnen, hätte nahegelegt, das Konzept auch auf der Ebene der von der Freistellung inhaltlich ausgenommenen Beschränkungen fortzusetzen. Dies ist jedoch nicht geschehen, so dass beispielsweise ein zeitlich unbeschränkter Alleinvertrieb und ein nachvertragliches Wettbewerbsverbot des Anbieters zulässig sind.[70]

21   Nach inoffizieller Schätzung der Kommission sollen etwa 80 % aller Vertikalvereinbarungen unter der Marktanteilsgrenze von 30 % liegen.[71] Ob diese Einschätzung angesichts der zusätzlichen Marktanteilsschwelle auf der Nachfrageseite noch zutrifft, bleibt abzuwarten. Dies darf ohnehin nicht darüber hinwegtäuschen, dass der Anwendungsbereich der Vertikal-GVO bei Lichte betrachtet recht eng ist. Denn bei Vereinbarungen, die unterhalb der 15 %-Schwelle liegen, fehlt es grundsätzlich bereits an der Spürbarkeit.[72]

22   **(2) Maßgeblicher Vertragspartner.** Die Marktanteilsobergrenze gem. Art. 3 Abs. 1 Vertikal-GVO macht eine Marktabgrenzung erforderlich. Als erster Schritt sind die **maßgeblichen Vertragspartner** zu bestimmen. Nach der Grundnorm des Art. 3 Abs. 1 Vertikal-GVO kommt es auf den Marktanteil des Anbieters (Lieferanten) auf dem Absatzmarkt sowie des Abnehmers (Käufers) auf dem Bezugsmarkt an. Die nachgeordneten Märkte bleiben außer Betracht. Insbesondere ist es unerheblich, welchen Marktanteil der Käufer auf dem Weiterverkaufsmarkt

---

61 *Funke/Just*, DB 2010, 1389, 1392.
62 *Nolte*, in: Langen/Bunte, Art. 81 Rn. 465.
63 Vertikal-Leitlinien 2000, Rn. 65 Satz 3.
64 *Schultze/Pautke/Wagener*, Vertikal-GVO, Rn. 366 a.
65 *Nolte*, in: Langen/Bunte, Art. 81 Rn. 467.
66 *Nolte*, in: Langen/Bunte, Art. 81 Rn. 466 sowie Rn. 82.
67 Vertikal-Leitlinien, Rn. 23.
68 1. Kap., Rn. 121. Siehe im Übrigen auch die Korridorlösung, Rn. 41.
69 Art. 2 Satz 1 und 2 VO Nr. 1/2003.
70 *Lettl*, WRP 2010, 807, 814 sowie Rn. 132.
71 *Baron*, in: Loewenheim/Meessen/Riesenkampff, Einf Vert-GVO, Rn. 16.
72 Rn. 9.

hat.[73] Auch kommt es nicht auf den Marktanteil an, den das fragliche Produkt auf dem Markt hat, auf dem der Endverbraucher seinen Bedarf deckt.

Die Marktabgrenzung erfolgt grundsätzlich in Übereinstimmung mit der Bekanntmachung der Kommission über die Definition des relevanten Marktes.[74] Es findet jedoch nach der Grundnorm des Art. 3 Abs. 1 Vertikal-GVO eine Einengung des Blickwinkels statt auf die Austauschbarkeit der Vertragswaren oder -dienstleistungen aus der Sicht der Nachfrage (**Nachfragesubstituierbarkeit**).[75] Kriterien wie die Angebotsumstellungsflexibilität[76] sind nicht in die Prüfung einzubeziehen. 23

Der Anbieter wird häufig keine gesicherten Kenntnisse über den Marktanteil des Abnehmers haben. Um in den „sicheren Hafen" der Vertikal-GVO zu gelangen, muss er die Marktanteile seines Vertragspartners vor Vertragsabschluss ermitteln und während der Vertragslaufzeit überwachen. Dabei dürften die Unternehmen in zunehmender Weise auf Marktstudien unabhängiger Anbieter oder ihrer jeweiligen Branchenverbände zurückgreifen. Des Weiteren ist zu empfehlen, der Rechtsunsicherheit durch vertragliche Regelungen zu begegnen. Insbesondere ist an eine vertragliche Zusicherung zu denken, wonach zu einem bestimmten Zeitpunkt ein bestimmter Marktanteil bestanden hat, verbunden mit der Verpflichtung, den jeweils anderen Vertragspartner in regelmäßigen Abständen über Veränderungen zu informieren[77] und bei Bedarf Vertragsanpassungen vorzunehmen. 24

Die Einführung der zweiten Marktanteilsschwelle auf der Abnehmerseite hat auch Auswirkungen auf **selektive Vertriebssysteme**.[78] Bestandteil eines selektiven Vertriebssystems ist die Verpflichtung der Abnehmer, nur an andere Mitglieder des selektiven Vertriebssystems zu verkaufen, nicht jedoch an sonstige Wiederverkäufer (Außenseiter). Die gem. Art. 4 lit. b) iii Vertikal-GVO mögliche Freistellung greift jedoch nur ein, wenn die relevanten Marktanteilsschwellen eingehalten sind. Daher darf der Anbieter die Verpflichtung, nicht an Außenseiter zu verkaufen, nicht mehr solchen Abnehmern auferlegen, deren Marktanteil auf dem Bezugsmarkt für die Vertragsprodukte 30 % überschreitet.[79] 25

Art. 3 Abs. 2 trifft eine Regelung für **Mehrparteienvereinbarungen**, in denen die Vertragswaren oder -dienstleistungen von einer Vertragspartei bezogen und anschließend an eine andere Vertragspartei verkauft werden. In diesem Fall gilt die Freistellung nur, wenn der Anteil des Unternehmens an dem relevanten Markt sowohl als Anbieter als auch als Abnehmer jeweils nicht mehr als 30 % beträgt. Vereinbaren beispielsweise ein Hersteller (Erstanbieter), ein Großhändler (Erstabnehmer und Zweitanbieter) und ein Einzelhändler (Zweitabnehmer und Drittanbieter) ein Wettbewerbsverbot, so darf der Marktanteil von keinem dieser Drei auf dem jeweiligen Angebots- und Nachfragemarkt den Schwellenwert von 30 % überschreiten.[80] Dasselbe gilt für vertikale Vereinbarungen in **Vertriebsketten**, die sich auf **mehr als drei Wirtschaftsstufen** erstrecken.[81] 26

Eine Sonderregelung gibt es für **Franchiseverträge**, bei denen der Franchisegeber den Franchisenehmern ausschließlich eine Geschäftsmethode sowie die damit zusammenhängenden geistigen Eigentumsrechte lizensiert. In diesem Fall kommt es nicht auf den Marktanteil des Franchisegebers (bezogen auf den Markt für die Lizenzierung derartiger Geschäftsmethoden) an, sondern ausschließlich auf den Verkaufsmarkt, auf dem der Franchisenehmer die einlizenzierten Geschäftsmethoden verwendet.[82] 27

Für die Berechnung des Marktanteils ist in **drei Schritten** vorzugehen: Zunächst ist der relevante Markt sachlich und räumlich abzugrenzen. Sodann muss das Volumen dieses Marktes festge- 28

---

73 Siehe Rn. 16 f.
74 ABl. 1997 C 372/7, näher Rn. 1. Kap., Rn. 129 ff.
75 Vertikal-Leitlinien, Rn. 89, zur Nachfragesubstituierbarkeit 1. Kap., Rn. 130.
76 Siehe dazu 1. Kap., Rn. 130.
77 *Funke/Just*, DB 2010, 1389, 1392.
78 Dazu im Einzelnen Rn. 177.
79 *Malec/von Bodungen*, BB 2010, 2383, 2385. Möglich bleibt eine Freistellung in direkter Anwendung des Art. 101 Abs. 3 AEUV.
80 Vertikal-Leitlinien, Rn. 90.
81 *Lettl*, WRP 2010, 807, 812.
82 Näher zum „Methodenfranchise" Vertikal-Leitlinien, Rn. 92.

stellt werden. Schließlich ist der Marktanteil des maßgeblichen Vertragspartners zu ermitteln. Beziehen sich die Vertikal-Vereinbarungen auf **mehrere Märkte** und ist auf einem Markt die Marktanteilsschwelle überschritten, auf einem anderen Markt aber unterschritten, ist für die Freistellungswirkung entscheidend, ob die Vereinbarung entsprechend trennbar ist.[83]

29   (3) **Marktabgrenzung.** Der **sachlich relevante Markt**[84] umfasst alle Produkte, die von der jeweiligen Marktgegenseite als austauschbar angesehen werden. Maßgebliche Kriterien für die Austauschbarkeit sind die Eigenschaften der Produkte, ihr Preis sowie der beabsichtigte Verwendungszweck.[85] Beim Vertrieb von **Endprodukten**, die vom direkten Käufer im unveränderten oder nur unwesentlich veränderten Zustand an Endkunden weiterverkauft werden, wird sich der Wiederverkäufer in der Regel von den Präferenzen der Endverbraucher leiten lassen.[86] So wird ein Einzelhändler seine Bezüge vom Großhändler auf die Wünsche des Endverbrauchers ausrichten. Deren Präferenzen „schlagen" auf die Großhandelsstufe „durch". Gleichwohl ist die Abgrenzung des sachlich relevanten Marktes für jede Marktstufe gesondert vorzunehmen. Typischerweise deckt sich das Sortiment eines Einzelhändlers bereits deswegen nicht mit demjenigen eines bestimmten Großhändlers, da der Einzelhändler regelmäßig von mehreren (spezialisierten) Großhändlern bezieht.

30   Betrifft die Vereinbarung **Vorprodukte**, die der Wiederverkäufer zur Herstellung anderer Produkte verwendet – welche das Vorprodukt nicht gesondert erkennbar werden lassen -, so ist der sachlich relevante Markt regelmäßig aus der Sicht des Wiederverkäufers selbst zu bestimmen.[87]

31   Ein Hersteller, der auch die entsprechenden **Reparatur- oder Ersatzteile** produziert, ist auf diesem Anschlussmarkt häufig der einzige oder wichtigste Anbieter. In Abhängigkeit vom jeweiligen Sachverhalt kann der relevante Markt hier entweder ein das Ersatzteilgeschäft einschließender Erstausrüstungsmarkt sein oder es können zwei getrennte Märkte vorliegen (der Erstausrüster- und der Anschlussmarkt).[88] Berücksichtigt ein Abnehmer bei der Kaufentscheidung die über das Lebensdauer des Produkts anfallenden Kosten (*total cost of ownership*), spricht dies gegen separate Märkte.[89] Für einen separaten Anschlussmarkt spricht, wenn auf diesem spezialisierte Serviceunternehmen tätig sind.

32   Der **räumlich relevante Markt**[90] umfasst das Gebiet, in dem die Vertragspartner im Rahmen der Lieferung (oder des Bezugs) der relevanten Produkte tätig sind, soweit es relativ einheitliche Wettbewerbsbedingungen aufweist und von benachbarten räumlichen Gebieten hinsichtlich der dortigen Wettbewerbsbedingungen abgegrenzt werden kann. Auf Basis dieser Definition kann der räumlich relevante Markt das Territorium eines oder mehrerer EU-Mitgliedstaaten umfassen, bestimmte Regionen davon, das Gebiet der gesamten EU oder sogar global zu verstehen sein. Auch bei der Abgrenzung des räumlich relevanten Marktes sind die einzelnen Marktstufen streng zu trennen. Meist wird der räumlich relevante Markt auf der Endverbraucherstufe kleiner sein als auf der vorgelagerten Handelsstufe, da Händler im Vergleich zum Endverbraucher in der Regel räumlich weiter gestreute Bezugsquellen nutzen.[91]

33   Einzelheiten zur Definition des sachlich und räumlich relevanten Marktes ergeben sich aus der **Bekanntmachung der Kommission** aus dem Jahre 1997,[92] deren Grundsätze mit den oben beschriebenen Einschränkungen[93] auch im Rahmen der Vertikal-GVO zur Anwendung kommen.[94] Im konkreten Einzelfall kann es für die betroffenen Unternehmen gleichwohl schwierig

---

83 *Bechtold/Bosch/Brinker/Hirsbrunner*, Art. 3 VO 2790/1999 Rn. 9.
84 Siehe 1. Kap., Rn. 132 f.
85 Vertikal-Leitlinien, Rn. 88.
86 Vertikal-Leitlinien, Rn. 90.
87 Vertikal-Leitlinien, Rn. 90.
88 Vertikal-Leitlinien, Rn. 91.
89 Vgl. Vertikal-Leitlinien, Rn. 91 sowie Bekanntmachung zur Marktabgrenzung, Rn. 56.
90 Näher 1. Kap., Rn. 134.
91 *Baron*, in: Loewenheim/Meessen/Riesenkampff, Art. 3 Vert-GVO, Rn. 118.
92 ABl. (EG) 1997 C 372/5.
93 Siehe Rn. 22, 29 ff.
94 Vertikal-Leitlinien, Rn. 86.

sein, den relevanten Markt zu bestimmen und sicher abzuschätzen, ob sie in den Genuss der Vorteile der Vertikal-GVO gelangen. [95]

(4) Berechnung des Marktvolumens und der Marktanteile. Die Berechnung des **Marktvolu-** **34** mens hat grundsätzlich auf Wertbasis zu erfolgen, d.h. beim Anbieter auf Basis des Absatzwertes und beim Abnehmer anhand des Bezugswertes. Liegen hierzu keine Angaben vor, so können Schätzungen vorgenommen werden (Art. 7 lit. a) Vertikal-GVO). In diesem Rahmen können dann auch Angaben auf Mengenbasis verwendet werden.[96] Das Marktvolumen umfasst die Produktion innerhalb des räumlich relevanten Marktes abzüglich der Exporte und zuzüglich der Importe.

Bei der Berechnung des **Marktanteils** ist ebenso vorzugehen. Der Marktanteil schließt Produkte **35** ein, die der Lieferant an sog. „**integrierte Händler**" liefert (Art. 7 lit. c) Vertikal-GVO). Dies sind zum einen konzerneigene Vertriebshändler des Lieferanten und zum anderen Handelsvertreter und Kommissionsagenten.[97] Darüber hinaus müssen die Absatzwerte aller sonstigen mit dem Lieferanten oder Käufer **konzernverbundenen Gesellschaften** hinzugerechnet werden (Art. 1 Abs. 2 Vertikal-GVO). Eine detaillierte Legaldefinition der verbundenen Unternehmen enthält Art. 1 Abs. 2 Vertikal-GVO. Danach wird die Konzernverbindung im Wesentlichen daraus abgeleitet, dass ein Unternehmen die Mehrheit der Stimmrechte oder in sonstiger Weise Einflussmöglichkeiten auf ein anderes Unternehmen hat. Abweichend vom Grundsatz des Art. 1 Abs. 2 Vertikal-GVO wird der Umsatz von **Gemeinschaftsunternehmen** in dem relevanten Markt nicht jeder Muttergesellschaft voll, sondern jedem (mitkontrollierenden) Unternehmen zu gleichen Teilen – d.h. unabhängig von der Höhe der jeweiligen Beteiligung am GU – zugerechnet (Art. 7 lit. g) Vertikal-GVO).

Schwierig zu beurteilen ist die **Dualdistribution**, d.h. insbesondere der Fall, in dem der Hersteller seine Produkte sowohl über den Handel vertreibt als auch direkt an Kunden liefert. Nach Auffassung der Kommission müssen bei der Marktabgrenzung und der Berechnung des Marktanteils die Waren mit einbezogen werden, die der Hersteller über konzerneigene Händler und Vermittler verkauft.[98] Dies wirft mehrere Fragen auf. Zunächst ist anhand der Marktstrukturen zu prüfen, ob eine kombinierte Erfassung von Direktverkäufen und Verkäufen über den Handel sachgerecht erscheint. Für die Abgrenzung eines Gesamtmarktes spricht, dass beide Vertriebswege bei denselben Endkunden „zusammenlaufen". Die Direktverkäufe üben deshalb regelmäßig Wettbewerbsdruck auf die Verkäufe über den Handel aus und umgekehrt. Bei einer Zusammenfassung in einen Markt „fällt" allerdings der Händler als Nachfrager „unter den Tisch". Sieht sich der Handel einer besonderen Marktmacht auf der Anbieterseite gegenüber, ist dieser Umstand möglicherweise aus den Gesamtmarktdaten nicht ablesbar. In einer derartigen Situation mag allerdings die „Gesamtbetrachtung" ohnehin nicht sachgerecht sein.

Erscheint es jedoch sachgerecht, den Direktvertrieb und den Vertrieb über den Handel zusam- **37** menzurechnen, wie dies Art. 7 lit. c) Vertikal-GVO wohl nahe legt,[99] bleibt die Schwierigkeit, eine **Vergleichbarkeit der Absatzwerte** sicherzustellen. Aus Sicht des Endkunden wären an sich die Verkaufspreise des (direkt liefernden) Herstellers und die Verkaufspreise des Handels vergleichbar. Es erscheint aber nicht sachgerecht, dem Hersteller die Gewinnspanne des Handels, auf die er keinen Einfluss hat, zuzurechnen. Stellt man deshalb auf die Preise ab, die der Hersteller von den Endkunden (im Falle von Direktlieferungen) und vom Handel fordert, ergibt sich die Schwierigkeit, dass ein Hersteller bei der Belieferung von „Direktkunden" typischerweise andere Preise ansetzt als bei der Belieferung der vorgelagerten Handelsstufe. Ergeben sich im Einzelfall größere Hindernisse, die Vergleichbarkeit der Absatzwerte herzustellen, mag dies für eine getrennte Betrachtung der Vertriebswege sprechen.

---

95 Siehe Rn. 24.
96 Vertikal-Leitlinien, Rn. 93.
97 Siehe Vertikal-Leitlinien, Rn. 95.
98 Vertikal-Leitlinien, Rn. 95; auf Basis der Vertikal-GVO 1999 war die Kommission der Auffassung, dass hierbei auch konkurrierende Hersteller einzubeziehen seien (Vertikal-Leitlinien 2000, Rn. 99).
99 Vgl. zur Vorgängerregelung (Art. 9 Abs. 2 lit. b) Vertikal-GVO 1999) *Bauer*, in: Bauer/de Bronett, Rn. 201, *Schulze/Pautke/Wagener*, Vertikal-GVO, Rn. 733 ff. sowie *Bechtold/Bosch/Brinker/Hirsbrunner*, Art. 9 VO 2790/1999 Rn. 5.

38 Eine für die Praxis wichtige Ausnahmeregelung im Rahmen der Berechnung der Marktanteile enthalten die Vertikal-Leitlinien für **Produktsortimente**.[100] Grundsätzlich sind im Rahmen der Vertikal-GVO die einzelnen Produktmärkte abzugrenzen mit der Folge, dass von der Freistellung nur diejenigen Produkte erfasst werden, bei denen die Marktanteilsschwelle nicht überschritten ist.[101] Wenn ein Lieferant ein ganzes Produktsortiment herstellt und vertreibt und dieses Sortiment – und nicht die Einzelprodukte – aus der Sicht der direkten Käufers als wirtschaftlich austauschbar angesehen wird, so bildet das Sortiment – und nicht jedes Einzelprodukt – den relevanten Markt. Daher kann die gesamte vertikale Vereinbarung auch dann freigestellt werden, wenn die Anteile für bestimmte Einzelprodukte höher liegen als 30 %. Entscheidend ist dann allein, ob mit dem gesamten Produktsortiment auf dem Lieferanten- oder Käufermarkt für derartige Produktsortimente der Marktanteil von 30 % überschritten wird. Die Voraussetzungen für einen derartigen „Sortimentsmarkt" werden insbesondere bei Alleinvertriebshändlern vorliegen, aber auch dann, wenn seitens der Verbraucher nicht nur Einzelprodukte, sondern zusammenhängende Produktgruppen – wie z.B. im Chemikalienbereich – nachgefragt werden.[102]

39 Ähnliche Erwägungen gelten beim Vertrieb von **Hauptwaren** und **Ersatzteilen**. Beide Bereiche stellen grundsätzlich getrennte Märkte dar. Bezieht sich ein Vertriebsvertrag sowohl auf die Hauptwaren als auch die Ersatzteile, scheitert die Anwendbarkeit der Vertikal-GVO nicht von vornherein an einem hohen Marktanteil der Hersteller bei den Ersatzteilen.[103]

40 Bei der Berechnung der Marktanteile zugrunde zu legen ist der Marktanteil des **vorangegangenen Kalenderjahres** (Art. 7 lit. b) Vertikal-GVO).[104] Auf das Vertragsjahr der Vereinbarung kommt es nicht an. Die Begrenzung auf Jahresperioden kann aber teilweise wenig aussagekräftig sein, etwa, wenn ein Produkt mit hohem Preis in geringer Stückzahl ausgeliefert wird, z.B. im Anlagenbau.

41 Da die zutreffende Ermittlung des Marktanteils häufig mit erheblichen Unsicherheiten belastet ist und die Versagung der Freistellungswirkung automatisch bei Überschreitung der Marktanteilsschwelle eintritt, hat die Kommission die absolute 30 %-Grenze durch eine sog. **Korridorlösung** ergänzt (Art. 7 lit. d) bis f) Vertikal-GVO). Beträgt der Marktanteil zunächst nicht mehr als 30 % und ist eine vertikale Beschränkung daher gem. Art. 2 Vertikal-GVO freigestellt, so gilt die Freistellung befristet in zwei Fallgruppen auch dann weiter, wenn in der Folgezeit die Marktanteilsschwelle von 30 % überschritten wird: Erstens ist dies der Fall, wenn in einem Kalenderjahr der Marktanteil auf über 30 %, jedoch weniger als 35 % ansteigt; die Freistellung gilt sodann im Anschluss an das Jahr, in welchem die 30 %-Schwelle erstmals überschritten wird, noch für weitere zwei Kalenderjahre (Art. 7 lit. d) Vertikal-GVO). Zweitens gilt bei Überschreitung der Marktanteilsschwelle von 30 % um mehr als 5 Prozentpunkte die Freistellung nach Art. 2 Abs. 1 Vertikal-GVO im Anschluss an das Jahr, in welchem die 35 %-Schwelle erstmals überschritten wird, noch für ein weiteres Kalenderjahr (Art. 7 lit. e) Vertikal-GVO). Beide Korridorregelungen können allerdings nicht dergestalt miteinander verbunden werden, dass ein Zeitraum von zwei Kalenderjahren überschritten wird (Art. 7 lit. f) Vertikal-GVO). Sinkt der Marktanteil während des Zeitraums der Weitergeltung jedoch in einem Kalenderjahr wieder unter 30 %, greift für die Folgezeit erneut die Freistellung nach Art. 2 Vertikal-GVO ein. Es ist daher auch möglich, dass in der Folgezeit die Korridorregelungen erneut zur Anwendung gelangen.[105]

---

100 Vertikal-Leitlinien, Rn. 89.
101 Vertikal-Leitlinien, Rn. 72.
102 *Schultze/Pautke/Wagener*, Vertikal-GVO, Rn. 380.
103 *Bechtold*, EWS 2001, 49, 51, näher Rn. 31.
104 *Bechtold/Bosch/Brinker/Hirsbrunner*, Art. 9 VO 2790/1999 Rn. 8 schlagen Ausnahmen für Fälle vor, in denen Statistiken für Marktvolumina und Marktanteile nur für andere Zeitperioden zur Verfügung stehen und halten es für sachgerecht, auf die jeweils verfügbaren aktuellsten Daten abzustellen, die einen Zeitraum von mindestens einem Jahr umfassen. Im Übrigen ergäben sich Einschränkungen daraus, dass zu Beginn eines Kalenderjahres häufig die Daten für das vorangegangene Kalenderjahr noch nicht vorlägen.
105 Die Formulierung in Art. 7 lit. d) und e) Vertikal-GVO, wo auf ein "erstmaliges" Überschreiten der Schwelle Bezug genommen wird, ist nach Sinn und Zweck der Regelung einschränkend auszulegen, siehe zur Vorgängerregelung (Art. 9 Abs. 2 lit. c) und lit. d) Vertikal-GVO 1999) *Bauer* in: Bauer/de Bronett, Rn. 203.

S. Mäger

Ist damit zu rechnen, dass sich die Marktanteile während der Laufzeit eines Vertrages erheblich **42** verändern, sollte im Vertrag vereinbart werden, die aktuellen Marktverhältnisse zu bestimmten Zeitpunkten zu überprüfen und ggf. Anpassungen der Vertragsklauseln vorzunehmen.[106]

bb) Vertriebsverträge zwischen Wettbewerbern. Die Freistellung nach der Vertikal-GVO gilt **43** grundsätzlich nicht für vertikale Vereinbarungen, die zwischen Wettbewerbern abgeschlossen werden (Art. 2 Abs. 4 Vertikal-GVO). Die Kommission trägt hier der Gefahr einer Marktaufteilung nach Gebieten oder Produkten Rechnung. Wettbewerber sind gem. Art. 1 Abs. 1 lit. c) Vertikal-GVO nur solche Unternehmen, die auf demselben relevanten Markt tätig sind. Dabei ist die Austauschbarkeit der Waren oder Dienstleistungen allein aus der **Sicht des direkten Käufers** (nicht: des Endverbrauchers) anhand der allgemeinen Kriterien[107] zu beurteilen. Der Begriff des Wettbewerbers setzt – anders als früher[108] – voraus, dass die Vertragspartner **auch im selben räumlich relevanten Markt** tätig sind.[109] Die Freistellung wird nicht dadurch ausgeschlossen, dass die beteiligten Unternehmen auf einem anderen – von der Vereinbarung nicht betroffenen – Produktmarkt miteinander in Wettbewerb stehen. Ein **potentieller Wettbewerber** setzt voraus, dass dieser bei Zugrundelegung realistischer Annahmen in der Lage und bereit ist, die für den Markteintritt nötigen Investitionen innerhalb eines Jahres zu tätigen. Die lediglich theoretische Möglichkeit des Markteintritts reicht dagegen nicht aus (Art. 1 Abs. 1 lit. c) Vertikal-GVO).[110] Andernfalls wäre ein finanzstarkes Unternehmen stets als potentieller Wettbewerber im Hinblick auf eine Vielzahl von Märkten einzuordnen. Auch ist ein Hersteller, der die Handelsstufe beliefert, grundsätzlich nicht als Wettbewerber der Händler anzusehen, auch wenn ein finanzstarker Hersteller regelmäßig zumindest theoretisch – ggf. nach Vornahme von Investitionen – die Handelsstufe überspringen und die nachgelagerten Kunden direkt beliefern könnte.[111]

Von dem Grundsatz der Nichtanwendbarkeit der Vertikal-GVO auf Vereinbarungen zwischen **44** Wettbewerbern gibt es **Ausnahmen.** Dies gilt für vertikale Vereinbarungen, soweit sie **nichtwechselseitig**[112] sind und unter eine der in Art. 2 Abs. 4 Vertikal-GVO aufgeführten zwei – früher drei[113] – Fallgruppen fallen:

Erste Fallgruppe: Der Anbieter ist zugleich Hersteller und Händler von Waren, der Abnehmer **45** dagegen nur ein Händler, der keine mit den Vertragswaren in Wettbewerb stehenden Waren herstellt (Art. 2 Abs. 4 lit. a) Vertikal-GVO). In dieser Fallgruppe stehen die Vertragspartner demzufolge nur auf der Handelsstufe, nicht aber bei der Herstellung der Vertragswaren miteinander in Wettbewerb. Angesprochen ist damit der zweigleisige Vertrieb (**Dualvertrieb**).[114] Nicht erfasst sind damit Vereinbarungen zwischen reinen Handelsunternehmen, beispielsweise im Verhältnis von Großhändlern zu Einzelhändlern.[115]

Zweite Fallgruppe: Der Anbieter erbringt Dienstleistungen auf mehreren Wirtschaftsstufen, der **46** Abnehmer bietet dagegen Waren oder Dienstleistungen auf der Einzelhandelsstufe an und ist auf der Handelsstufe, auf der er die Vertragsdienstleistungen bezieht, kein Wettbewerber

---

106 Siehe Rn. 24, 1. Kap., Rn. 125.
107 Eigenschaften, Preis und Verwendungszweck, siehe Rn. 29.
108 Vertikal-Leitlinien 2000, Rn. 26.
109 *Funke/Just*, DB 2010, 1389, 1390 unter Hinweis auf die geänderte Definition des „Wettbewerbers" in Art. 1 Abs. 1 lit. c) Vertikal-GVO (im Unterschied zu Art. 1 lit. a) Vertikal-GVO 1999).
110 Vertikal-Leitlinien, Rn. 27.
111 A.A. wohl *Bechtold/Busch/Brinker/Hirsbrunner*, Art. 2 VO 2790/1999 Rn. 21.
112 Eine wechselseitige Vereinbarung liegt vor, wenn im Hinblick auf ein bestimmtes Produkt die eine Vertragspartei Anbieter und die andere Vertragspartei Abnehmer ist und die Rollen im Hinblick auf ein anderes Produkt genau umgekehrt verteilt sind.
113 Die Vertikal-GVO 1999 war auch auf nicht wechselseitige vertikale Vereinbarungen zwischen Wettbewerbern anwendbar, sofern der jährliche Gesamtumsatz des Käufers 100 Mio. EUR nicht überschritt. Diese Ausnahme ist in der neuen Vertikal-GVO nicht mehr enthalten. Dem liegt die Erwägung zugrunde, dass auch ein Käufer mit lediglich 100 Mio. EUR Umsatz der wichtigste lokale oder nationale Käufer sein kann (*Simon*, EWS 2010, 497, 499). Von der bisherigen Ausnahme haben vor allem Vereinbarungen zwischen kleinen Zulieferern und größeren Herstellern, welche die gelieferten Teile auch selbst produzieren (konnten), profitiert (*Funke/Just*, DB 2010, 1389, 1390).
114 Siehe dazu bereits Rn. 36.
115 *Klotz*, in: Schröter/Jakob/Mederer, Art. 81 – FG Liefer- und Bezugsvereinbarungen, Rn. 41, zu Zulieferverträgen und sog. Kollegenlieferungen *Schultze/Pautke/Wagener*, Vertikal-GVO, Rn. 333.

(Art. 2 Abs. 4 lit. b) Vertikal-GVO). Auf Basis der Vertikal-GVO 1999 konnte der Abnehmer demgegenüber mit dem Anbieter auf anderen Handelsstufen in direkter Konkurrenz stehen.[116] Die neue Vertikal-GVO erfasst demgegenüber – einheitlich für Waren und Dienstleistungen – nur noch den dualen Vertrieb, bei dem der **Abnehmer nur Händler bzw. Dienstleister auf der Einzelhandelsstufe ist und dort mit dem Handelsbetrieb des Herstellers konkurriert.** Typische Beispiele hierfür sind Brauereien, die zum Teil eigene Gaststätten betreiben, sowie Franchise-Unternehmen, die ihre Dienstleistungen sowohl über eigene Geschäfte anbieten als auch an dritte Partner lizenzieren.[117]

47 Vertikale Vereinbarungen zwischen Wettbewerbern, die nicht von der Ausnahmeregelung des Art. 2 Abs. 4 Vertikal-GVO erfasst werden und daher nicht von einer Freistellungsmöglichkeit profitieren können, unterliegen einer **Doppelkontrolle** auf Basis der Leitlinien über horizontale Zusammenarbeit und – im Hinblick auf die vertikalen Elemente – den Vertikal-Leitlinien.[118]

48 **cc) Vertriebsverträge mit Einkaufskooperationen.** Die Freistellung nach der Vertikal-GVO gilt für vertikale Vereinbarungen zwischen einer Unternehmensvereinigung (in der Regel: Einkaufskooperation) und ihren Mitgliedern oder ihren Lieferanten nur unter der Voraussetzung, dass alle Mitglieder der Einkaufskooperation Wareneinzelhändler sind und einen Umsatz von nicht mehr als jeweils 50 Mio. EUR aufweisen (Art. 2 Abs. 2 Vertikal-GVO). Die Freistellung bezieht sich damit nicht auf horizontale Vereinbarungen der Mitglieder untereinander.[119] Gleiches gilt für die Verträge zur Gründung derartiger Vereinigungen. Für die Berechnung der Umsatzschwelle gibt Art. 8 Abs. 1 Vertikal-GVO Hinweise.

49 **dd) Vereinbarungen über geistiges Eigentum.** Vertikale Vereinbarungen enthalten häufig auch Bestimmungen über die Übertragung oder Lizenzierung von Rechten an geistigem Eigentum. Typischer Bestandteil eines Vertragshändler-Vertrages ist beispielsweise das Recht, die Marken des Herstellers für den Vertrieb der Vertragsware im Vertragsgebiet zu nutzen. Weitere häufige Anwendungsfälle betreffen die Einräumung von urheberrechtlichen Nutzungsrechten beim Vertrieb von Software sowie die Know-how-Überlassung bei Franchisevereinbarungen.[120] Um von der Freistellung profitieren zu können, müssen die vertraglichen Bestimmungen kumulativ die nachfolgenden **fünf Voraussetzungen** erfüllen (Art. 2 Abs. 3 Vertikal-GVO):

50 Erstens müssen die Rechte im Rahmen einer vertikalen Vereinbarung über den Vertrieb oder den Bezug von **Waren oder** über die Erbringung oder Inanspruchnahme von **Dienstleistungen** übertragen oder lizenziert werden. Damit fallen z.B. reine Software-Lizenzverträge oder reine Markenlizenzverträge, Sponsorenverträge sowie Urheberrechts-Lizenzverträge im Rundfunkbereich aus dem Anwendungsbereich der Vertikal-GVO heraus.[121]

51 Zweitens ist nur die Überlassung von Rechten an geistigem Eigentum durch den Verkäufer an den Käufer freigestellt, nicht auch umgekehrt durch den Käufer an den Verkäufer. Damit sind **Zulieferverträge**, in denen der Know-how-Transfer auf den Hersteller (Zulieferer) stattfindet, vom Anwendungsbereich der Vertikal-GVO ausgenommen.[122] Wie die Vertikal-Leitlinien[123]

---

116 Art. 2 Abs. 4 lit. c) Vertikal-GVO 1999.
117 *Simon*, EWS 2010, 497, 499.
118 Leitlinien über horizontale Zusammenarbeit, Rn. 12, sowie Vertikal-Leitlinien, Rn. 27.
119 Diese sind als horizontale Vereinbarungen einzuordnen mit der Folge der Anwendbarkeit von Art. 101 Abs. 1 AEUV sowie der (großzügigen) Leitlinien über horizontale Zusammenarbeit, siehe 3. Kap., Rn. 58 ff., zur Abgrenzung *Bechtold/Bosch/ Brinker/Hirsbrunner*, Art. 2 VO 2790/1999 Rn. 16 f. Kritisch zu Art. 2 Abs. 2 Vertikal-GVO *Schultze/Pautke/Wagener*, Vertikal-GVO, Rn. 261 f., da die Unternehmensvereinigung oder gar ein einzelnes Mitglied nicht feststellen könne, ob sämtliche Mitglieder (einschließlich verbundener Unternehmen) jeweils unterhalb der Schwelle bleiben.
120 Zum „Haupt- oder Masterfranchising" siehe Vertikal-Leitlinien, Rn. 44. Sodann werden in den Vertikal-Leitlinien (Rn. 45) Verpflichtungen des Franchisenehmers in Bezug auf Rechte des geistigen Eigentums aufgelistet, die grundsätzlich freigestellt sind.
121 Vertikal-Leitlinien, Rn. 33. Dort nimmt die Kommission auch zu typischen Vereinbarungen betreffend Markenlizenzen (Rn. 39), Urheberrechte/Softwarerechte (Rn. 40 ff.) und Know-how (Rn. 43) Stellung.
122 Vertikal-Leitlinien, Rn. 34. Zu Zulieferverträgen siehe die Bekanntmachung der Kommission über die Beurteilung von Zulieferverträgen, ABl. (EG) 1979 Nr. C 1, Seite 2. Die Zuliefer-Bekanntmachung ist durch den Erlass der Vertikal-GVO und der Vertikal-Leitlinien unberührt geblieben. Näher zu Vereinbarungen mit Zulieferern Rn. 110 ff.
123 Vertikal-Leitlinien, Rn. 34.

klarstellen, gilt dies jedoch wiederum nicht, soweit der Käufer dem Lieferanten lediglich Spezifikationen bezüglich der Vertragsprodukte mitteilt, mit denen die bereitzustellenden Waren oder Dienstleistungen beschrieben werden.

Drittens dürfen die Lizenzvereinbarungen nicht den Hauptgegenstand des Vertrages bilden **52** („**begleitende Lizenzvereinbarungen**"). „Eigentlicher" Vertragsgegenstand muss der Bezug oder der Vertrieb von Waren oder Dienstleistungen sein.[124] Zwischen beidem ist ein unmittelbarer Zusammenhang erforderlich.[125]

Viertens müssen sich die Lizenzvereinbarungen direkt auf den **Gebrauch, Verkauf oder Weiterverkauf** der Vertragsprodukte durch den Abnehmer oder dessen Kunden beziehen. Dabei ist **53** es jedoch nicht erforderlich, dass die Waren oder Dienstleistungen gerade von demjenigen geliefert werden, der die Rechte am geistigen Eigentum überlässt.[126] Ein typischer Anwendungsfall sind Franchisevereinbarungen, bei denen der Franchise-Geber an den Franchise-Nehmer Know-how und Markenrechte lizenziert, die Waren oder Dienstleistungen vom Franchise-Nehmer jedoch von einem Dritten bezogen werden.[127]

Fünftens dürfen die Lizenzbeschränkungen nicht die Wirkung von Wettbewerbsbeschränkungen haben, die gerade durch Art. 4 (**schwarze Liste**) oder Art. 5 (**graue Liste**) Vertikal-GVO von **54** der Freistellung ausgenommen sind.[128]

ee) Verhältnis zu anderen GVO. Die Vertikal-GVO gilt gem. Art. 2 Abs. 5 nicht für vertikale **55** Vereinbarungen, deren Gegenstand in den Geltungsbereich einer anderen GVO fällt, sofern nicht die andere GVO auf die Vertikal-GVO zurückverweist. Die Vertikal-GVO ist daher im Verhältnis zu den anderen GVO die am wenigsten „durchsetzungsfähige".[129]

(1) Verhältnis zur TT-GVO. Vorrangig gegenüber der Vertikal-GVO ist daher auch die GVO **56** für Technologietransfer-Vereinbarungen.[130] Abgrenzungsprobleme ergeben sich zwischen beiden GVO bei Vereinbarungen, in denen die Übertragung von Rechten an geistigem Eigentum geregelt wird. Die Abgrenzung ist aufgrund der unterschiedlichen Kernbeschränkungen auch praktisch bedeutsam. Die Grundsätze hierzu sind bereits im Rahmen von Art. 2 Abs. 3 Vertikal-GVO dargestellt worden.[131] Mit Blick auf den Anwendungsbereich der TT-GVO sind diese wie folgt zu ergänzen:

Liegen **reine Vertriebslizenzen** vor, die kein Herstellungselement seitens des Lizenznehmers **57** vorsehen, ist allein die Vertikal-GVO anwendbar, unter Ausschluss der TT-GVO.[132]

Sofern ein **Herstellungselement auf Seiten des Lizenznehmers** vorliegt, kommt es über das Erfordernis eines Technologietransfers hinaus entscheidend auf die kommerzielle Bedeutung der **58** übertragenen Technologie sowie auf den wirtschaftlichen Zusammenhang zwischen Herstellungselement und Vertrieb an.[133] Daher ist die TT-GVO nicht anwendbar, wenn es sich bei den Herstellungshandlungen lediglich um Vorbereitungs- oder Begleitmaßnahmen zum Vertrieb handelt, weil es dann an dem erforderlichen „Produktionsschwerpunkt" fehlt.[134]

Abgrenzungsprobleme zwischen Vertikal-GVO und TT-GVO ergeben sich bei Lizenzvereinbarungen, die zusätzlich Regelungen über den Erwerb und Verkauf von **Einsatzstoffen oder** **59** **Maschinen** enthalten. Die TT-GVO ist einschlägig, wenn neben der Lieferung von Einsatzstoffen auch eine Technologie z.B. in Form von Herstellungs-Know-how lizenziert wird, sofern die Bestimmungen zum Erwerb und Verkauf der Einsatzstoffe nicht den Hauptgegenstand der

---

124 Vertikal-Leitlinien, Rn. 35.
125 Zu Franchise-Vertriebssystemen insoweit *Metzlaff*, BB 2000, 1201 ff. sowie *Liebscher/Petsche*, EuZW 2000, 400 ff.
126 Vertikal-Leitlinien, Rn. 36.
127 Siehe auch die „Coca Cola Klausel" in den Vertikal-Leitlinien, Rn. 36.
128 Dazu Rn. 68 ff., 72 ff.
129 *Schultze/Pautke/Wagener*, TT-GVO, Rn. 331.
130 VO (EG) Nr. 772/2004 vom 27. April 2004, ABl. EG 2004 L 123/11 – hierzu näher 5. Kap., Rn. 20 ff.
131 Siehe Rn. 49 ff.
132 *Schultze/Pautke/Wagener*, TT-GVO, Rn. 334.
133 Art. 1 Abs. 1 lit. b TT-GVO – in Abgrenzung zu Art. 2 Abs. 3 Satz 1 Vertikal-GVO.
134 Beispiele: Verpacken, Testen, Montage, siehe *Schultze/Pautke/Wagener*, TT-GVO, Rn. 335.

Vereinbarung bilden und mit der Anwendung der lizenzierten Technologie unmittelbar verbunden sind.[135]

60 Ähnliche Schwierigkeiten bei der Abgrenzung beider GVO tauchen dann auf, wenn **verschiedene geistige Eigentumsrechte lizenziert** werden, von denen sich einige auf den **Vertrieb und** andere auf die **Herstellung** beziehen. Ein Beispiel ist die Überlassung einer Markenlizenz für den Vertrieb des Vertragsproduktes (z.B. eines qualitativ hochwertigen Markenschuhs), kombiniert mit der Lizenzierung von Herstellungs-Know-how (z.B. zur vereinfachten Fertigung der luftgepolsterten Sohle dieses Schuhs).[136] Auch in einem solchen Fall müssen die Unternehmen – um in den Genuss des Anwendungsbereichs der TT-GVO zu gelangen – nachweisen, dass die herstellungsbezogene Know-how-Lizenzierung den Wert der vertriebsbezogenen Markenlizenz deutlich übersteigt.

61 **(2) Verhältnis zur F & E-GVO.** Gegenstand der F & E-GVO ist die gemeinsame Forschung und Entwicklung mit oder ohne gemeinsame Verwertung der Ergebnisse in Form der Produktion und/oder des Vertriebs.[137] Die F & E-GVO ist auf **horizontale Wettbewerbsbeschränkungen** zugeschnitten. Damit ist grundsätzlich der Anwendungsbereich der Vertikal-GVO nicht eröffnet: Diese setzt „vertikale Vereinbarungen" im Sinne des Art. 2 Abs. 1 Vertikal-GVO voraus und erfasst lediglich dann Vereinbarungen zwischen Wettbewerbern, wenn diese nichtwechselseitiger Natur sind und zusätzlich eine der in Art. 2 Abs. 4 lit. a) und b) Vertikal-GVO niedergelegten Voraussetzungen vorliegen.[138] Soweit in horizontalen Vereinbarungen vertikale Elemente wettbewerbsbeschränkender Art enthalten sind, richtet sich deren Freistellungsfähigkeit ausschließlich nach der – insoweit vorrangigen – F & E-GVO.[139] In Fällen, in denen die in Rede stehenden Vertragsbestimmungen nicht durch eine einschlägige Regelung in der F & E-GVO abgedeckt werden, sind die vertikalen Elemente der Vereinbarung im Rahmen einer „Doppelkontrolle" anhand der Grundsätze der vertikalen Leitlinien (wenn auch nicht nach der Vertikal-GVO) zu prüfen, wie dies in den vertikalen[140] und horizontalen[141] Leitlinien vorgesehen ist.

62 **(3) Verhältnis zur Spezialisierungs-GVO.** Das Verhältnis der Vertikal-GVO zur Spezialisierungs-GVO[142] richtet sich nach den gleichen Grundsätzen, die auch im Rahmen des Verhältnisses der Vertikal-GVO zur F & E-GVO leitend sind.[143]

63 **(4) Verhältnis zur Kfz-GVO.** Der Kfz-Vertrieb ist Gegenstand einer separaten GVO.[144] Die Kfz-GVO ist die einzige branchenspezifische GVO für den Vertrieb. Die neue Kfz-GVO (**Kfz-GVO**) hat mit Wirkung zum 1. Juni 2010 – aber unter verschiedenen Maßgaben, dazu sogleich – die bisherige Kfz-GVO (**Kfz-GVO 2002**)[145] abgelöst. Aufgrund der Subsidiaritätsregel des Art. 2 Abs. 5 Vertikal-GVO ist der Kfz-Vertrieb von der Vertikal-GVO ausgeklammert, soweit der Regelungsgegenstand der Kfz-GVO eröffnet ist. Die neue Kfz-GVO deckt sowohl den Vertrieb von Neufahrzeugen ab als auch den Kundendienst. Der Kundendienst besteht aus den beiden getrennten Märkten für Wartung und Reparatur einerseits sowie für Ersatzteile ande-

---

135 TT-Leitlinien, Rn. 49. Dies ist nach Auffassung der Kommission „voraussichtlich" dann der Fall, wenn es sich bei den gekoppelten Produkten um Maschinen- oder Prozess-Inputs handelt, die speziell darauf zugeschnitten sind, die lizenzierte Technologie effizient zu nutzen. In Fällen, in denen der Lizenznehmer beispielsweise bereits ein Enderzeugnis auf der Grundlage einer anderen Technologie herstellt, muss die Lizenz zu einer spürbaren Verbesserung des Produktionsprozesses des Lizenznehmers führen, die den Wert des vom Lizenznehmer erworbenen Produktes übersteigt. Daher wäre im konkreten Einzelfall beispielsweise mittels Umsatz- bzw. Absatzprognose zu prüfen, ob das lizenzierte Herstellungs-Know-how über dem Wert der ebenfalls bezogenen Einsatzstoffe liegt.
136 *Korah*, ECLR 2004, 247, 252.
137 VO (EU) Nr. 1217/2010, ABl. L 335/36, hierzu näher 5. Kap. Rn. 157 ff.
138 Siehe Rn. 43 ff.
139 Vertikal-Leitlinien, Rn. 46 (die – nach Veröffentlichung der Vertikal-Leitlinien erlassene – neue F & E-GVO fällt unter die genannten „künftigen" GVO).
140 Vertikal-Leitlinien, Rn. 27.
141 Leitlinien über horizontale Zusammenarbeit, Rn. 12.
142 VO (EU) Nr. 1218/2010, ABl. L 335/42, näher 3. Kap. Rn. 39 ff.
143 Siehe soeben unter Rn. 61.
144 VO (EU) Nr. 461/2010, ABl. 2010 L 129/52, näher Rn. 201 ff.
145 VO (EG) Nr. 1400/2002, ABl. L 129/52.

S. Mäger

rerseits. Für den **Neuwagenmarkt** gilt die Kfz-GVO 2002 bis zum 31. Mai 2013 weiter (Art. 2 Kfz-GVO). Ab dem 1. Juni 2013 findet die Vertikal-GVO Anwendung (Art. 3 Kfz-GVO). Für die **Anschlussmärkte (Wartung und Reparatur sowie Ersatzteile)** gelten die Bedingungen und Freistellungsvoraussetzungen der Vertikal-GVO sowie zusätzlich die Kernbeschränkungen des Art. 5 Kfz-GVO, wie sich aus Art. 4 Kfz-GVO ergibt. Damit ist die Vertikal-GVO nebst den Vertikal-Leitlinien die Grundlage der neuen Regelung für die Kraftfahrzeugbranche ab dem 1. Juni 2013. Dies hat zur Folge, dass die einheitliche Marktanteilsschwelle von 30 % für sämtliche Vertriebsformen und Märkte gilt.

Von der alten wie auch der neuen Kfz-GVO ausgenommen sind Vereinbarungen über den Vertrieb von Motorrädern oder Gebrauchtwagen.[146] Ebenso liegt es bei Vereinbarungen, bei denen es nicht um den Weiterverkauf der Kraftfahrzeuge geht – weil beispielsweise die Fahrzeuge zur Nutzung beim Käufer verbleiben oder zur Weitervermietung vorgesehen sind – oder bei denen aufgrund einer Weiterbearbeitung eine Wertsteigerung des Kraftfahrzeuges stattfindet, die eine wirtschaftliche Identität mit dem Kraftfahrzeug-Neuwagen ausschließt.[147]   **64**

b) Normstruktur. aa) Schirmfreistellung. Art. 2 Abs. 1 ist die **Grundnorm der Vertikal-GVO.** Sie enthält die Freistellung für grundsätzlich sämtliche Formen vertikaler Wettbewerbsbeschränkungen im Sinne des Art. 101 Abs. 1 AEUV.[148] Man spricht daher von einer „Schirmfreistellung". Die Freistellung gilt für Vereinbarungen oder aufeinander abgestimmte Verhaltensweisen[149] zwischen zwei oder mehr Unternehmen,[150] von denen jedes zwecks Durchführung der Vereinbarung auf einer anderen Ebene der Produktions- oder Vertriebskette tätig ist,[151] und welche die Bedingungen betreffen, zu denen die Parteien bestimmte Waren oder Dienstleistungen beziehen, verkaufen oder weiterverkaufen können.   **65**

bb) Geltungsdauer, Übergangsfrist. Die neue Vertikal-GVO ist am 1. Juni 2010 in Kraft getreten und gilt bis zum 31. Mai 2022 (Art. 10 Vertikal-GVO). Für bereits am 31. Mai 2010 in Kraft befindliche Verträge gibt es eine Übergangsfrist von einem Jahr zur Anpassung. Auf diese Verträge findet das Kartellverbot des Art. 101 Abs. 1 AEUV im Zeitraum vom 1. Juni 2010 bis zum 31. Mai 2011 keine Anwendung, sofern die Verträge zwar die Freistellungskriterien der neuen Vertikal-GVO nicht erfüllen, aber am 31. Mai 2010 die Freistellungskriterien der alten Vertikal-GVO erfüllt haben.   **66**

cc) Typologie von Beschränkungen. Die Vertikal-GVO unterscheidet zwischen „schwarzen" Klauseln (Art. 4 Vertikal-GVO) und „grauen"[152] Klauseln (Art. 5 Vertikal-GVO).   **67**

(1) Schwarze Klauseln. Die Schirmfreistellung des Art. 2 Abs. 1 Vertikal-GVO gilt nicht für die in Art. 4 Vertikal-GVO im Einzelnen beschriebenen Vertragsklauseln, die als „schwarze Klauseln" – oder auch als **„Kernbeschränkungen"** (*hardcore restrictions*) – bezeichnet werden. Eine schwarze Klausel liegt nur dann vor, wenn eine der in Art. 4 lit. a) – e) Vertikal-GVO enumerativ aufgeführten Wettbewerbsbeschränkungen Gegenstand der vertikalen Vereinbarung ist. Die dergestalt geschützten wettbewerblichen Rechte lassen sich in vier Gruppen einteilen:[153] Preisbindung der zweiten Hand, Gebiets- und Kundenbeschränkungen, Beschränkungen in selektiven Vertriebssystemen sowie Beschränkungen zu Lasten des Lieferanten im Rahmen der Lieferung von Bestandteilen. Auf die Fallgruppen wird im Rahmen des Abschnitts B (Einzelfragen) im Detail eingegangen.   **68**

---

146 *Schultze/Pautke/Wagener*, Vertikal-GVO, Rn. 347.
147 *Veelken*, in: Immenga/Mestmäcker EG-WettbR, Vertikal-VO Rn. 39.
148 Sonstige Verbote, beispielsweise das Missbrauchsverbot des Art. 102 AEUV bleiben unberührt.
149 Siehe 1. Kap., Rn. 80 ff.
150 Siehe 1. Kap., Rn. 15 f.
151 Siehe Rn. 1.
152 Die Terminologie ist uneinheitlich. In der Vertikal-GVO und den Vertikal-Leitlinien, Rn. 65 ff., wird der unscharfe Begriff der „nicht von der GVO freigestellten Beschränkungen" bzw. „Ausschlussbestimmung" verwendet. Die Literatur spricht von „roten Klauseln" (*Bauer/de Bronett*, Rn. 137, *Ensthaler/Funk*, BB 2000, 1685), „grauen Klauseln" (*Bechtold*, EWS 2001, 49), von „sonstigen unzulässigen Klauseln" (*Klotz*, in: Schröter/Jakob/Mederer, Art. 81 – FG Liefer- und Bezugsvereinbarungen, Rn. 109); für „Ausschlussbestimmung" (*Baron*, in: Loewenheim/Meessen/ Riesenkampff, Art. 5 Vertikal-GVO, Rn. 246 mit Fn. 445).
153 *Klotz*, in: Schröter/Jakob/Mederer, Art. 81 – FG Liefer- und Bezugsvereinbarungen, Rn. 79 ff.

69 Die Rechtsfolge einer schwarzen Klausel ist einschneidend: Enthält eine Vertikal-Vereinbarung eine schwarze Klausel, entfällt die Schirmfreistellung nicht nur für die schwarze Klausel selbst, sondern darüber hinaus für sämtliche wettbewerbsbeschränkenden Vereinbarungen des betreffenden Vertrages („**Alles-oder-nichts-Prinzip**", *rule of severability*). Dies ergibt sich daraus, dass nach Art. 4 Satz 1 Vertikal-GVO die Freistellung nicht für „vertikale Vereinbarungen" gilt, die eine schwarze Klausel enthalten,[154] und kommt jetzt auch in der Überschrift von Art. 4 Vertikal-GVO zum Ausdruck („Beschränkungen, die zum Ausschluss des Rechtsvorteils der Gruppenfreistellung führen"). Bei Vorliegen einer schwarzen Klausel kommt es auf die Marktanteile der beteiligten Unternehmen nicht an, da die Kernbeschränkungen auch unterhalb der 30 %-Grenze zum Ausschluss der Freistellung nach der Vertikal-GVO führen. Es greift eine **doppelte negative Vermutung**[155] ein: Erstens wird vermutet, dass eine Vereinbarung, die eine Kernbeschränkung enthält, von Art. 101 Abs. 1 AEUV erfasst wird. Hieran schließt sich zweitens die Vermutung an, dass diese Vereinbarung nicht die Voraussetzungen für eine Freistellung gem. Art. 101 Abs. 3 AEUV erfüllt. Beides ist jedoch **widerlegbar**. In Ausnahmefällen können Kernbeschränkungen als objektiv notwendig und angemessen angesehen werden, so dass sie bereits nicht unter Art. 101 Abs. 1 AEUV fallen.[156] Darüber hinaus haben die Unternehmen die Möglichkeit, im Einzelfall die Einrede der Effizienz nach Art. 101 Abs. 3 AEUV zu erheben.[157] Es kommt darauf an, ob die Unternehmen substantiiert vortragen, dass sich die zu erwartenden Effizienzgewinne aus der Aufnahme der Kernbeschränkung in die Vereinbarung ergeben und dass grundsätzlich alle Voraussetzungen des Art. 101 Abs. 3 AEUV erfüllt sind. Die Kommission muss sodann die wahrscheinlichen negativen Auswirkungen auf den Wettbewerb würdigen, bevor sie abschließend prüft, ob die Voraussetzungen des Art. 101 Abs. 3 AEUV erfüllt sind.[158] Während die alte Fassung der Vertikal-Leitlinien die Freistellungsfähigkeit einer schwarzen Klausel auch im Rahmen einer direkten Anwendung von Art. 101 Abs. 3 AEUV als „unwahrscheinlich" ansah,[159] besteht aufgrund der neu formulierten Leitlinien[160] eine „reelle Möglichkeit", auch im Falle einer Kernbeschränkung eine individuelle Freistellung anzunehmen[161] oder sogar den Anwendungsbereich von Art. 101 Abs. 1 AEUV zu verneinen.

70 Zwar liegt gem. Art. 4 Satz 1 Vertikal-GVO eine schwarze Klausel nur dann vor, wenn eine der dort aufgezählten Wettbewerbsbeschränkungen unmittelbar oder mittelbar, für sich allein oder in Verbindung mit anderen Umständen unter der Kontrolle der Vertragsparteien „**bezweckt**" wird. Dabei soll es aber auf eine objektive Betrachtung der Folge, denn auch wenn die Wettbewerbsbeschränkung von den Parteien nicht subjektiv angestrebt werden (und im Übrigen auch nicht konkret eintreten) muss.[162] Gleichwohl ist das „Bezwecken" von einem „**bloßen Bewirken**" einer schwarzen Klausel abzugrenzen.[163] Daher liegt keine Kernbeschränkung vor, soweit eine der in Art. 4 lit. a) bis e) Vertikal-GVO enthaltenen Wettbewerbsbeschränkungen nur als „reflexhaft" überschießender – d.h. nicht bezweckter Teil – einer an sich zulässigen Abrede festgestellt werden kann.[164] *Bauer*[165] führt als Beispiel die in Vertriebsverträgen häufige

---

154 Vertikal-Leitlinien, Rn. 47; demgegenüber nimmt Art. 5 auf die „in vertikalen Vereinbarungen enthaltenen Verpflichtungen" Bezug, siehe Rn. 73.

155 *Simon*, EWS 2010, 497, 500.

156 Vertikal-Leitlinien, Rn. 60: Dies ist z.B. der Fall, wenn die Kernbeschränkungen erforderlich sind, um einem aus Sicherheits- oder Gesundheitsgründen bestehenden öffentlichen Verbot, gefährliche Stoffe an bestimmte Kunden abzugeben, nachzukommen.

157 Vertikal-Leitlinien, Rn. 47; ebenso bereits EuGH, Rs. T-17/93 (Matra Hachette/Kommission), Slg. 1994, II-595, Rn. 85.

158 Vertikal-Leitlinien, Rn. 47.

159 Vertikal-Leitlinien a.F., Rn. 46; kritisch *Bauer*, in: Bauer/de Bronett, Rn. 90.

160 Nach den Vertikal-Leitlinien, Rn. 47, wird (lediglich) vermutet, dass eine Vereinbarung mit einer Kernbeschränkung die Voraussetzungen des Art. 101 Abs. 3 AEUV „wahrscheinlich nicht erfüllt".

161 *Simon*, EWS 2010, 497, 500.

162 *Klotz*, in: Schröter/Jakob/Mederer, Art. 81 – FG Liefer- und Bezugsvereinbarungen, Rn. 78.

163 1. Kap., Rn. 87 f.

164 *Bauer*, in: Bauer/de Bronett, Rn. 92; *Veelken* in: Immenga/Mestmäcker, EG-WettbR, Ergänzungsband 2000, GFVO (Vertikal-GVO) Rn. 175; ebenso *Schultze/Pautke/Wagener*, Vertikal-GVO, Rn. 392 unter Hinweis darauf, dass dieser Befund auch nicht durch die weniger präzise englische Fassung der Leitlinien (mit den Begriffen „having as object" und „leading to") in Frage gestellt wird.

165 *Bauer*, in: Bauer/de Bronett, Rn. 94.

S. Mäger

Formulierung an, wonach dem Vertriebshändler eine „Exklusivlizenz" für den Vertrieb der Vertragsprodukte in einem bestimmten Vertragsgebiet eingeräumt wird, ohne dass weitere wettbewerbsbeschränkende Abreden getroffen werden. Soll die Formulierung lediglich den Exklusivcharakter der „Vertriebslizenz" zum Ausdruck bringen, wäre die Klausel unbedenklich. Anders läge es, wenn dem Käufer verboten sein soll, die Vertragsprodukte außerhalb des ihm zugewiesenen Vertragsgebiets zu verkaufen. Dies stellt eine schwarze Klausel im Sinne von Art. 4 lit. b) i) Vertikal-GVO dar. Maßgeblich ist, wie die Klausel „gelebt" wird. Hat der Lieferant im Beispielsfall ein Überwachungssystem eingerichtet, mit dem Verkäufe des Händlers außerhalb des zugewiesenen Vertragsgebietes kontrolliert werden und/oder wird der Händler unter Berufung auf die betreffende Vertragsklausel veranlasst, keinerlei Verkäufe außerhalb des Vertragsgebietes zu tätigen, ist von einer „bezweckten" schwarzen Klausel im Sinne des Art. 4 Vertikal-GVO auszugehen.[166]

Eine die Freistellung ausschließende Kernbeschränkung im Sinne von Art. 4 Vertikal-GVO muss im Übrigen nicht bereits im Zeitpunkt des Abschlusses der vertikalen Vereinbarung vorliegen, sondern sie kann auch zu einem späteren Zeitpunkt erfolgen. Die Freistellung entfällt dann mit diesem Zeitpunkt. Die Freistellungswirkung kann umgekehrt mit dem endgültigen Wegfall der Wettbewerbsbeschränkungen auch wieder eintreten, wobei die Vertragsabrede damit nicht automatisch wirksam wird, sondern grundsätzlich vielmehr ein Neuabschluss der Vereinbarung erforderlich wäre (vgl. § 141 BGB).[167] **71**

(2) Graue Klauseln. Um in den Genuss der Schirmfreistellung nach Art. 2 Abs. 1 Vertikal-GVO zu gelangen, darf eine vertikale Vereinbarung neben den Kernbeschränkungen (schwarzen Klauseln) gem. Art. 4 Vertikal-GVO auch keine sonstigen unzulässigen Klauseln enthalten, die in Art. 5 Vertikal-GVO aufgeführt sind. Dabei handelt es sich insbesondere um verschiedene Ausprägungen von Wettbewerbsverboten. Zur Abgrenzung von den in Art. 4 Vertikal-GVO aufgeführten schwarzen Klauseln hat sich hier der Begriff „graue Klauseln" bewährt.[168] Auf die Einzelfragen wird im Rahmen des Abschnitts B eingegangen. **72**

Ebenso wie bei den schwarzen Klauseln ist auch bei den grauen Klauseln unerheblich, ob die Marktanteilsgrenze von 30 %[169] überschritten wird. Da die grauen Klauseln jedoch wettbewerbspolitisch als weniger gravierend eingestuft werden als die Kernbeschränkungen des Art. 4 Vertikal-GVO, führt die Aufnahme einer der in Art. 5 Vertikal-GVO aufgeführten Verpflichtungen nicht zum Wegfall der Vertikal-GVO insgesamt. Vielmehr hat eine graue Klausel in Abkehr vom strikten „Alles oder Nichts-Prinzip" zunächst einmal nur zur Folge, dass die betreffende Klausel nicht mehr der Vertikal-GVO unterfällt, während die **Anwendbarkeit der Vertikal-GVO auf den Vertrag im Übrigen unberührt** bleibt, sofern sich die betreffenden Verpflichtungen **abtrennen** lassen.[170] Dies ergibt sich daraus, dass die Freistellung nach Art. 5 lediglich für die „in vertikalen Vereinbarungen enthaltenen Verpflichtungen" gemäß lit. a) bis c) Vertikal-GVO entfällt.[171] **73**

(3) Geltungserhaltende Reduktion. Im Einzelfall ist zu prüfen, ob die Nichtigkeitsfolge des Art. 101 Abs. 2 AEUV dadurch entfällt, dass eine schwarze oder graue Klausel im Wege der geltungserhaltenden Reduktion auf ein zulässiges Maß zurückgeführt werden kann.[172] **74**

(4) Zivilrechtliche Auswirkungen auf den Restvertrag. Die Nichtigkeitsfolge nach Art. 101 Abs. 2 AEUV beschränkt sich nur auf die Wettbewerbsbeschränkung[173] und diejenigen Klau- **75**

---

166 *Bauer*, in: Bauer/de Bronett, Rn. 94, ähnlich *Bechtold/Bosch/Brinker/Hirsbrunner*, Art. 4 VO 2790/1999 Rn. 2. Die maßgeblichen Umstände müssen unter der „Kontrolle der Vertragsparteien" stehen, dazu *Baron*, in: Loewenheim/Meessen/Riesenkampff, Art. 4 Vertikal-GVO, Rn. 145 und *Bechtold/Bosch/Brinker/Hirsbrunner*, Art. 4 VO 2790/1999 Rn. 3.
167 *Veelken*, in: Immenga/Mestmäcker, EG-WettbR Vertikal-VO, Rn. 263 sowie *Baron*, in: Loewenheim/Meessen/Riesenkampff, Art. 4 Vertikal-GVO, Rn. 239; *Schultze/Pautke/Wagener*, Vertikal-GVO, Rn. 391.
168 Rn. 67.
169 Siehe dazu Rn. 16 ff.
170 Vertikal-Leitlinien, Rn. 65.
171 Vgl. Rn. 69.
172 Siehe Rn. 125 sowie 11. Kap., Rn. 6 ff.
173 EuGH, Rs. 22/71 (Beguelin), Slg. 1971, 949, Rn. 26.

S. Mäger

sen, die sich von den nichtigen Vertragsklauseln nicht sinnvoll abtrennen lassen.[174] Enthält ein Vertrag eine schwarze Klausel, bezieht sich die Nichtigkeit also nur auf die schwarze Klausel, etwaige weitere – für sich gesehen zunächst freistellbare – wettbewerbsbeschränkende Klauseln sowie hiervon nicht abtrennbare Klauseln. Bei Vereinbarung einer grauen Klausel sind zunächst nur die graue Klausel und hiervon nicht abtrennbare Klauseln nichtig. Damit stellt sich die Frage, ob die nichtigen Klauseln den verbleibenden **Restvertrag „infizieren"**, d.h. im Ergebnis zur Gesamtnichtigkeit führen. Dies ist zu bejahen, wenn der Restvertrag für sich gesehen überhaupt nicht „lebensfähig" ist. Verbleibt demgegenüber ein lebensfähiger Restvertrag, ist dessen Wirksamkeit im Einzelnen zu prüfen. Diese Frage beurteilt sich nach dem jeweiligen anwendbaren nationalen Zivilrecht.[175] Nach deutschem Recht tritt gemäß § 139 BGB Gesamtnichtigkeit des Rechtsgeschäfts ein, wenn ein Teil des Rechtsgeschäfts nichtig ist und nicht anzunehmen ist, dass es auch ohne den nichtigen Teil vorgenommen worden wäre. Ist eine **salvatorische Klausel** vereinbart, so greift § 139 BGB jedoch nicht ein, sofern die unwirksame Klausel vom übrigen Vertrag abtrennbar ist. Zweifelhaft ist, welche Rechtsfolge eintritt, wenn nach Wegfall der unwirksamen Klausel ein zwar lebensfähiger, aber aus Sicht zumindest einer Partei **wirtschaftlich unausgewogener** Restvertrag verbleibt. Nach Auffassung des BGH führt die Unwirksamkeit einer Bestimmung trotz salvatorischer Klausel und Abtrennbarkeit zur Gesamtnichtigkeit des Vertrages, sofern gezeigt werden kann, dass die Parteien den Vertrag ohne die fragliche Bestimmung nicht geschlossen hätten.[176] Die Wirkung einer salvatorischen Klausel beschränkt sich also auf eine Umkehr der in § 139 BGB enthaltenen Vermutung.[177]

76　**dd) Entzug des Rechtsvorteils. (1) Entzug durch Einzelfallentscheidung.** Die Kommission hat gem. Art. 29 Abs. 1 VO (EG) Nr. 1/2003[178] die Möglichkeit, die Freistellung nach der Vertikal-GVO durch Einzelfallentscheidung zu entziehen. Dies findet auf Fälle Anwendung, bei denen zwar die Voraussetzungen der Vertikal-GVO für eine Freistellung erfüllt sind, aber gleichwohl **Wirkungen eintreten**, die mit Art. 101 Abs. 3 AEUV **unvereinbar** sind. Hierunter fallen insbesondere Vereinbarungen, bei denen der Zugang zu dem betroffenen Markt oder der Wettbewerb auf diesem Markt durch die kumulativen Wirkungen nebeneinander bestehender Netze gleichartiger vertikaler Beschränkungen, die von miteinander im Wettbewerb stehenden Lieferanten oder Käufern angewandt werden, in erheblichem Maße beschränkt wird.[179]

77　Die Wirkung der Entzugsentscheidung besteht darin, dass die betroffenen Vereinbarungen nach Art. 101 Abs. 1 AEUV zu beurteilen sind. Eine direkte Anwendung von Art. 101 Abs. 3 AEUV kommt in der Regel nicht in Betracht, weil die Entzugsentscheidung darauf gestützt ist, dass dessen Voraussetzungen gerade nicht vorliegen.[180] Die Rechtsfolge ist damit regelmäßig die Nichtigkeit der Vereinbarung nach Art. 101 Abs. 2 AEUV.

78　Falls die beschriebenen Wirkungen auf einem bestimmten nationalen Markt oder einem Teil desselben auftreten, kann die jeweils zuständige **nationale Wettbewerbsbehörde** den Rechtsvorteil der GVO in diesem Gebiet entziehen, Art. 29 Abs. 2 VO (EG) Nr. 1/2003.[181]

79　**(2) Entzug durch Verordnung.** Gem. Art. 6 Vertikal-GVO kann die Kommission darüber hinaus durch gesonderte Verordnung in Fällen, in denen **mehr als 50 % des betroffenen Mark-**

174　EuGH, Rs. 46/65 (Société Technique Minière), Slg. 1966, 281, 304; siehe 11. Kap. Rn. 9.

175　EuGH, Rs. 46/65 (Société Technique Minière), Slg. 1966, 281, 304; EuGH, Rs. 319/82 (Kerpen), Slg. 1983, 4173, Rn. 11; EuGH, Rs. 10/86 (VAG Fonds/Magne), Slg. 1986, 4071, Rn. 15; EuGH, Rs. C-376/05 (Brünsleiner/BMW), Rn. 48.

176　Ist für eine Vertragspartei z.B. ein zeitlich unbefristetes Wettbewerbsverbot des Vertragspartners – welches zu einem Verstoß gegen Art. 5 Vertikal-GVO führt – von so großer Bedeutung, dass ohne diese Vereinbarung der Vertriebsvertrag nicht abgeschlossen werden würde, sollte vorsorglich aus Sicht dieses Vertragspartners eine salvatorische Klausel nicht in den Vertrag aufgenommen werden, siehe *Schultze/Pautke/Wagener*, Vertikal-GVO, Rn. 651.

177　BGH, KZR 10/01 (Tennishallenpacht), WuW/E DE-R 131 in ausdrücklicher Abkehr von der Entscheidung BGH, KZR 2/93 (Pronuptia II), WuW/E BGH 2909, 2913, siehe 11. Kap., Rn. 12.

178　Die Vertikal-GVO 1999 hat hierzu noch selbst eine entsprechende Regelung enthalten. Mit der Ermächtigung in Art. 29 Abs. 1 VO (EG) Nr. 1/2003 ist dies nicht mehr notwendig. Detailregelungen zum Entzug der Freistellung im Einzelfall durch die Kommission enthalten die Vertikal-Leitlinien, Rn. 74 ff.

179　Vertikal-Leitlinien, Rn. 75.

180　Vgl. BGH, KZR 10/03 (Citroën), WuW/E DE-R 1335.

181　Siehe auch 1. Kap., Rn. 33.

　　　　　S. Mäger

tes von nebeneinander bestehenden Netzen gleichartiger vertikaler Beschränkungen erfasst werden,[182] erklären, dass die Vertikal-GVO auf bestimmte Beschränkungen auf dem betroffenen Markt keine Anwendung mehr findet. Eine derartige Verordnung entfaltet generell-abstrakt Rechtswirkungen für sämtliche Unternehmen, deren Vereinbarungen in der Verordnung anhand allgemeiner objektiver Kriterien umschrieben werden. Nach Erlass einer solchen Entzugsverordnung – die frühestens 6 Monate nach ihrem Erlass anwendbar sein darf[183] – wird Art. 101 Abs. 1 AEUV auf jede einzelne vertikale Vereinbarung wieder anwendbar. Die Maßnahme muss – um sachlich gerechtfertigt zu sein – dergestalt unerlässlich sein, dass der Entzug der Freistellung durch Einzelfallentscheidung nicht ausreichend ist.[184] Bislang hat die Kommission von dieser Ermächtigung noch keinen Gebrauch gemacht.

c) Praktische Prüfungsreihenfolge. In den Vertikal-Leitlinien[185] findet sich eine Prüfungsreihenfolge für die Beurteilung vertikaler Beschränkungen, die vier Schritte umfasst: Zunächst sollen die Marktanteile der beteiligten Unternehmen ermittelt werden, um feststellen zu können, ob sie die Marktanteilsschwelle von grundsätzlich max. 30 % nicht überschreiten. Liegt der Marktanteil unter 30 %, ist das Vorliegen einer nicht freigestellten (schwarzen oder grauen) Klausel zu prüfen nebst den weiteren Voraussetzungen der Vertikal-GVO. Liegt dagegen der Marktanteil über 30 %, soll geprüft werden, ob die fragliche Klausel überhaupt Art. 101 Abs. 1 AEUV unterfällt. Ist dies der Fall, soll – unter Heranziehung der Vertikal-Leitlinien – untersucht werden, ob eine Rechtfertigung nach Art. 101 Abs. 3 AEUV in Betracht kommt. Diese Reihenfolge – nämlich der Beginn mit der Marktanteilsprüfung – ist jedoch nur dann anzuraten, wenn sich die Marktanteile relativ einfach und sicher bestimmen lassen. Soweit dies – wie häufig – nicht der Fall ist, empfiehlt es sich, zunächst zu prüfen, ob überhaupt eine Wettbewerbsbeschränkung im Sinne des Art. 101 Abs. 1 AEUV vorliegt. Ergibt sich hieraus, dass bereits der Verbotstatbestand des Art. 101 Abs. 1 AEUV nicht vorliegt, erübrigt sich eine detaillierte Untersuchung der Marktanteile.[186]

d) Beurteilung von Vereinbarungen außerhalb des von der Vertikal-GVO geschützten Bereiches. Ist Art. 101 Abs. 1 AEUV tatbestandlich erfüllt und scheidet eine Freistellung nach der Vertikal-GVO aus – beispielsweise, weil die 30 %-Marktanteilsgrenze überschritten wird -, so ist der betreffende Sachverhalt unmittelbar anhand von Art. 101 Abs. 3 AEUV zu prüfen. Maßstab sind hier die Auslegungspraxis der europäischen Gerichte sowie die Auffassung der Kommission, die in den **Vertikal-Leitlinien** dokumentiert ist. Hierzu wird im Abschnitt B (Einzelfragen) im Einzelnen Stellung genommen. Zu den gemeinsamen Grundlinien: Eine "negative Ausstrahlungswirkung" der Vertikal-GVO auf Art. 101 Abs. 3 AEUV wird in der Literatur diskutiert; sie ist mangels einer abschließenden Regelung der Freistellung von vertikalen Wettbewerbsbeschränkungen durch die Vertikal-GVO aber abzulehnen.[187] Der BGH steht einer "Leitbildfunktion" der Vertikal-GVO für die Inhaltskontrolle von Vereinbarungen ablehnend gegenüber.[188] Handelt es sich um Vereinbarungen, die als **Kernbeschränkungen** im Sinne des Art. 4 Vertikal-GVO einzuordnen sind, ist das Vorliegen der Freistellungsvoraussetzungen allerdings nicht wahrscheinlich.[189] Bei der Vereinbarung **grauer Klauseln** gilt diese grundsätzliche Einschätzung dagegen nicht.[190] Ist die **30 %-Marktanteilsgrenze** überschritten, so gilt Folgendes: Im Hinblick auf die vierte Freistellungsvoraussetzung des Art. 101 Abs. 3 AEUV (kein Ausschluss des Wettbewerbs)[191] ist die Kommission der Auffas-

80

81

82

---

182 Bsp.: Selektiver Vertrieb von Markenwaren wie Parfüm und andere Luxusartikel, näher *Beutelmann*, S. 177.
183 Vertikal-Leitlinien, Rn. 84 unter Verweis auf VO Nr. 19/65/EWG.
184 *Klotz*, in: Schröter/Jakob/Mederer, Art. 81 – FG Liefer- und Bezugsvereinbarungen, Rn. 127.
185 Vertikal-Leitlinien, Rn. 110.
186 Zur Prüfungsmethode *Bauer*, in: Bauer/de Bronett, Rn. 19 ff.; *Schultze/Pautke/Wagener*, Vertikal-GVO, Anhang 1 (Prüfungsschema) sowie *Baron*, in: Loewenheim/Meessen/Riesenkampff, Einf Vertikal-GVO, Rn. 17.
187 *Baron*, in: Loewenheim/Meessen/Riesenkampff, Einf. Vertikal-GVO, Rn. 30 ff., insbesondere Fn. 50 zu langfristigen Energielieferverträgen.
188 BGH KZR 10/03 (Citroën), WuW DE-R 1335, 1341 und 1348, offen gelassen noch S. 1338.
189 Siehe oben Rn. 69 sowie Vertikal-Leitlinien, Rn. 47; etwas abschwächend BGH KZR 10/03 (Citroën), WuW DE-R 1335, 1348.
190 Siehe oben Rn. 69, 73.
191 Dazu 1. Kap., Rn. 115 f.

sung, dass eine vertikale Beschränkung grundsätzlich nicht freigestellt werden kann, wenn das fragliche Unternehmen eine marktbeherrschende Stellung innehat oder infolge der vertikalen Vereinbarung erlangt.[192] Da ab einem Marktanteil von ca. 40 – 50 % eine marktbeherrschende Stellung gegeben sein kann,[193] verbleibt für eine direkte Anwendbarkeit des Art. 101 Abs. 3 AEUV ein relativ überschaubarer Anwendungsbereich. Das Vorliegen einer marktbeherrschenden Stellung steht einer Freistellungsfähigkeit nach Art. 101 Abs. 3 AEUV nach Auffassung der Kommission allerdings nicht entgegen, wenn für die Wettbewerbsbeschränkung ein sachlich gerechtfertigter Grund vorliegt, z.B. unter dem Aspekt des Schutzes vertragsspezifischer Investitionen oder die Übertragung von wesentlichem Know-how, ohne das die Lieferung oder der Bezug bestimmter Waren nicht stattfinden würde.[194] Unterhalb der Schwelle der marktbeherrschenden Stellung ist die Überschreitung der Marktanteilsschwelle für sich allein „wertneutral", ohne dass aus dem Überschreiten negative Rückschlüsse auf die Bewertung der Vereinbarung im Rahmen der Einzelfallprüfung gezogen werden dürften.[195]

83 Im Rahmen des Art. 101 Abs. 3 AEUV kommt es auf die Marktauswirkungen an. Hierbei stehen nach Auffassung der Kommission vornehmlich die nachfolgenden Faktoren im Vordergrund.[196] Dabei ist es nicht möglich, feste Regeln für die Gewichtung der einzelnen Faktoren aufzustellen. Während beispielsweise ein hoher Marktanteil der beteiligten Unternehmen in der Regel ein guter Indikator für Marktmacht ist, muss ein hoher Anteil an Märkten mit niedrigen Zutrittschancen nicht unbedingt auf Marktmacht hindeuten.[197]

84 Als erstes ist die **Art der Vereinbarung** anhand der in ihr enthaltenen Beschränkungen, ihrer Laufzeit und des Prozentsatzes der von den Beschränkungen betroffenen Gesamtverkäufe auf dem Markt zu prüfen.[198]

85 Sodann ist die **Marktstellung der beteiligten Unternehmen** zu bewerten. Ein hoher Marktanteil ist ein negativer Faktor. Im Übrigen können sich Wettbewerbsvorteile auch aus einer Vorreiterrolle (Erstanbieter mit Standortvorteil usw.), wichtigen Patenten, überlegener Technik oder einer überlegenen Produktpalette ergeben.[199]

86 Sodann ist die **Marktstellung der Wettbewerber** zu betrachten. Starke und zahlreiche Wettbewerber werden als positiver Faktor gesehen. Gleiches gilt für schwankende Marktanteile oder Marktanteile, die sich abrupt ändern.[200]

87 Auf die **Marktstellung der Abnehmer der Vertragsprodukte** kommt es in den Fällen von Nachfragemacht an. Auch hier ist die erste Messgröße der Marktanteil des Kunden auf dem Beschaffungsmarkt. Andere Bezugsgrößen betreffen die Marktstellung des Kunden auf dem nachgelagerten Weiterverkaufsmarkt und schließen Merkmale wie eine weite räumliche Verbreitung der Verkaufsstätten und Eigenmarken ein. Sofern starke Kunden die Möglichkeit und den Anreiz haben, im Falle einer geringen, aber stetigen Erhöhung der relativen Preise neue Bezugsquellen auf dem Markt zu bringen, kann die Nachfragemacht die beteiligten Unternehmen daran hindern, Marktmacht auszuüben und damit ein andernfalls bestehendes Wettbewerbsproblem zu lösen.[201]

88 **Marktzutrittsschranken** können sich aus einer Vielzahl von Faktoren ergeben, beispielsweise Größen- und Verbundvorteilen, behördlichen Vorschriften, gewerblichen Schutzrechten, Ressourcenzugriff etc. Ob ein Faktor als Zutrittsschranke einzustufen ist, hängt davon ab, ob damit versunkene Kosten (*sunk costs*) verbunden sind. Hierbei handelt es sich um Kosten, die ein

---

192   Vertikal-Leitlinien, Rn. 127.
193   Siehe 6. Kap., Rn. 13.
194   Vertikal-Leitlinien 2000, Rn. 135; in den neuen Vertikal-Leitlinien nicht mehr ausdrücklich erwähnt.
195   *Baron*, in: Loewenheim/Meessen/Riesenkampff, Vertikal-GVO, Rn. 133 mit dem Hinweis, vor allem bei geringfügigen Überschreitungen liege es vielfach nahe, dass die Einzelfallabwägung zum gleichen Ergebnis komme wie die generelle Abwägung der Fallgruppen in der Vertikal-GVO (insoweit anknüpfend an *Bechtold*, WuW 2003, 343); siehe auch 1. Kap., Rn. 121.
196   Vertikal-Leitlinien, Rn. 112 ff.
197   Vertikal-Leitlinien, Rn. 112.
198   Vertikal-Leitlinien, Rn. 113.
199   Vertikal-Leitlinien, Rn. 114.
200   Vertikal-Leitlinien, Rn. 115.
201   Vertikal-Leitlinien, Rn. 116.

S. Mäger

Unternehmen bei Markteintritt zu tragen hat, die jedoch unwiederbringlich sind, sofern das Unternehmen den Markt wieder verlässt (z.b. Werbeaufwendungen zur Bindung der Verbraucher an einen bestimmten Markt, sofern das aus dem Markt ausscheidende Unternehmen den Markennamen nicht ohne Verlust verkaufen oder anderweitig verwenden kann).[202]

Liegt **Marktreife** vor, so wird auch dies negativ beurteilt. Ein reifer Markt ist ein Markt, der schon seit längerem besteht, bei dem die angewandten Techniken bekannt sind, keine wichtigen Markterneuerungen stattfinden und die Nachfrage relativ stabil ist.[203] **89**

Zu berücksichtigen ist auch die **Handelsstufe**. Auf der Ebene der Zwischenprodukte sind nachteilige Wirkungen im Allgemeinen unwahrscheinlicher als auf der Ebene der Endprodukte.[204] **90**

Schließlich spielt die **Beschaffenheit des Produktes** – insbesondere auf der Ebene der Endprodukte – eine Rolle. Es ist negativ zu bewerten, wenn das Produkt heterogen und preiswert ist und nur einmal gekauft wird. Demgegenüber bilden gleichartige und teure Produkte einen positiven Faktor.[205] **91**

Im Übrigen ist erneut festzuhalten, dass außerhalb des Anwendungsbereiches der Vertikal-GVO **keine Vermutung für die Rechtswidrigkeit** nicht freigestellter Vereinbarungen besteht. Vielmehr sind die allgemeinen Regelungen zur Verteilung der Beweislast anwendbar. Nach Art. 2 VO (EG) Nr. 1/2003 liegt in allen einzelstaatlichen und gemeinschaftlichen EU-Verfahren zur Anwendung der Art. 101 und 102 AEUV die Beweislast für eine Zuwiderhandlung gegen Art. 101 Abs. 1 AEUV bei der Partei oder der Behörde, die diesen Vorwurf erhebt. Demgegenüber liegt die Beweislast dafür, dass die Voraussetzungen des Art. 101 Abs. 3 AEUV vorliegen, bei den Unternehmen oder Unternehmensvereinigungen, die sich auf diese Bestimmung berufen.[206] **92**

2. Kfz-GVO

Da die Kfz-GVO[207] ausschließlich bestimmte Branchen erfasst, werden die Grundzüge dieser GVO im Abschnitt VIII erläutert.[208] **93**

B. Einzelfragen

I. Konzerninterne Vereinbarungen

Vereinbarungen und abgestimmte Verhaltensweisen zwischen miteinander verbundenen Unternehmen, fallen im Grundsatz nicht unter das Verbot des Art. 101 Abs. 1 AEUV.[209] **94**

II. Vereinbarungen zur Absicherung der Einführung neuer Produkte oder des Eintritts in neue Märkte

Vertikale Wettbewerbsbeschränkungen, die im Zusammenhang mit der Einführung eines neuen Produktes oder im Rahmen des Neueintritts in einen bestimmten Markt vereinbart werden, stellen in Abhängigkeit vom Einzelfall für einen Zeitraum von **zwei Jahren** nach der erstmaligen Produkteinführung in dem betreffenden Markt keine Wettbewerbsbeschränkung im Sinne des Art. 101 Abs. 1 AEUV dar.[210] Dies gilt unabhängig vom Marktanteil der beteiligten Unternehmen und kann auch Kernbeschränkungen erfassen. **95**

---

202 Vertikal-Leitlinien, Rn. 117.
203 Vertikal-Leitlinien, Rn. 118.
204 Vertikal-Leitlinien, Rn. 119.
205 Vertikal-Leitlinien, Rn. 120.
206 Siehe 1. Kap., Rn. 104.
207 VO (EU) Nr. 461/2010, ABl. 2010 L 129/52.
208 Rn. 201 ff.
209 Siehe 7. Kap.
210 Vertikal-Leitlinien, Rn. 60 ff., 107 b), 225, siehe dazu Rn. 139, 184.

III. Vereinbarungen mit Handelsvertretern, Kommissionären, Kommissionsagenten

96   Handelsvertreter ist, wer Geschäfte für ein anderes Unternehmen (Prinzipal) vermittelt, indem er in dessen Namen oder in eigenem Namen, stets jedoch für dessen Rechnung, Waren oder Dienstleistungen kauft oder verkauft.[211] Bei wirtschaftlicher Betrachtung fallen unter diese Definition auch Kommissionäre[212] und Kommissionsagenten.[213] Die Kommission erkennt an, dass ein Handelsvertreter typischerweise im Hinblick auf die vermittelten bzw. abgeschlossenen Geschäfte kein eigenes unternehmerisches Risiko trägt und der Geschäftsherr, der das unternehmerische Risiko abdeckt, ein legitimes Interesse daran hat, dem Handelsvertreter Vorgaben hinsichtlich dessen Aktivitäten zu machen. Der Rückgriff auf einen Handelsvertretervertrag reicht alleine jedoch nicht aus, um die Anwendung des Verbotes des Art. 101 Abs. 1 AEUV auszuschließen. Vielmehr kommt es auf die rechtliche und tatsächliche Ausgestaltung der Vertragsbeziehungen an.

97   Hierbei unterscheidet die Kommission zwischen den Beschränkungen, die dem Handelsvertreter hinsichtlich des Inhalts und der Vertragspartner der von ihm zu vermittelnden Verträge auferlegt werden (z.B. Gebiets- und Kundenkreisbeschränkungen, Preisvorgaben) und den Beschränkungen, welche die Erbringung seiner Vermittlungsleistung und damit das unmittelbare Verhältnis zwischen Prinzipal und Handelsvertreter betreffen (z.B. Wettbewerbsverbote).[214]

1. Beschränkungen hinsichtlich der Geschäftsabschlüsse mit Dritten

98   Die erste Gruppe – die Vorgaben des Prinzipals hinsichtlich der Geschäftsabschlüsse mit Dritten (**Verkaufsfunktion**) – werden als funktionsnotwendig angesehen und fallen nicht unter das Kartellverbot, sofern der Handelsvertreter hier tatsächlich nur als Vermittler auftritt. Die Kommission hat früher terminologisch zwischen echten und unechten Handelsvertretern unterschieden. Auf eine echte Handelsvertretervereinbarung war Art. 101 Abs. 1 AEUV anwendbar, auf eine unechte nicht. Die neuen Vertikal-Leitlinien haben dieses Konzept nicht fortgeführt. Die Frage, ob ein Handelsvertreter im Sinne des Europäischen Kartellrechts vorliegt, ist anhand verschiedener Risikokriterien zu prüfen. Der allein auf die Risikotragung abstellende Ansatz der Kommission stand früher nicht im Einklang mit der Rechtsprechung des EuGH.[215] Dieser prüfte neben dem Risikoaspekt, inwieweit der Absatzmittler in die Absatzorganisation des Prinzipals eingegliedert ist.[216] Nunmehr sieht der **EuGH** die Kriterien der **Risikotragung und der Eingliederung als „zwei Seiten derselben Medaille"** an: Sofern der Absatzmittler die relevanten Risiken zu tragen habe, könne er nicht als in das Unternehmen des Prinzipals eingegliedertes Hilfsorgan angesehen werden.[217]

99   Die **Kommission** unterscheidet **drei verschiedene Risikokategorien**, die für die Einordnung des Handelsvertretervertrages entscheidend sind. Nach den Vertikal-Leitlinien (Rn. 17) soll zunächst geprüft werden, ob der Vertreter die **vertragsspezifischen Risiken** zu tragen hat. Vertragsspezifische Risiken hängen unmittelbar mit den Verträgen zusammen, die der Vertreter für den Auftraggeber geschlossen oder ausgehandelt hat, Beispiel: die Finanzierung von Lager-

---

211   Vertikal-Leitlinien, Rn. 12. Die Leitlinien ersetzen (ebenso wie die Vertikal-Leitlinien 2000) die Bekanntmachung der Kommission über Alleinvertriebsverträge mit Handelsvertretern (ABl. 1962 L 139, 2921); das deutsche Recht enthält demgegenüber eine engere Definition des Begriffs des Handelsvertreters (§ 84 Abs. 1 HGB). Die zivilrechtliche Einordnung auf Basis der nationalen Rechtsordnungen ist jedoch nicht maßgeblich (Vertikal-Leitlinien, Rn. 13).

212   Zweifelnd: *Petsche*, in: Liebscher/Flohr/Petsche, § 7, Rn. 55.

213   Dies sind Kommissionäre, die ständig mit dem Abschluss von Geschäften über Waren oder Wertpapiere im eigenen Namen für Rechnung eines Anderen betraut sind (vgl. § 383 HGB).

214   Vertikal-Leitlinien, Rn. 18 und 19.

215   *Polley/Seeliger*, WRP 2000, 1203, 1208; *Eilmansberger*, in: Streinz, Art. 81 Rn. 192; *van Bael & Bellis*, § 3.5 (S. 210); *Goyder*, S. 168; *Lange*, EWS 2001, 18; *Rittner*, DB 2000, 1211; a.A. *Stockenhuber*, in: Grabitz/ Hilf, Art. 81, Rn. 171; *Horsch*, S. 262: kein Widerspruch zur Rechtsprechung des EuGH.

216   EuGH, Rs. 311/85 (Vlaamse Reisebureaus), Slg. 1987, 3821 sowie verb. Rs. 40-48, 50, 54-56, 111, 113 und 114/73 (Suiker Unie), Slg. 1975, 1663; EuGH, Rs. C-262/93 (Volkswagen und VAG-Leasing), Slg. 1995 I-3477, Rn. 19; das Kriterium der Eingliederung wird auch ausdrücklich erwähnt in EuG, Rs. T-325/01 (DaimlerChrysler), WuW/E EU-R, 933, Rn. 86, 89, 102 und 116.

217   EuGH, Rs. C-217/05 (CEPSA I), Slg. 2006, I-11987, Rn. 43; EuGH, Rs. C-279/06 (CEPSA II), Slg. 2008, I-6681.

     S. Mäger

beständen,[218] das Zahlungsausfallrisiko, die Gefahrtragung bei Transport oder Lagerung der Waren.[219] Gehen die vertragsspezifischen Risiken nicht zulasten des Vertreters, so ist weiter zu prüfen, wer die Risiken trägt, die mit **marktspezifischen Investitionen** verbunden sind.[220] Erfasst sind hier Investitionen, die für die Art der vom Vertreter auszuführenden Tätigkeit erforderlich sind und die dieser benötigt, um den betreffenden Vertrag schließen oder aushandeln zu können. Derartige Investitionen stellen in der Regel „versunkene Kosten" dar, weil sie nach Aufgabe des betreffenden Geschäftsfelds nicht für andere Geschäfte genutzt oder nur mit erheblichem Verlust veräußert werden können,[221] Beispiel: spezifische Reparaturwerkzeuge oder spezielle Kleidung für das Personal mit der Marke des Herstellers.[222] Sofern der Vertreter weder vertragsspezifische Risiken noch mit marktspezifischen Investitionen verbundene Risiken zu tragen hat, sind schließlich die Risiken in Verbindung mit **anderen auf demselben sachlich relevanten Markt erforderlichen Tätigkeiten** zu prüfen.[223] Diese dritte Kategorie von Risiken ist neu. Es handelt sich um eine Art Auffangtatbestand.[224] Die Kommission gibt hierzu keine weitergehenden Hinweise in den Vertikal-Leitlinien. Es bleibt abzuwarten, ob diese Risikokategorie praktische Bedeutung gewinnt. Da sich die dritte Kategorie von Risiken auf Tätigkeiten im selben Markt begrenzt, sind beispielsweise Tankstellenbetreiber beim Verkauf verschiedener Kraftstoffsorten eines Herstellers, die sowohl als Handelsvertreter als auch als selbstständiger Kaufmann eingesetzt werden, nicht freigestellt.[225] Mit Blick auf die drei beschriebenen Risikokategorien darf der Handelsvertreter keine oder nur unbedeutende Risiken tragen.[226] „Handelsvertreter-immanente" Risiken wie die Abhängigkeit des Einkommens vom Erfolg als Vertreter oder allgemeine Investitionen in Geschäftsräume oder Personal sind demgegenüber irrelevant.[227] Eine Vereinbarung ist im Allgemeinen als Handelsvertretervertrag im Sinne des europäischen Kartellrechts anzusehen, wenn das Eigentum an den Vertragswaren nicht auf den Handelsvertreter übergeht, der Handelsvertreter die Vertragsdienstleistungen nicht selbst erbringt und wenn der Vertreter nicht eine oder mehrere der in den Vertikal-Leitlinien **katalogartig**, nicht erschöpfend positiv (Rn. 14 und 15) und negativ (Rn. 16)[228] genannten Risiken oder Kosten zu tragen hat (Rn. 17).[229]

Entspricht eine Vertriebsvereinbarung den Kriterien von Kommission und Rechtsprechung, sind Klauseln zulässig, die z.B. eine Beschränkung der Tätigkeit auf ein bestimmtes Gebiet oder einen bestimmten Kundenkreis vorsehen. Der Prinzipal darf auch die Verkaufspreise vorschreiben. Ebenso liegt es hinsichtlich des vom Prinzipal auferlegten Verbotes der Provisionsweitergabe (Verbot der Teilung der Provision mit dem Kunden).[230] Derartige Vereinbarungen sind keine Wettbewerbsbeschränkungen im Sinne des Art. 101 Abs. 1 AEUV, da sie unerlässlich

100

218 Vertikal-Leitlinien, Rn. 14.
219 *Malec/von Bodungen*, BB 2010, 2383, 2384.
220 Vertikal-Leitlinien, Rn. 17.
221 Vertikal-Leitlinien, Rn. 14.
222 *Malec/von Bodungen*, BB 2010, 2383, 2384.
223 Vertikal-Leitlinien, Rn. 17.
224 *Funke/Just*, DB 2010, 1389, 1391.
225 *Simon*, EWS 2010, 497, 498. Im Entwurf der Vertikal-Leitlinien vom Juli 2009 bezog sich die dritte Kategorie noch auf Risiken, die mit anderen Tätigkeiten auf benachbarten Märkten verbunden sind und vom Auftraggeber verlangt werden, ohne dass dieser das finanzielle und geschäftliche Risiko trägt (z.B. Reparatur- und Wartungsdienstleistungen für die vertriebenen Waren, die der Vertreter im eigenen Namen und auf eigenes Risiko anbieten musste, um den Handelsvertretervertrag für den Verkauf der Waren zu erlangen). Diese Kategorie ist jedoch nicht in die endgültige Fassung übernommen worden. Damit soll weit verbreiteten Konstruktionen wie Tankstellenverträge, bei denen der Pächter selbstständiger Kaufmann für den Laden und die Waschstraße ist, jedoch Handelsvertreter für den Kraftstoffvertrieb, die Möglichkeit eröffnet werden, nicht von Art. 101 AEUV erfasst zu werden, siehe *Simon*, EWS 2010, 497, 498.
226 Vertikal-Leitlinien, Rn. 15.
227 Vertikal-Leitlinien, Rn. 15.
228 Dies gilt beispielsweise auch für die – in Handelsvertreterverträgen nicht selten vorgesehene – Übernahme der Delcredere-Haftung.
229 Abschwächend hinsichtlich „eines" Risikos: *Klotz*, in: Schröter/Jakob/Mederer, Art. 81 – FG Liefer- und Bezugsvereinbarungen, Rn. 55 (zu den Vertikal-Leitlinien a.F.).
230 Derartige Provisionsweitergabeverbote sind ansonsten nicht zulässig, siehe die Klarstellung in den Vertikal-Leitlinien, Rn. 49.

sind, um dem Geschäftsherrn, der die wirtschaftlichen Risiken übernimmt, zu ermöglichen, die Geschäftsstrategie festzulegen.[231]

101 Handelsvertretervereinbarungen, welche die **Kriterien nicht erfüllen**, unterfallen dem Verbot des Art. 101 Abs. 1 AEUV. Sie können allerdings in den Genuss der Freistellung der Vertikal-GVO gelangen, wenn sie die dortigen Voraussetzungen erfüllen. Zwar verbietet die Vertikal-GVO die Festsetzung von Weiterverkaufspreisen durch den Prinzipal,[232] während dies ein wesentlicher Bestandteil der vertraglichen Regelung des Geschäftsherrn mit dem Handelsvertreter darstellt. Zur Gewährleistung der von der Vertikal-GVO geforderten Freiheit bei der Preisgestaltung reicht es jedoch aus, wenn dem Handelsvertreter die Weitergabe seiner Provision an die Kunden erlaubt wird.[233]

2. Beschränkungen hinsichtlich des internen Auftragsverhältnisses

102 Restriktive Vertragsbestimmungen, die das unmittelbare Verhältnis zwischen Prinzipal und Handelsvertreter (Auftragsverhältnis) betreffen und die Rahmenbedingungen für die Erbringung der Vermittlungsleistung festlegen, sind nach anderen Grundsätzen als die soeben dargestellten Beschränkungen der Tätigkeit des Handelsvertreters beim Kauf/Verkauf der Vertragsprodukte zu beurteilen. Die Kommission unterscheidet zwischen Exklusivbindungen des Prinzipals und solchen des Handelsvertreters. Ausschließlichkeitsbindungen **zu Lasten des Prinzipals** – d.h. dessen Verpflichtung, in einem bestimmten Gebiet oder einer bestimmten Kundengruppe keine weiteren Handelsvertreter einzusetzen – sind wettbewerbsrechtlich grundsätzlich unbedenklich.[234] Demgegenüber unterfallen Ausschließlichkeitsbindungen **zu Lasten des Handelsvertreters** – d.h. dessen Verpflichtung, konkurrierende Produkte nicht zu vertreiben – dem Verbot des Art. 101 Abs. 1 AEUV, sofern das damit einhergehende Wettbewerbsverbot für konkurrierende Hersteller den Marktzutritt versperrt.[235] Dies dürfte wohl nur in Ausnahmefällen vorliegen, vor allem dann, wenn der betreffende (Vertriebs-)Markt schwer zugänglich ist und die betreffende Bindung einen erheblichen Beitrag zur Abschottung des Marktes leistet.[236] Diese Grundsätze gelten unabhängig davon, ob es sich um echte oder unechte Handelsvertreterverhältnisse handelt.

IV. Vereinbarungen in Franchiseverträgen

103 Die Vertriebsform des Franchisings ist in der Vertikal-GVO nicht definiert. Nach allgemeiner Terminologie räumt der Franchisegeber dem Franchisenehmer das Recht ein, eine bestimmte Geschäftsbezeichnung oder Marke sowie Geschäftsmethoden und Know-how bei der Herstellung oder dem Vertrieb von Waren oder Dienstleistungen in Übereinstimmung mit der Vertriebspolitik des Franchisegebers zu nutzen. In der Regel zahlt der Franchisenehmer hierfür eine Franchisegebühr. Das Franchising ist eine Erscheinungsform der Verselbstständigung von Vertriebssystemen. Die Auswahl der Franchisenehmer ähnelt der qualitativen Selektion beim selektiven Vertrieb.[237] Darüber hinaus enthalten Franchise-Vereinbarungen regelmäßig Elemente eines Lizenzvertrages aufgrund der Nutzung von Rechten aus geistigem Eigentum. In der grundlegenden Pronuptia-Entscheidung des EuGH[238] werden drei Typen von Franchise-Verträgen unterschieden: Das **Produktionsfranchising**, bei dem der Franchisenehmer nach den Anweisungen des Franchisegebers selbst Waren herstellt und diese unter dessen Marke ver-

---

231 Vertikal-Leitlinien, Rn. 18.
232 Siehe Rn. 178.
233 Vertikal-Leitlinien, Rn. 49; bereits zuvor *Bauer*, in: Bauer/de Bronett, Rn. 51 sowie *Klotz*, in: Schröter/Jakob/Mederer, Art. 81 – FG Liefer- und Bezugsvereinbarungen, Rn. 58; *Bechtold/Bosch/Brinker/Hirsbrunner* VO 2790/1999 Art. 4 Rn. 9.
234 Vertikal-Leitlinien, Rn. 19.
235 Vertikal-Leitlinien, Rn. 19.
236 *Eilmansberger*, in: Streinz, Art. 81 EGV Rn. 193; *Bauer*, in: Bauer/de Bronett, Rn. 52 nennt als Beispiele Vertragsnetze mit stationär gebundenen Handelsvertretern sowie Märkte, auf denen nur wenige „Spezialisten" als Handelsvertreter tätig sind.
237 Dazu Rn. 159 ff.
238 EuGH, Rs. 161/84 (Pronuptia), Slg. 1986, 353 Rn. 13.

kauft, das **Dienstleistungsfranchising**, bei dem dies hinsichtlich einer Dienstleistung geschieht sowie das **Vertriebsfranchising**, bei welchem sich der Franchisenehmer auf den Verkauf bestimmter Waren in einem Geschäft mit der Geschäftsbezeichnung des Franchisegebers beschränkt. Im Rahmen von vertikalen Vereinbarungen geht es thematisch um das Dienstleistungs- und Vertriebsfranchising.[239]

Die GVO für Franchise-Vereinbarungen aus dem Jahre 1989[240] wurde bereits durch die erste Vertikal-GVO aufgehoben. Auch die allgemeinen Regelungen der neuen Vertikal-GVO gelten für Franchise-Vereinbarungen.[241] Erfüllen Franchiseverträge im Einzelfall die Voraussetzungen von **selektiven Vertriebssystemen** (Art. 1 lit. e) Vertikal-GVO), so finden die dortigen Regelungen[242] Anwendung.[243] **104**

Franchising wird wettbewerbsrechtlich positiv gesehen, weil der Franchisegeber die Möglichkeit erhält, mit begrenzten finanziellen Mitteln ein einheitliches Vertriebsnetz aufzubauen und die Franchisenehmer vielfach erst durch ein solches System die Chance erhalten, sich als selbständige Unternehmer zu etablieren.[244] **105**

Vertragliche Verpflichtungen, die der Sicherung der wesentlichen Bestandteile der Franchisebeziehung dienen, werden daher von Art. 101 Abs. 1 AEUV nicht erfasst. Nach der Pronuptia-Entscheidung des EuGH ist es zulässig, dem Franchisenehmer Beschränkungen aufzuerlegen, die **notwendig** sind, um entweder den **Abfluss des lizenzierten Know-hows und** der vom Franchisegeber gewährten **Unterstützungsleistung** an Wettbewerber zu verhindern oder die **Identität und das Ansehen der** durch die Geschäftsbezeichnung symbolisierten **Vertriebsorganisation** (einheitlicher Auftritt nach außen) zu gewährleisten. Zu derartigen „franchise-immanenten" Regelungen[245] gehört beispielsweise das Verbot, während der Vertragsdauer ein Geschäft mit gleichen oder ähnlichen Zwecken in einem Gebiet zu eröffnen, in dem es zu einem der Mitglieder der Organisation in Wettbewerb treten würde. Nachvertragliche Wettbewerbsverbote sind dann zulässig, wenn sie nicht über das für den Interessenschutz des Franchisegebers erforderliche Maß hinausgehen. Es kommt auf die **Erforderlichkeit im Einzelfall** an. Ein gebietsmäßig begrenztes und auf ein Jahr beschränktes Wettbewerbsverbot wird diesem Erfordernis in der Regel gerecht.[246] Hat demgegenüber das übertragene Know-how einen geringen Eigenwert, so rechtfertigt das Interesse des Franchisegebers kein Wettbewerbsverbot. In diesem Fall genügt – unterhalb der Schwelle eines vollständigen Wettbewerbsverbotes – die Verpflichtung des Franchisenehmers, für ein Jahr bei seinen ehemaligen Kunden keine Werbung zu betreiben.[247] Für ein franchise-immanentes Wettbewerbsverbot gilt nicht die in Art. 5 Abs. 1 lit. a) Vertikal-GVO vorgesehene zeitliche Beschränkung.[248] Ferner ist es zulässig, dem Franchisenehmer zu untersagen, sein Geschäft ohne Zustimmung des Franchisegebers zu übertragen. Andernfalls würde die qualitative Selektion der am System zu beteiligenden Unternehmen und das übertragene Know-how gefährdet.[249] Gleichermaßen unbedenklich sind daher auch Anweisungen zur Ausstattung des Ladengeschäfts und zu seiner Lage, die Kontrolle des Warenangebotes sowie die Verpflichtung zum ausschließlichen Bezug, wenn dies zur Qualitätskontrolle erforderlich ist.[250] Ebenso liegt es für die Verpflichtung des Franchisenehmers, alle Wer- **106**

---

239 Das Produktionsfranchising ist vom Anwendungsbereich der Vertikal-GVO ausgeschlossen, *Klotz*, in: Schröter/Jakob/Mederer, Art. 81 – FG Liefer- und Bezugsvereinbarungen Rn. 168.
240 VO (EWG) Nr. 4087/88, ABl. 1988 L 359/46.
241 Siehe bereits oben Rn. 14: Dies gilt auch für mehrseitige und mehrstufige Franchise-Vereinbarungen (Masterfranchising, Großhandelsfranchising).
242 Rn. 159 ff.
243 Str., vgl. *Baron*, in: Loewenheim/Meessen/Riesenkampff, Art. 4 Vert-GVO, Rn. 211 und *Seeliger*, in: Wiedemann, § 10 Rn. 189 sowie Rn. 108.
244 EuGH, Rs. 161/84 (Pronuptia), Slg. 1986, 353 Rn. 13.
245 Siehe den Katalog in den Vertikal-Leitlinien, Rn. 45.
246 Kommission, 89/94/EWG (Charles Jourdan), ABl. 1989 L 35/31; Kommission, 87/407/EWG (Computerland), ABl. 1987 L 222/12; Kommission 87/14/EWG (Yves Rocher), ABl. 1987 L 8/49, 55.
247 Kommission, 88, 604/EWG (Service Master), ABl. 1988 L 332/38: Im konkreten Fall wurde dies mit dem Verbot der Beteiligung an einem Konkurrenzunternehmen gekoppelt.
248 Vertikal-Leitlinien, Rn. 190 sowie *Eilmansberger*, in: Streinz, Art. 81 EGV Rn. 187.
249 Siehe auch Vertikal-Leitlinien, Rn. 45 g).
250 EuGH, Rs. 161/84 (Pronuptia), Slg. 1986, 353, Rn. 21.

bemaßnahmen mit dem Franchisegeber abzustimmen.[251] Der Franchisegeber darf schließlich auch **Richtpreise** einseitig empfehlen, diese jedoch nicht durch abgestimmte Verhaltensweisen „vereinbaren".[252]

107 In Franchiseverträgen finden sich darüber hinaus häufig weitere Klauseln, die zum Schutz des vermittelten Know-how oder zur Wahrung des Ansehens der Vertriebsorganisation **nicht notwendig** sind, den Wettbewerb beschränken und damit dem Anwendungsbereich von Art. 101 Abs. 1 AEUV unterfallen. Dies ist beispielsweise der Fall bei Vereinbarungen, die zu einer Aufteilung der Märkte zwischen Franchisegeber und Franchisenehmer sowie zwischen Franchisenehmern führen.[253] Gleiches gilt für Vereinbarungen, welche die Franchisenehmer daran hindern, sich untereinander einen Preiswettbewerb zu liefern.[254] Ebenso liegt es in Abhängigkeit vom konkreten Einzelfall bei Weiterbelieferungsbeschränkungen an andere qualifizierte Händler durch den Franchisenehmer[255] und beim Verbot einer aktiven Absatzpolitik außerhalb des eigenen Vertragsgebietes.[256] Sofern in Franchiseverträgen Klauseln aufgenommen werden, die nach diesen Grundsätzen eine Wettbewerbsbeschränkung im Sinne von Art. 101 Abs. 1 AEUV enthalten und auch die weiteren Voraussetzungen des Eingriffstatbestandes erfüllt sind,[257] ist eine Freistellung anhand der einzelnen Schranken der Vertikal-GVO[258] oder individuell auf Basis von Art. 101 Abs. 3 AEUV zu prüfen. Freistellbar sind insbesondere Klauseln, die einen Gebietsschutz gewähren, soweit dieser unerlässlich zur Bewirkung der Verbesserung der Warenerzeugung und -verteilung[259] oder der Verbesserung der Dienstleistungen[260] unter angemessener Beteiligung der Verbraucher an dem daraus resultierenden Gewinn ist.[261]

108 Ist ein Franchisesystem danach als **selektives Vertriebssystem** einzuordnen,[262] so sind die Kernbeschränkungen der Vertikal-GVO zu beachten.[263]

109 Im Rahmen der Berechnung der Marktanteile ist bei Franchiseverträgen, bei denen ein Geschäftskonzept lizenziert wird („**Methodenfranchise**"), nach Auffassung der Kommission eine Sonderregelung zu beachten.[264]

V. Vereinbarungen mit Zulieferern[265]

110 Ein Zuliefervertrag liegt vor, wenn ein Unternehmen (der „Auftraggeber") ein anderes Unternehmen (den „Zulieferer") beauftragt, nach seinen Weisungen Erzeugnisse herzustellen, Dienstleistungen zu erbringen oder Arbeiten zu verrichten, die für den Auftraggeber bestimmt sind oder für seine Rechnung ausgeführt werden („verlängerte Werkbank"). Die Erfüllung eines Zuliefervertrages nach den Weisungen des Auftraggebers kann die Verwendung eines besonderen technologischen Wissens oder Ausrüstungen erfordern, die der Auftraggeber dem Zulieferer zur Verfügung zu stellen hat. Der Auftraggeber hat dann ein legitimes Interesse daran, die Benutzung durch den Zulieferer auf die Erfüllung des Vertrages zu beschränken. Nach der

---

251 EuGH, Rs. 161/84 (Pronuptia), Slg. 1986, 353, Rn. 22.
252 EuGH, Rs. 161/84 (Pronuptia), Slg. 1986, 353.
253 EuGH, Rs. 161/84 (Pronuptia), Slg. 1986, 353, Rn. 24.
254 EuGH, Rs. 161/84 (Pronuptia), Slg. 1986, 353, Rn. 24.
255 Kommission, 87/407/EWG (Computerland), ABl. 1987 L 222/12, 19.
256 Kommission, 88/604/EWG (Service Master), ABl. 1988 L 332/38, 41.
257 Zur Spürbarkeit siehe Rn. 9 f. sowie im Rahmen von Franchisesystemen insbesondere EuGH, Rs. 75/84 (SABA II), Slg. 1986, 3074.
258 Rn. 68 ff., 72 ff., 114 ff.
259 Kommission, 87/17/EWG (Pronuptia), ABl. 1987 L 13/39 ff.
260 Kommission, 88/604/EWG (Service Master), ABl. 1988 L 332/38 ff.
261 *Klotz*, in: Schröter/Jakob/Mederer, Art. 81 – FG Liefer- und Bezugsvereinbarungen, Rn. 169.
262 Dies nach *Eilmansberger*, in: Streinz, Art. 81 EGV Rn. 188 zwei Voraussetzungen: Erstens muss in den Verträgen mit den ausgewählten Händlern ein Weiterverkaufsverbot betreffend Netzaußenseiter enthalten sein und zweitens muss der Zugang zum Vertriebsnetz bei Erfüllung objektiver und transparenter Kriterien allen interessierten Händlern möglich sein.
263 Rn. 159 ff.
264 Siehe oben Rn. 27.
265 Siehe auch 3. Kap., Rn. 56 f.

S. Mäger

Zulieferbekanntmachung[266] verstoßen Vertragsklauseln in Zulieferverträgen nicht gegen Art. 101 Abs. 1 AEUV, nach denen die vom Auftraggeber stammenden Kenntnisse oder Betriebsmittel nur zum Zwecke der Vertragserfüllung benutzt, diese nicht Dritten zur Verfügung gestellt werden dürfen und die mit ihrer Hilfe hergestellten Erzeugnisse, erbrachten Dienstleistungen oder verrichteten Arbeiten nur für den Auftraggeber bestimmt sind oder nur für seine Rechnung ausgeführt werden dürfen. Voraussetzung ist, dass die **Kenntnisse oder Betriebsmittel erforderlich** sind, um den Zulieferer in die Lage zu versetzen, unter angemessenen Bedingungen den Weisungen des Auftraggebers entsprechende Erzeugnisse herzustellen, Dienstleistungen zu erbringen oder Arbeiten zu verrichten. Dies ist regelmäßig dann der Fall, wenn die Erfüllung des Zuliefervertrags davon abhängt, dass der Zulieferer gewerbliche Schutzrechte in Form von Patenten, Gebrauchsmustern oder Geschmacksmustern oder ähnlichen Rechten oder geheime technische Kenntnisse oder Herstellungsverfahren (Know-how) benutzt, die der Auftraggeber besitzt oder über die er verfügt. Gleiches gilt, wenn der Zulieferer für die Erfüllung des Zuliefervertrages vom Auftraggeber oder für dessen Rechnung ausgearbeitete Entwürfe, Pläne oder sonstige Unterlagen oder dem Auftraggeber gehörende Stanzen, Formen oder Werkzeuge und deren Zubehör benötigt, für die zwar kein gewerbliches Schutzrecht besteht oder die keinen geheimen Charakter tragen, mit deren Hilfe aber ein Erzeugnis hergestellt werden kann, das sich nach Form, Funktion oder Zusammensetzung von anderen hergestellten oder auf dem Markt befindlichen Erzeugnissen unterscheidet.

Ebenfalls zulässig sind **Vertraulichkeitsklauseln**, Verpflichtungen des Zulieferers, geheime technische Kenntnisse oder Herstellungsverfahren, die ihm während der Laufzeit der Vertrages mitgeteilt werden, auch nach Vertragserfüllung nicht selbst zu verwerten, solange sie nicht Allgemeingut geworden sind, sowie eine Verpflichtung des Zulieferers, **technische Verbesserungen**, die er während der Laufzeit des Vertrages entwickelt hat, dem Auftraggeber auf nicht ausschließlicher Grundlage bekannt zu geben oder bei patentfähigen Erfindungen des Zulieferers dem Auftraggeber für die Laufzeit seines Grundpatents nicht ausschließliche Lizenzen auf das Verbesserungs- oder Anwendungspatent zu erteilen. Sind die Verbesserungen des Zulieferers nicht selbstständig verwertbar, kann die Verpflichtung des Zulieferers zugunsten des Auftraggebers ausschließlichen Charakter haben. Unzulässig sind demgegenüber Beschränkungen hinsichtlich selbstständig verwertbarer Ergebnisse der **eigenen Forschungs- oder Entwicklungsarbeit** des Zulieferers. In diesem Fall ist der Zulieferer nicht mehr lediglich als „verlängerte Werkbank" tätig. **111**

Die Zulieferbekanntmachung erfasst nur **Beschränkungen des Zulieferers**. Beschränkungen, die von der Zulieferbekanntmachung nicht erfasst werden, können der Vertikal-GVO oder der TT-GVO[267] – mit den entsprechenden Leitlinien – unterfallen, sowie nach den Leitlinien über horizontale Zusammenarbeit[268] (bei Vereinbarungen zwischen Wettbewerbern) zu beurteilen sein.[269] **112**

VI. Vereinbarungen mit Subunternehmern

Subunternehmerverträge werfen ähnliche kartellrechtliche Fragen auf wie Zulieferverträge. Bestimmte Beschränkungen des Zulieferers sind zulässig, da dieser erst dadurch in die Lage versetzt wird, ein bestimmtes Produkt herzustellen, dass der Abnehmer ihm technologisches Wissen oder Ausrüstungen zur Verfügung stellt. Ähnlich kann es bei einem Subunternehmer liegen, der in Kontakt mit bestimmten Kunden des Hauptunternehmers gerät, weil dieser ihn mit einer bestimmten Arbeit betraut. Es ist deshalb kartellrechtlich zulässig, wenn der Haupt- **113**

---

266 Bekanntmachung der Kommission vom 18. Dezember 1978 über die Beurteilung von Zulieferverträgen nach Art. 85 Abs. 1 des Vertrages zur Gründung der Europäischen Wirtschaftsgemeinschaft, ABl. 1979 C 1/2; ursprünglich hat die Kommission beabsichtigt, die Zulieferbekanntmachung durch die TT-Leitlinien zu ersetzen und dort entsprechende Regelungen aufzunehmen (Entwurf der TT-Leitlinien, ABl. 2003 C 235/22 Rn. 37 ff.). Diesen Plan hat die Kommission aber wieder aufgegeben. Die Zulieferbekanntmachung gilt damit weiterhin, siehe etwa Vertikal-Leitlinien, Rn. 22.
267 TT-Leitlinien, Rn. 44.
268 Dort, Rn. 150 ff.
269 Siehe nur *Bechtold/Bosch/Brinker/Hirsbrunner*, Art. 81 EG, Rn. 128.

unternehmer den Subunternehmer verpflichtet, keine Vertragsbeziehungen mit Kunden zu knüpfen, die er in Ausführung seiner Tätigkeit für den Hauptunternehmer kennengelernt hat (**Kundenschutzklausel**).[270] Auch eine einjährige nachvertragliche Kundenschutzklausel kann im Einzelfall zulässig sein. Die Beschränkung darf aber nicht einen Zeitraum erfassen, in dem sich die durch die Subunternehmertätigkeit aufgebauten Beziehungen zu den Kunden typischerweise gelockert haben.[271] Das vertikale **Wettbewerbsverbot** muss – in gegenständlicher, räumlicher und zeitlicher Hinsicht – erforderlich sein, um den Hauptzweck des kartellrechtsneutralen Vertikalvertrages zu verwirklichen.[272] Regelmäßig muss das Wettbewerbsverbot auf Kunden beschränkt werden, zu denen der Kontakt über den Subunternehmervertrag zustande gekommen ist, wobei ein weiterreichendes Verbot zum Schutz von Betriebsgeheimnissen erforderlich sein kann.[273] Ein unbegrenztes nachvertragliches Wettbewerbsverbot dürfte zwar nach Art. 2 Abs. 1 Vertikal-GVO freigestellt sein.[274] Ein derart „überschießendes" Wettbewerbsverbot verstößt aber regelmäßig gegen § 138 Abs. 1 BGB.[275] Aufgrund der unterschiedlichen Regelungszwecke des § 138 Abs. 1 BGB (Verhinderung von Rechtsgeschäften, die in Widerspruch zu den Grundprinzipien der Rechts- und Sittenordnung stehen) und des Kartellverbots (wettbewerblicher Institutionenschutz) genießt Art. 101 AEUV auch keinen Vorrang, Art. 3 Abs. 3 Hs. 2 VO (EG) Nr. 1/2003.[276] Der strenge Maßstab des § 138 Abs. 1 BGB setzt keine Spürbarkeit voraus.[277]

VII. Vereinbarungen mit Eigenhändlern (Vertragshändlern)

1. Alleinbezugsverpflichtung

114   **a) Grundsätze.** Bei einer Alleinbezugsverpflichtung verpflichtet sich der Abnehmer für eine bestimmte Zeit, seinen gesamten Bedarf (oder einen wesentlichen Teil hiervon) an einem bestimmten Produkt (oder einer bestimmten Dienstleistung) ausschließlich von einem bestimmten Lieferanten zu beziehen (oder von einem sonstigen Unternehmen, das der Lieferant mit dem Vertrieb seiner Waren betraut hat).[278] Erfolgt der Bezug nicht zum Zwecke des Weiterverkaufs, sondern zum Zwecke der internen Verwendung bzw. des Eigenverbrauchs, spricht man auch von einer **Gesamtbedarfsdeckungsabrede.** Nach der Terminologie der Vertikal-GVO handelt es sich bei der Alleinbezugsverpflichtung um einen Fall des **Wettbewerbsverbotes** (Art. 1 Abs. 1 lit. d) Vertikal-GVO). Der andere Fall des Wettbewerbsverbotes betrifft die vergleichbare Konstellation, die klassischerweise als Wettbewerbsverbot bezeichnet wird, nämlich die Verpflichtung des Abnehmers, keine Waren oder Dienstleistungen herzustellen, zu beziehen, zu verkaufen oder weiterzuverkaufen, die mit den Vertragswaren oder Dienstleistungen des Lieferanten im Wettbewerb stehen (Art. 1 Abs. 1 lit. d) Vertikal-GVO).[279] In der Vertikal-GVO werden beide Formen des Wettbewerbsverbotes gleich behandelt. Sie werden in den Vertikal-Leitlinien unter den Begriff **Markenzwang** gefasst.[280]

115   Der Unterschied zwischen Alleinbezug (im weiteren Sinne) einerseits und Wettbewerbsverbot (Alleinbezug im engeren Sinne) andererseits lässt sich an folgendem Beispiel verdeutlichen: Ein Alleinbezug im weiteren Sinne liegt vor, wenn er sich auf konkrete Vertragsprodukte bezieht, z.B. Bier der Marke Bitburger. In diesem Fall bleibt es dem Käufer rechtlich unbenommen, von

---

270   BGH, KZR 18/97 (Eintritt in Gebäudereinigungsvertrag; Subunternehmer I), WuW/E DE-R 131, 133.
271   BGH, KZR 18/97 (Eintritt in Gebäudereinigungsvertrag; Subunternehmer I), WuW/E DE-R 131, 133.
272   BGH, KZR 54/08 (Subunternehmervertrag II), WuW/E DE-R 2554, 2556.
273   BGH, KZR 54/08 (Subunternehmervertrag II), WuW/E DE-R 2554, 2557.
274   *Thomas,* WuW 2010, 177, 179 f. (zur Vertikal-GVO 1999).
275   BGH, KRZ 54/08 (Subunternehmervertrag II), WuW/E De-R 2554, 2558 (das Ergebnis der Prüfung des Kartellverbots wurde vom BGH mangels Feststellungen zur Spürbarkeit und zu den Freistellungsvoraussetzungen offen gelassen).
276   Im Einzelnen *Thomas,* WuW 2010, 177, 181 f.
277   BGH, KZR 54/08 (Subunternehmervertrag II), WuW/E DE-R 2554, 2558.
278   *Schultze/Pautke/Wagener,* Vertikal-GVO, Rn. 52 f.
279   Der Begriff des Wettbewerbsverbots erfasst sowohl die Fälle, in denen Produkte zum Zwecke des Weiterverkaufs bezogen werden, als auch Fälle, in denen die bezogenen Produkte intern weiterverarbeitet oder verbraucht werden.
280   Vertikal-Leitlinien, Rn. 129.

S. Mäger

anderen Lieferanten mit den Vertragsprodukten konkurrierende Produkte, die zur Gattung der Vertragsprodukte gehören, zu kaufen. Eine Alleinbezugsbindung im engen Sinn liegt dagegen vor, wenn sich der Käufer verpflichtet, die konkrete Gattung der Vertragsprodukte (z.b. Bier) nur von einem Lieferanten zu beziehen.[281]

Alle diese Fälle haben gemeinsam, dass sie den Marktzutritt für konkurrierende Anbieter erschweren können. Insbesondere, wenn es sich bei dem Käufer um einen Wiederverkäufer handelt, können sich darüber hinaus negative Wirkungen auf dem nachgelagerten Markt ergeben, auf dem der Wiederverkäufer als Anbieter auftritt. Eine gewisse Abschottungswirkung ist indessen jedem Liefervertrag immanent: Die Ware bzw. Dienstleistung, die der Abnehmer von einem Lieferanten bezieht, kann er nicht mehr von einem Dritten abnehmen. Er wird deshalb als Nachfrager „blockiert". Es ist damit erforderlich, diejenigen Fälle zu bestimmen, in denen sich über diese vertragsimmanente Wirkung hinaus negative wettbewerbliche Effekte ergeben. Dies hängt im Wesentlichen von zwei Faktoren ab.[282] Der erste Faktor betrifft die Marktstruktur. Entscheidend ist die **Bindungsquote**, d.h. die Anzahl der gebundenen Abnehmer. Der zweite Faktor ist der **Beitrag zur Marktabschottung**, den der betreffende Vertrag bzw. das betreffende Vertragsbündel[283] leistet. Die marktabschottende Wirkung ist nur denjenigen Lieferanten zuzurechnen, die hierzu im erheblichen Ausmaß beitragen. Entscheidend ist hier sowohl die Marktstellung der betreffenden Unternehmen[284] als auch die Laufzeit der Verträge.[285] — 116

Kartellrechtlich bedenklich sind Dauerlieferungen, bei denen sich das Unwerturteil jedoch erst aus einer Kombination von **Bindungsgrad** (Abnahmemenge bezogen auf den Gesamtbedarf des Kunden) und **Bindungsdauer** (Laufzeit) ergibt.[286] Ein Vertrag mit einer Laufzeit von 20 Jahren, der nur 10 % des Bedarfs des Abnehmers abdeckt, ist grundsätzlich ebenso unproblematisch, wie ein Vertrag über den Gesamtbedarf des Kunden mit einer Laufzeit von sechs Monaten. Da der Bindungsgrad und die Bindungsdauer im Sinne von „kommunizierenden Röhren" in einer Wechselbeziehung stehen, ist es schwierig zu beurteilen, wo der kritische Bereich beginnt. Nach Auffassung des EuG kann z.B. ein Vertrag, mit dem der gesamte oder nahezu der gesamte Bedarf des Abnehmers gedeckt wird, eine spürbare Wettbewerbsbeschränkung bewirken, wenn die Vertragsdauer zwei Jahre beträgt, der Bindungsgrad zusammen mit gleichartigen Bindungen des Lieferanten 30 % beträgt und erhebliche zusätzliche Marktzutrittsschranken bestehen.[287] — 117

b) Wertung der Vertikal-GVO. Nach der Wertung der Vertikal-GVO liegt ein Wettbewerbsverbot (im Sinne einer Bezugsverpflichtung) vor, wenn der Käufer verpflichtet wird, **mehr als 80 %** seiner auf der Grundlage des Einkaufswertes[288] des vorherigen Kalenderjahres berechneten gesamten Einkäufe von Vertragswaren oder -dienstleistungen (sowie ihre Substitute) von einem bestimmten Lieferanten zu beziehen, Art. 1 Abs. 1 lit. d) Vertikal-GVO.[289] Falls in der Branche üblich, wird anstelle des Einkaufswertes auf das bezogene Volumen abgestellt (Art. 1 Abs. 1 lit. d) Vertikal-GVO). Eine derartige Bezugsverpflichtung ist nur für eine Dauer von **fünf Jahren** zulässig, Art. 5 Abs. 1 lit. a) Vertikal-GVO. Eine unbestimmte Dauer ist – unabhängig von Kündigungsmöglichkeiten – unzulässig. Hierunter fällt auch die stillschweigende Verlän- — 118

---

281 So wohl auch *Schultze/Pautke/Wagener*, Vertikal-GVO, Rn. 50 f., wobei allerdings darüber hinaus zumindest terminologisch zwischen der Alleinbezugsbindung im engeren Sinne und dem Wettbewerbsverbot unterschieden wird.

282 EuGH, Rs. C-234/89 (Delimitis), Slg. 1991, I-935; EuGH, Rs. C-214/99 (Nesté), Slg. 2000, I-11 121 Rn. 25 ff, 37 ff.

283 Zur Bündeltheorie vgl. auch Rn. 10.

284 Kommission 1999/474/EG (Scottish and Newcastle), ABl. 1999 L 186/28 Rn. 123: Es liege ein erheblicher Beitrag vor, wenn die gebundenen Abnehmer im langjährigen Schnitt zwischen 6 bzw. 9,5 % Marktanteil repräsentieren; ähnlich Kommission 1999/230/EG (Whitbread), ABl. 1999 L 88/26 Rn. 136.

285 EuG, Rs. T-25/99 (Roberts), Slg. 2001, II-1881, Rn. 76 ff.

286 *Holzmüller/von Köckritz*, BB 2009, 1712, 1719.

287 EuG, Rs. T-7/93 (Langnese-Iglo), Slg. 1995, II-1533, Rn. 102 ff.

288 Das gem. Art. 1 Abs. 1 lit. d) Vertikal-GVO maßgebliche Einkaufsvolumen des Käufers (auf Wertbasis) umfasst neben den Vertragsprodukten sämtliche mit diesen Produkten konkurrierende – d.h. aus Käufersicht „austauschbare" – Produkte (*Bauer*, in: Bauer/de Bronett, Rn. 142).

289 Im Rahmen der Berechnung sind mit dem Käufer verbundenen Konzerngesellschaften nach Art. 1 Abs. 2 Vertikal-GVO einzubeziehen.

gerung (*evergreen-Klausel*). Allerdings hat der EuGH[290] unbefristete Verträge mit **kurzen** und für den einschlägigen Vertragstyp angemessenen **Kündigungsfristen** als unproblematisch qualifiziert. Das Gericht wies darauf hin, dass zeitlich beschränkte Verträge, die für mehrere Jahre geschlossen sind, den Zugang zum Markt stärker beschränken können als Verträge, die jederzeit unter Einhaltung einer kurzen Frist gekündigt werden können.

119 Nach der Vertikal-GVO ist damit unabhängig von der Laufzeit eine Bezugsbindung grundsätzlich zulässig, wenn sie maximal 80 % des Gesamtbedarfs des Kunden abdeckt. Gleiches gilt für einen Bindungsgrad von mehr als 80 %, sofern die Laufzeit fünf Jahre nicht überschreitet. Nicht ganz zweifelsfrei ist, ob derartige zulässige Bindungen bereits aus dem Anwendungsbereich von Art. 101 Abs. 1 AEUV herausfallen, d.h. durch die Vertikal-GVO nur vorsorglich freigestellt sind[291] oder eine echte Freistellung nach Art. 101 Abs. 3 AEUV vorliegt. Der BGH ist im Fall E.ON Ruhrgas allerdings davon ausgegangen, dass eine Bezugsbindung, die mehr als 80 % des Gesamtbedarfs des jeweiligen Abnehmers abdeckt, nach der Wertung der Vertikal-GVO in den Anwendungsbereich des Art. 101 Abs. 1 AEUV fällt.[292] In seiner Entscheidung hat der BGH auch hervorgehoben, dass es in diesem Fall für die Eröffnung des Anwendungsbereichs des Art. 101 Abs. 1 AEUV nicht auf ein Bündel gleichartiger Verträge ankommt.[293]

120 Unproblematisch ist ein 5-jähriges Wettbewerbsverbot mit der anschließenden Möglichkeit des **Neuabschlusses**. Entscheidend ist, dass der Gebundene nach Ablauf der zulässigen Höchstdauer von fünf Jahren die Möglichkeit erhält, sich hinsichtlich einer neuen Bindung frei zu entscheiden (wobei nach der Vertikal-GVO eine Kündigungsmöglichkeit nicht ausreicht, sondern erforderlich ist, dass die Gebundene „aktiv wird", d.h. eine Verlängerung vornehmen muss). Gleiches gilt für den Abschluss eines neuen Vertrages mit 5-jährigem Wettbewerbsverbot vor Ablauf des ersten Vertrages, es sei denn, die konkreten Umstände des Falles lassen auf eine Umgehung der 5-Jahres-Frist durch die Vertragsparteien schließen.[294] Ohnehin dürfen keine tatsächlichen Umstände bestehen, die den Käufer daran „hindern", das Wettbewerbsverbot nach Ablauf der ersten fünf Jahre tatsächlich zu beenden und es zu einem Perpetuierungseffekt kommt.[295] Vor diesem Hintergrund ist eine **Verlängerungsoption zugunsten des Abnehmers** ebenso zulässig wie die **Verpflichtung des Lieferanten**, dem Abnehmer ein Angebot auf Vertragsverlängerung zu unterbreiten.[296] Maßgeblich ist, dass der Abnehmer „aktiv werden" muss und frei entscheiden kann, ob er die Vertragsbeziehung fortsetzt.

121 Denkbar sind **gestaffelte** Modelle. Zulässig ist es z.B., einen längerfristigen Vertrag zu vereinbaren, wobei die Bezugsmenge innerhalb der ersten fünf Jahre über 80 % liegt und in den folgenden Jahren die Menge unter diese Schwelle absinkt.[297] Denn die Vertragsdauer als solche ist für die Freistellung ohne Bedeutung.[298]

122 **c) Beurteilung bei marktbeherrschenden Lieferanten.** Die Zulässigkeit von Alleinbezugsverpflichtungen ist im Falle eines **marktbeherrschenden Lieferanten** schwierig zu beurteilen. Denn zum einen greift die Vertikal-GVO aufgrund der Überschreitung der Marktanteilsschwelle gemäß Art. 3 Abs. 1 Vertikal-GVO nicht ein und zum anderen ist die Bezugsbindung nicht nur an Art. 101 AEUV, sondern auch an Art. 102 AEUV zu messen.[299] Die Rechtsprechung zu Art. 102 AEUV ist bislang restriktiv. In der grundlegenden Hoffmann-La Roche-Entscheidung

---

290 EuGH, Rs. C-214/99 (Nestlé), Slg. 2000, I-11121 Rn. 33: Kein Verstoß eines (Kraftstoff-) Alleinbezugsvertrages, den der Wiederverkäufer jederzeit mit einer Frist von einem Jahr kündigen kann, wenn zwar insgesamt ein abschottendes Netzwerk von Verträgen vorliegt, der betreffende Alleinbezugsvertrag aber nur einen sehr kleinen Teil des Vertragsnetzes ausmacht, das überwiegend aus befristeten Verträgen besteht, die über mehrere Jahre geschlossen worden sind.

291 Dazu 1. Kap., Rn. 104.

292 BGH, WuW/DE-R 2679, 2685.

293 BGH, WuW/DE-R 2679, 2685.

294 *Schultze/Pautke/Wagener*, Vertikal-GVO, Rn. 664.

295 Vertikal-Leitlinien, Rn. 66. Dies soll beispielsweise dann der Fall sein, wenn der Lieferant dem Händler ein Darlehen gewährt, dessen Rückzahlung so ausgestaltet wird, dass es den Händler zu einer Vertragserneuerung veranlasst; zu Bierlieferungsverträgen siehe Rn. 234 ff.

296 *Nolte*, in: Langen/Bunte, Art. 81 Rn. 649; a.A. *Polley/Seeliger*, WRP 2000, 1203, 1214.

297 So auch *Bechtold/Bosch/Brinker/Hirsbrunner*, Art. 5 VO 2790/1999, Rn. 6.

298 *Habermeier/Ehlers*, in: MünchKomm, GVO Nr. 2790/1999, Rn. 5.

299 Siehe 6. Kap., Rn. 76 ff. (Art. 102 AEUV) und Vertikal-Leitlinien, Rn. 127.

S. Mäger

hat der EuGH für eine Gesamtbedarfsverpflichtung eine maximale Laufzeit von lediglich zwei Jahren als hinnehmbar erachtet.[300] In der Praxis wird die Zulässigkeit langfristiger Bezugsverpflichtungen z.b. im Zusammenhang mit Gaslieferverträgen diskutiert.[301] Dabei ist teilweise eine Tendenz zu beobachten, bei der Beurteilung langfristiger Bezugsverpflichtungen gegenüber einem marktbeherrschenden Lieferanten den – nach der Praxis der Gerichte und Behörden großzügigeren – Maßstab des Art. 101 AEUV anzuwenden und das dann gefundene Ergebnis nicht mehr grundsätzlich nach Art. 102 AEUV in Frage zu stellen.[302]

d) Einzelfragen. Art. 101 Abs. 1 AEUV kann in Abhängigkeit vom Einzelfall durch die Aufnahme einer **Öffnungsklausel** in den Vertrag, die dem Wiederverkäufer den Bezug von konkurrierenden Waren aus anderen Mitgliedstaaten gestattet, ausgeschlossen sein. Entscheidend ist die wirtschaftliche Bedeutung der Öffnungsklausel im vertraglichen Gesamtgefüge.[303] Es muss aufgrund der Öffnungsklausel sowohl der direkte als auch der indirekte Bezug ausländischer Produkte möglich bleiben. **123**

Außerhalb des Anwendungsbereichs der **Vertikal-GVO** ergibt sich nach Auffassung der Kommission Folgendes:[304] Alleinbezugsverpflichtungen (d.h. eine Bezugsbindung mit einem Bezugsgrad von mehr als 80 % des Gesamtbedarfs des Kunden) mit einer Dauer von weniger als einem Jahr fallen grundsätzlich nicht unter Art. 101 Abs. 1 AEUV. Bei einer Dauer von ein bis fünf Jahren ist eine Einzelfallprüfung erforderlich. Bei einer Dauer von mehr als fünf Jahren ist davon auszugehen, dass die Verbote bei den meisten Investitionsarten nicht als für die Erzielung der behaupteten Effizienzgewinne erforderlich betrachtet werden bzw. dass diese Gewinne nicht ausreichen, um den Abschottungseffekt zu kompensieren. Unter bestimmten Voraussetzungen ist eine Rechtfertigung nach Art. 101 Abs. 3 AEUV aber auch bei längeren Laufzeiten denkbar. Die Wahrscheinlichkeit einer wettbewerbswidrigen Marktabschottung steigt, wenn marktbeherrschende Unternehmen beteiligt sind.[305] Bei vertragsspezifischen Investitionen des Lieferanten dürften Alleinbezugsvereinbarungen während des Abschreibungszeitraums grundsätzlich gerechtfertigt sein.[306] Eine vertikale Beschränkung ist grundsätzlich erforderlich, um die „hold-up-Problematik"[307] zu lösen. Der Gefahr, dass der Lieferant, der einmalige, hohe Investitionen tätigen muss, anschließend opportunistischem Verhalten des Käufers ausgesetzt ist, kann regelmäßig nur dadurch begegnet werden, dass der Lieferant die Investitionen erst dann zusagt, wenn besondere Lieferregelungen getroffen worden sind.[308] Voraussetzung ist, dass es sich um vertragsspezifische Investitionen handelt, d.h. der Lieferant sie nach Vertragsablauf nicht zur Belieferung anderer Kunden nutzen und nur mit hohem Verlust verkaufen kann.[309] **124**

Ob eine „überschießende" Bezugsbindung im Wege der **geltungserhaltenden Reduktion**[310] auf ein zulässiges Maß zurückgeführt werden kann, ist zweifelhaft.[311] Da sich das kartellrechtliche **125**

---

300 EuGH, Rs. 85/76 (Hoffmann-La Roche), Slg. 1979, 461, 550.
301 Siehe im Einzelnen: *Säcker/Jaecks*, in: Berliner Kommentar zum Energierecht, § 1 GWB, Rn. 99 ff. (zum Kartellaspekt) und *Engelsing*, in: Berliner Kommentar zum Energierecht, § 19 GWB, Rn. 150 ff. (zum Missbrauchsaspekt).
302 Vgl. BKartA, WuW/E DE-V, 1147 im Fall E.ON Ruhrgas zur kartellrechtlichen Beurteilung langfristiger Gasverträge. Die Entscheidung des BKartA galt bis zum Ende des Gaswirtschaftsjahres 2009/2010 und wurde nicht verlängert.
303 EuGH, Rs. C-234/89 (Delimitis), Slg. 1991, I-977.
304 Vertikal-Leitlinien, Rn. 131 ff.
305 Vertikal-Leitlinien, Rn. 133.
306 Vertikal-Leitlinien, Rn. 146.
307 Dazu auch Rn. 2.
308 Vertikal-Leitlinien, Rn. 107 d).
309 Vertikal-Leitlinien, Rn. 107 d).
310 Siehe dazu oben Rn. 74.
311 Bejahend *Bauer*, in: Bauer/de Bronett, Rn. 13; verneinend *Veelken*, in: Immenga/Mestmäcker, EG-WettbR, Vertikal-VO, Rn. 318; ausführlich 11. Kap. Rn. 8.

Unwerturteil erst aus einer Kombination von Bindungsgrad und Bindungsdauer ergibt, lässt sich schwierig beurteilen, welche „Stellschraube" zu ändern wäre.[312]

126 Ist für die kartellrechtliche Zulässigkeit – unter Berücksichtigung einer direkten Anwendung von Art. 101 Abs. 3 AEUV – entscheidend, dass ein bestimmter Bezugsgrad, z.B. 80 % des Gesamtbedarfs des Abnehmers, nicht überschritten wird, ist zu berücksichtigen, dass in der Praxis eine **Mindestabnahmeverpflichtung** selten in Prozent des Gesamtbedarfs des Abnehmers ausgedrückt wird. Zur Prüfung der 80 %-Klausel ist in diesem Fall eine entsprechende Berechnung vorzunehmen. Ist damit zu rechnen, dass sich der Gesamtbedarf des Kunden von Jahr zu Jahr ändert, sollte durch eine geeignete **Anpassungsklausel** verhindert werden, dass die 80 %-Schwelle im Zeitablauf überschritten wird.[313]

127 **Wirtschaftliche Anreizregelungen** – beispielsweise Rabatte einschließlich signifikant progressiv gestaffelter Mengenrabatte – können eine „mittelbare" Verpflichtung im Sinne des Art. 1 Abs. 1 lit. d) Vertikal-GVO in Abhängigkeit von ihrer konkreten Qualifikation im Einzelfall darstellen.[314]

128 Besondere Regeln gelten bei Alleinbezugsbindungen in Miet- oder Pachtverträgen. Ausnahmsweise kann eine Bezugsbindung für einen längeren Zeitraum als fünf Jahre vereinbart werden, wenn die Vertragswaren oder -dienstleistungen vom Käufer in **Räumlichkeiten** und auf **Grundstücken** verkauft werden, die entweder im **Eigentum des Lieferanten** stehen oder durch den Lieferanten von einem nicht mit dem Käufer verbundenen Dritten **gemietet bzw. gepachtet** worden sind und das Wettbewerbsverbot nicht länger als die für den Käufer vereinbarte Nutzungsdauer ist (Art. 5 Abs. 2 Vertikal-GVO). Diese Ausnahmeregelung ist insbesondere für längerfristige Bierlieferungs-, Kiosk- und Tankstellenverträge, aber auch Franchisingverträge von Bedeutung.[315]

2. Englische Klausel

129 Liegt eine unzulässige Bezugsbindung vor, ändert hieran auch eine sog. englische Klausel grundsätzlich nichts.[316] Nach einer derartigen Klausel ist dem Käufer der Fremdbezug nur dann erlaubt, wenn dritte Anbieter dem Käufer ein günstigeres Angebot machen und der Lieferant nicht bereit ist, in dieses Angebot einzusteigen. Damit hat es der Verkäufer in der Hand, die Abschottungswirkung in jedem Einzelfall sicherzustellen. Eine unzulässige Bezugsbindung dürfte deshalb durch eine englische Klausel grundsächlich nicht derart „aufgelockert" werden, dass sie aus dem Verbotsbereich herausgeführt wird.

130 Darüber hinaus ist zweifelhaft, ob die englische Klausel nicht auch für sich gesehen unzulässig ist. Im Fall Hoffmann-La Roche hat der EuGH festgestellt, dass eine englische Klausel den durch die Bezugsbindung hervorgerufenen Missbrauchsvorwurf nach Art. 102 AEUV nicht beseitige oder abschwäche, sondern eher noch verstärke. Die Markttransparenz werde einseitig zugunsten des marktbeherrschenden Unternehmens erhöht.[317] Eine englische Klausel kann Wettbewerber auch von vornherein davon abhalten, attraktive Konkurrenzangebote vorzulegen, da sie die damit verbundenen Kosten scheuen, wenn ohnehin davon auszugehen ist, dass der Lieferant auf das günstigere Konkurrenzangebot „einsteigt". In den Vertikal-Leitlinien vertritt die Kommission die Auffassung, englische Klauseln hätten vor allem dann die gleiche

---

312 Siehe auch Rn. 117 und BGH WuW/DE-R, 1305, 1306 unter Hinweis auf das Sanktionsargument: Die Parteien, die eine als Kartell zu beurteilende Vereinbarung geschlossen hätten, sollten nicht dadurch belohnt werden, dass der Vertrag in dem gerade noch zulässigen Maße aufrecht erhalten bleibe; kritisch *Thomas*, WuW 2010, 177, 183.

313 *Bauer*, in: Bauer/de Bronett, Rn. 144 empfiehlt folgende Formulierung: „Der Händler verpflichtet sich, kalenderjährlich mindestens x Stk. der Vertragsprodukte abzunehmen, jedoch in keinem Fall mehr als 80 % seines (auf Wertbasis berechneten) Einkaufsvolumens der Vertragsprodukte und der mit diesen konkurrierenden Produkte im jeweils vorherigen Kalenderjahr".

314 Vertikal-Leitlinien, Rn. 129; *Nolte*, in: Langen/Bunte, Art. 81 Rn. 644.

315 *Schultze/Pautke/Wagener*, Vertikal-GVO, Rn. 671; zu Bierlieferungsverträgen siehe Rn. 234.

316 Vertikal-Leitlinien, Rn. 129 sowie Kommission 79/934/EWG (BP Kemi-DDSF), ABl. 1979 L 286/32, Rn. 63 ff.

317 EuGH, Rs. 85/76 (Hoffmann La Roche) Slg.1979, 461, Rn. 102 ff.; siehe auch Kommission, IV/29.021, (BP Kemi-DDSF), ABl. 1979 L 286/32.

S. Mäger

Wirkung wie ein Wettbewerbsverbot, wenn der Abnehmer den Namen des anderen Anbieters preisgeben müsse (**Kartellaspekt**).[318] Zudem kann die Anwendung von englischen Klauseln durch marktbeherrschende Unternehmen aufgrund von Art. 102 AEUV kritisch sein (**Missbrauchsaspekt**).[319]

3. Wettbewerbsverbote

a) Grundsätze. Die Alleinbezugsverpflichtung enthält die Verpflichtung des Abnehmers, seinen gesamten Bedarf (oder den größten Teil hiervon) an einem bestimmten Produkt von einem bestimmten Lieferanten zu beziehen. Davon ist die Verpflichtung des Abnehmers zu unterscheiden, keine Waren zu beziehen, die mit den Vertragswaren in Wettbewerb stehen. Diese Verpflichtung wird üblicherweise als Wettbewerbsverbot bezeichnet, auch wenn in der Terminologie der Vertikal-GVO beide Fallgruppen unter diesen Begriff gefasst werden.[320] Beide Verpflichtungen – Abnahmeverpflichtung und Verbot des Bezugs konkurrierender Produkte – sind oft vertraglich miteinander verzahnt und decken sich in ihrer marktabschottenden Wirkung. Die wettbewerbliche Beurteilung von Wettbewerbsverboten folgt daher in ihren Grundlinien derjenigen zu Bezugsverpflichtungen. Auf die Ausführungen zu Alleinbezugsverpflichtungen[321] wird deshalb verwiesen.

131

b) Wettbewerbsverbote zu Lasten des Lieferanten. Art. 5 Abs. 1 lit. a) und lit. b) Vertikal-GVO behandeln nur Wettbewerbsverbote, die dem Käufer auferlegt werden. Sämtliche Wettbewerbsverbote zu Lasten des Verkäufers werden nicht erfasst und stellen somit keine graue Klausel dar. Sie enthalten mit Ausnahme der Regelung des Art. 4 lit. e) Vertikal-GVO (Beschränkung des Originalersatzteilhandels)[322] auch keine schwarze Klausel gem. Art. 4 Vertikal-GVO. Wettbewerbsverbote zu Lasten des Verkäufers werden daher von der Schirmfreistellung des Art. 2 Abs. 1 Vertikal-GVO erfasst. Dies betrifft insbesondere Alleinbelieferungs- und Alleinvertriebsverpflichtungen, die dem Lieferanten auferlegt werden.[323] Der Lieferant kann sich z.B. verpflichten, nur einen Käufer (Händler) in einem bestimmten Gebiet mit den Vertragsprodukten zu beliefern und grundsätzlich nicht selbst Kunden zu beliefern.[324]

132

c) Nachvertragliche Wettbewerbsverbote. Nachvertragliche Wettbewerbsverbote zu Lasten des Käufers unterfallen grundsätzlich nicht der Schirmfreistellung des Art. 2 Abs. 1 Vertikal-GVO, wie sich aus Art. 5 Abs. 1 lit. b) Vertikal-GVO ergibt. Dies ist ausnahmsweise anders, wenn folgende Voraussetzungen – kumulativ – vorliegen (Art. 5 Abs. 3 Vertikal-GVO): Das nachvertragliche Wettbewerbsverbot muss erstens auf mit den Vertragswaren oder -dienstleistungen **konkurrierende** Erzeugnisse und zweitens auf die vom Käufer während der Vertragsdauer verwendeten **Geschäftsräume** begrenzt sein.[325] Drittens muss das Wettbewerbsverbot zum Schutz eines dem Käufer vom Lieferanten übertragenen **Know-hows** unerlässlich sein. Viertens darf das Wettbewerbsverbot grundsätzlich[326] für **nicht mehr als ein Jahr** vereinbart werden.

133

---

318 Vertikal-Leitlinien, Rn. 129.
319 So jedenfalls noch Vertikal-Leitlinien 2000, Rn. 152: Anwendung „ausdrücklich ausgeschlossen", unabhängig davon, ob dem Lieferanten die Einzelheiten des Drittangebots offengelegt werden müssen oder nicht. In den neuen Vertikal-Leitlinien heißt es allgemeiner und zurückhaltender, dass die Wahrscheinlichkeit einer wettbewerbswidrigen Marktabschottung aufgrund von Vereinbarungen mit Markenzwang steigt, wenn marktbeherrschende Unternehmen beteiligt sind (Rn. 133).
320 Siehe oben Rn. 114.
321 Siehe oben Rn. 114 ff.
322 Rn. 193.
323 Dazu Rn. 114 ff. und 139 ff.
324 *Schultze/Pautke/Wagener*, Vertikal-GVO, Rn. 59.
325 Die Beschränkung auf die unmittelbaren Räumlichkeiten und Grundstücke, in denen der Käufer während der Vertragsdauer seine Geschäfte betrieben hat, ist wegen der leichten Umgehungsmöglichkeit (Ausübung der Tätigkeit in unmittelbarer Nachbarschaft) zu Recht kritisiert worden, siehe *Bauer*, in: Bauer/de Bronett, Rn. 168, gleichwohl jedoch aufgrund des eindeutigen Wortlauts der Vorschrift zu beachten.
326 Vgl. aber Rn. 124.

134 Der Begriff des „Know-how" wird in Art. 1 Abs. 1 lit. g) Vertikal-GVO definiert. Dieses muss geheim, wesentlich und identifiziert sein. Damit ist es notwendig, das zu schützende Know-how bei Vertragsschluss detailliert festzulegen.[327]

135 Unabhängig davon ist die Beschränkung der Nutzung bzw. Offenlegung solchen Know-hows auch zeitlich unbeschränkt – also über ein Jahr hinaus – möglich, wenn das **Know-how noch nicht allgemein bekannt** geworden ist (Art. 5 Abs. 3 am Ende Vertikal-GVO).

136 **d) Wettbewerbsverbote in selektiven Vertriebssystemen.** Die Freistellung nach der Vertikal-GVO gilt nicht, wenn die Mitglieder (Händler) eines selektiven Vertriebssystems[328] veranlasst werden, Marken konkret bestimmter konkurrierender Lieferanten nicht zu verkaufen (Art. 5 Abs. 1 lit. c) Vertikal-GVO). Damit sind **individualisierte** Wettbewerbsverbote in selektiven Vertriebssystemen nicht freigestellt. Die Kommission will damit verhindern, dass führende Lieferanten durch „Schaffung eines Clubs ausgewählter Marken" bestimmte Konkurrenten vom Markt ausschließen.[329]

137 Dagegen ist es zulässig, wenn ein Lieferant seinen Händler verpflichtet, ausschließlich die Erzeugnisse des Lieferanten zu vertreiben (wodurch sämtliche konkurrierenden Lieferanten ausgeschlossen werden). Ein solches Wettbewerbsverbot unterliegt lediglich der zeitlichen Begrenzung auf fünf Jahre (Art. 5 Abs. 1 lit. a) Vertikal-GVO). Die Schirmfreistellung gem. Art. 2 Abs. 1 Vertikal-GVO kommt allerdings nicht in Betracht, wenn trotz einer allgemeinen Umschreibung die individuelle Zielsetzung erkennbar ist.[330]

138 Nicht abschließend geklärt ist, ob aus Art. 5 Abs. 1 lit. c) Vertikal-GVO im Umkehrschluss zu folgern ist, dass eine **Verpflichtung** des zugelassenen Vertriebshändlers, bestimmte konkurrierende Waren in seinem Sortiment zu führen, durch die Vertikal-GVO freigestellt ist.[331]

4. Alleinvertrieb

139 **a) Grundsätze.** In einer Alleinvertriebsvereinbarung verpflichtet sich der Lieferant gegenüber einem Händler, die Vertragsware zum Zwecke des Weiterverkaufs in einem bestimmten Gebiet nur an diesen Händler zu verkaufen und dort keine anderen Händler zu beliefern.[332] Alleinvertriebsverträge enthalten regelmäßig eine ausgewogene Interessenverteilung zwischen den Vertragsparteien: Dem Lieferanten wird die Erschließung neuer Märkte ermöglicht, der Alleinvertriebshändler erhält die Gewissheit der regelmäßigen Belieferung mit bestimmten Waren. Grundsätzlich liegt allerdings eine Wettbewerbsbeschränkung im Sinne von Art. 101 Abs. 1 AEUV vor, die auch zu einer Angebotsverkürzung führt. Etwas anderes gilt allerdings dann, wenn die Vereinbarung gerade für das Eindringen eines Unternehmens in ein Gebiet, in dem es bisher nicht tätig war, notwendig ist (**Markterschließung**).[333] In dieser Konstellation bewirkt die Vereinbarung keine Beschränkung des Wettbewerbs, sondern das Entstehen neuen Wettbewerbs, der sich ansonsten nicht entwickelt hätte.[334]

140 Liegt Art. 101 Abs. 1 AEUV tatbestandsmäßig vor, ist die Freistellbarkeit, sofern der Lieferant auf seinem Absatzmarkt und der Abnehmer auf seinem Bezugsmarkt jeweils nicht mehr als 30 % Marktanteil halten, aufgrund der Schirmfreistellung davon abhängig, ob die Vereinbarung Kernbeschränkungen nach Art. 4 der Vertikal-GVO enthält.

327 *Bauer*, in: Bauer/de Bronett, Rn. 169 nennt das Beispiel eines Franchise-Handbuchs. In den üblichen Vertriebsverträgen dürfte aufgrund dieses Erfordernisses demgegenüber regelmäßig kein Raum für ein nachvertragliches Wettbewerbsverbot vorliegen, siehe *Rahlmeyer* in: Martinek/Semler/Habermeier/Flohr, § 37, Rn. 76.
328 Rn. 177 ff.
329 Vertikal-Leitlinien, Rn. 182.
330 *Veelken*, in: Immenga/Mestmäcker, EG-WettbR, Vertikal-VO, Rn. 314.
331 *Baron*, in: Loewenheim/Meessen/Riesenkampff, Art. 5 Vertikal-GVO, Rn. 296; zweifelnd, aber ebenso: *Schultze/Pautke/Wagener*, Vertikal-GVO, Rn. 704; offen *Klotz* in: Schröter/Jakob/Mederer, Art. 81 – FG Liefer- und Bezugsvereinbarungen, Rn. 122.
332 Vertikal-Leitlinien, Rn. 151.
333 EuGH, Rs. 56/65 (Société Technique Minière/Maschinenbau Ulm), Slg. 1966, 283, 304; EuGH, Rs 5/69 (Völk/Verwaecke), Slg. 1969, 295 – siehe bereits Rn. 95.
334 EuGH, Rs. 262/81 (Coditel II), Slg. 1982, 3381; EuGH, Rs. 27/87 (la Hesbignonne), Slg. 1988, 1919.

S. Mäger

Von der Schirmfreistellung erfasst ist die exklusive Zuweisung eines Vertragsgebietes an einen einzigen Händler. Dies gilt jedoch nicht für die Zusage des Lieferanten, im Vertragsgebiet (nur) eine bestimmte Anzahl (Mehrzahl) von Händlern zu beliefern.[335] Entsprechendes gilt für Kundengruppen. Zulässig ist demgegenüber eine jeweils ausschließliche Gebiets- und Kundenzuweisung in Kombination.[336]

b) Verbot des aktiven Verkaufs. Nach Art. 4 lit. b) i) sind lediglich Beschränkungen des „aktiven" Verkaufs zulässig und zudem nur solche in Gebieten oder an Kundengruppen, die der Lieferant sich selbst vorbehalten oder ausschließlich einem anderen Käufer übertragen hat.[337]

Die Kommission definiert den Begriff **aktiver Verkauf** als die gezielte Ansprache von Kunden in einem bestimmten Gebiet oder von einer bestimmten Kundengruppe, beispielsweise mittels Werbung über lokal beschränkte Medien, Direktwerbung einschließlich Massen-E-Mails oder persönliche Besuche oder anderer speziell an Kunden in dem fraglichen Gebiet gerichteter Verkaufsförderungsmaßnahmen.[338] Werbung oder verkaufsfördernde Maßnahmen, die für den Abnehmer nur interessant sind, wenn sie (auch) eine bestimmte Kundengruppe oder Kunden in einem bestimmten Gebiet erreichen, gelten als aktiver Verkauf.[339] Die Werbung im Internet wird grundsätzlich nicht als aktiver Verkauf eingeordnet, darf also nicht beschränkt werden.[340]

Als **passiver Verkauf** – dessen Beschränkung grundsätzlich unzulässig ist – ist die Erfüllung unaufgeforderter Bestellungen einzelner Kunden sowie allgemeine Werbung in Medien anzusehen, die neben den einem anderen Händler zugewiesenen Kunden auch andere Kundenkreise erreichen.[341] Allgemeine Werbe- oder Verkaufsförderungsmaßnahmen, die Kunden oder Kundengruppen erreichen, die anderen Händlern (ausschließlich) zugewiesen sind, sind dann passive Verkäufe, wenn sie eine „vernünftige Alternative" zur Ansprache von Kunden außerhalb dieser Gebiete oder Kundengruppen darstellen.[342] Dies ist dann der Fall, wenn es für den Abnehmer auch dann attraktiv wäre, die entsprechenden Investitionen zu tätigen, wenn Kunden in den Gebieten oder Kundengruppen, die anderen Händlern (ausschließlich) zugewiesen sind, nicht erreicht würden.[343] Insbesondere beim Internet-Vertrieb ergeben sich hier Abgrenzungsfälle zum aktiven Verkauf, die nur im Einzelfall zu lösen sind.[344]

Unter bestimmten Umständen kann allerdings die Beschränkung des passiven Verkaufs durch andere Händler zulässig sein.[345] Dies ist der Fall, wenn ein Händler als Erster einen **neuen Markt erschließen** möchte und wegen der hohen Anfangsaufwendungen[346] nur dann dazu bereit ist, wenn er eine Alleinvertriebsvereinbarung mit absolutem Gebietsschutz erhält, der auch passive Verkäufe umfasst.[347] In derartigen Konstellationen ist es denkbar, dass die Vereinbarung **für die ersten zwei Jahre** gar nicht von Art. 101 Abs. 1 AEUV erfasst wird, da ohne sie keinerlei Wettbewerb in diesem Markt entstehen würde.

Jede Art des Weiterverkaufs durch Kunden des Käufers auf **nachgelagerten Wirtschaftsstufen** muss sowohl beim Verbot des aktiven Verkaufs als auch beim nur ausnahmsweise zulässigen Verbot des passiven Verkaufs möglich bleiben. Andernfalls liegt eine unzulässige Kernbe-

141

142

143

144

145

146

---

335 *Bechtold/Bosch/Brinker/Hirsbrunner*, Art. 4 VO 2790/1999 Rn. 15.
336 Siehe Vertikal-Leitlinien Rn. 51.
337 Nach der früheren GVO für Alleinvertriebsvereinbarungen konnte dem Händler demgegenüber noch der aktive Verkauf der Vertragswaren im gesamten, nicht ihm exklusiv zugewiesenen Vertriebsgebiet untersagt werden, siehe Art. 2 Abs. 2 c VO (EWG), Nr. 1983/83, *Semler/Bauer*, DB 2000, 193 sowie *Polley/Seeliger*, WRP 2000, 1203 mit Hinweisen für die Vertragsgestaltung ab 2002.
338 Vertikal-Leitlinien, Rn. 51. In den Vertikal-Leitlinien a.F. (Rn. 50) hat die Kommission auch noch auf die Errichtung eines Lagers oder einer Vertriebsstätte in dem fraglichen Gebiet abgestellt.
339 Vertikal-Leitlinien, Rn. 51.
340 Näher Rn. 171 ff.
341 Vertikal-Leitlinien, Rn. 50.
342 Vertikal-Leitlinien, Rn. 51.
343 Vertikal-Leitlinien, Rn. 51; hierzu *Lettl*, WRP 2010, 807, 814 ff.
344 Siehe Rn. 174 f.
345 Vertikal-Leitlinien, Rn. 61; zu Markteinführungstests Vertikal-Leitlinien, Rn. 62.
346 Zur Definition der „verlorenen Kosten" (*sunk costs*) Vertikal-Leitlinien, Rn. 117 und oben Rn. 88.
347 In den Vertikal-Leitlinien, Rn. 61, wird – hieraus abgeleitet – von einem „echten Eintritt in den relevanten Markt" gesprochen.

schränkung vor (Art. 4 lit. b) i) a.E. Vertikal-GVO). Damit sind **Querlieferungsverbote** an außenstehende Wiederverkäufer nicht möglich. Qualitative Standards können bei der Auswahl der vom Lieferanten direkt belieferten Käufer festgelegt werden, nicht jedoch beim Weiterverkauf an andere Wiederverkäufer.[348]

147 Gesondert zu betrachten sind Fälle, in denen ein Lieferant im EWR ein **Alleinvertriebssystem neben einem selektiven Vertriebssystem**[349] unterhält. Einem Vertragshändler aus einem Gebiet mit selektivem Vertrieb kann gem. Art. 4 lit. b) i) Vertikal-GVO untersagt werden, aktiv in ein Gebiet zu verkaufen, das einem Alleinvertriebshändler vorbehalten ist. Umgekehrt ist es jedoch nicht möglich, einem Alleinvertriebshändler den aktiven Verkauf an Abnehmer in einem Gebiet mit selektivem Vertrieb zu verwehren. Lediglich die Eröffnung eines Geschäfts in einem Gebiet mit selektivem Vertrieb kann gemäß der neu geschaffenen Regelung unter Art. 4 lit. b) Vertikal-GVO[350] untersagt werden. Danach ist der Hersteller berechtigt, den Ort und hier sogar die genaue Anschrift eines Geschäfts vorzuschreiben. Damit soll der parallele Betrieb unterschiedlicher Vertriebssysteme im EWR erleichtert werden, wobei die fehlende Möglichkeit insbesondere aktive Verkäufe aus einem Alleinvertriebssystem an Discounter in einem Gebiet mit selektivem System zu untersagen, es unmöglich machen dürfte, im Gebiet mit selektivem Vertrieb höhere Preise zu erzielen als im Gebiet des Alleinvertriebsrechts.[351]

148 **c) Exklusive Zuweisung anderer Händler.** Die Freistellung greift nicht ein, wenn das „abgeschirmte" Vertragsgebiet nicht exklusiv einem einzigen Händler, sondern einer Mehrzahl von Händlern zugewiesen wurde. Gleiches gilt für **„weiße Flecken"**, die der Lieferant weder sich selbst vorbehalten noch einem anderen Abnehmer zugewiesen hat. Die neuen Vertikal-Leitlinien stellen klar, dass der Schutz vor aktiven Verkäufen sich nicht auf den Lieferanten selbst erstrecken muss.[352] Die Alleinvertriebsvereinbarung bleibt daher auch dann freigestellt, wenn neben dem alleinigen Händler auch der Lieferant selbst die Produkte im Vertragsgebiet vermarktet. Von einer exklusiven Zuweisung kann aber nur die Rede sein, wenn der betreffende Händler vor Lieferungen sämtlicher anderer Händler geschützt ist.[353] Setzt der Lieferant also – z.B. auch zu einem späteren Zeitpunkt – einen weiteren Händler (etwa auch mit Sitz außerhalb des Vertragsgebiets des „Exklusivhändlers") ein, unterlässt es aber, diesem die (aktiven) Lieferungen in das Gebiet des „Exklusivhändlers" zu untersagen, so fehlt es an dem erforderlichen „geschlossenen System", das die Beschränkung des „Exklusivhändlers" rechtfertigt.

149 Sowohl bei der Zuweisung von „Gebieten" wie auch bei der Definition von „Kundengruppen" liegt es im freien Ermessen des Lieferanten, wie er die Eingruppierung vornimmt. Vorbehaltlich eines Eingreifens des allgemeinen Umgehungsverbotes ist es nicht Aufgabe des Kartellrechts, die „Vernünftigkeit" von Vertriebssystemen zu prüfen.[354]

150 Aufgrund der Ausgestaltung des Art. 4 lit. b) Vertikal-GVO führt jede **Veränderung der Exklusivitätsbestimmungen** eines für ein Vertragsgebiet (bzw. eine Kundengruppe) abgeschlossenen Vertrags zu Rückwirkungen auf den zulässigen Umfang der Beschränkungen des aktiven Verkaufs in den Verträgen mit anderen Händlern des vom Lieferanten errichteten Systems. Für die Vertragspraxis wird daher vorgeschlagen, sich möglichst am Wortlaut der Regelung des Art. 4 lit. b) erster Spiegelstrich Vertikal-GVO zu orientieren und gleichzeitig dem Lieferanten ein einseitiges Benennungsrecht für die vor aktivem Verkauf zu schützenden Gebiete (bzw. Kundengruppen) einzuräumen.[355]

151 **d) Selbstvorbehalt des Lieferanten.** Den Vertikal-Leitlinien ist nicht zu entnehmen, in welchen Fällen und in welchem Umfang ein Lieferant von der Möglichkeit des „Selbstvorbehalts" Gebrauch machen kann. Es stellt sich insbesondere die Frage, ob der Lieferant das betreffende

---

348 *Bechtold/Bosch/Brinker/Hirsbrunner*, Art. 4 VO 2790/1999 Rn. 16.
349 Dazu Rn. 165.
350 Dazu Rn. 165.
351 *Simon*, EWS 2010, 497, 502.
352 Vertikal-Leitlinien, Rn. 51.
353 *Veelken*, in: Immenga/Mestmäcker, EG-WettbR, Vertikal-VO, Rn. 211: tatsächliche Praktizierung der Ausschließlichkeit reicht nicht aus.
354 *Bauer*, in: Bauer/de Bronett, Rn. 108.
355 *Bauer*, in: Bauer/de Bronett, Rn. 111 mit einem entsprechenden Formulierungsvorschlag.

S. Mäger

Gebiet (bzw. die Kundengruppe) bereits tatsächlich selbst beliefern muss. Da der Wortlaut der Vorschrift dies nicht voraussetzt, ist dies nicht der Fall. Somit stellt sich die weitere Frage, wie konkret die Absicht der künftigen Belieferung sein muss. Ein „Generalvorbehalt" dürfte nicht ausreichen, die Absicht eines konkreten Aufbaus in absehbarer Zeit jedoch ausreichend sein.[356] Ein zulässiger Selbstvorbehalt ist auch dann anzunehmen, wenn der Lieferant die – konkrete und zeitnah umzusetzende – Absicht hat, das betreffende Gebiet (bzw. die betreffende Kundengruppe) künftig nicht selbst exklusiv zu beliefern, sondern über einen anderen Exklusivhändler.[357] Diese Auslegung ist durch den Sinn und Zweck der Vorschrift gedeckt.[358]

e) Informationsübermittlung an Lieferanten. Die Verpflichtung eines Alleinvertriebshändlers, **152** dem Lieferanten die **Preislisten zu übermitteln** und die Verkaufsbedingungen zu erklären, verstößt für sich gesehen noch nicht gegen Art. 101 Abs. 1 AEUV.[359] Anders liegt es jedoch, wenn der Hersteller zugleich Empfehlungen ausspricht, Verkäufe von Vertragserzeugnissen außerhalb des Vertragsgebiets zu unterlassen oder bestimmte Preise anzuwenden, und Vorteile gewährt oder Nachteile zufügt, um diese Ziele zu erreichen.[360] Zwar sind Preisempfehlungen grundsätzlich zulässig.[361] Eine unzulässige (mittelbare) Maßnahme zur Preisfestsetzung liegt aber vor, wenn für die Einhaltung von Preisempfehlungen Vorteile versprochen bzw. für die Nichteinhaltung Nachteile angedroht werden, vgl. Art. 4 lit. a) Vertikal-GVO. Diese Maßnahmen sind noch wirksamer, wenn sie mit einem Preisüberwachungssystem kombiniert werden. Die Kommission steht deshalb Preisüberwachungssystemen skeptisch gegenüber, da diese geeignet sind, Maßnahmen zur Preisfestsetzung zu unterstützen.[362]

Unzulässig ist es, wenn der Lieferant von seinen Alleinvertriebshändlern Informationen über **153** deren Verkaufspreise enthält und diese an die übrigen Alleinvertriebshändler **weiterleitet**, um eine Preisangleichung zu erreichen und damit Ausfuhrgeschäften vorzubeugen.[363]

f) Außerhalb der Vertikal-GVO. **Außerhalb** des Anwendungsbereichs der **Vertikal-GVO** sind **154** die wettbewerblichen Wirkungen einer Alleinvertriebsvereinbarung im Einzelnen zu prüfen. Die Gefahr für den Wettbewerb liegt vor allem darin, dass der markeninterne Wettbewerb verringert und der Markt aufgeteilt wird. Dies kann insbesondere zu Preisdiskriminierungen führen. Ein Alleinvertrieb kann jedoch auch zu Effizienzgewinnen führen, vor allem bei neuen und bei komplexen Produkten sowie bei Produkten, deren Qualitätseigenschaften vor dem Verbrauch (sog. Erfahrungsgüter) oder nach dem Verbrauch (sog. Vertrauensgüter) schwierig zu beurteilen sind.[364] Vor diesem Hintergrund ist es beispielsweise unzulässig, dem Händler zu verbieten, **Parallelhändler** zu beliefern oder andere Händler, die ihrerseits die Vertragswaren in anderen Vertragsgebieten absetzen könnten.[365] Im Fall BMW-Leasing hat der EuGH ein Schreiben von BMW als unzulässig angesehen, in dem die Händler dazu aufgefordert wurden, keine Leasing-Gesellschaften zu beliefern, die ihrerseits Fahrzeuge an außerhalb des Vertragsgebietes des betreffenden Händlers ansässige Kunden zur Verfügung stellten.[366] Als Behinderung des Parallelhandels wurde auch eine Verpflichtung angesehen, Originalverpackungen des Herstellers nur unangebrochen weiterzuleiten.[367] Ist es unzulässig, eine Nichtbelieferung zu vereinbaren, darf auch nicht verabredet werden, bestimmte Rabatte zu verweigern.[368] Eine

356 *Pautke/Schultze*, BB 2001, 317, 320: Belieferung im Rahmen einer „mittelfristigen Strategie" in einem Zeitraum von 6 – 24 Monaten.
357 *Bauer*, in: Bauer/de Bronett, Rn. 116.
358 Der Wortlaut („... einem anderen Abnehmer zugewiesen hat...") ist zumindest offen.
359 Kommission, 76/159/EWG (Saba), ABl. 1976 L 28/19, Rn. 37; Kommission, 82/367/EWG (Hasselblad), ABl. 1982 L 161/18, Rn. 49; *Bellamy & Child*, Rn. 7-062; zu den kartellrechtlichen Grenzen einer Berichtspflicht des Vertriebshändlers gegenüber dem Lieferanten insbesondere im Fall der Dualdistribution: *Wiemer*, WuW 2009, 750.
360 Kommission, 76/159/EWG (Saba), Rn. 37.
361 Siehe Rn. 181.
362 *Petsche*, in: Liebscher/Flohr/Petsche, § 7, Rn. 124.
363 Kommission, 82/367/EWG (Hasselblad), Rn. 49; zu sog. Hub & spoke-Konstellationen siehe Rn 183.
364 Vertikal-Leitlinien, Rn. 164.
365 Kommision, 2001/135/EG (Nathan-Bricolux), ABl. 2001 L 54/1, Rn. 75.
366 EuGH, Rs. C-70/93 (BMW), Slg. 1995, I – 3439, Rn. 19.
367 Kommission, 90/645/EWG (Bayer Dental), ABl. 1990 L 351/46, Rn. 10 ff.
368 Kommission, 91/335/EWG (Gosme/Martell), ABl. 1991 L 185/28, Rn. 34 ff.

unzulässige Verstärkung des Gebietsschutzes liegt auch vor, wenn es den Endabnehmern erschwert wird, die Vertragswaren in anderen Gebieten zu erwerben. Hierunter fällt die Weigerung eines Herstellers, seine Herstellergarantie auf Produkte zu erstrecken, die außerhalb des betreffenden Vertragsgebietes erworben wurden.[369] Es bleibt demgegenüber jedem Händler unbenommen, eigenen Kunden exklusiv eine erweiterte Garantie anzubieten.[370]

5. Alleinbelieferung

155 Mit dem Alleinvertrieb ist die Alleinbelieferung verwandt. Jeweils ist der Lieferant verpflichtet, mit den Vertragsprodukten, d.h. den in der Vereinbarung bezeichneten Waren oder Dienstleistungen, nur einen Käufer zu beliefern. Kauft der Käufer die Vertragsprodukte zum Zwecke des Weiterverkaufs, liegt ein Alleinvertrieb vor.[371] Kauft der Käufer die Vertragsprodukte demgegenüber zum Zwecke einer spezifischen Verwendung, d.h. zur **Weiterverarbeitung** oder zum **Verbrauch**, spricht man von einer Alleinbelieferung.[372] Alleinbelieferung und Alleinvertrieb sind Wettbewerbsbeschränkungen[373] zu Lasten des Lieferanten, da die Zahl der Käufer beschränkt wird, an die der Lieferant verkaufen darf.

156 Alleinbelieferungsvereinbarungen sind nach der Vertikal-GVO vom Kartellverbot freigestellt, wenn sowohl der Anbieter als auch der Abnehmer auf seinem Markt jeweils nicht mehr als 30 % Marktanteil hält (Art. 2 Abs. 1 Vertikal-GVO). Dies gilt selbst dann, wenn die Vereinbarung noch andere vertikale Beschränkungen wie z.B. ein Wettbewerbsverbot aufweist.[374]

157 Greift die Vertikal-GVO nicht ein, z.B. weil die Marktanteilsschwelle nach Art. 3 Vertikal-GVO überschritten wird, kommt eine Zulässigkeit im Rahmen der direkten Anwendung des Art. 101 Abs. 3 AEUV insbesondere dann in Betracht, wenn der Abnehmer über keine beherrschende Marktstellung verfügt. Die Kommission befürchtet insbesondere dann negative Auswirkungen, wenn der Marktanteil des Käufers auf dem vorgelagerten Beschaffungs- oder dem nachgelagerten Vertriebsmarkt[375] beherrschend ist.[376] Die darzulegenden Effizienzgewinne[377] können sich auch aus der Vermeidung des „Hold up"-Problems ergeben, wenn der Käufer erhebliche Investitionen tätigen muss.[378]

6. Exportverbote

158 Als Kernbeschränkung sind Exportverbote grundsätzlich unzulässig, sofern die Spürbarkeitskriterien – insbesondere hinsichtlich des zwischenstaatlichen Handels – erfüllt sind.[379] Dies gilt unabhängig davon, ob das Exportverbot zur Verstärkung des den anderen Händlern eingeräumten Gebietsschutzes dient oder ohne diese Zielsetzung auf eine Abschottung nationaler oder regionaler Märkte abzielt.[380] Erfasst werden nicht nur direkte Exportverbote, sondern auch Maßnahmen, die wirtschaftlich dasselbe Ziel anstreben, beispielsweise **Bonus- und Prä-**

---

369 EuGH, Rs. 31/85 (ETA DK Investment), Slg. 1985, 3933, Rn. 10 ff.
370 EuGH, Rs. 86/82 (Hasselblad), Slg. 1984, 883, Rn. 34 f.
371 Dazu Rn. 139 ff.
372 Die Unterscheidung zwischen Alleinvertrieb und Alleinbelieferung findet sich auch in den Vertikal-Leitlinien (Rn. 151 ff. gegenüber Rn. 192 ff.). Die Definition der Alleinbelieferungsverpflichtung in Art. 1 lit. c) Vertikal-GVO 1999 erfasste sowohl den Kauf zum Zwecke einer spezifischen Verwendung als auch zum Zwecke des Weiterverkaufs. Dies war im Ergebnis unschädlich, da der Begriff der Alleinbelieferung nach Art. 1 lit. c) Vertikal-GVO 1999 nur im Rahmen der Marktanteilsschwellen des Art. 3 Abs. 2 Vertikal-GVO a.F. eine Rolle gespielt hat (siehe Rn. 16).
373 Vertriebsbeschränkungen im Sinne der Vertikal-Leitlinien, Rn. 109.
374 Vertikal-Leitlinien, Rn. 193.
375 Anders als beim Alleinvertrieb stellt sich bei der Alleinbelieferung – d.h. einer Konstellation, in welcher der Käufer die bezogene Ware verarbeitet oder verbraucht – die Frage, ob eine Bezugsbindung auf dem vorgelagerten Markt in irgendeiner Weise auf den nachgelagerten Markt, auf dem der Käufer seine Produkte anbietet, auswirken kann.
376 Vertikal-Leitlinien, Rn. 194.
377 Vertikal-Leitlinien, Rn. 200.
378 Siehe oben Rn. 2.
379 Rn. 9 f.
380 EuGH, Rs. 19/77 (Miller), Slg. 1978, 131, Rn. 7.

miensysteme, die nach dem Ort des Absatzes der Ware unterscheiden.[381] Gleiches gilt für die Verpflichtung des Händlers, Kundenanfragen aus anderen Vertragsgebieten an den Hersteller zu übermitteln.[382] Eine Exportbehinderung ist grundsätzlich auch dann anzunehmen, wenn die Liefermenge an den Händler auf das im Vertragsgebiet voraussichtlich nachgefragte Volumen begrenzt wird.[383] Ebenso sind Maßnahmen einzuordnen, die den wirtschaftlichen Anreiz für den Absatz der Ware in anderen Vertragsgebieten verringern (z.b. in Gestalt einer Gewinnausgleichsverpflichtung).[384]

7. Selektiver Vertrieb

Bei selektiven Vertriebssystemen beschränkt ein Hersteller/Lieferant den Vertrieb seiner Produkte auf eine Gruppe zugelassener Vertriebshändler und die Händler verpflichten sich, die Vertragswaren nur an Endkunden und andere zugelassene Händler weiterzuverkaufen (Art. 1 Abs. 1 lit. e) Vertikal-GVO). Insbesondere Markenartikel der Branchen Kosmetik, Elektronik oder Schmuck werden durch ihre Hersteller überwiegend über den sog. Fachhandel vertrieben. Eine – theoretische oder praktische – **Lückenlosigkeit** im Sinne des deutschen Rechtes stellt keine Voraussetzung für die Zulässigkeit eines selektiven Vertriebssystems nach Art. 101 Abs. 1 AEUV dar.[385]   **159**

Unterschieden werden kann zwischen einer qualitativen und einer quantitativen Selektion. Im Rahmen der **qualitativen** Selektion gibt es zwei Erscheinungsformen: Bei der **einfachen Fachhandelsbindung** leiten sich die Anforderungen an die Händler aus der Beschaffenheit des Produktes ab. Derartige qualitative Auswahlkriterien sind z.b. qualifiziertes Personal, geeignete Geschäftsräume, Reparatureinrichtungen oder angemessene Präsentation der Ware. Bei der **qualifizierten Fachhandelsbindung** verlangt der Hersteller darüber hinaus auch die Bereitschaft des Händlers zur Übernahme von Absatzförderungspflichten. Es werden subjektive, von der Beschaffenheit des Produktes unabhängige Anforderungen gestellt, beispielsweise Mindestabnahmeverpflichtungen und Mindestumsatzbindungen. Bei der **quantitativen** Selektion erfolgt eine zahlenmäßige Begrenzung der in einem bestimmten Gebiet zugelassenen Händler. Der **EuGH** hat die einfache Fachhandelsbindung nicht als wettbewerbsbeschränkend eingeordnet, sofern die Händlerselektion aufgrund der Eigenschaften des betreffenden Produktes erforderlich ist, die betreffenden Kriterien einheitlich für alle in Betracht kommenden Wiederverkäufer festgelegt sowie diskriminierungsfrei angewendet werden.[386] Demgegenüber wurden die qualifizierte Fachhandelsbindung sowie die rein quantitative Selektion als wettbewerbsbeschränkend und somit als freistellungsbedürftig im Sinne von Art. 101 Abs. 3 AEUV angesehen.   **160**

Bereits die **Vertikal-GVO 1999** hat diese Rechtslage wesentlich vereinheitlicht. Der selektive Vertrieb einschließlich der Weiterverkaufsbeschränkungen ist danach freigestellt (Art. 4 lit. b) iii) Vertikal-GVO). Zulässig ist damit ein vertragliches Verbot des aktiven wie passiven Verkaufs an sog. **Systemaußenseiter**. Dies gilt nach der Definition in Art. 1 Abs. 1 lit. e) Vertikal-GVO gleichermaßen für die qualitative[387] wie für die quantitative Selektion,[388] sofern der Anwendungsbereich der Vertikal-GVO eröffnet ist, insbesondere die Marktanteilsschwelle von 30 % (bei Anbieter und Abnehmer) nicht überschritten wird. Ebenso gilt die Freistellung un-   **161**

381 Kommission, 98/273/EG (VW), ABl. 1998 L 124/60; EuG, Rs. T-62/98 (VW), Slg. 2000, II-2707, Rn. 48 ff; Kommission, 2001/146/EG (Opel), ABl. 2001 L 59/1, Rn. 108 sowie Vertikal-Leitlinien, Rn. 50.
382 EuG, Rs. T-176/95 (Accinauto), Slg. 1999, II-1635, Rn. 80 ff.
383 Kommission, 2001/146/EG (Opel), ABl. 2001 L 59/1, Rn. 107, 112; Vertikal-Leitlinien, Rn. 50 – nach EuG, Rs. T-41/96 (Bayer u.a./Kommission), Slg. 2000, II-3383, Rn. 71 liegt allerdings nur dann eine Vereinbarung im Sinne des Art. 101 Abs. 1 AEUV vor, wenn diese Maßnahme tatsächlich zur Verhaltenssteuerung der Händler führt (Einstellung oder Verringerung der Exportvorgänge), siehe 1. Kap., Rn. 80 ff.
384 Vertikal-Leitlinien, Rn. 50.
385 EuGH, Rs. C-376/92 (Metro/Cartier), Slg. 1994, I-15 ff.; *Bergmann* ZWeR 2004, 28, 33 sowie – zum deutschen Kartellrecht – 41 ff.
386 EuGH, Rs. 26/76 (Metro I), Slg. 1977, 1875, 1905, Rn. 20; EuGH, Rs 31/80 (L'Oreal), Slg. 1980, 3775, 3790, Rn. 15; EuGH, Rs. 75/84 (Metro II), Slg. 1986, 3021, 3074.
387 Vertikal-Leitlinien, Rn. 175.
388 Vertikal-Leitlinie, Rn. 175; *Schultze/Pautke/Wagener*, Vertikal-GVO, Rn. 102; *Bergmann* ZWeR 2004, 28, 37; *Bechtold* NJW 2003, 3729, 3730.

abhängig von der Beschaffenheit des Produktes. Es kommt also nicht mehr darauf an, dass die Eigenschaften der Erzeugnisse zur Wahrung seiner Qualität und zur Gewährleistung seines richtigen Gebrauches ein selektives Vertriebssystem erfordern, wie dies nach der früheren Rechtsprechung der Fall war.[389] Gleiches gilt, sofern das betreffende Produkt nicht die Anwendung der gewählten Auswahlkriterien erfordert. Dies gilt erst recht für die – von Art. 101 Abs. 1 AEUV verlangten – positiven Auswirkungen auf die konkreten Markt- und Wettbewerbsverhältnisse.[390] Der Kommission ist bewusst, dass der selektive Vertrieb von Produkten, die eine Händlerselektion an sich nicht rechtfertigen, **keine effizienzsteigernde Wirkung** hat, die den damit einhergehenden Verlust an Intra Brand-Wettbewerb ausgleichen kann. Gleichwohl wird hier nur auf die in Art. 6 vorgesehene Möglichkeit des Entzugs des Rechtsvorteils der Vertikal-GVO verwiesen.[391] Allerdings kommt ein „rechtfertigender Produktcharakter" nicht nur bei Luxusgütern, sondern auch bei Alltagsgütern in Betracht, sofern die Marke eine besondere Wertschätzung aufweist,[392] diese hochpreisig ist und in besonderer Weise auf Qualität und Herkunft aus dem Hause des Herstellers abgestellt wird.[393]

162 Beim Tatbestandsmerkmal der „**Verpflichtung**" ist unklar, ob dies eine rechtliche Bindung voraussetzt oder eine faktische bzw. informelle Absprache ausreicht.[394] Der EuGH sieht die erforderliche Vereinbarung bei der Verweigerung der Zulassung zum Händlernetz in einem selektiven Vertriebssystem darin, dass sich diese Maßnahme in die vertragliche Beziehung des Herstellers mit den zugelassenen Händlern einfügt.[395]

163 Allerdings werden nach der Definition des Art. 1 Abs. 1 lit. e) Vertikal-GVO nur solche selektiven Vertriebssysteme erfasst, bei denen sich sowohl der Händler als auch der Lieferant verpflichten, die Vertragsprodukte nur an Händler zu verkaufen, welche die Selektionskriterien erfüllen (sog. **hersteller- und händlerseitig geschlossene Vertriebssysteme**).[396] Weiterhin müssen die Kriterien auch „festgelegt" sein. Dies dürfte voraussetzen, dass Lieferant und Käufer die Auswahlkriterien konkretisieren und transparent machen; andernfalls dürfte auch eine willkürliche und diskriminierende – und daher unzulässige – Händlerselektion nicht auszuschließen sein.[397]

164 Andererseits darf der Lieferant den Verkauf auf jeder Handelsebene an nicht autorisierte Händler in jedem Gebiet, in dem er selektiven Vertrieb betreibt oder diesen vorgesehen hat, jedoch noch nicht betreibt,[398] untersagen. Weitergehend ist sogar möglich, dass der Hersteller ein Selektivvertriebssystem nur für bestimmte Märkte wählt und auf anderen Märkten auch an nicht nach Selektionskriterien ausgewählte Händler verkauft.[399]

165 Gemäß Art. 4 lit. c) Vertikal-GVO darf hingegen den zugelassenen Einzelhändlern eines selektiven Vertriebssystems keinerlei Beschränkungen des aktiven oder passiven Verkaufs an **Endverbraucher** auferlegt werden. Insoweit gilt also ein strengerer Maßstab als bei Vertikalverträgen allgemein.[400] Eine **Kombination** eines selektiven Vertriebssystems **mit einem Alleinvertrieb**, bei dem der Lieferant nicht nur für ein bestimmtes Gebiet einen Exklusivhändler einsetzt,

---

389 *Eilmansberger*, in: Streinz, Art. 81 EG, Rn. 180.

390 Zum Schutz des Produktimages im selektiven Vertrieb eingehend *Franck*, WuW 2010, 772 ff. mit der Unterscheidung zwischen dem Image als Produktelement (welches psychologische Bedürfnisse des Abnehmers befriedigt) und der Signalisierung hoher Produktqualität durch Investitionen in das Produktimage (als marktlicher Mechanismus).

391 Vertikal-Leitlinien, Rn. 176.

392 Kommission (Yves Saint Laurent), ABl. 1992 L 12/24, 25.

393 *Rösner*, WRP 2010, 1114, 1115 unter Hinweis auf die markenrechtliche Entscheidung des EuGH, Rs. C-59/08, (COPAD), WRP 2009, 938, die eine gewisse Freiheit der Hersteller hinsichtlich Führung und Formung der eigenen Marke anerkenne.

394 *Veelken*, in: Immenga/Mestmäcker, Vertikal-VO, Rn. 222; *Baron*, in: Loewenheim/Meessen/Riesenkampff, Vertikal-GVO, Rn. 204.

395 EuGH, Rs. 107/82 (AEG), Slg. 1983, 3151, Rn. 38; EuGH, Rs. 25/84 (Ford II), Slg. 1985, 2725, Rn. 21 f.

396 *Bauer*, in: Bauer/de Bronett, Rn. 121. Andernfalls würde dem selektiven Vertriebssystem die Grundlage entzogen, weil die Verkaufstätigkeit nicht zugelassener Händler belegen würde, dass die Selektion offenbar nicht gerechtfertigt ist, siehe *Beutelmann*, S. 116.

397 *Eilmansberger*, in: Streinz, Art. 81 EG, Rn. 180.

398 *Simon*, EWS 2010, 497, 501 unter Hinweis auf die Formulierung in Art. 4 lit. b) iii) („*designiertes Gebiet*").

399 *Schultze/Pautke/Wagener*, BB 2009, 2266, 2268.

400 Siehe Rn. 142 ff.

S. Mäger

ist daher nur gruppenfreigestellt, wenn die Möglichkeit für den Vertragshändler, aktiv an andere Vertragshändler oder Endverbraucher zu verkaufen, nicht eingeschränkt wird.[401] Einzige Ausnahme von dieser schwarzen Klausel ist die Beschränkung hinsichtlich des **Verkaufsortes des Händlers** (*location clause*). Hierdurch wird es dem Hersteller ermöglicht, Einfluss auf die Beschaffenheit seines Einzelhändlernetzes, beispielsweise durch die Bestimmung von Mindestentfernungen zwischen den verschiedenen zugelassenen Verkaufsstätten, zu nehmen.[402]

Art. 4 lit. c) Vertikal-GVO gilt im Übrigen nur für Beschränkungen zu Lasten von Selektivhändlern auf der Einzelhandelsstufe. Es ist daher möglich, den in ein selektives Vertriebssystem eingeschalteten **Großhändlern** zu verbieten, Endverbraucher direkt zu beliefern (**Sprunglieferungsverbot**). Dies steht in Übereinstimmung mit der in Art. 4 lit. b) ii) Vertikal-GVO anerkannten allgemeinen Zulässigkeit von Sprunglieferungsverboten auf der Großhandelsstufe (Schutz der Marktstufe).[403] Weiterhin darf der Lieferant sich die Belieferung der Endkunden parallel zu dem Abnehmer selbst vorbehalten (**Dualdistribution**).[404] 166

Eine unzulässige Kernbeschränkung liegt in der Einschränkung von **Querlieferungen** zwischen den **zugelassenen** Händlern, auch wenn diese auf unterschiedlichen Handelsstufen tätig sind (Art. 4 lit. d) Vertikal-GVO).[405] Die praktische Bedeutung liegt in Lieferungen über Landesgrenzen hinweg, sofern Preisdifferenzen in den einzelnen Ländern bestehen.[406] 167

Unzulässig ist ein **Wettbewerbsverbot**, das den Händlern untersagt, **Marken bestimmter konkurrierender Lieferanten** zu verkaufen (Art. 5 Abs. 1 lit. c) Vertikal-GVO).[407] 168

Vereinbar mit Art. 101 Abs. 1 AEUV sind Selektivvereinbarungen, in denen die Vertriebsform des **Versandhandels** vollständig ausgeschlossen wird.[408] Die Rechtslage hinsichtlich des Internetvertriebs ist dagegen differenziert.[409] 169

Außerhalb der **Vertikal-GVO** ist im Rahmen der unmittelbaren Prüfung des Art. 101 Abs. 3 AEUV zu berücksichtigen, dass Effizienzgewinne beim selektiven Vertrieb in erster Linie bei neuen und bei komplexen Produkten sowie bei Produkten, deren Qualitätseigenschaften vor oder nach dem Verbrauch schwierig zu beurteilen sind, sowie – unabhängig von der Beschaffenheit des Produktes – aufgrund von Größenvorteilen beim Transport zu bejahen sind.[410] Die Hinweise der Kommission beziehen sich auch auf selektive Vertriebsbindungen in Fällen, bei denen mehrere, gleichzeitig angewandte Systeme des selektiven Vertriebs eine **kumulative Wirkung** entfalten.[411] 170

8. Internetvertrieb

a) **Grundsätze.** Ebenso wie ihre Vorgängerin enthält auch die neue Vertikal-GVO keine Regelungen zum Internetvertrieb. Jedoch finden sich in den neuen Vertikal-Leitlinien Auslegungshilfen.[412] Diese Interpretationshilfen stellen einen Kompromiss zwischen den Interessen der (reinen) Internethändler und den Interessen insbesondere der Hersteller von hochwertigen 171

---

401 Vertikal-Leitlinien, Rn. 176.
402 *Klotz*, in: Schröter/Jakob/Mederer, Art. 81 – FG Liefer- und Bezugsvereinbarungen, Rn. 105. Zu Art. 102 AEUV und § 20 Abs. 2 GWB; *Wirtz*, WuW 2003, 1039, 1041 ff.
403 *Bauer*, in: Bauer/de Bronett, Rn. 129.
404 *Bauer*, in: Bauer/de Bronett, Rn. 128, siehe Rn. 36, 199 f.
405 Falls Reimport-Verbote, die Händlern außerhalb der Europäischen Union auferlegt wurden, sich auf den innergemeinschaftlichen Handel auswirken – siehe dazu Rn. 11 f. –, liegt eine schwarze Klausel vor.
406 *Bechtold/Bosch/Brinker/Hirsbrunner*, Art. 4 VO 2790/1999 Rn. 24.
407 Ein Wettbewerbsverbot, dass den Lizenznehmer im Rahmen eines Markenlizenzvertrages daran hindert, konkurrierende Erzeugnisse herzustellen oder zu vertreiben, kann allerdings die Freistellungsvoraussetzungen des Art. 81 Abs. 3 EG erfüllen, Kommission, 78/253/EWG (Campari), ABl. 1978 L 70/69, siehe Rn. 136 ff.
408 Kommission (Yves Saint Laurent), ABl. 1992 L 12/24; *Bauer*, WRP 2003, 243, 245; *Rheinländer*, WRP 2005, 285, 286.
409 Siehe allgemein Rn. 171 ff. sowie speziell zum selektiven Vertrieb Rn. 177.
410 Vertikal-Leitlinien, Rn. 177 ff.
411 Vertikal-Leitlinien, Rn. 176.
412 Vertikal-Leitlinien, Rn. 51 ff.

Markenprodukten dar. Im Vorfeld sind die unterschiedlichen Positionen – insbesondere von ebay sowie der Hersteller von Luxusprodukten – vehement vertreten worden.[413]

172 Grundsätzlich steht es jedem Händler frei, seine Produkte im Internet zu bewerben und zu verkaufen. Der Internetvertrieb des Händlers darf nur unter sehr engen Voraussetzungen eingeschränkt werden. Im Falle einer Kernbeschränkung im Sinne des Art. 4 Vertikal-GVO scheidet eine Freistellung aus.

173 Ein **vollständiges Verbot** des Internetvertriebs ist nach Auffassung der Kommission nicht zulässig.[414] Ebenfalls unzulässig sind **relative Einschränkungen**, beispielsweise eine Regelung, wonach ein Händler nicht mehr als 50 % seines Gesamtumsatzes durch Internetverkäufe erzielen darf.[415] Der Hersteller darf von seinen Händlern verlangen, ein oder mehrere Ladengeschäfte zu betreiben (*brick-store-clause*).[416] Ein Hersteller muss also nicht an **reine Internet-Händler** verkaufen. Um den effektiven Vertrieb eines Ladengeschäfts zu gewährleisten, kann der Lieferant verlangen, dass der Abnehmer zumindest eine bestimmte Stückzahl von Produkten offline verkauft.[417] Des Weiteren darf der Lieferant verlangen, dass der Onlinevertrieb passend zu seinem Vertriebsmodell betrieben wird.[418] Unzulässig ist – grundsätzlich – ein **zeitlich vorübergehendes Verbot** des Internetvertriebs. Dies betrifft beispielsweise Fälle, in denen stationären Händlern gegenüber Internethändlern bei der Einführung der neuen Version eines Produktes einen *head start* ermöglichen sollen, indem der Weiterverkauf über das Internet für eine gewisse Einführungsphase untersagt wird.[419] Ausnahmsweise ist dies für einen **Zeitraum von bis zu zwei Jahren** möglich, sofern ein Händler eine **neue Marke verkauft oder als Erster eine bestehende Marke auf einem neuen Markt** anbietet.[420] Ebenso wie im Rahmen einer zeitlich befristeten Preisbindung steht hierbei der Aspekt der Investitionen im Vordergrund, die ein Offline-Händler nur im Falle eines Vermarktungsvorsprungs einzugehen gewillt ist. Unklar ist der Begriff der „neuen Marke" (*new brand*): Wie ist z.B. die Gestaltung einzuordnen, dass ein Hersteller ein neuartiges Produkt unter der bestehenden Marke einer Produktfamilie etablieren möchte?[421] Die Verpflichtung des Händlers, **höhere Preise** für solche Produkte zu bezahlen, die über das Internet weiterverkauft werden sollen (*dual pricing*), stellt eine Kernbeschränkung dar.[422] Demgegenüber dürfen Lieferant und Käufer eine feste Gebühr (*fixed fee*) vereinbaren, die nicht mit der Summe der Offline-Umsätze steigt, um die Bemühung des Käufers im Online- oder Offline-Vertrieb zu unterstützen. Es besteht die Möglichkeit einer Freistellung nach Art. 101 Abs. 3 AEUV, sofern der Hersteller für den Weiterverkauf über das Internet höhere Kosten hat als beim Offline-Vertrieb, z.B. aufgrund einer möglichen höheren Anzahl an Beschwerden der Endkunden oder Gewährleistungsansprüchen gegen den Hersteller, beispielsweise infolge fehlender fachgerechter Installation des online erworbenen Produktes.[423]

174 **b) Alleinvertrieb.** Beim Internetvertrieb bereitet die im Rahmen des Alleinvertriebs notwendige Abgrenzung zwischen aktiven und passiven Verkäufen[424] Schwierigkeiten. Da der Kunde den Online-Händler aufsucht, indem er dessen Internetseite aufruft, wird der Verkauf über eine

---

413 Nachweise bei *Simon*, EWS 2010, 497, 502.

414 Vertikal-Leitlinien, Rn. 52; zum selektiven Vertrieb siehe Rn. 177.

415 Vertikal-Leitlinien, Rn. 52, dort unter c); a.A. noch BGH (Depotkosmetik im Internet), GRUR 2004, 351; zulässig sind demgegenüber absolute Mindestvorgaben für Offline-Verkäufe, Vertikal-Leitlinien, Rn. 52, dort unter c).

416 Vertikal-Leitlinien, Rn. 54; unklar ist, ob dies nur für Fälle des selektiven Vertriebs von Bedeutung ist. Der Wortlaut der Vertikal-Leitlinien legt dies nahe. Zwingend erscheint dies aber nicht. Eine Privilegierung des selektiven Vertriebs nach der Vertikal-GVO läge nur vor, wenn der Ausschluss des Internetvertriebs im Rahmen eines selektiven Vertriebssystems von Art. 4 lit. c) Vertikal-GVO (Möglichkeit, Mitgliedern des Systems zu untersagen, Geschäfte von "nicht zugelassenen Niederlassungen" aus zu betreiben) fällt. Dies wird aber jedenfalls von Generalanwalt Mazak in den Schlussanträgen vom 3. März 2011 im Fall Rs. C-439/09 (Pierre Fabre) verneint.

417 Vertikal-Leitlinien, Rn. 52 c).

418 Vertikal-Leitlinien, Rn. 52 c) sowie Rn. 54 und 56.

419 *Seeliger/Klauß*, GWR 2010, 233, 234.

420 Vertikal-Leitlinien, Rn. 61.

421 *Seeliger/Klauß*, GWR 2010, 233, 234.

422 Vertikal-Leitlinien, Rn. 52 d).

423 Vertikal-Leitlinien, Rn. 64.

424 Siehe Rn. 142 ff.

S. Mäger

Website grundsätzlich als vom Kunden initiierter und damit **passiver Verkauf** eingeordnet.[425] Passive Verkäufe dürfen auch in einem Alleinvertriebsvertrag grundsätzlich nicht eingeschränkt werden. Ein Händler darf über das Internet daher auch an Kunden in einem Gebiet verkaufen, das exklusiv einem anderen Händler oder dem Hersteller selbst zugewiesen ist.[426]

Aktive Online-Verkäufe sind ausnahmsweise in folgenden Fällen anzunehmen und daher im Rahmen eines Alleinvertriebsvertrages einschränkbar:[427] Onlinewerbung, die sich speziell an bestimmte Kunden richtet (*territory based banners*) und insbesondere Werbung der jeweiligen Regionanzeigen. Umgekehrt liegt ein passiver Verkauf selbst dann vor, wenn ein Händler in einem Land seine Website auch in der Sprache eines anderen Landes, das einem anderen Händler exklusiv zugewiesen worden ist, anbietet. Die Grenze zum aktiven Verkauf wird allerdings wiederum überschritten, wenn mithilfe von *adwords* eine Werbung im Internet gezielt nach Sprache und Region platziert wird.[428] Ebenfalls als aktive Onlineverkäufe sieht die Kommission die Bezahlung eines **Suchmaschinenanbieters** oder eines **Anbieters für Onlinewerbung** an, damit diese Werbung anzeigen, die sie speziell an Benutzer in einem bestimmten Gebiet richtet.[429] **175**

Anknüpfend an die allgemeinen Kriterien eines passiven Verkaufs[430] werden in den Vertikal-Leitlinien zwei verbotene Kernbeschränkungen passiver Verkäufer beim Internetvertrieb genannt:[431] Zum einen geht es um die Verpflichtung des Händlers, sicherzustellen, dass Kunden aus einem anderen Vertriebsgebiet seine Website nicht aufrufen können oder dafür zu sorgen, dass Kunden automatisch auf die Website des Herstellers oder „zuständigen" Händlers umgeleitet werden. Demgegenüber ist die reine Aufnahme von Links zu den Websites anderer Händler zulässig. Zum anderen geht es um die Verpflichtung des Händlers, bei einer Bestellung per Kreditkarte die Transaktion abzubrechen, wenn die Adressdaten der Karte erkennen lassen, dass der Kunde nicht aus dem Vertriebsgebiet des Händlers kommt. **176**

c) **Selektiver Vertrieb.** Auch im Rahmen eines selektiven Vertriebssystems muss ein zugelassener Händler nach Auffassung der Kommission grundsätzlich frei sein, über das Internet zu werben und zu verkaufen.[432] Nur in Ausnahmefällen kann ein Verbot des Internetvertriebs i.S.v. Art. 101 Abs. 1 AEUV objektiv gerechtfertigt oder nach Art. 101 Abs. 3 AEUV zulässig sein.[433] Allerdings darf der Lieferant bestimmte Qualitätsanforderungen an die Verwendung des Internets zum Weiterverkauf seiner Ware festsetzen. Dies gilt beispielsweise für die bereits erwähnte brick-store-Klausel[434] sowie die Regelung eines Mindest-Offline-Umsatzes.[435] Darüber hinaus darf der Hersteller seinen Vertriebshändlern **Qualitätsstandards** für den Gebrauch der **eigenen Internetseite** auferlegen (z.B. die Gestaltung der Website, das Serviceangebot des Betreibers oder die Sortimentsdarstellung). Diese dürfen auch nachträglich verändert werden, soweit der Hersteller nicht beabsichtigt, dadurch den Internetvertrieb zu verhindern. Die vorgegebenen Kriterien müssen im Großen und Ganzen den Kriterien für physische Läden entsprechen.[436] Diese „Gleichwertigkeit" mit den Vorgaben für den Offline-Vertrieb ist auf Kritik gestoßen; es wird befürwortet, für den Online-Vertrieb direkt auf eine sachliche Rechtfertigung der einzelnen Kriterien unter besonderer Berücksichtigung der Beschaffenheit des Produktes abzustellen.[437] Des Weiteren darf der Hersteller verlangen, dass für den Vertrieb der Vertragsprodukte **Plattformen Dritter** nur genutzt werden, sofern diese den vereinbarten Standards und Bedingungen entsprechen.[438] Damit kann insbesondere der Internethandel über Auktionsplattformen eingeschränkt oder sogar ausgeschlossen werden. Beispielsweise kann im Falle des **177**

---

425 Vertikal-Leitlinien, Rn. 52.
426 Siehe Rn. 148 ff.
427 Vertikal-Leitlinien, Rn. 53.
428 *Funke/Just*, DB 2010, 1389, 1394.
429 Vertikal-Leitlinien, Rn. 53.
430 Siehe Rn. 144.
431 Vertikal-Leitlinien, Rn. 52.
432 Vertikal-Leitlinien, Rn. 56; siehe auch Rn. 173.
433 Siehe Schlussanträge des Generalanwalts Mazak vom 3. März 2011 in der Rs. C-439/09 (Pierre Fabre).
434 Siehe Rn. 173.
435 Siehe Rn. 173.
436 Vertikal-Leitlinien, Rn. 56.
437 *Seeliger/Klauß*, GWR 2010, 233, 235.
438 Vertikal-Leitlinien, Rn. 54.

Hosting der Händler-Website durch einen Plattformbetreiber der Hersteller verlangen, dass Kunden die Website des Händlers nicht über eine Seite erreichen, die den Namen oder das Logo der Plattform trägt.[439]

9. Preis- und Konditionenbindung

178 a) **Preis- und Konditionenbindung der zweiten Hand.** Art. 101 Abs. 1 lit. a) AEUV nennt die Festlegung von Einkaufs- oder Verkaufspreisen als Beispiel für eine Wettbewerbsbeschränkung. Umfasst sind nicht nur horizontale Preiskartelle, sondern auch die vertikale Preisbindung in Gestalt von Vereinbarungen über die von dem Weiterverkäufer zu praktizierenden Preise (**Preisbindung der zweiten Hand**). Es liegt eine Kernbeschränkung vor, die nur in besonderen Ausnahmefällen einer Freistellung nach Art. 101 Abs. 3 AEUV zugänglich ist.[440] Die Einordnung als Kernbeschränkung beruht darauf, dass Preisbindungen die Bildung von Preiskartellen erleichtern, Anreize für den Lieferanten verloren gehen können, die Preise seiner Produkte gegenüber seinen Abnehmern zu senken und der Markteintritt neuer Konkurrenten verhindert oder erschwert wird.[441]

179 Die *Leegin*-Entscheidung des U.S. Supreme Court vom Juni 2007 hatte das bis dahin in den USA geltende per se-Verbot von Preisbindungen[442] durch eine einzelfallbezogene Abwägung (*rule of reason*) ersetzt.[443] Hieran anknüpfend wurde auch im europäischen Kartellrecht gefordert, dass Preisbindungen jedenfalls bei De-minimis-Marktanteilen mangels Spürbarkeit nicht mehr vom Kartellrecht erfasst werden sollten.[444] An der Einordnung von Preisbindungen als Kernbeschränkung hat sich jedoch auch auf Basis der neuen Vertikal-GVO nichts geändert. Allerdings waren und sind Preisbindungen der zweiten Hand grundsätzlich freistellungsfähig.[445] Die Situation ist daher mit dem per se-Verbot (gem. § 14 GWB a.F. oder der früheren Rechtsprechung des U.S. Supreme Court) nicht vergleichbar. In den neuen Vertikal-Leitlinien gibt es eine präzisierende Beschreibung, in welchen Ausnahmefällen eine Vereinbarung trotz Preisbindung die Voraussetzungen einer Einzelfreistellung erfüllen kann oder bereits nicht unter Art. 101 Abs. 1 AEUV fällt.[446] Die Entscheidungspraxis des Bundeskartellamtes[447] sowie das Leitlinienpapier des Amtes[448] ist demgegenüber deutlich restriktiver.[449]

180 Es ist unerheblich, ob sich die Festlegung der Weiterverkaufspreise auf den Endkunden, Zwischenhändler oder Verarbeiter bezieht.[450] Aufgrund des Schutzzweckes (Preisbildungsfreiheit des Händlers) ist auch die Festsetzung von Preisen durch den Lieferanten für Produkte, die dem Händler nicht von ihm, sondern von einem Dritten geliefert werden, unzulässig.[451] Es spielt auch keine Rolle, ob die Preisbindung einseitig vom Lieferanten diktiert oder gemeinsam mit

---

439 Vertikal-Leitlinien, Rn. 54. Die deutsche Rechtsprechung hierzu ist uneinheitlich, siehe OLG München, WuW/E DE-R S. 2698; OLG Karlsruhe, WuW/E DE-R S. 2789.
440 Kommission, 2002/914/EG (Visa International), ABl. 2002 L 318/17 Rn. 79.
441 Vertikal-Leitlinien, Rn. 224.
442 Dr. Miles Co. v. John D. Park & Sons Co., 220 U.S. 373 (1911); *Möschel*, WuW 2010, 1229, 1231.
443 Leegin Creative Leather Products Inc. v. PSKS, Inc., 551 U.S. 127 (2007) – Die Gerichtsentscheidung fiel mit fünf zu vier Stimmen sehr knapp aus und ist umstritten; zudem gibt es offenbar Bestrebungen, diese Entwicklung durch Gesetzesvorhaben wieder rückgängig zu machen, siehe *Funke/Just*, DP 2010, 1389, 1395. Nach *Möschel* (WuW 2010, 1229, 1231) besteht die wesentliche praktische Wirkung des Wechsels von einem *per se-Verbotstatbestand* auf einen *rule-of-reason*-Standard darin, dass Rechtsstreitigkeiten nach Letzterem sehr viel teurer und namentlich für einen privaten Kläger kaum zu gewinnen seien; insoweit sei man in den USA eher unterwegs zu einem Standard der *per se-Legalität*.
444 *Kasten*, WuW 2007, 994 ff.
445 EuGH, Rs. 243/83 (Binon und Cie/Agence et Messageries de la Presse), Slg. 1985, 2015, Rn. 47.
446 Vertikal-Leitlinien, Rn. 225 und 60, näher Rn. 184.
447 Bundeskartellamt, WuW/E DE-V 1813 (Kontaktlinsen).
448 11. Beschlussabteilung (B11-13, 16 u. 19/09, 12/10 vom 13.4.2010, S. 1), WuW 2010, 786; kritisch *Polley/Rhein*, KSzW 2011, 15, 22 ff.
449 Hierzu kritisch *Möschel*, WuW 2010, 1229, 1232 ff.: Die Konzeption des deutschen Gesetzgebers, die Wertungen der Vertikal-GVO in das deutsche Recht zu übernehmen, werde durch diese Entscheidungspraxis ausgehebelt (1235); ebenso *Bach*, JECLAP, Vol. 1, 241 (2010).
450 Verikal-Leitlinien, Rn. 48.
451 *Schultze/Pautke/Wagener*, Vertikal-GVO, Rn. 395.

dem Händler verabredet wird.[452] Allerdings muss sich der Händler an die Vorgaben des Lieferanten halten, da andernfalls keine Willensübereinstimmung im Sinne von Art. 101 Abs. 1 AEUV vorliegt.[453] Die Festsetzung kann **direkt** oder **indirekt** erfolgen und umfasst alle preisbildenden Faktoren, sofern die **Preisbildung des Händlers**[454] **beeinflusst** wird. Hierzu gehören beispielsweise Absprachen über die Bandbreite des Wiederverkaufspreises,[455] über Absatzspannen oder die von den Händlern ihren Kunden gegenüber eingeräumten Nachlässe sowie Absprachen, in denen Vergütungen (z.B. die Erstattung von Werbeaufwendungen) oder Prämien davon abhängig gemacht werden, dass der Händler ein bestimmtes Preisniveau einhält.[456] Räumt der Hersteller dem Händler eine bestimmte Zusatzkondition mit der Maßgabe ein, diese margenerhöhend zu vereinnahmen und nicht an die Kunden weiterzugeben, dürfte grundsätzlich eine unzulässige Preisbeeinflussung vorliegen. Schreibt der Hersteller dem Händler demgegenüber vor, die Zusatzkonditionen an die Kunden weiterzugeben, kann eine zulässige Höchstpreisbindung[457] vorliegen. Als zulässig sollte auch angesehen werden, wenn ein Hersteller einen Händler auf eine bestimmte Geschäftschance hinweist und in diesem Zusammenhang eine Sonderkondition einräumt. Es kommt allgemein darauf an, ob eine Verhaltensweise vorliegt, welche die Festsetzung von **Fest- oder Mindestweiterverkaufspreisen** oder ein **Fest- oder Mindestpreisniveau** bezweckt, das die Abnehmer einzuhalten haben.[458] Die vertikale Konditionenbindung spielt in der Praxis bislang nur eine geringe Rolle.[459]

b) Unverbindliche Preisempfehlungen. Noch nicht endgültig geklärt ist, ob unverbindliche Preisempfehlungen, zu deren Durchsetzung der Lieferant keinerlei Druck ausübt,[460] als unzulässig einzustufen sind. Bedenken ergeben sich daraus, dass der empfohlene Richtpreis für den Wiederverkäufer als Bezugspunkt fungiert und damit zu einer einheitlichen Preisgestaltung führt.[461] Im Anwendungsbereich der Vertikal-GVO sind unverbindliche Preisempfehlungen gemäß Art. 4 lit. a) Vertikal-GVO freigestellt, sofern sich die Preisempfehlung nicht in Folge der Ausübung von Druck[462] oder der Gewährung von Anreizen eine der Vertragsparteien tatsächlich wie **Fest- oder Mindestverkaufspreise** auswirken.[463] Die Kommission hat die Freistellungsbedürftigkeit auch in den Vertikal-Leitlinien[464] bekräftigt. Außerhalb des Anwendungsbereichs der Vertikal-GVO dürften Preisempfehlungen grundsätzlich mangels wesentlicher Effizienzgewinne nicht freigestellt sein.[465]

181

---

452 Kommission, 2001/711/EG (Volkswagen), ABl. 2001 L 262/14 Rn. 57; Kommission 2002/190/EG (JCB), ABl. 2002 L 69/1 Rn. 168 ff.

453 EuG, Rs. T-41/96 (Bayer), Slg. 2000, II-3383, Rn. 151 ff.; EuGH, Rs. C-2/01 P und C-3/01 P (Bayer), Rn. 101 f., 122 f., 141; siehe 1. Kap., Rn. 80 ff.

454 Preisbindungen zu Lasten des Lieferanten sind dagegen nach dem eindeutigen Wortlaut von Art. 4 lit. a) Vertikal-GVO nicht erfasst, so auch *Schultze/Pautke/Wagener*, Vertikal-GVO, Rn. 395; zu Meistbegünstigungsklauseln, Rn. 185.

455 Kommission, 2001/135/EG (Nathan-Bricolux), ABl. 2001 L 54/1, Rn. 87.

456 Vertikal-Leitlinien, Rn. 48 enthält eine Liste "indirekter Maßnahmen", wobei eine unzulässige Preisbindung hieraus insbesondere abzuleiten ist, wenn der Hersteller gleichzeitig ein Überwachungssystem eingerichtet hat und/oder die Bereitschaft der Händler zur unabhängigen Preisfestsetzung durch entsprechende Maßnahmen verringert, beispielsweise durch den Aufdruck empfohlener Endverkaufspreise auf die Vertragsware.

457 Dazu Rn. 182.

458 Vertikal-Leitlinien, Rn. 48.

459 *Schröter*, in: Schröter/Jakob/Mederer, Art. 81, Rn. 169.

460 In der Bußgeldentscheidung Ciba Vision (WuW/DE-V 1813) nahm das BKartA eine unzulässige Druckausübung in einem Fall an, in dem die Kontaktaufnahme des Herstellers mit dem Händler erfolgte, die über die reine Übermittlung von unverbindlichen Preisempfehlungen hinausging und diesen durch nachträgliche und erneute Thematisierung insbesondere mit Blick auf das bisherige Preissetzungsverhalten des Händlers Nachdruck verlieh. Diese Entscheidung wird zu Recht kritisiert, siehe etwa *Freund*, WuW 2011, 29 und *Bach*, JECLAP 2010, 241, 242 f., scheint aber ungeachtet der weitgehenden Aussagen durch spezielle Umstände des Einzelfalls (detailliertes und systematisches Preismonitoring des Herstellers) geprägt.

461 Siehe Bundeskartellamt, Pressemitteilung vom 25. März 2009 (abrufbar unter www.bundeskartellamt.de): Preisempfehlungen des Brillenglasherstellers kritisch zu bewerten, da sich ein großer Teil der kleinen und mittelständischen Augenoptiker an diese unverbindlichen Preisempfehlungen gehalten hätten, sodass sich diese im Markt faktisch wie Fest- bzw. Mindestpreise ausgewirkt hätten.

462 EuG, Rs. T-67/01 (JCB Service), Slg. 2004, II-49, Rn. 130.

463 *Beutelmann*, S. 150.

464 Dort Rn. 226.

465 Siehe Vertikal-Leitlinien, Rn. 227 ff.

182   c) **Höchstpreisbindungen.** Ebenfalls noch nicht abschließend geklärt ist die Beurteilung von Höchstpreisbindungen. Im Anwendungsbereich der Vertikal-GVO sind diese freigestellt, soweit sie sich nicht infolge der Ausübung von Druck oder Gewährung von Anreizen tatsächlich wie Fest- oder Mindestverkaufspreise auswirken (Art. 4 lit. a) Vertikal-GVO). Andernfalls liegt eine Kernbeschränkung vor. Damit sind reine Höchstpreisbindungen unbedenklich, wobei jedoch unklar ist, ob bereits der Tatbestand des Art. 101 Abs. 1 AEUV zu verneinen ist oder erst eine Freistellung nach Art. 101 Abs. 3 AEUV eingreift.[466] Die Frage, ob bereits ein Verstoß gegen Art. 101 Abs. 1 AEUV verneint werden kann, wirkt sich im Hinblick auf die Beweislastverteilung nach Art. 2 VO (EG) Nr. 1/2003[467] aus. Auch außerhalb des Anwendungsbereichs der Vertikal-GVO dürften Höchstpreisbindungen meist jedenfalls nach Art. 101 Abs. 3 AEUV freigestellt sein. Ein wichtiger Faktor bei der Würdigung möglicher wettbewerbswidriger Auswirkungen von Obergrenzen ist die Marktstellung des Anbieters.[468] Im Rahmen der Freistellung nach Art. 101 Abs. 3 AEUV kommt als Effizienzgewinn der Vermeidung doppelter Gewinnmaximierung besondere Bedeutung zu.[469] Soweit Preisobergrenzen als Mittel zur **Kampfpreisunterbietung** eingesetzt werden, kann ein Verstoß gegen das Missbrauchsverbot des Art. 102 AEUV vorliegen.[470]

183   d) **Hub & spoke.** Eine horizontale Kartellabsprache kann auch vorliegen, wenn Unternehmen auf einer Wirtschaftsstufe nicht direkt, sondern „über Bande" kommunizieren. Diese Konstellationen wurden seit jeher unter den Begriff des „Sternvertrages" gefasst.[471] Derartige Abstimmungen zwischen Hersteller und Handel werden heute auch unter dem Stichwort „Hub & spoke" diskutiert. So ist es denkbar, dass ein Händler in einer Preisverhandlung mit dem Hersteller darauf hinweist, welcher Wiederverkaufspreis angemessen wäre und der Hersteller eingeschaltet werden soll, in den Preisverhandlungen mit anderen Händlern für diesen Wiederverkaufspreis zu werben (Preismoderation).[472] Umgekehrt kann es vorkommen, dass der Hersteller dem Händler bei Erhöhung des Einkaufspreises mitteilt, dass auch andere Händler eine solche Erhöhung der Einkaufspreise hinnehmen würden und alle Händler diese Erhöhung „spannenneutral" auf die Wiederverkaufspreise überwälzen könnten. Eine Preismoderation, die darauf gerichtet ist, das Preissetzungsverhalten des Herstellers gegenüber anderen Händlern zu beschränken, ist grundsätzlich kritisch.[473]

184   e) **Ausnahmefälle einer Einzelfreistellung.** In den Vertikal-Leitlinien ist ein Orientierungsrahmen neu aufgenommen worden, in welchen Ausnahmefällen eine Vereinbarung trotz Preisbindung für eine Einzelfreistellung gem. Art. 101 Abs. 3 AEUV in Betracht kommt oder sogar bereits nicht unter Art. 101 Abs. 1 AEUV fällt:[474] Eine Preisbindung kann für einen Hersteller, der ein **neues Produkt** auf den Markt bringen will oder in einen **neuen Markt** einsteigen möchte, erforderlich sein, damit die Händler in der Einführungsphase bereit sind, in verkaufsfördernde Maßnahmen zu investieren. Hier bietet sich die Übernahme der zeitlichen Beschränkung von zwei Jahren an,[475] wie sie die Kommission auf Basis der neuen Vertikal-Leitlinien zum absoluten Gebietsschutz[476] beim Eintritt in einen neuen Markt vorsieht.[477] Ebenso kann die Vorgabe eines niedrigen Festpreises in einem Franchisesystem (oder einem ähnlichen Vertriebssystem mit einheitlichen Vertriebsmethoden wie z.B. einem selektiven Vertriebssystem) im Rahmen einer kurzfristigen Sonderangebotskampagne (regelmäßig zwei bis sechs Wochen) notwendig sein, um einen koordinierten Auftritt zu ermöglichen, der auch den Verbrauchern zugute

---

466   Ausführlich *Kasten*, S. 759 ff., 837; die Auflistung einer zulässigen Klausel in einer GVO führt nicht zwingend dazu, dass Art. 101 Abs. 1 AEUV erfüllt ist: Rn. 1. Kap., Rn. 104.
467   Dazu 1. Kap., Rn. 104.
468   Vertikal-Leitlinien, Rn. 228.
469   Vertikal-Leitlinien, Rn. 229, Rn. 107 lit. f).
470   *Kasten*, S. 838 f; zur Beurteilung von Kampfpreisunterbietungen siehe 6. Kap., Rn. 67 ff.
471   Siehe etwa BGH, WuW/E DE-R 1087, 1089 (Ausrüstungsgegenstände für Feuerlöschzüge).
472   Die Abstimmung der Wiederverkaufspreise der Händler (d.h. den spokes, Radspeichen) laufen dann beim Hersteller (d.h. dem hub, der Radnabe) zusammen.
473   Siehe im Einzelnen *Röhling/Haus*, KSzW 2011, 32, 35 f.
474   Vertikal-Leitlinien, Rn. 225, 60.
475   *Simon*, EWS 2010, 497, 501.
476   Dazu Rn. 145.
477   Vertikal-Leitlinien, Rn. 61.

kommt.[478] Schließlich können Preisbindungen dem **Trittbrettfahrerproblem** (*free-riding*) wirksam begegnen. Die durch die Preisbindung gewonnene zusätzliche Marge kann den Einzelhändlern ermöglichen, eine Kundenberatung anzubieten (insbesondere bei Erfahrungsgütern oder komplizierten Produkten), ohne befürchten zu müssen, dass die Kunden nach erfolgter Beratung bei der preiswerteren Konkurrenz einkaufen, die eine vergleichbare Beratung nicht anbietet. Dabei müssen die Unternehmen allerdings auch darlegen, dass die Beratungsleistungen dem Verbraucher tatsächlich nutzen.[479] An die Begründung der beschriebenen Ausnahmefälle sind im Einzelfall sehr hohe Anforderungen zu stellen.[480]

f) **Meistbegünstigungsklauseln.** Meistbegünstigungsklauseln[481] stellen keine Kernbeschränkungen im Sinne des Art. 4 lit. a) Vertikal-GVO dar. Dies ergibt sich daraus, dass Art. 4 lit. a) Vertikal-GVO nur Beschränkungen des Käufers erfasst. Eine Meistbegünstigungsklausel beschränkt aber regelmäßig den Verkäufer. Derartige Bindungen sind daher gruppenweise freigestellt. Dies betrifft Verpflichtungen des Lieferanten, anderen Abnehmern keine günstigeren Preise als dem betroffenen Abnehmer einzuräumen (**echte Meistbegünstigung**) oder dem Abnehmer stets die jeweiligen auch den anderen Händlern abverlangten günstigsten Preise zu gewähren (**unechte Meistbegünstigung**).[482] Eine vergleichbare wirtschaftliche Zielsetzung haben Baisseklauseln, die den Lieferanten verpflichten, im Falle einer späteren Preissenkung einen Teil des Preises an diejenigen Abnehmer zurückzuerstatten, die erst später in den Genuss der Preissenkung gekommen sind.[483] Unabhängig davon ist jedoch umstritten, ob Meistbegünstigungsklauseln eine Wettbewerbsbeschränkung nach Art. 101 Abs. 1 AEUV darstellen.[484] Dies wirkt sich vor allem außerhalb des Anwendungsbereichs der Vertikal-GVO aus.[485] Meistbegünstigungsklauseln **zu Lasten des Abnehmers** (in Gestalt der Verpflichtung, seinen Kunden beim Weiterverkauf der Vertragswaren jeweils die günstigsten Preise zu gewähren) stellen im Übrigen eine Kernbeschränkung nach Art. 4 lit a) Vertikal-GVO dar.[486]

10. Vorauszahlungen für den Zugang zu einem Vertriebssystem

In den neuen Vertikal-Leitlinien werden erstmals Vorauszahlungen für den Zugang zu einem Vertriebssystem thematisiert. Dabei handelt es sich um feste Gebühren, die ein Anbieter im Rahmen einer vertikalen Beziehung zu Beginn eines bestimmten Zeitraums an den Händler zahlt, um **Zugang zu dessen Vertriebsnetz** zu erhalten und um **Serviceleistungen** zu bezahlen, die der Händler gegenüber dem Anbieter erbringt,[487] sog. *upfront acces payments*. Die Kommission nennt beispielhaft Listungsgebühren (feste Gebühren, die Hersteller an die Einzelhändler für Regalplatz zahlen), die sog. *pay-to-stay-Gebühren* (Pauschalbeträge, mit denen sichergestellt wird, dass ein bestehendes Produkt für einen weiteren Zeitraum im Regal verbleibt) sowie Entgelte für den Zugang zu Werbekampagnen eines Händlers.[488] Die Kommission erkennt die positiven Auswirkungen derartiger Vereinbarungen grundsätzlich an, beispielsweise mit Blick auf eine effiziente Regalflächenzuweisung. Wenn sowohl der Anbieter als auch der Abnehmer auf seinem Markt nicht mehr als 30 % Marktanteil hält, werden derartige Vorauszahlungen von der Schirmfreistellung der Vertikal-GVO erfasst.[489] Werden diese Marktan-

---

478 Vertikal-Leitlinien, Rn. 225.
479 Vertikal-Leitlinien, Rn. 225.
480 *Funke/Just*, DB 2010, 1389, 1395 unter Hinweis auf die Entscheidungspraxis des Bundeskartellamts; ebenso *Simon*, EWS 2010, 497, 501.
481 In den Vertikal-Leitlinien, Rn. 48, nur kurz erwähnt; zu sog. *Englischen Klauseln* Rn. 129 f.
482 *Klotz*, in: Schröter/Jakob/Mederer, Art. 81 – FG Liefer- und Bezugsvereinbarungen, Rn. 84; *Kurth*, WuW 2003, 28, 29.
483 *Nolte*, in: Langen/Bunte, Art. 81, Rn. 499: Derartige Abreden dienen beispielsweise der Gleichbehandlung und dem Ausgleich für Alleinbezugsverpflichtungen von Händlern, die zu höheren Preisen als andere beliefert wurden und daher den Aktiv- oder Passivverkäufen ihrer Händlerkollegen ausgesetzt sind.
484 *Schröter*, in: Schröter, Jakob/Mederer, Art. 81, Rn. 166.
485 Im Anwendungsbereich der Vertikal-GVO ergibt sich nur ein Unterschied im Hinblick auf die Beweislastverteilung nach Art. 2 VO (EG) Nr. 1/2003.
486 *Semler/Bauer*, DB 2000, 193, 197; *Bechtold/Bosch/Brinker/Hirsbrunner*, Art. 4 VO 2790/1999, Rn. 10.
487 Vertikal-Leitlinien, Rn. 203.
488 Vertikal-Leitlinien, Rn. 203.
489 Vertikal-Leitlinien, Rn. 203.

teilsschwellen überschritten, gibt die Kommission in den Leitlinien Anhaltspunkte für die Beurteilung derartiger Vereinbarungen im Einzelfall.[490]

11. Produktgruppenmanagement-Vereinbarungen

187 Insbesondere beim Absatz von Konsumgütern und Lebensmitteln über große Handelsketten spielt seit Jahren das sog. Produkt- oder Warengruppenmanagement (*Category Management*) eine Rolle. Dabei beauftragt der Händler einen bestimmten Anbieter (*Category Captain*) mit der Federführung über das Marketing einer bestimmten Produktkategorie.[491] Die Produktgruppenmanagement-Vereinbarung (*Category Management Agreement*) umfasst Fragen der **Sortimentsauswahl**, der **Platzierung von Produkten** und der Vergabe von **Regalplätzen**. Die Kommission hatte bereits im Rahmen einer Fusionskontrollentscheidung Gelegenheit, zu den Auswirkungen des Category Managements Stellung zu nehmen.[492] Dabei hat die Kommission festgestellt, dass das Produktgruppenmanagement grundsätzlich mit positiven Auswirkungen verbunden sei, insbesondere hinsichtlich der Förderung des Wettbewerbs zwischen den Markenherstellern sowie des Verbraucherinteresses, Markenprodukte in ausreichender Anzahl im Geschäft vorzufinden. Diese Haltung findet sich jetzt auch in den Vertikal-Leitlinien wieder. Sofern sowohl der Anbieter als auch der Abnehmer auf seinem Markt nicht mehr als 30 % Marktanteil hält, sind Produktgruppenmanagement-Vereinbarungen von der Schirmfreistellung der Vertikal-GVO erfasst.[493]

188 Die Abgabe bloßer **Empfehlungen** zur Sortimentsgestaltung ist daher unproblematisch.[494] Dagegen ist bei Anreizen für die empfehlungskonforme Umsetzung oder sogar der vollständigen Auslagerung der Entscheidungsprozesse auf den Hersteller eine kritische Prüfung im Einzelfall notwendig.[495] Sofern ein Einzelhändler selbst **Eigenmarken im selben Produktsegment** produzieren lässt, sollte wegen des (potenziellen) Wettbewerbsverhältnisses keine Preisempfehlung erfolgen.[496] Vergibt der Händler das Category Management exklusiv, ist die zeitliche Höchstdauer des Art. 5 Vertikal-GVO (fünf Jahre) zu beachten.[497] Im Zuge der Bestellung als Category Captain erlangt ein Hersteller möglicherweise Zugriff auch auf sensible Daten seiner unmittelbaren Wettbewerber.[498] Vertreibt der Händler auch Eigenmarken im Sortiment, besteht die Gefahr, dass der Informationsaustausch zu Preisabsprachen führt.[499] Der Informationsaustausch ist daher auf das notwendige Maß zu beschränken. Weiterhin sind Vorkehrungen zur Geheimhaltung der ausgetauschten Informationen notwendig, beispielsweise durch die Etablierung sog. *Clean Teams* (Trennung der Mitarbeiter für das Category Management vom operativen Geschäft des Herstellers) sowie die Errichtung von Informationsbarrieren (*Chinese Walls*).[500]

189 In den Vertikal-Leitlinien gibt die Kommission Hinweise für die Selbsteinschätzung nach Art. 101 Abs. 3 AEUV für den Fall, dass die Marktanteilsschwelle der Vertikal-GVO überschritten wird.[501]

12. Sprunglieferungsverbote des Großhändlers

190 Die Verpflichtung des Großhändlers, keine Direktverkäufe an den Endverbraucher vorzunehmen (Sprunglieferungs- oder Direktbelieferungsverbot), stellt zunächst eine Beschränkung des Kundenkreises gem. Art. 4 lit. b) Vertikal-GVO dar. Derartige Verbote sind aber ausnahms-

---

490 Vertikal-Leitlinien, Rn. 204 bis 207.
491 Vertikal-Leitlinien, Rn. 209.
492 Kommission, COMP/M.3732 v. 15.7.2005 (Procter & Gamble/Gilette), Rn. 134 ff.
493 Vertikal-Leitlinien, Rn. 209.
494 *Besen/Jorias*, BB 2010, 1099, 1100.
495 *Besen/Jorias*, BB 2010, 1099, 1100.
496 *Besen/Jorias*, BB 2010, 1099, 1100.
497 *Besen/Jorias*, BB 2010, 1099, 1100 sowie Rn. 132, 118.
498 Vertikal-Leitlinien, Rn. 212.
499 *Schultze/Pautke/Wagener*, BB 2009, 2266, 2271.
500 *Besen/Jorias*, BB 2010, 1099, 1101.
501 Vertikal-Leitlinien, Rn. 210 bis 213: Begünstigung kollusiven Verhaltens, Marktabschottung.

S. Mäger

weise zulässig, Art. 4 lit. b) ii) Vertikal-GVO: Der Großhändler soll auf seine Großhandelsfunktion beschränkt werden dürfen. Nach den neuen Vertikal-Leitlinien ist es zudem unschädlich, wenn der Großhändler an bestimmte, z.B. größere, Endverbraucher verkauft, während ihm gleichzeitig der Verkauf an andere (alle anderen) Endverbraucher untersagt wird.[502] Bei Sprunglieferungsverboten auf **vorgelagerten Marktstufen** verbleibt es dagegen bei der Grundnorm einer unzulässigen Kundenkreisbeschränkung. Unklar ist, ob dem Großhändler in diesem Fall vorgegeben werden darf, eine von der Großhandelsfunktion unabhängige zusätzliche Einzelhandelsfunktion nur in getrennten Einzelhandelsbetrieben wahrzunehmen.[503]

13. Verbot, Unterhändler einzusetzen

Die Verpflichtung des Käufers, die Vertragsware ohne Zwischenhändler unmittelbar an den   191
Endkunden zu verkaufen, bildet eine – nicht gruppenfreigestellte und schwerlich freistellungsfähige – Kundenkreisbeschränkung gem. Art. 4 lit. b) Vertikal-GVO.

14. Verbote in Lieferverträgen betreffend Bestand- und Ersatzteile

a) **Lieferung von Bestandteilen.** Nach Art. 4 lit. b) iv) Vertikal-GVO sind Beschränkungen zu   192
Lasten des Käufers zulässig, die diesem zum Zwecke des Einbaus in bestimmte Erzeugnisse gelieferten Bestandteile an solche Kunden weiterzuverkaufen, welche die Bestandteile sodann für die Herstellung von Erzeugnissen verwenden, die mit den Erzeugnissen des Herstellers konkurrieren (**Einbau in Konkurrenzprodukte des Lieferanten**). Hauptanwendungsfall dürften Original Equipment Manufacturing (OEM)-Verträge sein.

b) **Lieferung von Ersatzteilen.** Art. 4 lit. e) Vertikal-GVO enthält die einzige schwarze Klausel,   193
die eine Beschränkung **zu Lasten des Lieferanten** enthält. Zwecks Offenhaltung des Originalersatzteil-Marktes[504] darf einem Lieferanten von Bauteilen nicht das Verbot auferlegt werden, die an den Hersteller des Endprodukts (Erstausrüster) gelieferten Teile als Originalersatzteile an Endverbraucher, Reparaturwerkstätten oder andere Dienstleistungserbringer zu verkaufen. Ein Verstoß liegt auch bei indirekten Maßnahmen vor, beispielsweise beim Verbot, den unabhängigen Reparaturwerkstätten notwendige technische Informationen oder Ausrüstungen zu liefern.[505] Der Abnehmer darf seinen Lieferanten lediglich verpflichten, die Originalersatzteillieferungen an solche Adressaten zu unterlassen, die der Abnehmer selbst mit der Wartung seiner eigenen Erzeugnisse betraut hat. Der Abnehmer (Erstausrüster) darf von den Mitgliedern seines eigenen Reparatur- und Kundendienstnetzes also verlangen, die Ersatzteile von ihm zu beziehen.[506]

15. Forschungs- und Entwicklungs-, Herstellungsverbote

Die Verpflichtung des Käufers, während der Vertragslaufzeit keine konkurrierenden Produkte   194
zu entwickeln[507] bzw. herzustellen, wird mangels „vertikaler" Vereinbarung nicht von der Schirmfreistellung gem. Art. 2 Abs. 1 Vertikal-GVO erfasst. Derartige Verpflichtungen können jedoch nach Maßgabe der sonstigen GVO oder im Rahmen einer unmittelbaren Anwendung von Art. 101 Abs. 3 AEUV zulässig sein.[508]

16. Verwendungsbeschränkungen

Eine Verwendungsbeschränkung liegt vor, wenn dem Abnehmer Vorgaben hinsichtlich der   195
Verwendung der gelieferten Waren gemacht werden. Dabei sind zwei Gestaltungen denkbar. Im Falle eines **Weiterverarbeitungsverbotes** liefert der Verkäufer ein Produkt an den Käufer für

---

502 Vertikal-Leitlinien, Rn. 55.
503 Kritisch: *Bechtold/Bosch/Brinker/Hirsbrunner*, Art. 4 VO 2790/1999 Rn. 15.
504 Unter Einschluss von Parallel-Vertriebswegen für sog. Identteile, d.h. Teile, die mit den Erstausrüstungsteilen identisch sind (BKartA B 7 84/76 (Identteile) WuW/E BKartA 1781).
505 Vertikal-Leitlinien, Rn. 59.
506 Vertikal-Leitlinien, Rn. 59.
507 Vertikal-Leitlinien, Rn. 26.
508 Siehe Rn. 81 ff.

den Eigenbedarf oder für den Weiterverkauf, untersagt dem Käufer aber eine vorausgehende Weiterverarbeitung (insgesamt oder im Hinblick auf ein bestimmtes Folgeprodukt). Derartige Beschränkungen fallen unter Art. 101 Abs. 1 AEUV.[509] Ein Weiterverarbeitungsverbot ist jedoch nach Art. 2 Abs. 1 Vertikal-GVO freigestellt. Insbesondere liegt keine schwarze Klausel nach Art. 4 lit. b) Vertikal-GVO vor. Denn diese Klausel erfasst nur Beschränkungen, die unmittelbar an den Weiterverkaufsvorgang (des Abnehmers) anknüpfen. Ein Weiterverarbeitungsverbot betrifft jedoch nicht den Weiterverkaufsakt, sondern die vorgelagerte Weiterverarbeitung. Ein Weiterverarbeitungsverbot kann auch nicht als mittelbares Weiterverkaufsverbot unter Art. 4 lit. b) Vertikal-GVO gefasst werden, wie insbesondere ein Vergleich des (engen) Wortlauts dieser Vorschrift mit Art. 4 lit. a) Vertikal-GVO zeigt. Art. 4 lit. b) Vertikal-GVO untersagt nicht jede faktische Beschränkung der Weiterverkaufsmöglichkeit.[510] Greift die Vertikal-GVO nicht ein, da die Marktanteilsschwelle von Art. 3 überschritten wird, können im Einzelfall gute Argumente dafür sprechen, eine Freistellung in direkter Anwendung von Art. 101 Abs. 3 AEUV anzunehmen.[511]

196 Als zweite Gestaltung kommt ein **Weiterverarbeitungsgebot** in Betracht, also eine Klausel, die dem Käufer einen Weiterverkauf des Produktes ohne vorhergehende Weiterverarbeitung untersagt. Diese Klausel setzt direkt am Verkauf der bezogenen Ware an. Dies spricht dafür, von einer schwarzen Klausel nach Art. 4 lit. b) Vertikal-GVO auszugehen. Denn dem Käufer wird keine Verwendung der Ware verboten, sondern ihm wird der Weiterverkauf der gelieferten Ware als solcher untersagt.[512] Diese Bewertung erscheint jedoch nicht zwingend. Art. 4 lit. b) Vertikal-GVO soll eine vom Hersteller organisierte Aufteilung von Märkten bzw. Kundengruppen zwischen Händlern verhindern. Jedenfalls ein totales Weiterveräußerungsverbot führt jedoch zu keiner Marktaufteilung.[513] Auch die in den Vertikal-Leitlinien genannten Beispielsfälle[514] befassen sich in erster Linie mit Konstellationen, in denen ein Lieferant einen grundsätzlich eröffneten Weiterverkauf zur Marktaufteilung nutzt.

197 Im Einzelfall könnte ein Weiterveräußerungsverbot oder -gebot gegen Art. 102 AEUV verstoßen.[515] Verwendungsbeschränkungen sind unkritisch, wenn sie aus übergeordneten Gründen (insbesondere Umwelt- oder Gesundheitsschutz) geboten sind.[516] Soweit sich Verwendungsbeschränkungen in **Lizenzverträgen** finden, sind Sonderregeln zu beachten.[517]

198 Unter dem Begriff der Verwendungsbeschränkung können schließlich **Vorgaben** gefasst werden, die ein Hersteller außerhalb eines selektiven Vertriebssystems einem **Händler** im Hinblick auf den Weiterverkauf macht und die sich nicht auf den Preis,[518] das Verkaufsgebiet oder die Kundengruppe[519] beziehen, z.B. die Verpflichtung eines Großhändlers, dem Einzelhändler be-

---

509 EuGH, Rs. 319/82 (Kerpen), Slg. 1983, 4173, Rn. 9; Kommission, IV/32.026 (Bayo-n-ox), ABl. 1990 L 21/76, Rn. 39; Kommission, IV/30.077 (Cafeteros de Colombia), ABl. 1982 L 360/31, Rn. 35 ff.

510 Ausführlich *Bechtold/Denzel*, WuW 2008, 1272, 1273 ff.; zurückhaltender *Gehring/Fort*, EWS 2007, 160, 164: Regelmäßig liege keine unzulässige Marktaufteilung zwischen Wettbewerbern vor.

511 *Bechtold/Denzel*, WuW 2008, 1272, 1280.

512 So *Bechtold/Denzel*, WuW 2008, 1272, 1281 f.; ebenso bereits *Gehring/Fort*, EWS 2007, 160, 165 f.: Freistellung nur in den Grenzen von Art. 4 lit. b), d.h. u.a. Gestattung passiver Verkäufe; ebenso BKartA, Sektoruntersuchung Kapazitätssituation in den deutschen Gasfernleitungsnetzen, Abschlussbericht gemäß § 32 e Abs. 3 GWB, Dezember 2009, S. 26 f.: Weiterverkaufsverbote (in Gasliefervertägen mit Take-or-pay-Vereinbarungen in Bezug auf die Jahresabnahmepflicht) stellten eine totale Kundenbeschränkung und damit eine Kernbeschränkung i.S.v. Art. 4 lit. b) Vertikal-GVO dar.

513 In mehreren Fällen hat die Rechtsprechung Weiterverkaufsverbote nach AGB-Recht bzw. § 307 BGB geprüft, ohne die Frage der kartellrechtlichen Wirksamkeit aufzugreifen, obwohl der beschränkte Abnehmer als Unternehmen zu qualifizieren war und die Frage der Kartellrechtswidrigkeit entscheidungserheblich gewesen wäre, weil ein Verstoß gegen die zivilrechtlichen Vorschriften verneint wurde, siehe etwa BGH, I ZR 74/06 (Angebot von Eintrittskarten durch nicht autorisierte Händler – bundesligakarten.de), NJW 2009, 1504; offen gelassen von OLG Düsseldorf, VI-U (Kart) 33/05, Rn. 47 betreffend ein Verbot, ein geliefertes Fahrzeug zu Vertriebszwecken weiter zu verkaufen.

514 Vertikal-Leitlinien, Rn 50.

515 Zum Ticketübertragungsverbot siehe etwa *Kraus/Oberrauch*, EuZW 2006, 199.

516 *Gehring/Fort*, EWS 2007, 160, 169.

517 5. Kap. Rn. 68 ff.

518 Dazu Rn. 178 ff.

519 Dazu Rn. 142 ff.

stimmte Pflichten im Hinblick auf die Produktplatzierung aufzuerlegen. In derartigen Fällen dürfte regelmäßig eine Wettbewerbsbeschränkung i.S.v. Art. 101 Abs. 1 AEUV vorliegen. Mangels schwarzer Klausel i.S.v. Art. 4 Vertikal-GVO dürfte aber regelmäßig eine Freistellung gegeben sein.

17. Dualdistribution

Ein Hersteller, der einerseits einen Vertragshändler einsetzt, andererseits sich aber die Direkt- **199** belieferung der Kunden vorbehält (Dualdistribution) steht mit dem Vertragshändler in einem aktuellen Wettbewerbsverhältnis. Dies steht der Anwendung der Vertikal-GVO jedoch nicht entgegen,[520] und zwar unabhängig davon, ob der Händler potentieller Wettbewerber auf der Herstellerstufe ist.[521] Allerdings sind nicht alle Klauseln eines Vertriebsvertrages (die nicht „schwarze Klauseln" darstellen) automatisch nach der Vertikal-GVO freigestellt. Dies gilt insbesondere für Klauseln, die im Kern horizontaler und nicht vertikaler Natur sind.[522] Damit dürfte auch der **Informationsaustausch** zwischen Hersteller und Vertragshändler den allgemeinen kartellrechtlichen Grundsätzen zum Informationsaustausch[523] unterliegen.[524]

Häufig ist ein Hersteller bestrebt, die eigenen **Vertriebsaktivitäten** von denjenigen der Ver- **200** tragshändler **abzugrenzen** (so dass streng genommen keine Dualdistribution vorliegt). Der Hersteller mag sich z.B. nur diejenigen Großkunden vorbehalten, die zentral für eine Vielzahl von Niederlassungen oder Produktionsstätten in unterschiedlichen Vertriebsgebieten einkaufen. Umgekehrt könnte der Hersteller dem Vertragshändler Kleinkunden zuweisen, deren Belieferung ein Vertriebsnetz erfordert, über das der Händler, nicht aber der Hersteller verfügt. Vereinbaren Hersteller und Händler eine vollständige Exklusivität, nach welcher der Hersteller die dem Vertragshändler zugeordneten Kunden (definiert nach geografischem Sitz oder anderen Merkmalen) weder aktiv ansprechen noch passiv beliefern darf, liegt weder ein aktuelles noch ein potentielles Wettbewerbsverhältnis zwischen Hersteller und Händler vor.[525] Eine derartige Exklusivität ist im Hinblick auf das Vertragsgebiet (bzw. die Kundengruppe) des Händlers zulässig. Insbesondere die schwarze Klausel des Art. 4 lit. b) Vertikal-GVO gilt nur für Beschränkungen des Abnehmers. In dieser Konstellation fehlt es während der Vertragslaufzeit an einem – beschränkbaren – aktuellen oder potentiellen Wettbewerbsverhältnis. Ob ein solches Wettbewerbsverhältnis nach Ende der Vertragslaufzeit gegeben ist, ist eine Frage des Einzelfalls.[526] Eine vergleichbare Exklusivität lässt sich jedenfalls nach der Vertikal-GVO im Hinblick auf das Gebiet oder die Kundengruppe, die sich der Hersteller selbst vorbehalten hat, demgegenüber nicht herstellen. Denn nach Art. 4 lit. b) Vertikal-GVO müssen jedenfalls passive Verkäufe seitens des Händlers möglich sein. Damit ist grundsätzlich ein – beschränkbares – Wettbewerbsverhältnis gegeben, es sei denn, der Händler kann z.B. aus technischen oder logistischen Gründen in das Gebiet oder an die Kundengruppe des Herstellers ohnehin nicht liefern.

VIII. Besondere Branchen

1. Kfz-Vertrieb

a) **Grundsätze und Regelungsstruktur.** Der Kfz-Vertrieb ist Gegenstand von eigenständigen **201** Regelungen, die neben die Vertikal-GVO treten. Diese Sonderregelung beruht darauf, dass das

---

520 Art. 2 Abs. 4 lit. a) Vertikal-GVO.
521 Siehe nur *Seeliger*, in: Wiedemann, § 10 Rn. 107.
522 Siehe auch Leitlinien über horizontale Zusammenarbeit, Rn. 12; siehe z.B. Forschungs- und Entwicklungsverbote, Rn. 194.
523 Dazu 3. Kap. Rn. 19 ff.
524 *Wiemer*, WuW 2009, 750, 755 mit Überlegungen dazu, in welchem Umfang an einem Informationsaustausch ein „anzuerkennendes Interesse" in Anwendung des alten (an sich überholten) Druckgussteile-Kriteriums des BGH (KZR 41/95, WuW/E BGH 3115, 3118) vorliegen kann.
525 Siehe im Einzelnen *Wiemer*, WuW 2009, 750, 752 f.
526 Nach *Wiemer*, WuW 2009, 750, 752 ist dabei auch die Länge der Vertragslaufzeit zu berücksichtigen. Dies erscheint zwar nicht zwingend. Die von *Wiemer* angeführte Faustregel – je länger der Vertriebsvertrag andauere, desto eher dürfte ein potentielles Wettbewerbsverhältnis ausscheiden – mag allerdings praktisch zutreffend sein.

Auto für den Großteil der Konsumenten der zweitwichtigste Ausgabenposten nach dem Haus oder der Wohnung ist. Dabei machen die Kosten für Wartung und Reparatur einen erheblichen Teil der Gesamtkosten aus. Es hat sich ein fabrikationsunabhängiger Kundendienst etabliert, der als Hauptwettbewerber der Vertragswerkstätten agiert, gleichzeitig aber beim Zugang zu technischen Reparatur- und Wartungsinformationen sowie beim Bezug bestimmter Ersatzteile von den jeweiligen Automobilherstellern abhängig ist.[527] Nach Auffassung der Kommission erfordert der Wettbewerb auf diesem **Kundendienstmarkt** daher einen besonderen Schutz. Anders beurteilt die Kommission den **Neuwagenmarkt**. Dort gäbe es keine erhebliche Beeinträchtigung des Wettbewerbs, so dass auch kein Bedarf nach einer eigenständigen Regelung in Abweichung von oder in Ergänzung zu der Vertikal-GVO erforderlich sei.[528] Vor diesem Hintergrund erklärt sich folgende, nicht nur auf den ersten Blick komplizierte Regelungsstruktur: Mit Wirkung seit dem 1. Juni 2010 ist die neue Kfz-GVO 461/2010 (**Kfz-GVO**) anwendbar. Diese umfasst sowohl den **Vertrieb von Neufahrzeugen** als auch den **Kundendienst**. Der Kundendienst besteht aus den beiden getrennten Märkten für **Wartung und Reparatur** einerseits sowie für **Ersatzteile** andererseits (**Anschlussmärkte**). **Bis zum 31. Mai 2013** gilt allerdings für den **Neuwagenmarkt** die bisherige Kfz-GVO 1400/2002 (**Kfz-GVO 2002**) fort (Art. 2 Kfz-GVO). Ab dem **1. Juni 2013** findet sodann die Vertikal-GVO Anwendung (Art. 3 Kfz-GVO). Für die **Anschlussmärkte** gelten gemäß Art. 4 Kfz-GVO die Bedingungen und Freistellungsvoraussetzungen der Vertikal-GVO sowie zusätzlich die Kernbeschränkungen des Art. 5 Kfz-GVO.

202 Damit bilden die Vertikal-GVO und die Vertikal-Leitlinien die Grundlage der neuen Regelung für die Kraftfahrzeugbranche. Gleichzeitig findet die einheitliche Marktanteilsschwelle von 30 % für alle Vertriebsformen und Märkte Anwendung. In den Kfz-Leitlinien finden sich Auslegungshilfen sowohl für den Neuwagenmarkt als auch für die Anschlussmärkte; sie ergänzen die Vertikal-Leitlinien. Gleichzeitig sind bis 2013 neben der Kfz-GVO 2002 auch der dazugehörige Leitfaden und die häufig gestellten Fragen[529] zu beachten, soweit es um den Neuwagenmarkt geht.

203 Die neue Kfz-GVO gilt bis zum 31. Mai 2023 (Art. 8), wobei die Kommission bis spätestens 2021 einen Bewertungsbericht erstellen muss, der auch den Markt für Neuwagen einschließt (Art. 7).

204 b) Verkauf von Neuwagen. aa) Kfz-GVO 2002. **Bis zum 31. Mai 2013** gilt unverändert die bisherige Kfz-GVO 2002, die zu diesem Zweck um drei Jahre verlängert worden ist. Es handelt sich um die detaillierteste GVO, die zugleich die meisten Auslegungsprobleme aufwirft. Im Rahmen dieser Darstellung kann lediglich die Grundstruktur skizziert werden.[530]

205 Die Struktur der Kfz-GVO lehnt sich an die Systematik der Vertikal-GVO 1999 an. Art. 2 Kfz-GVO enthält den Freistellungstatbestand für vertikale Beschränkungen. Die Freistellung findet keine Anwendung bei Marktanteilen von mehr als 30 % bzw. – bei Vereinbarungen über quantitative selektive Vertriebssysteme zum Verkauf neuer Kraftfahrzeuge – 40 %, soweit es sich nicht lediglich um qualitative selektive Vertriebssysteme im Sinne des Art. 1 Abs. 1 lit. h) Kfz-GVO handelt (Art. 3 Abs. 1 Kfz-GVO). Grundsätzlich kommt es auf den Marktanteil des Lieferanten an, ausnahmsweise – bei Alleinbelieferungsverpflichtungen (Art. 1 Abs. 1 lit. e) Kfz-GVO) – auf den Marktanteil des Käufers auf dem Markt, auf dem er die Vertragswaren oder -dienstleistungen bezieht. Das Eingreifen der Freistellung nach Art. 2 Kfz-GVO hängt davon ab, dass die vertikalen Vereinbarungen bestimmte Vorgaben erfüllen, die eine Stärkung der vertraglichen Rechte von Händlern und Werkstätten bezwecken (Art. 3 Abs. 3 bis Abs. 6 Kfz-GVO, sog. „**Voraussetzungen der Freistellung**"). Dazu zählt beispielsweise die Möglichkeit des zugelassenen Händlers, die Rechte und Pflichten aus seinem Vertriebsverhältnis auf einen anderen zugelassenen Händler zu übertragen, die Notwendigkeit, dass eine vom Hersteller aus-

---

527 *Simon*, ÖZK 2010, 83.

528 Erwägungsgrund (10) Kfz-GVO 461/2010; Ergänzende Leitlinien für vertikale Beschränkungen in Vereinbarungen über den Verkauf und die Instandsetzung von Kraftfahrzeugen und den Vertrieb von Kraftfahrzeugersatzteilen (Kfz-Leitlinien), ABl. 2010 C 138/16, Rn. 12.

529 Siehe www.ec.europa.eu/competition/sectors/motor_vehicles/legislation/legislation.html.

530 Weiterführend *Niebling*, Vertragshändlerrecht; *Bechtold/Bosch/Brinker/Hirsbrunner*, VO 1400/2000; einen Überblick bieten *Enthaler/Gesmann-Nuissl*, BB 2005, 1749 ff.; *Schumacher*, WuW 2005, 1222.

gehende Kündigung schriftlich zu begründen ist, die Vereinbarung einer **Mindestlaufzeit** für das Vertriebsverhältnis von **5 Jahren** (bei unbefristeten Verträgen und einer **Kündigungsfrist von mindestens 2 Jahren** in bestimmten Fällen von einem Jahr) sowie das Recht beider Parteien, bei Meinungsverschiedenheiten über die Erfüllung ihrer vertraglichen Verpflichtungen einen unabhängigen Sachverständigen oder einen Schiedsrichter anzurufen.[531]

Art. 4 Kfz-GVO listet Kernbeschränkungen auf, die zu einer Versagung der Freistellung insgesamt führen, während die in Art. 5 Kfz-GVO aufgeführten Verpflichtungen zwar selbst nicht freigestellt sind, jedoch die Freistellung etwaiger weiterer vertikaler Beschränkungen nicht hindern. Damit wird in der Kfz-GVO das aus der Vertikal-GVO bekannte System der „schwarzen" und „grauen" Klauseln fortgeführt.[532] Art. 8 und 9 Kfz-GVO enthalten Vorschriften für die Berechnung der relevanten Marktanteile sowie in bestimmten Fällen des Umsatzes.   206

Die Kfz-GVO gestattet für den Vertrieb von Kraftfahrzeugen **alternativ** den **Exklusiv-Vertrieb** (Gebietsschutz) sowie den **Selektiv-Vertrieb**. Eine Kombination beider Vertriebssysteme auf denselben Märkten ist nicht gestattet. Damit soll der markeninterne Wettbewerb gesteigert werden. Im Fall des exklusiven Vertriebs muss der Händler berechtigt bleiben, auch an Wiederverkäufer zu verkaufen, die nicht zu dem vom Hersteller eingerichteten Netz zugelassener Händler gehören. Gleichfalls muss der Händler zum passiven Verkauf an Kunden auch in Gebieten oder an Gruppen von Kunden berechtigt bleiben, die der Lieferant sich selbst vorbehalten oder ausschließlich einem anderen Händler zugewiesen hat.[533] Beim selektiven Vertrieb darf der Händler die Vertragserzeugnisse nur an solche Wiederverkäufer verkaufen, die vom Hersteller zu dem Vertriebssystem zugelassen sind. Dem Händler darf jedoch nicht verboten werden, an beliebige Endverbraucher zu liefern (Ausnahme: der Händler ist Großhändler). Gleiches gilt für Querlieferungen innerhalb des Vertriebssystems.[534] Zudem muss es dem Händler für den Verkauf von Personenkraftwagen oder leichten Nutzfahrzeugen gestattet sein, zusätzliche Verkaufs- oder Auslieferungsstellen an anderen Standorten im gemeinsamen Markt einzurichten, die nicht sonstigen Händlern zu exklusivem Vertrieb zugewiesen oder vom Lieferanten dazu vorbehalten sind (Art. 5 Abs. 2 lit. b) sowie Art. 4 Abs. 1 lit. d) und e) Kfz-GVO).   207

Der Hersteller darf dem Händler lediglich vorschreiben, die Fahrzeuge in einem eigenen, nur für seine Marken vorbehaltenen Teil des Ausstellungsbereiches auszustellen. Dagegen kann der Hersteller dem Händler nicht den **Mehrmarkenvertrieb** als solchen untersagen (Art. 5 Abs. 1 lit. a) i.V.m. Art. 1 Abs. 1 lit. b) Kfz-GVO). Der Hersteller darf den Händler verpflichten, bis zu **30 %** seines **Gesamtbedarfs** bei ihm zu decken (Art. 1 Abs. 1 lit. b) Kfz-GVO). Die Befugnis der Händler, an **Vermittler** zu verkaufen, darf lediglich insoweit eingeschränkt werden, als der Vermittler eine Vollmacht seines Kunden vorzulegen hat.   208

Der Verkauf von Neufahrzeugen durch den Händler darf davon abhängig gemacht werden, dass dieser selbst oder durch vom Lieferanten zugelassene Werkstätten die **erforderlichen Instandsetzungs- und Wartungsarbeiten** erbringt (Art. 5 Abs. 1 lit. g) Kfz-GVO). In diesem Zusammenhang darf auch die Einhaltung bestimmter Qualitätsstandards der Werkstätten gefordert werden.[535]   209

bb) Vertikal-GVO. Aufgrund der Anwendung der Vertikal-GVO **ab dem 1. Juni 2013** fallen einige der unter aa) dargestellten bisherigen Voraussetzungen für eine Freistellung (auf Basis der Kfz-GVO 1400/2002) fort. Zusätzlich ändern sich die Voraussetzungen für den Mehrmarkenvertrieb.   210

(1) Händlerschutz. Die vier Bestimmungen des Art. 3 Kfz-GVO 2002 gelten ab 2013 nicht mehr. Es handelt sich um Bestimmungen der Fairness und des Schutzes der schwächeren Vertragspartei, die künftig dem nationalen Vertrags- und Handelsrecht ausschließlich zugewiesen   211

---

531   Die Anrufung eines nationalen Gerichtes bleibt unbenommen.
532   Siehe Rn. 68 ff., 72 ff.
533   Siehe im Rahmen der Vertikal-GVO Rn. 148, 151.
534   Siehe im Rahmen der Vertikal-GVO Rn. 146, 167.
535   Den zugelassenen Werkstätten muss es offen stehen, anstelle von Original-Ersatzteilen qualitativ gleichwertige Ersatzteile zu verwenden (Art. 4 Abs. 1 lit. k) Kfz-GVO), allerdings unbeschadet des Rechtes des Herstellers, Ansprüche auf Basis seiner gewerblichen Schutzrechte geltend zu machen, siehe Art. 4 Abs. 2 Kfz-GVO.

sein sollen. Dies betrifft auch den Kündigungsschutz von zwei Jahren gemäß Art. 3 Abs. 5 Kfz-GVO 2002, der als Investitionsschutz angesichts der hohen Investitionen in der Kfz-Branche ohnehin nicht ausreichend gewesen ist.[536]

212 (2) **Mehrmarkenvertrieb.** Die auf Basis der Kfz-GVO 2002 als förderungswürdig angesehene Form des Mehrmarkenvertriebs als auch die Begrenzung der Bezugsbindung auf 30 % wird nicht fortgeführt. Ausweislich des Bewertungsberichts hat die Kommission festgestellt, dass von der Möglichkeit des Mehrmarkenvertriebs im selben Schauraum ohnehin nicht stark Gebrauch gemacht worden sei. Zudem habe sich der Automarkt für Neuwagen aufgrund der raschen Entwicklung des Internets zu einem sehr transparenten Markt entwickelt. Daher überzeuge das frühere Argument, der Kunde könne in einem Mehrmarkenautohaus die Angebote besser vergleichen, nicht mehr. Zum Schutz derjenigen Händler, die im Vertrauen auf die bisherige Regelung markenspezifische Investitionen getätigt haben, hat die Kommission die Kfz-GVO 2002 um drei Jahre verlängert.

213 Ab Juni 2013 ist Voraussetzung für eine Freistellung des **Markenzwanges** auf Basis der dann anwendbaren Vertikal-GVO, dass der Marktanteil 30 % nicht übersteigt.[537] Einige der Volumenmarken dürften diesen Marktanteil in ihren jeweiligen Heimatländern überschreiten.[538] Der Hersteller kann für einen Zeitraum von maximal fünf Jahren verlangen, dass der Händler nur seine Marke anbietet (Art. 5 Abs. 1 lit. a) Vertikal-GVO).[539] Untersagt sind Praktiken, die einer stillschweigenden Verlängerung des betreffenden Markenzwanges gleichkommen.[540] Der Händler darf nicht daran gehindert werden, das Wettbewerbsverbot nach Ablauf des Fünfjahreszeitraums tatsächlich zu beenden.[541] Verpflichtungen, welche die Mitglieder eines selektiven Vertriebssystems veranlassen, **Marken bestimmter konkurrierender Anbieter** nicht zu verkaufen, sind gemäß Art. 5 Abs. 1 lit. c) Vertikal-GVO nicht freigestellt. Dies betrifft beispielsweise den Fall, dass ein bedeutender Anbieter durch Wettbewerbsverbote erreichen möchte, ein ganz bestimmtes Fabrikat aus dem Markt zu drücken, da es überwiegend als Zweitmarke in den Autohäusern dieses marktstarken Herstellers vertreten ist.[542]

214 (3) **Standortklausel.** Auf Basis der Kfz-GVO 1400/2002 muss in einem selektiven Vertriebssystem für die Freistellung dem Händler die Möglichkeit eingeräumt werden, zusätzliche Verkauf- und Auslieferungsstellen an anderen Standorten zu errichten (Art. 5 Abs. 2 lit. b). Diese Regelung entfällt ab 2013. Es ist möglich, dass das Verbot der Eröffnung weiterer Verkaufs- und Auslieferungsstellen nicht mehr durch Art. 101 Abs. 3 AEUV freigestellt ist, wenn ein Hersteller deutlich höhere Marktanteile als 30 % aufweist.[543]

215 c) **Kundendienst (Anschlussmärkte). aa) Grundsätze.** Der Kundendienst setzt sich aus den beiden **Anschlussmärkten für Ersatzteilverkauf einerseits sowie Reparatur und Wartung andererseits** zusammen. Das in der Regel selektive Netz der Vertragswerkstätten weist Marktanteile von zumeist 50 % und mehr aus. Die freien Werkstätten sind die einzigen *inter brand*-Wettbewerber, die im Durchschnitt 15 bis 20 % günstiger sind.[544] Gleichzeitig benötigen die freien Werkstätten Zugang zu Ersatzteilen und technischen Informationen.

216 Mit Wirkung ab dem 1. Juni 2010 gelten die Bedingungen und Freistellungsvoraussetzungen der Vertikal-GVO sowie zusätzlich die Kernbeschränkungen des Art. 5 Kfz-GVO (Art. 4 Kfz-GVO).

217 Es gibt damit keine – weitergehenden – grundsätzlichen Vorgaben des Vertriebssystems mehr. Vielmehr kann innerhalb des Anwendungsbereiches der Kfz-GVO auch ein quantitativ-selektives oder exklusives Vertriebssystem etabliert werden.

---

536 *Simon,* ÖZK 2010, 83, 87.
537 Siehe Rn. 16 ff.
538 *Simon,* ÖZK 2010, 83, 88.
539 Siehe Rn. 131, 118 ff.
540 Kfz-Leitlinien, Rn. 26.
541 Vertikal-Leitlinien, Rn. 66.
542 *Simon,* ÖZK, 2010, 83, 89.
543 Kfz-Leitlinien, Rn. 56.
544 Nachweise bei *Simon,* ÖZK 2010, 83, 89.

S. Mäger

bb) Markanteilsobergrenzen. Damit ist für Verträge in den Anschlussmärkten unabhängig 218
vom gewählten Vertriebssystem die 30 %-Marktanteilsobergrenze des Art. 3 Vertikal-
GVO[545] anwendbar. Bei Zugrundelegung der **markenspezifischen Marktabgrenzung** der Kommission dürften fast alle markengebundenen Verträge der Kfz-Hersteller und der Importeure
auf den Anschlussmärkten wegen **Überschreitens dieser Schwellenwerte** nicht mehr in den Anwendungsbereich der Kfz-GVO fallen.[546] Ein Ansatzpunkt für eine abweichende Marktabgrenzung wird in der Feststellung der Kommission gesehen, dass Leistungen auf den Anschlussmärkten zusammen mit dem Fahrzeug auch eine einheitlichen Systemmarkt bilden können, der
nicht markenspezifisch abzugrenzen ist.[547] Dies dürfte jedoch allenfalls im Bereich der Flottenkunden oder bei Käufern von Nutzfahrzeugen in Betracht kommen.[548]

Auf den – wie von der Kommission definierten – Märkten für Ersatzteilvertrieb und Werk- 219
stattverträge dürfte die zweite Marktanteilsschwelle (Art. 3 Abs. 1 Vertikal-GVO)[549] keine
Rolle spielen.

Verträge über die Belieferung mit Ersatzteilen unterfallen der Kfz-GVO. Teile, welche für den 220
Erstausrüstermarkt bestimmt sind, richten sich dagegen ausschließlich nach der Vertikal-GVO.
In beiden Fällen sind die Märkte nach der Funktion des jeweiligen Zulieferteils/Ersatzteils abzugrenzen (z.B. Scheibenbremsen, Trommelbremsen, Dichtungen etc.).[550]

cc) Schwarze Klauseln gemäß Art. 4 Vertikal-GVO. Um von der Gruppenfreistellung zu pro- 221
fitieren, darf eine Vereinbarung keine der in Art. 4 der Vertikal-GVO aufgezählten schwarzen
Klauseln (Kernbeschränkungen) enthalten (Art. 4 Kfz-GVO).[551] Damit entfallen drei der
schwarzen Klauseln, die noch in der Kfz-GVO 2002 enthalten waren: Das Verbot, von einer
Werkstatt zu verlangen, auch im Neuwagenvertrieb tätig zu sein (Art. 4 Abs. 1 lit. b Kfz-GVO
2002). Gleiches gilt für die Pflicht, unabhängigen Marktbeteiligten den **Zugang zu technischen
Informationen** zu gewähren (Art. 4 Abs. 2 Kfz-GVO 2002). Unabhängig von der Frage der
Freistellung gelten jedoch die anderweitig normierten Pflichten, unabhängigen Marktbeteiligten Zugang zu derartigen technischen Informationen zu gewähren. Dies betrifft gemäß VO
715/2007[552] alle Pkw und leichte Nutzfahrzeuge, die nach dem 1. September 2007 erstmals
zugelassen wurden und gemäß VO 595/2009[553] alle Lkw, die nach dem 31. Dezember 2012
erstmals zugelassen werden. Im Rahmen der weggefallenen schwarzen Klauseln ist schließlich
das Verbot an Werkstätten/Händler zu nennen, Ersatzteile aus anderen Quellen zu beziehen
(Art. 4 Abs. 1 lit. k) Kfz-GVO 2002).

dd) Schwarze Klauseln gemäß Art. 5 Kfz-GVO. Sodann sind die zusätzlichen Kernbeschrän- 222
kungen gemäß Art. 5 Kfz-GVO zu beachten: Die Beschränkung des Verkaufs von Kfz-Ersatzteilen durch Mitglieder eines **selektiven Vertriebssystems** an unabhängige Werkstätten, welche
diese Teile für die Instandsetzung und Wartung eines Kraftfahrzeugs verwenden (Art. 5 lit. a)
Kfz-GVO). Ebenfalls Kernbeschränkungen sind die einem Anbieter von **Ersatzteilen, Instandsetzungsgeräten, Diagnose- oder Ausrüstungsgegenständen** von einem Kraftfahrzeughersteller
auferlegten Beschränkungen, diese Waren an zugelassene oder unabhängige Händler, zugelassene oder unabhängige Werkstätten oder an Verbraucher zu verkaufen (Art. 5 lit. b) Kfz-GVO).
In diesem Zusammenhang ist allerdings die Fortgeltung der Zulieferbekanntmachung vom
18. Dezember 1978[554] zu beachten.[555] Grundsätzlich stellt sich jedoch die Frage, warum die
Kernbeschränkung auch weiterhin solche Waren umfasst, welche gar nicht Gegenstand der Kfz-
GVO sind, nämlich Vereinbarungen über Diagnose- / Ausrüstungsgegenstände oder Endstand-

---

545 Siehe Rn. 16 ff.
546 Kfz-Leitlinien, Rn. 39.
547 Kfz-Leitlinien, Rn. 57; dazu *Wegner,* BB 2010, 1803, 1805.
548 *Wegner,* BB 2010, 1803, 1805.
549 Dazu Rn. 16.
550 *Wegner,* BB 2010, 1803, 1806.
551 Dazu Rn. 68, 114 ff.
552 VO (EG) Nr. 715/2007, ABl. L 171/1.
553 VO (EG) Nr. 595/2009, ABl. L 188/1.
554 Siehe Rn. 110.
555 Kfz-Leitlinien, Rn. 23.

setzungsgeräte.[556] Schließlich liegt eine Kernbeschränkung vor, wenn die Möglichkeiten von Ersatzteilherstellern, ihre **Waren- oder Firmenzeichen** auf ihren Produkten anzubringen, untersagt wird (Art. 5 lit. c Kfz-GVO).

223   ee) **Wettbewerbsverbote.** Anders als dies in der Kfz-GVO 2002 der Fall war, sind Wettbewerbsverbote nunmehr für Dauer von bis zu fünf Jahren freigestellt, wobei ein Wettbewerbsverbot bei Mindestbezugsmengen erst bei einer Bindung von 80 % des Einkaufsvolumens angenommen wird.[557] Aufgrund der markenspezifischen Abgrenzung der Dienstleistungsmärkte durch die Kommission ist davon auszugehen, dass das Verbot, Werkstattdienstleistungen für Fahrzeuge anderer Marken anzubieten, kein Wettbewerbsverbot im Sinne des Art. 1 Abs. 1 lit. d) Vertikal-GVO ist; es fehlt am identischen Produktmarkt.[558]

224   ff) **Rechtsfolgen.** Enthält eine Vereinbarung eine der genannten Kernbeschränkungen aus Art. 4 Vertikal-GVO oder Art. 5 Kfz-GVO, so entfällt der Vorteil der Gruppenfreistellung komplett.[559] Es besteht die Möglichkeit der Einzelfreistellung nach Art. 101 Abs. 3 AEUV.[560]

225   Die Kommission und die Wettbewerbsbehörden der Mitgliedstaaten könnten die Kfz-GVO ganz oder für einzelne Klauseln für unanwendbar erklären, wenn mehr als 50 % des relevanten Marktes von parallelen Netzen gleichartiger Beschränkungen abgedeckt werden (Art. 6 Kfz-GVO).

226   gg) **Außerhalb der Kfz-GVO.** Aufgrund der Marktabgrenzung der Kommission hat die Kfz-GVO nur einen begrenzten Anwendungsbereich. Erfasst werden im Wesentlichen Verträge zwischen unabhängigen Werkstattsystemen und ggf. längerfristige Lieferungen zwischen unabhängigen Ersatzteillieferanten und Werkstätten, sofern diese überhaupt Marktanteile von über 5 % halten (und damit die Spürbarkeitsschwelle überschritten ist).[561] Für Verträge außerhalb dieses Anwendungsbereiches geben die Kfz-Leitlinien Hinweise.

227   Um von der Annahme zu profitieren, dass qualitativ-selektive Vertriebssysteme nicht in den Anwendungsbereich des Art. 101 Abs. 1 AEUV fallen, darf der **Wettbewerb zwischen den unabhängigen und den zugelassenen Werkstätten** nicht unzulässig eingeschränkt werden. Dabei geht es insbesondere um drei Aspekte.[562]

228   Unabhängige Marktteilnehmer dürfen nicht dadurch vom Markt ausgeschlossen werden, dass ihnen die für die Instandsetzung und Wartung erforderlichen technischen Informationen vorenthalten werden (**Zugang zu technischen Informationen**).[563] Unabhängige Marktteilnehmer sind beispielsweise die unabhängigen Werkstätten und Teilehändler, Hersteller von Werkstattausrüstungen oder Werkzeugen, Herausgeber von technischen Informationen, Pannenhilfsdienste, Anbieter von Inspektions- und Prüfdienstleistungen, aber auch – dies ist neu – unabhängige Ersatzteilhersteller. Da zu letzteren ein Konkurrenzverhältnis des Herstellers besteht, dürfen Informationen über Design, Produktionsverfahren oder verwendete Materialien zurückgehalten werden.[564] Der Zugang ist in verwendungsfähiger Form ohne ungebührliche zeitliche Verzögerung und zu angemessenen Preisen zu gewähren.[565]

229   Des Weiteren fällt ein qualitativ-selektives Werkstattsystem in den Anwendungsbereich des Art. 101 Abs. 1 AEUV, wenn die Garantiebedingungen vorschreiben, dass nicht unter die Gewährleistung/Garantie fallende Arbeiten gleichwohl nur innerhalb des Herstellernetzes vorgenommen werden dürfen und/oder ausschließlich mit vom Hersteller bezogenen Ersatzteilen durchzuführen sind (**Missbrauch von Gewährleistungen/Garantien**).[566]

---

556   *Wegner,* BB 2010, 1803, 1807 mit der Schlussfolgerung, dass die GVO damit ihren eigenen Regelungsbereich überschreitet und die Kernbeschränkung leerlaufen dürfte.
557   Siehe Rn. 131, 118.
558   *Wegner,* BB 2010, 1803, 1808.
559   Kfz-Leitlinien, Rn. 17.
560   Kfz-Leitlinien, Rn. 17.
561   *Wegner,* BB 2010, 1803, 1809.
562   *Wegner,* BB 2010, 1867, 1869 ff.
563   Kfz-Leitlinien, Rn. 63. Daneben ist die gleichzeitige Anwendung von Art. 102 AEUV möglich, Kfz-Leitlinien, Rn. 4.
564   Kfz-Leitlinien, Rn. 65.
565   Kfz-Leitlinien, Rn. 67.
566   Kfz-Leitlinien, Rn. 69.

Wendet der Hersteller über die rein qualitativen Kriterien hinaus auch quantitative Kriterien bei der Auswahl der Bewerber für das Herstellernetzwerk an, so fällt die Vereinbarung ebenfalls unter Art. 101 Abs. 1 AEUV (**Zugang zum Werkstattnetz**).[567] Dazu zählt auch die Verpflichtung, neben den Werkstattdienstleistungen auch Neufahrzeuge zu vertreiben.[568]   230

2. Verlagserzeugnisse

Eine Wettbewerbsbeschränkung im Sinne des Art. 101 Abs. 1 AEUV liegt vor, sofern sich nationale Regelungen über die Buchpreisbindung auf das Gebiet mehrerer Mitgliedstaaten beziehen. **Rein nationale Buchpreisbindungen** führen demgegenüber in der Regel zu keiner spürbaren Beeinträchtigung des zwischenstaatlichen Handels. Daher hat die Kommission das Verfahren gegen die deutsche Buchpreisbindung (Sammelrevers 2000) eingestellt, nachdem die Parteien eine Verpflichtungserklärung abgegeben hatten, die Preisbindung auf das deutsche Staatsgebiet zu beschränken.[569] Die Verpflichtungserklärung[570] garantierte als Grundsatz die Freiheit grenzüberschreitender, preisungebundener Direktverkäufe deutscher Bücher an Endabnehmer in Deutschland insbesondere über das Internet. Sie regelte zugleich abschließend die Voraussetzungen, unter denen die Kommission ausnahmsweise akzeptiere, dass eine Umgehung der nationalen Preisbindung vorliege. In diesem Zusammenhang haben sich die Verlage und Buchhändler in Deutschland verpflichtet, grenzüberschreitende rabattierte Direktverkäufe deutscher Bücher durch ausländische Händler über das Internet nicht als Umgehung der Preisbindung anzusehen und nicht durch kollektive Lieferstopps zu sanktionieren. Dies hat zur Folge, dass das seinerzeitige Sammelrevers-Preisbindungssystem bei korrekter Anwendung keine spürbaren Auswirkungen auf den Handel zwischen Mitgliedstaaten hatte.   231

In Deutschland ist seit 2002 die Buchpreisbindung durch Gesetz geregelt.[571] Das **Buchpreisbindungsgesetz** hat die Rechtslage auf Basis des Sammelrevers 2000 fortgesetzt. Gem. § 4 Abs. 1 gilt die Preisbindung nicht für grenzüberschreitende Verkäufe innerhalb des Europäischen Wirtschaftsraumes. In Abgrenzung dazu ist die Preisfestsetzung gem. § 4 Abs. 2 des Buchpreisbindungsgesetzes auf grenzüberschreitende Verkäufe von Büchern innerhalb des Europäischen Wirtschaftsraums anzuwenden, wenn sich aus objektiven Umständen ergibt, dass die betreffenden Bücher allein zum Zwecke ihrer Wiedereinfuhr ausgeführt worden sind, um das Gesetz zu umgehen. Auch wenn die Verpflichtungserklärung aus dem Jahr 2002 ausdrücklich auf die Dauer der Gültigkeit des Sammelrevers 2000 befristet war und den Hinweis enthielt, dass sie ihre Wirkung nach Inkrafttreten des Buchpreisbindungsgesetzes verliert, macht sie gleichwohl deutlich, in welchen Fällen nach den (strengen) Kriterien der Kommission eine Umgehung vorliegt.[572]   232

Der deutschen Preisbindung unterfallen auch textorientierte CD-ROM.[573] Streitig ist, ob dies auch für aus dem Internet bezogene **E-Books** der Fall ist. Nach wohl überwiegender Ansicht hängt dies davon ab, ob ein E-Book mit dem vollständigen Buchtext im Rahmen der im Buchhandel eingeführten Strukturen vertrieben wird, beispielsweise als pdf-Datei von einem deut-   233

---

567 Kfz-Leitlinien, Rn. 70.
568 Kfz-Leitlinien, Rn. 71.
569 Presseerklärung der Kommission IP/02/461 vom 22. März 2002.
570 Abgedruckt im Anhang der Presseerklärung der Kommission.
571 Gesetz zur Regelung der Preisbindung bei Verlagserzeugnissen vom 2. September 2002 (BGBl. I S. 3448). Das Buchpreisbindungsgesetz (BuchPrG) beschränkt sich nicht darauf, die Verlage zu verpflichten, Preise festzusetzen, und den Buchhandel, sie einzuhalten, sondern greift auch in das Konditionengefüge im Buchhandel ein: Verlage müssen bei der Festsetzung ihrer Verkaufspreise und sonstigen Verkaufskonditionen gegenüber Händlern den von kleineren Buchhandlungen erbrachten Beitrag zur flächendeckenden Versorgung mit Büchern sowie ihren buchhändlerischen Service angemessen berücksichtigen (§ 6 Abs. 1 Satz 1 BuchPrG). Sie dürfen ihre Rabatte nicht allein an dem Umsatz eines Händlers orientieren (§ 6 Abs. 1 Satz 2 BuchPrG). Sodann dürfen Verlage branchenfremde Händler nicht zu niedrigeren Preisen oder günstigeren Konditionen beliefern als den Buchhandel (§ 6 Abs. 2 BuchPrG, sog. „Aldi-Klausel"). Schließlich dürfen Verlage für Zwischenbuchhändler keine höheren Preise oder schlechteren Konditionen festsetzen als für Letztverkäufer, die sie direkt beliefern (§ 6 Abs. 3 BuchPrG).
572 *Franzen/Wallenfels/Russ*, § 4 Rn. 4 ff.
573 BGH NJW 1997, 1911, 1912 f.

schen Verlag oder über in Deutschland ansässige Buchhändler zum kostenpflichtigen Download bereitgehalten wird.[574]

3. Bierlieferungsverträge

234   Im Rahmen eines Bierlieferungsvertrages gewährt eine Brauerei dem Gastwirt typischerweise ein Darlehen zu günstigen Bedingungen oder investiert direkt in die Ausstattung der Gaststätte. Als Gegenleistung verpflichtet sich der Gastwirt, sein Lokal nach den Vorgaben der Brauerei einzurichten und zu bewerben sowie für die Laufzeit des Vertrages – traditionell meist 10 bis 15 Jahre – seinen Bierbedarf ausschließlich bei der Brauerei zu decken und jährlich mindestens eine im Voraus festgelegte Menge Fassbier abzunehmen (Mindestabnahmeverpflichtung).

235   Die Vorgänger-Verordnung der ersten Vertikal-GVO[575] enthielt noch besondere Vorschriften für Bierliefervertäge. Dies ist jetzt nicht mehr der Fall. Die Schirmfreistellung des Art. 2 Abs. 1 Vertikal-GVO gilt nach Art. 5 lit. b) Vertikal-GVO nicht für **Wettbewerbsverbote**, die für einen längeren Zeitraum als fünf Jahre oder für unbestimmte Zeit vereinbart werden.[576] Nach Auffassung der Kommission liegt ein auf unbestimmte Dauer abgeschlossenes Wettbewerbsverbot bereits dann vor, wenn zwar eine vertragliche Begrenzung auf fünf Jahre vereinbart wurde, jedoch tatsächlich Umstände bestehen, die den Käufer daran „hindern", den Vertrag nach Ablauf von fünf Jahren zu beenden.[577] Ein derartiges „Hindernis" besteht auch dann, wenn der Lieferant den Käufer mit Einrichtungen ausstattet, die nicht vertragsspezifisch sind und der Käufer keine Gelegenheit erhält, diese Ausstattung bei Ablauf des Wettbewerbsverbots zum Marktwert zu erwerben.[578] Eine Ausstattung ist als vertragsspezifisch anzusehen, wenn sie nicht für den Vertrieb konkurrierender Produkte verwendet werden kann.[579] Aufgrund der unmittelbaren Anwendung der Vertikal-GVO auch auf nationale Sachverhalte in Deutschland, § 2 Abs. 2 GWB,[580] kann wegen der Beschränkung von Wettbewerbsverboten auf fünf Jahre aktuell ein erheblicher vertragsrechtlicher Umstellungsbedarf bestehen, sofern das Tatbestandsmerkmal der Spürbarkeit – auch unter Beachtung der sog. Bündeltheorie[581] – erfüllt ist.[582]

C. Rechtsfolgen

236   Vereinbarungen oder aufeinander abgestimmte Verhaltensweisen, die gegen Art. 101 Abs. 1 AEUV verstoßen und nicht gem. Art. 101 Abs. 3 AEUV unmittelbar oder über eine GVO vom Kartellverbot freigestellt sind, sind gemäß Art. 101 Abs. 2 AEUV nichtig. Die gemeinschaftsrechtliche Nichtigkeit erstreckt sich allerdings nur auf diejenigen Bestimmungen, die gegen Art. 101 Abs. 1 AEUV verstoßen, sowie hiermit untrennbar verbundene vertragliche Bestimmungen.[583] Verbleibt ein abtrennbarer Restvertrag, beurteilt sich dessen Wirksamkeit nicht nach Gemeinschaftsrecht, sondern nach dem jeweils anwendbaren nationalen Recht.[584] Nach deutschem Recht ist § 139 BGB sowie eine etwaige salvatorische Klausel zu berücksichtigen.[585]

---

574   *Franzen/Wallenfels/Russ*, § 2 Rn. 11. Die deutsche Preisbindung erfasst nicht die reine Zugriffsberechtigung auf online-Datenbanken, die nicht den vollständigen Download kompletter Bücher ermöglicht, ebensowenig Mehrfachnutzungen von Inhalten in Netzwerken und schließlich nicht E-Books, soweit diese prägende, den Buchcharakter wesentlich verändernde multimediale Elemente enthalten. Anknüpfend an den Begriff „Substitution von Büchern" (§ 2 Abs. 1 Nr. 3 BuchPrG) muss das Lesen im Vordergrund stehen, siehe *Wallenfels*, in: Loewenheim/Meessen/Riesenkampff, Anh. zu § 30 GWB, Rn. 9.

575   VO (EG) Nr. 1984/83.

576   Rn. 131, 118; zu Art. 5 Abs. 2 Vertikal-GVO: Rn. 128.

577   Sog. Perpetuierungseffekt, Vertikal-Leitlinien, Rn. 66 sowie oben Rn. 120.

578   Vertikal-Leitlinien, Rn. 66.

579   *Bauer*, in: Bauer/de Bronett, Rn. 159: Leuchtreklame mit der Marke des Lieferanten.

580   1. Kap., Rn. 55 ff.

581   Dazu Rn. 10.

582   Auf dem deutschen Biermarkt überschreitet keine Brauereigruppe die Bagatellschwellen, *Gödde*, in: Martinek/Semler/Habermeier/Flohr, § 52, Rn. 179 ff.

583   EuGH, Rs. C-234/89 (Delimitis), Slg. 1991, I-935, 990.

584   EuGH, Rs. C-230/96 (Cabour), Slg. 1998, I-2055, 2079.

585   Ausführlich zur Nichtigkeit 11. Kap., Rn. 3 ff.

S. Mäger

Kartellverstöße können zu zivilrechtlichen Ansprüchen führen, insbesondere zu Schadenser- **237**
satz- und Unterlassungsansprüchen, sowie bereicherungsrechtlichen Ansprüchen.[586]

Verstöße gegen Art. 101 AEUV können von den Kartellbehörden – d.h. der Kommission sowie **238**
nationalen Behörden – mit Geldbußen geahndet werden.[587]

Nach Art. 7 Abs. 1 VO (EG) Nr. 1/2003 ist die Kommission befugt, eine Zuwiderhandlung **239**
gegen Art. 101 AEUV förmlich festzustellen, eine Untersagungsverfügung auszusprechen und
dem Adressaten der Entscheidung zugleich Abhilfemaßnahmen aufzuerlegen. Nach Art. 9 VO
(EG) Nr. 1/2003 kann die Kommission darüber hinaus Verpflichtungszusagen, welche die Unternehmen anbieten, durch Entscheidung für verbindlich erklären und auf diesem Weg ein Ermittlungsverfahren zum Abschluss bringen. Auch das Bundeskartellamt hat die Befugnis zum
Erlass einer Untersagungsverfügung – auch unter Auferlegung von Abhilfemaßnahmen – sowie
zur förmlichen Feststellung einer Zuwiderhandlung, § 32 GWB. Das Bundeskartellamt kann
auch eine Verpflichtungszusage des betroffenen Unternehmens für verbindlich erklären, § 32b)
GWB.[588]

---

586 Ausführlich 11. Kap., Rn. 20 ff.
587 Ausführlich 12. Kap., Rn. 69 ff.
588 Ausführlich zum Verwaltungsverfahren 11. Kap., Rn. 16.

S. Mäger　　　　　　　　　　　　　　　　　　　233

5. Kapitel:
Vereinbarungen betreffend gewerbliche Schutzrechte und F&E

Literatur: *Bahr/Loest*, Die Beurteilung von Vereinbarungen über Forschung und Entwicklung nach europäischem Kartellrecht, EWS 2002, 263; *Bechtold*, EG-Gruppenfreistellungsverordnungen – eine Zwischenbilanz, EWS 2001, 49; *Besen/Slobodenjuk*, Die neue Gruppenfreistellungsverordnung für Forschungs- und Entwicklungsvereinbarungen, GRUR 2011, 300; *Brandi-Dohrn*, Welche Regeln gelten für den vertikalen FuE-Auftrag, WRP 2009, 1348; *Drexl*, Die neue Gruppenfreistellungsverordnung über Technologietransfer-Vereinbarungen im Spannungsfeld von Ökonomisierung und Rechtssicherheit, GRURInt 2004, 716; *Fezer*, Markenrecht, 4. Aufl., München, 2009; *Gehring/Fort*, Die Field of Use-Klausel – Verwendungsbeschränkungen im europäischen Kartellrecht, EWS 2007, 160; *Gehring/Mäger*, Kartellrechtliche Grenzen von Kooperationen zwischen Wettbewerbern – Neue Leitlinien der EU-Kommission, DB 2011, 398; *Gutermuth*, The Revised EU Competition Rules for Production and R&D Agreements Create a More Coherent Framework of Assessment and Provide Better Guidance to Companies, CPI Antitrust Chronicle, February 2011(1); *Hansen/Shah*, The New EU Technology Transfer Regime – Out of the Straightjacket into the Safe Harbour?, ECLR 2004, 465; *Korah*, Draft Block Exemption for Technology Transfer, ECLR 2004, 247; *Kreutzmann*, Neues Kartellrecht und geistiges Eigentum, WRP 2006, 453; *Lind/Muysert*, The European Commission's Draft Technology Transfer Block Exemption Regulation and Guidelines: A Significant Departure from Accepted Competition Policy Principles, ECLR 2004, 181; *Louis*, Le nouveau règlement d'exemption par catégorie des accords de transfert de technologie: une modernisation et une simplification, Cahier de droit européen 2004, 377; *Loth*, Gebrauchsmustergesetz, München, 2001; *Lubitz*, Die neue Technologietransfer-Gruppenfreistellungsverordnung, EuZW 2004, S. 652; *Lübbig*, „… et dona ferentes": Anmerkungen zur neuen EG-Gruppenfreistellungsverordnung im Bereich des Technologietransfers, GRUR 2004, 483; *Lücking/Woods*, Horizontal Co-operation Agreements: New Rules in Force, CPN 2001, 8; *Mailänder*, Vereinbarungen zur Know-How-Überlassung im Wettbewerbsrecht der EWG, GRURInt 1987, 523; *Mestmäcker*, Gegenseitigkeitsverträge von Verwertungsgesellschaften im Binnenmarkt, WuW 2004, 754; *Niebel*, Das Kartellrecht der Markenlizenz unter besonderer Berücksichtigung des Europäischen Gemeinschaftsrechts, WRP 2003, 482; *Pfaff/Osterrieth*, Lizenzverträge, Formularkommentar, 3. Aufl., München, 2010; *Polley*, Softwareverträge und ihre kartellrechtliche Wirksamkeit, CR 2004, 641; *Sack*, Zur Vereinbarkeit wettbewerbsbeschränkender Abreden in Lizenz- und Know-how-Verträgen mit europäischem und deutschem Kartellrecht, WRP 1999, 592; *Schluep*, Kartellrechtliche Grenzen von warenzeichenrechtlichen Abgrenzungsverträgen (besonders nach Art. 85 EWGV), GRURInt 1985, 534; *Schricker/Loewenheim*, Urheberrecht, Kommentar, 4. Aufl., München, 2010; *Schuhmacher*, Marktaufteilung und Urheberrecht im EG-Kartellrecht, GRURInt 2004, S. 487; *Venit*, The Research and Development Block Exemption Regulation, ELR 1985, 151; *Winzer*, Die Freistellungsverordnung der Kommission über Forschungs- und Entwicklungsvereinbarungen v. 1. 1. 2001, GRURInt 2001, 413; *Wissel/Eickhoff*, Die neue EG-Gruppenfreistellungsverordnung für Technologietransfer-Vereinbarungen, WuW 2004, 1244; *Witte*, Urheberrechtliche Gestaltung des Vertriebs von Standardsoftware, CR 1999, 65; *Zöttl*, Das neue EG-Kartellrecht für Technologietransferverträge, WRP 2005, 33.

A. Vereinbarungen über gewerbliche Schutzrechte

I. Überblick

1 Gewerbliche Schutzrechte bilden häufig einen wesentlichen Teil des Vermögens der Wirtschaftsteilnehmer. Das daraus resultierende ökonomische Potential ist enorm. Auch im Hinblick auf gewerbliche Schutzrechte findet die Vertragsfreiheit ihre Grenzen indes in den Vorschriften des nationalen und europäischen Kartellrechts. Eine solide Gestaltung vertraglicher Vereinbarungen ist angesichts des immer komplexer werdenden Regelwerks unerlässlich. Bei Verstößen drohen neben der Nichtigkeitsfolge des Art. 101 Abs. 2 AEUV insbesondere Bußgelder und Schadensersatzansprüche Dritter.

1. Typen gewerblicher Schutzrechte

2 Es gibt verschiedene Typen gewerblicher Schutzrechte. Der konkrete Schutzumfang der betroffenen Rechtspositionen bemisst sich grundsätzlich nach dem jeweils geltenden **nationalen**

Recht. Eine vollständige Harmonisierung aller existierenden Schutzrechte hat auf Gemeinschaftsebene bislang noch nicht stattgefunden.[1]

a) **Patente.** Das Patent behält bestimmte Erzeugnisse oder Kenntnisse ausschließlich seinem 3
Inhaber vor.[2] In der Rechtsprechung des EuGH wird der **Gegenstand eines Patents** dahingehend definiert, dass der Inhaber zum Ausgleich für seine schöpferische Erfindungstätigkeit das ausschließliche Recht erhält, gewerbliche Erzeugnisse herzustellen und in den Verkehr zu bringen, mithin die Erfindung entweder selber oder im Wege der Lizenzvergabe an Dritte zu verwerten, sowie sich gegen jegliche Zuwiderhandlung zur Wehr zu setzen.[3]

Der Patentschutz richtet sich derzeit nach den nationalen Rechtsordnungen. Erste Harmoni- 4
sierungen brachte das Europäische Patentübereinkommen aus dem Jahre 1973, das ein einheitliches Verfahren für die Patenterteilung schuf. Das in Anwendung des Übereinkommens vom Europäischen Patentamt erteilte Patent zerfällt allerdings in nationale Patente. Die Verabschiedung eines einheitlichen und autonomen Gemeinschaftspatentrechts steht trotz grundsätzlicher politischer Absichtserklärungen zwischen den Mitgliedstaaten aus.[4] Ende 2010 hat die EU-Kommission allerdings einen Vorschlag vorgelegt, der den Weg für eine verstärkte Zusammenarbeit gemäß Art. 20 des EUV und Art. 326 ff. AEUV zur Schaffung eines einheitlichen Patentschutzes in der EU ebnen soll.[5]

b) **Gebrauchsmuster.** Gebrauchsmuster sind eingetragene Rechte, die ausschließlichen Schutz 5
für **technische Erfindungen** gewähren.[6] Im Unterschied zu Patenten werden Gebrauchsmuster ohne Überprüfung der Neuheit und Erfindungshöhe erteilt. Dadurch können diese Schutzrechte schneller und kostengünstiger erlangt werden. Sie bieten indes weniger Rechtssicherheit. Der Gebrauchsmusterschutz besteht gegenwärtig auf nationaler Ebene.[7] Die jeweiligen Regelungen weichen teilweise erheblich voneinander ab. Harmonisierungsbemühungen der Kommission[8] haben sich bislang nicht durchsetzen können.

c) **Geschmacksmuster.** Mit Erlass der VO (EG) Nr. 6/2002[9] und der entsprechenden Durch- 6
führungsverordnungen[10] wurde das Geschmacksmusterrecht auf Gemeinschaftsebene harmonisiert. Das Gesetz sieht ein eingetragenes Schutzrecht mit einer Schutzdauer von 25 Jahren und ein nicht eingetragenes Schutzrecht mit einer solchen von drei Jahren vor. Schutzfähig sind **Erscheinungsformen industrieller oder handwerklicher Gegenstände**, die neu sind und Eigenart besitzen.

---

1 Einen Überblick bietet *Fuchs*, in: Immenga/Mestmäcker, EG-WettbR, Bd. 1, TT-VO, Rn. 122 ff.
2 *Mestmäcker/Schweitzer*, § 28, Rn. 29 f.
3 EuGH, Rs. 15/75 (Centrafarm/Sterling Drug), Slg. 1974, 1147, 1163.
4 Siehe etwa Dokument des Rates 9465/08, in dem der Ratsvorsitz einen überarbeiteten Vorschlag für eine Verordnung für ein Gemeinschaftspatent vorgelegt hat, der auf dem von der Kommission im Jahr 2000 vorgelegten Verordnungsvorschlag (KOM(2000) 412.) basierte. Eine politische Einigung scheiterte bislang an der notwendigen Mehrheit für die vorgeschlagenen Übersetzungsanforderungen.
5 Siehe KOM(2010) 790 final.
6 Allgemein hierzu *Loth*, Gebrauchsmustergesetz, Vorb., Rn. 7 ff.
7 Siehe für Deutschland § 1 Gebrauchsmustergesetz.
8 Vgl. Grünbuch der Kommission vom 19. Juli 1995 zum Gebrauchsmusterschutz im Binnenmarkt, Dok. KOM (1995) 370 endg. – nicht im Amtsblatt veröffentlicht, sowie Sondierung der Auswirkungen des Gemeinschaftsgebrauchsmusters zur Aktualisierung des Grünbuchs über den Gebrauchsmusterschutz im Binnenmarkt, Dok. SEK (2001) 1307 v. 26.7.2001.
9 ABl. 2002 L 3/1 ff.
10 Verordnung (EG) Nr. 2245/2002 der Kommission v. 21.10.2002 zur Durchführung der Verordnung (EG) Nr. 6/2002 des Rates über das Gemeinschaftsgeschmacksmuster, ABl. 2002 L 341, sowie Verordnung (EG) Nr. 2246/2002 der Kommission vom 16.12.2002 über die an das Harmonisierungsamt für den Binnenmarkt (Marken, Muster und Modelle) zu entrichtenden Gebühren für die Eintragung von Gemeinschaftsgeschmacksmustern, ABl. 2002 L 341.

7   d) **Topographien von Halbleitererzeugnissen.** Die Richtlinie 87/54/EWG regelt den Schutz von Topographien von Halbleitererzeugnissen.[11] Die betroffenen Erzeugnisse[12] sind schutzfähig, wenn sie das Ergebnis der eigenen geistigen Arbeit ihres Schöpfers und in der Halbleiterindustrie nicht alltäglich sind.

8   e) **Sortenschutzrechte.** Mit der VO (EG) Nr. 2100/94[13] hat der Gemeinschaftsgesetzgeber einheitliche Sortenschutzrechte geschaffen. Gegenstand des gemeinschaftlichen Sortenschutzes können **Sorten aller botanischen Gattungen und Arten,** unter anderem auch Hybride zwischen Gattungen und Arten sein, sofern sie unterscheidbar, homogen, beständig und neu sind. Die gemeinschaftsweite Verordnung lässt das Recht der Mitgliedstaaten unberührt, nationale Schutzrechte für Sorten zu erteilen.[14]

9   f) **Know-how.** Know-how stellt einen wesentlichen Teil des Vermögens eines Unternehmens dar. Sein Schutz liegt deshalb im besonderen Interesse des jeweiligen Eigentümers. Spezielle Ausschließlichkeitsrechte für Know-how bestehen nicht. Unternehmen sind deshalb in erster Linie darauf angewiesen, ihren Wissensstand durch vertragliche Geheimhaltungsvereinbarungen sicherzustellen. Wegen seiner Bedeutung für den Wert eines Unternehmens wäre es aber verfehlt, Know-how jegliche Schutzwirkung abzusprechen. Die Kommission hat in ihrer Entscheidungspraxis deshalb anerkannt, dass der **geheime Charakter** von Know-how zum unantastbaren Wesenskern des Schutzrechts gehört.[15]

10   Im Bereich des Kartellrechts hat sich der Gemeinschaftsgesetzgeber stets darum bemüht, die an Know-how zu stellenden Anforderungen möglichst eng zu fassen.[16] Bereits in der Gruppenfreistellungsverordnung für Know-how-Vereinbarungen[17] hat die Kommission den Begriff des Know-hows definiert als eine Gesamtheit technischer Kenntnisse, die geheim und wesentlich und in einer Form identifizierbar ist. Nach Auffassung der Kommission sollte durch die Legaldefinition sichergestellt werden, dass Know-how einen gewissen **Mindestbestand** hat. So sollte vermieden werden, dass die Übermittlung von Trivialem oder Offenkundigem als Vorwand für wettbewerbsbeschränkende Klauseln wie beispielsweise Gebietsbeschränkungen benutzt wird.[18] Die in der Gruppenfreistellungsverordnung für Know-how-Vereinbarungen begründete **Legaldefinition** hat sich im Wesentlichen auch in der Nachfolgeverordnung, der TT-GVO, fortgesetzt.[19] Nach Art. 1 Abs. (1) lit. i) TT-GVO gilt als Know-how eine Gesamtheit nicht patentierter praktischer Kenntnisse, die durch Erfahrungen und Versuche gewonnen werden und die (i) **geheim,** d.h. nicht allgemein bekannt und nicht leicht zugänglich sind, dem Lizenznehmer also einen **Wissensvorsprung** verschafft (ii) **wesentlich,** d.h. die für die Produktion der betroffenen Produkte von Bedeutung und nützlich sind, und (iii) **identifiziert** sind, d.h. umfassend genug beschrieben, so dass überprüft werden kann, ob sie die Merkmale „geheim" und „wesentlich" erfüllen.[20]

---

11 ABl. 1987 L 24/36 ff.

12 Nach der gemeinschaftsrechtlichen Definition ist ein Halbleitererzeugnis die endgültige Form oder die Zwischenform eines Erzeugnisses, das (a) aus einem Materialteil besteht, der eine Schicht aus halbleitendem Material enthält und (b) mit einer oder mehreren Schichten aus leitendem, isolierendem oder halbleitendem Material versehen ist, wobei die Schichten nach einem vorab festgelegten dreidimensionalen Muster angeordnet sind und (c) ausschließlich oder neben anderen Funktionen eine elektronische Funktion übernehmen soll. Eine Topographie entsprechender Erzeugnisse setzt eine Reihe in Verbindung stehender Bilder, unabhängig von der Art ihrer Fixierung oder Kodierung voraus, die (a) ein festgelegtes dreidimensionales Muster der Schichten darstellt, aus dem ein Halbleitererzeugnis besteht, wobei (b) die Bilder so miteinander in Verbindung stehen, dass jedes Bild das Muster oder einen Teil des Musters einer Oberfläche des Halbleitererzeugnisses in einem beliebigen Fertigungsstadium aufweist.

13 ABl. 1994 L 227/1.

14 Siehe etwa das deutsche Sortenschutzgesetz.

15 Kommission, 72/25/EWG (Burroughs/Delplanque), ABl. 1972 L 13/50 ff.; *Mailänder*, GRURInt 87, 523, 531.

16 *Wiedemann*, GVO-Kommentar, Bd. II, GVO 556/89, Art. 1, Rn. 15 ff.

17 VO (EWG) Nr. 556/89 der Kommission vom 30. November 1985 zur Anwendung von Art. 85 Abs. 3 des Vertrags auf Gruppen von Know-how-Vereinbarungen, ABl. 1989 L 61/1 ff. (nicht mehr in Kraft).

18 *Wiedemann*, GVO-Kommentar, Bd. II, GVO 556/89, Art. Rn. 16.

19 Hierzu auch *Schultze/Pautke/Wagener*, TT-GVO, Rn. 155 ff.

20 Zur von der Kommission bevorzugten Auslegung der einzelnen Begriffe siehe TT-Leitlinien, Rn. 47.

       S. Gehring

g) **Urheberrechte und verwandte Schutzrechte.** Derzeit existiert kein gemeinschaftsrechtliches   11
Urheberrecht.[21] Der Urheberrechtsschutz wird von den mitgliedstaatlichen Rechtsordnungen
gewährt, z.b. durch das UrhG in Deutschland. Zahlreiche Gesetze des Gemeinschaftsgesetzge-
bers haben in diesem Bereich allerdings deutlichen Harmonisierungsfortschritt gebracht.[22] So
wurden aufgrund der Rechtsangleichungsregeln u.a. ausschließliche Vervielfältigungs-, Ver-
breitungs-, Wiedergabe-, Sende-, Vermiet-, und Verleihrechte geschaffen.

h) **Marken.** Das Markenrecht ist seit dem Jahr 1989 **gemeinschaftsrechtlich harmonisiert.** Mit   12
Erlass der Richtlinie 89/104/EWG zur Angleichung der Rechtsvorschriften der Mitgliedstaaten
über die Marken[23] werden einheitlich die Rechte aus der Marke, Beschränkungen der Wirkung
der Marke, aber auch der Grundsatz der gemeinschaftsweiten Erschöpfung der Markenrechte
geregelt. 1994 wurde die Gemeinschaftsmarke begründet.[24] Das mit der Markenrichtlinie eingeführte System ermöglicht es den Wirtschaftsteilnehmern, einen einheitlichen Markenschutz
mit Wirkung für den gesamten Binnenmarkt zu erwerben.

2. Anwendbarkeit von Art. 101, 102 AEUV auf Vereinbarungen über gewerbliche Schutzrechte

Gewerbliche Schutzrechte vermitteln auf einzelstaatlicher Ebene ausschließliche Rechte, die in   13
bestimmtem Umfang Schutz vor Wettbewerb gewähren. Als kommerzielles und gewerbliches
Eigentum sind sie Teil der Eigentumsordnungen der EU-Mitgliedstaaten, die Art. 345 AEUV
grundsätzlich unberührt lässt. Art. 36 AEUV sieht sogar ausdrücklich vor, dass der freie Waren-
und Dienstleistungsverkehr u. a. aus Gründen des gewerblichen und kommerziellen Eigentums
beschränkt werden darf.[25]

Gleichzeitig bestimmt Art. 26 AEUV das übergeordnete Ziel, einen einheitlichen, gemeinsamen   14
Markt zu errichten. Der Förderung dieses Ziels dienen auch die kartellrechtlichen Vorschriften
der Art. 101 und 102 AEUV.

Das **Spannungsverhältnis** zwischen gewerblichen Ausschließlichkeitsrechten und dem Unions-   15
ziel, unverfälschten Wettbewerb zu schaffen, ist vielfach diskutiert und in verschiedene Richtungen aufzulösen versucht worden.[26] Mittlerweile ist anerkannt, dass das unionsrechtliche
Kartellrecht immer dann hinter dem Ausschlussrecht zurücktreten muss, wenn es um die Beurteilung von Wettbewerbsbeschränkungen geht, die sich aus dem **spezifischen Gegenstand** des

---

21 Siehe hierzu die Mitteilung der Kommission über die Wahrnehmung von Urheberrechten und verwandten
    Schutzrechten im Binnenmarkt, KOM (2004) 261 endg. v. 16.4.2004.
22 Richtlinie 91/250/EWG des Rates vom 14. Mai 1991 über den Rechtsschutz von Computerprogrammen,
    ABl. 1991 L 122/42 ff.; Richtlinie 2006/115/EG des Europäischen Parlaments und des Rates vom 12. Dezem-
    ber 2006 zum Vermietrecht und Verleihrecht sowie zu bestimmten dem Urheberrecht verwandten Schutz-
    rechten im Bereich des geistigen Eigentums, ABl. 2006 L 376/28 ff.; Richtlinie 93/83/EWG des Rates vom
    27. September 1993 zur Koordinierung bestimmter urheber- und leistungsschutzrechtlicher Vorschriften be-
    treffend Satellitenrundfunk und Kabelweiterverbreitung, ABl. 1993 L 248/15 ff.; Richtlinie 2006/116/EG des
    Europäischen Parlaments und des Rates vom 12. Dezember 2006 über die Schutzdauer des Urheberrechts und
    bestimmter verwandter Schutzrechte, ABl. 2006 L 372/12 ff.; Richtlinie 96/9/EG des Europäischen Parlaments
    und des Rates vom 11. März 1996 über den rechtlichen Schutz von Datenbanken, ABl. 1996 L 77/20 ff.;
    Richtlinie 2001/29/EG des Europäischen Parlaments und des Rates vom 22. Mai 2001 zur Harmonisierung
    bestimmter Aspekte des Urheberrechts und der verwandten Schutzrechte in der Informationsgesellschaft,
    ABl. 2001 L 167/10 ff.; Richtlinie 2001/84/EG des Europäischen Parlaments und des Rates vom 27. September
    2001 über das Folgerecht des Urhebers des Originals eines Kunstwerks, ABl. 2001 L 272/32 ff; Richtlinie
    2004/48/EG des Europäischen Parlaments und des Rates zur Durchsetzung der Rechte des geistigen Eigentums,
    ABl. 2004 L 195/16 ff; Empfehlung der Kommission für die länderübergreifende kollektive Wahrnehmung von
    Urheberrechten und verwandten Schutzrechten, die für legale Online-Musikdienste benötigt werden,
    ABl. 2005 L 276/54.
23 ABl. 1989 Nr. L 40/1.
24 VO (EG) Nr.40/94 über die Gemeinschaftsmarke, ABl. 1994 L 11/1 ff.; geändert durch die VO (EG)
    Nr. 422/2004 des Rates vom 19. Februar 2004; ABl. 2004 L 70/1 ff.
25 *Axster/Schütze*, in: Loewenheim/Meesen/Riesenkampff, GRUR, Rn. 39 ff.
26 Vergleiche den Überblick bei *Mestmäcker/Schweitzer*, § 28; *Fuchs*, in: Immenga/Mestmäcker, EG-WettbR,
    Bd. 1, TT-VO, Rn. 1 ff.

jeweiligen Immaterialgüterrechts ergeben.[27] Die Anwendbarkeit der Art. 101 und 102 AEUV ist folglich so weit beschränkt, wie der spezifische Gegenstand des jeweiligen Schutzrechts reicht. Vereinbarungen, die über den spezifischen Gegenstand des Schutzrechtes hinausgehen oder von ihm nicht gedeckt sind, sind demgegenüber vollumfänglich am geltenden Kartellrecht zu messen.[28]

16 Der spezifische Gegenstand eines jeden nationalen Schutzrechts muss vor dem Hintergrund des **Vorrangs des Unionsrechts** anhand EU-einheitlicher Kriterien bestimmt werden.[29] Dies hat zur Folge, dass hohe nationale Schutzstandards, die über den spezifischen Gegenstand des europäischen Rechts hinausgehen, EU-kartellrechtlich nicht anerkannt werden. Die Gemeinschaftsgerichte haben in Einzelfällen den Begriff des spezifischen Gegenstandes von Schutzrechten im Hinblick auf die unionsrechtlich anerkannte Funktion des betroffenen Schutzrechts beurteilt.[30] Eine abschließende, gemeinschaftsweit gültige und abstrakt-generelle Definition des Wesens einzelner gewerblicher Schutzrechte existiert jedoch nicht. Mit Erlass der TT-GVO und den TT-Leitlinien hat die Kommission allerdings dazu beigetragen, den spezifischen Gegenstand der Mehrzahl der Schutzrechte im Sinne der Rechtssicherheit zu konkretisieren.

17 Der spezifische Schutzgegenstand von Immaterialgüterrechten erledigt sich mit der **Erschöpfung des Schutzrechts**. Nach seiner Erschöpfung können hieraus keine ausschließlichen Rechte mehr geltend gemacht werden. Dem Schutzrechtsinhaber bleibt in diesem Fall nur die Möglichkeit, etwaige Beschränkungen mit seinen Lizenznehmern oder Käufern vertraglich und im Rahmen des geltenden Kartellrechts zu vereinbaren. Die Kommission vertritt die Auffassung, ein Schutzrecht sei erschöpft, sobald ein Erzeugnis, in das ein Schutzrecht eingeflossen ist, vom Inhaber oder mit dessen Zustimmung innerhalb des EWR in den Verkehr gebracht worden sei.[31] Die Erschöpfung bewirkt, dass der Rechtsinhaber sich nicht länger auf das Schutzrecht berufen kann, um den Verkauf des Produkts zu kontrollieren.[32] Die von der Kommission eingenommene Haltung steht im Einklang mit der Rechtsprechung des EuGH. Dieser hatte bereits in der *Maissaatgut-Entscheidung* den Grundsatz unionsweiter Schutzrechtserschöpfung angewandt.[33]

18 Für die Beurteilung der Frage, ob **Gebiets- und Verkaufsbeschränkungen** in Lizenzverträgen zum spezifischen Schutzgegenstand eines Ausschließlichkeitsrechts zählen, spielt es eine Rolle, ob sich ein Schutzrecht bereits durch die Vergabe einer Lizenz unionsweit erschöpft, oder ob es hierfür vielmehr auf das körperliche Inverkehrbringen des von dem Schutzrecht betroffenen Erzeugnisses durch den Lizenznehmer ankommt.[34] Teilweise wird vertreten, die bloße Lizenzvergabe selbst könne schon zur Erschöpfung des Schutzrechts führen.[35] Vielmehr dürften territorial begrenzte Lizenzen mit der Folge vergeben werden, dass der **Erstvertrieb** eines Erzeugnisses in einem von der Lizenz nicht erfassten Mitgliedstaat unterbunden werden könne.[36] Demnach dürfe der Lizenzgeber bestimmen, in welchem geographischen Gebiet er dem ersten Inverkehrbringen der betroffenen Erzeugnisse in der Gemeinschaft zustimmt und dem Lizenz-

---

27 Der EuGH hatte in der grundlegenden Rechtssache 56 und 58/64 (Grundig/Consten), Slg. 1966, 322, 394 zunächst zwischen dem Bestand und der Ausübung des Schutzrechts differenziert. Seit seinem Urteil in der Rs. C-10/89 (HAG II), Slg. 1990, I-3711 ff. erwähnt er diese Differenzierung nicht mehr. Zur Diktion des spezifischen Gegenstandes siehe EuGH, Rs. 193/83 (Windsurfing International), Slg. 1986, 643, 655 f.; EuGH, Rs. 320/87 (Ottung/Klee), Slg. 1989, 1177, 1198 f.; EuGH, C-200/96 (Metronome Musik), Slg. 1998, I-1953, Rn. 14.; *Sack*, WRP 1999, 592, 594 f. m.w.N.
28 *Bechtold/Bosch/Brinker/Hirsbrunner*, Einf. VO 772/2004, Rn. 3.
29 *Sack*, WRP 1999, S. 592, 596; *Sucker/Guttuso/Gaster*; in: Schröter/Jakob/Mederer, Art. 81, FG Immaterialgüterrechte, Rn. 15.
30 Für einen Überblick über die Rechtsprechung des EuGH zu den jeweiligen Schutzrechten siehe *Fuchs*, in: Immenga/Mestmäcker, EG-WettbR, Bd. 1, TT-VO, Rn. 3, Fn. 12.
31 TT-Leitlinien, Rn. 6 ff.
32 *Klawitter*, in: Wiedemann, § 13, Rn. 200.; *Fuchs*, in: Immenga/Mestmäcker, EG-WettbR, Bd. 1, TT-VO, Rn. 4.
33 EuGH, Rs. 258/78 (Maissaatgut), Slg. 1982, 2015, 2069; siehe auch EuGH, Rs. 19/84 (Pharmon/Hoechst), Slg. 1985, 2281, 2297.
34 Siehe zum Meinungsstreit *Röhling*, in: MünchKomm, Einl. GVO 772/2004, Rn. 10 ff.; *Klawitter*, in: Wiedemann, § 13, Rn. 194 f.; *Eilmansberger*, in: Streinz, Art. 81, Rn. 201.
35 *Klawitter*, in: Wiedemann, § 13, Rn. 195; OLG Frankfurt, WuW/E DE-R, 2018, 2021.
36 OLG Frankfurt, WuW/E DE-R, 2018, 2021; *Eilmansberger*, in: Streinz, Art. 81, Rn. 202; *Sack*, WRP 1999, 592, 604.

S. Gehring

nehmer entsprechende Vorgaben machen.[37] Nach gegenteiliger Ansicht wird mit dem Inverkehrbringen eines Schutzrechts ein Markt eröffnet, weshalb die Lizenzvereinbarung auf diesem Markt wettbewerbsbeschränkend wirken könne.[38] In der die Lizenzierung von Urheberrechten betreffenden Sache *FAPL* vertritt die Generalanwältin die Auffassung, dass eine mit einer Sendelizenz verknüpfte vertragliche Verpflichtung, das lizenzierte Werk nicht außerhalb des lizenzierten Gebiets zu zeigen, der Beschränkung von Parallelimporten gleichkomme.[39] Bis zu einer bislang nicht ersichtlichen höchstrichterlichen Klärung des Problems kann in der praktischen Gestaltung nicht empfohlen werden, der Auffassung zu folgen, dass Gebiets- und Verkaufsbeschränkungen in Lizenzverträgen zum spezifischen Gegenstand eines Schutzrechts gehören. Es sprechen gewichtige Gründe dafür, dass sich EuGH und Kommission diesem Ansatz nicht anschließen würden.[40] Die Kommission hält Export- und Kundenkreisbeschränkungen in Lizenzverträgen grundsätzlich für wettbewerbsbeschränkend. In der TT-GVO normiert sie, dass jede Zuweisung von Märkten und Kunden in TT-Vereinbarungen eine Kernbeschränkung darstellt, von der es nur wenige, enumerativ aufgezählte Ausnahmetatbestände gibt.[41] Bei der Ausgestaltung von Lizenzverträgen innerhalb des Gemeinsamen Marktes sollte deshalb unterstellt werden, dass Gebiets- oder Kundenkreisbeschränkungen nach Erteilung des Lizenzrechts nur vertraglich und in den Grenzen der Art. 101, 102 AEUV in Verbindung mit den einschlägigen Gruppenfreistellungsverordnungen und nicht auf der Grundlage des Schutzrechtsgehalts selbst vereinbart werden können.[42]

3. Gruppenfreistellungsverordnungen

Neben der seit Mitte 2004 nunmehr über die Bestimmungen der VO Nr. 1/2003 geltenden unmittelbaren Anwendbarkeit von Art. 101 Abs. 3 AEUV[43] hat der Unionsgesetzgeber in der Vergangenheit von der ihm eingeräumten Befugnis Gebrauch gemacht, für bestimmte Sachverhalte typisierende Gruppenfreistellungsverordnungen zu erlassen.[44] Der Zweck solcher abstrakt-genereller Gesetze liegt darin, Erleichterungen für Behörden und die beteiligten Unternehmen bei der Beurteilung typischerweise freistellungsfähiger Absprachen zu schaffen.[45] Gruppenfreistellungsverordnungen sind unmittelbar anwendbares Recht.[46] Sachverhalte, die unter eine Gruppenfreistellungsverordnung fallen, sind unmittelbar vom Kartellverbot freigestellt und bedürfen keiner Einzelentscheidung. Dies gilt auch nach Inkrafttreten der VO (EG) 1/2003. Alle bestehenden Gruppenfreistellungsverordnungen behalten ihre Gültigkeit, und von einer Gruppenfreistellungsverordnung erfasste Vereinbarungen sind wirksam und durchsetzbar, selbst wenn sie den Wettbewerb im Sinne von Art. 101 Abs. 1 AEUV beschränken.[47]

Für große Teile des Bereichs der Immaterialgüterrechte hat die Kommission am 7. April 2004 die **TT-GVO** verabschiedet, die die Vorgängerverordnung, die TT-GVO 1996, ablöst. Mit Erlass der TT-GVO hat die Kommission ihren bereits 1999 mit Einführung der (alten) Vertikal-GVO[48] eingeschlagenen Weg der **Schirmfreistellung** konsequent weiterverfolgt. Danach sind sämtliche Vereinbarungen im Anwendungsbereich der TT-GVO vom Kartellverbot freigestellt, sofern sie nicht aufgrund der TT-GVO verboten sind. Insofern wird zwischen **Kernbeschrän-**

19

20

---

37 So wohl *Eilmansberger*, in: Streinz, Art. 81, Rn. 202.
38 *Röhling*, in: MünchKomm, Einl. GVO 772/2004, Rn. 11.
39 Rs. C-403/08 und C-429/08 (FAPL), Schlussanträge der Generalanwältin Kokott vom 3. Februar 2011, Rn. 248.
40 Rs. C-403/08 und C-429/08 (FAPL), Schlussanträge der Generalanwältin Kokott vom 3. Februar 2011, Rn. 248; 13. WB 1983 (1984), Rn. 150; *Sucker/Guttuso/Gaster*, in: Schröter/Jakob/Mederer, Art. 81, Fallgruppen Immaterialgüterrechte, Rn. 138.
41 Art. 4 Abs. 1 lit. c) und Art. 4 Abs. 2 lit. b) TT-GVO.
42 Im Ergebnis so wohl auch *Schultze/Pautke/Wagener*, TT-GVO, Rn. 295; a.A. *Klawitter*, in: Wiedemann, § 13, Rn. 201.
43 Dazu 1. Kap., Rn. 31 ff.
44 Zur Historie siehe *Fuchs*, in: Immenga/Mestmäcker, EG-WettbR, Bd. 1, TT-VO, Rn. 11.
45 Siehe 1. Kap., Rn. 28, 32 ff.
46 *Lübbig*, in: Wiedemann, § 7, Rn. 65.
47 Leitlinien zu Art. 81 Abs. 3 EG, Rn. 2.
48 Siehe hierzu ausführlich 4. Kap., Rn. 14 ff.

kungen und **nicht freigestellten Beschränkungen** differenziert. Eine Positivliste erlaubter und verbotener Sachverhalte, wie sie noch der TT-GVO 1996 zugrunde lag, ist entfallen.[49]

21 Von der TT-GVO erfasst sind die in Art. 1 Abs. 1 lit. b) definierten **TT-Vereinbarungen** zwischen zwei Unternehmen. Ausgehend von der Befürchtung, die wettbewerbsschädlichen Wirkungen von Vereinbarungen nähmen mit der Marktmacht der beteiligten Unternehmen zu,[50] hat der Gesetzgeber der Anwendbarkeit der TT-GVO dadurch Schranken gesetzt, dass er **Marktanteilsschwellen** eingeführt hat, deren Überschreiten die Unanwendbarkeit der TT-GVO nach sich zieht.[51] Im Übrigen gleicht die TT-GVO von der Normstruktur her den Gruppenfreistellungsverordnungen der jüngeren Generation.[52] Unterfallen Sachverhalte der TT-GVO, gilt für sie das Prinzip des „**sicheren Hafens**": sie sind rechtlich voll durchsetzbar. Sachverhalte, die der TT-GVO nicht unterliegen oder nicht ausdrücklich von ihr genannt sind, bedürfen einer eingehenden Untersuchung im Einzelfall.

22 **a) Von der TT-GVO geschützter Bereich. aa) Begriff der TT-Vereinbarung.** Der Begriff der TT-Vereinbarung ist in **Art. 1 Abs. 1 lit. a)** TT-GVO legaldefiniert. Hiernach handelt es sich um Patentlizenz-, Know-how-, Softwarelizenzvereinbarungen oder gemischte Patentlizenz-, Know-how- oder Softwarelizenzvereinbarungen. TT-Vereinbarungen sind auch die **Übertragung** von Patent-, Know-how oder Software-Rechten sowie einer Kombination dieser Rechte, wenn das mit der Verwertung der Technologie verbundene Risiko zum Teil beim Veräußerer verbleibt. Dies ist dann der Fall, wenn der als Gegenleistung für die Übertragung zu zahlende Betrag entweder abhängt vom Umsatz, den der Erwerber mit Produkten erzielt, die mithilfe der übertragenen Technologie produziert worden sind, oder von der Menge dieser Produkte oder der Anzahl der unter Einsatz der Technologie eingesetzten Arbeitsvorgänge. In TT-Vereinbarungen enthaltene Bestimmungen, die sich auf den Erwerb oder Verkauf von Produkten beziehen oder die Lizenzierung oder die Übertragung von Rechten am geistigen Eigentum betreffen, sind dem Begriff der TT-Vereinbarung zuzurechnen, wenn sie nicht den **eigentlichen Gegenstand der Vereinbarung** bilden und unmittelbar mit der Produktion der Vertragsprodukte verbunden sind.[53] Der **Hauptzweck** des Technologietransfers muss die Ermöglichung der Herstellung von Produkten betreffen.[54]

23 Unter einer **Vereinbarung** versteht Art. 1 Abs. 1 lit. a) TT-GVO eine Vereinbarung, einen Beschluss einer Unternehmensvereinigung oder eine aufeinander abgestimmte Verhaltensweise. Der Begriff **Patent** umfasst gemäß Art. 1 Abs. 1 lit. h) TT-GVO Patente, Patentanmeldungen, Gebrauchsmuster, Geschmacksmuster, Topographien von Halbleitererzeugnissen, ergänzende Schutzzertifikate für Arzneimittel oder andere Produkte, für die Zertifikate erlangt werden können, und Sortenschutzrechte. **Rechte an geistigem Eigentum** definiert der Gesetzgeber als gewerbliche Schutzrechte, Know-how,[55] Urheberrechte und verwandte Schutzrechte. Der Begriff **Vertragsprodukte** umfasst diejenigen Waren, die mit der lizenzierten Technologie hergestellt werden, und zwar unabhängig davon, ob die lizenzierte Technologie lediglich im Produktionsprozess verwendet wird, oder ob sie auch Eingang in das Erzeugnis selbst findet.[56]

24 Im Vergleich zur TT-GVO 1996 wurde der Anwendungsbereich der Gruppenfreistellung insofern erweitert, als auch **Muster und Softwarelizenzen** einbezogen werden.[57] Nach wie vor außen vor bleiben **Markenlizenzvereinbarungen**[58] und allgemeine **Urheberrechtslizenzvereinbarungen**, Softwarelizenzen ausgenommen.[59] Die TT-GVO gilt nur dann für die Lizenzierung

---

49 *Lubitz*, EuZW 2004, 652 ff.
50 Begründungserwägung Nr. 5 zur TT-GVO.
51 Kritisch hierzu insbesondere vor dem Hintergrund der mit der unmittelbaren Anwendbarkeit von Art. 101 Abs. 3 AEUV einhergehenden Rechtsunsicherheit *Drexl*, GRURInt 2004, 716, 726.
52 Siehe 1. Kap., Rn. 103.
53 *Röhling,* in: MünchKomm, Art. 1 GVO 772/2004, Rn. 12.
54 *Fuchs*, in: Immenga/Mestmäcker, EG-WettbR, Bd. 1, TT-VO, Rn. 94; *Jestaedt*, in: Langen/Bunte, Art. 81 Fallgruppen, Rn. 319.
55 Dazu Rn. 9.
56 TT-Leitlinien, Rn. 43.
57 *Korah*, ECLR 2004, 247, 251; *Bechtold/Bosch/Brinker/Hirsbrunner*, Art. 1 VO 772/2004, Rn. 4.
58 TT-Leitlinien, Rn. 53.
59 *Lubitz*, EuZW 2004, 652, 653; *Korah*, ECLR 2004, 247, 251.

S. Gehring

von Marken oder Urheberrechten, wenn die Schutzrechte mit der Nutzung der lizenzierten Technologie unmittelbar verbunden sind.[60] Es kommt darauf an, ob **Hauptgegenstand** der TT-Vereinbarung der Technologietransfer ist und sonstige Urheber- oder Markenrechte nur deswegen vereinbart werden, um dem Lizenznehmer zu ermöglichen, die lizenzierte Technologie besser zu nutzen.[61] Folglich fallen Vereinbarungen über Marken-, Geschmacksmuster- und Urheberrechte unter die Schirmfreistellung, wenn sie lediglich **Nebenbestimmungen** gegenüber dem eigentlich im Vordergrund stehenden Technologietransfer darstellen.[62] Eigenständige Vereinbarungen über gewerbliche Schutzrechte, die keine Hilfs- oder Ergänzungsfunktion haben, sind an den allgemeinen Grundsätzen zu messen.[63] Beispielhaft führt die Kommission an, dass die Vergabe von Lizenzen für die Vervielfältigung und Verbreitung eines geschützten Werks (Master-Licensing) vergleichbar mit der Lizenzierung einer Technologie und deswegen nach den Grundsätzen der TT-GVO zu beurteilen ist. Mangels Vergleichbarkeit mit Sachverhalten, die auf Technologietransfer abzielen, gelte dies hingegen nicht für die Fallgruppe der Lizenzierung von Wiedergaberechten in Zusammenhang mit dem Urheberrecht.[64]

bb) Abhängigkeit von Marktanteilsschwellen. Die Anwendbarkeit der TT-GVO und damit die Frage, ob wettbewerbsbeschränkende Bestimmungen in TT-Vereinbarungen den „sicheren Hafen" überhaupt erreichen können, steht und fällt mit der Höhe der Marktanteile, die die beteiligten Unternehmen in den von der TT-Vereinbarung betroffenen Technologie- und Produktmärkten halten. Die Freistellung nach Art. 2 TT-GVO gilt bei **Vereinbarungen zwischen Wettbewerbern** nur, wenn der gemeinsame Marktanteil der Parteien auf den relevanten Technologie- und Produktmärkten **20%** nicht überschreitet. Bei **Vereinbarungen zwischen Nicht-Wettbewerbern** setzt die Freistellung voraus, dass der individuelle Marktanteil einer Partei **30%** nicht übersteigt.[65] Wird die jeweils anwendbare Marktanteilsschwelle während der Laufzeit einer TT-Vereinbarung überschritten, gilt die Freistellung nach Art. 8 Abs. 2 TT-GVO im Anschluss an das Jahr, in dem die Schwelle überschritten wurde, noch für zwei weitere Kalenderjahre fort. 25

(1) Definition des relevanten Marktes. In der praktischen Anwendung der TT-GVO bedarf die Ermittlung der relevanten Märkte und der von den Unternehmen darin gehaltenen Positionen äußerster Sorgfalt.[66] Neben dem von den Unternehmen auf dem relevanten **Technologiemarkt** gehaltenen Marktanteil muss auch deren Stellung in den relevanten **Produktmärkten** ermittelt werden, in denen die lizenzierte Technologie Anwendung findet.[67] Wird die anzuwendende Schwelle auf einem der relevanten Märkte überschritten, gilt die TT-GVO nicht in Bezug auf diesen Markt.[68] 26

Die Definitionen des sachlich und geographisch relevanten Produktmarktes sowie des einschlägigen Technologiemarktes richten sich nach den **allgemeinen Vorschriften**.[69] Auch Technologiemärkte bestehen aus der lizenzierten Technologie und ihren Substituten. Es muss also gefragt werden, ob es neben der betroffenen noch andere Technologien gibt, die aufgrund ihrer Eigenschaften, ihrer Lizenzgebühren oder ihres Verwendungszwecks mit der zu prüfenden 27

60 TT-Leitlinien, Rn. 50; *Klawitter*, in: Wiedemann, § 13, Rn. 13.
61 TT-Leitlinien, Rn. 50; *Wissel/Eickhoff*, WuW 2004, 1244, 1246; *Fuchs*, in: Immenga/Mestmäcker, EG-WettbR, Bd. 1, TT-VO, Rn. 101 f.
62 *Mestmäcker/Schweitzer*, § 28, Rn. 96; *Bechtold/Bosch/Brinker/Hirsbrunner*, Art. 1 VO 772/2004, Rn. 7.
63 *Fuchs*, in: Immenga/Mestmäcker, EG-WettbR Bd. 1, TT-VO, Rn. 102.
64 TT-Leitlinien, Rn. 51, 52.
65 *Jestaedt*, in: Langen/Bunte, Art. 81 Fallgruppen, Rn. 333.
66 Im Hinblick auf die damit verbundenen praktischen Schwierigkeiten kritisch zu den Marktanteilsschwellen *Hansen/Shah*, ECLR 2004, 465, 467; *Wissel/Eickhoff*, WuW 2004, 1244, 1248; *Lübbig*, GRUR 2004, 483, 484.
67 *Fuchs*, in: Immenga/Mestmäcker, EG-WettbR, Bd. 1, TT-VO, Rn. 198.
68 TT-Leitlinien, Rn. 69.
69 1. Kap., Rn. 129 ff.

Technologie austauschbar sind.[70] In ihrer räumlichen Ausdehnung sind Technologiemärkte häufig EU- oder weltweit abzugrenzen.[71]

28 Die **Ermittlung des Marktanteils** auf dem relevanten **Technologiemarkt** erfolgt gemäß Art. 3 Abs. 3 TT-GVO anhand der Verkäufe der mit der lizenzierten Technologie hergestellten Erzeugnisse. Bei diesem Modell werden auch solche potentiell konkurrierenden Technologien bei der Ermittlung der Marktanteile berücksichtigt, die von ihren Inhabern überhaupt nicht an Dritte lizenziert werden und deshalb auf dem relevanten Technologiemarkt nicht zur Verfügung stehen.[72] Nach Auffassung der Kommission kann der Marktanteil am Technologiemarkt alternativ auch auf der Grundlage der Gesamtlizenzeinnahmen der miteinander im Wettbewerb stehenden Technologien ermittelt werden.[73] Dieser Ansatz überzeugt nicht, weil die Ermittlung von Lizenzeinnahmen für die Unternehmen praktisch kaum durchführbar ist. Ferner gibt die TT-GVO mit der in Art. 3 Abs. 3 vorgesehenen Regelung einen klaren Rahmen für die Berechnung der Marktanteile vor. Bei **völlig neuartigen Technologien** besteht weder der Technologiemarkt, noch ein Marktanteil.[74]

29 (2) **Unterscheidung zwischen Wettbewerbern und Nicht-Wettbewerbern.** Entscheidende Bedeutung ist der Frage beizumessen, ob es sich bei den an einer TT-Vereinbarung Beteiligten um Wettbewerber oder um nicht miteinander konkurrierende Unternehmen handelt. Zum einen gelten für Wettbewerber und Nicht-Wettbewerber unterschiedliche Marktanteilsschwellen. Zum anderen hängt die materielle Beurteilung bestimmter Beschränkungen davon ab, in welchem Verhältnis die Parteien im Markt zueinander stehen. Ein Wettbewerbsverhältnis kann entweder auf dem relevanten Produkt- oder dem maßgeblichen Technologiemarkt begründet werden. Ausreichend ist, dass die Unternehmen auf einem dieser Märkte miteinander konkurrieren.[75]

30 Nach Art. 1 Abs. 1 lit. j) TT-GVO konkurrieren Unternehmen auf einem **Technologiemarkt** dann, wenn sie **tatsächlich** Lizenzen für konkurrierende, also austauschbare Technologien vergeben, ohne die Rechte des anderen Unternehmens an geistigem Eigentum zu verletzen.[76] Potentieller Wettbewerb im Technologiemarkt wird im Rahmen der Einordnung als Wettbewerber nicht berücksichtigt.[77] Auf dem relevanten **Produktmarkt** konkurrieren Unternehmen hingegen auch dann, wenn sie miteinander lediglich **potentiell** im Wettbewerb stehen. Dies ist der Fall, wenn der potentielle Wettbewerber bei realistischen Annahmen Investitionen auf sich nehmen würde, die nötig sind, um auf eine geringfügige dauerhafte Erhöhung der Preise hin ohne Verletzung fremder Rechtsgüter in die relevanten Märkte eintreten zu können.[78]

31 **Beispiel:** Das „Start-up-Unternehmen" A verfügt über eine Technologie zur Herstellung des Erzeugnisses X. A ist nicht im Markt der Produktion von X tätig, weil A hierfür sowohl finanzielle wie auch technologische Ressourcen zur Errichtung der erforderlichen Industrieanlagen fehlen. Unternehmen B verfügt über eine konkurrierende Technologie zur Herstellung des Produktes X. B setzt seine Technologie ausschließlich für eigene Zwecke, nämlich zur Herstellung von X ein. A will B eine Lizenz zur Herstellung von X unter der von A gehaltenen Technologie erteilen. Wenn realistischerweise ausgeschlossen werden kann, dass A in den Markt der Produktion von X eintreten wird, handelt es sich bei der Lizenzvereinbarung zwischen A und B um eine Vereinbarung zwischen Nicht-Wettbewerbern.

---

70 TT-Leitlinien, Rn. 19 ff. Ausgehend von der Technologie, die vom Lizenzgeber vermarktet wird, müssten die anderen Technologien ermittelt werden, zu denen die Lizenznehmer als Reaktion auf eine geringfügige, aber dauerhafte Erhöhung der Lizenzgebühren überwechseln könnten.

71 *Bechtold/Bosch/Brinker/Hirsbrunner*, Art. 3 VO 772/2004, Rn. 7.

72 *Drexl*, GRURInt 2004, 716, 723.

73 TT-Leitlinien, Rn. 23.

74 *Bechtold/Bosch/Brinker/Hirsbrunner*, Art. 3 VO 772/2004, Rn. 8.

75 Siehe Art. 1 Abs. 1 lit. j) TT-GVO; *Bechtold/Bosch/Brinker/Hirsbrunner*, Art. 1 VO 772/2004, Rn. 24, *Fuchs*, in: Immenga/Mestmäcker, EG-WettbR, Bd. 1, TT-VO, Rn. 138.

76 Siehe auch *Drexl*, GRURInt 2004, 716, 722.

77 TT-Leitlinien, Rn. 30, 66; *Lubitz*, EuZW 2004, 652, 653; *Bechtold/Bosch/Brinker/Hirsbrunner*, Art. 1 VO 772/2004, Rn. 25.

78 Nach allgemeiner Auffassung schützen die Vorschriften des Europäischen Kartellrechts auch den potentiellen Wettbewerb. Hierzu etwa *Gonzales Díaz*, in: Loewenheim/Meessen/Riesenkampff, Art. 81 Abs. 1, Rn. 105; *Bechtold/Bosch/Brinker/Hirsbrunner*, Art. 81, Rn. 66; Leitlinien über horizontale Zusammenarbeit, Rn. 9.

S. Gehring

Indem der Unionsgesetzgeber das Wettbewerbsverhältnis der Voraussetzung unterstellt, die **32** jeweilige Technologie müsse ohne Verletzung von Schutzrechten anderer genutzt werden können, erreicht er, dass Vertragsparteien dann als Nicht-Wettbewerber angesehen werden, wenn sie zwar über konkurrierende Technologien verfügen, diese aber zueinander in einer ein- oder zweiseitigen **Sperrposition** stehen.[79] Die Einschätzung der Sperrposition erfolgt nach objektiven Kriterien und nicht nach subjektiver Einschätzung der Parteien.[80]

cc) Beurteilung von Vereinbarungen außerhalb des von der TT-GVO geschützten Be- 33 reichs. Praktische Schwierigkeiten treten bei der Beurteilung von TT-Vereinbarungen immer dann auf, wenn die Anwendbarkeit der TT-GVO ausscheidet, weil die **Marktanteilsschwellen überschritten** werden.[81] Erwägungsgrund Nr. 12 der TT-GVO und die Kommission beruhigen hier zunächst mit der allgemeinen Aussage, solche Vereinbarungen seien nicht automatisch rechtswidrig, sondern unterlägen der Einzelfallprüfung.[82] Die Kommission steht auf dem Standpunkt, eine Verletzung des Art. 101 Abs. 1 AEUV außerhalb der in Art. 4 TT-GVO genannten Kernbeschränkungen sei dann unwahrscheinlich, wenn es neben den von den Vertragsparteien kontrollierten Technologien vier oder mehr von Dritten kontrollierte Technologien (**4-Plus-Test**) gibt, die zu für den Nutzer vergleichbaren Kosten anstelle der lizenzierten Technologie eingesetzt werden können.[83] Ferner darf man annehmen, dass die Kommission Vereinbarungen außerhalb des Schutzbereichs der TT-GVO an den in den TT-Leitlinien zum Ausdruck gebrachten Grundsätzen beurteilen wird. Darüber hinaus sind die Leitlinien zu Art. 101 Abs. 3 AEUV als Auslegungshilfe zu berücksichtigen.

Als **Faustregel** gilt: Zumindest bei geringfügigen Überschreitungen der Marktanteilsschwellen **34** dürften die Wertungen der TT-GVO regelmäßig ohne weiteres heranzuziehen sein.[84] Darüber hinaus kann bei der Beurteilung von TT-Vereinbarungen außerhalb des „sicheren Hafens" der TT-GVO auf die Wertungen der in der TT-GVO 1996 verankerten **Positivliste** sowie auf die frühere gemeinschaftsgerichtliche Rechtsprechung zu einzelnen Fallgruppen zurückgegriffen werden.[85] Je höher der **Marktanteil** der beteiligten Unternehmen ist, desto schwieriger ist es, wettbewerbsbeschränkende Bestimmungen in TT-Vereinbarungen rechtfertigen zu können. Handelt es sich bei den Partnern der TT-Vereinbarung um Duo- oder Oligopolisten oder ist ein Partner einzelmarktbeherrschend, so kann nicht mehr angenommen werden, dass die Analogie zur TT-GVO und ihrer Vorgänger-GVO greift.[86] In diesen Fällen ist eine genaue Beleuchtung des Einzelfalls anhand der allgemeinen Regeln erforderlich.[87] Die Kommission will hier insbesondere die **Art der Vereinbarung**, die **Marktstellungen** der Parteien, Abnehmer und Wettbewerber, die Existenz von **Marktzutrittsschranken**, den **Reifegrad** des Marktes und **sonstige Faktoren** in ihre Prüfung einbeziehen.[88]

b) Normstruktur. aa) Allgemeine Voraussetzungen der Schirmfreistellung, Laufzeit, Art. 2 TT- 35 GVO. Art. 2 TT-GVO stellt TT-Vereinbarungen zwischen zwei Unternehmen, die in den Schutzbereich der TT-GVO fallen und die Herstellung von Produkten ermöglichen, vom Kartellverbot des Art. 101 Abs. 1 AEUV frei. Die noch in der Vorgänger-GVO vorgenommene Unterscheidung von „schwarzen", „weißen" oder „grauen" Klauseln ist weggefallen.

---

79 TT-Leitlinien, Rn. 32; *Röhling*, in: MünchKomm, Art. 1 GVO 772/2004, Rn. 68; *Wissel/Eickhoff*, WuW 2004, 1244, 1250.
80 *Fuchs*, in: Immenga/Mestmäcker, EG-WettbR, Bd. 1, TT-VO, Rn. 148; *Röhling*, in: MünchKomm, Art. 1 GVO 772/2004, Rn. 68.
81 Kritisch hierzu *Lübbig*, GRUR 2004, 483, 484 f.
82 TT-Leitlinien, Rn. 130.
83 TT-Leitlinien, Rn. 131; zu Recht weist *Zöttl*, WRP 2005, 33, 43 darauf hin, dass bei Vorliegen dieser Voraussetzungen die Vereinbarung nicht weiter auf ihre wettbewerblichen Wirkungen im relevanten Produktmarkt geprüft werden müsse.
84 So auch *Wissel/Eickhoff*, WuW 2004, 1244, 1255; *Schultze/Pautke/Wagener*, TT-GVO, Rn. 449, 1. Kap. Rn. 121.
85 In diesem Sinne auch *Drexl*, GRURInt 2004, 716, 725; zu den Einzelheiten siehe unten unter B. zum jeweiligen Lebenssachverhalt.
86 Vgl. die Ausführungen der Kommission in Rn. 136 der TT-Leitlinien.
87 *Klawitter*, in: Wiedemann, § 13, Rn. 81 f.
88 TT-Leitlinien, Rn. 132 ff.

36 Nach dem Gesetzeswortlaut gilt die Freistellung nur, wenn an der zu prüfenden TT-Vereinbarung **höchstens zwei Unternehmen** beteiligt sind. Das Tatbestandsmerkmal „zwei Unternehmen" ist materiell auszulegen. Nehmen an einer Vereinbarung mehrere Unternehmen teil, die gemeinsam eine **wirtschaftliche Einheit** bilden, sind diese als ein Unternehmen anzusehen.[89] Nach Auffassung der Kommission werfen Lizenzvereinbarungen zwischen mehr als zwei Unternehmen allerdings häufig dieselben Rechtsfragen auf, weshalb die Behörde darauf die in der TT-GVO zum Ausdruck gebrachten Grundsätze anwenden will.[90]

37 Die Schirmfreistellung steht ferner unter der Bedingung, dass die TT-Vereinbarung die **Herstellung von Erzeugnissen** mit der lizenzierten Technologie ermöglicht. Nach Auffassung der Kommission muss die lizenzierte Technologie im Produktionsprozess verwendet werden oder Eingang in das Erzeugnis selbst finden.[91] **Reine Vertriebslizenzen** haben mit der Herstellung von Erzeugnissen grundsätzlich nichts zu tun und fallen angesichts des Erwägungsgrundes Nr. 7 nicht unter die TT-GVO.[92] In den TT-Leitlinien hat die Kommission allerdings klargestellt, dass sie die Grundsätze der TT-GVO auch auf Sachverhalte anwenden will, die lediglich die Vergabe von Lizenzen für die Vervielfältigung und Verteilung eines urheberrechtlich geschützten Werks zum Gegenstand haben. Damit sind die hiervon besonders betroffenen Verträge über die Erteilung von Softwarevertriebslizenzen nach den Grundsätzen der TT-GVO zu behandeln.[93]

38 Nicht von der TT-GVO erfasst sind Vereinbarungen, in denen eine Technologielizenz erteilt wird, um dem Lizenznehmer Forschungs- und Entwicklungsarbeiten zu ermöglichen. Ebenfalls fallen Vereinbarungen nicht unter den Anwendungsbereich der TT-GVO, deren ausschließlicher Zweck die Vergabe von Unterlizenzen ist.[94]

39 Mit Blick auf **Zulieferverträge** stellt die Kommission klar, dass diese der TT-GVO unterfallen, wenn der Lizenzgeber seine Technologie an einen Lizenznehmer lizenziert, der Erzeugnisse, die die lizenzierte Technologie enthalten, ausschließlich für den Lizenzgeber produziert.[95] Die ebenfalls bestimmte Arten von Zulieferverträgen behandelnde **Zulieferbekanntmachung** aus dem Jahre 1979[96] bleibt parallel und mit eigenem Anwendungsbereich gültig. Die Beibehaltung der Zulieferbekanntmachung ist wichtig und zu begrüßen, weil dadurch auch zukünftig sichergestellt wird, dass Produktionsverlagerungen nach außen dort zulässig sind, wo die Lizenzierung von Technologie nicht im Vordergrund steht.[97]

40 Die **Dauer der Freistellung** ergibt sich aus Art. 2 Abs. 2 TT-GVO. Grundsätzlich greift die Freistellung, solange die Rechte an der lizenzierten Technologie nicht abgelaufen, erloschen oder für ungültig erklärt worden sind. Eine Besonderheit betrifft die **Lizenzierung von Know-how**. Dort gilt die Freistellung nur, solange das Know-how geheim bleibt,[98] es sei denn, es wird infolge eines Verhaltens des Lizenznehmers bekannt. Tritt dieser Fall ein, findet die Freistellung für die Dauer der Vereinbarung Anwendung.[99]

---

89 Siehe die Definition in Art. 1 Abs. 2 TT-GVO; *Fuchs*, in: Immenga/Mestmäcker, EG-WettbR, Bd. 1, TT-VO, Rn. 171; *Jestaedt*, in: Langen/Bunte, Art. 81 Fallgruppen, Rn. 318; ausführlich 10. Kap.

90 TT-Leitlinien, Rn. 40.

91 A.A. *Fuchs*, in: Immenga/Mestmäcker, EG-WettbR, Bd. 1, TT-VO, Rn. 96, wonach ausreichend sei, dass die lizenzierte Technologie nach dem ernsthaften Willen der Parteien zum Einsatz komme.

92 *Röhling*, in: MünchKomm, Art. 2 GVO 772/2004, Rn. 18; *Fuchs*, in: Immenga/Mestmäcker, EG-WettbR, Bd. 1, TT-VO, Rn. 95.

93 Anders *Polley*, CR 2004, 641, 645 ff., die entsprechende Softwarevertriebslizenzen unmittelbar der TT-GVO unterstellt. In der praktischen Anwendung dürfte es aufgrund der von der Kommission befürworteten analogen Anwendung der TT-GVO auf die genannten Sachverhalte indes nicht zu unterschiedlichen Ergebnissen kommen; a.A. ebenfalls *Schultze/Pautke/Wagener*, TT-GVO, Rn. 394.

94 *Korah*, ECLR 2004, 247, 251.

95 TT-Leitlinien, Rn. 44.

96 Bekanntmachung der Kommission über die Beurteilung von Zulieferverträgen nach Art. 81 Abs. 1 EG-Vertrag, ABl. 1979 C 1/2 ff.; siehe 4. Kap., Rn. 110 ff.

97 In Vorentwürfen zu den verabschiedeten TT-Leitlinien hatte die Kommission zunächst beabsichtigt, die Zulieferbekanntmachung ganz aufzulösen; bereits damals kritisch hierzu *Korah*, ECLR 2004, 247, 251.

98 *Jestaedt*, in: Langen/Bunte, Art. 81 Fallgruppen, Rn. 325.

99 Siehe hierzu auch *Lubitz*, EuZW 2004, 652, 654.

S. Gehring

bb) Kernbeschränkungen, Art. 4 TT-GVO. Der Grundsatz der Schirmfreistellung findet seine **41** erste wesentliche Schranke in Art. 4 TT-GVO. Die Vorschrift nimmt TT-Vereinbarungen von der Schirmfreistellung aus, die unmittelbar oder mittelbar, für sich allein oder in Verbindung mit anderen Umständen einen der dort als **Kernbeschränkung** qualifizierten Lebenssachverhalte bezwecken.[100] Enthalten und bezwecken TT-Vereinbarungen Kernbeschränkungen, sind sie jeweils als Ganzes von der Gruppenfreistellung ausgeschlossen, weil Kernbeschränkungen nach Auffassung der Kommission nicht vom Rest einer Vereinbarung abgetrennt werden können.[101] Die Kommission folgt insofern dem **Alles-oder-Nichts-Prinzip**.[102] Werden Kernbeschränkungen vereinbart, sind auch weitere wettbewerbsbeschränkende Vertragsbestimmungen, die für sich gesehen freigestellt wären, nicht mehr von der TT-GVO erfasst. Die Kommission ist darüber hinaus der Auffassung, dass Kernbeschränkungen in der Regel nicht die in Art. 101 Abs. 3 AEUV genannten Voraussetzungen erfüllen. Für den Fall, dass Kernbeschränkungen vorliegen, müssen alle in der Vereinbarung vorgesehenen Klauseln, die gegen Art. 101 Abs. 1 AEUV verstoßen, anhand der Kriterien des Art. 101 Abs. 3 AEUV darauf überprüft werden, ob für sie die Legalausnahme gilt. Ergibt die Prüfung, dass einzelne Klauseln nach Art. 101 Abs. 2 AEUV nichtig sind, muss unter Anwendung der nationalen Vorschriften des jeweils anwendbaren Rechts[103] überprüft werden, ob die Vereinbarung auch ohne die nach Art. 101 Abs. 2 EG nichtigen Vorschriften teilwirksam wäre.[104]

Welche Regelungen von Art. 4 TT-GVO anzuwenden sind, richtet sich danach, ob die Parteien **42** zum Zeitpunkt des Abschlusses der TT-Vereinbarung Wettbewerber sind oder nicht.[105] Konkurrieren die Parteien bei Abschluss der TT-Vereinbarung nicht, sondern werden sie erst später zu Wettbewerbern, gelten gleichwohl weiterhin die auf Nicht-Wettbewerber anwendbaren Vorschriften, solange der Vertrag später nicht wesentlich geändert wird.[106]

Die TT-GVO sieht bei manchen Kernbeschränkungen zahlreiche **Ausnahmetatbestände** vor. **43** Ist der Ausnahmetatbestand einschlägig, liegt keine Kernbeschränkung vor. Wichtig ist jedoch, dass die Ausnahmetatbestände nicht automatisch zulässig sind. Sie haben lediglich zur Folge, dass keine Kernbeschränkung vorliegt. Für sie gelten deshalb die allgemeinen Grundsätze. Enthalten die Ausnahmetatbestände Wettbewerbsbeschränkungen, fallen sie nur dann unter die Schirmfreistellung von Art. 2 TT-GVO, wenn die Marktanteile der beteiligten Unternehmen auf den betroffenen und relevanten Technologie- und Produktmärkten 20% bei Wettbewerbern bzw. 30% bei Nicht-Wettbewerbern nicht überschreiten.[107]

Bei einer Reihe von zwischen Wettbewerbern vereinbarten Kernbeschränkungen differenziert **44** die TT-GVO danach, ob es sich um wechselseitige oder nicht wechselseitige Vereinbarungen handelt.[108] Wechselseitige Vereinbarungen zwischen Konkurrenten werden strenger behandelt als nicht wechselseitige Vereinbarungen.[109] Die Differenzierung nach wechselseitigen und nicht wechselseitigen Vereinbarungen findet bei Kernbeschränkungen zwischen Nicht-Wettbewerbern nicht statt. Merkmal der **wechselseitigen Lizenz** („*cross license*") ist die gegenseitige Lizenzierung von miteinander konkurrierenden Technologien oder solcher nicht konkurrierender

100 Nicht tatbestandsmäßig ist, wenn Kernbeschränkungen lediglich bewirkt werden. Da die in Art. 4 TT-GVO aufgenommenen Beschränkungen ihrer Natur nach wettbewerbsbeschränkenden Charakter haben und in aller Regel stets auch bezweckt sind, dürfte sich die Differenzierung zu bewirkten Beschränkungen in der Praxis nicht auswirken; *Fuchs*, in: Immenga/Mestmäcker, EG-WettbR, Bd. 1, TT-VO, Rn. 217.

101 TT-Leitlinien, Rn. 75.

102 1. Kap., Rn. 105. Einen Überblick über Rechtsfolgen der Vereinbarung nicht freigestellter Klauseln bietet *Wiedemann*, GVO-Kommentar, Bd. I, T, Rn. 308 ff.; auf die Kernbeschränkungen kann das dort zu den früher existierenden "schwarzen Listen" Ausgeführte übertragen werden. Bei aller Kritik am Konzept des Alles-oder-Nichts-Prinzip ist davon auszugehen, dass dies der ganz überwiegenden Meinung entspricht.

103 *Karsten Schmidt*, in: Immenga/Mestmäcker, EG-WettbR, Bd. 1, Art. 81 Abs. 2, Rn. 23; *Zöttl*, WRP 2005, 33, 38.

104 Für den Bereich des deutschen Rechts muss also gemäß § 139 BGB gefragt werden, ob das zugrunde liegende Geschäft auch ohne den nichtigen Teil geschlossen worden wäre; siehe allgemein 11. Kap., Rn. 10 ff.

105 Art. 4 Abs. 1 TT-GVO gilt für Wettbewerber, Art. 4 Abs. 2 TT-GVO gilt für Nicht-Wettbewerber.

106 Art. 4 Abs. 3 TT-GVO; *von Falck/Schmaltz*, in: Loewenheim/Meessen/Riesenkampff, TT-GVO, Rn. 38.

107 *Zöttl*, WRP 2005, 33, 39.

108 Vgl. etwa Art. 4 Abs. 1 lit. a); 4 Abs. 1 lit. b); 4 Abs. 1 lit. c) (ii), (iv), (v), (vii).

109 TT-Leitlinien, Rn. 78.

Technologien, mit denen Erzeugnisse hergestellt werden können, die untereinander austauschbar sind. Eine **nicht wechselseitige Vereinbarung** liegt dann vor, wenn kein Lizenzaustausch stattfindet und nur eine Partei der anderen eine Lizenz zur Nutzung ihrer Technologie erteilt, oder wenn es zur wechselseitigen Lizenzierung von Technologien kommt, die nicht miteinander konkurrieren und mit denen sich keine Wettbewerbsprodukte herstellen lassen („*Über-Kreuz-Lizenzen*").[110] Wichtig ist, dass eine zunächst nicht wechselseitig ausgestaltete Lizenzvereinbarung zu einem späteren Zeitpunkt zu einer wechselseitigen Vereinbarung werden kann, wenn z.b. der ursprüngliche Lizenznehmer dem ursprünglichen Lizenzgeber seinerseits eine konkurrierende Lizenz erteilt.[111] Die Beurteilung richtet sich nach materiellen Kriterien, d.h. ein Lizenzaustausch begründet für sich gesehen nicht notwendigerweise eine Wechselseitigkeit. Entscheidend ist vielmehr, ob die lizenzierten Technologien miteinander konkurrieren bzw. zur Herstellung konkurrierender Produkte verwendet werden können.[112] Ist das der Fall, kann eine Wechselseitigkeit auch dann vorliegen, wenn die Lizenzen zeitlich unabhängig voneinander erteilt werden.[113]

45 cc) **Nicht freigestellte Beschränkungen, Art. 5 TT-GVO.** Eine weitere Schranke der Schirmfreistellung regelt **Art. 5 TT-GVO.** Dort sind Beschränkungen aufgeführt, die nicht der Schirmfreistellung unterliegen, aber keine Kernbeschränkungen darstellen. Wollen Unternehmen entsprechende Klauseln vereinbaren, müssen sie im Einzelfall anhand der allgemeinen Vorschriften prüfen, welche wettbewerbsbeschränkende und -fördernde Auswirkungen die beabsichtigte Regelung mit sich bringt.[114] Eine allgemeine Vermutung für die Rechtswidrigkeit besteht nicht.[115] Wird ein in Art. 5 TT-GVO genannter Tatbestand vereinbart, der nicht nach Art. 101 Abs. 3 AEUV freigestellt und folglich gemäß Art. 101 Abs. 2 AEUV nichtig ist, so hindert dies – im Gegensatz zur Regelung bei den Kernbeschränkungen des Art. 4 TT-GVO – nicht die Anwendbarkeit der TT-GVO auf den verbleibenden Teil des betroffenen Vertrags. Freilich muss auch in diesem Fall nach den einschlägigen nationalen Vorschriften geprüft werden, ob der (Rest-)Vertrag wirksam ist.[116]

46 dd) **Entzug des Rechtsvorteils, Art. 6 TT-GVO.** Gemäß Art. 6 Abs. 1 TT-GVO kann die Kommission den von der TT-GVO vermittelten **Rechtsvorteil entziehen,** wenn eine der Schirmfreistellung unterfallende Vereinbarung gleichwohl Wirkungen hat, die mit Art. 101 Abs. 3 AEUV nicht vereinbar sind. Dies kann insbesondere bei kumulativen Wirkungen gleichartiger Beschränkungen in **Netzen von Lizenzvereinbarungen** drohen, oder wenn eine Partei die lizenzierte Technologie ohne sachlichen Grund **nicht verwertet.** Die Beweislast im Entzugsverfahren trägt die entziehende Behörde.[117] Das Entzugsverfahren richtet sich nach Art. 29 VO Nr. 1/2003. Zuständig ist die Kommission. Gemäß Art. 6 Abs. 2 TT-GVO können allerdings auch mitgliedstaatliche Wettbewerbsbehörden die Freistellung nach Art. 6 Abs. 1 TT-GVO i.V.m. Art. 29 Abs. 2 VO Nr. 1/2003 entziehen, wenn die TT-Vereinbarung im Gebiet eines Mitgliedstaats oder in einem Teil darin, der alle Merkmale eines gesonderten räumlichen Marktes erfüllt, im Einzelfall mit Art. 101 Abs. 3 AEUV unvereinbare Wirkungen hat.

47 ee) **Nichtanwendbarkeit der TT-GVO, Art. 7 TT-GVO.** In Fällen, in denen mehr als 50% eines relevanten Marktes von **parallelen Netzen** gleichartiger TT-Vereinbarungen erfasst werden, kann die Kommission durch Verordnung bestimmen, dass die TT-GVO auf solche TT-Vereinbarungen unanwendbar ist, die bestimmte Wettbewerbsbeschränkungen auf dem betroffenen Markt begründen. Mit Wirksamkeit dieser Verordnung, die frühestens sechs Monate nach Erlass eintreten kann, gelten für die jeweiligen TT-Vereinbarungen die allgemeinen Vorschriften.

---

110 TT-Leitlinien, Rn. 78; Zöttl, WRP 2005, 33, 39; *Wissel/Eickhoff*, WuW 2005, 1244, 1250.
111 In den TT-Leitlinien, Rn. 78, bringt die Kommission etwa zum Ausdruck, dass sie bei einer wettbewerbsrechtlichen Prüfung berücksichtigen werde, welcher Zeitraum zwischen der ersten und der zweiten Lizenzvergabe liegt.
112 *Bechtold/Bosch/Brinker/Hirsbrunner*, Art. 1 VO 772/2004; Rn. 9.
113 So auch *Zöttl*, WRP 2005, 33, 39.
114 *Schultze/Pautke/Wagener*, TT-GVO, Rn. 822; neben den Wertungen der TT-Leitlinien sind zudem die Leitlinien zu Art. 101 Abs. 3 AEUV bei der Prüfung einzubeziehen.
115 *Fuchs*, in: Immenga/Mestmäcker, EG-WettbR, Bd. 1, TT-VO, Rn. 333.
116 Allgemein 11. Kap., Rn. 10 ff.
117 TT-Leitlinien, Rn. 119.

Der Übergangszeitraum soll es den Unternehmen ermöglichen, entgegenstehende Verträge anzupassen.

c) Verhältnis zu anderen Gruppenfreistellungsverordnungen. Vereinbarungen zwischen Unternehmen können unterschiedliche Themenkomplexe betreffen. Deshalb stellt sich in vielen Fällen die Frage, an welcher Gruppenfreistellungsverordnung die beabsichtigten Regelungen zu messen sind. In diesem Zusammenhang sind die sachlichen Geltungsbereiche verschiedener Gruppenfreistellungsverordnungen voneinander abzugrenzen. Diese Abgrenzung erfolgt grundsätzlich nach dem **Hauptgegenstand** des Vertragsinhalts.[118] Abreden über geistiges Eigentum im Rahmen einer Spezialisierung richten sich nach der **Spezialisierungs-GVO**, wenn die jeweilige Vereinbarung mit der Spezialisierungsabrede unmittelbar verbunden ist. Lizenzen, die Parteien einem gemeinsamen Produktionsunternehmen zur Herstellung der von der Spezialisierung betroffenen Erzeugnisse gewähren, sind nach der Spezialisierungs-GVO zu beurteilen. Demgegenüber richten sich Lizenzvereinbarungen des Gemeinschaftsunternehmens mit Dritten nach der TT-GVO.[119] Die Abgrenzung der TT-GVO gegenüber der **F&E-GVO** folgt denselben Prinzipien. Sind Lizenzvereinbarungen in den übergeordneten Zusammenhang der gemeinsamen F&E-Aktivitäten eingebunden und lediglich Nebenabreden zum Hauptgegenstand Forschung und Entwicklung, gilt die F&E-GVO. Mit Dritten geschlossene Lizenzvereinbarungen richten sich nach der TT-GVO. Auch für die Abgrenzung der TT-GVO zur **Vertikal-GVO** gilt die Schwerpunkttheorie. Es kommt darauf an, ob der Vertrag hauptsächlich im Bereich der Lizenzierung von ausschließlichen Rechten liegt (dann TT-GVO), oder ob dessen Hauptgegenstand Liefer- oder Vertriebsabreden betrifft (dann Vertikal-GVO).[120] Eine **parallele Anwendung** mehrerer Gruppenfreistellungsverordnungen kommt immer dann in Betracht, wenn ein einheitlicher Vertrag mehrere selbständige Sachverhalte, wie z.B. Lizenzierung und Alleinvertrieb, zusammenfasst.[121]

48

II. Einzelfragen

1. Lizenzvereinbarungen über Patente, Know-how, Software

a) Preisbindung. aa) Zwischen Wettbewerbern. Nach Art. 4 Abs. 1 lit. a) TT-GVO gilt die Schirmfreistellung nicht für TT-Vereinbarungen zwischen Wettbewerbern, die eine Partei in ihrer Freiheit einschränken, die Preise, zu denen diese Partei ihre Produkte an Dritte verkauft, selbst festzusetzen. Solche verbotenen Preisfestsetzungen können direkt vereinbart werden. Ihre Wirkungen können aber auch durch indirekte Maßnahmen erzielt werden. Die unmittelbare **Festlegung des Wiederverkaufspreises** eines Lizenznehmers in einer wechselseitigen Vereinbarung ist als unzulässige Preisabsprache zwischen Wettbewerbern zu qualifizieren und auch außerhalb der TT-GVO nicht freistellungsfähig.[122] Zu den Formen unzulässiger **direkter Preisfestsetzung** zählt die Kommission Vereinbarungen über Höchstrabatte, Mindestpreise, Höchstpreise oder Preisempfehlungen.[123] Unzulässig sind ferner auf die Preise der der TT-Vereinbarung entstammenden Produkte bezogene **Meistbegünstigungsklauseln**.[124]

49

Zu den **mittelbar wirkenden Maßnahmen** zählt die Kommission Abschreckungsmaßnahmen, deren Eingreifen davon abhängt, ob der Lizenznehmer beim Verkauf der Lizenzprodukte von einem bestimmten Preisniveau abweicht. Beispiele für Abschreckungsmaßnahmen sind die Erhöhung der Lizenzgebühren,[125] andere Zahlungspflichten oder die Beendigung des Lizenzvertrags. Ferner können Preisüberwachungssysteme mittelbare Wirkungen entfalten.[126]

50

---

118 *Jestaedt*, in: Langen/Bunte, Art. 81 Fallgruppen, Rn. 375.
119 TT-Leitlinien, Rn. 58.
120 Siehe hierzu *Zöttl*, WRP 2005, 33, 36; siehe 4. Kap., Rn. 56 ff.
121 *Wiedemann*, GVO-Kommentar, Bd. I, Allgemeiner Teil, Rn. 272.
122 Dementsprechend auch die Rechtsprechung des EuGH, Rs. 19/77 (Müller International Schallplatten GmbH), Slg. 1978, 131.
123 TT-Leitlinien, Rn. 79.
124 *Fuchs*, in: Immenga/Mestmäcker, EG-WettbR, Bd. 1, TT-VO, Rn. 227; *Röhling*, in: MünchKomm, Art. 4 GVO 772/2004, Rn. 7.
125 So die Kommission in den TT-Leitlinien, Rn. 79.
126 *Fuchs*, in: Immenga/Mestmäcker, EG-WettbR, Bd. 1, TT-VO, Rn. 223.

51 Nach Auffassung der Behörde können bestimmte Formen der **Erhebung von Lizenzgebühren** wie Preisfestsetzungen wirken. Werden etwa Lizenzgebühren auf Grundlage der mit Lizenzprodukten erzielten Erlöse berechnet, befürchtet die Kommission negative Auswirkungen auf das Preisgefüge der Lizenzprodukte, weil Wettbewerber mit Hilfe des *cross-licensing* und wechselseitiger Lizenzgebühren die Preise auf diesem Markt abstimmen könnten.[127] Diese sog. „*running royalties*" in wechselseitigen Vereinbarungen zwischen Wettbewerbern sieht die Kommission allerdings nur dann als Preisfestsetzung an, wenn die Vereinbarung keinen „wettbewerbsfördernden Zweck hat und deshalb keine gutgläubig geschlossene Lizenzvereinbarung vorliegt". Kritisch seien insbesondere Fälle zu sehen, in denen für den Abschluss der Lizenz kein triftiger Grund vorliegt, sondern lediglich eine zum Schein geschlossene Vereinbarung.[128] Die von der Kommission in den TT-Leitlinien zum Ausdruck gebrachte Auffassung zu den „*running royalties*" überzeugt nur dort, wo Wettbewerber unter dem Deckmantel einer Lizenzvereinbarung einer verbotenen Preisabsprache Vorschub leisten. Vielmehr ist zu berücksichtigen, dass das Recht, Gebühren für die Erteilung einer Lizenz zu verlangen, zum **spezifischen Schutzgegenstand** eines gewerblichen Schutzrechts zählt.[129] Dem jeweiligen Lizenzgeber muss deswegen die Möglichkeit offen stehen, die für die Lizenzierung eines Ausschließlichkeitsrechts zu erbringende Gegenleistung frei zu bestimmen. Ferner blendet die Kommission zahlreiche positive Gesichtspunkte der „*running royalties*" aus. Aus kaufmännischer Sicht sind sie oft die einzige Möglichkeit, Geschäfts- und Finanzierungsrisiken vertretbar abzusichern. Dies gilt insbesondere dann, wenn es sich um eine neue Technologien handelt, deren Markterfolg aus Sicht des Lizenznehmers ungewiss ist.[130] Angesichts der vorstehenden Gesichtspunkte sind an das Vorliegen des von der Kommission geforderten „triftigen Grundes" nicht zu strenge Anforderungen zu stellen. Verfolgt eine „*running royalty*" ein **legitimes und ökonomisch gerechtfertigtes Ziel** und dient sie nicht einer verdeckten Preisabsprache, sprechen gute Gründe dafür, entsprechende Lizenzgebührgestaltungen in wechselseitigen TT-Vereinbarungen wirksam vornehmen zu können. Nicht als Preisfestsetzung zu werten sind Mindestlizenzgebühren[131] und Vereinbarungen über die Preise für Unterlizenzen der Technologie an Dritte und entsprechende Meistbegünstigungsklauseln.[132] Lizenzgebühren, die sich anhand aller Produktverkäufe und unabhängig davon berechnen, ob die lizenzierte Technologie genutzt wird oder nicht, werden ebenfalls als Kernbeschränkung betrachtet, es sei denn, es steht keine alternative Berechnungsmöglichkeit zur Verfügung.[133]

52 Von der Kernbeschränkung nicht erfasst werden hingegen **Preisbindungen hinsichtlich der Lizenzierung von Technologien.**[134]

53 **bb) Zwischen Nicht-Wettbewerbern.** Beschränken sich nicht konkurrierende Unternehmen darin, den Preis, zu dem sie ihre Produkte an Dritte verkaufen, selbst festsetzen zu können, liegt eine unzulässige Kernbeschränkung vor, Art. 4 Abs. 2 lit. a) TT-GVO. Zulässig ist allerdings, **Höchstverkaufspreise** festzusetzen oder **Preisempfehlungen** auszusprechen,[135] sofern sich diese nicht infolge der Ausübung von Druck oder der Gewährung von Anreizen tatsächlich wie Fest- oder Mindestverkaufspreise auswirken.[136]

54 **b) Outputbeschränkungen. aa) Zwischen Wettbewerbern.** Nach Art. 4 Abs. 1 lit. b) TT-GVO liegt eine Kernbeschränkung vor, wenn Wettbewerber die Beschränkung des Outputs, also die

---

127 TT-Leitlinien, Rn. 80.
128 TT-Leitlinien, Rn. 80.
129 Vgl. *Sack*, WRP 1999, 592, 612; Kommission, 83/400/EWG (Windsurfing International), ABl. L 229/1 ff; *Mestmäcker/Schweitzer*, § 27, Rn. 21.
130 In diesem Sinne auch *Korah*, ECLR 2004, 247, 255; *Fuchs*, in: Immenga/Mestmäcker, EG-WettbR, Bd. 1, TT-VO, Rn. 224.
131 TT-Leitlinien, Rn. 79; *Lubitz*, EuZW 2004, 652, 654.
132 *Bechtold/Bosch/Brinker/Hirsbrunner*, Art. 4 VO 772/2004, Rn. 8; siehe aber insofern die deutlich strengere Vorschrift Art. 5 lit. c) F&E-GVO, die als Kernbeschränkung die Festsetzung von Lizenzierungskonditionen vorsieht.
133 TT-Leitlinien, Rn. 81; siehe auch EuGH, Rs. 193/83 (Windsurfing International), Slg. 1986, 611, 657 f.
134 *Röhling*, in: MünchKomm, Art. 4 GVO 772/2004, Rn. 7.
135 Hierzu auch *Schultze/Pautke/Wagener*, TT-GVO, Rn. 704 ff.; *Bechtold/Bosch/Brinker/Hirsbrunner*, Art. 4 VO 772/2004, Rn. 24 f.
136 Dies sind die aus Art. 4 a) Vertikal-GVO bekannten Kriterien. Siehe hierzu 4. Kap., Rn. 181 f.

Festsetzung der unter der Lizenz zu produzierenden und/oder abzusetzenden Volumina, vereinbaren. Ausgenommen sind Outputbeschränkungen, die dem Lizenznehmer in einer nicht wechselseitigen Vereinbarung oder einem der Lizenznehmer in einer wechselseitigen Vereinbarung in Bezug auf die mit der lizenzierten Technologie erzeugten Produkte auferlegt werden.

Aus der Formulierung des Gesetzestextes wird deutlich, dass ausschließlich **wechselseitige Outputbeschränkungen** in Vereinbarungen zwischen Wettbewerbern und **Outputbeschränkungen zu Lasten des Lizenzgebers** als Kernbeschränkung anzusehen sind. Entsprechende Vereinbarungen wirken wie ein Mengenkartell und sind deshalb nicht freistellungsfähig.[137]   55

Nicht zu den Kernbeschränkungen zählen Outputbeschränkungen, die dem Lizenznehmer in einer nicht wechselseitigen TT-Vereinbarung oder einem der Lizenznehmer in einer wechselseitigen Vereinbarung auferlegt werden, Art. 4 Abs. 1 lit. b) TT-GVO.[138]   56

Auch **mittelbare Maßnahmen** in Lizenzverträgen können sich wie Outputbeschränkungen auswirken. Hierzu zählen Klauseln, die den Anreiz verringern, die Produktion oder den Absatz auszuweiten. Die Kommission führt beispielhaft **Lizenzgebührenstaffelungen** in Fällen an, in denen bestimmte Produktionsvolumina überschritten werden.[139] Ein weiteres Beispiel sind hohe **Abschlagszahlungen** beim Bau neuer Anlagen. Insgesamt gilt, dass die Parteien bei der Gestaltung der zu entrichtenden Lizenzgebühren ausreichenden Spielraum haben müssen, um den ökonomischen und kaufmännischen Interessen hinreichend Rechnung tragen zu können. So können etwa anfangs niedrig gehaltene und mit zunehmender Produktion steigende Lizenzgebühren vor dem Hintergrund gerechtfertigt sein, dass es sich um eine neue Technologie handelt, deren Markteinführung dem Lizenznehmer zunächst erleichtert werden sollte. Insgesamt kommt es deshalb auf den **konkreten Zweck** der mittelbaren Maßnahme an. Zielt sie auf die Beschränkung des Ausstoßes, ist sie kritisch. Ist sie von einem triftigen Grund getragen und verfolgt einen kaufmännisch zulässigen Zweck, ist sie freigestellt.[140]   57

Ist die TT-GVO wegen Überschreitens der Marktanteilsschwelle unanwendbar, gelten die allgemeinen Grundsätze. Die Kommission selbst geht von der Anwendbarkeit des Art. 101 Abs. 3 AEUV in Fällen aus, in denen die Technologie des Lizenzgebers der Technologie des Lizenznehmers weit überlegen ist und die Beschränkung deutlich über den Ausstoß des Lizenznehmers vor Vertragsschluss hinausgeht. Ferner will die Kommission bei Überschreiten der Marktanteile den Umstand berücksichtigen, dass Outputbeschränkungen erforderlich sein können, um dem Lizenzgeber einen Anreiz zu geben, seine Technologie möglichst weit zu verbreiten.[141] Sobald die beteiligten Unternehmen über **beträchtliche Marktmacht** verfügen, greifen die vorstehenden Überlegungen nicht mehr. Dies dürfte immer dann der Fall sein, wenn beide Unternehmen zusammen genommen marktbeherrschend oder Teil eines Oligopols sind.[142]   58

Freigestellte Outputbeschränkungen können innerhalb der Schirmfreistellung mit zulässigen Verkaufsbeschränkungen[143] kombiniert werden.[144] Außerhalb des von der TT-GVO geschützten Bereichs ist allerdings eine genaue Prüfung von Art. 101 Abs. 3 AEUV angezeigt. Denn insofern steht die Kommission auf dem Standpunkt, dass eine Kombination von zulässigen Beschränkungen wahrscheinlich dazu dient, Märkte aufzuteilen.[145]   59

---

137 A.A. wohl *Sack*, WRP 1999, 592, 606, der Mengenbeschränkungen stets zum spezifischen Gegenstand des jeweiligen Schutzrechts zählt.
138 TT-Leitlinien, Rn. 175 ff.; *Zöttl*, WRP, 33, 42.
139 TT-Leitlinien, Rn. 82.
140 *Fuchs*, in: Immenga/Mestmäcker, EG-WettbR, TT-VO, Bd. 1, Rn. 229; *Klawitter*, in: Wiedemann, § 13, Rn. 142.
141 TT-Leitlinien, Rn. 175.
142 Art. 14 Abs. 2 der Richtlinie 2002/21/EG des Europäischen Parlaments und des Rates v. 7. März 2002 über einen gemeinsamen Rechtsrahmen für elektronische Kommunikationsnetze und -dienste, ABl. 2002 L 108/33 definiert den Begriff „beträchtliche Marktmacht" dahingehend, dass er mit dem Begriff der allein oder gemeinsam beherrschenden Stellung des allgemeinen Wettbewerbsrechts übereinstimmen soll.
143 Hierzu Rn. 73 ff.
144 *Schultze/Pautke/Wagener*, TT-GVO, Rn. 538; wohl auch Kommission, TT-Leitlinien, Rn. 177.
145 TT-Leitlinien, Rn. 177; *Fuchs*, in: Immenga/Mestmäcker, EG-WettbR, Bd. 1, TT-VO, Rn. 232.

60   **bb) Zwischen Nicht-Wettbewerbern.** Outputbeschränkungen zwischen Nicht-Wettbewerbern fallen unter die Schirmfreistellung.[146] Wird die Marktanteilsschwelle des Art. 3 Abs. 2 TT-GVO überschritten, müssen die beteiligten Unternehmen die wettbewerbsfördernden Folgen der Outputbeschränkung beurteilen, um festzustellen, ob die Beschränkung nach Art. 101 Abs. 3 AEUV freigestellt ist. Bei dieser Prüfung kann auf die bereits bei den Outputbeschränkungen zwischen Wettbewerbern dargestellten Grundsätze verwiesen werden.

61   **c) Exklusivlizenzen.** Mit Erlass der TT-Leitlinien hat die Kommission eine Definition des Begriffs der Exklusivlizenz eingeführt. Eine solche liegt vor, wenn der Lizenznehmer die einzige Person ist, die in einem bestimmten Gebiet mit der lizenzierten Technologie **produzieren** darf. Der Lizenzgeber verpflichtet sich in derartigen Fällen, in dem von der TT-Vereinbarung vorgesehenen Rahmen sowohl auf seine Eigenproduktion zu verzichten, als auch Dritten keine konfligierenden Lizenzen zu erteilen.[147]

62   **aa) Zwischen Wettbewerbern.** Wechselseitige Exklusivlizenzen zwischen Wettbewerbern gelten stets als **Marktaufteilung** und damit als nicht freigestellte Kernbeschränkung.[148] Aus der in Art. 4 Abs. 1 lit. c) (ii) TT-GVO geregelten Ausnahme folgt aber, dass Sachverhalte freigestellt sind, in denen sich Lizenznehmer oder Lizenzgeber in einer nicht wechselseitigen TT-Vereinbarung verpflichten, mit der lizenzierten Technologie in einem bestimmten Exklusivgebiet,[149] Produktmarkt oder Anwendungsbereich, die jeweils der anderen Partei vorbehalten sind, selbst nicht zu produzieren oder aus einem solchen Gebiet selbst nicht zu liefern.[150] Die Ausnahme gilt folglich nur für die Produktion, nicht für andere Anwendungen der Technologie, wie etwa den Vertrieb.[151] Neben den entsprechenden Beschränkungen des Lizenznehmers werden damit **Exklusivlizenzen** in nicht wechselseitigen TT-Vereinbarungen zu seinen Gunsten von der Schirmfreistellung erfasst.[152] Die Exklusivlizenz darf sich folglich sowohl auf Lizenznehmer als auch Lizenzgeber beziehen.[153] Betrifft die Vereinbarung Märkte, in denen die Wettbewerber die Marktanteilsschwelle von 20% überschreiten, hängt die Zulässigkeit des Vorhabens davon ab, welche wettbewerbsschädlichen Wirkungen von der Exklusivlizenz zu erwarten sind.[154] Grundsätzlich gilt, je stärker die Marktstellung der der Exklusivlizenz zugrunde liegenden Technologie ist, desto eher sind negative Auswirkungen auf den Wettbewerb zu erwarten. Positiv bewertet die Kommission jedoch Fälle, in denen Lizenznehmer und -geber nur im Technologiemarkt konkurrieren und der Lizenzgeber nicht über die erforderlichen **Produktions- und Vertriebsressourcen** verfügt, um die betroffenen Produkte effektiv auf den Markt zu bringen.[155]

63   Allerdings setzt Art. 4 Abs. 1 lit. c) (ii) TT-GVO voraus, dass sich die Lizenznehmern oder Lizenzgebern auferlegten Produktionsbeschränkungen auf solche Produktmärkte, Anwendungsbereiche oder Exklusivgebiete beziehen, die der jeweils von der Beschränkung profitierenden Partei vorbehalten sind. In diesem Zusammenhang bleibt unklar, welche Anforderungen an den **Vorbehalt** zu stellen sind. So kann sich etwa die Frage der Wirksamkeit des Vorbehalts dann stellen, wenn sich der Lizenzgeber das von der Produktionsbeschränkung betroffene Land nicht selbst vorbehalten hat, sondern für dieses Land einem Dritten eine Exklusivlizenz erteilt hat. Aufgrund der in Art. 4 Abs. 2 lit. b) (i) und (ii) TT-GVO vorgenommenen Differenzierung und der in Rn. 162 der TT-Leitlinien zum Ausdruck gebrachten Auffassung sprechen gute

---

146 TT-Leitlinien, Rn. 176.

147 TT-Leitlinien, Rn. 162 ff.

148 TT-Leitlinien, Rn. 175; siehe aber die Möglichkeit, dem Lizenznehmer über Art. 4 Abs. 1 lit. d) (i) TT-GVO Produktionsbeschränkungen aufzuerlegen, dessen Anwendungsbereich auch nicht wechselseitige Vereinbarungen erfasst; *Fuchs*, in: Immenga/Mestmäcker, EG-WettbR, Bd. 1, TT-VO, Rn. 247.

149 Die TT-GVO definiert ein **Exklusivgebiet** als Gebiet, in dem nur ein Unternehmen die Vertragsprodukte mit der lizenzierten Technologie produzieren darf, ohne die Möglichkeit auszuschließen, einem anderen Lizenznehmer in diesem Gebiet die Produktion der Vertragsprodukte nur für einen bestimmten Kunden zu erlauben, wenn diese zweite Lizenz erteilt worden ist, um diesem Kunden eine alternative Bezugsquelle zu verschaffen.

150 TT-Leitlinien, Rn. 86.

151 *Bechtold/Bosch/Brinker/Hirsbrunner*, Art. 4 VO 772/2004, Rn. 14.

152 Zu den Motiven vgl. *Lübbig*, GRUR 2004, 483, 486.

153 *Zöttl*, WRP 2005, 33, 40.

154 TT-Leitlinien, Rn. 165.

155 TT-Leitlinien, Rn. 164.

Gründe dafür, eine Kernbeschränkung dann annehmen zu müssen, wenn die Produktion in Gebieten untersagt werden soll, die der Lizenzgeber an Dritte vergeben hat.[156] Dagegen dürfte ein hinreichender Gebietsvorbehalt dann vorliegen, wenn der Lizenzgeber in bestimmten Gebieten über Zulieferer oder andere Auftragshersteller für sich produzieren lässt.

bb) Zwischen Nicht-Wettbewerbern. Exklusivlizenzen zwischen Nicht-Wettbewerbern sind   **64**
von der **Schirmfreistellung** erfasst. Wird die Marktanteilsschwelle von 30% überschritten, muss anhand der allgemeinen Regeln entschieden werden, wie die Wettbewerbslage ohne die streitige Exklusivabrede wäre.[157] Oft sind Exklusivitätsabreden – wie auch Alleinvertriebsrechte[158] – erforderlich, um den Lizenznehmer dazu zu motivieren, in die lizenzierte Technologie zu investieren und die Produkte erfolgreich im Markt zu platzieren. Ohne Ausschließlichkeitszusagen wäre der Lizenznehmer häufig nicht bereit, Investitionen auf sich zu nehmen. Damit sind Exklusivlizenzen in vielen Fällen **prokompetitiv**, weil ohne sie überhaupt keine Verbreitung der Technologie stattfände.[159] Aus den genannten Gründen bejaht die Kommission bei Exklusivitätsabreden zwischen Nicht-Wettbewerbern grundsätzlich die Voraussetzungen von Art. 101 Abs. 3 AEUV.[160] Die Freistellung entfällt erst dann, wenn der Lizenznehmer eine marktbeherrschende Stellung hat und eine Exklusivlizenz für eine oder mehrere konkurrierende Technologien erwirbt.

d) Alleinlizenzen. Die Alleinlizenz ist gegenüber der Exklusivlizenz abzugrenzen. Im Rahmen   **65**
einer Alleinlizenz verpflichtet sich der Lizenzgeber dazu, Dritten in einem bestimmten Gebiet keine Produktionslizenz zu erteilen.[161] Im Übrigen bleibt er selbst voll wettbewerbsfähig.

aa) Zwischen Wettbewerbern. Nach Art. 4 Abs. 1 lit. c) (iii) TT-GVO liegt keine Kernbe-   **66**
schränkung vor, wenn sich der Lizenzgeber verpflichtet, Dritten in einem bestimmten Gebiet keine Technologielizenz zu erteilen. Derartige Alleinlizenzen sind stets von der Schirmfreistellung gedeckt.[162] Dies gilt unabhängig davon, ob die TT-Vereinbarung wechselseitig oder nicht wechselseitig ist. Wettbewerbsrechtliche Bedenken sind grundsätzlich nicht gegeben, weil Alleinlizenzen die Handlungsfähigkeit der Parteien nicht beeinträchtigen. Mit zunehmender Marktmacht der beteiligten Unternehmen sind allerdings Marktverschließungswirkungen zu befürchten.

bb) Zwischen Nicht-Wettbewerbern. Alleinlizenzen, die in TT-Vereinbarungen zwischen   **67**
Nicht-Wettbewerbern vereinbart werden, unterliegen der Schirmfreistellung. Marktverschließungen dürften erst dann befürchtet werden, wenn der Lizenznehmer über beträchtliche Marktmacht[163] verfügt.

e) Nutzungsbeschränkungen („Field-of-use"-Klauseln). aa) Zwischen Wettbewerbern. Die   **68**
den Lizenznehmern auferlegte Verpflichtung, die lizenzierte Technologie nur in einem oder mehreren **Anwendungsbereichen** oder in einem oder mehreren **Produktmärkten** zu nutzen, gilt gemäß Art. 4 Abs. 1 lit. c) (i) TT-GVO nicht als Kernbeschränkung und ist gruppenweise freigestellt, unabhängig davon, ob die Nutzungsbeschränkung zwischen Konkurrenten oder Nicht-Wettbewerbern vereinbart wird. Die Ausnahmevorschrift bereitet Auslegungsschwierigkeiten. Denn die Vereinbarung von *Field-of-use*-Klauseln darf im Ergebnis nicht zu einer **unzulässigen Aufteilung** eines als einheitlich zu betrachtenden Marktes zwischen Wettbewerbern führen.[164] Dies wurde beispielsweise dort angenommen, wo Unternehmen über *Field-of-use*-Klau-

---

156 Für den Bereich der Exklusivgebiete zustimmend *Schultze/Pautke/Wagener,* TT-GVO, Rn. 578; a.A. *dies.*
     und *Röhling,* in: MünchKomm, Art. 4 GVO 772/2004, Rn. 14, für technische Anwendungsbereiche und
     Produktmärkte, bei denen von einem Vorbehalt auch dann noch ausgegangen werden könne, wenn diese
     entweder dem Lizenzgeber selbst oder einem dritten Lizenznehmer vorbehalten seien.
157 *Mestmäcker/Schweitzer,* § 28, Rn. 68; *Sack,* WRP 1999, 592, 603.
158 Hierzu unten unter Rn. 74.
159 So auch *Sack,* WRP 1999, 592, 603.
160 TT-Leitlinien, Rn. 165; hierzu auch *Lind/Muysert,* ECLR 2004, 181, 186.
161 TT-Leitlinien, Rn. 162.
162 *Fuchs,* in: Immenga/Mestmäcker, EG-WettbR, Bd. 1, TT-VO, Rn. 254.
163 Zum Begriff vgl. oben Fn. 142.
164 *Sucker/Guttuso/Gaster,* in: Schröter/Jakob/Mederer, Art. 81, FG Immaterialgüterrechte, Rn. 215 ff; *Gehring/
     Fort,* EWS 2007, 160, 161.

seln die Technologie zur Herstellung von Dieselmotoren untereinander nach Anwendungsbereichen für zivile und militärische Nutzung aufteilen wollten.[165]

69 *Field-of-use*-Klauseln müssen deshalb von den grundsätzlich kritischen **Kundenkreisbeschränkungen** abgegrenzt werden.[166] Für die Zulässigkeit von *Field-of-use*-Klauseln ist entscheidend, dass die jeweilige Beschränkung für verschiedene Produktmärkte oder Anwendungsbereiche gilt und nicht für einem bestimmten Gebiet oder einer Gruppe zugeordnete Kunden, die Produkte nachfragen, die demselben Produktmarkt oder Anwendungsbereich angehören.[167] Da auch nach Auffassung der Kommission ein Produktmarkt mehrere technische Anwendungsbereiche umfassen kann,[168] kommt es auf die Auslegung des Begriffs „Anwendungsbereich" an. Mit Blick auf die noch in Art. 2 Abs. 1 Nr. 3 der abgelösten Patentlizenzverordnung[169] und in Art. 4 Abs. 1 lit. e) der ebenfalls abgelösten F&E-Verordnung enthaltenen Formulierungen der „technischen Anwendungsbereiche" wird eine **weite Auslegung** befürwortet.[170] Danach liegen mehrere technische Anwendungsbereiche immer dann vor, wenn die jeweilige Technologie zur Herstellung unterschiedlicher Erzeugnisse geeignet ist. Auch geringe Unterschiede der Produkte können ausreichen, um einen Einsatz in verschiedenen technischen Anwendungsbereichen zu ermöglichen.[171] Für die Frage, ob unterschiedliche Anwendungsbereiche im Sinne von Art. 4 Abs. 1 lit. c) (i) TT-GVO vorliegen, kommt es nicht darauf an, ob die mit der Technologie herzustellenden Produkte unterschiedlichen sachlichen Produktmärkten zugeordnet werden können. Diese Auslegung wäre zu eng und ließe für zahlreiche Industriezweige unberücksichtigt, dass bereits geringfügige Abänderungen in Herstellungsprozessen Produkte mit unterschiedlichen Charaktereigenschaften hervorbringen können und der damit verbundene Technologievorsprung schützenswert ist.[172] Wenn die Begriffe Produktmarkt und Anwendungsbereich deckungsgleich wären, wäre das zweite Tatbestandsmerkmal im Übrigen auch überflüssig. Maßgeblich ist deshalb, dass die von der jeweiligen TT-Vereinbarung betroffene Technologie ermöglicht, **voneinander differenzierbare Produkte** herzustellen. Die Differenzierbarkeit muss sich anhand **objektiver Kriterien** nachvollziehen lassen.[173] Neben offenkundigen Unterschieden bei den Lizenzerzeugnissen kommen als Abgrenzungsmerkmale ferner etwa die Verwendung anderer Produktionsmaschinen, Änderungen der Herstellungsvorschriften oder der Formulierung, Verbesserungen bestimmter Produkteigenschaften u.ä. in Betracht.

70 *Field-of-use-Klauseln* können auch mit Exklusiv- oder Alleinlizenzen kombiniert werden.[174] Für derartige Sachverhalte finden dann die für Exklusiv- und Alleinlizenzen geltenden Grundsätze Anwendung.[175]

71 Außerhalb des Anwendungsbereichs der TT-GVO hängt die Freistellungsfähigkeit davon ab, ob es sich um symmetrische oder asymmetrische Field-of-Use-Klauseln handelt. Die Kommission geht grundsätzlich von einer wettbewerbsfördernden Wirkung von Nutzungsbeschränkungen aus, da sie den Schutzrechtsinhaber ermutigt, Lizenzen auch in solchen Bereichen zu erteilen, die für ihn weniger interessant sind.[176] Besondere Gefahren sieht die Kommission indes

---

165 Die Kommission verneinte verschiedene technische Anwendungsbereiche im Fall Französischer Staat/Suralmo, 9. WB, 1980, S. 86.

166 *Schultze/Pautke/Wagener*, TT-GVO, Rn. 565.

167 TT-Leitlinien, Rn. 91; *Gehring/Fort*, EWS 2007, 160, 161.

168 TT-Leitlinien, Rn. 179.

169 Verordnung (EWG) Nr. 2349/84 über die Anwendung von Art. 85 Abs. 3 des Vertrags auf Gruppen von Patentlizenzvereinbarungen, ABl. 1984 L 219/15, berichtigt in ABl. 1985 L 280/32 (nicht mehr in Kraft).

170 *Wiedemann*, GVO Kommentar, Bd. I, GVO 418/85, Art. 4, Rn. 21 ff. m.w.N.; Bd. II, GVO 2349/84, Art. 2, Rn. 10 ff.

171 *Wiedemann*, GVO Kommentar, Bd. I, GVO 418/85, Art. 4, Rn. 21 ff. m.w.N.; Bd. II, GVO 2349/84, Art. 2, Rn. 10 ff.

172 *Gehring/Fort*, EWS 2007, 160, 161.

173 So nimmt die Kommission beispielsweise unterschiedliche Anwendungsbereiche an, wenn eine Technologie sowohl zur Herstellung von Vier-Zylinder-Motoren als auch von Sechs-Zylinder-Motoren eingesetzt werden kann; TT-Leitlinien, Rn. 17; für einen objektiven Ansatz auch *Schultze/Pautke/Wagener*, TT-GVO, Rn. 565; a.A. wohl *Fuchs*, in: Immenga/Mestmäcker, EG-WettbR, Bd. 1, TT-VO, Rn. 243.

174 *Schultze/Pautke/Wagener, TT-GVO*, Rn. 568.

175 TT-Leitlinien, Rn. 181.

176 TT-Leitlinien, Rn. 182.

S. Gehring

bei **wechselseitigen uns asymmetrischen Field-of-Use-Beschränkungen**, deren Folge es ist, dass sich die Parteien wechselseitig bestimmte unterschiedliche Anwendungsbereiche zuweisen.[177] Dagegen dürften **symmetrische Nutzungsbeschränkungen**[178] grundsätzlich zulässig sein.[179]

bb) Zwischen Nicht-Wettbewerbern. *Field-of-use*-Klauseln zwischen Nicht-Wettbewerbern **72** sind von der Schirmfreistellung gedeckt. Nutzungsbeschränkungen zwischen Nicht-Wettbewerbern sind entweder **nicht wettbewerbsschädlich** oder wirken effizienzsteigernd.[180] Damit sind *Field-of-use*-Klauseln auch oberhalb der Marktanteilsschwelle von 30% freistellungsfähig. Erforderlich ist allerdings, dass ein triftiger Grund für die Beschränkung vorliegt. Dieser ist in der Regel immer dann gegeben, wenn ohne die jeweilige Beschränkung der Lizenzgeber den Lizenzvertrag überhaupt nicht abschließen würde.

f) Verkaufsbeschränkungen. aa) Zwischen Wettbewerbern. Beschränkungen des Verkaufs in **73** bestimmte Gebiete oder an bestimmte Kundengruppen, die sich Wettbewerber in TT-Vereinbarungen auferlegen, stellen grundsätzlich eine als Kernbeschränkung qualifizierte **Zuweisung von Märkten oder Kunden** gemäß Art. 4 Abs. 1 lit. c) TT-GVO dar. Da ein absolutes Verbot solcher Beschränkungen den vielfältigen Sachverhalten und ökonomischen Bedürfnissen nicht gerecht werden würde, sieht die TT-GVO Ausnahmen vor, die nicht als Kernbeschränkung anzusehen sind.

Gemäß Art. 4 Abs. 1 lit. c) (iv) TT-GVO gilt nicht als Kernbeschränkung die dem Lizenznehmer **74** und/oder dem Lizenzgeber in einer **nicht wechselseitigen** TT-Vereinbarung auferlegte Beschränkung aktiver und/oder passiver Verkäufe[181] in Exklusivgebiete oder an Exklusivkundengruppen,[182] die der jeweiligen anderen Partei vorbehalten sind.[183] Ohne die Möglichkeit, entsprechende Beschränkungen vorzusehen, wären insbesondere weniger starke Lizenzgeber zurückhaltend bei der Lizenzerteilung, da sie andernfalls den Wettbewerb des Lizenznehmers befürchten müssten. Lizenznehmer wiederum verlangen häufig Schutz vor den Aktivitäten des Lizenzgebers, weil sie nicht unerhebliche **Investitionen in die Nutzung der Technologie** getätigt haben. Werden Verkaufsbeschränkungen in nicht wechselseitigen Vereinbarungen vor dem Hintergrund entsprechender Investitionen vereinbart, so sieht die Kommission die Beschränkungen auch bei Überschreiten der anwendbaren Marktanteilsschwellen als für die Verbreitung wertvoller Technologie unerlässlich an und bejaht die Voraussetzungen von Art. 101 Abs. 3 AEUV.[184]

Ebenfalls von der Schirmfreistellung erfasst sind dem Lizenznehmer in **nicht wechselseitigen** **75** Vereinbarungen auferlegte Beschränkungen des aktiven Verkaufs in Exklusivgebiete oder an Exklusivkundengruppen, die vom Lizenzgeber einem anderen Lizenznehmer zugewiesen wurden, sofern dieser andere Lizenznehmer zum Zeitpunkt der Lizenzerteilung kein Wettbewerber des Lizenzgebers war, Art. 4 Abs. 1 lit. c) (v) TT-GVO. Beschränkungen des passiven Verkaufs gelten hingegen als Kernbeschränkungen und sind grundsätzlich nicht freistellungsfähig. Werden aktive Verkaufsbeschränkungen in Gebiete oder an Kundengruppen trotz Überschreitens der Marktanteilsschwelle beabsichtigt, scheidet eine Freistellung nach Art. 101 Abs. 3 AEUV aus, wenn die beteiligten Unternehmen über erhebliche Marktmacht[185] verfügen. Benötigt der geschützte Lizenznehmer allerdings eine **Übergangszeit**, um einen neuen Markt zu erschließen oder um in dem ihm zugewiesenen Vertragsgebiet Fuß zu fassen, kann auch nach Auffassung

---

177 *Fuchs*, in: Immenga/Mestmäcker, EG-WettbR, Bd. 1, TT-VO, Rn. 245; *Gehring/Fort*, EWS 2007, 160, 168.
178 Hierbei handelt es sich um Nutzungsbeschränkungen, wenn sich Lizenzgeber und Lizenznehmer wechselseitige Lizenzen zur Nutzung ihrer Technologie in demselben Anwendungsbereich erteilen.
179 *Gehring/Fort*, EWS 2007, 160, 162.
180 TT-Leitlinien, Rn. 184.
181 Siehe hierzu 4. Kap., Rn. 142 ff.
182 Die TT-GVO definiert den Begriff der **Exklusivkundengruppe** als eine Gruppe von Kunden, der nur ein Unternehmen die mit der lizenzierten Technologie hergestellten Produkte aktiv verkaufen darf, Art. 1 Abs. 1 lit. m).
183 Auch hier ist von einem ausreichenden Vorbehalt nur auszugehen, wenn er für den Lizenzgeber selbst zutrifft.
184 TT-Leitlinien, Rn. 170 f.
185 In Rn. 170, 171 verwenden die TT-Leitlinien den Begriff „erhebliche Marktmacht". Es kann allerdings unterstellt werden, dass dieser mit dem an anderer Stelle der Leitlinien und in gleichem Zusammenhang benutzen Begriff der „beträchtlichen Marktmacht" gleichzusetzen ist. Siehe zur Begriffsbestimmung der „beträchtlichen Marktmacht" oben, Fn. 142.

der Kommission eine Verkaufsbeschränkung unerlässlich und damit zulässig im Sinne von Art. 101 Abs. 3 AEUV sein.

76 Aus dem Umkehrschluss von Art. 4 Abs. 1 lit. c) (iv) und (v) TT-GVO folgt ferner, dass aktive oder passive Verkaufsbeschränkungen in wechselseitigen TT-Vereinbarungen zwischen Wettbewerbern stets als Kernbeschränkung anzusehen sind. Die Kommission geht davon aus, dass die Voraussetzung von Art. 101 Abs. 3 AEUV bei derartigen Beschränkungen nicht vorliegen.[186]

77 **bb) Zwischen Nicht-Wettbewerbern.** Gemäß Art. 4 Abs. 2 lit. b) TT-GVO stellen Gebiets- und Kundenkreisbeschränkungen zu Lasten des Lizenznehmers grundsätzlich Kernbeschränkungen dar, wenn sie sich auch auf passive Verkäufe erstrecken. Aktive Verkaufsbemühungen können dem Lizenznehmer hingegen im Rahmen der Schirmfreistellung untersagt werden. Ferner sind dem Lizenzgeber auferlegte Beschränkungen freigestellt, aktive und/oder passive Verkäufe in ein bestimmtes Gebiet oder an eine bestimmte Kundengruppe zu unterlassen.[187]

78 Aus der Ausnahmevorschrift des Art. 4 Abs. 2 lit. b) (i) TT-GVO folgt allerdings, dass dem Lizenznehmer Beschränkungen des passiven Verkaufs in ein Exklusivgebiet oder an eine Exklusivkundengruppe, das bzw. die **dem Lizenzgeber vorbehalten** ist, auferlegt werden können. In Rn. 100 der TT-Leitlinien stellt die Kommission klar, dass sich der Lizenzgeber ein Gebiet oder eine Kundengruppe auch dann für eine spätere Nutzung vorbehalten kann, wenn er gegenwärtig nicht in dem vorbehaltenen Gebiet oder für die vorbehaltene Kundengruppe herstellt. Unter den vorstehend genannten Voraussetzungen kann sich der Lizenzgeber vor aktiven und passiven Verkäufen des Lizenznehmers schützen.

79 Art. 4 Abs. 2 lit. b) (ii) TT-GVO behandelt dem Lizenznehmer auferlegte **Beschränkungen des passiven Verkaufs** in ein Exklusivgebiet oder an eine Exklusivkundengruppe, das bzw. die vom Lizenzgeber **einem anderen Lizenznehmer zugewiesen** wurde. Diese Beschränkungen sind für die **ersten beiden Jahre**, in denen der Lizenznehmer die Vertragsprodukte in das ihm vorbehaltene Gebiet bzw. an die ihm vorbehaltene Kundengruppe verkauft, von der Schirmfreistellung erfasst. Entgegen der grundsätzlichen Erwägungen in der *Maissaatgut*-Entscheidung des Gerichtshofs[188] ermöglicht der Gesetzgeber für einen Übergangszeitraum von zwei Jahren absoluten Gebietsschutz.[189] Der absolute Gebietsschutz erstreckt sich freilich nicht auf **Paralleleinfuhren** dritter Unternehmen, die die lizenzierten Produkte nach dem Inverkehrbringen durch den Lizenzgeber oder einen seiner Lizenznehmer erwerben und sie dann nach dem Erschöpfungsgrundsatz frei in der Gemeinschaft vertreiben können.[190] Gleichwohl ist es wichtig, dass die TT-GVO Lizenznehmern zumindest für einen Übergangszeitraum absoluten Gebietsschutz ermöglicht, weil er das kaufmännische Risiko eines Lizenznehmers mindert und somit den Technologietransfer fördert. Wird der von der Schirmfreistellung für Beschränkungen passiver Verkäufe erfasste Übergangszeitraum von zwei Jahren überschritten, liegt automatisch eine nach der TT-GVO nicht freigestellte Kernbeschränkung vor.[191] Die Kommission hat in den Leitlinien auch zum Ausdruck gebracht, längere Zeiträume dürften kaum die Voraussetzungen von Art. 101 Abs. 3 AEUV erfüllen.[192]

80 Ebenfalls gruppenweise freigestellt und nicht als Kernbeschränkung eingestuft ist eine dem Lizenznehmer auferlegte Verpflichtung, nicht an Endverbraucher,[193] sondern nur an Einzelhändler zu verkaufen, Art. 4 Abs. 2 lit. b) (v) TT-GVO. In Anlehnung an das *Metro I*-Urteil[194] kann

---

186 TT-Leitlinien, Rn. 169.
187 TT-Leitlinien, Rn. 99; *Jestaedt*, in: Langen/Bunte, Art. 81 Fallgruppen, Rn. 360; *Zöttl*, WRP 2005, 33, 40.
188 EuGH, Rs. 258/78 (Maissaatgut), Slg. 1982, 2015 ff.
189 Der Gerichtshof urteilte, es liege eine unzulässige Abrede vor, wenn mit Lizenzverträgen Parallelimporte und Querlieferungen in ein bestimmtes Vertragsgebiet verhindert werden sollen; EuGH, Rs. 258/78 (Maissaatgut), Slg. 1982, 2015, 2016, Ls. 3-5.
190 Vgl. *Wiedemann*, GVO-Kommentar, Bd. II, GVO 2349/84, Art. 1, Rn. 30 ff.
191 So wohl auch *Röhling*, in: MünchKomm, Art. 4 GVO 772/2004, Rn. 33.
192 TT-Leitlinien, Rn. 101.
193 Hierzu zählen Privatverbraucher und gewerbliche und institutionelle Endabnehmer, die die Vertragsprodukte weder weiterveräußern noch verarbeiten.
194 EuGH, Rs. 26/76 (Metro I), Slg. 1977, 1857 ff.

der Lizenzgeber durch derartige **Sprunglieferungsverbote** erreichen, dass der Lizenznehmer innerhalb des Vertriebs eine **Großhandelsfunktion** einnimmt.

Schließlich erlaubt Art. 4 Abs. 2 lit. b) (vi) TT-GVO Beschränkungen des Verkaufs an nicht zugelassene Händler, die Mitgliedern eines selektiven Vertriebssystems auferlegt werden. Die Vorschrift ermöglicht Lizenzgebern, Lizenznehmer in ihre **selektiven Vertriebssysteme** zu integrieren.[195] Stets als Kernbeschränkung gilt jedoch gemäß Art. 4 Abs. 2 lit. c) TT-GVO, wenn Lizenznehmern, die einem selektiven Vertriebssystem angehören und auf der Einzelhandelsstufe tätig sind, Beschränkungen des aktiven oder passiven Verkaufs an Endverbraucher auferlegt werden. Dies gilt allerdings unbeschadet der nach Art. 4 Abs. 2 lit. b) (v) TT-GVO eröffneten Möglichkeit, einen Lizenznehmer auf eine Großhandelsfunktion zu beschränken.[196]

g) Beschränkungen auf den Eigenbedarf. Innerhalb der Schirmfreistellung unbedenklich ist die dem Lizenznehmer erteilte Auflage, die Herstellung der die lizenzierte Technologie enthaltenen Produkte auf solche Mengen zu beschränken, die er zur Herstellung, Wartung und Reparatur seiner eigenen Produkte benötigt. Dies gilt für TT-Vereinbarungen zwischen Wettbewerbern, Art. 4 Abs. 1 lit. c) (vi) TT-GVO, und Nicht-Wettbewerbern. Die Vorschrift ist insofern lex specialis zu Art. 4 Abs. 1 lit. b TT-GVO.[197] Die Beschränkung des Lizenznehmers auf den Eigenbedarf darf nicht dazu führen, dass der Lizenznehmer daran gehindert wird, die mit der Technologie hergestellten Produkte oder Bauteile als Ersatzteile für seine eigenen Produkte zu vertreiben.[198]

h) Verpflichtung des Lizenznehmers, die mit der lizenzierten Technologie hergestellten Produkte nur für einen Kunden zu produzieren. Zwischen Wettbewerbern ist in nicht wechselseitigen TT-Vereinbarungen[199] die dem Lizenznehmer auferlegte Verpflichtung von der Gruppenfreistellung erfasst, die Vertragsprodukte nur für einen bestimmten Kunden zu produzieren, um diesem eine alternative Bezugsquelle zu verschaffen, Art. 4 Abs. 1 lit. c) (vii) TT-GVO.[200] Bei TT-Vereinbarungen **zwischen Nicht-Wettbewerbern** greift ebenfalls die Schirmfreistellung.

i) Dem Lizenznehmer auferlegte Beschränkungen, seine eigene Technologie nutzen zu können. aa) Zwischen Wettbewerbern. Gemäß Art. 4 Abs. 1 lit. d) TT-GVO liegt bei TT-Vereinbarungen zwischen Wettbewerbern eine Kernbeschränkung vor, wenn die **Handlungsfreiheit** des Lizenznehmers hinsichtlich der Nutzung seiner eigenen Technologie eingeschränkt wird. So muss der Lizenznehmer frei darüber entscheiden können, wo und wie viele Produkte er mit seiner eigenen Technologie herstellt oder verkauft und ob und in welcher Form er Lizenzen daran an Dritte vergibt. Nicht entscheidend ist, ob es sich bei der von der Beschränkung betroffenen Technologie um ein mit der TT-Vereinbarung konkurrierendes Verfahren handelt oder nicht.[201] Vielmehr schützt die Vorschrift sämtliche technologiebezogenen Wettbewerbsverbote. **Mittelbare Maßnahmen** mit gleicher Wirkung gelten ebenfalls als Kernbeschränkung. Hierzu zählt, wenn die vom Lizenznehmer zu entrichtenden Gebühren auf Grundlage der Verkäufe aller Erzeugnisse des Lizenznehmers, einschließlich der Produkte, die die lizenzierte Technologie nicht enthalten, berechnet werden.[202]

bb) Zwischen Nicht-Wettbewerbern. Verpflichtungen in TT-Vereinbarungen zwischen Nicht-Wettbewerbern, die den Lizenznehmer hindern, seine eigene Technologie zu verwerten, oder die Vertragsparteien darin beschränken, Forschung- und Entwicklungstätigkeiten zu unternehmen, sind gemäß Art. 5 Abs. 2 TT-GVO nicht freigestellt, es sei denn, sie sind **unerlässlich**, um die Preisgabe des lizenzierten Know-hows an Dritte zu verhindern.[203] Angesichts der von der Kommission in den TT-Leitlinien geäußerten Bedenken zur Wirksamkeit entsprechender Wettbewerbsverbote kann für die Vertragsgestaltung nur Zurückhaltung empfohlen wer-

81

82

83

84

85

---

195 Siehe ausführlich zu den selektiven Vertriebssystemen oben unter 4. Kap., Rn. 159 ff.
196 TT-Leitlinien, Rn. 105.
197 *Schultze/Pautke/Wagener*, TT-GVO, Rn. 651.
198 TT-Leitlinien, Rn. 186 ff.; *Wissel/Eickhoff*, WuW 2004, 1244, 1252.
199 Bei wechselseitigen Vereinbarungen droht eine horizontale Kundenaufteilung, *Bechtold/Bosch/Brinker/Hirsbrunner*, VO 772/2004, Art. 4, Rn. 20.
200 *Lubitz*, EuZW 2004, 652, 655.
201 *Fuchs*, in: Immenga/Mestmäcker, EG-WettbR, Bd. 1, TT-VO, Rn. 280.
202 TT-Leitlinien, Rn. 95.
203 TT-Leitlinien, Rn. 114 ff.; *Bechtold/Bosch/Brinker/Hirsbrunner*, Art. 4 VO 772/2004, Rn. 22.

den. Der Befürchtung des Lizenzgebers, der Lizenznehmer werde die lizenzierte Technologie nicht optimal ausschöpfen, kann in der Regel mit milderen Mitteln Rechnung getragen werden. So kann der Lizenznehmer mit Hilfe von *„best efforts"*-Klauseln dazu verpflichtet werden, die lizenzierte Erfindung bestmöglich zu verwerten. Ferner können die Parteien wirksam **Kündigungsrechte** zu Gunsten des Lizenzgebers vorsehen, wenn der Lizenznehmer die lizenzierte Technologie nicht nach besten Kräften nutzt oder bestimmte qualifizierte Wettbewerbshandlungen vornimmt.[204]

86 **j) Beschränkung von Forschungs- und Entwicklungsarbeiten. aa) Zwischen Wettbewerbern.** Die Beschränkung der Vertragsparteien, Forschungs- und Entwicklungsarbeiten durchzuführen, gilt nach Art. 4 Abs. 1 lit. d) TT-GVO als Kernbeschränkung. Die Qualifizierung als Kernbeschränkung entfällt nur dann, wenn die Beschränkungen unerlässlich sind, um die Preisgabe lizenzierten Know-hows an Dritte zu verhindern. Nach Auffassung der Kommission müssen die zum Schutz des Know-hows auferlegten Beschränkungen **notwendig und verhältnismäßig** sein.[205] Es ist also stets das mildeste Mittel zu wählen.[206] Vor diesem Hintergrund dürften echte Wettbewerbsverbote in der Regel nicht gerechtfertigt sein. Denn in den meisten Fällen kann dem Schutz des Know-hows durch Geheimhaltungsvereinbarungen – ggf. in Verbindung mit strengen Vertragsstrafenregelungen – hinreichend Rechnung getragen werden. Darüber hinaus sind Auflagen an den Lizenznehmer denkbar, seine betriebliche Organisation mittels „Chinese Walls" so zu gestalten, dass die mit dem lizenzierten Know-how betrauten Mitarbeiter nicht gleichzeitig konkurrierende F&E-Arbeiten mit Dritten durchführen.[207]

87 **bb) Zwischen Nicht-Wettbewerbern.** Für Beschränkungen, die sich die Parteien einer TT-Vereinbarung zwischen Nicht-Wettbewerbern mit Blick auf die Ausübung eigener F&E-Aktivitäten auferlegen, gilt das unter Rn. 86 Gesagte entsprechend.

88 **k) Pflichten zur Einräumung von Rechten an Verbesserungen des Lizenzgegenstandes.** Zu den nicht freigestellten Beschränkungen zählen nach Art. 5 Abs. 1 lit. a) TT-GVO alle unmittelbaren oder mittelbaren Verpflichtungen des Lizenznehmers, dem Lizenzgeber oder einem vom Lizenzgeber benannten Dritten **exklusive Rücklizenzen** für seine eigenen **abtrennbaren Verbesserungen** an der lizenzierten Technologie oder für seine eigenen neuen Anwendungen dieser Technologie zu erteilen. Gleiches gilt gemäß Art. 5 Abs. 1 lit. b) TT-GVO für die Verpflichtung des Lizenznehmers, Rechte an entsprechenden Verbesserungen oder Anwendungen vollständig oder teilweise auf den Lizenzgeber oder einen vom Lizenzgeber benannten Dritten zu übertragen.[208]

89 Zulässig und von der Schirmfreistellung erfasst ist im Umkehrschluss die dem Lizenznehmer auferlegte Verpflichtung, **nicht-exklusive Rücklizenzen** an abtrennbaren Verbesserungen zu erteilen.[209] Ferner bringt die Kommission in den TT-Leitlinien zum Ausdruck, ausschließliche Rücklizenzen und die Verpflichtung zur Übertragung **nicht abtrennbarer Verbesserungen** beschränkten grundsätzlich nicht den Wettbewerb und fielen daher auch nicht unter Art. 101 Abs. 1 AEUV.[210] Auch sog. **Feed-on-Klauseln** sind von der Schirmfreistellung erfasst, mit denen sich der Lizenznehmer verpflichtet, etwaige Verbesserungen an weitere Lizenznehmer weiterzugeben.[211]

90 **l) Nichtangriffsabreden.** Ebenfalls zu den nicht freigestellten und im Einzelfall nach den allgemeinen Grundsätzen zu bestimmenden Beschränkungen zählen gemäß Art. 5 Abs. 1 lit. c) TT-GVO Verpflichtungen des Lizenznehmers, die Gültigkeit der Rechte an geistigem Eigentum, über die der Lizenzgeber verfügt, nicht anzugreifen. Da Nichtangriffsabreden grundsätzlich nicht dem spezifischen Gegenstand eines Schutzrechts zuzurechnen sind[212] und ungültige

---

204 *Wiedemann*, GVO-Kommentar, GVO 2349/84, Art. 3, Rn. 26.
205 TT-Leitlinien, Rn. 94.
206 *Lubitz*, EuZW 2004, 652, 655; *Schultze/Pautke/Wagener*, TT-GVO, Rn. 682.
207 So auch die Kommission in den TT-Leitlinien, Rn. 94.
208 Vgl. insgesamt TT-Leitlinien, Rn. 109 ff.
209 *Lubitz*, EuZW 2004, 652, 656; *Wissel/Eickhoff*, WuW 2004, 1244, 1253; *Klawitter*, in: Wiedemann, § 13, Rn. 264.
210 TT-Leitlinien, Rn. 109.
211 TT-Leitlinien, Rn. 109, *Schultze/Pautke/Wagener*, TT-GVO, Rn. 832.
212 EuGH, Rs. 193/83 (Windsurfing International), Slg. 1986, 611, 634.

S. Gehring

Schutzrechte Innovation und technischen Fortschritt hemmen, wird die Vereinbarung derartiger Klauseln in der Regel nicht von Art. 101 Abs. 3 AEUV gedeckt sein. Eine Ausnahme hiervon gilt nach Auffassung des EuGH, wenn die Nichtangriffsabrede auf der Grundlage einer **Freilizenz** vereinbart wird, oder wenn sich die Nichtangriffsklausel auf ein **technisch überholtes Verfahren** bezieht, von dem der Lizenznehmer keinen Gebrauch macht.[213] Insbesondere im Falle einer Freilizenz seien keine Auswirkungen auf den Wettbewerb zu erwarten, weil der Lizenznehmer das lizenzierte Schutzrecht auch ohne Vereinbarung einer Nichtangriffsabrede nicht angreifen werde, da er keine Lizenzgebühren bezahlen müsse und folglich seine Wettbewerbsposition auch durch einen Angriff nicht verbessern könne.[214] Gemäß Art. 5 Abs. 1 lit. c) TT-GVO ist es aber **zulässig**, dem Lizenzgeber ein **Kündigungsrecht** für den Fall einzuräumen, dass der Lizenznehmer die Gültigkeit der lizenzierten Schutzrechte angreift.[215]

Know-how bezogene Nichtangriffsklauseln sind von der Schirmfreistellung erfasst.[216] Die **91** Kommission meint, es sei unmöglich oder sehr schwierig, einmal überlassenes Know-how wieder zurückzuerlangen. Die Behörde betont zu Recht, dass Know-how bezogene Nichtangriffsabreden zur Verbreitung der Technologie beitragen, weil Lizenzgeber ihr Eigentum über derartige Klauseln absichern können, ohne andernfalls fürchten zu müssen, der Lizenznehmer werde das lizenzierte Know-how angreifen, sobald er es sich zu eigen gemacht hat.

m) Unterlizenzierungs- und Lizenzübertragungsverbot. Von der Schirmfreistellung gedeckt **92** sind dem Lizenznehmer auferlegte Verpflichtungen, keine Unterlizenzen zu erteilen oder die Lizenz nicht weiter zu übertragen.[217] Die Entscheidung über die **Aufspaltung** des Schutzrechts und die Erweiterung des Kreises der Nutzungsberechtigten zählt insofern zum spezifischen Schutzgegenstand eines gewerblichen Schutzrechts.

n) Geheimhaltungspflichten. Geheimhaltungsklauseln beschränken grundsätzlich nicht den **93** Wettbewerb.[218] Sie sind aus Sicht des Schutzrechtsinhabers unerlässlich, um ihm den eigentlichen Wert der Technologie und den sich daraus ergebenden Wettbewerbsvorsprung zu sichern. Ohne die Möglichkeit, dem Lizenznehmer entsprechende Pflichten aufzuerlegen, käme es grundsätzlich nicht zur Preisgabe von Technologie. Vor diesem Hintergrund ist auch die Verpflichtung unbedenklich, geheimes Know-how auch nach Ablauf der Nutzungsberechtigung geheimzuhalten.[219] Auch sind solche Geheimhaltungspflichten zulässig, die nicht nur auf technisches, sondern auch auf **kommerzielles Know-how**, wie beispielsweise Kundenlisten, erstreckt werden.[220]

o) Lizenzgebühren. Das Recht des Lizenzgebers, während der Laufzeit einer TT-Vereinbarung **94** Lizenzgebühren vom Lizenznehmer zu verlangen, zählt zum spezifischen Gegenstand eines Schutzrechts.[221] Dies gilt grundsätzlich auch für die Modalitäten der Gebührenzahlungspflicht.[222] In den TT-Leitlinien nimmt die Kommission den Standpunkt ein, dass es den Parteien grundsätzlich freistehe, Lizenzgebühren in Form von Pauschalzahlungen oder als Prozentsatz vom Verkaufspreis oder als festen Betrag für jedes Produkt zu erheben.[223]

Sofern Vereinbarungen über Lizenzgebühren wettbewerbsbeschränkende Wirkung haben, **95** greift grundsätzlich die Schirmfreistellung, es sei denn, die jeweilige Wirkung ist als Kernbeschränkung zu qualifizieren.[224] So kann etwa die Vereinbarung von *„running royalties"* in wechselseitigen Lizenzvereinbarungen zwischen Wettbewerbern als Kernbeschränkung gel-

---

213 EuGH, Rs. 65/86 (Bayer/Süllhofer), Slg. 1988, 5249, 5286.
214 EuGH, Rs. 65/86 (Bayer/Süllhofer), Slg. 1988, 5249, 5286.
215 *Bechtold/Bosch/Brinker/Hirsbrunner*, Art. 5 VO 772/2004, Rn. 7.
216 TT-Leitlinien, Rn. 112; *Röhling*, in: MünchKomm, Art. 5 GVO 772/2004, Rn. 5.
217 *Klawitter*, in: Wiedemann, § 13, Rn. 287.
218 Kommission, 87/123/EWG (Boussois/Interpane), ABl. 1987 L 50/30, 36; Kommission, 88/555/EWG (Continental/Michelin), ABl. 1988 L 305/33, 38.
219 Kommission, 88/563/EWG (Delta Chemie), ABl. 1988 L 309/34, 40; EuGH, Rs. 161/64 (Pronuptia), Slg. 1976, 353, 382.
220 *Wiedemann*, GVO-Kommentar, Bd. II, GVO 2349/84, Art. 2, Rn. 24.
221 Kommission, 83/400/EWG (Windsurfing International), ABl. 1983 L 229/1, 14.
222 *Sucker/Guttuso/Gaster*, in: Schröter/Jakob/Mederer, Art. 81, FG Immaterialgüterrechte, Rn. 203.
223 TT-Leitlinien, Rn. 156; *Axster/Osterrieth*, in: Pfaff/Osterrieth, A III, Rn. 301.
224 TT-Leitlinien, Rn. 156 ff.

ten.[225] Ferner können absatzbezogene Zahlungspflichten wie Outputbeschränkungen wirken.[226] Lizenzgebühren, die nicht nur auf Grundlage der mit dem Lizenzerzeugnis erzielten Verkäufe berechnet werden, sondern weitere Produkte in die Gebührenberechnung einbeziehen, die mit anderer Technologie hergestellt werden, können ferner als Kernbeschränkung nach Art. 4 Abs. 1 lit. a) oder lit. d) TT-GVO gelten.[227] Die Berechnung von Lizenzgebühren auf Grundlage aller Produktverkäufe ist von der Schirmfreistellung allerdings gedeckt, wenn sie zwischen Nicht-Wettbewerbern vereinbart wird.[228] Wird die relevante Marktanteilsschwelle überschritten, muss nach Meinung der Kommission geprüft werden, ob Abschottungseffekte zu befürchten sind. Ungeachtet dessen dürfte es aber auch zukünftig bei dem vom EuGH im Urteil *Windsurfing International* aufgestellten Grundsatz bleiben, wonach eine auf ein Gesamtprodukt (einschließlich nicht geschützter Bestandteile) gestützte Gebührenregelung dann keine Wettbewerbsbeschränkung darstellt, wenn bei einer auf die Lizenzteile beschränkten Gebührenberechnung dieselben Gebühren zu erwarten wären.[229] Grundsätzlich unbedenklich sind Gebührenregelungen, die über die Schutzfrist des zugrunde liegenden Schutzrechts hinausgehen.[230]

96 p) **Mitwirkungspflichten bei der Durchsetzung der lizenzierten Rechte.** Legen TT-Vereinbarungen dem Lizenznehmer die Pflicht auf, bei der Durchsetzung des lizenzierten Schutzrechts im Streitfall aktiv mitzuwirken, liegt grundsätzlich keine Wettbewerbsbeschränkung vor.[231] Entsprechende Klauseln können problemlos zwischen Wettbewerbern und Nicht-Wettbewerbern vereinbart werden.

97 q) **Nachvertragliche Nutzungsverbote.** Das dem Lizenznehmer auferlegte Verbot, den lizenzierten Gegenstand nach Ablauf der vertraglichen Laufzeit zu nutzen, ist immer dann unbedenklich, wenn die lizenzierte Technologie noch **geschützt und gültig** ist.[232] Ist der Schutz für das lizenzierte Schutzrecht ausgelaufen oder anders erloschen, beschränkt ein nachvertragliches Nutzungsverbot den Wettbewerb und ist nicht freigestellt. Für Know-how gilt dies nicht, wenn es aufgrund des Verschuldens des Lizenznehmers offenkundig geworden ist.[233]

98 r) **Pflicht zur Anbringung von Lizenzvermerken, Markennamen.** Von der dem Lizenznehmer auferlegten Pflicht, das Markenzeichen des Lizenzgebers oder seinen Namen auf dem Produkt zu nennen, geht grundsätzlich keine Wettbewerbsbeschränkung aus. Nicht von der Schirmfreistellung gedeckt dürfte allerdings die Verpflichtung des Lizenznehmers sein, auch solche Erzeugnisse mit der Marke des Lizenzgebers kennzeichnen zu müssen, die von dem lizenzierten Schutzrecht nicht erfasst sind.[234]

99 s) **Qualitätsvorschriften und Bezugspflichten.** Weder die TT-GVO noch die TT-Leitlinien nehmen zu Qualitätsvorschriften und Bezugspflichten ausdrücklich Stellung. Es liegt deshalb die Annahme nahe, dass entsprechende Verpflichtungen zu Lasten des Lizenznehmers von der Schirmfreistellung gedeckt sind. Aus Gründen der Rechtssicherheit sollten zur Beurteilung von Qualitätsvorschriften und Bezugspflichten jedoch die Grundsätze herangezogen werden, die bereits in der TT-GVO 1996 zum Ausdruck kamen. Danach kam es für die Zulässigkeit von Bezugsbindungen und Qualitätsvorschriften darauf an, ob diese der technisch einwandfreien Nutzung der Technologie oder Sicherung von Qualitätsstandards bei der Produktion dienen.[235] Im Rahmen der Schirmfreistellung unbedenklich dürften deshalb nur solche Maßnah-

---

225 Siehe hierzu Rn. 51.
226 Siehe hierzu Rn. 57.
227 TT-Leitlinien, Rn. 81.
228 TT-Leitlinien, Rn. 160.
229 EuGH, Rs. 193/83 (Windsurfing International), Slg. 1986, 611, 659; siehe auch *Sack*, WRP 1999, 592, 613.
230 TT-Leitlinien, Rn. 159.
231 TT-Leitlinien, Rn. 155.
232 TT-Leitlinien, Rn. 156; *Klawitter*, in: Wiedemann, § 13, Rn. 287; vgl. zur Rechtslage im Rahmen der TT-GVO 1996 *Sucker/Guttuso/Gaster*, in: Jakob/Schröter/Mederer, Art. 81, FG Immaterialgüterrechte, Rn. 171 ff.
233 *Sucker/Guttuso/Gaster*, in: Schröter/Jakob/Mederer, Art. 81, FG Immaterialgüterrechte, Rn. 174.
234 EuGH, Rs. 193/83 (Windsurfing International), Slg. 1986, 611, 660.
235 *Sucker/Guttuso/Gaster*, in: Schröter/Jakob/Mederer, Art. 81, FG Immaterialgüterrechte, Rn. 190.

S. Gehring

men sein, die erforderlich sind, um einen **Mindeststandard** oder die Einhaltung einer **Mindestqualität** abzusichern.

Im Rahmen von TT-Vereinbarungen vorgesehene Bezugspflichten für Roh- oder Hilfsstoffe **100** sind dann nicht mehr von der Schirmfreistellung gedeckt, wenn sie nicht notwendig sind, um die Qualität der Lizenzerzeugnisse sicherzustellen. Entsprechende Bezugsvereinbarungen sind an den Vorschriften der Vertikal-GVO zu messen und ggf. nach den darin bestimmten Regelungen freistellungsfähig.[236]

t) **Meistbegünstigungsverpflichtungen.** Aufgrund einer (echten) Meistbegünstigungsklau- **101** sel[237] verpflichtet sich ein Lizenzgeber, dem Lizenznehmer stets die günstigsten Lizenzbedingungen einzuräumen und keinen anderen Lizenznehmer hinsichtlich der Lizenzkonditionen besser zu stellen. Diese Verpflichtungen unterfallen der Schirmfreistellung, sofern sie sich auf die Bedingungen beziehen, zu denen die Technologie lizenziert wird.[238] Negative Wirkungen sind von Meistbegünstigungsklauseln erst dann zu erwarten, wenn die Marktstellung des Lizenzgebers oder des Lizenznehmers stark ist. In einem **engen Marktumfeld** kann die Meistbegünstigungsklausel dazu führen, dass der Lizenzgeber überhaupt keine Lizenzen mehr erteilt, weil er deren kommerzielle Konditionen aufgrund der bindenden Meistbegünstigungsvereinbarung nicht mehr frei verhandeln kann. Dadurch kann der grundsätzlich wünschenswerte Technologietransfer beeinträchtigt werden, weshalb Meistbegünstigungsklauseln in diesen Konstellationen abzulehnen sind.

Nicht freigestellt sind hingegen Meistbegünstigungsklauseln, die sich auf den **Verkauf der Li-** **102** **zenzerzeugnisse** beziehen.[239] Dies gilt unabhängig davon, ob die Parteien Wettbewerber oder Nicht-Wettbewerber sind.

u) **Längstlaufklauseln.** Längstlaufklauseln bestimmen, dass sich TT-Vereinbarungen immer **103** dann automatisch verlängern, wenn der Lizenzgeber dem Lizenznehmer Verbesserungen hinsichtlich der lizenzierten Technologie mitteilt. Längstlaufklauseln unterliegen der Schirmfreistellung.[240] Für sie besteht ein berechtigtes Interesse, da Lizenzgeber andernfalls in ihrer Innovationsfreudigkeit gehemmt würden. In Anlehnung an die Rechtslage gemäß der TT-GVO 1996 ist allerdings darauf zu achten, dass der Lizenznehmer die Möglichkeit hat, die Lizenzierung der Verbesserung abzulehnen oder dem Lizenznehmer ein flankierendes **Kündigungsrecht** gewährt wird, aufgrund dessen er innerhalb eines angemessenen Zeitraums (in der Regel drei Jahre) nach Ablauf der ursprünglichen Laufzeit die TT-Vereinbarung kündigen darf.[241]

v) **Koppelungs- und Paketvereinbarungen.** Eine Koppelungsvereinbarung liegt dann vor, wenn **104** der Lizenzgeber dem Lizenznehmer bei der Vergabe einer TT-Lizenz (Koppelungsprodukt) zur Bedingung macht, auch die Lizenz für eine andere Technologie oder ein anderes Produkt des Lizenzgebers (gekoppeltes Produkt) zu erwerben. Demgegenüber werden in Paketvereinbarungen mehrere Technologien oder eine Technologie und ein Produkt als Paket angeboten. Koppelungs- und Paketvereinbarungen sind innerhalb der jeweils geltenden Marktanteilsschwellen von der Schirmfreistellung gedeckt. Im Rahmen der Beurteilung muss die Marktanteilsschwelle auch im Lichte des für das gekoppelte Produkt relevanten Marktes beurteilt werden.[242]

Oberhalb der Marktanteilsschwelle bedarf es einer **Abwägung** zwischen wettbewerbsschädli- **105** chen und wettbewerbsfördernden Wirkungen der Koppelung.[243] Ernste Wettbewerbsbedenken entstehen erst dann, wenn der Anbieter des Koppelungsproduktes über eine starke Marktstellung verfügt. Ferner muss mittels der Koppelung ein bestimmter Anteil auf dem Markt des gekoppelten Produkts gebunden werden, weil andernfalls spürbare Abschottungseffekte nicht

236 Siehe 4. Kap., Rn. 114 ff.
237 Zur Meistbegünstigungsklausel siehe 4. Kap., Rn. 185.
238 *Bechtold/Bosch/Brinker/Hirsbrunner*, Art. 4 VO 772/2004, Rn. 8, 24.
239 *Bechtold/Bosch/Brinker/Hirsbrunner*, Art. 4 VO 772/2004, Rn. 8, 24.
240 Zustimmend *Klawitter*, in: Wiedemann, § 13, Rn. 290.
241 *Sucker/Guttuso/Gaster*, in: Schröter/Jakob/Mederer, Art. 81, FG Immaterialgüterrechte, Rn. 242; a.A. *Klawitter*, in: Wiedemann, § 13, Rn. 290, der auch unbedingte Längstlaufklauseln insgesamt als von der Schirmfreistellung erfasst ansieht.
242 TT-Leitlinien, Rn. 192.
243 TT-Leitlinien, Rn. 191 ff.; *Axster/Osterrieth*, in: Pfaff/Osterrieth, A.III, Rn. 308.

bewirkt würden.[244] Da Missbrauchsfälle bereits von Art. 102 AEUV erfasst sind,[245] ist die Abgrenzung im Einzelfall schwierig. Insgesamt wird man aber voraussetzen müssen, dass zumindest eine relative Marktmacht des Lizenznehmers vorliegen muss, die es ihm ermöglicht, sich über die Koppelung einen Wettbewerbsvorsprung auf dem Markt des gekoppelten Produkts zu verschaffen, infolge dessen es zu spürbaren Abschottungseffekten kommt.[246]

106   Unkritisch sind Koppelungsvereinbarungen dann, wenn das gekoppelte Produkt erforderlich ist, um eine technisch befriedigende Anwendung der lizenzierten Technologie zu realisieren und damit verbundene Qualitätssicherungen im Hinblick auf das Lizenzerzeugnis zu erzielen.[247] Ferner berücksichtigt die Kommission, wenn das gekoppelte Produkt es dem Lizenznehmer gestattet, die lizenzierte Technologie effizienter zu nutzen.[248] Dies kann der Fall sein, wenn das gekoppelte Produkt mit Blick auf das Koppelungsprodukt als Systemlösung entwickelt oder speziell darauf abgestimmt formuliert wurde.

107   Paketvereinbarungen sind dann zulässig, wenn der Lizenznehmer weitere Lizenzen freiwillig angenommen hat.[249] Für die Vertragsgestaltung empfiehlt sich, dies ausdrücklich klarzustellen. Ferner ist dem Lizenzgeber anzuraten, dem Lizenznehmer bereits im Vorfeld zum Vertragsschluss alternative Lizenzangebote zu unterbreiten.

108   **w) Wettbewerbsverbote.** Die Kommission versteht unter Wettbewerbsverboten an den Lizenznehmer gerichtete Auflagen, keine fremden Technologien zu verwenden, die mit der lizenzierten Technologie konkurrieren.[250] Wettbewerbsverbote sind von der Schirmfreistellung gedeckt. Oberhalb der Marktanteilsschwellen muss nach Auffassung der Kommission geprüft werden, ob Abschottungseffekte entstehen.[251] Die Kommission erkennt aber auch wettbewerbsfördernde Wirkungen bei Wettbewerbsverboten an. So ermögliche die Vereinbarung eines Wettbewerbsverbots die Technologieförderung, wenn der Lizenzgeber andernfalls keine Lizenz erteilen würde, weil er die Preisgabe an Dritte oder die unbefugte Nutzung im Rahmen alternativer Technologien befürchten muss. Ferner sieht die Kommission Wettbewerbsverbote als gerechtfertigt an, wenn sie notwendig sind, um dem Lizenznehmer einen Anreiz darin zu geben, Investitionen in die Technologie zu tätigen und sie effektiv zu nutzen.[252] Schließlich können lizenznehmerspezifische Investitionen des Lizenzgebers Wettbewerbsverbote rechtfertigen. Im Einzelfall muss jedoch stets geprüft werden, ob neben der Vereinbarung eines Wettbewerbsverbots auch mildere Mittel in Betracht kommen. Ein solches kann in der vertraglichen Vereinbarung von **best efforts-Klauseln** gesehen werden, die den Lizenzgeber dazu verpflichten, die lizenzierte Technologie nach besten Kräften zu verwerten.

109   **x) Anspruchsregelungs- und Anspruchsverzichtsvereinbarungen.** In Anspruchsregelungs- und Anspruchsverzichtsvereinbarungen legen zwei Parteien Streitigkeiten über das Bestehen oder die Ausübung gewerblicher Schutzrechte bei. Diese Vereinbarungen sind – sofern sie keine Kernbeschränkung enthalten – von der Schirmfreistellung erfasst.[253] Die Kommission stellt ferner klar, dass Nichtangriffsabreden in *Non-Assert*-Vereinbarungen grundsätzlich zulässig sind.[254] Nach Meinung der Kommission liegt eine Kernbeschränkung indes dann vor, wenn die Parteien wüssten, dass hinsichtlich der von der Regelung betroffenen Rechte **keine Sperrposition** bestehe. In diesem Fall beschränke die Anspruchsregelungsvereinbarung in unzulässiger Weise den zwischen den Parteien existierenden Wettbewerb.[255]

110   Oberhalb der jeweiligen Marktanteilsschwellen muss bei der Beurteilung von derartigen *Non-assert*-Vereinbarungen insbesondere die Marktmacht der beteiligten Unternehmen berücksich-

---

244 TT-Leitlinien, Rn. 193.
245 Siehe 6. Kap., Rn. 90 ff.
246 *Klawitter*, in: Wiedemann, § 13, Rn. 295.
247 *Jestaedt*, in: Langen/Bunte, Art. 81 Fallgruppen, Rn. 389.
248 TT-Leitlinien, Rn. 195.
249 *Wiedemann*, GVO-Kommentar, Bd. II, GVO 2349/84, Art. 3, Rn. 70.
250 TT-Leitlinien, Rn. 196.
251 TT-Leitlinien, Rn. 198 ff.
252 *Axster/Osterrieth*, in: Pfaff/Osterrieth, A.III, Rn. 309.
253 *Lübbig*, GRUR 2004, 483, 488.
254 TT-Leitlinien, Rn. 209; zu den Nichtangriffsabreden siehe oben, Rn. 90.
255 TT-Leitlinien, Rn. 205.

S. Gehring

tigt werden.[256] Darüber hinaus darf die Streitbeilegung nicht darauf hinauslaufen, dass eine der Parteien in ihrer Innovationsmotivation gehemmt wird.[257] In der vertraglichen Praxis sollte also darauf geachtet werden, dass Anspruchsverzichts- und Anspruchsregelungsvereinbarungen keinen Einfluss auf die **Innovations- und Forschungsaktivitäten** der Parteien haben.

Für die Pharmabranche hat die Kommission im Rahmen einer Sector Inquiry ihre Auffassung zu Vergleichsvereinbarungen konkretisiert.[258] In ihrem Abschlussbericht stellt die Behörde fest, dass Vergleichsvereinbarungen, die den Markteintritt von Generika-Herstellern beschränken und einen Vermögenstransfer von einem Originalpräparathersteller zu einem Generikahersteller umfassen, wettbewerbsbeschränkend seien, wenn die Vereinbarung mit Gewinnaufteilungsabsicht geschlossen wird und der Originalpräparatehersteller zum Nachteil der Patienten und Krankenkassen Zahlungen an die Generikahersteller leistet.[259] Bis zu einer entsprechenden Gesetzesänderung sind Streitbeilegungsvereinbarungen, die keine Kernbeschränkungen enthalten, dessen ungeachtet auch im Pharmasektor von der Schirmfreistellung erfasst. Die Mitteilung der Kommission hat insofern keine Auswirkungen auf die Anwendbarkeit der TT-GVO.

γ) Technologiepools. Die TT-Leitlinien nehmen auch zur rechtlichen Beurteilung von Technologiepools Stellung. Hierbei handelt es sich um multilaterale Vereinbarungen, bei denen mehrere Parteien ein Technologiepaket bündeln, das sowohl an die Poolmitglieder als auch an Dritte auslizenziert wird.[260] Die Gründung von Technologiepools fällt nicht unter die Gruppenfreistellung, sondern muss im Einzelfall anhand der allgemeinen Vorschriften geprüft werden. Die TT-Leitlinien geben hier allerdings gewisse Richtlinien vor. Lizenzvereinbarungen zwischen dem Technologiepool und Dritten können ihrerseits wieder der TT-GVO unterliegen.

In ihrer wettbewerblichen Beurteilung differenziert die Kommission zunächst zwischen Technologiepools, die sich **ergänzende** oder sich **substituierende Technologien** zum Gegenstand haben. Darüber hinaus unterscheidet die Behörde danach, ob Technologien **wesentlich** oder **nicht wesentlich** sind.[261]

Technologiepools, die ausschließlich oder überwiegend aus substituierbaren Technologien bestehen, verstoßen nach Meinung der Kommission grundsätzlich gegen Art. 101 Abs. 1 AEUV, weil hier die Gefahr eines Preiskartells zwischen Konkurrenten droht.[262] Setzt sich ein Pool aus wesentlichen und sich damit notwendigerweise ergänzenden Technologien zusammen, ist Art. 101 Abs. 1 AEUV typischerweise nicht verletzt.[263] Werden hingegen in einem Technologiepool sich ergänzende, aber nicht-wesentliche Technologien gebündelt, so befürchtet die Kommission den Ausschluss poolfremder Technologien.[264]

2. Lizenzvereinbarungen über Urheberrechte

Wettbewerbsbeschränkende Abreden in Lizenzverträgen über Urheberrechte sind in Ermangelung einer eigenen GVO an den **allgemeinen Vorschriften** zu messen. Die Zulässigkeit bestimmter Konstellationen hängt davon ab, ob sie jeweils vom spezifischen Schutzgegenstand des Urheberrechts gedeckt sind. Der spezifische Gegenstand des Urheberrechts umfasst das **Urheberpersönlichkeitsrecht** und die **Verwertungsrechte**.[265] Die Verwertung des Urheberpersönlichkeitsrechts kann körperlich erfolgen, etwa in Form von Vervielfältigungen der betrof-

111

112

113

114

115

---

256 *Jestaedt*, in: Langen/Bunte, Art. 81 Fallgruppen, Rn. 391.
257 *Louis*, Cahier de droit européen 2004, 377, 378.
258 Siehe Kommission, Zusammenfassung des Berichts über die Untersuchung des Arzneimittelsektors vom 8. Juli 2009.
259 Kommission, Zusammenfassung des Berichts über die Untersuchung des Arzneimittelsektors vom 8. Juli 2009, Punkt 3.3.4.
260 *Schultze/Pautke/Wagener*, TT-GVO, Rn. 359.
261 Eine Technologie ist wesentlich, wenn es zu ihr innerhalb oder außerhalb des Pools kein Substitut gibt und die betreffende Technologie notwendiger Bestandteil des Pakets an Technologien ist, das für die Herstellung der Produkte oder die Anwendung der Verfahren, auf die sich der Pool bezieht, unerlässlich sind; TT-Leitlinien, Rn. 216.
262 TT-Leitlinien, Rn. 213; *Lübbig*, GRUR 2004, 483, 488; *Schultze/Pautke/Wagener*, TT-GVO, Rn. 369.
263 *Lübbig*, GRUR 2004, 483, 488; *Louis*, Cahier de droit européen 2004, 377, 401.
264 TT-Leitlinien, Rn. 221.
265 EuGH, verb. Rs. C-92/92 und C-326/92 (Phil Collins), Slg. 1993, I-5145, 5179.

fenen Werke. Daneben ist die unkörperliche Verwertung durch öffentliche Aufführung oder Wiedergabe denkbar.[266] Bei der körperlichen Verwertung umfasst der spezifische Gegenstand des Urheberrechts das ausschließliche Recht in kommerzieller Form zu nutzen und über Herstellung und Verbreitung selbst zu entscheiden, insbesondere den Ort frei zu wählen, an dem das Werk in den Verkehr gebracht wird.[267] Zum spezifischen Gegenstand des Aufführungsrechts zählt die Befugnis, für jede Vorführung eine Vergütung zu verlangen.[268]

116 Das Vervielfältigungsrecht ist gemeinschaftsweit **erschöpft**, wenn die betroffenen Erzeugnisse durch den Rechtsinhaber selbst oder mit dessen Zustimmung auf dem Markt eines Mitgliedstaats in den Verkehr gebracht worden sind.[269] Auch in der Veräußerung einer urheberrechtlich geschützten Ware an einen Zwischenhändler stimmt der Rechtsinhaber dem Inverkehrbringen dieser Waren zu. Die dingliche Wirkung des Verbreitungsrechts kann gegenüber den Abnehmern des Zwischenhändlers nicht wieder aufleben.[270] Im Hinblick auf das aus dem Urheberrecht folgende und dem spezifischen Gegenstand des Urheberrechts zuzurechnende Aufführungsrecht gilt der Erschöpfungsgrundsatz nur eingeschränkt.[271] Im Einzelfall muss anhand der jeweiligen wirtschaftlichen Funktion klar abgegrenzt werden, welche Sachverhalte dem Verbreitungsrecht und welche Fallkonstellationen dem Aufführungsrecht zuzuordnen sind.[272]

117 **a) Gebietsbeschränkungen.** Gebietsbeschränkungen können das Verbreitungsrecht und das Aufführungsrecht betreffen. Enthält ein auf das **Verbreitungsrecht** gerichteter Lizenzvertrag zwischen Hersteller und Weiterverkäufer gebietsschützende Regelungen, die den Verkauf urheberrechtlich geschützter Produkte (z.B. Software) in ein bestimmtes Gebiet in der EU untersagen, können diese nicht durch den spezifischen Gegenstand des Schutzrechts gerechtfertigt werden. Insofern hat sich das Verbreitungsrecht an dem geschützten Werk erschöpft, weil es mit Zustimmung des Rechtsinhabers in den Verkehr gebracht wurde.[273] Diese Zustimmung kann der Lizenznehmer aus den unter Rn. 18. dargelegten Gründen wohl nicht ohne Weiteres auf einzelne Gebiete innerhalb des gemeinsamen Marktes beschränken. Die Gegenauffassung hält vertragliche Beschränkungen des Exports in andere Gebiete als die des Lizenzgebiets für zulässig. Dabei stützt sie sich teilweise auf Art. 4 lit. c) der Softwarerichtlinie,[274] dem zufolge sich das Verbreitungsrecht erst mit dem „Erstverkauf einer Programmkopie" in der Gemeinschaft durch den Rechtsinhaber oder mit dessen Zustimmung erschöpfe.[275] Letztendlich kann der Gegenauffassung aber nicht gefolgt werden. Sie verkennt, dass unter dem Vorwand des Verbreitungsrechts vereinbarte Gebietsbeschränkungen im Kern Vertriebsbeschränkungen sind, die vom spezifischen Gegenstand des urheberrechtlich geschützten Verbreitungsrechts nicht erfasst sind.[276] Das bedeutet aber nicht, dass territoriale Regelungen in Lizenzverträgen stets unzulässig sind. Vielmehr muss in solchen Fällen geprüft werden, ob die Gebietsbeschrän-

---

266 *Eilmansberger,* in: Streinz, Art. 81 EGV, Rn. 211.
267 EuGH, verb. Rs. 55/80 u. 57/80 (Musik-Vertrieb Membran/GEMA), Slg. 1981, 147, 165.
268 EuGH, Rs. 62/79 (Coditel/Ciné-Vog Films), Slg. 1980, 881, 903.
269 EuG, Rs. T-198/98 (Micro Leader Business), Slg. 1999. II-3989, 4001; EuGH, Rs. C-355/96 (Silhouette International Schmied), Slg. 1998, I-4799; zum Grundsatz der gemeinschaftsweiten Erschöpfung des Urheberrechts siehe ferner *von Ungern-Sternberg,* in: Schricker/Loewenheim, § 15, Rn. 31; vergleiche im Hinblick auf das deutsche UrhG OLG München, NJW 1998, 1649, 1650.
270 *Witte,* CR 1999, 65, 70.
271 *Mestmäcker/Schweitzer,* § 27, Rn. 25; *Sucker/Guttuso/Gaster,* in: Schröter/Jakob/Mederer, Art. 81, FG Immaterialgüterrechte, Rn. 44. Der EuGH rechnet das ausschließliche Recht, die Vermietung oder Verleihung eines auf Diskette verkörperten Ausschließlichkeitsrechts zum spezifischen Gegenstand des Aufführungsrechts, der sich durch dessen Erstausübung in einem Mitgliedstaat nicht erschöpft: EuGH, Rs. C-61/97 (Laserdisken), Slg. 1998, I-171, 5195.
272 *Mestmäcker/Schweitzer,* § 27, Rn. 26 ff.
273 Siehe auch Rs. C-403/08 und C-429/08 (FAPL), Schlussanträge der Generalanwältin Kokott vom 3. Februar 2011, Rn. 248.
274 Richtlinie L 91/250/EWG über den Rechtsschutz von Computerprogrammen, ABl. 1991 L 122/42.
275 *Eilmansberger,* in: Streinz, Art. 81, Rn. 213.
276 Rs. C-403/08 und C-429/08 (FAPL), Schlussanträge der Generalanwältin Kokott vom 3. Februar 2011, Rn. 248.

S. Gehring

kung nach den Bestimmungen der **Vertikal-GVO** oder der **TT-GVO** freigestellt ist.[277] Jedenfalls sollten keine Bestimmungen vereinbart werden, die über die in der Vertikal-GVO oder der TT-GVO freigestellten Sachverhalte hinausgehen. Welche Verordnung anwendbar ist, richtet sich danach, ob im Vordergrund der Vereinbarung die Herstellung und der anschließende Verkauf von Produkten unter Nutzung des Urheberrechts stehen (dann TT-GVO), oder ob es lediglich um den Vertrieb urheberrechtlich geschützter Erzeugnisse geht (dann Vertikal-GVO).[278]

Die Beurteilung von Gebietsbeschränkungen in Lizenzverträgen fällt entsprechend aus, wenn 118 es um die nicht-körperliche Verwertung, also um das aus dem Urheberrecht abgeleitete **Aufführungsrecht** geht. Hier basiert die Wertschöpfung nicht auf Vervielfältigung und Verkauf von Kopien eines Erzeugnisses, sondern auf jeder einzelnen Wiedergabe des geschützten Werkes. Diese Nutzung kann in verschiedenen Formen erfolgen. Hierzu zählen neben der Aufführung auch das Zeigen oder Verleihen geschützter Werke wie Filme, Musik- oder Sportveranstaltungen. Auch hier dürften Gebietsbeschränkungen nicht vom spezifischen Gegenstand des Aufführungsrechts erfasst sein.[279]

b) Exklusivlizenzen. Im Bereich des **Verbreitungsrechts** gehören ausschließliche Lizenzen nicht 119 zum spezifischen Gegenstand des Schutzrechts.[280] Sie sind deshalb an den allgemeinen Grundsätzen zu messen. In Betracht kommt allerdings die Anwendung der Regelungen der Vertikal-GVO oder der TT-GVO.

Exklusive Vertragsbeziehungen im Rahmen der Verwertung des **Aufführungsrechts** sind diffe- 120 renziert zu betrachten. Mit Blick auf die Vergabe ausschließlicher Aufführungsrechte an einem Film muss nach Auffassung des EuGH gefragt werden, ob durch die Ausübung des ausschließlichen Rechts Hindernisse errichtet werden, die hinsichtlich der Bedürfnisse der Filmindustrie künstlich und ungerechtfertigt sind, und unangemessen hohe Vergütungen für die getätigten Investitionen ermöglicht werden oder ob eine Ausschließlichkeit herbeigeführt wird, deren Dauer gemessen an diesen Bedürfnissen übermäßig lang ist.[281] Daraus kann geschlossen werden, dass ausschließliche Bindungen stets nur soweit zulässig sind, wie sie aus Sicht des Bindenden angesichts des spezifischen Verwertungsrisikos erforderlich sind.[282] So können lizenzgeberseitige Investitionen in die Verwertung des Urheberrechts längere Laufzeiten rechtfertigen.[283]

Die Bindung darbietender Künstler und mit ihnen vereinbarte Wettbewerbsverbote finden ihre 121 Schranken in der relativen Einmaligkeit der Aufführung des Werks.[284] Darüber hinaus gehende Beschränkungen sind unzulässig.

c) Sonstige wettbewerbsbeschränkende Vereinbarungen. Neben Gebietsbeschränkungen und 122 Ausschließlichkeitsvereinbarungen können Lizenzverträge über Urheberrechte weitere wettbewerbsbeschränkende Vorschriften enthalten. Hierzu können etwa **Mengenbeschränkungen,** die Vorgabe von **Mindestmengen** oder die Verpflichtung zur **gebührenpflichtigen Nutzung** der Rechte bei der Weiterentwicklung bestimmter Produkte zählen. Entsprechende Verpflichtungen sind nicht dem spezifischen Schutzgegenstand des Urheberrechts zuzuordnen und grundsätzlich wettbewerbsbeschränkend.[285] Für die Vertragsgestaltung kann deshalb nur empfohlen

---

277 In Rn. 51 und 52 der TT-Leitlinien vertritt die Kommission die Auffassung, dass die Vergabe von Lizenzen für die Vervielfältigung und Verbreitung eines geschützten Werks, also die Herstellung von Kopien für den Wiederverkauf, als eine der Lizenzierung von Technologie ähnliche Form zu betrachten sei. Obwohl die TT-GVO mit Ausnahme von Software-Urheberrechten nicht für Urheberrechte gilt, will die Kommission die in der TT-GVO und den TT-Leitlinien aufgestellten Grundsätze anwenden. Siehe hierzu auch *Schuhmacher,* GRURInt 2004, 487, 493.

278 4. Kap., Rn. 56 ff.

279 Rs. C-403/08 und C-429/08 (FAPL), Schlussanträge der Generalanwältin Kokott vom 3. Februar 2011, Rn. 200.

280 *Eilmansberger,* in: Streinz, Art. 81, Rn. 215.

281 EuGH, Rs. 262/81 (Coditel II), Slg. 1982, 3381, 3402.

282 *Ullrich,* in: Immenga/Mestmäcker, EG-WettbR, 1. Auflage, Bd. 1, GRUR D, Rn. 14 f., der beispielhaft ausschließliche Verwertungsverträge der Verlage oder Kunstgalerien anführt.

283 *Ullrich,* in: Immenga/Mestmäcker, EG-WettbR, 1. Auflage, Bd. 1, GRUR D, Rn. 14 f.

284 Kommission, 12. WB 1982, Rn. 90 (RAI/Unitel).

285 Siehe *Eilmansberger,* in: Streinz, Art. 81, Rn. 215.

werden, einzelne wettbewerbsrelevante Klauseln an den in der Vertikal-GVO bzw. der TT-GVO und den einschlägigen Leitlinien zum Ausdruck gebrachten Grundsätzen zu messen.

123 **d) Verwertungsgesellschaften.** Verwertungsgesellschaften nehmen kollektiv die Rechte der Urheber gegenüber den Nutzern, wie etwa Musikverbrauchern, -verteilern, Rundfunkanstalten, Schallplattenherstellern etc, wahr.[286] Die Rechtsbeziehungen der Verwertungsgesellschaften zueinander und zu Dritten sind vollständig an den Vorschriften des Kartellrechts zu messen. Artikel 104 Abs. 2 AEUV findet auf Verwertungsgesellschaften keine Anwendung.[287] Die in der Praxis bedeutsamen Themenkomplexe betreffen Vertragsbeziehungen, die Verwertungsgesellschaften mit ihren Mitgliedern (den Urheberberechtigten), ihren Nutzern und untereinander begründen.

124 Im Verhältnis zu den **Urheberberechtigten** stand stets die Frage im Mittelpunkt, ob es mit Art. 101 und 102 AEUV vereinbar sei, wenn Urheberberechtigte von Verwertungsgesellschaften zur ausschließlichen und umfassenden Übertragung sämtlicher Nutzungsrechte an einem Werk verpflichtet werden.[288] Seit Erlass des Urteils in der Sache *BRT/SABAM* ist anerkannt, dass Verwertungsgesellschaften zur wirkungsvollen Wahrnehmung ihrer Interessen über eine Stellung verfügen müssen, die voraussetzt, dass die der Vereinigung angeschlossenen Urheber ihre Rechte an sie abtreten, soweit das notwendig ist, um ihrer Tätigkeit das erforderliche Volumen und Gewicht zu verleihen.[289] In einer Entscheidung hat die Kommission allerdings vertreten, die in einer Satzung einer Verwertungsgesellschaft enthaltene Verpflichtung, alle Rechte (einschließlich Online-Nutzung) seien vom Urheber auf die Verwertungsgesellschaft zu übertragen, laufe auf eine missbräuchliche Ausnutzung einer marktbeherrschenden Stellung seitens der Verwertungsgesellschaft hinaus.[290] Hingegen dürften Ausschließlichkeitsklauseln unter dem Gesichtspunkt des Verhältnismäßigkeitsgrundsatzes dann gerechtfertigt sein, wenn der Urheber den Berechtigungsvertrag innerhalb einer angemessenen Frist wieder kündigen kann. Angesichts der oftmals vorliegenden marktbeherrschenden Stellung der Verwertungsgesellschaft darf die Kündigungsfrist nicht zu lang bemessen sein.

125 Die kartellrechtlichen Implikationen **wechselseitiger Vertragsbeziehungen** zwischen Verwertungsgesellschaften hat der Gerichtshof im Jahr 1989 aufgearbeitet.[291] Aus den Urteilen folgt, dass horizontal wirkende Ausschließlichkeitsregelungen gegen Art. 101 Abs. 1 AEUV verstoßen. Ferner sind abgestimmte Verhaltensweisen zwischen Verwertungsgesellschaften streng an den Maßstäben von Art. 101 AEUV zu messen.[292]

126 Für die Vertragsbeziehungen zwischen den Verwertungsgesellschaften und ihren **Kunden** gelten ebenfalls die allgemeinen Grundsätze. Da die Verwertungsgesellschaften in den jeweiligen Mitgliedstaaten häufig über marktbeherrschende Stellungen verfügen, gelten regelmäßig die Vorschriften von Art. 102 AEUV. Nach Auffassung des Gerichtshofs liegt ein missbräuchliches Verhalten dann vor, wenn eine marktbeherrschende Verwertungsgesellschaft gegenüber ihren Handelspartnern unangemessene Bedingungen durchsetzt, insbesondere durch Festlegung von

---

286 Umfassend zu diesem Komplex Kommission, Die Wahrnehmung von Urheberrechten und verwandten Schutzrechten im Binnenmarkt, KOM (2004) 261 endgültig; *Mestmäcker/Schweitzer*, § 30.
287 EuGH, Rs. 127/73 (BRT II), Slg. 1974, 313, 318, *Koenig/Kühling*, in: Streinz, Art. 86, Rn. 49.
288 Hierzu Kommission, 71/224/EWG (GEMA I), ABl. 1971 L 134/15 und 72/268/EWG (GEMA II), ABl. 1972 L 166/22.
289 EuGH, Rs. 127/73 (BRT II), Slg. 1974, 313, 317.
290 Kommission, COMP 37.219 (Banghalter & de Homem Christo/SACEM).
291 EuGH, Rs. 395/87 (Tournier), Slg. 1989, 2521; EuGH, verb. Rs. 110/88, 241/88 u. 242/88 (Lucazeau/Sacem), Slg. 1989, 2811.
292 Zur Kommissionspraxis im Bereich der Online-Umgebung vgl. Kommission, 2003/300/EG (Simulcasting), ABl. 2003 L 107/58; ausführlich hierzu *Mestmäcker*, WuW 2004, 754 ff.; vgl. ferner die Entscheidung der Kommission, 2005/C 200/05 (Santiago Agreement), ABl. 2005 C 200/11, in der die Behörde zum Ausdruck bringt, dass sog. „Klauseln über den wirtschaftlichen Mittelpunkt" wahrscheinlich gegen Art. 101 Abs. 1 AEUV verstoßen. Mit solchen Klauseln hatten Verwertungsgesellschaften untereinander sicherstellen wollen, dass Nutzer EWR-weiter Lizenzen für Online-Musik diese nur bei der nationalen Verwertungsgesellschaft ihres Landes erhalten könne. Siehe auch Kommission, 2007/735/EG (Die erweiterte Vereinbarung von Cannes), ABl. 2007 L 296/27; in dieser Sache ging es um die Wettbewerbswidrigkeit von Klauseln, die den Rabattwettbewerb zwischen Verwertungsgesellschaften beschränkten und Verwertungsgesellschaften auf den Verleger- und Plattenproduktionsmärkten ausschließen.

S. Gehring

im Vergleich zu anderen Mitgliedstaaten weitaus höheren Vergütungssätzen, solange diese Unterschiede nicht durch objektive und wichtige Faktoren gerechtfertigt sind.[293]

3. Lizenzvereinbarungen über Marken

Für den Bereich der Markenlizenzvereinbarungen existiert keine Gruppenfreistellungsverordnung. Wie auch bei Urheberrechtslizenzverträgen sind wettbewerbsbeschränkende Bestimmungen in Markenlizenzverträgen an den allgemeinen Vorschriften zu messen. Dem spezifischen Schutzgegenstand der Marke kommt deshalb besondere Bedeutung zu. Sein Ausmaß bestimmt die Zulässigkeit wettbewerbsbeschränkender Bestimmungen in Markenlizenzvereinbarungen. Den **spezifischen Schutzgegenstand einer Marke** sieht der EuGH darin, dass der Inhaber durch das ausschließliche Recht, ein Erzeugnis in den Verkehr zu bringen und dabei das Warenzeichen zu benutzen, Schutz vor Konkurrenten erlangt, die unter Missbrauch der aufgrund des Warenzeichens erworbenen Stellung und Kreditwürdigkeit widerrechtlich mit diesem Zeichen versehene Erzeugnisse veräußern und den mit dem Zeichen verbundenen Ruf für sich ausnutzen.[294] Im Vordergrund des Schutzrechts steht daher, dem Verbraucher die **Identität der Warenerzeugung** zu garantieren.[295]

127

Der spezifische Gegenstand einer Marke ist nicht mehr schutzfähig, wenn er sich erschöpft hat. Es gilt der **Grundsatz der gemeinschaftsweiten Erschöpfung.** Danach ist es dem Inhaber einer Marke nicht gestattet, einem Dritten zu untersagen, die Marke für Waren zu benutzen, die unter dieser Marke vom Inhaber oder mit dessen Zustimmung in einem Mitgliedstaat der EU oder des EWR in den Verkehr gebracht worden sind.[296] Nach der Rechtsprechung des EuGH ist die Erschöpfungsregel auf konkrete Warenposten begrenzt. Ihre Wirkung tritt nicht bereits deswegen ein, weil der Markeninhaber ähnliche Waren unter derselben Marke in den Verkehr gebracht oder dem zugestimmt hat.[297]

128

Keine Erschöpfung tritt dann ein, wenn die mit einer Marke versehenen Waren erstmals außerhalb des Gebiets des EWR in den Verkehr gebracht werden.[298] Insofern gestattet der Gemeinschaftsgesetzgeber dem Markeninhaber, das erste Inverkehrbringen der mit der Marke versehenen Erzeugnisse in den EWR zu kontrollieren.[299] Die Mitgliedstaaten sind sogar daran gehindert, eine internationale Erschöpfung für Drittstaaten vorzusehen.[300] Erschöpfung tritt nur dann ein, wenn der Rechtsinhaber seine Zustimmung zum Import in die Gemeinschaft ausdrücklich erklärt, oder die Umstände zweifelsfrei den Verzicht auf den Unterlassungsanspruch gegen Einfuhren in den Gemeinsamen Markt erkennen lassen.[301]

129

a) **Gebietsbeschränkungen.** Angesichts des spezifischen Gegenstands einer Marke sind Gebietsbeschränkungen im Gemeinsamen Markt in Lizenzverträgen als wettbewerbsbeschränkend einzustufen.[302] Bereits 1976 entschied der EuGH, es verstoße gegen die Bestimmungen des freien Warenverkehrs, wenn der Vertrieb eines Erzeugnisses, das in einem Mitgliedstaat rechtmäßig mit einem Warenzeichen versehen wurde, in einem anderen Mitgliedstaat allein mit der Begründung verboten wird, in diesem Staat bestehe ein ursprüngliches, identisches Warenzeichen.[303] In der Sache *Tepea/Kommission* entschied das Gericht, der Versuch, absoluten Gebietsschutz eines Vertriebshändlers durch Zeichenübertragung zu erreichen und damit Paral-

130

---

293 EuGH, Rs. 110/88, 241-242/88 (Lucazeau/Sacem), Slg. 1989, 2811, 2831.
294 EuGH, Rs. 16/74 (Centrafarm/Winthrop). Slg. 1974, 1183, 1195; EuGH, Rs. 119/75 (Terrapin/Terranova), Slg. 1976, 1039, 1062; EuGH, Rs. 102/77 (Hoffmann-LaRoche/Centrafarm), Slg. 1978, 1139, 1165.
295 *Eilmansberger,* in: Streinz, Art. 81, Rn. 207; *Fuchs,* in: Immenga/Mestmäcker, EG-WettbR, Bd. 1, TT-VO, Rn. 78; *Säcker,* in: MünchKomm, Einl., Rn. 153.
296 So die Regelung in § 24 Markengesetz, der Vertragsstaaten des EWR einbezieht; siehe auch *Mestmäcker/ Schweitzer,* § 27, Rn. 59 ff.
297 EuGH, Rs. C-173/98 (Sebago/G-B Unic), Slg. 1999, I-4114.
298 *Sucker/Guttuso/Gaster,* in: Schröter/Jakob/Mederer, FG Immaterialgüterrechte, Rn. 49.
299 EuGH, verb. Rs. C-414/99 – C-416/99 (Levi's/Tesco), Slg. 2001, I-8691, Rn. 33.
300 EuGH, Rs. C-355/96 (Silhouette International Schmied), Slg. 1998, I-4799, Rn. 26.
301 EuGH, verb. Rs. C-414/99 – C-416/99 (Levi's/Tesco), Slg. 2001, I-8691, Rn. 47.
302 *Jestaedt,* in: Langen/Bunte, Art. 81 Fallgruppen, Rn. 275.
303 EuGH, Rs. 192/73 (Hag 1), Slg. 1974, 731, Rn. 14 f.

lelimporte zu verhindern, verstoße gegen Art. 101 AEUV.[304] Nach Auffassung des EuGH diene das Markenrecht gerade nicht dazu, den Markeninhabern die Möglichkeit zu eröffnen, nationale Märkte abzuschotten und dadurch die Beibehaltung bestimmter regionaler Preisunterschiede zu fördern.[305] Die Kommission hat 1985 in der Sache *Velcro/Aplix* entschieden, dass örtliche Beschränkungen des Lizenznehmers, die betroffenen Erzeugnisse nicht außerhalb eines zugewiesenen Vertragsgebiets zu verkaufen, gegen Art. 101 AEUV verstießen.[306] Auch das Bundeskartellamt hat in einer jüngeren Entscheidung bestätigt, dass über das Markenrecht bewirkte Gebietsbeschränkungen eine Kernbeschränkungen darstellen.[307]

131 Diese Praxis steht im Einklang mit der Lehre vom spezifischen Schutzgegenstand der Marke. Ist das mit der Marke versehene Erzeugnis innerhalb des EWR in den Verkehr gebracht worden, hat sich das aus der Marke folgende Verbietungsrecht erschöpft. Trotz gemeinschaftsweiter Erschöpfung vereinbarte Gebietsschutzklauseln sind nicht mehr vom spezifischen Schutzgegenstand gedeckt. Sie sind vielmehr die Folge bestimmter Vertriebsstrategien der beteiligten Unternehmen und jedenfalls aus markenrechtlichen Gesichtspunkten nicht zu rechtfertigen.[308]

132 Etwas anderes kann bei der Einfuhr von Erzeugnissen in den Gemeinsamen Markt aus Drittländern gelten. Da sich das Markenrecht nicht erschöpft, wenn Erzeugnisse zunächst außerhalb des EWR in den Verkehr gebracht werden, kann das markenrechtliche Verbietungsrecht gegen Importe aus Drittstaaten eingesetzt werden. Auf ein gültiges Ausschließlichkeitsrecht gestützte Wettbewerbsbeschränkungen unterliegen nicht Art. 101 Abs. 1 AEUV, weil sie vom spezifischen Schutzgegenstand der Marke gedeckt sind.[309]

133 Von den vorstehenden Ausführungen unberührt bleibt indes die Möglichkeit, territoriale Beschränkungen über den **Verkauf und die Übertragung nationaler Markenrechte** zu erreichen. Diese Fallkonstellation dürfte insbesondere im Rahmen von Unternehmensverkäufen relevant werden, wenn der Markeninhaber dem Erwerber keine Lizenzen erteilt, sondern ihm die jeweiligen nationalen Marken verkauft.[310] Der oder die Erwerber haben dann in ihrem jeweiligen Land aufgrund der nationalen Marke das Recht, den Verkauf von Waren unter dieser Marke durch Dritte (also z.B. durch den Veräußerer oder auch den Erwerber der Marken aus anderen Ländern) zu verhindern. Lange war umstritten, ob dies auch dann gilt, wenn die Marken einen gemeinsamen Ursprung haben, also ursprünglich bei einem Markeninhaber lagen, der sie dann an verschiedene Erwerber verkauft hat. Durch die Entscheidung des EuGH im Fall *Ideal-Standard II* ist aber geklärt, dass die freiwillige Aufspaltung der Markenrechte durch Verkauf verschiedener nationaler Marken an verschiedene Erwerber nicht zu einer Einschränkung der Markenrechte gegenüber parallelen Erwerbern führt.[311] Jeder Erwerber der nationalen Markenrechte kann dann verhindern, dass der Erwerber paralleler nationaler Marken oder der Veräußerer selbst Waren unter den verkauften Marken in dem jeweiligen Land anbietet.[312] Etwas anderes gilt nur dann, wenn die Schutzrechtsübertragungen Gegenstand, Mittel oder Folge einer wettbewerbsbeschränkenden Absprache oder Abstimmung sind.[313] So wäre es wohl nach Art. 101 AEUV unzulässig, wenn voneinander unabhängige Unternehmen aufgrund einer Marktteilungsabsprache Marken übertragen. Von einem Verstoß gegen Art. 101 AEUV dürfte aber dann nicht auszugehen sein, wenn die Marken lediglich im Zusammenhang mit dem Ver-

---

304 EuGH, Rs. 28/77 (Tepea/Kommission), Slg. 1978, 1391, 1412.

305 EuGH, verb. Rs. C-427/93, C-429/93 und C-436/93 (Bristol-Myers Squibb u.a.), Slg. 1996, I-3457, 3552.

306 Kommission, 85/410/EWG (Velcro/Aplix), ABl. 1985 L 233/ 22, 30.

307 BKartA, Beschluss v. 14. Februar 2008, B 1 – 165/01 – KS Quattro, WuW 2008, 861 ff.

308 Stehen vertikale Vertriebsstrategien im Vordergrund, sollte deshalb geprüft werden, welche Gestaltungsspielräume nach der Vertikal-GVO offen stehen, da die Vorschriften dieser GVO unabhängig von der Erschöpfung des Markenrechts herangezogen werden können, siehe hierzu 4. Kap.; so wohl auch *Jestaedt*, in: Langen/Bunte, Art. 81 Fallgruppen, Rn. 277.

309 *Bauer/de Bronnet*, Rn. 83 a.

310 Sog. Marken- oder Produktspaltung; siehe Tätigkeitsbericht des Bundeskartellamtes 1987/1988, S. 72.

311 EuGH, GRURInt 1994, 614.

312 *Jestaedt*, in: Langen/Bunte, Art. 81 Fallgruppen, Rn. 284.

313 *Axster/Schütze*, in: Loewenheim/Meessen/Riesenkampff, GRUR, Rn. 90; vgl. auch EuGH, Rs. 56/64 (Grundig/Consten), Slg. 1966, 321, in dem die Übertragung einer zweiten Marke an einen Alleinvertriebshändler zum Zwecke der Verhinderung von Parallelimporten als Verstoß gegen Art. 101 Abs. 1 AEUV angesehen wurde.

S. Gehring

kauf des Unternehmens veräußert werden. Praktisch wichtig ist ferner, dass die zugrunde liegenden Unternehmenskaufverträge keine wettbewerbsbeschränkenden Vereinbarungen, wie etwa territoriale Beschränkungen, vorsehen. Aufgrund der gesetzlichen Rechte aus der Marke sind solche Regelungen aber auch überflüssig.

b) Exklusivlizenzen. Vereinbarungen, mit denen sich der Lizenzgeber verpflichtet, innerhalb eines definierten Gebiets für die Vertragsdauer ausschließlich dem Lizenznehmer eine Markenlizenz zu erteilen und weder selbst die Marke zu benutzen noch Dritten Rechte daran einzuräumen, subsumiert die Kommission grundsätzlich unter Art. 101 Abs. 1 AEUV.[314] Mit Blick auf die Wertungen in Art. 4 Abs. 1 lit. c) (ii) TT-GVO erscheint es sachgerecht, Exklusivlizenzen als grundsätzlich freistellungsfähig anzusehen.[315] Insofern ist auf die wettbewerbsbeschränkenden Wirkungen abzustellen und es sind die allgemeinen Vorschriften des Art. 101 Abs. 3 AEUV anzuwenden.[316] Exklusivlizenzen zugunsten des Lizenznehmers dürften nur dann unzulässig sein, wenn sie einem Unternehmen mit beträchtlicher Marktmacht erteilt werden und demzufolge zu Marktverschließungen führen.[317] **134**

c) Beschaffenheits- und Qualitätsvereinbarungen. Lizenzgeber sind häufig geneigt, die Erteilung einer Markenlizenz unter die Bedingung zu stellen, dass der Lizenznehmer bestimmte qualitätssichernde Maßnahmen ergreift. Hierzu gehören etwa die Befolgung von Herstellungsanweisungen und Betriebsvorschriften des Lizenzgebers zur Produktion der unter der lizenzierten Marke vom Lizenznehmer zu vertreibenden Erzeugnisse. **135**

In der Praxis der Kommission und in der Literatur ist unbestritten, dass auf Qualitätssicherung zielende Vereinbarungen mit wettbewerbsbeschränkender Wirkung zum spezifischen Gegenstand einer Marke zu zählen sind.[318] Zu den freigestellten Vereinbarungen zählen Vorgaben von **Qualität und Produktspezifikationen, Kontrollen der Fertigungsstätten** oder **Bezugsbindungen für Roh- und Hilfsstoffe,** sofern sie sich auf die die Markenreputation begründenden Eigenschaften der jeweiligen Erzeugnisse beziehen. Dies war in einem vom EuGH 1986 entschiedenen Fall nicht gegeben. Dort schrieb der Inhaber eines Patents für die Segelvorrichtung von Surfbrettern seinen Lizenznehmern vor, welche Qualität die zu verwendenden Surfbretter haben mussten.[319] Ebenfalls nicht freistellungsfähig sind Bezugsbindungen des Lizenznehmers, die nicht der Qualitätssicherung dienen, sondern lediglich auf Absatzsicherung des Lizenzgebers ausgerichtet sind.[320] **136**

d) Lizenzvermerke. Markenlizenzvereinbarungen sehen häufig die Pflicht des Lizenznehmers vor, auf dem Erzeugnis einen auf den Lizenzgeber hinweisenden Lizenzvermerk anzubringen. Grundsätzlich sind entsprechende Pflichten des Lizenznehmers zulässig und vom spezifischen Schutzgegenstand der Marke erfasst.[321] Eine nicht vom spezifischen Schutzzweck der Marke gedeckte Wettbewerbsbeschränkung liegt allerdings dann vor, wenn der Lizenzvermerk auf einem schutzrechtsfreien Teil (etwa Surfbrett) eines Produkts anzubringen ist, das geschützte Bestandteile (etwa Segelvorrichtung) enthält.[322] **137**

e) Absatzpflichten. Es wird regelmäßig im Interesse eines Markeninhabers liegen, seinem Lizenznehmer bestimmte Mindestabsatzpflichten hinsichtlich des unter der Marke in den Verkehr gebrachten Erzeugnisses aufzuerlegen. Dies kann deshalb problematisch sein, weil Mindestab- **138**

---

314 *Kommission,* 90/186/EWG (Moosehead/Whitbread), ABl. 1990 L 100/32, Rn. 15; die betroffene Verpflichtung wurde allerdings freigestellt; zu weiteren Nachweisen auch *Niebel,* WRP 2003, 482, 486.
315 *Fuchs,* in: Immenga/Mestmäcker; EG-WettbR, Bd. 1, TT-VO, Rn. 78.
316 *Kreutzmann,* WRP 2006, 453, 455; *Axster/Schütze,* in: Loewenheim/Meessen/Riesenkampff, GRUR, Rn. 96 f.
317 *Eilmansberger,* in: Streinz, Art. 81, Rn. 209, Fn. 625 unter Verweis auf den 27. WB der Kommission, Rn. 66; vgl. auch die Ausführungen der Kommission zu Exklusivlizenzen in den TT-Leitlinien, Rn. 162 ff.
318 *Kommission,* 90/186/EWG (Moosehead/Whitbread), ABl. 1990 L 100/32, 35; *Kommission,* 78/253/EWG (Campari), ABl. 1978 L 70/69, 74; *Fezer,* § 30, Rn. 54; *Klawitter,* in: Wiedemann, § 13, Rn. 313; *Fuchs,* in: Immenga/Mestmäcker, EG-WettbR, Bd. 1, TT-VO, Rn. 78; *Sucker/Guttuso/Gaster,* in: Schröter/Jakob/Mederer, Art. 81, FG Immaterialrechte, Rn. 48; *Niebel,* WRP 2003. 482, 484.
319 EuGH, Rs. 193/83 (Windsurfing International), Slg. 1986, 611, Rn. 46 ff.
320 *Sack,* WRP 1999, 592, 609.
321 EuGH, Rs. 193/83 (Windsurfing International), Slg. 1986, 611, 660; *Niebel,* WRP 2003, 482, 484; *Jestaedt,* in: Langen/Bunte, Art. 81 Fallgruppen, Rn. 273.
322 EuGH, Rs. 193/83, (Windsurfing International), Slg. 1986, 611, 660.

satzpflichten zur Folge haben können, dass Lizenznehmer im Verkauf konkurrierender Produkte eingeschränkt werden. Fraglich ist, ob solche Mindestabsatzpflichten zum spezifischen Schutzgegenstand der Marke gehören.

139 Die Kommission hat in ihrer *Campari*-Entscheidung die grundsätzliche Pflicht zur Absatzförderung für unbedenklich erklärt. Zur Pflicht, im Rahmen eines Markenlizenzvertrags bestimmte Mindestmengen absetzen zu müssen, hat sie nicht Stellung genommen. Teilweise wird unter Hinweis auf die in Art. 1 Nr. 9 TT-GVO 1996 enthaltene weiße Klausel vertreten, **Mindestabsatzpflichten** gehörten zum spezifischen Schutzgegenstand einer Marke.[323] Da Mindestabsatzpflichten prinzipiell nicht dem Identitätsschutz der Warenerzeugung dienen, sondern die Steigerung des Absatzes des Lizenzgebers fördern, können sie nicht dem spezifischen Schutzgegenstand der Marke zugerechnet werden und sind deshalb an den allgemeinen Vorschriften zu messen.[324] Dem spezifischen Gegenstand der Marke sind jedoch auf **Verkaufsbemühungen** gerichtete Verpflichtungen zuzurechnen. Hierdurch wird der Lizenznehmer nicht an der Entfaltung alternativer Vertriebsaktivitäten gehindert.[325]

140 Nicht vom spezifischen Gegenstand der Marke gedeckt sind **Höchstmengenbeschränkungen**.[326]

141 f) **Nichtangriffsabreden.** Nichtangriffsabreden in Markenlizenzverträgen dürften aus kartellrechtlicher Sicht nicht die Bedeutung haben, die ihnen im Bereich der TT-Vereinbarungen beizumessen ist.[327] Denn im Unterschied zu Patenten oder verwandten Schutzrechten schützen Marken nur die Kennzeichnung von Erzeugnissen, nicht aber die Herstellung oder Verwendung des Produkts selbst. Gleichwohl hat der EuGH klargestellt, dass Nichtangriffsklauseln nicht zum spezifischen Schutzrecht einer Marke gehören.[328] Damit sind sie anhand der allgemeinen Vorschriften zu beurteilen. Im Fall *Moosehead/Whitbread* hat die Kommission entschieden, dass Nichtangriffsabreden bei Markenlizenzen nur dann spürbar den Wettbewerb beschränken, wenn die Verwendung einer bekannten Marke einem Unternehmen, das in einen Markt eintritt oder dort bereits tätig ist, erhebliche Wettbewerbsvorteile verleiht und das Fehlen der Marke eine spürbare Marktzutrittsschranke darstellt.[329]

142 g) **Nichtbenutzungsklauseln, Wettbewerbsverbote.** Nichtbenutzungsklauseln verbieten es Lizenznehmern, eigene Marken bei der Verwertung eines Produkts zu nutzen. Diese Verpflichtung gehört nicht zum spezifischen Schutzgegenstand der Marke und stellt einen Verstoß gegen Art. 101 Abs. 1 AEUV dar.[330]

143 Verbote in Markenlizenzverträgen zu Lasten des Lizenznehmers, keine Konkurrenzprodukte zu vertreiben, stellen ebenfalls Wettbewerbsbeschränkungen dar und sind nicht vom spezifischen Gegenstand des Markenrechts erfasst.[331] Entsprechende Verbote müssen anhand der allgemeinen Vorschriften auf ihre Freistellung von Art. 101 Abs. 1 AEUV geprüft werden. In Betracht kommen insbesondere die Vorschriften der TT-GVO, wenn die Marke in Zusammenhang mit Herstellungs-Know-how oder Patenten lizenziert wird.[332] Bei vertriebsnahen Markenlizenzverträgen sollten die Vorschriften der Vertikal-GVO für die Frage herangezogen werden, ob Wettbewerbsverbote zulässig sind.[333]

---

323 *Sack*, WRP 1999, S. 592, 605.

324 Führen Mindestabsatzpflichten dazu, dass der Lizenznehmer faktisch keine konkurrierenden Produkte vertreiben kann, wirken diese wie ein Wettbewerbsverbot und sind an den Grundsätzen der Vertikal-GVO zu messen.

325 So auch Kommission, 78/253/EWG (Campari), ABl. 1978 Nr. L 70/69, 74; *Klawitter*, in: Wiedemann, § 13, Rn. 313, *Fuchs*, in: Immenga/Mestmäcker, EG-WettbR, Bd. 1, TT-VO, Rn. 78.

326 EuGH, Rs. 16/74 (Centrafarm/Winthrop), Slg. 1974, 1183 ff.; *Fuchs*, in: Immenga/Mestmäcker, EG-WettbR, Bd. 1, TT-VO, Rn. 78; *Sack*, WRP 1999, 592, 606.

327 *Niebel*, WRP 2003, 482, 484.

328 EuGH, Rs. 193/83 (Windsurfing Internatonal), Slg. 1986, 611, 633.

329 Kommission, 90/186 (Moosehead/Whitbread), ABl. 1990 L 100/32.

330 Kommission, 22. WB, 1992, S. 16 f.

331 BKartA, Beschluss v. 14. Februar 2008, B 1 – 165/01 – KS Quattro, WuW 2008, 861 ff.; *Niebel*, WRP 2003, 482, 486.

332 Hinzuweisen ist ferner auf das Verfahren der Kommission, 78/253/EWG (Campari), ABl. 1978 Nr. L 70/69, in dem die Behörde ein Wettbewerbsverbot unter Art. 101 Abs. 3 AEUV subsumiert hat.

333 Siehe 4. Kap., Rn. 131 ff.

h) **Abgrenzungsverträge.** In markenrechtlichen Abgrenzungsverträgen regeln Unternehmen   **144**
Abgrenzungsschwierigkeiten, die sich aufgrund der von den Vertragspartnern erhobenen Gel-
tungsansprüche an identischen oder verwechslungsfähigen Marken ergeben können. Da Abgrenzungsverträge markenrechtliche Konflikte zwischen aktuellen oder potentiellen Wettbewerbern beilegen wollen, haben sie ein nicht zu unterschätzendes kartellrechtliches Potential.[334]

Abgrenzungsvereinbarungen sind grundsätzlich zulässig und zweckmäßig, wenn im beidersei-   **145**
tigen Interesse der Parteien der Benutzungsumfang ihrer Zeichen festgelegt wird, um Konflikte
zu vermeiden.[335] Deswegen sind sämtliche Vereinbarungen zulässig, deren Regelungsgehalt nur
den bestehenden Anspruch des jeweiligen Markeninhabers konkretisiert und allein die bestehende Rechtslage festlegt.[336] Derartige Verträge werden erst dann problematisch und können
gegen Art. 101 Abs. 1 AEUV verstoßen, wenn sie Marktaufteilungen oder andere Wettbewerbsbeschränkungen bezwecken.[337]

Die Kommission hatte in einer Reihe von Fällen Gelegenheit, zu Abgrenzungsverträgen Stellung   **146**
zu nehmen. In der Sache *Sirdar/Phildar* sah sie in der wechselseitigen Vereinbarung, das eigene
Markenzeichen im Heimatland des Vertragspartners nicht zu benutzen, eine unzulässige und
verbotene Marktaufteilung.[338] Im Fall *Henkel-Persil/Unilever-Persil* billigte die Behörde eine
Abgrenzungsvereinbarung, mit der die Unternehmen die Nutzung des jeweiligen Warenzeichens in unterschiedlicher Gestaltung regelten.[339] In *Osram/Airam* stimmte die Kommission
der Vereinbarung zwischen den beteiligten Unternehmen zu, dass einer der Vertragspartner in
Abgrenzung zum anderen sein Warenzeichen nur mit unterschiedlichen Zusätzen verwen-
de.[340] Im Verfahren *Toltecs/Dorcet* vertrat die Kommission schließlich den Standpunkt, die
Parteien müssten unter den möglichen Konfliktlösungen diejenige wählen, die die Benutzung
der Warenzeichen im Gemeinsamen Markt am wenigsten einschränke, wobei die Anforderungen an das zu wählende mildeste Mittel umso höher seien, je geringer die **Verwechslungsge-
fahr** zwischen den gegeneinander abzugrenzenden Marken sei.[341]

Angesichts dieser Praxis sind Abgrenzungsverträge mit wettbewerbsbeschränkenden Klauseln   **147**
nur dann freistellungsfähig, wenn die jeweiligen Marken hinreichend verwechslungsfähig
sind.[342] Unter Anwendung des Prinzips des mildesten Mittels ist den Unternehmen zu empfehlen, die konkrete Abgrenzungsvereinbarung auf die Aufmachung des betroffenen Warenzeichens zu beschränken. Als Nebenabreden in Abgrenzungsverträgen sind die grundsätzlich
wettbewerbsbeschränkenden Nichtangriffsklauseln der Freistellung nach Art. 101 Abs. 3
AEUV zugänglich, sollten jedoch stets zeitlich begrenzt werden.[343]

Ferner sind **territoriale Beschränkungen** in Abgrenzungsverträgen, die den innergemeinschaft-   **148**
lichen Warenverkehr behindern, grundsätzlich nicht mit Art. 101 Abs. 1 AEUV vereinbar.[344]
Territoriale Benutzungsregelungen, die von markenrechtlichen Unterlassungsansprüchen gedeckt sind, sind hingegen zulässig.[345] Wegen des gemeinschaftsweiten Erschöpfungsgrundsat-
zes dürfte dies allerdings nur im Verhältnis zu Drittstaaten von Bedeutung sein.

---

334 *Kreutzmann*, WRP 2006, 453 ff; *Schluep*, GRURInt 1985, 534 ff.
335 EuGH, Rs. 35/83 (BAG-Cigaretten-Fabriken), Slg. 1985, 363, 385.
336 *Fezer*, § 14, Rn. 456; *Jestaedt*, in: Langen/Bunte, Art. 81 Fallgruppen, Rn. 281.
337 EuGH, Rs. 35/83 (BAG-Cigaretten-Fabriken), Slg. 1985, 363, 385; *Kreutzmann*, WRP 2006, 453, 456.
338 Kommission, 75/297/EWG (Sirdar/Phildar), ABl. 1975 L 125/27 ff.
339 Kommission, 7. WB, Rn. 138 ff.
340 Kommission, 11. WB, Rn. 97.
341 Kommission, 82/897/EWG (Toltecs/Dorcet), ABl. 1982 L 379, 19, Rn. 3; siehe auch *Axster/Schütze*, in:
     Loewenheim/Meessen/Riesenkampff, GRUR, Rn. 89.
342 So auch *Schluep*, GRURInt 1985, 534, 544.
343 Kommission, 78/193/EWG (Penneys), ABl. 1977 L 60/19 ff. Hier billigte die Kommission eine zeitliche Be-
     grenzung von 5 Jahren.
344 *Fuchs*, in: Immenga/Mestmäcker, EG-WettbR, Bd. 1, TT-VO, Rn. 78.
345 *Fezer*, § 14, Rn. 456.

4. Vereinbarungen über gewerbliche Schutzrechte und Unternehmenszusammenschlüsse

149 Komplexe Abreden über gewerbliche Schutzrechte sind häufig Gegenstand von Unternehmenszusammenschlüssen oder der Gründung von Gemeinschaftsunternehmen. Nach Art. 6 Abs. 1 lit. b) und Art. 8 Abs. 1 FKVO erstreckt sich die Entscheidung über die Vereinbarkeit eines Unternehmenszusammenschlusses mit dem Gemeinsamen Markt auch auf die mit seiner Durchführung **unmittelbar verbundenen und für sie notwendigen Einschränkungen (Nebenabreden)**. In ihrer Bekanntmachung „Nebenabreden" bringt die Kommission zum Ausdruck, welche Formen von Nebenabreden ihrer Auffassung nach von der Freigabeentscheidung erfasst sind.[346]

150 Für den Bereich der gewerblichen Schutzrechte erachtet die Kommission die Erteilung von Lizenzen für die Durchführung des Zusammenschlusses als notwendig. Eine Befristung der Lizenzvereinbarungen ist nach Auffassung der Behörde nicht erforderlich. Von der Freigabeverfügung erfasst sind sowohl einfache als auch exklusive Lizenzen. Die Kommission erkennt ferner *Field-of-use*-Klauseln an, wenn die Beschränkungen auf bestimmte Anwendungsbereiche mit den Tätigkeiten des übertragenen Unternehmens übereinstimmen.[347] Eine räumliche Beschränkung der aus der Lizenz folgenden Rechte zu Lasten des Lizenznehmers ist nach Auffassung der Kommission nicht für die Durchführung der jeweiligen Transaktion erforderlich. Insgesamt ist die Kommission der Meinung, dass Beschränkungen zu Lasten des Lizenznehmers nicht als zulässige Nebenabreden von der Freigabeverfügung erfasst sind. Diese sind vielmehr gemäß der allgemeinen Vorschriften zu beurteilen.[348] Dem Veräußerer können allerdings Beschränkungen nach Maßgabe der für Zusammenschlüsse geltenden allgemeinen Regeln für allgemeine Wettbewerbsverbote auferlegt werden.[349]

151 Die vorstehenden Grundsätze gelten ferner, wenn bei der Gründung eines Gemeinschaftsunternehmens[350] die Gesellschafter diesem Lizenzen über gewerbliche Schutzrechte erteilen, oder wenn das Gemeinschaftsunternehmen Lizenzen an seine Gesellschafter erteilt.[351] Nicht von der Freigabeverfügung erfasst sind Lizenzvereinbarungen zwischen den Gründern des Gemeinschaftsunternehmens.

III. Rechtsfolgen

152 Vereinbarungen mit wettbewerbsbeschränkenden Inhalten, die über eine Gruppenfreistellungsverordnung oder Art. 101 Abs. 3 AEUV vom Kartellverbot freigestellt sind, sind voll durchsetzbar. Die Rechtsfolgen, die mit kartellrechtswidrigen Bestimmungen einhergehen, sind indes vielschichtig.[352] Die wichtigste **zivilrechtliche Folge** kartellrechtswidriger Vereinbarungen oder Beschlüsse ist die gemäß Art. 101 Abs. 2 AEUV angeordnete Nichtigkeit. Diese bezieht sich indes ausschließlich auf den tatbestandsmäßigen Teil der Vereinbarung, wobei sich das Schicksal weitergehender Vertragsteile nach nationalem Recht richtet.[353] Um etwaigen Risiken bereits bei der Vertragsgestaltung vorzubeugen, ist unbedingt zu empfehlen, jeden Vertrag mit einer

---

346 Ausführlich 8. Kap., Rn. 267 ff.
347 Bekanntmachung zu Nebenabreden, Rn. 27.
348 Bekanntmachung zu Nebenabreden, Rn. 30.
349 Siehe 8. Kap., Rn. 272 ff., sowie Bekanntmachung zu Nebenabreden, Rn. 30 und 18.
350 Allgemein 9. Kap., Rn. 54 ff., 60.
351 Bekanntmachung zu Nebenabreden, Rn. 42.
352 Umfassend hierzu die Ausführungen im 11. Kap., Rn. 3 ff.
353 Für deutsches Recht gilt § 139 BGB. Ausführlich hierzu und zu den sich stellenden Folgefragen siehe unten im 11. Kap., Rn. 9 ff.

salvatorischen **Klausel** auszustatten.[354] Ferner drohen beim Abschluss kartellrechtswidriger Verträge zivilrechtliche **Schadensersatzansprüche** und **Unterlassungsansprüche**.[355]

Neben den zivilrechtlichen Rechtsfolgen droht bei Verstößen gegen Art. 101 AEUV die Verhängung von **Bußgeldern**.[356] Diese dürften insbesondere dann wahrscheinlich werden, wenn die Unternehmen die in den Gruppenfreistellungsverordnungen und den jeweiligen Leitlinien definierten Kernbeschränkungen vereinbaren. **153**

Aus **verfahrensrechtlicher Sicht** hat die Kommission grundsätzlich über Art. 7 Abs. 1 der VO Nr. 1/2003 die Möglichkeit, die beteiligten Unternehmen dazu zu verpflichten, eine Zuwiderhandlung gegen Art. 101 oder 102 AEUV abzustellen.[357] Sofern die jeweiligen Tatbestandsvoraussetzungen vorliegen, kann die Kommission für Sachverhalte, die in den Anwendungsbereich der TT-GVO fallen, ferner den Rechtsvorteil der TT-GVO gemäß Art. 6 TT-GVO entziehen oder die TT-GVO durch Verordnung gemäß Art. 7 TT-GVO für unanwendbar erklären.[358] **154**

B. Vereinbarungen über Forschung und Entwicklung

I. Überblick

1. Grundsätze

Die Zusammenarbeit von Unternehmen auf dem Gebiet der Forschung und Entwicklung fördert vielfach eine schnellere Entwicklung von Produkten und Techniken, als dies ohne derartige Kooperationen möglich wäre.[359] F&E-Vereinbarungen zwischen Unternehmen tragen deswegen maßgeblich zu dem auch in Art. 101 AEUV verankerten Gemeinschaftsziel bei, Innovation und Fortschritt voranzutreiben. Indem sowohl kleinen und mittleren Unternehmen als auch Großkonzernen ermöglicht wird, F&E-Vereinbarungen einzugehen, werden unerwünschte Parallelforschungen vermieden und Produktivität gesteigert. Kooperationen im F&E-Bereich können in unterschiedlichen Formen vorkommen. In Betracht kommen bi- und multilaterale Vertragsbeziehungen. Möglich ist aber auch die gesellschaftsrechtlich verselbständigte Gründung von auf Forschungs- und Entwicklungstätigkeiten ausgerichteten Gemeinschaftsunternehmen. F&E-Vereinbarungen ermöglichen es Unternehmen, das durch hohen finanziellen und personellen Aufwand verursachte unternehmerische Risiko zu teilen und Forschungs- und Entwicklungstätigkeiten effektiver zu realisieren.[360] **155**

Neben positiven Effekten können F&E-Vereinbarungen auch negative Wirkungen für den Wettbewerb haben. Wettbewerbsbeschränkungen können zunächst diejenigen **Produktmärkte** betreffen, auf die sich die F&E-Vereinbarung bezieht.[361] Rückwirkungen sind ferner denkbar auf den **Technologiemärkten**, die sich mit Verfahren zur Herstellung der neuen oder zu ver- **156**

---

354 Siehe auch 1. Kap., Rn. 126 und 11. Kap., Rn. 55.

355 So könnte etwa der über eine nichtige Kundenkreisbeschränkung behinderte Lizenznehmer über §§ 823 Abs. 2 BGB i.V.m. Art. 101 AEUV den ihm entstandenen Schaden gegen den Lizenzgeber geltend machen. Über den Unterlassungsanspruch könnte etwa ein über eine nichtige Gebietsbeschränkung beeinträchtigter Markenlizenznehmer gemäß §§ 1004, 823 Abs. 2 BGB i.V.m. Art. 101 AEUV erreichen, dass der Lizenzgeber die Rechte aus der Marke nicht gegen Exporte aus dem von der Lizenzvereinbarung betroffenen Mitgliedstaat in andere Mitgliedstaaten einsetzt.

356 Vgl. hierzu 12. Kap., Rn. 69 ff.

357 Vgl. hierzu 12. Kap., Rn. 37 ff.

358 Siehe hierzu 1. Kap., Rn. 33.

359 Leitlinien über horizontale Zusammenarbeit, Rn. 141; *Chrociel/v. Merveldt*, in: MünchKomm, Einl. GVO 2659/2000, Rn. 1.

360 *Haag*, in: Schröter/Jakob/Mederer, Art. 81, FG Kooperationsabsprachen, Rn. 5 ff.

361 Leitlinien über horizontale Zusammenarbeit, Rn. 113 ff; betrifft das Vorhaben die Weiterentwicklung bestehender Produkte, so ist auf den Markt abzustellen, der diese Produkte und die damit austauschbaren Erzeugnisse umfasst. Handelt es sich bei dem Gegenstand der F&E-Kooperation um ein technisch oder wirtschaftlich wesentliches Vorprodukt eines nicht von der Vereinbarung betroffenen Endprodukts, müssen auch Auswirkungen auf den Markt für das Endprodukt geprüft werden, wenn die Parteien auf diesem Markt über Marktmacht verfügen.

bessernden Erzeugnisse befassen.[362] Kritisch ist insbesondere, wenn es aufgrund der F&E-Vereinbarung zum Wegfall von **Schlüsseltechnologien** kommt und die verfügbaren Herstellungsverfahren spürbar beschränkt werden.[363] Schließlich können sich F&E-Vereinbarungen auch auf den **Innovationswettbewerb** auswirken. Grundsätzlich fallen nach Auffassung der Kommission insbesondere Kooperationen im Bereich der **Grundlagenforschung**, F&E-Vereinbarungen zwischen **Nicht-Wettbewerbern**, die Zusammenarbeit im Wege des **Outsourcings** auf spezialisierte **Forschungsinstitute** oder **reine F&E-Vereinbarungen**, die nicht die gemeinsame Verwertung vorsehen, regelmäßig nicht unter Artikel 101 Abs. 1 AEUV.[364] Auch F&E-Vereinbarungen, die die gemeinsame Verwertung umfassen und damit in **marktnahen Bereichen** wirken, betrachtet die Kommission nicht automatisch als wettbewerbsbeschränkend.[365] Negative Auswirkungen sind vielmehr erst dann wahrscheinlich, wenn die beteiligten Unternehmen über **Marktmacht** verfügen und/oder wenn sich der Wettbewerb im Bereich der Innovation spürbar verringert.[366] Grundsätzlich nicht als freistellungsfähige F&E-Vereinbarungen betrachtet werden Abreden, die als Mittel zur Bildung eines verschleierten Kartells für verbotene Praktiken wie Preisfestsetzungen, Produktionsbeschränkungen oder Marktaufteilungen genutzt werden.[367]

2. Gruppenfreistellungsverordnungen

157 Für Vereinbarungen über Forschung und Entwicklung hat die Kommission im Jahr 2010 die F&E-GVO erlassen. Sie löst die Vorgänger-GVO[368] ab und setzt den mehr ökonomisch basierten Ansatz der Kommission fort.[369] Aus praktischer Sicht empfiehlt es sich, F&E-Vereinbarungen am Maßstab der F&E-GVO zu messen. Entlang der F&E-GVO formulierte Verträge bieten Rechtssicherheit und sind im Streitfall voll durchsetzbar.

158 **a) Von der F&E-GVO geschützter Bereich.** Wie die TT-GVO folgt auch die F&E-GVO dem Modell der **Schirmfreistellung**.[370] Nach Art. 2 Abs. 1 F&E-GVO sind wettbewerbsbeschränkende Bedingungen in F&E-Vereinbarungen vom Kartellverbot freigestellt.

159 Die F&E-GVO erstreckt sich auf Kooperationsvereinbarungen zwischen zwei oder mehr Unternehmen, die folgende Ziele haben: entweder (a) die **gemeinsame Forschung und Entwicklung oder Auftragsforschung und -entwicklung von Produkten oder Technologien und die gemeinsame Verwertung** der dabei erzielten Ergebnisse, oder (b) die **gemeinsame Verwertung der Ergebnisse** von Forschung und Entwicklung oder Auftragsforschung und -entwicklung in Bezug auf Produkte oder Technologien, die von den Vertragsparteien aufgrund einer **früheren Vereinbarung** durchgeführt worden sind, oder (c) die **gemeinsame Forschung und Entwicklung oder Auftragsforschung und -entwicklung von Produkten oder Technologien ohne die gemeinsame Verwertung** der Ergebnisse.

160 Als **Forschungs- und Entwicklungsarbeiten** definiert der Gemeinschaftsgesetzgeber in Bezug auf Produkte oder Technologien den Erwerb von Know-how und die Durchführung theoretischer Analysen, systematischer Studien oder Versuche, einschließlich der versuchsweisen Her-

---

362 Für die Abgrenzung von sachlich und geographisch relevanten Technologiemärkten gelten die gleichen Grundsätze wie für die Abgrenzung von Produktmärkten; Leitlinien über horizontale Zusammenarbeit, Rn. 117.

363 Besondere Bedeutung kommt in diesem Zusammenhang dem potentiellen Wettbewerb durch solche Unternehmen zu, die derzeit keine Technologielizenzen erteilen, dies aber könnten; Leitlinien über horizontale Zusammenarbeit, Rn. 118.

364 Leitlinien über horizontale Zusammenarbeit, Rn. 130 ff.

365 *Eilmansberger*, in: Streinz, Art. 81, Rn. 239.

366 Leitlinien über horizontale Zusammenarbeit, Rn. 133 f.; die Kommission definiert keine absolute Schwelle für den Begriff der Marktmacht, legt aber eine vertiefte Prüfung nahe, wenn der gemeinsame Marktanteil 25% überschreitet.

367 Leitlinien über horizontale Zusammenarbeit, Rn. 128.

368 VO (EG) Nr. 2659/2000 der Kommission vom 29. November 2000 über die Anwendung von Art. 81 Abs. 3 des Vertrags auf Gruppen von Vereinbarungen über Forschung und Entwicklung.

369 Allgemein zur F&E-GVO *Besen/Slobodenjuk*, GRUR 2011, 300; zur Vorgänger-GVO, die den mehr ökonomisch basierten Ansatz der Kommission einführte auch *Lücking/Woods*, CPN 2001, 8 ff.; *Bechtold*, EWS 2001, 49, 50.

370 Siehe 1. Kap., Rn. 103.

stellung und der technischen Prüfung von Produkten oder Verfahren, die Errichtung der dazu erforderlichen Anlagen und die Erlangung von Rechten an geistigem Eigentum an den Ergebnissen, Art. 1 Abs. 1 lit. c) F&E-GVO. Unter **Verwertung der Ergebnisse** versteht der Gesetzgeber die Herstellung oder den Vertrieb der betroffenen Produkte, die Anwendung der betroffenen Technologien, die Abtretung und Lizenzierung von Rechten an geistigem Eigentum oder die Vergabe diesbezüglicher Lizenzen oder die Weitergabe von Know-how, das für die Herstellung oder Anwendung erforderlich ist, Art. 1 Abs. 1 lit. g) F&E-GVO.[371] Dem Erfordernis der **Gemeinsamkeit** der F&E und/oder Verwertung kann gemäß Art. 1 Abs. 1 lit. m) F&E-GVO durch drei Varianten Rechnung getragen werden.[372] Die Vertragsparteien können die F&E bzw. Verwertung durch eine gemeinsame Arbeitsgruppe, Organisation oder ein gemeinsames Unternehmen ausüben. Sie können ferner einen gemeinsamen Dritten für die F&E-Aktivitäten bzw. deren Verwertung bestimmen. Schließlich liegt Gemeinsamkeit vor, wenn sich die Parteien im Rahmen der Forschung und Entwicklung oder der Verwertung spezialisieren. Von Bedeutung ist insbesondere die Möglichkeit zur **Spezialisierung im Rahmen der Verwertung**[373] und die damit verbundene Möglichkeit, Beschränkungen hinsichtlich der Verwertung der Ergebnisse zu vereinbaren. Zu den vom Gesetzgeber eröffneten Möglichkeiten zählen **Gebiets-, Kundenkreis- und Anwendungsbeschränkungen** sowie der Fall, dass nur eine Partei die Vertragsprodukte auf der Grundlage einer von den anderen Parteien erteilten **Exklusivlizenz** herstellt und vertreibt.[374] Wie auch nach der Vorgänger-GVO[375] reicht es zukünftig deshalb weiterhin aus, dass etwa eine Partei ausschließlich F&E betreibt und die andere Partei die Verwertung aufgrund entsprechender Lizenzen der anderen Parteien übernimmt.

Nach Art. 29 Abs. 1 VO 1/2003 ist die Kommission berechtigt, die Freistellung im Einzelfall zu entziehen,[376] wenn sie feststellt, dass eine freigestellte F&E-Vereinbarung gleichwohl Wirkungen hat, die mit Art. 101 Abs. 1 AEUV unvereinbar sind. Einige nicht abschließende Fallgruppen, in denen die Kommission wettbewerbsbeschränkende Wirkungen befürchtet, sind in Erwägungsgrund Nr. 19 zur F&E-GVO genannt. Im Vordergrund steht die Sorge, die Technologie könne zu Marktabschottungen und Behinderungen Dritter führen oder Wettbewerb könne infolge der F&E-Vereinbarung ausgeschaltet werden. **161**

b) Freistellungsvoraussetzungen, Art. 3 F&E-GVO. Die Schirmfreistellung nach Art. 2 F&E-GVO gilt nur, wenn die in Art. 3 F&E-GVO genannten Voraussetzungen vorliegen. Die beteiligten Unternehmen müssen gemäß Art. 3 Abs. 2 F&E-GVO insbesondere sicherstellen, dass alle Vertragspartner **gleichen Zugang zu den Ergebnissen, einschließlich daraus erwachsender gewerblicher Schutzrechte und Know-hows,** der gemeinsamen F&E-Arbeiten für weitere Forschungs- oder Verwertungszwecke haben. Die Parteien können diesen Zugang einander insoweit beschränken, als sie die Verwertungsrechte im Einklang mit der F&E-GVO rechtmäßig beschränkt haben.[377] Hochschulen oder andere Unternehmen, die gewerbliche Dienstleistungen im Bereich F&E anbieten und typischerweise die gewonnenen Ergebnisse nicht verwerten, können sich verpflichten, die im Rahmen gemeinsamer F&E erarbeiteten Kenntnisse ausschließlich zum Zwecke weiterer Forschung zu verwenden. Innerhalb **reiner F&E-Vereinbarungen und Auftragsforschung,** die keine Verwertung vorsehen, müssen sich die Parteien dazu verpflichten, jeder Partei Zugang zu ihrem Know-how zu gewähren, sofern dieses Know-how **162**

371 Wenngleich **reine F&E-Vereinbarungen** ohne gemeinsame Verwertung vom Schutzbereich der F&E-GVO erfasst sind, haben aus praktischer Sicht solche F&E-Vereinbarungen die weitaus größere Bedeutung, die auch die **gemeinsame Verwertung** der erzielten Ergebnisse vorsehen. Denn regelmäßig werden wettbewerbsbeschränkende Bestimmungen in F&E-Vereinbarungen die Verwertung der erzielten Ergebnisse betreffen.

372 *Besen/Slobodenjuk*, GRUR 2011, 300, 302; *Bahr/Loest*, EWS 2002, 263, 264; *Brandi-Dohrn*, WRP 2009, 1348, 1354.

373 Siehe Art. 1 Abs. 1 lit. o F&E-GVO; hierzu auch Gutmuth, CPI Antitrust Chronicle, February 2011(01), 6.

374 Für weitere Einzelheiten siehe auch Rn. 182 sowie *Besen/Slobodenjuk*, GRUR 2011, 300, 302.

375 *Gutmuth*, in: FK, Art. 81, Fallgruppen II.2. F&E, Rn. 72; *Bahr/Loest*, EWS 2002, 263/264; *Bechtold/Bosch/Brinker/Hirsbrunner*, Art. 2 VO 2659/2000, Rn. 14; skeptisch *Schütze*, in: Loewenheim/Meessen/Riesenkampff, FuE-GVO, Rn. 28.

376 Zu diesem Verfahren insgesamt 1. Kap., Rn. 33.

377 Siehe hierzu auch Rn. 176 ff.

für die spätere Verwertung unerlässlich ist, Art. 3 Abs. 3 F&E-GVO.[378] Diese Pflicht greift auch dann, wenn eine zuvor beabsichtigte gemeinsame Verwertung unterbleibt oder eine vollzogene gemeinsame Verwertung endet.[379] Den Parteien ist es gestattet, für den Zugang zu ihren gewerblichen Schutzrechten und ihrem Know-how im Rahmen der Art. 3 Abs. 2 und 3 F&E-GVO eine angemessene Vergütung zu verlangen, die jedoch nicht so hoch sein darf, dass sie den praktischen Zugang zum Know-how verhindert.

163   Die Freistellung einer auf **gemeinsame Verwertung gerichteten F&E-Vereinbarung** setzt gemäß Art. 3 Abs. 4 F&E-GVO auch voraus, dass Ergebnisse verwertet werden, die durch **gewerbliche Schutzrechte geschützt sind oder die Know-how** darstellen und die für die Herstellung der Produkte oder die Anwendung von Technologieverfahren **unerlässlich** sind. Die Vorschrift stellt sicher, dass auf die Verwertung gerichtete Wettbewerbsbeschränkungen nur dann gruppenfreigestellt sind, wenn sie im Zusammenhang mit der Erarbeitung qualifizierter technischer Kenntnisse erfolgen und nicht als Tarnung für ein verdecktes Kartell missbraucht werden. Ist das Tatbestandsmerkmal der Unerlässlichkeit nicht erfüllt, greift die F&E-GVO insgesamt nicht für die gemeinsame Verwertung und es muss bei der getrennten Verwertung durch die Partner bleiben.[380] Es ist davon auszugehen, dass der Begriff der Unerlässlichkeit analog zu Art. 101 Abs. 3 AEUV ausgelegt wird.[381] Entscheidend ist deshalb, ob die gemeinsame Verwertung der betroffenen Ergebnisse auch ohne die innerhalb der gemeinsamen F&E-Arbeiten gewonnen Ergebnisse erfolgen könnte.[382] Dies dürfte immer dann der Fall sein, wenn gerade die gemeinsam ermittelten Forschungsergebnisse zu einer spürbaren Verbesserung eines Produkts oder eines Verfahrens geführt haben und deshalb einen Wettbewerbsvorteil bei der Vermarktung vermitteln.[383] Zu Beginn der auf gemeinsame Verwertung gerichteten F&E-Phase muss den Parteien bei Einschätzung dieser Frage ein Ermessensspielraum eingeräumt werden.[384] Nach Abschluss der F&E-Arbeiten und vor Eintritt in die Verwertungsphase muss indes erneut überprüft werden, ob das Kriterium der Unerlässlichkeit noch vorliegt.

164   Schließlich setzt **Art. 3 Abs. 5 F&E-GVO** voraus, dass alle Partner der F&E-Vereinbarung im Falle einer gemeinsamen Verwertung der Ergebnisse auch dann mit den aus der Verwertung entstehenden Erzeugnissen beliefert werden, wenn deren Herstellung im Wege der Spezialisierung erfolgt und die Vereinbarung keinen gemeinsamen Vertrieb vorsieht oder die Parteien vereinbart haben, dass nur die herstellende Partei auch zum Vertrieb der Produkte berechtigt ist.

165   **c) Marktanteilsschwelle, Freistellungsdauer, Art. 4 F&E-GVO.** Sind die Parteien **Nicht-Wettbewerber**[385] und handelt es sich um eine reine F&E-Vereinbarung, so gilt die Freistellung für die Dauer der F&E-Arbeiten. Umfasst das Vorhaben der Nicht-Wettbewerber auch die ge-

---

378 Unbeschadet bleibt aber insofern auch die Möglichkeit, den in Art. 3 Abs. 3 F&E-GVO genannten Hochschul- und Forschungsinstituten Beschränkungen hinsichtlich der wirtschaftlichen Verwertung aufzuerlegen; *Fuchs*, in: Immenga/Mestmäcker, EG-WettbR, Bd. 1, FuE-GVO, Rn. 72; *Chrociel/v. Merveldt*, in: Münch-Komm, Art. 3 GVO 2659/2000, Rn. 6.

379 *Wiedemann*, GVO-Kommentar, Bd. I, F&E-Vereinbarungen, Art. 2, Rn. 10.

380 *Fuchs*, in: Immenga/Mestmäcker, EG-WettbR, Bd. 1, FuE-VO, Rn. 74.

381 Siehe auch Kommission, 91/38/EWG (KSB/GOULDS/Lowara/ITT), ABl. 1991 L 19/25, 33, in der die Kommission auf die Kriterien des Art. 101 Abs. 3 AEUV abstellte.

382 *Schroeder*, in: Wiedemann, § 8, Rn. 137.

383 *Chrociel/v. Merveldt*, in: MünchKomm, Art. 3 GVO 2659/2000, Rn. 15; *Schütze*, in: Loewenheim/Meessen/ Riesenkampff, FuE-GVO, Rn. 38.

384 A.A. und für eine gestaffelte und getrennte vertragliche Behandlung von F&E- und Verwertungsphase *Schütze*, in: Loewenheim/Meessen/Riesenkampff, FuE-GVO, Rn. 38 und *Chrociel/v. Merveldt*, in: MünchKomm, Art. 4 GVO 2659/2000, Rn. 4.

385 Nach der F&E-GVO konkurrieren Unternehmen auch dann miteinander, wenn sie potentielle Wettbewerber in dem Produkt- oder Technologiemarkt sind, in dem die F&E-Vereinbarung beabsichtigt wird, Art. 1 Abs. 1 lit. t) F&E-GVO. Die F&E-GVO stellt auf einen potentiellen Markteintritt innerhalb von drei Jahren ab. Dieser – gegenüber den Vertikal-Leitlinien – deutlich längere Zeitraum erklärt sich wohl vor dem Hintergrund, dass der bis zur Marktreife erforderliche längere Zeitraum für F&E berücksichtigt wird. Erforderlich ist also stets eine **kumulative Prüfung der Marktstellung der Parteien auf den maßgeblichen Produkt- und Technologiemärkten.** Nur wenn die Parteien weder auf dem relevanten Produktmarkt, noch auf dem anwendbaren Technologiemarkt konkurrieren, scheidet eine Wettbewerbsstellung aus; vgl. Art. 1 Abs. 1 lit. u) und v) F&E-GVO.

meinsame Verwertung, gilt die Freistellung für sieben Jahre seit dem ersten Inverkehrbringen des der Verwertung entstammenden Produkts. Nach Ablauf dieses Zeitraums wirkt die Schirmfreistellung solange fort, wie die Summe der Anteile der beteiligten Unternehmen am relevanten Produkt- oder Technologiemarkt 25% nicht überschreitet.

Sind die Parteien zum Zeitpunkt des Vertragsschlusses **Wettbewerber**, ist die F&E-GVO unabhängig vom Integrationsgrad des Vorhabens nur anwendbar, wenn der gemeinsame Anteil der Parteien am relevanten Markt für die Produkte oder Technologien, die aufgrund der Vereinbarung verbessert oder ersetzt werden können, **zum Zeitpunkt des Abschlusses der F&E-Vereinbarung 25%** nicht überschreitet.[386] Die Freistellung erfasst dann insgesamt die Dauer der F&E-Arbeiten und einen **siebenjährigen Verwertungszeitraum.** Auch bei Vereinbarungen zwischen Wettbewerbern wirkt die Freistellung nach Ablauf des Siebenjahreszeitraums solange fort, bis der gemeinsame Marktanteil die Schwelle von 25% überschreitet. Unschädlich ist, wenn der gemeinsame Marktanteil der Parteien an den relevanten Produkt- oder Technologiemärkten vor Ablauf des freigestellten F&E- und Verwertungszeitraums 25% übersteigt, solange die 25%-Schwelle bei Vertragsschluss eingehalten wurde.[387] Eine Besonderheit gilt für die Berechnung der Marktanteilsschwelle von 25% im Falle der **Auftragsforschung.** Der finanzierenden Partei werden die Marktanteile aller derjenigen Unternehmen zugerechnet, mit denen die finanzierende Partei Forschungs- und Entwicklungsarbeiten über dieselben Vertragsprodukte oder Technologien abgeschlossen hat. **166**

Ist Gegenstand der Vereinbarung die Entwicklung eines **völlig neuen Produkts**, wird der Markt für dieses Produkt erst geschaffen, ein Marktanteil ist insofern nicht zu ermitteln und die Vereinbarung ist freigestellt.[388] **167**

Erst wenn die Marktanteile der beteiligten Unternehmen die Schwelle von 25% während eines nach Art. 4 Abs. 3 F&E-GVO vorgesehenen Verlängerungszeitraums überschreiten, greift die in Art. 7 F&E-GVO vorgesehene **Toleranzklausel.** Sofern während dieses Zeitraums der gemeinsame Marktanteil der beteiligten Unternehmen auf über 25% steigt, 30% aber nicht überschreitet, gilt die Freistellung gemäß Art. 7 lit. d) F&E-GVO noch zwei weitere Kalenderjahre seit Ablauf des Jahres, in dem die 25%-Schwelle erstmals überschritten wurde. Dieser Toleranzzeitraum reduziert sich nach Art. 7 lit. e) F&E-GVO um ein Jahr, wenn der nach Art. 4 Abs. 3 F&E-GVO maßgebliche Marktanteil zunächst unterhalb von 25% lag, anschließend aber 30% übersteigt. Da die in Art. 7 lit. d) und e) F&E-GVO vorgesehenen Regelungen nur alternativ Anwendung finden, kann eine Verlängerung der Freistellung bei Überschreiten der 25%-Schwelle folglich höchstens für zwei Jahre gelten. Gemäß Art. 7 lit. a) und b) F&E-GVO werden die Marktanteile anhand der Absatzwerte für das vorhergehende Kalenderjahr berechnet. **168**

d) Kernbeschränkungen, Art. 5 F&E-GVO. Wie die TT-GVO enthält auch die F&E-GVO einen Katalog von **Kernbeschränkungen.** Vereinbaren die Unternehmen einen der in **Art. 5 F&E-GVO** genannten Lebenssachverhalte, so gilt das Alles-oder-Nichts-Prinzip.[389] Die Freistellung nach der F&E-GVO kommt dann für die gesamte Vereinbarung nicht in Betracht. Bei der sich anschließenden allgemeinen Prüfung gemäß Art. 101 Abs. 3 AEUV muss davon ausgegangen werden, dass die in Art. 5 F&E-GVO genannten Kernbeschränkungen nicht, oder nur in wenigen Ausnahmefällen freistellungsfähig sind.[390] **169**

e) Nicht freigestellte Beschränkungen, Art. 6 F&E-GVO. Als nicht freigestellte Beschränkungen definiert Art. 6 F&E-GVO Nichtangriffsabreden und die Verpflichtung, Dritten keine Lizenzen an den F&E-Ergebnissen zu erteilen, wenn die Parteien selbst überhaupt keine Verwer- **170**

---

386 Insofern ist es einhellige Meinung, dass bei Überschreiten der Marktanteilsschwelle weder die F&E-Phase noch die Verwertungsphase freigestellt sind, *Bechtold/Bosch/Brinker/Hirsbrunner*, Art. 4 VO 2659/2000, Rn. 4; *Chrocziel/v. Merveldt*, in: MünchKomm, Art. 4 GVO 2659/2000, Rn. 10.
387 Siehe insbesondere die diese Auffassung stützende Regelung des Art. 7 lit. d) F&E-GVO; so auch *Schroeder*, in: Wiedemann, § 8, Rn. 139; a.A. *Besen/Slobodenjuk*, GRUR 2011, 300, 303.
388 *Chrocziel/v. Merveldt*, in: MünchKomm, GVO 2659/2000, Rn. 9; *Braun*, in: Langen/Bunte, Art. 81 Fallgruppen, Rn. 137.
389 Siehe 1. Kap., Rn. 105.
390 *Schütze*, in: Loewenheim/Meessen/Riesenkampff, FuE-GVO, Rn. 45; *Braun*, in: Langen/Bunte, Art. 81 Fallgruppen, Rn. 145.

tung vornehmen. Wollen Unternehmen entsprechende Klauseln vereinbaren, müssen sie im Einzelfall anhand der allgemeinen Vorschriften prüfen, welche wettbewerbsbeschränkenden und -fördernden Auswirkungen die beabsichtigte Regelung mit sich bringt.[391] Wird ein in Art. 6 F&E-GVO genannter Tatbestand vereinbart, der nicht nach Art. 101 Abs. 3 AEUV freigestellt und folglich gemäß Art. 101 Abs. 2 AEUV nichtig ist, so hindert dies – im Gegensatz zur Regelung bei den Kernbeschränkungen – nicht die Anwendbarkeit der F&E-GVO auf den verbleibenden Teil des betroffenen Vertrags.

171 f) **Verhältnis zu anderen Gruppenfreistellungsverordnungen.** Die Abgrenzung der F&E-GVO zu anderen Gruppenfreistellungsverordnungen richtet sich danach, welchen Hauptgegenstand die in Rede stehende Abrede hat.[392] Gemäß Art. 2 Abs. 2 gilt die Schirmfreistellung der F&E-GVO auch dann, wenn die Vereinbarung die Abtretung oder Lizenzierung von gewerblichen Schutzrechten regelt, sofern diese Bestimmungen nicht den Hauptgegenstand des Vertrags bilden, für dessen Umsetzung aber erforderlich sind. Insbesondere bestimmt bei einer integrierten Zusammenarbeit der Schwerpunkt der Kooperation darüber, welche Vorschriften auf darin enthaltene Wettbewerbsbeschränkungen anzuwenden sind.[393]

3. Nicht von der F&E-GVO erfasste Vereinbarungen

172 Zu Auslegungsschwierigkeiten kommt es dann, wenn an einer F&E-Vereinbarung Unternehmen beteiligt sind, die miteinander im Wettbewerb stehen und deren gemeinsamer Marktanteil die in Art. 4 Abs. 2 F&E-GVO normierte Schwelle überschreitet oder wenn die Freistellungsvoraussetzungen des Art. 3 F&E-GVO nicht erfüllt sind. Die F&E-Vereinbarung ist dann nicht von der Schirmfreistellung erfasst. Die betroffenen Unternehmen müssen in diesem Fall prüfen, ob die beabsichtigte Regelung gegen Art. 101 Abs. 1 AEUV verstößt und nach Art. 101 Abs. 3 AEUV freigestellt ist. Im Rahmen dieser Prüfung ist zunächst der auch von der Kommission anerkannte Grundsatz zu berücksichtigen, dass F&E-Vereinbarungen positiv zu beurteilen sind, weil sie in der Regel zur Förderung des technischen und wirtschaftlichen Fortschritts beitragen, indem sie parallele und doppelte Arbeiten verhindern.[394]

173 Vor diesem Hintergrund werden **reine F&E-Vereinbarungen**, die weder die gemeinsame Verwertung vorsehen noch Kernbeschränkungen enthalten, überhaupt nur dann gegen Art. 101 Abs. 1 AEUV verstoßen, wenn tatsächlich eine Beeinträchtigung des **Innovationswettbewerbs** zu fürchten ist.[395] Dies ist der Fall, wenn konkurrierende Forschungs- und Entwicklungsarbeiten (**F&E-Pole**), die auf die Herstellung eines bislang nicht existierenden neuen Produktes gerichtet sind, in einer Phase zusammengelegt werden, in der sie einzeln jeweils kurz vor der Einführung des neuen Produktes stehen. Wenn durch diese Bündelung der Arbeiten die **Markteinführung eines neuen Produktes verhindert** wird und nach Vollzug des Vorhabens kein wirksamer weiterer Wettbewerb mit anderen F&E-Polen ausgeht, ist von einer Wettbewerbsbeschränkung auszugehen.[396] Je geringer die Anzahl der im relevanten Markt konkurrierenden Unternehmen ist, desto eher ist zu befürchten, eine F&E-Kooperation könne zu eingeschränkter Innovation und über die F&E-Vereinbarung hinaus gehenden, abgestimmten Verhaltensweisen führen.[397] Zwischen Mitgliedern eines Duo- oder Oligopols in homogenen Massengutmärkten, in denen wenig Innovation stattfindet, müssen F&E-Vereinbarungen deshalb kritisch geprüft werden.[398] Bei der Gestaltung entsprechender Vereinbarungen ist darauf zu achten, dass keine Bestimmungen aufgenommen werden, die über die reine Forschungs- und Entwicklungstätig-

---

391 Siehe Rn. 174.
392 Siehe auch 4. Kap., Rn. 61.
393 Leitlinien über horizontale Zusammenarbeit, Rn. 13 f.; 3. Kap., Rn. 18.
394 Erwägungsgrund Nr. 10 zur F&E-GVO.
395 *Fuchs*, in: Immenga/Mestmäcker, EG-WettbR, Bd. 1, FuE-GVO, Rn. 95.
396 *Gehring/Mäger*, DB 2011, 398, 403; Leitlinien über horizontale Zusammenarbeit, Rn. 120, 138.
397 Leitlinien über horizontale Zusammenarbeit, Rn. 120.
398 Vgl. etwa Kommission, 88/555/EWG (Continental/Michelin), ABl. 1988 L 305/33, Rn. 25. In dem Fall hatte die Kommission eine F&E-Vereinbarung zwischen den beiden führenden Reifenherstellern mit der Begründung freigestellt, einzelne Hersteller hätten Markteinführungsprobleme, weil Automobilhersteller neue Systeme nur übernehmen würden, wenn sie von zwei Reifenherstellern verwendet würden.

keit hinausgehen. Ferner muss sichergestellt werden, dass alle Partner gleichen Zugang zur erforschten Technologie erhalten.

F&E-Vereinbarungen zwischen Wettbewerbern, deren gemeinsamer Marktanteil die 25%-Schwelle überschreitet und die gemeinsame Verwertung der gefundenen Ergebnisse vorsehen, müssen auf ihre Vereinbarkeit mit Art. 101 Abs. 3 AEUV geprüft werden. Grundsätzlich ist hier davon auszugehen, dass die Wertungen der F&E-GVO vollumfänglich anwendbar sind, solange die Marktanteilsschwelle nur geringfügig überschritten wird.[399] Verfügen die Unternehmen jedoch über starke Stellungen in den betroffenen Produkt- und Technologiemärkten, kann es aufgrund der gemeinsamen Verwertung im Wege der Herstellung und/oder der Vermarktung zu nachteiligen Wirkungen bei Preisen und Produktion kommen.[400] Je höher der Marktanteil der beteiligten Unternehmen, desto unwahrscheinlicher ist eine Freistellung der Vereinbarung nach Art. 101 Abs. 3 AEUV. Die Freistellung dürfte ausgeschlossen sein, wenn es auf einem der betroffenen Märkte zu einer beherrschenden Stellung kommt.[401] Positiver fällt die Beurteilung von F&E-Vereinbarungen mit gemeinsamer Verwertung auch bei starker Marktmacht der beteiligten Unternehmen nur dann aus, wenn sich die gemeinsame Forschung und Entwicklung auf bislang nicht existierende Produkte oder Technologien bezieht, die eine völlig neue Nachfrage schaffen.[402] Neben der Frage, ob es zu einer Einschränkung des Innovationswettbewerbs kommt, muss im Hinblick auf die Verwertung geprüft werden, ob es zur Marktverschließung bei Schlüsseltechnologien kommt.[403] Entsprechende Wirkungen werden nicht erwartet, wenn die Parteien Dritten Lizenzen erteilen, die Dritte in die Lage versetzen, auf den jeweiligen Märkten zu konkurrieren.[404]

174

Kommt es bei F&E-Vereinbarungen zwischen Wettbewerbern nach Ablauf des in Art. 4 Abs. 2 F&E-GVO genannten Zeitraums zu einem Überschreiten der Marktanteilsschwelle, kann die Vereinbarung aber gleichwohl gemäß Art. 101 Abs. 3 AEUV freigestellt sein, wenn die Parteien hohe Investitionskosten hatten, die nur über einen längeren Zeitraum amortisiert werden.[405]

175

II. Einzelfragen

1. Beschränkungen der Handlungsfreiheit im Bereich F&E

Freistellungsschädlich ist gemäß Art. 5 lit. a) F&E-GVO, wenn sich die beteiligten Unternehmen in ihrer Freiheit beschränken, eigenständig oder in Zusammenarbeit mit Dritten Forschung und Entwicklung in einem außerhalb des Gegenstands der F&E-Vereinbarung liegenden Bereich oder – nach Abschluss der Arbeiten – in demselben oder einem mit dem Gegenstand der F&E zusammenhängenden Bereich zu betreiben. Derartige Vereinbarungen sind nicht von der Schirmfreistellung erfasst und grundsätzlich auch nicht nach Art. 101 Abs. 3 AEUV.

176

Aus dem Umkehrschluss von Art. 5 lit. a) F&E-GVO folgt, dass F&E-Verbote zu Lasten der beteiligten Unternehmen dann zulässig sind, wenn sie sich sachlich auf den Bereich oder einen damit zusammenhängenden Bereich und zeitlich auf die Dauer der Forschung und Entwicklung beschränken.[406] Wie auch nach der Vorgänger-GVO können die Parteien F&E-Verbote nach der neuen F&E-GVO zeitlich nicht auf die Verwertungsphase erstrecken.[407] Nach Abschluss

177

---

399 *Haag*, in: Schröter/Jakob/Mederer, Art. 81, FG Kooperationsabsprachen, Rn. 12; siehe allgemein 1. Kap., Rn. 121.

400 Leitlinien über horizontale Zusammenarbeit, Rn. 139.

401 *Fuchs*, in: Immenga/Mestmäcker, EG-WettbR, Bd. 1, FuE-VO, Rn. 95.

402 Leitlinien über horizontale Zusammenarbeit, Rn. 138.

403 Leitlinien über horizontale Zusammenarbeit, Rn. 138.

404 Leitlinien über horizontale Zusammenarbeit, Rn. 138; *Schroeder*, in: Wiedemann, § 8, Rn. 148.

405 Die Kommission stellte in 88/541/EWG (BBC Brown Boveri), ABl. 1988 L 301/68 ein auf zehn Jahre befristetes Exportverbot in Mitgliedstaaten vor dem Hintergrund außergewöhnlich hoher Vermarktungskosten frei.

406 Aus der Entscheidungspraxis der Kommission siehe 83/669/EWG, (Carbon Gas Technologie), ABl. 1983 L 376/17 ff.; Kommission, 94/823/EWG (Fujitsu AMD Semiconductors), ABl. 1994 L 341/66 ff.

407 Siehe zur Rechtslage unter der Vorgänger-GVO *Fuchs*, in: Immenga/Mestmäcker, EG-WettbR, Bd. 1, Rn. 47, 101.

der Forschungs- und Entwicklungsarbeiten muss jede Partei in ihrem individuellen Forschungsverhalten frei sein.

178 Schwierigkeiten bereitet die Abgrenzung, wann die vom Wettbewerbsverbot erfassten Aktivitäten nicht mehr mit den F&E-Arbeiten des Kooperationsvorhabens zusammenhängen.[408] Ausgangspunkt für die Analyse ist der klar zu definierende Gegenstand der F&E-Arbeiten. Ein mögliches Verbot sollte sich an dem definierten F&E-Bereich orientieren. Für die Frage, ob das dem F&E-Verbot unterliegende Gebiet noch mit dem F&E-Gegenstand zusammenhängt, ist dann entscheidend, ob es Überschneidungen und Berührungen dazu aufweist.[409] Wenn bei vernünftiger Betrachtung die F&E-Arbeiten nicht sinnvoll in dem vom Verbot erfassten Gebiet verwendet werden können, scheidet der erforderliche Zusammenhang aus.[410] In Zweifelsfällen ist das F&E-Verbot eng und entlang des zuvor klar von den Parteien festzulegenden Bereichs der gemeinsamen Forschung und Entwicklung zu formulieren.

2. Produktionsbeschränkungen

179 Die Beschränkung von Produktion oder Absatz zählt gemäß Art. 5 lit. b) F&E-GVO zu den unzulässigen Kernbeschränkungen und ist nicht gruppenweise freigestellt. Das Verbot gilt allerdings nicht für die **Aufstellung von Produktionszielen**, sofern die Verwertung der Ergebnisse die gemeinsame Produktion einschließt.

3. Absatzbeschränkungen

180 a) **Festsetzung von Preisen.** Gemäß Art. 5 lit. c) F&E-GVO gilt als Kernbeschränkung, wenn die beteiligten Unternehmen die Verkaufspreise für die aus der gemeinsamen F&E hervorgehenden Produkte oder die Gebühren für die zu lizenzierenden Technologien festsetzen. Eine Ausnahme gilt, wenn die Parteien **Preise oder Lizenzgebühren im Verhältnis zu direkten Abnehmern und Lizenznehmern** im Rahmen eines gemeinsamen Vertriebs oder einer gemeinsamen Lizenzierung festsetzen. Diese Ausnahmevorschrift greift nur, wenn die gemeinsame Verwertung nach Art. 1 Abs. 1 lit. m) i) oder ii) F&E-GVO, nicht aber über eine Spezialisierung im Rahmen der Verwertung, erfolgt.

181 b) **Aufstellung von Verkaufszielen.** Die **Aufstellung von Verkaufszielen** ist dann zulässig, wenn die Verwertung der Ergebnisse den gemeinsamen Vertrieb der Vertragsprodukte oder die gemeinsame Lizenzierung der erarbeiteten Technologien einschließt. Auch für die Zwecke dieses Ausnahmetatbestands reicht es nicht aus, wenn sich die Parteien im Rahmen der Verwertung im Sinne von Art. 1 Abs. 1 lit. m) iii) F&E-GVO spezialisieren. Erforderlich ist vielmehr, dass die Verwertung entweder durch eine gemeinsame Organisation (Team, Unternehmen) oder durch einen gemeinsam bestimmten Dritten erfolgt, Art. 1 Abs. 1 lit. m) i) und ii) F&E-GVO.

182 c) **Gebiets- und Kundenkreisbeschränkungen.** Nach Art. 5 lit. d) F&E-GVO stellt es eine Kernbeschränkung dar und die Schirmfreistellung ist unanwendbar, wenn sich die an einer F&E-Vereinbarung beteiligten Unternehmen Beschränkungen auferlegen, Produkte, die mit den aus der F&E-Vereinbarung entstammenden Technologie hergestellt wurden, passiv[411] nicht in bestimmte Gebiete oder an bestimmte Kundengruppen zu verkaufen. Einzige Ausnahme zum absoluten Verbot passiver Verkäufe bildet die Möglichkeit, dass die Parteien die Verwertung durch die Vergabe ausschließlicher Verwertungsrechte nur einer einzigen Partei der F&E-Vereinbarung überlassen.[412] Das **Verbot passiver Verkaufsbeschränkungen** manifestiert sich ferner in Art. 5 lit. f) F&E-GVO. Danach sind verboten den Vertragspartnern auferlegte Verpflichtungen, Bestellungen von Kunden nicht anzunehmen, die entweder im Gebiet einer Partei an-

408 In der Literatur zur VO 415/85 wird vorgeschlagen, auf die der F&E-Vereinbarung zugrunde liegenden sachlich relevanten Märkte abzustellen; *Wiedemann*, GVO-Kommentar, Bd. I, GVO 418/85, Art. 4, Rn. 11. *Korah*, R&D, 40 f., empfiehlt, die sachliche Reichweite von Wettbewerbsverboten daran zu messen, ob zusätzliche individuelle F&E-Arbeiten den Wert der in Frage stehenden F&E-Ergebnisse mindern könnten.
409 *Bechtold/Bosch/Brinker/Hirsbrunner*, Art. 5 VO 2659/2000, Rn. 4.
410 *Chrocziel/v. Merveldt*, in: MünchKomm, Art. 5 GVO 2659/2000, Rn. 5.
411 Zu diesem Begriff vergleiche 4. Kap., Rn. 144.
412 *Besen/Slobodenjuk*, GRUR 2011, 300, 304; Art. 5 lit. d), zweiter Halbsatz F&E-GVO.

S. Gehring

sässig sind oder einer der Parteien im Wege der Spezialisierung im Rahmen der Verwertung ausschließlich zugewiesen wurde. Eingedenk der klaren Regelung in Art. 5 lit. d) F&E-GVO hat Art. 5 lit. f) F&E-GVO indes keinen eigenen Anwendungsbereich, sondern lediglich klarstellende Funktion.

Aktive[413] **Verkaufsbeschränkungen** hinsichtlich bestimmter Gebiete oder Kundenkreise sind aufgrund von Art. 5 Abs. lit. e) nur zulässig, wenn die betroffenen Gebiete oder Kundenkreise einer Partei im Wege der Spezialisierung auf die Verwertung gemäß Art. 1 Abs. 1 lit. o) F&E-GVO ausschließlich zugewiesen sind. Von der Schirmfreistellung gedeckt sind daher vertragliche Regelungen, mit denen sich die Parteien bestimmte Gebiete zur Verwertung und Vermarktung der betroffenen Erzeugnisse vorbehalten und der jeweils anderen Partei aktive Verkaufsbemühungen untersagen. Passive Verkäufe, etwa über Internet, müssen hingegen auch in diese vorbehaltenen Gebiete stets zulässig sein. In der vertraglichen Praxis empfiehlt es sich, dies in der konkreten Formulierung explizit aufzunehmen. **183**

Die vorstehenden Regelungen werden nicht überlagert durch die generelle Ausnahme von den Kernbeschränkungen für Verhaltensweisen, die eine Spezialisierung im Rahmen der Verwertung darstellen,[414] Art. 5 lit. b) iii) F&E-GVO. Die Regelungen der Art. 5 lit. d) und e) F&E-GVO, die spezifisch regeln, unter welchen Umständen aktive und passive Verkaufsbeschränkungen an Kunden oder in Gebiete zulässig sind, sind insofern vorrangig anzuwenden. Ein eigenständiger Anwendungsbereich von Art. 5 lit. b) iii) F&E-GVO verbleibt insofern nur für die Beschränkung der Verwertung auf bestimmte Anwendungsbereiche (Field-of-Use-Klauseln).[415] **184**

d) Wettbewerbsverbote. Die F&E-GVO stellt in Art. 5 lit. b) iv) nunmehr klar, dass allgemeine **Wettbewerbsverbote** für die Dauer der Verwertungsphase der Schirmfreistellung unterfallen. Bei gemeinsamer Verwertung der Ergebnisse ist es den Parteien gestattet, während des Verwertungszeitraums keine Produkte zu verkaufen oder Technologien zu verwenden, die mit den der gemeinsamen F&E entstammenden Erzeugnissen oder Verfahren in Wettbewerb stehen. Dies umfasst auch die Freistellung des Falles, in dem die gemeinsame Verwertung gemäß Art. 1 Abs. 1 lit. m) iii) und lit. o) F&E-GVO lediglich durch eine Partei erfolgt. In dieser Konstellation liegt es nahe, dass der Partner, der den gesamten Vertrieb übernimmt, verpflichtet wird, keine konkurrierenden Produkte zu vertreiben. **185**

4. Verbot der Lizenzvergabe an Dritte

Nicht freistellungsfähig ist gemäß Art. 5 lit. d) F&E-GVO die Verpflichtung, Dritten **passiv keine Lizenzen** für die Anwendung der Vertragsverfahren zu erteilen. **Aktive Lizenzierungsverbote** an Kunden oder innerhalb von Gebieten sind gemäß **Art. 5 lit. e) F&E-GVO** nur zulässig, wenn die vom Verbot betroffenen Kunden und Vertragsgebiete mindestens einer Vertragspartei im Wege der Spezialisierung auf die Verwertung gemäß Art. 1 Abs. 1 lit. o) F&E-GVO zugewiesen sind. Zwar nennt die Vorschrift – anders als Art. 5 lit. d) F&E-GVO – nicht ausdrücklich den Fall der Lizenzierung, sondern der Wortlaut umfasst lediglich den Verkauf von Vertragstechnologien. Der Bezug auf den Begriff der Technologien, die typischerweise nicht verkauft, sondern lizenziert werden, spricht aber für eine Auslegung der Vorschrift dahingehend, dass auch aktive Lizenzierungsverbote, die nicht den Anforderungen des Art. 5 lit. e) F&E-GVO entsprechen, als Kernbeschränkung anzusehen sind. Auch nach Sinn und Zweck der Vorschrift liegt es nahe, dass der Gesetzgeber den Fall der Lizenzierung von Vertragsverfahren bei der Definition der Kernbeschränkung im Auge hatte. Dass die Beschränkung aktiver Lizenzierung von Technologie ganz aus dem Schutzbereich der Kernbeschränkung ausgeklammert werden sollte, ist nicht anzunehmen. **186**

Zu den nicht freigestellten Klauseln, die aber keine Kernbeschränkung darstellen, zählt gemäß **Art. 6 lit. b) F&E-GVO** die Verpflichtung, Dritten keine Lizenzen für die Herstellung der Ver- **187**

---

413 Zu diesem Begriff vergleiche 4. Kap., Rn. 143.
414 Die Definition in Art. 1 Abs. 1 lit. o) spricht generisch von Beschränkungen hinsichtlich der Verwertung der Ergebnisse unter den Parteien wie in Bezug auf Gebiete, Kunden oder Anwendungsgebiete.
415 Hierzu Rn. 193.

tragsprodukte oder für die Anwendung der Vertragsverfahren zu erteilen, wenn die Verwertung der Ergebnisse der gemeinsamen Forschungs- und Entwicklungsarbeiten oder der Auftragsforschung durch mindestens eine Vertragspartei selbst nicht vorgesehen ist oder nicht erfolgt. Im Umkehrschluss bedeutet dies, dass Lizenzierungsverbote bei Vorliegen der Voraussetzungen von Art. 101 Abs. 3 AEUV ausgesprochen werden können, wenn bei reinen F&E-Vereinbarungen keinerlei Verwertung im Binnenmarkt erfolgt. Mit Blick auf die Regelungen der vorrangigen[416] Kernbeschränkungen der Art. 5 lit. d) und 5 lit. e) F&E-GVO, dürfte der selbständige Anwendungsbereich von Art. 6 lit. b) F&E-GVO indes gering sein.

5. Verhinderung von Parallelimporten

188   Art. 5 lit. g) F&E-GVO untersagt den Vertragsparteien auferlegte Verpflichtungen, Nutzern oder Wiederverkäufern den Bezug der Vertragsprodukte von anderen Wiederverkäufern zu erschweren. Der Gesetzgeber befürchtet dies insbesondere bei Verpflichtungen, Rechte aus geistigem Eigentum auszuüben oder andere Maßnahmen zu treffen, um Kunden daran zu hindern, Produkte in den Verkehr zu bringen, die entweder von einer anderen Partei der F&E-Vereinbarung selbst oder mit deren Zustimmung rechtmäßig in der Gemeinschaft in den Verkehr gebracht worden sind. Als Bezugserschwerung kann auch die Ablehnung von Garantieleistungen für Produkte gelten, die in anderen Mitgliedstaaten in den Verkehr gebracht worden sind.[417] Mittelbare Bezugserschwerungen können ferner in der Verweigerung erforderlicher Serviceleistungen gesehen werden.[418] Kein Verstoß liegt hingegen dann vor, wenn sich die Parteien dazu verpflichten, ihre Schutzrechte gegen Importe in die Gemeinschaft von solchen Erzeugnissen geltend zu machen, die nicht von einer der Parteien oder mit deren Zustimmung innerhalb der EU in den Verkehr gebracht worden sind. Zulässig und von der Schirmfreistellung erfasst sind ferner Vereinbarungen, in denen sich die Parteien verpflichten, gegen Importe aus Drittstaaten vorzugehen, die dort von einem Vertragspartner oder mit seiner Zustimmung in den Verkehr gebracht wurden.[419] Auch einseitig beschlossene Lieferverweigerungen oder Kürzungen der Liefermengen stellen mangels Vereinbarung oder abgestimmter Verhaltensweise keinen Verstoß gegen die Kernbeschränkung dar.[420]

6. Nichtangriffsabreden

189   Gemäß Art. 6 lit. a) F&E-GVO zählen Nichtangriffsabreden in F&E-Vereinbarungen zu den nicht freigestellten Beschränkungen.

190   Nach der **ersten Alternative** der Vorschrift sind Verpflichtungen nicht freigestellt, mit denen die Parteien vereinbaren, nach Ablauf der F&E-Arbeiten aber vor Beendigung der F&E-Vereinbarung, gewerbliche Schutzrechte nicht anzufechten, die für die Arbeiten von Bedeutung sind. Danach sind Nichtangriffsklauseln dann unschädlich, wenn sie für die F&E-Vereinbarung bedeutsame Rechte betreffen und sich ausschließlich auf die Forschungs- bzw. Entwicklungsphase einer F&E-Vereinbarung beziehen.[421] Eine Nichtangriffsvereinbarung wird erst dann zur Wettbewerbsbeschränkung, wenn sie sich über den Zeitpunkt des Abschlusses der reinen F&E-Phase hinaus auch auf die Verwertung etwaiger Ergebnisse bezieht.[422]

191   Nach der **zweiten Alternative** von Art. 6 lit. a) F&E-GVO ist nicht freigestellt, wenn die beteiligten Unternehmen vereinbaren, nach Beendigung der F&E-Vereinbarung die Gültigkeit von Rechten an geistigem Eigentum nicht anzufechten, die die Ergebnisse der Arbeiten schützen.

---

416   *Fuchs*, in: Immenga/Mestmäcker, EG-WettbR, Bd. 1, FuE-VO, Rn. 49.
417   EuGH, Rs. 31/85 (Swatch), Slg. 1985, 3933, 3943.
418   *Korah*, R&D Agreements, 48 f.
419   *Wiedemann*, GVO-Kommentar, Bd. I, GVO 418/85, Art. 6, Rn. 48, die Gesetzeslage nach Art. 6 h) der VO Nr. 418/65 war insofern mit derjenigen der F&E-GVO vergleichbar.
420   EuG, Rs. T-41/96 (Bayer/Kommission), Slg. 2000, II-3383, 3409; EuGH, Rs. C-2/01 P und C-3/01 (Bayer/Kommission), Slg. 2004, I-23.
421   *Liebscher/Petsche*, in: Liebscher/Flohr/Petsche, § 11 Rn. 56; *Gutermuth*, in: FK, EG, Fallgruppen II.2. F&E, Rn. 128; a.A. *Fuchs*, in: Immenga/Mestmäcker, EG-WettbR, Bd. 1, FuE-VO, Rn. 104.
422   *Chrocziel/v. Merveldt*, in: MünchKomm, Art. GVO 2659/2000, Rn. 7.

S. Gehring

Hingegen erfasst die Schirmfreistellung **wechselseitige Kündigungsrechte**, die sich die Parteien   192
für den Fall einräumen, dass eine Partei die Gültigkeit von Schutzrechten anficht.[423] **Know-
how-bezogene Bestimmungen** sind von der Schirmfreistellung gedeckt.[424] Die Bestimmungen
in Art. 6 lit. a) F&E-GVO erstrecken sich nur auf Rechte an geistigem Eigentum. Hierzu zählen
gemäß Art. 1 Abs. 1 lit. h) F&E-GVO gewerbliche Schutzrechte, Urheberrechte und verwandte
Schutzrechte, nicht aber Know-how. Schließlich sind Nichtangriffsvereinbarungen über
Schutzrechte in Drittstaaten außerhalb des Gemeinsamen Marktes gruppenfreigestellt.[425]

7. Nutzungsbeschränkungen (Field-of-Use-Klauseln)

Vielfach werden die Parteien einer F&E-Vereinbarung darum bemüht sein, die Verwertungs-   193
rechte an den erzielten Ergebnissen auf einzelne Anwendungsbereiche zu beschränken. Auch
im Rahmen von F&E-Vereinbarungen müssen *Field-of-use*-Klauseln von den grundsätzlich
kritischen **Kundenkreisbeschränkungen** abgegrenzt werden.[426] Für die Zulässigkeit von *Field-
of-use*-Klauseln ist entscheidend, dass die jeweilige Beschränkung für verschiedene Produktmärkte oder technische Anwendungsbereiche gilt und nicht für einem bestimmten Gebiet oder
einer Gruppe zugeordnete Kunden, die Produkte nachfragen, die demselben Produktmarkt oder
Anwendungsbereich angehören.[427] Derart echte *Field-of-use*-Klauseln sind vom Katalog der
Kernbeschränkungen ausdrücklich ausgenommen.[428] Sie fallen deshalb unter die **Schirmfreistellung.**

8. Sonstige Nebenabreden

Die Vorgänger-GVO enthielt in Art. 2 Abs. 2 F&E-GVO ein Konzept, nach dem die Schirm-   194
freistellung auch auf Nebenabreden Anwendung fand, die nicht den eigentlichen Gegenstand
von F&E-Vereinbarungen bilden, die aber mit deren Durchführung unmittelbar verbunden und
für diese notwendig sind.[429] Eine vergleichbare Vorschrift ist in der neuen F&E-GVO nicht
mehr enthalten.[430] Das Konzept der Nebenabreden ist aber aufgrund der in Ermangelung von
Kern- und nicht freigestellten Beschränkungen geltenden Schirmfreistellung nicht erforderlich.
Zu den von der Kommission in der Vergangenheit akzeptierten Abreden zählen neben den
bereits in Rn. 185 behandelten Wettbewerbsverboten auch Absprachen darüber, das Eigentum
an Schutzrechten für gemeinsame Entwicklungen ohne Zustimmung der anderen Partei nicht
an Dritte zu übertragen,[431] oder die Verpflichtung zur Erteilung von Lizenzen an ein mit der
F&E befasstes Gemeinschaftsunternehmen oder bei Kündigung des Gemeinschaftsunternehmens an die jeweils andere Partei.[432] Ferner kann auf die weiße Liste von Art. 4 der früheren
VO 418/85 zurückgegriffen werden, die bestimmte Ausschließlichkeitsbedingungen der Partner
bei Produktion und Verkauf der der F&E-Vereinbarung entstammenden Produkte oder den
Erfahrungsaustausch sowie die Lizenzierung von Verbesserungs- und Anwendungserfindungen
freistellte.[433] Insgesamt ist zu beachten, dass die schwarzen Klauseln in Art. 5 F&E-GVO Vorrang haben und sich das Verbot der Kernbeschränkung insofern umfassend durchsetzt.[434]

423   *Winzer*, GRURInt 2001, 413, 416; *Bechtold/Bosch/Brinker/Hirsbrunner*, Art. 5 VO 2659/2000, Rn. 8.
424   *Fuchs*, in: Immenga/Mestmäcker, EG-WettbR, Bd. 1, FuE-VO, Rn. 104; *Gutermuth*, in: FK, EG, Fallgruppen
      II.2. F&E, Rn. 130; siehe auch Kommission, 83/669/EWG (Carbon Gas Technologie), ABl. 1983 L 376/17.
425   So bereits die Rechtslage nach der VO 418/85; siehe hierzu *Wiedemann*, GVO-Kommentar, Bd. I, GVO
      418/85, Art. 6, Rn. 16.
426   *Gutermuth*, in: FK, EG, Fallgruppen II.2. F&E, Rn. 134; *Gehring/Fort*, EWS 2007, 160, 164.
427   Zur Abgrenzung der *Field-of-use*-Klausel gegenüber Kundenkreisbeschränkungen vgl. die insofern analog
      anwendbaren Ausführungen oben unter Rn. 69; *Gehring/Fort*, EWS 2007, 160, 161.
428   Vergleiche Art. 5 lit. b) iii) in Verbindung mit Art. 1 Abs. 1 lit. o) F&E-GVO.
429   Ausführlich *Fuchs*, in: Immenga/Mestmäcker, EG-WettbR, Bd. 2, FuE-VO, Rn. 43 ff.
430   Art. 2 Abs. 2 F&E-GVO grenzt den Anwendungsbereich der F&E-GVO letztlich nur von dem für TT-Ver-
      einbarungen ab.
431   Kommission, 94/823/EG (Fujitsu AMD Semiconductor), ABl. 1994 L 341/66, 72.
432   Kommission, 90/40/EWG (Elopak/Metal Box – Odin), ABl. 1990 L 209/15, 20.
433   *Wiedemann*, GVO-Kommentar, Bd. I, GVO 418/85, Art. 4, Rn. 12, 6.
434   *Fuchs*, in: Immenga/Mestmäcker, EG-WettbR, Bd. 1, FuE-VO, Rn. 48 f.

9. Out-Sourcing von Forschungsaktivitäten

195 Art. 1 Abs. 1 lit. m) i) F&E-GVO ermöglicht es den Parteien, die F&E-Aktivitäten einschließlich der Verwertung über ein gemeinsames Unternehmen auszuüben oder einem gemeinsam bestimmten Dritten zu übertragen. Die F&E-GVO lässt somit zu, F&E-Aktivitäten in einem eigens hierzu gegründeten **Gemeinschaftsunternehmen** zu bündeln.[435] F&E-Vereinbarungen, die im Zusammenhang mit einer Unternehmensveräußerung getroffen werden, sind allerdings dann nicht von der F&E-GVO erfasst, wenn sie gegenüber der gesamten Transaktion nur untergeordnete Bedeutung haben und nebensächlich sind.[436] Die Gründung eines Gemeinschaftsunternehmens kann ferner einen Zusammenschlusstatbestand im Sinne von **Art. 3 FKVO** darstellen.[437] Art. 1 Abs. 1 lit. m) i) F&E-GVO verdrängt nicht die Vorschriften der gemeinschaftsrechtlichen oder mitgliedstaatlichen Fusionskontrolle. Werden die nach der FKVO oder nationalen Gesetzen relevanten Aufgreifschwellen erfüllt, muss das Vorhaben bei den zuständigen Behörden angemeldet werden. Regelmäßig wird das Vorliegen eines Zusammenschlusstatbestandes davon abhängen, ob aufgrund der F&E-Vereinbarung ein **Vollfunktionsgemeinschaftsunternehmen** gegründet, oder ob das gemeinsame Unternehmen lediglich **kooperativen Charakter** haben wird.[438] Hat das Gemeinschaftsunternehmen die reine Forschung und Entwicklung zum Gegenstand, wird grundsätzlich kein Zusammenschlusstatbestand vorliegen, weil keine Vollfunktionsfähigkeit bestehen wird.[439] Sobald die Parteien in ein Unternehmen allerdings Vermögenswerte einbringen, die neben der reinen F&E auch die gemeinsame Verwertung betreffen, muss anhand der allgemeinen Kriterien überprüft werden, ob ein Zusammenschlusstatbestand gegeben ist.

196 Werden die F&E-Arbeiten einem **gemeinsam bestimmten Dritten** übertragen, ist unklar, ob dem Dritten unter Berufung auf die Schirmfreistellung Beschränkungen auferlegt werden können. Vereinigen die Parteien die F&E-Aktivitäten in einem Gemeinschaftsunternehmen, können sie auf Gesellschafterebene Vereinbarungen gemäß der F&E-GVO treffen und diese über das Gemeinschaftsunternehmen durchsetzen. Erfolgt die F&E und/oder deren Verwertung gemäß Art. 1 Abs. 1 lit. m) ii) F&E-GVO, der von den Parteien gesellschaftsrechtlich unabhängig ist, gelten die Bestimmungen der F&E-GVO analog für Vereinbarungen, die die Parteien der F&E-Vereinbarung mit diesem Dritten abschließen.[440] Verträge zwischen dem Dritten und dessen Vertragspartnern unterliegen den allgemeinen Vorschriften.[441]

III. Rechtsfolgen

197 Es wird auf die Ausführungen unter Rn. 152 ff. verwiesen.

---

435 *Mestmäcker/Schweitzer*, § 29, Rn. 26.
436 Kommission, 90/410/EG (Quantel-International-Continuum/Quantal SA), ABl. 1992 L 235/9, 15.
437 Siehe 9. Kap., Rn. 25 ff.
438 Zur Abgrenzung siehe ausführlich 9. Kap., Rn. 7, 11 ff.
439 *Chroziel/v. Merveldt*, in: MünchKomm, Art. 2 GVO 2659/2000, Rn. 22.
440 So bereits zur Vorgänger-GVO *Wiedemann*, GVO-Kommentar, Bd. I, GVO 418/85, Art. 1, Rn. 25; a.A. *Gutermuth*, in: FK, EG Fallgruppen II.2. F&E, Rn. 68; *Venit*, ELR 1985, 151, 154.
441 So auch die Auffassung der Kommission in den TT-Leitlinien, Rn. 60.

S. Gehring

6. Kapitel:
Verhaltenskontrolle bei marktbeherrschenden Unternehmen

Literatur: *Ahlborn/Evans*, The Microsoft Judgment and its Implications for Competition Policy towards Dominant Firms in Europe, Antitrust Law Journal 75 (2009) 24; *Albers*, Der „more economic approach" bei Verdrängungsmissbräuchen: Zum Stand der Überlegungen der Europäischen Kommission, Hamburger Kartellrechtssymposium 2006; *Àlvarez-Labrador*, Margin Squeeze in the Telecommunications Sector: An Economic Overview, World Competition 29 (2006), 247; *Armstrong/Huck*, Behavioral Economics as Applied to Firms: A Primer, 6 Competition Policy International 2010, 3; *Bartosch*, Das Urteil des Europäischen Gerichts erster Instanz in der Rechtssache Microsoft, RIW 2007, 908; *Bauroth*, Staatliche Interventionen, duale Preissysteme und europäisches Kartellrecht – Wie weit kann die pharmazeutische Industrie bei der Beschränkung des Parallelhandels gehen?, PharmR 2005, 386; *Bechtold*, Die Kontrolle von Sekundärmärkten, Baden-Baden 2007; *Behrens*, Der Wettbewerb im Vertrag von Lissabon, EuZW 2008, 193; *Behrens*, Parallelhandel und Konsumentenwohlfahrt im Licht des „more economic approach", EuZW 2007, 97; *Berg*, Die Rechtsprechung des EuGH und des EuG im Kartellrecht 2006-2008, EWS 2009, 106; *Berg/Köbele*, Grenzen kartellrechtmäßigen Handelns nach der EU-Untersuchung des Arzneimittelsektors – Risiken und Chancen für betroffene Unternehmen, PharmR 2009, 581; *Blanken*, Wettbewerbsrechtliche und immaterialgüterrechtliche Probleme des Zubehör- und Ersatzteilgeschäfts, Baden-Baden 2008; *Bulst*, Mehr Licht – Zur Anwendung des Art. 82 EG auf Behinderungsmissbräuche, RabelZ 73 (2009), 703; *Casper*, Die wettbewerbsrechtliche Begründung von Zwangslizenzen, ZHR 2002, 685; *Chirita*, Undistorted, (Un)fair Competition, Consumer Welfare and the Interpretation of Article 102 TFEU, World Competition 2010, 417; *Dietrich*, Wettbewerb in Gegenwart von Netzwerkeffekten, Frankfurt 2006; *Eilmansberger*, Abschlusszwang und Essential facility-Doktrin nach Art. 82 EG, EWS 2003, 12; *Faella*, The Antitrust Assessment of Loyalty Discounts and Rebates, Journal of Competition Law & Economics 4 (2008), 375; *Faella/Pardolesi*, Squeezing Price Squeeze under EC Antitrust Law, Working Paper Series, Rom 2009; *Fleischer*, Marktmachtmissbrauch auf sekundären Produktmärkten, RIW 2000, 22; *Fleischer/Doege*, Der Fall United States v. Microsoft, WuW 2000, 705; *Gauß*, Die Anwendung des kartellrechtlichen Missbrauchsverbots nach Art. 82 EG (Art. 102 AEUV) in innovativen Märkten, Baden-Baden 2010; *Geradin*, Limiting the Scope of Article 82 of the EC Treaty: What can the EU learn from the U.S. Supreme Court's Judgment in *Trinko* in the wake of *Microsoft, IMS*, and *Deutsche Telekom*?, 41 CMLR, 2004, 1519; *Geradin*, A Proposed Test for Separating Pro-competitive Conditional Rebates from Anti-competitive Ones, World Competition 32 (2009), 41; *Heidrich*, Das evolutorisch-systemtheoretische Paradigma in der Wettbewerbstheorie, Baden-Baden 2009; *Heitzer*, Innovation und Wettbewerb aus kartellrechtlicher Sicht, in: FIW (Hrsg.) Innovation und Wettbewerb, Köln 2009; *Hildebrand*, Der „more economic approach" in der Wettbewerbspolitik, WuW 2005, 513; *Hirsbrunner/Schädle*, Sicherer Hafen oder Bermudadreieck? Wohin geht die Reise bei der Neuorientierung der Praxis der Europäischen Kommission gegenüber Missbräuchen marktbeherrschender Unternehmen i.S. des Art. 82 EG?, EuZW 2006, 583; *Hirsch*, Anwendung der Kartellverfahrensordnung (EG) Nr. 1/2003 durch nationale Gerichte, ZWeR 2003, 233; *Hoffmann*, Parallelausfuhren im europäischen Wettbewerbsrecht nach der „Bayer"-Entscheidung des EuGH, WRP 2004, 994; *Höppner*, Der kartellrechtliche Zwangslizenzeinwand gegen Ansprüche aus Patent- und Urheberrechten, ZWeR 2010, 395; *Jung*, Immaterialgüterrechte unter kartellrechtlichem Missbrauchsvorbehalt – Anmerkung zu EuGH Rs. C-418/01 vom 29.4.2004 – IMS Health, GRP 2004, 211; *Jung*, Die Zwangslizenz als Instrument der Wettbewerbspolitik, ZWeR 2004, 379; *Kaestner*, Missbrauch von Immaterialgüterrechten, München 2005; *Kamann/Bergmann*, The Granting of Rebates by Market Dominant Undertakings under Article 82 of the EC Treaty, ECLR 2005, 83; *Kallaugher/Sher*, Rebates Revisited: Anti-Competitive Effects and Exclusionary Abuse under Article 82, ECLR 2004, 263; *Kersting/Faust*, Krankenkassen im Anwendungsbereich des Europäischen Kartellrechts, WuW 2011, 6; *Kjølbye*, Rebates under article 82 EC: navigating uncertain waters, ECLR 2010, 66; *Klees*, Standardsetzung und „patent ambush" im US-amerikanischen und europäischen Wettbewerbsrecht, EWS 2008, 449; *Koenig/Engelmann*, Das Festbetragsurteil des EuGH: Endlich Klarheit über den gemeinschaftsrechtlichen Unternehmensbegriff im Bereich der Sozialversicherung?, EuZW 2004, 682; *Koenig/Engelmann*, Parallelhandelsbeschränkungen im Arzneimittelbereich, GRUR Int. 2005, 304; *Körber*, Meilenstein oder Pyrrhussieg? Zur Entscheidung Microsoft/Kommission des EuG, K&R 2005, 193; *Körber*, Wettbewerb in dynamischen Märkten zwischen Innovationsschutz und Machtmissbrauch, WuW 2007, 1209; *Kühnen*, Der kartellrechtliche Zwangslizenzeinwand und seine Berücksichtigung im Patentverletzungsprozess in: Festschrift für Tilmann, Köln, 2003, S. 513; *Kühnert/Xeniadis*, Missbrauchskontrolle auf Sekundärmärkten, WuW 2008, 1054; *Lange/Pries*, Möglichkeiten und Grenzen der Missbrauchskontrolle von Kopplungsgeschäften: Der Fall Microsoft, EWS 2008, 1; *Lange/Pries*, Die Neuorientierung der europäischen Missbrauchsaufsicht im Bereich von Kampfpreisstrategien (predatory pricing), EWS 2009, 57; *Leistner*, Intellectual Property and Competition Law: The European Development from Magill to IMS Health Compared to recent German and US Case Law, ZWeR 2005, 138; *Lettl*, Verstoß gegen Art. 82 EG durch Kopplungsangebote im Bereich digitaler Medien, WM 2009, 433; *Leupold/Pautke*, IMS Health vs. Microsoft – Befindet sich die Kommission bei kartellrechtlichen Zwangslizenzen (erneut) auf Konfrontationskurs mit dem EuGH?, EWS 2005, 108; *Lorenz*, Lieferverweigerung zur Eindämmung des Parallelhandels – „Lelos/GSK", EWS 2009, 74; *Lorenz/Lübbig/Russell*, Price Discrimination, A Tender Story, ECLR 2005, 355; *Lovdahl-Gormsen*, Why the European Commission's enforcement priorities on article 82 EC should be withdrawn, ECLR 2010, 45; *Lübbig/Klasse*, Kartellrecht im Pharma- und Gesundheitsssektor, Baden-Baden 2007; *Lubitz*, Lizenzverweigerung und Missbrauch nach Art. 82 EG, K&R 2004, 469; *Merdzo*, Der Fall „IMS Health" und das Spannungsverhältnis zwischen nationalen Immaterialgüterrechten und dem europäischen Wettbewerbsrecht, ZEuS 2005, 135; *Möller*, Verbraucherbegriff und Verbraucherwohlfahrt im europäischen und amerikanischen Kartellrecht, Baden-Baden 2008; *Montagnani*, Remedies to Exclusionary Innovation in the High-Tech Sector: Is there a Lesson from the Microsoft Saga?, World Competition 30 (2007), 623; *O'Donoghue/Padilla*, The Law and Economics of Article 82 EC, Oxford 2006; *Park*, Market Power in Competition for the Market, Journal of Competition Law & Economcis (5) 2009, 571; *Petit/Neyrink*, Behavorial Economics and Abuse of Dominance: A Proposed Alternative Reading of the Article 102 TFEU Case-Law, Global Competition Law Centre Working Papers 02/10; *Polo*, Price Squeeze: Lessons from the Telecom Italia Case, Journal of Competition law and Economics 3 (2007), 453; *Reher/Haellmigk*, Die kartellrechtliche Rückzahlungsverpflichtung „nach § 32 Abs. 2 GWB", WuW 2010, 513; *Schwalbe/Zimmer*, Kartellrecht und Ökonomie, Frankfurt am Main 2006; *Schwinn*, Einseitige Maßnahmen in Abgrenzung zum europäischen Kartellrecht, Baden-Baden 2007; *Sher*, The Last of the Steam-Powered Trains: Modernising Art. 82, ECLR 2004, 243; *Spindler/Apel*, Urheber- versus Kartellrecht – Auf dem Weg zur Zwangslizenz?, JZ 2005, 133; *Subiotto/O'Donoghue*, Defining the Scope of the Duty of Dominant Firms to Deal with Existing Customers under Article 82 EC, ECLR 2003, 683; *Tekautsch.tz*, Machtmissbrauch marktbeherrschender Unternehmen im Europäischen Kartellrecht, Baden-Baden 2008; *Thyri*, Immaterialgüterrecht und Zugang zur wesentlichen Einrichtung, WuW 2005, 388; *Van Rooijen*, The Role of Investments in Refusals to Deal, World Competition 31 (2008), 63; *Waelbroeck*, Michelin II: A Per Se Rule Against Rebates By Dominant Companies?, JCLE 2005, 149; *Wecker*, Marktbeherrschung, gemeinsamer Einkauf und vertikale Beschränkungen als kartellrechtliche Probleme im deutschen Einzelhandel, Baden-Baden 2010; *Wiedemann*, Handbuch des Kartellrechts, 2. Auflage, München 2008; *Wirtz*, Wohin mit den Effizienzen in der europäischen Fusionskontrolle?, EWS 2002, 59; *Wirtz/Holzhäuser*, Die kartellrechtliche Zwangslizenz, WRP 2004, 683; *Wirtz/Möller*, E.ON: Commitment Decision – Gas Foreclosure, Journal of European Competition Law & Practice 2010, 418; *Wolf*, Kartellrechtliche Grenzen von Produktinnovationen, Baden-Baden 2004; *Zöttl*, Kein Verbot der Kosten-Preis-Schere im US-amerikanischen Kartellrecht, RIW 2009, 445.

A. Überblick

1 Art. 102 AEUV erklärt die missbräuchliche Ausnutzung einer marktbeherrschenden Stellung auf dem Gemeinsamen Markt oder einem wesentlichen Teil desselben durch ein oder mehrere Unternehmen für unvereinbar und verboten, sofern hierdurch eine Beeinträchtigung des Handels zwischen Mitgliedstaaten herbeigeführt werden kann.

2 Anders als im Anwendungsbereich des US-amerikanischen Kartellrechts[1] besteht im europäischen Kartellrecht keine Möglichkeit, das Entstehen einer marktbeherrschenden Stellung aufgrund internen Wachstums[2] zu verhindern. Das europäische Kartellrecht richtet sich nicht gegen die marktbeherrschende Stellung an sich, sondern gegen die Ausnutzung und Absicherung derselben in wettbewerbswidriger Weise.[3] Die Abgrenzung von Beteiligung am Wettbewerb auf der einen Seite sowie wettbewerbswidriger Ausnutzung auf der anderen Seite ist im Ein-

---

1 Vgl. hierzu *Fleischer/Doege*, WuW 2000, 705, 716 f.
2 Zur Entstehung einer marktbeherrschenden Stellung durch Zusammenschlüsse und deren Behandlung im Rahmen der Fusionskontrolle vgl. das 8. Kap.
3 EuGH, Rs. 322/81 (Michelin), Slg. 1983, 3461, Rn. 57.

M. Wirtz

zelfall schwierig und beruht letztlich auch auf unterschiedlichen wettbewerbspolitischen Auffassungen.[4]

Ebenso wie Art. 101 Abs. 1 AEUV dient Art. 102 AEUV der Herstellung und Sicherung eines 3 Systems des unverfälschten und wirksamen Wettbewerbs,[5] unterscheidet sich jedoch in drei wesentlichen Voraussetzungen von diesem.[6] Zunächst findet Art. 101 Abs. 1 AEUV nur auf wettbewerbsbeschränkende Vereinbarungen und abgestimmte Verhaltensweisen Anwendung, während für Art. 102 AEUV auch ein einseitiges Verhalten ausreichend ist. Weiter setzt Art. 101 Abs. 1 AEUV anders als Art. 102 AEUV keine marktbeherrschende Stellung der beteiligten Unternehmen voraus. Schließlich kennt Art. 102 AEUV im Gegensatz zu Art. 101 Abs. 1 und 3 AEUV keine Freistellungsmöglichkeit. Ein Verstoß gegen beide Normen kann vorliegen, allerdings auch ein isolierter Verstoß gegen eine der beiden Normen; dabei ist kein Schluss von der Zulässigkeit eines Verhaltens nach der einen Vorschrift auf die Beurteilung nach der anderen möglich. Für das Verhältnis zu Art. 106 AEUV gilt, dass sich Art. 102 AEUV und Art. 106 Abs. 1 AEUV ergänzen; Art. 102 AEUV und Art. 106 Abs. 2 AEUV hingegen schließen sich gegenseitig aus.[7] Gegenüber der FKVO ist Art. 102 AEUV als primäres Gemeinschaftsrecht vorrangig. In der Praxis wendet die Kommission im Bereich der Fusionskontrolle Art. 102 AEUV allerdings grundsätzlich nicht parallel an.

Durch die Veröffentlichung einer *Mitteilung zu Behinderungsmissbräuchen*[8] (auch „**Mitteilung** 4 **Behinderungsmissbrauch**") im Rahmen von Art. 102 AEUV hat die Kommission 2009 ihre eigenen Auslegungsgrundsätze erstmalig im Missbrauchsbereich allgemein niedergelegt und damit den wirkungsbezogenen Ansatz („*more economic approach*") auch in diesem Bereich fortgeschrieben. Zugleich wird dadurch faktisch die einheitliche Anwendung der Vorschrift durch verschiedene nationale Wettbewerbsbehörden gefördert, die seit Inkrafttreten der Verordnung 1/2003 im Jahr 2004 zur Anwendung von Art. 102 AEUV auf grenzüberschreitende Sachverhalte verpflichtet sind.[9]

B. Marktbeherrschende Unternehmen

I. Begriff des Unternehmens

Art. 102 AEUV liegt wie anderen Bereichen des Kartellrechts der funktionale Unternehmens- 5 begriff zugrunde.[10] Kennzeichnend für ein Unternehmen in diesem Sinne ist unabhängig von der Rechtsform oder Finanzierung die Ausübung einer wirtschaftlichen Tätigkeit.[11] Gerade im

---

4 Siehe zu der Debatte *Bulst,* in: Langen/Bunte, Art. 82 Rn. 6, 14, 20 m.w.N.
5 EuGH, Rs. 85/76 (Hoffmann-La Roche), Slg. 1979, 461, Rn. 38; EuGH Rs. 322/81 (Michelin), Slg. 1983, 3461, Rn. 29; EuGH, Rs. C-8/08 (T-Mobile Netherlands), EuZW 2009, 505, 507 (Rn. 38); anders als in Art. 3 Abs. 1 lit g) EGV sprechen weder EU-Vertrag noch AEU-Vertrag mehr vom „System des unverfälschten und wirksamen Wettbewerbs"; eine grundsätzliche Änderung der Wettbewerbspolitik ist darin allerdings nicht zu sehen, da das rechtsverbindliche Protokoll Nr. 27 den Wettbewerbsschutz nahezu wortgleich mit Art. 3 Abs. 1 lit g) EGV bekräftigt, siehe Protokoll Nr. 27 zum EUV und AEUV, ABl. 2008 C 115/309; siehe dazu auch *Behrens,* EuZW 2008, 193.
6 Vgl. zur Abgrenzung von Art. 101 und Art. 102 AEUV auch die ausführliche Darstellung von *Schröter,* in: Schröter/Jakob/Mederer, Art. 82 Rn. 33 ff.
7 *Schröter* in: Schröter, Art. 82 Rn. 45 f. und 51 f.
8 Kommission, Mitteilung, Erläuterungen zu den Prioritäten der Kommission bei der Anwendung von Art. 82 des EG-Vertrages auf Fälle von Behinderungsmissbrauch durch marktbeherrschende Unternehmen, ABl. 2009 C 45/7; dazu ausführlich *Bulst,* in: Langen/Bunte, Art. 82 Rn. 22 ff.; *Gauß,* S. 46 ff.
9 Siehe ausführlich zu der Mitteilung Kommission, Mitteilung Behinderungsmissbrauch, ABl. 2009 C 45/7.
10 Vgl. zum kartellrechtlichen Unternehmensbegriff 1. Kap., Rn. 15 f. sowie EuGH, Rs. C-41/90 (Höfner und Elser), Slg. 1991, I-1979, Rn. 21.
11 Vgl. dazu ausführlich *Wessely,* in: FK, Art. 82 Normadressaten, Rn. 7 f.

Bereich des Art. 102 AEUV hat sich die Fallpraxis der Kommission und der Gerichte häufig mit Unternehmen der öffentlichen Hand beschäftigt.[12]

II. Marktabgrenzung

6 Ob ein Unternehmen marktbeherrschend im Sinne von Art. 102 AEUV ist, lässt sich nur im Hinblick auf einen in sachlicher, räumlicher und ggf. zeitlicher Hinsicht konkret abgegrenzten Markt bestimmen.[13] Im Bereich von Art. 102 AEUV geht die Kommission teilweise von extrem kleinen Märkten aus,[14] mit der Folge, dass zum einen eher eine marktbeherrschende Stellung angenommen wird und zum anderen die fraglichen Unternehmen auf mehreren relevanten Märkten tätig sind. Eng abgegrenzte Märkte finden sich mitunter im Bereich der Ersatzteile, Wartungs- und Reparaturdienstleistungen oder Verbrauchsgüter zur Verwendung in oder mit einem „Hauptprodukt". Häufig lässt sich hier feststellen, dass ein Ausweichen der Verbraucher oder von Intermediären (unabhängige Werkstätten, Wartungsunternehmen, Händler) oder der Hersteller von notwendig kompatiblen Produkten auf Drittprodukte aus technischen oder wirtschaftlichen Gründen oder wegen der Kundenerwartung nicht möglich ist (sog. Sekundärmärkte).

III. Marktbeherrschung

7 Art. 102 AEUV findet nur Anwendung, wenn ein oder mehrere Unternehmen auf dem fraglichen Markt eine marktbeherrschende Stellung innehaben. Marktbeherrschenden Unternehmen obliegen besondere Pflichten, um die Marktstruktur und den Restwettbewerb nicht weiter zu beeinträchtigen. Verhaltensweisen, die Unternehmen ohne derartige Marktmacht erlaubt sind, können ihnen daher untersagt sein. Ein Verstoß gegen Art. 102 AEUV setzt daher stets sowohl eine marktbeherrschende Stellung als auch ein missbräuchliches, wettbewerbsschädigendes Verhalten voraus.

1. Begriff der Marktbeherrschung

8 Eine Legaldefinition des Begriffs der Marktbeherrschung gibt es nicht. Der EuGH hat jedoch 1978 in seinem Urteil United Brands eine Definition entwickelt, die bis heute Gültigkeit hat. Demnach bedeutet Marktbeherrschung im Sinne der Art. 102 AEUV: „... *die wirtschaftliche Machtstellung eines Unternehmens, die dieses in die Lage versetzt, die Aufrechterhaltung eines wirksamen Wettbewerbs auf dem relevanten Markt zu verhindern, indem sie ihm die Möglichkeit verschafft, sich seinen Wettbewerbern, seinen Abnehmern und schließlich den Verbrauchern gegenüber in einem nennenswerten Umfang unabhängig zu verhalten.*"[15]

9 Der Begriff der marktbeherrschenden Stellung in Art. 102 AEUV deckt sich nicht zwangsläufig mit demjenigen aus Art. 2 Abs. 3 FKVO, da die FKVO sich auf zukünftige,[16] Art. 102 AEUV jedoch auf gegenwärtige Sachverhalte bezieht.[17]

---

12 Siehe nur EuGH, Rs. 311/84 (Telemarketing), Slg. 1985, 3261; EuGH, Rs. 226/84 (British Leyland), Slg. 1986, 3263; EuGH, Rs. C-179/90 (Porto di Genova), Slg. 1991, I-5889; EuGH, Rs. C-82/01 (Aéroports de Paris), Slg. 2002, I-9297; EuGH, Rs. C 49/07 (MOTOE/Elliniko Dimosio), Slg. 2008, I-4863 Für eine ausführliche Liste von Entscheidungen, die sich mit Unternehmen der öffentlichen Hand beschäftigen, vgl. *Lübbig,* in: Loewenheim/Meessen/Riesenkampff, Art. 82 Rn. 14. Zur Anwendbarkeit von Art. 102 AEUV auf die Sozialversicherung vgl. ausführlich *Wessely,* in: FK, Art. 82 Normadressaten, Rn. 13 ff. sowe *Koenig/Engelmann,* EuZW 2004, 682, 682 ff.; *Kersting/Faust,* WuW 2011, 6. ff.

13 EuGH, Rs. 6/72 (Continental Can), Slg. 1973, 215, Rn. 32. Zur Durchführung einer sachlichen und räumlichen Marktabgrenzung 1. Kap., Rn. 129 ff.

14 EuGH, Rs. 22/78 (Hugin), Slg. 1979, 1869, Rn. 8; EuGH, Rs. 226/84 (British Leyland), Slg. 1986, 3263, Rn. 5; EuGH, verb. Rs. C-241/91 P und C-242/91 P (RTE und ITP), Slg. 1995, I-808, Rn. 46 ff.; siehe auch *Bergmann,* in: Loewenheim/Meessen/Riesenkampff, Art. 82 Rn. 26.

15 EuGH, Rs. 27/76 (United Brands), Slg. 1978, 207, Rn. 65.

16 EuG, Rs. T-342/99 (Airtours), Slg. 2002, II-2585, Rn. 210.

17 EuG, Rs. T-77/95 (Ufex), Slg. 2000, II-2167, Rn. 49; vgl. auch EuG, Rs. T-102/96 (Gencor), Slg. 1999, II-753, Rn. 277; zum Begriff der Marktbeherrschung in Art. 2 Abs. 3 FKVO vgl. 8. Kap., Rn. 176 ff.

M. Wirtz

2. Bestimmung von Marktmacht

Zwar ist eines der entscheidenden Kriterien zur Bestimmung von Marktmacht der Marktanteil **10** eines Unternehmens auf dem relevanten Markt. Der EuGH betont aber, dass eine Gesamtschau von Marktstruktur, Marktverhalten sowie Unternehmensstruktur anzustellen ist und alle wesentlichen Umstände des Einzelfalls zu berücksichtigen sind.[18] Für die Praxis des EuGH bedeutet das, dass in den einschlägigen Urteilen trotz der Feststellung eines hohen Marktanteils weitere Umstände angeführt werden, die die Marktbeherrschung untermauern. Daher wird in der Praxis eine Vielzahl struktur- und verhaltensbezogener Kriterien herangezogen.

a) Marktbezogene Kriterien. Von besonderer Relevanz bei der Beurteilung, ob ein Unternehmen **11** marktbeherrschend ist, ist in der Praxis der Kartellbehörden die Struktur des fraglichen Marktes.

aa) Monopole oder Quasimonopole. Eine marktbeherrschende Stellung liegt jedenfalls vor, **12** wenn das Unternehmen auf dem relevanten Markt eine Monopolstellung oder eine Quasimonopolstellung innehat. Hierbei ist es nicht maßgeblich, ob das Monopol sich aus wirtschaftlichen, technischen oder anderen Gründen ergibt. Insbesondere hat der EuGH in mehreren Entscheidungen deutlich gemacht, dass auch gesetzliche Monopole der Missbrauchskontrolle unterliegen.[19] In der Literatur wird teilweise für Unternehmen mit extrem hohen Marktanteilen der Begriff der *„super-dominance"* geprägt.[20] Auch wenn die Kommissionspraxis und die Rechtsprechung bisher nicht auf eine solche eigenständige Kategorie der Marktbeherrschung Bezug nehmen, sind Tendenzen sichtbar, monopolistischen oder quasimonopolistischen Unternehmen weitergehende Verhaltenspflichten als „normalen" marktbeherrschenden Unternehmen aufzuerlegen und ihnen ggf. die Berufung auf Rechtfertigungsgründe wie Rationalisierungsvorteile zu versagen.[21] Eine gewisse Berechtigung findet dieser Ansatz in der Überlegung, dass der Grad der Marktmacht (plakativ z.B. *„super-dominance"* mit 95% Marktanteil versus Marktanteile knapp oberhalb von 40%) Auswirkungen auf die Prüfung der Frage haben kann, ob ein bestimmtes Marktverhalten wettbewerbsschädigend und damit missbräuchlich ist oder nicht.

bb) Marktanteile. Zwar bedeuten hohe Marktanteile an sich noch keine Marktbeherrschung, **13** jedoch spielen sie bei der Begründung einer marktbeherrschenden Stellung in der bisherigen Fallpraxis eine wichtige Rolle.[22] So geht der EuGH davon aus, dass ab einem Marktanteil von **mehr als 50 %** eine Vermutung für eine marktbeherrschende Stellung des fraglichen Unternehmens besteht, die nur durch das Aufzeigen außergewöhnlicher Umstände seitens des betroffenen Unternehmens widerlegt werden kann.[23] Bei einem Marktanteil **zwischen 40 und 50 %** geht der EuGH davon aus, dass noch weitere Faktoren hinzutreten müssen, um das Vorliegen einer marktbeherrschenden Stellung annehmen zu können.[24] Zu berücksichtigen sind dann besonders die Stärke und Zahl der Wettbewerber.[25] Grundsätzlich ist bei einem Marktanteil von

---

18 EuGH, Rs. C-62/86 (AKZO), Slg. 1991, I-3359, Rn. 60.
19 Vgl. nur EuGH, Rs. C-260/89 (Elliniki Radiophonia), Slg. 1991, I-2925, Rn. 27 u. 38; EuGH, verb. Rs. C-241 und C-242/91 (Radio Telefis Eireann), Slg. 1995, I-743, Rn. 47; EuGH, Rs. C-343/95 (Porto di Genova II), Slg. 1997, I-1547, Rn. 16 f.
20 Siehe O'Donoghue/Padilla, S. 166 f.
21 Vgl. EuGH, Rs. C-395/96 und C-396/96 (Compagnie Maritime Belge), Slg. 2000, I-1365, Rn. 119; Schlussanträge des Generalanwalts Fenelly in Rs. C-395 und C-396/96 (Compagnie Maritime Belge), Slg. 2000, I-1365, Rn. 137; Kroes, Preliminary Thoughts on Policy Review of Article 82, SPEECH/05/537, S. 5; Van Bael/Bellis, S. 800 f.
22 Kritisch zum starken Gewicht der Marktanteile bei der Entscheidung über eine marktbeherrschende Stellung Kuipers, Modernisation of EU Competition Law and Article 82, Paper for the IBA's 4th Annual International Corporate Counsel Conference, Februar 2005; siehe auch Kommission, Mitteilung Behinderungsmissbrauch, ABl. 2009 C 45/7, Rn. 30.
23 EuGH, Rs. 85/76 (Hoffmann-La Roche), Slg. 1979, 461, Rn. 41; EuGH, Rs. C-62/86 (AKZO), Slg. 1991, I-3359, Rn. 60.
24 EuGH, Rs. 27/76 (United Brands), Slg. 1978, 207, Rn. 108 ff.
25 EuGH, Rs. 27/76 (United Brands), Slg. 1978, 207, Rn. 108 ff.; ebenso Kommission, IV/M.984 (DuPont/ICI), WuW 1997, 971; darüber hinaus werden noch Marktverhalten und Unternehmensstruktur einbezogen, siehe EuGH, Rs. 85/76 (Hoffmann-La Roche), Slg. 1979, 461, Rn. 58; Kommission, 91/297/WEG (Soda-Solvay), ABl. 1991 L 152/21, 31 ff.

bis zu 40% nicht von Marktbeherrschung auszugehen. Nach Ansicht der Kommission soll jedoch bei Hinzutreten entsprechender weiterer Umstände sogar ein Marktanteil von 25 – 40 % zur Annahme von Marktbeherrschung ausreichend sein.[26] Je niedriger der Marktanteil eines Unternehmens ist, desto gewichtiger müssen jedoch die weiteren, für eine marktbeherrschende Stellung sprechenden Gründe sein.[27] Es ist ferner erforderlich, die Marktanteile des fraglichen Unternehmens zu denjenigen seiner Konkurrenten auf dem fraglichen Markt ins Verhältnis zu setzen. Die Indizwirkung eines Marktanteils für eine marktbeherrschende Stellung steigt, je niedriger der Marktanteil der nachfolgenden Unternehmen ist.[28] Entkräftet wird die Indizwirkung der Marktanteile hingegen, wenn diese starken Schwankungen unterliegen, d.h. dass der fragliche Marktanteil über einen längeren Zeitraum konstant bleiben oder stetig steigen muss.[29] Auch ist die Indizwirkung von Marktanteilen in gefestigten (reifen) Märkten wesentlicher höher als in jungen oder solchen mit hohem Innovationspotential.

14   cc) **Marktzutrittsschranken.** Einen besonders wichtigen Faktor zur Beurteilung von Marktmacht stellen neben dem Marktanteil des jeweiligen Unternehmens **Marktzutrittsschranken** für Dritte oder auch **Expansionsschranken** für bereits auf dem entsprechenden Markt tätige Unternehmen dar.

15   Je höher die tatsächlichen oder rechtlichen Zutrittsschranken sind, desto geringer ist der potentielle Wettbewerb und desto wahrscheinlicher ist es, dass ein Unternehmen mit hohen Marktanteilen auf dem entsprechenden Markt eine beherrschende Stellung innehat.[30] Die Kommission verlangt eine konkrete Betrachtung von Marktzutrittsschranken und prüft, ob ein Markteintritt „wahrscheinlich, absehbar und ausreichend" ist.[31] Rechtliche Zutrittsschranken werden außer in den Fällen der gesetzlichen Monopole insbesondere durch gewerbliche Schutzrechte begründet. Eine tatsächliche Marktzutrittsschranke für potentielle Wettbewerber besteht zumindest dann, wenn sie die mindestoptimale Betriebsgröße (Skaleneffekte) oder notwendige Verbundvorteile (Synergieeffekte) nicht erreichen können, ein multi-product-Zutritt notwendige wäre und das hierfür notwendige Know-how, Kapital oder die Zeit fehlt, Zugang zu Inputfaktoren (Rohstoffe, (Fach-) Arbeitskräfte, Produktionstechnologie) fehlt oder Netzwerkeffekte bestehen und die potentiellen Wettbewerber ein bestimmtes Produkt nicht oder nur unter Verursachung höherer Kosten als die bereits im Markt befindlichen Unternehmen herstellen und diese zusätzlichen Ausgaben auch später nicht ausgleichen können (*sunk costs*). Eine Ausnahme soll bestehen, wenn Unternehmen davon ausgehen, dass sie die *sunk costs* durch Preisabsprachen wiedergutmachen können.[32] Dies erscheint zweifelhaft, weil normativ nur rechtmäßiges Verhalten berücksichtigt werden sollte. Als Markzutrittsschranken im weiteren Sinne können letztlich jedoch auch alle übrigen unternehmens- oder verhaltensbezogenen Abwägungskriterien wirken.[33]

16   b) **Unternehmensbezogene Kriterien.** Sind marktstrukturbezogene Kriterien alleine nicht ausreichend, um das Bestehen oder Nichtbestehen einer marktbeherrschenden Stellung festzustellen, zieht der EuGH als zusätzliche Abwägungskriterien solche heran, die sich auf die Unternehmensstruktur des fraglichen Unternehmens beziehen.

17   aa) **Produktvielfalt.** Als Kriterium für die Annahme einer marktbeherrschenden Stellung kommt zunächst eine überlegene Produktvielfalt in Betracht, die es einem Unternehmen er-

---

26 Vgl. das Urteil EuGH, Rs. C-250/92 (Gøttrup-Klim), Slg. 1994, I-5641, Rn. 48, in dem der EuGH das Vorliegen einer marktbeherrschenden Stellung bei einem Marktanteil von 32% nicht ausschließt. In der Entscheidung Kommission, 2000/74/EG (Virgin/British Airways), ABl. 2000 L 30/1, Rn. 88 hat die Kommission einen Marktanteil von 39,5% für eine marktbeherrschende Stellung ausreichen lassen.
27 EuGH, Rs. C-250/92 (Gøttrup-Klim), Slg. 1994, I-5641, Rn. 48.
28 EuGH, Rs. 27/76 (United Brands), Slg. 1978, 207, Rn. 111 ff.; EuGH, Rs. 85/76 (Hoffmann-La Roche), Slg. 1979, 461, Rn. 58; EuG, Rs. T-219/99 (British Airways), Slg. 2003, II-5917, Rn. 210.
29 EuG, Rs. T-342/99 (Airtours), Slg. 2002, II-2585, Rn. 142 ff.; EuG, Rs. T-65/98 (Van den Bergh Foods), Slg. 2003, II-4653, Rn. 154.
30 *Ritter/Braun*, S. 401; im Fall Microsoft begründete das EuG die marktbeherrschende Stellung mit dem hohen Marktanteil von 90% und den erheblichen Zutrittsschranken aufgrund indirekter Netzwerkeffekte, siehe EuG, Rs. T-201/04 (Microsoft), Slg. 2007, II-3601, Rn. 558.
31 Kommission, Mitteilung Behinderungsmissbrauch, ABl. 2009 C 45/02, Rn. 16.
32 *Armstrong/Huck*, Competition Policy International 6 (2010), 3, 27.
33 Für eine Auflistung siehe *Whish*, S. 179 ff.

M. Wirtz

möglicht, auf individuelle Wünsche seiner Kunden einzugehen, finanzielle Risiken besser zu verteilen und sich eine größere Unabhängigkeit von der Marktgegenseite zu verschaffen.[34]

bb) Vertikale Integration und Vertriebsstrukturen. Berücksichtigung findet weiter auch die 18 vertikale Integration des Unternehmens und zwar in beiden Richtungen, d.h. sowohl der Zugriff auf Rohstoffquellen als auch auf ein effektives Transport- und Vertriebssystem.[35]

cc) Technischer Vorsprung und Produktinnovation. Von Bedeutung sind weiter die technische 19 Überlegenheit eines Unternehmens gegenüber seinen Wettbewerbern und seine Möglichkeiten, in Forschung und Entwicklung zu investieren. Hierdurch ist ihm die Herstellung neuer oder innovativer sowie die qualitative Verbesserung bestehender Produkte möglich.[36] Eine Inkriminierung besonders innovativer Unternehmen ist jedoch abzulehnen.

dd) Wirtschafts- und Finanzmacht. Auch die Wirtschafts- und Finanzkraft eines Unternehmens 20 ist ein Beurteilungskriterium, weil sie dem Unternehmen den Ausgleich von Verlusten, eine flexible Erhöhung der Produktions- und Lieferkapazitäten, die Durchführung von Verdrängungsstrategien sowie die Investition in Forschung und Entwicklung ermöglicht und weiter auch eine abschreckende Wirkung auf potentielle Wettbewerber ausüben kann.[37] Die Wirtschafts- und Finanzmacht kann sich insbesondere auch aus einer Einbindung des Unternehmens in einen Konzern ergeben, die ihm die Nutzung erweiterter Ressourcen ermöglicht.[38]

ee) Unentbehrlicher Handelspartner. Ein weiterer Parameter bei der Beurteilung der Markt- 21 stellung eines Unternehmens ist seine Unentbehrlichkeit als Handelspartner.[39] Eine solche kann in ganz unterschiedlichen Konstellationen entstehen, z.B. wenn ein Zulieferer seinen Produktionsprozess vollständig auf seinen Auftraggeber ausgerichtet hat, wenn ein Vertragspartner auf die Lieferung eines speziellen Rohstoffes oder Zwischenproduktes angewiesen ist oder ein Produkt aufgrund seiner Eigenschaften, seiner Marke verbunden mit entsprechenden Marketingstrategien oder aus anderen Gründen in einem Verkaufssortiment praktisch nicht fehlen darf [40] oder aus technischen Gründen eine Kompatibilität oder Interoperabilität mit den Produkten eines Unternehmens erforderlich ist, um auf einem benachbarten, vor- oder nachgelagerten Markt tätig werden zu können (*„Gatekeeper"*-Position).

c) Verhaltensbezogene Kriterien. Ein besonders wichtiges verhaltensbezogenes Kriterium ist 22 die Preispolitik eines Unternehmens. Insbesondere spricht es für das Vorliegen von Marktbeherrschung, wenn es die Preise im Vergleich zu seinen Wettbewerbern über einen längeren Zeitraum auf einem erhöhten Niveau halten kann, ohne dass es hierdurch Umsatzeinbußen erleidet.[41] Ein weiteres Anzeichen können Gewinnsteigerungen des Unternehmens trotz eines

---

34 EuGH, Rs. 322/81 (Michelin), Slg. 1983, 3461, Rn. 55 ff; EuGH, Rs. C-62/86 (AKZO), Slg. 1991, I-3359, Rn. 58; Kommission, 92/163/EWG (Tetra Pak II), ABl. 1992 L 72/1, Rn. 101; kritisch hierzu *Hübschle,* in: Lange, S. 404, der zu bedenken gibt, dass ein großes Sortiment auch negative Auswirkungen haben kann, weil z.B. der Fokus auf Kernkompetenzen verloren geht.

35 EuGH, Rs. 27/76 (United Brands), Slg. 1978, 207, Rn. 69 ff., 94 ff.; EuGH, Rs. 85/76 (Hoffmann-La Roche), Slg. 1979, 461, Rn. 48; Kommission, 88/138/EWG (Hilti), ABl. 1988 L 65/19, Rn. 69; Kommission, 88/518/EWG (British Sugar), ABl. 1988 L 284/41, Rn. 56.

36 EuGH, Rs. 27/76 (United Brands), Slg. 1978, 207, Rn. 82; Kommission, 2002/405/EG (Michelin II), ABl. 2002, L 143/1, Rn. 182 f.

37 EuGH, Rs. 27/76 (United Brands), Slg. 1978, 207, Rn. 121 ff.; Kommission, 89/22/EWG (British Plasterboard), ABl. 1989 L 10/50, Rn. 64; kritisch *Richter,* in: Wiedemann, § 20 Rn. 55 f., der insbesondere konkrete Hinweise dafür verlangt, dass das fragliche Unternehmen die finanziellen Ressourcen auch tatsächlich zum Einsatz bringt.

38 EuGH, Rs. C-62/86 (AKZO), Slg. 1991, I-3359, Rn. 61; Kommission, 98/531/EG (Van den Bergh Foods), ABl. 1998 L 246/1, Rn. 260.

39 Vgl. zum Konzept des *„partenaire obligatoire"* auch *Schröter,* in: von der Groeben/Schwarze, Art. 82 Rn. 76 mit weiteren Nachweisen.

40 EuGH, verb. Rs. 6 bis 7/73 (Commercial Solvents), Slg. 1974, 223, Rn. 16; EuGH, Rs. 22/78 (Hugin/Liptons), Slg. 1979, 1869, Rn. 9 f.; Kommission, 2000/74/EG (Virgin/British Airways), ABl. 2000 L 30/1, Rn. 92; Kommission, 2002/405/EG (Michelin), ABl. 2002 L 143/1, Rn. 200 ff.; weitere Nachweise bei *Schröter,* in: Schröter/Jakob/Mederer, Art. 82 Rn. 77, Fn. 266. Vgl. zur Markenmacht auch Kommission, 98/602/EG (Guinness/Grand Metropolitan), ABl. 1998 L 288/24, Rn. 38 ff.

41 EuGH, Rs. 27/76 (United Brands), Slg. 1978, 207, Rn. 204 ff.; Kommission, 88/138/EWG (Hilti), ABl. 1988 L 65/19, Rn. 51; Kommission, 88/518/EWG (British Sugar), ABl. 1988 L 284/41, Rn. 53; Kommission, Mitteilung Behinderungsmissbrauch, ABl. 2009 C 45/02, Rn. 11.

generellen konjunkturellen Abwärtstrends sein.[42] Ohne genaue Analyse können diese Umstände jedoch nur als schwache Indizien betrachtet werden. Insbesondere muss geprüft werden, ob eine alternative Erklärung für ein erhöhtes Preisniveau des potentiell marktbeherrschenden Unternehmens z.B. in der Qualität des Produkts oder einer bestimmten Niedrigpreisstrategie der Wettbewerber liegt und ob höhere Gewinnmargen das Ergebnis einer Kostenführerschaft, mithin einer besonders ressourcensparenden, effizienten Produktion sind.

23 Trotz der hieran geübten Kritik, dass in einem Verhalten, das später als Missbrauch einer marktbeherrschenden Stellung qualifiziert wird, nicht zugleich auch ein Indiz für das Bestehen der marktbeherrschenden Stellung an sich gesehen werden könne,[43] haben die Gerichte der Europäischen Union und die Kommission auch die Ausübung eines missbräuchlichen Verhaltens selbst[44] zur Bewertung des Vorliegens oder Nichtvorliegens von Marktbeherrschung herangezogen.[45]

3. Einzel- und Kollektivmarktbeherrschung

24 Art. 102 AEUV untersagt den Missbrauch einer marktbeherrschenden Stellung durch ein oder mehrere Unternehmen und erfasst damit auch die kollektive Marktbeherrschung.[46] Kollektive Marktbeherrschung ist nicht Gegenstand der Mitteilung der Kommission zu Behinderungsmissbräuchen von 2009.

25 Keinen Fall der kollektiven, sondern der Einzelmarktbeherrschung stellen marktbeherrschende **Konzerne** dar, da diese regelmäßig eine wirtschaftliche Einheit bilden, während die kollektive Marktbeherrschung mehrere wirtschaftlich und rechtlich voneinander unabhängige wirtschaftliche Einheiten voraussetzt.[47]

26 Eine kollektive marktbeherrschende Stellung können die Mitglieder eines Kartells innehaben.[48] Nach Auffassung des EuGH ist für die Begründung kollektiver Marktbeherrschung jedoch keine Vereinbarung erforderlich, sondern es genügt, dass verschiedene Unternehmen sich im Hinblick auf ihre Konditionen, Preise etc. in einem Markt mit hoher Reaktionsverbundenheit aneinander anpassen: *„Das Vorliegen einer Vereinbarung oder anderer rechtlicher Bindungen ist jedoch für die Feststellung einer kollektiven beherrschenden Stellung nicht unerlässlich; diese Feststellung kann sich aus anderen verbindenden Faktoren ergeben und hängt von einer wirtschaftlichen Beurteilung und insbesondere einer Beurteilung der Struktur des fraglichen Marktes ab.“*[49] Merkmale für eine Marktstruktur, die eine solche stillschweigende Koordination befördert, sind zum Beispiel der Sättigungsgrad des Marktes, eine geringe Nachfrageelastizität, vergleichbare Marktanteile und Kostenstrukturen, hohe Marktzutrittsschranken, fehlender oder geringer potentieller Wettbewerb, geringe Innovation, geringes Wachstum auf der Nachfrageseite und verstärkte informelle Verbindungen zwischen den Unternehmen.[50]

---

42 EuGH, Rs. C-62/86 (AKZO), Slg. 1991, I-3359, Rn. 56.
43 *Ritter/Braun*, S. 407; *Möschel*, in: Immenga/Mestmäcker, EG-WettbR, Art. 82 Rn. 95. Differenzierend nach Missbrauchstatbeständen, welche das Fehlen wirksamen Wettbewerbs voraussetzen und solchen, die auch von nicht marktbeherrschenden Unternehmen begangen werden können *Schröter*, in: von der Groeben/Schwarze, Art. 82 Rn. 117.
44 Zu den verschiedenen Formen missbräuchlichen Verhaltens vgl. unten Rn. 60 ff.
45 EuGH, Rs. 27/76 (United Brands), Slg. 1978, 207, Rn. 67 f.; Kommission, 2002/405/EG (Michelin), ABl. 2002 L 143/1, Rn. 198 f.
46 Kommission, 89/93/EWG (Flachglas), ABl. 1989 L 33/44, Rn. 79; EuG, Rs. T-68/89, T-77/89 und T-78/89 (Società Italiana Vetro), Slg. 1992, II-1403, Rn. 358.
47 *Bergmann*, in: Loewenheim/Meessen/Riesenkampff, Art. 82 Rn. 123; *de Bronett*, in: Wiedemann, § 22 Rn. 26; a.A. *Schröter*, in: von der Groeben/Schwarze, Art. 82 Rn. 80, der auch bei Konzernunternehmen von einer Kollektivmarktbeherrschung ausgeht.
48 EuG, verb. Rs. T-191/98 und T-212/98 bis T-214/98 (Atlantic Container Line), Slg. 2003, II-3275, Rn. 610; vgl. auch *Wessely*, in: FK, Art. 82 Normadressaten Rn. 152, *Möschel*, in: Immenga/Mestmäcker, EG-WettbR, Art. 82 Rn. 107 ff. und *Bergmann*, in: Loewenheim/Meessen/Riesenkampff, Art. 82 Rn. 124.
49 EuGH, Rs. C-395/96 und C-396/96 (Compagnie Maritime Belge), Slg. 2000, I-1365, Rn. 45.
50 Vgl. die Aufzählung in den Leitlinien der Kommission zur Marktanalyse und Ermittlung beträchtlicher Marktmacht nach dem gemeinsamen Rechtsrahmen für elektronische Kommunikationsnetze und -dienste, ABl. 2002 C165/6, Rn. 97.

M. Wirtz

Erforderlich ist jedoch, dass die beteiligten Unternehmen gegenüber ihren Wettbewerbern, **27** Handelspartnern und Kunden als kollektive Einheit auftreten.[51] Für die Feststellung einer solchen kollektiven Einheit müssen drei Voraussetzungen erfüllt sein.[52] Zunächst ist eine gewisse Transparenz des Marktes erforderlich, damit die auf dem Markt tätigen Unternehmen sich ein Bild von den Handlungsstrategien der jeweils anderen Unternehmen machen können. Weiter muss ein Abweichen von dem Parallelverhalten zu Sanktionsmaßnahmen seitens der anderen Oligopolmitglieder führen bzw. ein Anreiz bestehen, an dem Parallelverhalten dauerhaft festzuhalten. Schließlich darf nicht mit Gegenreaktionen von Kunden sowie aktuellen und potentiellen Wettbewerbern zu rechnen sein, die den Erfolg des Parallelverhaltens wieder in Frage stellen.

Erst wenn feststeht, dass mehrere Unternehmen eine solche kollektive Einheit bilden, stellt sich **28** die Frage, ob diese kollektive Einheit marktbeherrschend ist.[53] Dies bestimmt sich nach den gleichen Kriterien, die auch zur Bestimmung individueller Marktmacht herangezogen werden.[54]

4. Sonderfall der Marktmacht und Marktbeherrschung auf Abnehmerseite

Spiegelbildlich zur Marktbeherrschung auf Anbieterseite ist auch eine marktbeherrschende **29** Stellung auf Abnehmerseite denkbar (Nachfragemacht), die sich dadurch auszeichnet, dass ein Abnehmer sich im Verhältnis zu seinen Lieferanten und anderen Abnehmern im Wesentlichen unabhängig verhalten kann.[55] Ob dies der Fall ist, wird überwiegend unter Heranziehung der gleichen Kriterien wie für die Marktbeherrschung auf Anbieterseite bestimmt. Entscheidend ist insbesondere, ob es den Lieferanten an zumutbaren anderen Absatzmöglichkeiten mangelt, z.B. weil es sich bei dem Abnehmer um einen unentbehrlichen Handelspartner handelt, während der Abnehmer selbst über ausreichende Alternativen in Form anderer Belieferungsquellen oder der Möglichkeit zur Eigenproduktion verfügt.[56]

Auch unterhalb der Schwelle der Marktbeherrschung ist eine Marktmacht auf Abnehmerseite **30** von Bedeutung, da diese einen Faktor bei der Beurteilung des Vorliegens einer marktbeherrschenden Stellung auf Anbieterseite darstellen kann. Dies ist zum einen denkbar, wenn ein Unternehmen sowohl als Anbieter als auch als Abnehmer über Marktmacht verfügt. Zum anderen kann Marktmacht auf Abnehmerseite Wettbewerbs- und Preisgestaltungsspielräume des marktmächtigen Anbieters einschränken (*countervailing power*).[57]

IV. Beherrschung des Gemeinsamen Marktes oder eines wesentlichen Teils desselben

Die Marktbeherrschung muss gem. Art. 102 AEUV den Gemeinsamen Markt oder zumindest **31** einen wesentlichen Teil desselben betreffen. Als einen wesentlichen Teil haben die Kommission und die Gerichte die Gebiete einzelner Mitgliedstaaten,[58] Regionen von Mitgliedstaaten[59] und

---

51 EuGH, Rs. C-395/96 und C-396/96 (Compagnie Maritime Belge), Slg. 2000, I-1365, Rn. 36; EuG, verb. Rs. T-191/98, T-212/98 bis T-214/98 (Atlantic Container Line), Slg. 2003, II-3275, Rn. 601.
52 EuG, Rs. T-342/99 (Airtours), Slg. 2002, II-2585, Rn. 62; dazu 8. Kap., Rn. 205 ff. Die Kriterien aus dem Airtours-Urteils wurden durch EuG, Rs. T-193/02 (Laurent Piau), Slg. 2005, II-209, Rn. 111 für den Bereich des Art. 102 AEUV bestätigt.
53 EuGH, Rs. C-395/96 und C-396/96 (Compagnie Maritime Belge), Slg. 2000, I-1365, Rn. 39.
54 Vgl. hierzu oben Rn. 10 ff.
55 *Wecker*, S. 200.
56 *Ritter/Braun*, S. 417; *Schröter*, in: Schröter/Jakob/Mederer, Art. 82 Rn. 75 ff.; *Bechtold/Bosch/Brinker/Hirsbrunner*, Art. 82 Rn. 20; *Bunte*, in: Langen/Bunte, Art. 82 Rn. 72.
57 *Möschel*, in: Immenga/Mestmäcker, EG-WettbR, Art. 82 Rn. 80 möchte zu Recht auch eine besondere Sachkunde oder Professionalität der Abnehmer als Gegengewicht berücksichtigen.
58 EuGH, Rs. C-41/90 (Höfner und Elser), Slg. 1991, I-1979, Rn. 28; Kommission, 98/531/EG (Van den Bergh Foods), ABl. 1998 L 246/1, Rn. 255.
59 EuGH, verb. Rs. 40 bis 48, 50, 54 bis 56, 111, 113 und 114/73 (Suiker Unie), Slg. 1975, 1663, Rn. 448.

selbst einzelne besonders wichtige Einrichtungen wie Häfen[60] oder Flughäfen[61] ausreichen lassen.

V. Beeinträchtigung des Handels zwischen den Mitgliedstaaten

32 Dieses Tatbestandsmerkmal dient als Abgrenzung von nationalen und gemeinschaftsweiten Sachverhalten und entscheidet damit über die Anwendbarkeit von Art. 102 AEUV bzw. vergleichbarer nationaler Regelungen der Mitgliedstaaten.[62] Nach ständiger Rechtsprechung des EuGH liegt eine Beeinträchtigung dann vor, sofern eine Maßnahme bei Betrachtung *„der Gesamtheit objektiver rechtlicher oder tatsächlicher Umstände mit hinreichender Wahrscheinlichkeit erwarten lässt"*, dass diese *„unmittelbar oder mittelbar, tatsächlich oder potentiell den Warenverkehr zwischen Mitgliedstaaten in einer Weise beeinflusst, die der Verwirklichung der Ziele eines einheitlichen zwischenstaatlichen Marktes nachteilig sein könnte"*.[63] Eine Eignung zur Beeinträchtigung des zwischenstaatlichen Handels ist damit – wie es auch bei den Grundfreiheiten der Fall ist – ausreichend. Der EuGH hat für die Eignung die hinreichende Wahrscheinlichkeit einer Beeinträchtigung ausreichen lassen.[64] Allerdings greift die Spürbarkeit der Beeinträchtigung als Korrektiv ein. Beispiele unmittelbarer Beeinträchtigungen sind vertragliche Einfuhr-[65] oder Ausfuhrverbote;[66] für mittelbare Beeinträchtigungen ist es ausreichend, wenn ein Zwischenprodukt betroffen ist und das Endprodukt Gegenstand des gemeinschaftsweiten Handels ist.[67] Erfolgt hingegen ein Export in Märkte außerhalb der Gemeinschaft, liegt regelmäßig keine Beeinträchtigung vor, es sei denn, dass aufgrund der tatsächlichen und rechtlichen Gegebenheiten eine hinreichend konkrete Wahrscheinlichkeit für einen Reimport der betroffenen Produkte in die Europäische Union besteht (erhebliche, auch die Transportkosten aufwiegende Preisunterschiede, Fehlen von Exportbeschränkungen im Drittstaat u. ä.).

33 Die Tatbestandsmerkmale sind größtenteils wie in Art. 101 AEUV auszulegen; allerdings erfordert die Verknüpfung von Marktbeherrschung und Missbrauch einige Korrekturen: So stehen neben unmittelbaren und mittelbaren Auswirkungen missbräuchlichen Verhaltens auf Handelsströme auch die Auswirkungen auf die Wettbewerbsstruktur im Binnenmarkt sowie die Abschottung nationaler Märkte im Fokus bei der Frage nach einer Beeinträchtigung.[68] Die Zwischenstaatlichkeitsklausel zieht es nach sich, dass die Marktbeherrschung in einem Teil eines Mitgliedstaats ausreichend sein kann, um den Handel spürbar zu beeinträchtigen. Dies wird besonders im Rahmen der *essential facilities doctrine* relevant: Auch ein kleiner Markt wie ein Hafen oder Flughafen, der Bedeutung für den zwischenstaatlichen Handel hat, kann als wesentlicher Teil des Gemeinsamen Marktes diesen Handel spürbar beeinträchtigen.[69] Ebenso werden regelmäßig grenzüberschreitende Wirkungen zu bejahen sein, wenn sich die marktbeherrschende Stellung auf das Gebiet eines gesamten Mitgliedstaats erstreckt.

---

60 EuGH, Rs. C-18/93 (Corsica Ferries), Slg. 1994, I-1783, Rn. 41; Kommission, 94/119/EG (Hafen von Rødby), ABl. 1994 L 55/52, Rn. 8.

61 EuG, Rs. T-128/98 (Aéroports de Paris), Slg. 2000, II-3929, Rn. 152; Kommission, 95/364/EG (Flughafen Brüssel), ABl. 1995 L 216/8, Rn. 10.

62 Siehe 1. Kap., Rn. 67 ff.

63 St. Rspr., siehe EuGH, Rs. 56/66 (Maschinenbau Ulm), Slg. 1966, 321; EuG, Rs. T-70/89 (BBC), Slg. 1991, II-535, Rn. 65; siehe auch Kommission, Leitlinien über den Begriff der Beeinträchtigung des zwischenstaatlichen Handels in den Artikeln 81 und 82 des Vertrags, ABl. 2004 C 101/81.

64 EuGH, Rs. 31/80 (L'Oréal), Slg. 1980, 3775.

65 Kommission, ABl. 1981 L 326/32 (Flachglas).

66 EuGH, Rs. 19/77 (Miller), Slg. 1978, 131.

67 EuGH, Rs. 89/85 (Ahlström), Slg. 1993, I-1307.

68 EuGH, Rs. 85/76 (Hoffmann-La Roche), Slg. 1979, 461, Rn. 105; EuGH, Rs. 27/76 (United Brands), Slg. 1978, 207, Rn. 197 ff.; EuGH, Rs. 22/78 (Hugin), Slg. 1979, 1869, Rn. 15 ff.; siehe auch *Möschel*, in: Immenga/Mestmäcker, EG-WettbR, Art. 82 Rn. 287.

69 EuGH, Rs. 85/76 (Sealink II); Kommission, ABl. 1994 L 55/52 (Rødby); Kommission, Leitlinien über den Begriff der Beeinträchtigung des zwischenstaatlichen Handels in den Artikeln 81 und 82 des Vertrags, ABl. 2004/C 101/81; siehe auch *Bunte*, in: Langen/Bunte, Art. 82 EGV Rn. 385.

C. Missbräuchliche Ausnutzung einer marktbeherrschenden Stellung

Art. 102 AEUV wendet sich nicht gegen das Entstehen oder Bestehen einer marktbeherrschenden Stellung, sondern gegen deren missbräuchliche Ausnutzung.[70]   **34**

I. Begriff der missbräuchlichen Ausnutzung

Die missbräuchliche Ausnutzung ist ein objektiver Begriff und setzt kein subjektives Element   **35**
voraus.[71] Ein missbräuchliches Verhalten liegt nach der Formulierung des EuGH in „*Verhaltensweisen eines Unternehmens in beherrschender Stellung, die die Struktur eines Marktes beeinflussen können, auf dem der Wettbewerb gerade wegen der Anwesenheit des fraglichen Unternehmens bereits geschwächt ist, und die die Aufrechterhaltung des auf dem Markt noch bestehenden Wettbewerbs oder dessen Entwicklung durch die Verwendung von Mitteln behindern, welche von den Mitteln eines normalen Produkt- oder Dienstleistungswettbewerbs auf der Grundlage der Leistungen der Marktbürger abweichen.*"[72]

II. Verhältnis zu §§ 19 und 20 GWB

Als gemeinschaftsrechtliche Vorschrift genießt Art. 102 AEUV bei Fällen von gemeinschafts-   **36**
weiter Bedeutung Anwendungsvorrang vor nationalem Wettbewerbsrecht. Nationales Recht kann daher kein Missbrauchsverhalten rechtfertigen, das nach EU-Recht verboten ist.[73] In der Praxis hat das BKartA in mehreren Fällen direkt Art. 102 AEUV statt § 19 GWB oder beide Normen parallel angewendet. Unterschiedliche Ergebnisse bei der Anwendung beider Normen sind aufgrund gleicher Wertung unwahrscheinlich.[74] Aufgrund von Art. 3 Abs. 2 VO 1/2003 ist es den Mitgliedstaaten gestattet, im Bereich unilateralen (einseitigen) Verhaltens strengere Maßstäbe anzuwenden als im EU-Recht. § 20 GWB, der insbesondere auch Abhängigkeitssituationen und ähnliche Fälle relativer Marktmacht (im begrifflichen Gegensatz zu Marktbeherrschung als Ausdruck absoluter Marktmacht) erfasst, besitzt daher auch weiterhin einen eigenständigen Anwendungsbereich „unterhalb" der Schwelle von Art. 102 AEUV.

III. Zusammenhang zwischen marktbeherrschender Stellung und Missbrauch

Die Kommission und die Gerichte fordern keinen ursächlichen Zusammenhang zwischen der   **37**
marktbeherrschenden Stellung eines Unternehmens und dem in Rede stehenden Missbrauch.[75] Sie gehen insbesondere auch davon aus, dass Marktbeherrschung und Missbrauch unterschiedliche Märkte betreffen können,[76] solange zwischen dem beherrschten Markt und dem Drittmarkt ein hinreichender Zusammenhang besteht.[77]

---

70 Vgl. hierzu bereits oben Rn. 2.
71 EuGH, Rs. 85/76 (Hoffmann-La Roche), Slg. 1979, 461, Rn. 91; *Bechtold/Bosch/Brinker/Hirsbrunner*, Art. 82 Rn. 31.
72 EuGH, Rs. 85/76 (Hoffmann-La Roche), Slg. 1979, 461, Rn. 91; EuGH, Rs. C-62/86 (AKZO), Slg. 1991, I-3359, Rn. 69.
73 EuG, Rs. T-228/97 (Irish Sugar), Slg. 1999, II-2969, Rn. 211.
74 Bundeskartellamt, Tätigkeitsbericht 2003/2004, 165 (Deutsche Post); siehe dazu ausführlich auch *Wiedemann*, in: Wiedemann, § 23 Rn. 93 f.
75 EuGH, Rs. 6/72 (Continental Can), Slg. 1973, 215, Rn. 27; so auch *Ritter/Braun*, S. 422; *Schröter*, in: Schröter/Jakob/Mederer, Art. 82 Rn. 166; *Möschel*, in: Immenga/Mestmäcker, EG-WettbR, Art. 82 Rn. 123.
76 EuGH, Rs. 311/84 (Télémarketing), Slg. 1985, 3261, Rn. 23-25; EuGH, Rs. C-333/94 (Tetra Pak), Slg. 1996, I-5951, Rn. 25. Vgl. auch die ausführlichen Ausführungen zum Marktmissbrauch auf sekundären Produktmärkten bei *Fleischer*, RIW 2000, 22 ff. sowie *Schröter*, in: von der Groeben/Schwarze, Art. 82, Rn. 129.
77 EuG, Rs. T-219/99 (British Airways), Slg. 2003, II-5917, Rn. 127. Vgl. zu der missbräuchlichen Ausnutzung einer marktbeherrschenden Stellung auf einem benachbarten Markt auch Report by the Economic Advisory Group for Competition Policy, An Economic Approach to Art. 82, Juli 2005, S. 23 ff.

IV. Prüfungsrahmen für die Beurteilung der Missbräuchlichkeit

38   In Anlehnung an die oben zitierte weite Definition des Missbrauchsbegriffs sind nach der bisherigen Anwendungspraxis zu Art. 102 AEUV sowohl Praktiken umfasst, *„durch die die Verbraucher unmittelbar geschädigt werden können"* als auch *„Verhaltensweisen, die sie mittelbar dadurch benachteiligen, dass sie einen Zustand wirksamen Wettbewerbs ... beeinträchtigen".*[78] In der Literatur findet sich häufig die Aufteilung in verschiedene Missbrauchskategorien, namentlich den **Ausbeutungsmissbrauch**, der dem Unternehmen die Erzielung von Konditionen ermöglicht, die bei normalen Wettbewerbsverhältnissen nicht durchsetzbar wären, den **Behinderungsmissbrauch**, der sich mit wettbewerbsreduzierenden Maßnahmen gegenüber Wettbewerbern beschäftigt, und schließlich den **Marktstrukturmissbrauch**, der die Beeinträchtigung des verbleibenden Wettbewerbs insbesondere durch Unternehmenszusammenschlüsse (Erwerb von Minderheitsbeteiligungen/*Interlocking* Directorates)[79] betrifft.[80]

39   Die verstärkt ökonomische Betrachtung der Kommission bei der Anwendung der Wettbewerbsregeln des Vertrags macht auch vor Art. 102 AEUV nicht halt.[81] Nach der Einführung des SIEC-Tests in der Fusionskontrollverordnung und der Veröffentlichung von Leitlinien für die Beurteilung horizontaler Zusammenschlüsse mit einem Abschnitt zu Effizienzvorteilen,[82] der Reformierung der verschiedenen Gruppenfreistellungsverordnungen zu Art. 101 Abs. 3 AEUV und Leitlinien sowie der Veröffentlichung von Leitlinien zur Anwendung von Art. 81 Abs. 3 (heute Art. 101 Abs. 3 AEUV), der Umstrukturierung der Generaldirektion Wettbewerb und der mittlerweile fest verankerten Beteiligung des unmittelbar dem Generaldirektor zugeordneten Chefökonomen, verfolgt die Kommission auch einen stärker auf die **Wettbewerbswirkungen** eines Verhaltens abstellenden Ansatz im Rahmen von Art. 102 AEUV.[83] Proklamiertes Ziel ist es, den Schutz der Verbraucher[84] und nicht den Schutz der (möglicherweise ineffizienten) Wettbewerber in den Mittelpunkt der Anwendung von Art. 102 AEUV zu rücken. Dies soll nicht nur der effizienten Ressourcenallokation innerhalb der Generaldirektion Wettbewerb dienen, sondern stellt auch eine Reaktion auf die in der Vergangenheit geäußerte Kritik dar, die Kommission schütze die Wettbewerber und nicht den Wettbewerb. Daher soll die vielfach kritisierte formale Herangehensweise der Kommission durch einen stärker ökonomisch orientierten, wirkungsbezogenen Ansatz ersetzt werden.[85] In der Mitteilung zu Behinderungsmissbräuchen nimmt die Verbraucherwohlfahrt eine zentrale Rolle ein.[86]

40   Der EuGH hat in jüngeren Entscheidungen dieses Bestreben der Kommission nur eingeschränkt bestätigt, indem er nicht nur Verhaltensweisen als missbräuchlich bezeichnet hat, die unmittelbare Schäden für den Verbraucher nach sich ziehen, sondern auch solche Schäden, die durch einen Eingriff in die Wettbewerbsstruktur entstehen.[87]

41   Bei der Prüfung stehen die Auswirkungen von Marktverhalten im Vordergrund (und weniger dessen „Form" oder „Art"), um das Vorliegen eines Missbrauchs zu bejahen oder zu verneinen. Dieser Fokus soll auch dazu führen, dass die Ergebnisse aus der Anwendung der verschiedenen

---

78   EuGH, verb. Rs. 6/73 und 7/73 (Commercial Solvents), Slg. 1974, 223, Rn. 32.
79   Vgl. zu einem Missbrauch durch eine Marktstrukturveränderung Kommission, 93/252/EWG (BIC/Gillette), ABl. 1993 L 116/21, Rn. 23.
80   Vgl. zu dieser Einteilung nur *Bulst*, in: Langen/Bunte, Art. 82 Rn. 93 ff. und *de Bronett*, in: Wiedemann, § 22 Rn. 35.
81   Vgl. dazu *Sher*, ECLR 2004, 243; *Hildebrand*, WuW 2005, 513, 517 f.; *Kuipers*, Modernisation of EU Competition Law and Article 82, 2005; siehe auch Kommission, Mitteilung Behinderungsmissbrauch, ABl. 2009 C 45/02, Rn. 25.
82   Dazu grundlegend *Wirtz*, EWS 2002, 59 m.w.N.
83   Vgl. ausführlich zu einem stärker ökonomisch geprägten Ansatz bei der Anwendung von Art. 102 AEUV *Albers*, Der „more economic approach" bei Verdrängungsmissbräuchen: Zum Stand der Überlegungen der Europäischen Kommission, S. 1 sowie Report by the Economic Advisory Group for Competition Policy, An Economic Approach to Art. 82, Juli 2005.
84   Siehe zum Verbraucherbegriff *Möller*, S. 221.
85   *Gauß*, S. 44.
86   Zum Begriff der Verbraucherwohlfahrt siehe *Möller*, S. 222; siehe auch *Chirita*, World Competition 2010, 417, 423 ff.
87   EuGH, C- 202/07 P (France Télécom), Slg. 2009, I-2369, Rn. 105; EuGH, C-95/04 P (British Airways), Slg. 2007, I-2331, Rn. 106; EuG, Rs. T-201/04 (Microsoft), Slg. 2007, I-3601, Rn. 664.

M. Wirtz

Instrumente des europäischen Wettbewerbsrechts konsistent sind.[88] Offen ist, inwiefern die Gerichte der Europäischen Union im Einzelfall auf die verstärkte ökonomische Argumentation bei der Anwendung von Art. 102 AEUV eingehen, ihr folgen, sie aufnehmen oder verwerfen.[89] Das EuG weist im Microsoft-Urteil darauf hin, dass der Richter auch prüfen muss, ob alle relevanten Daten vorliegen.[90]

Als problematisch hat die Kommission insbesondere die Anwendung von Art. 102 AEUV auf „**Marktverhalten mit Doppelwirkung**" identifiziert, das zugleich wettbewerbsbeeinträchtigend als auch effizienzsteigernd sein kann. In der praktischen Anwendung von Art. 102 AEUV ist insbesondere schwierig, wettbewerbliche Vorstöße marktbeherrschender Unternehmen, die grundsätzlich positiv zu beurteilen sind, von einem unzulässigen und unerwünschten Marktmachtmissbrauch zu unterscheiden. Die Gerichte der Europäischen Union legen marktbeherrschenden Unternehmen dabei eine besondere Verantwortung auf, den Wettbewerb zu erhalten.[91] **42**

Als hilfreich für die Abgrenzung zwischen einem wettbewerbsbeeinträchtigenden und einem effizienzsteigernden Marktverhalten betrachtet die Kommission insbesondere die Definition des EuGH im Urteil „Hoffmann-La Roche" zum Missbrauchsbegriff.[92] Demnach soll es insbesondere darauf ankommen, ob ein Verhalten von normalem Wettbewerb abweicht, weil dem Verhalten **Marktverschließungseffekte** zu Eigen sind. Weiter muss das Verhalten geeignet sein, die **Struktur des Marktes** erheblich zu **verschlechtern**. Diese Überlegungen hat die Kommission als Konzept der wettbewerbswidrigen Marktverschließung in ihre Mitteilung zu Behinderungsmissbräuchen aufgenommen. **43**

Unklar ist, ob dieses Konzept in der Zukunft allein maßgeblich sein soll. Es liegt nahe, dass die in der bisherigen Praxis entwickelten allgemeinen Kriterien[93] für die Beurteilung typisierter Verhaltensformen weiter relevant bleiben. Denn die Kommission hat sich bewusst dagegen entschieden, das Konzept der wettbewerbswidrigen Marktverschließung als allgemein gültigen Prüfungstest zu formulieren. Vielmehr ist die Frage zu stellen, ob unter Zugrundelegung dieses Konzepts eine nachvollziehbare *Theory of harm* für das jeweils beurteilte Marktverhalten entwickelt werden kann.[94] **44**

Konkret bedeutet dies, dass **Bezugsbindungen** und **Lieferverweigerungen**, denen Marktverschließungseffekte inhärent sind, auch weiterhin kritisch beurteilt werden. **45**

Im Hinblick auf **Kampfpreise** (*predatory pricing*) und einige Arten von **Rabatten** gilt dies hingegen nicht. Vielmehr können sie ebenso Bestandteil wirksamen Preiswettbewerbs auf dem Markt sein. Deshalb kommt es bei der Beurteilung der Frage, ob Kampfpreise, Mengen- und sonstige Rabatte etc. Marktverschließungseffekte mit sich bringen, primär darauf an, ob genauso effiziente Wettbewerber wie das marktbeherrschende Unternehmen in der Lage wären, die gleichen Konditionen anzubieten. Dieser „*as efficient competitor*-Test" soll nach den Erwägungen der Kommission dazu führen, dass nur nicht-effiziente Wettbewerber unter dem beanstandeten Verhalten leiden.[95] Die Auslesefunktion des Wettbewerbs werde daher gestärkt. Zu berücksichtigen ist allerdings bei dem „*as efficient competitor*-Test", dass auch Wettbewerber, die nicht so effizient sind, Wettbewerbsdruck ausüben können. Dabei profitieren sie **46**

---

88 *Bulst,* in: Langen/Bunte, Art. 82 Rn. 15.
89 Kritisch dazu *Berg,* EWS 2009, Die erste Seite, der den Gemeinschaftsgerichten „holzschnittartige" Äußerungen bzgl. der ökonomischen Analyse vorwirft.
90 EuG, Rs. T-201/04 (Microsoft), Slg. 2007, II-3601, Rn. 89.
91 EuGH, Rs. 322/81 (Michelin), Slg. 1983, 3461, Rn. 57; EuGH, Rs. C-202/07 P (France Télécom), Slg. 2009, I-2369, Rn. 105.
92 EuGH, Rs. 85/76 (Hoffmann-La Roche), Slg. 1979, 461, Rn. 91.
93 Siehe dazu *Bulst,* in: Langen/Bunte, Art. 82 Rn. 98.
94 Zu der großen Bedeutung der Marktverschließung für die Beurteilung, ob ein missbräuchliches Verhalten vorliegt, siehe *Bulst,* in: Langen/Bunte, Art. 82 Rn. 100 ff.; *ders.,* RabelZ 2009, 703, 719; zu der Berücksichtigung der Verschlechterung der Struktur des Marktes siehe EuGH, Rs. C-95/04 P (British Airways), Slg. 2007, I-2331, Rn. 106 f.
95 Kommission, Mitteilung Behinderungsmissbrauch, ABl. 2009 C 45/7, Rn. 23 f.; vgl. dazu *Bulst,* in: Langen/Bunte, Art 82. Rn. 113.

von Netz- und Lerneffekten, die sie leistungsfähiger machen.[96] Dieser potentielle Wettbewerbsdruck ist bei der Prüfung einer missbräuchlichen Marktverschließung zu berücksichtigen. Treuerabatte marktbeherrschender Unternehmen betrachtet der EuGH aufgrund ihres Potentials zur Marktverschließung weiterhin als *per se* missbräuchlich;[97] eine Änderung dieser Betrachtung ist nicht in Sicht. Die Mitteilung zu Behinderungsmissbräuchen will auf eine wirkungsbasierte Bewertung dann verzichten, wenn das Verhalten des marktbeherrschenden Unternehmens „im Grunde nur den Wettbewerb behindern kann" und keine Effizienzvorteile entstehen, z.B. bei der Verhinderung des Tests von Wettbewerbsprodukten durch Kunden oder der Verzögerung von Produktneueinführungen, insbesondere bei sog. *Pay-for-Delay*-Arrangements, die die Kommission in ihrer Sektoruntersuchung zur Pharmaindustrie gefunden hatte.

47 Im Hinblick auf das zweite Kriterium, die Wahrscheinlichkeit eines Schadens für die Verbraucher durch die Marktverschließung, sollen die bereits bei der Prüfung vertikaler Beschränkungen entwickelten Grundsätze zu Art. 101 AEUV herangezogen werden. Demnach käme es insbesondere darauf an, ob durch gleichartige Bindungen zahlreiche Kunden auf einem Markt gebunden werden oder besonders wichtige, strategische Kunden durch entsprechende Bindungen dem Wettbewerb entzogen werden. Auf diese Weise will die Kommission die Wahrscheinlichkeit der Marktverschließung verifizieren. Damit würde die Kommission die in Interbrew II[98] eingeleitete Entwicklung, auf die konkreten Auswirkungen eines beanstandeten Verhaltens des marktbeherrschenden Unternehmens abzustellen, weiter verfolgen, sich damit aber möglicherweise in Widerspruch zur von den europäischen Gerichten gebilligten früheren Entscheidungspraxis, wie z.B. in British Airways,[99] setzen.

48 Im Rahmen der Prüfung, ob ein beanstandetes Verhalten möglicherweise objektiv gerechtfertigt ist, wurden **Effizienzerwägungen** früher nicht (jedenfalls nicht zugunsten des marktbeherrschenden Unternehmens) berücksichtigt. Hiervon ist die Kommission abgerückt.

49 Die Kommission berücksichtigt **Effizienzvorteile**, die das marktbeherrschende Unternehmen nachweisen muss, bei der Prüfung der Missbräuchlichkeit eines Verhaltens im Rahmen von Art. 102 AEUV.[100] Danach müssen nachweisbare Rationalisierungsvorteile wahrscheinlich sein, das in Frage stehende Verhalten des marktbeherrschenden Unternehmens muss kausal und „unverzichtbar" sein für die Erreichung der Vorteile, was wohl auf Basis einer *ex ante* Betrachtung festgestellt werden muss, die Nachteile für den Wettbewerb müssen zumindest aufgewogen werden und die Effizienzvorteile müssen an die Verbraucher weitergegeben werden, was voraussetzt, dass kein völliger Ausschluss des Wettbewerbs erfolgt (analog der Prüfung zu Art. 101 Abs. 3 AEUV). Damit schließt sich die Kommission den Gerichten der Europäischen Union an, die bereits seit längerem Effizienzvorteile berücksichtigen.[101] Ähnlich wie in den Leitlinien der Kommission zur Beurteilung horizontaler Fusionen soll einem Quasi-Monopolisten die Berufung auf Effizienzvorteile abgeschnitten werden,[102] womit die bereits angesprochene Figur der „*super-dominance*" relevant würde. In diesem Fall genießt der Erhalt des restlichen Wettbewerbs Vorrang, da Effizienz vor allem durch konkurrierende Unternehmen entsteht.[103]

50 Auch außerhalb der beteiligten Unternehmen liegende, objektive Rechtfertigungsgründe können einen Missbrauch ausschließen.[104] Allerdings wird es dem marktbeherrschenden Unternehmen nicht zugebilligt, Aufgaben der Ordnungsbehörden zur Gefahrenabwehr selbst wahrzunehmen und die Verwendung von unzuverlässigen, minderwertigen oder gar gefährlichen

---

96 Kommission, Mitteilung Behinderungsmissbrauch, ABl. 2009 C 45/7, Rn. 24.
97 Siehe zuletzt EuGH, Rs. C-95/04 P (British Airways), Slg. 2007, I-2331, Rn. 62.
98 Vgl. IP/04/574 vom 30. April 2004, COMP 37409 (Interbrew II) sowie IV. Bericht der Kommission zur Wettbewerbspolitik (2004), S. 26 f.
99 EuG, Rs. T-219/99 (British Airways), Slg. 2003, II-5917, bestätigt durch EuGH, Rs. C-95/04 P (British Airways), Slg. 2007, I-2331.
100 Kommission, Mitteilung Behinderungsmissbrauch, ABl. 2009 C 45/02, Rn. 28 ff.
101 Siehe dazu in jüngerer Zeit EuGH, Rs. C-95/04 P (British Airways), Slg. 2007, I-2331, Rn. 85 f.
102 Vgl. Kommission, Mitteilung Behinderungsmissbrauch, ABl. 2009 C 45/02, Rn. 30.
103 Kommission, Mitteilung Behinderungsmissbrauch, ABl. 2009 C 45/02, Rn. 30; eber so *Bulst*, in: Langen/Bunte, Art. 82 Rn. 151.
104 Kommission, Mitteilung Behinderungsmissbrauch, ABl. 2009 C 45/02, Rn. 29.

M. Wirtz

Produkten auszuschließen oder zu behindern. Hiervon wird man eine Ausnahme zumindest dann machen müssen, wenn sich aus diesen Produkten eine Produkthaftung für das marktbeherrschende Unternehmen ergeben kann, z.b. bei Verwendung dieser gefährlichen Produkte mit den Produkten des Marktbeherrschers. Im Ergebnis genügt für die Anwendung von Art. 102 AEUV zukünftig damit nicht mehr nur das wettbewerbsbeschränkende Potential eines beanstandeten Verhaltens, vielmehr sind die konkret zu erwartenden oder bereits nachweisbaren Auswirkungen für die Verbraucher entscheidend.

Zusammengefasst ist demnach zukünftig primär zu fragen: (1) Ist das Verhalten geeignet, eine   51
Marktverschließung herbeizuführen (bei rechtlichen Bindungen wie Ausschließlichkeitsbindungen, *tying* etc.: regelmäßig; im Preiswettbewerb: *as efficient competitor*-Test); (2) sind Marktauswirkungen in Form einer negativen Strukturveränderung zum Nachteil direkter oder indirekter Abnehmer wahrscheinlich und (3) greift der Effizienzeinwand oder greifen sonstige objektive Rechtfertigungsgründe ein?

Einen immer größeren Raum in der Entscheidungspraxis der Kommission und der Gerichte der   52
Europäischen Union nehmen gewerbliche Schutzrechte marktbeherrschender Unternehmen ein. Dabei steht das Spannungsfeld der Gewährung von exklusiven Rechten durch Patente etc. sowie des möglichen Missbrauchs durch Ausnutzung der durch das gewerbliche Schutzrecht begründeten Monopolrechte im Vordergrund. So hat das EuG in mehreren Entscheidungen[105] über Fälle geurteilt, in denen marktbeherrschende Unternehmen über gewerbliche Schutzrechte verfügten, so dass sie leicht die Möglichkeit hatten, ihre marktbeherrschende Stellung zu missbrauchen. Dies kann sich z.B. in missbräuchlichen Patentstrategien äußern. Als Lösung kommt die Erteilung von Zwangslizenzen in Betracht. Es bleibt abzuwarten, wo der EuGH die Grenze ziehen wird, um die Balance zwischen den zu Recht erworbenen Vorteilen gewerblicher Schutzrechte und der Verhinderung eines Missbrauchs durch diese Monopolrechte zu finden.

Gewerbliche Schutzrechte spielen besonders in innovativen Märkten eine bedeutende Rolle.   53
Innovative Märkte zeichnen sich durch eine hohe Dynamik und Netzwerkeffekte aus.[106] Netzwerke können die Gefahr einer Marktbeherrschung vergrößern; allerdings stehen dem wohlfahrtssteigernde Effekte gegenüber.[107] Zudem kann es auf innovativen Märkten schnell zum Verlust der marktbeherrschenden Stellung kommen, so dass kartellbehördliche Maßnahmen zu spät greifen oder zu negativen Folgen für den gesamten Markt führen. Weiterhin sind in innovativen Märkten de-facto-Standardisierungen nicht selten anzutreffen. Problematisch kann dies für den Wettbewerbsprozess werden, wenn diese Standardisierungen durch gewerbliche Schutzrechte geschützt sind und damit die Dynamik des Marktes zu beeinträchtigen drohen.[108] Eine Anwendung des Art. 102 AEUV bedarf daher einer gewissen Flexibilität, die die Eigenheiten innovativer Märkte berücksichtigt und ihren Bedürfnissen entsprechend bewertet. Der *more economic approach* mit seiner wirkungsbasierten Prüfung kann hierbei eine sinnvolle Hilfestellung leisten,[109] was im Ergebnis gegen, aber auch für eine frühe Intervention sprechen kann.

V. Mitteilung der Kommission zu Behinderungsmissbräuchen

Die 2003 begonnenen Arbeiten der Kommission an einer Überarbeitung der Anwendung des   54
Art. 102 AEUV fanden mit der *Mitteilung zu Behinderungsmissbräuchen* ihren vorläufigen Abschluss. Inhalte und Auswirkungen der Mitteilung sind an den jeweils relevanten Stellen dieses Kapitels dargestellt. Offenbar will die Kommission mit der Veröffentlichung der Mitteilung erreichen, dass neben den Unternehmen auch die nationalen Wettbewerbsbehörden eine

---

105 EuG, Rs. T-201/04 (Microsoft), Slg. 2007, II-3601; EuG, Rs. T-321/05 (AstraZeneca), noch nicht in der
      Sammlung veröffentlicht.
106 *Gauß*, S. 24 und 29; siehe auch *International Chamber of Commerce*, S. 6; *Montagnani*, World Competition
      30 (2007), 623.
107 *Dietrich*, S. 4.
108 *Wolf*, S. 88; siehe auch *Park*, Journal of Competition Law & Economics 5 (2009), 571.
109 *Gauß*, S. 58 ff.; siehe auch *Heidrich*, S. 22 ff.

Orientierung erhalten und nicht an aus ihrer Sicht „veralteter" Entscheidungspraxis festhalten. Dabei ist die Mitteilung zwar im Sinne einer Selbstbindung für die Kommission, nicht aber für nationale Behörden oder Gerichte bindend. Die Veröffentlichung der Mitteilung zu Behinderungsmissbräuchen am 24. Februar 2009 zeigt, dass der Behinderungsmissbrauch den Schwerpunkt der Arbeit der Kommission in diesem Bereich bildet. Der Mitteilurg war Ende 2005 ein Diskussionspapier vorausgegangen, das zahlreiche Stellungnahmen nach sich zog. Im Zuge der umfangreichen Beratungen innerhalb der Kommission und mit den nationalen Wettbewerbsbehörden nahm die Kommission davon Abstand, „Leitlinien" zu veröffentlichen, und nennt die Mitteilung nun „Prioritäten der Kommission" bei der Anwendung von Art. 102 AEUV. Teilweise wird die Meinung vertreten, dass sich die Kommission nicht so stark habe festlegen wollen, wie dies bei Leitlinien der Fall gewesen wäre.[110] Die Mitteilung zeigt einen stärker „economic-based approach", der sich besonders in der Betonung der Berücksichtigung von Effizienzvorteilen äußert, die als Rechtfertigung des Verhaltens dienen können.[111] Woran es der Mitteilung mangelt, sind sog. safe harbors, innerhalb derer sich ein Unternehmen sicher sein kann, nicht gegen Art. 102 AEUV zu verstoßen.[112] Ursprünglich hatte die Kommission auch Leitlinien zum Ausbeutungsmissbrauch sowie in Bezug auf diskriminierende Verhaltensweisen geplant,[113] um den Reformprozess des europäischen Wettbewerbsrechts voranzutreiben; ein Termin für eine Veröffentlichung ist nach den langwierigen Beratungen um die Mitteilung zu Behinderungsmissbräuchen derzeit allerdings nicht absehbar.

55   In ihrer Mitteilung geht die Kommission zum Teil deutlich über die bisherige Rechtsprechung hinaus oder weicht in ihren Anforderungen von denen der Rechtsprechung ab. Inwiefern der neue Ansatz der Kommission bei der Bewertung eines möglichen missbräuchlichen Verhaltens Bestand haben wird, wird erst in einigen Jahren bewertet werden können. Unklar ist, inwiefern sowohl die Gerichte der Europäischen Union als auch die nationalen Behörden und Gerichte mit der Mitteilung umgehen. Dies gilt für die Gerichte der Europäischen Union besonders in den Bereichen, in denen die neue Anwendungspraxis der Kommission Änderungen der bisherigen Rechtsprechung anregt. Die Gerichte der Europäischen Union werden im Rahmen von Klagen gegen Entscheidungen der Kommission indirekt über die Mitteilung – als Grundlage der Kommissionsentscheidung – zu befinden haben, so dass die Mitteilung der Kommission auf diesem Weg Eingang in den acquis communautaire finden könnte und ihr damit viel größere Bedeutung zukommt, als es aufgrund ihrer Natur als interne Verwaltungsvorschrift zunächst erscheinen mag. Auch wenn die Mitteilung für nationale Behörden nicht bindend ist, dürfte sie doch Druck auf die nationalen Behörden erzeugen, sich dem neuen Ansatz der Kommission zumindest anzunähern. So droht für die nationale Behörde das Dilemma, einerseits der Rechtsprechung nicht zu widersprechen sowie andererseits die Vorgaben der Kommission umzusetzen, da Entscheidungen der nationalen Behörden denen der Kommission nicht widersprechen dürfen. In der Praxis dürfte die Mitteilung einen ähnlichen Einfluss wie die Veröffentlichung von Leitlinien haben.[114] Unternehmen, die aufgrund ihrer Größe der Anwendung des Art. 102 AEUV unterfallen, werden sich zwangsläufig den Vorgaben der Mitteilung der Kommission unterwerfen müssen. Auch wenn diese Vorgaben vor den Gerichten der Europäischen Union keinen Bestand haben sollten, vergehen Jahre bis zu einer entsprechenden Gerichtsentscheidung. Hinzu kommt, dass die Bewertung eines Verhaltens als missbräuchlich durch die Kommission den Ruf des betroffenen Unternehmens schädigen kann und schon aus diesem Grund die Vorgaben der Kommission befolgt werden.

---

110   Gauß, S. 48.
111   Siehe grundlegend zu der Berücksichtigung von Effizienzen Schwalbe/Zimmer, S. 352 ff.
112   Vgl. dazu (noch zum Diskussionsentwurf der Mitteilung) die Kritik von Hirsbrunner/Schädle, EuZW 2006, 583, 586 sowie GRUR, Stellungnahme zum Diskussionspapier zur Auslegung von Art. 82 EGV, April 2006, S. 4.
113   Siehe die Ankündigung in Kommission, MEMO/05/486, S. 1.
114   Ebenso Lovdahl Gormsen, ECLR 2010, 45, 46; so sprechen viele Autoren auch von „Leitlinien", siehe z.B. Kjølbye, ECLR 2010, 66.

M. Wirtz

Die Mitteilung der Kommission hat in der Literatur teilweise scharfe Kritik hervorgerufen.[115] 56
Einig ist sich die Literatur darin, dass die bisherige Auslegung des Art. 102 AEUV einer Überarbeitung bedurfte.[116] Dabei übergeht die Kommission die Rechtsprechung in einigen Fällen
und wählt neue Ansätze, um missbräuchliches Verhalten zu bewerten.[117] Zu kritisieren ist daran, dass die Kommission durch die Fortentwicklung der Wettbewerbspolitik in der Form und
mit dem Inhalt der Mitteilung keine Rechtssicherheit schafft. Dies wäre nur dann der Fall, wenn
die Kommission auf Basis der bisherigen Rechtsprechung ihre Prioritäten definiert und nicht,
wenn die Kommission durch ihre Mitteilung neue Rechtsprechungsimpulse gibt und auf Basis
ihrer Mitteilung Testfälle aufgreift und die rechtsunterworfenen Unternehmen zum Versuchs-
objekt „interner" Prioritäten werden. Es ist der Geburtsfehler dieser Mitteilung, dass sie nicht
zu dem steht, was sie ist, nämlich *soft law*, und dass sie nicht den Detaillierungsgrad von Leitlinien besitzt, der im Interesse der Rechtssicherheit wünschenswert gewesen wäre. Als Konsequenz dieser Inkonsistenz wird sogar gefordert, die Mitteilung der Kommission zurückzuzie-
hen.[118] Dazu wird es sicherlich nicht kommen; jedoch ist es notwendig, die Abweichungen von
der Rechtsprechung in der Mitteilung der Kommission kritisch zu hinterfragen.

VI. Fallgruppen des Missbrauchs

1. Beispielskatalog des Art. 102 Abs. 2 AEUV

Art. 102 Abs. 2 AEUV enthält einen nicht abschließenden[119] Beispielskatalog für Verhaltens- 57
weisen, die als missbräuchliche Ausnutzung einer marktbeherrschenden Stellung qualifiziert
werden. Die im Beispielskatalog des Art. 102 Abs. 2 AEUV aufgeführten Missbräuche,[120] namentlich die Erzwingung unangemessener Konditionen oder Preise, die Einschränkung der Erzeugung, des Absatzes oder der technischen Entwicklung zum Schaden der Verbraucher, die
Diskriminierung von Handelspartnern sowie Kopplungsgeschäfte erfüllen als Konkretisierung
der Generalklausel in Art. 102 Abs. 1 AEUV in der Regel auch automatisch deren Voraussetzungen.[121]

2. Generalklausel des Art. 102 Abs. 1 AEUV

Die Generalklausel des Art. 102 Abs. 1 AEUV erfasst sonstige Verhaltensweisen eines markt- 58
beherrschenden Unternehmens, durch die Wettbewerber, Handelspartner oder Verbraucher
geschädigt oder die Strukturen des Marktes beeinträchtigt werden. Die Beweisanforderungen
sind jedoch im Hinblick auf ein Verhalten, das nicht einem der Regeltatbestände des Art. 102
Abs. 2 AEUV entspricht, höher.[122] Besondere Berücksichtigung findet bei der Beurteilung der
Missbräuchlichkeit eines bestimmten Verhaltens, ob es für dieses eine objektive Rechtfertigung
gibt und ob das fragliche Verhalten verhältnismäßig ist.[123] Effizienzgewinne in Folge des beanstandeten Verhaltens werden von der Kommission und den Gerichten der Europäischen
Union berücksichtigt. Damit besteht heute (jedenfalls in der Tendenz) ein Gleichklang mit der
Berücksichtigung von Effizienzen in der Fusionskontrolle und in Art. 101 Abs. 3 AEUV.[124]

---

115 Siehe stellvertretend *Lovdahl Gormsen*, ECLR 2010, 45; der größte Teil der Literatur nimmt die Mitteilung
   kritiklos an und stellt die Ansätze der Kommission in vielen Fällen der Entscheidungspraxis der Gerichte der
   Europäischen Union gleich.
116 Siehe statt vieler *Lovdahl Gormsen*, ECLR 2010, 45 m.w.N.
117 Befürworter der Mitteilung der Kommission klassifizieren dies als die Ausfüllung von Lücken, Stellungnahme
   zu Zweifelsfragen sowie eigener Schwerpunktsetzung der Kommission, siehe *Bulst,* in: Langen/Bunte,
   Art. 82 Rn. 5.
118 *Lovdahl Gormsen*, ECLR 2010, 45, 51.
119 EuGH, Rs. 6/72 (Continental Can), Slg. 1973, 215, Rn. 26; EuGH, verb. Rs. C-395/96 und C-396/96 (Compagnie Maritime Belge), Slg. 2000, I-1365, Rn. 112.
120 Vgl. ausführlich zu den einzelnen missbräuchlichen Verhaltensweisen unten Rn. 60 ff.
121 EuGH, Rs. 27/76 (United Brands), Slg. 1978, 207, Rn. 182 f.
122 Vgl. dazu im Einzelnen bei den möglichen Missbrauchstatbeständen unten Rn. 60 ff.
123 Kommission, 88/138/EWG (Hilti), ABl. 1988 L 65/19, Rn. 93; EuGH, Rs. C-333/94 (Tetra Pak), Slg. 1996,
   I-5951, Rn. 37; siehe auch Kommission, Mitteilung Behinderungsmissbrauch, ABl. 2009 C 45/7, Rn. 28 ff.
124 Vgl. *Bulst,* in: Langen/Bunte, Art. 82 Rn. 149; zu den Planungen bereits im Jahre 2005 *Kroes,* Preliminary
   Thoughts on Policy Review of Art. 82, SPEECH/05/537, S. 5.

Gleichwohl ist der konkrete Kontext, in dem Effizienzvorteile erzielt werden sollen, für deren wettbewerbsfördernden oder aber -schädigenden Charakter und den Nutzen der Verbraucher keinesfalls unerheblich. Der „Gleichklang" entspricht bildlich daher eher einem Akkord.

3. Typologie missbräuchlicher Verhaltensweisen

59   Im Folgenden werden einzelne missbräuchliche Verhaltensweisen dargestellt.

60   a) **Erzwingung unangemessener Preise und sonstiger Geschäftsbedingungen.** Die Erzwingung unangemessener Preise ist gem. Art. 102 Abs. 2 lit. a) AEUV eines der Regelbeispiele für den Missbrauch einer marktbeherrschenden Stellung in Form des Ausbeutungsmissbrauchs durch marktmächtige Anbieter oder Nachfrager. Art. 102 AEUV schützt daher auch den Nachfragewettbewerb. Der Begriff des Preises ist dabei weit zu verstehen und umfasst nicht nur den Einkaufs- oder Verkaufspreis an sich, sondern auch Rabatte, Boni oder Skonti.[125] Für eine Erzwingung ist es nicht erforderlich, dass der Marktbeherrscher Druck ausübt oder sonstige Zwangsmittel zum Einsatz bringt, sondern es genügt, dass der Handelspartner die unangemessenen Preise aufgrund der wirtschaftlichen Übermacht des Marktbeherrschers hinnimmt.[126]

61   Ein Preis ist missbräuchlich im Sinne von Art. 102 Abs. 2 lit. a) AEUV, wenn er in keinem angemessenen Verhältnis zu dem wirtschaftlichen Wert des fraglichen Produktes (Ware, auch Dienstleistung oder Lizenz) steht.[127] Die Beweislast liegt bei demjenigen, der sich auf die Unangemessenheit des Preises beruft. Die Unangemessenheit ergibt sich nach der Rechtsprechung des EuGH aus einem Vergleich des Verkaufspreises mit den tatsächlichen Produktionskosten, der eine **überhöhte Gewinnspanne** aufzeigen kann.[128] Hierbei dürfen jedoch solche Kosten nicht berücksichtigt werden, die sich aus einem mangels hinreichenden Wettbewerbs ineffizienten Produktionsablauf ergeben.[129] Die Berechnung der Produktionskosten dürfte insbesondere in solchen Fällen problematisch sein, in denen das fragliche Unternehmen über eine sehr breite Produktpalette verfügt, so dass eine genaue Zuordnung von Kosten wie Werbung, Marketing etc. zu einzelnen Produkten praktisch nicht möglich ist.[130] In einer Entscheidung von 2004 hat die Kommission zudem eine weite Definition des Begriffes des wirtschaftlichen Wertes aus der United Brands-Entscheidung des EuGH[131] entwickelt. Nach Ansicht der Kommission soll die Unangemessenheit des Preises sich nicht nur nach dem Verhältnis zwischen den tatsächlichen Produktionskosten und dem Preis eines Produktes beurteilen, sondern es sollen auch die nicht unmittelbar kostenrelevanten Faktoren Berücksichtigung finden, die den Wert eines Produktes aus der Sicht der Abnehmer steigern.[132]

62   Angesichts der praktischen Schwierigkeiten, die mit einer detaillierten Kosten- und Gewinnanalyse verbunden sind,[133] arbeiten die Kommission und die Gerichte der Europäischen Union auch mit dem **Vergleichsmarktkonzept**, wobei ein räumlicher, zeitlicher oder sachlicher Vergleich möglich ist. Im ersten Fall werden die Preise für ein bestimmtes Produkt mit denjenigen für dasselbe Produkt auf einem anderen geographischen Markt verglichen. In der zweiten Kon-

---

125   *Bulst,* in: Langen/Bunte, Art. 82 Rn. 158.
126   *Schröter,* in: Schröter/Jakob/Mederer, Art. 82 Rn. 182; *de Bronett,* in: Wiedemann, § 22 Rn. 49.
127   EuGH, Rs. 27/76 (United Brands), Slg. 1978, Rn. 250; Beispiele sind eine übertriebene Höhe im Vergleich zum objektiven wirtschaftlichen Wert oder der Fall, dass dem Preis überhaupt keine Leistung gegenübersteht, siehe EuGH, Rs. C-385/07 P (Der Grüne Punkt), Slg. 2009, I-06155, Rn. 142.
128   EuGH, Rs. 27/76 (United Brands), Slg. 1978, 207, Rn. 252; EuGH, Rs. C-323/93 (Crespelle), Slg. 1994, I-5077, Rn. 25.
129   EuGH, Rs. C-179/90 (Porto di Genova), Slg. 1991, I-5889, Rn. 19; vgl. auch EuGH, Rs. 395/87 (Tournier), Slg. 1989, 2521, Rn. 38 ff.
130   *Hübschle,* in: Lange, S. 459.
131   EuGH, Rs. 27/76 (United Brands), Slg. 1978, 207.
132   Kommission, COMP/A.36.568/D3 (Scandlines Sverige), Rn. 214 ff., 228. Der Fall beschäftigt sich mit der Erhebung von Hafengebühren durch einen marktbeherrschenden Hafenbetreiber, die nach Ansicht der Fährgesellschaft Scandlines Sverige missbräuchlich überhöht sind. Diese Einschätzung wurde von der Kommission jedoch nicht geteilt. Gegen diese Entscheidung erhob Scandlines Sverige, insbesondere wegen einer aus ihrer Sicht falschen Anwendung und Interpretation des Begriffs des „wirtschaftlichen Wertes", bei dem EuG Klage (Rs. T-399/04). Der Fall wurde am 22. Februar 2002 aus dem Fallregister entfernt, siehe http://curia.europa.eu/en/content/juris/t2.htm.
133   Vgl. hierzu ausführlich *de Bronett,* in: Wiedemann, § 22 Rn. 52.

M. Wirtz

stellation ist Vergleichsmaßstab der Preis für das fragliche Produkt zu einem früheren Zeitpunkt. Im letzten Fall schließlich ist Bezugspunkt der Preis für ein in seinen Eigenschaften und im Einsatzbereich vergleichbares, aber dennoch nicht austauschbares anderes Produkt. In der Kommissions- und Gerichtspraxis wird am häufigsten auf das räumliche Vergleichsmarktkonzept zurückgegriffen und der Preis für ein bestimmtes Produkt mit demjenigen für das gleiche Produkt in einem anderen Mitgliedstaat verglichen.[134] Unterschiedliche Preise in verschiedenen europäischen Ländern können nur durch marktstrukturelle Gründe objektiv gerechtfertigt werden.[135]

Art. 102 Abs. 2 lit. a) AEUV erfasst nicht nur die Erzwingung unangemessen hoher Preise seitens eines marktbeherrschenden Anbieters gegenüber seinen Kunden, sondern auch die Durchsetzung unangemessen niedriger Preise eines marktbeherrschenden Nachfragers im Hinblick auf seine Lieferanten.[136]   **63**

Lizenzgebühren können insbesondere auch missbräuchlich sein, wenn sie für nicht nachgefragte   **64**
Schutzrechte oder damit im Zusammenhang stehende Leistungen verlangt werden. Dies kommt etwa in Betracht für die zwangsweise gemeinsame (gebündelte) Lizenzierung standardessentieller und nicht-essentieller Patente, die Verpflichtung zur Zahlung von Lizenzgebühren über die Gültigkeit von Schutzrechten hinaus, das Verlangen konstanter Lizenzgebühren trotz Preisverfalls bei den hergestellten Produkten oder der Bemessung der Lizenzgebühren bei einem dualen Entsorgungssystem nach der Gesamtmenge der in Verkehr gebrachten Verkaufsverpackungen ohne Berücksichtigung der selbst oder durch ein anderes System entsorgten Teilmengen.[137]

Auch unbillige Geschäftsbedingungen stellen einen Missbrauch nach Art. 102 AEUV dar.[138]   **65**
Regelungen jeder Art zwischen Vertragspartnern dürfen die Gegenseite nicht unangemessen beschränken. Beweiserleichterungen in Bezug auf Geschäftsbedingungen bietet die unwiderlegbare Vermutung, dass unangemessene Geschäftsbedingungen vom Vertragspartner aufgezwungen worden sind, wenn der Vertragspartner ein marktbeherrschendes Unternehmen ist.[139]

b) Margin squeeze. Eine weitere missbräuchliche Preisgestaltung stellt die sog. Preisschere   **66**
(*margin squeeze*) dar. In diesem Fall verarbeitet ein marktbeherrschendes Unternehmen, das zugleich in dem beherrschten Vorproduktmarkt und in einem nachgelagerten Markt für die verarbeiteten Produkte tätig ist, die Vorprodukte zum Teil selbst; im übrigen werden die Vorprodukte an Wettbewerber auf dem nachgelagerten Markt verkauft. Dies geschieht jedoch zu einem Preis, der so hoch angesetzt ist, dass den Wettbewerbern auf dem Markt für die verarbeiteten Produkte keine hinreichende Gewinnspanne verbleibt, um wettbewerbsfähig und längerfristig auf dem Markt für die verarbeiteten Produkte aktiv zu sein.[140] Das marktbeherrschende Unternehmen selbst hat in dieser Konstellation hingegen eine ausreichende Gewinnspanne auf dem nachgelagerten Markt oder kompensiert Verluste durch eine Quersubventionierung.[141] Nach Auffassung der Kommission ist das Bestehen einer Preisschere alleine ausreichend, um den Missbrauch einer marktbeherrschenden Stellung anzunehmen, ohne dass hierfür noch das Vorliegen einer konkreten Wettbewerbsbeeinträchtigung nachgewiesen werden müss-

134 EuGH, Rs. 24/67 (Parke Davis), Slg. 1968, 85, 113; EuGH, Rs. 30/87 (Pompes Funebres), Slg. 1988, 2479, Rn. 31; EuGH, verb. Rs. C-110/88, C-241/88 und C-242/88 (Lucazeau/SACEM), Slg. 1989, 2811, Rn. 25 ff.
135 *Hübschle* in: Lange, S. 460.
136 EuGH, Rs. 298/83 (CICCE), Slg. 1985, 1105, Rn. 22 ff.; *Ritter/Braun*, S. 430; *Schröter*, in: Schröter/Jakob/Mederer, Art. 82 Rn. 181.
137 EuGH, Rs. C-385/07 P (Der Grüne Punkt), Slg. 2009, I-06155, Rn. 142.
138 EuGH, Rs. 155/73 (Sacchi), Slg. 1974, 409 Rn. 17; für eine Auflistung von einzelnen Bedingungen siehe *Bulst*, in: Langen/Bunte, Art. 82 Rn. 181.
139 *de Bronett*, in: Wiedemann, Art. 82 Rn. 49.
140 EuG, Rs. T-5/97 (Industrie des Poudres Sphériques), Slg. 2000, II-3755, Rn. 178; Kommission, 88/518/EWG (Napier Brown/British Sugar), ABl. 1988 L 284/41, Rn. 66; EuG, Rs. T-271/03 (Deutsche Telekom), Slg. 2008, II-477, Rn. 237. Vgl. *Álvarez-Labrador*, World Competition 29 (2006) 247, sowie zur aktuellen Entwicklung *Faella/Pardolesi*, S. 7 f.
141 Vgl. zum Phänomen der Quersubventionierung unten Rn. 65. Zum Nachweis einer Preisschere vgl. auch Mitteilung über die Anwendung der Wettbewerbsregeln auf Zugangsvereinbarungen im Telekommunikationsbereich, ABl. 1998 C 265/2, Rn. 117 ff.

te.[142] Diese Rechtsansicht hat der EuGH in dem Deutsche Telekom-Urteil vom 14. Oktober 2010 bestätigt.[143] Ist ein Preis auf einem vorgelagerten Markt – wie dies im Fall von Vorleistungszugangsdiensten im Telekommunikationssektor der Fall ist – reguliert, aber auf dem nachgelagerten (Endkunden-) Markt nicht, so kann ein auf dem vorgelagerten Markt marktbeherrschendes Unternehmen auf dem nachgelagerten Markt höhere Gewinne erzielen, wenn es Wettbewerber durch einen *margin squeeze* ausschließt.[144] Entscheidend ist die Reduzierung der Wahlmöglichkeiten sowie die fehlende Aussicht auf geringere Preise für Endkunden; die Höhe von Entgelten für Zwischenabnehmer oder Endkunden müssen nicht alleine für sich missbräuchlich sein. Dem gegenüber hat der U.S. Supreme Court in einem Grundsatzurteil entschieden, dass ein Verstoß gegen Section 2 Sherman Act nur dann vorliegt, wenn eine kartellrechtliche Lieferverpflichtung besteht oder dem Marktbeherrscher *predatory pricing* nachgewiesen wird; das Bestehen einer Kostenschere allein ist danach nicht ausreichend.[145]

67   c) Predatory Pricing. Eine weitere Konstellation der missbräuchlichen Preisstrategien ist die Kampfpreisunterbietung (*predatory pricing*), die darauf abzielt, weniger leistungsstarke Wettbewerber des marktbeherrschenden Unternehmens zu verdrängen. Hierbei ist nicht erforderlich, dass der Kampfpreis auf dem gleichen Markt erhoben wird, auf dem das fragliche Unternehmen marktbeherrschend ist.[146] Die Unterscheidung zwischen wettbewerbswidrigen Kampfpreisstrategien einerseits und Preisunterbietungen, die durch starken Wettbewerb entstehen andererseits, kann im Einzelfall schwierig sein. Preiswettbewerb kommt grundsätzlich dem Verbraucher zugute, Kampfpreise schaden aber der Marktstruktur. Der *more economic approach* soll zur Lösung dieses Dilemmas beitragen.

68   Nach Ansicht des EuGH liegt eine Kampfpreisunterbietung und damit ein Missbrauch gem. Art. 102 Abs. 1 AEUV *per se* vor, wenn das marktbeherrschende Unternehmen seine Produkte zu einem Preis anbietet, der **unter den durchschnittlichen variablen Kosten**, d.h. den sich abhängig von der Produktionsmenge ändernden Kosten, liegt.[147] In diesen Fällen setzt der EuGH voraus, dass es keine wirtschaftlich sinnvolle Erklärung für eine Preissetzung gibt, die bei jedem Verkauf einen Verlust generiert, so dass von einer Verdrängungsabsicht zulasten der Wettbewerber auszugehen sei. Ein Missbrauch ist nach Ansicht des EuGH aber auch dann gegeben, wenn die Preise für die Produkte des Marktbeherrschers zwar über den durchschnittlichen variablen Kosten, aber **unter den durchschnittlichen Gesamtkosten**, d.h. den Fixkosten zuzüglich der variablen Kosten, liegen, sofern dem marktbeherrschenden Unternehmen eine **Verdrängungsabsicht** nachgewiesen werden kann.[148] Dieser Nachweis kann sich aus entsprechenden Unterlagen,[149] aber auch aus Indizien wie der Dauer der Preisunterbietung, dem Umfang der Preisunterbietung oder der selektiven Anwendung der Niedrigpreise ergeben.[150] Dabei wird der *as efficient competitor*–Test durchgeführt, um die Eignung von Kampfpreisen zur Verdrängung von Wettbewerbern zu prüfen. Nach Auffassung der Kommission ist anders als nach der bisherigen Rechtsprechung unter Verdrängung nicht nur der Marktaustritt eines Wettbewerbers, sondern jegliche Behinderung in seiner Wettbewerbstätigkeit zu verstehen.[151] Für die Qualifizierung eines Preises als missbräuchlich ist es nicht entscheidend, ob das Unternehmen die

---

142 Kommission (Deutsche Telekom), ABl. 2003 L 263/9, Rn. 180; kritisch dazu *Polo*, Journal of Competition Law and Economics 3 (2007), 453, 469 f.

143 EuGH, Rs. C-280/08 P (Deutsche Telekom), noch nicht in der Sammlung veröffentlicht, Rn. 183.

144 EuGH, Rs. C-280/08 P (Deutsche Telekom), noch nicht in der Sammlung veröffentlicht, Rn. 183; Kommission, Mitteilung Behinderungsmissbrauch, ABl. 2009 C 45/7, Rn. 88.

145 Siehe *Zöttl*, RIW 2009, 445.

146 EuGH, Rs. C-62/86 (AKZO), Slg. 1991, I-3359, Rn. 45.

147 EuGH, Rs. C-62/86 (AKZO), Slg. 1991, I-3359, Rn. 71; EuGH, Rs. C-333/94 (Tetra Pak), Slg. 1996, I-5951, Rn. 41; zuletzt EuGH, Rs. C-202/07 P (France Télécom), Slg. 2009, I-2369, Rn. 224.

148 EuGH, Rs. C-202/07 P (France Télécom), Slg. 2009, I-2369, Rn. 109; EuGH, Rs. C-62/86 (AKZO), Slg. 1991, I-3359, Rn. 72.

149 Kommission, COMP/38.233 (Wanadoo Interactive), Rn. 271.

150 *Ritter/Braun*, S. 453 f.; *Schröter*, in: Schröter/Jakob/Mederer, Art. 82 Rn. 279.

151 Kommission, COMP/38.233 (Wanadoo Interactive), Rn. 266; der EuGH ließ diese Frage offen, da er die Verdrängung bestätigte, siehe EuGH, C-202/07 P (France Télécom), Slg. 2009, I-2369, Rn. 97 ff.

Möglichkeit hat, die Verluste zu einem späteren Zeitpunkt zu kompensieren.[152] Umgekehrt spricht es gegen eine Verdrängungsabsicht, wenn ein Unternehmen ein besonders preissensibles Produkt (hohe Nachfrageelastizität) unter den durchschnittlichen Gesamtkosten anbietet, um dadurch für Kunden Kaufanreize zu schaffen, aufgrund des Verbundkaufverhaltens der Abnehmer jedoch Erträge erwartet.

Problematisch sind die in der Rechtsprechung (AKZO) entwickelten Standards insbesondere **69** in den Fällen, in denen die variablen Kosten gering, die Fixkosten jedoch überdurchschnittlich hoch sind. Dies trifft zum Beispiel auf das Betreiben eines Telefonnetzes oder die Erbringung von Postdienstleistungen zu. Die Errichtung der ursprünglichen Infrastruktur verursacht immense Kosten, während die Erbringung der Dienstleistung an sich relativ niedrige Kosten verursacht. Die Kommission unterscheidet in diesen Fällen innerhalb der Fixkosten zwischen den gemeinsamen Vorhaltungskosten einerseits und den **leistungsspezifischen Zusatzkosten** (*incremental costs*) andererseits. Bei den leistungsspezifischen Zusatzkosten handelt es sich um diejenigen Kosten, die allein aufgrund einer einzelnen Dienstleistung (z.B. eines Paketdienstes) anfallen. Demgegenüber sind die gemeinsamen Fixkosten nicht leistungsspezifisch mit einer bestimmten Dienstleistung verknüpft und entfallen erst bei Einstellung sämtlicher Dienste des Unternehmens.[153] Die Frage, ob die Vergütung für eine spezielle Dienstleistung kostendeckend ist, beurteilt sich hiernach alleine nach den auf diese Leistung entfallenden Zusatzkosten, ohne dass die gemeinsamen Fixkosten Berücksichtigung finden. Deckt der Preis für eine auf der bestehenden Infrastruktur basierende Zusatzdienstleistung die durch diese verursachten durchschnittlichen Zusatzkosten nicht und ist daher eine anhaltende Quersubventionierung aus einem Geschäftsbereich erforderlich, in dem das betreffende Unternehmen marktbeherrschend ist, liegt nach der Kommission ein Missbrauch vor.[154] Kein Fall der missbräuchlichen Quersubventionierung ist nach Ansicht des EuG hingegen gegeben, wenn ein marktbeherrschendes Unternehmen Gewinne aus einem ihm vorbehaltenen Geschäftsbereich, in dem es daher marktbeherrschend ist, in einem benachbarten, dem Wettbewerb offen stehenden Markt investiert, solange nicht feststeht, dass die investierten Gewinne aus einem missbräuchlichen Verhalten stammen.[155]

Nach der Mitteilung zu Behinderungsmissbräuchen hat die Kommission auf dem Weg zu einem **70** *more economic approach* zwei neue Oberbegriffe eingeführt, unter denen sie Kampfpreisstrategien einordnen will: Zum einen den Oberbegriff der „Selbstschädigung" sowie den Oberbegriff der „wettbewerbswidrigen Marktverschließung". Selbstschädigung meint die Inkaufnahme von Verlusten, die unter normalen Wettbewerbsbedingungen nicht entstanden wären. Wettbewerbswidrige Marktverschließung bedeutet die Abschottung des betroffenen Marktes durch die Verdrängung aktueller Wettbewerber sowie der Abschreckung potentieller Wettbewerber.[156] Bzgl. der Inkaufnahme von Verlusten dürften schlichte Umsatzeinbußen aufgrund von Preissenkungen nicht ausreichen, sofern sich dies – etwa aufgrund von Mengensteigerungen – nicht in geringeren Erträgen niederschlägt. Preise unterhalb der Produktionskosten führen stets zu einem Verlust. Für die Berechnung der Produktionskosten sollen statt wie bisher die variablen Kosten die vermeidbaren Kosten als Messlatte dienen. Die vermeidbaren Kosten beinhalten zusätzlich zu den variablen Kosten auch noch produktspezifische Fixkosten.[157] Diese zusätzlichen Kosten wären ohne Kampfpreisstrategie und dadurch verursachte höhere Produktionszahlen nicht angefallen. Im Rahmen der wettbewerbswidrigen Marktverschließung

---

152 EuGH, C-202/07 P (France Télécom), Slg. 2009, I-2369, Rn. 97 ff.; EuGH, Rs. C-333/94 (Tetra Pak), Slg. 1996, I-5951, Rn. 44; EuG, Rs. T-83/91 (Tetra Pak), Slg. 1994, II-755, Rn. 150; Kommission, COMP/38.233 (Wanadoo Interactive), Rn. 333. Dem hat sich auch die Kommission in ihrer Mitteilung zu Behinderungsmissbräuchen angeschlossen, siehe Kommission, Mitteilung Behinderungsmissbrauch, ABl. 2009 C 45/7, Rn. 71. Vgl. auch *Lowe*, EU Competition Practice on Predatory Pricing, Introductory address to the Seminar "Pros and Cons of Low Prices", Dezember 2003, S. 5 f.

153 Kommission, 2001/354/EG (Deutsche Post AG), ABl. 2001 L 125/27, Rn. 6 f.; siehe dazu ausführlich O'Donoghue/Padilla, S. 269 ff.

154 Kommission, 2001/354/EG (Deutsche Post AG), ABl. 2001 L 125/27, Rn. 36; siehe auch Kommission, Mitteilung Behinderungsmissbrauch, ABl. 2009 C 45/7, Rn. 63.

155 EuG, Rs. T-175/99 (UPS), Slg. 2002, II-1915, Rn. 61.

156 *Lange/Pries*, EWS 2009, 57, 58 f.

157 *Lange/Pries*, EWS 2009, 57, 59.

führt die Kommission den *as efficient competitor*-Test durch. Sie prüft mithin, ob ein ebenso leistungsstarker Wettbewerber verdrängt oder abgeschreckt wird. Dabei möchte die Kommission statt der Gesamtkosten die langfristigen Zusatzkosten – d.h. ohne die in den Gesamtkosten enthaltenen Gemeinkosten – erfassen.[158] Bei Preisen oberhalb der langfristigen Zusatzkosten ist nur bei Vorliegen besonderer Umstände, die zu einer Verdrängung oder Abschreckung führen können, mit einer Marktverschließung zu rechnen. Die Erläuterungen zeigen, dass sich die neuen Oberbegriffe nicht wesentlich von der früheren Herangehensweise unterscheiden; allerdings entfernt sich die Kommission ein Stück von der bisherigen strikten Kostenorientierung.

71 Die Rechtsprechung hat bisher nicht die Frage entschieden, ob Kampfpreisstrategien gerechtfertigt sein können. Die Einrede des *„meeting competition"*, d.h. die Reaktion auf die Preispolitik eines Wettbewerbers, wurde im Diskussionspapier ausführlich dargestellt, fehlt aber in der Mitteilung zu Behinderungsmissbräuchen. Dies überrascht auf den ersten Blick, da sie vielen als die wichtigste Rechtfertigungsmöglichkeit eines Marktbeherrschers gilt.[159] Der EuGH hat die Einrede des *„meeting competition"* allerdings 2009 verworfen.[160]

72 In der Mitteilung angesprochen ist allerdings die Möglichkeit der Rechtfertigung aufgrund von Effizienzvorteilen, auch wenn die Kommission dies für unwahrscheinlich hält.[161]

73 **d) Diskriminierung von Handelspartnern (insbes. Preisdiskriminierung).** Ein weiteres Regelbeispiel für den Missbrauch einer marktbeherrschenden Stellung ist gem. Art. 102 Abs. 2 lit. c) AEUV die Anwendung unterschiedlicher Bedingungen für gleichwertige Leistungen seitens eines marktbeherrschenden Unternehmens gegenüber seinen Handelspartnern, wodurch diese einen Wettbewerbsnachteil erleiden. Ebenso stellt es nach Ansicht des EuGH einen Missbrauch dar, wenn auf unterschiedliche Sachverhalte gleiche Konditionen angewendet werden.[162]

74 Die Vorschrift des Art. 102 Abs. 2 lit. c) AEUV wird von der Kommission und den Gerichten insbesondere auf Fälle der Preisdiskriminierung angewendet, in denen der Marktbeherrscher seine Leistungen verschiedenen Kunden zu unterschiedlichen Preisen anbietet oder seinerseits für die gleiche Leistung unterschiedliche Preise zahlt, wobei die Preisunterschiede auch durch unterschiedlich hohe Rabatte entstehen können.[163] Die Gleichwertigkeit einer Leistung bestimmt sich nach ihrer Zugehörigkeit zu einem Produktmarkt, d.h. der Austauschbarkeit aus Sicht der Kunden. Erfasst ist nicht nur die Preisdiskriminierung gegenüber Handelspartnern, die ihrerseits miteinander im Wettbewerb stehen und durch die Preisdiskriminierung bei ihrer eigenen Handelstätigkeit benachteiligt werden (*secondary line discrimination*). Die Kommissionspraxis weist in eine Richtung, nach der auch die Erhebung unterschiedlicher Preise gegenüber Unternehmen, die in keinerlei Wettbewerbsverhältnis zueinander stehen (*primary line discrimination),* von Art. 102 Abs. 2 lit. c) AEUV erfasst wird.[164]

75 Die Erhebung unterschiedlicher Preise für das gleiche Produkt stellt jedoch keine Diskriminierung dar, wenn die Preisdifferenz auf objektiven Gründen beruht. Als sachliche Rechtfertigung kommen zum Beispiel unterschiedliche Kosten für Rohstoffe, Gehälter, Herstellung, Transport oder auch verschieden hohe Steuern, Zollgebühren und ähnliche Faktoren in Betracht.[165] Zumindest in Fällen, in denen es sich um Unternehmen mit einem extrem hohen Marktanteil handelt, ist es als Rechtfertigung für nicht ausreichend bewertet worden, dass das marktbe-

---

158 Kommission, Mitteilung Behinderungsmissbrauch, ABl. 2009 C 45/7, Rn. 26.
159 *Lange/Pries*, EWS 2009, 57, 61.
160 EuGH, C- 202/07 P (France Télécom), Slg. 2009, I-2369, Rn. 56.
161 Kommission, Mitteilung Behinderungsmissbrauch, ABl. 2009 C 45/7, Rn. 74; siehe auch *Lange/Pries*, EWS 2009, 57, 64.
162 EuGH, Rs. 13/63 (Italienische Republik), Slg. 1963, 359, 384; Kommission, COMP/A.36.568/D3 (Scandlines Sverige), Rn. 276.
163 EuGH, Rs. 27/76 (United Brands), Slg. 1978, 207, Rn. 204 ff.; EuGH, Rs. C-179/90 (Porto di Genova), Slg. 1991, I-5889, Rn. 19; Kommission, 2000/74/EG (Virgin/British Airways), ABl. 2000 L 30/1, Rn. 108 ff.; EuG, Rs. T-219/99 (British Airways), Slg. 2003, II-5917, Rn. 233 ff.; bestätigt durch EuGH, C-95/04 P, (British Airways), Slg. 2007, I-2331, Rn. 64 ff.; vgl. zu Rabattsystemen ausführlich unten Rn. 74 ff.
164 EuG, Rs. T-228/97 (Irish Sugar), Slg. 1999, II-2969, Rn. 182 ff.; EuG, Rs. T-30/89 (Hilti), Slg. 1991, II-1439, Rn. 100; kritisch hierzu *Gerard*, GCLC Research papers on Art. 82 EC, Juli 2005, S. 105, 119 ff.
165 EuGH, Rs. 27/76 (United Brands), Slg. 1978, 207, Rn. 228; EuG, Rs. T-229/94 (Deutsche Bahn), Slg. 1999, II-2969, Rn. 90; Kommission, 99/199/EG (Portugiesische Flughäfen), ABl. 1999 L 69/31, Rn. 27.

M. Wirtz

herrschende Unternehmen sich im Hinblick auf bestimmte Kunden an die Preise seiner Wettbewerber anpassen möchte und diesen Kunden entsprechend niedrigere Preise als seinen anderen Kunden anbietet.[166] Weiter wird es seitens der Kommission und der Gerichte auch nicht als objektive Rechtfertigung anerkannt, dass ein marktbeherrschendes Unternehmen ggf. durch die Erhebung niedrigerer Preise bei preissensiblen Kunden, die das Produkt sonst überhaupt nicht gekauft hätten, und entsprechend höheren Preisen bei weniger preissensiblen Kunden insgesamt einen höheren Umsatz als bei Erhebung eines Einheitspreises für alle Kunden erzielen kann (*Ramsay pricing*).[167]

e) Exklusivitätsvereinbarungen. Exklusivitätsvereinbarungen, d.h. Vereinbarungen, die bewirken, dass der Kunde eines marktbeherrschenden Unternehmens seinen gesamten oder zumindest den überwiegenden Teil seines Bedarfes an einem bestimmten Produkt bei diesem bezieht, verstoßen regelmäßig gegen Art. 102 AEUV. Anders als im Rahmen von Art. 101 AEUV[168] führen Exklusivitätsvereinbarungen, an denen marktbeherrschende Unternehmen beteiligt sind, praktisch immer zu einer nicht hinnehmbaren Beeinträchtigung des Marktzuganges, weil sie die Konkurrenten des marktbeherrschenden Unternehmens am Absatz ihrer Produkte an die exklusiv gebunden Kunden hindern, und sind daher missbräuchlich im Sinne von Art. 102 Abs. 2 lit. b) AEUV.[169]   **76**

Für die Qualifizierung als missbräuchliche Verhaltensweise eines Unternehmens war es bislang nicht von Relevanz, ob die Tatsache, dass ein Unternehmen alle oder bestimmte Produkte ausschließlich von dem marktbeherrschenden Unternehmen bezieht, durch eine vertragliche Exklusivitätsvereinbarung,[170] die Gewährung von Rabatten[171] oder durch andere *de facto* eine Exklusivität hervorrufende Maßnahmen erreicht wird. Als eine solche Maßnahme haben die Kommission und das Gericht z.B. die Vereinbarung eines Eislieferanten mit seinen Kunden angesehen, nach der dieser eine kostenlose Kühltruhe zur Verfügung gestellt wurde, sofern sich die Kunden verpflichteten, in der Kühltruhe ausschließlich die Produkte des in Rede stehenden Eisherstellers anzubieten, obwohl in den Verkaufsräumen jeweils nur Platz für eine einzige Kühltruhe vorhanden war.[172] In einem anderen Fall wurde eine *de facto* Exklusivität nach Ansicht der Kommission auch durch Verträge erzielt, die eine bestimmte Tonnage als Bezugsmenge vorsahen, die nach Kenntnis des marktbeherrschenden Unternehmens im Wesentlichen den Gesamtbedarf des jeweiligen Abnehmers deckte.[173] Im Hinblick auf lediglich wirtschaftlich wirkende Maßnahmen sollte kritisch hinterfragt werden, ob diese tatsächlich zu einem Marktverschließungseffekt führen.   **77**

Die Beurteilung einer Exklusivitätsvereinbarung als missbräuchlich lässt sich insbesondere nicht dadurch verhindern, dass eine Klausel aufgenommen wird, die es dem Kunden gestattet, bei Nachweis eines günstigeren Angebotes von dritter Seite annehmen zu dürfen, sofern das marktbeherrschende Unternehmen ihm nicht ebenfalls die günstigeren Konditionen anbietet (sog. *English clause*). Nach Ansicht des EuGH verstärken solche Klauseln den wettbewerbsbeschränkenden Effekt der Exklusivitätsvereinbarung noch, indem sie dem marktbeherrschenden Unternehmen zusätzlich die Möglichkeit geben, nähere Informationen über seine Wettbewerber und insbesondere deren Konditionen, Preisgestaltung und Absatzstrategien zu erfahren.[174] Die marktverschließende Wirkung einer Bezugsbindung ergibt sich insbesondere aus der Kombination aus Deckungsgrad und Bindungsdauer. Instruktiv für die Bedeutung die-   **78**

---

166 EuGH, Rs. C-395/96 und C-396/96 (Compagnie Maritime Belge), Slg. 2000, I-1365, Rn. 118 f.; EuG, Rs. T-228/97 (Irish Sugar), Slg. 1999, II-2969, Rn. 182 ff.
167 Vgl. dazu *Lorenz/Lübbig/Russell*, ECLR 2005, 355, 357 f.
168 Vgl. zur Behandlung von Exklusivitätsvereinbarungen im Rahmen von Art. 101 AEUV 4. Kap., Rn. 114 ff.
169 EuG, Rs. T-65/89 (British Gypsum), Slg. 1993, II-389, Rn. 68.
170 EuGH, Rs. 85/76 (Hoffmann-La Roche), Slg. 1979, 461, Rn. 89.
171 Vgl. hierzu unten Rn. 82 ff.
172 Kommission, 98/531/EG (Van den Bergh Foods), ABl. 1998 L 246/1, Rn. 263 ff.; EuG, Rs. T-65/98 (Van den Bergh Foods), Slg. 2003, II-4653, Rn. 159.
173 Kommission, 2003/6/EG (Natriumkarbonat/Solvay), ABl. 2003 L 10/10, Rn. 176.
174 EuGH, Rs. 85/76 (Hoffmann-La Roche), Slg. 1979, 461, Rn. 107 f.

ser „kommunizierenden Röhren" sind die Verfahren im Energiesektor.[175] Klare Maßgaben gibt es jedoch nicht. Auch die Mitteilung zu Behinderungsmissbräuchen gibt keine Kalkulationshilfen. Sie weist lediglich darauf hin, dass auch eine Alleinbezugspflicht von kurzer Dauer missbräuchlich sein kann, wenn das marktbeherrschende Unternehmen ein nicht zu umgehender Handelspartner ist.[176] Ein Deckungsgrad von 30% bei einer Bindungsdauer von einem Jahr dürfte auch bei einem marktbeherrschenden Anbieter ohne weiteres zulässig sein. Bei nachfragemächtigen Kunden gilt Entsprechendes für Alleinbelieferungspflichten. Die Kommission wird sich in Zukunft auf die Prüfung von Fällen konzentrieren, in denen die fragliche Exklusivitätsvereinbarung den Verbrauchern keine Vorteile bringt.[177] Nach Vorstellung der Kommission sind dies die Fälle, in denen ein marktbeherrschendes Unternehmen viele Abnehmer hat und durch die große Anzahl an Exklusivitätsvereinbarungen Wettbewerber vom Eintritt in den Markt abgehalten werden. Entgegen der bisherigen Rechtsprechung[178] will die Kommission Exklusivitätsvereinbarungen durch Effizienzvorteile rechtfertigen, die den Verbrauchern Vorteile bringen.[179]

79   f) **Vertriebs- und Verwendungsbindungen.** Neben Exklusivitätsvereinbarungen können auch spezielle Vertriebs- und Verwendungsbindungen missbräuchlich im Sinne von Art. 102 Abs. 2 lit. b) AEUV sein.

80   Als missbräuchlich erachtet wurden von der Kommission und den Gerichten zunächst Klauseln, die den Kunden Ausfuhrverbote in andere Mitgliedstaaten auferlegten[180] sowie Vereinbarungen gleicher Wirkung.[181] Für missbräuchlich erklärt wurden weiter Beschränkungen, die den Abnehmern für den Fall des Weiterverkaufs hinsichtlich der Mengen (insbesondere im Energiesektor),[182] des Personenkreises[183] oder des Verwendungszweckes (*field-of-use* Beschränkungen)[184] auferlegt wurden.

81   Ein marktbeherrschendes Unternehmen darf seine Produkte nur dann durch ein Alleinvertriebssystem oder ein selektives Vertriebssystem absetzen,[185] wenn die Wiederverkäufer, die in das System aufgenommen werden, nach objektiven Kriterien ausgewählt und auf einer nicht diskriminierenden Basis zugelassen werden.[186] Als objektive Kriterien kommen z.B. die Sachkunde des Abnehmers oder seines Personals im Hinblick auf das weiterzuverkaufende Produkt, seine Leistungsfähigkeit und eine für den Verkauf des Produktes geeignete Ausstattung des Verkaufsraumes in Betracht.[187]

---

175   Vgl. z.B. die Zusagenentscheidung der Kommission im Fall Distrigaz, siehe Kommission, COMP/B-1/37966 (Distrigaz), Rn. 19 ff.

176   Siehe Kommission, Mitteilung Behinderungsmissbrauch, ABl. 2009 C 45/7, Rn. 36.

177   Kommission, Mitteilung Behinderungsmissbrauch, ABl. 2009 C 45/7, Rn. 34.

178   Siehe z.B. die Rechtfertigung von Exklusivitätsvereinbarungen durch die Gewährleistung von Versorgungssicherheit, EuGH, Rs. 85/76 (Hoffmann-La Roche), Slg. 1979, 461, Rn. 115.

179   Kommission, Mitteilung Behinderungsmissbrauch, ABl. 2009 C 45/7, Rn. 46.

180   EuGH, Rs. 27/76 (United Brands), Slg. 1978, 207, Rn. 154.

181   Z.B. das Verbot des Verkaufes von Bananen in grünem Zustand (EuGH, Rs. 27/76 (United Brands), Slg. 1978, 207, Rn. 157) oder den ungerösteten Kaffee (Kommission (Brasilianischer Kaffee I), V. Bericht der Kommission zur Wettbewerbspolitik (1975), Rn. 33; Kommission (Brasilianischer Kaffee II), XVI. Bericht der Kommission zur Wettbewerbspolitik (1986), Rn. 54).

182   Kommission, COMP/B-1/37966 (Distrigaz), Rn. 19 f.

183   EuGH, verb. Rs. 40 bis 48, 50, 54 bis 56, 111, 113 und 114/73 (Suiker Unie), Slg. 1975, 1663, Rn. 398 f.; Kommission, 78/68/EWG (Hugin), ABl. 1978 L 22/23, S. 31; Kommission, 89/113/EWG (Decca), ABl. 1989 L 43/27, Rn. 102.

184   EuGH, verb. Rs. 40 bis 48, 50, 54 bis 56, 111, 113 und 114/73 (Suiker Unie), Slg. 1975, 1663, Rn. 398 f.

185   Vgl. zu den Begrifflichkeiten und zur Anwendung von Art. 101 AEUV auf Alleinvertriebssysteme und selektive Vertriebssysteme 4. Kap., Rn. 139 ff. und 159 ff.

186   EuGH, Rs. 27/76 (United Brands), Slg. 1978, 207, Rn. 159; EuGH, Rs. 126/80 (Salonia), Slg. 1981, 1563, Rn. 27; vgl. für Art. 101 AEUV EuGH, Rs. 26/76 (Metro), Slg. 1977, 1875, Rn. 20.

187   EuGH, Rs. 27/76 (United Brands), Slg. 1978, 207, Rn. 158; EuGH, Rs. 126/80 (Salonia), Slg. 1981, 1563, Rn. 27.

M. Wirtz

g) Rabattsysteme. Die Kommission und die Gerichte haben Rabattsysteme in verschiedenen 82
Konstellationen als Missbrauch einer marktbeherrschenden Stellung qualifiziert.[188]

Als Missbrauch werden zunächst **Treuerabatte** angesehen. Darunter versteht man solche Ra- 83
batte, die darauf abzielen, dass ein Unternehmen seinen gesamten Bedarf oder zumindest einen
möglichst hohen Prozentsatz desselben bei einem Anbieter oder Hersteller deckt.[189] Hierunter
fallen zunächst Zielrabatte, die ab Erreichen eines bestimmten (hohen) Prozentsatzes des individuellen Bedarfes des jeweiligen Kunden gewährt werden.[190] Weiter erfasst sind auch Jahres-
umsatzrabatte oder Umsatzrabatte für lange Referenzperioden,[191] bei denen der Rabatt bei
Erreichen zuvor individuell,[192] d.h. am Umsatz des jeweiligen Unternehmens orientiert, und
nach einem Urteil des EuG[193] aus dem Jahre 2003 sogar einheitlich für alle Kunden festgelegter
Rabattstufen rückwirkend für den gesamten bis dahin erzielten Jahresumsatz bzw. die gesamte
Referenzperiode eingeräumt wird. Rabatte, die bei Bezug des gesamten Umsatzes von einem
Anbieter gewährt werden, sehen die Kommission und die Gerichte zunächst unter dem Gesichtspunkt als missbräuchlich an, dass sie die gleiche Wirkung wie Exklusivitätsvereinbarungen haben.[194] Weiter sind Treuerabatte nach der Kommissions- und Gerichtspraxis auch dis-
kriminierend im Sinne von Art. 102 Abs. 2 lit. c) AEUV,[195] wenn sie sich nicht an der objektiv
abgenommen Menge, sondern an der individuellen Leistungsfähigkeit des Abnehmers orientieren, so dass verschiedene Abnehmer für die gleiche Menge unterschiedliche Preise zahlen.
Treuerabatte sind nach der bisherigen Praxis schließlich auch missbräuchlich im Sinne von
Art. 102 Abs. 2 lit. b) AEUV,[196] weil die Bindung der Abnehmer an das marktbeherrschende
Unternehmen den Absatz seiner Wettbewerber einschränkt.[197]

Weiter missbräuchlich sind gem. Art. 102 Abs. 2 lit. d) AEUV solche Rabattsysteme, auch **Pa-** 84
ketrabatte genannt, die so strukturiert sind, dass sie *de facto* zu einer **Produktkopplung** führen.[198] Dies hat der Europäische Gerichtshof zum Beispiel angenommen, wenn ein Unternehmen die Gewährung eines Rabattes an den Kauf mehrerer Produkte aus seinem Produktangebot, die zu unterschiedlichen sachlichen Märkten gehören, knüpft[199] oder eine Dienstleistung
nur dann zu einem vergünstigten Tarif angeboten wird, wenn der Kunde auch eine weitere
Dienstleistung des marktbeherrschenden Unternehmens in Anspruch nimmt.[200] Ebenfalls missbräuchlich sind nach der Kommission auch solche Systeme, die eine Kopplung in geographischer Hinsicht bewirken, indem die Inanspruchnahme derselben Leistung in verschiedenen

---

188 Vgl. zur Behandlung von Rabattsystemen die ausführliche Analyse und Kritik von *Kallaugher/Sher*, ECLR
2004, 263 sowie zu den verschiedenen Arten von Rabatten *Kamann/Bergmann*, ECLR 2005, 83, 86 ff. und
Gyselen, Rebates: Competition on the Merits or Exclusionary Practice?, Juni 2003; für einen neuen Ansatz
zur Bewertung von Rabatten siehe *Geradin*, World Competition 2009, 41, 48 ff.

189 EuGH, Rs. 85/76 (Hoffmann-La Roche), Slg. 1979, 461, Rn. 89; EuG, Rs. T-65/89 (British Gypsum),
Slg. 1993, II-389, Rn. 69 ff.

190 EuG, Rs. T-219/99 (British Airways), Slg. 2003, II-5917, Rn. 270 ff.; Kommission, 2003/6/EG (Solvay),
ABl. 2003 L 10/10, Rn. 153 ff.

191 Eine längere Referenzperiode kann nach der Rechtsprechung bereits bei einem dreimonatigen Referenzzeit-
raum gegeben sein vgl. EuG, Rs. T-203/01 (Michelin II), Slg. 2003, II-4071, Rn. 85. Kritisch *Maier-Rigaud*,
Switching Costs in Retroactive Rebates – What's time got to do with it, Max Planck Institut, Bonn, 2005,
der argumentiert, dass die Referenzperiode für die Beurteilung als wettbewerbswidrig keinerlei Bedeutung
hat.

192 EuGH, Rs. 322/81 (Michelin), Slg. 1983, 3461, Rn. 81 ff.

193 So EuG, Rs. T-203/01 (Michelin II), Slg. 2003, II-4071, Rn. 113; vgl. zu diesem Urteil *Waelbroeck*, JCLE
2005, 149.

194 Vgl. zu Exklusivitätsvereinbarungen im Übrigen oben Rn. 76 ff.

195 EuGH, verb. Rs. 40 bis 48, 50, 54 bis 56, 111, 113 und 114/73 (Suiker Unie), Slg. 1975, 1663, Rn. 523.

196 EuGH, verb. Rs. 40 bis 48, 50, 54 bis 56, 111, 113 und 114/73 (Suiker Unie), Slg. 1975, 1663, Rn. 526.

197 Art. 102 Abs. 2 lit. b) AEUV ist weit auszulegen und umfasst nicht nur die Einschränkung der eigenen Produktion des marktbeherrschenden Unternehmens, sondern auch diejenige anderer Unternehmen; vgl. EuGH,
Rs. 27/76 (United Brands), Slg. 1978, 207, Rn. 159 f.; *Bunte*, in: Langen/Bunte, Art. 82 Rn. 184; *Schröter*,
in: Schröter/Jakob/Mederer, Art. 82 Rn. 200.

198 Siehe Kommission, Mitteilung Behinderungsmissbrauch, ABl. 2009 C 45/7, Rn. 59-61. Zu Kopplungsgeschäften vgl. auch unten Rn. 90 ff.

199 EuGH, Rs. 85/76 (Hoffmann-La Roche), Slg. 1979, 461, Rn. 110 f.

200 Kommission, 2002/180/EG (De Post/La Poste), ABl. 2002 L 61/32, Rn. 54 f.

Mitgliedstaaten zu erheblichen Rabatten führt.[201] Diese übermäßig strenge Beurteilung von Rabatten berücksichtigt die mögliche wettbewerbsfördernde Wirkung von Rabatten nicht ausreichend. Außerdem sind Fälle denkbar, in denen eine Rabattgewährung als solche oder ihre konkrete Ausgestaltung das „Rosinenpicken" der Abnehmer eindämmen soll. Dies wird insbesondere in Betracht kommen bei Produkten mit gemeinsamen Kostenblöcken in der Herstellung, wie in der Kuppelproduktion, oder sonst sachlich verbundenen Produkten oder Dienstleistungen.

85　Einen aktuellen Missbrauchsfall von Rabattsystemen stellte der Fall **Intel** dar:[202] Intel nutzte seinen Marktanteil von 70% insofern aus, als dass Intel versteckte Rabatte gewährte, sofern Computerhersteller ihre Computer allein mit Prozessoren von Intel ausstatteten. Weiterhin bezahlte Intel einen großen Einzelhändler dafür, ausschließlich Computer mit Intel-Prozessoren zu führen. Durch diese Methoden wurden die Wahlmöglichkeiten der PC-Hersteller und damit auch der Kunden in Bezug auf Computer mit Prozessoren unterschiedlicher Hersteller beschränkt und die marktbeherrschende Stellung von Intel auf dem Prozessorenmarkt abgesichert.

86　Effizienzvorteile – die im US-amerikanischen *case law* schon lange als Rechtfertigung für die wettbewerbsschädigende Wirkung von Rabatten herangezogen werden – werden von der Kommission und den Gerichten der Europäischen Union erst seit kurzem berücksichtigt.[203]

87　In Abgrenzung zu den gerade erläuterten Rabatten ohne weiteres zulässig sind solche Rabatte, die mit tatsächlichen wirtschaftlichen Vorteilen des marktbeherrschenden Unternehmens durch Kostenersparnisse, z.B. im Bereich der Produktion, der Verpackung oder des Transportes korrespondieren, d.h. reine **Mengenrabatte**.[204] Kein reines Mengenrabattsystem in diesem Sinne ist nach Ansicht des EuG ein Jahresumsatzrabattsystem bzw. ein Rabattsystem, das sich auf eine relativ lange Referenzperiode bezieht,[205] selbst wenn die Rabattstufen nicht individuell sondern einheitlich und allgemein festgelegt werden, da der Anreiz, den die rückwirkende Gewährung von Rabatten auf den gesamten während des Bezugszeitraums erzielten Umsatz zur Erreichung der nächsten Stufe schafft, dieses als Treuerabattsystem qualifiziert.[206] Zulässig sind wohl Rabatte, die durch eine Dienstleistung des Abnehmers mit wirtschaftlichem Gegenwert, z.B. die Durchführung einer Werbeaktion oder die Mithilfe bei der Markteinführung eines Produktes, bedingt sind.[207] Etwas anderes gilt jedoch, wenn die Gewährung des Rabatts von einer subjektiven Beurteilung der Dienstleistungsqualität durch das marktbeherrschende Unternehmen abhängig ist.[208] Mengenrabattsysteme müssen daher transparent sein und einheitlich angewendet werden.[209] Nicht als objektive Rechtfertigung anerkannt sind Begründungen, wonach der Rabatt auf Wunsch des Kunden gewährt wurde,[210] oder durch das Rabattsystem die Planung der Produktion und des Vertriebs optimiert werden soll.[211] Die Beweislast für das Vorliegen von Kostenersparnissen liegt bei dem marktbeherrschenden Unternehmen.[212]

88　Von einem Rabattsystem sollte nur gesprochen werden, wenn das marktbeherrschende Unternehmen derartige Rabatte regelmäßig oder in Bezug auf typisierbare strategische Kunden gewährt. Erforderlich ist stets der Nachweis einer Sogwirkung auf dem Markt, die von dem Ra-

---

201　Kommission (IRI/Nielsen), XXVI. Bericht der Kommission zur Wettbewerbspolitik (1996), S. 158 ff.

202　Kommission, KOM (2009) 3726 endg. (Intel); das von Intel gegen die Entscheidung eingelegte Rechtsmittel ist beim EuG anhängig, siehe Klage Rs. T-286/09, ABl. 2009 C 220/41 (Intel).

203　*Geradin*, World Competition 2009, 41, 64 f.; siehe auch *Faella*, Journal of Competition Law & Economics 4 (2008), 375 ff.

204　EuGH, Rs. 85/76 (Hoffmann-La Roche), Slg. 1979, 461, Rn. 90; EuGH, Rs. 322/81 (Michelin), Slg. 1983, 3461, Rn. 89; EuG, Rs. T-228/97 (Irish Sugar), Slg. 1999, II-2969, Rn. 114.

205　Vgl. dazu oben Rn. 83.

206　EuG, Rs. T-203/01 (Michelin II), Slg. 2003, II-4071, Rn. 88 ff.

207　*Bulst,* in: Langen/Bunte, Art. 82 Rn. 342 f.; *Möschel,* in: Immenga/Mestmäcker, EG-WettbR, Art. 82 Rn. 199; *Schröter* in: Schröter/Jakob/Mederer, Art. 82 Rn. 234.

208　So in EuG, Rs. T-203/01 (Michelin II), Slg. 2003, II-4071, Rn. 141.

209　Kommission, 2002/405/EG (Michelin II), ABl. 2002 L 143/1, Rn. 266.

210　EuGH, Rs. 85/76 (Hoffmann-La Roche), Slg. 1979, 461, Rn. 89.

211　EuGH, Rs. 322/81 (Michelin), Slg. 1983, 3461, Rn. 85.

212　EuGH, Rs. C-163/99 (Portugiesische Flughäfen), Slg. 2001, I-2613, Rn. 55 ff.; EuG, Rs. T-203/01 (Michelin II), Slg. 2003, II-4071, Rn. 108.

　　　　M. Wirtz

batt ausgehen muss. Denn nur dann führt der Rabatt zu einer Marktabschottung. Entfaltet ein Rabattsystem Verdrängungswirkung, so ist zu prüfen, ob sie auf einer rechtfertigenden wirtschaftlichen Leistung beruht.[213] Ist dies nicht der Fall, liegt ein Missbrauch vor.

Die Kommission stellt in ihrer Mitteilung zu Behinderungsmissbräuchen einen neuen Ansatz **89** zur Bewertung von **bedingten Rabatten** vor: So wird sie in Zukunft bewerten, ob ein Rabattsystem zu einer Marktverschließung gegenüber gleich effizienten Wettbewerbern führt.[214] Denn nur weniger effiziente Wettbewerber dürfen durch Rabatte aus dem Markt gedrängt werden. Schlüsselfaktor ist der Anteil, für den das marktbeherrschende Unternehmen unvermeidlicher Handelspartner ist, da das Unternehmen versuchen kann, diesen Anteil als Hebel einzusetzen. Dabei ist eine Marktverschließung wahrscheinlich, wenn der Preis, den ein Wettbewerber einräumen muss, um dem Kunden den Verlust des Rabatts zu ersetzen, unter den durchschnittlichen vermeidbaren Kosten liegt. Die Kommission betrachtet ebenfalls, ob individuelle oder standardisierte Schwellen vorliegen: Individuelle Schwellen können den Anbieterwechsel erschweren, während standardisierte Schwellen, die auf den Großteil der Abnehmer zutreffen, eine Marktverschließung bewirken können. Liegt keine Marktverschließung vor, ist für die Kommission die Struktur oder Natur des Rabattsystems nicht von Relevanz. Die Kommission geht allerdings nicht so weit, dass sie Rabatte als effiziente Möglichkeit für mehr Wettbewerb akzeptiert; somit besteht die Gefahr, dass die bisherige strikte Behandlung von Rabatten auch in Zukunft erfolgt.[215] Die Kommission hat weder klare Grenzen aufgezeigt noch einen *safe harbour* angeboten, so dass Rabatte weiterhin ein umstrittenes Feld bleiben werden.

h) Kopplungsgeschäfte. Eine weitere Fallgruppe missbräuchlichen Verhaltens aus dem Bei- **90** spielskatalog des Art. 102 Abs. 2 AEUV sind Kopplungsgeschäfte. Ein Kopplungsgeschäft liegt gem. Art. 102 Abs. 2 lit. d) AEUV vor, wenn der Vertragspartner des marktbeherrschenden Unternehmens verpflichtet wird, neben dem eigentlichen Vertragsgegenstand noch eine weitere Leistung[216] zu erwerben, ohne dass diese sachlich oder einem Handelsbrauch folgend zu dem Hauptvertragsgegenstand in Beziehung steht.[217] Hierdurch soll verhindert werden, dass ein marktbeherrschendes Unternehmen seine Marktmacht auf dem beherrschten Markt des koppelnden Produktes im Wege einer Hebelwirkung (*leveraging*) auf den Markt des gekoppelten Produktes ausweitet und dort den Wettbewerb beeinträchtigt.[218] Dies ist z.B. der Fall, wenn genauso effiziente Wettbewerber verdrängt werden.[219] Das Kopplungsverbot soll nur das Übergreifen der Marktmacht auf den gekoppelten Markt verhindern, nicht hingegen zu einer Verringerung des Marktanteils auf dem Markt führen, auf dem das Unternehmen marktbeherrschend ist.

Eine nach Art. 102 AEUV untersagte Produktkopplung setzt neben der marktbeherrschenden **91** Stellung des Unternehmens auf dem Markt des koppelnden Produktes voraus, dass es sich bei dem koppelnden und dem gekoppelten Produkt nicht um ein einheitliches, sondern um verschiedene Produkte handelt.[220] Hierbei wird darauf abgestellt, ob die Kopplung der beiden Produkte aus Sicht der Abnehmer einem Handelsbrauch entspricht oder eine sonstige natürliche Verbindung zwischen den Produkten besteht.[221] Als Indiz dafür, dass es sich um verschiedene Produkte handelt, kann unter anderem herangezogen werden, ob es andere Hersteller gibt, die nur eines der beiden Produkte produzieren und gesondert vermarkten,[222] ob die beiden Kom-

---

213 EuGH, Rs. C-95/04 (British Airways), Slg. 2007, I-2331, Rn. 84.
214 Kommission, Mitteilung Behinderungsmissbrauch, ABl. 2009 C 45/7, Rn. 41.
215 *Kjølbye*, ECLR 2010, 66, 68.
216 Hierbei kann es sich sowohl um ein Produkt als auch um eine Dienstleistung handeln, vgl. Kommission, 88/518/EWG (British Sugar), ABl. 1988 L 284/41, Rn. 69 ff.; siehe ausführlich zu den verschiedenen Fällen der Kopplung Kommission, Mitteilung Behinderungsmissbrauch, ABl. 2009 C 45/7, Rn. 52 ff.
217 Nicht erfasst vom Tatbestand des Art. 102 Abs. 2 lit. d) AEUV ist hingegen der Fall, in dem ein marktbeherrschender Nachfrager ein Kopplungsgeschäft zu günstigen Konditionen durchsetzt.
218 *Lübbig*, in: Loewenheim/Meessen/Riesenkampf, Art. 82 Rn. 157; *Ritter/Braun*, S. 448.
219 Kommission, Mitteilung Behinderungsmissbrauch, ABl. 2009 C 45/02, Rn. 59-61; siehe auch *Lange/Pries*, EWS 2008, 5.
220 Kommission, COMP/C-3/37.792 (Microsoft), Rn. 794.
221 Vgl. Leitlinien der Kommission für vertikale Beschränkungen, ABl. 2010 C 130/1 Rn. 215; *Schröter*, in: Schröter/Jakob/Mederer, Art. 82 Rn. 241.
222 EuG, Rs. T-30/89 (Hilti), Slg. 1991, II-1439, Rn. 66 f.

ponenten getrennt beworben werden[223] und ob es eine Verbrauchernachfrage für den getrennten Erwerb der Produkte gibt.[224] Weiter müssen die Kunden in ihrer Wahl, das gekoppelte Produkt zu kaufen oder nicht, eingeschränkt sein. Für die Qualifizierung als Kopplung ist es nicht entscheidend, ob die Kopplung vertraglich explizit vereinbart wird oder sich aus der Preisgestaltung,[225] der Verweigerung von Garantien bei dem Kauf nur eines Produktes oder anderen *de facto* Maßnahmen des marktbeherrschenden Unternehmens ergibt. Schließlich muss – als ungeschriebenes Tatbestandsmerkmal – die Kopplung den Wettbewerb beschränken.

92 Als missbräuchliche Kopplungsgeschäfte haben die Kommission und die Gerichte z.B. die Kopplung des Erwerbs eines Mediaplayers beim Kauf eines Betriebssystems,[226] die Kopplung des Verkaufs eines bestimmten Computers an den gleichzeitigen Erwerb eines Speichers und Software,[227] die Bündelung von patentrechtlich geschützten Kartuschen für Bolzenschussgeräte mit patentrechtlich nicht geschützten Bolzen,[228] die Verpflichtung, in einer Abfüllmaschine nur Kartons des Herstellers dieser Maschine zum Einsatz zu bringen[229] und ausschließlich bei diesem zu beziehen, oder den Zugang anderer Fluggesellschaften zu einem computergestützten Reservierungssystem der marktbeherrschenden Fluggesellschaft davon abhängig zu machen, dass diese auch das Bodenabfertigungssystem in Anspruch nehmen,[230] angesehen.

93 Es war schon immer anerkannt, dass eine Kopplung durch **sachliche Gründe** gerechtfertigt sein kann. Als sachliche Gründe kommen insbesondere Sicherheitsgründe oder andere technische Notwendigkeiten in Betracht. Die Kommission hat bisher jedoch nur in einem Fall tatsächlich eine Kopplung als durch Sicherheitsgründe gerechtfertigt erachtet.[231] In der Microsoft-Entscheidung prüft die Kommission bereits auf Tatbestandsseite, ob die Kopplung den Wettbewerb behindert.[232] Damit führt sie ein viertes Prüfungskriterium (Wettbewerbsbeeinträchtigung durch *foreclosure*) ein. Die anderen drei Kriterien beinhalten die Fragen, ob das Unternehmen marktbeherrschend ist, es sich um getrennte Produkte handelt und die Kunden nicht frei in ihrer Entscheidung sind, sowie ob sie die Produkte einzeln oder zusammen kaufen möchten. Ob sich diese Entwicklung verstetigen wird, ist auch nach der Entscheidung des EuG offen. Es bleibt abzuwarten, ob tatsächlich eine Hinwendung von einer *per se* Regel hinsichtlich der Missbräuchlichkeit von Kopplungsangeboten hin zu einer *rule of reason* in diesem Bereich erfolgt.[233] Dies gilt umso mehr, als die Kommission das vierte Beurteilungskriterium in der zitierten Entscheidung insoweit wieder einschränkt, als bereits die Eignung zur Wettbewerbsbeeinträchtigung und nicht der Nachweis einer tatsächlichen Wettbewerbsbeeinträchtigung für die Annahme eines Missbrauchs ausreichen soll.[234] Im Sinne des von der Kommission befürworteten *more economic approach* wäre die detaillierte Analyse der Auswirkungen eines Kopplungsgeschäfts zu begrüßen.

---

223 Kommission, COMP/C-3/37.792 (Microsoft), Rn. 810.
224 Kommission, COMP/C-3/37.792 (Microsoft), Rn. 803.
225 Zur Kopplung durch Preispraktiken vgl. oben Rn. 79.
226 EuG, Rs. T-201/04 (Microsoft), Slg. 2007, II-3601, Rn. 814.
227 Kommission (IBM), XIV. Bericht der Kommission zur Wettbewerbspolitik (1984), Rn. 94 ff.
228 Kommission, 88/138/EWG (Hilti), ABl. 1988 L 65/19, Rn. 75; bestätigt durch EuG, Rs. T-30/89 (Hilti), Slg. 1991, II-1439 und EuGH, Rs. C-53/92 (Hilti), Slg. 1994, I-667.
229 Kommission, 92/163/EWG (Tetra Pak II), ABl. 1992 L 72/1, Rn. 116 ff.; bestätigt durch EuG, Rs. T-83/91 (Tetra Pak II), Slg. 1994, II-755 und EuGH, Rs. C-53/92 (Tetra Pak II), Slg. 1996, I-5951.
230 Kommission, 88/589/EWG (Sabena), ABl. 1988 L 317/47, Rn. 31.
231 Kommission (Industriegas), XIX. Bericht der Kommission zur Wettbewerbspolitik (1989), Rn. 62 ff.
232 Kommission, COMP/C-3/37.792 (Microsoft), Rn. 794; vgl. zur Microsoft-Entscheidung auch *Körber*, K&R 2005, 193.
233 Vgl. zum *per se* Ansatz und zur *rule of reason* im Bereich der Produktkopplung ausführlich *Ahlborn/Bailey/Crossley*, GCLC Research papers on Art. 82 EC, Juli 2005, S. 166, 192 ff.; das EuG hat in der Microsoft-Entscheidung diese Frage offen gelassen und widerspricht nur dem Argument Microsofts, dass die Marktanalyse der Kommission zu einer neuen Bewertungsmethode geführt habe, EuG, Rs. T-201/04 (Microsoft), Slg. 2007, II-3601, Rn. 1035.
234 Kommission, COMP/C-3/37.792 (Microsoft), Rn. 838 ff.; offen gelassen bei EuG, Rs. T-201/04 (Microsoft), Slg. 2007, II-3601, Rn. 1034 aufgrund des tatsächlichen Nachweises einer Wettbewerbsbeschränkung durch die Kommission; *Bulst*, in: Langen/Bunte, Art. 82 Rn. 235, findet der Ausführungen vom EuG dazu "unergiebig".

Das Vorliegen eines Handelsbrauches schließt nach Ansicht des EuGH nicht aus, dass die **94** Kopplung dennoch einen Missbrauch nach der Generalklausel des Art. 102 Abs. 1 AEUV darstellen kann.[235] Entscheidend ist nach Ansicht des EuGH, ob eine objektive Rechtfertigung für die Kopplung gegeben ist.

Im Fall **Microsoft** lag eine Kopplung darin, dass Microsoft sein Betriebssystem Windows kos- **95** tenlos mit dem Windows Media Player ausstattete, so dass konkurrierende Mediaplayer vom Markt verdrängt bzw. in der Verbreitung beeinträchtigt wurden.[236] Der Windows Media Player war in das Betriebssystem integriert und konnte auch nicht deinstalliert werden.[237] Der Windows Media Player kostete jedoch weder Geld noch war die Installation anderer Mediaplayer unmöglich. Vielmehr nutzte Microsoft eine „psychologische" Kopplung:[238] Endverbraucher, die den Windows Media Player vorinstalliert vorfanden, waren weniger dazu bereit, alternative Mediaplayer zu installieren.[239] Trotz der kostenlosen Zugabe des Mediaplayers bejahte das EuG den Missbrauch einer marktbeherrschenden Stellung und widersprach damit Literaturmeinungen, die in der Zugabe eine kartellrechtlich zulässige Verbesserung des Betriebssystems sehen.[240] Die Kommission prüfte aufgrund der Möglichkeit, andere Mediaplayer ebenfalls kostenlos zu installieren, die Auswirkungen der Kopplung. Der durch die Kopplung erlangte Vorteil konnte von anderen Anbietern von Mediaplayern nicht kompensiert werden. Dies hatte zur Folge, dass sich Anwendungsentwickler auf den Windows Media Player konzentrierten, um eine möglichst weite Verbreitung ihrer ergänzenden/komplementären Softwareprodukte zu erreichen, und es so zu einem mittelbaren Netzwerkeffekt kam.[241] Auf dieser Basis bejahte das EuG die Ausschlusswirkung und damit insgesamt den Missbrauch. Im Gegensatz zu anderen Kopplungsfällen wurde hier die Kopplung aber nicht generell untersagt; Microsoft muss nur eine Version seines Betriebssystems anbieten, die keinen Windows Media Player enthält. Der Erfolg dieses *unbundling* ist aufgrund der *ex post* festgestellten Verkaufszahlen der „abgespeckten" Windows-Variante sehr fraglich.[242]

Die Mitteilung der Kommission zu Behinderungsmissbräuchen fordert eine wettbewerbswid- **96** rige Marktverschließung auf dem gekoppelten, auf dem Kopplungsmarkt oder auch auf beiden Märkten.[243] Besonders gravierende Kopplungsfälle sind dauerhafte Kopplungen oder technische Kopplungen; für den Fall der Bündelung sieht die Kommission eine größere Gefahr, je mehr Produkte gebündelt werden.

i) Einschränkung der Erzeugung, des Absatzes oder der technischen Entwicklung zum Nachteil **97** **des Verbrauchers.** Nach Art. 102 Abs. 2 lit. b) AEUV ist die Einschränkung der Erzeugung, des Absatzes oder der technischen Entwicklung zum Schaden der Verbraucher missbräuchlich.[244] Eine weite Interpretation führt dazu, dass nach der überwiegenden Meinung nicht nur die Einschränkung der genannten Tätigkeiten des Marktbeherrschers selbst, sondern auch anderer Unternehmen umfasst ist.[245]

---

235 EuGH, Rs. C-333/94 (Tetra Pak II), Slg. 1996, I-5951, Rn. 37; *Bulst*, in: Langen/Bunte, Art. 82 Rn. 22; *Lübbig*, in: Loewenheim/Meessen/Riesenkampff, Art. 82 Rn. 159.
236 Instruktiv zu der Problematik der Kopplung in dem Micrsoft-Fall *Lange/Pries*, EWS 2008, 1; siehe auch *Lettl*, WM 2009, 433, 434 sowie *Körber*, WuW 2007, 1209, 1214.
237 EuG, Rs. T-201/04 (Microsoft), Slg. 2007, II-3601, Rn. 963.
238 *Petit/Neyrink*, GCLC Working Paper 02/2010, 11.
239 Kommission, COMP/C-3/37.792 (Microsoft), Rn. 845; bestätigt durch EuG, Rs. T-201/04 (Microsoft), Slg. 2007, II-3601, Rn. 857.
240 So z.B. *Eilmansberger*, in: MünchKomm, Art. 82 Rn. 307.
241 EuG, Rs. T-201/04 (Microsoft), Slg. 2007, II-3601, Rn. 1061.
242 Da die Kommission Microsoft nicht verpflichtete, einen niedrigeren Preis für Windows ohne den Windows Media Player zu verlangen, wurden nur 0,005% der verkauften Windows XP-Versionen ohne den Mediaplayer verkauft, siehe *Ahlborn/Evan*, Antitrust Law Journal 75 (2009), 24.
243 Kommission, Mitteilung Behinderungsmissbrauch, ABl. 2009 C 45/7, Rn. 52.
244 Zur Beschränkung des Absatzes vgl. bereits die verschiedenen Fallgruppen oben Rn. 71, 75.
245 *Schröter*, in: von der Groeben/Schwarze, Art. 82 Rn. 199; EuGH, Rs. 27/76 (United Brands), Slg. 1978, 207, Rn. 65.

98 Dementsprechend stellt es sowohl einen Missbrauch einer marktbeherrschenden Stellung dar, wenn ein marktbeherrschendes Unternehmen selbst seine Produktion einstellt[246] oder verringert, um so eine größere Anzahl anderer Produkte zu verkaufen oder mittelbar eine Erhöhung der Preise zu verursachen,[247] als auch Dritte, z.B. Lizenznehmer, veranlasst, nur kleine Mengen zu produzieren. Eine Einschränkung der Drittproduktion liegt auch vor in Fällen, in denen das marktbeherrschende Unternehmen sein Produkt so konzipiert, dass es ausschließlich mit eigenen Produkten, nicht jedoch mit denjenigen von Wettbewerbern kompatibel ist.[248] Die Einschränkung der Kompatibilität kann jedoch aus Sicherheitsgründen erforderlich und daher gerechtfertigt sein.

99 Das marktbeherrschende Unternehmen ist hingegen nicht verpflichtet, ein Produkt nach den Vorstellungen eines Kunden zu produzieren[249] oder die Produktion in gleich bleibender Menge aufrechtzuerhalten, wenn die tatsächliche Nachfrage gesunken ist.[250]

100 Entsprechend der Einschränkung der Produktion ist es auch missbräuchlich, wenn ein marktbeherrschendes Unternehmen die technische Entwicklung hemmt. Hier wird ebenfalls eine weite Interpretation zugrunde gelegt, die nicht nur die Einstellung oder Verringerung der eigenen Forschungs- und Entwicklungsarbeit, sondern auch die Verweigerung des Zugangs Dritter zu einem bereits erreichten Technologiestandard zwecks Nutzung oder Weiterentwicklung umfasst. Ein Beispiel für die eigene Beschränkung der Forschungs- und Entwicklungtätigkeit ist der Fall, dass ein marktbeherrschendes Unternehmen an einem überholten Fertigungsprozess oder einer aufwendigen Art der Dienstleistungserbringung festhält, obwohl ihm die Einführung eines innovativeren Verfahrens ohne größeren Aufwand möglich wäre.[251]

101 Eine Drittbehinderung wurde neben der Verweigerung des Zugangs anderer Unternehmen zu einem bestimmten technischen Standard[252] in dem Erwerb einer Exklusivlizenz seitens des marktbeherrschenden Unternehmens für ein bestimmtes Fertigungsverfahren gesehen,[253] sofern hierdurch der Markteintritt und die Produktion von Konkurrenzprodukten erheblich erschwert werden, und schließlich auch in der Weigerung, Dritten nach einer Systemänderung bestimmte technische Informationen zur Verfügung zu stellen, die diese benötigen würden, um systemkompatible Konkurrenzprodukte anzubieten.[254] Kein Missbrauch liegt hingegen vor, wenn das marktbeherrschende Unternehmen aus Kosten- oder Rationalisierungsgründen von weiterer Forschung und Entwicklung absieht.[255]

102 j) **Verhinderung von Parallelhandel (Lieferverweigerung).** Denkbar ist weiter der Fall der Lieferverweigerung eines marktbeherrschenden Unternehmens gegenüber seinen Kunden, die mit dem Ziel der Verhinderung von Paralleleinfuhren in Länder mit höheren Preisen erfolgt. Die Konstellation der Verhinderung von Paralleleinfuhren ist bisher eher aus dem Kontext des Art. 101 AEUV bekannt.[256] Die erhöhten Anforderungen, die der EuGH in seiner Adalat-Entscheidung[257] im Hinblick auf das Vorliegen einer Vereinbarung im Sinne von Art. 101 Abs. 1 AEUV aufgestellt hat, führen jedoch dazu, dass sich verstärkt die Frage stellt, unter welchen Voraussetzungen in der Beschränkung von Paralleleinfuhren der Missbrauch einer marktbeherrschenden Stellung gesehen werden kann. Die Diskussion hierüber hat insbesondere durch

---

246 Zum Beispiel die Entscheidung eines Automobilherstellers, die Ersatzteilproduktion für ein bestimmtes Modell einzustellen und hierfür auch keine Lizenz zu erteilen; vgl. EuGH, Rs. 53/87 (Renault), Slg. 1988, I-6039, Rn. 16.

247 *Bunte,* in: Langen/Bunte, Art. 82 Rn. 190; *Schröter,* in: Schröter/Jakob/Mederer, Art. 82 Rn. 201.

248 Kommission, 89/113/EWG (Decca), ABl. 1989 L 43/27, Rn. 97.

249 EuG, Rs. T-5/97 (Industrie des Poudres Sphériques), Slg. 2000, II-3755, Rn. 77.

250 *Bunte,* in: Langen/Bunte, Art. 82 Rn. 192.

251 EuGH, Rs. C-179/90 (Porto di Genova), Slg. 1991, I-5889, Rn. 19.

252 EuGH, Rs. 41/83 (British Telecommunications), Slg. 1985, 873, Rn. 26; Kommission, (British Telecommunications), ABl. 1982 L 360/32; Kommission, 88/589/EWG (Sabena), ABl. 1988 L 317/47, Rn. 30.

253 EuG, Rs. T-51/89 (Tetra Pak I), Slg. 1990, II-309, Rn. 23.

254 Kommission (IBM), XIV. Bericht der Kommission zur Wettbewerbspolitik (1984), Rn. 94 ff.

255 *Bunte,* in: Langen/Bunte, Art. 82 Rn. 205.

256 Vgl. dazu oben 3. Kap., Rn. 13 ff.; für die Anwendung im Rahmen von Art. 102 AEUV siehe *Tekautschitz,* S. 177 ff.

257 EuGH, Rs. C-2/01 und C-3/01 (Adalat), Slg. 2004, I-23, Rn. 141. Vgl. dazu *Hoffmann,* WRP 2004, 994, 995 ff. und 1. Kap., Rn. 60, 80 ff.

die Schlussanträge des Generalanwalts Jacobs in dem Fall **Syfait**[258] neuen Nährstoff erhalten, der die Beschränkung der Liefermengen eines bestimmten **Arzneimittels** an Großhändler in dem Niedrigpreisland Griechenland zur Verhinderung von Parallelausfuhren in höherpreisige Länder betrifft. Generalanwalt Jacobs vertritt die Auffassung, dass eine Lieferverweigerung durch ein marktbeherrschendes Unternehmen mit dem Ziel, Parallelhandel zu verhindern, nicht zwangsläufig den Missbrauch einer marktbeherrschenden Stellung bedeutet.[259] Dies begründet er insbesondere mit den Besonderheiten des Pharmamarktes. Die Beschränkung des Parallelhandels und die daraus resultierende Marktaufteilung seien, selbst wenn diese von dem marktbeherrschenden Unternehmen beabsichtigt werde, letztlich zwingende Folge der nationalen Gesetze des Ausfuhrstaates.[260]

Die Ausführungen des Generalanwalts Jacobs haben vielfach Kritik erfahren. Insbesondere   103
wird die Auffassung vertreten, dass diese im Widerspruch zur grundsätzlich strikten Linie der Gerichte der Europäischen Union[261] im Hinblick auf Maßnahmen, die eine Abschottung oder Aufteilung von Märkten zur Folge haben, stehen und das wichtige Ziel der Marktintegration konterkarieren.[262] Insbesondere könnten auf staatlichen Maßnahmen beruhende Beschränkungen des Wettbewerbs zwischen einzelnen Mitgliedstaaten nicht als Rechtfertigung dienen, die Wettbewerbssituation durch ein Einwirken von privater Seite noch weiter zu verschlechtern.[263]

Der EuGH hat zu den aufgeworfenen Fragen keine Stellung genommen, sondern die Entschei-   104
dung des Falls wegen Unzuständigkeit abgelehnt.[264] Das **GlaxoSmithKline**-Urteil des EuGH[265] hat nur teilweise zu einer Klärung beigetragen. Auch Generalanwalt Ruiz-Jarabo Colomer verneint eine unwiderlegbare Vermutung für einen Missbrauch durch die Lieferverweigerung zur Unterbindung von Parallelhandel.[266] Allerdings hat der EuGH – in Übereinstimmung mit dem Generalanwalt – in diesem Fall die Rechtfertigung der Lieferverweigerung verneint und damit die Rechtsprechung zu Lieferbeschränkungen zur Vermeidung von Parallelhandel zu Art. 101 AEUV und Art. 102 AEUV harmonisiert.[267] Zwar ist es untersagt, den Parallelhandel vollständig zu unterbinden; jedoch gilt dies nur insoweit, als dass die berechtigten geschäftlichen Interessen des Pharmaunternehmens nicht durch den Parallelhandel bedroht werden. Die Verhältnismäßigkeit der Maßnahme bestimmt sich danach, ob die aufgegebene Bestellung „anomal" ist oder nicht. [268]

Zu beachten ist, dass der Arzneimittelsektor bei Fällen von Parallelimporten eine **Sonderrolle**   105
einnimmt,[269] so dass die Entscheidungen der Gerichte der Europäischen Union nicht ohne Weiteres auf andere Gebiete zu übertragen sind.

k) Abbruch oder Nichtaufnahme von Vertragsbeziehungen. Der Abbruch und die Nichtauf-   106
nahme von Vertragsbeziehungen können unter bestimmten Bedingungen und ohne sachliche Rechtfertigung einen Missbrauch einer marktbeherrschenden Stellung im Sinne der General-

---

258 Schlussanträge des Generalanwalts Jacobs, Rs. C-53/03 (Syfait).
259 Schlussanträge des Generalanwalts Jacobs, Rs. C-53/03 (Syfait), Rn. 53, 69; zustimmend *Schwinn*, S. 197.
260 Schlussanträge des Generalanwalts Jacobs, Rs. C-53/03 (Syfait), Rn. 85.
261 Vgl. hierzu EuGH, Rs. 27/76 (United Brands), Slg. 1978, 207, Rn. 152 ff.; EuGH, Rs. 226/84 (British Leyland), Slg. 1986, 3263, 21 ff.; EuG, Rs. T-139/98 (AAMS), Slg. 2001, II-3413, Rn. 94 sowie ausführlich *Koenig/Engelmann*, GRUR Int. 2005, 304, 305 ff. mit weiteren Nachweisen zur Spruchpraxis des EuGH. Kritisch auch *Bauroth*, PharmR 2005, 386; *Behrens*, EuZW 2007, 97.
262 Vgl. auch *Möschel*, in: Immenga/Mestmäcker, EG-WettbR, Art. 82 Rn. 179 sowie *Hoffmann*, WRP 2004, 994, 1000, der eine Lieferverweigerung zur Beschränkung des Parallelhandels als faktische Ausfuhrbeschränkung und damit als missbräuchlich im Sinne von Art. 102 Abs. 2 lit. b) AEUV ansieht.
263 *Koenig/Engelmann*, GRUR Int. 2005, 304, 306 f.
264 EuGH, Rs. C-53/03 (Syfait), ABl. 2005, C 182/3.
265 EuGH, verb. Rs. C-468/06 bis 478/06 (GlaxoSmithKline (Griechenland)), Slg. 2008, I-7139; dazu ausführlich *Lübbig/Klasse*, S. 184 ff.; kritisch zu der engen sachlichen Marktabgrenzung durch den EuGH siehe *Schwinn*, S. 194 f.
266 Schlussanträge des Generalanwalts Ruiz-Jarabo Colomer, verb. Rs. C-486/06 bis 478/06 (GlaxoSmithKline), Rn. 54.
267 *Lorenz*, EWS 2009, 74, 78.
268 EuGH, verb. Rs. C-468/06 bis 478/06 (GlaxoSmithKline (Griechenland)), Slg. 2008, I-7139, Rn. 70 ff.; dies dürfte in Zukunft die zentrale Frage sein, siehe *Berg*, EWS 2009, 121.
269 *Tekautschitz*, S. 162.

klausel des Art. 102 Abs. 1 AEUV darstellen.[270] Einer unmittelbaren Verweigerung von Vertragsbeziehungen steht die Auferlegung erkennbar **inakzeptabler oder unlauterer Vertragskonditionen** gleich.[271]

107 Grundsätzlich ist auch ein marktbeherrschendes Unternehmen frei in der Ausgestaltung seines Vertriebssystems.[272] Zugleich obliegt marktbeherrschenden Unternehmen aber eine besondere Verantwortung zur Wahrung eines wirksamen und unverfälschten Wettbewerbs auf dem Gemeinschaftsmarkt.[273] Demnach ist eine Abwägung vorzunehmen, die einerseits die unternehmerische Freiheit des marktbeherrschenden Unternehmens und andererseits die Behinderung anderer Marktteilnehmer und die dadurch eintretende Wettbewerbsbeeinträchtigung ins Verhältnis setzt.

108 Von der Kommission und den Gerichten als missbräuchlich erachtet wurden zunächst Fälle, in denen das auf einem Rohstoff-, Zwischenprodukt- oder Ersatzteilmarkt marktbeherrschende Unternehmen Kunden nicht mit den für die Herstellung des Endprodukts notwendigen Rohstoffen, Zwischenprodukten oder Ersatzteilen versorgt hat, weil es selbst auf dem nachgelagerten Markt tätig war oder tätig werden wollte.[274] Dies ist ein Fall der Ausübung einer **Hebelwirkung** (*leveraging*) seitens des marktbeherrschenden Unternehmens, weil dieses seine – auf einem Markt bestehende – marktbeherrschende Stellung auf einen anderen, nicht von der marktbeherrschenden Stellung erfassten Markt ausweitet.[275] Auch gegenüber Kunden, die in keinerlei Wettbewerbsverhältnis zu dem marktbeherrschenden Unternehmen stehen, hat dieses jedoch eine Pflicht zur Weiterbelieferung, sofern das Geschäftsverhalten des Kunden den normalen Gepflogenheiten entspricht.[276]

109 Der Abbruch von Vertragsbeziehungen zu einem Kunden kann jedoch gerechtfertigt sein, wenn **objektive Gründe** hierfür vorliegen. Denkbar sind zum Beispiel die finanzielle oder die persönliche Unzuverlässigkeit des Abnehmers. Weiter kann es bei Lieferengpässen zulässig sein, vorrangig die Stammkundschaft zu bedienen.[277] Schließlich muss auch ein marktbeherrschendes Unternehmen die Möglichkeit haben, sein Vertriebssystem umzustrukturieren, wenn dies wirtschaftlichen oder technischen Erfordernissen entspricht. Erfüllte ein Abnehmer zum Beispiel anfänglich die objektiven Kriterien zur Aufnahme in ein nach Art. 101 Abs. 1 AEUV zulässiges selektives Vertriebssystem, liegen diese jedoch später nicht mehr vor, kann ein marktbeherrschendes Unternehmen mit entsprechender Vorlaufzeit einen Abnehmer aus dem selektiven Vertriebssystem ausschließen.[278] Als objektiver Grund für eine Lieferverweigerung ist nicht allein ausreichend, dass der Abnehmer auch für Konkurrenten des marktbeherrschenden Unternehmens tätig wird.[279] Etwas anderes gilt jedoch unter Einhaltung einer angemessenen Übergangsfrist, wenn ein Kunde seine Absatztätigkeit überwiegend auf einen Konkurrenten des marktbeherrschenden Unternehmens konzentriert.[280]

110 Ein marktbeherrschendes Unternehmen ist weiter auch grundsätzlich frei in seiner Entscheidung, mit wem es einen Vertrag abschließen oder wen es beliefern möchte.[281] Die Kommission

---

270 EuGH, verb. Rs. C-468/06 bis 478/06 (GlaxoSmithKline (Griechenland)), Slg. 2008, I-7139, Rn. 34. Vgl. zur Verweigerung des Zugangs zu wesentlichen Einrichtungen (*essential facilities*) und zur Verweigerung von Lizenzen unten Rn. 113 f., 115 ff. Siehe auch die ausführliche Darstellung von *Subiotto/O'Donoghue*, ECLR 2003, 683 ff.

271 Kommission, 99/243/EG (Trans-Atlantic Conference Agreement), ABl. 1999 L 95/1, Rn. 553; *de Bronett*, in: Wiedemann, § 22 Rn. 60.

272 *Möschel*, in: Immenga/Mestmäcker, EG-WettbR, Art. 82 Rn. 183; *Bunte*, in: Langen/Bunte, Art. 82 Rn. 199.

273 EuGH, Rs. 322/81 (Michelin), Slg. 1983, 3461, Rn. 57.

274 EuGH, verb. Rs. 6 bis 7/73 (Commercial Solvents), Slg. 1974, 223, Rn. 25; Kommission, 78/68/EWG (Hugin/Liptons), ABl. 1978 L 22/23; Kommission, 88/518/EWG (Napier Brown/British Sugar), ABl. 1988 L 284/41, Rn. 63 f.

275 Vgl. hierzu auch oben Rn. 90 ff. sowie EuG, Rs. T-83/91 (Tetra Pak II), Slg. 1994, II-755, Rn. 122.

276 EuGH, Rs. 27/76 (United Brands), Slg. 1978, 207, Rn. 182.

277 EuGH, Rs. 77/77 (BP), Slg. 1978, 1513, Rn. 29 ff.

278 So auch *Ritter/Braun*, S. 438; vgl. auch *Schröter*, in: Schröter/Jakob/Mederer, Art. 82 Rn. 257.

279 EuGH, Rs. 27/76 (United Brands), Slg. 1978, 207, Rn. 189 ff.

280 Kommission, 87/500/EWG (BBI/Boosey & Hawkes), ABl. 1987 L 286/36, Rn. 19.

281 EuG, Rs. T-201/04 (Microsoft), Slg. 2007, II-3601, Rn. 319; EuG, Rs. T-41/96 (Bayer), Slg. 2000, II-3383, Rn. 180.

M. Wirtz

und die Rechtsprechung sehen jedoch nicht nur den Abbruch von Vertragsbeziehungen eines marktbeherrschenden Unternehmens zu bestehenden Kunden, sondern auch die Nichtaufnahme von Vertragsbeziehungen zu neuen Kunden als möglicherweise missbräuchlich im Sinne von Art. 102 AEUV an. Insbesondere wird ein Kontrahierungszwang in solchen Fällen angenommen, in denen eine Monopolstellung des den Vertragsschluss verweigernden Unternehmens besteht.[282] Auch in Fällen, in denen das marktbeherrschende Unternehmen keine Monopolstellung innehat, wird jedoch die Lieferverweigerung als missbräuchlich erachtet, wenn keine objektiven wirtschaftlichen Gründe für die Verweigerung vorliegen. Ausreichend als ein solcher Grund ist insbesondere nicht der Wunsch des marktbeherrschenden Unternehmens, seinen Wettbewerbern keine zusätzliche Hilfestellung leisten zu müssen.[283]

Teilweise wird gefordert, dass die Anforderungen in rechtlicher und tatsächlicher Hinsicht bei   111
der erstmaligen Aufnahme von Vertragsbeziehungen, sog. de novo-Vertragsbeziehungen, höher sein sollten als bei dem Abbruch bestehender.[284] Für eine solche Differenzierung besteht jedoch kein sachlicher Grund, da die negativen Auswirkungen auf den Wettbewerb unabhängig davon, ob es sich um den Abbruch bestehender oder die Verweigerung neuer Vertragsbeziehungen handelt, dieselben sind.[285] Bis heute differenziert der EuGH allerdings immer noch deutlich zwischen beiden Fällen;[286] die Mitteilung der Kommission hingegen differenziert nicht grundsätzlich zwischen beiden Fallkonstellationen, hält die objektive Notwendigkeit des Inputs aber im Falle des Abbruchs von Geschäftsbeziehungen für wahrscheinlicher, so dass sie in einem solchen Fall eher einen Missbrauch bejaht.[287]

Das Prinzip der Marktverschließung gilt nach der Mitteilung zu Behinderungsmissbräuchen   112
nicht für den Fall der Geschäftsverweigerung; hier ist weiterhin das von der Rechtsprechung benutzte Merkmal der **Ausschaltung wirksamen Wettbewerbs** maßgeblich.[288] Die deutsche Sprachfassung der Mitteilung geht offenbar aufgrund eines Übersetzungsfehlers davon aus, dass eine Lieferverweigerung generell geeignet ist, den Wettbewerb auszuschalten. Die englische Sprachfassung benutzt die Formulierung *„generally liable to eliminate (…) competition"*, was wohl eher als grundsätzliche Eignung zu verstehen wäre. Die französische Fassung spricht von *„règle générale"*, also „Regelfall", was wohl die treffendste Formulierung ist. Auch die spanische und italienische Fassung deuten in diese Richtung. Weiterhin muss die Wahrscheinlichkeit einer Verbraucherschädigung gegeben sein. Die Anforderungen hat die Kommission aus dem Microsoft-Urteil übernommen mit dem Unterschied, dass die Kommission die explizite Feststellung einer Verbraucherschädigung verlangt. Die Kommission akzeptiert in ihrer Mitteilung Effizienzvorteile als Rechtfertigung der Geschäftsverweigerung, wenn diese z.B. in legitimer Weise Investitionen schützen soll.[289] Dies ist vom marktbeherrschenden Unternehmen darzulegen. Allerdings trifft die Beweislast – entgegen der zumindest missverständlichen Formulierung im Microsoft-Urteil des EuG – gemäß Art. 2 Satz 1 VO 1/2003 die Kommission.

l) **Essential facilities doctrine.** Ein marktbeherrschendes Unternehmen kann unter bestimmten   113
Umständen missbräuchlich handeln, wenn es Wettbewerbern den Zugang zu einer von ihm kontrollierten wesentlichen Einrichtung verweigert,[290] nur auf einer diskriminierenden Basis gewährt oder nachträglich wieder entzieht und diesen so die Erbringung einer Dienstleistung oder den Absatz von Waren auf einem vor- oder nachgelagerten Markt faktisch unmöglich

---

282 EuGH, Rs. 155/73 (Sacchi), Slg. 1974, 409, Rn. 16 ff.; EuGH, Rs. 7/82 (GVL), Slg. 1974, 409, Rn. 56; Kommission, COMP/38.096 (Clearstream), Rn. 226; zum Bereich der Immaterialgüterrechte unten Rn. 115 ff.
283 EuGH, Rs. 311/84 (Telemarketing), Slg. 1985, 3261, Rn. 26; Kommission, 92/213/EWG (British Midland/Air Lingus), ABl. 1992 L 96/34, Rn. 26. Vgl. zu möglichen Rechtfertigungsgründen bereits oben Rn. 109.
284 So *Schröter*, in: Schröter/Jakob/Mederer, Art. 82 Rn. 252.
285 So auch *Brouwer*, An Improved Framework for Refusal to Supply Cases, Global Competition Law Centre, Second Annual Conference, Juni 2005, S. 8 f.; *Humpe/Ritter*, GCLC Research papers on Art. 82 EC, Juli 2005, S. 134, 140 ff. und *Subiotto/O'Donoghue*, ECLR 2003, 683, 686 f.
286 Dabei ist die Unterscheidung in der Rechtsprechung oftmals nicht klar, siehe *Bulst*, in: Langen/Bunte, Art. 82 Rn. 259.
287 Kommission, Mitteilung Behinderungsmissbrauch, ABl. 2009 C 45/7, Rn. 84.
288 Kommission, Mitteilung Behinderungsmissbrauch, ABl. 2009 C 45/7, Rn. 81, 85.
289 Kommission, Mitteilung Behinderungsmissbrauch, ABl. 2009 C 45/7, Rn. 89.
290 Siehe *Geradin*, CMLR 2005, 1, 5 ff. Vgl. zur engen Marktabgrenzung und zur Anerkennung einzelner wichtiger Einrichtungen als wesentlicher Teil des Gemeinschaftsmarktes oben Rn. 6, 31.

macht (*essential facilities doctrine*).[291] Entscheidend ist zunächst, dass die Nutzung der Einrichtung für die Erbringung der Dienstleistung oder den Absatz von Waren zwingend erforderlich und nicht nur angenehm oder nützlich ist.[292] Zudem muss es sich um eine Einrichtung handeln, die nicht mit einem angemessenen wirtschaftlichen Aufwand dupliziert werden kann.[293] Als wesentliche Einrichtungen in diesem Sinn kommen am ehesten Flug- oder Seehäfen, Strom-, Gas-, Schienen- oder Telekommunikationsnetze oder bestimmte Gepäckabwicklungs- oder im Ausnahmefall auch Vertriebssysteme in Betracht. Die Mitteilung zu Behinderungsmissbräuchen behandelt diese Fälle nach den Grundsätzen der Geschäftsverweigerung.[294]

114   Die Verweigerung des Zugangs kann durch objektive Gründe **gerechtfertigt** sein, z.B. wenn das Unternehmen, das die Nutzung der wesentlichen Einrichtung verlangt, nicht die Gewähr dafür bietet, dass die geplante Dienstleistungserbringung den Sicherheitsstandards entspricht,[295] dessen wirtschaftliche Leistungsfähigkeit nicht sichergestellt, mangels seiner fachlichen Eignung ein Schaden an der Einrichtung zu befürchten oder die Kapazitätsgrenze erreicht ist.[296]

115   **m) Sonderbereich Immaterialgüterrechte.** Mit der Einräumung von Immaterialgüterrechten soll ein Anreiz für Unternehmen geschaffen werden, in Forschung und Entwicklung zu investieren. Zugleich erlangt der Inhaber des Immaterialgüterrechts die Möglichkeit, Dritten den Zugang zu der geschützten Technologie zu verweigern und imitierenden Wettbewerb auszuschließen und komplementären Wettbewerb zu beschränken. Ein solches Verhalten ist potentiell wettbewerbsbeschränkend. Insofern stehen das Immaterialgüterrecht und das Kartellrecht traditionell in einem Spannungsverhältnis.[297] Dieses löst sich nicht allein durch den Hinweis auf, mit seiner Fortschrittsfunktion diene auch der Wettbewerb der Innovation.

116   Nach Ansicht der Rechtsprechung greift die Missbrauchskontrolle des Art. 102 AEUV auch im Bereich von Immaterialgüterrechten. Dies hat der EuGH in früheren Entscheidungen mit der Formel ausgedrückt, dass zwar nicht der Bestand eines Immaterialgüterrechts an sich, wohl jedoch seine Ausübung durch ein marktbeherrschendes Unternehmen missbräuchlich im Sinne von Art. 102 AEUV sein kann.[298] Da die Differenzierung zwischen dem Bestand und der Ausübung eines Immaterialgüterrechts keinen weiteren Erkenntniswert im Hinblick auf die Missbräuchlichkeit im Einzelfall aufweist,[299] hat auch der EuGH selbst von dieser Formel Abstand genommen.[300]

117   In verschiedenen **Leitentscheidungen**[301] haben die Gerichte der Europäischen Union Grundsätze dazu entwickelt, welche Kriterien im Einzelnen erfüllt sein müssen, damit die innovati-

---

291 So Kommission, 94/19/EG (Sealink), ABl. 1994 L 15/8, Rn. 66 mit weiteren Nachweisen in Fn. 6; Kommission, 94/199/EG (Port of Rødby), ABl. 1994 L 55/52, Rn. 12; kritisch zur *essential facilities doctrine* insbesondere vor dem Hintergrund, dass hierdurch Investitionen in teure Infrastruktureinrichtungen verhindert werden könnten, *de Bronett,* in: Wiedemann, § 22 Rn. 65; *Hübschle,* in: Lange, S. 441 f.

292 EuGH, Rs. C-7/97 (Bronner/Mediaprint), Slg. 1998, I-7791, Rn. 42 ff.

293 EuG, Rs. T-374/94, T-375/94, T-384/94 und T-388/94 (European Night Services), Slg. 1998, II-3141, Rn. 208.

294 Siehe Rn. 97 ff.

295 Kommission, 94/19/EG (Sealink), ABl. 1994 L 15/8, Rn. 74.

296 Kommission, 98/190/EG (Flughafen Frankfurt), ABl. 1998 L 72/30, Rn. 86 ff. Dies gilt nach der zitierten Entscheidung jedoch nicht, wenn die Kapazitäten erweitert werden können, selbst wenn dies mit erheblichen Kosten verbunden sein sollte.

297 Vgl. dazu *Heitzer* in: FIW-Schriftenreihe, Band 228, Innovation und Wettbewerb, S. 3 ff.

298 EuGH, Rs. 24/67 (Parke Davis), Slg. 1968, 86, S. 112. Unter Umständen kann auch der Erwerb eines Immaterialgüterrechts missbräuchlich im Sinne von Art. 102 AEUV sein, wenn durch diesen die Wettbewerbsstruktur der fraglichen Marktes nachhaltig beeinträchtigt wird. Vgl. hierzu *Möschel,* in: Immenga/Mestmäcker, EG-WettbR, Art. 82 Rn. 250.

299 Schlussanträge des Generalanwalts Gulman, verb. Rs. C-241/91 und C-242/91 (Magill), Slg. 1995, I-743, Rn. 31; *Merdzo,* ZEuS 2005, 135, 141.

300 Diese Entwicklung begrüßend *Jung,* GRP 2004, 211, 212. Diese Differenzierung als überholt charakterisierend *Casper,* ZHR 2002, 685, 690; *Leistner,* ZWeR 2005, 138, 139; *Merdzo,* ZEuS 2005, 135, 141.

301 Vgl. dazu die ausführliche Darstellung bei *Kaestner,* Missbrauch von Immaterialgüterrechten, 2005 sowie *van Rooijen,* The Role of Investments in Refusals to Deal, World Comp 31 (2008), 63, 64 ff.; für Urteile in jüngerer Zeit siehe EuG, Rs. T-201/04 (Microsoft), Slg. 2007, II-3601, Rn. 331-333; EuG, Rs. T-321/05 (AstraZeneca), noch nicht in der Sammlung veröffentlicht.

onsfördernde Wirkung eines Immaterialgüterrechts durch eine missbräuchliche Ausübung desselben innovationshemmend wird und die Einräumung einer **Zwangslizenz** gerechtfertigt ist. Dies setzt nach Auffassung der Rechtsprechung insbesondere das Vorliegen **außergewöhnlicher Umstände** voraus. Kein außergewöhnlicher Umstand ist nach der Rechtsprechung zunächst das Bestehen einer marktbeherrschenden Stellung sowie die Lizenzverweigerung als solche.[302] Vielmehr berücksichtigen die Gerichte der Europäischen Union bei ihrer Abwägung den besonderen Stellenwert von Immaterialgüterrechten. Dies zeigt sich insbesondere darin, dass die Gerichte der Europäischen Union im Bereich der Erteilung von Zwangslizenzen für Immaterialgüterrechte im Verhältnis zu den Voraussetzungen, unter denen der EuGH einen Anspruch auf den Zugang zu einer wesentlichen Einrichtung im Sinne der *essential facilities doctrine* annimmt, wesentlich höhere Anforderungen stellen.[303] Identisch sind zunächst die im Rahmen der *essential facilities doctrine* entwickelten Kriterien der **Unentbehrlichkeit** und der **Nichtduplizierbarkeit**. Diese Voraussetzungen sind erfüllt, wenn der Zugang zu dem Schutzrecht objektiv notwendig ist, um auf dem nachgelagerten Markt tätig zu sein, also entweder keine wettbewerbsfähige alternative Technologie auf dem vorgelagerten Technologiemarkt verfügbar ist (Duplizierbarkeit), oder die Kunden gerade die Nutzung der geschützten Technologie verlangen, damit Produkte auf dem nachgelagerten Markt wettbewerbsfähig sind (Unentbehrlichkeit, z.B. in Interoperabilitätsfällen). Darüber hinaus fordern die Gerichte der Europäischen Union in den Zwangslizenzfällen als zwingende Voraussetzungen für das Vorliegen außergewöhnlicher Umstände jedoch weiter, dass die Lizenzierung des Immaterialgüterrechts zur Entwicklung und Produktion eines neuen Produktes erforderlich ist,[304] für das auch eine potentielle Verbrauchernachfrage besteht, und die Lizenzverweigerung zudem geeignet sein muss, jeglichen Wettbewerb auf einem abgeleiteten Markt auszuschließen.[305] Insoweit kann man im Bereich von Immaterialgüterrechten auch von der Anwendung einer *modifizierten essential facilities doctrine* sprechen. In Bezug auf die von der Rechtsprechung erarbeiteten Grundsätze ist zu beachten, dass der EuGH die konkreten Umstände des Einzelfalls als Grundlage seiner Entscheidung betont und keine standardisierte Betrachtung vornehmen möchte.[306]

Der Begriff des **abgeleiteten Marktes**, auf den sich die Lizenzverweigerung marktverschließend auswirken muss, wird durch den EuGH sehr weit interpretiert. Es soll ausreichend sein, *„dass ein potenzieller oder auch nur hypothetischer Markt bestimmt werden kann".*[307] Weiter heißt es in der IMS Health-Entscheidung: *„Entscheidend ist folglich, dass zwei verschiedene Produktionsstufen unterschieden werden können, die dadurch miteinander verbunden sind, dass das vorgelagerte Erzeugnis ein für die Lieferung des nachgelagerten Erzeugnisses unerlässliches Element ist."*[308] Diese Definition des EuGH ist sehr weitgehend, da sie auch, wie in der IMS Health-Entscheidung selbst, Fälle umfasst, in denen derjenige, der die Lizenz fordert, auf dem

118

---

302 EuGH, Rs. 238/87 (Volvo/Veng), Slg. 1988, 6211, Rn. 8; EuGH, verb. Rs. C-241/91 und C-242/91 (Magill), Slg. 1995, I-743, Rn. 50; EuGH, Rs. C-418/01 (IMS Health), Slg. 2004, I-5039, Rn. 34; EuG, Rs. T-201/04 (Microsoft), Slg. 2007, II-3601, Rn. 331.

303 Für höhere Anforderungen im Bereich der Immaterialgüterrechte auch *Casper*, ZHR 2002, 685, 695 f.; *Lubitz*, K&R 2004, 469, 472; *Merdzo*, ZEuS 2005, 135, 168; *Spindler/Apel*, JZ 2005, 133, 137; *Thyri*, WuW 2005, 388, 394 f. und *Wirtz/Holzhäuser*, WRP 2004, 683. Gegen eine Differenzierung *Eilmansberger*, EWS 2003, 12, 15 sowie ausführlich *Humpe/Ritter*, GCLC Research papers on Art. 82 EC, Juli 2005, S. 134, 143 ff.

304 Die Gerichte der Europäischen Union haben Literaturstimmen, vgl. etwa *Casper*, ZHR 2002, 685, 701 f.; *Kühnen* in: Festschrift für Tilmann, 2003, 513, 519 f.; *Leistner*, ZWeR 2005, 138, 150 f., 161, die das Erfordernis eines neuen Produktes als mögliche aber nicht zwingende Voraussetzung für das Vorliegen außergewöhnlicher Umstände aufgefasst haben, eine Absage erteilt, vgl. EuG, Rs. T-201/04 (Microsoft), Slg. 2007, II-3601, Rn. 332; EuGH, Rs. C-418/01 (IMS Health), Slg. 2004, I-5039, Rn. 49. So auch *Jung*, ZWeR 2004, 379, 403 f. Das Vorbringen der Kommission im Fall Microsoft, COMP/C-3/37.792 (Microsoft), Rn. 555, sowie den Präsidenten im Beschluss vom 22.12.2004, EuG, Rs. T-201/04 (Microsoft), Rn. 206, auch andere Umstände als die Verhinderung eines neuen Produktes als außergewöhnlich im Sinne der Rechtsprechung anzusehen, hat das EuG offen gelassen, da das Gericht die Kriterien der IMS Health-Entscheidung als gegeben angenommen hat.

305 EuGH, Rs. C-418/01 (IMS Health), Slg. 2004, I-5039, Rn. 37; vgl. auch EuGH, verb. Rs. C-241/91 und C-242/91 (Magill), Slg. 1995, I-743, Rn. 54.

306 EuGH, Rs. C-418/01 (IMS Health), Slg. 2004, I-5039, Rn. 35.

307 EuGH, Rs. C-418/01 (IMS Health), Slg. 2004, I-5039, Rn. 44.

308 EuGH, Rs. C-418/01 (IMS Health), Slg. 2004, I-5039, Rn. 45.

gleichen (Produkt-) Markt wie der Schutzrechtsinhaber tätig werden will. Dies erhöht die Gefahr, dass nicht der Innovationswettbewerb gefördert, sondern vielmehr im Widerspruch zum Schutzzweck der Immaterialgüterrechte die Imitation von geschützten Produkten ermöglicht wird.[309] Dies gilt umso mehr, als kaum vorhersehbar ist, wann von unterschiedlichen Produktionsstufen im Sinne der IMS Health-Entscheidung auszugehen ist, was zu einer großen Rechtsunsicherheit führt. Es sollte daher an dem Erfordernis des Vorliegens von (tatsächlichen) Primär- und Sekundärmärkten festgehalten werden und die Annahme des Missbrauchs einer marktbeherrschenden Stellung auf (i) klassische *leveraging*-Fälle und auf (ii) die diskriminierende Vorenthaltung einer ansonsten lizenzierten Technologie (bestehender Lizenzmarkt) beschränkt werden.[310]

119 Ein vergleichbares Problem stellt sich im Hinblick auf die **Neuheit des Produktes**. Auch nach der IMS Health-Entscheidung sowie der Microsoft-Entscheidung der Gerichte der Europäischen Union ist noch nicht abschließend geklärt, welche Anforderungen an die Neuheit zu stellen sind. Die Interpretation des Begriffes der Neuheit muss jedoch wiederum den Schutzzweck der Immaterialgüterrechte berücksichtigen. Von der Neuheit des Produktes sollte daher dann nicht ausgegangen werden, wenn es sich lediglich um eine Imitation des durch den Schutzrechtsinhaber angebotenen Produkts oder ein diesem gegenüber nur unbedeutend verändertes handelt. Es muss vielmehr eine eigene innovative Leistung erbracht werden, die über eine reine Qualitätsverbesserung hinausreicht und ein differenziertes Produkt hervorbringt.[311] In der Microsoft-Entscheidung änderte das EuG die IMS Health- und Magill-Rechtsprechung des EuGH insofern, als dass die Verhinderung eines neuen Produktes keine zwingende Voraussetzung für eine missbräuchliche Lizenzverweigerung darstellt. Es kam damit der Kommission entgegen, die sich gegen eine abschließende Liste von Voraussetzungen gewehrt hatte.[312] Ausreichend ist die **Verhinderung einer technischen Entwicklung** aufgrund der Lizenzverweigerung.[313] Dabei prüfte das EuG erstmals – aus Perspektive der Wettbewerber – die Auswirkungen einer Lizenzverweigerung auf deren Innovationsanreize sowie – aus Perspektive Microsofts – die Auswirkungen einer Zwangslizenz auf dessen Innovationsanreize, unterließ aber eine Abwägung.[314]

120 Weiterhin verlangt das EuG in der Microsoft-Entscheidung – anders als der EuGH in den Fällen IMS Health[315] sowie Magill[316] – nicht die Eignung zur Ausschaltung jeglichen Wettbewerbs, sondern nur die Eignung zur Ausschaltung wirksamen Wettbewerbs.[317] So wird es dem markt-

---

309 *Brouwer*, An Improved Framework for Refusal to Supply Cases, Global Competition Law Centre, Second Annual Conference, Juni 2005, S. 4 f. sieht die Gefahr, dass hierdurch ein Vorgehen nicht gegen den Missbrauch einer marktbeherrschenden Stellung, sondern das Aufbrechen der marktbeherrschenden Stellung selbst erreicht werden soll.

310 Kritisch zu einem Wegfall dieses Erfordernisses auch *Casper*, ZHR 2002, 685, 691 f., 697 f.; *Humpe/Ritter*, GCLC Research papers on Art. 82 EC, Juli 2005, S. 134, 151 f. Vgl. hierzu auch *Wirtz/Holzhäuser*, WRP 2004, 683, 688 f. Gegen die Notwendigkeit des Kriteriums eines vor- und eines nachgelagerten Marktes hingegen *Leupold/Pautke*, EWS 2005, 108, 111, die eine Zwangslizenz auch in Fällen der reinen Marktabschottung im Gegensatz zum klassischen *leveraging*-Fall zulassen wollen.

311 Hohe Anforderungen im Hinblick auf die Neuheit des Produktes befürwortend *Merdzo*, ZEuS 2005, 135, 171, 174. So auch *Bechtold/Bosch/Brinker/Hirsbrunner*, Art. 82 Rn. 55, die zwischen Innovationsprodukten und Nachahmerprodukten unterscheiden. Nicht ganz eindeutig, aber in diese Richtung weisend Schlussanträge des Generalanwalts Tizzano in Rs. C-418/01 (IMS Health), Slg. 2004, I-5039, Rn. 66, der verlangt, dass das entsprechende Produkt nicht denjenigen gleicht, die von dem Rechtsinhaber selbst angeboten werden, sondern andere Merkmale aufweist. A.A. hingegen *Leistner*, ZWeR 2005, 138, 161, der jede Verbesserung oder Vergünstigung für die Erfüllung des Kriteriums der Neuheit ausreichen lassen möchte.

312 Kommission, COMP/C-3/37.792 (Microsoft), Rn. 555; zustimmend *Gauß*, S. 134, der anmerkt, dass die Lizenzverweigerung, die ein neues Produkt verhindert, nur in eindeutigen Fällen – wie in der Magill-Entscheidung – beantwortet werden kann.

313 *Gauß*, S. 133.

314 EuG, Rs. T-201/04 (Microsoft), Slg. 2007, II-3601, Rn. 659 und 697 ff.

315 EuGH, Rs. C-418/01 (IMS Health), Slg. 2004, I-5039, Rn. 47.

316 EuGH, verb. Rs. C-241/91 und C-242/91 (Magill), Slg. 1995, I-743, Rn. 56.

317 EuG, Rs. T-201/04 (Microsoft), Slg. 2007, II-3601, Rn. 561 ff.

M. Wirtz

beherrschenden Unternehmen erschwert, willkürlich eine kleine Anzahl ihm genehmer Lizenznehmer zu selektieren und die übrigen Interessenten vom Wettbewerb auszuschließen.[318]

Eine **objektive Rechtfertigung** der Lizenzverweigerung als vierte Voraussetzung setzt eine umfassende Abwägung im Einzelfall voraus. In der Diskussion befindet sich die Frage, ob alleine die außergewöhnliche Werthaltigkeit eines Immaterialgüterrechts eine objektive Rechtfertigung für dessen Nichtlizenzierung darstellen kann.[319] Dies ist abzulehnen. Entscheidend sollte nicht die Werthaltigkeit des Schutzrechts sein, sondern die Frage, ob die Zwangslizenzierung den Schutzrechtsinhaber daran hindert, seine für die Entwicklung des Schutzrechts getätigten Investitionen zu kompensieren und hierdurch eine Hemmschwelle aufgebaut wird, zukünftig in Forschung und Entwicklung zu investieren.[320] **121**

Eng verwandt mit diesem Problembereich ist der Missbrauch einer marktbeherrschenden Stellung durch die Kontrolle von **Sekundärmärkten**. Aus Sicht der Kommission scheint diese Thematik keine drängende Problematik darzustellen, da die Mitteilung zu Behinderungsmissbräuchen Sekundärmärkte nur in einer Fußnote erwähnt. Durch eine marktbeherrschende Stellung in einem vorgelagerten Markt kann ein Unternehmen mit Hilfe von Immaterialgüterrechten versuchen, Marktmacht auf einem nachgelagerten Markt zu erlangen. Dieser kann z.B. das Angebot von Ersatz- oder Verbrauchsteilen sowie Wartungsdienstleistungen umfassen.[321] Die Frage, ob in Bezug auf derartige Waren und Dienstleistungen grundsätzlich getrennte Primär- und Sekundärmärkte vorliegen oder generell ein einheitlicher Systemmarkt, hat der EuGH deutlich zugunsten Ersterer entschieden (Trennungstheorie).[322] Die Klassifizierung der nachgelagerten Märkte – nämlich des Ersatzteilmarkts und des Kundendienstleistungsmarkts – als mit dem Primärmarkt einheitlicher Systemmarkt durch die Kommission hat der EuG kürzlich erneut im Bereich von Luxusuhren zurückgewiesen.[323] Trotz bestehenden Wettbewerbs auf dem Primärmarkt kann ein Hersteller von Luxusuhren daher auf dem Sekundärmarkt (für Ersatzteile) marktbeherrschend sein.[324] Von Bedeutung im Hinblick auf die Trennung in Primär- und Sekundärmarkt ist, dass die laufenden Kosten, einschließlich der Kosten für Wartung/Reparaturen und Ersatzteile, die einmaligen Anschaffungskosten eines langlebigen Gerätes bei weitem übersteigen. Die Frage, ob den Kunden die laufenden Kosten bei der Anschaffung präsent sind, dürfte in vielen Fällen zu verneinen sein. Die marktbeherrschende Stellung auf dem vorgelagerten Markt geht dann einher mit einer geringen Wechselbereitschaft des Verbrauchers, so dass die Marktbeherrschung schwerer wiegt als bei größerer Wechselbereitschaft.[325] Bestehen gewerbliche Schutzrechte für das (Haupt-)Produkt aus dem vorgelagerten Markt, so führt der Zugang zu dem nachgelagerten Markt oftmals nur über die Erteilung einer (Zwangs-)Lizenz. Der Vorstoß von Wettbewerbern in den Sekundärmarkt ist damit hohen Hürden unterworfen. Nach jahrelanger Betonung der Wohlfahrtsverluste, die durch eine Kontrolle von Sekundärmärkten entstehen, gibt es seit einigen Jahren Stimmen, die aus ökonomischer Perspektive Wohlfahrtsgewinne durch diese Kontrolle betonen.[326] Der *more economic approach* könnte zur Legitimation der Kontrolle von Sekundärmärkten beitragen; die zu stellenden Anforderungen sind allerdings streng.[327] **122**

318 Zum Kriterium des Wettbewerbsausschlusses im Hinblick auf das konkret die Lizenzierung verlangende Unternehmen auch *T. Kühnen*, in: Festschrift für Tilmann, 2003, 513, 525.

319 Beschluss des Präsidenten vom 22.12.2004, EuG, Rs. T-201/04 (Microsoft), Rn. 212 f.

320 So auch *T. Kühnen*, in: Festschrift für Tilmann, 2003, 513, 522.

321 Beispiele sind z.B. Drucker und Patronen, gentechnisch veränderte Pflanzen und entsprechend darauf abgestimmte Chemikalien oder Geschirrspülmaschinen und Geschirrspülmittel.

322 Siehe nur EuGH, Rs. 22/78 (Hugin), Slg. 1979, 1869, 1896; EuGH, Rs. C-53/92 (Hilti), Slg. 1994, I-667, Rn. 11 ff.; auch in den USA gilt diese Abgrenzung, siehe Eastman Kodak Co v. Image Technical Serv., Inc. 504 U.S. 451 (1992); vgl. zur Rechtslage in der EU und den USA auch *Kühnert/Xeniadis*, WuW 2008, 1054, 1055.

323 EuG, Rs. T-427/08 (CEAHR/Kommission), noch nicht in der Sammlung veröffentlicht, Rn. 107 und 119.

324 EuG, Rs. T-427/08 (CEAHR/Kommission), noch nicht in der Sammlung veröffentlicht, Rn. 151.

325 A.A. *Blanken*, S. 106 ff., die mit Verweis auf das Diskussionspapier der Kommission eine hohe Wechselbereitschaft annimmt, sofern Preiserhöhungen bei laufenden Kosten drohen.

326 Siehe dazu ausführlich *Bechtold*, S. 28 ff.

327 *Bechtold*, S. 115.

123   Einen weiteren Fall des Missbrauchs einer marktbeherrschenden Stellung im Bereich der Immaterialgüterrechte hat das EuG im Fall **AstraZeneca** in der Angabe falscher Daten zur Erlangung von nicht gerechtfertigtem Patentschutz und in der selektiven Löschung von Verkehrsgenehmigungen für ein bestimmtes Medikament zur Verhinderung von Parallelimporten und der Einfuhr von Generika gesehen.[328] Die Verletzung von Art. 102 AEUV lag nach Sicht der Kommission zum einen in der Angabe irreführender Daten, um Konkurrenz durch Generika auszuschließen. Dabei erlangte AstraZeneca nach Ansicht des EuG ergänzende Schutzzertifikate, die den Patentschutz verlängert und so preiswertere Generika vom Markt ausgeschlossen haben.[329] Zum anderen hatte AstraZeneca die Marktzulassung eines Medikaments gezielt abgemeldet, um sowohl Hersteller von Generika als auch Parallelhändler zu behindern. Zwar ist ein marktbeherrschendes Unternehmen nicht verpflichtet, die Interessen seiner Wettbewerber zu schützen; dies führt aber nicht dazu, dass ein Vorgehen mit dem einzigen Ziel, Wettbewerber auszuschließen, mit Art. 102 AEUV vereinbar ist.[330]

124   Auch in Zusammenhang mit **Standardisierungsorganisationen** sind Missbräuche durch die Ausübung gewerblicher Schutzrechte möglich. Fragen der Marktmacht von Standardisierungsorganisationen sind zwar als horizontale Kooperationsvereinbarungen in ihrer Entstehung von Art. 101 AEUV erfasst.[331] Dabei stimmen Kommission und Literatur aber darin überein, diese Vereinbarungen nicht als *per se*-Verletzungen zu sehen, sondern sie aufgrund ihrer wettbewerbsfördernden Effekte unter bestimmten Voraussetzungen als erlaubt zu betrachten.[332] Relevant werden Fragen des möglichen Missbrauchs dieser Standards aber im Rahmen von Art. 102 AEUV. Art. 101 und Art. 102 AEUV ergänzen sich hier aufgrund ihres jeweiligen Schutzzwecks. Missbrauchsfälle in Zusammenhang mit Standardisierungsorganisationen sind zum weit überwiegenden Teil aus den USA bekannt.[333] Erst in den letzten Jahren hat auch die Kommission Beschwerden von Unternehmen aufgegriffen, die sich bei Nutzung eines Standards mit der Forderung nach (potentiell unangemessenen, diskriminierenden oder sonst missbräuchlichen) Lizenzgebühren konfrontiert sahen.

125   Der sog. Patenthinterhalt (*patent ambush*) stellt ebenfalls ein missbräuchliches Verhalten dar.[334] Ein Patenthinterhalt ist gegeben, wenn ein Mitglied einer Standardisierungsorganisation Informationen über ein Patent, eine geplante Patentanmeldung etc. zurückhält und nach der Festlegung des Standards eine Patentverletzung gegenüber den anderen Mitgliedern dieser Organisation oder Dritten geltend macht.[335] Das Unternehmen **Rambus** forderte Lizenzgebühren von anderen Mitgliedern des JEDEC-Standards, nachdem Hersteller angefangen hatten, nach diesem Standard zu produzieren, an deren Erarbeitung sich Rambus am Rande beteiligt, jedoch auf eigene Patentanmeldungen in diesem Bereich nicht hingewiesen hatte. Den Missbrauch einer marktbeherrschenden Stellung sah die Kommission darin, dass Rambus unangemessen hohe Lizenzgebühren für die Patentnutzung verlangte.[336] Rambus legte ein Verpflichtungsangebot zur zeitlichen Begrenzung der Lizenzgebühren vor, woraufhin die Kommission nach Einholung von Stellungnahmen betroffener Unternehmen die Einstellung des Verfahrens verfügt hat.[337]

126   In einem anderen Fall von Standardisierungsverfahren stand die Umsetzung einer **FRAND**-Selbstverpflichtung („fair, reasonable and non discriminatory terms") im Fokus. Diese Selbstverpflichtung besagt, dass Inhaber grundlegender Patente nicht ihre Marktmacht aufgrund dieser Patent ausnutzen dürfen, sondern eine Lizenzvergabe zu fairen, vernünftigen und nicht

---

328   Vgl. EuG, Rs. T-321/05 (AstraZeneca), noch nicht in der Sammlung veröffentlicht.

329   EuG, Rs. T-321/05 (AstraZeneca), noch nicht in der Sammlung veröffentlicht, Rn. 598.

330   EuG, Rs. T-321/05 (AstraZeneca), noch nicht in der Sammlung veröffentlicht, Rn. 816.

331   *O'Donoghue/Padilla*, 538.

332   Siehe dazu insbesondere Kommission, Leitlinien zur Anwendbarkeit von Art. 101 des Vertrages über die Arbeitsweise der Europäischen Union auf Vereinbarungen über horizontale Zusammenarbeit, ABl. 2011 C 11/1, Rn. 267 ff., 277 ff.

333   *O'Donoghue/Padilla*, 536 ff.

334   Siehe dazu *Klees*, EWS 2008, 449 ff.; *Kroes*, Setting the standards high, SPEECH/09/475, S. 4.

335   *Berg/Köbele*, PharmR 2009, 581, 583.

336   Kommission, MEMO/07/330 (Rambus).

337   Kommission, COMP/C-3/ 38 636 (Rambus), C(2010) 150.

        M. Wirtz

diskriminierenden Bedingungen erfolgen soll.[338] Das Unternehmen **Qualcomm** ist Inhaber der Rechte des geistigen Eigentums an den CDMA- und WCDMA-Mobilfunkstandards, die Teil des UMTS-Standards in Europa sind.[339] Allerdings hat die Kommission nicht die eindeutigen Beweise gefunden, die für den Nachweis eines Missbrauchs nach Art. 102 AEUV notwendig sind und das Verfahren eingestellt.[340]

Handlungsbedarf sieht die Kommission im **Arzneimittelsektor**. In einer Sektoruntersuchung 127
der Kommission im Jahre 2009 fand die Kommission Praktiken vor, die zu einer Verzögerung oder Verhinderung des Markteintritts von Generika oder Originalpräparaten von Wettbewerbern führen.[341] Die Kommission hat für die Zukunft weitere Ermittlungen – inkl. Dawn Raids – und die Überprüfung defensiver Patentstrategien angekündigt. In der Literatur wird erwartet, dass die Kommission in diesem Bereich einen Schwerpunkt setzen wird.[342]

D. Rechtsfolgen

Zunächst ist festzuhalten, dass Art. 102 AEUV gem. Art. 1 Abs. 3 VO 1/2003 unmittelbare 128
Anwendung findet und ein Verstoß gegen Art. 102 AEUV keine vorherige Entscheidung der Kommission voraussetzt (*self-executing*).

I. Zivilrecht

Art. 102 AEUV führt – anders als Art. 101 AEUV – nicht zur Nichtigkeit des Rechtsgeschäfts, 129
weil sich die zivilrechtlichen Folgen eines Verstoßes gegen Art. 102 AEUV **nach nationalem Recht** bestimmen. So kann ein Missbrauch gem. Art. 102 AEUV, der als Verbotsgesetz im Sinne von § 134 BGB anerkannt ist, zur Nichtigkeit der den Verstoß enthaltenden Vereinbarung führen.[343] Dies ist jedoch nicht zwangsläufig der Fall, wenn die Ziele des Gemeinschaftsrechts auch durch eine Teilnichtigkeit verwirklicht werden können.[344] Die Ausbeutung von Marktteilnehmern kann § 138 BGB erfüllen.[345] Zudem können die durch das missbräuchliche Verhalten eines marktbeherrschenden Unternehmens Betroffenen gem. § 33 GWB Unterlassungs- und Schadensersatzansprüche geltend machen.[346]

Der EuGH hat in zwei Fällen einen **Schadensersatzanspruch** als notwendigen Bestandteil einer 130
effektiven Umsetzung des EU-Kartellrechts bejaht.[347] Die Kommission hat es sich in ihrem „Weißbuch – Schadensersatz wegen Verletzung des EG-Wettbewerbsrechts"[348] zum Ziel gemacht, die Möglichkeit von Bürger und Unternehmen, Schadensersatz wegen einer Verletzung von Art. 102 AEUV zu verlangen, auszuweiten und mögliche Hindernisse zu beseitigen. Dazu schlägt sie Verbandsklagen qualifizierter Einrichtungen sowie Opt-in-Gruppenklagen vor. Weiterhin möchte sie das Verfahren so gestalten, dass wirksame Instrumente zur Erlangung von Schadensersatz bestehen.[349]

Der BGH hat sich zunächst im Fall **Standard-Spundfass** im Jahr 2004 und sodann eingehend 131
im Fall **Orange Book Standard** im Jahr 2009 mit der Thematik der Lizenzverweigerung be-

338 Kommission, MEMO/07/389 (Qualcomm).
339 Siehe ausführlich dazu *Klees*, EWS 2008, 449, 452.
340 Kommission, MEMO/09/516; zu den Beweisanforderungen siehe *Kroes*, Setting the standards high, SPEECH/09/475, S. 4.
341 Kommission, IP/09/1098.
342 Vgl. *Berg/Köbele*, PharmR 2009, 581.
343 Vgl. nur *Schröter*, in: Schröter/Jakob/Mederer, Art. 82 Rn. 56 ff. und unten 11. Kap., Rn. 19. Dies ist allerdings umstritten, siehe *Khan*, in: Geiger/Khan/Kotzur, EUV/AEUV, Art. 102 AEUVV Rn. 17.
344 Vgl. EuGH, Rs. 66/86 (Ahmed Saeed Flugreisen), Slg. 1989, 803, Rn. 45.
345 *Khan*, in: Geiger/Khan/Kotzur, EUV/AEUV, Art. 102 AEUV Rn. 17.
346 Hierzu ausführlich 11. Kap., Rn. 20 ff.
347 EuGH, Rs. C-453/99 (Courage/Crehan), Slg. 2001, I-6297; EuGH, verb. Rs. 295/04 bis 298/04 (Manfredi), Slg. 2006, I-6619; für weitere Ausführungen zum *private enforcement* siehe 11. Kap. Rn. 20.
348 Kommission, Weißbuch Schadensersatz, KOM(2008) 165, endg., S. 2.
349 Kommission, Weißbuch Schadensersatz, KOM(2008) 165, endg., S. 3 ff.

schäftigt.[350] Der BGH entschied, dass ein Unternehmen sich sowohl gegen eine Schadensersatzklage als auch gegen eine Unterlassungsklage des Patentinhabers mit der Berufung auf den kartellrechtlichen Zwangslizenzeinwand verteidigen kann. Der Missbrauch durch Lizenzverweigerung ist von dem Fall des Missbrauchs aufgrund der Geltendmachung eines Schutzrechtes zu unterscheiden.[351] Im ersten Fall ist die zwangsweise Erteilung einer Lizenz in einem kartellbehördlichen oder gerichtlichen Verfahren geltend zu machen, im letzteren Fall stellt der Missbrauch eine Einrede im Rahmen einer Patentverletzungsklage des Patentinhabers dar. Die Marktbeherrschung des Patentinhabers führt dabei nicht grundsätzlich zu einem Lizenzanspruch. Der Lizenzanspruch führt als begründete Einrede zwar zum Wegfall des Schadensersatzanspruchs, aber nicht zwangsläufig zum Wegfall des Unterlassungsanspruchs, der aus dem Schutzrecht folgt. Der dem Unterlassungsbegehren entgegen zu haltende Zwangslizenzeinwand setzt nach der Rechtsprechung des BGH vielmehr voraus, dass ein unbedingtes Angebot des Lizenzsuchenden auf Abschluss eines Lizenzvertrages vorliegt und der Lizenznehmer die Verpflichtungen einhält, die sich aus dem Lizenzvertrag ergeben. Dies betrifft vor allem die Zahlung der Lizenzgebühren oder Hinterlegung eines nachvollziehbar berechneten Geldbetrags.[352] Macht der potentielle Lizenznehmer ein unbedingtes, diskriminierungsfreies Angebot und greift er dem Vertragsschluss durch Benutzung des Patents vor Lizenzerteilung vor, hat er die Verpflichtung, seine Gegenleistung zu erbringen. Das Orange Book-Urteil hat international Aufsehen erregt und sowohl starke Kritik als auch viel Fürsprache erfahren.[353]

II. Bußgeld

132   Die **Kommission** kann gem. Art. 23 Abs. 2 lit. a) VO 1/2003[354] gegen Unternehmen oder Unternehmensvereinigungen Geldbußen von bis zu 10% des im vorangegangenen Geschäftsjahr erzielten Gesamtumsatzes verhängen, wenn ein vorsätzlicher oder fahrlässiger Verstoß gegen Art. 102 AEUV vorliegt.[355] Welch empfindliche Geldbußen dies zur Folge haben kann, zeigt sich anschaulich in den Fällen Intel,[356] Microsoft,[357] Telefónica,[358] Deutsche Post[359] und Michelin II,[360] in denen die Kommission Geldbußen von 1,06 Milliarden EUR im ersten (Intel), 497 Millionen EUR im zweiten (Microsoft), 151 Millionen EUR im dritten (Telefónica), 24 Millionen EUR im vierten (Deutsche Post) und 19,76 Millionen EUR im fünften Fall (Michelin) verhängt hat. Bei der Entscheidung über die Höhe der Geldbuße muss die Kommission gem. Art. 23 Abs. 3 VO 1/2003 die Schwere des Verstoßes und seine Dauer berücksichtigen. Zudem können erschwerende oder mildernde Umstände die Höhe des Bußgeldes beeinflussen. Weitere Anhaltspunkte zur Berechnung des Bußgeldes ergeben sich aus den entsprechenden **Leitlinien**[361] der Kommission. Der EuGH kann gem. Art. 31 VO 1/2003 die Geldbußen vollumfänglich überprüfen und ggf. anpassen.

133   Seit 2005 (Inkrafttreten der 7. GWB-Novelle) ist das **Bundeskartellamt** gem. § 81 Abs. 4 i.V.m. Abs. 1 GWB bei Verstößen gegen Art. 102 AEUV befugt, eine Geldbuße von bis zu einer Million EUR und darüber hinaus zu verhängen, wobei die Geldbuße 10% des im vorangegangenen Geschäftsjahres erzielten Umsatzes nicht überschreiten darf. Das Bundeskartellamt hat dazu

---

350 BGHZ 180, 312 – Orange Book Standard; siehe dazu *Höppner*, ZWeR 2010, 395; BGH WuW/E DE-R 1329 – Standard-Spundfass II, vgl. auch *Wirtz/Holzhäuser*, WRP 2004, 683, 691 f.
351 *Höppner*, ZWeR 2010, 395, 399.
352 BGHZ 180, 312 Rn. 29 – Orange Book Standard.
353 Vgl. *de Bronett*, WuW 2009, 899; *Barthelmeß/Gauß*, WuW 2010, 626; *Höppner*, ZWeR 2010, 395, 396.
354 Verordnung (EG) Nr. 1/2003 des Rates vom 16. Dezember 2002 zur Durchführung der in den Artikeln 81 und 82 des Vertrages niedergelegten Wettbewerbsregeln, ABl. 2003 L1/1.
355 Vgl. zur Verhängung von Bußgeldern auch die ausführliche Darstellung 12. Kap., Rn. 69 ff. sowie *Bechtold/Bosch/Brinker/Hirsbrunner*, Art. 23 VO 1/2003.
356 Kommission, COMP/ 37.990 (Intel), Rn. 1803.
357 Kommission, COMP/ 37.792 (Microsoft), Rn. 1080.
358 Kommission, COMP/38.784 (Telefónica), Rn. 766.
359 Kommission, 2001/354/EG (Deutsche Post AG), ABl. 2001 L 125/27, Rn. 51.
360 Kommission, 2002/405/EG (Michelin II), ABl. 2002 L 143/1, Rn. 365.
361 Leitlinien für das Verfahren zur Festsetzung von Geldbußen gemäß Art. 23 Abs. 2 Buchstabe a) VO 1/2003, ABl. 2006 C 210/02.

         M. Wirtz

im September 2006 Leitlinien zur Bemessung von Geldbußen veröffentlicht (vgl. § 81 Abs. 7 GWB),[362] die neben Kartellen auch missbräuchliches Verhalten erfassen. Üblicherweise geht das Bundeskartellamt gegen Missbräuche nicht im Bußgeld-, sondern im Verwaltungsverfahren vor. Sowohl das Amt als auch das OLG Düsseldorf halten das Bußgeldverfahren für die Untersuchung und Bewertung von möglicherweise missbräuchlichem Verhalten für wenig geeignet. Da am Ende eines Verwaltungsverfahrens eine Abstellungsverfügung, jedoch kein Bußgeld stehen kann, sind die Sanktionsmöglichkeiten des Amtes denjenigen der Kommission – die Bußgeld und Abstellung in einer Entscheidung verfügen kann – tendenziell unterlegen. Von der Möglichkeit, den wirtschaftlichen Vorteil eines Missbrauchs im Verwaltungsverfahren abzuschöpfen (§ 34 GWB), macht das Bundeskartellamt üblicherweise keinen Gebrauch.[363]

III. Verwaltungsverfahren

Nach Art. 7 Abs. 1 VO 1/2003 ist die **Kommission** befugt, eine Zuwiderhandlung gegen Art. 102 AEUV förmlich festzustellen, eine **Abstellungsentscheidung** auszusprechen und dem Adressaten der Entscheidung zugleich **Abhilfemaßnahmen** aufzuerlegen.[364] Diese können sowohl verhaltensbezogener, als auch subsidiär struktureller Natur sein. In Fällen missbräuchlicher Rabattsysteme oder diskriminierender Bedingungen beschränkt sich die Kommission in der Regel auf die Feststellung der Missbräuchlichkeit und die Untersagung des missbräuchlichen Verhaltens, ohne konkrete Vorgaben für ein kartellrechtskonformes Modell zu machen.[365]   **134**

Nach Art. 9 VO 1/2003 kann die Kommission darüber hinaus **Verpflichtungszusagen**, die die Unternehmen anbieten, durch Entscheidung für verbindlich erklären und damit ein Ermittlungsverfahren zum Abschluss bringen, wie z.b. im Energiesektor mehrfach geschehen.[366] Dies gilt auch für die Verpflichtung zu einem Verhalten, das die Kommission auf Grundlage von Art. 7 VO 1/2003 nicht hätte anordnen dürfen.[367]   **135**

Auch das **Bundeskartellamt** hat die Befugnis zum Erlass einer Abstellungsverfügung, ggf. unter Auferlegung von Abhilfemaßnahmen, sowie zur förmlichen Feststellung einer Zuwiderhandlung (§ 32 GWB). Weiter ist auch eine Entscheidung möglich, mit der Verpflichtungszusagen des betroffenen Unternehmens für verbindlich erklärt werden (§ 32 b GWB) oder nach der vorbehaltlich neuer Erkenntnisse von einem Einschreiten abgesehen wird (§ 32 c GWB).   **136**

---

362 Siehe Bundeskartellamt, Bekanntmachung Nr. 38/2006 über die Festsetzung von Geldbußen nach § 81 Abs. 4 Satz 2 des Gesetzes gegen Wettbewerbsbeschränkungen (GWB) gegen Unternehmen und Unternehmensvereinigungen – Bußgeldleitlinien vom 15. September 2006.

363 Zur Anwendbarkeit von § 32 Abs. 2 GWB als Kompetenznorm für die Anordnung, Geschädigten die aufgrund eines Missbrauchs rechtswidrig erlangten Vorteile zurückzuerstatten, vgl. BGH WuW/E DE-R 2538 f. – Stadtwerke Uelzen; ablehnend *Reber/Haellmigk*, WuW 2010, 513 ff.

364 Vgl. zu den Fragen des Verwaltungsverfahrens ausführlich 12. Kap., Rn. 1 ff.

365 *Lübbig*, in: Loewenheim/Meessen/Riesenkampff, Art. 82 Rn. 232.

366 Vgl. 26. November 2008, COMP/B-1/39.402 (RWE); COMP/39.316 (GDF Suez); COMP/37.966 (Distrigaz); COMP/39.315 (ENI); COMP/B-1/39.317 (E.ON Gas); vgl. dazu *Wirtz/Möller*, Journal of Competition Law & Practice 2010, 418; für eine Auflistung der bisherigen Verpflichtungszusagen siehe *Sura* in: Langen/Bunte, Art. 9 VO 1/2003 Rn. 3.

367 EuGH, C-441/07 (Alrosa), noch nicht in der Sammlung veröffentlicht, Rn. 49; anders noch die Vorinstanz, siehe EuG, T-170/06 (Alrosa), Slg. 2007 II-2601, Rn. 140.

7. Kapitel:
Konzerninterne Wettbewerbsbeschränkungen

Literatur: *Buntscheck*, Das „Konzernprivileg" im Rahmen von Art. 81 Abs. 1 EG-Vertrag, Baden-Baden, 2002; *ders.*, Der Gleichordnungskonzern – Ein illegales Kartell? WuW 2004, 374; *Fleischer*, Konzerninterne Wettbewerbsbeschränkungen und Kartellverbot, AG 1997, 491; *Harms*, Konzerne im Recht der Wettbewerbsbeschränkungen, Köln, 1968; *Heinichen*, Unternehmensbegriff und Haftungsnachfolge im Europäischen Kartellrecht, Baden-Baden, 2011; *Heitzer*, Konzerne im Europäischen Wettbewerbsrecht, Heidelberg, 1999; *Hoffmann*, Kontrollerwerb als neuer Zusammenschlusstatbestand des GWB, AG 1999, 538; *Karl*, Der Zusammenschlussbegriff in der europäischen Fusionskontrollverordnung, Berlin, 1996; *Menz*, Wirtschaftliche Einheit und Kartellverbot, Berlin, 2004; *Montag/Dohms*, Minderheitsbeteiligungen im deutschen und EG-Kartellrecht, WuW 1993, 93; *Ostendorf/Grün*, Geltung des Konzernprivilegs im Rahmen des Missbrauchsverbots im europäischen und deutschen Kartellrecht, WuW 2008, 950; *Pohlmann*, Der Unternehmensverbund im Europäischen Kartellrecht, Berlin, 1999; *K. Schmidt*, Konzentrationsprivileg und Gleichordnungsvertragskonzern – Kartellrechtsprobleme des Gleichordnungskonzerns, FS für Rittner, München, 1991, 561; *Schroeder*, Die Anwendung des Kartellverbotes auf verbundene Unternehmen, WuW 1988, 274; *Thomas*, Konzernprivileg und Gemeinschaftsunternehmen – die kartellrechtliche Beurteilung konzerninterner Wettbewerbsbeschränkungen mit Gemeinschaftsunternehmen, ZWeR 2005, 236; *ders.*, Die wirtschaftliche Einheit im EU-Kartellbußgeldrecht, KSzW 2011, 10.

A. Konzernprivileg und Kartellverbot

1 Unter dem Stichwort Konzernprivileg wird diskutiert, ob Vereinbarungen oder abgestimmte Verhaltensweisen zwischen miteinander verbundenen Unternehmen unter das Kartellverbot fallen können oder ob ein kartellrechtsfreier Raum innerhalb eines Konzerns besteht. Darf z.B. eine Konzernmutter nationale Märkte dadurch abschotten, dass sie den Tochtergesellschaften jeweils bestimmte Vertriebsgebiete zuweist?

I. Ausgangspunkt

2 Das Nebeneinander von rechtlicher Vielheit und wirtschaftlicher Einheit im Konzern führt zum eigentlichen Konzernproblem, d.h. der Frage, an welchen Gesichtspunkt die juristische Bewertung anzuknüpfen hat. Die im US-amerikanischen Recht zeitweise angewendete *intra-enterprise-conspiracy-doctrine* ignorierte die wirtschaftliche Konzerneinheit und stellt ausschließlich auf die rechtliche Selbständigkeit der Konzerngesellschaften ab.[1] Argumentiert wurde, dass ein Unternehmen, das sich als Konzern organisiere und die damit verbundenen Vorteile genieße, nicht zugleich die Vorzüge einer Einheitsgesellschaft in Anspruch nehmen dürfe.[2] Dieser Ansatz übersieht jedoch, dass die Gründe für die Bewahrung der rechtlichen Selbstständigkeit der Konzernmitglieder geschäftlicher Art und vom Kartellrecht unabhängig sind. Zu nennen sind neben den Vorteilen einer Dezentralisierung – Anreize zur Eigenverantwortlichkeit und Initiative der Einzelglieder – die Erhaltung des Geschäftswerts des Unternehmensteils sowie steuer- und haftungsrechtliche Motive.[3] Wählt ein Unternehmen statt des Fremd- den Eigenvertrieb, leuchtet es nicht ein, den Eigenvertrieb über rechtlich selbstständige Tochtergesellschafter im Hinblick auf die Anwendbarkeit des Konzernprivilegs anders zu behandeln als – unstreitig dem Anwendungsbereich des Kartellverbots entzogene[4] – unselbstständige Betriebsabteilungen bzw. Niederlassungen.

3 Der einseitigen Überbewertung der rechtlichen Vielheit des Konzerns hat sich die europäische Kartellrechtspraxis zu keinem Zeitpunkt angeschlossen. Vielmehr herrscht die Einsicht vor, dass die Kontrolle konzerninternen Verhaltens ab einem bestimmten Integrationsgrad nicht zweckmäßig ist. Das Kartellrecht ist daran interessiert, unabhängige Entscheidungsträger zu

---

1 Siehe im Einzelnen *Menz*, S. 242 ff.; *Fleischer*, AG 1997, 491, 497 f.
2 Supreme Court 123 f. 2d 376, 404 (General Motors).
3 *Harms*, S. 18 f.
4 Generalanwalt Lenz, Schlussanträge in der Rs. C-73/95 P (Viho), Slg. 1996, I-5459, Rn. 69.

T. Mäger

schützen und zu erhalten. Diese bestehen nicht mehr, wenn der Konzern als eine wirtschaftliche Einheit anzusehen ist. Den Konzernunternehmen fehlt dann die notwendige Handlungsfreiheit.[5]

Auch in anderen Zusammenhängen legt das europäische Kartellrecht im Falle einer hinreichenden wirtschaftlichen Einheit eine Gesamtbetrachtung zugrunde. Dies gilt insbesondere bei der Berechnung der **Umsatzschwellen** im Rahmen der Fusionskontrolle nach Art. 5 Abs. 4 FKVO,[6] der wettbewerblichen Beurteilung eines Zusammenschlussvorhabens, d.h. bei der Frage der Zurechnung von **Marktanteilen**[7] und bei der bußgeldrechtlichen **Verantwortlichkeit von Muttergesellschaften für Wettbewerbsverstöße** ihrer Tochtergesellschaften.[8] Bei der Frage, wann eine hinreichende – die Gesamtbetrachtung rechtfertigende – Verklammerung der rechtlich selbstständigen Unternehmen anzunehmen ist, muss zwar der jeweilige individuelle Regelungszweck betrachtet werden. Es spricht aber einiges dafür, bei der Frage des kartellrechtsfreien Konzernbinnenbereichs einerseits und der Haftung von Muttergesellschaften für Verstöße von Tochtergesellschaften andererseits denselben Maßstab anzuwenden.[9]

II. Kriterien der wirtschaftlichen Einheit

Wann eine wirtschaftliche Einheit vorliegt, deren Binnenbereich „kartellrechtsfrei" ist, lässt sich nicht stets einfach beantworten. Bei der Rechtsfigur der wirtschaftlichen Einheit handelt es sich um einen **Typus** und nicht um einen juristischen Begriff. Die Zusammenfassung mehrerer Rechtssubjekte zu einer wirtschaftlichen Einheit[10] beruht auf einer typologischen Gesamtbetrachtung von nicht abschließend definierten Faktoren.[11] Auch der Konzern ist ein **Zweckbegriff**, dessen Inhalt von dem jeweiligen Normgefüge geprägt wird. Deshalb darf der Konzernbegriff des deutschen Aktienrechts nicht ohne Weiteres auf das deutsche Kartellrecht und erst recht nicht auf das europäische Kartellrecht[12] übertragen werden. In der Viho-Entscheidung hat der EuGH klargestellt, dass Vereinbarungen und abgestimmte Verhaltensweisen zwischen einer Muttergesellschaft und ihren Tochtergesellschaften nicht unter das Kartellverbot fallen, wenn sie das Verhalten einer wirtschaftlichen Einheit darstellen, in deren Rahmen die Tochtergesellschaften ihr Vorgehen auf dem Markt nicht wirklich autonom bestimmen können, sondern den Anweisungen der sie kontrollierenden Muttergesellschaften folgen.[13] Entgegen der früheren Rechtsprechung kommt es damit nicht mehr darauf an, dass die Ver-

---

5 Umstritten ist, an welches Tatbestandsmerkmal des Art. 101 Abs. 1 AEUV anzuknüpfen ist (im Einzelnen: *Menz*, S. 225 ff.). Die Rechtsprechung bezieht sich auf den Unternehmensbegriff, EuG, Rs. T-325/01 (Daimler/Chrysler), Rn. 85 f.; EuG Rs. T-102/92 (Viho), Slg. 1995, II-17, Rn. 50 f.; EUGH, Rs. C-73/95 P (Viho), Slg. 1996, I-5457; Rn. 50; ebenso (bei der Frage der Zurechnung von Kartellverstößen) EuGH, Rs. C-97/08 P (AKZO), Slg. 2009, I-8237, Rn. 60; ebenso für das deutsche Kartellrecht: *Harms*, S. 88 ff., 156; in Betracht kommen auch der Begriff der Vereinbarung (siehe etwa Kommission 70/332/EWG (Kodak), ABl. 1970 L 147/24 Rn. 13) und schließlich das Tatbestandsmerkmal der Wettbewerbsbeschränkung (*Schroeder*, WuW 1988, 274, 277; *Fleischer*, AG 1997, 491, 494; Kommission 69/195/EWG (Christiani & Nielsen), ABl. 1969 L 165/12; vgl. EuGH, Rs. 22/71 (Beguelin), Slg. 1971, 949, 959).
6 Siehe 8. Kap., Rn. 108 ff.
7 8. Kap., Rn. 185.
8 12. Kap., Rn. 70.
9 So offenbar auch in einem GU-Fall der EuGH, Rs. 48/69 (ICI), Slg. 1972, Rn. 132/135: „Kann die Tochtergesellschaft ihr Vorgehen auf dem Markt nicht wirklich autonom bestimmen, so sind die Verbotsvorschriften des Artikels 85 Absatz 1 in den Beziehungen zwischen ihr und der Muttergesellschaft, mit der sie dann eine wirtschaftliche Einheit bildet, unanwendbar. Wegen der Einheit des so gebildeten Konzerns kann das Vorgehen der Tochtergesellschaften unter Umständen der Muttergesellschaft zugerechnet werden."; siehe auch *Thomas*, ZWeR 2005, 236, 243 („Parallelproblematik").
10 Unklar ist, ob sich die wirtschaftliche Einheit auf sämtliche „verklammerten" Gesellschaften bezieht oder nur auf eine einzige Gesellschaft, wobei eine Zurechnung von Verhalten, Bußgeldpflichtigkeit, Marktanteilen, Umsatz usw. zwischen den verbundenen Unternehmen stattfindet, *Thomas*, KSzW 2011, 10, dort Fn. 5; *Vollmer*, in: MünchKomm GWB, Art. 81 GWB, Rn. 110.
11 *Thomas*, KSzW 2011, 10, 11, 13; zu rechtsstaatlichen Bedenken gegen das Konzept der wirtschaftlichen Einheit: *Heinichen*, S. 81 ff., Rn. 107.
12 Das Europarecht kennt im Übrigen weder einen allgemeingültigen Konzernbegriff noch einen spezifisch gesellschaftsrechtlichen Regelungsansatz: *Menz*, S. 84 ff.
13 EuGH, Rs. C-73/95 P (Viho), Slg. 1996, I-5457, Rn. 16.

einbarung oder abgestimmte Verhaltensweise zusätzlich dem Zweck dient, die interne Aufgabenverteilung zwischen den Konzernunternehmen zu regeln.[14] Der Fall Viho betraf eine **100 %-ige Anteilseignerschaft**,[15] also eine sehr klare Konstellation.[16] Der EuGH musste sich jedoch nicht dazu äußern, in welchen anderen Fallgruppen eine wirtschaftliche Einheit ebenfalls zu bejahen ist.

6   Bei der Prüfung, wann eine wirtschaftliche Einheit vorliegt, lassen sich vier Fallgruppen unterscheiden. (1.) Der eindeutigste Fall ist der des **Vertragskonzerns**, wenn zwischen den beteiligten Unternehmen ein Beherrschungsvertrag[17] oder ein Betriebsführungsvertrag besteht.[18] (2.) Im Rahmen des **faktischen Konzerns** lässt sich zunächst der Fall abgrenzen, in dem die Muttergesellschaft über eine **qualifizierte Mehrheitsbeteiligung** verfügt, mit der sie strukturändernde Maßnahmen gegen innergesellschaftliche Widerstände durchsetzen kann. In diesem Fall sollte die Anwendbarkeit des Konzernprivilegs nicht zweifelhaft sein, da die Muttergesellschaft die Tochtergesellschaft jederzeit in eine – unstreitig dem Anwendungsbereich des Kartellverbots entzogene – Betriebsabteilung oder unselbstständige Niederlassung umwandeln könnte.[19] (3.) Doch auch, wenn die Obergesellschaft nur über eine **einfache Mehrheit** verfügt, wird es ihr in der Regel gelingen, maßgeblichen Einfluss auf die Geschicke der Tochtergesellschaft zu nehmen. Die Besetzung der Leitungsorgane mit Personen des eigenen Vertrauens stellt regelmäßig sicher, dass die Geschäftspolitik der Tochtergesellschaften auf das übergeordnete Konzerninteresse ausgerichtet ist.[20] Auch in einem solchen Fall stellen die verbundenen Unternehmen von Anfang an eine wirtschaftliche Aktionseinheit dar mit der Folge, dass die Rechtfertigung für die Anwendbarkeit des Kartellverbots entfällt.[21] Im Einzelfall können jedoch Sonderrechte eines Minderheitsgesellschafters (z.B. Mehrstimmrechte oder Rechte aus einer Vereinbarung mit anderen Gesellschaftern) dazu führen, dass dem Mehrheitsgesellschafter die Möglichkeiten genommen werden, das Marktverhalten des Unternehmens allein zu bestimmen. Bei einer Mehrheitsbeteiligung kann deshalb im Ergebnis eine widerlegliche Vermutung für eine wirtschaftliche Einheit zwischen den verbundenen Unternehmen angenommen werden.[22] (4.) Eine bloße **Minderheitsbeteiligung** begründet für sich keine wirtschaftliche Einheit. In Ausnahmefällen kann aber ein Minderheitsgesellschafter aufgrund Sonderrechte kontrollbegründenden Einfluss erlangen. Eine solche Einheit ist auch zu bejahen, wenn ein Minderheitsaktionär über eine

---

14   So noch EuGH, Rs. 22/71 (Beguelin), Slg. 1971, 949; EuGH, Rs. 15/74 (Centrafarm I), Slg. 1974, 1147, Rn. 41; EuGH, Rs. 16/74 (Centrafarm II), Slg. 1974, 1183, Rn. 32; EuGH, Rs. 30/87 (Bodson), Slg. 1988, 2479, Rn. 19; das Erfordernis der konzerninternen Arbeitsteilung wurde demgegenüber nicht ausdrücklich aufgeführt in den Entscheidungen EuGH, Rs. 48/69 (ICI), Slg. 1972, 619, Rn. 132, 135 und EuGH, Rs. 66/86 (Ahmed-Saeed), Slg. 1989, 803.

15   So auch der Sachverhalt in Kommission, 69/195/EWG (Christiani & Nielsen), ABl. 1969 L 165/12, Rn. II; vgl. auch EuGH, Rs. C-286/98 P (Stora Kopparbergs), Slg. 2000, I-9925, Rn. 27 bis 29 sowie EuG, Rs. T-71, 74, 87, 91/03 (Tokai Carbon), Rn. 60 im Hinblick auf die Zurechnung von Wettbewerbsverstößen.

16   Bei der Frage der Zurechnung von Wettbewerbsverstößen einer Tochtergesellschaft gegenüber der Muttergesellschaft wurde trotz 100 %igen Anteilsbesitzes allerdings eine wirtschaftliche Einheit verneint, wenn sich die Tochtergesellschaft dem Einfluss ihrer Mutter aktiv widersetzt und autonom am Markt auftritt: EuGH, Rs. 32-78 und 36-82/78 (BMW – Belgien), Slg. 1979, 2435, Rn. 24; weitere Nachweise bei *Thomas*, ZWeR 2005, 236, 243, Fn. 46.

17   In einem Sonderfall hat das EuG eine wirtschaftliche Einheit bei Vorliegen einer Minderheitsbeteiligung trotz Bestehens eines Beherrschungsvertrages verneint: EuG, Rs. T-141/89 (Trefileurope), Slg. 1995, II-791, Rn. 126 ff.; dazu: *Thomas*, ZWeR 2005, 236, 244.

18   Siehe nur *Schroeder*, WuW 1988, 274, 279 f.; *Fleischer*, AG 1997, 491, 498; *Ritter/Braun*, S. 48.

19   *Fleischer*, AG 1997, 491, 498; *Emmerich*, in: Immenga/Mestmäcker EG-WettbR, Art. 81 Abs. 1 EGV, Rn. 57; siehe auch EuG, Rs. T-141/89 (Trefileurope), Slg. 1995, II-791, Rn. 129; Kommission, 90/535/EWG (CEKA-CAN), ABl. 1990 L 299/64, Rn. 1 und 34; Kommission, C. 38.238/B. 2 (Rohtabak Spanien), Rn. 373.

20   Siehe auch Generalanwalt *Warner*, Slg. 1974, 260, 266.

21   Siehe etwa Kommission, 90/535/EWG (CEKACAN), ABl. 1990 L 299/64, Rn. 34; *Menz*, S. 384; *Fleischer*, AG 1997, 491, 499; *Brinker*, in: Schwarze: Art. 81, Rn. 46; *Emmerich*, in: Immenga/Mestmäcker EG-WettbR, Art. 81 Abs. 1 EGV, Rn. 57; siehe auch im Hinblick auf die konzerndimensionale Zurechnung im Rahmen des Art. 102 AEUV: EuGH, Rs. 40–48, 50, 54–56, 111, 113, 114/73 (Suiker Unie), Slg. 1975, 1663, Rn. 278 ff.; EuGH, Rs. 6, 7/73 (Commercial Solvents) Slg. 1974, 223, Rn. 36 ff.

22   *Fleischer*, AG 1997, 491, 499.

        T. Mäger

gesicherte faktische Hauptversammlungsmehrheit verfügt.[23] Insgesamt bietet der Kontrollbegriff des Art. 3 Abs. 3 FKVO[24] Hinweise für das Bestehen einer wirtschaftlichen Einheit und damit den Anwendungsbereich des Konzernprivilegs.[25] Damit können auch Vetorechte einem einzelnen Gesellschafter (negative alleinige Kontrolle) eine hinreichende Kontrolle vermitteln.[26] (5.) Schließlich können auch **personelle Verflechtungen** eine wirtschaftliche Einheit begründen.[27]

Damit ergibt sich, dass für die Anwendbarkeit des Konzernprivilegs nicht der Beherrschungsbegriff im Sinne von §§ 17, 18 AktG oder § 36 Abs. 2 GWB, sondern der **Kontrollbegriff** nach Art. 3 Abs. 3 FKVO maßgeblich ist. Zwar schließen sich Kartelle und Unternehmenszusammenschlüsse nicht notwendig aus. So sind z.B. bei der Gründung eines GU der Fusionsaspekt und der Kartellaspekt parallel zu prüfen.[28] Der Kontrollbegriff der FKVO erfasst aber – anders als z. T. die Zusammenschlusstatbestände des § 37 GWB[29] – Fälle, in denen der Integrationsgrad so weit fortgeschritten ist, dass die Annahme einer wirtschaftlichen Einheit regelmäßig als gerechtfertigt erscheint.[28] Der Kontrollbegriff ist weiter gefasst als der Beherrschungsbegriff, da auch rein wirtschaftliche Sachverhalte als kontrollbegründend angesehen werden, während die Beherrschung bzw. Abhängigkeit gesellschaftsrechtlich bedingt oder zumindest vermittelt sein muss und wirtschaftliche Einflussmittel nur einen bereits bestehenden gesellschaftsinternen Einfluss zu einem beherrschenden Einfluss verstärken können.[30] Auch der Begriff der Mitkontrolle geht weiter als derjenige der Mitbeherrschung.[31]

7

Eine wirtschaftliche Einheit setzt **nicht** voraus, dass die Muttergesellschaft das Wettbewerbsverhalten der von ihr abhängigen Tochtergesellschaft **tatsächlich beeinflusst**. In der Terminologie des deutschen Aktienrechts reicht also ein Abhängigkeitsverhältnis nach § 17 AktG aus. Eine einheitliche Leitung im Sinne von § 18 Abs. 1 AktG ist demgegenüber nicht erforderlich. Weder die Kommission noch der EuGH haben sich allerdings bislang festgelegt, ob das Konzernprivileg bereits eingreift, wenn eine Kontrollmöglichkeit besteht oder ob darüber hinaus eine tatsächliche Wahrnehmung dieser Kontrollmöglichkeit zu verlangen ist.[32] Die Entscheidung des EuGH im Fall Viho enthält lediglich den Hinweis, dass in dem betreffenden Fall eine tatsächliche Kontrollausübung vorlag.[33] Bislang scheiterte die Privilegierung konzerninterner Absprachen vom Kartellverbot in keinem Fall daran, dass die Muttergesellschaft ihre Kontrollmöglichkeit nicht tatsächlich wahrgenommen hatte. Die tatsächlich erfolgte Kontrollaus-

8

---

23 *Schroeder*, in: Wiedemann, § 8 Rn. 10; *Faull/Nikpay*, Rn. 2.37; ähnlich *Fleischer*, AG 1997, 491, 499; ebenso auch *Mestmäcker/Schweitzer*, S. 238: Mittelbare Steuerungsmöglichkeiten (etwa über das Recht der Muttergesellschaft, Geschäftsführung und Vorstandsmitglieder zu bestellen bzw. abberufen) können für die Nichtanwendbarkeit von Art. 101 AEUV genügen; a.A. *Ritter/Braun*, S. 47.

24 Dazu 8. Kap., Rn. 19 ff.

25 *Gleiss/Hirsch*, Art. 85 Rn. 197; *Schroeder*, in: Wiedemann, § 8 Rn. 9, der allerdings nicht nur auf Art. 3 FKVO, sondern auch auf den etwas engeren Art. 5 Abs. 4 FKVO abstellt; ähnlich *Mestmäcker/Schweitzer*, § 28 Rn. 48; *van Bael/Bellis*, S. 37; *Fleischer*, AG 1997, 491, 499; *Faull/Nikpay*, Rn. 2.37; *Buntscheck*, S. 129 ff., 138; *Montag/Dohms*, WuW 1993, 93, 95; *Thomas*, ZWeR 2005, 236, 243; a.A. *Pohlmann*, S. 41; kritisch auch *Menz*, S. 337.

26 *Schroeder*, in: Wiedemann, § 8 Rn. 10; *Thomas*, ZWeR 2005, 236, 254; a.A. *Menz*, S. 337; *Pohlmann*, S. 412.

27 Vgl. Kommission, 91/335/EWG, (Gosme/Martell), ABl. 1991 L 185/23, Rn. 30; *Thomas*, ZWeR 2005, 236, 244.

28 9. Kap., Rn. 3. ff.

29 § 37 Abs. 1 Nr. 3 lit. b GWB (Erwerb einer 25 %-igen Beteiligung) erfasst auch Fälle, in denen der Erwerber keinerlei Einfluss auf die Unternehmensführung der Zielgesellschaft erwirbt. In diesen Fällen bleibt das Kartellverbot des § 1 GWB anwendbar (*Bechtold*, § 1 Rn. 47).

30 *Hoffmann*, AG 1999, 538, 543 unter Hinweis auf BGH, KVR 1/78 (WAZ), BGHZ 74, 359.

31 9. Kap., Rn. 88.

32 Sofern es um die Zurechnung von Kartellverstößen eines GU zu Muttergesellschaften geht, verlangen Rechtsprechung und Kommission allerdings, dass die Muttergesellschaft nicht nur die Möglichkeit hat, einen bestimmenden Einfluss auf das Geschäftsverhalten der Tochtergesellschaft auszuüben, sondern auch, dass sie diesen Einfluss auch tatsächlich genommen hat, siehe zuletzt EuG, Rs. T-24/05 (Rohtabak), Rn. 128; im Falle einer 100 %-Tochtergesellschaft besteht allerdings eine einfache Vermutung im Hinblick auf die tatsächliche Einflussausübung (Rn. 129).

33 EuGH, Slg. 1996 I-5457, 5495, Rn. 15 f.

übung wurde vielmehr nur in den Fällen angesprochen, in denen die Muttergesellschaft auch tatsächlich Einfluss auf die Geschäftstätigkeit der Tochter genommen hatte.[34]

9 Das Erfordernis einer tatsächlichen Wahrnehmung der Kontrollmöglichkeit würde nur zu einer ungerechtfertigten Bevorzugung zentralistischer Konzernstrukturen führen.[35] Ob und in welchem Umfang eine tatsächliche Beeinflussung vorliegt, wäre im Übrigen auch praktisch nur sehr schwer überprüfbar. Die Anwendung des Kartellverbots entfällt deshalb schon mit der Möglichkeit zur einheitlichen Leitung, da bereits diese Möglichkeit den Konzerngesellschaften die wettbewerblich relevante Entscheidungsfreiheit nimmt.[36]

10 Die formal bestehende **Weisungsfreiheit des Vorstands** einer AG nach § 76 Abs. 1 AktG[37] steht dem Konzernprivileg nicht entgegen. Soweit die Muttergesellschaft gesellschaftsrechtlich daran gehindert ist, der Tochtergesellschaft direkte Weisung zu erteilen, kann sich eine wirtschaftliche Einheit auch aus **mittelbaren Steuerungsmöglichkeiten** ergeben, z.B. aus der Möglichkeit der Muttergesellschaft, ihre Vorstellung notfalls über den Austausch des Vorstands durch den Aufsichtsrat durchzusetzen.[38] Auch die Kommission hat im Fall *Christiani & Nielsen* die Auffassung vertreten, dass es für das Vorliegen einer wirtschaftlichen Einheit spricht, wenn die Muttergesellschaft die Möglichkeit besitzt, die Vorstandsmitglieder der Tochter zu ernennen und Weisungen zu erteilen.[39]

11 Liegt eine wirtschaftliche Einheit vor, erfasst das Konzernprivileg nicht nur Vereinbarungen und abgestimmte Verhaltensweisen zwischen der Muttergesellschaft und den Tochtergesellschaften sondern auch solche zwischen abhängigen Konzerngesellschaften untereinander, z.B. Verträge zwischen zwei Tochtergesellschaften untereinander.[40]

III. Sonderprobleme

1. Gleichordnungskonzerne

12 Umstritten ist, ob ein Gleichordnungskonzern eine wirtschaftliche Einheit darstellt. Kennzeichnend für einen Gleichordnungskonzern sind eine einheitliche Leitung und das Fehlen von Abhängigkeit zwischen den Konzerngesellschaften (§ 18 Abs. 2 AktG). Im Gegensatz zum Unterordnungskonzern geht die Konzernleitung im Gleichordnungskonzern letztlich von allen Konzerngesellschaften aus. Die einheitliche Leitung kann auf Vertrag beruhen, durch den sich die beteiligten Unternehmen freiwillig der einheitlichen Leitung unterstellen. Ein faktischer Gleichordnungskonzern liegt vor, wenn sich die einheitliche Leitung nicht aus Vertrag, sondern aus den Gesamtumständen ergibt, etwa aus einer engen personellen Verflechtung zwischen den Konzerngesellschaften. Wird die Einheitlichkeit der Leitung durch besondere, mit eigener

---

34 Z.B. Kommission, 70/332/EWG, (Kodak), ABl. 1970 L 147/24, Rn. 12; siehe im Einzelnen *Buntscheck*, S. 135; *Roth/Ackermann*, in: FK, Grundfragen Art. 81 Abs. 1, Rn. 123 m.w.N.

35 *Huber/Baums*, in: FK, § 1 GWB a.F., Rn. 246.

36 *Thomas*, ZWeR 2005, 236, 257; *Heitzer*, S. 179; *Buntscheck*, WuW 2004, 374, 379; *Buntscheck*, S. 136; *Roth/Ackermann*, in: FK, Grundfragen Art. 81 Abs. 1, Rn 123; *Stockenhuber*, in: Grabitz/Hilf, Art. 81, Rn. 166; *Eilmansberger*, in: Streinz, Art. 81 Rn. 7 f.; *Mestmäcker/Schweitzer*, § 8 Rn. 50; *Schroeder*, in: Wiedemann, § 8 Rn. 7, 11; *Schroeder*, WuW 1988, 274, 279; *Fleischer*, AG 1997, 491, 501; *Wollmann/Schedl*, in: Münch-Komm, Art. 81 EG, Rn. 99; *Bunte*, in: Langen/Bunte, Art. 81, Generelle Prinzipien, Rn. 13; ebenso wohl *Emmerich*, in: Immenga/Mestmäcker, Art. 81 Abs. 1 EG, Rn. 56; abweichend: *Paschke*, in: MünchKomm, Art. 81 EG, Rn. 22: tatsächliche Dichte der Konzernleitungsmaßnahmen maßgeblich; unklar: *Schröter*, in: Schröter/Jakob/Mederer, Art. 81 EG, Rn. 125.

37 Handelt es sich bei der Tochtergesellschaft um eine deutsche GmbH, ist die Anwendbarkeit des Konzernprivilegs im Hinblick auf die Weisungsmöglichkeit der Gesellschafter unproblematisch, siehe nur: *Thomas*, ZWeR 2005, 236, 243.

38 *Schroeder*, in: Wiedemann, § 8 Rn. 9; *Mestmäcker/Schweitzer*, § 8 Rn. 48; *Eilmansberger*, in: Streinz, Art. 81 Rn. 12; *Menz*, S. 385; *Paschke*, in: MünchKomm, Art. 81 EG, Rn. 23; so im Ergebnis auch *Thomas*, ZWeR 2005, 236, 243; vgl. auch EuG, Rs. T-354/94 (Stora Kopparbergs Berglags), Slg. 1998, II-2111 Rn. 84; bestätigt durch EuGH, Rs. C-286/98 P (Stora Kopparbergs Berglags), Slg. 2000, I-9925.

39 Kommission, 69/195/EWG (Christiani & Nielsen), ABl. 1969 L 165/12, Rn. 2.

40 *Schroeder*, in: Wiedemann, § 8 Rn. 12; *Roth/Ackermann*, in: FK Grundfragen Art. 81 Abs. 1 Rn. 129; *Buntscheck*, S. 136 f.; *Pohlmann*, S. 417; *Fleischer*, AG 1997, 491, 499; a.A. *Schröter*, in: Schröter/Jakob/Mederer, Art. 81 EG, Rn. 127: Erforderlich sei, dass die Abrede zwischen den Tochtergesellschaften aufgrund einer Weisung oder unter dem bestimmenden Einfluss der Muttergesellschaft zustande gekommen sei.

T. Mäger

Rechtspersönlichkeit ausgestattete Leitungsorgane ausgeübt, werden die Grenzen zum Unterordnungskonzern fließend. Gleichordnungskonzerne sind häufig bei Familienunternehmen oder auch in der Versicherungswirtschaft (Versicherungsvereine auf Gegenseitigkeit) anzutreffen.

Mit der Anwendbarkeit des Kartellverbots auf Gleichordnungskonzerne haben sich die Unionsgerichte noch nicht befasst. Die Kommission hat in mehreren fusionskontroll-rechtlichen Entscheidungen Gleichordnungskonzerne als wirtschaftliche Einheit behandelt.[41] Im *Reißverschluss*-Fall ging die Kommission von der Nichtanwendbarkeit des Art. 101 Abs. 1 AEUV auf die Gründung eines Gleichordnungskonzerns aus. In diesem Fall hatten zwei Wettbewerber folgende Maßnahmen getroffen: Eine wechselseitige Beteiligung am Grundkapital ihrer jeweiligen Tochtergesellschaften, die Gründung einer gemeinsamen Leitungsgesellschaft, durch die Aktivitäten der Tochtergesellschaften in wichtigen Bereichen, z.B. Finanzplanung, Investitionen und Verwertung gewerblicher Schutzrechte, aufeinander abgestimmt wurden; die gemeinsame Verwertung des gesamten industriellen und kommerziellen Eigentums; die fortlaufende Rationalisierung und Neubestimmung der Entwicklungs- und Produktionstätigkeit der Tochtergesellschaft sowie eine gemeinsame Erklärung, dass ihr jeweiliges Geschäftsvermögen eine einheitliche Haftungsgrundlage darstelle. Die Kommission wertete dies als echte wirtschaftliche Einheit und sah keinen Anlass, gegen die Vereinbarungen nach Art. 101 Abs. 1 AEUV vorzugehen.[42]   **13**

Im Zusammenhang mit dem *Reißverschluss*-Fall stellte die Kommission allgemeine Grundsätze für die kartellrechtliche Beurteilung von Gleichordnungskonzernen auf. Der Gleichordnungskonzern beruhe auf einer freiwilligen Vereinbarung, die im Prinzip jederzeit beendet werden könne. Vom Vorliegen eines echten wirtschaftlichen Zusammenschlusses sei deshalb nur auszugehen, wenn sich an die Errichtung des Gleichordnungskonzerns eine **innerbetriebliche Koordinierung** anschließe, die die wichtigsten oder sogar sämtliche Tätigkeiten der beteiligten Unternehmen erfasse.[43] Erforderlich sei, dass die beteiligten Unternehmen ihre wirtschaftliche Selbständigkeit endgültig aufgäben und damit jede ernsthafte Möglichkeit verlören, in Zukunft wieder als unabhängige Anbieter oder Nachfrager auf dem Markt zu erscheinen.[44] Vom Vorliegen einer wirtschaftlichen Einheit sei jedenfalls dann auszugehen, wenn (1.) die einheitliche Leitung die Finanzplanung, Investitionen und wesentliche Bereiche der wirtschaftlichen Tätigkeit aller beteiligten Unternehmen erfasse und diese einheitliche Leitung auch tatsächlich ausgeübt werde, (2.) das Geschäftsvermögen sämtlicher Beteiligter unter dieser einheitlichen Leitung auf Dauer zusammengefasst sei und (3.) ein System des Ausgleichs wirtschaftlicher und finanzieller Risiken hinzutrete, aus dem sich die Interessengleichheit der beteiligten Unternehmen bei der Verfolgung des gemeinsamen Unternehmenszwecks ergebe.[45]   **14**

Die Anforderungen der Kommission erscheinen teilweise als zu weitgehend. Entscheidend ist, dass sich die Konzerngesellschaften am Konzerninteresse orientieren und auf dem Markt als wettbewerbliche Einheit auftreten. Wird bei einem faktischen Gleichordnungskonzern die einheitliche Leitung durch Identität der Geschäftsführung abgesichert, ist dies ausreichend, ohne dass eine wie auch immer geartete kartellrechtlich überprüfbare Abstimmung zwischen den Konzerngesellschaften erforderlich wäre.[46] Die Kommission weist bei der Frage, welche Bereiche der einheitlichen Leitung unterstehen müssen, neben der Finanzplanung und den Investitionen auf die wesentlichen Bereiche der wirtschaftlichen Tätigkeiten. Hierunter fallen der Einkauf, die Produktion, der Vertrieb sowie die Forschung und Entwicklung. Nicht erforderlich ist, dass sämtliche Bereiche von der einheitlichen Leitung erfasst werden. Das betrifft insbesondere diejenigen Bereiche, in denen sogar Kooperationen zwischen voneinander unabhängigen Unternehmen kartellrechtlich unbedenklich sind, also die interne kaufmännische Verwal-   **15**

---

41 Kommission, IV/M. 803 (Rewe/Billa); IV/M. 875 (DBV/Gothaer/GPM); IV/M. 1354 (SAir Group/LTU).
42 Kommission, 7. Wettbewerbsbericht 1977, Rn. 32.
43 Kommission, 7. Wettbewerbsbericht 1977, Rn. 29.
44 Kommission, 7. Wettbewerbsbericht 1977, Rn. 30.
45 Kommission, 7. Wettbewerbsbericht 1977, Rn. 29.
46 *Buntscheck*, WuW 2004, 374, 382.

tung, das Personal- und das Rechnungswesen.[47] Die Forderung der Kommission, die beteiligten Unternehmen müssten ihre wirtschaftliche Selbstständigkeit endgültig aufgeben ist zu weitgehend. Lediglich vorübergehende Konstellationen, etwa zufällige personelle Verflechtungen auf Gesellschafter- oder Geschäftsführungsebene, können zwar keine einheitliche Leitung begründen. Die Anforderungen an die Dauerhaftigkeit dürfen aber nicht zu hoch geschraubt werden. Ausreichend ist, wenn die einheitliche Leitung auf Dauer angelegt ist.[48] Hierdurch entsteht auch keine Schutzlücke, da bei Auflösung des Gleichordnungskonzerns das Konzernprivileg ohnehin entfällt. Schwer einzuordnen ist das von der Kommission aufgestellte Erfordernis eines wirtschaftlichen Risikoausgleichs. Liegt eine einheitliche Leitung vor, erfordert der Schutzzweck des Kartellverbots nicht, dass zusätzlich eine Risikogemeinschaft vorliegt. Ein wirtschaftlicher Risikoausgleich kann allerdings als Indiz für das Bestehen einer wirtschaftlichen Einheit angesehen werden.[49]

2. Gemeinschaftsunternehmen

16 Ein Sonderproblem stellt die Anwendung des Konzernprivilegs bei GU dar. Diese Frage wird im 9. Kap., Rn. 85 ff. behandelt.

B. Konzernprivileg und Missbrauchsverbot

17 Während die Frage, ob das Kartellverbot im Konzernbinnenbereich gilt, Gegenstand einer ausführlichen Diskussion ist, gibt es zu der Frage eines Konzerprivilegs im Rahmen des Missbrauchsverbots des Art. 102 AEUV nur vereinzelte Stellungnahmen.

18 Ist ein Konzern als wirtschaftliche Einheit anzusehen, so unterliegt er unstreitig als Ganzes gegenüber Dritten dem Missbrauchsverbot des Art. 102 AEUV.[50] Eine andere Frage ist, ob Art. 102 AEUV auf den Binnenbereich des Konzerns anwendbar ist. Hier sind mehrere Konstellationen zu unterscheiden. Zunächst ist denkbar, dass eine Muttergesellschaft ein Tochterunternehmen zu bestimmten nachteiligen Verhaltensweisen veranlasst. Hierin liegt eine Ausübung von Leitungsmacht, nicht Marktmacht, so dass allein die gesellschaftsrechtlichen Sanktionen greifen.[51] Weiterhin sind Fälle denkbar, in denen eine Muttergesellschaft ihre Marktmacht gegenüber der Tochter missbräuchlich ausnutzt. In der Praxis wird dies nur vorkommen, wenn sich das Interesse der Muttergesellschaft nicht vollständig mit demjenigen der Tochtergesellschaft deckt. In Betracht kommt dies bei Gemeinschaftsunternehmen. So mag eine Mehrheitsgesellschafterin die Belieferung der Tochter mit Vorprodukten einstellen, um einen Minderheitsgesellschafter mit dem Ziel zu verdrängen, unter Preisgabe des Unternehmens allein auf dem Markt tätig zu werden. Hier soll ein Verstoß gegen Art. 102 AEUV möglich sein.[52] Schwierige Fragen können sich z.B. auch dann stellen, wenn ein Gemeinschaftsunternehmen geltend macht, keinen Zugang zu bestimmten Leistungen einer Muttergesellschaft zu marktüblichen Konditionen (oder sogar zu den Vorzugskonditionen der 100 %igen Tochtergesellschaften) zu erhalten, wobei die Muttergesellschaft diese Leistungen nur 100 %igen Tochtergesellschaften anbieten möchte.

---

47 *Buntscheck*, WuW 2004, 374, 382.
48 *Menz*, S. 387; K. *Schmidt*, in: FS Rittner, S. 561, 580; *Buntscheck*, WuW 2004, 374, 383.
49 *Menz*, S. 387; *Pohlmann*, S. 200; *Buntscheck*, WuW 2004, 374, 383.
50 Zur Zurechnung von Verhalten und Marktmacht innerhalb eines Konzerns im Rahmen des Art. 102 AEUV siehe: *Menz*, S. 132 ff.
51 *Pohlmann*, S. 395.
52 *Pohlmann*, S. 395.

T. Mäger

Die praktisch wichtigste Gestaltung betrifft den Fall, in dem ein **Dritter** geltend macht, er werde   19
durch eine Konzerngesellschaft gegenüber einer anderen Konzerngesellschaft missbräuchlich
diskriminiert. Die europäischen Gerichte und die Kommission haben bislang kein Konzernprivileg anerkannt. Die Frage wird praktisch nicht einmal erörtert.[53] Im Gegensatz dazu wurde in
Deutschland die Anwendbarkeit des Behinderungs- und Diskriminierungsverbots des § 20
GWB bei Konzernen diskutiert.[54] Insgesamt ist eine Tendenz des BGH und der oberen In-
stanzgerichte erkennbar, das Diskriminierungsverbot auf eine unterschiedliche Behandlung von
Konzerntochter und deren Konkurrenten nicht anzuwenden.[55] Die deutsche Rechtsprechung
hat damit im Bereich des Behinderungs- und Diskriminierungsverbots die Einzelgesellschaft
und den Konzern weitgehend gleichgestellt.[56] Soweit die Muttergesellschaft außenstehenden
Unternehmen ihre Dienstleistungen uneingeschränkt und zu normalen Tarifen anbietet und die
eigene Tochtergesellschaft lediglich finanziell bevorzugt, ließe sich das gleiche Ergebnis mit
kartellrechtlich unbedenklichen Kapitalleistungen an die Tochter erzielen.[57] Geht es darum,
dass Dritte im Warenbezug oder im Erhalt von Dienstleistungen zugunsten von konzernverbundenen Unternehmen eingeschränkt werden, könnte der Marktbeherrscher die Geschäftstätigkeit des Tochterunternehmens – mit derselben Behinderungswirkung gegenüber Wettbewerbern – selbst übernehmen. Insgesamt sollte deshalb dem Interesse, den eigenen Vertrieb frei
und so günstig wie möglich zu gestalten, der Vorrang eingeräumt werden.[58] Wird danach das
Konzernprivileg bei Art. 102 AEUV anerkannt – d.h. werden die Konzernunternehmen als
wirtschaftliche Einheit angesehen -, so kann ein Dritter einen Diskriminierungsvorwurf nur im
Hinblick auf die Ungleichbehandlung gegenüber anderen Dritten erheben.[59]

53   Ausführlich *Ostendorf/Grün*, WuW 2008, 950, 954 ff. unter Hinweis auf EuGH, Rs. T-242/95 (GT-Link A/
      S De Danske Statsbaner), Slg. 1997, I-4449, Rn. 41; EuG, Rs. T-229/94 (Deutsche Bahn AG), WuW/E EU-R
      1 ff., Rn. 93; Kommission im Fall La Poste, WuW/E EU-V 733 ff.; *Lübbig*, in: Loewenheim/Meessen/Riesen-
      kampff, Art. 82 EG, Rn. 165; *Fleischer*, AG 1997, 491, 497.
54   § 20 GWB enthält allerdings – im Vergleich zu Art. 102 AEUV – zusätzliche Tatbestandsmerkmale, insbeson-
      dere den „gleichartigen Unternehmen üblicherweise zugänglichen Geschäftsverkehr".
55   BHG KZR 6/86 (Freundschaftswerbung), WuW/E BGH 2360 (keine Diskriminierung durch einen Medien-
      konzern, der die Annahme von Seiten eines Dritten geworbenen Abonnements verweigerte, obwohl er die auf
      vergleichbare Weise geworbenen Abonnements der eigenen Tochtergesellschaft weiter entgegennahm); siehe
      auch OLG Frankfurt, 5 U (Kart) 76/89 (Toyota II) ZIP 1989, 1425, 1426 f.; siehe auch zur sogenannten
      Übermaßkontrolle: BGH, KZR 13/70 (Kraftwagenleasing), WuW/E BGH 1211 (Verstoß gegen das Diskri-
      minierungsverbot durch einen Kfz-Hersteller, dessen Tochter das Leasinggeschäft betreibt, wenn er seinen Ver-
      tragshändlern die Belieferung anderer Leasingunternehmen untersagt); siehe auch BGH KZR 2/90 (Aktions-
      beträge) NJW 1992, 1827, 1828 (Bezuschussung Dritter bei Vertragsabschlüssen mit der Tochtergesellschaft
      als gerechtfertigte Förderung des Konzernerfolges); BGH, KZR 17/03 (Sparberaterin I), WuW/E DE-R 1377,
      1378 (Frage ausdrücklich offengelassen).
56   Siehe auch *Menz*, S. 222 ff.; auch die deutsche Rechtsprechung setzt der Anwendbarkeit des Konzernprivilegs
      allerdings Grenzen, siehe *Ostendorf/Grün*, WuW 2008, 950, 952 ff.: Zu beachten sind sektorspezifische Re-
      gelungen und ihre Auswirkungen auf das allgemeine Kartellrecht (siehe etwa § 21 EnWG, 33 TKG). Ein Kon-
      zernprivileg wird weiterhin nicht anerkannt, wenn ein öffentlich-rechtliches Monopol im Rahmen gewerbli-
      cher Tätigkeiten ausgenutzt wird (BGH, KZR 4/01(Kommunaler Schilderprägebetrieb), WuW/E DE-R 1003,
      1005).
57   BGH, KVR 5/81 (Stuttgarter Wochenblatt) WuW/E BGH 1947; OLG Stuttgart, 2 Kart 3/80 (Stuttgarter Wo-
      chenblatt) WuW/E OLG 2386, 2388; zustimmend: *Schroeder*, WuW 1988, 274, 284; kritisch: *Ostendorf/
      Grün*, WuW 2008, 950, 959 f.: Bei Beibehaltung von Marktpreisen gegenüber dem Tochterunternehmen ent-
      stünden nicht stets Verluste. Eine etwaige Verlustübernahme stehe zudem unter gesteigertem Rechtfertigungs-
      druck.
58   BGH, KZR 6/86 (Freundschaftswerbung), WuW/E BGH 2360; zustimmend: *Schroeder*, WuW 1988, 274,
      284; kritisch: *Ostendorf/Grün*, WuW 2008, 950, 960 f., die einen Ansatz befürworten, der es erlaubt, im
      Einzelfall mögliche Nachteile einer Diskriminierung für den Wettbewerb auf dem nachgelagerten Markt zu
      untersuchen.
59   Siehe etwa die Fallgestaltung bei BGH, KZR 38/99 (Vorleistungspflicht), WuW/E DE-R 1051, 1052: Keine
      Rechtfertigung für Bevorzugung der Kunden der Tochter gegenüber direkten Kunden (dazu auch *Ostendorf/
      Grün*, WuW 2008, 950, 953).

20 Geht es um eine **Lieferverweigerung** gegenüber einem Dritten, stellt sich die ähnliche Frage, ob die Erfüllung von Ansprüchen Dritter unter Hinweis auf den Eigenbedarf (des Lieferanten oder eines mit diesem konzernverbundenen Unternehmen) verweigert werden darf.[60]

---

60 Dazu BGH, KVR 1/87 (Lüsterbehangsteine), WuW/E BGH 2535: Kein Lieferanspruch des Dritten im konkreten Fall wegen besonderer Umstände (Verstoß des Dritten gegen § 1 UWG), aber grundsätzlich Belieferungsanspruch, wenn sich der marktbeherrschende Hersteller dafür entscheide, ein Halbfertigfabrikat an (andere) Dritte zu liefern, ohne ein Vertriebssystem mit bestimmten Bindungen in der Verwendung und im Weitervertrieb der Ware zu errichten. Zweifelhaft ist allerdings, welchen Aussagenwert diese Entscheidung heute noch hat. Der Hinweis des BGH zur Zulässigkeit von Vertriebsbindungen (§ 18 Abs. 1 GWB a.F.) ist überholt, da derartige Beschränkungen heute grundsätzlich kartellrechtlich kritisch sind, siehe 4. Kap., Rn. 195 ff. Beliefert ein Hersteller (anders als im Fall des BGH) keine Dritten, sondern nur Konzernunternehmen, dürfte kein „gleichartigen Unternehmen üblicherweise zugänglicher Geschäftsverkehr" i.S.v. § 20 GWB vorliegen. Art. 102 AEUV enthält zwar kein vergleichbares Tatbestandsmerkmal. Allerdings könnte der Aspekt bei der Frage des sachlich gerechtfertigten Grundes für eine Diskriminierung zu berücksichtigen sein. Ein Hersteller, der ein Halbfertigfabrikat nicht am Markt anbieten, sondern über Konzernunternehmen weiter verarbeiten lassen möchte, sollte nicht gezwungen sein, auf Wertschöpfungsstufen zu verzichten.

T. Mäger

8. Kapitel:
Fusionskontrolle

Literatur: *Alfter*, Untersagungskriterien in der Fusionskontrolle, WuW 2003, 20; *Baxter/Dethmers*, Unilateral Effects under the European Merger Regulation: How Big is the Gap?, ECLR 2005, 380; *Berg*, Die neue EG-Fusionskontrollverordnung, BB 2004, 561; *Berg/Nachtsheim/Kronberger*, Zusammenschlüsse zwischen multinationalen Unternehmen und Fusionskontrolle, RIW 2003, 15; *Besen/Gronemeyer*, Kartellrechtliche Risiken bei Unternehmenskäufen – Informationsaustausch und Clean Team, CCZ 2009, 67; *Bien*, Kerneuropäische Märkte! Ländergruppen als räumlich relevante Märkte in der europäischen Fusionskontrolle, EWS 2005, 9; *Bischke*, Die Unterscheidung zwischen kooperativen und konzentrativen Unternehmensverbindungen im europäischen Recht gegen Wettbewerbsbeschränkungen, Aachen, 1997; *Bischke/Mäger*, Der Kommissionsentwurf einer geänderten EU-Fusionskontrollverordnung, EWS 2003, 97; *Bischke/Wirtz*, Bedeutung der „multi jurisdictional filings" bei Konzernfusionen – Bestandsaufnahme und Reformvorhaben, RIW 2001, 328; *Bishop/Lofaro*, Assessing Unilateral Effects in Practice, Lessons from GE/Instrumentarium, ECLR 2005, 205; *Böge*, Reform der Europäischen Fusionskontrolle, WuW 2004, 138; *Böge/Jakobi*, Die Berücksichtigung von Effizienzen in der Fusionskontrolle, BB 2005, 113; *Bosch/Marquier*, Fusionskontrolle: neue Entwicklungen zum Vollzugsverbot und Gun-Jumping: Ausweitung der Gefahrenzone? EWS 2010, 113; *Brei*, Begräbnis erster Klasse für die Fusionskontrolle konglomerater Zusammenschlüsse, WuW 2003, 585; *Brinker/Linsmeier*, Art. 22 FKVO – Oder: Das Ende realistischer Transaktionszeitpläne, KSzW 2011, 64; *Broberg*, The Concept of Control in the Merger Control Regulation, ECLR 2004, 741; *Bundeskartellamt*, Marktbeherrschungs- und SIEC-Test, Eine Bestandsaufnahme, Hintergrundpapier zur Tagung des Arbeitskreises Kartellrecht am 24.9.2009; *Burholt*, Anmerkung zum Urteil des EuGH vom 15.2.2005 in der Rs. C-12/03 – „Kommission – Tetra Laval BV", WRP 2005, 858; *Christensen/Rabassa*, The Airtours Decision: Is There a New Commission Approach to Collective Dominance?, ECLR 2001, 227; *Christiansen*, Die „Ökonomisierung" der EU-Fusionskontrolle: Mehr Kosten als Nutzen?, WuW 2005, 285; *Colley*, From „Defense" to „Attack"? Quantifying Efficiency Arguments in Mergers, ECLR 2004, 342; *De Crozals/Hartog*, Die neue Nebenabreden-Bekanntmachung der Europäischen Kommission, EWS 2004, 533; *Denzel*, Die Zeichen stehen auf Sturm: Fällt nach dem Urteil des EuGH in Tetra Laval vom 15.2.2005 nun auch GE/Honeywell?, BB 2005, 1062; *Dethmers*, Collective Dominance Under EC Merger Control – after Airtours and the Introduction of Unilateral Effects is there still a Future for Collective Dominance? ECLR 2005, 638; *Dittert*, Die Reform des Verfahrens in der neuen EG-Fusionskontrollverordnung, WuW 2004, 148; *Drauz*, An Efficiency Defense for Mergers: Putting an Intricate Puzzle Together, ZWeR 2003, 254; *Dubois*, The Approach adopted by the Commission regarding Outsourcing Transactions and wether they constitute concentrations for the purpose of Regulation 139/2004, ECLR 2010, 491; *Fountoukakos/Anttilainen-Mochnacz*, Abandoned Concentrations: Issues Surrounding Resurrected Concentrations, Minority Shareholdings and the Administrative Procedure Under the ECMR, ECLR 2010, 387; *Fountoukakos/Ryan*, A New Substantive Test For EU Merger Control, ECLR 2005, 277; *Gey*, Potentieller Wettbewerb und Marktbeherrschung, Baden-Baden, 2004; *Grabbe*, Nebenabreden in der Europäischen Fusionskontrolle, Baden-Baden, 2000; *Hahn*, Oligopolistische Marktbeherrschung in der europäischen Fusionskontrolle, Berlin, 2003; *Hansen*, Fusionskontrollpraxis von Bundeskartellamt und EG-Kommission, Baden-Baden, 2010; *Heinen*, Mehrfachanmeldungen in der Praxis, EWS 2010, 8; *Hellmann*, Das neue Verweisungsregime in Art. 4 FKVO aus Sicht der Praxis, EWS 2004, 289; *Hellmann*, Die neuen Anmeldevorschriften in der Fusionskontrollverordnung und ihre Bedeutung für Unternehmenszusammenschlüsse, ZIP 2004, 1387; *Hirsbrunner*, Neue Entwicklungen der europäischen Fusionskontrolle in den Jahren 2003/2004, EuZW 2005, 519, *Hofer/Williams/Wu*, Empirische Methoden in der europäischen Fusionskontrolle, WuW 2005, 155; *Huerkamp*, Änderung der Tätigkeit des Gemeinschaftsunternehmens, WuW 2010, 1118; *Imgrund*, Optionen in der Fusionskontrolle, WuW 2010, 753; *Iversen*, The Efficiency Defense in EC Merger Control, ECLR 2010, 370; *Kapp/Schumacher*, Das Wettbewerbsverbot des Minderheitsgesellschafters, WuW 2010, 481; *Karl*, Der Zusammenschlussbegriff in der europäischen Fusionskontrollverordnung, Baden-Baden, 1996; Monopolkommission Sondergutachten 17: Konzeption einer europäischen Fusionskontrolle, Baden-Baden, 1989; *Koch*, Yes, we can (prohibit) the Ryanair/Aer Lingus merger before the Court, Competition Policy Newsletter 2010, Ausgabe 3; *Körber*, Die Leitlinien der Kommission zur Bewertung nicht-horizontaler Zusammenschlüsse, WuW 2008, 522; *ders.*, Verweisungen nach Art. 4 Abs. 4 und Abs. 5 FKVO 139/2004, WuW 2007, 330; *Kübler/Oest*, Wettbewerbsverbote in Veräußerungs-, Management- und Beteiligungsszenarien – ein praktischer Leitfaden, KSzW 2011, 47; *Levy*, Dominance versus SLC: A subtle distinction, in: Drauz/Reynolds (Hg.), EC Merger Control – A Major Reform in Progress, Richmond, 2003, S. 143; *Linsmeier/Lichtenegger*,

Wettbewerbsverbote zu Lasten von Minderheitsgesellschaftern und ihre kartellrechtliche Beurteilung, BB 2011, 328; *Lückenbach*, Nebenabreden nach europäischem Fusionskontrollrecht, München, 2003; *Mayer/Miege*, Die Rechtsfolgen eines Verstoßes gegen das zusammenschlussrechtliche Vollzugsverbot – Nichtigkeit der den Verstoß begründenden Rechtsgeschäfte? BB 2008, 2031; *T. Mäger*, Unilateral Effects in European Merger Analysis, in: 2010 Fordham Comp. L. Inst., New York, 2011, S. 123; *Mäger/Ringe,* Wettbewerbsverbote in Unternehmenskaufverträgen als kartellrechtswidriger Abkauf von Wettbewerb? WuW 2007, 18; *Montag*, Die Anwendung des Zusammenschlussbegriffs der FKVO bei mehreren miteinander verknüpften Transaktionen, in: FS Baudenbacher, Baden-Baden, 2007, S. 503; *Montag/Leibenath*, Die Rechtsschutzmöglichkeiten Dritter in der europäischen Fusionskontrolle, ZHR 164 (2000), 176; *Maudhuit/Soames*, Changes in EU Merger Control: Part 2, ECLR 2005, 75; *Metaxas/Armengod*, EC Merger Regulation and the Status of Ancillary Restrictions: Evolution of the European Commission's Policy, ECLR 2005, 500; *Navarro Varona/Font Galarza/Folguera Crespo/Briones Alonso*, Merger Control in the European Union, Oxfort, 2002; *Nothdurft*, Die Entscheidung des EuGH im Fall Tetra Laval, ZWeR 2006, 206; *Philipps,* Der konglomerate Unternehmenszusammenschluss, Hamburg, 2010; *Polley/Grave*, Die Erweiterung eines bestehenden Gemeinschaftsunternehmens als Zusammenschluss, WuW 2003, 1010ff.; *Rabassa*, Joint Ventures as a Mechanism that may favour Co-ordination: An Analysis of the Aluminium and Music Mergers, ECLR 2004, 771; *Reidlinger/Kühnert*, The role of NCA competence under Art. 22 ECMR, ZWeR 2007, 129; *Reysen/Jaspers*, Kartellrechtliche Vorgaben für die Transaktions- und Integrationsplanung im M&A-Geschäft, WuW 2006, 602; *Rosenthal*, Neuordnung der Zuständigkeiten und des Verfahrens in der europäischen Fusionskontrolle, EuZW 2004, 327; *Ryan*, The revised System of Case Referral under the Merger Regulation – Experiences to Date, Competition Policy Newsletter 2005, number 3, Brüssel, 2005; *Seehafer*, Die Verwendung ökonomischer Modelle in der Fusionskontrollverordnung aus juristischer Perspektive, WuW 2009,728; *Schulte*, Effizienzkontrolle der Fusionskontrolle AG 2010, 358; *Schulz*, EU-Kommission oder Bundeskartellamt – Skylla und Charybdis in der Fusionskontrolle? GWR 2009, 339; *Schroeder/Edeler*, Reformbedarf in der deutschen Fusionskontrolle ZWeR 2008, 364; *Simons/Coate,* Upward Pressure on Price Analysis, European Competition Journal 2010, 377; *Soyez*, Die Verweisung an die Kommission nach Art. 4 Abs. 5 FKVO – Eine sinnvolle Option? ZWeR 2005, 416; *Stadler*, Conflicting Mergers: Combined Assessment or Priority Rule?, ECLR 2003, 321; *Staebe*, Offene Fragen nach dem MCI WorldCom/Sprint-Urteil des EuG, EuZW 2005, 14; *Staebe/Denzel*, Die neue europäische Fusionskontrollverordnung (VO 139/2004), EWS 2004, 194; *Staudenmayer*, Das Verhältnis der Art. 85, 86 EG zur EG-Fusionskontrolle, WuW 1992, 475; *ders.*, Der Zusammenschlussbegriff in Art. 3 der EG-Fusionskontrollverordnung, Köln, 2002; *Tayar*, The Lagardère Judgment of the General Court: Is Warehousing Back on the Scene? JECLAP 2011, 39; *Ulshöfer*, Der Einzug des Herfindahl-Hirschman-Index (HHI) in die europäische Fusionskontrolle, ZWeR 2004, 50; *von Graevenitz*, Erweiterte Gemeinschaftsunternehmen in der fusionskontrollrechtlichen Unwirksamkeitsfalle? BB 2010, 1172; *von Landenberg-Roberg*, Die Bedeutung rechtsunverbindlicher Vereinbarungen für den Kontrollerwerb in der europäischen Fusionskontrolle, WuW 2010, 877; *Völcker*, Das beschleunigte Verfahren in EU-Wettbewerbssachen: Effektiver Rechtsschutz in der Fusionskontrolle?, WuW 2003, 6; *Wagner*, Die Analyse kollektiver Marktbeherrschung in der deutschen Fusionskontrolle im Vergleich zur europäischen Fusionskontrolle, WuW 2009, 619; *Weidenbach/Mühle*, Wettbewerbsverbote in Kartellrecht – Teil 1: Unternehmenskaufverträge, EWS 2010, 353; *Weitbrecht*, EU Merger Control in 2004 – An Overview, ECLR 2005, 67; *Weitnauer*, Kontrollrechte und Kontrollerwerb – Das Beteiligungsgeschäft im Visier des Kartellrechts, GWR 2010, 78; *Wessely*, EU Merger Control at a Turning Point – The Court of First Instance's Schneider and Tetra Judgements, ZWeR 2003, 317; *Wirtz*, Wohin mit den Effizienzen in der europäischen Fusionskontrolle, EWS 2002, 59; *ders.*, Der Mitteilungsentwurf der Kommission zur Beurteilung horizontaler Zusammenschlüsse, EWS 2003, 146; *Zimmer*, Significant Impediment to Effective Competition, das neue Untersagungskriterium der EU – Fusionskontrollverordnung, ZWeR 2004, 250.

A. Allgemein

1   Die wettbewerblichen Verhältnisse auf einem Markt können sich nicht nur durch Kooperationen zwischen Konkurrenten, beschränkende Abreden in Vertikalverträgen und einseitige Maßnahmen eines marktbeherrschenden Unternehmens verschlechtern. Negative Folgen können vielmehr auch eintreten, wenn ein Unternehmen dadurch als selbstständiger Marktteilnehmer entfällt, dass es durch ein anderes Unternehmen aufgekauft wird. Um die wettbewerblichen Folgen derartiger Zusammenschlüsse prüfen zu können, verfügen die meisten Rechtsordnungen

T. Mäger

nicht nur über (im engeren Sinne) kartellrechtliche Vorschriften, sondern auch über fusionskontrollrechtliche Regelungen.

Der AEUV enthält keine besonderen Bestimmungen zur Fusionskontrolle. Die Einführung einer   2
Fusionskontrolle in den EWG-Vertrag nach dem Vorbild von Art. 66 EGKS-Vertrag wurde
seinerzeit zwar erwogen, aber im Ergebnis verworfen. Die Kommission hat versucht, auf der
Grundlage der Art. 101 und Art. 102 AEUV (ex Art. 81 und 82 EG) für besondere Konstellationen der Sache nach eine Fusionskontrolle zu begründen.[1] Dies ist über Ansätze jedoch nicht
hinausgegangen.[2] Erst mit dem Erlass der Fusionskontrollverordnung VO (EWG) Nr. 4064/89
wurde eine unionsweit geltende und umfassende Fusionskontrolle auf europäischer Ebene eingeführt. Die alte Fusionskontrollverordnung ist zum 1. Mai 2004 durch die VO (EG)
Nr. 139/2004 (**FKVO**) ersetzt wurden.

Die FKVO folgt dem Modell der präventiven Fusionskontrolle, d.h. ein anmeldepflichtiges   3
Vorhaben muss vor dinglichem Vollzug angemeldet und grundsätzlich auch von der Kommission freigegeben werden. Das Alternativmodell der repressiven Fusionskontrolle erlaubt demgegenüber den dinglichen Vollzug vor Freigabe, birgt aber das Risiko, dass eine Transaktion
rückabgewickelt werden muss, wenn sie nach Vollzug untersagt wird.

Bei Einführung eines Fusionskontrollregimes muss sich der Gesetzgeber entscheiden, welche   4
Transaktionen von den Regelungen erfasst werden sollen. Dabei geht es um zwei konzeptionelle
Fragen. Erstens muss festgelegt werden, welche Transaktionen unter den **Zusammenschlussbegriff** fallen. Es liegt auf der Hand, dass es nicht zweckmäßig ist, den Erwerb einer Aktie über
die Börse der Fusionskontrolle zu unterstellen. Denn mit dem Erwerb einer so geringen Beteiligung an einem Unternehmen sind keine Einflussrechte und damit keine Marktauswirkungen
verbunden. Ab welchem Grad ein Bedürfnis für eine behördliche Prüfung besteht, lässt sich
jedoch je nach Blickwinkel unterschiedlich beantworten. Negative Auswirkungen auf den
Markt setzen nicht zwingend voraus, dass ein Unternehmen die kontrollierende Mehrheit an
einem anderen Unternehmen erwirbt. Vielmehr kann z.B. bereits der Erwerb einer Minderheitsbeteiligung zu wettbewerblichen Bedenken führen. Zahlreiche nationale Fusionskontrollregime ordnen deshalb eine Bandbreite von Tatbeständen als anmeldepflichtigen Zusammenschluss ein. So ist nach deutscher Fusionskontrolle z.B. bereits der Erwerb von 25 % des Kapitals oder der Stimmrechte an einem anderen Unternehmen anmeldepflichtig, § 37 Abs. 1
Nr. 3 GWB. Unter bestimmten Voraussetzungen kann sogar ein Beteiligungserwerb unterhalb
von 25 % und sogar unterhalb von 10 % anmeldepflichtig seien.[3] Demgegenüber ist der Anwendungsbereich der europäischen Fusionskontrolle enger gefasst. Anmeldepflichtig sind nur
Fusionen zwischen zwei oder mehreren bisher voneinander unabhängigen Unternehmen,
Art. 3 Abs. 1 lit. a) FKVO, sowie der Erwerb unmittelbarer oder mittelbarer Kontrolle über ein
oder mehrere Unternehmen oder Teile davon, Art. 3 Abs. 1 lit. b) FKVO.[4]

Zweitens muss jedes Fusionskontrollregime entscheiden, ab welcher **Größe** ein Zusammen-   5
schluss von der Behörde geprüft werden soll. Jeden Zusammenschluss unabhängig von der
Größe und Marktstellung der beteiligten Unternehmen zu prüfen, ist praktisch kaum durchführbar und auch durch den Zweck der Fusionskontrolle, negative Auswirkungen auf dem
Markt zu verhindern, nicht geboten. Als Größenkriterium bieten sich die **Umsätze** der betei-

1 EuGH, Rs. 6-72 (Continental Can), Slg. 1973, 215, Rn. 26 (Art. 82 EG); EuGH, Rs. 142 und 156/84 (BAT und
  Reynolds), Slg. 1987, 4566 (Art. 81 EG); ausführlich: *Bischke*, S. 108 ff. und 137 ff.
2 Im Fall E.ON/Ruhrgas hat die Monopolkommission in ihrem Sondergutachten vom 21. Mai 2002 allerdings die
  Auffassung vertreten, der Zusammenschluss E.ON/Ruhrgas sei unmittelbar am Maßstab von Art. 81 und 82 EG
  (nunmehr: Art. 101 und Art. 102 AEUV) zu messen. Solange die Kommission keine Freistellung nach Art. 81
  Abs. 3 EG (nunmehr: Art. 101 Abs. 3 AEUV) erteilt habe, liege ein Verstoß gegen Art. 81 Abs. 1 EG (nunmehr:
  Art. 101 Abs. 1 AEUV) vor. Dem Minister wurde deshalb empfohlen, das Erlaubnisverfahren bis zum Vorliegen
  einer Freistellungsentscheidung der Kommission auszusetzen. Eine gleichwohl erteilte Ministererlaubnis sei wegen Vorrangs des Unionsrechts unanwendbar und wirkungslos (Rn. 221 ff.); zur Frage der parallelen Anwendung
  von Art. 101, 102 AEUV neben der FKVO, die im Übrigen zu einer erheblichen Rechtsunsicherheit führen würde,
  siehe etwa *Staudenmayer*, WuW 1992, 475, 479.
3 Siehe Entscheidung des BKartA vom 8. September 2004 im Fall M. DuMont-Schauberg/Bonner Zeitungsdru-
  ckerei (B 6 – 27/04), die einen Erwerb in Höhe von 9,015 % betraft, wobei weitere Umstände (u.a. Einsichts-
  und Informationsrechte) hinzutraten.
4 Rn. 13 ff.

ligten Unternehmen an. Die Umsätze erlauben zwar keine zwingenden Rückschlüsse auf die Marktposition und sagen deshalb nichts darüber aus, ob ein Vorhaben materiell bedenklich ist oder nicht. Umsatzschwellen führen aber dazu, dass die Fälle von einer hinreichenden wirtschaftlichen Bedeutung erfasst werden. Dabei wird in Kauf genommen, dass materiell kritische Zusammenschlüsse, an denen lediglich kleinere Unternehmen beteiligt sind, fusionskontrollfrei bleiben und Zusammenschlüsse, an denen große Unternehmen beteiligt sind, auch dann anzumelden sind, wenn sie in der Sache völlig unproblematisch sind. Der praktische Vorteil von Umsatzschwellen liegt vor allem darin, dass die Prüfung, ob die Schwellen erfüllt sind, einfach zu handhaben ist. Die FKVO stellt – ebenso wie die deutsche Fusionskontrolle, § 35 GWB – allein auf Umsatzschwellen ab, Art. 1 FKVO.[5]

6   Nach ausländischen Fusionskontrollregimen sind teilweise die **Vermögenswerte** (assets) der beteiligten Unternehmen maßgeblich. Dies gilt etwa für die Fusionskontrolle in den USA. Derartige Schwellen haben ähnliche Vor- und Nachteile wie Umsatzschwellen.

7   Schließlich wird auf **Marktanteilsschwellen** zurückgegriffen, etwa in Großbritannien, Spanien, Portugal, Griechenland und Slowenien. Der Vorteil einer derartigen Anknüpfung liegt darin, dass diejenigen Fälle, die potentiell kritisch sind, unabhängig davon geprüft werden, ob die Unternehmen über bestimmte Umsätze oder Vermögenswerte verfügen. Für die Unternehmen ist es jedoch erheblich schwieriger, zu bestimmen, ob eine Anmeldpflicht besteht. Denn im Rahmen der Berechnung der Marktanteile müssen zunächst die relevanten Märkte in sachlicher und räumlicher Hinsicht abgegrenzt werden. Die Marktabgrenzung ist regelmäßig mit Unsicherheiten behaftet, so dass sich im Einzelfall die Notwendigkeit ergeben kann, die Frage der Marktabgrenzung mit der Behörde abzustimmen.

8   Die in Art. 3 FKVO definierten Zusammenschlusstatbestände sowie die Umsatzschwellen in Art. 1 FKVO entscheiden darüber, ob ein Vorhaben bei der Kommission anzumelden ist. Diese Kriterien werden deshalb als **Aufgreifkriterien** bezeichnet. Dem steht das **Eingreifkriterium** des Art. 6 FKVO gegenüber. Dabei handelt es sich um den materiellen Test, den die Kommission im Rahmen der Fusionskontrollprüfung anwendet, um entscheiden zu können, ob ein Vorhaben freigegeben oder untersagt wird.[6]

9   Erfüllt ein Vorhaben einen Zusammenschlusstatbestand im Sinne von Art. 3 FKVO und erreichen die an dem Zusammenschluss beteiligten Unternehmen die Umsatzschwellen des Art. 1 FKVO, ist für die Kontrolle dieser Zusammenschlüsse die Kommission grundsätzlich ausschließlich zuständig und eine Anmeldung bei einer Kartellbehörde in einem Mitgliedstaat der Union ist grundsätzlich nicht möglich. Vorhaben, die entweder keinen Zusammenschlusstatbestand im Sinne von Art. 3 FKVO erfüllen oder bei denen die beteiligten Unternehmen die Umsatzschwellen von Art. 1 FKVO nicht erreichen, unterliegen demgegenüber grundsätzlich den nationalen Fusionskontrollregimen der Mitgliedstaaten. Diese originäre Zuständigkeitsverteilung zwischen Kommission einerseits und Mitgliedstaaten andererseits wird allerdings durch eine Reihe von Verweisungsmöglichkeiten durchbrochen.[7]

10 Unabhängig davon, ob die Kommission oder die nationalen Kartellbehörden der Mitgliedstaaten zuständig sind, sind stets die nationalen Fusionskontrollregime **außerhalb der** Union zu beachten. Mehr als 80 Jurisdiktionen weltweit verfügen über Fusionskontrollen.[8] Zusammenschlussvorhaben, an denen weltweit tätige Unternehmen beteiligt sind, lösen meist eine Vielzahl von Fusionskontrollregimen aus (**multiple filings**), deren Koordination häufig hohe praktische Anforderungen stellt.[9]

11 Die FKVO wird durch eine Durchführungsverordnung der Kommission ergänzt, welche die Einzelheiten der Anmeldung eines Zusammenschlussvorhabens bei der Kommission, die Ermittlungsbefugnisse sowie die Verfahrensgarantien der beteiligten Unternehmen regelt. Hierbei handelt es sich um die VO Nr. 802/2004, geändert durch die VO Nr. 1033/2008 (**FKVO-**

---

5 Rn. 72 ff.
6 Rn. 163 ff.
7 Siehe Rn. 117 ff.
8 Siehe Übersicht auf der Webseite der ICN: www.internationalcompetitionnetwork.org/mergercontrollaws.html.
9 Zu praktischen Problemen siehe *Bischke/Wirtz*, RIW 2001, 328 ff.; *Berg/Nachtsheim/Kronberger*, RIW 2003 15 ff.; *Heinen* EWS 2010, 8.

DVO).[10] Der FKVO-DVO sind als Anhänge die Formblätter beigefügt, die bei der Anmeldung eines Zusammenschlusses bei der Kommission zu verwenden sind.[11]

Schließlich hat die Kommission eine konsolidierte Mitteilung zu Zuständigkeitsfragen über die Kontrolle von Unternehmenszusammenschlüssen veröffentlicht (**Konsolidierte Mitteilung zu Zuständigkeitsfragen**).[12] Diese Mitteilung ersetzt die bestehenden vier Mitteilungen, die von der Kommission 1998 auf der Grundlage der seinerzeit geltenden Verordnung (EWG) Nr. 4064/89 des Ratens angenommen wurden.[13] Die Konsolidierte Mitteilung erfasst daher alle Rechtsfragen, die für die Bestimmung der Zuständigkeit der Kommission nach der neuen Fusionskontrollverordnung von Bedeutung sind. Die einzige Zuständigkeitsfrage, die nicht in der Konsolidierten Mitteilung angesprochen wird, ist die Verweisung eines Zusammenschlusses zwischen Kommission und Mitgliedstaaten. 12

B. Anwendungsbereich der FKVO (Aufgreifkriterien)

I. Zusammenschlussbegriff

Die europäische Fusionskontrolle kennt nur zwei Zusammenschlusstatbestände: die Fusion zwischen zwei oder mehreren bisher voneinander unabhängigen Unternehmen, Art. 3 Abs. 1 lit. a) FKVO, sowie den Erwerb unmittelbarer oder mittelbarer Kontrolle über ein oder mehrere Unternehmen oder Teilen davon, Art. 3 Abs. 1 lit. b) FKVO. Ein Sonderfall des Kontrollerwerbs ist die Gründung eines GU, die unter bestimmten Voraussetzungen einen Zusammenschluss darstellt, Art. 3 Abs. 4 FKVO.[14] Hinweise zur Auslegung des Begriffs des Zusammenschlusses enthält die Konsolidierte Mitteilung der Kommission zu Zuständigkeitsfragen.[15] 13

1. Fusion

Die Fusion nach Art. 3 Abs. 1 lit. a) FKVO erfasst zunächst die **rechtliche** Fusion, d.h. den Fall, dass zwei oder mehr bisher voneinander unabhängige Unternehmen zu einem neuen Unternehmen verschmelzen und keine eigenen Rechtspersönlichkeiten mehr bilden. Gleiches gilt, wenn ein Unternehmen in einem anderen Unternehmen aufgeht, wobei das letztere seine Rechtspersönlichkeit behält, während das erste als juristische Person untergeht.[16] Daneben wird auch die **wirtschaftliche** Fusion erfasst, d.h. der Fall, dass zuvor unabhängige Unternehmen ihre Aktivitäten so zusammenlegen, dass eine wirtschaftliche Einheit entsteht, etwa durch Unterstellung unter eine gemeinsame wirtschaftliche Leitung.[17] Nach deutschem Recht wäre dies z.B. bei einem Gleichordnungskonzern der Fall.[18] 14

2. Kontrollerwerb

Der Zusammenschlusstatbestand, der in der Praxis am häufigsten zur Anwendung kommt, ist der Erwerb der Kontrolle über ein anderes Unternehmen oder über Unternehmensteile nach Art. 3 Abs. 1 lit. b) FKVO. Der Tatbestand des Kontrollerwerbs kann auf der Erwerberseite durch ein einziges Unternehmen (Erwerb alleiniger Kontrolle) oder mehrerer Unternehmen (Erwerb gemeinsamer Kontrolle) verwirklicht werden. Der Erwerb gemeinsamer Kontrolle führt zur Errichtung eines sog. Gemeinschaftsunternehmens.[19] 15

---

10 ABl. L 133/1.
11 Dazu Rn. 293.
12 ABl. 2008 C 95/1; berichtigte Fassung: ABl. 2009 C 43/10.
13 Dies sind (1) die Mitteilung über den Begriff des Zusammenschlusses, (2) die Mitteilung über den Begriff des Vollfunktionsgemeinschaftsunternehmens, (3) die Mitteilung über den Begriff der beteiligten Unternehmen und (4) die Mitteilung über die Berechnung des Umsatzes.
14 Dazu Rn. 32 ff.
15 Konsolidierte Mitteilung zu Zuständigkeitsfragen, Rn. 9.
16 Konsolidierte Mitteilung zu Zuständigkeitsfragen, Rn. 10.
17 Konsolidierte Mitteilung zu Zuständigkeitsfragen, Rn. 10.
18 Konsolidierte Mitteilung zu Zuständigkeitsfragen, Rn. 10 Fn. 4.
19 Dazu Rn. 32 ff. sowie 9. Kap.

16   **a) Erwerber der Kontrolle.** Als Kontrollerwerber kommen zunächst ein oder mehrere **Unternehmen** in Betracht.[20] Eine natürliche Person ist als „Unternehmen" anzusehen, wenn sie bereits ein oder mehrere Unternehmen kontrolliert. Die Kontrolle führt dazu, dass die Unternehmenseigenschaft fingiert wird, Art. 3 Abs. 1 lit. b) FKVO. Darüber hinaus ist eine natürliche Person nach allgemeinen Grundsätzen ein Unternehmen, wenn sie einer eigenen Wirtschaftstätigkeit für eigene Rechnung nachgeht.[21] Ist dies nicht der Fall, gelten natürliche Personen nicht als Unternehmen im Sinne der FKVO. Sie können dann ein Unternehmen erwerben, ohne einer Anmeldepflicht nach der FKVO zu unterliegen. Dies ist z.B. bei Management-Buy-Outs der Fall, bei denen das bisherige Management die Kontrolle am Unternehmen erwirbt, soweit die beteiligten Manager weder wirtschaftliche Tätigkeit für eigene Rechnung durchführen, noch bislang ein anderes Unternehmen (allein oder gemeinsam) kontrollieren.[22] In der Praxis beteiligt sich allerdings häufig ein Finanzinvestor am Management-Buy-Out, der die Unternehmenseigenschaft besitzt.

17   **b) Gegenstand der Kontrolle.** Gegenstand des Kontrollerwerbs sind andere **Unternehmen**, deren Anteile (shares) oder Vermögenswerte (assets) erworben werden. Von der Fusionskontrolle erfasst werden auch **Teile** eines oder mehrerer anderer Unternehmen, z.B. einzelne Geschäftsbereiche. Erfasst werden auch immaterielle Vermögenswerte wie z.B. Marken. Die Vermögenswerten müssen aber ein Geschäft bilden, dem sich eindeutig ein Marktumsatz zuweisen lässt.[23]

18   Ein Kontrollerwerb liegt nur vor, wenn die Kontrolle in andere Hände übergeht. Eine **interne Reorganisation** innerhalb einer Unternehmensgruppe unter dem Dach derselben Konzernobergesellschaft stellt keinen Zusammenschluss dar.[24] Gehören Erwerber und Kontrollgegenstand demselben Staat oder derselben **öffentlich rechtlichen Körperschaft** an, liegt ein Zusammenschluss nur vor, wenn die Unternehmen zuvor verschiedenen wirtschaftlichen Einheiten angehörten, die jeweils eine autonome Entscheidungsbefugnis[25] besaßen.[26]

19   **c) Wirkung der Kontrolle: Bestimmender Einfluss.** Kontrolle ist die Möglichkeit, bestimmenden Einfluss auf die Tätigkeit eines Unternehmens auszuüben, Art. 3 Abs. 2 FKVO. Der Sache nach geht es um die Beeinflussung der Verwendung der unternehmerischen Ressourcen. Unerheblich ist, ob der bestimmende Einfluss tatsächlich ausgeübt wird. Die Möglichkeit der Ausübung genügt.[27] Die Auswirkung der Kontrolle ist von den Mitteln der Kontrolle, die diese Auswirkung haben, z.B. Eigentums- oder Nutzungsrechte, zu unterscheiden.[28]

20   Nicht erforderlich ist ein bestimmender Einfluss auf die tägliche Geschäftsführung des Zielunternehmens.[29] Bei GU ist die FKVO sogar nur anwendbar, wenn das GU als selbständige wirtschaftliche Einheit am Markt auftritt und ihm das Recht zukommt, autonom über die jeweiligen Angelegenheiten des Tagesgeschäfts zu entscheiden.[30] Ausreichend ist vielmehr die Möglichkeit, auf das **strategische Marktverhalten** des Zielunternehmens maßgeblich einzuwirken. Eine aktiv gestaltende Einflussmöglichkeit verlangt der Kontrollbegriff dabei nicht. Dies unterscheidet ihn vom Beherrschungsbegriff nach deutschem Kartell- und Gesellschaftsrecht.[31] Vielmehr genügen Vetorechte, wenn diese das strategische Marktverhalten der Zielgesellschaft betreffen. In der Konsolidierten Mitteilung zu Zuständigkeitsfragen hat die Kommission ausgeführt, dass

---

20   Zum Unternehmensbegriff siehe 1. Kap. Rn. 15 f.
21   Kommission, IV/M.82 (Asko/Jakobs/Adia), Konsolidierte Mitteilung zu Zuständigkeitsfragen, Rn. 12.
22   Andernfalls sind die Manager als kontrollierwerbende Personen i.S.d. FKVO anzusehen, vgl. auch Konsolidierte Mitteilung zu Zuständigkeitsfragen, Rn. 151.
23   Dazu näher Rn. 46.
24   Konsolidierte Mitteilung zu Zuständigkeitsfragen, Rn. 51.
25   Als eine vom Bund unabhängige wirtschaftliche Einheit mit autonomer Entscheidungsbefugnis hat die Kommission z.B. den Sonderfonds Finanzmarktstabilisierung (SoFFin) angesehen, wobei offen blieb, auf welcher Stufe – auf der Ebene des Bundesfinanzministeriums oder auf einer höheren Ebene wie der Bundesregierung oder des Bundes – diese Einheit anzusiedeln sei, COMP/M. 5508 (SoFFin/Hypo Real Estate), Rn. 25.
26   Konsolidierte Mitteilung zu Zuständigkeitsfragen, Rn. 52.
27   Konsolidierte Mitteilung zu Zuständigkeitsfragen, Rn. 16.
28   Dazu Rn. 40 ff.
29   Konsolidierte Mitteilung zu Zuständigkeitsfragen, Rn. 65-73.
30   Konsolidierte Mitteilung zu Zuständigkeitsfragen, Rn. 92, dazu 9. Kap., Rn. 13 ff.
31   Siehe auch Rn. 31 und 7. Kap., Rn. 7.

Vetorechte über **Budget, Geschäftsplan, größere Investitionen** und die **Besetzung der Unternehmensleitung** eine gemeinsame Kontrolle begründen.[32] Der Hinweis der Kommission in der genannten Mitteilung bezieht sich zwar zunächst auf den Erwerb der gemeinsamen Kontrolle, d.h. die Konstellation, in der mehrere Unternehmen derartige Vetorecht erwerben. Dieser Katalog ist aber auch auf den Erwerb der alleinigen Kontrolle anwendbar, d.h. auf die Konstellation, in der ein einzelner Erwerber die Vetorechte erhält und kein weiterer Erwerber zumindest gleichgewichtige Rechte innehat.[33]

Um Kontrolle zu erlangen, muss ein Gesellschafter nicht über alle genannten Vetorechte verfügen. Es genügt möglicherweise, dass er nur einige oder auch nur ein einziges Recht besitzt.[34] In einigen Fällen hat die Kommission allerdings einen Kontrollerwerb verneint, in dem der Erwerber lediglich ein Vetorecht im Hinblick auf die Besetzung der Unternehmensleitung erhielt.[35] Erfasst das Vetorecht lediglich große Investitionsentscheidungen, kann es sich im Übrigen um einen bloßen Minderheitenschutz handeln, der keine Kontrolle begründet (dazu sogleich). Geht es um ein Vetorecht betreffend das Budget oder den Geschäftsplan, ist zu prüfen, wie detailliert die Entscheidungsvorlagen auszugestalten sind. Enthält der Geschäftsplan nur grobe Eckpunkte, vermittelt das Vetorecht keine Einflussnahme auf das zukünftige strategische Verhalten des Unternehmens. 21

Kontrollbegründende Vetorechte müssen über das hinaus gehen, was in der Regel Minderheitsgesellschaftern an Vetorechten eingeräumt wird, um deren **finanzielle Interessen als Kapitalgeber** zu schützen.[36] Hierunter fallen Vetorechte im Hinblick auf Satzungsänderungen, Kapitalerhöhungen, Kapitalherabsetzungen oder Liquidation sowie große Investitionen und Desinvestitionen. 22

d) Dauerhaftigkeit der strukturellen Veränderung. Bei der Fusionskontrolle handelt es sich um eine Struktur- und keine Verhaltenskontrolle. Sie ist nur auf dauerhafte strukturelle Veränderungen der Marktbedingungen anwendbar. Im Zuge der Novellierung der FKVO im Jahr 2004 wurde das Merkmal der „dauerhaften Veränderung der Kontrolle" in Art. 3 Abs. 1 FKVO eingefügt.[37] Als ungeschriebenes Tatbestandsmerkmal galt es aber auch zuvor. Zwischenerwerbe von kurzer Dauer sind damit keine Zusammenschlüsse.[38] 23

Wenn ein Vorhaben dazu führt, dass für eine **Anlaufzeit**[39] eine gemeinsame Kontrolle entsteht, diese aber aufgrund einer rechtsverbindlichen Vereinbarung nach Ablauf der Anlaufzeit so umgewandelt wird, dass ein Gesellschafter die alleinige Kontrolle übernimmt, „schaut" die Kommission durch die Anlaufphase „hindurch". Das Vorhaben wird in der Regel als Erwerb der alleinigen Kontrolle durch ein Unternehmen geprüft.[40] 24

In der Vergangenheit akzeptierte die Kommission Anlaufzeiten von bis zu drei Jahren.[41] Dies erscheint ihr mittlerweile jedoch zu lang, um Auswirkungen auf die Marktstruktur ausschließen zu können. Der Zeitraum soll deshalb generell höchstens ein Jahr betragen.[42] 25

Tun sich mehrere Unternehmen zusammen, um ein anderes Unternehmen zu erwerben und die erworbenen Vermögenswerte unmittelbar nach Vollzug dieser ersten Transaktion nach einem im Voraus vereinbarten Plan untereinander **aufzuteilen**, stellt die erste Transaktion keinen Zu- 26

---

32   Konsolidierte Mitteilung zu Zuständigkeitsfragen, Rn. 65-73 (insb. Rn. 67).
33   So auch Konsolidierte Mitteilung zu Zuständigkeitsfragen, Rn. 54; Kommission, M. 258 (CCIE/GTE); *Broberg*, ECLR 2004, 741, 742; *Bechtold/Bosch/Brinker/Hirsbrunner*, Art. 3 FKVO, Rn. 14.
34   Konsolidierte Mitteilung zu Zuständigkeitsfragen, Rn. 68.
35   Stellungnahmen in mehreren Informal (Confidential) Guidance Verfahren (zu diesem Begriff Rn. 288), 2004.
36   Konsolidierte Mitteilung zu Zuständigkeitsfragen, Rn. 66.
37   Siehe auch Erwägungsgrund 20 zur FKVO.
38   Siehe etwa Kommission, M.891 (Deutsche Bank/Commerzbank/J. M. Voith), Rn. 5.
39   Vgl. Kommission, M.425 (British Telecon/Banco Santander).
40   Konsolidierte Mitteilung zu Zuständigkeitsfragen, Rn. 34.
41   Kommission, M.883 (Prudential/HSBC/Finnish Chemicals), Rn. 11: Umwandlung der Kontrollverhältnisse nach 13 Monaten; Kommission, M.1025 (Mannesmann/Olivetti/Infostrada), Rn. 11 ff.: Umwandlung nach zweieinhalb Jahren.
42   Konsolidierte Mitteilung zu Zuständigkeitsfragen, Rn. 34; die Kommission verweist auf die Fälle Shell/Dea (M.2389) – bereits erheblicher Einfluss des endgültigen Erwerbers der alleinigen Kontrolle während der Phase der gemeinsamen Kontrolle auf das operative Management – und RAG/Degussa (M.2854): Übergangszeitraum sollte interne Umstrukturierung nach dem Zusammenschluss erleichtern.

sammenschluss dar und die Kommission prüft lediglich den Erwerb der Kontrolle durch den bzw. die endgültigen Erwerber, wenn die spätere Aufteilung zwischen den Erwerbern rechtsverbindlich vereinbart ist und kein Zweifel besteht, dass der zweite Schritt (Aufteilung) innerhalb kurzer Zeit nach dem ersten Erwerbsvorgang folgt. Die Vermögensaufteilung muss „normalerweise" spätestens nach einem Jahr abgeschlossen sein.[43] Naturgemäß lässt sich mit letzter Sicherheit ausschließen, dass ein Aufteilungsplan durch unvorhergesehene Ereignisse vereitelt wird. Im Fall Rexel/Sonepar/Hagemeyer hat die Kommission zum Ausdruck gebracht, dass eine erneute Anmeldung erforderlich ist, wenn die geplante Aufteilung nicht zustande kommt.[44]

27   Es spricht einiges dafür, die vorgenannte Frist von einem Jahr auch als allgemeinen Anhaltspunkt dafür anzusehen, bis zu welchem Zeitraum ein – von vornherein zeitlich begrenzter – **Zwischenerwerb** unbeachtlich ist, d.h. mangels Dauerhaftigkeit nicht anmeldepflichtig ist.[45]

28   e) **Arten der Kontrolle.** Zu unterscheiden ist zunächst der Erwerb der alleinigen und der gemeinsamen Kontrolle. Innerhalb beider Fallgruppen kann weiter differenziert werden zwischen einer rechtlich abgesicherten Position (de jure Kontrolle) und einer Kontrolle aufgrund lediglich tatsächlicher Verhältnisse (de facto Kontrolle) sowie je nach Intensität der Kontrolle zwischen positiver und negativer Kontrolle.

29   aa) **Alleinige Kontrolle.** Alleinige Kontrolle erwirbt, wer allein in der Lage ist, bestimmenden Einfluss auf die Tätigkeit des Zielunternehmens auszuüben. Dieser Fall liegt regelmäßig vor, wenn eine Stimmenmehrheit am Zielunternehmen erworben wird.[46] Dies ist jedoch ausnahmsweise dann nicht der Fall, wenn Dritte über Sonderrechte, etwa Vetorechte im Hinblick auf wichtige Entscheidungen, verfügen. Eine alleinige Kontrolle kann auch beim Erwerb einer qualifizierten Minderheitsbeteiligung vorliegen.[47]

30   (1) **De jure und de facto Kontrolle.** Eine de jure Kontrolle liegt vor, wenn sich der bestimmende Einfluss aus der Rechtsstellung des Erwerbers ergibt, z.B. im Fall des Erwerbs einer Mehrheitsbeteiligung oder einer Minderheitsbeteiligung mit Sonderrechten. Ein de facto Kontrollerwerb ist gegeben, wenn lediglich eine Minderheitsbeteiligung ohne rechtlich abgesicherte Sonderstellung erworben wird, wobei jedoch aufgrund besonderer tatsächlicher Umstände damit zu rechnen ist, dass die Position des Erwerbers ausreicht, um die wesentlichen strategischen Entscheidungen des Zielunternehmens zu beeinflussen.[48] Ein Beispiel bildet eine **faktische Hauptversammlungsmehrheit**, d.h. eine Minderheitsbeteiligung, die unter Berücksichtigung des großen Anteils des Streubesitzes auf den Hauptversammlungen faktisch eine Mehrheit verleiht.[49]

---

43   Konsolidierte Mitteilung zu Zuständigkeitsfragen, Rn. 30 ff.

44   COMP/M. 4949 (Sonepar/Hagemeyer) und COMP/M. 4963 (Rexel/Hagemeyer), jeweils Rn. 6, Fn. 3.: Rexel und Sonepar vereinbarten, dass Rexel im Wege eines öffentlichen Übernahmeangebots Hagemeyer erwerben und dann bestimmte Aktivitäten von Hagemeyer an Sonepar weiter veräußern soll. Die Kommission ist zum Ergebnis gekommen, dass im Hinblick auf die weiter zu veräußernden Aktivitäten kein dauerhafter Kontrollerwerb seitens Rexel vorliege, da eine rechtsverbindliche Vereinbarung über die Weiterveräußerung an Sonepar gegeben sei. Die Kommission stellte fest, dass sich die Weiterveräußerung zeitlich verzögern könnte oder bestimmte weiter zu veräußernde Aktivitäten tatsächlich nicht weiter veräußert werden. Für diesen Fall habe Rexel in der Anmeldung anerkannt, dass die gesamte Transaktion erneut anzumelden sei, falls die Weiterveräußerung nicht innerhalb des beabsichtigten Zeitraums stattfinden werde. In diesem Fall – so die Kommission – entfalle die Wirksamkeit der Freigabeentscheidung, soweit die weiter zu veräußernden Aktivitäten betroffen seien. Diese letzte Einschränkung erscheint etwas unklar.

45   Solange die Kommission noch von einem unbeachtlichen Übergangszeitraum von bis zu drei Jahren ausging, war dies deutlich zweifelhafter: *Staudenmayer*, S. 74; *Navarro Varona/Font Galarza/Folguera Crespo/Briones Alonso*, Rn. 2.06.

46   Konsolidierte Mitteilung zu Zuständigkeitsfragen, Rn. 56.

47   Siehe etwa die Entscheidung der Kommission, M.258 (CCIE/GTE) Rn. 2 ff.

48   Konsolidierte Mitteilung zu Zuständigkeitsfragen, Rn. 57; ein de facto Kontrollerwerb kann auch bei einer unerkannt rechtsunverbindlichen Vereinbarung vorliegen, *von Landenberg-Roberg*, WuW 2010, 877, 885 f.

49   Konsolidierte Mitteilung zu Zuständigkeitsfragen, Rn. 57; siehe z.B. M. 4994 (Electrabel/Compagnie Nationale du Rhône): Erwerb von 49,95 % des Kapitals und 47,92 % der Stimmrechte, faktische Hauptversammlungsmehrheit aufgrund der Präsenzen der drei vorhergehenden Jahre; M. 5469 (Renova Industries/Sulzer): Kapitalanteil von 31,1 %; M. 5508 (SoFFin/Hypo Real Estate): Erwerb von 47,31 % der Anteile; M 1594 (Preussag/Babcock Borsig), Rn. 5: Beteiligung von Krupp über 33 % bei Hauptversammlungspräsenz in den vorausgegangenen drei Jahren zwischen ca. 38 % und 49 %.

(2) Positive und negative Kontrolle. Positive Kontrolle ermöglicht die aktive Gestaltung der 31
Geschäftspolitik des Zielunternehmens. Negative Kontrolle bezeichnet die Möglichkeit eines
Unternehmens, strategisch wichtige Entscheidungen eines anderen Unternehmens lediglich blockieren zu können. Negative Kontrolle reicht für den Kontrollbegriff des Art. 3 Abs. 2 FKVO
aus.[50] Dies unterscheidet den Kontrollbegriff der europäischen Fusionskontrolle vom Beherrschungsbegriff nach deutschem Kartell- und Gesellschaftsrecht.[51]

bb) Gemeinsame Kontrolle. Erwerben mehrere Unternehmen die gemeinsame Kontrolle über 32
ein anderes Unternehmen, errichten sie damit ein GU. Die FKVO erfasst allerdings grundsätzlich[52] nur GU, die auf Dauer alle Funktionen einer selbständigen Einheit erfüllen (sog. **Vollfunktions-GU**), Art. 3 Abs. 4 FKVO.[53]

Eine gemeinsame Kontrolle liegt dann vor, wenn die Anteilseigner (die Muttergesellschaften 33
des GU) bei allen wichtigen Entscheidungen, die das strategische Wirtschaftsverhalten des GU
betreffen, Übereinstimmung erzielen müssen, weil sie sich sonst gegenseitig blockieren würden.[54] Die gemeinsame Kontrolle ergibt sich häufig aus folgenden Konstellationen:

(1) Paritätische Beteiligungen. Wegen des **Einigungszwangs** ist bei paritätisch ausgestalteten 34
Beteiligungen regelmäßig von einer gemeinsamen Kontrolle auszugehen.[55] Dies ist etwa der
Fall, wenn zwei Unternehmen je die gleichen Stimmrechte an dem GU erwerben oder wenn die
beiden Muttergesellschaften die gleiche Anzahl stimmberechtigter Mitglieder in die Entscheidungsgremien des GU entsenden.[56] In diesem Fall ist es unerheblich, wenn zusätzliche Gremi-
enmitglieder aus der Mitte des Entscheidungsgremiums gewählt werden.[57] Unerheblich ist
auch, wenn eine der Muttergesellschaften aufgrund besserer Branchenkenntnisse die **industrielle Führung** (*industrial leadership*) des GU übernimmt, was z.B. vorkommt, wenn es sich bei
der anderen Muttergesellschaft um einen Finanzinvestor handelt.[58]

(2) Disparitätische Beteiligungen. Können mehr als zwei Anteilseigner bestimmenden Einfluss 35
ausüben oder sind die Stimmrechtsanteile bzw. die Organentsendungsrechte unterschiedlich
verteilt, liegt gemeinsame Kontrolle gleichwohl vor, sofern strategisch wichtige Entscheidungen
nur einstimmig getroffen werden können, oder aber im Hinblick auf diese Beschlussgegenstän-
de Vetorechte bestehen. Derartige **Vetorechte** betreffen in der Regel Entscheidungen über **Budget, Geschäftsplan, größere Investitionen** und die **Besetzung der Unternehmensleitung**.[59] Eine
gemeinsame Kontrolle ist demgegenüber nicht anzunehmen, wenn sich im Gesellschafterkreis
im Hinblick auf die strategischen Entscheidungen **wechselnde Mehrheiten** (*shifting majorities*)
ergeben können.[60]

(3) Stimmbindungsverträge. Eine gemeinsame Kontrolle ergibt sich häufig aus Stimmbin- 36
dungsverträgen (Poolverträgen), in denen die Gesellschafter des GU vereinbaren, die Stimmrechte gemeinsam auszuüben.[61]

(4) Starke gemeinsame Interessen. Auch wenn sich bei Beschlussfassungen der Gesellschafter 37
aufgrund der Verteilung der Stimmrechte stets wechselnde Mehrheiten ergeben können, kommt
eine gemeinsame Kontrolle gleichwohl in Betracht, sofern bestimmte Gesellschafter, die zusammen über eine Mehrheits- bzw. eine hinreichende Vetoposition verfügen, durch starke gemeinsame Interessen verbunden sind. Hierbei handelt es sich jedoch um einen Ausnahmefall.[62] Eine gemeinsame Kontrolle kann sich auch dann ergeben, wenn jeder einzelne Gründer
eines GUs einen lebenswichtigen Beitrag zu dem GU leistet und das GU nur betrieben werden

---

50 Dazu Rn. 20.
51 Vgl. auch 7. Kap., Rn. 7.
52 Siehe aber 9. Kap., Rn. 75.
53 Zu diesem Erfordernis siehe 9. Kap., Rn. 11 ff.
54 Konsolidierte Mitteilung zu Zuständigkeitsfragen, Rn. 63.
55 Konsolidierte Mitteilung zu Zuständigkeitsfragen, Rn. 64.
56 Konsolidierte Mitteilung zu Zuständigkeitsfragen, Rn. 64.
57 Siehe etwa Kommission, M.1113 (Nortel/Norweb) Rn. 10.
58 Konsolidierte Mitteilung zu Zuständigkeitsfragen, Rn. 81.
59 Siehe auch oben Rn. 20.
60 Konsolidierte Mitteilung zu Zuständigkeitsfragen, Rn. 80.
61 Konsolidierte Mitteilung zu Zuständigkeitsfragen, Rn. 74, 75.
62 Konsolidierte Mitteilung zu Zuständigkeitsfragen, Rn. 76 („ganz selten").

kann, wenn die Gründer uneingeschränkt zusammenarbeiten und die wichtigen strategischen Entscheidungen gemeinsam treffen.[63]

38   (5) **Instrumental dazwischen geschaltetes GU.** Unklar ist folgende Konstellation: Mehrere Gesellschafter erwerben eine Beteiligung an einem GU über eine Zwischenholding. Die Zwischenholding erwirbt mindestens 50 % an dem GU. An der Zwischenholding hält kein Gesellschafter eine Mehrheitsbeteiligung, so dass bei den Entscheidungen in der Zwischenholding wechselnde Mehrheiten möglich sind. Vertraglich ist jedoch sichergestellt, dass die Zwischenholding in der Gesellschafterversammlung des GU die Stimmen stets einheitlich abgibt. Fraglich ist, ob die Existenz der Holding und die Abrede, „en bloc" abzustimmen, eine – für die Annahme gemeinsamer Kontrolle – hinreichende Verklammerung der Holding-Gesellschafter darstellen. Dies hat die Kommission in mehreren Fällen bejaht.[64] In anderen Fällen hat die Kommission diese Frage jedoch verneint.[65] In der Tat ist sehr zweifelhaft, ob ein Mechanismus, der lediglich darauf abzielt den „außenstehenden" Gesellschafter „auszuschalten", ohne aber – aufgrund der Möglichkeit wechselnder Mehrheiten auf der Holding-Ebene – einem bestimmten Gesellschafter der Zwischenholding hinreichenden Einfluss zu verschaffen, für die Annahme gemeinsamer Kontrolle ausreicht.

39   (6) **Mehrstufige Einigungsverfahren.** Kann über wichtige Entscheidungen keine Einigung erzielt werden, sehen Vereinbarungen oft vor, dass einer der Gesellschafter des GU den **Stichentscheid** erhält. Bezieht sich dieses Recht auf die für das strategische Marktverhalten des GU wichtigen Punkte, begründet dies eine alleinige Kontrolle.[66] Komplizierte und mehrstufige Einigungs- bzw. Schlichtungsverfahren können unabhängig von der Befugnis zu einem Stichentscheid durch einen Gesellschafter gleichwohl zu einer gemeinsamen Kontrolle führen, wenn aufgrund des Verfahrens von einer einvernehmlichen Entscheidungsfindung auszugehen ist.[67] Bloße Konsultationsrechte oder ein Mechanismus, der lediglich unverbindliche Abstimmungen vorsieht, reichen demgegenüber nicht aus.

40   f) **Mittel der Kontrolle.** Die Auswirkung der Kontrolle, d.h. die Möglichkeit des bestimmenden Einflusses auf die Tätigkeit eines anderen Unternehmens, ist von den Mitteln der Kontrolle, die diese Auswirkung haben, zu unterscheiden. Die Kontrolle kann durch Rechte, Verträge und andere – auch faktische – Mittel begründet werden, Art. 3 Abs. 2 FKVO.

41   aa) **Anteilserwerb.** Hauptanwendungsfall dürfte der Erwerb von Anteilen an einem anderen Unternehmen sein (*share deal*). Der Erwerb der Mehrheit der Stimmrechte führt regelmäßig – allerdings nicht zwingend – zum Erwerb der Kontrolle. Ausreichen können aber auch Minderheitsbeteiligungen, wenn besondere Umstände hinzutreten.[68] Der Erwerb einer stimmrechtslosen Beteiligung reicht – anders als im deutschen Recht, § 37 Abs. 1 Nr. 3 GWB – für sich gesehen nicht aus, um einen Zusammenschlusstatbestand zu bejahen.

42   bb) **Unterfall: Erwerb von Optionen.** Wählen die Parteien eine Gestaltung, die zum Kauf von Anteilen berechtigen (Call-Optionen) oder die das Recht begründen, Anteile an einen bestimmten Käufer zu veräußern (Put-Optionen), sind zwei Aspekte zu unterscheiden. Sofern die Anteile, die Gegenstand der Optionen sind, dem Erwerber eine Kontrollposition verschaffen, stellt jedenfalls die **Ausübung** der Option einen Zusammenschlusstatbestand dar. Schwieriger zu beantworten ist die Frage, ob bereits die **Einräumung** der Option zu einem Kontrollerwerb führt. Ein anmeldepflichtiges und anmeldefähiges Zusammenschlussvorhaben nimmt die Kommission grundsätzlich nur an, wenn eine rechtlich verbindliche Absprache hinsichtlich der Anteilsübertragung vorliegt.[69] Hieran fehlt es bei der Einräumung von Optionen, da unsicher ist, ob diese ausgeübt werden. Das gilt auch für die Vereinbarung einer **Kombination von Put- und**

---

63   Konsolidierte Mitteilung zu Zuständigkeitsfragen, Rn. 78; siehe auch *Henschen*, in: Schulte, Rn. 969 ff.
64   Entscheidung, IV/M.102 (TNT/GD Net), Rn. 12; Entscheidung der Kommission IV/M.484 (Krupp/Thyssen/Riva/Falck/Tadfin/AST), Rn. 9; Entscheidung IV/M.331 (Fletcher Challenge/Methanex); Entscheidung IV/M.334 (Costa Crociere); Entscheidung IV/M.423 (Newspaper Publishing); siehe auch Konsolidierte Mitteilung zu Zuständigkeitsfragen, Rn. 75.
65   Stellungnahme in einem Informal (Confidential) Guidance-Verfahren (zu diesem Begriff Rn. 258), 2001.
66   Konsolidierte Mitteilung zu Zuständigkeitsfragen, Rn. 82.
67   Konsolidierte Mitteilung zu Zuständigkeitsfragen, Rn. 82.
68   Siehe Rn. 20.
69   Konsolidierte Mitteilung zu Zuständigkeitsfragen, Rn. 60.

Call-Optionen. Zwar könnte argumentiert werden, dass je nach Entwicklung des Wertes der in Rede stehenden Beteiligung aller Erfahrung nach entweder die Put- oder die Call-Option ausgeübt wird. Zumindest theoretisch kann die Optionsausübung aufgrund besonderer Umstände aber sowohl für den Anteilsinhaber als auch den Erwerbsberechtigten wirtschaftlich unattraktiv sein. Nach Auffassung der Kommission ist deshalb auch eine Kombination aus Put- und Call-Optionen regelmäßig nicht ausreichend.[70]

Kann ausnahmsweise aufgrund der Optionsgestaltung **damit gerechnet** werden, dass diese **ausgeübt** wird – d.h. steht die Optionsvereinbarung einer rechtlich verbindlichen Absprache über die Übertragung der Beteiligung gleich – muss zur Bejahung eines Zusammenschlussstatbestandes hinzu kommen, dass die Optionsausübung „in naher Zukunft" erfolgt.[71] Dies wird bei einem Ausübungszeitraum von maximal drei Jahren bejaht.[72] Je nachdem, ob mit der Optionsvereinbarung bereits faktische Einflussmöglichkeiten verbunden sind (dazu sogleich) und ggf. wann sich diese auswirken, kann eine Differenzierung zwischen Anmeldefähigkeit (zu einem früheren Zeitpunkt) und Anmeldepflicht (zu einem späteren Zeitpunkt vor Ausübung der Option) geboten sein.[73] **43**

Auch wenn – wegen Fehlens einer entsprechenden rechtlichen Absprache – unsicher ist, ob die Option ausgeübt wird, kann in Ausnahmefällen gleichwohl bereits die Einräumung der Option einen Zusammenschlusstatbestand darstellen. Dies kann bei einer **jederzeit ausübbaren Call-Option**[74] der Fall sein. In dieser Konstellation könnte der Anteilsinhaber in einer Art „vorauseilendem Gehorsam" die Interessenlage des Optionsberechtigten bei allen wichtigen Entscheidungen berücksichtigen und diesem so de facto Einfluss gewähren, um zu verhindern, dass der Optionsberechtigte die Option ausübt.[75] Voraussetzung ist, dass der Anteilsinhaber ein wirtschaftliches Interesse daran hat, die Anteile – etwa im Hinblick auf die Dividendenausschüttungen – möglichst lange zu halten. Auch eine **Put-Option** kann jedenfalls theoretisch unter bestimmten Umständen dem Anteilsinhaber Anreize verschaffen, dem Optionsberechtigtem bestimmenden Einfluss zu gewähren.[76] **44**

Schließlich kann die **Gestaltung des Ausübungspreises** der Option dazu führen, dass die wesentlichen Chancen und Risiken auf den Optionsberechtigten übergehen und der Anteilsinhaber gegenüber dem Optionsberechtigten Treuepflichten hat,[77] die im Einzelfall zu einem Kontrollerwerb führen können.[78] **45**

cc) Vermögenserwerb. Ein Erwerb von Vermögenswerten (*asset deal*) stellt einen Zusammenschluss dar, wenn dadurch Kontrolle über die Gesamtheit oder über Teile eines oder mehrerer anderer Unternehmen erworben wird, Art. 3 Abs. 1 lit. b) FKVO. Der Begriff der Vermögenswerte umfasst insbesondere Werte, die ein Geschäft darstellen können, z.B. eine Tochtergesellschaft, die Abteilung eines Unternehmens, in manchen Fällen Marken und Lizenzen, mit denen am Markt Umsätze erzielt werden.[79] Entscheidend ist, ob ein Geschäftsbereich mit eigener Marktpräsenz vorliegt, dem eindeutig ein Marktumsatz zugeordnet werden kann.[80] Ent- **46**

---

70 Stellungnahme in einem Informal (Confidential) Guidance-Verfahren (zu diesem Begriff Rn. 258), 2001.
71 Konsolidierte Mitteilung zu Zuständigkeitsfragen, Rn. 60.
72 *Henschen*, in: Schulte, Rn. 1042.
73 *Henschen*, in: Schulte, Rn. 1042, Fn. 1247; aus der in der Konsolidierten Mitteilung zu Zuständigkeitsfragen, Rn. 60, zitierten Entscheidung des EuG, Rs. T-2/93 (Air France), Slg. 1994, II-323, Rn. 70 bis 72 ergibt sich für die vorliegende Frage nichts; zur Anmeldefähigkeit und -pflicht siehe Rn. 289 f.; siehe auch Imgrund, WuW 2010, 753, 757: In diesen Fällen gehe es nicht darum, ob die Option bereits als solche Kontrolle verleihe, sondern in erster Linie darum, ob sie schon vor Ausübung anmeldefähig sei. Dazu ist anzumerken, dass die Anmeldung stets vor Ausübung der Option erfolgen muss und es nur um den Zeitpunkt geht. Eine Anmeldefähigkeit dürfte zu einem frühen Zeitpunkt anzunehmen sein. Demgegenüber dürfte eine Anmeldepflicht erst bei faktischen Einflussmöglichkeiten bestehen, *Henschen*, a.a.O.
74 Dazu auch Kommission, M. 967 (LM Air UK), Rn. 5. ff, 12.
75 Kommission, M. 397 (Ford/Hertz), Rn. 7.
76 Diesen Aspekt hat die Kommission im Fall M. 425 (BS/BT), Rn. 19, geprüft.
77 *Immenga*, in: Immenga/Mestmäcker, Art. 3 FKVO Rn. 47.
78 *Schröer*, in: FK, Art. 3 FKVO Rn. 30.
79 Konsolidierte Mitteilung zu Zuständigkeitsfragen, Rn. 34.
80 Konsolidierte Mitteilung zu Zuständigkeitsfragen, Rn. 24.

scheidend ist, ob der Erwerber der Vermögenswerte in eine **bestehende Marktstellung** eintritt.[81]

47 Wendet man das Kriterium der bestehenden Marktstellung auf **Outsorcing-Fälle** an, ist zweifelhaft, ob ein Zusammenschlusstatbestand vorliegt. Dabei geht es um Fälle, in denen ein Unternehmen bestimmte intern genutzte Overheads, z.b. im EDV-Bereich auf einen Dritten überträgt, der damit zukünftig Dienstleistungen gegenüber Kunden erbringt. Unabhängig davon, ob die Overheads in der Vergangenheit als Profit-Center geführt wurden, liegt jedenfalls reiner Innenumsatz vor, der grundsätzlich nicht zu berücksichtigen ist.[82] Gleichwohl erscheint es angesichts des Ziels der Fusionskontrolle, die wettbewerblichen Folgen eines Zusammenschlusses zu erfassen, nicht fernliegend, auch **virtuelle Umsätze** zu berücksichtigen.[83] Aus Sicht der Kommission liegt ein Zusammenschlusstatbestand vor, wenn der Outsourcing-Dienstleister nicht nur eine bestimmte Tätigkeit übernimmt, die zuvor intern durchgeführt wurde, sondern auch die damit verbundenen Vermögenswerte und/oder Personal. Zudem müssen die zuvor für die interne Tätigkeit des veräußernden Unternehmens verwendeten Vermögenswerte es dem Outsourcing-Dienstleister ermöglichen, Dienstleistungen entweder sofort oder innerhalb kurzer Zeit nach dem Transfer nicht nur an den Outsourcing-Kunden zu erbringen, sondern auch an Dritte. Eine Marktpräsenz ist damit nicht erforderlich, solange dem Käufer die Mittel übertragen werden, die der Käufer benötigt, um rasch in den Markt einzutreten.[84]

48 Dem Eigentumserwerb steht der Erwerb von **Nutzungsrechten** gleich, Art. 3 Abs. 2 lit. a) FKVO. Kontrolle kann damit auch durch den Abschluss von Unternehmenspacht-[85] und Betriebsüberlassungsverträgen[86] erworben werden.

49 **dd) Kontrollerwerb durch vertragliche Vereinbarungen.** Ein Zusammenschlusstatbestand kann auch durch Vertrag erfüllt werden, insbesondere durch Verträge, die einen bestimmenden Einfluss auf die Zusammensetzung, die Beratungen oder Beschlüsse der Organe des Zielunternehmens gewähren, Art. 3 Abs. 2 lit. b) FKVO, etwa durch Konsortial- und Stimmbindungsverträge. In diese Fallgruppe gehören weiterhin Unternehmensverträge (Beherrschungs-, Betriebsüberlassungs-, Betriebsführungs- und Gewinnabführungsverträge).[87]

50 **ee) Kontrollerwerb in sonstiger Weise.** Lediglich in besonderen Ausnahmefällen können rein wirtschaftliche Beziehungen (langfristige Liefer- und Bezugsverträge, Darlehensverträge, Kooperationsverträge usw.) zu einem Kontrollerwerb führen. Regelmäßig fehlt es hier jedoch an der erforderlichen strukturellen Veränderung, die von der FKVO vorausgesetzt wird.[88]

51 **g) Änderungen in der Kontrollstruktur.** Eine Anmeldepflicht kann nicht nur entstehen, wenn eine Kontrolle erworben wird, sondern auch, wenn sich zu einem späteren Zeitpunkt die Kontrollverhältnisse ändern. Hier können zwei Fallgruppen unterschieden werden.

52 Innerhalb der ersten Fallgruppe geht es um die Frage, ob ein Unternehmen, das bereits die alleinige Kontrolle über ein anderes Unternehmen erworben hat, einen erneuten Zusammenschlusstatbestand dadurch auslöst, dass es diese **Kontrolle intensiviert**. Nach Auffassung der Kommission handelt es sich bei einem Wechsel von **negativer zu positiver alleiniger** Kontrolle nicht um eine Änderung der Art der Kontrolle, weil ein solcher Wechsel weder auf die Interessenlage des die negative Kontrolle ausübenden Gesellschafters noch auf die Art der Kontrollstruktur auswirke.[89] In der Konsolidierten Mitteilung findet sich kein Hinweis, wie die Kommission Sachverhalte beurteilt, die eine Intensivierung von (positiver oder negativer) de

81 Siehe auch BGH, KVR 32/05 (National Geographic I), WuW/E DE-R 1979, 1981 f.; siehe Rn. 17.
82 Siehe auch Rn. 87.
83 Vgl. *Immenga*, in: Immenga/Mestmäcker, EG-WettbR, Art. 3 FKVO, Rn. 49.
84 Konsolidierte Mitteilung zu Zuständigkeitsfragen, Rn. 26; dazu kritisch im Hinblick auf die Unsicherheit der Prognose: *Dubois*, ECLR 2010, 491,494.
85 Kommission, M. 2060 (Bosch Rexroth) Rn. 10 f.
86 *Immenga*, in: Immenga/Mestmäcker, Art. 3 FKVO Rn. 52.
87 Siehe im Einzelnen: *Staudenmayer*, S. 93 ff. und Rn. 45.
88 Siehe etwa die Entscheidung der Kommission M. 258 (CCIE/GTE), Rn. 10 ff. und vorstehend Rn. 23 ff.
89 Konsolidierte Mitteilung zu Zuständigkeitsfragen, Rn. 83; abweichend von Kommission, M. 3198 (VW-Audi Vertriebeszentren), Rn. 8.

T. Mäger

facto zu (positiver oder negativer) de jure alleiniger Kontrolle betreffen.[90] Ob eine Intensivierung der Kontrolldichte, die nicht von der FKVO erfasst wird, unter nationale Fusionskontrollregime der EU-Mitgliedstaaten fallen kann, ist ebenfalls nicht geklärt.[91]

Die zweite Fallgruppe betrifft Veränderungen im Kreis der kontrollberechtigten Gesellschafter. 53 Der **Übergang von alleiniger zu gemeinsamer Kontrolle** (und umgekehrt) stellt einen neuen Zusammenschlusstatbestand dar. Dies gilt regelmäßig auch für **Veränderungen im Bestand mehrerer Kontrollinhaber,**[92] d.h. für den Austausch eines mitkontrollierenden Anteilseigners sowie für das Hinzutreten eines weiteren mitkontrollierenden Gesellschafters. Die **bloße Reduzierung** der Zahl der kontrollberechtigten Gesellschafter führt dagegen nicht automatisch zu einer Anmeldepflicht.[93] In der Konsolidierten Mitteilung zu Zuständigkeitsfragen findet sich kein Hinweis, wie die Situation zu beurteilen ist, wenn die verbleibenden Gesellschafter zusätzliche Vetorechte erwerben.

h) Erweiterung des Tätigkeitsgebietes eines GU. Ob die Erweiterung des Tätigkeitsgebiets eines 54 bereits bestehenden GU eine erneute Anmeldepflicht auslösen kann, ist nicht abschließend geklärt.[94] In der Konsolidierten Mitteilung zu Zuständigkeitsfragen geht die Kommission von einer Anmeldepflicht aus, wenn die Muttergesellschaften erhebliche zusätzliche Vermögenswerte, Verträge, zusätzliches Know-How oder andere Rechte auf das GU übertragen und wenn diese Vermögenswerte und Rechte die Grundlage oder den Kern für eine Ausdehnung der Geschäftstätigkeit auf andere sachliche oder räumliche Märkte bilden, die nicht Ziel des ursprünglichen GU waren, und wenn das GU solche Tätigkeiten als Vollfunktionsunternehmen durchführt.[95] Damit durchbricht die Kommission den Grundsatz, dass eine Übertragung von Vermögenswerten nur dann fusionskontrollrechtlich bedeutsam ist, wenn diesen eine eigene Marktpräsenz zugeordnet werden kann.[96] Auch stellen sich praktische Fragen, da sich eine Veränderung der Tätigkeit eines GU **schleichend** vollziehen kann.[97] Es mag sich im Einzelfall empfehlen, Ziele und Tätigkeitsfelder des GU bei der Erstanmeldung möglichst weit anzugeben.[98] Es verbleiben aber praktische Schwierigkeiten. Wird der Tätigkeitsbereich zu eng abgesteckt, werden zukünftige Erweiterungen nicht erfasst. Wird der Tätigkeitsbereich demgegenüber sehr weit abgesteckt, kann es schwierig sein, im Fusionskontrollverfahren konkrete Informationen zu den Märkten zu liefern, da sich die Unternehmen mit diesen noch nicht vertieft befasst haben. Auch könnte die Kommission eine vage, zukünftige Tätigkeitsaufnahme noch nicht als (mit-)anmeldefähig ansehen. Insgesamt erscheint die neue Praxis der Kommission auch im Hinblick auf die schwerwiegenden zivilrechtlichen Folgen kritisch.[99] Dies spricht dafür, es bei der Erweiterung des Tätigkeitsgebiets eines GU bei der – jederzeit möglichen – Prüfung nach Art. 101 AEUV zu belassen.

i) Treuhand/Strohmannfälle. Ist das Unternehmen,[100] das die Kontrollrechte inne hat, lediglich 55 „vorgeschoben" und wird die Kontrolle tatsächlich durch eine andere Person oder ein anderes Unternehmen ausgeübt, wird dem „Hintermann" die Rechtsposition zugerechnet, Art. 3 Abs. 3 lit. b) FKVO. Dies betrifft insbesondere Treuhand- und Geschäftsführungsverhältnis-

---

90 Siehe auch *Henschen*, in: Schulte, Rn. 1068 unter Hinweis auf die Entscheidung Kommission, M. 397 (Ford/Hertz), Rn. 6 und 10: Übergang von de facto zu de jure Kontrolle keine Änderung in der Qualität der Kontrolle und damit kein Zusammenschlusstatbestand.

91 Das BKartA könnte eine wesentliche Verstärkung der Unternehmensverbindung i.S.d. § 37 Abs. 2 GWB (bei Vorliegen eines Zusammenschlusstatbestands) annehmen, *Henschen*, in: Schulte, Rn. 1068 Fn. 1285.

92 Konsolidierte Mitteilung zu Zuständigkeitsfragen, Rn. 138.

93 Konsolidierte Mitteilung zu Zuständigkeitsfragen, Rn. 90; siehe aber auch Kommission, M. 1889 (CLT-Ufa/Kanal+/Vox), Rn. 9; Kommission, M. 452 (Avesta (II)), Rn. 8.

94 Vgl. Kommission, ECSC. 1306 (Shell/Carbones del Zulia/Ruhrkohle), Rn. 1, 5 ff.: Aufnahme von Vertriebsaktivitäten durch ein Produktions-GU; dazu *Polley/Grave*, WuW 2003, 1010 ff.

95 Konsolidierte Mitteilung zu Zuständigkeitsfragen, Rn. 107.

96 Zum diesem Grundsatz siehe Rn. 46; zur Durchbrechung dieses Grundsatzes bei Outsourcingfälle siehe Rn. 47.

97 Kritisch zum Ansatz der Kommission *Huerkamp*, WuW 2010, 1118.

98 So die Empfehlung von *Huerkamp*, WuW 2010, 1118, 1128 und von *Graevenitz*, BB 2010, 1172, 1175.

99 Siehe etwa LG Köln, 28 O (Kart) 479/08 (EPG), WuW/DE-R 2868: Nichtigkeit einer Übertragung weiterer Nutzungsrechte an ein freigegebenes GU.

100 Oder die Person.

se.[101] Zu sog. Warehousing-Konstruktionen (d.h. Zwischenschaltung eines Ersterwerbers durch einen Letzterwerber) siehe Rn. 324.

3. Verbundene Erwerbsvorgänge

56 In der Praxis kann es zu Konstellationen kommen, in denen eine – wirtschaftlich betrachtet – einheitliche Transaktion in mehrere, rechtlich unabhängige Vorhaben zerfällt. Dann stellt sich die Frage, ob bei der Prüfung der Umsatzschwellen des Art. 1 FKVO sowie der materiellen Beurteilung des Vorhabens die Gesamttransaktion oder jede einzelne Transaktion betrachtet wird.

57 a) **Sonderregel des Art. 5 Abs. 2 UA 2 FKVO.** Um zu verhindern, dass die Anmeldepflicht nach der FKVO dadurch umgangen wird, dass eine wirtschaftlich einheitliche Transaktion in mehrere zeitlich gestaffelte Teilvorgänge aufgespalten wird, die jeweils für sich die Umsatzschwellen von Art. 1 FKVO und/oder einen Zusammenschlusstatbestand nach Art. 3 FKVO nicht erfüllen, wurde die Regelung des Art. 5 Abs. 2 UA 2 FKVO geschaffen. Danach werden zwei oder mehr Erwerbsvorgänge, die innerhalb von zwei Jahren zwischen denselben Unternehmen getätigt werden, als ein einziger Zusammenschluss angesehen, der zum Zeitpunkt des letzten Geschäftes stattfindet.[102] Der Begriff „Erwerbsvorgang" erfasst auch eine Transaktion, die für sich gesehen keinen Zusammenschlusstatbestand nach Art. 3 FKVO darstellt.[103] Die vorangegangenen, bereits abgeschlossenen Erwerbsvorgänge müssen nach Art. 5 Abs. 2 UA 2 FKVO mit der letzten Vereinbarung bei der Kommission angemeldet werden. Dies gilt nicht nur, wenn erst mit dem letzten Erwerbsvorgang die Umsatzschwelle des Art. 1 FKVO überschritten wird, sondern auch, wenn **bereits** der frühere Erwerbsvorgang gemeinschaftsweite Bedeutung hatte, bei der **Kommission** angemeldet und von dieser genehmigt worden war.[104] Gleiches gilt, wenn die erste Transaktion bereits von **nationalen Wettbewerbsbehörden genehmigt** wurde.[105] Die wettbewerbliche Prüfung durch die Kommission umfasst dann den Zusammenschluss insgesamt.[106] Ist von vornherein eine gestaffelte Transaktion geplant, empfiehlt es sich, die gesamte Transaktion anzumelden. Dies ist zulässig, wenn sich die Parteien hinsichtlich aller Teilvorgänge – einschließlich eines festen Zeitplans – bereits verbindlich geeinigt haben.[107]

58 Auch wenn sich Art. 5 Abs. 2 UA 2 FKVO gegen Bestrebungen wendet, die europäische Fusionskontrolle zu umgehen, setzt die Regelung nicht voraus, dass die Erwerbsvorgänge in einem wirtschaftlichen Zusammenhang stehen. Sie müssen also nicht dieselben wirtschaftlichen Bereiche betreffen oder Bestandteile einer einzigen langfristigen Strategie sein.[108]

59 b) **Allgemeine Grundsätze.** Im Rahmen der Novellierung der FKVO im Jahre 2004 hat die Kommission vorgeschlagen, in Art. 3 FKVO[109] eine allgemeine Regelung aufzunehmen, nach der mehrere Erwerbsvorgänge, die voneinander abhängen oder wirtschaftlich so eng mitein-

---

101 Konsolidierte Mitteilung zu Zuständigkeitsfragen, Rn. 13.
102 Siehe auch Rn. 78.
103 Siehe Kommission, M. 429 (Winterthur/DBV), Rn. 1, 3: Erwerb einer Minderheitsbeteiligung in einem ersten Schritt und einer Mehrheitsbeteiligung in einem zweiten Schritt, siehe auch XXIV. WB (1994), Rn. 271.
104 Kommission, M. 1482 (Kingfisher/Grosslabor), Rn. 2, 11 nach M. 1199 (Kingfisher/Wegert/ProMart); kritisch dazu *Bischke/Mäger*, EWS 2003, 97, 106.
105 Kommission, M. 390 (Akzo/Nobel Industrier), Rn. 6; die früheren Transaktionen wurden von der deutschen bzw. schwedischen Kartellbehörde freigegeben.
106 Siehe *Friess*, in: Schröter/Jakob/Mederer, Art. 5 FKVO, Rn. 44.
107 Vgl. Kommission, M. 429 (Winterthur/DBV); ist die erste Transaktion für sich gesehen nicht anmeldepflichtig und wird vollzogen, hält *Völcker*, in: FK, Art. 5 FKVO, Rn. 37, Fn. 1 einen Verstoß gegen das Vollzugsverbot für möglich. Dies überzeugt aber nicht, da die Anmeldepflicht für beide Transaktionen erst mit Vereinbarung der zweiten Transaktion entsteht. Anders kann es nur liegen, wenn beide Transaktionen von vornherein Teil eines Gesamtplanes waren (siehe Rn. 61 und 156 ff.); siehe auch *Wessely*, in: MünchKomm Art. 5 FKVO, Rn. 37.
108 Konsolidierte Mitteilung zu Zuständigkeitsfragen, Rn. 50. Der Vorschlag der Kommission (Vorschlag für eine Verordnung des Rates über die Kontrolle von Unternehmenszusammenschlüssen, KOM (2002) 711 endgültig, ABl. 2003, C 20/4), nach dem nur diejenigen gestaffelten Transaktionen zwischen denselben Personenunternehmen hätten zusammengefasst werden können, die den gleichen Wirtschaftssektor betreffen, hat sich nicht durchgesetzt.
109 Zur Abgrenzung von Art. 5 Abs. 2 UA 2 FKVO einerseits und Art. 3 FKVO andererseits: *Henschen*, in: Schulte, Rn. 1086.

T. Mäger

ander verknüpft sind, dass sie als ein Zusammenschluss zu werten sind, als verbundene Erwerbsvorgänge und damit als ein einziger Zusammenschluss gelten, der dann zum Zeitpunkt des letzten Rechtsgeschäfts verwirklicht würde.[110] Diese Regelung wurde zwar nicht in den Verordnungstext aufgenommen. Im Erwägungsgrund 20 der FKVO heißt es aber, dass Erwerbsvorgänge, die eng miteinander verknüpft sind, weil sie durch eine **Bedingung miteinander verbunden** sind **oder** in Form einer Reihe von innerhalb eines **gebührend kurzen Zeitraums** getätigten Rechtsgeschäften mit Wertpapieren stattfinden, als ein einziger Zusammenschluss behandelt werden sollen.[111]

Die Erläuterung im Erwägungsgrund 20 der FKVO entspricht nach Auffassung der Kommission den Anforderungen des EuG in der Cementbouw-Entscheidung. Danach setzt die Zusammenfassung mehrerer Rechtsgeschäfte zu einem einzigen Zusammenschluss voraus, dass die zugrundeliegenden (Teil)Geschäfte voneinander abhängig sind, so dass die einen ohne die anderen nicht durchgeführt würden, und wenn ihr Ergebnis darin besteht, dass einem oder mehreren Unternehmen die unmittelbare oder mittelbare wirtschaftliche Kontrolle über die Tätigkeit eines oder mehrerer anderer Unternehmen übertragen wird.[112]   **60**

Zwei oder mehr Transaktionen sind als einheitlicher Zusammenschluss nach Art. 3 FKVO anzusehen, wenn sie einen einheitlichen Charakter haben.[113] Hierzu prüft die Kommission, ob sie voneinander abhängig sind, so dass die eine Transaktion ohne die andere nicht durchgeführt worden wäre.[114] Es muss sich um **denselben bzw. dieselben** Erwerber handeln.[115] Weiterhin müssen die Transaktionen **gegenseitig (rechtlich oder faktisch) bedingt** sein.[116] Schließlich muss im Endergebnis der geplanten Transaktionen ein Kontrollerwerb vorliegen.[117] Vorgänge, bei denen die **gemeinsame** Kontrolle über einen Unternehmensteil und **alleinige** Kontrolle über einen anderen übernommen wird, werden grundsätzlich als zwei separate Zusammenschlusse angesehen.[118] Erwirbt ein Erwerber parallel die Kontrolle über zwei Unternehmen, die jeweils von **unterschiedlichen Verkäufern** veräußert werden, kann gleichwohl eine gegenseitige Bedingtheit und damit ein einziger Zusammenschluss vorliegen.[119] Bei unterschiedlichen Veräußerern führt die Zusammenfassung von parallelen Transaktionen zu einem einheitlichen Zusammenschluss nicht dazu, dass die Zielunternehmen als einziges beteiligtes Unternehmen angesehen werden (und deren Umsatz im Rahmen der Prüfung der Umsatzschwellen nach Art. 1 FKVO zusammengefasst wird). Für die Umsatzschwellen genügt es aber, dass zusätzlich zum Erwerber nur eines der Zielunternehmen die Umsatzschwellen erfüllt, um die Anwendbarkeit der FKVO auf sämtliche Zielunternehmen zu erstrecken.[120]   **61**

Eine ähnliche Konstellation kann sich bei **aufeinanderfolgenden Erwerbsvorgängen** ergeben, d.h. wenn ein Erwerber die Kontrolle über ein Zielunternehmen unter der Bedingung erwirbt,   **62**

---

110 Vorschlag für eine Verordnung des Rates über die Kontrolle von Unternehmenszusammenschlüssen, KOM (2002) 711 endgültig, ABl. 2003 C 20/06.
111 Zweifelhaft ist, ob diesem Erwägungsgrund eine zuständigkeitsbegründende Wirkung beigemessen werden kann, siehe etwa *Klees*, § 11 Rn. 45; *Böge*, WuW 2004, 138, 140: "unverbindlicher Hinweis"; demgegenüber verspricht sich *Rosenthal*, EuZW 2004, 327 Fn. 6 "die gewünschte einheitliche Behandlung mehrerer Transaktionen".
112 EuG, Rs. T-282/02 (Cementbouw), Slg. 2006, II-319, Rn. 109.
113 EuG, Rs. T-282/02 (Cementbouw), Slg. 2006, II-319, Rn. 105; Konsolidierte Mitteilung zu Zuständigkeitsfragen, Rn. 38.
114 EuG, Rs. T-282/02 (Cementbouw), Slg. 2006, II-319, Rn. 107.
115 Siehe *Henschen*, in: Schulte, Rn. 1090.
116 *Henschen*, in: Schulte, Rn. 1091 ff.
117 Einzelheiten *Henschen*, in: Schulte, Rn. 1095 ff.
118 Dazu Rn. 158; Konsolidierte Mitteilung zu Zuständigkeitsfragen, Rn. 42; zu Ausnahmen siehe *Henschen*, in: Schulte, Rn. 1099.
119 M. 2926 (EQT/H&R/Dragoco): Die beiden Zielgesellschaften H&R und Dragoco wurden von zwei verschiedenen Veräußerern an EQT verkauft. Im Rahmen der Umsatzberechnung behandelte die Kommission die beiden Zielunternehmen separat und ging somit von insgesamt drei beteiligten Unternehmen aus. Es wurde aber ein einziger Zusammenschluss angenommen. Da mit EQT und H&R zwei Beteiligte die entsprechenden Umsatzschwellen erfüllten, war deshalb die Zuständigkeit der Kommission zu bejahen, obwohl Dragoco die Umsatzschwelle des Art. 1 FKVO nicht erfüllte.
120 *Henschen*, in: Schulte, Rn. 1101, Fn. 1347.

dass dieses zuvor oder gleichzeitig ein anderes Zielunternehmen erwirbt.[121] Hier ging die Kommission von einem einzigen Zusammenschlusstatbestand, aber (auch für die Zwecke der Umsatzberechnung) von drei beteiligten Unternehmen aus.[122]

63 Erwerbsvorgänge, die „in Form einer Reihe von innerhalb eines gebührend kurzen Zeitraums getätigten Rechtsgeschäften mit Wertpapieren stattfinden", sollen als ein einziger Zusammenschluss behandelt werden, Erwägungsgrund 20 der FKVO.[123] Bei derartigen gestaffelten börslichen oder außerbörslichen Erwerbsvorgängen über einen bestimmten Zeitraum (**schleichende Übernahmen**, *creeping takeovers*) liegt nach Auffassung der Kommission ein Zusammenschluss nicht erst beim Erwerb der „entscheidenden" Aktie vor. Vielmehr sollen sämtliche Erwerbsvorgänge innerhalb eines gebührend kurzen Zeitraums[124] betrachtet werden. Dies setzt einen bestimmten Gesamtplan des Käufers voraus.[125] Liegt ein derartiger Gesamtplan – und damit ein einheitlicher Zusammenschluss nach Art. 3 FKVO – vor, besteht einerseits keine gesonderte Anmeldepflicht bei nationalen Kartellbehörden im Hinblick auf einzeln gestaffelte Erwerbsvorgänge.[126] Andererseits liegt es nahe, beim Vollzug eines jeden Zwischenschritts einen unzulässigen **Teilvollzug** nach Art. 7 FKVO[127] anzunehmen, und zwar unabhängig davon, ob der Zwischenschritt für sich gesehen einen Zusammenschlusstatbestand nach nationalen Fusionskontrollvorschriften darstellt.[128]

64 Nicht abschließend geklärt ist, ob das Konzept der Kommission – einheitlicher Zusammenschluss und Unzulässigkeit eines Teilvollzugs bei mehrschrittigen Erwerbsvorgängen – durch die behördliche und gerichtliche Praxis im Fall **Ryanair/Aer Lingus** in Frage gestellt wurde. In diesem Fall hatte der Erwerber im Rahmen der angestrebten (und angemeldeten) Übernahme der Kontrolle über die Zielgesellschaft eine bereits zuvor bestehende Mehrheitsbeteiligung nach Untersagung (auf 29,3 %) aufgestockt, ohne indessen die angestrebte Kontrollschwelle zu erreichen. Die Kommission sah sich nicht befugt, den Erwerb der (nicht kontrollierenden) Minderheitsbeteiligung nach Art. 8 Abs. 4 FKVO rückgängig zu machen. Auch das EuG hat bestätigt, dass in diesem Fall die Minderheitsbeteiligung des Erwerbers nicht als „teilweiser Vollzug" eines Zusammenschlusses angesehen werden könne, der im Fall einer Untersagung zu einer Maßnahme nach Art. 8 Abs. 4 oder 5 FKVO führen könne.[129] Hieraus könnte zu schließen sein, dass ein derartiger Erwerb allgemein nicht von der FKVO erfasst wird, mit der Folge, dass auch kein unzulässiger (Teil)Vollzug nach Art. 7 FKVO vorliegt.[130] Diese Schlussfolgerung ist allerdings nicht zwingend. Die Feststellungen der Kommission und des EuG im Fall Ryanair/Aer Lingus könnten sich auch nur auf Art. 8 Abs. 4 und 5 FKVO beziehen. Danach würde eine Maßnahme nach Art. 8 Abs. 4 und 5 FKVO einen als Ganzes vollzogenen Zusammenschluss i.S.v. Art. 3 FKVO voraussetzen. Liegt ein solcher vor, ist die Kommission befugt, den Erwerb

---

121 Siehe M. 1188 (Kingfisher/Wegert/Promarkt): Kingfisher machte den Erwerb des Handelsunternehmens Wegert davon abhängig, dass Wegert zuvor die Kontrolle über Promarkt erwirbt.

122 *Henschen*, in: Schulte, Rn. 1102.

123 Ebenso Konsolidierte Mitteilung zu Zuständigkeitsfragen, Rn. 48.

124 Wann ein solcher Zeitraum vorliegt, definiert die Kommission nicht.

125 *Henschen*, in: Schulte, Rn. 1104.

126 So auch *Henschen*, in: Schulte, Rn. 1105; ebenso *Montag*, FS Baudenbacher, S. 503, 516.

127 Dazu Rn. 156.

128 Wobei allerdings auch die Privilegierung nach Art. 7 Abs. 2 FKVO bei öffentlichen Übernahmen eingreift, siehe Rn. 327.

129 EuG, Rs. T-411/07 (Aer Lingus), Rn. 84; insbesondere fehle es an der Voraussetzung, dass der angemeldete Zusammenschluss noch nicht vollzogen wurde, a.a.O. Rn. 61.

130 In diese Richtung offenbar *Koch*, Competition Policy Newsletter 2010, Ausgabe 3: "The decision ... makes it clear that any form of control of minority shareholdings is excluded under the Merger Regulation unless the shareholding confers de facto control to the acquirer(s). It is perhaps a pity that ... the judgement is not fully in line with the intention of the Merger Regulation to treat proposed concentrations carried out in different steps 'as a whole'".

T. Mäger

insgesamt rückgängig zu machen.[131] Wurde demgegenüber ein Zusammenschluss i.S.v. Art. 3 FKVO zwar angestrebt, aber nicht vollzogen, ist die Kommission (wie im Fall Ryanair/Aer Lingus) nicht befugt, den Erwerb einer nichtkontrollierenden Minderheitsbeteiligung nach Art. 8 Abs. 4 FKVO rückgängig zu machen. Ein Teilvollzug rechtfertigt also nicht Maßnahmen nach Art. 8 Abs. 4 und 5 FKVO. Damit wäre aber noch nicht die Frage beantwortet, ob ein Teilvollzug nach Art. 7 FKVO zulässig ist. Man könnte argumentieren, dass der Erwerb einer Minderheitsbeteiligung, wenn er im Rahmen einer angestrebten Übernahme stattfindet, einen unzulässigen Teilvollzug darstellt, da zu diesem Zeitpunkt immer noch ein Zusammenschluss i.S.v. Art. 3 FKVO im Raum steht. Im Fall Ryanair/Aer Lingus hat sich die Kommission auch z.B. als befugt angesehen, dem Erwerber die Ausübung von Stimmrechten zu untersagen.[132] Damit würde grundsätzlich auch der Erwerb einer nichtkontrollierenden Minderheitsbeteiligung von der FKVO erfasst, sofern dieser Erwerb Teil eines noch laufenden Zusammenschlussvorhabens gemäß Art. 3 FKVO ist. Dementsprechend liegt auch (vorbehaltlich der Privilegierung nach Art. 7 Abs. 2 FKVO bei öffentlichen Übernahmen) ein unzulässiger Teilvollzug nach Art. 7 FKVO vor. Nur dann, wenn die Verbindung zwischen Minderheitsbeteiligung und angestrebtem Kontrollerwerb abgetrennt wurde – wie im Fall Ryanair/Aer Lingus nach Untersagung – unterliegt die nicht kontrollierende Minderheitsbeteiligung nicht mehr der FKVO (etwa im Hinblick auf Maßnahmen nach Art. 8 Abs. 4 und 5 FKVO).[133] Es verbleibt die Frage der Anwendung nationaler Fusionskontrolle.[134]

4. Ausnahmetatbestände

In folgenden Fällen liegt ausnahmsweise kein anmeldepflichtiger Zusammenschluss vor: 65

a) **Bankenklausel.** Um den Finanzinstituten das Geschäft und den Handel mit Wertpapieren 66
nicht unnötig zu erschweren, ist der Erwerb von Beteiligungen durch ein Kreditinstitut, ein sonstiges Finanzinstitut oder eine Versicherungsgesellschaft unter folgenden Voraussetzungen nach Art. 3 Abs. 5 lit. a) FKVO fusionskontrollfrei:[135] Der Erwerb muss im Rahmen des normalen Handelsgeschäfts und insbesondere ohne die Absicht erfolgen, die Stimmrechte strategisch einsetzen zu wollen. Weiterhin muss der Anteilserwerb vorübergehend und zum Zwecke der Veräußerung innerhalb eines Jahres erfolgen. Die Kommission kann diesen Zeitraum auf Antrag verlängern, wenn die Veräußerung binnen Jahresfrist unzumutbar war. Das Erwerben der Unternehmen darf schließlich die Stimmrechte nicht ausüben, um das strategische Marktverhalten des Zielunternehmens zu bestimmen. Stimmrechtsausübungen dürfen nur der Vorbereitung der Veräußerung von Teilen des Unternehmens oder der Anteile dienen. Dabei kann die Abgrenzung der Stimmrechtsausübung zur Vorbereitung der Veräußerung einerseits und zu strategischen Zwecken andererseits schwierig sein.[136] Um die Attraktivität der Beteiligung zu erhöhen, wird die Veräußerung häufig mit strategischen Maßnahmen vorbereitet. In diesen Fällen empfiehlt sich eine informelle Abstimmung mit der Kommission im Hinblick auf die Frage der Anmeldepflichtigkeit.[137]

---

131 Im Fall Tetra Laval/Sidel (COMP/M. 2416) ist die Kommission zu dem Ergebnis gekommen, dass es dem Erwerber nicht gestattet werden dürfe, eine Beteiligung an der Zielgesellschaft zu halten (Entscheidung 2004/103/EG v. 30. Januar 2002 zur Anordnung von Maßnahmen gem. Art. 8 Abs. 4 FKVO); im Fall Schneider/Legrand (COMP/M 2283) hat die Kommission demgegenüber in der Entscheidung 2004/276/EG v. 30. Januar 2002 nach Art. 8 Abs. 4 FKVO eine Beteiligung des Erwerbers von weniger als 5 % am Kapital der Zielgesellschaft akzeptiert.
132 So wohl auch EuG, Rs. T-411/07 (Aer Lingus), Rn. 79 f. und 83.
133 So auch *Fountoukakos/Anttilainen-Mochnacz*, ECLR 2010, 387, 392.
134 Dazu Rn. 156 ff.
135 Konsolidierte Mitteilung zu Zuständigkeitsfragen, Rn. 111.
136 Monopolkommission, Sondergutachten 17, Rn. 75.
137 Zu sog. Warehousing-Konstellationen, in denen ein Enderwerber eine Bank als Zwischenerwerber einsetzt siehe Rn. 324.

67   Entfällt eine der Voraussetzungen der Bankenklausel ist die Ausnahme mit Wirkung ex nunc[138] nicht mehr anwendbar und ein fusionskontrollrechtliches Anmeldeverfahren durchzuführen.

68   Die Ausnahme erfasst nur den Erwerb von Anteilen und insbesondere nicht den Erwerb von Vermögensteilen.

69   b) Insolvenzklausel. Nicht anmeldepflichtig ist der Kontrollerwerb durch einen Insolvenzverwalter, Art. 3 Abs. 5 lit. b) FKVO. Die spätere Weiterveräußerung durch den Insolvenzverwalter an Dritte wird von der Ausnahme jedoch nicht erfasst. Die Ausnahmevorschrift erfasst nicht nur den Erwerb von Anteilen, sondern auch die übrigen Zusammenschlussformen.

70   c) Beteiligungsgesellschaften. Die Ausnahmevorschrift zu Gunsten von Beteiligungsgesellschaften, Art. 3 Abs. 5 lit. c) FKVO, wurde auf Drängen von Luxemburg in die FKVO aufgenommen und wird deshalb auch als luxemburgische Klausel bezeichnet. Die erwerbende Gesellschaft muss eine Beteiligungsgesellschaft sein. Dies sind Gesellschaften, deren einziger Zweck darin besteht, Beteiligungen an anderen Unternehmen zu erwerben sowie die Verwaltung und Verwertung dieser Beteiligungen wahrzunehmen, ohne dass unmittelbar oder mittelbar in die Geschäftsführung der Unternehmen eingegriffen wird. Es muss also um reine Finanzanlagen handeln. Damit scheidet die Anwendung der Ausnahme auf **Private Equity/ Venture Capital** Transaktionen regelmäßig aus, da diese Investoren typischerweise Einfluss auf das Wirtschaftsverhalten der Zielgesellschaften nehmen.[139] Weiterhin dürfen die erworbenen Stimmrechte von der Beteiligungsgesellschaft nur zur Erhaltung des vollen Werts der Investition ausgeübt und nicht dazu genutzt werden, um direkt oder indirekt das strategische Marktverhalten des kontrollierten Unternehmens zu bestimmen.[140] Wie auch bei der Bankenklausel können sich insoweit Abgrenzungsprobleme ergeben.[141] Die Ausnahmeklausel erfasst nach ihrem Wortlaut nur den Erwerb von Anteilen und damit z.B. nicht den Erwerb von Vermögensteilen.[142]

71   d) Militärische Klausel Art. 346 Abs. 1 lit. b) AEUV. Maßnahmen, welche die Produktion von Kriegsmaterial betreffen, können von der Anwendung der Bestimmungen des AEUV und damit auch der Bestimmungen der FKVO, die auf Art. 103, 352 AEUV (ex Art. 83, 308 EG) beruht, ausgenommen werden, Art. 346 Abs. 1 lit. b) AEUV (ex Art. 296 Abs. 1 lit. b) EG). Eine derartige gesonderte Behandlung des Rüstungssektors kann allerdings nicht von den Unternehmen, sondern nur von den Regierungen der Mitgliedstaaten in Anspruch genommen werden. Die Ausnahmeregelung ist bereits bei mehreren Zusammenschlüssen britischer und französischer Waffenproduzenten zur Anwendung gekommen. In diesen Fällen wurde jeweils nur der zivile Teil der Akquisition von den Unternehmen angemeldet.[143] Die Bundesregierung hat demgegenüber die beteiligten Unternehmen ermächtigt, auch Angaben zum militärischen Teil zu machen.[144]

---

138   *Riesenkampff/Lehr*, in: Loewenheim/Meessen/Riesenkampff, Art. 3 FKVO, Rn. 69; *Henschen*, in: Schulte, Rn. 1121.

139   *Weitnauer*, GWR 2010, 78, 81, geht offenbar davon aus, dass Finanzinvestoren, die „keine wettbewerblichen, sondern nur Anlagezwecke" verfolgen, unter Art. 3 Abs. 5 lit. c) FKVO fallen. Dies erscheint zweifelhaft, wenn der Finanzinvestor zur Wertsteigerung seiner Beteiligung das Wirtschaftsverhalten der kontrollierten Gesellschaft eingreift.

140   Es geht also um das gleiche Kriterium wie bei der Auslegung des Begriffs der Beteiligungsgesellschaft. Konsolidierte Mitteilung zu Zuständigkeitsfragen, Rn. 113.

141   Siehe Rn. 66.

142   Siehe auch *Karl*, S. 194.

143   Kommission, M. 528 (British Aerospace/VSEL); M. 529 (GEC/VSEL); M. 724 (GEC/Thompson-CSF); M. 820 (British Aerospace/Lagardere SCA).

144   COMP/M.3596 (ThyssenKrupp/Howaldswerke-Deutsche Werft); COMP/M.4160 (ThyssenKrupp/EADS/ Atlas).

II. Umsatzschwellen (unionsweite Bedeutung)

Nur Zusammenschlüsse von unionsweiter (gemeinschaftsweiter)[145] Bedeutung fallen origi- **72**
när[146] in den Anwendungsbereich der FKVO. Maßgeblich ist ausschließlich, ob bestimmte
Umsatzschwellen von den beteiligten Unternehmen überschritten werden. Eine Prüfung, ob das
Zusammenschlussvorhaben materiell Auswirkungen auf die Marktverhältnisse innerhalb der
Union hat, findet nicht statt.[147]

1. Schwellenwerte

Nach den ursprünglichen und nach wie vor gültigen Schwellenwerten des Art. 1 Abs. 2 FKVO **73**
hat ein Zusammenschluss unionsweite Bedeutung, wenn folgende Umsätze erreicht werden: (1)
ein weltweiter Gesamtumsatz aller beteiligten Unternehmen zusammen von mehr als 5 Milliarden EUR und (2) ein unionsweiter Gesamtumsatz von mindestens zwei beteiligten Unternehmen von jeweils mehr als 250 Millionen EUR. Ausgenommen sind Fälle, in denen die an
einem Zusammenschluss beteiligten Unternehmen jeweils mehr als zwei Drittel ihres unionsweiten Gesamtumsatzes in einem und demselben Mitgliedstaat erzielen. Die Zweidrittelklausel
stellt auf „die", d.h. alle am Zusammenschluss beteiligten Unternehmen ab. Sind mehr als zwei
Unternehmen beteiligt, sind bei der Prüfung also nicht nur diejenigen Unternehmen zu betrachten, deren unionsweiter Umsatz mindestens 250 Millionen EUR beträgt.[148] Die Zweidrit-
tel-Ausnahme greift nicht ein, wenn zwar jedes beteiligte Unternehmen mehr als zwei Drittel
seines unionsweiten Gesamtumsatzes in einem Mitgliedstaat erzielt, dies jedoch für verschiedene beteiligte Unternehmen in verschiedenen Mitgliedstaaten der Fall ist.

Die ursprüngliche FKVO, die im Jahre 1990 in Kraft trat, enthielt nur die vorgenannten Um- **74**
satzschwellen. In der Folgezeit ergab sich, dass viele Transaktionen, welche die Aufgreifschwellen einer Vielzahl von nationalen Fusionskontrollregimen innerhalb der Union erfüllten, unterhalb dieser Umsatzschwellen blieben. Um den Grundsatz der einzigen Anlaufstelle (**one-stop-
shop-Prinzip**) zu stärken und den Unternehmen die mit einer Vielzahl von Anmeldungen verbundenen praktischen Probleme zu ersparen, wurden die Schwellenwerte der FKVO dadurch
abgesenkt, dass im Jahre 1997 zusätzliche Aufgreifschwelle eingeführt wurde. Soweit die
Umsatzschwellen nach Art. 1 Abs. 2 FKVO nicht erfüllt werden, hat das Vorhaben nach
Art. 1 Abs. 3 FKVO gleichwohl unionsweite Bedeutung, wenn folgende Umsätze erreicht werden: (1) ein weltweiter Gesamtumsatz aller beteiligten Unternehmen zusammen von mehr als
2,5 Milliarden EUR, (2) ein unionsweiter Gesamtumsatz von mindestens zwei beteiligten Unternehmen von jeweils mehr als 100 Millionen EUR und (3) in mindestens drei Mitgliedstaaten
(a) ein Gesamtumsatz aller beteiligten Unternehmen zusammen von mehr als 100 Millionen
EUR und (b) ein Gesamtumsatz von mindestens zwei beteiligten Unternehmen von jeweils mehr
als 25 Millionen EUR.[149] Ausgenommen sind wiederum diejenigen Fällen, in denen die am
Zusammenschluss beteiligten Unternehmen jeweils mehr als zwei Drittel ihres unionsweiten
Gesamtumsatzes in einem und demselben Mitgliedstaat erzielen.

Im Rahmen der Prüfung, ob die Umsatzschwellen erreicht werden, sind zwei Aspekte zu un- **75**
terscheiden. Zunächst sind die am Zusammenschluss „beteiligten" Unternehmen zu bestimmen. In einem zweiten Schritt ist zu prüfen, wie der Umsatz der beteiligten Unternehmen zu
berechnen und insbesondere, ob den beteiligten Unternehmen weiterer Umsatz, etwa derjenige
von verbundenen Unternehmen, zurechenbar ist.

---

145 Die FKVO verweist noch auf den Begriff "gemeinschaftsweite Bedeutung", siehe 1. Kap., Rn. 14.
146 Zu Verweisungsmöglichkeiten siehe Rn. 117 ff.
147 Dazu kritisch *Wiedemann*, in: Wiedemann, § 5 Rn. 16; siehe auch EuG, Rs. T-101/96 (Gencor), Slg. 1999
     II-753, Rn. 90 ff.: Völkerrechtliche Rechtfertigung der Anwendung der FKVO bei Vorliegen einer vorher-
     sehbaren, unmittelbaren und wesentlichen Wirkung auf die Gemeinschaft.
148 *Reidlinger*, in: Streinz, nach Art. 83 EGV, FKVO, Rn. 23 Fn. 55.
149 Die Auflistung der Schwellen in Art. 1 Abs. 3 FKVO weicht von der vorstehenden Darstellung etwas ab. Aus
     systematisch nicht einleuchtenden Gründen wurde die „Dreiländerregel" (in Art. 1 Abs. 3 lit. b) und lit. c).

2. Ermittlung der beteiligten Unternehmen

76 Die FKVO enthält keine Legaldefinition des Begriffs der beteiligten Unternehmen. Anhaltspunkte ergeben sich aus den Art. 1 und 5 FKVO. Der Begriff der beteiligten Unternehmen wird in der Konsolidierten Mitteilung der Kommission zu Zuständigkeitsfragen näher erläutert.[150] Welche Unternehmen beteiligt sind, hängt vom jeweiligen Zusammenschlusstatbestand ab.

77 Bei **Fusionen** sind die unmittelbar fusionierenden Unternehmen als beteiligt anzusehen. Beim **Erwerb der alleinigen Kontrolle** durch ein Unternehmen gelten der Erwerber und das Zielunternehmen als beteiligte Unternehmen, nicht aber der Veräußerer. Wird nur ein Teil eines Unternehmens erworben, ist nur der übernehmende Unternehmensteil beteiligt.[151]

78 Erwirbt ein Unternehmen im Laufe von zwei Jahren nacheinander mehrere Teile desselben Unternehmens, liegt nach Art. 5 Abs. 2 UA 2 FKVO ein einziger Zusammenschluss vor, an dem auf der einen Seite das erwerbende Unternehmen, auf der anderen Seite die Gesamtheit der bereits erworbenen und der noch zu erwerbenden Teile beteiligt sind.[152] Werden parallele Erwerbsvorgänge aufgrund ihrer Bedingtheit als ein einziger Zusammenschluss angesehen, bedeutet dies nicht zwangsläufig, dass die Umsätze der jeweiligen Zielgesellschaften zusammengerechnet werden. Vielmehr wird grundsätzlich jede Zielgesellschaft separat als beteiligtes Unternehmen betrachtet.[153]

79 Beim **Erwerb gemeinsamer Kontrolle** sind mehrere Fälle denkbar. Bei der Gründung eines GU unterscheidet die Kommission zwei Konstellationen. Die erste Konstellation betrifft die Fälle, in denen ein GU neu gegründet wird (im Gegensatz zu dem Fall, in dem ein bereits bestehendes Unternehmen durch Anteilsabtretung zu einem GU wird). Beim Erwerb der gemeinsamen Kontrolle über ein neu gegründetes Unternehmen sind alle Unternehmen, welche die Kontrolle über dieses neu gegründete GU erwerben, als beteiligte Unternehmen anzusehen. Das GU selbst ist nicht beteiligtes Unternehmen, da es noch nicht besteht und noch keinen eigenen Umsatz hat.[154] Gleiches gilt, wenn ein Unternehmen eine zuvor bestehende Tochtergesellschaft oder ein Geschäftsbereich (über den es zuvor die alleinige Kontrolle ausübte) in das neu gegründete GU einbringt. Beteiligtes Unternehmen ist jedes der gemeinsam kontrollierenden Unternehmen. Das in das GU eingebrachte Unternehmen bzw. der eingebrachte Geschäftsbereich sind keine beteiligten Unternehmen. Ihr Umsatz ist Teil des Umsatzes der anfänglichen Muttergesellschaft.[155]

80 In der zweiten Konstellation geht es um Fälle, in denen ein bereits bestehendes Unternehmen oder ein bereits vorhandener Geschäftsbereich dadurch zu einem GU wird, dass Unternehmen neu die gemeinsame Kontrolle hierüber erwerben. In diesem Fall sind beteiligte Unternehmen einerseits die Unternehmen, die die gemeinsame Kontrolle erwerben und andererseits die zuvor vorhandenen übernommenen Unternehmen oder Geschäftsbereiche.[156]

81 Nicht ganz eindeutig ist die Konstellation, in der eine Muttergesellschaft zunächst einen Geschäftsbereich in eine neu gegründete Tochtergesellschaft einbringt und an dieser dann Anteile an eine zweite Muttergesellschaft veräußert. Auch wenn bei formaler Betrachtung zum Zeitpunkt der Gründung des GU ein „bereits bestehendes Unternehmen" (das spätere GU) vorliegt, dürfte unter wertender Betrachtung die Konstellation nicht anders beurteilt werden als der Fall, in dem zunächst ein GU gegründet und dann Aktivitäten der Muttergesellschaften eingebracht werden. Die Umsätze der Tochtergesellschaft (d.h. des späteren GU) sollten also der ursprünglichen Muttergesellschaft zugerechnet werden.

82 Erwirbt ein Anteilseigner den Anteil eines anderen Anteilseigners und führt dies zu einem **Übergang von gemeinsamer zu alleiniger Kontrolle**, sind beteiligte Unternehmen der übernehmende Anteilseigner und das GU.[157] Scheidet demgegenüber ein Gesellschafter aus, ohne dass

---

150 Konsolidierte Mitteilung der Kommission zu Zuständigkeitsfragen, Rn. 129 ff.
151 Konsolidierte Mitteilung zu Zuständigkeitsfragen, Rn. 137.
152 Rn. 57 ff.
153 Rn. 61.
154 Konsolidierte Mitteilung zu Zuständigkeitsfragen, Rn. 139.
155 Konsolidierte Mitteilung zu Zuständigkeitsfragen, Rn. 139.
156 Konsolidierte Mitteilung zu Zuständigkeitsfragen, Rn. 140.
157 Konsolidierte Mitteilung zu Zuständigkeitsfragen, Rn. 138.

sich die Kontrollverhältnisse ändern, ist regelmäßig bereits eine Anmeldepflicht des Zusammenschlusstatbestands zu verneinen.[158] Tritt ein Anteilseigner neu in den Gesellschafterkreis ein oder ersetzt er einen anderen Anteilseigner, sind die beteiligten Unternehmen die vorhandenen und neuen Anteilseigner, welche die gemeinsame Kontrolle ausüben und das GU selbst.[159]

Erwirbt ein **GU die Kontrolle über ein anderes Unternehmen**, ist zunächst die Zielgesellschaft **83** beteiligt. Auf der Erwerberseite ist das GU als beteiligtes Unternehmen anzusehen. Dem GU werden jedoch die Umsätze der gemeinsam kontrollierenden Muttergesellschaften zugerechnet.[160] Anders liegt es, wenn das GU lediglich ein **Akquisitionsvehikel** für die Muttergesellschaften darstellt. In diesem Fall wird durch das GU „hindurchgeschaut". Beteiligte Unternehmen sind die dahinter stehenden (gemeinsam kontrollierenden) Muttergesellschaften.[161] Dadurch wird eine Umgehung der FKVO in den Fällen vermieden, in denen zwar nicht die Zielgesellschaft, wohl aber mindestens zwei Erwerber die Umsatzschwellen nach Art. 1 FKVO erfüllen. Da die Umsatzschwellen von mindestens zwei Unternehmen erfüllt werden müssen, wäre Art. 1 FKVO nicht erfüllt, wenn dem GU die Umsätze der Muttergesellschaften zugerechnet würden. Schaut man jedoch durch das GU hindurch, werden die Muttergesellschaften, die das GU kontrollieren, separat betrachtet und können dann unabhängig vom Umsatz des Zielunternehmens die Umsatzschwellen des Art. 1 FKVO erfüllen.[162]

Ist ein Veräußerer nur bereit, bestimmte Aktivitäten „im Paket" zu veräußern und interessieren **84** sich potentielle Erwerber jeweils nur für einzelne Teile dieses Pakets, liegt es nahe, dass die Erwerbsinteressenten den Erwerb gemeinsam durchführen und unmittelbar danach die erworbenen Aktivitäten nach einem vorher vereinbarten Plan **untereinander aufteilen**. Werden die erworbenen Aktivitäten lediglich für eine „logische Sekunde" gemeinsam kontrolliert, nimmt die Kommission mehrere getrennte Vorhaben an, d.h. den jeweiligen Erwerb der alleinigen Kontrolle über die betreffenden Teile des Zielunternehmens. An diesem Vorhaben sind dann der jeweilige Erwerber und der jeweils von ihm zu erwerbende Teil des zu übernehmenden Unternehmens beteiligt.[163]

3. Ermittlung des Umsatzes

Sobald die am Zusammenschluss beteiligten Unternehmen nach den vorstehenden Regeln bestimmt wurden, muss in einem zweiten Schritt festgestellt werden, wie der Umsatz dieser Unternehmen berechnet wird und ob den Unternehmen weiterer Umsatz zurechenbar ist. Auch die Ermittlung des Umsatzes ist Gegenstand der Konsolidierten Mitteilung zu Zuständigkeitsfragen.[164] **85**

a) **Berechnung des Umsatzes. aa) Allgemein.** Zu berücksichtigen sind die Umsätze, die die **86** beteiligten Unternehmen im letzten Geschäftsjahr mit Waren und Dienstleistungen erzielt haben und die dem jeweiligen normalen geschäftlichen Tätigkeitsbereich der Unternehmen zuzuordnen sind, unter Abzug von Erlösschmälerungen (z.B. Abschläge, Rabatte),[165] der Mehrwertsteuer und anderer unmittelbar auf den Umsatz bezogener Steuern, Art. 5 Abs. 1 FKVO. Maßgeblich ist der **Nettoumsatz**.[166] Nicht zu berücksichtigen sind Sondererlöse, wie z.B. solche aus dem Verkauf von Vermögenswerten. Der Umsatz eines Dienstleisters besteht aus dem Gesamtbetrag der Erlöse aus Dienstleistungsverkäufen, wenn die Dienstleistung direkt an den Kunden verkauft wird. Besteht die Dienstleistung in einer Vermittlertätigkeit, ist die hierfür bezogene Gegenleistung, d.h. die Provision, als Umsatz anzusetzen, nicht der Wert der vermittelten Dienstleistung.

---

158 Siehe Rn. 53.
159 Konsolidierte Mitteilung zu Zuständigkeitsfragen, Rn. 143.
160 Rn. 111.
161 Konsolidierte Mitteilung zu Zuständigkeitsfragen, Rn. 145-147.
162 Siehe auch *Zeise*, in: Schulte, Rn. 1154.
163 Konsolidierte Mitteilung zu Zuständigkeitsfragen, Rn. 141.
164 Konsolidierte Mitteilung der Kommission zu Zuständigkeitsfragen, Rn. 157 ff.
165 Konsolidierte Mitteilung zu Zuständigkeitsfragen, Rn. 165.
166 Konsolidierte Mitteilung zu Zuständigkeitsfragen, Rn. 164.

87 Maßgeblich sind die **konsolidierten Umsätze**, d.h. konzerninterne Umsätze sind abzuziehen, Art. 5 Abs. 1 Satz 2 FKVO.[167] Dies gilt auch für Umsätze aus Lieferungen und Leistungen zwischen einem GU und jeder der beteiligten Muttergesellschaften bzw. sonstigen verbundenen Unternehmen.[168] Andernfalls käme es zu Doppelzählungen, da auch die Umsätze verbundener Unternehmen hinzuzurechnen sind.[169] Unter bestimmten Voraussetzungen kommt auch die Berücksichtigung **virtueller Umsätze** in Betracht. Wird etwa die Übertragung von bislang konzernintern genutzten Aktivitäten im Wege des Outsourcing auf Dritte übertragen, die dann am Markt tätig sind, und wird dies als Zusammenschlusstatbestand betrachtet,[170] so muss dem veräußerten Vermögensteil ein Umsatz zugerechnet werden, dessen Höhe ggf. zu schätzen ist.

88 Wird nur ein **Teil eines Unternehmens** erworben, ist nur der Umsatz, der auf diesen Teil entfällt, zu berücksichtigen, nicht der Umsatz des Veräußerers, Art. 5 Abs. 2 UA 1 FKVO. **Gestaffelte Transaktionen** im Sinne von Art. 5 Abs. 2 UA 2 FKVO[171] sind zum Zeitpunkt des letzten Geschäfts anzumelden. Dabei werden die Umsätze der bereits erworbenen Geschäftsbereiche addiert und dem Umsatz des zu erwerbenden Geschäftsbereichs – und nicht etwa dem Erwerber – hinzugerechnet.[172]

89 Die Umsätze sind in Euro anzugeben. Anzuwenden ist der durchschnittliche Wechselkurs – und nicht der Jahresendkurs – für die betreffenden Zeiträume.[173]

90 **bb) Sonderfälle.** Bei der Umsatzberechnung sind bestimmte branchenspezifische Besonderheiten zu beachten. Bei einem beteiligten Unternehmen können auch mehrere Sonderregeln aufeinandertreffen, z.B. im Falle eines Versicherungsunternehmens, das mit einem Kreditinstitut verbunden ist und darüber hinaus über kontrollierende Mehrheitsbeteiligungen an Industrieunternehmen verfügt. Für jeden Bereich sind dann die Umsätze nach den jeweils anwendbaren Regelungen gesondert zu ermitteln und am Ende zusammenzuaddieren.[174]

91 **(1) Kredit- und sonstige Finanzinstitute.** Bei Kredit- und sonstigen Finanzinstituten[175] treten an die Stelle des Umsatzes die **Bruttoerträge** im Sinne der Richtlinie 86/635/EWG über den Jahresabschluss und den konsolidierten Abschluss von Banken und anderen Finanzinstituten.[176] Die Bruttoerträge eines Kredit- oder Finanzinstituts setzen sich nach Art. 5 Abs. 3 lit. a) FKVO aus folgenden Ertragsposten zusammen:

(i)   Zinserträge und ähnliche Erträge,
(ii) Erträge aus Wertpapieren:
      – Erträge aus Aktien, anderen Anteilsrechten und nicht festverzinslichen Wertpapieren,
      – Erträge aus Beteiligungen,
      – Erträge aus Anteilen an verbundenen Unternehmen
(iii) Provisionserträge,
(iv) Nettoerträge aus Finanzgeschäften sowie
(v)   sonstige betriebliche Erträge.

92 Ebenso wie bei den Umsatzangaben nach Art. 5 Abs. 1 FKVO sind die Mehrwertsteuer und sonstige direkt auf die genannten Erträge erhobenen Steuern abzuziehen.

93 **(2) Versicherungsunternehmen.** Nach Art. 5 Abs. 3 lit. b) FKVO tritt bei Versicherungsunternehmen die Summe der **Bruttoprämien** an die Stelle des Umsatzes. Zu den Bruttoprämien zählen alle vereinnahmten sowie alle noch zu vereinnahmenden Prämien aufgrund von Versicherungs-

---

167 Konsolidierte Mitteilung zu Zuständigkeitsfragen, Rn. 167.
168 Konsolidierte Mitteilung zu Zuständigkeitsfragen, Rn. 168.
169 Dazu Rn. 108 ff.
170 Siehe oben Rn. 47.
171 Dazu Rn. 57 ff.
172 *Zeise*, in: Schulte, Rn. 1172.
173 Konsolidierte Mitteilung zu Zuständigkeitsfragen, Rn. 204; Formblatt CO (Anlage I zu FKVO-DVO), Einleitung, Abschnitt 1.6.
174 Konsolidierte Mitteilung zu Zuständigkeitsfragen, Rn. 217-210.
175 Die FKVO enthält keine Definition der Begriffe Kredit- oder sonstige Finanzinstitute. In der Konsolidierten Mitteilung zu Zuständigkeitsfragen (Rn. 207) verweist die Kommission auf die im einschlägigen Unionsrecht aufgeführten Begriffsbestimmungen im Bankensektor.
176 ABl. 1986 L 372/1.

T. Mäger

verträgen, die von den Unternehmen oder für ihre Rechnung abgeschlossen worden sind, einschließlich etwaiger Rückversicherungsprämien. Abzuziehen sind die aufgrund des Betrags der Prämie oder des gesamten Prämienvolumens berechneten Steuern und sonstigen Abgaben. Einzubeziehen sind nicht nur Versicherungsverträge, die während des letzten Geschäftsjahres abgeschlossen wurden, sondern auch Verträge, die in den zurückliegenden Jahren abgeschlossen wurden und in dem betreffenden Zeitraum noch laufen.[177] Übt das Versicherungsunternehmen einen bestimmenden Einfluss auf die Geschäftsführung von Beteiligungsgesellschaften aus, ist deren Umsatz nach Art. 5 Abs. 4 FKVO zu berücksichtigen.[178] Nicht berücksichtigt werden demgegenüber Erträge aus reinen Finanzanlagen, wie z.B. **Dividenden**.[179]

Von Versicherungsunternehmen sind **Versicherungsvermittler** abzugrenzen. Die vermittelten 94 Prämien werden dem Versicherungsunternehmen zugerechnet. Der Umsatz des Vermittlers besteht aus den vereinnahmten Provisionen.

(3) **Finanzholdings.** Eine Finanzholding ist nach Auffassung der Kommission ein Finanzinsti- 95 tut, so dass die Berechnung des Umsatzes nach den Kriterien des Art. 5 Abs. 3 lit. a) FKVO vorzunehmen ist. Wie bei Versicherungsunternehmen ist jedoch der Umsatz derjenigen Beteiligungsgesellschaften hinzuzuaddieren, auf die die Finanzholding einen bestimmenden Einfluss nach Art. 5 Abs. 4 FKVO ausüben kann.[180] Um Doppelzählungen zu vermeiden, sind **Dividenden** und andere Einnahmen abzuziehen, die von Unternehmen, deren Umsätze nach Art. 5 Abs. 3 FKVO hinzuzuaddieren sind, an die Finanzholding ausgeschüttet wurden.[181] Dividenden, die von Unternehmen ausgeschüttet werden, die nicht unter Art. 5 Abs. 4 FKVO fallen, stellen jedoch zu berücksichtigende Erträge nach Art. 5 Abs. 3 lit. a) FKVO dar.

(4) **Leasingunternehmen.** Die Kommission unterscheidet zwischen Finanzierungsleasing und 96 Operating-Leasing.[182] Leasingunternehmen sind als Finanzinstitute einzuordnen, deren Umsatz nach Art. 5 Abs. 3 lit. a) FKVO zu berechnen ist, wenn das Finanzierungsleasing ihrer Haupttätigkeit bildet. Für Finanzierungsleasing sprechende Umstände sind die längere Laufzeit und der Übergang des Eigentums auf den Leasingnehmer nach Ende der Vertragslaufzeit. Beim Operating-Leasing geht das Eigentum demgegenüber nach Ablauf der Mietzeit nicht auf den Leasingnehmer über und Wartungs-, Reparatur- und Versicherungskosten für die gemietete Anlage sind in den Leasingzahlungen enthalten. Operating-Leasing-Vorgänge unterfallen den allgemeinen Umsatzberechnungsregeln nach Art. 5 Abs. 1 FKVO.

cc) **Relevanter Zeitraum.** Der Umsatz ist ein Indikator für die Wirtschaftskraft der beteiligten 97 Unternehmen. Am aussagekräftigsten wäre eine Berechnung, die auf einen möglichst aktuellen Zeitpunkt bezogen ist. Ein Umsatz kann jedoch stets nur für einen bestimmten Zeitraum angegeben werden. Da die Berechnung bezogen auf einen Zeitraum, der von den Geschäftsjahren abweicht, unpraktikabel ist, stellt Art. 5 Abs. 1 FKVO auf das letzte abgeschlossene Geschäftsjahr ab.

Nicht ausdrücklich geregelt ist, von welchem Punkt aus das letzte abgeschlossene Geschäftsjahr 98 zu bestimmen ist. In Betracht kommen der Vertragsabschluss, die Anmeldung, die behördliche Entscheidung und der Vollzug des Zusammenschlusses. Früher hat die Kommission als maßgeblichen Zeitraum auf denjenigen Akt abgestellt, der die Anmeldepflicht auslöst.[183] Eine derartige Anmeldepflicht besteht jedoch seit Novellierung der FKVO im Jahre 2004 nicht mehr. Im Zeitraum vor Vollzug eines Zusammenschlusses lässt sich keine spezifische Situation bzw. kein bestimmter Zeitpunkt definieren, zu dem die Anmeldung erfolgen muss. Insbesondere muss die Anmeldung nicht innerhalb eines bestimmten Zeitraums ab Vertragschluss erfolgen.

---

177 Konsolidierte Mitteilung zu Zuständigkeitsfragen, Rn. 215.
178 Konsolidierte Mitteilung zu Zuständigkeitsfragen, Rn. 216.
179 Konsolidierte Mitteilung zu Zuständigkeitsfragen, Rn. 216.
180 Konsolidierte Mitteilung zu Zuständigkeitsfragen, Rn. 218.
181 Konsolidierte Mitteilung zu Zuständigkeitsfragen, Rn. 218.
182 Konsolidierte Mitteilung zu Zuständigkeitsfragen, Rn. 211.
183 Unveröffentlichtes Schreiben der Kommission an das Bundesministerium für Wirtschaft und Arbeit vom 22. Juli 2002 im Verfahren betreffend die Ministererlaubnis E.ON/Ruhrgas; ebenso Kommission, M. 1741 (MCI World Com/Sprint), Rn. 6 f.; siehe auch *Bruhn*, in: Schröter/Jakob/Mederer, Art. 1, Rn. 33 ff.; *Schütz*, in: GK, Art. 5, Rn. 9; *Friess*, in: Schröter/Jakob/Mederer, Art. 5, Rn. 8; Staebe, EuZW 2005, 14, 16, *Bechtold/Bosch/Brinker/Hirsbrunner*, Art. 5 FKVO, Rn. 6.

Fest steht nur, dass die Anmeldung (und Freigabe) vor Vollzug erfolgen muss, Art. 4 Abs. 1 FKVO.[184] Aus Sicht der Kommission ist Stichtag für die Feststellung der Zuständigkeit der EU für einen Zusammenschluss das Datum des zuerst eintretenden der folgenden Ereignisse: Abschluss des rechtsverbindlichen Vertrages, Veröffentlichung des Übernahmeangebots, Erwerb einer Kontrollbeteiligung oder erste Anmeldung.[185]

99 Es lässt sich zwar kaum bestreiten, dass unter materiellen Aspekten der Zeitpunkt der behördlichen Entscheidung[186] – nach allgemeinen verwaltungsrechtlichen Grundsätzen muss eine Behörde zum Zeitpunkt ihrer Entscheidung zuständig sein[187] – bzw. des Zeitpunkts des Vollzugs – d.h. der Kombination der wettbewerblichen Ressourcen – sachgerecht wäre. Aufgrund des präventiven Charakters der Fusionskontrolle, d.h. der Verpflichtung rechtzeitig vor Vollzug anzumelden, ergeben sich hieraus aber große praktische Schwierigkeiten, zumal wenn Vertragsschluss und Vollzug weit auseinander liegen. Die Anmeldung muss weit vor Vollzug erfolgen, d.h. regelmäßig kurz vor oder nach Vertragsschluss. Die Unternehmen müssen deshalb die Daten zu einem frühen Zeitpunkt zusammenstellen. Gegen den Zeitpunkt des Vertragsschlusses spricht, dass aus Sicht der Kommission hierauf nur abzustellen wäre, wenn die Anmeldung nach Vertragsschluss erfolgt. Denn bei einer Anmeldung vor Vertragsschluss[188] wäre die Anmeldung das „frühere Ereignis". Bei einer Anmeldung nach Vertragsschluss erscheint es aber nicht sachgerecht, auf einen weiter zurückliegenden Zeitraum und nicht auf denjenigen abzustellen, der näher an dem Zeitpunkt der Entscheidung bzw. des Vollzugs (also den materiell bedeutsamen Ereignissen) liegt. Insgesamt sollte deshalb grundsätzlich auf den **Zeitpunkt der Anmeldung** abgestellt werden.[189] Sofern sich bis zum Vollzug des Vorhabens noch Änderungen ergeben, müssen diese Ungenauigkeiten in Kauf genommen werden. Etwaige wesentliche Veränderungen können im laufenden Fusionskontrollverfahren berücksichtigt werden.[190]

100 Ist der Zusammenschluss bereits vor Anmeldung vollzogen worden, ist für die Berechnung der Umsatzerlöse auf den **Zeitpunkt des Vollzugs** abzustellen.

101 Ein Sonderfall liegt vor, wenn von dem zugrunde gelegten Zeitraum im Rahmen der Umsatzberechnung abhängt, ob ein Vorhaben **überhaupt** bei der Kommission **anmeldepflichtig** ist. Wenn die Umsatzschwellen von Art. 1 FKVO in dem Geschäftsjahr, das dem Vertragsschluss vorausging, erfüllt waren, dies aber in dem (darauffolgenden) Geschäftsjahr, das dem (zu einem deutlich späteren Zeitpunkt erfolgenden) Vollzug vorausging, nicht mehr der Fall ist, erscheint es nicht sachgerecht, auf den Zeitpunkt der Anmeldung abzustellen. Denn fraglich ist gerade, ob eine Anmeldung überhaupt erforderlich ist. Die Anmeldung – und damit die Prüfung der Anmeldepflicht – muss nicht bei Vertragsschluss erfolgen. Da es ausreicht, wenn die Anmeldung (rechtzeitig) vor Vollzug erfolgt, kann die entsprechende Prüfung auch zu einem späteren Zeitpunkt vorgenommen werden. Der Zeitpunkt der Prüfung und hypothetischen Anmeldung kann deshalb ohne Weiteres auf einen Zeitpunkt kurz vor Vollzug angesiedelt werden. Wird dieser Zeitpunkt zugrunde gelegt, besteht in dem hier behandelten Sonderfall keine Anmeldepflicht, da im vorausgegangen Geschäftsjahr die Umsatzschwellen von Art. 1 FKVO nicht erfüllt waren. Im Ergebnis kann deshalb in diesem Sonderfall auf den **Zeitpunkt des Vollzugs** abgestellt werden. Dieser Zeitpunkt fällt mit demjenigen der hypothetischen Anmeldung weitgehend zusammen. Der Zeitpunkt der behördlichen Entscheidung kann demgegenüber nicht maßgeblich sein, da es gerade um die Frage geht, ob die Kommission überhaupt zuständig ist, d.h. ob es überhaupt zu einer Entscheidung der Kommission kommt. Mangels Verpflichtung zur Anmeldung zu einem bestimmten Zeitpunkt lässt sich auch der Zeitpunkt der hypothetischen behördlichen Entscheidung nicht im Vorhinein bestimmen.

---

184 Rn. 289.

185 Konsolidierte Mitteilung zu Zuständigkeitsfragen, Rn. 156.

186 Dazu vgl. OLG Düsseldorf (E.ON/Ruhrgas), WuW/E DE-R 885, 892.

187 Siehe etwa EuGH, Rs. 15, 16/76 (Frankreich), Slg. 1979, 321, Rn. 7 f.; EuG, Rs. T-79, 80/95 (SNCF und British Rail), Sgl. 1996, II-1491, Rn. 48; EuG, Rs. T-115/94 (Opel Austria), Slg. 1997, II-39, Rn. 87.

188 Dazu Rn. 290.

189 Vgl. auch *Bechtold/Bosch/Brinker/Hirsbrunner*, Art. 5 FKVO, Rn. 6.

190 So auch im Hinblick auf die deutsche Fusionskontrolle: BKartA, informelles Schreiben, 2005 und *Mäger*, in: MünchKomm GWB, § 38 GWB, Rn. 16.

T. Mäger

In der Regel sind die **geprüften** oder andere endgültige Jahresabschlüsse für die Umsatzberechnung zugrunde zu legen.[191] Für Zusammenschlüsse, die in den ersten Monaten eines Kalenderjahres angemeldet werden, akzeptiert die Kommission regelmäßig die Zahlen des vorletzten Geschäftsjahres.[192]   **102**

Da der Umsatz als Indikator für die tatsächliche Wirtschaftskraft der beteiligten Unternehmen zum Zeitpunkt des Zusammenschlusses gilt, sind **Übernahmen und Veräußerungen,** die in dem vorgelegten Jahresabschluss noch keinen Eingang gefunden haben, mit zu berücksichtigen. Umsätze, die auf veräußerte Aktivitäten entfallen, sind abzuziehen. Umsätze von erworbenen Aktivitäten sind hinzuzurechnen.[193] Dazu muss die dingliche Übertragung der Aktivitäten jedoch vor Anmeldung bereits stattgefunden haben[194] oder es muss sich um Aktivitäten handeln, deren Veräußerung eine Voraussetzung für die angemeldete Transaktion bildet.[195]   **103**

dd) Geografische Zuordnung des Umsatzes. Die Schwellen von Art. 1 FKVO stellen auf die Umsätze in bestimmten Regionen – weltweit, EU-weit, Mitgliedstaaten – ab. Die Prüfung dieser Schwellen setzt deshalb voraus, dass die Umsätze der beteiligten Unternehmen geografisch zugeordnet werden. Nach Art. 5 Abs. 1 UA 2 FKVO wird der Umsatz an dem Ort erzielt, an dem sich der Kunde zur Zeit der Transaktion befindet.[196] Der Umsatz ist dem **Standort des Kunden** zuzurechnen, da in den allermeisten Fällen dort der Vertrag zustande kommt, der entsprechende Umsatz erzielt wird und der Wettbewerb mit anderen Anbietern stattfindet.[197] Dieser Ort ist wichtiger als eine etwaig abweichende Lieferanschrift bzw. Ort der Lieferung. Entscheidend ist aber stets, an welchem Ort der Wettbewerb beim Verkauf der Waren stattfindet. Beim Verkauf mobiler Waren wie etwa Kraftfahrzeugen an einen Endverbraucher meint die Kommission, dass der Ort, an dem das Fahrzeug an den Kunden geliefert wird, entscheidend sei, auch wenn der Vertrag zuvor per Telefon oder Internet geschlossen worden sei.[198]   **104**

Schwierige Fragen können entstehen, wenn ein multinationales Unternehmen **zentral einkauft.** Der Standort der zentralen Einkaufsorganisation ist maßgeblich, wenn die Waren von dieser erworben und an diese geliefert werden, auch wenn anschließend eine konzerninterne Weiterlieferung an mehrere Mitgliedstaaten erfolgt.[199] Demgegenüber ist aus Sicht der Kommission der Umsatz den verschiedenen Mitgliedstaaten zuzurechnen, wenn die zentrale Einkaufsorganisation einen Rahmenvertrag schließt, die einzelnen Aufträge aber von den Tochtergesellschaften in den einzelnen Mitgliedstaaten erteilt werden und die Waren direkt an diese geliefert werden.[200] Gleiches soll gelten, wenn die einzelnen Aufträge über die zentrale Einkaufsorganisation erteilt werden, die Waren aber direkt an die Tochtergesellschaften geliefert werden (wobei jeweils unerheblich ist, wer an wen die Rechnung geht und wer die Zahlung ausführt). Dies erscheint zweifelhaft. Die Begründung der Kommission – in beiden Fällen finde ein Wettbewerb mit alternativen Lieferanten um die Lieferung der Waren an die verschiedenen Tochtergesellschaften statt – überzeugt jedenfalls in der zweiten Fallkonstellation nicht, soweit Lieferanten mit der zentralen Einkaufsorganisation verhandeln müssen und diese die Kaufentscheidung fällt. Offenbar fällt es der Kommission schwer, sich auf ein einheitliches Kriterium – Ort der Kaufentscheidung – festzulegen. In der Begründung spielt stets ein zweites Kriterium – Ort, an dem die charakteristische Handlung nach dem Verkaufsvertrag stattfindet – herein,[201] das zu unnötigen praktischen Abgrenzungsschwierigkeiten führt.   **105**

---

191 Konsolidierte Mitteilung zu Zuständigkeitsfragen, Rn. 169-171.
192 Konsolidierte Mitteilung zu Zuständigkeitsfragen, Rn. 169-171.
193 Konsolidierte Mitteilung zu Zuständigkeitsfragen, Rn. 172.
194 Vgl. Kommission, M. 632 (Rhone Poulenc/Fisons), Rn. 10: Keine Berücksichtigung der Veräußerung von Aktivitäten, deren Verkauf bereits vereinbart, deren Übertragung aber bis zur Anmeldung bzw. der Entscheidung der Kommission noch nicht vollzogen wurde.
195 Kommission, M. 1741 (MCI WorldCom/Sprint), Rn. 6.
196 Konsolidierte Mitteilung zu Zuständigkeitsfragen, Rn. 195.
197 Konsolidierte Mitteilung zu Zuständigkeitsfragen, Rn. 196.
198 Konsolidierte Mitteilung zu Zuständigkeitsfragen, Rn. 197.
199 Konsolidierte Mitteilung zu Zuständigkeitsfragen, Rn. 198.
200 Konsolidierte Mitteilung zu Zuständigkeitsfragen, Rn. 198.
201 Konsolidierte Mitteilung zu Zuständigkeitsfragen, Rn. 198.

106 Geht es um **Dienstleistungen**, ist der Ort ihrer Erbringung von Bedeutung. Die Kommission bildet drei Fallgruppen betreffend Dienstleistungen mit grenzüberschreitenden Elementen. Der Ort, an dem die Dienstleistung tatsächlich an den Kunden erbracht werde, sei maßgeblich, wenn der Dienstleister seinen Ort verändere (Beispiel: nicht EU-Unternehmen erbringt Flugzeugwartungsdienstleistungen in einem EU-Mitgliedsstaat) oder der Kunde seinen Ort verändere (Beispiel: ein EU-Bürger bucht ein Auto in den USA). Werde demgegenüber eine Dienstleistung erbracht, ohne dass der Dienstleister oder der Kunde ihren Ort verändern müssen, sei im Allgemeinen der Ort des Kunden maßgeblich.[202]

107 Beim Umsatz eines Kredit- oder Finanzinstituts ist die Zweig- oder Geschäftsstelle des Instituts maßgeblich, wo der Umsatz verbucht wird, Art. 5 Abs. 3 lit. a) FKVO. Bei Versicherungsunternehmen ist entscheidend, wo die Personen, die die Prämien zahlen, ansässig sind, Art. 5 Abs. 3 lit. b) FKVO.

108 **b) Zurechnung des Umsatzes weiterer Unternehmen.** Gehört ein unmittelbar am Zusammenschluss beteiligtes Unternehmen zu einem Konzern, sind ihm die konsolidierten Umsätze des Gesamtkonzerns zuzurechnen. Welche verbundenen Unternehmen von der Konzernzurechnung erfasst werden, bestimmt sich nach Art. 5 Abs. 4 FKVO. Diese Regelung weicht von den entsprechenden Vorschriften der deutschen Fusionskontrolle (§ 36 Abs. 2 GWB) und des deutschen Aktienrechts (§§ 17, 18 AktG) ab. Folgende Umsätze sind nach Art. 5 Abs. 4 FKVO zu berücksichtigen:[203]

a) des **beteiligten Unternehmens**;

b) der Unternehmen, in denen das beteiligte Unternehmen unmittelbar oder mittelbar entweder

   (i) mehr als die Hälfte des Kapitals oder des Betriebsvermögens besitzt oder

   (ii) über mehr als die Hälfte der Stimmrechte verfügt oder

   (iii) mehr als die Hälfte der Mitglieder des Aufsichtsrats, des Verwaltungsrats oder der zur gesetzlichen Vertretung berufenen Organe bestellen kann oder

   (iv) das Recht hat, die Geschäfte des Unternehmens zu führen;[204]

   (= der **Tochterunternehmen**).

c) der Unternehmen, die in dem beteiligten Unternehmen die unter b) bezeichneten Rechte oder Einflussmöglichkeiten haben (= der **Mutterunternehmen**);

d) der Unternehmen, in denen ein unter c) genanntes Unternehmen die unter b) bezeichneten Rechte oder Einflussmöglichkeiten hat (= **weitere Tochtergesellschaften der Muttergesellschaften bzw. Schwestergesellschaften**);

e) der Unternehmen, in denen mehrere der unter a) bis d) genannten Unternehmen jeweils gemeinsam die in b) bezeichneten Rechte oder Einflussmöglichkeiten haben (= **gemeinsam von zwei oder mehreren Konzernunternehmen kontrollierte Unternehmen**).

109 Dieser Maßstab weicht teilweise vom Kontrollbegriff des Art. 3 Abs. 2 FKVO ab. Zwar werden auch faktische Einflussmöglichkeiten berücksichtigt, z.B. gesicherte faktische Hauptversammlungsmehrheit von Art. 5 Abs. 4 lit. c) FKVO erfasst.[205] Allerdings hat ein Gesellschafter, der mehr als die Hälfte des Kapitals nach Art. 5 Abs. 4 lit. b) i) FKVO besitzt, nicht automatisch die Kontrolle nach Art. 3 Abs. 2 FKVO.[206] Auch unterscheidet sich der Blickwinkel des Kon-

---

202 Konsolidierte Mitteilung zu Zuständigkeitsfragen, Rn. 199 f.
203 Siehe auch das Schaubild in der konsolidierten Mitteilung zu Zuständigkeitsfragen, Konsolidierte Mitteilung zu Zuständigkeitsfragen, Rn. 178.
204 Siehe etwa die Entscheidung der Kommission, M.126 (Accor/Wagons-Lits), Rn. 6: Zurechnung der Umsätze von Minderheitsbeteiligungen aufgrund von Geschäftsführungsverträgen.
205 Kommission, M.661 (Strabag/Bank Austria/Stuag), Rn. 5: Faktische Stimmenmehrheit bei einer Beteiligung in Höhe von 49,96 % des stimmberechtigten Kapitals; Kommission, M.692 (Elektrowatt/Landis+Gyr), Rn. 6: Beteiligung in Höhe von 44,2 % des Kapitals und der Stimmrechte bei weiter Streuung des restlichen Aktienbesitzes.
206 Siehe Rn. 41.

T. Mäger

trollbegriffs des Art. 3 Abs. 2 FKVO von demjenigen der Zurechnungsnorm des Art. 5 Abs. 4 FKVO: Nach Art. 5 Abs. 4 FKVO werden die bereits bestehenden Konzernverbindungen vor Umsetzung der Transaktion geprüft. Demgegenüber ist für die Prüfung nach Art. 3 Abs. 2 FKVO maßgeblich, ob im Zuge der Umsetzung der Transaktion eine Kontrolle begründet wird.[207] Der Maßstab des Art. 5 Abs. 4 FKVO hat insgesamt den Vorteil, dass er leicht anzuwenden ist.

Liegt ein beherrschender Einfluss i.S.v. Art. 5 Abs. 4 lit. b) FKVO im Hinblick auf ein anderes **110** Unternehmen vor, so wird der **Gesamtumsatz** dieser Tochtergesellschaft berücksichtigt, unabhängig von der tatsächlichen Höhe der Beteiligung an diesem Unternehmen.

Die Kommission wendet Art. 5 Abs. 4 c) FKVO auch auf den Fall an, dass es sich bei dem **111** beteiligten Unternehmen um ein **GU** handelt.[208] In diesem Fall sind dem GU die Umsätze der kontrollierenden Muttergesellschaften zuzurechnen.[209] Anders liegt es, wenn es sich bei dem GU um ein bloßes Akquisitionsvehikel handelt. Durch ein derartiges Vehikel wird „hindurchgeschaut" und die dahinterstehenden kontrollierenden Muttergesellschaften sind direkt beteiligte Unternehmen.[210]

Art. 5 Abs. 5 FKVO regelt den Fall, dass mehrere beteiligte Unternehmen gemeinschaftlich ein **112** Unternehmen kontrollieren. In diesem Fall ist der Umsatz, den das GU mit dritten Unternehmen erzielt, den kontrollierenden Muttergesellschaften zu gleichen Teilen zuzurechnen, Art. 5 Abs. 5 lit. b) FKVO. Herauszurechnen sind die Innenumsätze zwischen dem GU und seinen kontrollierenden Muttergesellschaften, Art. 5 Abs. 5 lit. a) FKVO. Nicht ausdrücklich geregelt ist der Fall eines GU, das von beteiligten Unternehmen und Dritten gemeinsam beherrscht wird. Die Kommission wendet hier Art. 5 Abs. 5 lit. b) FKVO analog an,[211] d.h. die Umsätze des GU werden den Muttergesellschaften zu gleichen Teilen zugerechnet.

Kontrolliert eine Muttergesellschaft eines beteiligten Unternehmens ein GU zusammen mit ei- **113** nem Dritten, wendet die Kommission Art. 5 Abs. 5 lit. b) FKVO analog an, d.h. auch in diesem Fall wird das GU den kontrollierenden Muttergesellschaften zu gleichen Teilen zugerechnet.

Die Regeln zur Umsatzberechnung im Fall von GU sind komplex. Bei Unklarheiten ist den **114** allgemeinen Grundsätzen der Vermeidung von Doppelzählungen und der möglichst genauen Widerspiegelung der wirtschaftlichen Stärke der beteiligten Unternehmen der Vorrang einzuräumen.[212]

Der konzerninterne Umsatz ist abzuziehen. Maßgeblich ist der konsolidierte Umsatz, Art. 5 **115** Abs. 1 Satz 2 FKVO.[213]

Art. 5 Abs. 4 FKVO wird auch auf **Unternehmen der öffentlichen Hand** angewendet. Nicht alle **116** Unternehmen, die im Staatsbesitz stehen, werden jedoch aufgrund der Eigentumsverhältnisse als ein Konzern angesehen, mit der Folge, dass sämtliche Umsätze zu addieren wären. Vielmehr werden nur die Umsätze derjenigen Unternehmen berücksichtigt, die mit den beteiligten Unternehmen eine mit einer autonomen Entscheidungsbefugnis ausgestattete wirtschaftliche Einheit bilden.[214] Demgegenüber werden nach deutscher Fusionskontrolle einem Unternehmen der öffentlichen Hand regelmäßig sämtliche Unternehmen zugerechnet, die von demselben Rechtsträger beherrscht werden.[215]

---

207 Konsolidierte Mitteilung zu Zuständigkeitsfragen, Rn. 184.
208 *Fries*, in: Schröter/Jakob/Mederer, Art. 5 FKVO Rn. 68.
209 Konsolidierte Mitteilung zu Zuständigkeitsfragen, Rn. 145-147.
210 Siehe oben Rn. 83.
211 Konsolidierte Mitteilung zu Zuständigkeitsfragen, Rn. 168.
212 Konsolidierte Mitteilung zu Zuständigkeitsfragen, Rn. 168; So hat die Kommission in der Entscheidung M. 806 (BA/TAT), Rn. 10 ff. beim Übergang von gemeinsamer zu alleiniger Kontrolle den Umsatz derjenigen Muttergesellschaft, die ihre Beteiligung an dem GU veräußert, trotz Art. 5 Abs. 4 c) FKVO nicht hinzugerechnet und auch dem Umsatz derjenigen Muttergesellschaft, die die alleinige Kontrolle erwirbt, nicht den Umsatz des GU hinzugerechnet.
213 Siehe Rn. 87.
214 Siehe Erwägungsgrund 22 der FKVO; Kommission, M. 322 (Alcan/Inespal/Palco); siehe Konsolidierte Mitteilung zu Zuständigkeitsfragen, Rn. 192-94; siehe auch Rn. 18.
215 Siehe nur *Emmerich*, in: Immenga/Mestmäcker, GWB, § 130 Rn. 101; *Bechtold*, § 130 Rn. 10.

C. Abgrenzung zu den nationalen Fusionskontrollregimen (Verweisungen)

I. Allgemein

117 Liegt ein Zusammenschluss von unionsweiter Bedeutung vor, ist grundsätzlich die Kommission allein zuständig, Art. 21 Abs. 3 UA 1 FKVO.[216] Allerdings können die Mitgliedstaaten geeignete Maßnahmen zum Schutz „anderer berechtigter Interessen" als derjenigen treffen, die von der FKVO berücksichtigt werden, wobei die öffentliche Sicherheit, die Medienvielfalt und die Aufsichtsregeln als derartige berechtigte Interessen gelten, Art. 21 Abs. 4 FKVO.[217] Unterhalb der Aufgreifschwellen der Art. 1 und 3 FKVO besteht demgegenüber grundsätzlich eine ausschließliche Zuständigkeit der nationalen Kartellbehörden der Mitgliedstaaten. Hierzu gibt es aber Ausnahmen. Unter bestimmten Voraussetzungen kann ein Fall von der Kommission an die Mitgliedstaaten sowie auch in umgekehrter Richtung verwiesen werden, und zwar jeweils vor oder nach Anmeldung. Über die Verweisung von Fusionssachen hat die Kommission eine Mitteilung erlassen.[218] Darüber hinaus haben sich die im ECA-Netzwerk vertretenden nationalen Wettbewerbsbehörden auf Leitlinien zur Anwendung der Regelungen betreffend die Verweisung an die Kommission nach Art. 4 Abs. 5 und 22 FKVO verständigt.[219] Ziel ist es, die sachnähere Behörde entscheiden zu lassen und die Unternehmen von übermäßigem bürokratischem Aufwand zu befreien, der bei Anmeldungen in mehreren Mitgliedstaaten verursacht wird.

118 Eine Aufspaltung einer Sache auf mehrere Behörden als Ergebnis von Verweisungen ist nach Möglichkeit zu vermeiden. **Teilverweisungen** sind zwar nach Art. 4 Abs. 4 FKVO (Verweisung vor Anmeldung an Mitgliedstaaten) und nach Art. 9 (Verweisung nach Anmeldung an Mitgliedstaaten) möglich. In der Regel sollte aber das gesamte Vorhaben oder zumindest alle miteinander zusammenhängende Teile von einer einzigen Behörde untersucht werden.[220]

119 Im Falle einer Verweisung vor Anmeldung an Mitgliedstaaten (Art. 4 Abs. 4 FKVO) sowie einer Verweisung nach Anmeldung an die Kommission (Art. 22 FKVO) oder an Mitgliedstaaten (Art. 9 FKVO) ist die Kommission verpflichtet, die beteiligten Unternehmen und Personen sowie alle Mitgliedstaaten von ihrer **Entscheidung** über eine Verweisung zu unterrichten, Art. 4 Abs. 4 UA 4, Art. 9 Abs. 1, Art. 22 Abs. 3 UA 2 FKVO.[221] Eine Veröffentlichung dieser Entscheidungen im Amtsblatt der Europäischen Union ist nicht erforderlich.[222] Die Kommission hat aber darauf hingewiesen, dass sie unter Berücksichtigung etwaiger Vertraulichkeitserfordernisse für eine angemessene Bekanntgabe dieser Entscheidungen auf den Internetseiten der Generaldirektion Wettbewerb Sorge tragen werde.[223] In der Praxis erfolgt eine derartige Veröffentlichung in Abstimmung mit den Parteien und der betreffenden nationalen Kartellbehörde.

II. Verweisungen vor Anmeldung

120 Verweisungen **vor Anmeldung** erfolgen nur auf Antrag der beteiligten Unternehmen. Der Antrag ist bei der Kommission mittels eines Formblattes (Formblatt RS, kurz: **Form RS**)[224] zu

---

216 Von den Beteiligten vorgeschlagene Änderungen oder Zusagen führen nicht dazu, dass die Kommission zur wiederholten Überprüfung ihrer Zuständigkeit, insbesondere der unionsweiten Bedeutung, gezwungen wird: EuGH, Rs. C-202/06 P (Cementbouw) Slg. 2007, I-12129, Rn. 31, 43.

217 Jedes andere Interesse, das in der FKVO nicht ausdrücklich erwähnt wird, muss der Mitgliedstaat der Kommission mitteilen, um es als berechtigt anerkennen zu lassen, Art. 21 Abs. 4 UA 3 FKVO; siehe dazu den EuGH, Rs. C-42/01 (Portugal), Rn. 50 ff; EuGH, Rs. C-196/07 (Spanien), Rn. 37.

218 Mitteilung der Kommission über die Verweisung von Fusionssachen, ABl. 2005 C 56/2.

219 Principles on the Application, by National Competition Authorities within the ECA, of Art. 4(5) and 22 of the EC Merger Regulation (Stand Januar 2005).

220 Mitteilung über die Verweisung von Fusionssachen, Rn. 12 und Rn. 22.

221 Eine Verweisung an die Kommission vor Anmeldung (Art. 4 Abs. 5 FKVO) erfordert keine derartige Entscheidung, vgl. Art. 4 Abs. 5 UA 5 FKVO.

222 Vgl. Art. 20 FKVO.

223 Mitteilung über die Verweisung von Fusionssachen, Rn. 80.

224 RS steht für „Reasoned Submission" (begründeter Antrag).

T. Mäger

stellen.[225] Einzureichen sind: die unterzeichnete Form RS als Original auf Papier sowie fünf Papierkopien des gesamten Formblatts und seiner Anlagen, weiterhin eine CD-Rom oder DVD, die den vollständigen begründeten Antrag enthält.[226] Eine Veröffentlichung der Information, dass eine Form RS eingereicht wurde, ist in der FKVO nicht vorgeschrieben und wird von der Kommission auch nicht praktiziert. Ein nicht öffentlich bekanntes Vorhaben kann somit durchaus Gegenstand eines Verweisungsantrags sein (wobei indessen Behörden in 27 Ländern Kenntnis von dem Verfahren erlangen).[227] Allerdings ist zu berücksichtigen, dass die Entscheidung der Kommission über eine Verweisung an Mitgliedstaaten (Art. 4 Abs. 4 FKVO) im Internet bekannt gegeben wird[228] und die im Falle einer Verweisung an die Kommission (Art. 4 Abs. 5 FKVO) erforderliche Anmeldung gemäß Form CO nicht vertraulich ist.[229] Die Vertraulichkeit gilt damit nur vor Abschluss des Verweisungsverfahrens.

Enthält ein Verweisungsantrag eines Unternehmens nach Art. 4 Abs. 4 oder Abs. 5 FKVO unrichtige oder unvollständige Angaben, kann die Kommission eine Geldbuße verhängen, Art. 14 Abs. 1 lit. a) FKVO. Nach Auffassung der Kommission besteht darüber hinaus die Möglichkeit, eine Verweisung rückgängig zu machen.[230]   **121**

1. Verweisung an die Kommission (Art. 4 Abs. 5 FKVO)

a) Voraussetzungen. Die Beteiligten können die Verweisung eines Vorhabens, das die Umsatzschwellen von Art. 1 FKVO nicht erfüllt, an die Kommission beantragen, wenn zwei Voraussetzungen erfüllt sind: Das Vorhaben muss einen **Zusammenschluss** i.S.v. Art. 3 FKVO darstellen und der Zusammenschluss muss nach dem innerstaatlichen Wettbewerbsrecht von **mindestens drei Mitgliedstaaten** geprüft werden können, Art. 4 Abs. 5 UA 1 FKVO. Bei der Prüfung der zweiten Voraussetzung zählen auch Fusionskontrollregime mit, die keine Anmeldepflicht vorsehen,[231] d.h. Regime, nach denen die Anmeldung freiwillig ist, die Behörde aber von sich aus einen Fall, der die jeweiligen Schwellen erfüllt, aufgreifen kann. Dies gilt z.B. für die Fusionskontrolle in Großbritannien.   **122**

Für eine Verweisung nach Art. 4 Abs. 5 FKVO eignen sich vor allem Vorhaben, bei denen die betroffenen **räumlichen Märkte über die Staatsgrenzen** hinausreichen.[232] Gleiches gilt, wenn das Vorhaben Wettbewerbsprobleme in einer ganzen Reihe nationaler oder auch kleinerer Märkte in mehreren Mitgliedstaaten verursachen könnte. Insbesondere bei zentralisierter Produktion oder Vermarktung bietet es sich an, etwaige Wettbewerbsprobleme durch **einheitliche Abhilfemaßnahmen** auszuräumen.[233]   **123**

b) Verfahren. Nach Eingang des Antrages auf Verweisung (mittels der Form RS) leitet die Kommission diesen an alle Mitgliedstaaten weiter, Art. 4 Abs. 5 UA 2 FKVO. Jeder „an sich" zuständige Mitgliedstaat kann innerhalb von 15 Arbeitstagen nach Erhalt des Antrags[234] die beantragte Verweisung ablehnen, Art. 4 Abs. 5 UA 3 FKVO. Lehnt auch nur einer der „an sich"   **124**

---

225 Das Formblatt RS bildet Anhang III zur FKVO-DVO. Ausführlich zu den formellen Aspekten eines Verweisungsantrags vor Anmeldung: *Körber*, WuW 2007, 330, 331; *Ryan*, Competition Policy Newsletter 2005, number 3, Fn. 20.
226 Die Spezifikation der Medienträger sollte mit der Kommission abgestimmt werden. Soweit die Dokumente einen bestimmten Umfang überschreiten, verlangt die Kommission die Vorlage von 32 CD-Roms oder DVDs, die jeweils den vollständig begründeten Antrag enthalten.
227 Mitteilung über die Verweisung von Fusionssachen, Rn. 61.
228 Siehe oben Rn. 119.
229 Siehe Rn. 298.
230 Mitteilung über die Verweisung von Fusionssachen, Rn. 60; kritisch hierzu: *Hirsbrunner*, EuZW 2005, 519, 520 f.; siehe auch Rn. 113 und 119.
231 Mitteilung über die Verweisung von Fusionssachen, Rn. 71.
232 Mitteilung über die Verweisung von Fusionssachen, Rn. 28.
233 Mitteilung über die Verweisung von Fusionssachen, Rn. 29; siehe auch die Principles on the Application, by National Competition Authorities within the ECA, of Art. 4(5) and 22 of the EC Merger Regulation (Stand Januar 2005), Rn. 8.
234 Die Frist von 15 Arbeitstagen erscheint etwas lang im Hinblick darauf, dass es sich um eine – nicht weiter zu begründende – Entscheidung über die Zuständigkeit handelt.

zuständigen Mitgliedstaaten die Verweisung ab,[235] erfolgt keine Verweisung und das Vorhaben unterliegt den nationalen Fusionskontrollregimen, Art. 4 Abs. 5 UA 4 FKVO. Stimmen alle betroffenen Mitgliedstaaten zu oder äußern sich nicht, wird die unionsweite Bedeutung des Zusammenschlusses – unwiderleglich[236] – vermutet, Art. 4 Abs. 5 UA 5 Satz 1 FKVO. Die Kommission erlangt dann die ausschließliche Zuständigkeit über den Fall. Das Vorhaben ist hierauf bei der Kommission gemäß Formblatt CO (kurz: Form CO) anzumelden, Art. 4 Abs. 5 UA 5 Satz 1 FKVO. Da die erforderlichen Angaben gemäß Form RS mit denjenigen der Form CO vergleichbar sind,[237] kann im Rahmen der Anmeldung weitgehend auf den Verweisungsantrag zurückgegriffen werden. Die Anmeldung kann theoretisch am Tag nach Ablauf der Vetofrist erfolgen. Dies setzt voraus, dass die Kommission bereit ist, sich während des Verweisungsverfahrens bereits mit dem Entwurf der Form CO zu befassen. Die Praxis hierzu ist uneinheitlich.

125 Die Form RS fragt Informationen zu dem Zusammenschlussvorhaben ab, die ihrem Umfang nach einer „normalen" Anmeldung gemäß Form CO[238] ähneln. Darüber hinaus muss in dem Antrag die Anmeldefähigkeit des Zusammenschlussvorhabens in mindestens drei Mitgliedstaaten dargelegt werden. Im Hinblick auf das „Vetorecht" der Mitgliedstaaten ist zudem vorzutragen, dass der Zusammenschluss den zwischenstaatlichen Wettbewerb und nicht lediglich den Wettbewerb in gesonderten nationalen Märkten innerhalb der „an sich" zuständigen Mitgliedstaaten beeinträchtigen könnte. Von den beteiligten Unternehmen ist aber nicht der Nachweis zu verlangen, dass die Auswirkungen des Zusammenschlusses wettbewerblich schädlich sein würden, Erwägungsgrund 16 zur FKVO (kein Zwang zur „Selbstbezichtigung"). Wird nachgewiesen, dass es „betroffene Märkte"[239] im Sinne der Form RS[240] gibt, können die Anforderungen generell als erfüllt gelten.[241] Haben unrichtige Angaben zur Verweisung geführt, bleibt die Kommission gleichwohl grundsätzlich zuständig.[242]

126 c) **Praktische Aspekte (Zweckmäßigkeit).** Ob eine Verweisung nach Art. 4 Abs. 5 FKVO zweckmäßig ist,[243] hängt vom Einzelfall ab.[244] Das Ausfüllen der Form RS bzw. der Form CO ist deutlich aufwendiger als die Erstellung einer Anmeldung in den meisten Mitgliedstaaten. Je nachdem, wie viele nationale Fusionskontrollregime innerhalb der EU betroffen sind, kann der Arbeitsaufwand, der mit der Betreuung der nationalen Fusionskontrollregime verbunden ist, sogar geringer sein, als der Aufwand, der mit einem Verweisungsverfahren nach Art. 4 Abs. 5 FKVO verbunden ist. Das Verweisungsverfahren kann auch zu einer Verzögerung führen, verglichen mit dem Zeitplan, der sich aus den nationalen Fusionskontrollen ergibt. Darüber hinaus besteht stets das Risiko, dass ein Mitgliedstaat gegen die Verweisung sein Veto einlegt. Auch dies kann zu empfindlichen Verzögerungen führen, da die Parteien dann die – ggf. parallel vorbereiteten – nationalen Anmeldungen betreiben müssen. Schließlich ist zu berücksichtigen, dass die Kommission die Wettbewerbsverhältnisse in den (gesamten) räumlich relevanten Märkten prüft. Vor diesem Hintergrund kann sich eine Situation ergeben, in der auch die Wettbewerbsverhältnisse in einem Mitgliedstaat in den Blick geraten, dessen Fusionskontrolle nicht anwendbar ist (da die nationalen Aufgreifschwellen nicht erfüllt sind) und dessen Markt-

---

235 Zur Ermessensbindung der Entscheidung des Mitgliedstaats: *Schroeder*, in: MünchKomm, Art. 4 FKVO Rn. 145.

236 Dies kommt in der englischen Sprachfassung von Art. 4 Abs. 5 UA 5 FKVO („shall be deemed to have a community dimension") besser zum Ausdruck als in der deutschen Sprachfassung („so wird die gemeinschaftsweite Bedeutung des Zusammenschlusses vermutet"); siehe auch *Klees*, § 12, Rn. 38.

237 Siehe Rn. 125; die weitreichenden Informationsanforderungen werden von Seiten der anmeldenden Unternehmen teilweise kritisch gesehen, da für die Prüfung im Rahmen des Verwaltungsverfahrens streng genommen nicht Marktdaten für den gesamten EWR erforderlich wären, sondern nur solche für die betreffenden drei oder mehr Mitgliedstaaten.

238 Dazu Rn. 293.

239 Siehe Rn. 293.

240 Der Begriff der „betroffenen Märkte" in der Form RS und der Form CO ist identisch.

241 Mitteilung über die Verweisung von Fusionssachen, Rn. 27, Fn. 29.

242 Siehe im Einzelnen *Schroeder*, in: MünchKomm, Art. 4 FKVO Rn. 140 f.; siehe auch Rn. 121.

243 Die Möglichkeit eines Verweisungsantrages wird – mit kritischem Unterton – unter dem Begriff Forum Shopping diskutiert.

244 Siehe auch *Soyez* ZWeR 2005, 416; siehe allgemein auch *Schulz*, GWR 2009, 339.

T. Mäger

verhältnisse von den Behörden der anderen zuständigen Mitgliedstaaten nicht intensiv geprüft würden. Im Falle eines Vetos dürfte sich schließlich die praktische Notwendigkeit ergeben, in allen identifizierten Mitgliedstaaten anzumelden, unabhängig davon, ob die Anmeldung freiwillig ist.

Im Einzelfall zu entscheiden ist, ob es zweckmäßig erscheint, im Vorfeld eines geplanten Antrags **127** nach Art. 4 Abs. 5 FKVO mit den „an sich" zuständigen Mitgliedstaaten informell Kontakt aufzunehmen.[245]

2. Verweisung an Mitgliedstaaten (Art. 4 Abs. 4 FKVO)

a) **Voraussetzungen.** Die beteiligten Unternehmen können einen Antrag auf Verweisung einer **128** Fusionssache von der Kommission an einen oder mehrere Mitgliedstaaten nach Art. 4 Abs. 4 FKVO stellen,[246] wenn zwei Voraussetzungen erfüllt sind. Zum einen müssen Anhaltspunkte dafür vorliegen, dass der Zusammenschluss den Wettbewerb in einem oder mehreren Märkten **erheblich beeinträchtigen**[247] kann. Die Beteiligten müssen jedoch nicht nachweisen, dass sich der Zusammenschluss nachteilig auf den Wettbewerb auswirkt (kein Zwang zur Selbstbezichtigung).[248] Wird nachgewiesen, dass es „betroffene Märkte"[249] im Sinne der Form RS/Form CO gibt, können die Anforderungen generell als erfüllt gelten.[250] Zum anderen müssen sich die fraglichen Märkte in einem Mitgliedstaat befinden und alle Merkmale eines **gesonderten Marktes** aufweisen. Damit muss es sich um nationale oder noch kleinere Märkte handeln.[251]

Auf der Grundlage von Art. 4 Abs. 4 FKVO können nur Zusammenschlüsse verwiesen werden, **129** die unter das nationale Fusionskontrollrecht fallen, d.h. nach dem jeweiligen nationalen Recht einen Zusammenschlusstatbestand darstellen und die Aufgreifschwellen erfüllen.[252]

b) **Verfahren.** In einem Antrag auf Verweisung nach Form RS sind detaillierte Marktdaten **130** aufzunehmen. Der Umfang der Informationsanforderung geht über das hinaus, was streng genommen für die Prüfung der Kommission erforderlich ist. Anders als bei einem Verweisungsantrag nach Art. 4 Abs. 5 FKVO sind die „überschießenden" Angaben auch nicht mehr für eine spätere Form CO verwendbar.[253]

Die Kommission empfiehlt, Anträge auf Verweisung an einen Mitgliedstaat auch in der Sprache **131** dieses Staates einzureichen.[254] Die Kommission leitet den Verweisungsantrag an alle Mitgliedstaaten weiter. Der in dem Verweisungsantrag genannte Mitgliedstaat hat 15 Arbeitstage nach Zugang des Verweisungsantrages Zeit, der Verweisung zuzustimmen. Schweigen gilt als Zustimmung, Art. 4 Abs. 4 UA 2 FKVO. Widerspricht der Mitgliedstaat nicht, steht die Verweisung in dem pflichtgebundenen Ermessen der Kommission. Sie kann dann den gesamten oder einen Teil des Falles an den betreffenden Mitgliedstaat verweisen, Art. 4 Abs. 4 UA 3 FKVO.

---

245 Bereits eine einzige Anmeldung innerhalb der Gemeinschaft nimmt den Beteiligten die Möglichkeit, Art. 4 Abs. 5 FKVO in Anspruch zu nehmen (Mitteilung über die Verweisung von Fusionssachen, Rn. 69; bei Bestehen nationaler Anmeldefristen sollte nach Auffassung der Kommission für die nicht rechtzeitige Nichtanmeldung eines Zusammenschlusses auf nationaler Ebene während der Bearbeitung eines Verweisungsantrags nach Art. 4 Abs. 5 keine Geldbuße erhoben werden, Mitteilung über die Verweisung von Fusionssachen, Rn. 74). Demgegenüber ist eine informelle Kontaktaufnahme unschädlich; zu derartigen informellen Kontakten siehe auch: Principles on the Application, by National Competition Authorities within the ECA, of Art. 4(5) and 22 of the EC Merger Regulation (Stand Januar 2005), Rn. 10.

246 Nach Einreichung einer Form CO gemäß Art. 4 Abs. 1 FKVO ist ein derartiger Antrag nicht mehr möglich, Mitteilung über die Verweisung von Fusionssachen, Rn. 68; ein Antrag auf Freistellung vom Vollzugsverbot nach Art. 7 Abs. 3 FKVO „würde normalerweise" mit der Absicht unvereinbar sein, einen Verweisungsantrag nach Art. 4 Abs. 4 FKVO zu stellen, Mitteilung über die Verweisung von Fusionssachen, Rn. 64, Fn. 51.

247 Die englische Sprachfassung – „may significantly affect competition" ist demgegenüber neutraler formuliert, da auch positive Auswirkungen erfasst werden.

248 Siehe Erwägungsgrund 16 zur FKVO, Mitteilung über die Verweisung von Fusionssachen, Rn. 17; vgl. Rn. 125.

249 Siehe Rn. 293.

250 Mitteilung über die Verweisung von Fusionssachen, Rn. 17, Fn. 21.

251 Mitteilung über die Verweisung von Fusionssachen, Rn. 18.

252 Mitteilung über die Verweisung von Fusionssachen, Rn. 65.

253 Rn. 124.

254 Mitteilung über die Verweisung von Fusionssachen, Rn. 62.

Die Entscheidung darüber ist innerhalb von 25 Arbeitstagen nach Eingang des Verweisungsantrags zu treffen, Art. 4 Abs. 4 UA 4 FKVO. Die Kommission adressiert die Entscheidung an
die Mitgliedstaaten, an die der Fall verwiesen wird, sowie an die Unternehmen, welche die
Verweisung beantragt haben.[255] Von der Möglichkeit einer **Teilverweisung** sollte die Kommission nur dann Gebrauch machen, wenn sich der Antragsteller hiermit ausdrücklich einverstan-
den erklärt hat.[256]

132 Werden in dem Antrag nach Form RS **unrichtige oder unvollständige Angaben** gemacht, kann
die Kommission nach eigener Einschätzung eine Anmeldung nach Art. 4 Abs. 1 FKVO verlangen.[257] Dies ist jedoch nicht der Fall, solange die Verweisung wirksam ist. Deren Widerruf ist
in der FKVO nicht vorgesehen.[258] Auch eine Rückverweisung an die Kommission nach Art. 22
FKVO ist nur innerhalb der Fristen des Art. 22 Abs. 1 FKVO möglich.[259]

133 **c) Vorgaben an nationale Verfahren.** Im Hinblick auf das nationale Verfahren macht die FKVO
nur wenige Vorgaben. Art. 4 Abs. 4 UA 5 Satz 2 i.V.m. Art. 9 Abs. 6 UA 1 FKVO verlangt von
den zuständigen Behörden der Mitgliedstaaten lediglich, dass sie ohne unangemessene Verzögerung über den Fall entscheiden. Sie müssen dem beteiligten Unternehmen innerhalb von 45
Arbeitstagen nach der Verweisung das Ergebnis einer vorläufigen wettbewerbsrechtlichen Prüfung sowie ggf. von ihnen beabsichtigte Maßnahmen mitteilen, Art. 4 Abs. 4 UA 5 Satz 2 i.V.m.
Art. 9 Abs. 6 UA 2 FKVO.[260] Der betreffende Mitgliedstaat kann diese Frist ausnahmsweise
hemmen, wenn die beteiligten Unternehmen die nach seinem innerstaatlichen Wettbewerbsrecht zu übermittelnden erforderlichen Angaben nicht gemacht haben, Art. 4 Abs. 4 UA 5
Satz 2 i.V.m. Art. 9 Abs. 6 UA 2 Satz 2 FKVO. Ist nach einzelstaatlichem Recht eine Anmeldung
erforderlich, beginnt die Frist von 45 Arbeitstagen nach dem Arbeitstag, der auf den Eingang der
vollständigen Anmeldung bei der zuständigen Behörde folgt, Art. 4 Abs. 4 UA 5 Satz 2
i.V.m. Art. 9 Abs. 6 UA 3 FKVO. In Deutschland ist eine Anmeldung nicht erforderlich, wenn
die Kommission einen Zusammenschluss an das Bundeskartellamt verwiesen hat und dem
Bundeskartellamt die nach § 39 Abs. 3 GWB erforderlichen Angaben in deutscher Sprache
vorliegen, § 39 Abs. 4 Satz 1 GWB. Das Bundeskartellamt teilt den beteiligten Unternehmen
unverzüglich den Zeitpunkt des Eingangs der Verweisungsentscheidung mit und unterrichtet
sie zugleich darüber, inwieweit die nach § 39 Abs. 3 GWB erforderlichen Angaben in deutscher
Sprache vorliegen, § 39 Abs. 4 Satz 2 GWB. Falls die Form RS nicht sämtliche Mindestangaben
nach § 39 Abs. 3 GWB in deutscher Sprache enthält, kann es sich empfehlen, rein vorsorglich
parallel beim Bundeskartellamt eine **Anmeldung** einzureichen, die dem Bundeskartellamt bei
Eingang der Verweisungsentscheidung bereits vorliegen sollte. Auf diesem Weg können auch
beteiligte Unternehmen – etwa der Veräußerer – in den Kreis der Anmelder eintreten, die nach
deutschem Recht, aber nicht nach europäischem Recht anmeldeberechtigt sind.

134 Der Mitgliedstaat verfügt nach einer Verweisung nur über eine abgetretene Zuständigkeit. Er
wendet nationales Recht an, darf aber nach Art. 4 Abs. 4 UA 5 Satz 2 i.V.m. Art. 9 Abs. 8 FKVO
nur solche Maßnahmen treffen, die zur Aufrechterhaltung oder Wiederherstellung wirksamen
Wettbewerbs auf dem betreffenden Markt unbedingt erforderlich sind. Dies hindert allerdings
nicht die Anwendung der **Abwägungsklausel des § 36 Abs. 1 GWB**. Zwar dürften sich die Verbesserungen der Wettbewerbsbedingungen regelmäßig auf andere sachliche oder geografische
Märkte beziehen.[261] Bei Anwendung der Abwägungsklausel wird wirksamer Wettbewerb auf
dem betreffenden Markt i.S.v. Art. 9 Abs. 8 FKVO deshalb regelmäßig gerade nicht aufrecht
erhalten, sondern es wird eine Einschränkung in Kauf genommen. Art. 9 Abs. 8 FKVO hindert

---

255 *Ryan*, Competition Policy Newsletter 2005, number 3 (Abschnitt B) unter Hinweis auf die nicht ganz de-
    ckungsgleichen Vorgaben in Art. 4 Abs. 4 UA 4, Satz 2 FKVO und Mitteilung über die Verweisung von
    Fusionssachen, Rn. 79.
256 So auch *Hellmann*, EWS 2004, 289, 290; *Schroeder*, in: MünchKomm, Art. 4 FKVO Rn. 84 und 114; vgl.
    Rn. 118.
257 Mitteilung über die Verweisung von Fusionssachen, Rn. 60.
258 *Schroeder*, in: MünchKomm, Art. 4 FKVO Rn. 99.
259 *Schroeder*, in: MünchKomm, Art. 4 FKVO Rn. 100.
260 Siehe auch Mitteilung über die Verweisung von Fusionssachen, Rn. 82.
261 Beziehen sich die Verbesserungen demgegenüber auf dieselben Märkte, dürfte es regelmäßig bereits an der
    Entstehung oder Verstärkung einer marktbeherrschenden Stellung nach § 36 Abs. 1 GWB fehlen.

T. Mäger

einen Mitgliedstaat aber nicht daran, ausnahmsweise auf Maßnahmen zur Aufrechterhaltung und Wiederherstellung des Wettbewerbs zu verzichten. Sogar eine Freigabe aus nicht-wettbewerblichen Gründen wäre zulässig[262] und damit erst recht eine Freigabe unter Anwendung der Abwägungsklausel.[263]

d) Praktische Aspekte (Zweckmäßigkeit). Ob ein Verweisungsantrag nach Art. 4 Abs. 4 FKVO   **135** zweckmäßig ist, kann nur im Einzelfall entschieden werden.[264] Ist davon auszugehen, dass eine nationale Kartellbehörde einen Verweisungsantrag nach Art. 9 FKVO stellt[265] und diesem von der Kommission stattgegeben wird, könnte sich ein Antrag nach Art. 4 Abs. 4 FKVO unter Zeitaspekten empfehlen. Während die Kommission die Entscheidung über eine Verweisung nach Art. 4 Abs. 4 FKVO innerhalb von 25 Arbeitstagen nach Eingang des Verweisungsantrags zu treffen hat,[266] ergeht die Entscheidung über eine Verweisung nach Art. 9 FKVO in der Regel innerhalb von 35 Arbeitstagen nach Anmeldung des Vorhabens bei der Kommission.[267] Ein weiterer Vorteil liegt darin, dass das Verweisungsverfahren nach Art. 4 Abs. 4 FKVO zu einem Zeitpunkt in Gang gesetzt werden kann, zu dem das Vorhaben noch vertraulich ist.[268] Eine derartige vertrauliche Behandlung ist bei einer Verweisung nach Art. 9 FKVO nicht gegeben, da die Tatsache der Anmeldung im Amtsblatt und auf der Webseite der Kommission veröffentlicht wird.[269] Im Falle eines Verweisungsantrags nach Art. 4 Abs. 4 FKVO büßen die Unternehmen allerdings Argumentationsspielraum im Hinblick auf geografisch weiter abgegrenzte Märkte ein.

III. Verweisungen nach Anmeldung

Verweisungen sind auch nach Anmeldung des Vorhabens bei der Kommission bzw. bei natio   **136** nalen Kartellbehörden der Mitgliedstaaten möglich. Sie erfolgen nur auf Antrag der Mitgliedstaaten.[270] Die FKVO regelt nicht das Verhältnis der Verweisungsverfahren vor Anmeldung gemäß Art. 4 Abs. 4 und 5 FKVO zu den Verweisungsverfahren nach Anmeldung gemäß Art. 9 und 22 FKVO. Hat ein Mitgliedstaat im Rahmen des Verweisungsverfahrens nach Art. 4 Abs. 4 FKVO die Verweisung des Falles an sich selbst nicht zugestimmt, sollte eine Situation vermieden werden, in der dieser Mitgliedstaat nach Anmeldung des Vorhabens bei der Kommission einen Antrag auf Verweisung gemäß Art. 9 Abs. 2 FKVO stellt.[271] Ebenso sollte ein Verweisungsantrag eines Mitgliedstaats nach Art. 22 FKVO an die Kommission dann nicht erfolgen, wenn eine Verweisung des Vorhabens an die Kommission nach Art. 4 Abs. 5 UA 4 FKVO aufgrund des „Vetos" eines Mitgliedstaats unterblieben ist.[272]

1. Verweisung an die Kommission (Art. 22 FKVO)

a) Voraussetzungen. Auf Antrag eines oder mehrerer Mitgliedstaaten kann die Kommission   **137** einen Zusammenschluss prüfen, der die Umsatzschwellen von Art. 1 FKVO nicht erfüllt.

---

262 *Hirsbrunner*, in: Schröter/Jakob/Mederer, Art. 9 FKVO, Rn. 44; dabei geht es um Fälle, in denen die nationale Kartellbehörde berechtigt ist, Gemeinwohlaspekte in ihre Prüfung mit einzubeziehen. Davon zu trennen ist die Frage, ob nach einer Verweisung auch die Zuständigkeit einer nationalen Behörde, welche die Entscheidung der Kartellbehörde "überspielen" kann, eröffnet ist, z.B. in der Bundesrepublik Deutschland eine Ministererlaubnis nach § 42 Abs. 1 GWB ergehen könnte.
263 So auch *Wagemann*, in: Wiedemann, § 16 Rn. 202; siehe auch *Mäger*, in: MünchKomm, GWB, § 39, Rn. 66; a.A. *Westermann*, in: Loewenheim/Meessen/Riesenkampff, Art. 9 FKVO, Rn. 24.
264 Zum Forum Shopping Rn. 126.
265 Siehe Rn. 148 ff.
266 Siehe Rn. 131.
267 Siehe Rn. 153.
268 Siehe Rn. 120.
269 Siehe Rn. 298.
270 Berechtigt sind die Mitgliedstaaten als solche. In der Bundesrepublik Deutschland steht die Kompetenz dem Bundeswirtschaftsministerium zu, das diese jedoch auf das Bundeskartellamt delegiert hat. Gleichzeitig hat es das Bundeskartellamt angewiesen, vor einer entsprechenden Antragstellung Einvernehmen mit dem Bundeswirtschaftsministerium herzustellen (*Westermann*, in: Loewenheim/Meessen/Riesenkampff, Art. 9 Rn. 5).
271 So auch: *Schroeder*, in: MünchKomm, Art. 4 FKVO Rn. 110.
272 So auch *Hellmann*, EWS 2004, 289, 291 f.; *Schroeder*, in: MünchKomm, Art. 4 FKVO Rn. 120.

138 Hierzu müssen nach Art. 22 Abs. 1 UA 1 FKVO folgende Voraussetzungen erfüllt sein: Es muss sich zunächst um einen **Zusammenschluss** i.S.v. Art. 3 FKVO handeln. Der Zusammenschluss muss weiterhin den **Handel zwischen Mitgliedstaaten beeinträchtigen**. Der Zusammenschluss muss schließlich den **Wettbewerb im Hoheitsgebiet** des bzw. der antragstellenden Mitgliedstaaten **erheblich zu beeinträchtigen drohen**. Im Hinblick auf die letzte Voraussetzung muss der verweisende Mitgliedstaat im Kern nachweisen, dass nach seiner vorläufigen Analyse ein wirkliches Risiko besteht, dass das Vorhaben erhebliche nachteilige Auswirkungen auf den Wettbewerb hat und deshalb genau geprüft werden sollte.[273]

139 Eine Verweisung nach Art. 22 FKVO ist auch dann möglich, wenn das betreffende Zusammenschlussvorhaben bereits von einer nationalen Kartellbehörde geprüft und freigegeben worden ist.[274]

140 **b) Antragsberechtigte Mitgliedstaaten.** Nach dem Wortlaut von Art. 22 Abs. 1 FKVO ist es nicht erforderlich, dass der antragstellende Mitgliedstaat „an sich" für das Vorhaben **zuständig** wäre, d.h. die Aufgreifschwellen der jeweiligen nationalen Fusionskontrolle erfüllt sind.[275] Im Fall *Omya/Huber*[276] hat die Kommission einen gemeinsamen Verweisungsantrag nach Art. 22 FKVO akzeptiert, den von Finnland initiiert wurde und dem sich Schweden, Österreich und Frankreich angeschlossen hatten, obwohl die Transaktion die Aufgreifschwellen von zwei verweisenden Mitgliedstaaten nicht erfüllt hat.[277] Als Rechtfertigung wird der Wortlaut von Art. 22 FKVO angeführt, auf die Mitteilung über die Verweisung von Fusionssachen verwiesen[278] sowie argumentiert, dass Art. 22 FKVO ursprünglich geschaffen wurde, um Mitgliedstaaten, die seinerzeit noch nicht über eine hinreichende nationale Fusionskontrolle verfügten, die Möglichkeit zu geben, eine wettbewerbliche Nachprüfung von Zusammenschlüssen zu erreichen.[279] Dies geschah auf Betreiben der Niederlande, so dass Art. 22 FKVO auch als „niederländische Klausel" bezeichnet wird. Praktisch alle Mitgliedstaaten[280] verfügen jedoch mittlerweile über nationale Fusionskontrollen. Einen Antrag nach Art. 22 FKVO können derartige Mitgliedstaaten unstreitig stellen. Deren Aufgreifschwellen müssen aber erfüllt sein. Andernfalls könnte eine unzuständige Behörde (ein Mitgliedstaat) einer anderen unzuständigen Behörde (Kommission) die Zuständigkeit „verschaffen". Da die Kommission nach Art. 22 Abs. 5 FKVO einen Mitgliedstaat auffordern kann, einen Antrag nach Art. 22 Abs. 1 zu stellen, könnte sich die Kommission sogar selbst bereits dadurch die Zuständigkeit „verschaffen", dass sie die Behörde auch nur eines der 27 Mitgliedstaaten der EU „auf ihre Seite zieht". Im Ergebnis würden die Aufgreifschwellen der nationalen Fusionskontrollregime der Mitgliedstaaten völlig bedeutungslos. Jedes Vorhaben, das nach der Einschätzung nur einer der Behörden der 27 Mitgliedstaaten der EU materiell bedenklich ist, würde effektiv der Fusionskontrolle unterliegen. Im Ergebnis entfiele jegliche Rechtssicherheit. Da es jedem Gesetzgeber freisteht, die Aufgreifschwellen frei zu definieren, besteht für eine derart extensive Auffangregelung indessen auch praktisch überhaupt kein Bedürfnis.[281]

141 Dem Wortlaut und der Struktur von Art. 22 FKVO lässt sich im Übrigen indirekt entnehmen, dass den Antrag nur ein „an sich" zuständiger Mitgliedstaat stellen darf. Nach Art. 22 Abs. 1 UA 2 FKVO muss der Zusammenschluss bei dem betreffenden Mitgliedstaat angemeldet oder ihm anderweitig zur Kenntnis gebracht worden sein. Um die Voraussetzung nach Art. 22

---

273 Mitteilung über die Verweisung von Fusionssachen, Rn. 44.
274 Siehe z.B. M. 4465 Thrane & Thrane/Nera.
275 Diese Frage ist, soweit ersichtlich, von den europäischen Gerichten noch nicht geklärt worden. Im Fall Kesko (Rs. T-22/97, Slg. 1999, II-3775, Rn. 82, 84) hat der EuGH lediglich festgestellt, dass es nicht Aufgabe der Kommission ist, im Verwaltungsverfahren darüber zu entscheiden, ob eine nationale Wettbewerbsbehörde nach nationalem Recht für die Stellung eines Antrags nach Art. 22 Abs. 3 FKVO zuständig ist.
276 Kommission, M. 3796; siehe auch EuG vom 4. Februar 2009, Rs. T-145/06 (Omya), noch nicht veröffentlicht: keine Ausführungen zu dem Zuständigkeitsaspekt.
277 Siehe *Ryan*, Competition Policy Newsletter 2005, Number 3.
278 Angeführt wird Rn. 65 der Mitteilung. Hieraus lässt sich aber allenfalls ein nicht zwingender Umkehrschluss ziehen.
279 *Ryan*, Competition Policy Newsletter 2005 number 3; zum historischen Hintergrund von Art. 22 siehe auch *Langeheine/Dittert*, in: Schröter/Jakob/Mederer, Art. 22 FKVO, Rn. 6.
280 Eine Ausnahme besteht nur für Luxemburg.
281 Kritisch auch *Schild*, in: MünchKomm, Art. 22 FKVO Rn. 25., und *Reidlinger/Kühnert*, ZWeR 2007, 129.

T. Mäger

Abs. 1 FKVO darlegen zu können, muss der Mitgliedstaat über die Befugnisse verfügen, die Angaben in der Anmeldung zu verifizieren bzw. bei fehlender Anmeldung selbst zu ermitteln. Art. 22 Abs. 3 UA 3 FKVO stellt klar, dass das Wettbewerbsrecht der Mitgliedstaaten, die den Antrag gestellt haben, auf den Zusammenschluss keine Anwendung „mehr" findet. Auch Erwägungsgrund 15 der FKVO macht deutlich, dass der antragstellende Mitgliedstaat „an sich" zuständig sein muss.[282] Bei Art. 22 handelt es sich um das Gegenstück zu Art. 9 FKVO, der die Zuständigkeit der Kommission voraussetzt. Die Kommission empfiehlt in der Mitteilung über die Verweisung von Fusionssachen[283] den Anmeldern, ihre Anmeldung nach Möglichkeit gleichzeitig bei „sämtlichen zuständigen" Mitgliedstaaten einzureichen. Der Antrag nach Art. 22 FKVO kann richtigerweise deshalb nur von „an sich" zuständigen Mitgliedstaaten gestellt werden.[284]

c) **Verfahren.** Der Antrag nach Art. 22 Abs. 1 FKVO muss innerhalb von 15 Arbeitstagen, **142** nachdem der Zusammenschluss bei dem betreffenden Mitgliedstaat angemeldet oder, falls eine Anmeldung nicht erforderlich ist, ihm anderweitig zur Kenntnis gebracht worden ist, gestellt werden, Art. 22 Abs. 1 UA 2 FKVO.[285] Die Kommission unterrichtet die „zuständigen"[286] Behörden der Mitgliedstaaten und die beteiligten Unternehmen unverzüglich von dem Antrag, Art. 22 Abs. 2 UA 1 FKVO. Jeder andere Mitgliedstaat kann sich diesem Antrag innerhalb von 15 Arbeitstagen **anschließen**.[287] Hierbei kann es sich um jeden Mitgliedstaat handeln, der nicht bereits Antragsteller ist, soweit er für die Prüfung des Zusammenschlusses ebenfalls zuständig ist.[288] In der Praxis akzeptiert die Kommission teilweise aber auch, dass sich Mitgliedstaaten ohne eigene Zuständigkeit anschließen.[289] Nach Sinn und Zweck ist Art. 22 FKVO so auszulegen, dass einem Mitgliedstaat, der sich einem Verweisungsantrag nicht angeschlossen hat, nicht mehr das Recht zusteht, zu einem späteren Zeitpunkt einen eigenen Verweisungsantrag zu stellen. Dies muss erst recht gelten, wenn der Zusammenschluss in dem betreffenden Mitgliedstaat bereits freigegeben worden ist.[290] Der Wortlaut von Art. 22 FKVO ist insoweit allerdings nicht eindeutig.

Innerhalb von zehn Tagen nach Ablauf der 15-tägigen Frist zur Erklärung des Anschlusses an **143** den Verweisungsantrag hat die Kommission zu entscheiden, ob sie den Fall prüft, Art. 22 Abs. 3 UA 1 FKVO.

---

282 Erwägungsgrund 15, Satz 4 der FKVO: „Weitere Mitgliedstaaten, die für die Prüfung des Zusammenschlusses ,ebenfalls zuständig' sind, sollten die Möglichkeit haben, dem Antrag beizutreten".

283 Dort Rn. 50 Fn. 44.

284 So auch *Wagemann*, in: Wiedemann, § 17, Rn. 163, *Brinker/Linsmeier*, KSzW 2011, 64, 67 f.; siehe auch: *Klees* § 12 Rn. 66: „Entscheidend ist..., dass der Mitgliedstaat über die Informationen verfügt, die er benötigt um einschätzen zu können, ob er für die Prüfung des Zusammenschlusses zuständig ist..."; siehe auch Überschrift („Verweisung nach der Anmeldung") vor Rn. 33 der Mitteilung über die Verweisung von Fusionssachen. Nicht überzeugend wäre eine Auslegung, nach der lediglich in irgendeinem Mitgliedstaat eine Anmeldung erfolgen muss, um sämtlichen anderen Mitgliedstaaten die Möglichkeit eines Antrags nach Art. 22 FKVO zu eröffnen.

285 Im Hinblick auf die Fusionskontrollsysteme, in denen eine Anmeldung freiwillig ist, stellt die Kommission auf die Anmeldung oder – sofern diese unterbleibt – den Zeitpunkt ab, zu dem die Behörde ausreichende Informationen für eine Beurteilung nach Art. 22 Abs. 1 FKVO erhält, vgl. Mitteilung über die Verweisung von Fusionssachen und *Ryan*, Competition Policy Newsletter 2005, Number 3, unter E; im Fall Syngenta/ Monsanto (COMP/M. 5675) hat die spanische Kartellbehörde die Frist von 15 Arbeitstagen allerdings nicht ab dem Zeitpunkt der Einreichung der nationalen Anmeldung berechnet, sondern erst ab dem Zeitpunkt, zu dem ihrer Ansicht nach für sie alle Informationen vorlagen, die für die Beurteilung der Verweisung erforderlich waren, kritisch dazu *Brinker/Linsmeier*, KSzW 2011, 64, 66.

286 Nach *Klees*, § 12 Rn. 70 sind damit alle Mitgliedstaaten gemeint.

287 Nach Auffassung der Kommission kann sich ein Mitgliedstaat einem Antrag anschließen, auch wenn der Zusammenschluss bei dem betreffenden Mitgliedstaat vor mehr als 15 Werktagen angemeldet wurde, *Ryan*, Competition Policy Newsletter 2005, Number 3, unter E.

288 Deutlich Erwägungsgrund 15, Satz 4 der FKVO; *Klees*, § 12 Rn. 70, Fn. 156; *Brinker/Linsmeier*, KSzW 2011, 64, 68 m.w.N. zur Gegenauffassung, nach der sich auch Mitgliedstaaten, in denen keine Anmeldepflicht besteht, einem Antrag anschließen können; siehe Parallelfrage zur ursprünglichen Antragsberechtigung, Rn. 140 f.

289 Beispiele bei *Brinker/Linsmeier*, KSzW 2011, 64, 68 f.

290 So wohl auch: *Ryan*, Competition Policy Newsletter 2005, Number 3, unter E; vgl. Rn. 123.

144 Wird der Zusammenschluss von der Kommission geprüft, kann diese von den beteiligten Unternehmen eine Anmeldung gemäß Art. 4 FKVO (Form CO) verlangen, Art. 22 Abs. 3 UA 2 FKVO. Ob eine Anmeldung nach Art. 4 FKVO erforderlich ist, hängt davon ab, ob der Kommission in dem Verweisungsantrag gemäß Art. 22 Abs. 1 FKVO bereits alle erforderlichen Angaben mitgeteilt wurden. Ist dies der Fall, wäre eine erneute Anmeldung gemäß Formblatt CO nicht sinnvoll.[291]

145 Bis zur Entscheidung der Kommission sind die einzelstaatlichen Fristen, die das Zusammenschlussverfahren betreffen, gehemmt, wobei diese Hemmung endet, sobald der betreffende Mitgliedstaat der Kommission und den beteiligten Unternehmen mitgeteilt hat, dass er sich dem Antrag nicht anschließt, Art. 22 Abs. 2 UA 3 FKVO.

146 Diejenigen Mitgliedstaaten, die den Antrag nicht gestellt oder sich ihm nicht angeschlossen haben, können weiterhin ihr nationales Recht auf den Fall anwenden. Denkbar ist, dass Entscheidungen dieser Mitgliedstaaten mit der Entscheidung der Kommission im Widerspruch stehen.[292] Eine Verweisung ist auch dann noch möglich, wenn bereits ein Mitgliedstaat den Zusammenschluss freigegeben hat.[293] Die Kommission wird praktisch stellvertretend und im Auftrag der antragstellenden Mitgliedstaaten tätig.[294] Die Kommission prüft deshalb nur die Wettbewerbsverhältnisse im **Hoheitsgebiet** des bzw. der antragstellenden Mitgliedstaaten.[295] Geht der räumlich relevante Markt über dieses Gebiet hinaus, hat die Kommission dies allerdings im Rahmen der Würdigung zu berücksichtigen.[296] Aufgrund des Nebeneinanders der Befugnis der Kommission und der Mitgliedstaaten, die sich dem Verweisungsantrag nicht angeschlossen haben, wird die Kommission in der Regel eine Teiluntersagung aussprechen bzw. die mit einer Freigabe verbundenen Auflagen auf das Gebiet des oder der antragstellenden Mitgliedstaaten beschränken.[297]

147 Die vorstehend beschriebene Zuständigkeitsverteilung ist unnötig kompliziert. Es können Entscheidungen ergehen, die einander widersprechen und sich praktisch auf dieselben Märkte beziehen. Vorzugswürdig wäre eine Regelung in Anlehnung an Art. 4 Abs. 5 UA 5 FKVO, d.h. eine alleinige Zuständigkeit der Kommission im Falle einer Verweisung.

2. Verweisung an Mitgliedstaaten (Art. 9 FKVO)

148 **a) Voraussetzungen.** Nach Art. 9 FKVO verfügt ein Mitgliedstaat, der eine Verweisung nach Anmeldung eines Vorhabens bei der Kommission beantragen möchte, über zwei Möglichkeiten: Art. 9 Abs. 2 lit. a) und lit. b) FKVO.

149 Für eine Verweisung nach Art. 9 Abs. 2 lit. a) FKVO müssen folgende Voraussetzungen erfüllt sein. Der Zusammenschluss muss geeignet sein, den Wettbewerb auf einem Markt **erheblich zu beeinträchtigen**. Der antragstellende Mitgliedstaat muss dazu nachweisen, dass nach einer vorläufigen Analyse ein wirkliches Risiko besteht, dass das Vorhaben erhebliche nachteilige Auswirkungen auf den Wettbewerb hat und daher genau geprüft werden sollte.[298] Darüber hinaus muss sich der fragliche Markt in dem antragstellenden Mitgliedstaat befinden und alle Merkmale eines gesonderten Marktes aufweisen. Dazu muss der Mitgliedstaat nachweisen, dass es sich in räumlicher Hinsicht um **nationale oder kleinere Märkte** handelt.[299]

---

291 *Rosenthal*, EuZW 2004, 327, 329; *Klees*, § 12 Rn. 74.
292 *Westermann*, in: Loewenheim/Meessen/Riesenkampff, Art. 22 FKVO Rn. 12.
293 Siehe etwa COMP/M. 3923 (AMI/Eurotecnica): Verweisungsantrag von Deutschland nach Freigabe in Österreich, Anschluss durch Polen, Rücknahme der Anmeldung nach Eröffnung der Phase II.
294 Siehe Mitteilung über die Verweisung von Fusionssachen, Rn. 50; COMP/M. 4980 (ABF/GBI Business), Fn. 10; *Klees*, § 12 Rn. 73.
295 Kommission, Entscheidung vom 24. Februar 2006, COMP/M.4124 (Coca Cola Hellenic Bottling Company/ Lanitis Bros), Rn. 22.
296 Beispiele bei *Brinker/Linsmeier*, KSzW 2011, 64, 69.
297 *Westermann*, in: Loewenheim/Meessen/Riesenkampff, Art. 22 FKVO Rn. 11: Sei das Zusammenschlussvorhaben nicht trennbar, müsse allerdings auch eine Untersagung des gesamten Zusammenschlusses durch die Kommission zulässig sein.
298 Mitteilung über die Verweisung von Fusionssachen, Rn. 35.
299 Mitteilung über die Verweisung von Fusionssachen, Rn. 35.

T. Mäger

Art. 9 Abs. 2 lit. b) FKVO hat etwas abweichende Voraussetzungen: Zunächst muss der Zu- 150
sammenschluss den Wettbewerb auf einem Markt **beeinträchtigen**. Im Gegensatz zu Art. 9
Abs. 2 lit. a) FKVO muss nur die Marktauswirkung nachgewiesen werden, nicht aber die Eignung zur „erheblichen" Beeinträchtigung. Darüber hinaus muss sich der fragliche Markt nicht
nur – wie bei Art. 9 Abs. 2 lit. a) FKVO – in dem antragstellenden Mitgliedstaat befinden und
alle Merkmale eines gesonderten Marktes aufweisen. Hinzukommen muss vielmehr, dass der
fragliche Markt **nicht einen wesentlichen Teil des gemeinsamen Marktes** bildet. Nach der Praxis
der Kommission kommen hierfür nur räumlich eng begrenzte Märkte innerhalb eines Mitgliedstaats in Frage.[300]

Liegen die Voraussetzungen von Art. 9 Abs. 2 lit. b) FKVO vor, ist die Kommission – anders als bei 151
Art. 9 Abs. 2 lit. a) FKVO – ohne eigenen Ermessenspielraum verpflichtet, die Sache zu verweisen, Art. 9 Abs. 3 UA 3 FKVO.

Auf der Grundlage von Art. 9 können nur Zusammenschlüsse verwiesen werden, welche die 152
Aufgreifkriterien der jeweiligen nationalen Fusionskontrolle erfüllen.[301]

b) Verfahren. Der Verweisungsantrag nach Art. 9 Abs. 2 FKVO kann von einem Mitgliedstaat 153
bei der Kommission – von Amts wegen oder auf Aufforderung durch die Kommission – binnen
15 Arbeitstagen nach Erhalt der Kopie der Anmeldung gemäß Form CO gestellt werden,
Art. 9 Abs. 2 FKVO. Die Entscheidung über die Verweisung oder Nichtverweisung ergeht in
Regel innerhalb von 35 Arbeitstagen nach Anmeldung des Zusammenschlusses, falls die Kommission das Verfahren nach Art. 6 Abs. 1 lit. b) FKVO („Phase II")[302] nicht eingeleitet hat.
Andernfalls beträgt die Frist regelmäßig 65 Arbeitstage nach Anmeldung des Zusammenschlusses.

Nach erfolgter Verweisung verlangt Art. 9 Abs. 6 UA 1 FKVO von den zuständigen Behörden 154
des Mitgliedstaates, dass sie ohne unangemessene Verzögerung über den Fall entscheiden. Der
Mitgliedstaat wendet nationales Recht an.[303]

Nach Art. 9 kann der Fall ganz oder teilweise verwiesen werden, Art. 9 Abs. 3 lit. b) FKVO. 155
Wird der Fall nur teilweise verwiesen, läuft das Verfahren bei der Kommission im Hinblick auf
die nicht verwiesenen Teile weiter.[304]

IV. Allgemeine Abgrenzungsprobleme

Abgrenzungsprobleme zwischen der Zuständigkeit der Kommission und nationalen Behörden 156
können sich insbesondere daraus ergeben, dass die Frage, welche Transaktion einen anmeldepflichtigen Zusammenschluss darstellt, in den Fusionskontrollregimen teilweise unterschiedlich
beantwortet wird.[305] Strebt ein Unternehmen an, die Kontrolle über ein anderes Unternehmen
zu erwerben und sind die Aufgreifschwellen der FKVO erfüllt, so ist eine Anmeldung bei der
Kommission erforderlich. Einzelne **unselbstständige Schritte** auf dem Weg zum Kontrollerwerb
sind in diesem Fall bei nationalen Behörden nicht anzumelden, unabhängig davon, ob sie für
sich gesehen nach nationalen Fusionskontrollen einen anmeldepflichtigen Zusammenschluss
darstellen.[306] Zu beachten ist aber, dass das Vollzugsverbot nach Art. 7 Abs. 1 FKVO grundsätzlich auch den Teilvollzug erfasst.[307] Damit greift das Vollzugsverbot nicht erst bei dem
Erwerb der kontrollbegründenden „entscheidenden" Aktie ein, sondern sämtliche Erwerbsvorgänge innerhalb eines gebührend kurzen Zeitraums und aufgrund eines Gesamtplans des

---

300 Mitteilung über die Verweisung von Fusionssachen, Rn. 40 mit Fn. 34.
301 Mitteilung über die Verweisung von Fusionssachen, Rn. 65.
302 Siehe Rn. 305 ff.
303 Siehe im Einzelnen Rn. 133 f.
304 Z.B. wurden in den Sachen Shell/Dea (M. 2389) und BP/E.ON (M. 2533) von der Kommission nur die Märkte
    betreffend nachgelagerte Mineralölprodukte an Deutschland verwiesen, während die Kommission die Zu-
    ständigkeit für die Prüfung der vorgelagerten Märkte behielt. In diesen Fällen kam es zu Phase II-Entschei-
    dungen der Kommission und des BKartA.
305 Siehe oben Rn. 4.
306 Rn. 63.
307 Siehe Rn. 320; zur Interpretation der Entscheidung des EuG im Fall Ryan Air/Aer Lingus (Rs. T-411/07) siehe
    Rn. 64.

Käufers wären zusammen zu betrachten.[308] Demgegenüber wird von den Kartellbehörden teilweise ein separat zu betrachtender Vorgang angenommen, wenn zwei Unternehmen ein **Akquisitionsvehikel** zum Zwecke einer geplanten Übernahme gründen. Hier stellt sich zunächst die Frage, ob die bloße Gründung des Vehikels überhaupt der Fusionskontrolle unterliegt.[309] Bejaht man dies, wäre zu prüfen, ob die Gründung des Vehikels – das mangels Vollfunktionseigenschaft gemäß Art. 3 Abs. 4 FKVO[310] für sich betrachtet nicht unter die FKVO fällt – gleichwohl als integraler Bestandteil der Gesamttransaktion der FKVO unterliegt und damit vor Freigabe durch die Kommission nicht vollzogen werden darf. Das Bundeskartellamt hat in derartigen Konstellationen teilweise die Gründung des Vehikels als separaten Vorgang betrachtet, welcher der deutschen Fusionskontrolle unterliegt (sofern deren Voraussetzungen vorliegen), wobei bei der materiellen Prüfung das eigentliche Vorhaben (die Übernahme durch das Vehikel) ausgeblendet wurde.

157 Scheitert ein abgestrebter Kontrollerwerb, stellt sich die Frage der Anwendung nationaler Fusionskontrollregime im Hinblick auf eine etwaige Beteiligung, die der Erwerber erworben hat, etwa aufgrund der Privilegierung nach Art. 7 Abs. 2 FKVO für öffentliche Übernahmen und damit ohne Verstoß gegen das (Teil-) Vollzugsverbot. Fällt die nicht kontrollierende Beteiligung z.B. unter die deutsche Fusionskontrolle, erhebt sich die Frage, ob das deutsche Vollzugsverbot (§ 41 Abs. 1 GWB) eingreift. Eine Bußgeldsanktion muss ausscheiden, da der Erwerber die Beteiligung im Einklang mit der FKVO erworben hat.[311] Aus denselben Erwägungen überzeugt es auch nicht, die zivilrechtliche Wirksamkeit des Anteilserwerbs (nachträglich) in Frage zu stellen. Sobald feststeht, dass der angestrebte Kontrollerwerb gescheitert ist und es bei einer nicht kontrollierenden Beteiligung verbleibt, die unter ein bestimmtes nationales Fusionskontrollregime fällt, dürfte aber eine entsprechende Anmeldepflicht auf nationaler Ebene bestehen. Auch nach Auffassung der Kommission im Fall Ryanair/Aer Lingus können die nationalen Kartellbehörden in dieser Konstellation tätig werden, da Art. 21 Abs. 3 FKVO nicht gelte, wenn kein Zusammenschluss im Sinne der FKVO mehr vorliege.[312] Schließlich bleibt die Anwendung von Art. 101 und Art. 102 AEUV möglich.

158 Schwierig zu beurteilen sind Fälle, in denen **parallel Erwerbsvorgänge** stattfinden, die wirtschaftlich bzw. rechtlich miteinander verbunden sind. Zu prüfen ist, ob es sich um verbundene Erwerbsvorgänge handelt, die insgesamt von der Kommission geprüft werden sollten.[313] Kritisch ist, wenn ein Erwerbsvorgang keinen Zusammenschlusstatbestand nach Art. 3 FKVO darstellt.[314]

159 Hat ein Unternehmen die Kontrolle über ein anderes Unternehmen erworben und wurde dieser Vorgang von der Kommission freigegeben, stellt sich die Frage, ob eine **Aufstockung** der Beteiligung oberhalb der Kontrollschwelle der nationalen Fusionskontrolle unterfallen kann. Als Beispiel kann der Fall dienen, in dem bei der Kommission ein Kontrollerwerb angemeldet wird, der den Erwerb von mehr als 50 % der Stimmrechte, aber weniger als 50 % des Kapitals des

---

308 Siehe Rn. 63.

309 Dazu Rn. 321.

310 Dazu 9. Kap., Rn. 10 ff.

311 *Hentschen*, in: Schulte, Rn. 1105.

312 Dem hat das EuG nicht widersprochen, Rs. T-411/07 (Aer Lingus) Rn. 89 ff.

313 Dazu Rn. 56 ff., insbesondere Rn. 61 f.

314 Dies gilt insbesondere dann, wenn an einer wirtschaftlich einheitlichen Transaktion zwei verschiedene Erwerber beteiligt sind. Als Beispiel kann der Fall M. 2227 (Goldman Sachs/Messer Griesheim) dienen: Dieser Fall betraf den Erwerb der alleinigen Kontrolle von Goldman Sachs über Messer Griesheim. Goldman Sachs erwarb einen Anteil von 31,85 %. Eine Beteiligung in gleicher Höhe erwarb Allianz Capital Partners, jedoch ohne Mitkontrolle (Rn. 4, 6). Der Erwerb der Beteiligung durch Allianz Capital Partners wurde von der Kommission nicht geprüft, sondern beim Bundeskartellamt angemeldet. Erwirbt demgegenüber ein einzelner Erwerber einen Geschäftsbereich, prüft die Kommission diesen Vorgang teilweise insgesamt, d.h. auch insoweit, als zu dem Geschäftsbereich Minderheitsbeteiligungen gehören, die für sich gesehen keinen Kontrollerwerb i.S.v. Art. 3 FKVO darstellen, siehe z.B. Kommission, M. 470 (Gencor/Shell), Rn. 4 ff.; siehe allerdings auch Kommission, M. 409 (ABB/Renault Automation), Rn. 3 f.: Der Erwerb gemeinsamer Kontrolle über einen Teil eines Unternehmens und alleiniger Kontrolle über den anderen Teil stellen im Prinzip zwei verschiedene Zusammenschlüsse nach der FKVO dar (so auch Konsolidierte Mitteilung zu Zuständigkeitsfragen, Rn. 42), mit der Folge, dass sich die Kommission für einen der beiden Zusammenschlüsse mangels Erreichens der Umsatzschwellen von Art. 1 FKVO für nicht zuständig erklärt hat; dazu Rn. 61.

Zielunternehmens betrifft. Wird dann zu einem späteren Zeitpunkt die Kapitalbeteiligung an dem – bereits kontrollierten – Unternehmen auf über 50 % aufgestockt, erfüllt dies z.b. den Zusammenschlusstatbestand des § 37 Abs. 1 Nr. 3 lit. a) GWB. Die Frage einer erneuten Anmeldepflicht ist noch nicht abschließend geklärt. Sie sollte verneint werden, da andernfalls die nationale Behörde faktisch die Entscheidung der Kommission überprüfen würde.[315]

V. EWR

Nach Art. 57 Abs. 2 lit. a) des EWR-Abkommens besteht eine **ausschließliche Zuständigkeit der Kommission**, die FKVO im **Gebiet des EWR** (d.h. Island, Liechtenstein und Norwegen) anzuwenden. Ist ein Vorhaben bei der Kommission anzumelden, ist die Zuständigkeit der nationalen Behörden in diesen Staaten deshalb ausgeschlossen.[316] | **160**

Die Kommission kann einen Fall **an Norwegen bzw. Island** – Liechtenstein verfügt über keine nationale Fusionskontrolle – vergleichbar Art. 9 FKVO[317] **verweisen**, wenn sich ein Vorhaben vorwiegend in diesem Land auswirkt.[318] | **161**

Im Falle eines Zusammenschlusses im Sinne von Art. 3 FKVO, der keine gemeinschaftsweite Bedeutung im Sinne von Art. 1 FKVO aufweist und nach den Fusionskontrollen von mindestens drei Mitgliedstaaten der EU und von mindestens einem EFTA-Staat (Island, Liechtenstein und Norwegen) geprüft werden könnte, kommt ein **Verweisungsantrag an die Kommission** – vergleichbar Art. 4 Abs. 5 FKVO[319] – in Betracht. Wenn mindestens einer der EFTA-Staaten sein Veto einlegt, behalten die zuständigen EFTA-Staaten ihre Zuständigkeit und die Sache wird nicht von den EFTA-Staaten verwiesen.[320] Ein derartiger Verweisungsantrag an die Kommission zusammen mit einem Antrag nach Art. 4 Abs. 5 FKVO kann zweckmäßig sein, wenn ein Zusammenschluss andernfalls in Norwegen und/Island anmeldepflichtig wäre. In einem derartigen Fall ist das Formblatt RS entsprechend zu ergänzen.[321] | **162**

D. Materielle Beurteilung von Zusammenschlüssen (Eingreifkriterien)

I. Prüfungsmaßstab (SIEC-Test)

Ziel von fusionskontrollrechtlichen Regelungen ist es, Zusammenschlüsse zu verhindern, die zu einer unerwünschten Marktstruktur führen. Im Kern geht es darum, ob ein Zusammenschluss zu Marktmacht und damit zu Preiserhöhungsspielräumen bzw. anderen negativen Auswirkungen – etwa einer Qualitätsverschlechterung, einer Verringerung der Produktvielfalt oder einer Verknappung der Angebotsmenge – führt.[322] Die fusionskontrollrechtliche Eingriffsschwelle ist – unabhängig von den spezifischen Kriterien (dazu sogleich) – jedenfalls höher als das Spürbarkeitskriterium bei wettbewerbsbeschränkenden Abreden.[323] Dies ist darauf zurückzuführen, dass in einer Marktwirtschaft grundsätzlich ein legitimes Interesse an effizienzsteigernden Zusammenschlüssen besteht. | **163**

Zur Erfassung negativer Auswirkungen von Zusammenschlüssen sind verschiedene Prüfungsmaßstäbe entwickelt worden. So stellt die deutsche Fusionskontrolle auf den **Marktbeherr-** | **164**

---

315 Siehe allerdings zur Frage der Anmeldepflicht bei einer Änderung in der Kontrollstruktur Rn. 51 ff. Nach deutscher Fusionskontrolle wäre auch § 37 Abs. 2 GWB zu prüfen (erneuter Zusammenschluss von bereits vorher zusammengeschlossenen Unternehmen bei wesentlicher Verstärkung der bestehenden Unternehmensverbindung), sofern vorausgesetzt wird, dass sich der Kontrollbegriff der Art. 3 FKVO und § 37 Abs. 1 Satz 1 Nr. 2 GWB decken.

316 Zur Zuständigkeit der EFTA-Überwachungsbehörde siehe *Jakob/Schröter*, in: Schröter/Jakob/Mederer, Internationale Wettbewerbsregeln, EWR-Abkommen, Rn. 15.

317 Rn. 148 ff.

318 Art. 6 des Protokolls 24 des EWR-Abkommens (ABl. 2004 L 219/13); siehe etwa die Verweisung im Fall Aker Maritime/Kvaerner (IP/02/123).

319 Rn. 122 ff.

320 Art. 6 Abs. 5 des Protokolls 24 des EWR-Abkommens (ABl. 2004 L 219/13).

321 Siehe auch *Schroeder*, in: MünchKomm, Art. 4 FKVO Rn. 158.

322 Im Folgenden wird der Aspekt der Preiserhöhung stellvertretend für sämtliche negativen Effekte genannt.

323 1. Kap., Rn. 94 ff.

schungstest ab. Maßgeblich ist danach, ob von dem Zusammenschluss zu erwarten ist, dass er eine marktbeherrschende Stellung begründet oder verstärkt.[324] Auch die FKVO hat in der bis zum 1. Mai 2004 geltenden Fassung auf diesen Test zurückgegriffen.[325] Demgegenüber verwenden die Fusionskontrollregime im Vereinigten Königreich und Irland das Kriterium der „wesentlichen Wettbewerbsverminderung" (*substantial lessening of competition*, SLC-Test), wie er in den USA, Kanada, Australien und Neuseeland angewandt wird. Heftig diskutiert wurde, ob der Marktbeherrschungstest im Zuge der Novellierung der FKVO im Jahre 2004 beibehalten oder durch ein anderes Kriterium ersetzt werden sollte.[326] Gegen den Marktbeherrschungstest wurde insbesondere eingewandt, dass er eine Schutzlücke aufweise.[327] Der Test erfasst zweifellos die Entstehung bzw. Verstärkung einer beherrschenden Stellung durch ein einzelnes Unternehmen (Einzelmarktbeherrschung). Schwieriger ist die Beurteilung oligopolistischer Marktstrukturen. Unstreitig erfasst der Marktbeherrschungstest Konstellationen, in denen die führenden Wettbewerber (Oligopolisten) ihr Marktverhalten stillschweigend koordinieren und insgesamt über eine marktbeherrschende Stellung verfügen (gemeinsame Marktbeherrschung).[328] Umstritten ist dagegen, ob der Marktbeherrschungstest die Fälle **nicht koordinierter** (nicht kollusiver) **Oligopole** erfasst. Dabei geht es um negative Auswirkungen von Zusammenschlüssen, die sich aus nicht koordiniertem, d.h. einseitigem, Verhalten von Unternehmen ergeben, die (auch nach dem Zusammenschluss) auf dem – oligopolistisch strukturierten – Markt keine einzelmarktbeherrschende Stellung haben.[329]

165 Verwiesen wird in diesem Zusammenhang häufig auf den **Baby-Food-Fall** in den USA.[330] Der Fall betraf den Zusammenschluss des zweitgrößten Anbieters von Babynahrung in den USA (Heinz, mit einem Marktanteil von 17,4 %) und dem drittgrößten Anbieter, Beechnut (15,4 % Marktanteil). Der Marktführer, Gerber, hatte einen Marktanteil von 65 %. Die von der Federal Trade Commission vorgetragenen Wettbewerbsbedenken beruhten nicht auf einem wettbewerbswidrigen Verhalten des Marktführers, sondern auf einer Reduktion des Wettbewerbs zwischen Heinz und Beechnut. Neben dem Marktführer wird in Supermärkten nur ein einziger weiterer Anbieter von Babynahrung als Zweitmarke gelistet. Zwischen dem zweitgrößten und drittgrößten Anbieter besteht deshalb lebhafter Wettbewerb um den Zugang zu Supermärkten als Zweitmarke neben dem Marktführer. Die Federal Trade Commission sah in dem Zusammenschluss des zweitgrößten und drittgrößten Anbieters eine wesentliche Wettbewerbsminderung und untersagte den Zusammenschluss. Ob diese Fallgestaltung von dem Marktbeherrschungstest erfasst werden kann, ist streitig.[331]

166 Denkbar ist es, auf diese Konstellation den Marktbeherrschungstest anzuwenden.[332] Geht man von einem einheitlichen sachlich relevanten Markt für Babynahrung aus, könnte der Zusammenschluss zur Entstehung einer gemeinsamen marktbeherrschenden Stellung führen. Zweifelhaft ist jedoch, ob die hohen Anforderungen an den Nachweis der Möglichkeit eines abgestimmten Verhaltens (*coordinated effects*) erfüllt sind, die das EuG an den Nachweis der Möglichkeit eines abgestimmten Verhaltens gestellt hat.[333] Denkbar ist weiterhin, den sachlich re-

---

324 § 36 Abs. 1 GWB.

325 Art. 2 Abs. 3 FKVO a.F. lautete: „Zusammenschlüsse, die eine beherrschende Stellung begründen oder verstärken, durch die wirksamer Wettbewerb im Gemeinsamen Markt oder in einem wesentlichen Teil desselben erheblich behindert würde, sind für unvereinbar mit dem Gemeinsamen Markt zu erklären".

326 Zum Hintergrund der Reform siehe etwa *Röller/Strohm*, in: MünchKomm, Einl. Rn. 1532 ff.

327 Zu weiteren Einwänden, insbesondere dem Vorwurf, der Marktbeherrschungstest lege das Schwergewicht auf eine Beurteilung der Marktstrukturen, Marktanteile sowie Größe der Unternehmen im Verhältnis zu Wettbewerbern und vernachlässige die tatsächlichen wettbewerblichen Wirkungen eines Zusammenschlusses: *Fountoukakos/Ryan*, ECLR 2005, 277, 283.

328 Siehe im Einzelnen Rn. 182 ff.

329 Rn. 192 ff.

330 FTC v HJ Heinz Co., 246 F. 3d 708 (D.C. Cir. 2001).

331 Siehe etwa *Böge*, WuW 2004, 138, 143 f.; *Baxter/Dethmers*, ECLR 2005, 380; eine ähnliche Situation ergibt sich, wenn die neue Einheit zwar zum Marktführer wird, der Abstand zu den nächstgrößten Wettbewerbern jedoch zu klein ist, um eine Einzelmarktbeherrschung annehmen zu können, gleichzeitig jedoch zu groß, um eine Verhaltenskoordinierung prognostizieren zu können, *Levy*, in: Drauz/Reynolds, S. 143, 160 ff.

332 Siehe zum Folgenden: *Zeise*, in: Schulte, Rn. 1395 ff.

333 Siehe Rn. 205 ff.

T. Mäger

levanten Markt enger abzugrenzen und auf die zweitgelisteten Babynahrungsanbieter zu begrenzen. Dann könnte der Zusammenschluss zu einer einzelmarktbeherrschenden Stellung führen. Dann könnte man überlegen, ob ein Zusammenschluss zwischen dem zweit- und drittgrößten Anbieter die einzelmarktbeherrschende Stellung des Marktführers auf dem Gesamtmarkt für Babynahrung verstärkt. Dann müsste der Marktbeherrschungstest allerdings auch Verstärkungswirkungen bei Dritten erfassen.[334] Insgesamt ist zumindest diskussionswürdig, ob der Marktbeherrschungstest die Fälle einseitigen Verhaltens von Unternehmen erfasst, die (auch nach dem Zusammenschluss) auf dem jeweiligen Markt keine einzelmarktbeherrschende Stellung haben.

Vor diesem Hintergrund erschien eine Klarstellung wünschenswert, dass auch Zusammenschlüsse, die zu keiner Marktbeherrschung führen, gleichwohl nach der FKVO untersagt werden können, sofern das fusionierte Unternehmen in oligopolistischen Märkten zu einseitigen Preisanhebungen in der Lage ist, ohne sich mit Wettbewerbern im Verhalten abzustimmen. Der traditionelle Marktbeherrschungstest wurde deshalb im Zuge der Novellierung der FKVO nicht beibehalten. Allerdings konnte sich der Rat nicht dazu durchringen, den SLC-Test zu übernehmen. Man einigte sich deshalb auf einen Kompromiss, der hinreichend deutlich macht, dass nur eine etwaige Schutzlücke (*unilateral effects*) geschlossen werden soll: Nach Art. 2 Abs. 3 FKVO sind Zusammenschlüsse als mit dem Binnenmarkt unvereinbar zu erklären (also zu untersagen), durch die wirksamer Wettbewerb im Binnenmarkt oder in einem wesentlichen Teil desselben erheblich behindert würde, insbesondere durch Begründung oder Verstärkung einer beherrschenden Stellung. Dieser Test wird als **SIEC-Test** (Significant Impediment of Effective Competition) bezeichnet.[335] Gleichzeitig wurde im Erwägungsgrund 25 der FKVO folgender Satz ergänzt: „Für die Anwendung der Bestimmungen des Art. 2 Abs. 2 und 3 (FKVO) wird beabsichtigt, den Begriff 'erhebliche Behinderung wirksamen Wettbewerbs' dahingehend auszulegen, dass er sich über das Konzept der Marktbeherrschung hinaus ausschließlich auf diejenigen wettbewerbsschädigenden Auswirkungen eines Zusammenschlusses erstreckt, die sich aus nicht koordiniertem Verhalten von Unternehmen ergeben, die auf dem jeweiligen Markt keine beherrschende Stellung haben würden."

Vergleicht man Art. 2 Abs. 3 FKVO mit dem Wortlaut der Vorgängerregelung, die bis zum 1. Mai 2004 galt,[336] ergibt sich, dass zwar kein neues Tatbestandsmerkmal eingefügt wurde. Der entscheidende Unterschied liegt aber darin, dass die Reihenfolge der Kriterien – Wettbewerbsbehinderung und Marktbeherrschung – vertauscht und das Marktbeherrschungskriterium damit zu einem bloßen **Regelbeispiel** herabgestuft wurde. Entscheidungserheblich ist seither nur die Frage, ob der Zusammenschluss wirksamen Wettbewerb erheblich behindert. Dieses Kriterium hat unter der Geltung der FKVO a.F. kaum eine eigenständige Bedeutung erlangt.[337] Die Erwägungsgründe 25 und 26 der FKVO bringen zwar zum Ausdruck, dass das Marktbeherrschungskriterium, wie es in der bisherigen Entscheidungspraxis angewandt wurde, auch weiterhin von tragender Bedeutung für die europäische Fusionskontrolle sein soll und dass neue Kriterien über die Marktbeherrschungsfälle hinaus nur diejenigen wettbewerbsschädigenden Auswirkungen eines Zusammenschlusses erfassen soll, die sich aus nicht koordinier-

167

168

---

334 Dazu Kommission, M. 1383 (Exxon/Mobil).
335 Der SIEC-Test wurde in der Zwischenzeit in einigen EU-Mitgliedstaaten eingeführt, z.B. in Frankreich, den Niederlanden und Spanien.
336 Siehe Rn. 164.
337 Zur engen Verknüpfung der beiden Kriterien: EuG, Rs. T-87/05 (EDP), Rn. 44 ff. und EuG, Rs. T-210/01 (GE), Rn. 84 ff. Im Fall Aerospatiale-Alenia/De Havilland (M. 53), Rn. 53, hat die Kommission die Erheblichkeit der Auswirkungen vor dem Hintergrund einer nur vorübergehenden Marktbeherrschung in Frage gestellt; im Fall Mannesmann/Hoesch (M. 222), Rn. CXIV, hat die Kommission die Begründung einer beherrschenden Stellung, durch die wirksamer Wettbewerb erheblich behindert wird, verneint, da selbst dann, wenn zu Beginn des Zusammenschlussvorhabens eine beherrschende Stellung entstehen würde, diese Marktstellung nur für eine begrenzte Zeit erhalten bliebe; siehe auch *Albers/Hacker*, in: Schröter/Jakob/Mederer, Art. 2 FKVO, Rn. 391 ff.; zu den Versuchen, im Rahmen dieses Tatbestandsmerkmals Verbesserungen der Wettbewerbsbedingungen auf Drittmärkten – ähnlich der Abwägungsklausel der deutschen Fusionskontrolle gemäß § 36 Abs. 1 GWB – zu berücksichtigen, siehe: *Wagemann*, in: Wiedemann, § 16, Rn. 119 ff.; allgemein zum Verhältnis der beiden Tatbestandsmerkmale des Art. 2 FKVO a.F.: *Fountoukakos/Ryan*, ECLR 2005, 277, 280.

tem Verhalten von nicht marktbeherrschenden Unternehmen ergeben.[338] Dies entspricht auch der Auffassung der Kommission.[339] Es lässt sich aber nicht bestreiten, dass das neue Kriterium zu einer nicht unerheblichen Rechtsunsicherheit führt. Zwar indiziert das Regelbeispiel des Marktbeherrschungskriteriums die „erhebliche Bindung wirksamen Wettbewerbs". Nicht klar ist aber, ob jede Begründung oder Verstärkung einer marktbeherrschenden Stellung automatisch zu einer erheblichen Bindung wirksamen Wettbewerbs führen muss, etwa bei nur geringfügigen Auswirkungen eines Zusammenschlusses oder bei Effizienzgewinnen.[340] Darüber hinaus ist damit zu rechnen, dass eine Untersagungsentscheidung nicht zwingend die Begründung oder Verstärkung einer marktbeherrschenden Stellung voraussetzt. Mit dem neuen Kriterium sollen gerade Fallgestaltungen erfasst werden, die jedenfalls nach Einschätzung des Verordnungsgebers vom Marktbeherrschungskriterium nicht abgedeckt werden können.

169 Es ist bislang nicht erkennbar, dass die Einführung des SIEC-Tests zu einer grundlegenden Änderung der Entscheidungspraxis der Kommission geführt hat. Kommissionsbeamte verweisen auf eine nach wie vor „stabile Interventionsrate". Ohnehin gibt es jedenfalls auf europäischer Ebene bislang keinen *„gap case"*, also einen Untersagungsfall, in dem – allgemein anerkannt – das Marktbeherrschungskriterium nicht erfüllt gewesen wäre.[341]

170 Abzuwarten bleibt, ob die Kommission aufgrund der hohen Beweisanforderungen, die das EuG für die oligopolistische Marktbeherrschung aufgestellt hat[342] zukünftig verstärkt Zusammenschlüsse unter dem Aspekt der einseitigen Ausübung von Marktmacht untersuchen wird.[343] Insgesamt ist allerdings nicht davon auszugehen, dass die Kommission bei Anwendung des SIEC-Tests zu grundsätzlich anderen Ergebnissen kommt, als dies in der Vergangenheit unter Anwendung des Marktbeherrschungstests der Fall war.[344]

171 Die Beurteilung, ob durch einen Zusammenschluss der Wettbewerb durch Entstehung oder Verstärkung einer marktbeherrschenden Stellung erheblich behindert wird, erfordert eine **Prognoseentscheidung** der Kommission. Zunächst muss die Kommission die direkten und unmittelbaren Auswirkungen des Zusammenschlusses prüfen. Darüber hinaus kann die Kommission grundsätzlich auch Wirkungen berücksichtigen, die „in naher Zukunft" eintreten,[345] wobei jedoch die direkten und mittelbaren Auswirkungen des Zusammenschlusses im Rahmen der Gesamtwürdigung stets mitberücksichtigt werden müssen.[346] Je nach Branche ist ein unterschiedlicher Prognosezeitraum zugrunde zu legen. Typischerweise dürften ca. zwei bis drei Jahre angemessen sein. Zumindest muss mit der Entstehung oder Verstärkung einer dauerhaften marktbeherrschenden Stellung zu rechnen sein.[347]

---

338 Ferner gaben Rat und Kommission eine Gemeinsame Erklärung ab, dass der Begriff „erhebliche Behinderung des wirksamen Wettbewerbs" unter Berücksichtigung der in Art. 2 Abs. 1 FKVO und in den Erwägungsgründen, insbesondere Erwägungsgrund 25, genannten Zielen ausgelegt werden sollte, siehe *Böge*, WuW 2004, 138.

339 Leitlinien über horizontale Zusammenschlüsse, Rn. 4; tatsächlich haben sich in der endgültigen Fassung der Leitlinien über horizontale Zusammenschlüsse keine Änderungen gegenüber dem Entwurf der Leitlinien ergeben, der noch unter alleiniger Geltung des Marktbeherrschungskriteriums erstellt wurde.

340 *Fountoukakos/Ryan*, ECLR 2005, 277, 292; *Weitbrecht*, ECLR 2005, 67, 71; zu Effizienzgewinnen siehe Rn. 197.

341 Siehe Bundeskartellamt, Marktbeherrschungs- und SIEC-Test, S. 5 f.; verwiesen wird teilweise auf den Fall T-Mobile Austria/tele.ring (COMP/M.3916) unter Geltung der neuen FKVO und auf den Fall Oracle/Peoplesoft (COMP/M.3216) nach neuer FKVO. Umstritten ist jedoch, ob die jeweiligen Wettbewerbsprobleme nicht auch mit dem Konzept der (kollektiven) Marktbeherrschung hätten erfasst werden können. Diskutiert wird weiterhin noch der Fall Airtours/First Choice (COMP/M.1524) nach alter FKVO. In diesem Fall hatte die Kommission ihre Untersagung auf das Konzept der kollektiven Marktbeherrschung gestützt, wobei die Entscheidung vom EuG aufgehoben wurde (Rs. T-342/99 (Airtours) Slg. 2002, II-2585); diskutiert wird schließlich der Fall EDF/Segebel (COMP/M. 5549): Die Zielgesellschaft hatte keinen im Vergleich zum Marktführer Electrabel überragenden Marktanteil in Belgien. Die Kommission stützte ihre Bedenken darauf, dass der Erwerber EDF nach dem Zusammenschluss deutlich geringere Anreize haben werde, neue Stromerzeugungskapazitäten in Belgien zu entwickeln.

342 Rn. 205 ff.

343 *Dethmers*, ECLR 2005, 638, 643.

344 So auch *Maudhuit/Soames*, ECLR 2005, 75, 77; *Staebe/Denzel*, EWS 2004, 194, 200; siehe Rn. 198 f.

345 EuG, Rs. T-5/02 (Tetra Laval), Slg. 2002, II-4381, Rn. 153; EuG, Rs. T-87/05 (EDP), Rn. 124.

346 EuG, Rs. T-87/05 (EDP), Rn. 124.

347 Siehe etwa Kommission, IV/N. 222 (Mannesmann/Hoesch), ABl. 1993 L 114/34, Rn. CXIII/CXIV.

T. Mäger

Das Regelbeispiel des Marktbeherrschungstests stellt darauf ab, ob eine marktbeherrschende **172** Stellung durch den Zusammenschluss entsteht oder verstärkt wird. Eine **Verstärkung** muss **erheblich** sein.[348] Demgegenüber verlangt die deutsche Fusionskontrolle noch nicht einmal, dass die Verstärkung einer marktbeherrschenden Stellung spürbar sein muss.[349] Darüber hinaus wenden die deutschen Gerichte einen nicht-statischen Ansatz an *(„Sliding Scale")*: Je stärker die Position des marktbeherrschenden Unternehmens ist, umso geringer sind die Anforderungen hinsichtlich einer festgestellten Verstärkungswirkung.[350]

II. Marktabgrenzung

Bei der Prüfung, ob ein Zusammenschluss wettbewerblich bedenklich ist, prüft die Kommission **173** die Auswirkungen auf den relevanten Märkten. Wenn die beteiligten Unternehmen tatsächliche oder potentielle Wettbewerber auf bestimmten Märkten sind (horizontale Zusammenschlüsse) stehen diese Märkte im Mittelpunkt der Prüfung. Daneben erstreckt sich die Prüfung auch auf die Auswirkungen auf vor- und nachgelagerten Märkten (vertikale Zusammenschlüsse) und auf anderen Märkten (konglomerate Zusammenschlüsse).

Im Rahmen der Funktionskontrolle ist zu prüfen, ob ein Zusammenschluss zu **Marktmacht** **174** führt.[351] Als **Indikator** für Marktmacht gilt der **Marktanteil**.[352] Bei der materiellen Prüfung eines Zusammenschlusses sind deshalb zunächst die relevanten Märkte abzugrenzen.[353] Ob ein Zusammenschluss bedenklich ist, „steht und fällt" häufig mit der Marktabgrenzung.[354] Eine enge Marktabgrenzung führt regelmäßig zu höheren Marktanteilen der beteiligten Unternehmen, die Bedenken der Kartellbehörden auslösen können. Insbesondere bei **ausdifferenzierten Produktmärkten** haben Marktanteile jedoch nur eine begrenzte Aussagekraft für die Marktmacht der Unternehmen. Ob ein Zusammenschluss zu einer kritischen Erhöhung der Marktmacht (durch einseitige Effekte) führt hängt vor allem davon ab, ob die Produkte der Zusammenschlussparteien aus Sicht der Kunden besonders enge Substitute darstellen (Konzept der **nahen Wettbewerber**).[355] Die Kommission lässt die Frage der Marktabgrenzung auch häufig offen, wenn es darauf im Ergebnis nicht ankommt, da wettbewerbliche Bedenken selbst bei engstmöglicher Marktabgrenzung nicht entstehen. Dies gilt insbesondere für die Abgrenzung des geografisch relevanten Marktes.[356]

Der Zweck der Marktabgrenzung liegt darin, zu ermitteln, welche konkurrierenden Unternehmen **175** tatsächlich in der Lage sind, dem Verhalten der beteiligten Unternehmen Schranken zu setzen und sie daran zu hindern, sich effektivem Wettbewerbsdruck zu entziehen.[357] Die FKVO enthält keine eigene Definition des relevanten Marktes. Zurückzugreifen ist auf die allgemeinen kartellrechtlichen Grundsätze der Marktabgrenzung. Die Kommission hat im Jahre 1997 eine Mitteilung zur Definition des relevanten Marktes erlassen.[358] Zum sachlich relevanten Markt gehören alle Produkte bzw. Dienstleistungen, die von der Marktgegenseite aufgrund ihrer Eigenschaften, ihrer Preislage und ihres vorgesehenen Verwendungszwecks als austauschbar an-

---

348 Siehe nur Erwägungsgründe 24 und 25 der FKVO.
349 BGH, KVR 26/03 (trans-o-flex), WuW/DE-R 1419, 1424; dazu: *Wagner*, WuW 2009, 619, 630.
350 Bundeskartellamt, Marktbeherrschungs- und SIEC-Test, S. 6.
351 Rn. 163.
352 1. Kap., Rn. 129.
353 Siehe nur EuGH, verb. Rs. C-68/94 und C-30/95 (Kali + Salz), Slg. 1998, I-1375, Rn. 143; Leitlinien über horizontale Zusammenschlüsse, Rn. 10.
354 Z.B. im Fall Oracle/Peoplesoft (M.3216) erstreckt sich die Abgrenzung des relevanten Marktes über mehr als 40 Seiten, während die wettbewerbliche Beurteilung lediglich 8 Seiten in Anspruch nimmt.
355 S. Rn. 182, 193.
356 In einer Analyse aus dem Jahre 2001 hat die Kommission festgestellt, dass in 14,2 % der Entscheidungen innerhalb der vorausgegangen fünf Jahre von nationalen Märkten ausgegangen wurde, während in 14,4 % der Fälle größere Märkte betroffen waren und in den verbleibenden 71,4 % der Entscheidungen die Marktabgrenzung offen gelassen wurde (XXI. Wettbewerbsbericht der Kommission (2001), Rn. 253); während in den allermeisten Fällen entweder europaweite oder nationale Märkte zugrunde gelegt wurden, ist die Kommission in sehr wenigen Fällen von Ländergruppen (d.h. z.B. Heimatmarkt der Zusammenschlussbeteiligten und angrenzender Länder) ausgegangen, kritisch dazu *Bien*, EWS 2005, 9.
357 Siehe 1. Kap., Rn. 130.
358 Bekanntmachung zur Marktabgrenzung.

gesehen werden. Der geografisch relevante Markt umfasst das Gebiet, in dem die beteiligten Unternehmen als Anbieter oder Nachfrager von Waren oder Dienstleistungen auftreten, in dem die Wettbewerbsbedingungen hinreichend homogen sind und das sich von den benachbarten Gebieten unterscheidet, Art. 9 Abs. 7 FKVO. Im Hinblick auf die Marktabgrenzung wird auf die allgemeinen Ausführungen verwiesen.[359]

III. Materielle Kriterien der wettbewerblichen Beurteilung

176   Im Rahmen des Marktbeherrschungskriteriums[360] prüft die Kommission, ob der Zusammenschluss entweder eine alleinige marktbeherrschende Stellung (der durch den Zusammenschluss entstehende neuen Einheit) begründet oder verstärkt oder zu einer gemeinsamen Marktbeherrschung (der neuen Einheit zusammen mit dritten Unternehmen) führen kann.

177   Die FKVO enthält keine Definition des Begriffs der **marktbeherrschenden Stellung**. Deshalb wird auf die Praxis zu Art. 102 AEUV (ex Art. 82 EG) zurückgegriffen. Der Begriff der Marktbeherrschung bezieht sich auf eine wirtschaftliche Machtstellung, die es einem Unternehmen ermöglicht, sich seinen Wettbewerbern, seinen Abnehmern und den Verbrauchern gegenüber in einem nennenswerten Umfang unabhängig zu verhalten.[361] Dieser Maßstab dürfte auch im Rahmen des SIEC-Tests praktisch bedeutsam bleiben. Zwar richtet sich der SIEC-Test des Art. 2 FKVO stärker an der ökonomischen Funktion des Wettbewerbs zum Wohle der Verbraucher aus. Für die Untersagung eines Zusammenschlusses ist es also nicht mehr zwingend notwendig, dass ein Unternehmen alleine oder gemeinsam mit anderen Unternehmen über einen wettbewerblich nicht kontrollierten Verhaltensspielraum verfügt. Vielmehr reicht es aus, wenn der Zusammenschluss durch die Erhöhung der Marktmacht der Unternehmen zu einer Verschlechterung der wettbewerblichen Situation führt, so dass den Verbrauchern Nachteile, etwa in Form höherer Preise, entstehen. Die praktische Bedeutung dieses Unterschieds ist aber begrenzt, da wettbewerblich nicht kontrollierte Verhaltensspielräume regelmäßig die wettbewerblichen Bedingungen negativ beeinflussen.[362]

178   Zu unterscheiden sind horizontale, vertikale und konglomerate Auswirkungen von Zusammenschlüssen, wobei in komplexen Fällen alle drei Typen von Effekten auftreten können. **Horizontale** Auswirkungen ergeben sich, wenn die Zusammenschlussbeteiligten aktuelle oder potentielle Wettbewerber sind. **Vertikale** Auswirkungen eines Zusammenschlusses sind insbesondere dann zu prüfen, wenn die am dem Zusammenschluss beteiligten Unternehmen in einem Lieferanten-/Abnehmerverhältnis stehen. Vertikale Auswirkungen betreffen insbesondere die künftigen Wahlmöglichkeiten der Lieferanten und Abnehmer und deren Zugang zu den Absatz- und Beschaffungsmärkten (*foreclosure effects*). **Konglomerate** Auswirkungen stellen eine Auffang-Kategorie für wettbewerbliche Bedenken dar, die weder als horizontal noch als vertikal qualifiziert werden können.

1. Horizontale Auswirkungen

179   In ihren Leitlinien über horizontale Zusammenschlüsse[363] hat die Kommission die wesentlichen Kriterien zusammengefasst, anhand derer sie die horizontalen Aspekte eines Zusammenschlusses prüft.

180   **a) Marktanteil und Konzentrationshöhe.** Der Marktanteil stellt einen praktisch wichtigen Indikator für Marktmacht dar.[364] Im Gegensatz zum deutschen Recht[365] kennt die europäische

---

359   Siehe 1. Kap. Rn. 129 ff.
360   Siehe zu dessen Qualifizierung als Regelbeispiel oben Rn. 168.
361   Siehe 6. Kap., Rn. 7 ff.; zum Begriff der Marktbeherrschung im Rahmen der Fusionskontrolle siehe z.B. EuG, Rs. T-87/05 (EDP), Rn. 48; EuG, Rs. T-102, 96 (Gencor), Slg. 1999, II-753, Rn. 200; EuG, Rs. T-210/01 (GE), Rn. 85.
362   Siehe nur *Riesenkampff/Lehr*, in: Loewenheim/Meessen/Riesenkampff, Art. 2 FKVO, Rn. 54.
363   ABl. 2004 C 31/5; dazu *Wirtz*, EWS 2003, 196.
364   Siehe 1. Kap., Rn. 129; EuGH, Rs. 85/76 (Hoffmann – La Roche), Slg. 1979, 461, Rn. 71; EuG, Rs. T-210/01 (GE), Rn. 540.
365   § 19 Abs. 3 GWB.

T. Mäger

Fusionskontrolle keine Vermutungstatbestände für das Vorliegen einer marktbeherrschenden Stellung. Gleichwohl gibt es Anhaltspunkte dafür, bei welcher Marktanteilshöhe der kritische Bereich beginnt. Ein gemeinsamer Marktanteil **bis 25 %** ist nach Erwägungsgrund 32 der FKVO ein Indiz dafür, dass der Zusammenschluss mit dem Binnenmarkt vereinbar ist.[366] Ein höherer Marktanteil ist jedoch nicht automatisch kritisch. Er kann z.B. durch hinreichenden Wettbewerbsdruck der verbleibenden Wettbewerber, die Nachfragemacht der Abnehmer oder niedrige Marktzutrittsschranken neutralisiert werden. So hat die Kommission Zusammenschlussvorhaben, die zu gemeinsamen Marktanteilen von 40 bis über 60 % führten im Hinblick auf den Disziplinierungsdruck potentiellen Wettbewerbs freigegeben.[367] Im Ergebnis dürfte der kritische Bereich bei **ca. 40 %** beginnen,[368] wobei sich im Einzelfall auch bei niedrigeren Marktanteilen aufgrund besonderer Umstände eine kritische Situation ergeben kann.[369] Führt der Zusammenschluss zu Marktanteilen dieser Größenordnung, sollte die fusionskontrollrechtliche Freigabefähigkeit des Vorhabens zu einem möglichst frühen Zeitpunkt in der Planungsphase geprüft werden.

Die Aussagekraft (hoher) Marktanteile ist auf Märkten mit hohen Wachstumsraten oder deutlichen Marktanteilsverschiebungen begrenzt.[370] Gleiches gilt für Markanteile auf Ausschreibungsmärkten, da diese nur die Aktivität derjenigen Unternehmen widerspiegeln, die den Zuschlag für einen bestimmten Auftrag erhalten haben, aber nichts darüber aussagen, wie viele ernsthafte Konkurrenten ebenfalls ein Angebot abgegeben und damit Wettbewerbsdruck ausgeübt haben.[371] **181**

Die Aussagekraft von Marktanteilen für die Marktmacht eines Unternehmens ist insbesondere auch allgemein bei ausdifferenzierten Produkten begrenzt. Wichtiger ist, ob die Produkte der Zusammenschlussparteien aus Sicht der Kunden besonders enge Substitute sind (**Konzept der nahen Wettbewerber**). Ob eine Preiserhöhung der zusammengeschlossenen Einheit profitabel ist, hängt vor allem davon ab, ob Nachfrager bei einer Preiserhöhung seitens der einen Zusammenschlusspartei überwiegend auf das Produkt der anderen Zusammenschlusspartei (und nicht auf Produkte von dritten Anbietern) ausweichen würden.[372] **182**

Neben der absoluten Höhe der Marktanteile sind auch der **Abstand zu den Wettbewerbern** und die **Streuung** der Anteile der Wettbewerber zu berücksichtigen. **183**

Bei **minimaler Steigerung** des Marktanteils ist eine Verstärkung einer marktbeherrschenden Stellung nicht anzunehmen.[373] **184**

Im Rahmen der Beurteilung nach Art. 2 FKVO sind die Marktanteile **verbundener Unternehmen** zu berücksichtigen, wobei die Kriterien für die Zurechnung des Umsatzes nach Art. 5 **185**

366 Siehe auch Leitlinien über horizontale Zusammenschlüsse, Rn. 17.
367 Kommission, M. 2256 (Philips/Agilent Health Care Solutions); M. 1882 (Pirelli/BICC); M. 2602 (Gerling/NCM); im Fall Alcatel-Telelettra (IV/M. 042), ABl. 1991 L 122/48, Rn. 38 wurde eine beherrschenden Stellung trotz eines Marktanteils von 83 % verneint, da dem fusionierten Unternehmen nur ein einziger Nachfrager gegenüber stand; M. 3178 (Bertelsmann/Springer): Gemeinsamer Marktanteil von fast 50 %, aber Wettbewerber können ihre Kapazität erweitern und ausländische Unternehmen werden auf den Markt treten.
368 Siehe etwa Kommission, M. 754 (Anglo American/Lonrho), ABl. 1998 L 149/21 Rn. 107, 117; Leitlinien über horizontale Zusammenschlüsse, Rn. 17.
369 Siehe etwa Kommission, M. 2337 (Nestlé/Ralston Purina), Rn. 44 bis 47 (Marktanteile unter 40 %) und Rn. 48 bis 50 (Marktanteile zwischen 40 und 50 %); siehe auch Leitlinien über horizontale Zusammenschlüsse, Rn. 17.
370 Siehe etwa Kommission, M. 068 (Tetra Pak/Alfa-Laval), Rn. 4.
371 Kommission, M. 2139 (Bombardier/Adtranz), Rn. 39; siehe aber auch Kommission, M. 2201 (MAN/Auwärter), Rn. 32 und EuG, Rs. T-210/01 (GE), Rn. 540.
372 Siehe Rn. 193.
373 Kommission, M. 630 (Henkel/Schwarzkopf), Rn. 20; M. 430 (Procter & Gamble/VP Schickedanz II), Rn. 153: Marktanteilszuwachs jeweils unter 1 %; siehe auch M. 3173 (E.ON/Fortum Burghausen/Smaland/Edenderry); vgl. auch *Wessely*, ZWeR 2003, 317, 345; minimale Steigerungen des Marktanteils sind erst recht nach dem SIEC-Test unbeachtlich, Leitlinien über horizontale Zusammenschlüsse, Rn. 20.

Abs. 4 FKVO[374] entsprechend anzuwenden sind.[375] Die Marktanteile eines GU werden den kontrollierenden Muttergesellschaften grundsätzlich jeweils vollständig zugerechnet.[376]

186 Marktanteile werden von der Kommission regelmäßig auf **Wertbasis** berechnet. Alternativ kommen Berechnungen auf Mengenbasis (Stückzahl) in Betracht. Regelmäßig nicht in das Gesamtmarktvolumen einberechnet werden Produktionsvolumina, die von vertikal integrierten Herstellern selbst verwendet oder verbraucht werden (Eigenbedarf, **captive use**).[377]

187 Neben den Marktanteilen beleuchtet die Kommission auch den Konzentrationsgrad eines Marktes. Betrachtet werden kann z.b. der gemeinsame Marktanteil der größten drei oder fünf Anbieter (**Concentration Radio – CR**). Die Kommission greift auch häufig auf den sogenannten **Herfindahl-Hirschman-Index (HHI)** zurück.[378] Der HHI wird durch die Summe des Quadrats der jeweiligen Marktanteile sämtlicher Unternehmen in einem Markt errechnet. Sind auf einem Markt z.b. fünf Anbieter tätig, mit Marktanteilen von 40 %, 20 %, 15 %, 15 % und 10 % beträgt der HHI 2.550 ($40^2 + 20^2 + 15^2 + 15^2 + 10^2$). Der HHI schwankt zwischen beinahe 0 (in einem zersplitteten Markt) und 10.000 (im Falle eines reinen Monopols). Der Index verleiht den Marktanteilen der größeren Unternehmen ein verhältnismäßig größeres Gewicht. Die Kommission betrachtet sowohl die absolute Höhe des HHI als auch die Veränderung durch den Zusammenschluss (sog. Delta). Zusammenschlüsse, die zu einem HHI unterhalb von 1.000 führen, werfen in der Regel keine Bedenken auf; Gleiches gilt für einen HHI zwischen 1.000 und 2.000 sofern das Delta unter 250 liegt und für einen HHI oberhalb von 2000 bei einem Deltawert unter 150.[379]

188 Neben den Marktanteilen und der Konzentrationsgrad sind **weitere Faktoren**, in die Bewertung einzubeziehen, z.B. die Finanzkraft,[380] ein etwaiger Technologievorsprung, der Zugang der Beteiligten zu den Beschaffungs- und Absatzmärkten, Marktzutrittsschranken und die Entwicklung des Angebots und der Nachfrage, Art. 2 Abs. 1 lit. a) und b) FKVO.

189 **b) Wettbewerbswidrige Wirkungen.** Die wettbewerbswidrigen Wirkungen von Zusammenschlüssen können drei Fallgruppen zugeordnet werden. Erstens kann ein Zusammenschluss eine einzelmarktbeherrschende Stellung begründen oder verstärken. Zweitens kann eine gemeinsame marktbeherrschende Stellung durch koordinierte Wirkungen eines Zusammenschlusses begründet oder verstärkt werden. Diese Fallgruppe wird seit langem unter dem Stichwort gemeinsame Marktbeherrschung (*collective dominance*) diskutiert. Drittens kann ein Zusammenschluss durch nicht koordinierte Wirkungen im Oligopol wirksamen Wettbewerb erheblich behindern. Hierbei handelt es sich um die Fallgruppe, bei der streitig ist, ob sie vom Marktbeherrschungstest erfasst wird und die gerade vom SIEC-Test abgedeckt werden soll.[381]

190 Diese drei Fallgruppen lassen sich zwei Kategorien zuordnen: Die erste Fallgruppe (Einzelmarktbeherrschung) und die dritte Fallgruppe (nicht koordinierte Wirkungen im Oligopol) gehören zur Kategorie der **nicht koordinierten** Wirkungen von Zusammenschlüssen (*non-coordinated effects, unilateral effects*). Die zweite Fallgruppe (gemeinsame marktbeherrschende Stellung durch koordinierte Wirkungen) bildet die zweite Kategorie der **koordinierten** Wirkungen (*coordinated effects*). Diese Grobeinteilung in zwei Kategorien hat die Kommission in den Leitlinien über horizontale Zusammenschlüsse zugrunde gelegt.[382]

---

374 Dazu Rn. 108 ff.

375 Konsolidierte Mitteilung zu Zuständigkeitsfragen, Rn. 130; *Ritter/Braun*, S. 574; *Wagemann*, in: Wiedemann, § 16, Rn. 61.

376 Im Fall GE/Honeywell (M. 2220), Rn. 46, hat die Kommission diese Zurechnung jedoch nur gegenüber kontrollierenden Muttergesellschaften vorgenommen, welche die industrielle Führerschaft des GU innehatten.

377 EuG, T-221/95 (Endemol), Slg. 1999, II-1299, 1337; Kommission, M. 1693 (Alcoa/Reynolds), Rn. 27; siehe zur Problematik nach deutscher Fusionskontrolle: *Mäger*, in: MünchKomm GWB, § 38 GWB 46 ff.

378 Leitlinien über horizontale Zusammenschlüsse, Rn. 16; siehe etwa Kommission, M. 2609 (HP/Compaq), Rn. 39; ausführlich *Ulshöfer*, ZWeR 2004, 50.

379 Leitlinien über horizontale Zusammenschlüsse, Rn. 19, 20; die – zudem 2010 revidierten – Schwellenwerte der US Merger Guidelines weichen hiervon ab.

380 Dazu Rn. 230.

381 Rn. 164 ff.

382 Dort Rn. 22.

T. Mäger

aa) Nicht koordinierte Wirkungen. Ein Zusammenschluss kann wichtigen Wettbewerbsdruck 191 beseitigen und dadurch die Marktmacht von einem oder mehreren Unternehmen erhöhen, ohne dass diese auf ein koordiniertes Verhalten zurückgreifen müssen (nicht koordinierte Wirkungen, *unilateral effects*).[383] Dies kann zum einen durch den Verlust des Wettbewerbs zwischen den fusionierenden Unternehmen geschehen, so dass die neue Einheit eine marktbeherrschende Stellung begründet oder verstärkt (**Einzelmarktbeherrschung**).[384]

Zum anderen können Zusammenschlüsse in **oligopolistischen Märkten** zur Beseitigung gewichtiger Wettbewerbszwänge, die von den fusionierenden Parteien zuvor gegeneinander ausgeübt wurden, sowie zu einer Verringerung des Wettbewerbsdrucks auf die verbleibenden Wettbewerber führen.[385] Dies kann auch bei geringerer Wahrscheinlichkeit eine Abstimmung zwischen den Mitgliedern des Oligopols der Fall sein.[386] Es geht also um eine **Verminderung des Wettbewerbs, ohne** dass eine **Koordination** stattfindet,[387] d.h. es muss anzunehmen sein, dass das fusionierte Unternehmen Preiserhöhungen durchführt, ohne ähnliche Reaktionen von Wettbewerbern zu erwarten. Es geht also nicht um Zusammenschlüsse, die ein Umfeld schaffen, in dem koordiniertes Verhalten erleichtert wird. Vielmehr sind Fälle gemeint, in denen zwar kein Unternehmen durch den Zusammenschluss allein oder zusammen mit anderen marktbeherrschend wird, die Wettbewerbsintensität jedoch erheblich nachlässt, auch ohne dass es zu einer Koordinierung des Verhaltens der führenden Unternehmen kommt.

Unilaterale Effekte kommen in erster Linie dann in Betracht, wenn die Produkte in dem rele- 193 vanten Markt so differenziert sind, dass bestimmte Produkte nähere Substitute sind als andere und es sich bei den Zusammenschlussbeteiligten um **nahe Wettbewerber** (*close competitors*) handelt, während die übrigen Anbieter keine nahen Wettbewerber[388] darstellen. Diese Fallgruppe kann durch folgendes Beispiel veranschaulicht werden:[389] Erwirbt ein Hersteller gehobener Mittelklassewagen einen anderen Hersteller und ergeben Umfragen, dass Kunden bei einer Preissteigerung zu einem hinreichend großen Anteil zu dem von dem jeweils anderen Fusionspartner angebotenen PKW wechseln, nicht aber auf ein Konkurrenzangebot ausweichen würden, bestünde ein Anreiz für eine Preiserhöhung, da der hierdurch entstehende Kundenverlust dadurch aufgefangen wird, dass eine hinreichend große Anzahl Kunden zu dem anderen Fusionspartner abwandern. Ein nahes Wettbewerbsverhältnis kann auch bejaht werden, wenn der betreffende Wettbewerber in einigen wichtigen Aspekten Unterschiede aufweist.[390]

Ein Anreiz zu Preissteigerungen kann sich auch aus unilateralen Effekten ergeben, die sich auf 194 die **Produktionsmenge** beziehen. Hierzu folgender Fall als Beispiel:[391] Zwei Unternehmen mit jeweils niedrigen Marktanteilen weisen als einzige Wettbewerber Überkapazitäten aus. Schließen sich diese beiden Unternehmen zusammen, ist es für sie leichter, die Preise gewinnbringend anzuheben, da die Wettbewerber auf die erhöhte Nachfragen nicht durch eine Angebotsausdehnung reagieren können. Die Marktgegenseite hat deshalb begrenzte Ausweichmöglichkeiten. Vor dem Zusammenschluss bestand jedoch eine derartige Ausweichmöglichkeit, da im Falle einer Preiserhöhung durch einen Fusionspartner der jeweils andere Fusionspartner seine Produktion hätte ausdehnen können. Der Zusammenschluss führt in diesem Fall zu einem Wegfall von Wettbewerbsdruck.

---

383 Leitlinien über horizontale Zusammenschlüsse, Rn. 22.
384 Leitlinien über horizontale Zusammenschlüsse, Rn. 24.
385 Siehe Rn. 164 ff.; nicht koordinierte Effekte hat die Kommission – noch auf der Grundlage des Marktbeherrschungstests von Art. 6 FKVO a.F. – im Fall Oracle/Peoplesoft geprüft, Entscheidung, M. 3216, Rn. 184 ff.; siehe auch Kommission, M. 3465 (Syngenta CP/Advanta), Rn. 49; M. 2861 (Siemens/Drägerwerk), Rn. 141 ff.; M. 3916 (T-Mobile Austria/tele.ring); zu der Frage der „gap cases" s. Rn. 169.
386 Leitlinien über horizontale Zusammenschlüsse, Rn. 25.
387 *Röller/Strohm*, in: MünchKomm, Einl. VII, Rn. 30.
388 Hierzu bereits Kommission, M. 1672 (Volvo/Scandia) sowie M. 1980 (Volvo/Renault); M. 2256 (Philips/Agilent); dazu *Fountoukakos/Ryan*, ECLR 2005, 277, 282 und *Bishop/Lofaro*, ECLR 2005, 205, 206 ff.; Leitlinien über horizontale Zusammenschlüsse, Rn. 28; *Montag/von Bonin*, in: MünchKomm, Art. 2 FKVO, Rn. 100, 171 ff.
389 *Röller/Strohm*, in: MünchKomm, Einl., Rn. 1564.
390 EuG, Rs. T-342/07 (Aer Lingus), Rn. 77 ff.
391 *Alfter*, WuW 2003, 20, 25.

195 Es geht also um Fälle, in denen das fusionierte Unternehmen über Marktmacht, d.h. einen Preiserhöhungsspielraum, verfügt, der in keinem direkten Zusammenhang zu den Marktanteilen steht.

196 Das allgemeine Kriterium der Beseitigung wichtigen Wettbewerbsdrucks ist wenig operabel. Ob ein bestimmtes Zusammenschlussvorhaben für das fusionierte Unternehmen die Möglichkeit für Preiserhöhungen eröffnet, ist schwer vorauszusagen. Derartige Wirkungen sollen mit komplizierten ökonomischen **Merger Simulation Models** erfasst werden.[392] Aufgrund der Vielzahl industrieökonomischer Modelle erscheint es jedoch zumindest zweifelhaft, ob eine bestimmte Prognose mit hinreichender Belastbarkeit zugrunde gelegt werden kann.[393]

197 Von der Kommission werden folgende **Faktoren** berücksichtigt:[394] Die fusionierenden Unternehmen verfügen über hohe Marktanteile;[395] sie sind nahe Wettbewerber; die Möglichkeit der Kunden zu einem anderen Anbieter überzuwechseln, sind begrenzt; bei Preiserhöhungen ist es unwahrscheinlich, dass die Wettbewerber ihr Angebot erhöhen; die fusionierenden Unternehmen sind in der Lage, die Wettbewerber am Wachstum zu hindern; durch den Zusammenschluss wird eine wichtige Wettbewerbskraft beseitigt.

198 Abzuwarten bleibt, ob die Kommission aufgrund der hohen Beweisanforderungen, die der EuG für oligopolistische Marktbeherrschung aufgestellt hat,[396] bei oligopolistischen Märkten zukünftig verstärkt Zusammenschlüsse unter dem Aspekt der einseitigen Ausübung von Marktmacht untersuchen wird.[397] In diesem Fall liegt jedoch der Einwand nahe, dass die Kommission durch eine Anwendung des neuen Kriteriums die Anforderungen der Rechtsprechung für eine oligopolistische Marktbeherrschung „unterläuft".

199 Zweifelhaft erscheint, ob die Fälle der nicht koordinierten Wirkungen – d.h. Wettbewerbsdämpfung aufgrund unilateraler Entscheidungen im Hinblick auf ein gemeinsames Interesse der Beteiligten – **scharf getrennt** werden kann von den **koordinierten** Wirkungen, d.h. von der stillschweigenden Koordinierung des Verhaltens im Wettbewerb.[398] Von den drei Voraussetzungen einer kollektiven Marktbeherrschung – Markttransparenz, Bestehen von Abschreckungsmitteln, keine Infragestellung durch voraussichtliche Reaktionen der übrigen Marktteilnehmer[399] – ist die zweite Voraussetzung bei nicht koordinierten Effekten nicht erforderlich, während die dritte Voraussetzung notwendig ist und die erste Voraussetzung koordinierte Effekte zumindest begünstigt.[400]

200 **bb) Koordinierte Wirkungen.** Ein Zusammenschluss kann dazu führen, dass bislang unkoordiniert handelnde Unternehmen eher geneigt sind, in einem koordinierten Vorgehen ihre Preise zu erhöhen oder auf andere Weise wirksamen Wettbewerb zu beeinträchtigen. Ähnlich liegt es bei Zusammenschlüssen, die für Unternehmen, die bereits vor der Fusion ihr Verhalten koordiniert haben, die Koordination erleichtern, stabilisieren oder sie erfolgreicher machen. Der EuGH hat bereits im Fall Kali + Salz bestätigt, dass Art. 2 Abs. 3 FKVO nicht nur die Entstehung oder Verstärkung einer alleinigen marktbeherrschenden Stellung erfasst, sondern auch die Fälle gemeinsamer Marktbeherrschung (*collective dominance*).[401]

201 Die **stillschweigende Koordinierung** von Verhalten im Wettbewerb (*tacit collusion, tacit coordination*) kann auf verschiedene Ziele gerichtet sein, etwa, Preise über das Wettbewerbsniveau anzuheben, Kapazitäten auszuweiten oder stillzulegen oder Märkte geografisch oder nach Kundengruppen aufzuteilen. Koordinierung meint dabei nicht eine Vereinbarung, einen Beschluss oder eine aufeinander abgestimmte Verhaltensweise nach Art. 101 Abs. 1 AEUV (ex Art. 81 Abs. 1 EG). Dann läge eine Kartellabsprache vor. Art. 101 Abs. 1 AEUV (ex Art. 81

---

392 Dazu: *Seehafer*, WuW 2009,728,731.
393 Vgl. Rn. 235 ff. und *Röller/Strohm*, in: MünchKomm, Einl. Rn. 1559.
394 Leitlinien über horizontale Zusammenschlüsse, Rn. 27 ff.
395 Zur Frage der grundsätzlichen Unzulässigkeit eines „3-zu-2"-Zusammenschlusses: Kommission, M. 3512 (VNU/WPP), Rn. 29; *Dethmers*, ECLR 2005, 638, 643.
396 Siehe Rn. 205 ff.
397 Bejahend *Dethmers*, ECLR 2005, 638, 642.
398 Dazu Rn. 200 ff.
399 Siehe Rn. 206 ff.
400 *Zimmer*, ZWeR 2004, 250, 259 f.
401 EuGH, Rs. C-68/94, C-30/95 (Kali + Salz), Slg. 1998, I-1375.

T. Mäger

Abs. 1 EG) nennt nur die Mittel einer Koordination. Diese Mittel sind aber von dem Begriff der Koordination selbst zu unterscheiden. Im ökonomischen Sinne kann es auch ohne Vereinbarung, Beschluss oder Verhaltensabstimmung zu einer Koordination und zu koordinierten Effekten kommen. Diese sind gekennzeichnet von einer **Wechselbezüglichkeit des Verhaltens**, die dazu führt, dass Wettbewerb untereinander – ohne dass es irgendeiner zusätzlichen Kommunikation bedarf – ausgeschaltet wird.[402] Entscheidend ist das gemeinsame Interesse daran, in der Tendenz zu Marktergebnissen zu kommen wie im Monopol: A verknappt sein Angebot nur deshalb und solange, weil und wie B und C es ihm gleichtun. Für B und C gilt, bezogen auf die jeweils anderen beiden Wettbewerber, gleiches.[403]

Die ersten Verfahren der Kommission im Bereich der kollektiven Marktbeherrschung betrafen die Beherrschung eines Marktes durch zwei Unternehmen (**Duopol**).[404] Im Fall Airtours hat die Kommission erstmals einen Zusammenschluss wegen der Gefahr einer Marktbeherrschung durch mehr als zwei Unternehmen untersagt.[405]   **202**

Ein marktbeherrschendes Oligopol ist grundsätzlich dann gegeben, wenn zwischen den Mitgliedern des Oligopols kein wirksamer Wettbewerb besteht (**kein hinreichender Binnenwettbewerb**) und das Oligopol selbst im Außenverhältnis keinem hinreichenden Wettbewerbsdruck durch Dritte (Außenseiter, *competitive fringe*) ausgesetzt ist (**kein hinreichender Außenwettbewerb**). Welche Unternehmen zu den Oligopolmitgliedern zählen und welche dem Kreis der Außenseiter angehören, ist häufig nicht einfach zu beantworten. Die Einbeziehung in ein Oligopol erfordert eine Analyse von Struktur und Wettbewerbsposition jedes einzelnen Unternehmens. Der bloße Umstand, dass bestimmte Anbieter nach Marktanteilen führend sind, reicht als Verklammerung im Oligopol und Abgrenzung zu den Außenseitern nicht aus.[406]   **203**

Bestimmte Marktstrukturen können stillschweigendes Parallelverhalten von Wettbewerbern begünstigen.[407] Hierzu gehört ein **hoher Konzentrationsgrad** des Marktes. In den bisher von der Kommission untersuchten Oligopolfällen hatten die gemeinsam beherrschenden Oligopolmitglieder einen gemeinsamen Marktanteil von mindestens 60 bis 70 %.[408] Stabile und symmetrische Marktanteile der Oligopolisten begünstigen ebenfalls stillschweigendes Parallelverhalten. Insbesondere Unternehmen mit **ähnlichen Kostenstrukturen, Marktanteilen und Kapazitätsauslastungsgraden** treffen regelmäßig vergleichbare Preis- und Kapazitätsentscheidungen.[409] Demgegenüber können unterschiedliche Kostenstrukturen einer Koordinierung im Wege stehen.[410] Sind die Kosten – als wesentlicher Bestandteil bei der Preiskalkulation – unterschiedlich, erschwert dies eine einheitliche Preissetzungsentscheidung. Zudem besteht für das Unternehmen mit der günstigsten Kostenstruktur ein Anreiz zu Wettbewerbsvorstößen. Parallelverhalten über die Preisgestaltung wird weiterhin durch die **Homogenität der Produkte** begünstigt. Diese führt zu einer hohen Markttransparenz und ermöglicht den Oligopolmitgliedern einen Überblick über die Preisgestaltung und Kapazitätsauslastung der Wettbewerber. Auch   **204**

---

402 Vgl. *Rabassa*, ECLR 2004, 771, 776.

403 *Zimmer*, ZWeR 2004, 250, 254 unter Hinweis darauf, dass diese Koordination vom Wortlaut her auch als Variante der aufeinander abgestimmten Verhaltensweise im Sinne von Art. 101 Abs. 1 AEUV erfasst werden könnte, aber eine derartige Abstimmung „über den Markt" nach allgemeiner Meinung für das Kartellverbot nicht ausreicht. Ein Grenzfall bildet die öffentliche Ankündigung einer Preiserhöhung bei „Nachziehen" der Wettbewerber, *Roth/Ackermann*, in: FK, Grundfragen Art. 81 Abs. 1 EG, Rn. 131 ff.

404 Siehe etwa Kommission, IV/M. 190 (Nestlé/Perrier); Kommission, IV/M. 308 (Kali + Salz); Kommission, IV/M. 619 (Gencor/Lonrho).

405 Kommission, M. 1524 (Airtours).

406 Nach deutschem Fusionskontrollrecht gilt eine Gesamtheit von Unternehmen als marktbeherrschend, wenn sie aus drei oder weniger Unternehmen besteht, die zusammen einen Marktanteil von 50 % erreichen oder aus fünf oder weniger Unternehmen, die zusammen einen Marktanteil von zwei Dritteln erreichen, § 19 Abs. 3 Satz 2 GWB.

407 Siehe Kommission, IV/M. 190 (Nestlé/Perrier); Kommission, IV/M. 308 (Kali + Salz); Kommission, IV/M. 619 (Gencor/Lonrho), bestätigt durch EuG, Rs. T-101/96 (Gencor), Slg. 1999, II-753; siehe auch Leitlinien über horizontale Zusammenschlüsse, Rn. 22 unter b); siehe im Einzelnen *Hahn*, S. 190 ff.

408 *Christensen/Rabassa*, ECLR 2001, 227, 230.

409 Vgl. EuG, Rs. T-102/96 (Gencor/Lonrho), Slg. 1999, II-753, Rn. 222.

410 Vgl. Kommission, M. 190 (Nestlé/Perrier), M. 619 (Gencor/Lonrho), M. 1313 (Danish Crown/Vestjyske Slagterier), M. 1673 (Veba/Viag), M. 1524 (Airtours).

ein **geringes Nachfragewachstum** – etwa bis zu 4 %[411] – erleichtert Parallelverhalten. Demgegenüber führt starkes Nachfragewachstum zu einem Strukturwandel, aufgrund dessen die Marktteilnehmer ihr Verhalten immer wieder anpassen müssen, so dass es an einer hinreichend stabilen Basis für koordinierte Verhaltensweisen fehlt. Parallelverhalten wird auch durch eine **geringe Preiselastizität** der Nachfrage begünstigt, d.h. durch eine geringe Fähigkeit und Bereitschaft von Nachfragern, im Falle einer Erhöhung des Preises über das Wettbewerbsniveau auf Substitutionsprodukte auszuweichen oder auf die Nachfrage zu verzichten.[412] Schließlich wird ein Parallelverhalten durch **geringe technologische Veränderungen** und **hohe Marktzutrittsschranken** erleichtert.

205 Durch die vorgenannten Stukturelemente eines Marktes wird **stillschweigendes Parallelverhalten** von Wettbewerbern **begünstigt**. Dies reicht aber nicht aus, um mit hinreichender Sicherheit von einer Verhaltensabstimmung zwischen den Oligopolmitgliedern auszugehen. Im Fall Airtours hat das EuG festgestellt, dass **zusätzlich** drei Voraussetzungen für die Annahme gemeinsamer Marktbeherrschung aufgrund koordinierter Wirkungen kumulativ erfüllt sein müssen:[413]

206 (1) Der Markt muss hinreichend **transparent** sein, d.h. jedes Mitglied des Oligopols muss in der Lage sein, das Verhalten der anderen Mitglieder in Erfahrung zu bringen, um festzustellen, ob alle einheitlich vorgehen. Hohe Transparenz besteht bei öffentlich verfügbaren Preislisten[414] oder bei Produkten, die über die Börse gehandelt werden. Entscheidend ist, dass das Verhalten der Wettbewerber zu demjenigen Zeitpunkt transparent ist, zu dem die wesentlichen Geschäftsentscheidungen über Preis oder Kapazität getroffen werden.[415] Bei Nachfrageschwankungen kann es für Unternehmen schwierig sein, festzustellen, ob Absatzverluste auf einen Nachfragerückgang insgesamt oder auf „abweichlerische" Niedrigpreisangebote von Wettbewerbern zurückzuführen sind.

207 (2) Die stillschweigende Koordinierung muss auf Dauer erfolgen können, d.h. es muss ein Anreiz in Form von **Abschreckungsmitteln** (durch zu erwartende Gegenmaßnahmen der anderen Oligopolisten) geben, nicht vom gemeinsamen Vorgehen am Markt abzuweichen. Abschreckungsmaßnahmen sind nur dann glaubhaft, wenn sie unmittelbar, nachdem das abweichende Verhalten entdeckt wurde, eingesetzt werden. Ist unsicher, ob es überhaupt zu Gegenmaßnahmen kommt oder würden diese erst nach geraumer Zeit greifen, kann der Vorteil eines abweichenden Verhaltens überwiegen. Dies liegt bei Märkten nahe, die durch unregelmäßige Vergabe von großen Auftragsvolumina geprägt sind. Im Fall Airtours hat das EuG festgestellt, dass mögliche Vergeltungsmaßnahmen von Wettbewerbern nicht schnell und effektiv genug erfolgen könnten, da die Planungen auf dem Markt für Kurzstrecken-Pauschalreisen jeweils bis zu 18 Monaten vor der Verkaufssaison stattfinden müssten und die Nachfrageentwicklung unvorhersehbar sei.[416]

208 (3) Die voraussichtliche **Reaktion** der tatsächlichen und potentiellen **Konkurrenten sowie der Verbraucher** darf die erwarteten Ergebnisse des gemeinsamen Vorgehens nicht in Frage stellen.[417] Ein koordinierter Kapazitätsabbau durch die Oligopolmitglieder kann etwa im Falle einer Kapazitätserweiterung durch einen Wettbewerber „ins Leere gehen".[418] Im Fall Airtours hat die Kommission nach Auffassung des EuG nicht hinreichend geprüft, ob die auf dem Markt tätigen kleinen Reiseveranstalter in ihrer Gesamtheit ihr Angebot im Falle

---

411 *Christensen/Rabassa*, ECLR 2001, 227, 231.
412 Kommission, M. 1673 (Veba/Viag), Rn. 83 f.
413 EuG, Rs. T-342/99 (Airtours), Slg. 2002, II-2585, Rn. 62; bestätigt durch EuGH, Rs. C.413/06 P (Impala) Rn. 123 f.
414 Siehe etwa Kommission, M. 315 (Mannesmann/Vallourec/Ilva), Rn. 81: öffentliche Preislisten für Stahlröhren.
415 EuG, Rs. T-342/99 (Airtours), Slg. 2002, II-2585, Rn. 148 ff.: Auf dem Markt für Kurzstrecken-Pauschalreisen sei eine Transparenz über die Kapazitätsentscheidungen der Marktteilnehmer in der Planungssaison, nicht jedoch in der Buchungssaison entscheidend.
416 EuG, Rs T-342/99 (Airtours), Slg. 2002, II-2585, Rn. 159 ff.
417 Siehe auch Leitlinien über horizontale Zusammenschlüsse, Rn. 39 ff.
418 Siehe etwa Kommission, M. 355 (Rhone/Poulenc-SNIA (II)).

einer Angebotsverknappung durch die großen Reiseveranstalter erweitern könnten.[419] Hinreichender Disziplinierungsdruck kann auch von einer Nachfragegegenmacht ausgehen.[420] Im Fall Airtours hat das EuG festgestellt, dass die Kommission die Rolle der britischen Verbraucher unterschätzt habe, die im Falle eines Nachfrageüberhangs auf die preisgünstigeren Angebote kleinerer Reiseveranstalter sowie auf Langstrecken-Pauschalreisen oder andere Ziele ausweichen könnten.[421]

In der Entscheidung Impala hat der EuGH klargestellt, dass die vorgenannten „Airtours"-Kriterien nicht mechanisch geprüft werden dürfen. Vielmehr sei entscheidend, ob der wirtschafliche Gesamtmechanismsus Koordinierungsstrategien tatsächlich plausibel erscheinen lässt.[422] **209**

Strukturelle Verbindungen zwischen den Oligopolisten – z.B. Überkreuzbeteiligungen oder die Zusammenarbeit in GU – stehen nicht mehr im Vordergrund der Oligopolanalyse.[423] Eine kollektive Marktbeherrschung kann auch bejaht werden, ohne dass derartige Verbindungen vorhanden sind.[424] Strukturelle Verbindungen können allerdings für die Frage von Bedeutung sein, ob eine stillschweigende Übereinstimmung hinsichtlich der Koordinationsmodalitäten erreicht werden kann[425] oder für die Frage, ob es möglich ist, abweichendes Verhalten zu überwachen (siehe erstes Kriterium des „Airtours"-Tests).[426] Strukturelle Verbindungen können darüber hinaus zu symmetrischen Kostenstrukturen der Oligopolmitglieder[427] und zu einer gleichgerichteten Interessenlage führen oder allgemein eine wettbewerbsdämpfende Wirkung aufweisen.[428] **210**

c) Fusion mit einem potentiellen Wettbewerber. Sowohl koordinierte als auch nicht koordinierte horizontale wettbewerbswidrige Wirkungen können eintreten, wenn sich ein Unternehmen, das auf dem relevanten Markt bereits tätig ist, mit einem potentiellen Wettbewerber zusammenschließt. Dazu müssen von dem potentiellen Wettbewerber bereits spürbare, den Verhaltensspielraum der aktuellen Marktteilnehmer begrenzende Wirkungen ausgehen oder es müssen Anhaltspunkte dafür vorliegen, dass dieser sich zu einer wirksamen Wettbewerbskraft entwickelt. Darüber hinaus dürfen keine anderen potentiellen Wettbewerber vorhanden sein, die einen hinreichenden Wettbewerbsdruck nach dem Zusammenschluss aufrecht erhalten können.[429] **211**

d) Begründung oder Verstärkung von Nachfragemacht. Eine Begründung oder Verstärkung von Nachfragemacht kann positive und negative Wirkungen haben. Einerseits könnten die Vorteile eines günstigeren Einkaufs auf dem nachgelagerten Markt an die Verbraucher über niedrigere Preise weitergegeben werden. Andererseits ist es denkbar, dass das fusionierte Unternehmen die eigenen Bezüge von Vorprodukten kürzt und die eigene Produktion auf dem nachgelagerten Markt entsprechend beschränkt. Auch könnte die fusionierte Einheit ihre Nachfragemacht gegenüber den Lieferanten nutzen, um Mitbewerber abzuschotten.[430] **212**

2. Ausgleichsfaktoren

Etwaige wettbewerbswidrige Wirkungen können durch eine Reihe von Faktoren ausgeglichen werden. **213**

a) Nachfragemacht der Abnehmer. Auf die beteiligten Unternehmen können nicht nur Wettbewerber Disziplinierungsdruck ausüben, sondern möglicherweise auch Kunden. Wenn ein- **214**

---

419 EuG, Rs. T-342/99 (Airtours), Slg. 2002, II-2585, Rn. 217 ff.
420 Siehe etwa Kommission, M. 368 (SNECMA/TI); M. 1225 (Enso/Stora).
421 EuG, Rs. T-342/99 (Airtours), Slg. 2002, II-2585, Rn. 270 ff.
422 EuGH, Rs. C-413/06 P (Impala), WuW/E EU-R 1498, 1505.
423 Anders noch Kommission, M. 308 (Kali + Salz); M. 1673 (Veba/Viag).
424 EuG, Rs. T-102/96 (Gencor), Slg. 1999, II-753.
425 Siehe Rn. 201 Leitlinien über horizontale Zusammenschlüsse, Rn. 48.
426 Siehe Rn. 206 Leitlinien über horizontale Zusammenschlüsse, Rn. 51.
427 Kommission, M. 1313 (Danish Crown/Vestjyske Slagterier): gemeinsames Exportunternehmen der Zusammenschlussbeteiligten und des größten Wettbewerbers.
428 Kommission, M. 1673 (Veba/Viag).
429 Leitlinien über horizontale Zusammenschlüsse, Rn. 58 bis 60; siehe auch EuGH, Rs. C-12/03 (Tetra Laval), Rn. 126 ff.
430 Leitlinien über horizontale Zusammenschlüsse, Rn. 61 bis 63.

zelne Kunden über eine entsprechende Nachfragemacht verfügen und insbesondere jederzeit zu einer anderen Lieferquelle im Falle von Preiserhöhungen wechseln könnten, besteht kein hinreichender Verhaltensspielraum für das fusionierte Unternehmen. In diesem Fall verliert auch ein hoher Marktanteil der neuen Einheit an Aussagekraft.[431] Anders kann es liegen, wenn lediglich ein bestimmtes Kundensegment über hinreichende Verhandlungsstärke verfügt, da der Anbieter dann eine Preisdiskriminierung zwischen den einzelnen Kundengruppen vornehmen kann.[432]

215 **b) Marktzutrittsschranken (potentieller Wettbewerb).** Hohe Marktanteile führen zu keinen wettbewerblichen Bedenken, wenn mit potentiellem Wettbewerb von – innerhalb oder außerhalb der EU ansässigen – Unternehmen zu rechnen ist.[433] Im Fall Mercedes-Benz/Kässbohrer hat die Europäische Kommission im Hinblick auf hinreichenden potentiellen Wettbewerb einen Marktanteil des fusionierten Unternehmens in Höhe von 74 % akzeptiert.[434] Die bloße „Bedrohung" mit einem Markteintritt reicht nicht aus.[435] Die Kommission prüft drei Kriterien:[436] Der Markteintritt muss wahrscheinlich sein, innerhalb einer hinreichend kurzen Zeitspanne erfolgen[437] und von ausreichendem Gewicht sein, um die wettbewerbswidrigen Wirkungen des Zusammenschlusses zu verhindern.[438] Ob ein Marktzutritt hinreichend wahrscheinlich ist, beurteilt sich in erster Linie an der Höhe der Marktzutrittsschranken. Hierzu gehören rechtliche Umstände, z.B. Handelsschranken, technische bzw. kommerzielle Umstände, z.B. fehlender Zugang zu erforderlichen Technologien, Vertriebsnetze oder auch Verbraucherpräferenzen.[439] In Märkten mit Überkapazitäten bzw. mit schwachen Steigerungsraten erscheint ein Marktzutritt eher unwahrscheinlich.[440]

216 **c) Effizienzgewinne (efficiencies).** Nach Art. 2 Abs. 1 lit. b) FKVO sind auch die Auswirkungen des Zusammenschlusses auf die Entwicklung des technischen und wirtschaftlichen Fortschritts zu berücksichtigen. In ihrer bisherigen Praxis ist die Kommission jedoch sehr zurückhaltend bei der Berücksichtigung nicht wettbewerblicher Gesichtspunkte (Effizienzgewinne), z.B. Kosteneinsparungen, Entwicklung neuer oder verbesserter Waren oder Dienstleistungen.[441] Diese Aspekte wurden zwar in einer Reihe von Kommissionsentscheidungen angesprochen.[442] Sie waren bisher aber nicht geeignet, einen ansonsten kritischen Fall aus dem Untersagungsbereich herauszuführen.[443] Im Rahmen der Novellierung der FKVO im Jahr 2004 wurde bekräftigt, dass Effizienzvorteile zu berücksichtigen sind, Erwägungsgrund 29 der FKVO. Nach Auffassung der Kommission müssen Effizienzvorteile, um berücksichtigungsfähig zu sein, **erheblich** sein, sich rechtzeitig einstellen und den Verbrauchern in den relevanten Märkten zu Gute kommen, in denen ansonsten Wettbewerbsbedenken entstehen würden.[444] Darüber hinaus müssen

---

431 Kommission, COMP/M. 4057 (Korsnäs/Assidomän Cartonboard), Rn. 43 ff.; IV/M. 1882 (Pirelli/BICC), Rn. 77 ff.; Leitlinien über horizontale Zusammenschlüsse, Rn. 64 bis 67.

432 Kommission, COMP/M. 2097 (SCA/Metsä Tissue), Rn. 88; Leitlinien über horizontale Zusammenschlüsse, Rn. 67.

433 Kommission, IV/M. 310 (Harrisons & Crosfield/Akzo), Rn. 10.

434 Kommission, M. 477 (Mercedes-Benz/Kässbohrer), Rn. 79 ff.

435 EuG, Rs. T-342/07 (Aer Lingus), Rn. 239.

436 Dazu im Einzelnen *Gey*, S. 206 ff.

437 Leitlinien über horizontale Zusammenschlüsse, Rn. 74: Ein Eintritt ist in der Regel als rechtzeitig anzusehen, wenn er innerhalb von zwei Jahren erfolgt.

438 Leitlinien über horizontale Zusammenschlüsse, Rn. 75.

439 Leitlinien über horizontale Zusammenschlüsse, Rn. 71.

440 Vgl. etwa Kommission, IV/M. 190 (Nestlé/Perrier), Rn. 21 ff.

441 *Zimmer*, ZWeR 2004, 250, 263 weist darauf hin, dass die Effizienzaspekte eine Nähe zu den Kriterien des Art. 81 Abs. 3 EG (nunmehr: Art. 101 Abs. 3 AEUV) aufweisen.

442 Ausführlich etwa in Kommission, COMP/M. 4439 (Ryanair/Aer Lingus). In diesem Fall wurden die Effizienzaspekte auch erstmals vom EuG geprüft, das die ablehnende Entscheidung der Kommission gebilligt hat, EuG, Rs. T-342/07 (Aer Lingus), Rn. 386 ff.

443 So auch die Einschätzung des Bundeskartellamtes, Marktbeherrschungs- und SIEC-Test, S. 3; die Situation in den USA ist ähnlich, siehe *Böge/Jakobi*, BB 2005, 113; *Drauz*, ZWeR 2003, 254, 259 ff.; der Kommission wurde allerdings sogar vorgeworfen, durch ein Zusammenschlussvorhaben erwartete Effizienzvorteile kritisch zu bewerten (efficiency offense), *Bishop/Walker*, Rn. 7.89; *Colley*, ECLR 2004, 342. Siehe auch *Wirtz*, EWS 2002, 59.

444 Leitlinien über horizontale Zusammenschlüsse, Rn. 79.

T. Mäger

die Effizienzvorteile **fusionsspezifisch** sein, d.h. eine unmittelbare Folge des angemeldeten Zusammenschlusses darstellen.[445] Schließlich müssen die Effizienzvorteile **nachprüfbar** sein.[446]

d) Sanierungsfusionen (failing company defense). Nicht abschließend geklärt ist die Frage, unter welchen Voraussetzungen ein Zusammenschluss trotz wettbewerblicher Bedenken freizugeben ist, wenn ohne den Zusammenschluss eines der beteiligten Unternehmen nicht mehr lebensfähig wäre und vom Markt verschwinden würde.[447] Nach Auffassung der Kommission ist unter folgenden Voraussetzungen davon auszugehen, dass eine Verschlechterung der Wettbewerbsbedingungen nach einem Zusammenschluss nicht durch diesen verursacht wird.[448] (1) Es muss feststehen, dass das zu übernehmenden Unternehmen in naher Zukunft wegen finanzieller Schwierigkeiten aus dem Markt ausscheiden würde, falls es nicht durch ein anderes Unternehmen übernommen wird.[449] (2) Der angemeldete Zusammenschluss darf sich nicht wettbewerblich negativer auswirken als alternative Übernahmeszenarien.[450] (3) Es muss feststehen, dass die Vermögenswerte des sanierungsbedürftigen Unternehmens ohne den Zusammenschluss zwangsläufig aus dem Markt genommen würden.[451] Diese letzte – strenge – Voraussetzung hat die Kommission im Fall JCI/Fiamm[452] bekräftigt.

217

3. Nichthorizontale Auswirkungen

Auch wenn sich zwei Unternehmen zusammenschließen, die nicht auf denselben relevanten Märkten tätig sind – also kein horizontaler Zusammenschluss vorliegt – können sich wettbewerbliche Bedenken ergeben. Nicht horizontale Zusammenschlüsse lassen sich in vertikale und konglomerate Zusammenschlüsse unterteilen. Ein vertikaler Zusammenschluss liegt vor, wenn die Unternehmen auf verschiedenen Stufen der Lieferkette tätig sind. Konglomerate Aspekte bilden eine Auffangkategorie von Gesichtspunkten, die weder horizontale noch vertikale Aspekte betreffen. In der Praxis stehen Zusammenschlüsse von Unternehmen im Vordergrund, die auf nah verwandten Märkten tätig sind.

218

Auf nicht horizontale Zusammenschlüsse finden zunächst die Kriterien Anwendung, welche die Kommission in ihren Leitlinien über horizontale Zusammenschlüsse zusammen gefasst hat.[453] Zusätzlich ergeben sich weitere Wettbewerbsaspekte. Diese hat die Kommission ihren Leitlinien über nichthorizontale Zusammenschlüsse zusammengefasst.[454] Die Schaffung eines vertikal integrierten Unternehmens führt grundsätzlich zu wettbewerblich **positiven Effekten**. Aus ökonomischer Sicht treten ähnliche Wirkungen ein wie beim Abschluss von vertikalen Verträgen zwischen unabhängigen Unternehmen.[455] Das vertikal integrierte Unternehmen wird

219

---

445 Leitlinien über horizontale Zusammenschlüsse, Rn. 85.
446 Leitlinien über horizontale Zusammenschlüsse, Rn. 86; siehe auch *Drauz*, ZWeR 2003, 254, 268 f.; *Iversen* ECLR 2010, 370.
447 Siehe hierzu EuGH, Rs. C-68/94, C-30/95 (Kali + Salz), Slg. 1998, I-1375, Rn. 112 ff.; Kommission, COMP/ M. 2314 (BASF/Pantochim/Eurodiol), ABl. 2002 L 132/45.
448 Leitlinien über horizontale Zusammenschlüsse, Rn. 89 bis 91.
449 Diese Voraussetzung wurde von der Kommission z.B. im Fall Newscorp/Telepiu, M. 2876, verneint.
450 Nach Auffassung der Kommission fehlte es im Fall Newscorp/Telepiu, M. 2876, auch an dieser Voraussetzung.
451 Ursprünglich hat die Kommission die Voraussetzung aufgestellt, dass die Marktposition des erworbenen Unternehmens im Falle seines Ausscheidens aus dem Markt dem erwerbenden Unternehmen zugewachsen wäre, Kommission, M. 308 (Kali + Salz), bestätigt durch EuGH, Rs. C-68/94, C-30/95, Slg. 1998, I-1375, Rn. 112, 116; abweichend bereits Kommission, COMP/M. 2314 (BASF/Pantochim/Eurodiol); M. 2810 (Deloitte & Touche/Andersen (UK)); M. 2824 (Ernst&Young/Andersen (Germany)); M. 2816 (Ernst&Young France/Andersen (France)).
452 COMP/M. 4381.
453 Siehe oben Rn. 179 ff.
454 ABl. 2008 C 265/6.
455 *Bishop/Walker*, Rn. 7.61.

grundsätzlich in die Lage versetzt, den Ausstoß zu erhöhen bzw. die Preise zu senken.[456] Ähnliche positive Wirkungen können sich aus konglomeraten Zusammenschlüssen ergeben.[457]

220 Im Einzelfall können sich aber auch aus nichthorizontalen Zusammenschlüssen **negative Auswirkungen** ergeben. Die Kommission konzentriert sich dabei auf die Auswirkungen auf die Endverbraucher, denen die fusionierende Einheit und deren Wettbewerber ihre Produkte verkaufen. Demgegenüber ist die der bloße Umstand, dass ein Zusammenschluss Wettbewerber auf einer bestimmten Ebene der Lieferkette beeinträchtigt, für sich gesehen nicht kritisch.[458] Zu unterscheiden sind – wie bei horizontalen Zusammenschlüssen – nicht koordinierte Wirkungen (Abschottungseffekte) sowie koordinierte Wirkungen.

221 Nichthorizontale Zusammenschlüsse können den Wettbewerb nur dann negativ beeinflussen, wenn das fusionierte Unternehmen über ein deutliches Maß an **Marktmacht** in wenigstens einem der betroffenen Märkte verfügt.[459] Denn in der Sache geht es um die Übertragung von Marktmacht auf andere Märkte (Hebelwirkung, **leverage effect**). In Anlehnung an die Schwelle der Vertikal-GVO geht die Kommission davon aus, dass sich – koordinierte bzw. nichtkoordinierte – Wettbewerbsbedenken bei nichthorizontalen Fusionen kaum stellen, wenn der Marktanteil der neuen Einheit in jedem der betroffenen Märkte unterhalb von 30 % und der HHI[460] unterhalb von 2000 liegt.[461]

222 **a) Vertikale Aspekte.** Nicht koordinierte Wirkungen eines vertikalen Zusammenschlusses betreffen Abschottungseffekte[462] (**foreclosure effects**). Denkbar ist zum einen, dass der auf dem nachgelagerten Markt tätige Zusammenschlussbeteiligte nur noch von dem auf dem vorgelagerten Markt tätigen Zusammenschlussbeteiligten bezieht und damit die Verkäufe anderer Lieferanten zurückgehen, deren Kostensituation sich dadurch verschlechtern könnte, so dass diese gezwungen sind, ihre Preise anzuheben. Hierdurch könnte sich die Marktposition des fusionierten Unternehmens verbessern (**customer foreclosure**). Zum anderen könnte das fusionierte Unternehmen dazu übergehen, Wettbewerber, die auf dem nachgelagerten Markt tätig sind, nicht oder nur zu höheren Preisen zu beliefern, wodurch deren Kostensituation gegenüber derjenigen des fusionierten Unternehmens (das nach dem Zusammenschluss Zugang zu Vorprodukten auf Grenzkostenniveau haben könnte) verschlechtert wird (**input foreclosure**). Im Fall Tetra Laval hat die Kommission befürchtet, dass sich die Marktposition der Zielgesellschaft (Sidel) durch den Zusammenschluss dadurch entscheidend verbessert, dass der Erwerber Tetra Laval kleinere Wettbewerber von Sidel aus dem Markt drängt, indem diesen bestimmte von Tetra Laval angebotene Maschinen nicht oder nur zu sehr ungünstigen Konditionen verkauft werden.[463]

223 Bei der Ermittlung der Wahrscheinlichkeit einer wettbewerbswidrigen Marktverschließung untersucht die Kommission, ob (1) die vertikal integrierte Einheit die Fähigkeit hätte, den Zugang zu dem Absatz- bzw. Beschaffungsmarkt abzuschotten, (2) die vertikal integrierte Einheit den Anreiz dazu hätte (dies betrifft die Frage, ob eine Abschottung gewinnbringend wäre) und, ob (3) eine Abschottungsstrategie spürbare nachteilige Auswirkungen auf dem Absatz- bzw. Beschaffungsmarkt hätte (sog. **Drei-Stufen-Test**).[464]

224 Neben den vorgenannten nichtkoordinierten Wirkungen sind auch bei vertikalen Zusammenschlüssen koordinierte Wirkungen zu prüfen. Dabei geht es um die Frage, ob zu erwarten ist,

---

456 Siehe im Einzelnen *Bishop/Walker*, Rn. 5.37; ein weiterer ökonomischer Vorteil besteht in der Vermeidung der sogenannten „doppelten Marginalisierung", d.h. überhöhten Marktpreisen bei „doppeltem Preisaufschlag" durch Produzent und Händler, *Bishop/Walker*, Rn. 5.37; zu den ökonomischen Vorteilen bei vertikalen Vereinbarungen siehe Rn. 4. Kap., Rn. 2.

457 Leitlinien über nichthorizontale Zusammenschlüsse, Rn. 13.

458 Leitlinien über nichthorizontale Zusammenschlüsse, Rn. 16.

459 Leitlinien über nichthorizontale Zusammenschlüsse, Rn. 23.

460 Dazu Rn. 187.

461 Leitlinien über nichthorizontale Zusammenschlüsse, Rn. 25.

462 Daneben sind weitere nicht koordinierte Wirkungen denkbar, etwa weil die fusionierte Einheit Zugang zu vertraulichen Unternehmensdaten über die vorgelagerten bzw. nachgelagerten Tätigkeiten der Wettbewerber erlangt, Leitlinien über nichthorizontale Zusammenschlüsse, Rn. 78.

463 Kommission, M. 2416 (Tetra Laval), Rn. 291 f., 311 ff.

464 Leitlinien über nichthorizontale Zusammenschlüsse, Rn. 33 ff.

dass der Zusammenschluss die Wahrscheinlichkeit von Koordinierungen erhöht bzw. eine Koordinierung, die bereits in der Vergangenheit stattgefunden hat, einfacher, stabiler oder wirksamer macht. Eine vertikale Integration kann dazu führen, dass das fusionierte Unternehmen mit Wettbewerbern auf einer Reihe von Märkten konkurriert (**multimarket contacts**) und stillschweigendes Parallelverhalten (koordinierte Wirkungen)[465] dadurch begünstigt wird, dass das Verhalten des Wettbewerbers transparenter wird und vielfältigere Möglichkeiten von Vergeltungsmaßnahmen im Falle eines „abweichlerischen" Verhaltens bestehen.[466]

b) Konglomerate Aspekte. Konglomerate Aspekte betreffen Bedenken, die sich aus Aktivitäten der beteiligten Unternehmen auf verschiedenen Märkten beziehen, zwischen denen weder horizontale noch vertikale Beziehungen bestehen. Der Aspekt der konglomeraten Auswirkungen stellt deshalb eine Auffangkategorie für besonders gelagerte Fälle dar. In der Praxis liegt der Schwerpunkt auf Zusammenschlüssen zwischen Unternehmen, die in eng verwandten Märkten tätig sind.[467] Wiederum sind nichtkoordinierte Wirkungen und koordinierte Wirkungen zu unterscheiden.   225

Dabei geht es vor allem um die Kopplung verschiedener Produkte aus verschiedenen Märkten, die zu einer Marktabschottung führen kann.[468] Unterschieden werden mehrere Konstellationen. Verkauft ein Lieferant an einen Kunden ein Produkt A nur unter der Voraussetzung, dass der Kunde auch ein Produkt B abnimmt (das für sich gesehen auch separat gekauft werden könnte), spricht man von „**tying**" (Bindung). Kann der Abnehmer die Produkte A und B stets nur zusammen erwerben, liegt ein Fall des „**pure bundling**" (reine Kopplung) vor. Ein Fall des „**mixed bundling**" (gemischte Kopplung) ist schließlich gegeben, wenn die Produkte A und B jeweils separat oder zusammen bezogen werden können, wobei der Komplettpreis niedriger ist als die Summe der individuellen Preise. Unter bestimmten Voraussetzungen führen solche Kopplungspraktiken zu einer Verstärkung der Marktposition des fusionierten Unternehmens.[469] Die Kommission muss aber hinreichend darlegen, dass die neue Einheit derartige Praktiken anwenden würde.[470]   226

Bei der Ermittlung der Wahrscheinlichkeit einer wettbewerbswidrigen Marktabschottung geht die Kommission – wie auch bei vertikalen Effekten – nach dem sog. **Drei-Stufen-Test** vor.[471]   227

Der Fall Tetra Laval betraf eine Konstellation, in der nach Auffassung der Kommission zu befürchten war, dass ein Unternehmen, das einen Markt beherrscht, diese Marktstellung auf einen benachbarten Markt überträgt (**leverage effect**).[472] Damit geht es um denselben sachlichen Aspekt, der auch bei vertikalen Zusammenschlüssen eine Rolle spielt. Der Unterschied liegt lediglich darin, dass der „Zielmarkt" zu demjenigen Markt, auf dem die Machtposition besteht, nicht in einem vertikalen Verhältnis steht, sondern es sich um benachbarte Märkte handelt. Das EuG und der EuGH haben im Fall Tetra Laval bestätigt, dass die Kommission berechtigt ist, einen Zusammenschluss auch aufgrund von konglomeraten Auswirkungen zu untersagen.[473]   228

Unter konglomeraten Aspekten hat die Kommission in der Vergangenheit auch **Portfolio-Effekte** geprüft, bei denen sich die Marktstellung der beteiligten Unternehmen, die auf benachbarten Produktmärkten tätig sind, dadurch verstärkt, dass die neue Einheit nach dem Zusammenschluss eine große Produktpalette anbieten kann.[474]   229

---

465 Rn. 200 ff.
466 Siehe *Bishop/Walker*, Rn. 7.60; Leitlinien über nichthorizontale Zusammenschlüsse, Rn. 79 ff.
467 Leitlinien über nichthorizontale Zusammenschlüsse, Rn. 91.
468 Siehe etwa Kommission, M. 2220 (GE/Honeywell), Rn. 350 ff., 412 ff.; Leitlinien über nichthorizontale Zusammenschlüsse, Rn. 95 ff.
469 Siehe *Bishop/Walker*, Rn. 6.54.
470 EuG, Rs. T-210/01 (GE), Rn. 366 ff.
471 Leitlinien über nichthorizontale Zusammenschlüsse, Rn. 95 ff.; siehe Rn. 223.
472 Kommission, M. 2416 (Tetra Laval), ABl. 2001 L 43/13.
473 EuG, Rs. T-5/02 (Tetra Laval), Slg. 2002, II-4381, Rn. 146; EuGH, Rs. C-12/03 P (Tetra Laval).
474 Siehe etwa Kommission, COMP/M. 938 (Guiness/Grand Metropolitan) ABl. 1998 L 288/24; siehe auch EuG, Rs. T-119/02 (Philips), Slg. 2003, II-1433; EuG, Rs. T-310/01 (Schneider), Rn. 248; EuG, Rs. T-210/01 (GE), Rn. 470: größere Produktpalette als Wettbewerber nicht ausreichend für Bedenken; aus neuerer Zeit siehe COMP/M. 5547 (Philips/Saeco), Rn. 107 (keine "must-have brands" von Philips).

230　In die Fallgruppe der konglomeraten Aspekte fallen auch Bedenken, die an den bloßen **Zuwachs an Finanzkraft** anknüpfen. Anders als in der Praxis des BKartA[475] ist der reine Zuwachs an Finanzkraft in der Entscheidungspraxis der Kommission aber praktisch bedeutungslos. Eine andere Frage ist, ob sich Bedenken daraus ergeben, dass ein Unternehmen eine missbräuchliche Ausnutzung von Finanzkraft nach dem Zusammenschluss auf weitere Märkte erstreckt.[476]

231　Wie bei vertikalen Zusammenschlüssen können sich auch aus konglomeraten Zusammenschlüssen koordinierte Wirkungen aus dem Aspekt der „**multimarket contacts**" ergeben.[477]

232　Nachteilige Auswirkungen konglomerater Zusammenschlüsse ergeben sich nicht unmittelbar aus einer strukturellen Veränderung des betroffenen Marktes. Vielmehr geht es darum, ob sich die Verhaltensanreize der neuen Einheit zum Nachteil des Wettbewerbs ändern. Zu prüfen ist also, wie sich das fusionierte Unternehmen **zukünftig verhalten** wird. Dabei darf die Kommission ein rechtswidriges Verhalten nicht einfach unterstellen.[478] Im Fall Tetra Laval hat das EuG klargestellt, dass die Kommission im Rahmen ihrer wettbewerblichen Würdigung nicht einfach unterstellen darf, dass das fusionierte Unternehmen nach dem Zusammenschluss Maßnahmen ergreift, die nach Art. 102 AEUV als missbräuchlich einzustufen sind. Vielmehr ist die Kommission verpflichtet, bei der Prognose im Hinblick auf das zukünftige Verhalten des marktbeherrschenden Unternehmens sämtliche relevanten Umstände einschließlich des mit einem Gesetzesverstoß verbundenen Bußgeldrisikos zu berücksichtigen.[479] Der EuGH ist im Fall Tetra Laval zwar zu dem Ergebnis gekommen, dass die Ausführungen des EuG teilweise rechtsfehlerhaft sind. Eine Analyse, die darauf abziele, die wahrscheinliche Existenz einer Zuwiderhandlung gegen Art. 102 AEUV zu belegen und sich zu vergewissern, dass sie in mehreren Rechtsordnungen mit einer Sanktion belegt werde, sei zu spekulativ und könne von der Kommission nicht verlangt werden.[480] Der EuGH hat aber bestätigt, dass die Wahrscheinlichkeit der betreffenden Verhaltensweisen gleichwohl umfassend geprüft werden muss, und zwar unter Berücksichtigung sowohl der Anreize für solche Verhaltensweisen als auch der Faktoren – einschließlich der etwaigen Rechtswidrigkeit der Verhaltensweisen – die diese Anreize verringern oder sogar beseitigen könnten (ohne dass allerdings der Umfang eventuell zu erwartender Sanktionen ermittelt werden muss).[481] Zumindest ein Verhalten, das ohne detaillierte Untersuchung als Verstoß gegen Art. 102 AEUV eingeordnet werden kann, darf nicht einfach unterstellt werden.[482]

233　In der Entscheidung Tetra Laval hat der EuGH hervorgehoben, dass bei konglomeraten Zusammenschlüssen die Ursache-Wirkungs-Ketten „schlecht erkennbar, ungewiss und schwer nachweisbar" seien. Die Beschaffenheit der von der Kommission zum Nachweis der Erforderlichkeit einer Untersagungsentscheidung angeführten Beweise seien deshalb „besonders bedeutsam".[483]

234　Sobald im Rahmen von konglomeraten Zusammenschlüssen von Unternehmen, die bislang keine aktuellen Wettbewerber waren, diskutiert wird, ob der Verhaltensspielraum eines Zusammenschlussbeteiligten durch den zu erwartenden Markteintritt des anderen Zusammen-

---

475　Siehe etwa BGH, KVR 3/84, (Edelstahlbestecke), WuW/E BGH 2150.

476　EuG, Rs. T-210/01 (GE), Rn. 315 ff.

477　Siehe Rn. 224. Leitlinien über nichthorizontale Zusammenschlüsse, Rn. 119 ff.

478　Zur Frage, ob die wettbewerblichen Auswirkungen konglomerater Zusammenschlüsse zweckmäßiger im Rahmen der Missbrauchsaufsicht und nicht im Rahmen der Zusammenschlusskontrolle geprüft werden sollten: *Körber*, WuW 2008, 522, 533; *Philipps*, S. 263 ff.

479　EuG, Rs. T-5/02 (Tetra Laval), Slg. 2002, II-4381, Rn. 159, 162; hiergegen wird eingewandt, dass dies auf eine Besserstellung von Marktbeherrschern hinauslaufe, da lediglich marktstarken Unternehmen derartige Praktiken, die nicht gegen Art. 82 EG verstoßen würden, unterstellt werden könnten, *Brei*, WuW 2003, 585, 591. Dies überzeugt nicht. Auch bei lediglich marktstarken Unternehmen müsste die Wahrscheinlichkeit der betreffenden Verhaltensweise umfassend geprüft werden. Im Übrigen erscheint die Möglichkeit, Kopplungspraktiken vorzunehmen, bei nicht marktbeherrschenden Unternehmen ohnehin fernliegend (zu diesem letzten Punkt: *Burholt*, WRP 2005, 858, 861; *Denzel*, BB 2005, 1062, 1067).

480　EuGH, Rs. C 12/03 P (Tetra Laval), Rn. 76 bis 78.

481　EuGH, Rs. C 12/03 P (Tetra Laval), Rn. 74; dazu auch *Denzel*, BB 2005, 1062, 1066.

482　EuG, Rs. T-210/01, (GE), Rn. 74.

483　EuGH, Rs. C 12/03 P (Tetra Laval), Rn. 44; ebenso EuG, Rs T-210/01 (GE), Rn. 66; EuGH, Rs. C-413/06 P (Impala) Rn. 51.

schlussbeteiligten begrenzt war,[484] handelt es sich um den horizontalen Aspekt der Fusion mit einem potentiellen Wettbewerber.[485]

4. Entwicklungstendenzen

Die Bedeutung **ökonometrischer und empirischer Untersuchungen** in der Fusionskontrolle nimmt immer weiter zu. Dies führt einerseits zu einer begrüßenswerten Aufgeschlossenheit gegenüber den konkreten Umständen jedes einzelnen Falles. Andererseits dauern die Verfahren immer länger und das Ergebnis ist immer weniger vorhersehbar.[486] Da der Einfallsreichtum von Ökonomen der Kreativität von Juristen in nichts nachsteht, kann auch kaum behauptet werden, dass ein bestimmtes ökonometrisches Modell zu einem belastbaren und nicht mehr anfechtbaren Ergebnis führt, wenn nur eine hinreichend große Datenmenge und ausreichend Zeit für die Auswertung mit Hilfe von Computerprogrammen zur Verfügung stehen.[487] Der Einsatz quantitativer Methoden steht in einem Spannungsverhältnis zu den kurzen Fristen für die Fusionskontrolle und den Grenzen für den Umfang des Prozessstoffes, der im Rahmen eines Gerichtsverfahrens bewältigt werden kann.[488]   235

Die USA sind auf dem Weg der zunehmenden „Ökonomisierung" der Fusionskontrolle weiter vorangeschritten. In den Horizontal Merger Guidelines des US Department of Justice and Federal Trade Commission vom 19. August 2010 wird die Bedeutung empirischer Untersuchungen im Hinblick auf die konkreten Auswirkungen eines Zusammenschlusses hervorgehoben. Insbesondere für differenzierte Produktmärkte wird der sog. **Upward-Pricing-Pressure (UPP)-Test** eingeführt.[489] Danach ist direkt zu prüfen, ob der Zusammenschluss zu Preiserhöhungsspielräumen führt. Die Abgrenzung des relevanten Marktes ist nicht mehr Voraussetzung für die wettbewerbliche Prüfung. In der europäischen Fusionskontrolle ist das Konzept der Marktabgrenzung demgegenüber bislang fest verankert. Allerdings haben sich praktische Weiterentwicklungen ergeben. Dies gilt zum Beispiel im Hinblick auf das Konzept des „nahen Wettbewerbers",[490] das zumindest als Durchbrechung des traditionellen Marktabgrenzungskonzepts gewertet werden könnte.   236

Die europäische Fusionskontrolle hat sich bereits vor längerer Zeit von dem traditionellen deutschen Ansatz – Marktstrukturbetrachtung – hin zu einer wirkungsorientierten Analyse entwickelt.[491] Während sich die Kommission in früheren Fällen mit der Feststellung begnügte, durch einen Zusammenschluss falle mit dem Wettbewerb zwischen den Fusionsparteien auch ein wesentliches Wettbewerbselement des Marktes insgesamt weg,[492] prüft die Kommission in jüngerer Zeit ausführlich, welche Auswirkungen mit dem Wegfall von Wettbewerb zwischen   237

---

484 Kommission, M. 2416 (Tetra Laval), Rn. 390 ff.
485 Dazu Rn. 211; vgl. auch *Wessely*, ZWeR 2003, 317, 345.
486 Mit der „Ökonomisierung" der Fusionskontrolle steigt aufgrund der Unbestimmtheit der Konzepte und der Vielzahl industrieökonomischer Modelle tendenziell der Ermessensspielraum der Kommission, so dass die Rechtssicherheit abnimmt: *Christiansen*, WuW 2005, 285, 290; zur begrenzten Verfügbarkeit ökonometrischer Modelle zur Beurteilung kollektiver Marktbeherrschung: *Dethmers*, ECLR 2005, 638, 644; siehe allgemein *Mäsch*, in: Mäsch, Einführung, Rn. 40.
487 Siehe 1. Kap. Rn. 137.
488 Bundeskartellamt, Marktbeherrschungs- und SIEC-Test, S. 13 unter Hinweis darauf, dass in deutschen Fusionskotrollverfahren der Richter keine aufwändigeren Aufklärungsmöglichkeiten benutzen darf, als sie der Kartellbehörde innerhalb der kurzen Fusionskontrollfristen zugänglich gewesen wären, BGH, KVR 12/06 (National Geographic II), WuW/E DE-R 1925.
489 Der Test lautet wie folgt: „A merger between firms selling differentiated products may diminish competition by enabling the merged firm to profit by unilaterally raising the price of one or both products above the premerger level. Some of the sales lost due to the price rise will merely be diverted to the product of the merger partner and, depending on relative margins, capturing such sales loss through merger may make the price increase profitable even though it would not have been profitable prior to the merger." Kritisch zum dem UPP-Test: etwa *Simons/Coate*, European Competition Journal 2010, 377: Die erforderliche empirische Absicherung fehle. Zudem würden auch pro-kompetitive Vorhaben nach dem Test teilweise kritisch eingestuft.
490 Siehe Rn. 193.
491 Nach *Hansen*, S. 249, hat die Kommission bislang jedoch kaum Entscheidungen getroffen, die von dem Prinzip der Marktstrukturkontrolle und der Praxis des Bundeskartellamts abweichen.
492 M.984 (DuPont/ICI), Rn. 33 ff.; M.1628 (Totalfina/Elf), Rn. 39 ff.; M.2283 (Schneider Electric/Legrand), Rn. 545 ff.

den Fusionsparteien verbunden sind.[493] Soweit in Zukunft noch weiter verstärkt das Spielfeld für ökonometrische Modelle, welche die Zukunft simulieren, eröffnet wird,[494] stellt sich die Frage, ob sich hierdurch für die Kartellbehörden Beurteilungsspielräume eröffnen, die gerichtlich nicht überprüfbar sind.[495] Jedenfalls spricht einiges dafür, die Kartellbehörden zu verpflichten, im Rahmen eines breit angelegten Marktmonitoring zu überprüfen, ob die jeweils prognostizierten Ergebnisse auch tatsächlich in der Marktwirklichkeit eintreten.[496]

238 Bei der Frage, ob eine zunehmende Ökonomisierung der Fusionskontrolle anzustreben ist, wird auch der allgemeine wettbewerbspolitische Aspekt diskutiert, ob ein Fusionskotrollregime im Zweifel eher sogenannte **Typ I-Fehler** hinnehmen sollte (also die Untersagung eines freigabewürdigen Zusammenschlusses *Overenforcement*) oder einen sogenannten **Typ II-Fehler** (d.h. die Freigabe eines untersagungswürdigen Zusammenschlusses *Underenforcement*). Aus Sicht vieler europäischer Beobachter sind die Kartellbehörden in den USA eher bestrebt, ein *Overenforcement* zu vermeiden. Die europäischen Kartellbehörden verfolgen aus Sicht mancher *US-Beobachter* den entgegengesetzten Ansatz.[497]

IV. Abhilfemaßnahmen (Zusagen)

239 Ist ein Zusammenschluss nicht freigabefähig, können die beteiligten Unternehmen Zusagen (*commitments, remedies*) anbieten, um die Freigabefähigkeit zu erreichen,[498] z.B. die Veräußerung eines Unternehmensteils. In derartigen Fällen kann die Kommission eine Freigabeentscheidung mit Bedingungen und Auflagen verbinden, Art. 6 Abs. 2 UA 2 und 8 Abs. 2 UA 2 FKVO. Die Kommission hat ihre Überlegungen zu zulässigen Abhilfemaßnahmen in einer Mitteilung zusammengefasst (**Mitteilung über Abhilfemaßnahmen**).[499] Die Kommission hat außerdem für die Abgabe von Veräußerungsverpflichtungen sowie die Bestellung eines Treuhänders veröffentlicht.[500]

240 Zusagen können in der Phase I und in der Phase II abgegeben werden.[501] Nicht abschließend geklärt ist die Einordnung sog. **informeller Zusagen**.[502]

---

493 Im Fall Ryanair/Aer Lingus (COMP/M.4439) hat sich die Kommission industrieökonomischer Modelle bedient und auch zum ersten Mal eine Kundenbefragung in Auftrag gegeben. Dies wurde vom EuG gebilligt, EuG Rs. T-411/07, z.B. Rn. 207 ff.; siehe auch M.1672 (Volvo/Scania); M.3083 (GE/Instrumentarium); M. 2861 (Siemens/Drägerwerk/JV); dazu *T. Mäger*, 2010 Fordham Comp. L. Inst. 000, S. 123.

494 Zu ökonometrischen Studien allgemein: Hofer/Williams/Wu, WuW 2005,155; zu Simulationsmodellen: Colley, ECLR 2004, 342.

495 So *Seehafer* WuW 2009, 728,738; dies führe dazu, dass Gerichte eine genauere Entscheidung durch komplexere ökonomische Modelle ablehnen würden; siehe zur Frage des Beurteilungsspielraums Rn. 351.

496 Siehe auch *Schulte* AG 2010, 358.

497 Die Einführung des UPP-Test in den neuen US Merger Guidelines ist aber offensichtlich darauf zurückzuführen, dass die US Kartellbehörden in mehreren Fällen die Gerichte nicht überzeugen konnten, eine angestrebte Untersagung auszusprechen, da die von den Behörden vorgetragene Marktabgrenzung abgelehnt wurde.

498 Grundsätzlich müssen sich die Zusagen auf die Märkte beziehen, auf denen der Zusammenschluss zu negativen Effekten führt, vgl. im Hinblick auf eng benachbarte Märkte: EuG, Rs. T-87/05 (EDP), Rn. 199 ff.

499 ABl. 2008 C 267/01; diese Mitteilung ersetzt die Mitteilung der Kommission aus dem Jahr 2001 (ABl. 2001 C 68/03); die Überarbeitung der Mitteilung wurde aufgrund der Ergebnisse der Studie der Kommission über Abhilfemaßnahmen (merger remedies study) vorgenommen, die im Oktober 2005 veröffentlicht wurde.

500 Siehe Webseite der Generaldirektion Wettbewerb.

501 Siehe zu diesen Begriffen Rn. 300 ff. und 305 ff.; siehe auch Rn. 243.

502 Die Freigabe im Fall Oracle/Sun Microsystems (M. 5529) erging ohne Bedingungen oder Auflagen. In der Pressemitteilung (IP/10/40 v. 21. Januar 2010) bezog sich die Kommission aber auf eine öffentliche Ankündigung von Oracle, eine bestimmte Open-Source-Datenbank weiterhin in öffentlich zugänglicher Weise zu entwickeln; siehe die – entfernt vergleichbare – Praxis der Kommission im Zusammenhang mit einem erneuten Anmeldeerfordernis, wenn eine geplante Aufteilung einer Zielgesellschaft nach Erwerb unterbleibt. Dort versucht die Kommission, die Wirksamkeit einer Freigabe von einem zukünftigen Ereignis abhängig zu machen, siehe Bedingung oder Auflage vorzusehen, Rn. 23.

1. Bedingungen und Auflagen

Die Begriffe Bedingung (*condition*) und Auflage (*obligation*) werden von der FKVO unterschieden,[503] aber nicht definiert. In der Mitteilung über Abhilfemaßnahmen[504] hat die Kommission die Begriffe wie folgt voneinander abgegrenzt. **Bedingungen** sind Maßnahmen, durch die der Markt strukturell so verändert wird, dass das Wettbewerbsproblem beseitigt wird, z.B. die Veräußerung eines Geschäfts. Der von der Kommission verwendete Begriff der Bedingung ist vergleichbar mit der aufschiebenden Bedingung nach deutschem Recht. Wird die Bedingung nicht erfüllt, wird die Freigabeentscheidung automatisch unwirksam. Ist unklar, ob die Bedingung rechtzeitig und vollständig erfüllt worden ist, liegt es nahe, dass die Kommission deklaratorisch die Unwirksamkeit der Freigabe erklärt.[505] Die Kommission kann außerdem jede geeignete Maßnahme treffen, um den Wettbewerb wieder herzustellen, Art. 8 Abs. 4 lit. b), Abs. 5 FKVO. Wird ein Vorhaben ohne Erfüllung der Bedingung vollzogen, kann die Kommission eine Geldbuße nach Art. 14 Abs. 2 lit. d) FKVO verhängen. Wird die Bedingung nicht erfüllt und wird die Freigabeentscheidung deshalb automatisch unwirksam, bedeutet dies jedoch noch nicht, dass der betreffende Zusammenschluss rechtswidrig ist. Eine solche Verfügung kann vielmehr nur in Gestalt einer Verbotsentscheidung nach Art. 8 Abs. 3 FKVO getroffen werden.[506] | 241

Von den Maßnahmen, durch die sich der Markt strukturell so verändert, dass das Wettbewerbsproblem beseitigt wird, sind die hierzu erforderlichen Durchführungsmaßnahmen zu unterscheiden. Diese stellen grundsätzlich **Auflagen** dar, etwa die Bestellung eines Treuhänders mit dem unwiderruflichen Mandat, das betreffende Geschäft zu verkaufen. Auflagen sind darauf gerichtet, das Veräußerungsverfahren im Einzelnen zu regeln und die Wettbewerbsfähigkeit des zu veräußernden Geschäfts sicherzustellen. Bei Nichterfüllung von Auflagen ist die Genehmigung des Zusammenschlusses nicht automatisch hinfällig. Die Kommission kann aber die Freigabeentscheidung widerrufen, Art. 6 Abs. 3 lit. b) und Art. 8 Abs. 6 lit. b) FKVO. Die Kommission kann außerdem Zwangsgelder auferlegen, Art. 15 Abs. 2 lit. c) FKVO. | 242

Nach Erwägungsgrund 30 der FKVO ist es zweckmäßig Bedingungen und Auflagen bereits in der **Phase I**[507] zu akzeptieren, wenn das Wettbewerbsproblem „klar umrissen ist und leicht gelöst werden kann".[508] In der Praxis spielen auf Seiten der Kommission aber oft auch Opportunitätsaspekte eine Rolle, so dass eine Freigabe unter Bedingungen oder Auflagen auch in komplexeren Fällen bereits in der Phase I möglich ist.[509] | 243

2. Inhalt der Zusagen

a) **Veräußerungszusagen.** Die häufigste Zusage ist die Veräußerungszusage. Die Veräußerung von Aktivitäten ist geeignet, wettbewerbliche Probleme zu lösen, die sich daraus ergeben, dass die Zusammenschlussbeteiligten auf demselben Markt tätig sind und der gemeinsame Marktanteil hoch ist. Die Vorteile einer Veräußerungszusage liegen daran, dass sie einfach durchzuführen ist und nach ihrer Umsetzung keine weiteren Überwachungsmaßnahmen (*monitoring*) durch die Kommission erforderlich sind. | 244

Die zu veräußernden Aktivitäten müssen ein für sich „**lebensfähiges Geschäft**" darstellen. Es muss zu erwarten sein, dass die Aktivitäten vom Erwerber fortgeführt werden. Das Geschäft muss von einem „**geeigneten Käufer**" erworben werden. Dieser muss folgende Voraussetzungen erfüllen: Er muss über ausreichende Erfahrung und Interesse an einer Fortführung der zu übernehmenden Aktivitäten im betroffenen Markt verfügen. Er muss vom Veräußerer rechtlich und | 245

---

503 Art. 6 Abs. 2 UA 2 und 8 Abs. 2 UA 2 FKVO.
504 Dort Rn. 12.
505 Siehe auch *Hacker/Korthals*, in: Schulte, Rn. 1496 Fn. 1835; nach *Emberger/Peter*, in: Löwenheim/Meessen/ Riesenkampff, Art. 6 FKVO Rn. 46 sei zu erwarten, dass die Kommission aus Gründen der Rechtssicherheit eine Widerrufsentscheidung gemäß Art. 6 Abs. 3 lit. b der FKVO treffen werde (wobei sich diese Regelung auf den Fall der Zuwiderhandlung gegen eine Auflage bezieht).
506 *Emberger/Peter*, in: Loewenheim/Meessen/Riesenkampff, Art. 6 FKVO Rn. 46; vgl. auch Rn. 336.
507 Dazu Rn. 300 ff.
508 So auch Mitteilung über Abhilfemaßnahmen, Rn 81.
509 Siehe auch *Bechtold/Bosch/Brinker/Hirsbrunner*, Art. 6 FKVO Rn. 9.

wirtschaftlich unabhängig sein und die Veräußerung an ihn darf keine wettbewerblichen Probleme aufwerfen.[510]

246 Was zum „lebensfähigen" Geschäft gehört, kann auch von der Identität des Käufers abhängen.[511] Werden die Aktivitäten auf einen Wettbewerber übertragen, der bereits in dem Markt tätig ist, mag es ausreichen, den Kundenstamm und etwaiges Know-how zu übertragen. Ist der Erwerber z.b. ein Finanzinvestor, wird er demgegenüber zusätzlich materielle Vermögenswerte wie Produktionsstätten und Vertriebsstrukturen benötigen.

247 Um sicherzustellen, dass die zu veräußernden Aktivitäten ein lebensfähiges Geschäft darstellen, kann es notwendig sein, auch Tätigkeiten einzubeziehen, die Märkte betreffen, auf denen die Kommission keine Wettbewerbsprobleme festgestellt hat.[512] So kann es notwendig sein, z.B. ein europaweites Geschäft zu veräußern, auch wenn sich Wettbewerbsprobleme nur auf nationalen Märkten ergeben. Um die Chancen zu erhöhen, schnell einen geeigneten Käufer zu finden, können die Parteien im Übrigen auch von sich aus bestrebt sein, „die Braut schöner zu machen".

248 Erscheint es unsicher, ob sich für das von den Parteien zur Veräußerung angebotene Geschäft ein geeigneter Käufer findet oder bestehen aus sonstigen Gründen Zweifel an der schnellen Umsetzung der Zusage – etwa im Hinblick auf Vorkaufsrechte Dritter – so kann die Kommission eine Absicherung verlangen. Denkbar ist eine Verpflichtung, für den Fall, dass sich die zunächst ins Auge gefasste Zusage nicht verwirklichen lässt, eine wettbewerblich zumindest gleichwertige Alternative anzubieten („Kronjuwelen").[513]

249 In bestimmten Fällen besteht aus Sicht der Kommission nur dann der erforderliche Grad an Sicherheit, dass ein Geschäft auch tatsächlich an einen geeigneten Erwerber veräußert wird, wenn ein von ihr vorab genehmigter Erwerber vorgeschlagen wird. Dies betrifft zunächst Fälle, in denen erhebliche Hindernisse für eine Veräußerung bestehen, z.B. Rechte Dritter oder die Unsicherheit, ob ein geeigneter Erwerber gefunden wird.[514] Darüber hinaus geht es um Fälle, in denen ein erhebliches Risiko hinsichtlich der Erhaltung der Wettbewerbs- und Marktfähigkeit des zu veräußernden Geschäfts in der Übergangszeit bis zur Veräußerung besteht.[515] In diesen Fällen müssen sich die beteiligten Unternehmen verpflichten, den angemeldeten Zusammenschluss erst zu vollziehen, wenn sie mit einem von der Kommission vorab genehmigten Erwerber eine verbindliche Vereinbarung über die Veräußerung des Geschäfts geschlossen haben (up-front buyer).[516] Ermitteln die beteiligten Unternehmen bereits während des Fusionskontrollverfahrens einen Erwerber und schließen mit diesem eine rechtlich bindende Vereinbarung, in der die wesentlichen Punkte der Veräußerung festgelegt sind, kann die Kommission bereits in der endgültigen Fusionskontrollentscheidung feststellen, ob die Übertragung des zu veräußernden Geschäfts an den ermittelten Erwerber die wettbewerbsrechtlichen Bedenken beseitigt. Genehmigt die Kommission den angemeldeten Zusammenschluss, ist eine weitere Entscheidung der Kommission zur Genehmigung des Erwerbers nicht erforderlich (fix-it-first-Lösung).[517] Eine derartige Lösung ist aus Sicht der Kommission insbesondere zweckmäßig, wenn die Frage, wer der Erwerber ist, von entscheidender Bedeutung für die Wirksamkeit der vorgeschlagenen Abhilfemaßnahmen zukommt.[518]

250 In besonders gelagerten Fällen, in denen die Veräußerung von Aktivitäten nicht möglich war, hat die Kommission den Verkauf „virtueller Unternehmen" als Abhilfemaßnahme akzeptiert. In den Fällen Südzucker/Saint Louis Sucre[519] und EDF/ENBW[520] haben die Parteien angeboten,

---

510 Mitteilung über Abhilfemaßnahmen, Rn. 22 ff.
511 Siehe Mitteilung über Abhilfemaßnahmen, Rn. 57.
512 Mitteilung über Abhilfemaßnahmen, Rn. 23.
513 Mitteilung über Abhilfemaßnahmen, Rn. 44 ff.; siehe etwa Kommission, M. 1453 (Axa/GRE); M. 2337 (Nestlé/Ralston Purina).
514 Mitteilung über Abhilfemaßnahmen, Rn. 54.
515 Mitteilung über Abhilfemaßnahmen, Rn. 55.
516 Mitteilung über Abhilfemaßnahmen, Rn. 53.
517 Mitteilung über Abhilfemaßnahmen, Rn. 56 f.
518 Mitteilung über Abhilfemaßnahmen, Rn. 57.
519 Kommission, M. 2530.
520 Kommission, M. 1853.

T. Mäger

Produktionskapazitäten bzw. einen Teil ihrer Produktion Wettbewerbern zur Verfügung zu stellen.[521]

Eine bloße **Teilveräußerung** – etwa die Reduzierung einer Beteiligung – kann akzeptabel sein, **251** wenn die wettbewerblichen Bedenken nicht durch die Addition von Marktanteilen hervorgerufen werden, sondern durch Verbindungen mit Wettbewerbern, die durch eine Teilveräußerung beseitigt bzw. entscheidend reduziert werden können.[522]

b) Andere Formen der Zusagen. Die Mitteilung der Kommission nennt als weitere zulässige **252** Abhilfemaßnahmen die **Beendigung von Ausschließlichkeitsvereinbarungen** (Alleinbezugs- oder Alleinvertriebsvereinbarung), die Gewährung des **Zugangs zu Infrastruktureinrichtungen** für Wettbewerber und zu besonderen Schlüsseltechnologien,[523] z.B. durch Veräußerung der Technologie oder Lizenzierung. Diese Maßnahmen sind darauf gerichtet, Marktabschottungseffekte zu verhindern, Marktzutrittsschranken zu beseitigen bzw. zu reduzieren und damit den Wettbewerbsdruck durch aktuelle oder potentielle Wettbewerber sicherzustellen.[524]

Regelmäßig nicht akzeptiert werden bedingte Zusagen, weiterhin solche, deren Verwirklichung **253** von Dritten abhängt und zu komplexe Zusagen.[525] Ist ein Unternehmen nicht bereit, ein Geschäft vollständig an einen Dritten zu veräußern, sondern ist es bestrebt, eine bestimmte Beteiligung zu behalten, kommt in Betracht, die Errichtung von sog. Firewalls oder auch Chinese Walls anzubieten. Diese sind darauf gerichtet, den Austausch wettbewerblich sensibler Informationen zu verhindern. Derartige Maßnahmen sind komplex und bedürfen der Überwachung. Sie werden deshalb regelmäßig von der Kommission kritisch betrachtet.[526]

c) Strukturelle Zusagen und Verhaltenszusagen. Die Kommission bevorzugt strukturell wir- **254** kende Zusagen gegenüber solchen, die die Parteien zu einem bestimmten Verhalten verpflichten.[527] Die Unterscheidung von strukturellen und Verhaltenszusagen ist allerdings nicht einfach, zumal jede Zusage von den Parteien ein bestimmtes Verhalten fordert. Der EuGH hat im Fall Tetra Laval bekräftigt, dass die Kommission bei ihrer Beurteilung nicht nur strukturelle sondern auch verhaltensbezogene Zusagen berücksichtigen muss.[528] Zweifelhaft ist, ob eine Zusage dann als ungeeignet zu qualifizieren ist, wenn sie die Kommission mit einer fortlaufenden **Überwachungstätigkeit** (*monitoring*) belastet.[529] Nicht akzeptabel ist es zwar, die Entstehung bzw. Verstärkung einer marktbeherrschenden Stellung hinzunehmen und anschließend eine Art kontinuierliche Missbrauchsaufsicht nach Art. 102 AEUV durchzuführen.[530] Anders liegt es aber, wenn durch den Zusammenschluss eine strukturelle Veränderung unmittelbar nicht herbeigeführt wird und sich die Bedenken erst aus einem prognostizierten zukünftigen Verhalten des fusionierten Unternehmens ergeben. In diesem Fall kommt eine Verpflichtungs-

---

521 Kommission, M. 2530 (Südzucker/Saint Louis Sucre): Zurverfügungstellung eines Teils der Produktion an Dritte („virtuelle Zuckerfabrik") zu einem sog. Interventionspreis, der deutlich unter dem Marktpreis liegt; Kommission, M. 1853 (EDF/ENBW): Zugang von Dritten zu Stromerzeugungskapazitäten durch Versteigerungen unter Aufsicht eines Treuhänders.

522 Siehe Kommission, M. 2431 (Allianz/Dresdner): Reduzierung der Beteiligung an der Münchner Rück auf 20,5 %, d.h. unterhalb der Schwelle einer Hauptversammlungsmehrheit; siehe auch Kommission, M. 2567 (Nordbanken/Postgirot).

523 Siehe etwa Kommission, M. 1745 (EADS), Rn. 87 f., 209 f.; M. 1671 (Dow Chemical/Union Carbide), Rn. 26 ff.: Erteilung von offenen Lizenzen an Dritte.

524 Beispiele bei *Emberger/Peter*, in: Loewenheim/Meessen/Riesenkampff, Art. 6 FKVO Rn. 33.

525 Siehe im Einzelnen *Hacker/Korthals*, in: Schulte, Rn. 1584 ff.

526 Siehe allerdings Kommission, JV. 15 (BT/AT&T).

527 Nach der Mitteilung über Abhilfemaßnahmen, Rn. 17, können Verpflichtungen hinsichtlich des künftigen Verhaltens des aus dem Zusammenschluss hervorgegangenen Unternehmens nur ausnahmsweise unter ganz besonderen Umständen zulässig sein.

528 EuGH, Rs. C-12/03 (Tetra Laval), Rn. 86, 89; zuvor bereits: EuG, Rs. T-102/96 (Gencor), Rn. 319; siehe auch EuG, Rs. T-87/05 (EDP), Rn. 100; zu verhaltensbestimmten Verpflichtungen siehe auch: *Schroeder/ Edeler*, ZWeR 2008, 364, 377.

529 Vgl. EuG, Rs. T-158/00 (ARD); siehe Kommission, M. 3099 (Areva/Urenco/ETC JV): Zusage – d.h. Maßnahmen zur Verhinderung eines Austauschs sensibler Informationen zwischen den Muttergesellschaften eines GU – akzeptiert trotz Erfordernis genauer Überwachung; in diese Richtung auch EuG, Rs. T-87/05 (EDP), Rn. 101 ff.

530 *Hacker/Korthals*, in: Schulte, Rn. 1578.

zusage, z.B. auf Kopplungsstrategien oder ähnliche Verhaltensmuster zurückzugreifen, in Betracht.[531]

3. Verfahren

255 Die Initiative für eine Zusage und deren Formulierung muss von den Parteien ausgehen. Soweit die Parteien keine ausreichenden Zusagen vorschlagen, ist die Kommission nicht berechtigt, einseitig die Freigabe unter Bedingungen und Auflagen zu erteilen. Der Kommission bleibt in diesem Fall nur, den Zusammenschluss zu untersagen.[532] **Formulierungshilfen** für Zusagen enthalten der „Mustertext für Veräußerungszusagen" und der „Mustertext für das Treuhändermandat", die zusammen mit erläuternden Hinweisen[533] auf der Webseite der Kommission veröffentlicht sind.

256 **a) Fristen.** Die Vorschläge für Verpflichtungen müssen fristgerecht bei der Kommission eingehen, d.h. in Phase I spätestens am 20. Arbeitstag nach Eingang der Anmeldung, in der Phase II spätestens am 65. Arbeitstag nach Einleitung des Verfahrens, Art. 19 Abs. 1 und Abs. 2 FKVO-DVO. Die Kommission kann Verpflichtungsvorschläge auch nach Ablauf der Vorlagefrist akzeptieren, wenn außergewöhnliche Umstände dies rechtfertigen und das Verfahren nach Art. 19 Abs. 5 FKVO – Anhörung des Beratenden Ausschusses – eingehalten wird, Art. 19 Abs. 2 UA 3 FKVO-DVO.[534] Als Herrin des Verfahrens kann die Kommission im Übrigen auch verspätete Zusagen berücksichtigen, sofern ausreichend Zeit zur Prüfung bleibt.[535]

257 Die Frist für eine Entscheidung in Phase I verlängert sich von 25 auf 35 Arbeitstagen, wenn die beteiligten Unternehmen fristgemäß anbieten, Verpflichtungen gemäß Art. 6 Abs. 2 FKVO einzugehen, Art. 10 Abs. 1 UA 2 FKVO. In Phase II verlängert sich die Frist bei einem Zusagenangebot von 90 auf 105 Arbeitstagen, es sei denn, dass dieses Angebot weniger als 55 Arbeitstage nach Einleitung der Phase II unterbreitet wurde, Art. 10 Abs. 3 S. 2 FKVO.

258 In Phase II kann die Verfahrensfrist um bis zu 20 Arbeitstage verlängert werden, wenn die Parteien dies spätestens 15 Arbeitstage nach Verfahrenseinleitung beantragen oder einer entsprechenden Initiative der Kommission zustimmen, Art. 10 Abs. 3 UA 2 FKVO. In diesem Fall verlängert sich auch die Frist für die Abgabe von Zusagen entsprechend, Art. 19 Abs. 2 UA 2 FKVO–DVO.

259 Angesichts des strengen Fristenregimes kann es sich empfehlen, im Vorfeld der Anmeldung im Rahmen der Confidential Guidance[536] mit der Kommission über mögliche Wettbewerbsprobleme und geeignete Abhilfemaßnahmen zu sprechen. Insbesondere die Frist von 35 Arbeitstagen in der Phase I erweist sich häufig als sehr kurz, wenn weitreichende Zusagen auszuarbeiten sind.

260 **b) Prüfung der Zusagen.** Die Parteien müssen der Kommission eine nicht vertrauliche Fassung ihrer Verpflichtungsvorschläge übermitteln, Art. 20 Abs. 1 Satz 2 FKVO-DVO. Zu den vertraulichen Inhalten gehört in erster Linie der Zeitrahmen für die Erfüllung der Zusage (damit potentielle Erwerber nicht Preiszugeständnisse durch eine Verschleppung der Verhandlungen erreichen können)[537] sowie die konkreten Maßnahmen der Parteien, die den werterhaltenen Übergang der zu veräußernden Aktivitäten sicherstellen sollen. Zusammen mit dem Verpflichtungsangebot müssen die Parteien ein Original und zehn weitere Ausfertigungen der durch das

---

531 Wenn die Verschlechterung der Marktstruktur nicht unmittelbar, sondern erst nach Vornahme eines zunächst nur prognostizierbaren Verhaltens (Kopplungspraktiken) eintrete, dürfe die Zusage, dieses Verhalten zu unterlassen, erst recht nicht unberücksichtigt bleiben, EuGH, Rs. C-12/03 (Tetra Laval), Rn. 85 ff., 89; *Denzel*, BB 2005, 1062, 1067 erwartet, dass derartige Verpflichtungszusagen zukünftig an der Tagesordnung sein werden.

532 Mitteilung über Abhilfemaßnahmen, Rn. 6.

533 Explanatory Note of the Commission's Model Text for Divestiture Commitments and the Trustee Mandate under the EC Merger Regulation vom Mai 2003.

534 Siehe im Einzelnen *Hacker/Korthals*, in: Schulte, Rn. 1502 ff.

535 EuGH, Rs. T-114/02 (BaByliss), Rn. 133; siehe auch EuG, Rs. T-87/05 (EDP), Rn. 159 ff.

536 Dazu Rn. 288.

537 Bei einer Veräußerungszusagen setzt die Kommission häufig folgende Fristen: sechs Monate, innerhalb derer die Parteien einen geeigneten Käufer ermitteln können, weitere drei Monate für den Veräußerungstreuhänder (siehe Rn. 264) und schließlich drei weitere Monate bis zum Vollzug der Transaktion.

neu eingeführte **Formblatt RM** über Abhilfen vorgeschriebenen Informationen und Unterlagen übermitteln.[538]

Das Case Team der Kommission unterrichtet den Direktor des zuständigen Direktorats und 261 über den zuständigen Generaldirektor den Wettbewerbskommissar über die vorgeschlagenen Zusagen. Das Case Team kann auch bereits in einem frühen Stadium die anderen beteiligten Dienste der Kommission einbeziehen. Hat die Kommission einen Zusagentext zumindest vorläufig akzeptiert, wird sie regelmäßig einen Markttest durchführen, d.h. Marktteilnehmer (Wettbewerber, Kunden) befragen, ob nach ihrer Auffassung die angebotenen Zusagen das Wettbewerbsproblem lösen. Sobald der Text der Zusagen vorliegt, wird dieser in einer nicht-vertraulichen Fassung an die Mitgliedstaaten zwecks Stellungnahme versandt.[539] Den Parteien wird vor der Konsultation des Beratenden Ausschusses die Möglichkeit gegeben, die Beurteilung der abgegebenen Zusagen durch die Kommission noch einmal in einem *State-of-Play-Meeting*[540] weiter zu diskutieren und ggf. das Zusagenangebot im zulässigen Rahmen nachzubessern.[541]

c) Entscheidung. Werden die wettbewerblichen Bedenken durch die vorgeschlagenen Abhilfe- 262 maßnahmen beseitigt, ist das derart modifizierte Vorhaben durch eine Entscheidung gemäß Art. 8 Abs. 2 UA 2 FKVO freizugeben. Soweit die Kommission eine angebotene Zusage nicht akzeptiert, weil sie das Wettbewerbsproblem nicht löst oder hierfür gar nicht erforderlich ist, stellt sie dies in der Entscheidung dar.

Die Verpflichtungserklärung selbst wird in ihrer nicht-vertraulichen Fassung der Entscheidung 263 beigefügt und **veröffentlicht**. Die Verpflichtungserklärung ist Bestandteil der Entscheidung, wird jedoch im Gegensatz zum eigentlichen Entscheidungstext nicht in alle Amtssprachen der Union übersetzt.

d) Übertragung durch Treuhänder. Die Verpflichtungszusage enthält neben den Abhilfemaß- 264 nahmen auch die Einzelheiten für deren Durchführung. Zur Überwachung des Veräußerungsverfahrens werden in der Regel ein oder mehrere Treuhänder[542] bestellt, die von den Parteien vorzuschlagen und von der Kommission zu genehmigen sind. In ihrem „Mustertext für das Treuhänder-Mandat"[543] unterscheidet die Kommission zwei Arten von Treuhändern: Der **Sicherungstreuhänder** (auch: aufsichtsführender Treuhänder) überwacht die Einhaltung der Zusagen durch die Parteien, z.B. die getrennte Verwaltung des zu veräußernden Geschäfts, Maßnahmen zur Erhaltung des Wertes sowie die Bemühungen, fristgemäß einen geeigneten Käufer zu finden. Gelingt dies nicht, ist regelmäßig vorgesehen, dass der Treuhänder – oder ein weiterer zu diesem Zweck bestellter Treuhänder – die Veräußerung durchführt (**Veräußerungstreuhänder**). Dieser ist zwar verpflichtet, zu den bestmöglichen Bedingungen zu verkaufen, ist an einen Mindestpreis jedoch nicht gebunden.

e) Rechtsfolgen. Bei Nichterfüllung einer Bedingung bzw. Auflage wird zunächst auf die all- 265 gemeinen Ausführungen verwiesen.[544] Soweit sich eine Zusage, ohne dass die Parteien dies zu vertreten hätten, innerhalb der gesetzten Frist nicht verwirklichen lässt (und ist für diesen Fall keine Vorkehrung in der Verpflichtungserklärung der Parteien getroffen worden)[545] sind Lösungen denkbar, um zu verhindern, dass die Freigabeentscheidung unwirksam wird. Hierzu gehört ein (rechtzeitiges) Alternativangebot. Denkbar sind auch Fälle, in denen die Einhaltung der Zusage wegen der veränderten Marktverhältnisse nicht mehr notwendig ist.[546]

---

538 Art. 20 Abs. 1 a) FKVO-DVO; Mitteilung über Abhilfemaßnahmen, Rn. 79 und 91.
539 Einzelheiten bei *Hacker/Korthals*, in: Schulte, 1516 f.
540 Dazu siehe Rn. 309.
541 Siehe "Best Practices on the Conduct of Merger Control Proceedings" der Kommission (dazu Rn. 287), Rn. 33.
542 Üblicherweise handelt es sich um eine Investmentbank, einen Wirtschaftsprüfer oder einen sonstigen Berater.
543 Veröffentlicht auf der Webseite der Generaldirektion Wettbewerb.
544 Rn. 241 f.
545 Vor diesem Hintergrund empfiehlt es sich, Änderungsklauseln (Review-Klauseln) in den Zusagentext aufzunehmen, siehe Section F des „Mustertextes für Veräußerungszusagen".
546 Siehe im Einzelnen *Hacker/Korthals*, in: Schulte, 1596 ff.

4. Dauer von Zusagen

266　Nach allgemeiner Praxis der Kommission ist den Parteien ein Rückkauf bzw. Wiedererwerb der Kontrolle über die veräußerten Vermögensteile nicht gestattet. Grundsätzlich gilt dieses Verbot für zehn Jahre.[547] In Einzelfällen hat die Kommission sogar dem Erwerber (insbesondere wenn es sich um Finanzinvestoren handelt) durch Aufnahme einer entsprechenden Klausel in den Kaufvertrag vorgeschrieben, das übernommene Geschäft innerhalb eines bestimmten Zeitraums nicht weiter zu veräußern. Erscheinen die Beschränkungen aufgrund von Veränderungen der Marktverhältnisse nicht mehr erforderlich, kann die Kommission auf Antrag der Parteien Änderungen der Zusagen genehmigen, d.h. die ursprüngliche Genehmigungsentscheidung ändern. Hiervon zu trennen ist die Frage, ob die von der Kommission genehmigte Transaktion zusätzlich Fusionskontrollregimen, insbesondere auch von Mitgliedstaaten, unterliegt.[548]

V. Nebenabreden (ancillary restraints)

1. Allgemein

267　Im Rahmen von Unternehmenszusammenschlüssen treffen die Parteien häufig wettbewerbsbeschränkende Vereinbarungen, z.B. Wettbewerbsverbote. Diese Vereinbarungen unterfallen an sich dem Kartellverbot des Art. 101 AEUV. Nach Art. 6 Abs. 1 lit b) UA 2 und Art. 8 Abs. 1 UA 2 und Abs. 2 UA 3 FKVO erstreckt sich eine fusionskontrollrechtliche Freigabeentscheidung **automatisch** auch auf diejenigen Einschränkungen, die mit der Durchführung des Zusammenschlusses unmittelbar verbunden und für diese notwendig sind. Ob dieses Kriterium erfüllt ist, müssen die Unternehmen selbst beurteilen. Die Kommission nimmt diese Prüfung nicht mehr vor.[549] Ist das Kriterium erfüllt, gelten mit der Freigabeentscheidung auch die Einschränkungen als genehmigt. Art. 101 AEUV ist dann nicht mehr anwendbar, Art. 21 Abs. 1 FKVO.[550] Die Kommission hat ihre Überlegungen, welche Nebenabreden mit der Durchführung von Unternehmenszusammenschlüssen unmittelbar verbunden und für diese notwendig sind, in einer Bekanntmachung zusammengefasst.[551]

268　Bei **ungewöhnlichen** Nebenabreden, die zu neuen oder ungelösten Fragen führen, können die Parteien allerdings eine ausdrückliche Beurteilung seitens der Kommission einholen. Da die Form CO keinen eigenen Abschnitt über Nebenabreden mehr vorsieht, ist in diesem Fall ein ausdrücklicher Antrag auf Überprüfung der entsprechenden Vereinbarung an die Kommission zu richten und die Parteien müssen begründen, warum es sich um eine neue und bisher ungeklärte Rechtsfrage handelt, die weder in der Bekanntmachung zu Nebenabreden noch in der veröffentlichten Entscheidung der Kommission behandelt wurde.[552] Eine Beurteilung durch die Kommission dürfte im Rahmen der Freigabeentscheidung erfolgen und damit rechtliche Bindungswirkung entfalten.[553]

269　Eine Nebenabrede im Sinne der FKVO muss folgende Voraussetzungen erfüllen: (1) Die Vereinbarung muss zunächst geeignet sein, die Handlungsfreiheit der Zusammenschlussbeteiligten auf dem Markt zu begrenzen, d.h. wettbewerbsbeschränkender Natur sein (andernfalls stellt sich die Frage der kartellrechtlichen Rechtfertigung überhaupt nicht). (2) Weiterhin muss die

547　Standardformular für Zusagen, Rn. 3.
548　*Emberge/Peter*, in: Loewenheim/Meessen/Riesenkampff, Art. 6 FKVO, Rn. 44.
549　Bis zur Neuregelung des Art. 6 Abs. 1 lit. b) UA 2 und Art. 8 Abs. 1 UA 2 und Abs. 2 UA 3 FKVO war unklar, ob die Kommission eine derartige Prüfung vornehmen muss. Die Kommission hatte dies in ihrer Bekanntmachung zu Nebenabreden von Juli 2001 (ABl. C 188) verneint und die Auffassung vertreten, ihre zuvor erfolgte Beurteilung von Nebenabreden in fusionskontrollrechtlichen Entscheidungen habe stets nur deklaratorischen Charakter gehabt. Das EuG hat jedoch in der Entscheidung Rs. T-215/00 (Lagardere/Canal+), Slg. 2002, II-4825 die Auffassung vertreten, die Kommission habe die ausschließliche Kompetenz, zu entscheiden, ob die FKVO auf Nebenabreden anwendbar sei (Rn. 87) und die Parteien hätten einen Anspruch auf eine derartige Entscheidung (Rn. 90), die einen bindenden Rechtsakt von nicht lediglich deklaratorischer Charakter darstelle (Rn. 90, 109).
550　Bekanntmachung zu Nebenabreden, Rn. 7.
551　ABl. 2001 C 188/5.
552　Vgl. Bekanntmachung zu Nebenabreden, Rn. 5; Erwägungsgrund 21 der FKVO.
553　*De Crozals/Hartog*, EWS 2004, 533, 538.

Vereinbarung mit der Durchführung des Zusammenschlusses **unmittelbar verbunden** sein. (3) Schließlich muss die Vereinbarung für die Durchführung eines Zusammenschlusses **notwendig** sein, d.h. ohne die Abrede wäre die Durchführung des Zusammenschlusses gar nicht, nur unter ungewissen Voraussetzungen, zu wesentlich höheren Kosten, über einen spürbar längeren Zeitraum oder mit erheblich größeren Schwierigkeiten durchführbar.[554] Notwendige Vereinbarungen zielen typischerweise auf den Schutz der übertragenen Werte, stellen kontinuierliche Lieferverhältnisse sicher oder ermöglichen die Errichtung einer neuen Unternehmenseinheit.

Ist eine Nebenabrede für die Durchführung des Zusammenschlusses nicht notwendig oder nicht   270
unmittelbar damit verbunden, ist sie nicht automatisch unzulässig, sondern nach den allgemeinen Maßstäben der Art. 101 und Art. 102 AEUV zu prüfen.[555] Bei Lizenzvereinbarungen kommt die Anwendung der TT-GVO und bei Bezugs- und Liefervereinbarungen die Vertikal-GVO in Betracht.[556]

Keine Nebenabreden sind Vereinbarungen, die das **Wesenselement des Zusammenschlusses**   271
selbst darstellen und damit unmittelbarer Gegenstand der fusionskontrollrechtlichen Beurteilung sind, wie z.B. die Herbeiführung einer gemeinsamen Kontrolle zweier Unternehmen über ein drittes Unternehmen.

2. Einzelfälle

a) **Wettbewerbsverbote.** Klassisches Beispiel einer Nebenabrede ist das Wettbewerbsverbot **zu**   272
Lasten des Veräußerers im Rahmen eines Unternehmenskaufs, das sicherstellen soll, dass der Erwerber den vollständigen Wert der übertragenen Vermögenswerte erhält. Erschöpfen sich Zweck und Wirkung des Wettbewerbsverbots in der Übertragung eines Unternehmens von einer Partei auf die andere, handelt es sich um einen bloßen Austauschvertrag und um keine Wettbewerbsbeschränkung. Es geht nur darum, durch das Instrument des Unternehmenskaufs die Verkehrsfähigkeit des Unternehmens als Wirtschaftsgut zu sichern. Dies ist wettbewerblich erwünscht, da die Möglichkeit, ein Unternehmen als Sachgesamtheit verkaufen zu können, einen Anreiz bietet, unternehmerisch tätig zu werden.[557]

Im Einzelfall kann es schwierig sein, einen kartellrechtsneutralen Unternehmenskauf (mit dem   273
Hauptzweck des Austauschvertrages) von einem kartellrechtswidrigen **Abkauf von Wettbewerb** (mit dem Hauptzweck des Wettbewerbsverbots) abzugrenzen.[558] Ein Unternehmenskauf, in dessen Rahmen ein Wettbewerbsverbot als zulässige Nebenabrede vereinbart werden kann, liegt bereits dann vor, wenn der relevante Kundenstamm übertragen wird. Darüber hinaus erleichtert die Übertragung von Geschäftsgeheimnissen und/oder Know-how die Einordnung als Unternehmenskauf. Demgegenüber ist die Übertragung von sachlichen Mitteln zur Rechtfertigung eines Wettbewerbsverbots weder hinreichend noch notwendig. Gleiches gilt für die Übertragung von Marken.[559]

Die **sachliche** Reichweite des Wettbewerbsverbots darf sich nur auf diejenigen Waren und   274
Dienstleistungen erstrecken, die den Gegenstand des übertragenen Unternehmens bilden oder (fast) abgeschlossene Entwicklungen, die noch nicht auf den Markt gebracht worden sind.[560] Das Wettbewerbsverbot darf sich auf alle Produkte erstrecken, mit denen der Veräußerer die Kundenbeziehungen des Zielunternehmens gefährden könnte, d.h. regelmäßig auf alle aus Nachfragersicht austauschbaren Produkte.[561] Der **räumliche** Geltungsbereich des Wettbewerbsverbots ist auf das Gebiet zu beschränken, in dem der Veräußerer die betreffenden Waren oder Dienstleistungen bereits in der Vergangenheit abgesetzt bzw. erbracht hat. Hatte der Veräußerer bereits Investitionen in den geplanten Markteintritt in zusätzlichen Gebieten getätigt,

---

554 Bekanntmachung zu Nebenabreden, Rn. 20.
555 Dazu *Metaxas/Armengod*, ECLR 2005, 500, 504 f.
556 Bekanntmachung zu Nebenabreden, Rn. 7.
557 *Saecker/Molle*, in: MünchKomm, Art. 81 EG, Rn. 516.
558 Ausführlich *Mäger/Ringe*, WuW 2007, 18.
559 Vgl. auch Bekanntmachung zu Nebenabreden, Rn. 21.
560 Bekanntmachung zu Nebenabreden, Rn. 23.
561 *De Crozals/Hartog*, EWS 2004, 533, 534.

kann eine Ausdehnung des Wettbewerbsverbotes auf diese Gebiete erfolgen.[562] In **zeitlicher** Hinsicht ist allgemein ein Wettbewerbsverbot für einen Zeitraum von zwei Jahren (bei Übertragung von Good-will) bzw. von drei Jahren (bei zusätzlicher Übertragung von Know-how) zulässig.[563] Bei besonderen Umständen – etwa starker Kundentreue, langem wirtschaftlichem Lebenszyklus[564] der Produkte – kann auch ein längerer Zeitraum zulässig sein.[565] Insgesamt dürfte es allerdings schwierig sein, Wettbewerbsverbote für mehr als fünf Jahre zu rechtfertigen.[566]

275 Im Einzelfall zu prüfen ist, ab wann die üblicherweise zulässige Laufzeit eines Wettbewerbsverbots bei einem **mehrstufigen Erwerb** beginnt. Dies betrifft z.B. Fälle, in denen der Erwerber zunächst eine mitkontrollierende Minderheitsbeteiligung[567] erwirbt und diese später auf eine alleinkontrollierende Beteiligung aufstockt. Da der Erwerber bis zur Aufstockung nicht die Möglichkeit hat, den Unternehmenswert ungehindert exklusiv für seine Einflusssphäre zu sichern, kann es gerechtfertigt sein, die Frist für das Wettbewerbsverbot erst mit Aufstockung beginnen zu lassen. Allerdings hatte der Erwerber bereits mit Erwerb der Mitkontrolle die Möglichkeit, zumindest einen Teil des Unternehmenswerts in seine Einflusssphäre zu übertragen. Deshalb mag ab Aufstockung nur noch ein Wettbewerbsverbot mit kürzerer Laufzeit gerechtfertigt sein.[568]

276 Wettbewerbsverboten gleichgestellt sind Abreden, die dem Veräußerer verbieten, Anteile an Konkurrenzunternehmen zu erwerben oder zu halten, wobei der zukünftige Erwerb von Beteiligungen ohne Leitungsfunktion oder materiellem Einfluss allein zu **Investitionszwecken** nicht beschränkt werden darf.[569]

277 **Abwerbeverbote** und **Vertraulichkeitsklauseln** werden wie Wettbewerbsverbote behandelt.[570] Die Laufzeit einer Vertraulichkeitsvereinbarung kann sich jedoch auf den gesamten Zeitraum erstrecken, in dem die geschützten Geschäftsgeheimnisse ihren vertraulichen Charakter noch nicht verloren haben.[571]

278 Der Veräußerer kann sich selbst, seine Tochtergesellschaften und Handelsvertreter zur Beachtung des Wettbewerbsverbots verpflichten. Die Verpflichtung, **Dritten** ähnliche Beschränkungen aufzuerlegen, ist demgegenüber jedoch nicht durch den Aspekt einer zulässigen Nebenabrede gerechtfertigt. Hierunter fallen etwa Klauseln, welche die Einfuhren oder Ausfuhrmöglichkeiten für Wiederverkäufer oder Nutzungsberechtigte einschränken.[571]

279 **Behält der Veräußerer** im Rahmen eines Unternehmenskaufs eine – mitkontrollierende oder nicht kontrollierende – **Beteiligung**, so stellt sich die Frage, ob ein Wettbewerbsverbot zu Lasten des Veräußerers zulässig ist. Die Frage von Wettbewerbsverboten in Gemeinschaftsunternehmen wird im 9. Kapitel behandelt.[572]

280 Behält der **Veräußerer** zwar keine Beteiligung an der Gesellschaft, bleibt oder wird er jedoch **Geschäftsführer** dieser Gesellschaft, besteht ein Wettbewerbsverbot aufgrund organschaftlicher Treuepflicht für die Zeit der Organstellung und je nach Umständen des Einzelfalles gegebenenfalls auch ein nachvertragliches Wettbewerbsverbot.[573]

281 Denkbar sind auch Wettbewerbsverbote **zu Lasten des Erwerbers**. Ein Schutz des Veräußerers vor dem Wettbewerb des Erwerbers kann aus mehreren Gründen objektiv notwendig sein. Wettbewerbsverbote zu Lasten des Erwerbers lassen sich z.B. in Fällen rechtfertigen, in denen

---

562 Bekanntmachung zu Nebenabreden, Rn. 22.
563 Bekanntmachung zu Nebenabreden, Rn. 20.
564 Anders kann es liegen, wenn die Produkte einen intensiven Servicebedarf aufweisen, der es dem Erwerber ermöglicht, mit dem Kunden vor Ablauf der Lebensdauer in Kontakt zu treten, *Lückenbach*, S. 65, Fn. 310.
565 Siehe die in der Bekanntmachung zu Nebenabreden, Rn. 20 Fn. 6 genannten Entscheidungen.
566 So auch *De Crozals/Hartog*, EWS 2004, 533, 534.
567 Zum Wettbewerbsverbot von Minderheitsgesellschaften, 9. Kap. Rn. 57.
568 Zum Ganzen siehe *Weidenbach/Mühle*, EWS 2010, 353, 355.
569 Bekanntmachung zu Nebenabreden, Rn. 25.
570 Bekanntmachung zu Nebenabreden, Rn. 26, 41.
571 Bekanntmachung zu Nebenabreden, Rn. 24.
572 Siehe 9. Kapitel Rn. 54 ff.
573 *Kübler/Oest*, KSzW 2011, 47, 55 f.; *Linsmeier/Lichtenegger*, BB 2011, 328, 330; *Wagemann*, in: Wiedemann, § 16 Rn. 211; a.A. *Kapp/Schumacher*, WuW 2010, 481, 487 f.: nur zeitlich begrenzt.

Unternehmensteile bei dem Veräußerer verbleiben, deren wirtschaftlicher Betrieb gefährdet wäre, wenn der Erwerber nicht daran gehindert würde, in Konkurrenz hierzu zu treten, z.B. durch die Abwerbung von Kunden bzw. Mitarbeitern oder durch die Benutzung bestimmter Namen und Zeichen.[574] Hierzu gehören auch Fälle, in denen ein Veräußerer gleichzeitig oder in zeitlicher Abfolge verschiedene Unternehmensteile auf verschiedene Erwerber überträgt. Der Veräußerer darf ein Wettbewerbsverbot aus dem ersten Veräußerungsgeschäft, das ihn und seine Tochtergesellschaften bindet, im Rahmen des zweiten Veräußerungsgeschäfts auf den zweiten Erwerber erstrecken, sofern die Gefahr besteht, dass der zweite Erwerber bzw. das von ihm erworbene Unternehmen mit dem im Rahmen des ersten Geschäfts übertragenen Unternehmen in Wettbewerb tritt.[575]

Ist ein Wettbewerbsverbot sachlich, räumlich oder zeitlich „überschießend", stellt sich die Frage, ob es mit einem zulässigen Inhalt aufrechterhalten werden kann (geltungserhaltende Reduktion).[576] **282**

b) Lizenzvereinbarungen. Auch Lizenzvereinbarungen können Nebenabreden darstellen.[577] **283**
Dabei geht es um folgende Konstellation: Der Veräußerer erteilt dem Erwerber eine Lizenz über Rechte an geistigem Eigentum oder Know-how, sofern der Erwerber diese zur Nutzung der übertragenen Geschäftstätigkeiten braucht und sie beim Erwerb nicht auf ihn übertragen worden sind. Der Erwerber wiederum erteilt Lizenzen an den Veräußerer, sofern er zusammen mit dem Geschäft die Rechte am geistigen Eigentum erworben hat und der Veräußerer diese zur Nutzung für andere, zurückbehaltene Geschäftsaktivitäten bedarf. Denkbar sind schließlich auch wechselseitige Lizenzen (Überkreuz-Lizenzen). Eine **gegenständliche Beschränkung** der Lizenz ist denkbar, wenn die Beschränkung mit dem Tätigkeitsfeld der übertragenen Aktivitäten übereinstimmen.[578] Demgegenüber werden **räumliche Beschränkungen** der Herstellung auf das Gebiet, in dem die übertragene Aktivität ausgeübt wird, von der Kommission kritisch betrachtet.[579] Vergibt der Veräußerer jedoch eine Lizenz an den Erwerber, so kann dem Veräußerer unter denselben Voraussetzungen wie beim Wettbewerbsverbot eine Gebietsbeschränkung auferlegt werden.[580]

c) Bezugs- und Lieferbeziehungen. Die Übertragung von Unternehmen oder Unternehmensteilen führt häufig zu einer Unterbrechung von Bezugs- und Lieferbeziehungen. Für eine Übergangszeit kann es deshalb erforderlich sein, diese Beziehungen aufrecht zu erhalten, um die Versorgung bzw. den Absatz solange sicherzustellen, bis die bisherigen Bezugs- und Lieferbeziehungen durch solche mit Dritten abgelöst werden können. Die Zeitspanne beträgt nach Auffassung der Kommission regelmäßig höchstens fünf Jahre.[581] Diese Höchstdauer erscheint zu starr. **284**

Lieferverträge, die den Gesamtbedarf des Kunden abdecken, exklusive Lieferverträge oder Verträge, die einen Vorzugsstatus für die Lieferung vorsehen, sind nach Ansicht der Kommission regelmäßig nicht erforderlich, um einen Zusammenschluss durchzuführen.[582] **285**

d) GU. Nebenabreden im Zusammenhang mit GU sind im 9. Kapitel behandelt.[583] **286**

---

574 Kommission, M. 319 (BHF/CCF/Charterhouse), Rn. 16; *Lückenbach*, S. 79 m.w.N.; *Grabbe*, S. 141 f.
575 Kommission, 83/670/EWG (Nutricia), bestätigt durch EuGH, Rs. 42/84 (Remia), Slg. 1985, 2545; zu den Sonderfällen Kali + Salz (Kommission, M. 308, Rn. 91 f.) und Dow Buna, M. 591, Rn. 29, die jeweils Privatisierungsvorhaben der Treuhandanstalt bzw. ihrer Nachfolgerin in Ostdeutschland betrafen, siehe: *Lückenbach*, S. 80 f.
576 11. Kap., Rn. 6 ff.
577 Siehe im Einzelnen Bekanntmachung zu Nebenabreden, Rn. 27 ff.
578 Bekanntmachung zu Nebenabreden, Rn. 28.
579 Bekanntmachung zu Nebenabreden, Rn. 29.
580 Bekanntmachung zu Nebenabreden, Rn. 29.
581 Bekanntmachung zu Nebenabreden, Rn. 33; siehe aber auch Kommission, M.2355 (Dow Chemicals/Enichem Polyurethanes): Rn. 31.
582 Bekanntmachung zu Nebenabreden, Rn. 34.
583 9. Kap., Rn. 53 ff.

E. Fusionskontrollverfahren

287   Zusammenschlussvorhaben, die nach der FKVO anzumelden sind, werden von der General-direktion Wettbewerb der Kommission geprüft. Praktische Hinweise zum Fusionskontrollver-fahren enthalten die „Best Practices on the Conduct of EC Merger Control Proceedings" der Kommission.[584]

I. Informal (Confidential) Guidance Verfahren

288   Vor Einreichung einer offiziellen Anmeldung sollte mit der Kommission informell und ver-traulich Kontakt aufgenommen werden, um vorab Fragen der Marktabgrenzung oder etwaige Befreiungen von der Übermittlung einzelner Angaben nach der Form CO abzustimmen, vgl. Art 4 Abs. 2 FKVO-DVO.[585] In Einzelfällen kann auch ein Bedürfnis bestehen, mit der Kom-mission zu klären, ob diese für einen Fall überhaupt zuständig ist, etwa, ob bestimmte Ein-flussrechte zur Begründung einer gemeinsamen Kontrolle nach Art. 3 Abs. 1 lit. b) FKVO aus-reichen oder ob es sich bei einem GU um ein Vollfunktions-GU im Sinne von Art 3 Abs. 4 FKVO handelt. Hierzu wird der Kommission vorab ein Briefing-Memorandum oder der Ent-wurf der Anmeldung übermittelt und dann mit dem von der Kommission zusammengestellten Case Team besprochen.

II. Anmeldung

1. Anmeldepflicht

289   Nach der bis zum 30. April 2004 geltenden FKVO a.F. waren Zusammenschlüsse von unions-weiter Bedeutung innerhalb von einer Woche nach dem Vertragsabschluss, der Veröffentli-chung des Kauf- oder Tauschangebots oder des Erwerbs einer die Kontrolle begründenden Beteiligung bei der Kommission anzumelden. Diese Frist ist weggefallen. Im Zeitraum vor Vollzug eines Zusammenschlusses lässt sich damit keine spezifische Situation bzw. kein be-stimmter Zeitpunkt definieren, zu dem die Anmeldung erfolgen muss. Nach der FKVO n.F. reicht es aus, wenn Zusammenschlüsse[586] vor ihrem Vollzug bei der Kommission angemeldet (und rechtzeitig freigegeben) werden. Die Anmeldepflicht wurde damit „nach hinten" verscho-ben.[587] Streng genommen besteht allerdings keine Anmeldepflicht, sondern nur die Verpflich-tung, ein Zusammenschlussvorhaben vor der – nicht erzwingbaren – Anmeldung und Freigabe nicht zu vollziehen, Art. 7 Abs. 1 FKVO. Dreh- und Angelpunkt ist damit das **Vollzugsver-bot**.[588]

2. Anmeldefähigkeit

290   Von der Anmeldepflicht ist die Anmeldefähigkeit zu unterscheiden.[589] Eine Anmeldung ist be-reits möglich, wenn die beteiligten Unternehmen der Kommission gegenüber glaubhaft machen, dass sie gewillt sind, einen Vertrag zu schließen oder im Falle eines Übernahmeangebots öf-fentlich ihre Absicht zur Abgabe eines solchen Angebots bekundet haben, Art. 4 Abs. 1 FKVO. Muss der Wille zum Vertragsschluss glaubhaft gemacht werden, verlangt die Kommission teil-weise eine von allen beteiligten Unternehmen unterzeichnete **Grundsatzvereinbarung**, z.B. einen

---

584   Diese Leitlinien sind auf der Webseite der Kommission verfügbar.
585   "Best Practices on the Conduct of EC Merger Control Proceedings" der Kommission, Rn. 5.
586   Nach der Terminologie der deutschen Fusionskontrolle liegt bist zum Vollzug ein „Zusammenschlussvor-haben" vor. Demgegenüber spricht die FKVO bis zum Vertragsschluss von einem „beabsichtigten Zusam-menschluss" und für den Zeitraum danach bis zum Vollzug von einem (lediglich noch nicht vollzogenen) „Zusammenschluss", vgl. Art. 4 Abs. 1 UA 3 FKVO; *Schroeder*, in: MünchKomm, Art. 4 FKVO, Rn. 14.
587   Siehe zu parallelen Problematik nach deutscher Fusionskontrolle *Mäger*, in: MünchKomm, GWB, § 39 GWB Rn. 2.
588   Siehe auch: *Schroeder*, in: MünchKomm, Art. 4 FKVO Rn. 7.
589   Siehe etwa *Staebe/Denzel*, EWS 2004, 194, 197.

Letter of Intent.[590] Dies erscheint zu strikt, zumal eine derartige unterzeichnete Grundsatzvereinbarung in Erwägungsgrund 34 Satz 2 der FKVO lediglich als Beispielsfall genannt ist.[591] Das Zusammenschlussvorhaben muss lediglich **hinreichend konkretisiert** sein, damit die Kommission in der Lage ist, ihre eigene Zuständigkeit festzustellen und eine wettbewerbliche Prüfung vorzunehmen.[592] Die Anmeldefähigkeit hängt nicht davon ab, dass die Verwirklichung des Vorhabens mit **hinreichender Wahrscheinlichkeit** feststeht.[593] Insbesondere bei Bieterverfahren, bei denen nicht feststeht, wer den Zuschlag erhält, besteht ein Bedürfnis für eine frühzeitige Anmeldung.[594]

Nicht abschließend geklärt ist, ob die Anmeldefähigkeit voraussetzt, dass das Vorhaben innerhalb eines **absehbaren Zeitraums** durchgeführt wird.[595] Eine ähnliche Frage ist, ob eine Freigabe als „verbraucht" angesehen werden kann, wenn der Vollzug – etwa auch aufgrund unvorhergesehener Umstände – zu einem wesentlich späteren Zeitpunkt stattfindet.[596]   **291**

3. Adressaten

Geht es um den Erwerb der Alleinkontrolle, ist die Anmeldung vom Erwerber vorzunehmen.   **292**
Veräußerer und Zielunternehmen sind zur Anmeldung weder berechtigt noch verpflichtet.[597]
Beim Erwerb gemeinsamer Kontrolle ist die Anmeldung von den Unternehmen vorzunehmen, welche die gemeinsame Kontrolle erwerben, unabhängig davon, ob sie bereits zuvor Allein- oder Mitkontrolle inne hatten. Beim Erwerb durch ein GU ist das GU anmeldepflichtig, wenn es sich um ein Vollfunktions-GU handelt, andernfalls dessen Muttergesellschaften. Im Falle einer Fusion nach Art. 3 Abs. 1 lit. a) FKVO sind die an der Fusion beteiligten Unternehmen anmeldepflichtig.[598]

4. Inhalt der Anmeldung

Die Anmeldung bei der Kommission hat auf der Grundlage eines sehr detaillierten Formblattes   **293**
(**Form CO**)[599] zu erfolgen, Art. 3 Abs. 1 FKVO-DVO.[600] Erforderlich sind Angaben zu den

---

590 Stellungnahme in einem Informal Guidance-Verfahren, 2005; nach *Hellmann*, ZIP 2004, 1387, 1389 sind mündliche Abreden oder unverbindliche Eckpunktepapiere nicht ausreichend.

591 Vgl. *Rosenthal*, EuZW 2004, 327, 329; die Flexibilisierung des Anmeldezeitpunkts kann zu einem Wettlauf um die beste Ausgangsposition führen, wenn die Kommission im Falle paralleler Zusammenschlüsse von ihrer bisherigen Praxis abrückt, unabhängig vom Anmeldezeitpunkt beide Zusammenschlüsse unter Einbeziehung des jeweils anderen Falles zu würdigen, dazu Entscheidung M. 1016 (Price Waterhouse/Coopers & Lybrand), Rn. 108; für die Beibehaltung der Praxis sprechen jedoch die Leitlinien über horizontale Zusammenschlüsse, Rn. 9 und 15; für eine Prüfung des zuerst angemeldeten Zusammenschlusses ohne Berücksichtigung des später angemeldeten Parallelfalls: *Stadler*, ECLR 2003, 321; zum Ganzen *Berg*, BB 2004, 561, 566.

592 So auch *Bechtold/Bosch/Brinker/Hirsbrunner*, Art. 4 FKVO Rn. 12; *Schroeder*, in MünchKomm, Art. 4, Rn. 13.

593 So aber *Stoffregen*, in: Schröter/Jakob/Mederer, Art. 4 FKVO Rn. 13; ähnlich: *Ablasser-Neuhuber*, in: Loewenheim/Meessen/Riesenkampff, Art. 4 FKVO, Rn. 11; zurecht dagegen: *Bechtold/Bosch/Brinker/ Hirsbrunner*, Art. 4 FKVO Rn. 16.

594 Siehe Kommission, M. 3674 (Iesy/Ish); M. 3684 (BC Partners/Ish): Zulässigkeit einer frühzeitigen Anmeldung insbesondere von industriellen Bietern, d.h. im Geschäftsbereich der Zielgesellschaft bereits tätigen Unternehmen, um eine Benachteiligung gegen mitbietende Finanzinvestoren zu vermeiden, die mit kürzeren Fusionskontrollverfahren rechnen können.

595 So *Stoffregen*, in: Schröter/Jakob/Mederer, Art. 4 FKVO Rn. 13; *Ablasser-Neuhuber*, in: Loewenheim/ Meessen/Riesenkampff, Art. 4 FKVO Rn. 11; unklar: *Schroeder*, in: MünchKomm, Art. 4 Rn. 13: Vorhaben müsse innerhalb absehbarer Zeit „rechtsverbindlich" werden, damit kein zu großer Abstand zwischen Anmeldung und "Durchführung" bestehe; a.A. *Bechtold/Bosch/Brinker/Hirsbrunner*, Art. 4 FKVO Rn. 16; zur Parallelproblematik in der deutschen Fusionskontrolle: *Mäger*, in: MünchKomm GWB, § 39 GWB Rn. 7.

596 Siehe dazu Rn. 335.

597 Vgl. Kommission, M. 2050 (Vivendi/Canal+/Seagram), Rn. 1 f.; *Schroeder*, in: MünchKomm, Art. 4 FKVO Rn. 16.

598 Zur Auslegung der teilweise unklaren Regelung des Art. 4 Abs. 2 FKVO siehe *Schroeder*, in: MünchKomm, Art. 4 FKVO Rn. 16 ff.

599 CO steht für "Concentration".

600 Die Form CO bildet Anhang I zur FKVO-DVO.

beteiligten Unternehmen und zum Zusammenschluss.[601] Vorzulegen sind Kopien aller Analysen, Berichte, Studien, Erhebungen und sonstigen vergleichbaren Unterlagen, die für ein Mitglied oder von einem Mitglied der Geschäftsführung oder der Aufsichtsorgane mit dem Ziel erstellt worden sind, den Zusammenschluss im Hinblick auf Marktanteile, Wettbewerbsbedingungen, vorhandene und potentielle Wettbewerber, Beweggründe, Möglichkeiten der Absatzsteigerung oder Eroberung anderer Produktmärkte oder Absatzgebiete und/oder allgemeine Marktbedingungen zu analysieren und zu bewerten (sog. **5.4-Dokumente**)[602] In welchem Umfang Marktdaten vorzulegen sind, hängt davon ab, ob sogenannte **betroffene Märkte** vorliegen.[603] Ein **horizontal** betroffener Markt liegt vor, wenn zwei oder mehr der Beteiligten in demselben Produktmarkt tätig sind und der Zusammenschluss zu einem gemeinsamen Marktanteil von 15 % oder mehr führt. Ein **vertikal** betroffener Markt liegt vor, wenn ein oder mehrere an dem Zusammenhang beteiligte Unternehmen auf einem Produktmarkt tätig sind, der einem anderen Produktmarkt vor- oder nachgelagert ist, auf dem sich ein anderes an dem Zusammenschluss beteiligtes Unternehmen betätigt, und ihr Marktanteil auf dem einen oder anderen Markt einzeln oder gemeinsam 25 % oder mehr beträgt, und zwar unabhängig davon, ob sie als Zulieferer bzw. Abnehmer des jeweils anderen Unternehmens fungieren oder nicht.[604] Verfügt ein beteiligtes Unternehmen über einen Marktanteil von mindestens 25 % auf einem Markt, der einem Markt, auf dem das andere beteiligte Unternehmen tätig ist, vorgelagert ist, dann sind sowohl der vor- als auch der nachgelagerte Markt „betroffene Märkte". Fusioniert ein vertikal integriertes Unternehmen mit einem anderen auf einem nachgelagerten Markt tätigen Unternehmen und führt die Fusion auf dem nachgelagerten Markt zu einem gemeinsamen Marktanteil von 25 % oder mehr, dann sind ebenfalls der vor- und der nachgelagerte Markt „betroffene Märkte".[605]

294 Die **Informationsanforderungen** der Kommission sind gestiegen. Auch in einfach gelagerten Fällen werden zunehmend detaillierte Marktdaten abgefragt. Dies gilt auch für Fälle, in denen das von der Kommission zusammengestellte Case Team die geplante Transaktion offenkundig als freigabefähig ansieht. Diese Entwicklung dürfte zum einen darauf zurückzuführen sein, dass die Kommission seit der erstmaligen gerichtlichen Aufhebung einer Freigabeentscheidung im Fall Sony/BMG[606] bestrebt ist, Freigabeentscheidungen – auch in der Phase I – breit abzusichern. Zum anderen muss das Case Team der Kommission auch in einem Fall, den es selbst für in der Phase I freigabefähig hält, soweit ausermitteln, dass eine etwaige entgegengesetzte Entscheidung nach Abstimmung innerhalb der „Hierarchie" der Generaldirektion Wettbewerb eine hinreichende Datengrundlage zur Verfügung steht. Der behördeninterne Ablauf unterscheidet sich insoweit deutlich von dem Verfahren des Bundeskartellamtes, das ausschließlich von der jeweils zuständigen (unabhängigen) Beschlussabteilung – und regelmäßig auch ohne personellen Wechsel im Case Team – betreut wird.

295 Bei einer **feindlichen Übernahme** kann es schwierig sein, die notwendigen Angaben über die Zielgesellschaft zu erhalten. In diesem Fall sind die Angaben nach bestem Wissen und Gewissen zu machen.[607]

5. Form und Verfahren der Anmeldung

296 Eine Anmeldung gemäß der FKVO ist auch logistisch aufwendig. Die Form CO muss der Kommission gemäß Art. 3 FKVO-DVO zusammen mit den als Anlagen beigefügten Schriftstücken im Original und mit 37 Kopien der Originalanmeldung übermittelt werden. Im Ein-

---

601 Siehe Abschnitte 1 bis 5 der Form CO; Einzelheiten bei: *Schroeder*, in: MünchKomm, Art. 4 FKVO Rn. 27 ff.
602 Dies bezieht sich auf den entsprechenden Abschnitt der Form CO. Derartige Dokumente werden oft auch als „4c-documents" bezeichnet, da sie nach dem entsprechenden Abschnitt des Formblatts der US-amerikanischen Fusionskontrolle in ähnlicher Weise abgefragt werden.
603 Siehe Abschnitte 6 bis 8 der Form CO.
604 Abschnitt 6.III. Form CO.
605 Form CO, Abschnitt 6 III b) Fn. 16.
606 COMP/M.3333; aufgehoben durch EuG, Entscheidung vom 13. Juli 2006, Rs. T-464/04.
607 Form CO, Abschnitt 2.2, Fn. 2; das vereinfachte Formblatt CO (Abschnitt 2.2, Fn. 2) spricht von „Angaben im Bereich des Möglichen"; ebenso Form RS Abschnitt 1.2, Fn. 1; in der englischen Sprachfassung heißt es jeweils „details should be completed as far as possible".

T. Mäger

zelnen sind ein unterzeichnetes Original auf Papier, fünf Papierkopien der gesamten Form CO und seiner Anlagen (Anmeldung) sowie 32 Kopien der Anmeldung im CD- oder DVD-ROM-Format (Medienträger) zu übermitteln.[608] Die Ausfertigungen sind erforderlich, da die zuständigen Behörden jedes Mitgliedstaates eine Kopie erhalten, Art. 19 Abs. 1 FKVO. Die Anmeldung ist in einer der Amtssprachen der Union abzufassen, die für die Anmelder zugleich die Verfahrenssprache ist, Art. 3 Abs. 4 FKVO-DVO. Unterzeichnen Vertreter von Personen oder Unternehmen die Anmeldung, so haben sie ihre Vertretungsbefugnis durch Urkunden nachzuweisen, Art. 2 Abs. 2 FKVO-DVO. Dies dürfte nicht gelten, wenn die Anmeldung nicht von externen Rechtsanwälten, sondern von Organen bzw. Angestellten des Unternehmens unterzeichnet wird.[609] Die Kommission legt großen Wert darauf, dass die Vollmacht im Original eingereicht wird.[610] Eine notarielle Beglaubigung der Vollmacht ist jedoch nicht erforderlich.

Anmeldungen des Erwerbs einer gemeinsamen Kontrolle oder einer Fusion müssen von einem **gemeinsamen Vertreter** eingereicht werden, der ermächtigt ist, im Namen aller Anmelder Schriftstücke zu übermitteln und zu empfangen, Art. 2 Abs. 3 FKVO-DVO. Dieses Erfordernis spiegelt sich in der Form CO jedoch nicht wider.[611] Es erscheint auch zu starr.　297

Die Tatsache der Anmeldung wird unter Angabe der beteiligten Unternehmen, der Art des Zusammenschlusses, des Herkunftslandes der Beteiligten und der betroffenen Wirtschaftszweige im Amtsblatt der EU **veröffentlicht**, Art. 4 Abs. 3 FKVO. Interessierten dritten Unternehmen wird damit die Möglichkeit der Stellungnahme eröffnet. Bereits unmittelbar nach Einreichung der offiziellen Anmeldung veröffentlicht die Kommission die Tatsache der Anmeldung auf ihrer Webseite im Internet.　298

Wird ein Zusammenschluss vor seinem Vollzug **nicht angemeldet**, kann die Kommission ein Bußgeld in Höhe von bis zu 10 % des von den beteiligten Unternehmen erzielten Gesamtumsatzes verhängen, Art. 14 Abs. 2 FKVO.[612] Bei **unrichtigen Angaben** in der Anmeldung kann die Kommission ihre Entscheidung widerrufen, Art. 6 Abs. 3 lit. a), Art. 8 Abs. 6 lit. a) FKVO[613] und ein Bußgeld in Höhe von bis zu 1 % des von den beteiligten Unternehmen erzielten Gesamtumsatzes verhängen, Art. 14 Abs. 1 lit. a) FKVO.　299

III. Vorprüfungsverfahren (Phase I)

Die Prüfung des Zusammenschlussvorhabens erfolgt in zwei Phasen, dem Vorprügungsverfahren (Phase I) und dem Hauptverfahren (Phase II). In der Phase I prüft die Kommission zunächst, ob der Zusammenschluss in den Anwendungsbereich der FKVO fällt, d.h. ob die Umsatzschwellen der Art. 1 FKVO erreicht sind und ein Zusammenschlusstatbestand i.S.v. Art. 3 FKVO erfüllt ist. Hält die Kommission die FKVO für nicht anwendbar, stellt sie dies durch Entscheidung fest, Art. 6 Abs. 1 lit. a) FKVO.　300

Fällt das Vorhaben in den Anwendungsbereich der FKVO, prüft die Kommission summarisch die Vereinbarkeit des Vorhabens mit dem Binnenmarkt. Hierzu werden üblicherweise Auskünfte bei Wettbewerbern, Abnehmern und Lieferanten eingeholt. Auch können von den Parteien ergänzende Angaben abgefragt werden. Kommt die Kommission zu dem Ergebnis, dass keine ernsthaften Bedenken bestehen, erklärt sie den Zusammenschluss mit dem Binnenmarkt　301

608　Mitteilung gemäß Art. 3 Abs. 2 der Verordnung (EG) Nr. 802/2004 der Kommission vom 7. April 2004 zur Durchführung der Verordnung (EG) Nr. 139/2004 des Rates über die Kontrolle von Unternehmenszusammenschlüssen, ABl. C 251/2 vom 17. Oktober 2006. Die vorgenannten Angaben berücksichtigen bereits den Beitritt Bulgariens und Rumäniens zur EU.

609　*Schroeder*, in: MünchKomm, Art. 4 FKVO Rn. 19; a.A. *Stoffregen*, in: Schröter/Jakob/Mederer, Art. 4 FKVO, Rn. 26; *Schütz*, in: GK, Art. 4 FKVO Rn. 18.

610　Vgl. Art 3 Abs. 3 Satz 1 FKVO-DVO.

611　Dazu: *Schroeder*, in: MünchKomm, Art. 4 FKVO Rn. 20.

612　Kommission, M. 920 (Samsung); M. 969 – A.P. Møller; sowohl der Verstoß gegen die Anmeldepflicht als auch der Verstoß gegen das Vollzugsverbot sind bußgeldbewehrt, Art. 14 Abs. 2 lit. a) und b) FKVO. Bei Verstoß gegen das Vollzugsverbot durch unterlassene Anmeldung kommt der Bußgeldvorschrift wegen Verstoßes gegen die Anmeldepflicht ein eigener Anmeldungsbereich jedoch nicht zu, ebenso *Rosenthal*, EuZW 2004, 327, 329, Fn. 13 und wohl auch *Hellmann*, ZIP 2004, 1387, 1389.

613　Kommission, M.1543 (Sanofi/Synthelabo), ABl. 2000, C 23: Unterlassung von Angaben über einen der betroffenen Märkte.

für vereinbar, Art. 6 Abs. 1 lit. b) FKVO. Andernfalls leitet sie das Hauptverfahren ein, Art. 6 Abs. 1 lit. c) FKVO. Die allermeisten Fälle werden in der Phase I abgeschlossen und nur in wenigen Ausnahmefällen wird die Phase II eingeleitet.[614]

302 Die Kommission kann eine Freigabe in der Phase I mit Bedingungen oder Auflagen versehen, wenn auf diese Weise wettbewerbliche Bedenken ausgeräumt werden können, welche die Einleitung des Hauptverfahrens überflüssig machen, Art. 6 Abs. 2 FKVO.[615]

303 Entscheidungen der Kommission in Phase I ergehen innerhalb von **25 Arbeitstagen**,[616] Art. 10 Abs. 1 UA 1 FKVO. Ausnahmsweise beträgt die Frist **35 Arbeitstage**, wenn ein Mitgliedstaat eine Verweisung nach Art. 9 Abs. 2 FKVO beantragt oder die beteiligten Unternehmen Zusagen nach Art. 6 Abs. 2 FKVO anbieten, Art. 10 Abs. 1 UA 2 FKVO. Die Frist beginnt mit dem Tag, der auf den Tag des Eingangs der Anmeldung folgt. Sind die bei der Anmeldung zu erteilenden Auskünfte jedoch unvollständig, beginnt die Frist erst nach Eingang der vollständigen Auskünfte, Art. 10 Abs. 1 UA 1 Satz 2 FKVO. Ergeht innerhalb der genannten Frist keine Entscheidung der Kommission, so gilt das Vorhaben als freigegeben, Art. 10 Abs. 6 FKVO. Für Entscheidungen innerhalb der Phase I ist der Wettbewerbskommissar der Kommission „habilitiert".

304 Die Kommission übermittelt den zuständigen Behörden der Mitgliedstaaten binnen drei Arbeitstage eine Kopie der Anmeldung, Art. 19 Abs. 1 FKVO. Da die Mitgliedstaaten innerhalb von 15 Arbeitstagen nach Erhalt der Kopie[617] einen Verweisungsantrag nach Art. 9 Abs. 2 FKVO stellen können,[618] muss die Kommission die Fristen innerhalb der Phase I weitgehend ausschöpfen.[619]

IV. Hauptprüfungsverfahren (Phase II)

305 Kommt die Kommission zu dem Ergebnis, dass ein Zusammenschluss ernsthafte Bedenken aufwirft, leitet sie das Hauptverfahren (die Phase II), ein, Art. 6 Abs. 1 lit. c) FKVO. In der Phase II findet eine genauere Überprüfung des Zusammenschlusses statt. Im Rahmen des Hauptverfahrens muss die Kommission die Vereinbarkeit oder Unvereinbarkeit des Vorhabens abschließend feststellen, Art. 8 Abs. 2 FKVO. Die Kommission kann eine Freigabeentscheidung innerhalb der Phase II mit Bedingungen und Auflagen versehen, Art. 8 Abs. 2 UA 2 FKVO.[620]

306 Soweit sich aufgrund der Ermittlungen in der Phase II die ernsthaften wettbewerblichen Bedenken vorläufig erhärten, formuliert die Kommission schriftlich ihre Einwände (**Beschwerdepunkte**, *statement of objections*) und übermittelt diese den beteiligten Unternehmen zur Stellungnahme, Art. 18 Abs. 1 FKVO.

307 Während des Hauptverfahrens stehen den beteiligten Unternehmen eine Reihe von Beteiligungsrechten zu, z.B. das Recht zur (schriftlichen) Stellungnahme, Anhörung und Akteneinsicht. Unmittelbar nach Erhalt der Beschwerdepunkte[621] wird „zumindest den unmittelbar Betroffenen", auf Antrag **Einsicht in die Verfahrensakte** gewährt, Art. 18 Abs. 3 Satz 3

---

614 Vgl. *Emberger/Peter*, in: Loewenheim/Meessen/Riesenkampff, Art. 6 FKVO, Rn. 66.
615 Rn. 243.
616 Arbeitstage im Sinne der FKVO und FKVO-DVO sind alle Tage mit Ausnahme der Samstage, der Sonntage und der Feiertage der Kommission, die vor Beginn jedes Jahres im Amtsblatt der Europäischen Union bekannt gegeben werden, Art. 24 FKVO-DVO.
617 Die Kommission ist bemüht, den Verweisungsantrag innerhalb eines Arbeitstages an die Mitgliedstaaten weiterzuleiten, siehe *Zeise*, in: Schulte, Rn. 1983.
618 Siehe Rn. 153.
619 Zu den internen Verfahrensschritten in Phase I (Übermittlung einer Kopie der Anmeldung an den juristischen Dienst sowie die Generaldirektion Unternehmen und Industrie sowie ggf. an weitere Generaldirektionen und Dienststellen, Unterrichtung des Wettbewerbskommissars, Abstimmung des Entscheidungsvorschlags mit den anderen beteiligten Dienststellen im Rahmen der „Interservice Meetings"): *Zeise*, in: Schulte, Rn. 2173 ff.
620 Rn. 239 ff.
621 In den Best Practices on the Conduct of EC Merger Control Proceedings wird den Beteiligten jedoch in Aussicht gestellt, Einblick in besonders bedeutsame Dokumente (key documents) auch schon zu einem früheren Zeitpunkt – nach Einleitung der Phase II – zu erhalten; die Mitteilung zur Akteneinsicht äußert sich hierzu nicht, siehe dort Rn. 28, Fn. 1.

T. Mäger

FKVO.[622] In der FKVO-DVO wird präzisiert, dass einerseits die Beteiligten, an die die Beschwerdepunkte gerichtet werden, ein Recht auf Akteneinsicht haben, Art. 17 Abs. 1 FKVO-DVO. Mit den Beteiligten sind die anmeldenden Unternehmen gemeint. Darüber hinaus wird auch den „anderen Beteiligten", denen die Einwände mitgeteilt wurden, auf Antrag Einsicht in die Verfahrensakte gewährt, soweit es zur Vorbereitung ihrer Stellungnahme erforderlich ist, Art. 17 Abs. 2 FKVO-DVO. Bei den anderen Beteiligten handelt es sich um die am Zusammenschlussvorhaben Beteiligten, die keine Anmelder sind, also Veräußerer und Zielgesellschaft. Ein Recht auf Akteneinsicht durch **Dritte** wird durch Art. 18 Abs. 3 Satz 3 FKVO („zumindest") nicht ausgeschlossen. Erforderlich ist aber jedenfalls, dass der Dritte ein berechtigtes Interesse nachweisen kann und die Gewährung des Akteneinsichtsrechts für den ordnungsgemäßen Ablauf der Untersuchung notwendig ist.[623] Ein Anspruch kann sich auch aus der Transparenz-Verordnung[624] ergeben. Nach Art. 4 Abs. 3 Transparenz-Verordnung wird die Akteneinsicht in Dokumente jedoch verweigert, wenn die Behörde noch keinen Beschluss gefasst hat und der Entscheidungsprozess ernstlich beeinträchtigt würde, es sein denn, es besteht ein überwiegendes öffentliches Interesse an der Verbreitung. Nach Auffassung des EuG darf die Kommission nach der Transparenz-Verordnung einen Antrag auf Akteneinsicht durch Dritte nur nach konkreter und individueller Prüfung der betreffenden Dokumente verweigern.[625]

Im Anschluss an die Versendung der Beschwerdepunkte haben die beteiligten Unternehmen das Recht auf eine mündliche **Anhörung**, Art. 14 FKVO-DVO, die von dem Anhörungsbeauftragten vorbereitet und durchgeführt wird.[626] Stellen Dritte einen Antrag auf Anhörung, so unterrichtet die Kommission diese schriftlich über Art und Gegenstand des Verfahrens, Art. 16 Abs. 1 FKVO-DVO. Dies geschieht in der Praxis über eine um Geschäftsgeheimnisse bereinigte oder eine gekürzte Fassung der Beschwerdepunkte.[627] 308

Die beteiligten Unternehmen haben darüber hinaus die Möglichkeit, sich in sogenannten **State of Play-Meetings** mit der Kommission über den Fortgang der Ermittlungen zu informieren.[628] Denkbar sind auch **Triangular-Meetings**, zu dem die Kommission die anmeldenden Unternehmen sowie Beschwerdeführer einlädt. 309

Vor entscheidenden Verfahrensschritten in Phase II findet ein kommissionsinternes **Panel** statt, das die Schlussfolgerungen des Case Teams kritisch überprüft. An dem Panel ist auch einer der Wirtschaftswissenschaftler beteiligt, die dem **Chefökonomen** unterstellt sind. Die Position des Chefökonomen wurde im Jahr 2003 geschaffen. Er ist dem Generaldirektor direkt unterstellt und wird jeweils für die Dauer von drei Jahren bestellt. Sein Team umfasst zehn Wirtschaftswissenschaftler. Neben der Beratung in wirtschaftswissenschaftlichen Fragen bei der Anwendung der europäischen Wettbewerbsregeln gehört es zur Aufgabe des Chefökonomen, in konkreten Wettbewerbsfällen zu beraten. Dabei geht es insbesondere um Fälle, die komplexe wirtschaftswissenschaftliche Fragestellungen aufwerfen und insbesondere quantitative Analysen erfordern.[629] Vor Erlass der Entscheidung muss die Kommission die Stellungnahme des **Bera-** 310

---

622 Siehe auch Mitteilung zur Akteneinsicht, Rn. 28.
623 *Bechtold/Bosch/Brinker/Hirsbrunner*, Art. 18 FKVO Rn. 16 m.w.N.
624 VO Nr. 1049/2001 des Europäischen Parlaments und des Rats vom 30. Mai 2001 über den Zugang der Öffentlichkeit zu Dokumenten des Europäischen Parlaments, des Rates und der Kommission, ABl. 2001 L 145/43.
625 EuG, Rs. T-2/03 (VKI), Rn. 69, 73.
626 Siehe Beschluss der Kommission vom 23. Mai 2001 über das Mandat des Anhörungsbeauftragten in bestimmten Wettbewerbsverfahren, ABl. 2001 L 162/21.
627 *Wagemann*, in: Wiedemann, § 17, Rn. 120; *Ablasser-Neuhuber*, in: Loewenheim/Meessen/Riesenkampff, Art. 18 FKVO, Rn. 36.
628 Siehe Best Practices on the Conduct of EC Merger Control Proceedings, Rn. 33; dies soll zu folgenden Zeitpunkten geschehen: 1. zum Zeitpunkt, an dem ernsthafte Bedenken im Sinne von Art. 6 Abs. 1 lit. c) FKVO deutlich werden, 2. binnen zwei Wochen nach einer Entscheidung, die Phase II zu eröffnen, 3. unmittelbar vor Versendung der Beschwerdepunkte, 4. nach Erwiderung der Parteien auf die Beschwerdepunkte und 5.vor der Sitzung des Beratenden Ausschusses nach Art. 19 FKVO.
629 Siehe Presseerklärung IP/03/1027 vom 16. Juli 2003 zu Ernennung von Prof. Lars-Hendrik Röller als ersten Chefökonomen. Zum Tätigkeitsfeld des Chefökonomen siehe auch *Röller/Strohm*, in: MünchKomm. Einl. Rn. 1581 ff.

tenden **Ausschusses**, der mit Beamten der Mitgliedstaaten besetzt ist, einholen, Art. 19 Abs. 3 FKVO.

311 Die abschließende Entscheidung der Kommission wird anders als Entscheidungen im Rahmen der Phase I nicht vom Wettbewerbskommissar, sondern vom Gesamtgremium der Kommission getroffen. Sie ist im Amtsblatt zu veröffentlichen, Art. 20 FKVO.

312 Für die abschließende Entscheidung ist der Kommission grundsätzlich eine **Frist von 90 Arbeitstagen**, in bestimmten Fällen – Verweisungsantrag seitens eines Mitgliedstaates, Zusagenangebote durch die Parteien – eine Frist von **105 Arbeitstagen** gesetzt, jeweils ab Einleitung der Phase II, Art. 10 Abs. 3 FKVO. Bei deren Überschreiten wird die Vereinbarkeit mit dem gemeinsamen Markt fingiert, Art. 10 Abs. 6 FKVO.

313 Die Kommission kann die Fristen für das Hauptprüfverfahren jederzeit nach Einleitung des Verfahrens mit Zustimmung der anmeldenden Unternehmen **verlängern**. Eine derartige Verlängerung kann auch von den anmeldenden Unternehmen bis spätestens 15 Arbeitstagen nach Einleitung des Verfahrens beantragt werden. Fristverlängerungen dürfen nur einmal beantragt werden und die Gesamtdauer aller Fristverlängerungen darf 20 Arbeitstage nicht übersteigen, Art. 10 Abs. 3 UA 2 FKVO.

314 Insgesamt ist das Verfahren spätestens 125 Arbeitstage nach Einleitung der Phase II, d.h. **150 bzw. 160 Arbeitstage**[630] nach Anmeldung abgeschlossen.[631]

V. Vereinfachtes Verfahren

315 Unter bestimmten Voraussetzungen kommt ein vereinfachtes Verfahren zur Anwendung. Hierzu hat die Kommission eine Bekanntmachung erlassen.[632] Ein vereinfachtes Verfahren kommt in vier Fällen in Betracht:[633] (1) Das Verfahren ist anwendbar bei Zusammenschlüssen, bei denen zwei oder mehrere Unternehmen eine gemeinsame Kontrolle über ein GU erwerben, sofern der EWR-Umsatz des GU und/oder der Umsatz der beigesteuerten Tätigkeiten weniger als 100 Millionen EUR beträgt und der Gesamtwert der in das GU eingebrachten Vermögenswerte im EWR-Gebiet weniger als 100 Millionen EUR beträgt. (2) Weiterhin ist das Verfahren auf Zusammenschlüsse anwendbar, sofern die beteiligten Unternehmen weder auf ein- und demselben sachlich und räumlich relevanten Markt noch auf einem sachlich relevanten Markt tätig sind, der dem eines der anderen beteiligten Unternehmen vor- oder nachgelagert ist. (3) Darüber hinaus ist ein vereinfachtes Verfahren möglich, wenn sich horizontale Überschneidungen oder vertikale Beziehungen ergeben, aber kein betroffener Mark vorliegt, d.h. im Falle einer horizontalen Überschneidung der gemeinsame Marktanteil weniger als 15 % beträgt und bei einer vertikalen Beziehung der Marktanteil auf keinem der Märkte einzeln oder gemeinsam 25 % oder mehr beträgt.[634] (4) Schließlich ist das vereinfachte Verfahren anwendbar in Fällen, in denen ein beteiligtes Unternehmen die alleinige Kontrolle über ein bisher gemeinsam kontrolliertes GU erlangt.

316 Auch wenn eine der vorgenannten vier Fallgruppen vorliegt, kann das vereinfachte Verfahren gleichwohl ungeeignet sein. Die Kommission verweist z.B. auf Zusammenschlüsse, bei denen mindestens zwei der sich zusammenschließenden Parteien auf eng verbundenen Nachbarmärk-

---

630 Die Frist ist davon abhängig, ob die Phase I 25 oder 35 Werktage dauert (siehe Rn. 303), ob und ggf. zu welchem Zeitpunkt in der Phase II Zusagen angeboten werden (siehe Rn. 257) und ob die Phase II verlängert wurde (siehe Rn. 313).

631 Eine Verlängerung des Verfahrens kann sich jedoch daraus ergeben, dass die Fristen nach Art. 10 Abs. 4 FKVO gehemmt werden. Dies kann z.B. dann der Fall sein, wenn die Kommission ein Auskunftsverlangen an die Parteien richtet. Im Fall Oracle/Peoplesoft (M.3216) erfolgte die Anmeldung am 14. Oktober 2003. Die Entscheidung in der Phase II erging erst am 26. Oktober 2004. Dies ist darauf zurück zu führen, dass die Parteien ein Auskunftsverlangen der Kommission erst zu sehr späten Zeitpunkt beantwortet haben. Hierdurch wurde eine Entscheidung der Europäischen Kommission zu einem Zeitpunkt ermöglicht, zu dem die Entscheidung im US-amerikanischen Kartellverfahren bereits vorlag.

632 Siehe Bekanntmachung der Kommission über ein vereinfachtes Verfahren für bestimmte Zusammenschlüsse gemäß der VO (EG) Nr. 139/2004 des Rates, ABl. 2005 C 56/32.

633 Siehe Bekanntmachung über ein vereinfachtes Verfahren, Rn. 5.

634 Siehe oben Rn. 293.

ten tätig sind, soweit eine Partei über einen Marktanteil von 25 % oder mehr verfügt.[635] Das vereinfachte Verfahren wird weiterhin nicht angewandt, wenn ein Mitgliedstaat gemäß Art. 9 FKVO die Verweisung beantragt oder die Kommission gemäß Art. 22 FKVO dem Antrag auf Verweisung stattgibt.[636]

Kommt das vereinfachte Verfahren zur Anwendung, erlässt die Kommission eine **Kurzformentscheidung** ohne Ausführung zur wettbewerblichen Würdigung des Falles. Liegen die Voraussetzungen eines vereinfachten Verfahrens vor, kann regelmäßig das **vereinfachte Formblatt**[637] verwendet werden. In Zweifelsfällen – insbesondere wenn mit Wettbewerbsbedenken von Mitgliedstaaten oder Dritten zu rechnen ist – kann sich allerdings vorsorglich die Verwendung der Form CO empfehlen, um das Risiko auszuschließen, dass die Kommission zu einem späteren Zeitpunkt eine Anmeldung gemäß Form CO verlangt.[638] 317

VI. Rücknahme und Neuanmeldung

Eine Rücknahme der Anmeldung in der Phase I beendet das Verfahren.[639] Eine spätere Neuanmeldung löst ein eigenständiges, neues Verfahren aus.[640] In der Phase II kann eine Anmeldung nur zurückgenommen werden, wenn die beteiligten Unternehmen der Kommission gegenüber glaubhaft gemacht haben, dass sie den Zusammenschluss aufgegeben haben, Art. 6 Abs. 1 lit. c) Satz 2 FKVO.[641] In diesem Fall erfolgt keine Entscheidung der Kommission. Eine Neuanmeldung eines unveränderten Vorhabens ist grundsätzlich zulässig.[642] Wird ein Zusammenschluss zunächst aufgegeben und dann zu einem späteren Zeitpunkt von den Parteien wieder aufgenommen, dürfte eine etwaige Zuständigkeitsverteilung aufgrund **Verweisung** nach Art. 4 Abs. 4 oder 5 sowie Art. 9 oder 22 FKVO als „verbraucht" anzusehen sein.[643] 318

VII. Vollzugsverbot

Vor Freigabe durch die Kommission darf ein Zusammenschluss grundsätzlich nicht (dinglich) vollzogen werden (Vollzugsverbot),[644] Art. 7 Abs. 1 FKVO. 319

1. Vollzugshandlungen

Die FKVO definiert nicht, was unter einer Vollzugshandlung zu verstehen ist. Erfasst werden zunächst alle **Rechtshandlungen**, welche die Vollendung des Zusammenschlusses herbeiführen. Verboten ist der dingliche Vollzug, z.B. die dingliche Übertragung von Gesellschaftsanteilen oder von Vermögensgegenständen. Zulässig sind dagegen bloße **Vorbereitungsmaßnahmen** wie der Abschluss des schuldrechtlichen Kaufvertrages. Die Abgrenzung von zulässigen Vorbereitungsmaßnahmen und unzulässigem **Teilvollzug**[645] kann im Einzelfall schwierig sein. Es emp- 320

---

635 Bekanntmachung über ein vereinfachtes Verfahren, Rn. 8.
636 Bekanntmachung über ein vereinfachtes Verfahren, Rn. 13.
637 Anhang II zur FKVO-DVO.
638 Siehe auch: *Schroeder*, in: MünchKomm, Art. 4 FKVO Rn. 48 und 55.
639 *Fountoukakos/Anttilainen-Mochnacz*, ECLR 2010, 387, 388; *Schroeder*, in: MünchKomm, Art. 4 FKVO Rn. 76; *Hellmann*, in: FK, Art. 4 FKVO Rn. 31; a.A. *Dittert*, WuW 2004, 148, 152 f.
640 Siehe z.B. den Fall Robert Bosch/Deutz/Eberspächer/JV: Anmeldung am 22. Dezember 2009 (COMP/M. 5746), Rücknahme am 18. Januar 2010, Neuanmeldung am 26. Februar 2010 (COMP/M. 5792).
641 Unschädlich ist die bloße Absicht, den Zusammenschluss zu einem späteren Zeitpunkt in einer anderen Form doch durchzuführen, sofern sich diese Absicht noch nicht objektiv manifestiert hat, EuG, Rs. T-310/00 (MCI/WorldCom).
642 Siehe etwa Kommission, M. 852 (BASF/Shell) und M. 1041 (BASF/Shell (II)); M. 1145 (Paekhoed/Van Ommeren) und M. 1621 (Paekhoed/Van Ommeren (II)); siehe auch *Schroeder*, in: MünchKomm, Art. 4 FKVO Rn. 77.
643 So *Fountoukakos/Anttilainen-Mochnacz*, ECLR 2010, 387, 389.
644 Der Freigabe gleich steht der Fall, dass die Prüfungsfristen abgelaufen sind, ohne dass die Kommission eine Entscheidung getroffen hätte, Art. 10 Abs. 6 FKVO.
645 Siehe Rn. 63 und 156 und 324.

fiehlt sich, den Vollzug des Vertrages[646] unter die aufschiebende Bedingung des Wegfalls des Vollzugsverbots zu stellen, auch wenn die Vereinbarung einer derartigen Bedingung zur Vermeidung eines Verstoßes gegen das Vollzugsverbot weder notwendig noch hinreichend ist: Vollziehen die Vertragsparteien das Rechtsgeschäft erst nach Wegfall des Vollzugsverbots, liegt unabhängig von der Vereinbarung einer aufschiebenden Bedingung kein Verstoß gegen Art. 7 Abs. 1 FKVO vor. Umgekehrt ist im Falle eines vorzeitigen Vollzugs unter Missachtung der aufschiebenden Bedingung ein Verstoß gegeben.[647]

321 Ist die Wirksamkeit des dinglichen Vollzugsgeschäfts von der **Eintragung in ein Handelsregister** oder ähnlichem abhängig, untersagt das Vollzugsverbot den Unternehmen, durch Registeranmeldung den Eintrag herbeizuführen. Zulässig ist jedoch der Abschluss des formbedürftigen Rechtsgeschäfts, sofern der Notar angewiesen wird, den Antrag auf Eintragung erst nach Wegfall des Vollzugsverbots zu stellen. Zulässig ist auch die bloße gesellschaftsrechtliche Gründung eines **Erwerbsvehikels**. Gleiches sollte für die gesellschaftsrechtliche Gründung eines GU gelten, solange sichergestellt ist, dass dieses operativ noch nicht tätig wird.[648]

322 Weiterhin sind alle **tatsächlichen Handlungen** verboten, welche die wirtschaftlichen Wirkungen des Zusammenschlusses vorwegnehmen.[649] Die Abgrenzung zu zulässigen Vorbereitungsmaßnahmen kann im Einzelfall allerdings schwierig sein. Unzulässig sind: die organisatorische Zusammenführung einzelner Unternehmen, die Aufnahme gemeinsamer Geschäftsaktivitäten, die Implementierung gemeinsamer Reporting- und Organisationsstrukturen, die Befolgung interner Weisungen der zukünftigen Geschäftsführung/Anteilseigner, die Abstimmung und Anpassung von Produkten, die Abstimmung der beiderseitigen Marketing- und Absatzbemühungen (z.B. ein gemeinsamer Marktauftritt als Bietergemeinschaft), die Umbenennung und eine entsprechende Marketingkampagne sowie ein gemeinsamer Vertrieb. Grundsätzlich zulässig sind demgegenüber: Personalplanungen und -nominierungen, sofern die Posten noch nicht tatsächlich übernommen werden, die Erarbeitung der (gemeinsamen) Reporting- und Organisationsstrukturen, die Vorbereitung eines Geschäftsplans, das Erarbeiten der zukünftigen Strategie für die Zeit nach Wegfall des Vollzugsverbots, die Benennung zukünftiger Teams, die Vorbereitung eines gemeinsamen Marktauftritts für die Zeit nach Wegfall des Vollzugsverbots, Informationsveranstaltungen mit den betroffenen Mitarbeitern, Mitarbeiterschulungen für das zukünftige Verhalten nach Wegfall des Vollzugsverbots, die Publizierung von Newslettern mit Informationen über die zukünftige interne Personalstruktur/-ernennung.[650] Neben dem Vollzugsverbot ist allerdings stets das Kartellverbot des Art. 101 AEUV zu beachten,[651] das z.B. die Übermittlung sensibler Geschäftsdaten erfasst. Um einen kartellrechtlich unzulässigen Informationsaustausch zwischen Wettbewerbern zu vermeiden[652] kann es sich empfehlen, besonders sensible Daten nur auf Ebene der externen Berater auszutauschen oder die Daten zumindest nur einem begrenzten Kreis von Mitarbeitern des Unternehmens zugänglich zu machen (**clean team**), der zur besonderen Vertraulichkeit verpflichtet wird und dem nach Möglichkeit keine

---

646 Greift eine Rechtsordnung ein, die – anders wie das deutsche Recht – nicht zwischen schuldrechtlichen und dinglichen Rechtsgeschäften unterscheidet, ist das gesamte Rechtsgeschäft unter die aufschiebende Bedingung zu stellen.

647 Siehe zum Vollzugsverbot nach deutscher Fusionskontrolle: *Mäger*, in. MünchKomm, GWB, § 41 Rn. 3.

648 So wohl auch *Ablasser-Neuhuber*, in: Loewenheim/Meessen/Riesenkampff, Art. 7 FKVO Rn. 2; siehe auch Kommission, M.1009 (Georg Fischer/DISA) Rn. 5: Unterscheidung zwischen gesellschaftsrechtlicher Gründung und Aufnahme der Tätigkeit eines GU; ebenso im Hinblick auf die Gründung eines GU und „marktferne" Tätigkeiten, wie z.B. die Anmietung von Räumlichkeiten (aber mit Empfehlung, die Frage mit der Kommission abzustimmen): *Wessely*, in: MünchKomm, Art. 7 FKVO, Rn. 38; a.A. *Bechtold/Bosch/Brinker/ Hirsbrunner*, Art. 7 FKVO, Rn. 1: formaler Verstoß gegen das Vollzugsverbot, selbst wenn noch keine Tätigkeiten auf das GU übertragen werden.

649 *Bosch/Marquier*, EWS 2010, 113, 116 sprechen sich dafür aus, das Vollzugsverbot strikt auf Maßnahmen zu beschränken, die einen Zusammenschlusstatbestand (nach der FKVO also einen Kontrollerwerb) darstellen und sonstige Maßnahmen nur am Kartellverbot zu messen. Dies wirft allerdings die Frage der Reichweite eines unzulässigen Teilvollzugs auf.

650 Vgl. zum deutschen Fusionskontrollrecht: *Mäger*, in: MünchKomm, GWB § 41 Rn. 6 f.

651 Rn. 330.

652 Dazu 3. Kap., Rn. 19 ff.

Mitarbeiter angehören sollten, die mit operativen Vertriebsaufgaben oder ähnlichen Funktionen betraut sind.[653]

2. Maßnahmen zwischen Vertragsabschluss und Vollzug

In Unternehmenskaufverträgen wird üblicherweise vereinbart, dass der Veräußerer während **323** des Zeitraums zwischen Vertragsabschluss (*Signing*) und Vollzug (*Closing*) bestimmte Maßnahmen nicht oder nur mit Zustimmung des – das wirtschaftliche Risiko tragenden – Erwerbers durchführen darf. Dies stellt keinen Verstoß gegen das Vollzugsverbot dar, wenn der Maßnahmenkatalog auf Punkte beschränkt wird, die nur dazu dienen, den Wert des Erwerbssubstrats zu erhalten und grundlegende Änderungen zu verhindern.[654]

3. Warehousing

Ein Bieter für eine Zielgesellschaft, der mit einem langwierigen Fusionskontrollverfahren rech- **324** net und im Wettbewerb mit fusionskontrollrechtlich „unbelasteten" Konkurrenten steht, mag überlegen, dem Veräußerer dadurch einen schnellen Abverkauf zu ermöglichen, dass die Zielgesellschaft zunächst auf einen unkritischen Zwischenerwerber (etwa eine Bank in Ausnutzung der Bankenklausel)[655] übergeht. Derartige Warehousing-Lösungen sieht die Kommission kritisch, da sie vermutet, dass der Letzterwerber bereits vom Zwischenerwerb Einfluss auf die Zielgesellschaft gewinnt. Die Kommission wertet deshalb den Vorgang als einen einheitlichen (einzigen) Zusammenschluss – dauerhafter Erwerb der Kontrolle durch den endgültigen Käufer – der mit dem Zwischenerwerb beginnt.[656] Wird der Zwischenerwerb vor Freigabe des endgültigen Erwerbs vollzogen, liegt danach ein unzulässiger Teilvollzug vor. Teilweise wird angenommen, dass das EuG im Fall Odile Jacob[657] eine Warehousing-Lösung als zulässig eingeordnet hat.[658] Das EuG hat in der Entscheidung jedoch nur festgestellt, dass der Zwischenerwerb (durch eine Bank) dem Letzterwerber noch keine Kontrolle vermittelt hat und unter diesem Aspekt der Zwischenerwerb noch keine Anmeldepflicht des Letzterwerbers ausgelöst hat. Das EuG musste sich allerdings nicht mit der Frage befassen, ob der Vorgang einen einzigen Zusammenschlusstatbestand darstellte. Wird dies – wie von der Kommission – bejaht, so liegt in dem Zwischenerwerb ein unzulässiger Teilvollzug des Gesamtzusammenschlusses.[659] Dieser ist auch nicht nach der Bankenklausel zulässig, da diese nur den Zwischenerwerb durch die Bank erfassen könnte, der für sich gesehen mangels Dauerhaftigkeit[660] ohnehin keinen selbstständigen Zusammenschluss darstellen dürfte.[661]

4. Zahlung des Kaufpreises

Zu der Frage, ob die einseitige Zahlung des Kaufpreises gegen das Vollzugsverbot verstoßen **325** kann, ist die Praxis der Kommission uneinheitlich. Teilweise wird argumentiert, der Veräußerer, der bereits den Kaufpreis erhalten habe, werde das Geschäft automatisch nur noch im Interesse des Erwerbers weiterführen, dem es deshalb tatsächlich bereits zuzurechnen sei. Zulässig sei gegebenenfalls die Zahlung eines kleinen Teils des Kaufpreises. Diese Bedenken überzeugen nicht. Die Zusammenschlusstatbestände nach Art. 3 FKVO und damit das Vollzugs-

---

653 *Besen/Gronemeyer*, CCZ 2009, 67.
654 Vgl. Bekanntmachung zu Nebenabreden Rn. 14; siehe auch *Zeise*, in: Schulte, Rn. 1837 ff., 1841.
655 Dazu Rn. 66.
656 Konsolidierte Mitteilung zu Zuständigkeitsfragen, Rn. 35.
657 Rs. T-279/04 und T-452/04.
658 Siehe etwa *Tayar*, JECLAP 2011, 39.
659 Nach deutscher Fusionskontrolle kommt es für die Zurechnung darauf an, ob Anteile „für fremde Rechnung" gehalten werden, § 37 Abs. 1 Nr. 3 Satz 2 GWB. Nach der deutschen Rechtsprechung ist maßgeblich, wer das wirtschaftliche Risiko aus einer Beteiligung trägt. Dem liegt jedoch die Vermutung zu Grunde, dass derjenige, der das wirtschaftliche Risiko trägt, auch tatsächlich in der Lage sein wird, Einfluss auf die Ausübung der mit der Beteiligung verbundenen Stimmrechte zu nehmen, BGH, KVR 21/99 (Treuhanderwerb), WuW/E DE-R 613, 617; *Mäger*, in: MünchKomm GWB, § 41 Rn. 9.
660 Rn. 23.
661 Die Bankenklausel kann Bedeutung gewinnen, wenn ein dauerhafter Erwerb durch die Bank vorliegt, weil das angemeldete Gesamtvorhaben untersagt wird.

verbot erfassen nur die Übertragung von wettbewerblichen Ressourcen. Eine Rücksichtnahme des Veräußerers gegenüber dem Erwerber kann im Geschäftsleben nicht pauschal angenommen werden. Der Veräußerer ist ohnehin regelmäßig – und in kartellrechtsneutraler Weise – verpflichtet, das zu veräußernde Geschäft werterhaltend fortzuführen.[662] Zulässig ist damit nicht nur die ohnehin unkritische Zahlung des Kaufpreises auf ein Anderkonto, sondern auch direkt an den Veräußerer.[663]

5. Übertragung des kartellrechtlichen Risikos

326 Allgemein stellt sich die Frage, ob der Veräußerer eines Unternehmens das kartellrechtliche Risiko auf den Erwerber abwälzen darf. Dies könnte z.B. dadurch geschehen, dass der Erwerber verpflichtet wird, den vereinbarten **Kaufpreis** unabhängig vom Ausgang des Fusionskontrollverfahrens zu zahlen. Im Falle einer Untersagung des Zusammenschlusses müsste der Käufer einen alternativen Erwerber finden, an den der Veräußerer das Zielunternehmen anschließend übertragen würde. In der Übergangszeit würde das Zielunternehmen entweder durch den Veräußerer oder durch einen Treuhänder weitergeführt. Eine derartige Übertragung des kartellrechtlichen Untersagungsrisikos auf den Erwerber wird von den Kartellbehörden teilweise kritisch gesehen. Entscheidungspraxis gibt es hierzu aber, soweit ersichtlich, nicht. Die Regelung erscheint zulässig, soweit vertraglich klargestellt ist, dass der Veräußerer bzw. Treuhänder das Zielunternehmen ausschließlich an dessen Interessen orientiert zu führen hat und ausgeschlossen wird, dass der Erwerber Einflussrechte auf das Zielunternehmen erhält. In diesem Fall liegt kein vorzeitiger Übergang der Kontrolle über das Zielunternehmen vor.[664] Denkbar sind schließlich vertragliche Konstruktionen, nach denen der Veräußerer dadurch Transaktionssicherheit (allerdings nicht die Garantie eines schnellen Abverkaufs) erhält, dass die Zielgesellschaft im Falle einer Untersagung **auf Rechnung des Erwerbers auf einen Dritten** übertragen wird, der den Drittabverkauf vorzunehmen hat. Der Erwerber zahlt den Kaufpreis an den Veräußerer. Der Dritte tritt in den zwischen Veräußerer und Erwerber ausgehandelten Kaufvertrag ein und kehrt den Erlös aus dem Drittabverkauf an den Erwerber aus. Mangels Enderwerbs durch den Erwerber liegt – anders als beim Warehousing[665] – kein „Zwischenerwerb" durch den Dritten vor, der dem Erwerber zugerechnet werden könnte. Wiederum ist sicherzustellen, dass der Erwerber keine Einflussrechte auf das Zielunternehmen erhält.[666]

6. Ausnahmen vom Vollzugsverbot

327 Die FKVO enthält Ausnahmen vom grundsätzlich geltenden Vollzugsverbot. Der Erwerb von Anteilen im Wege eines **öffentlichen Übernahmeangebots** ist zulässig, sofern das Vorhaben unverzüglich bei der Kommission angemeldet wird und der Erwerber die mit den Anteilen verbundenen Stimmrechte nicht oder nur zur Erhaltung des vollen Wertes seine Investition aufgrund einer von der Kommission nach Art. 7 Abs. 3 FKVO erteilten Freistellung ausübt, Art. 7 Abs. 2 FKVO.

328 Die Kommission kann unter bestimmten engen Voraussetzungen eine **Freistellung** vom Vollzugsverbot erteilen, Art. 7 Abs. 3 FKVO. Zu berücksichtigen sind die möglichen Auswirkungen des Aufschubs des Vollzugs auf einen oder mehrere an dem Zusammenschluss beteiligte Unternehmen oder auf Dritte sowie die mögliche Gefährdung des Wettbewerbs durch den Zusammenschluss. Die Praxis der Kommission zur Erteilung von Freistellungen ist restriktiv. Die Fälle, in denen die Kommission in der Vergangenheit Freistellungen erteilt hat, betrafen insbesondere Konstellationen, in denen das zu erwerbende Unternehmen sich in ernsthaften finan-

---

662 Siehe Rn. 323.

663 So im Ergebnis auch: *Bechtold/Bosch/Brinker/Hirsbrunner*, Art. 7 FKVO Rn. 1.

664 *Wessely*, in: MünchKomm Art. 7 FKVO, Rn. 58; a.A. *Richter*, in: Wiedemann, § 21 Rn. 41: Im Untersagungsfalle müsse ein vorzeitig gezahlter Kaufpreis zurückgezahlt werden und es bleibe alleinige Aufgabe des Veräußerers, einen Ersatzkäufer zu finden, wobei auch keine Verrechnung des zurückzuzahlenden Kaufpreises mit Mindererlösen an den Ersatzerwerber erfolgen dürfe.

665 Rn. 324.

666 Nach deutschem Recht wäre zu prüfen, ob der Treuhänder die Anteile „für Rechnung" des Erwerbers nach § 37 Abs. 1 Nr. 3 Satz 2 GWB hält, siehe Rn. 324.

ziellen Schwierigkeiten befand, die ein schnelles Eingreifen erforderlich machten, sowie Zusammenschlüsse von Unternehmen, die auf Wachstumsmärkten tätig sind, die noch keine festen Strukturen haben und auf denen die Schnelligkeit des Marktauftritts von großer Bedeutung ist.[667] Ein Antrag auf Freistellung vom Vollzugsverbot kann jederzeit, d.h. auch vor Anmeldung beantragt und erteilt werden, Art. 7 Abs. 3 Satz 5 FKVO. Die Freistellungsentscheidung der Kommission wird nicht veröffentlicht und ist auch nicht auf der Website der Kommission abrufbar.[668]

Nach Auffassung der Kommission ist eine Freistellung vom Vollzugsverbot nicht zulässig, wenn **329** die Kommission einen Zusammenschluss aufgrund einer **Verweisung** nach Art. 4 Abs. 5 FKVO[669] prüft.[670] Wird ein Vorhaben an nationale Wettbewerbsbehörden verwiesen (Art. 4 Abs. 4 oder Art. 9 FKVO), dürfte sich das Vollzugsverbot nach nationalem Recht allenfalls auf den verwiesenen Teil erstrecken.

7. Verhältnis von Vollzugsverbot und Kartellverbot

Das Vollzugsverbot endet mit fusionskontrollrechtlicher **Freigabe**. Dies bedeutet jedoch nicht, **330** dass die Partei nach der Freigabe keinerlei kartellrechtliche Verhaltenspflichten in Hinblick auf die Transaktions- und Integrationsplanung zu beachten haben. Vielmehr gilt das allgemeine Kartellverbot nach Art. 101 AEUV bis zum **Vollzug** fort. Dies ist jedenfalls dann anzunehmen, wenn der Vollzug der Transaktion von wesentlichen Bedigungen, z.B. behördlichen oder internen Genehmigungserfordernissen, abhängt.[671] Das Kartellverbot kann allerdings nicht Maßnahmen erfassen, die sich unmittelbar als Teil der Umsetzung des Vorhabens, d.h. der Vorbereitung und Durchführung des Vollzugs, darstellen.[672]

8. Rechtsfolgen

Rechtsgeschäfte, die unter Verstoß gegen das Vollzugsverbot abgeschlossen werden, sind nach **331** Art. 7 Abs. 4 FKVO[673] **schwebend unwirksam**.[674] Dies betrifft die als Vollzug zu qualifizierenden Rechtshandlungen, d.h. nach deutschem Recht die dingliche Übertragung, nicht etwaige zugrunde liegende schuldrechtliche Vereinbarungen.[675] Im Falle einer späteren Freigabeentscheidung wird das dingliche Vollzugsgeschäft **rückwirkend** wirksam.[676] Im Falle einer Untersagung ist der Vollzug als von Anfang an unwirksam anzusehen. Die Reichweite der Unwirksamkeit, d.h. die Frage, ob sich die Unwirksamkeit auf den Restvertrag erstreckt, richtet sich nach dem jeweiligen anwendbaren nationalen Recht.[677]

Die Wirksamkeit von Rechtsgeschäften über Wertpapiere bleibt ausnahmsweise unberührt, **332** wenn diese Wertpapiere zum Handel an einer Börse oder auf einem ähnlichen Markt zugelassen sind, es sei denn, dass die Käufer und die Verkäufer wussten oder hätten wissen müssen, dass das betreffende Rechtsgeschäft unter Missachtung von Art. 7 Abs. 1 FKVO abgeschlossen wurde, Art. 7 Abs. 4 UA 2 FKVO.

---

667 Siehe im Einzelnen: *Zeise*, in: Schulte, Rn. 1847 ff.
668 Kritisch dazu: *Zeise*, in: Schulte, Rn. 1863.
669 Dazu Rn. 122 ff.
670 *Ryan*, Competition Policy Newsletter 2005, Number 3, unter C.a.E.
671 *Reysen/Jaspers*, WuW 2006, 602 608.
672 *Reysen/Jaspers*, WuW 2006, 602, 607.
673 Nach Art. 7 Abs. 4 FKVO ist die Wirksamkeit eines unter Verstoß gegen das Vollzugsverbot abgeschlossenen Rechtsgeschäft von der Entscheidung der Kommission nach Art. 6 Abs. 1 lit. b) oder Art. 8 Abs. 1, 2 oder 3 bzw. von dem Eintritt der Vermutung nach Art. 10 Abs. 6 FKVO abhängig. Dieser Wortlaut ist missverständlich. Gemeint ist nicht, dass die Unwirksamkeit erst mit einer negativen Entscheidung eintritt. Vielmehr sind die Rechtsgeschäfte, die unter Verstoß gegen das Vollzugsverbot abgeschlossen werden, von Anfang an schwebend unwirksam und von dem in Bezug genommenen Entscheidungen bzw. der Vermutungswirkung hängt lediglich ab, ob die Rechtsgeschäfte endgültig unwirksam oder wirksam werden.
674 *Hellmann*, in: FK, Art. 7 FKVO, Rn. 20; *Schütz*, in: GK, Art. 7 FKVO, Rn. 15.; *Mayer/Miege* BB 2008, 2031, 2034.
675 *Ablasser-Neuhuber*, in: Loewenheim/Meessen/Riesenkampff, Art. 8 FKVO Rn. 11.
676 *Zeise*, in: Schulte, Rn. 1865.
677 Dazu allgemein 11. Kap., Rn. 9 ff.

333 Verstöße gegen das Vollzugsverbot kann die Kommission mit einem **Bußgeld** in Höhe von bis zu 10 % des von den beteiligten Unternehmen erzielten Gesamtumsatzes verhängen, Art. 14 Abs. 2 lit. b) FKVO.[678]

VIII. Freigabe

334 Nach Freigabe kann das Zusammenschlussvorhaben vollzogen werden. Wird die Transaktionsstruktur vor Vollzug so verändert, dass nicht der angemeldete Kontrollerwerb nach Art. 3 Abs. 1 lit. b) FKVO mehr vorliegt, sondern eine Fusion nach Art. 3 Abs. 1 lit. a) FKVO (oder umgekehrt), ist eine **neue Anmeldung** erforderlich.[679] Dies gilt nicht für weniger einschneidende Änderungen der Transaktionsstruktur, etwa geringfügige Änderungen des Umfangs der Beteiligungen ohne Auswirkungen auf die Kontrolle oder die Art der Kontrolle, Änderungen des angebotenen Preises bei Übernahmeangeboten oder Änderungen der Gesellschafterstruktur ohne Änderung der Kontrolle.[680] Ein neuer Zuschnitt der Zielgesellschaft kann jedoch eine Neuanmeldung erforderlich machen.[681]

335 Ungeklärt ist, ob eine Freigabe als „verbraucht" anzusehen ist, wenn der Vollzug zu einem wesentlich späteren Zeitpunkt stattfindet. Die „**Geltungsdauer**" einer Freigabeentscheidung der Kommission dürfte von den Umständen des Einzelfalles abhängen, insbesondere davon, ob sich die Marktverhältnisse in der Zwischenzeit wesentlich geändert haben. In Einzelfällen hat die Kommission einen Zeitraum von mehreren Jahren akzeptiert,[682] auch wenn in der Konsolidierten Mitteilung zu Zuständigkeitsfragen ein unbeachtlicher Zwischenerwerb, der das Kriterium der Dauerhaftigkeit des Kontrollerwerbs nicht erfüllt, grundsätzlich nur noch bei einem Zeitraum bis zu einem Jahr angenommen wird.[683] Auch, wenn es einleuchtet, dass eine Freigabeentscheidung keine unbegrenzte Geltungsdauer haben sollte, ist unklar, auf welche Rechtsgrundlage der Wegfall der Freigabewirkung gestützt werden kann. Freigabeentscheidungen werden nicht mit einem Enddatum versehen. Im Übrigen verfügt die Kommission auch nicht über einen Überblick, ob und wann freigegebene Zusammenschlussvorhaben vollzogen werden. Denn anders als z.B. nach der deutschen Fusionskontrolle (§ 39 Abs. 6 GWB) ist der Vollzug nicht anzeigepflichtig.

IX. Untersagung und Entflechtung

336 Wurde ein untersagter Zusammenschluss, bereits vollzogen,[684] kann die Kommission die Trennung der zusammengefassten Vermögenswerte, die Beendigung der gemeinsamen Kontrolle oder jede andere Maßnahme anordnen, die zur Wiederherstellung wirksamen Wettbewerbs geeignet ist, Art. 8 Abs. 4 lit. a) FKVO.[685] Gleiches gilt, wenn der Vollzug unter Verstoß gegen eine Bedingung erfolgte, unter der eine Entscheidung gemäß Art. 8 Abs. 2 FKVO ergangen ist, Art. 8 Abs. 4 lit. b) FKVO. Fraglich ist, ob die **Rückführung auf ein nicht fusionskontrollpflichtiges Maß**, d.h. die Aufgabe der Kontrolle unter Wahrung einer Minderheitsbeteiligung,

---

678 Siehe z.B. Kommission, M. 969 (A.P. Møller), ABl. 1999 L 183/29: Geldbuße in Höhe von 174.000 EUR; M.920 (Samsung/AST), ABl. 1999 L 225, 12: Geldbuße in Höhe von € 28.000; COMP/M. 4994 (Electrabel): Geldbuße in Höhe von 20 Mio. EUR.

679 Konsolidierte Mitteilung zu Zuständigkeitsfragen, Rn. 123.

680 Konsolidierte Mitteilung zu Zuständigkeitsfragen, Rn. 123.

681 Siehe z.B. E.ON/Endesa Europa/Viesgo (COMP/M. 4672 und 5170): Wegfall eines und Austausch eines anderen zu erwerbenden Kraftwerks, Modifikation von bestimmten Strombezugsrechten.

682 Im Fall Gaz de France/Suez erfolgte die Freigabe am 14. November 2006 (COMP/M. 4180). Der Zusammenschluss wurde am 22. Juli 2008 vollzogen (Angabe von *Fountoukakos/Anttilainen-Mochnacz*, ECLR 2010, 387, 389, dort Fn. 11).

683 Rn. 25; in den USA gilt grundsätzlich ein „Verfallsdatum" von einem Jahr. Die deutsche Praxis ist tendenziell großzügiger, siehe *T. Mäger* in: MünchKomm GWB, § 39, Rn. 9.

684 Erfasst werden sowohl rechtswidrig vollzogenen Zusammenschlüsse, als auch Zusammenschlüsse, die zwar rechtmäßig unter Befreiung vom Vollzugsverbot vorläufig vollzogen, in der Folge jedoch verboten wurden.

685 Siehe die Entscheidungen M.890 (Blokker/Toys"R"Us); M.784 (Kesko/Tuko), ABl. 1997 L 174; M.2283 (Schneider/Legrande), ABl. 2004 L 101; M.2416 (Tetra), ABl. 2004 L 38.

ausreicht.[686] Sofern ein Kontrollerwerb bereits vollzogen wurde, sieht sich die Kommission als befugt an, den Verkauf aller Anteile anzuordnen. Scheitert demgegenüber der angestrebte Kontrollerwerb und verbleibt eine nicht kontrollierende Minderheitsbeteiligung, ist die Kommission nach eigener Auffassung, die vom EuG gebilligt wurde, nicht zuständig, den Verkauf dieser Beteiligung anzuordnen.[687]

X. Allgemeine Verfahrensvorschriften

Die FKVO enthält eine Reihe von Verfahrensbestimmungen – betreffend Auskunftsverlangen, Nachprüfungsbefugnisse der Kommission, Anhörung Beteiligter und Dritter, Berufsgeheimnis –, die im Wesentlichen die Bestimmungen der VO Nr. 1/2003 entsprechen,[688] Art. 11 bis 20 FKVO. Insbesondere kann die Kommission während des Verfahrens Auskunftsverlangen an die beteiligten Unternehmen und andere Marktteilnehmer richten, um zusätzliche Informationen zu den betroffenen Märkten zu erlangen, Art. 11 FKVO. Seit Novellierung der FKVO im Jahr 2004 hat die Kommission auch die Möglichkeit zur Befragung natürlicher Personen, Art. 11 Abs. 7 FKVO. Die Kommission kann mündliche Aussagen zu Protokoll nehmen und als Beweismittel im Verfahren verwenden, wenn der Befragte dem zustimmt. | 337

Im Rahmen ihrer Ermittlungsbefugnisse kann die Kommission seit Novellierung der FKVO im Jahr 2004 Geschäftsräume, Bücher oder Unterlagen während der Dauer der Ermittlungen in dem hierfür erforderlichen Ausmaß versiegeln lassen, Art. 13 Abs. 2 lit. d) FKVO. Die Kommission hat auch die Möglichkeit, von allen Vertretern oder Mitgliedern der Belegschaft des Unternehmens Erläuterungen zu Sachverhalten oder Unterlagen zu verlangen, die mit Gegenstand und Zweck der Ermittlungen im Zusammenhang stehen und ihre Antworten zu Protokoll zu nehmen, Art. 13 Abs. 2 lit. e) FKVO. | 338

Verletzen Unternehmen die Pflichten nach der FKVO, kann die Kommission Geldbußen verhängen, Art. 14 FKVO. Die Einhaltung von Pflichten kann durch Zwangsgelder erzwungen werden, Art. 15 FKVO. | 339

F. Rechtsschutz[689]

Über lange Zeit spielte die Möglichkeit, Fusionskontrollentscheidungen gerichtlich anzufechten, praktisch kaum eine Rolle. Dies war zum einen auf die lange Verfahrensdauer zurückzuführen. Aus Unternehmenssicht besteht meist nur Interesse an einer Transaktion, wenn diese in einem überschaubaren Zeitpunkt auch umgesetzt werden kann. Zum anderen ließ sich die Kontrolldichte der europäischen Gerichte und damit die Erfolgsaussicht einer Anfechtung mangels Präzedenzfälle schlecht einschätzen. Nach Einführung des beschleunigten Verfahrens im Jahre 2001[690] und der aufsehenerregenden Aufhebung mehrerer Fusionskontrollentscheidungen kurze Zeit später – erstmals im Falle „Airtours"[691] – ist die Zahl der gerichtlichen Anfechtung von Fusionsentscheidungen jedoch deutlich angestiegen. | 340

Für den Rechtsschutz gegenüber den Verwaltungsentscheidungen der Kommission in Fusionskontrollverfahren sind die Gemeinschaftsgerichte (**EuG und EuGH**) zuständig. Ein dem Gerichtsverfahren vorgelagertes förmliches Widerspruchsverfahren bei der Kommission findet nicht statt. Zuständig für Individualklagen (Beschwerden natürlicher und juristischer Personen) gegen Fusionsentscheidungen ist das EuG.[692] Der EuGH entscheidet nur in Rechtsmittelver- | 341

---

686 *Rosenthal*, EuZW 2004, 327, 331; kritisch gegenüber einer Rückführung auf das zulässige Maß: *Dittert*, WuW 2004, 148; *Stoffregen*, in: Schröter/Jakob/Mederer, Art. 8 FKVO, Rn. 49.

687 Ausführlich Rn. 64.

688 Dazu 11. Kap., Rn. 2 ff.

689 Siehe allgemein 12. Kap., Rn. 135 ff.

690 Siehe Rn. 359.

691 EuG, Rs. T-342/99 (Airtours); sowie EuG, Rs. T-310/01 (Schneider), Slg. 2002, II-4071; EuG, Rs. T-5,80/02 (Tetra Laval), Slg. 2002, II-4381; EuG Rs. T-310/00 (MCI).

692 Ratsbeschluss 88/519 vom 24. Oktober 1988 zur Einrichtung eines Gerichts erster Instanz der europäischen Gemeinschaft in Form des Ratsbeschlusses 93/950 vom 8. Juni 1993 ABl. 1993 L 144/21.

fahren und bei Klagen von Mitgliedstaaten. Bislang gibt es keine auf Fusionssachen spezialisierte Kammern des EuG.[693]

I. Hauptsacheverfahren

342 Der EG-Vertrag unterscheidet zwischen der Nichtigkeits- bzw. Anfechtungsklage, Art. 263 AEUV (ex Art. 230 EG), der Untätigkeitsklage, Art. 265 AEUV (ex Art. 232 EG), der Schadensersatzklage, Art. 268 AEUV in Verbindung mit Art. 340 AEUV (ex Art. 235 in Verbindung mit Art. 288 EG) und dem – nur nationalen Gerichten offenstehenden – Vorabentscheidungsverfahren nach Art. 267 AEUV (ex Art. 234 EG).

1. Nichtigkeitsklage

343 Die Nichtigkeitsklage nach Art. 263 AEUV (ex Art. 230 EG) ist darauf gerichtet, eine Kommissionsentscheidung ganz oder teilweise für nichtig erklären zu lassen, Art. 264 AEUV (ex Art. 231 Abs. 1 EG). Eine gesonderte Fortsetzungsfeststellungsklage ist im Unionsrecht nicht vorgesehen. Die Nichtigkeitsklage ist aber auch dann statthaft, wenn sich das betreffende Vorhaben, das Gegenstand der Kommission war, bereits erledigt hat. Das Rechtsschutzinteresse kann sich in diesem Fall z.B. aus der Wiederholungsgefahr oder der Geltendmachung von Schadensersatzansprüchen ergeben.[694] Voraussetzung der Zulässigkeit der Nichtigkeitsklage ist ein zulässiger Klagegegenstand und die Klagebefugnis.

344 a) **Zulässiger Klagegegenstand.** Gegenstand einer Nichtigkeitsklage kann nur eine Entscheidung im Sinne von Art. 263 Abs. 4 AEUV (ex Art. 230 Abs. 4 EG) sein. Dazu zählen solche Maßnahmen, die verbindliche Rechtswirkungen erzeugen, welche die Interessen des Klägers durch einen Eingriff in seine Rechtsstellung beeinträchtigen.[695] Die erste Voraussetzung – **verbindliche Rechtswirkung** – ist in erster Linie bei verfahrensabschließenden Entscheidungen erfüllt. Für das Kriterium der verbindlichen Rechtswirkung ist allerdings der tatsächliche Gehalt, nicht die Form entscheidend. Auch formlose bzw. mündliche Erklärungen[696] und einzelne Aussagen innerhalb einer förmlichen Entscheidung[697] wurden als anfechtbar erachtet. Mangels Rechtsverbindlichkeit sind bloße Vorbereitungshandlungen für Vollstreckungshandlungen nicht anfechtbar.[698] Die zweite Voraussetzung – mögliche **Interessenbeeinträchtigung**, Betroffenheit, Beschwer, Rechtsschutzinteresse[699] – ist erfüllt, wenn die Entscheidung einen nachteiligen Inhalt für den Kläger hat. Dabei können die Nachteile rechtlicher oder rein wirtschaftlicher Natur sein.

345 Freigabeentscheidungen nach Art. 6 Abs. 1 lit b) bzw. Art. 8 Abs. 2 FKVO sowie Verbots- und Entflechtungsentscheidungen nach Art. 8 Abs. 3, 4 und 5 FKVO sind von Wettbewerbern (im Falle der Freigabe) bzw. den Parteien (im Falle eines Verbotes bzw. einer Entflechtung) anfechtbar. Gleiches dürfte für die Freigabefiktion gemäße Art. 10 Abs. 6 FKVO gelten. Nicht anfechtbar ist demgegenüber die Feststellung einer beherrschenden Stellung in der Begründung einer Freigabeentscheidung.[700] Wurde eine Freigabeentscheidung mit Bedingungen oder Auflagen versehen, sind diese nicht selbständig anfechtbar, da sie eine untrennbare Einheit mit der Freigabeentscheidung bilden.[701] Unklar ist, ob in diesem Fall die Entscheidung insgesamt an-

---

693 Erwogen wird, dem Gericht eine auf Wettbewerbsfälle spezialisierte Kammer beizuordnen, vgl. Art. 257 AEUV (ex Art. 225 a EG).

694 Siehe etwa EuG, Rs. T-102/96 (Gencor), Slg. 1998, I-6178, Rn. 45; EuG, Rs. T-22/97 (Kesko), Slg. 1999, II-3775, Rn. 57; EuG, Rs. T-310/00 (MCI), Rn. 44.

695 Siehe etwa EuGH, Rs. C-516/06 P (Kommission/Ferriere Nord), Slg. 2007, I-10685.

696 Siehe etwa EuG, Rs. T-3/93 (Air France I), Slg. 1994, II-121 Rn. 55 ff.: mündliche Presseerklärung.

697 Siehe etwa EuG, Rs. T-251/00 (Lagardere), Slg. 2002, II-4825, Rn. 67 ff.

698 Siehe für die Unanfechtbarkeit eines Schreibens der Kommission mit der Aufforderung, eine Geldbuße zu bezahlen: EuGH, Rs. C-516/06 P (Kommission/Ferriere Nord), Slg. 2007, I-10685, Rn. 29.

699 Zur uneinheitlichen Terminologie siehe *Koch*, in: Schulte, Rn. 2244, Fn. 2636.

700 EuG, Rs. T-225,227/97 (Coca Cola), Slg. 2000, II-1733, Rn. 80 ff.: keine verbindliche Rechtswirkung der Feststellung der Marktbeherrschung.

701 EuG, Rs. T-68/94, 30/95 (Kali+ Salz), Slg. 1998, I-1375, Rn. 257 f.

T. Mäger

gefochten werden kann.[702] Anfechtbar sind auch Nichtzuständigkeitsentscheidungen gemäß Art. 6 Abs. 1 lit. a) FKVO[703] sowie Verweisungsentscheidungen nach Art. 9 Abs. 3 FKVO (durch die Zusammenschlussparteien oder auch durch betroffene Dritte).[704] Gleiches dürfte für Verweisungsentscheidungen nach Art. 4 und 22 FKVO gelten.[705] Angefochten werden können auch förmliche Auskunftsverlangen nach Art. 11 Abs. 3 FKVO, Nachprüfungsentscheidungen nach Art. 13 Abs. 1 FKVO und die Festsetzung von Bußgeldern und Zwangsgeldern nach Art. 14 und 15 FKVO. Mangels Interessenbeeinträchtigung ist eine Entscheidung der Kommission über die Eröffnung des Hauptverfahrens nach Art. 6 Abs. 1 lit. c) FKVO nicht anfechtbar.[706] Verweigert die Kommission im Rahmen der Überwachung von Zusagen ihre Zustimmung zur Veräußerung des betroffenen Unternehmensteils an einen bestimmten Dritten, kann dieser Dritte diese Entscheidung der Kommission anfechten.[707]

b) Klagebefugnis. Zu unterscheiden ist zwischen Klagen von Adressaten der angefochtenen Entscheidung und Klagen von Dritten. **Adressaten** einer Fusionsentscheidung haben über ihre Beschwer bzw. ihr Rechtsschutzbedürfnis hinaus[708] keine gesonderte Klagebefugnis darzulegen, Art. 263 Abs. 4 1. Alternative AEUV (ex Art. 230 Abs. 4 Alternative 1 EG). **346**

Dritte sind klagebefugt, wenn sie darlegen können, dass sie durch eine an ein anderes Unternehmen gerichtete Entscheidung individuell und unmittelbar betroffen sind, Art. 230 Abs. 4, 2. Alternative EG. Das Erfordernis der **Unmittelbarkeit** fehlt nur, wenn es um Wirkungen geht, die lediglich mittelbar bzw. indirekt auf die Entscheidung der Kommission zurückzuführen sind,[709] z.B. ein Arbeitsplatzverlust im Falle eines – freigegebenen – Zusammenschlusses. Im Rahmen des Kriteriums der **individuellen Betroffenheit** muss der Dritte nachweisen, dass er wegen bestimmter persönlicher Eigenschaften oder wegen besonderer, ihn aus dem Kreis aller übrigen Personen heraushebenden, Umstände durch die Entscheidung berührt und dadurch in ähnlicher Weise individualisiert wird wie der Entscheidungsadressat.[710] Im Rahmen dieses Kriteriums prüft der EuGH in Fusionsfällen in der Regel zwei Aspekte: das Ausmaß der **Beteiligung am Verwaltungsverfahren** und eine potentielle **Beeinträchtigung der Wettbewerbsposition** des Klägers.[711] Die Marktstellung des Klägers muss umso evidenter betroffen sein, je weniger er sich am Verfahren beteiligt hat.[712] Umgekehrt wird die Beteiligung am Verfahren umso intensiver geprüft, je weniger deutlich die wettbewerblichen Auswirkungen der Entscheidungen auf den Kläger sind.[713] Eine Beeinträchtigung der Marktstellung ist regelmäßig zu bejahen, wenn der Kläger zum Kreis der **Hauptwettbewerber** gehört.[714] Abnehmer oder Zulieferer dürften demgegenüber nur in Ausnahmefällen eine hinreichend spürbare Beeinträchtigung ihrer Marktposition darlegen können.[715] **347**

c) Frist. Die Nichtigkeitsklage ist nach Art. 263 Abs. 5 AEUV (ex Art. 230 Abs. 5 EG) binnen zwei Monaten zu erheben. Hinzuzurechnen ist eine pauschale zehntätige Entfernungsfrist.[716] Bei Klagen der beteiligten Parteien beginnt die Frist mit der Mitteilung, d.h. mit der Zustellung **348**

---

702 Siehe etwa *Völcker*, WuW 2003, 6, 14 f.; *Koch*, in: Schulte, Rn. 2251.
703 EuG, Rs. T-87/96 (Generali), Slg. 1999, II-203, Rn. 41 ff.
704 EuG, Rs. T-119/02 (Royal Philips), Rn. 281ff; EuG Rs. T-346, 347/02 (Cableuropa) Rn. 49 ff.
705 So auch *Koch*, in: Schulte, Rn. 2253; vgl. auch *Schroeder*, in: MünchKomm, Art. 4 FKVO Rn. 155 f; *Bechtold/Bosch/Brinker/Hirsbrunner*, Art. 22 FKVO Rn. 14.
706 EuG, Rs. T-48/03 (Schneider Electric SA/Kommission) Rn. 82 u. 84; bestätigt durch EuGH, Rs. C-188/06 P (Schneider Electric/Kommission).
707 EuG, Rs. T-342/00 (Petrolessence), Rn. 36 ff.
708 Dazu Rn. 344.
709 Siehe etwa EuG, Rs. T-346, 347/02 (Cableuropa), Rn. 49.
710 EuGH, Rs. T-119/02 (Royal Philips), Rn. 291; EuGH, Rs. 25/62 (Plaumann), Slg. 1963, 213; der Versuch des EuG die Klagebefugnis auszuweiten und insbesondere auf den Vergleich mit der Lage anderer Betroffener zu verzichten, wurde vom EuGH zurückgewiesen, Rs. C-50/00 (UPA), Slg. 2002, I-6677.
711 Siehe etwa EuG, Rs. T-177/04 (easyjet Airline Co. Ltd./ Kommission), Rn. 35; EuG, Rs. T-158/00 (ARD), Rn. 63.
712 Siehe z.B. EuG, Rs. T-114/02 (BaByliss), Slg. 2003, II-1279, Rn. 87 ff.; EuG Rs. T-374/00 (Verband der freien Rohrwerke), Slg. 2003, II-2275.
713 Siehe im Einzelnen *Koch*, in: Schulte, Rn. 2270 ff.
714 Siehe EuGH, Rs. T-68/94, 30/95 (Kali + Salz), Slg. 1998, I-1375, Rn. 56.
715 Siehe auch *Montag/Leibenath*, ZHR 164 (2000), 176, 186.
716 Art. 102 § 2 Verfahrensordnung EuG, Art. 81 § 2 Verfahrensordnung EuGH.

der Entscheidung an die Parteien. Bei Klagen Dritter ist auf die Veröffentlichung im Amtsblatt abzustellen.[717]

349 d) **Begründetheitsprüfung.** Die Nichtigkeitsklage ist begründet, wenn die angefochtene Entscheidung aus einem der in Art. 263 Abs. 2 AEUV (ex Art. 230 Abs. 2 EG) genannten Gründen objektiv rechtswidrig war: Unzuständigkeit, Verletzung wesentlicher Formvorschriften, Verletzung des EG-Vertrages, Verletzung einer bei Durchführung des EG-Vertrages anzuwendenden Rechtsnorm, Ermessensmissbrauch. In Betracht kommen formelle Rechtsverstöße – etwa eine Verletzung des Grundsatzes rechtlichen Gehörs[718] – und materielle Rechtsverstöße, wobei geprüft wird, ob der Sachverhalt zutreffend ermittelt und ohne Rechtsfehler unter die Vorschriften des Gemeinschaftsrechts subsumiert wurde.

350 Maßgeblich ist der Zeitpunkt der angefochtenen Entscheidung.[719] Eine Verletzung subjektiver Rechte des Klägers ist nicht erforderlich.

351 Im Rahmen von Fusionskontrollentscheidungen sind wirtschaftliche Sachverhalte zu beurteilen und Prognosen über Marktentwicklungen zu treffen. Dies wirft die Frage auf, ob der Kommission ein **Beurteilungsspielraum**[720] zusteht. Nach ständiger Rechtsprechung waren die europäischen Gerichte nur dann berechtigt, die Würdigung komplexer wirtschaftlicher Sachverhalte durch die Kommission in Frage zu stellen, wenn diese einen offensichtlichen Beurteilungsfehler begangen hat.[721] Die Kontrolldichte in Fusionskontrollfällen hat sich jedoch verschärft. Im Fall Tetra Laval hat der EuGH der Kommission zwar nach wie vor einen Beurteilungsspielraum zugebilligt.[722] Der EuGH hat aber betont, dass die Unionsgerichte nicht nur die sachliche Richtigkeit der angeführten Beweise, ihre Zuverlässigkeit und ihre Kohärenz zu prüfen haben, sondern auch kontrollieren müssen, ob die zur Beweisführung herangezogenen Daten vollständig sind und das Ergebnis der Kommission stützen können.[723] Bei Prognoseentscheidungen müssen die verschiedenen Ursache-Wirkungs-Ketten untersucht werden und nur diejenige mit der größten Wahrscheinlichkeit dürfen bei der Bewertung zugrunde gelegt werden.[724] Im Fall Tetra Laval wurde der Kommission vom EuGH – unter Billigung des EuGH – in keinem Punkt der Entscheidung der Sache nach ein Beurteilungsspielraum zugebilligt. Damit ist sehr zweifelhaft, ob dem nach wie vor theoretisch zugestandenen Beurteilungsspielraum[725] praktische Bedeutung zukommt.[726] Auch im Fall NVV hat das EuG zwar den Beurteilungsspielraum der Kommission bei der Definition des relevanten Marktes hervorgehoben,[727] die von der Kommission vorgenommene Marktabgrenzung aber eingehend überprüft. Ob die zunehmende „Ökonomisierung" der Fusionskontrolle zu einem größeren Beurteilungsspielraum der Kartellbehörden führt, bleibt abzuwarten.[728]

352 e) **Folgen der Aufhebung einer Kommissionsentscheidung.** Erklären die Unionsgerichte eine Entscheidung der Kommission nach Art. 264 AEUV (ex Art. 231 EG) für nichtig, nimmt die Kommission das Verfahren wieder auf. Wird eine Untersagungsentscheidung aufgehoben, liegt hierin also keine Freigabe des Zusammenschlusses. Vielmehr beginnen die Fristen mit dem Tag

---

717 Zu den Einzelheiten der Fristberechnung siehe Art. 101 f Verfahrensordnung EuG und Art. 80 f Verfahrensordnung EuGH.

718 Siehe etwa EuG, Rs. T-310/01 (Schneider).

719 EuG, Rs. T-2/93 (Air France II) Slg. 1994, II-323 Rn. 70.

720 Die im deutschen Verwaltungsrecht übliche Unterscheidung zwischen Beurteilungsspielraum (Tatbestandsebene) und Ermessensspielraum (Rechtsfolgenseite) besteht im europäischen Recht nicht; *Schwarze*, Europäisches Verwaltungsrecht I, S. 281.

721 Siehe etwa EuG, Rs. T-88/94 (SCPA), Rn. 223 f.; EuGH, Rs. C-142, 156/84 (BAT und Reynolds), Slg. 1987, 4487, Rn. 62; EuGH, Rs. C-68/94, C-30/95 (Kali + Salz), Slg. 1998, I-1375, Rn. 225.

722 EuGH, Rs. C-12/03 (Tetra Laval), Rn. 38.

723 EuGH, Rs. C-12/03 (Tetra Laval), Rn. 39; ebenso EuG, Rs. T-210/01 (GE), Rn. 63.

724 EuGH, Rs. C-12/03 (Tetra Laval), Rn. 42.

725 EuG, Rs. T-87/05 (EDP), Rn. 151; EuG, Rs. T-5/02 (Tetra Laval), Rn. 162; EuG, Rs. T-210/01 (GE), Rn. 60.

726 *Wessely*, ZWeR 2003, 317, 348 f.; eine de-facto-Aufgabe des Beurteilungsspielraums und Hinwendung zur vollständigen Überprüfung sieht auch *Nothdurft*, ZWeR 2006, 206.

727 Rs. T-151/05, Rn. 53.

728 Dazu Rn. 235 ff.; im Fall Ryanair/Aer Lingus (Rs. T-342/07) hat das EuG im Einzelnen die Argumentation der Klägerin gegen die aus den ökonometrischen Studien abgeleiteten Schlussfolgerungen der Kommission geprüft.

der Urteilsverkündung erneut zu laufen, wobei der Zusammenschluss unter Berücksichtigung der **aktuellen Marktverhältnisse geprüft** wird, Art. 10 Abs. 5 UA 2 FKVO. Deshalb ist eine neue, aktualisierte Anmeldung einzureichen, wenn sich die Marktverhältnisse inzwischen so wesentlich geändert haben, dass die alte Anmeldung unvollständig geworden ist, Art. 10 Abs. 5 UA 3 FKVO. In diesem Fall beginnen die neuen Fristen nach Einreichung der aktualisierten Anmeldung, Art. 10 Abs. 5 UA 4 FKVO. Auch, wenn sich aus dem Urteil zwingend die Freigabefähigkeit des Vorhabens ergibt, ist die Kommission wohl nicht berechtigt, das Eintreten der Genehmigungsfiktion infolge von Fristablauf nach Art. 10 Abs. 6 FKVO abzuwarten, sondern muss das Verfahren mit einer Entscheidung abschließen.[729] Auch bei Aufhebung einer Freigabeentscheidung ist ein erneutes Fusionskontrollverfahren durchzuführen.[730]

2. Untätigkeitsklage

Unterlässt es die Kommission, nach den Vorschriften der FKVO tätig zu werden, kommt eine Untätigkeitsklage nach Art. 265 AEUV (ex Art. 232 EG) in Betracht. Diese ist jedoch nicht auf die Herbeiführung der gewünschten Handlung, sondern zunächst nur auf die Feststellung ihrer rechtswidrigen Unterlassung gerichtet. Die praktische Bedeutung der Untätigkeitsklage ist dementsprechend gering.[731]   353

3. Schadensersatzklage

Möglich ist eine Schadensersatzklage nach Art. 268 in Verbindung mit Art. 340 Abs. 2 AEUV (ex Art. 235 in Verbindung mit Art. 288 Abs. 2 EG. Nach allgemeinen Grundsätzen besteht ein Anspruch auf Ersatz eines Schadens, den ein Organ in Ausübung seiner Amtstätigkeit verursacht, nur dann, wenn die verletzte Rechtsnorm bezweckt, dem Einzelnen Rechte zu verleihen, der Rechtsverstoß hinreichend qualifiziert war, und zwischen Rechtsverletzung und Schaden ein unmittelbarer Kausalzusammenhang besteht.[732] Ein Verstoß ist dann hinreichend qualifiziert, wenn ein Organ die Grenzen, die seinem Ermessen gesetzt sind, offenkundig und erheblich überschritten hat.[733] Die rechtswidrige Untersagung eines Zusammenschlusses kann unter diesen Voraussetzungen zu einem Schadensersatzanspruch in Höhe der Kosten für das wieder aufgenommene Fusionskontrollverfahren führen.[734]   354

II. Einstweiliger Rechtsschutz

Klagen gegen Entscheidungen der Kommission gemäß Art. 278 Satz 1 AEUV (ex Art. 242 Satz 1 EG) haben keine aufschiebende Wirkung. Nach Art. 278 Satz 1 AEUV (ex Art. 242 Satz 2 EG) ist es aber möglich, die **Aussetzung des Vollzugs** einer fusionskontrollrechtlichen Entscheidung zu beantragen. Die isolierte Beantragung der Vollzugsaussetzung ohne gleichzeitige Einlegung einer Klage in der Hauptsache ist indessen nicht möglich. Der einstweilige Rechtsschutz setzt ein anhängiges Verfahren in der Hauptsache voraus. Soll darüber hinaus eine Änderung des status quo – etwa eine Befreiung vom Vollzugsverbot – erreicht werden, kommt ein Antrag auf Erlass einer **einstweiligen Anordnung** gemäß Art. 279 AEUV (ex   355

---

729 EuGH, Rs. C-413/06 P (Bertelsmann und Sony/Impala), Rn. 49; Bechtold/Bosch/Brinker/Hirsbrunner, Art. 10 FKVO, Rn. 10.
730 Z.B. wurde das Vorhaben Sony/BMG von der Kommission zunächst freigegeben. Nach Aufhebung der Freigabeentscheidung durch den EuG erfolgte eine neue Anmeldung und wiederum eine Freigabe durch die Kommission (M.3333).
731 Ein Beispielsfall bildet die Entscheidung EuGH, Rs. C-170/02 (Moser), Slg. 2003, I-9889, Rn. 32 ff.: Klage eines Dritten wegen Untätigkeit, da die Kommission es unterlassen hat, zu einem Antrag auf Prüfung eines Zusammenschlusses Stellung zu nehmen; ein Anspruch des Dritten auf Prüfung einer Beschwerde durch die Kommission wurde jedoch in diesem Fall als verwirkt angesehen, da der Anspruch nicht innerhalb einer angemessenen Frist (sondern erst vier Monate nach Freigabe des Zusammenschlusses durch das österreichische Oberlandesgericht) geltend gemacht wurde.
732 EuGH, Rs. T-312/00 P (Camar), Slg. 2002, I-11355 Rn. 53.
733 EuGH, Rs. T-212/03 (My Travel/Kommission) Rn. 40.
734 EuG, Rs. T-351/03 (Schneider Electric/Kommission); EuGH, Rs. C-440/07 P (Schneider Electric/Kommission).

Art. 243 EG) in Betracht. Zuständig für den Erlass einstweiliger Anordnungen ist der Präsident des EuG.

356 Die praktische Wirksamkeit des einstweiligen Rechtsschutzes im Bereich der Fusionskontrolle ist allerdings bislang gering. Dies ist vor allem auf die strengen Anforderungen zurückzuführen. Ausreichend ist nicht, dass das Hauptverfahren nach summarischer Prüfung erfolgreich sein könnte. Der Antragsteller hat vielmehr eine besondere Dringlichkeit nachzuweisen.[735] Dazu muss er nachweisen, dass ihm mit an Sicherheit grenzende Wahrscheinlichkeit ein schwerer, nicht wiedergutzumachender Schaden droht. Einen solchen irreparablen Schaden nimmt das EuG nur dann an, wenn der Antragsteller ohne die Gewährung des einstweiligen Rechtsschutzes in eine existenzbedrohende Lage käme.[736] Darüber hinaus darf die Entscheidung in der Hauptsache nicht vorweg genommen werden.[737] Eine derartige Vorwegnahme der Hauptsache läge aber vor, wenn das EuG im Falle einer Klage gegen eine Untersagungsentscheidung die Kommission verpflichten würde, eine Ausnahme vom Vollzugsverbot nach Art. 7 Abs. 3 FKVO zu gewähren oder eine Entflechtungsentscheidung gemäß Art. 8 Abs. 4 FKVO auszusetzen.[738]

357 Im Falle eines einstweiligen Rechtsschutzes Dritter gegen eine Freigabeentscheidung kommt hinzu, dass die Parteien den Zusammenschluss regelmäßig kurz nach Freigabe vollziehen und der Antrag deshalb „ins Leere geht". Denkbar wäre zwar ein Antrag auf vorbeugenden Rechtsschutz, der aber regelmäßig am erforderlichen Nachweis irreversibler existenzgefährdender Folgen für den Dritten scheitert.

358 Im Falle der Anfechtung von Nebenbestimmungen ist eine einstweilige Aussetzung der Auflagen denkbar.[739] Nicht abschließend geklärt ist demgegenüber, ob ein Zusammenschlussbeteiligter im Falle einer Freigabeentscheidung nachträglich die Aussetzung einer von ihm angebotenen Zusage beantragen kann.[740]

III. Beschleunigtes Verfahren

359 Das Hauptsacheverfahren beim EuG und EuGH lässt sich durch Anwendung des beschleunigten Verfahrens (*fast track*) verkürzen, das im Jahre 2001 für Fusions- und Beihilfesachen geschaffen wurde.[741] Nach Klageeinreichung und Erwiderung gibt es grundsätzlich keine weitere Schriftsatzrunde. Große Bedeutung kommt der mündlichen Vorverhandlung zu. Voraussetzung des beschleunigten Verfahrens ist eine besondere Dringlichkeit, die gegeben ist, wenn eine Untersagungsentscheidung einen Zusammenschluss auf Jahre hinaus zu blockieren droht. Es muss sich allerdings um einen Fall handeln, der sich in Anbetracht seines Schwierigkeitsgrades und des Umfangs der Schriftsätze für eine im Wesentlichen mündliche Erörterung eignet.[742] In den bisherigen Fällen betrug die Verfahrensdauer im beschleunigten Verfahren zehn bis zwölf Monate. Das beschleunigte Verfahren ist deshalb ein im Vergleich zum einstweiligen Rechtsschutz wesentlich erfolgversprechenderes Mittel, zeitnahen Rechtsschutz gegen Fusionsentscheidungen zu erlangen.[743]

---

735 Art. 104 § 2 Verfahrensordnung EuG.
736 Bejaht im Fall „Kali + Salz" vom Präsidenten des EuG, Rs. T-88/94 (SCPA), Rn. 30 ff. im Falle der Auflösung einer Gesellschaft.
737 Vgl. Art. 39 Abs. 3 der Satzung des EuGH.
738 Im Fall „Schneider" (EuG, Rs. T-310/01) hatten die Parteien zunächst einen Antrag auf einstweilige Anordnung gestellt, einigten sich dann jedoch darauf, auf das beschleunigte Verfahren zurückzugreifen, dazu Rn. 323.
739 Siehe die Aussetzung einer Nebenbestimmung (Beendigung der Zusammenarbeit mit einem Dritten) auf Antrag des Dritten im Fall „Kali + Salz": EuG, Rs. T-88/94 (SCPA), siehe auch EuG, Rs. T-125, 127/97 (Coca Cola), Slg. 2000, II-1733, Rn. 94 ff: keine Anfechtbarkeit einer Zusage, die nicht als Auflage oder Bedingung Eingang in die Entscheidung gefunden hat; vgl. auch Rn. 309.
740 Siehe etwa *Völcker*, WuW 2003, 6, 13 ff.; *Langeheine/Dittert*, in: Schröter/Jakob/Mederer, Art. 21 Rn. 3, Fn. 9; *Koch*, in: Schulte, Rn. 2310 ff.
741 Art. 76 a) Verfahrensverordnung EuG und Art. 62 a) Verfahrensordnung EuGH.
742 Mitteilung des EuG zur Einführung des beschleunigten Verfahrens, abrufbar auf der Website des EuG.
743 Grob geschätzt ist mit einer Entscheidung im einstweiligen Rechtsschutzverfahren innerhalb von drei bis vier Monaten zu rechnen (wobei die praktische Wirksamkeit des einstweiligen Rechtsschutzes im Bereich der Fusionskontrolle bislang gering ist, siehe Rn. 320). Vgl. auch *Koch*, in: Schulte, Rn. 2317.

T. Mäger

IV. Rechtsmittel zum EuGH

Gegen die Urteile des EuG kann innerhalb einer Frist von zwei Monaten ein Rechtsmittel beim **360** EuGH eingelegt werden.[744] Das Rechtsmittel ist auf die Rüge von Rechtsfragen beschränkt. Der EuGH ist an die Tatsachenfeststellung durch das EuG gebunden. Das Rechtsmittel kann nicht nur gegen Urteile, sondern auch gegen Beschlüsse des Gerichts, z.B. einstweilige Anordnungen, eingelegt werden.

V. Allgemeine Verfahrensvorschriften

Klagende Unternehmen müssen sich vor den Unionsgerichten durch einen Anwalt oder einen **361** Hochschullehrer vertreten lassen, Art. 19 Abs. 3 i.V.m. Abs. 7 der Satzung des EuGH. Der Kläger kann die Verfahrenssprache bestimmen. Möglich ist, einem Rechtsstreit als Streithelfer beizutreten. Ein Streithelfer hat allerdings nicht das Recht, eigene Anträge zu stellen. Vor den Gemeinschaftsgerichten gilt der Verfügungsgrundsatz, d.h. die Gerichte sind bei der Prüfung der Rechtmäßigkeit einer Entscheidung der Kommission an die von den Parteien vorgebrachten Klagegründe gebunden. Ein nicht oder nicht hinreichend konkret geltend gemachter Klagegrund wird von den Richtern nicht von Amts wegen geprüft. Nach Abschluss der ersten Schriftsatzrunde können neue Angriffs- oder Verteidigungsmittel nur vorgebracht werden, wenn neue Umstände vorliegen.[745] Erst in der mündlichen Verhandlung vorgebrachte Klagegründe werden nicht mehr berücksichtigt. Den für die Entscheidung erheblichen Sachverhalt ermitteln die Richter grundsätzlich von Amts wegen (Untersuchungsgrundsatz). Gleichwohl spielt die Beweislastverteilung eine praktisch große Rolle. Die Kommission trägt die Beweislast, z.B. für den Nachweis einer wesentlichen Behinderung des Wettbewerbs bzw. einer marktbeherrschenden Stellung.[746]

Eine Gebührenordnung gibt es nicht. Über die Kosten des Rechtsstreits entscheidet das Gericht **362** unter Berücksichtigung des Gegenstandes und der Art des Rechtsstreits, seiner Bedeutung aus gemeinschaftsrechtlicher Sicht sowie der Schwierigkeit des Falles, den Arbeitsaufwand der Parteivertreter und das wirtschaftliche Interesse der Beteiligten am Ausgang des Rechtsstreits.[747]

---

744 Hinzuzuaddieren ist eine zehntätige Entfernungspauschale, Art. 102, § 2 Verfahrensordnung EuG. Zu den Einzelheiten der Rechtsmitteleinlegung siehe Art. 56 ff. der Satzung des EuGH.
745 Art. 48 § 2 Verfahrensordnung EuG.
746 Siehe etwa EuG, Rs. T-310/01 (Schneider), Rn. 402.
747 EuG, Rs. T-342/99 (Airtours) Rn. 18.

9. Kapitel:
Gemeinschaftsunternehmen

Literatur: *Ahlborn/Turner*, Expanding Success? Reform of the EC Merger Regulation, ECLR 1998, 249; *Bach*, Gemeinschaftsunternehmen nach dem „Ost-Fleisch"-Beschluss des BGH, ZWeR 2003, 187; *Bergqvist*, The Concept of an Autonomous Economic Entity, ECLR 2003, 498; *Bischke*, Die Unterscheidung zwischen kooperativen und konzentrativen Unternehmensverbindungen im europäischen Recht gegen Wettbewerbsbeschränkungen, Aachen, 1997; *Buntscheck*, Das „Konzernprivileg" im Rahmen von Art. 81 Abs. 1 EG-Vertrag, Baden-Baden, 2002; *Burnside/Mackenzie Stewart*, Joint Venture Analysis: The Latest Chapter, ECLR 1995, 138; *Burrichter/T. Mäger/Carlton/Byrne*, Joint Ventures under EU and National Competition Laws, in: Micheler/Prentice (Hg.), Joint Ventures in English and German Law, Oxford, 2000; *De Crozals/Hartog*, Die neue Nebenabreden-Bekanntmachung der Europäischen Kommission, EWS 2004, 533; *Dubois*, The approach adopted by the Commission regarding Outsourcing Transactions and whether they constitute concentrations for the purpose of Regulation 139/2004, ECLR 2010, 491; *Kübler/Oest*, Wettbewerbsverbote in Veräußerungs-, Management- und Beteiligungsszenarien – ein praktischer Leitfaden, KSzW 2011, 47; *Linsmeier/Lichtenegger*, Wettbewerbsverbote zu Lasten von Minderheitsgesellschaften und ihre kartellrechtliche Beurteilung, BB 2011, 328; *Menz*; Wirtschaftliche Einheit und Kartellverbot, Berlin, 2004; *Kapp/Schumacher*, Das Wettbewerbsverbot des Minderheitsgesellschafters, WuW 2010, 481; *Montag*, Strukturelle kooperative Gemeinschaftsunternehmen, RIW 1994, 918; *Pohlmann*, Doppelkontrolle von Gemeinschaftsunternehmen im europäischen Kartellrecht, WuW 2003, 473; *Pohlmann*, Der Unternehmensverbund im europäischen Kartellrecht, Berlin, 1999; *Schroeder*, Nebenabreden in der Fusionskontrolle nach deutschem und europäischem Recht, in: FIW-Schriftenreihe, Schwerpunkte des Kartellrechts 1999, Heft 181, S. 93 Köln, 2000; *Schroeder*, Schnittstellen der Kooperations- und Oligopolanalyse im Fusionskontrollrecht, Gedanken zur Anwendung von Art. 2 Abs. 4 und 5 FKVO, WuW 2004 893; *Thomas*, Konzernprivileg und Gemeinschaftsunternehmen – Die kartellrechtliche Beurteilung konzerninterner Wettbewerbsbeschränkungen mit Gemeinschaftsunternehmen, ZWeR 2005, 236; *Venit*, The Treatment of Joint Ventures under the EC Merger Regulation – Almost Through the Thicket, in: 1999 Fordham Comp. L. Inst., New York, 2000, S. 465; *Weidenbach/Mühle*, Wettbewerbsverbote im Kartellrecht – Teil 1: Unternehmenskaufverträge, EWS 2010, 353; *Wiedemann*, Die Beurteilung kooperativer Vollfunktionsunternehmen nach der EG-Fusionskontrollverordnung, in: FS Ulmer, Berlin, 2003, S. 1031.

A. Überblick

1 Gemeinschaftsunternehmen haben in der Wirtschaftspraxis eine große Bedeutung. Gestaltungsformen und Zwecke sind vielgestaltig. Stets geht es darum, Ressourcen zu bündeln.

I. Begriff des Gemeinschaftsunternehmens

2 Der Begriff des GU unterscheidet sich in den einzelnen Fusionskontrollregimen. Zwar ist jeweils Voraussetzung, dass es sich um ein Unternehmen handelt, an dem mindestens zwei andere Unternehmen Beteiligungen halten. Bereits die Frage, welche Voraussetzungen diese Beteiligungen erfüllen müssen, wird aber unterschiedlich beantwortet. Nach der deutschen Fusionskontrolle liegt ein GU vor, wenn mindestens zwei Muttergesellschaften jeweils zumindest 25 % des Kapitals oder der Stimmrechte an einem anderen Unternehmen (dem GU) halten, § 37 Abs. 1 Satz 3 GWB.[1] Hierbei handelt es sich um eine sehr formale Betrachtung. Insbesondere setzt die Einordnung als GU keine besonderen Einflussrechte der Muttergesellschaften auf das GU voraus, da auch eine bloße Kapitalbeteiligung ohne Stimmrechte erfasst wird. Demgegenüber liegt nach europäischem Fusionskontrollrecht ein GU nur vor, wenn ein Unternehmen von mindestens zwei Muttergesellschaften – unabhängig von der jeweiligen Beteiligungshöhe – kontrolliert wird, Art. 3 Abs. 4 i.V.m. Abs. 1 lit. b) FKVO.[2]

---

1 Bis zur 6. GWB-Novelle enthielt die Vorgängernorm von § 37 Abs. 1 Satz 3 GWB den Klammerzusatz "Gemeinschaftsunternehmen". Dieser Zusatz wurde im Zuge der 6. GWB-Novelle zwar gestrichen. In der Sache haben sich aber keine Änderungen ergeben.

2 8. Kap., Rn. 29 ff.

　　　　　　　　　　T. Mäger

II. Kartellaspekt und Fusionsaspekt

GU treten im Wirtschaftleben in vielfältiger Form auf. Sie dienen sehr unterschiedlichen Zwe- 3
cken, die von einem gemeinsamen Einkauf bis zu selbstständigen Unternehmen mit eigenen
Aktivitäten in den Bereichen Entwicklung, Fertigung und Vertrieb reichen. Aufgrund ihrer
vielfältigen Gestaltungsformen können GU nicht von vornherein einem einzigen kartellrechtlichen Prüfungsmaßstab zugeordnet werden. Während eine Preisabsprache zwischen selbstständigen Unternehmen lediglich am Kartellverbot zu messen ist und der vollständige Erwerb
eines anderen Unternehmens nur der Fusionskontrolle unterfällt, sind bei der Gründung von
GU vielmehr sowohl der Kartellaspekt als auch der Fusionsaspekt zu prüfen: Die Gründung
eines GU stellt zum einen regelmäßig einen fusionskontrollrechtlich anmeldepflichtigen Zusammenschlusstatbestand dar (Fusionsaspekt). Zu prüfen ist, ob die Zusammenführung der
Ressourcen in dem die GU bedenklich ist. Zum anderen kann ein GU zu Wettbewerbsbeschränkungen nach Art. 101 AEUV zwischen den Parteien führen (Kartellaspekt). Dabei geht
es darum, ob das GU zur Koordinierung des wettbewerblichen Verhaltens der Muttergesellschaften führt.[3]

Fusionsaspekt und Kartellaspekt lassen sich an folgenden Beispielen verdeutlichen: Bringen 4
zwei Muttergesellschaften ihre gesamten Aktivitäten in einem bestimmten Geschäftsbereich in
ein GU ein und sind sie danach auf den Märkten, auf denen das GU tätig ist, sowie auf damit
in Zusammenhang stehenden Märkten nicht mehr tätig, ähnelt die Situation einem „normalen"
Unternehmenskauf, bei dem ein Unternehmen ein anderes vollständig erwirbt. Zwei voneinander unabhängige Wettbewerber werden durch einen einzigen neuen Wettbewerber (das GU)
ersetzt. Hier sind fusionskontrollrechtliche Bedenken denkbar, nicht aber (im engeren Sinne)
kartellrechtliche Einwände. Der Kartellaspekt gewinnt aber an Bedeutung, wenn aus dem Kreis
der beteiligten Unternehmen – Muttergesellschaften und GU – mindestens zwei Parteien auf
demselben Markt oder verbundenen Märkten tätig bleiben. In diesem Fall kann es zu einer
Verhaltenskoordinierung kommen. Eine derartige Wirkung ist auch denkbar, wenn das GU
selbst überhaupt nicht am Markt auftritt, sondern z.B. F&E-Aktivitäten für die Muttergesellschaften entfaltet. Kooperative Effekte sind in diesem Fall möglich, da die Muttergesellschaften
nicht mehr im Bereich F&E gegen einander konkurrieren und – in Gestalt des GU – über eine
einheitliche Kostenstruktur verfügen, was zu wettbewerbsdämpfenden Wirkungen führen
kann.

III. Arten von GU

GU lassen sich unter verschiedenen Aspekten typisieren: Zunächst können Unternehmen mit 5
Vollfunktion und solche mit **Teilfunktion** unterschieden werden. Von einem GU mit Vollfunktion spricht man, wenn die Muttergesellschaften der gemeinsamen Tochtergesellschaft auf
Dauer alle Funktionen einer selbstständigen wirtschaftlichen Einheit zugewiesen haben, Art. 3
Abs. 4 FKVO.[4] Sind diese Voraussetzungen nicht erfüllt, liegt ein GU mit Teilfunktion vor, das
nur einzelne Funktionen für die Muttergesellschaft übernimmt, z.B. ein Produktions-GU, das
nur an die Muttergesellschaften liefert.

Darüber hinaus werden **konzentrative** von **kooperativen** GU abgegrenzt. Unter konzentrativen 6
GU werden solche verstanden, die unabhängig von den Muttergesellschaften und nicht im
Wettbewerb zu ihnen alle Funktionen eines Vollfunktionsunternehmens ausüben. Kooperativ
sind alle GU, die nicht konzentrativ sind. Ein kooperatives GU ist also immer dann gegeben,
wenn das GU zu einer Verhaltenskoordinierung der Muttergesellschaften führt.[5] Dabei ist je-
doch zu berücksichtigen, dass die Einordnung als konzentratives bzw. kooperatives GU das
Ergebnis und nicht den Beginn der Prüfung darstellt. Erst wenn feststeht, dass das GU zu keiner
Verhaltenskoordinierung führt, kann die Einordnung als konzentratives GU vorgenommen

---

3 *Henschen*, in: Schulte, Rn. 1625.
4 Im Einzelnen Rn. 12 ff.
5 Siehe die (inzwischen aufgehobene) Bekanntmachung der Kommission über die Unterscheidung zwischen konzentrativen und kooperativen Gemeinschaftsunternehmen, ABl. 1994 C 385/1.

werden. Ob eine Verhaltenskoordinierung zu erwarten ist, ist aber zunächst zu prüfen. Die Einordnung als konzentratives GU ist für praktische Zwecke hilfreich. Sie stellt aber für sich gesehen keinen Erkenntnisgewinn dar.[6]

7 Nach der traditionellen Unterscheidung zwischen kooperativen und konzentrativen GU fiel ein GU aus dem Anwendungsbereich der FKVO bereits dann heraus, wenn es zu einer Verhaltenskoordinierung der Muttergesellschaften führte, unabhängig davon, ob es sich bei dem GU um ein Vollfunktionsunternehmen handelt. Insbesondere bei der Gründung eines Vollfunktions-GU besteht im Hinblick auf den Investitionsaufwand jedoch ein großes Interesse der Gründer, die Zulässigkeit des Vorhabens kurzfristig klären zu können. Ein akzeptables Fristenregime ist indessen nur in der FKVO vorgesehen. Bei einem allgemeinen Kartellverfahren nach Art. 101 AEUV in Verbindung mit VO (EG) Nr. 1/2003 fehlte seit jeher ein vergleichbares Fristenregime. Nach Einführung des Prinzips der Legalausnahme[7] besteht darüber hinaus grundsätzlich keine Möglichkeit, eine Entscheidung der Kommission zu erwirken und damit Rechtssicherheit für die Investitionen zu erlangen. Zudem führen Vollfunktions-GU zu Veränderungen der Marktstruktur, unabhängig davon, ob zugleich eine Verhaltenskoordinierung stattfindet. Insgesamt erscheint deshalb die Anwendung der Strukturkontrolle der FKVO auf Vollfunktions-GU als sachgerecht. Im Rahmen der Novellierung der FKVO im Jahr 1997[8] wurden **sämtliche Vollfunktions-GU der Fusionskontrolle** unterstellt, unabhängig davon, ob sie konzentrativ oder kooperativ sind, Art. 3 Abs. 4 FKVO. Seitdem wird bei Vollfunktions-GU der Fusionsaspekt und der Kartellaspekt im Rahmen des Verfahrens und der Fristen der FKVO geprüft.

8 Ein Bedürfnis für eine Anwendbarkeit der FKVO besteht nicht nur bei Vollfunktions-GU, sondern auch bei solchen GU, die zwar nicht alle Funktionen einer selbstständigen wirtschaftlichen Einheit erfüllen, aber erhebliche Investitionen erfordern, z.B. die Errichtung eines Produktions-GU, das Produkte für die Muttergesellschaften herstellt, die diese dann separat vertreiben. Derartige GU werden als **strukturelle kooperative GU** bezeichnet.[9] Da die Voraussetzungen eines Vollfunktions-GU nicht erfüllt sind, ist die FKVO nicht anwendbar. Diese GU sind unmittelbar an Art. 101 AEUV in Verbindung mit der VO (EG) Nr. 1/2003 zu messen. Damit besteht grundsätzlich keine Möglichkeit, eine Entscheidung der Kommission zu erwirken und damit Rechtssicherheit für die Investitionen zu erlangen. Zu einer Erstreckung der FKVO auf strukturelle kooperative GU konnten sich Kommission und Rat bislang nicht entschließen. Zuzugeben ist, dass die Abgrenzung zwischen strukturellen und nicht strukturellen GU im Einzelfall schwierig sein kann.

9 Die Behandlung von Vollfunktions-GU ist im Ergebnis nach europäischem Kartellrecht aus Sicht der Parteien günstiger als diejenige von Teilfunktions-GU. Dieses „**Konzentrationsprivileg**" wird meist mit den größeren Synergieeffekten gerechtfertigt, die durch eine stärkere Konzentration entstünden.[10] Aus praktischer Sicht empfiehlt es sich deshalb meist, einem GU nach Möglichkeit Vollfunktionscharakter zu verleihen.

B. Prüfung von Vollfunktions-GU

I. Voraussetzungen eines Vollfunktions-GU

10 Ein Vollfunktions-GU ist durch drei Merkmale gekennzeichnet: Die Muttergesellschaften müssen – wie bei jedem GU – gemeinsame Kontrolle über das GU erwerben. Das GU muss weiterhin alle Funktionen einer selbstständigen wirtschaftlichen Einheit erfüllen. Schließlich muss das GU auf Dauer angelegt sein.

---

6 *Burrichter/Mäger/Carlton/Bryne*, S. 125 f.
7 Siehe 1. Kap., Rn. 31 ff.
8 Zu diesem Zeitpunkt bestand allerdings noch das System des behördlichen Administrativvorbehalts, da das Prinzip der Legalausnahme erst seit 1. Mai 2004 gilt. Der entscheidende Gesichtspunkt für die Erstreckung der FKVO war der Umstand, dass ein Antrag auf Negativattest bzw. Freistellung nach Art. 101 Abs. 3 AEUV kein akzeptables Fristenregime in Gang setzte.
9 Im Einzelnen: *Montag*, RIW 1994, 918.
10 Siehe etwa: *Kleemann*, in: Schröter/Jakob/Mederer, Art. 3 FKVO Rn. 64 f.; *Lindemann*, in: Loewenheim/ Meessen/Riesenkampff, Art. 3 FKVO Rn. 61.

1. Gemeinsame Kontrolle

Mindestens zwei Muttergesellschaften müssen gemeinsame Kontrolle über das GU erwerben. **11** Unerheblich ist, ob die gemeinsame Kontrolle bereits bei der Gründung des GU erworben wurde oder erst später an einem bereits bestehenden Unternehmen. Im Hinblick auf die Einzelheiten der gemeinsamen Kontrolle wird auf die Ausführungen im Kapitel zur Fusionskontrolle verwiesen.[11]

2. Vollfunktion im engeren Sinne

Der Zusammenschlusstatbestand des Art. 3 FKVO soll Vorgänge erfassen, die zu einer dauer- **12** haften Veränderung der Kontrolle an den beteiligten Unternehmen und damit an der Marktstruktur führen, Erwägungsgrund 20 Satz 1 der FKVO. Dies ist nur dann der Fall, wenn das GU im Wesentlichen alle Funktionen erfüllt, die auch andere Unternehmen auf dem betreffenden Markt erfüllen.[12] Um welche Funktionen es sich handelt, hängt von der Art der betroffenen Unternehmen und des relevanten Marktes ab. Nicht zwingend erforderlich ist, dass das GU gleichermaßen in den Bereichen Entwicklung, Produktion und Vertrieb tätig ist. Denkbar ist vielmehr, dass sich ein GU z.B. auf den Bereich der Entwicklung beschränkt und die Entwicklungsergebnisse selbstständig auf dem Markt anbietet. Auf bestimmten Märkten kann sich das Tätigkeitsgebiet selbstständiger Unternehmen auch auf die bloße Fertigung ohne eigene Entwicklung und Vertrieb beschränken. Im Zuge des Outsourcing[13] der Produktion auf Dritte gewinnt dieses Tätigkeitsbild an Bedeutung. Handelsunternehmen schließlich beschränken sich auf den Vertrieb von Waren, ohne selbst auf den Ebenen der Entwicklung und Herstellung tätig zu sein. Welche Funktionen ein selbstständiges Unternehmen erfüllen muss, hängt deshalb stark vom Einzelfall ab. Entscheidend ist, ob ein ähnlicher Leistungsumfang auf dem betreffenden Markt auch von anderen Unternehmen angeboten wird. Allerdings ist es durchaus denkbar, dass z.B. in Branchen, in denen die Anbieter üblicherweise über eine integrierte Produktion verfügen, auch ein bloßes Handelsunternehmen als Vollfunktionsunternehmen angesehen werden kann.[14]

Dass ein Vollfunktions-GU in funktionaler Hinsicht wirtschaftlich selbstständig sein muss, be- **13** deutet nicht, dass es im Hinblick auf seine strategischen Entscheidungen Selbstständigkeit genießen muss. Andernfalls könnte ein gemeinsam kontrolliertes Unternehmen niemals als Vollfunktionsunternehmen angesehen werden.[15] Für das Kriterium der Vollfunktion reicht es aus, wenn das GU in operativer Hinsicht selbstständig ist.[16]

a) Eigener Zugang zum Markt. Stets erforderlich ist, dass das GU einen **eigenen Zugang zum** **14** **Markt** hat und nicht nur im Wesentlichen **Hilfsfunktionen für die Muttergesellschaften** erbringt.[17] Führt ein GU z.B. hauptsächlich Entwicklungsarbeiten für die Muttergesellschaften aus, liegt kein Vollfunktions-GU vor. Gleiches gilt, wenn das GU die Fertigung von Produkten übernimmt, welche die Muttergesellschaften sodann selbstständig vertreiben.[18] Anders liegt es, wenn sich das GU lediglich der Vertriebsorganisation der Muttergesellschaften bedient, die unternehmerische Entscheidung über den Vertrieb aber beim GU liegt.[19] Dies ist der Fall, wenn der Vertrieb im Namen und für Rechnung des GU erfolgt.[20] Für die Selbstständigkeit des GU spricht auch, wenn es mit den Kunden selbst verhandelt und Verträge abschließt.[21]

---

11 8. Kap., Rn. 32 ff.
12 Siehe etwa Kommission, M. 2861 (Siemens/Drägerwerk/JV).
13 Zum Vollfunktions-Kriterium bei Outsourcing: *Dubois*, ECLR 2010, 491, 496.
14 *Bechtold/Bosch/Brinker/Hirsbrunner*, Art. 3 FKVO, Rn. 21.
15 EuG, Rs. T-282/02 (Cementbouw Handel & Industrie BV), Slg. 2006, II-319, Rn. 62.
16 Konsolidierte Mitteilung zu Zuständigkeitsfragen, Rn. 93.
17 Konsolidierte Mitteilung zu Zuständigkeitsfragen, Rn. 95.
18 Konsolidierte Mitteilung zu Zuständigkeitsfragen, Rn. 95.
19 Kommission, M. 102 (TNT/Canada Post/DBP Postdienst/La Poste/PTT Post/Sweden Post), Rn. 14.
20 Kommission, M. 1801 (Neusiedler/American Israeli Paper Mills/JV); M. 2432 (Angelini/Phoenix), Rn. 7: Vollfunktionscharakter, soweit das GU die Geschäftspolitik bestimmt und das wirtschaftliche Risiko im Zusammenhang mit dem Vertrieb von Produkten trägt, die von den Muttergesellschaften hergestellt werden.
21 Kommission, M. 1781 (Electrolux/Ericsson), Rn. 6.

15 Schwierig zu beurteilen sind diejenigen Fälle, in denen das GU sowohl Funktionen für die Muttergesellschaften erfüllt, als auch selbstständig am Markt auftritt. Hier ist der **Schwerpunkt der Tätigkeit** maßgeblich. Erzielt das GU mehr als die Hälfte seines Umsatzes mit Dritten, ist dies typischerweise ein Indiz für Vollfunktion.[22] Behandelt das GU seine Muttergesellschaften geschäftlich genau so wie Dritte (*at arms length*), kann es zur Vollfunktion ausreichen, wenn wenigstens 20% des voraussichtlichen Umsatzes des GU mit Dritten erzielt werden.[23]

16 Insbesondere bei Übertragung bestimmter Aktivitäten der Muttergesellschaften auf ein GU kommt es häufig vor, dass das GU vorübergehend noch überwiegend von den Muttergesellschaften bezieht bzw. an diese liefert oder leistet, da die bisherigen konzerninternen Lieferverhältnisse nicht sofort auf Dritte umgestellt werden können. Die gleiche Situation kann sich ergeben, wenn die Geschäftsaktivitäten des GU neu aufgebaut werden müssen. In diesem Fall kann ein Bedürfnis bestehen, dem GU den Markteintritt dadurch zu erleichtern, dass die Muttergesellschaften dem GU zunächst Geschäft vermitteln bzw. Geschäft über das GU abwickeln. Ist die – den Schwerpunkt des GU ausmachende – Geschäftsbeziehung mit den Muttergesellschaften nur für eine **Übergangszeit** geplant und ist damit zu rechnen, dass nach Ablauf der Übergangszeit das GU überwiegend von Dritten bezieht oder an Dritte liefert bzw. leistet, liegt ein Vollfunktion-GU vor.[24] Nach Auffassung der Kommission darf die Übergangszeit je nach den auf dem betreffenden Markt vorherrschenden Bedingungen ein Zeitraum von **drei Jahren** nicht überschreiten.[25] In besonderen Fällen kann aber auch ein längerer Zeitraum gerechtfertigt sein.[26] Besteht bei Gründung des GU für dessen Produkte bzw. Leistungen noch kein eigener Markt, ist eine Prognose über die Entwicklung von Zukunftsmärkten anzustellen.[27]

17 b) **Eigene Ressourcen.** Damit ein Vollfunktions-GU alle Funktionen einer selbstständigen wirtschaftlichen Einheit erfüllen kann, muss es über die hierfür notwendigen Ressourcen verfügen. Hierzu gehört ein **Management**, das sich dem Tagesgeschäft widmet.[28] Regelmäßig ist ein eigenes Management erforderlich. Genau zu prüfen sind die Fälle, in denen die Muttergesellschaften Geschäftsführer abstellen, die parallel weiterhin Tätigkeiten innerhalb der Muttergesellschaften selbst wahrnehmen. Dies kann gerechtfertigt sein und sollte der Einordnung als Vollfunktions-GU nicht entgegenstehen, wenn die „Doppelfunktion" nur für die Anlaufphase des GU vorgesehen ist, etwa um den Erfolg des Markteintritts des GU mit erfahrenem Management sicherzustellen. Das GU muss auch im Übrigen personell hinreichend ausgestattet sein.[29] Die Entsendung von Mitarbeitern in das GU durch Muttergesellschaften steht der Einordnung als Vollfunktions-GU nicht entgegen, wenn das betreffende Personal ausschließlich der Weisungsbefugnis der Geschäftsführung des GU untersteht.[30]

18 Weiterhin muss das GU eine ausreichende **Kapitalausstattung** besitzen.[31] Schließlich muss das GU über hinreichende **materielle und immaterielle Vermögensgegenstände** verfügen.[32] Dabei ist es jedoch ausreichend, wenn bestimmte notwendige Betriebsmittel durch die Muttergesellschaften mietweise überlassen werden, sofern die Betriebsmittel dem GU auf diesem Wege

---

22 Konsolidierte Mitteilung zu Zuständigkeitsfragen, Rn. 98.
23 Konsolidierte Mitteilung zu Zuständigkeitsfragen, Rn. 98.
24 Kommission, M. 2048 (Alcatel/Thomson Multimedia): Vollfunktionscharakter unter der Annahme, dass das Geschäft mit Dritten innerhalb von zwei Jahren 75 % der Gesamttätigkeit des GU ausmachen wird; M. 686 (Nokia/Autoliv): Vollfunktionscharakter, wenn Drittgeschäft innerhalb von drei Jahren 50 % der Gesamtaktivitäten ausmacht; M. 1368 (Ford/ZF): ausreichend, wenn Drittgeschäft innerhalb von sieben Jahren zumindest ein Drittel der Produktion des GU ausmachen wird; zu diesem Sonderfall allerdings *Bergqvist*, ECLR 2003, 498, 502; M. 3003 (Electrabel/Energia Italiana/Interpower): nicht ausreichend, wenn lediglich 5 bis 15 % des Angebots des GU für Drittparteien zur Verfügung steht.
25 Konsolidierte Mitteilung zu Zuständigkeitsfragen, Rn. 97; M. 979 (Preussag/Voest Alpine), Rn. 9 ff.
26 Kommission, M. 394 (Mannesmann/RWE/Deutsche Bank), Rn. 10.
27 Kommission, M. 469 (MSG Media Service).
28 Konsolidierte Mitteilung zu Zuständigkeitsfragen, Rn. 94.
29 Siehe etwa Kommission M. 904 (RSB/Tenex/Fuel Logistic), Rn. 8.
30 Kommission, M. 1301 (Texaco/Chevron); M. 1135 (Elf/Texaco/Antifreze); nach der Konsolidierten Mitteilung zu Zuständigkeitsfragen, Rn. 94, ist maßgeblich, ob das GU zu den Mutterunternehmen ähnliche Beziehungen unterhält wie zu Dritten.
31 Konsolidierte Mitteilung zu Zuständigkeitsfragen, Rn. 94. Kommission M. 168 (Flachglas/Vegla).
32 Konsolidierte Mitteilung zu Zuständigkeitsfragen, Rn. 94.

T. Mäger

dauerhaft zur Verfügung stehen.[33] Werden die von dem GU zu nutzenden Anlagen auch für die Herstellung anderer Produkte innerhalb der Muttergesellschaften benötigt, kann es ausreichend sein, mit dem GU eine Vereinbarung über Zulieferung und Lohnfertigung zu schließen.[34] Benötigte Marken, Patente und Know-how müssen dem GU zumindest durch langfristige Lizenzverträge – nach Auffassung der Kommission grundsätzlich unbegrenzt, unwiderruflich und ausschließlich[35] – zur Verfügung gestellt werden. Sofern eine weniger weitreichende Lizenz das GU in die Lage versetzt, Funktionen wie andere Unternehmen am Markt auszufüllen, sollte dies jedoch ausreichen.[36]

Werden bei Gründung des GU bestehende Aktivitäten der Muttergesellschaften eingebracht, dürfte regelmäßig einfach zu beurteilen sein, ob diese Aktivitäten ausreichen, um alle Funktionen einer selbstständigen wirtschaftlichen Einheit am Markt zu erfüllen. Schwieriger können Fälle zu beurteilen sein, in denen das GU Aktivitäten aufnehmen soll, welche die Muttergesellschaften bislang nicht abgedeckt haben. Die Kommission prüft in diesen Fällen vor allem den **Geschäftsplan des GU**, aus dem sich meist Aussagen zum Kapitalbedarf und der geplanten Umsatz- und Ergebnisentwicklung entnehmen lassen.[37]

19

3. Dauerhaftigkeit

Ein Vollfunktions-GU muss auf Dauer angelegt sein. Übertragen die Muttergesellschaften dem GU die erforderlichen Ressourcen, kann dies in der Regel als Nachweis für die Dauerhaftigkeit gelten.[38] Bei einem unbefristeten Gesellschaftsvertrag geht die Kommission regelmäßig von einem auf Dauer angelegten GU aus. Dies gilt auch dann, wenn der Vertrag Regelungen enthält, die für den Fall des Eintritts unvorhersehbarer Ereignisse – z.B. Konkurs, Überfremdung oder Meinungsverschiedenheiten zwischen den Muttergesellschaften – ein Kündigungsrecht, die Auflösung des GU oder das Ausscheiden von Muttergesellschaften vorsehen.[39] Befristungen des Gesellschaftsvertrages sind dann unschädlich, wenn die Laufzeit ausreichend lang ist, um eine dauerhafte Veränderung in der Struktur der betroffenen Unternehmen herbeizuführen.[40] Erfüllt die Mindestdauer diese Voraussetzungen nicht, ist das Dauerhaftigkeitskriterium gleichwohl erfüllt, wenn der Gesellschaftsvertrag vorsieht, dass auch nach Ablauf des Zeitraums das GU fortbestehen kann.[41] Die Kommission hat eine Frist von sieben Jahren für ausreichend erachtet, wenn anschließend eine Neustrukturierung vorgesehen ist.[42] Eine Mindestlaufzeit von fünf Jahren reicht ebenfalls aus, wenn eine automatische Verlängerung bei Nichtkündigung vorgesehen ist.[43] Eine Dauer von **weniger als fünf Jahren** dürfte jedoch selbst dann **kritisch** sein, wenn eine automatische Verlängerung vorgesehen ist.[44] Das Dauerhaftigkeitskriterium ist nicht erfüllt, wenn das GU nur für ein bestimmtes, zeitlich befristetes **Projekt** gegründet wird, z.B. für die Errichtung einer Anlage, ohne dass das GU am Betrieb der Anlage beteiligt wird.[45]

20

Das Dauerhaftigkeitskriterium setzt nicht nur voraus, dass das GU hinreichend lange besteht, sondern auch, dass die gemeinsame Kontrolle in diesem Zeitraum fortbesteht. Ist die gemeinsame Kontrolle nach dem Vertragswerk der Parteien nur für eine **Anlaufphase** – regelmäßig bis zu einem Jahr – vorgesehen und erwirbt danach ein Gesellschafter alleinige Kontrolle, „schaut"

21

---

33 Kommission, M. 490 (Nordic Satellite Distribution).
34 Kommission, M. 355 (Rhone-Poulenc/SNIA), Rn. 16., kritisch bei Fehlen eines beleihbaren Anlagevermögens aber Kommission, M. 1315 (ENW/Eastern), ABl. 1998 C 344/7.
35 Z.B. Kommission, M. 1786 (General Electric/Thomson CSF/JV), Rn. 6; M. 346 (ICSAT/SAJAC), Rn. 5; M. 292 (Ericsson/Hewlett Packard), Rn. 7; M. 149 (Lucas/Eaton), Rn. 12.
36 So auch *Lindemann*, in: Loewenheim/Meessen/Riesenkampff Art. 3 FKVO Rn. 49.
37 Kommission, M. 469 (MSG Media Service), Rn. 11; *Kleemann*, in: Schröter/Jakob/Mederer, Art. 3 FKVO Rn. 108.
38 Konsolidierte Mitteilung zu Zuständigkeitsfragen, Rn. 103.
39 Kommission, M. 891 (Deutsche Bank/Commerzbank/J.M.Voith), Rn. 3.
40 Konsolidierte Mitteilung zu Zuständigkeitsfragen, Rn. 103.
41 Konsolidierte Mitteilung zu Zuständigkeitsfragen, Rn. 103.
42 Kommission, M. 90 (BSN-Nestle/Cokoladofny); Kommission M. 259 (British Airways/TAT), Rn. 10.
43 Kommission, M. 152 (Volvo/Atlas).
44 Kommission, M. 722 (Teneo/Merill Lynch/Bankers Trust), Rn. 15; siehe aber auch Kommission, M. 970 (TKS/ITW Signode/Titan): vier Jahre ausreichend.
45 Konsolidierte Mitteilung zu Zuständigkeitsfragen, Rn. 104.

die Kommission durch den vorübergehenden Zeitraum der gemeinsamen Kontrolle „hindurch" und prüft im Rahmen des Fusionskontrollverfahrens nur den Erwerb alleiniger Kontrolle.[46]

22 Schwierig zu beurteilen ist, ob die Einräumung von **Call- oder Putoptionen** dazu führt, dass das Kriterium der Dauerhaftigkeit nicht erfüllt ist. Liegt der Ausübungszeitraum weit in der Zukunft, ist eine dauerhafte Strukturänderung gegeben.[47] Bei kurzfristig ausübbaren Call- oder Putoptionen wird argumentiert, dass eine Übernahme der alleinigen Kontrolle in Raten vorliegt.[48] Dies überzeugt aber nicht. Die Kommission berücksichtigt im Fusionskontrollverfahren grundsätzlich nicht die Situation, die nach Ausübung von Optionsrechten eintritt, da unsicher ist, ob die Optionsrechte ausgeübt werden.[49] Konsequenterweise kann dann die bloße Möglichkeit der Ausübung der Option auch nicht die Dauerhaftigkeit des GU beseitigen.[50] Hier liegt im Übrigen eine Parallele zu den üblichen Regelungen in Gesellschaftsverträgen betreffend Kündigung oder Auflösung des GU im Falle unvorhergesehener Ereignisse nahe.[51]

II. Prüfungsmaßstab bei Vollfunktions-GU

23 Kartellaspekt und Fusionsaspekt werden bei Vollfunktions-GU wie folgt geprüft:

1. Fusionsaspekt (SIEC-Test)

24 Greift die FKVO ein, d.h. liegt nicht nur ein Vollfunktions-GU im Sinne von Art. 3 Abs. 4 FKVO vor,[52] sondern erfüllen die beteiligten Unternehmen auch die **Umsatzschwellen** des Art. 1 FKVO, ist der Fusionsaspekt nur im Rahmen der FKVO zu prüfen. Die Fusionskontrollregime der Mitgliedstaaten sind – soweit es nicht zu Verweisungen kommt[53] – nicht anwendbar, Art. 21 Abs. 3 FKVO.

25 Vollfunktions-GU werden im Rahmen der Fusionskontrolle nach Art. 2 Abs. 2 und 3 FKVO (SIEC-Test) geprüft. Danach ist maßgeblich, ob die Gründung des GU eine erhebliche Behinderung des Wettbewerbs bewirkt, insbesondere in Form einer Begründung oder Entstehung einer marktbeherrschenden Stellung.[54] Ausgangspunkt sind die relevanten Märkte, auf denen das GU tätig sein wird. Dabei werden jedoch auch Aktivitäten der beteiligten Unternehmen auf vor- und nachgelagerten Märkten berücksichtigt.

26 Liegt zwar ein Vollfunktions-GU im Sinne von Art. 3 Abs. 4 FKVO vor, erreichen die beteiligten Unternehmen aber **nicht** die **Umsatzschwellen** von Art. 1 FKVO, ist die FKVO nicht anwendbar. Zu prüfen ist, ob nationale Fusionskontrollregime eingreifen. Ist dies der Fall, erfolgt die Prüfung des Fusionsaspektes auf deren Grundlage.[55]

27 Im Hinblick auf das aufwändige EU-Fusionskontrollverfahren stellt sich die Frage, ob Vollfunktions-GU, die ausschließlich außerhalb des Binnenmarktes tätig werden sollen, von der Anmeldepflicht ausgenommen werden sollten. Dies hat die Kommission bislang abgelehnt, da das GU mittel- bzw. langfristig innerhalb der Union tätig werden könnte[56] und sich überdies *spill-over-effects*[57] zwischen den Muttergesellschaften innerhalb der Union ergeben könnten.

---

46 8. Kap., Rn. 24.
47 Kommission, M. 781 (Schering/GEHE-Jenapharm), Rn. 3.
48 *Lindemann*, in: Loewenheim/Meessen/Riesenkampff, Art. 3 FKVO Rn 55.
49 Siehe zu Einzelheiten und Ausnahmen 8. Kap., Rn. 42 ff.
50 So im Ergebnis auch *Kleemann*, in: Schröter/Jakob/Mederer, Art. 3 FKVO, Rn. 71: auch kurzfristig ausübbare Optionsrechte unschädlich.
51 Siehe aber Rn. 20.
52 Zur Anwendbarkeit der FKVO auf Nichtvollfunktions-GU siehe Rn. 73.
53 Dazu 8. Kap., Rn. 117 ff.
54 Siehe im Einzelnen 8. Kap., Rn. 163 ff.
55 Siehe im Einzelnen Rn. 66 ff.
56 Zur Anmeldepflicht bei Ausweitung des Tätigkeitsgebiets eines GU siehe 8. Kap. Rn. 54.
57 Dazu Rn. 30.

T. Mäger

2. Kartellaspekt

Der Kartellaspekt zerfällt in mehrere Gesichtspunkte. Zunächst ist anhand des Verhaltenstests 28
nach Art. 101 AEUV – allerdings eingeschränkt durch Art. 2 Abs. 4 und 5 FKVO – zu prüfen,
ob die Gründung des GU zu einer Koordinierung des Wettbewerbsverhaltens der Muttergesellschaften führt. Vereinbaren die Parteien im Zusammenhang mit der Errichtung eines GU
bestimmte Wettbewerbsbeschränkungen – z.b. Wettbewerbsverbote –, so ist zu prüfen, ob diese
zulässige Nebenabreden darstellen. Schließlich können sich im Zusammenhang mit der Gründung eines GU Wettbewerbsbeschränkungen ergeben, die weder eine Koordinierung des Verhaltens der Muttergesellschaften betreffen noch eine zulässige Nebenabrede darstellen und
deshalb gesondert bewertet werden müssen.

Der Kartellaspekt wird von der Kommission im Fusionskontrollverfahren neben dem Fusions- 29
aspekt[58] geprüft. Dadurch wird eine parallele Prüfung des Kartellaspekts durch nationale Kartellbehörden zwar nicht „blockiert". Soweit die Kommission jedoch Bedenken unter dem Kartellaspekt verneint, erscheint es fernliegend, dass nationale Kartellbehörden in den EU-Mitgliedstaaten eine eigene Prüfung vornehmen. Umgekehrt bleibt für eine derartige Prüfung kein
Raum, wenn die Kommission Maßnahmen gestützt auf den Kartellaspekt ergreift.

a) Verhältnis der Muttergesellschaften untereinander (Spill over-Effects). Neben dem Fusions- 30
aspekt[59] prüft die Kommission im Fusionskontrollverfahren, ob die Gründung des Vollfunktions-GU zu einer Koordinierung des Wettbewerbsverhaltens der Muttergesellschaften führt.
Prüfungsmaßstab ist nicht der SIEC-Test, sondern – allerdings durch Art. 2 Abs. 4 und 5 FKVO
eingeschränkt – der allgemeine Verhaltenstest von Art. 101 AEUV.

Der Tatbestand der Koordinierung des Wettbewerbsverhaltens der Muttergesellschaft nach 31
Art. 2 Abs. 4 FKVO ist enger als der Tatbestand der Wettbewerbsbeschränkung nach Art. 101
Abs. 1 AEUV. Nach Art. 2 Abs. 4 FKVO wird Art. 101 Abs. 1 AEUV im Rahmen des Fusionskontrollverfahrens nur angewendet, soweit die Gründung des Vollfunktions-GU die Koordinierung des Wettbewerbsverhaltens der Muttergesellschaften bezweckt oder bewirkt. Damit
entfallen Teile der bei Teilfunktions-GU üblichen Prüfung.[60] Die Gründung eines GU kann zu
drei Arten negativer Wirkungen auf den Wettbewerb führen: Zu einer Koordinierung des
Wettbewerbsverhaltens der Muttergesellschaften, zu einer geringeren Wahrscheinlichkeit potentiellen Wettbewerbs und zu Marktzutrittsschranken. Die erste Wirkung wird von Art. 2
Abs. 4 FKVO erfasst. Die beiden anderen Wirkungen haben im Rahmen von Art. 2 Abs. 4
FKVO (Prüfung des Kartellaspekts) nur insoweit Bedeutung, als sie durch eine Koordinierung
des Wettbewerbsverhaltens der Muttergesellschaften bewirkt werden.[61] Die sonstigen Aspekte
der Reduzierung potentiellen Wettbewerbs und von Marktzutrittsschranken werden im Rahmen des Fusionsaspekts, d.h. bei der Prüfung des SIEC-Tests, berücksichtigt.

Durch Art. 2 Abs. 4 FKVO wird der Anwendungsbereich von Art. 101 AEUV damit effektiv 32
eingeschränkt. Zwar handelt es sich bei der FKVO um gegenüber Art. 101 AEUV niederran-
giges Recht. Die FKVO ist jedoch eine Verordnung im Sinne von Art. 103 AEUV (ex Art. 83
EG), die – ebenso wie die Verordnung (EG) Nr. 1/2003 – konstitutiv in ihrem Anwendungsbereich die Voraussetzungen für eine Direktgeltung von Art. 101 Abs. 1 und 2 AEUV
schafft.[62] Die Einschränkung des Art. 101 AEUV auf eine Koordinierungsprüfung im Fusionskontrollverfahren gilt für alle Vollfunktions-GU, unabhängig davon, ob die Umsatzschwellen
von Art. 1 FKVO erfüllt sind. Art. 101 AEUV ist auch auf Vollfunktions-GU ohne gemeinschaftsweiter Bedeutung im Sinne von Art. 1 FKVO nicht uneingeschränkt – über die Verord-

---

58 Siehe Rn. 24 ff.
59 Siehe Rn. 24 ff.
60 Dazu Rn. 75 ff.
61 Siehe etwa Kommission, JV. 15 (BT/AT&T), Rn. 175 und 190: Prüfung erhöhter Zugangsbarrieren für Dritte
    im Rahmen des Art. 2 Abs. 4 FKVO nur unter dem Aspekt der Koordinierung; Kommission, M. 1327 (NC/
    Canal+/CDPQ/Bank America), Rn. 38: Prüfung der potentiellen Diskriminierung von Dritten beim Zugang zu
    Versorgungsmärkten nur unter dem Aspekt der Koordinierung; *Schroeder*, WuW 2004, 893, 896; *Rating*, in:
    von der Groeben/Schwarze, nach Art. 81 EG-Fallgruppen, Absprachen über eine Änderung der Unterneh-
    mensstruktur, Rn. 76; a.A. *Faull/Nikpay*, Rn. 4.74.
62 *Schroeder*, WuW 2004, 893, 896; *Schroeder*, in: Wiedemann, § 8, Rn. 14; a.A. *Mestmäcker/Schweitzer*, § 24
    Rn. 67 ff.; *Pohlmann*, WuW 2003, 473, 475.

nung (EG) Nr. 1/2003 – anwendbar, da die Durchführungsverordnungen zu Art. 101 AEUV für Zusammenschlüsse im Sinne des Art. 3 FKVO nicht gelten, außer für GU ohne gemeinschaftsweite Bedeutung, soweit sie die Koordinierung des Wettbewerbsverhaltens der Muttergesellschaften bezwecken oder bewirken, Art. 21 Abs. 1 FKVO.[63]

33   **aa) Abgrenzung der Märkte potentieller Koordinierung (Candidate Markets).** Die Märkte, auf denen es in Folge der Gründung des Vollfunktions-GU zu einer Koordinierung des Wettbewerbsverhaltens der Muttergesellschaften kommen kann, werden als Kandidatenmärkte (*Candidate Markets*) bezeichnet. Als Candidate Markets kommen zum einen Märkte in Betracht, auf denen das GU und mindestens zwei der Muttergesellschaften tätig sind. Zum anderen geht es um Märkte, die denjenigen Märkten, auf denen das GU tätig ist, vor- oder nachgelagert oder benachbart oder mit ihnen eng verknüpft sind, und auf denen mindestens zwei Muttergesellschaften aktiv bleiben. Gibt es demgegenüber keine derartigen Aktivitäten von **mindestens zwei Muttergesellschaften**, kann eine Koordinierung des wettbewerblichen Verhaltens der Muttergesellschaften ausgeschlossen werden.[64] In diesem Fall ist die Prüfung regelmäßig abgeschlossen.[65]

34   **Vorgelagerte** Märkte (*upstream markets*) sind solche, die dem GU-Markt in der Produktionsstufe oder in der Vertriebskette vorgeschaltet sind. **Nachgelagerte** Märkte (*downstream markets*) sind die jeweils dem GU-Markt nachfolgenden Marktstufen. **Benachbarte** Märkte (*neighbouring markets*) definiert die Kommission als von dem GU-Markt zwar getrennte, aber mit diesem eng verbundene Märkte, die ähnliche Merkmale hinsichtlich Technik, Kunden, Lieferanten und Wettbewerber aufweisen.[66] Neben sachlich benachbarten Märkten sind auch räumlich benachbarte Märkte zu berücksichtigen. **Eng verknüpfte** Märkte (*closely related markets*) lassen sich schlecht allgemein definieren.[67] Bestehen *Candidate Markets* innerhalb der EU prüft die Kommission Auswirkungen auf diesen Märkten auch dann, wenn das GU selbst lediglich außerhalb der EU tätig ist.[68]

35   **bb) Materieller Prüfungsmaßstab (Art. 2 Abs. 4 und 5 FKVO).** Die Prüfung der Gruppeneffekte (*spill over effects*, d.h. Koordinierung des Wettbewerbsverhaltens der Muttergesellschaften) erfolgt im Rahmen des Fusionskontrollverfahrens – allerdings durch Art. 2 Abs. 4 und 5 FKVO eingeschränkt[69] – nach den Kriterien des Kartellverbots des Art. 101 Abs. 1 und 3 AEUV. Die Prüfung erfolgt in drei Schritten. Die Koordinierung des Wettbewerbsverhaltens der Muttergesellschaften muss zunächst wahrscheinlich sein. Sie muss weiterhin spürbar und schließlich kausal auf die Gründung des GU zurückzuführen sein.

36   Art. 2 Abs. 4 FKVO erfasst eine Koordinierung des Wettbewerbsverhaltens von Muttergesellschaften des GU (einschließlich verbundener Unternehmen). Grundsätzlich unbeachtlich ist demgegenüber eine Koordinierung zwischen den beteiligten Unternehmen und **Dritten**, es sei denn, diese sind geeignet zur Koordinierung zwischen den Muttergesellschaften beizutragen.[70]

37   **(1) Wahrscheinlichkeit der Koordinierung.** Eine Koordinierung im Sinne von Art. 2 Abs. 4 FKVO scheidet aus, wenn alle Muttergesellschaften ihre auf die *Candidate Markets* bezogenen Tätigkeiten vollständig in das GU einbringen und nach Gründung des GU nicht mehr auf

---

63   Zu dieser Auslegung des Art. 21 Abs. 1 FKVO: *Schroeder*, in: Grabitz/Hilf, Art. 81 EG, Rn. 433 und 436; *Schroeder*, WuW 2004, 893, 897.

64   Siehe Rn. 37.

65   Kommission, JV. 16 (Game Channel), Rn. 19; JV. 26 (FreeCom/Dangaard Holding), Rn. 27; JV. 35 (Chemag/Beiselen/BayWa), Rn. 21.

66   Siehe die (nicht mehr geltende) Bekanntmachung der Kommission über die Unterscheidung zwischen konzentrativen und kooperativen Gemeinschaftsunternehmen, ABl. 1994 C385/01, Rn. 18; Kommission, JV. 44 (Hitachi/NEC-DRAM/JV), Rn. 33; JV. 21 (Skandia/Storebrand/Pohjola), Rn. 36.

67   In sachlicher Hinsicht sind nach Auffassung der Kommission z.B. der Markt für Such- und Navigationsdienste im Internet eng verknüpft mit dem Markt für Internet-Zugang und dem für entgeltliche Internet-Inhaltsangebote, Kommission, JV. 16 (Game Channel), Rn. 23; geographisch eng verknüpfte Märkte sind z.B. die deutschen und französischen Märkte für Sprach- und Daten-Telekommunikationsdienste einerseits und der entsprechende italienische Markt andererseits, Kommission, JV. 2 (ENEL/FT/DT), Rn. 32.

68   Kommission, JV. 4 (VIAG/Orange UK), Rn. 30; M. 2493 (Norske Skog/Abitibi/Papco), Rn. 7 f.

69   Rn. 31 ff.

70   *Bechtold/Bosch/Brinker/Hirsbrunner*, Art. 2 FKVO, Rn 86.

T. Mäger

Märkten, die mit dem GU-Markt im Zusammenhang stehen, aktiv sind.[71] Ebenso liegt es, wenn die Muttergesellschaften und das GU weiterhin auf denselben sachlich relevanten, aber auf unterschiedlichen, weit voneinander entfernten räumlich relevanten Märkten tätig bleiben.[72] Die Gefahr einer Koordinierung besteht auch dann nicht, wenn nur eine Muttergesellschaft auf dem Markt des GU oder auf einem damit im Zusammenhang stehenden Markt tätig bleibt.[73] Etwas anderes kann nur gelten, wenn ein **potenzielles Wettbewerbsverhältnis** zwischen Muttergesellschaften angenommen werden kann.[74] Nicht abschließend geklärt ist, ob Art. 2 Abs. 4 FKVO auch Fälle einer **vertikalen Koordinierung** erfasst. Gemeint sind Fälle, in denen die Muttergesellschaften auf unterschiedlichen vor- und nachgelagerten Märkten tätig sind.[75] Bleiben **mindestens zwei Muttergesellschaften** auf dem GU-Markt oder einem Markt, der hierzu im Zusammenhang steht, tätig, kommt eine Koordinierung des Wettbewerbsverhaltens der Mütter in Betracht, vgl. Art. 2 Abs. 5 1. Spiegelstrich FKVO. Ob von einer derartigen Koordinierung auszugehen ist, muss aber für jeden Markt gesondert geprüft werden.

Dabei ist zunächst die **Bedeutung der GU-Aktivitäten für die Muttergesellschaften** zu berücksichtigen. Einen Indikator bildet das Verhältnis der Umsätze der jeweiligen Muttergesellschaften zu dem Umsatz der künftigen GU-Aktivitäten. Je gewichtiger die GU-Umsätze im Vergleich zu den übrigen Tätigkeiten der Muttergesellschaften sind, desto größer ist das wirtschaftliche Interesse an dem GU und desto wahrscheinlicher ist es, dass die Muttergesellschaften ein Interesse an einer Koordinierung haben können. **38**

Zu berücksichtigen ist weiterhin die **relative Größe des GU-Marktes** im Verhältnis zu den **39** *Candidate Markets*, auf denen (nur) die Muttergesellschaften tätig sind. Sind die GU-Märkte im Verhältnis zu den *Candidate Markets* sehr klein, verringert sich die Wahrscheinlichkeit einer Koordinierung zwischen den Muttergesellschaften.[76] Ist das GU auf einem vorgelagerten Markt tätig und ist der Kostenanteil des vom GU hergestellten Produkts im Verhältnis zu den Gesamtkosten des später von den Muttergesellschaften vertriebenen Endprodukts gering, ist das GU regelmäßig nicht geeignet, zur Koordinierung des Preises auf dem Endproduktemarkt beizutragen.[77] Gleiches gilt, wenn der Kostenanteil zwar hoch ist, die Muttergesellschaften ihren Bedarf aber nur zu einem geringen Teil beim GU decken.[78]

Bei der Prüfung der Wahrscheinlichkeit einer Koordinierung des Wettbewerbsverhaltens der **40** Muttergesellschaften sind weiterhin die Marktstrukturen zu berücksichtigen. Dabei prüft die Kommission zunächst, ob die Beteiligten ausreichende **Marktmacht** haben, um eine Koordinierung lohnend erscheinen zu lassen.[79] Haben die Mutterunternehmen zusammen nicht mehr als 15 % Marktanteil wird in der Regel kein Koordinierungseffekt anzunehmen sein.[80] Neben den Marktanteilen prüft die Kommission **weitere Strukturmerkmale** der betreffenden Märkte. Gegen die Wahrscheinlichkeit einer Koordinierung sprechen hohes Wachstum, niedrige Markt-

---

71 Kommission, JV. 1 (Telia/Telenor/Schibsted), Rn. 32; siehe auch die (nicht mehr geltende) Bekanntmachung über die Unterscheidung zwischen konzentrativen und kooperativen GU, Rn. 18.

72 Siehe die (nicht mehr geltende) Bekanntmachung über die Unterscheidung zwischen konzentrativen und kooperativen GU, Rn. 19; Kommission, M. 236 (Ericsson/Ascom), Rn. 14 ff.; M. 162 (James River/Rayne), Rn. 4.

73 Kommission, JV. 1 (Telia/Telenor/Schibsted), Rn. 31; JV. 32 (Granaria/Ültje/Intershack/May Holding), Rn. 68; siehe die (nicht mehr geltende) Bekanntmachung über die Unterscheidung zwischen konzentrativen und kooperativen GU, Rn. 18.

74 *Bechtold/Bosch/Brinker/Hirsbrunner*, Art. 2 FKVO, Rn. 86; Kommission, Leitlinien über die horizontale Zusammenarbeit, Rn. 9, Fn. 9; Kommission, XXIV. Wettbewerbsbericht (1994), Rn. 55; siehe auch die Kriterien der (nicht mehr geltenden) Bekanntmachung über die Beurteilung kooperativer Gemeinschaftsunternehmen nach Art. 85 des EWG-Vertrages, ABl. 1993 C 43/2, Rn. 18.

75 Vgl. Kommission, M. 1327 (NC/Canal+/CDPQ/Bank America); dazu: *Schroeder*, WuW 2004, 893, 903 f.

76 Kommission, JV. 23 (Telefonica/Portugal Telecom/Medi Telecom), Rn. 29; JV. 1 (Telia/Telenor/Schibsted), Rn. 45: Verhältnis der Umsätze des GU-Marktes im Verhältnis zu den Umsätzen des betroffen Candidate Markets 7% zu 93%; JV. 6 (Ericsson/Nokia/Psion), Rn. 38.

77 Kommission, JV. 6 (Ericsson/Nokia/Psion), Rn. 31.

78 Kommission M. 2243 (Stora/Enso/Assidomän), Rn. 5: Kostenanteil von 50 %, aber Nachfrage der Muttergesellschaften nur zu 15 – 40 % beim GU gedeckt.

79 Kommission, JV. 21 (Skandia/Storebrand/Pohjola), Rn. 36 f.; zu dieser Anwendung des Marktbeherrschungstests im Bereich der Verhaltenskontrolle: *Henschen*, in: Schulte, Rn. 1733.

80 *Mestmäcker/Schweitzer*, § 24 Rn. 79; vgl. Kommission JV. 22 (Fujitsu/Siemens), ABl. 1999 C 318; M. 19 (KLM/Alitalia), ABl. 2000 C 96/5.

eintrittsbarrieren, hoher Innovationsgrad, hohe Preissensitivität und geringe Umstellungskosten.[81] Trotz hoher gemeinsamer Marktanteile der Muttergesellschaften erscheint eine Koordinierung des wettbewerblichen Verhaltens unwahrscheinlich, wenn die Marktanteile der Muttergesellschaften weit auseinander liegen.[82] Im Übrigen ist eine Verhaltenskoordination auf Märkten mit heterogenen Produkten schwieriger als auf homogenen Märkten. Schließlich spricht eine fehlende Preistransparenz gegen eine Koordinierung. Für eine Koordinierung können ein hoher Konzentrationsgrad des Marktes, hohe Marktanteile der Muttergesellschaften und ein hoher Reifegrad der Technologie sprechen.[83] Im Ergebnis ist deshalb eine **klassische Oligopolprüfung** vorzunehmen.[84] Es genügt allerdings nicht, festzustellen, dass der *Candidate Market*, die Kooperation der Muttergesellschaften des GU unterstellt, hinreichend oligopolistisch strukturiert ist, so dass kein Wettbewerb durch die anderen führenden Unternehmen zu erwarten wäre. Hinzukommen muss vielmehr, dass die Muttergesellschaften in einem Markt auch miteinander kooperieren werden. Dies darf nicht einfach unterstellt werden,[85] auch wenn eine Koordinierung zwischen den Muttergesellschaften eines GU grundsätzlich wahrscheinlicher sein mag als zwischen Unternehmen, die nicht derart strukturell miteinander verbunden sind.

41 Darüber hinaus sind im Rahmen der Oligopolprüfung auch die Anforderungen des EuG im Fall Airtours (Markttransparenz, Vorhandensein von Abschreckungsmechanismen, keine hinreichenden Reaktionsmöglichkeiten von Wettbewerbern und Verbrauchern) zu berücksichtigen.[86]

42 Sofern auf oligopolistisch strukturierten Märkten die Anforderungen gemäß dem Airtours-Urteil des EuG nicht nachgewiesen werden können, bleibt der Kommission allerdings die Möglichkeit, einen Fall **nicht koordinierter Wirkungen** vorzutragen.[87]

43 Schließlich berücksichtigt die Kommission das **Verhalten** der Beteiligten in der Vergangenheit auf den betreffenden Märkten.[88]

44 (2) **Spürbarkeit der Koordinierung.** Eine Koordinierung des wettbewerblichen Verhaltens der Muttergesellschaften muss das Spürbarkeitskriterium erfüllen. Hierzu wird auf die allgemeinen Ausführungen verwiesen.[89]

45 (3) **Kausalität der Gründung des GU für Koordinierung.** Auch wenn eine Koordination des wettbewerblichen Verhaltens der Muttergesellschaften als wahrscheinlich und spürbar eingestuft wird, fällt die Koordinierung nur unter Art. 2 Abs. 4 FKVO in Verbindung mit Art. 101 Abs. 1 AEUV, wenn die Gründung des GU kausal für die Koordinierung ist. Dies ist zu bejahen, wenn die Gründung des GU unmittelbar und erstmals zu einer Koordinierung führen kann.[90]

---

81 Kommission, JV. 22 (Fujitsu/Siemens), Rn. 53 – 59; siehe auch Kommission, JV. 1 (Telia/Telenor/Schibsted), Rn. 42 ff.: keine Wahrscheinlichkeit einer Koordinierung auf Märkten mit derartigen Strukturen trotz hoher Marktanteile (35% bis 65%); JV. 21 (Skandia/Storebrand/Pohjola), Rn. 38: keine Wahrscheinlichkeit einer Koordinierung trotz Marktanteilen zwischen 25,6 und 39%, da Existenz von Wettbewerbern vergleichbarer Größe und Wahrscheinlichkeit von Markteintritten.

82 Kommission, JV. 35 (Beiselen/BayWa/MG Chemag), Rn. 28 bei gemeinsamen Marktanteilen von 70 bis 80%; siehe auch Kommission, JV. 40 (Canal+/Lagardere); JV. 47 (Canal+/Lagardere/Liberty Media), Rn. 50; M. 2524 (Hydro/SQM/Rotem), Rn. 32.

83 Kommission, JV. 22 (Fujitsu/Siemens), Rn. 62 – 69; JV. 15 (BT/AT&T), Rn. 177 f., 192 f.

84 *Venit*, Fordham Corporate Law Institute 1999, S. 465, 480 f.; *Schroeder*, in: Grabitz/Hilf, Art. 81 EG, Rn. 451, *Wiedemann*, FS Ulmer, S. 1031, 1039; kritisch *Mestmäcker/Schweitzer*, § 24, Rn. 79 a.E.

85 Eine entsprechende Feststellung hat die Kommission im Fall Fujitsu/Siemens (JV. 22) nicht vorgenommen oder zumindest in der Entscheidung nicht dokumentiert; kritisch deshalb *Schroeder*, WuW 2004, 893, 902; *Pohlmann*, WuW 2003, 473, 484.

86 Siehe 8. Kap., Rn. 205 ff.

87 Dazu 8. Kap., Rn. 191 ff.

88 Kommission, JV. 3 (BT/Airtel), Rn. 25: Koordination unwahrscheinlich, da Muttergesellschaften zuvor ohne erkennbare Koordinierungshandlungen an GU beteiligt; JV. 2 (ENEL/FT/DT), Rn. 37: Keine Kausalität der Gründung des GU hinsichtlich zukünftiger Koordinierungshandlungen, da bereits Koordinierungen in der Vergangenheit.

89 1. Kap., Rn. 94 ff.

90 Vgl. Kommission, M. 1327 (NC/Canal+/CDPQ/ Bank America), Rn. 33 ff.

T. Mäger

Demgegenüber reicht es nicht aus, wenn das GU lediglich eine mögliche Plattform für eine Koordination darstellt.[91]

(4) Freistellungsvoraussetzungen des Art. 101 Abs. 3 AEUV. Soweit die Prüfung ergibt, dass 46 *Candidate Markets* vorhanden sind und die Gründung des GU zu einer Koordinierung des Wettbewerbsverhaltens der Muttergesellschaften auf diesen *Candidate Markets* führen kann, ist in einem weiteren Schritt zu prüfen, ob diese Koordinierung den beteiligten Unternehmen die Möglichkeit eröffnet, für einen wesentlichen Teil der betreffenden Waren und Dienstleistungen den Wettbewerb auszuschalten. Bei diesem Kriterium des Art. 2 Abs. 5 zweiter Spiegelstrich FKVO handelt es sich um die vierte Freistellungsvoraussetzung von Art. 101 Abs. 3 AEUV. Dieses Kriterium kommt dem Beurteilungskriterium des SIEC-Test gemäß Art. 2 Abs. 2 und 3 FKVO sehr nahe.[92] Der Sache nach wird damit auch auf den *Candidate Markets*, auf denen das GU selbst nicht tätig ist, der **SIEC-Test** angewendet.[93]

Eine Freistellung ist danach eher fernliegend, wenn sich die Wahrscheinlichkeit einer Koordi- 47 nierung daraus ergibt, dass die Muttergesellschaften zusammen über eine einzelmarktbeherrschende Stellung oder zusammen mit Dritten über eine kollektive marktbeherrschende Stellung verfügen.[94] Schwieriger zu beurteilen sind die Fälle, in denen nicht koordinierte Effekte im Oligopolmarkt eine Koordinierung des Verhaltens der Muttergesellschaften wahrscheinlich machen.[95]

Nicht geklärt ist, ob sich die Freistellungsprüfung nach Art. 2 Abs. 4 FKVO in Verbindung mit 48 Art. 101 Abs. 3 AEUV auf die vierte Freistellungsvoraussetzung (keine Ausschaltung des Wettbewerbs) beschränkt[96] oder die **übrigen drei Freistellungsvoraussetzungen** des Art. 101 Abs. 3 AEUV[97] ebenfalls zu prüfen sind.[98] Für die erste Auslegung spricht der Wortlaut von Art. 2 Abs. 5 zweiter Spiegelstrich FKVO. Diese Auslegung ist auch mit der Normhierarchie vereinbar.[99]

Im Rahmen einer etwaigen umfassenden Prüfung nach Art. 101 Abs. 3 AEUV ergibt sich Fol- 49 gendes: Regelmäßig dürften die Vorteile der Errichtung eines GU die damit verbundenen Koordinierungseffekte überwiegen. Anders liegt es, wenn die wirtschaftlichen Vorteile des Vorhabens völlig unbedeutend sind, etwa bei verdeckten Kartellen oder wenn die Koordinierungseffekte als schwerwiegend anzusehen sind.[100] Im Rahmen der zweiten Freistellungsvoraussetzung (Beteiligung der Verbraucher an den Effizienzgewinnen) ergäbe sich die Frage, ob eine Verrechnung zwischen positiven und negativen Auswirkungen auf unterschiedlichen räumlichen und sachlichen Märkten zulässig ist.[101] Die Freistellungsvoraussetzung der Unerlässlichkeit der Wettbewerbskoordinierung ist im Fall einer bewirkten – im Gegensatz zu einer bezweckten – Koordinierung wenig sinnvoll. Denn die Muttergesellschaften des GU haben es nicht in der Hand, die Wettbewerbsbeschränkungen – d.h. die Strukturveränderung infolge der Gründung des GU – zu „dosieren".[102]

Die Kommission hat, soweit ersichtlich, die Freistellungsvoraussetzungen nach Art. 101 50 Abs. 3 AEUV bislang nicht im Einzelnen geprüft. Haben sich Bedenken der Kommission im Hinblick auf einen Verstoß gegen Art. 101 Abs. 1 AEUV im Zusammenhang mit der Gründung

---

91 Kommission, JV. 37 (BSkyB/Kirch Pay TV), Rn. 91; JV. 2 (ENEL/FT/DT), Rn. 37 ff.; vgl. auch JV. 23 (Telefonica/Portugal Telecom/Medi Telecom), Rn. 29.
92 Vgl. *Schroeder*, in: Grabitz/Hilf, Art. 81 EG, Rn. 433 im Hinblick auf das Marktbeherrschungskriterium der FKVO a.F.
93 *Schroeder*, WuW 2004, 893, 899.
94 Siehe etwa Kommission, JV. 15 (BT/AT&T); M. 1327 (NC/Canal+/CDPQ/Bank America); *Adt*, in: von den Groeben/Schwarze, nach Art. 81 EG-FKVO Rn. 319; *Schroeder*, WuW 2004, 893, 899.
95 *Schroeder*, WuW 2004, 893, 899; siehe allgemein 8. Kap., Rn. 191 ff.
96 So *Ahlborn/Turner*, ECLR 1998, 249, 258.
97 Dazu 1. Kap., Rn. 115 ff.
98 So *Mestmäcker/Schweitzer*, § 24 Rn. 67 und 82; *Frenz*, Rn. 1705.
99 Siehe oben Rn. 32.
100 *Hirsbrunner*, in: Schröter/Jakob/Mederer, Art. 2 FKVO, Rn. 494.
101 *Mestmäcker/Schweitzer*, § 24 Rn. 81; *Bechtold/Bosch/Brinker/Hirsbrunner*, Art. 2 FKVO, Rn. 92.
102 *Bechtold/Bosch/Brinker/Hirsbrunner*, Art. 2 FKVO, Rn. 92.

von GU ergeben, ist es den beteiligten Unternehmen in der Vergangenheit meist gelungen, diese Bedenken durch untersagungsabwendende Zusagen auszuräumen.[103]

51 Anders als bei Vollfunktions-GU ohne gemeinschaftsweite Bedeutung[104] gilt bei Vollfunktions-GU mit gemeinschaftsweiter Bedeutung das Prinzip der Legalausnahme nach Art. 1 Abs. 2 der VO (EG) Nr. 1/2003 nicht. Vielmehr hat die Kommission nach wie vor ein Freistellungsmonopol, da die fusionskontrollrechtliche Entscheidung nach Art. 8 Abs. 1 oder 2 FKVO insoweit eine **konstitutive Freistellungsentscheidung** darstellt.[105]

52 Ist eine nach Art. 101 Abs. 1 AEUV verbotene Koordinierung nach Art. 101 Abs. 3 AEUV in Verbindung mit Art. 2 Abs. 4 FKVO freigestellt, gilt die dies feststellende fusionskontrollrechtliche Freigabeentscheidung **unbefristet**. Ein nachträglicher Widerruf ist nur nach den allgemeinen Kriterien des Art. 6 Abs. 3 bzw. Art. 8 Abs. 6 FKVO zulässig.[106]

53 **b) Nebenabreden.** Die Freigabeentscheidung der Kommission deckt automatisch auch wettbewerbsbeschränkende Nebenabreden ab, die mit der Errichtung des GU in unmittelbaren Zusammenhang stehen und für dieses notwendig sind.[107] Diese Wirkung tritt ein, ohne dass die Kommission diese Nebenabreden selbst prüft. Welche Nebenabreden aus ihrer Sicht von einer Freigabeentscheidung automatisch abgedeckt werden, hat die Kommission in ihrer Bekanntmachung zu Nebenabreden zusammengefasst.[108]

54 **aa) Wettbewerbsverbote.** Im Zuge der Gründung eines GU vereinbaren die Parteien oft Wettbewerbsverbote zu Lasten der Muttergesellschaften oder auch zu Lasten des GU. Im Hinblick auf die Frage, für welchen **Zeitraum** ein Wettbewerbsverbot zu Lasten der (beherrschenden) Muttergesellschaften und **zu Gunsten des GU** zulässig ist, hat sich die Praxis der Kommission mehrfach geändert. Ursprünglich hatte die Kommission ein unbefristetes Wettbewerbsverbot zu Lasten der Muttergesellschaften hinsichtlich des sachlichen und/oder räumlichen Tätigkeitsbereichs des GU als Ausdruck des Rückzugs der Gründer aus dem Markt des GU und damit als integralen Bestandteil des Zusammenschlusses angesehen.[109] Ein solches Wettbewerbsverbot wurde als Ausdruck des konzentrativen Charakters des GU und damit als Wesensmerkmal des Zusammenschlusses verstanden und ohne weiteres als zulässig angesehen. Seit 1998 erstreckt sich die europäische Fusionskontrolle jedoch auch auf kooperative GU, soweit diese Vollfunktionsunternehmen sind.[110] Seitdem ist der Rückzug der Muttergesellschaften vom Markt des GU nicht mehr konstitutive Voraussetzung für die Annahme eines Zusammenschlusses. Alle oder einzelne Muttergesellschaften können vielmehr auf dem Markt des GU tätig bleiben, ohne dass dadurch die Anwendbarkeit der fusionskontrollrechtlichen Vorschriften in Zweifel gezogen wird. Die Kommission hat hieraus den Schluss gezogen, dass Wettbewerbsverbote bei GU zu Lasten der Muttergesellschaften einer neuen Rechtfertigung bedürfen und hierfür zunächst strenge Kriterien aufgestellt.[111] Danach waren derartige Wettbewerbsverbote während der Dauer des GU nur bis zu drei Jahren bzw. fünf Jahren zulässig.[112] In ihrer jüngsten Bekanntmachung[113] hat die Kommission jedoch zurecht bestätigt, dass ein Wettbewerbsverbot zu Gunsten des GU grundsätzlich für die gesamte Laufzeit des GU zu Lasten der (kontrollierenden) Muttergesellschaften gerechtfertigt ist.

---

103 Siehe etwa JV. 48 (Vodafone/Vivendi/Canal+), Rn. 83 ff., 90 ff.; JV. 15 (BT/AT&T), Rn. 199; JV. 22 (Fujitsu/Siemens); M. 1327 (NC/Canal+/CDPQ/Bank America), Rn. 40 ff.
104 Dazu Rn. 70.
105 *Schroeder*, WuW 2004, 893, 897.
106 *Bechtold/Bosch/Brinker/Hirsbrunner*, Art. 2 FKVO, Rn. 92.
107 Siehe im Einzelnen 8. Kap., Rn. 267.
108 Siehe im Einzelnen 8. Kap., Rn. 267 ff.
109 *Wagemann*, in: Wiedemann, § 16, Rn. 213.
110 Siehe oben Rn. 10.
111 Siehe im Einzelnen Bekanntmachung zu Nebenabreden über Einschränkungen des Wettbewerbs, die mit der Durchführung von Unternehmenszusammenschlüssen unmittelbar verbunden und für diese notwendig sind, ABl. 2001 C 188/5, Rn. 35.
112 Bekanntmachung der Kommission über Einschränkungen des Wettbewerbs, die mit der Durchführung von Unternehmenszusammenschlüssen unmittelbar verbunden und für diese notwendig sind, ABl. 2001 C 188/5, Rn. 36.
113 Bekanntmachung zu Nebenabreden, Rn. 36.

T. Mäger

Wettbewerbsverbote, die für die Zeit **nach Auflösung des GU** gelten, betrachtet die Kommission 55
demgegenüber kritisch, da ein solches Wettbewerbsverbot nicht mehr unmittelbar mit dem
Zusammenschluss verbunden sei.[114] Hieraus darf aber nicht der Schluss gezogen werden, dass
Wettbewerbsverbote nach Ablauf der Existenzdauer eines GU keinesfalls zulässig sind. Bei der
Auflösung des GU handelt es sich vielmehr um einen getrennten Vorgang, der separat zu würdigen ist. Das Wettbewerbsverbot kann deshalb eine zulässige Nebenabrede zu einem neuen,
eigenständigen Zusammenschluss „Austritt eines Gesellschafters/Übertragung einer Beteiligung" sein, der vom ursprünglichen Zusammenschlusstatbestand „Gründung des GU" zu
trennen ist. Insoweit gelten die allgemeinen Grundsätze der Zulässigkeit von Wettbewerbsverboten bei Unternehmenskäufen.[115]

In **sachlicher** Hinsicht ist das Wettbewerbsverbot grundsätzlich auf Produkte oder Dienstleis- 56
tungen zu beschränken, die den Geschäftsgegenstand des GU bilden. **Räumlich** ist ein Wettbewerbsverbot nur zulässig, wenn es sich auf dasjenige Gebiet bezieht, in das die Gesellschafter
die betreffenden Produkte oder Dienstleistungen vor Gründung des GU abgesetzt oder erbracht
haben.[116]

Nach Auffassung der Kommission stellt ein Wettbewerbsverbot, das einem **nicht kontrollie-** 57
renden Gesellschafter auferlegt wird, keine Nebenabrede dar.[117] Zur Vermeidung der „Aus-
höhlung" des GU darf jedoch Minderheitsgesellschaftern eines GU ein Wettbewerbsverbot
auferlegt werden, wenn diese die strategische Ausrichtung des GU durch die Möglichkeit einer
Blockade strategischer Unternehmungsentscheidungen beeinflussen können.[118] Derartige Gesellschafter dürften regelmäßig ohnehin Kontrolle im Sinne des Art. 3 FKVO innehaben. Im
Einzelfall kann es weiterhin notwendig sein, ein GU vor konkurrierenden Aktivitäten eines
nicht kontrollierenden Gesellschafters zu schützen, sofern dieser privilegierten Zugang zu
Know-how und sonstigen wettbewerbsrelevanten Informationen erhält.[119] Schließlich wird
teilweise eine Rechtfertigung für ein Wettbewerbsverbot von Minderheitsgesellschaftern bereits
dann angenommen, wenn diese einander vor Gründung des GU als Wettbewerber gegenüber-
standen und sich mit der Gründung des GU unter Einbringung ihrer Aktivitäten in das GU
vollständig vom Markt zurückgezogen haben. Andernfalls würde – durch Wiederaufnahme
von Wettbewerb durch die Minderheitsgesellschafter – ein unzulässiges „kooperatives" GU
entstehen.[120] Das Argument betreffend die Absicherung der kartellrechtlichen Neutralität greift
allerdings nur ein, wenn mehrere Mitgesellschafter Wettbewerb aufnehmen.[121] Gegenüber einem **rein kapitalistisch beteiligten** Minderheitsgesellschafter ist ein Wettbewerbsverbot grundsätzlich nicht zum Schutze der Funktionsfähigkeit der Gesellschaft notwendig.[122]

---

114 So jedenfalls ausdrücklich die Bekanntmachung der Kommission über Einschränkungen des Wettbewerbs,
die mit der Durchführung von Unternehmenszusammenschlüssen unmittelbar verbunden und für diese notwendig sind, ABl. 2001 C 188/5, Rn. 36.
115 So auch *De Crozals/Hartog*, EWS 2004, 539, 535; ebenso *Linsmeier/Lichtenegger*, BB 2011, 328, 333; abweichend *Weidenbach/Mühle,* EWS 2010, 353, 357: Vertraulichkeitsvereinbarung grundsätzlich ausreichend; siehe auch Kommission, M. 1368 (Ford/ZF), Rn. 17: Keine zulässige Nebenabrede bei einem im Rahmen der Gründung des GU vereinbarten Wettbewerbsverbot zwischen den Müttern eines GU, das im Falle
des Ausscheidens einer Muttergesellschaft zu Lasten dieser Muttergesellschaft für einen Zeitraum von fünf
Jahren gelten sollte.
116 Bekanntmachung zu Nebenabreden, Rn. 37 f.
117 Bekanntmachung zu Nebenabreden, Rn. 40 unter Verweis auf Gründer „ohne Beherrschungsmacht". Gemeint sind nicht kontrollierende Gesellschafter. Dies ist in der englischen Sprachfassung ("non-controlling
parents") klargestellt, siehe nur *Kübler/Oest*, KSzW 2011, 47, 53.
118 So im Hinblick auf ein im Übrigen kartellrechtsneutrales GU: BGH, KZR 58/07 (Gratiszeitung Hallo), WuW/
DE-R 2742.
119 So auch *De Crozals/Hartog*, EWS 2004, 533, 535; ebenso *Linsmeier/Lichtenegger*, BB 2011, 328, 330; etwas
abweichend *Weidenbach/Mühle,* EWS 2010, 353, 356: Wettbewerbsverbot zulässig, aber Dauer zu reduzieren, da sich Einfluss des Minderheitsgesellschafters auf das Unternehmen schneller verringern dürfte.
120 *Kapp/Schumacher*, WuW 2010, 481, 490.
121 Siehe Rn. 37.
122 Siehe nur *Linsmeier/Lichtenegger*, BB 2011, 328, 332.

58 Wettbewerbsverbote **zu Lasten des GU** sind zulässig, weil es im Ergebnis um die Bestimmung des (sachlichen oder räumlichen) Geschäftsgegenstandes des GU durch die Gesellschafter geht.[123]

59 bb) **Lizenzverträge.** Die Vergabe einer Lizenz durch die Muttergesellschaften eines GU wird grundsätzlich als zulässige Nebenabrede angesehen. Eine derartige Lizenz kann auf das Tätigkeitsfeld des GU beschränkt werden. Auch Lizenzen, die das GU einer Muttergesellschaft gewährt oder Überkreuz-Lizenzen, die sich das GU und die Muttergesellschaften gegenseitig erteilen, stellen regelmäßige Nebenabreden dar. Dies gilt jedoch nicht für Lizenzverträge zwischen den Muttergesellschaften.[124]

60 cc) **Lieferbeziehungen.** Bleibt eine Muttergesellschaft auf einem Markt tätig, der dem Markt des GU vor- oder nachgelagert ist, kann sich das Bedürfnis ergeben, Bezugs- oder Lieferverträge zwischen der Muttergesellschaft und dem GU abzuschließen. Für derartige Verträge gelten dieselben Grundsätze wie beim Unternehmenskauf.[125] Nach Auffassung der Kommission gilt für Bezugs- und Lieferpflichten damit eine regelmäßige Höchstdauer von fünf Jahren.[126] Dies ist nur schwer mit dem Umstand in Einklang zu bringen, dass Wettbewerbsverbote zu Lasten der Muttergesellschaft und zu Gunsten des GU für die gesamte Lebensdauer des GU zulässig sind.[127] Denn Bezugs- und Lieferpflichten werden von der Kommission als Unterfall des Wettbewerbsverbots aufgefasst.[128]

61 c) **Sonstige Wettbewerbsbeschränkungen.** Neben einer Koordinierung des Wettbewerbsverhaltens der Muttergesellschaften kann die Gründung eines GU zu zwei weiteren negativen Wirkungen auf den Wettbewerb führen: Zu einer **geringeren Wahrscheinlichkeit potenziellen Wettbewerbs** und zu **Markzutrittsschranken.** Im Fall von Vollfunktions-GU werden diese beiden Typen negativer Wirkungen eines GU unter zwei Gesichtspunkten geprüft: Zum einen sind sie im Rahmen des Fusionsaspekts zu berücksichtigen,[129] zum anderen spielen sie auch im Rahmen des Kartellaspekts eine Rolle. Insoweit ist die Prüfung aber eingeschränkt. Die negativen Wirkungen sind im Rahmen des Art. 2 Abs. 4 FKVO nur insofern von Bedeutung, als sie durch eine Koordinierung des Wettbewerbsverhaltens der Gesellschafter bewirkt werden. Eine darüber hinaus gehende Prüfung nach Art. 101 AEUV ist nicht sachgerecht.[130]

62 Die fusionskontrollrechtliche Freigabeentscheidung der Kommission deckt automatisch auch zulässige Nebenabreden ab.[131]

63 Damit verbleibt nur ein eingeschränkter Bereich von „sonstigen Wettbewerbsbeschränkungen", die direkt nach Art. 101 und Art. 102 AEUV in Verbindung mit VO Nr. 1/2003 und damit außerhalb des Verfahrens und der Fristen der FKVO geprüft werden.

64 Derartige sonstige Wettbewerbsbeschränkungen betreffen zum einen Abreden, die mit dem GU in keinem inneren Zusammenhang stehen, sondern von Unternehmen getroffen werden, die „zufällig" auch Beteiligte eines GU sind. Hierhin gehören Beschränkungen, die zwischen dem GU und Dritten vereinbart werden sowie Abreden zwischen den Muttergesellschaften, die keinen Bezug zum GU aufweisen. Derartige Abreden müssen nach den allgemeinen Kriterien geprüft werden. Im Rahmen dieser kartellrechtlichen Prüfung spielt die Existenz des GU keine Rolle.

65 Zum anderen gehören in die Fallgruppe der „sonstigen Wettbewerbsbeschränkungen" beschränkende Abreden im Innenverhältnis zwischen einer Muttergesellschaft und dem GU, z.B. Preisvorgaben an das GU. Derartige Abreden stehen zwar mit dem GU in einem unmittelbaren

---

123 Siehe Kommission IV/M. 102 (TNT/Canada Post/DBP Postdienst/La Poste/PTT Post/Sweden Post), ABl. 1991 C 322/19, Rn. 60; *De Crozals/Hartog*, EWS 2004, 533, 535; *Schroeder*, S. 93, 114; *Bechtold/Bosch/Brinker/Hirsbrunner*, Art. 8 FKVO, Rn. 34.
124 Bekanntmachung zu Nebenabreden, Rn. 42 f.
125 Dazu 8. Kap., Rn. 284 f.
126 Bekanntmachung zu Nebenabreden, Rn. 44 i.V.m. Rn. 33.
127 Siehe oben Rn. 54.
128 Siehe Art. 1 Abs. 1 lit. d) Vertikal-GVO.
129 Siehe Rn. 24 f.
130 Rn. 31 f.
131 Siehe oben Rn. 53.

T. Mäger

inneren Zusammenhang. Sie werden aber von Art. 2 Abs. 4 FKVO nicht erfasst und dement-sprechend nicht im Rahmen des Fusionskontrollverfahrens geprüft. Zur Anwendung kommt der allgemeine Maßstab von Art. 101 AEUV. Allerdings stellt sich die Frage, ob das Innenver-hältnis zwischen Muttergesellschaften einerseits und dem GU andererseits dem Kartellverbot entzogen ist (Konzernprivileg). Die Frage der Anwendbarkeit des Konzernprivilegs bei GU wird in einem eigenen Abschnitt erörtert.[132]

III. Besonderheiten bei Vollfunktions-GU ohne unionsweite Bedeutung

1. Fusionsaspekt

Eine Transaktion, welche die Umsatzschwellen von Art. 1 FKVO nicht erfüllt, kann von der Kommission nicht fusionskontrollrechtlich geprüft werden, es sei denn, es liegt eine Verweisung vor.[133] Zu prüfen sind aber die Fusionskontrollregime der Mitgliedstaaten.   66

Aus dem europäischen Recht ergeben sich keine Vorgaben für die fusionskontrollrechtliche Prüfung. Der erweiterte Vorrang des europäischen Rechts nach Art. 3 Abs. 1 und 2 VO (EG) Nr. 1/2003 gilt nicht gegenüber den Fusionskontrollen der Mitgliedstaaten, Art. 3 Abs. 3 VO (EG) Nr. 1/2003.[134]   67

2. Kartellaspekt

Vollfunktions-GU, welche die Umsatzschwellen von Art. 1 FKVO nicht erfüllen, werden von der Kommission nicht geprüft, sofern nicht ein Verweisungsfall[135] vorliegt. Die **FKVO** macht gleichwohl **Vorgaben** für die Prüfung des Kartellaspekts. Wie bereits hervorgehoben[136] schränkt Art. 21 Abs. 1 FKVO die Prüfung des Kartellaspekts für sämtliche Vollfunktions-GU ein, unabhängig davon, ob die Umsatzschwellen von Art. 1 FKVO erfüllt sind. Geprüft wird nur, ob das GU zu einer **Koordinierung des wettbewerblichen Verhaltens der Muttergesell-schaften** führt. Eine darüber hinausgehende Prüfung nach Art. 101 AEUV durch die Kommis-sion ist praktisch ausgeschlossen.[137]   68

Darüber hinaus hat die Kommission im Rahmen der Novellierung der FKVO 1997 in einer Protokollerklärung[138] zum Ausdruck gebracht, dass sie im Hinblick auf die dezentrale An-wendung der Art. 101 und 102 AEUV gewöhnlich den nationalen Wettbewerbsbehörden über-lassen wird, kooperative GU kartellrechtlich zu überprüfen und ihr eigenes Eingreifen auf sol-che GU beschränken wird, die „erhebliche Auswirkungen" auf den Handel zwischen Mitglied-staaten haben könnten. Diese Selbstbeschränkung der Kommission stellt eine Gegenleistung an die Mitgliedstaaten für die Ausweitung des Anwendungsbereichs der europäischen Fusions-kontrolle auf kooperative Vollfunktions-GU im Rahmen der Novellierung der FKVO 1997[139] dar.   69

Im Hinblick auf die Prüfung des Kartellaspekts durch die Mitgliedstaaten ergibt sich folgende **Vorgabe des europäischen Rechts**: Anders als bei Vollfunktions-GU mit gemeinschaftsweiter Bedeutung[140] kommt bei Vollfunktions-GU ohne gemeinschaftsweiter Bedeutung, die nicht an die Kommission verwiesen werden,[141] das Prinzip der **Legalausnahme** nach Art. 1 Abs. 2 der   70

---

132 Siehe Rn. 84 ff.
133 Dazu 8. Kap., Rn. 117 ff.
134 A.A. *Bach*, ZWeR 2003, 187, 196: Die deutschen Fusionskontrollvorschriften seien „einzelstaatliches Wett-bewerbsrecht" im Sinne vom Art. 3 Abs. 1 VO (EG) Nr. 1/2003. Das Bundeskartellamt müsse deshalb bei Vorliegen der Zwischenstaatlichkeitsklausel im Rahmen des Fusionskontrollverfahrens eine Prüfung nach Art. 81 EG vornehmen. GU, welche die Voraussetzungen des Art. 81 Abs. 3 EG erfüllen, könnten vom Bun-deskartellamt nicht mehr untersagt werden.
135 Siehe 8. Kap., Rn. 117 ff.
136 Siehe Rn. 32.
137 Vor diesem Hintergrund ist auch eine Anwendung der – ohnehin wenig effizienten – Regelungen der Art. 104 und 105 AEUV abzulehnen.
138 Erklärung für das Ratsprotokoll vom 20. Juli 1997, Nr. 4 (WuW 1990, 240, 243).
139 Siehe Rn. 7.
140 Siehe Rn. 51.
141 Dazu 8. Kap., Rn. 117 ff.

VO (EG) Nr. 1/2003 voll zum Tragen. Die Kommission hat kein Freistellungsmonopol im Hinblick auf Art. 101 Abs. 3 AEUV. Das Prinzip der Legalausnahme in Verbindung mit dem Vorrang des europäischen Kartellrechts vor nationalen Kartellrechtsregimen nach Art. 3 Abs. 2 Satz 1 VO (EG) Nr. 1/2003[142] führt dazu, dass eine – gegenüber einer Beurteilung nach Art. 101 Abs. 3 AEUV kritischere – Bewertung nach § 1 GWB „blockiert" sein kann.[143]

C. Prüfung von Teilfunktions-GU

I. Voraussetzungen eines Teilfunktions-GU

71 Der Begriff des Teilfunktions-GU wird lediglich negativ abgegrenzt. Ein GU, das die Voraussetzungen eines Vollfunktions-GU nicht erfüllt, ist ein Teilfunktions-GU. Hierzu gehören insbesondere diejenigen GU, die lediglich Hilfsfunktionen für die Muttergesellschaften wahrnehmen.[144]

II. Prüfungsmaßstab bei Teilfunktions-GU

72 Auch Teilfunktions-GU sind sowohl nach dem Fusionsaspekt als auch dem Kartellaspekt zu prüfen.

1. Fusionsaspekt

73 Die FKVO greift grundsätzlich nicht ein, da sie nur Vollfunktions-GU erfasst, Art. 3 Abs. 4 FKVO. Auch eine Verweisung an die Kommission ist nicht zulässig.[145] Zu prüfen sind aber die Fusionskontrollregime der Mitgliedstaaten. Insbesondere die deutsche Fusionskontrolle erfasst auch Teilfunktions-GU. Es ist denkbar, dass ein Teilfunktions-GU unter dem Fusionsaspekt von einer nationalen Kartellbehörde und parallel unter dem Kartellaspekt von der Kommission geprüft wird.[146]

74 In **Ausnahmefällen** kann auch ein **Teilfunktions-GU** unter die FKVO fallen. Nach Auffassung der Kommission liegt ein Zusammenschluss nach Art. 3 Abs. 1 FKVO im Falle einer Transaktion vor, bei der mehrere beteiligte Unternehmen gemeinsam von Dritten die Kontrolle über ein anderes Unternehmen oder Teile eines anderen Unternehmens erwerben. Das Vollfunktionskriterium müsse dann nicht mehr geprüft werden. Denn in einem solchen Fall werde stets die Marktstruktur verändert, ebenso wie beim Erwerb der alleinigen Kontrolle (bei dem das Vollfunktionskriterium von vornherein keine Rolle spielt).[147] Hieraus wird der Schluss gezogen, dass das Vollfunktionskriterium immer dann entfalle, wenn ein bereits bestehendes Unternehmen mit Marktpräsenz erworben werde.[148] Hiergegen spricht aber, dass die Kommission nur auf den Erwerb eines Unternehmens „von Dritten" (und nicht „von einem Dritten") Bezug nimmt. Dies legt nahe, auf das Vollfunktions-Kriterium nur dann zu verzichten, wenn das zu erwerbende Unternehmen bereits vor dem Erwerb ein GU darstellt. Dies könnte damit begrün-

---

142 Dazu 1. Kap., Rn. 47 ff.
143 *Schroeder*, WuW 2004, 893, 897; die Anwendung von Art. 101 Abs. 3 AEUV wird auch nicht dadurch eingeschränkt, dass die Kommission in einer Protokollerklärung im Rahmen der Novellierung der FKVO 1997 (Erklärung für das Ratsprotokoll vom 20. Juni 1997, Nr. 4, WuW 1990, 240, 243) zum Ausdruck gebracht hat, dass sich bei einer fusionskontrollrechtlichen oder kartellrechtlichen Untersagung der Errichtung eines Vollfunktions-GU, das die Umsatzschwellen des Art. 1 FKVO nicht erreicht, durch einen Mitgliedstaat die Frage der Gewährung einer Ausnahmeregelung nach Art. 101 Abs. 3 AEUV durch die Kommission nicht mehr stelle. Diese Auffassung ist seit Einführung des Prinzips der Legalausnahme obsolet, da die Kommission nicht über die Reichweite der direkten Anwendung des Art. 101 Abs. 3 AEUV entscheiden kann.
144 Siehe Rn. 12.
145 8. Kap., Rn. 122, 138.
146 Dies geschah z.B. im Fall BHP Billiton/Rio Tinto, siehe Pressemitteilung des BKartA vom 7. Dezember 2010 im Fall B1-10/10.
147 Konsolidierte Mitteilung zu Zuständigkeitsfragen, Rn. 91.
148 *Wessely/Wegner*, in: MünchKomm, Art. 3 FKVO, Rn. 90.

T. Mäger

det werden, dass in diesem Fall nicht von der „Gründung" eines GU i.S.v. Art. 3 Abs. 4 FKVO – also der Vorschrift, die das Vollfunktionserfordernis aufstellt – gesprochen werden kann.[149]

2. Kartellaspekt

Bei Teilfunktions-GU werden sämtliche negativen Wirkungen unmittelbar nach Art. 101 AEUV i.V.m. der VO (EG) Nr. 1/2003 geprüft.[150]   75

Die Kommission hat im Jahre 1993 eine Bekanntmachung über die Beurteilung kooperativer GU nach Art. 81 EG (jetzt Art. 101 AEUV) veröffentlicht.[151] Diese Bekanntmachung ist allerdings teilweise überholt, da die kooperativen Vollfunktionsunternehmen mittlerweile in die Fusionskontrolle einbezogen worden sind, Art. 3 Abs. 4 FKVO.[152] Im Jahr 2001 hat die Kommission Leitlinien über die horizontale Zusammenarbeit bekannt gemacht, welche die frühere Bekanntmachung über die Beurteilung kooperativer GU ersetzt hat. Diese Leitlinien wurden im Jahr 2011 in überarbeiteter Form veröffentlicht.[153] Teilfunktions-GU werden grundsätzlich nach den gleichen Kriterien beurteilt wie andere Formen der horizontalen Kooperation. Die Leitlinien über horizontale Zusammenarbeit befassen sich allerdings schwerpunktmäßig mit dem Gegenstand der Zusammenarbeit, ohne auf die Form näher einzugehen. Deshalb erscheint es sachgerecht, einzelne Aspekte der Bekanntmachung über die Bewertung kooperativer GU nach wie vor zu berücksichtigen. Dies gilt etwa für die Frage, wann ein potentielles Wettbewerbsverhältnis zwischen den Muttergesellschaften angenommen werden kann (und damit eine Beschränkung des Wettbewerbs zwischen den Muttergesellschaften in Betracht kommt).[154]   76

Ein GU verstößt nicht gegen Art. 101 AEUV, wenn es das Spürbarkeitskriterium nicht erfüllt.[155] Weiterhin erübrigt sich unter praktischen Aspekten meist eine Prüfung, ob ein GU von Art. 101 Abs. 1 AEUV erfasst wird, wenn jedenfalls die Voraussetzungen einer GVO – insbesondere Spezialisierungs-GVO, F&E-GVO und TT-GVO – erfüllt sind, wobei allerdings der Aspekt der Beweislastverteilung zu beachten ist.[156]   77

a) **Teilfunktions-GU in marktfernen Bereichen.** Dient das GU marktfernen und damit wettbewerbsneutralen Zwecken, liegt keine Wettbewerbsbeschränkung im Sinne von Art. 101 Abs. 1 AEUV vor. Beispiele sind GU, die sich der Beschaffung, Aufarbeitung und Weitergabe nicht vertraulicher Informationen zur Vorbereitung autonomer Entscheidungen der beteiligten Unternehmen widmen oder deren Tätigkeit auf Hilfstätigkeiten organisatorischer bzw. technischer Art beschränkt ist.[157]   78

b) **Teilfunktions-GU zwischen Nicht-Wettbewerbern.** Unbedenklich sind grundsätzlich auch Teilfunktions-GU zwischen Unternehmen, die weder als aktuelle noch potenzielle Wettbewerber anzusehen sind.[158] Hierunter fallen GU für die Forschung und Entwicklung[159] und für die Produktion, soweit nicht die Absatzmöglichkeiten der bisherigen Lieferanten erheblich eingeschränkt werden.[160] Gleiches gilt im Falle von GU für den Vertrieb oder den Kunden-/Repa-   79

---

149 Im Fall M. 3798 (NYK/Lauritzen Cool/LauCool JV) hat die Kommission die Vollfunktionsfähigkeit eines bereits bestehenden und auf dem Markt aktiven Unternehmens, das Gegenstand des gemeinsamen Kontrollerwerbs war, geprüft; keine Prüfung demgegenüber z.B. im Fall M. 4042 (Toepfer/Invivo/Soules), in dem es um den Erweb eines GU ging; vgl. auch *Immenga/Körber*, in: Immenga/Mestmäcker, EG-WettbR, Art. 3 FKVO, Rn. 111.

150 Siehe etwa Kommission, 94/896/EG (Asahi/St. Gobain), ABl. 1994 L 354/87, Rn. 16; *Schroeder*, WuW 2004, 893, 896; zur eingeschränkten Prüfung bei Vollfunktions-GU siehe Rn. 31 f.

151 ABl. 1993 C 43/2.

152 Rn. 7.

153 3. Kap., Rn. 5.

154 Bekanntmachung über die Beurteilung kooperativer GU, Rn. 18.

155 1. Kap., Rn. 74 ff. und 94 ff.

156 12. Kap., Rn. 16.

157 Siehe die (frühere) Bekanntmachung der Kommission über die Beurteilung kooperativer GU nach Art. 81 EG, Rn. 2 ff.

158 Siehe etwa Kommission, 32.009 (Elopak/Metal Box).

159 Leitlinien über horizontale Zusammenarbeit Rn. 130.

160 Dazu: *Rating*, in: Schröter/Jakob/Mederer, Art. 81 – Fallgruppen, Änderung der Unternehmensstruktur, Rn. 68.

raturdienst und bei GU, die eine zulässige Arbeitsgemeinschaft darstellen.[161] Geht es um ein GU für den gemeinsamen Einkauf, führt der bloße Umstand, dass die Muttergesellschaften keine Wettbewerber auf dem nachgelagerten Angebotsmarkt sind, nicht dazu, dass das GU von vornherein automatisch unbedenklich ist, da die Muttergesellschaften jedenfalls Wettbewerber auf dem Nachfragermarkt sind.[162]

80   c) **Teilfunktions-GU zwischen Wettbewerbern.** Bei einem Teilfunktions-GU zwischen Wettbewerbern, das nicht nur marktferne Tätigkeiten zum Gegenstand hat, muss die Vereinbarkeit mit Art. 101 Abs. 1 AEUV im Einzelnen geprüft werden.[163] Im Hinblick auf die wettbewerbsschränkenden Wirkungen, die mit einer gemeinsamen Tätigkeit in den Bereichen Einkauf, Produktion[164] und Vertrieb verbunden sind, gelten die allgemeinen Grundsätze.[165] Darüber hinaus können sich bei Teilfunktions-GU dieselben Gruppeneffekte wie bei Vollfunktions-GU ergeben.[166] Insgesamt ist der für Teilfunktions-GU geltende Maßstab deutlich strenger als bei Vollfunktions-GU, bei denen z.B. können im Falle der Vergemeinschaftung der Produktion auch höhere Marktanteile mit dem SIEC-Test der FKVO vereinbar sein können.[167] Demgegenüber sind bei einem Teilfunktions-GU die niedrigen Marktanteilsschwellen der Spezialisierungs-GVO zu berücksichtigen.[168]

81   d) **Nebenabreden.** Für die Beurteilung von Nebenabreden, z.B. Wettbewerbsverboten, gelten zunächst dieselben Grundsätze wie bei Vollfunktions-GU. Damit sind zunächst diejenigen Nebenabreden zulässig, die mit der Errichtung des GU in unmittelbaren Zusammenhang stehen und für dieses notwendig sind.[169] Ein Unterschied zur Vollfunktions-GU besteht jedoch darin, dass derartige Nebenabreden nicht automatisch von der fusionskontrollrechtlichen Freigabeentscheidung der Kommission gedeckt sind, da es bei Teilfunktions-GU zu einer derartigen Entscheidung der Kommission nicht kommt.

82   Liegt eine Wettbewerbsbeschränkung nach Art. 101 Abs. 1 AEUV vor, kommt bei Teilfunktions-GU ebenso wie bei Vollfunktions-GU eine Rechtfertigung nach Art. 101 Abs. 3 in Betracht.[170] Eine Freistellungsfähigkeit nach Art. 101 Abs. 3 AEUV kann eine kritischere Beurteilung nach § 1 GWB „blockieren".[171]

83   e) **Sonstige Wettbewerbsbeschränkungen.** Im Hinblick auf die Fallgruppe der sonstigen Wettbewerbsbeschränkungen gelten dieselben Grundsätze wie bei Vollfunktions-GU.[172]

D. Konzernprivileg

I. Allgemein

84   Der Konzernbinnenbereich ist grundsätzlich der Anwendbarkeit des Kartellverbots entzogen. Innerhalb eines Konzerns besteht ein kartellrechtsfreier Raum, da der Konzern eine **wirtschaftliche Einheit** darstellt.[173] Umstritten ist die Anwendung dieses Konzernprivilegs bei GU.

85   Unter dem Stichwort Konzernprivileg wird diskutiert, ob im Binnenbereich zwischen Muttergesellschaften und GU wettbewerbsbeschränkende Vereinbarungen oder abgestimmte Verhaltensweisen zulässig sind, die zwischen unabhängigen Unternehmen als nach Art. 101 AEUV

---

161 3. Kap., Rn. 85 ff.
162 Siehe im Einzelnen 3. Kap., Rn. 58 ff.
163 Siehe etwa Kommission, 33.640 (Exxon/Shell), Rn. 55. Für die Prüfung, ob die Unternehmen als potenzielle Wettbewerber anzusehen sind, ist der Kriterienkatalog der Bekanntmachung der Kommission über die Beurteilung kooperativer GU (Rn. 2 ff) hilfreich, siehe Rn. 75.
164 Wenn das Produktion-GU zu einer Vereinheitlichung der Kostensituation bei den Muttergesellschaften führt, kann dies wettbewerbsdämpfende Wirkungen zur Folge habe, siehe aber 3. Kap., Rn. 29.
165 Siehe 3. Kap., Rn. 58 ff. (Einkauf), 29 ff. (Produktion), 68 ff. (Vertrieb).
166 Siehe dazu Rn. 30 ff.
167 Siehe etwa Kommission, M. 1987 (BASF/Bayer/Hoechst/Dystar).
168 Siehe dazu 3. Kap., Rn. 40 f.
169 Siehe dazu Rn. 53 ff.
170 Siehe dazu Rn. 46 ff.
171 Siehe Rn. 70.
172 Rn. 61 ff.
173 Siehe im Einzelnen 7. Kap.

unzulässige Wettbewerbsbeschränkungen einzuordnen wären. Darf z.B. eine Muttergesellschaft das GU anweisen, in Verträgen mit Kunden ein bestimmtes Preisniveau einzuhalten?

Betrachtet man das Dreieck zwischen Muttergesellschaften und GU, ergibt sich zunächst, dass die Anwendbarkeit eines – wie auch immer zu begründenden – Konzernprivilegs von vornherein nicht im Verhältnis der Muttergesellschaften untereinander in Betracht kommt. Preisabsprachen oder Marktaufteilungen, welche die Muttergesellschaften im Hinblick auf ihr eigenes Geschäft – d.h. außerhalb des GU – vereinbaren, sind unzulässig. Der Umstand, dass die Muttergesellschaften „zufällig" Anteile an einem GU halten, kann hieran nichts ändern. Die Anwendbarkeit des Konzernprivilegs kommt deshalb nur im Verhältnis einer Muttergesellschaft einerseits und dem GU andererseits in Betracht. **86**

Dabei setzt das Konzernprivileg zunächst jedenfalls voraus, dass die betreffende Muttergesellschaft über eine **mitkontrollierende Stellung** verfügt (andernfalls läge aus Sicht des europäischen Kartellrechts überhaupt kein GU vor).[174] Der Begriff der Mitkontrolle geht weiter als derjenige der Mitbeherrschung nach deutschem Gesellschaftsrecht. Der Kontrollbegriff verlangt keine Koordination der Ausübung von Gesellschafterrechten,[175] sondern lässt schon den negativen Einfluss von Vetorechten genügen.[176] **87**

Die Anwendbarkeit des Konzernprivilegs im Falle eines GU ist noch nicht abschließend geklärt. Rechtsprechung und Kommission haben in der Vergangenheit vereinzelt die Auffassung vertreten, dass ein GU mit einer oder mehreren seiner Mütter keine wirtschaftliche Einheit bildet.[177] Diesen Entscheidungen lagen aber besondere Konstellationen zugrunde. Die Anwendung des Konzernprivilegs scheiterte im Wesentlichen nicht nur am Fehlen einer einheitlichen Leitung, sondern an der tatsächlichen Unabhängigkeit des GU.[178] Damit lassen diese Entscheidungen nicht ohne weiteres den Schluss zu, dass die Gemeinschaftsorgane eine Einschränkung des Kartellverbots im Verhältnis zu GU allgemein ausschließen wollten.[179] Im Zusammenhang mit der Frage, ob eine Muttergesellschaft für Kartellverstöße eines GUs haftet, hat das EuG eine wirtschaftliche Einheit zwischen GU und Muttergesellschaften bejaht, sofern diese über eine gemeinsame Leitungsbefugnis verfügen und diese auch in enger Zusammenarbeit ausüben.[180] Die Kommission hat in dem Entwurf der Leitlinien über horizontale Zusammenarbeit eine Passage aufgenommen, in der die Anwendung des Konzernprivilegs bei GU bejaht wird,[181] wobei dieser Hinweis in der endgültigen Fassung allerdings gestrichen wurde. Auch in mehreren Kartellbußgeldentscheidungen hat die Kommission eine wirtschaftliche Einheit zwischen Muttergesellschaft und GU bejaht.[182] **88**

Im Rahmen der Frage der Anwendbarkeit des Konzernprivilegs bei GU lassen sich mehrere Fallgruppen unterscheiden. Die erste Fallgruppe betrifft Konstellationen, in denen das Ver- **89**

---

174 Siehe 8. Kap., Rn. 32 ff.
175 So aber z.B. das deutsche Gesellschaftsrecht, z.B. BGH, KVR 9/85 (Hussel/Mara), WuW/E BGH 2337, 2339 f.: Keine gemeinsame Beherrschung trotz paritätischer Beteiligung, wenn eine Muttergesellschaft der anderen eine herausragende Stellung einräumt, die dazu führt, dass diese die Verantwortung für die Führung des GU trägt und die Unternehmenspolitik bestimmt.
176 8. Kap., Rn. 18, 33.
177 EuG, Rs. T-145/89 (Baustahlgewebe), Slg. 1995, II-987, Rn. 107 f.; Kommission, 32.732 (Ijsselcentrale), ABl. 1991 L 28/32 Rn. 24; 32.186 (Gosme/Martell), ABl. 1991 L 185/23 Rn. 30; ebenso: *Ritter/Braun*, S. 47 f.; *Menz*, S. 321.
178 Siehe im Einzelnen: *Thomas*, ZWeR 2005, 236, 248 ff.
179 *Thomas*, ZWeR 2005, 236, 248.
180 EuG, Rs. T-314/01 (Avebe), Slg. 2006, II-3085, Rn. 138 (Sonderfall eines GU ohne eigene Rechtspersönlichkeit); EuG, Rs. T-24/05 (Rohtabak), Rn. 164 ff.
181 In Rn. 11 des Entwurfs hieß es: „As a joint venture forms part of one undertaking with each of the parent companies that jointly exercise decisive influence and effective control over it, Article 101 does not apply to agreements between the parents in such a joint venture, provided the creation of the joint venture did not infringe EU competition law".
182 COMP/F/38.645 (Methacrylates), Rn. 11, 263 f.; COMP/F/34.456 (Bitumen Netherlands), Rn. 10, 231; COMP/F/38.899 (Gas Insulated Switch Gear), Rn. 389, 405; COMP/39.181(Candle Waxes), Rn. 463 ff.; siehe auch die Fusionskontrollentscheidung M. 3056 (Celanese/Degussa), in der die Kommission angedeutet hat, dass das Konzernprivileg auch bei GU anwendbar sein kann: Die Rechtsauffassung eines Beteiligten, dass Art. 81 EG im Verhältnis zwischen dem GU und einer seiner Muttergesellschaft Anwendung finde, sei „nicht überzeugend".

hältnis zwischen dem GU und einer einzelnen Muttergesellschaft durch besondere Merkmale gekennzeichnet ist, aufgrund derer eine deutliche Parallele zum Verhältnis zwischen Tochtergesellschaft und alleinkontrollierender Muttergesellschaft besteht (siehe unter II.). Es stellt sich jedoch die übergeordnete Frage, ob über diese besondere Fallgruppe hinaus eine Anwendung des Konzernprivilegs bei GU allgemein gerechtfertigt erscheint (siehe unter III.).

II. Konzernprivileg zwischen GU und bestimmten qualifizierten Muttergesellschaften

90 Zunächst lassen sich Fallgruppen bilden, die durch dieselben Merkmale gekennzeichnet sind, welche das Konzernprivileg nach allgemeinen Maßstäben auslösen.[183]

1. Industrielle Führerschaft

91 Dabei geht es um die Fälle der industriellen Führerschaft (*Industrial Leadership*), bei der sich einer der Gesellschafter der Führung der Geschäfte des GU annimmt und der andere auf eine Mitwirkung nur bei ganz grundlegenden strategischen Entscheidungen beschränkt ist. Da sich die – für ein GU wesensnotwendige – gemeinsame Kontrolle nicht auf den täglichen Geschäftsbetrieb beziehen muss, schließt diese die industrielle Führerschaft durch eines der Muttergesellschaften nicht aus.[184] Die Fallgruppe der industriellen Führerschaft wurde von der Kommission vor In-Kraft-Treten der geänderten FKVO am 1. März 1998 entwickelt. Nach Art. 3 Abs. 2 Satz 2 FKVO a.F. war die Gründung eines GU nur dann als Zusammenschluss i. S. d. FKVO anzusehen, wenn die Gründung „keine Koordinierung des Wettbewerbsverhaltens der Gründerunternehmen im Verhältnis zueinander oder im Verhältnis zu dem GU" mit sich brachte, d.h. kooperative GU fielen aus der FKVO unabhängig davon heraus, ob es sich um Vollfunktions-GU handelte oder nicht.[185] In Fällen der industriellen Führerschaft einer Muttergesellschaft hielt es die Kommission entgegen dem Wortlaut des Art. 3 Abs. 2 Satz 2 FKVO a.F. gleichwohl für unbeachtlich, wenn durch die Gründung des GU eine Koordinierungsgefahr zwischen dem GU und dieser Muttergesellschaft entstand, da zwischen diesen Gesellschaften ohnehin kein Wettbewerb möglich sei.[186] Mit der Änderung der FKVO zum 1. März 1998 wurde das Problem dadurch entschärft, dass Art. 2 Abs. 4 FKVO seitdem ausschließlich auf die Koordinierungsgefahr zwischen den Muttergesellschaften abhebt.[187] Der Anlass für die Entwicklung der *Industrial Leadership Doctrine* hat sich damit zwar weitgehend erledigt. Dies ändert aber nichts daran, dass es Konstellationen der industriellen Führung durch eine einzelne Muttergesellschaft nach wie vor gibt, und dieser Umstand wie jedes andere tatsächliche Element eines Sachverhalts bei der kartellrechtliche Würdigung zu berücksichtigen ist.

92 Jedenfalls in Fällen, in denen eine Muttergesellschaft die **alleinige Kontrolle über die tägliche Geschäftsführung** eines GU inne hat, unterfallen Absprachen zwischen dem GU und dieser Muttergesellschaft nicht dem Kartellverbot, soweit diese Absprachen den Bereich der täglichen Geschäftsführung betreffen. Denn insoweit besitzt das GU keine Handlungs- und Entscheidungsfreiheit, die durch eine Absprache zusätzlich beschränkt werden könnte.[188] Auch eine Koordinierungsgefahr zwischen den Muttergesellschaften im Sinne eines Gruppeneffekts besteht in diesen Fällen nicht, da die betroffene Muttergesellschaft die tägliche Geschäftsführung des GU unter Ausschluss der anderen Mütter kontrollieren kann.[189]

93 Für die Anwendbarkeit des Konzernprivilegs ist nicht erforderlich, dass sich diejenige Muttergesellschaft, die die tägliche Geschäftsführung des GU nicht kontrolliert, aus dem Markt zurückzieht.

---

183 Siehe 7. Kap., Rn. 5 ff.
184 Siehe nur 8. Kap., Rn. 20, 35; siehe auch: *Bischke*, S. 63 f.
185 Dazu Rn. 7.
186 Kommission, IV/M. 363 (Continental/Kaliko/DG-Bank/Benecke), ABl. 1993 C 336/11 Rn. 10 (siehe auch *Mestmäcker/Schweitzer*, § 24 Rn. 58 m.w.N.).
187 Siehe Rn. 30 ff.
188 *Buntscheck*, S. 132; *Schroeder*, in: Wiedemann, § 8 Rn. 14; *Burnside/Mackenzie Stewart*, ECLR 1995, 138, 142; a.A. *Pohlmann*, S. 416; zweifelnd auch: *Menz*, S. 337 ff.
189 *Buntscheck*, S. 133.

T. Mäger

2. Bildung von Zuständigkeitsbereichen der Muttergesellschaften

Weiterhin sind Konstellationen denkbar, in denen die Muttergesellschaften im Hinblick auf die   94
tägliche Geschäftsführung des GU **unterschiedliche Zuständigkeitsbereiche** gebildet haben, die
von jeweils einer Muttergesellschaft alleine, d.h. unter Ausschluss der anderen Mütter, kontrolliert werden.[190] Dies kann darauf zurück zu führen sein, dass eine Muttergesellschaft in
einem bestimmten Gebiet über besondere Erfahrungen verfügt, die sie in das GU einbringen
möchte. Denkbar sind auch Geheimhaltungsaspekte. Bei einer derartigen Aufteilung der Ge-
schäftsführungsbereiche innerhalb eines GU ist das Kartellverbot auf Absprachen zwischen
dem GU und der einzelnen Muttergesellschaft nicht anwendbar, wenn die Absprache den Geschäftsbereich des GU betrifft, der ausschließlich von dieser Muttergesellschaft kontrolliert
wird.[191]

III. Konzernprivileg zwischen GU und sämtlichen kontrollierenden Muttergesellschaften

Bei den vorgenannten Fallgruppen geht es um Konstellationen, die durch dieselben Merkmale   95
gekennzeichnet sind, die das Konzernprivileg im Verhältnis zwischen GU und alleinkontrollierender Muttergesellschaft auslösen. Im Grunde geht es um Fälle der – auf die tägliche Geschäftsführung bezogenen – alleinigen Kontrolle. Es stellt sich die Frage, ob eine Anwendung
des Konzernprivilegs bei GU über die vorgenannten Fallgruppen hinaus gerechtfertigt erscheint.
Dabei geht es um die eigentliche Anwendung des Konzernprivilegs bei GU.

Die innere Rechtfertigung des Konzernprivilegs ist darin zu sehen, dass kein Bedürfnis für eine   96
Anwendung des Kartellverbots besteht, wenn der Tochtergesellschaft ein hinreichender wettbewerblicher Verhaltensspielraum fehlt. Denn im Kartellrecht geht es in erster Linie darum,
unabhängige Entscheidungsträger zu schützen und zu erhalten. Entscheidend ist, dass der
Tochtergesellschaft die notwendige Handlungsfreiheit fehlt.[192] Hierfür ist es aber unerheblich,
ob eine Muttergesellschaft allein oder mehrere Muttergesellschaften gemeinsam die Tochter
beherrschen.[193]

Damit stellt sich die Frage, wann der gemeinsame Einfluss der Muttergesellschaften auf ein GU   97
so stark ist, dass dessen wettbewerbliche Autonomie in einem Umfang eingeschränkt ist, der
zur Unanwendbarkeit des Kartellverbots führt. Ein Wettbewerbsverbot zu Lasten einer Muttergesellschaft eines GU sieht die Kommission nur als zulässige Nebenabrede eines Zusammenschlusses an, wenn die Muttergesellschaft über eine kontrollierende Position verfügt.[194]
Insgesamt dürfte eine Koordination bzw. Bündelung der Einflussrechte der Muttergesellschaften auf das GU zu fordern sein, um von einer fehlenden Handlungsautonomie des GU auszugehen.[195] Von einer Koordinierung der Einflusspotentiale dürfte regelmäßig bei paritätischen
GU auszugehen sein.[196] Auch bei disparitätischen Beteiligungen kann die Leitung des GU durch
vertragliche oder sonstige – rechtliche oder tatsächliche – Umstände vergemeinschaftet sein. Im
Ergebnis sind die Voraussetzungen **gemeinsamer Kontrolle** i.S.d FKVO – d.h. Vetorechte über
die Besetzung der Unternehmensleitung, Budget, Geschäftsplan und größere Investitionen[197]
– als Mindestanforderung anzusehen.[198] Damit wäre auch negative Kontrolle ausreichend.
Hierfür spricht auch, dass aus Sicht der Kommission der Wechsel von negativer zu positiver
Alleinkontrolle nicht anmeldepflichtig ist.[199] Hiergegen könnte eingewendet werden, dass es

---

190   Siehe etwa Kommission IV/M. 4 (Renault/Volvo), ABl. 1990 C 281/2; IV/M. 72 (Sanofi/Sterling Drug)
      ABl. 1991 C 156/10.
191   *Buntscheck*, S. 134.
192   Vgl. 7. Kap., Rn. 5.
193   *Thomas*, ZWeR 2005, 236, 251 unter Hinweis auch auf die Zurechnung von Wettbewerbsverstößen zwi-
      schen verbundenen Unternehmen.
194   Siehe Rn. 53; hierauf weist *Thomas*, ZWeR 2005, 236, 252, hin.
195   *Thomas*, ZWeR, 2005 236, 252.
196   *Thomas*, ZWeR 2005, 236, 253.
197   Siehe 8. Kap., 20, 35, auch zu der Frage, welche einzelnen Vetorechte ausreichen können.
198   *Thomas*, ZWeR 2005, 236, 254.
199   8. Kap., Rn. 52.

nicht auf die bloße „Blockade-Möglichkeit" ankommt, sondern auf die gemeinsame Führung des GU. Dann wäre allerdings nicht auf den europarechtlichen Begriff der Mitkontrolle, sondern auf den Begriff der Mitbeherrschung nach deutschem Gesellschaftsrecht abzustellen, der jedoch auf europäischer Ebene nicht verankert ist. Schließlich kann auch eine wirtschaftliche Abhängigkeit des GU von Minderheitsgesellschaftern von Bedeutung sein.[200]

98 Bildet danach ein GU mit den – gemeinsam kontrollierenden – Muttergesellschaften eine wirtschaftliche Einheit, ist Art. 101 AEUV weder auf Vereinbarungen des GU mit einer einzelnen Muttergesellschaft[201] noch auf Vereinbarungen mit mehreren oder allen Muttergesellschaften anwendbar.[202] Entsprechend dem allgemeinen Grundsatz[203] ist es auch bei GU für die Anwendbarkeit des Konzernprivilegs nicht erforderlich, dass eine bestehende Einflussmöglichkeit der Muttergesellschaften tatsächlich ausgeübt wird.[204]

99 Vom Kartellverbot sind auch Vereinbarungen des GU mit Schwestergesellschaften ausgenommen, sofern die kontrollierenden Muttergesellschaften zumindest teilweise identisch sind.[205]

IV. Konzernprivileg und Missbrauchsverbot

100 Sofern Dritte geltend machen, von einer Konzerngesellschaft gegenüber einer anderen Konzerngesellschaft missbräuchlich diskriminiert zu werden, stellen sich die im 7. Kapitel[206] behandelten Fragen, unabhängig davon, ob es sich bei der begünstigten Konzerngesellschaft um ein Gemeinschaftsunternehmen oder z.B. eine 100 %ige Tochtergesellschaft handelt. Darüber hinaus sind bei Gemeinschaftsunternehmen Konstellationen denkbar, in denen die Interessen des GU nicht vollständig deckungsgleich sind mit denjenigen der einzelnen Muttergesellschaften. Macht ein GU geltend, von einer Muttergesellschaft missbräuchlich diskriminiert zu werden (etwa weil kein Zugang zu bestimmten Leistungen gewährt wird, welche 100 %ige Tochtergesellschaften erhalten), stellen sich schwierige Fragen, die noch nicht abschließend geklärt sind.[207]

---

200 Vgl. etwa BKartA, Tätigkeitsbericht 1973, S. 82 zu § 1 GWB: Unanwendbarkeit des Kartellverbots aufgrund alleiniger Beherrschung durch einen Minderheitsgesellschafter, von dem das GU wirtschaftlich abhängig war.
201 So aber *Pohlmann*, S. 415 f.
202 *Thomas*, ZWeR 2005, 236, 254; *Brinker*, in: Schwarze, Art. 81 Rn. 47; siehe auch *Schroeder*, in: Wiedemann, § 8 Rn. 14: Aus Art. 2 Abs. 4 der FKVO ergebe sich, dass das GU einerseits und die Mütter andererseits im Verhältnis zueinander nicht voneinander unabhängig bleibende Unternehmen seien. Entsprechend beschränke sich die Prüfung des Art. 101 AEUV im Rahmen von Art. 2 Abs. 4 und 5 FKVO auf das Verhältnis der Muttergesellschaften untereinander. Vollfunktions-GU mit gemeinschaftsweiter Bedeutung bildeten damit eine wirtschaftliche Einheit mit ihren Müttern. Dies gelte auch, wenn die unionsweite Bedeutung fehle. Denn Art. 21 Abs. 1 FKVO eröffne den Anwendungsbereich der VO Nr. 1/2003 für solche GU nur, soweit sie die Koordinierung des Wettbewerbsverhaltens unabhängig bleibender Unternehmen bezwecken oder bewirken. Schließlich gebe es auch keinen Anlass, Teilfunktions-GU anders zu behandeln als Vollfunktions-GU.
203 7. Kap., Rn. 8.
204 *Thomas*, ZWeR 2005, 236, 257.
205 *Thomas*, ZWeR 2005, 236, 257 f.
206 7. Kap., Rn. 19.
207 7. Kap., Rn. 18.

T. Mäger

10. Kapitel:
Einzelne Sektoren/Branchen

A. Versicherungen

Literatur: *Barth/Gießelmann*, Die wettbewerbsrechtliche Beurteilung von Mitversicherergemeinschaften, VersR 2009, 1454; *Brinker/Schädle*, Versicherungspools und EG-Kartellrecht, VersR 2003, 1475; *dies.*, Kartellrechtliche Marktabgrenzung in der Versicherungswirtschaft, VersR 2004, 673; *Brinker/Siegert*, Rechtssicherheit für Regulierungsabkommen, VersR 2006, 30; *Bunte*, Regulierungsabkommen zwischen Leistungserbringern und Versicherungsunternehmen auf dem Prüfstand des Kartellrechts, VersR 1997, 1429; *Dreher*, Die kartellrechtliche Abgrenzung der Mitversicherung im Einzelfall von der Bildung einer Mitversicherungsgemeinschaft, in Wandt/Reiff/Looschelders/Bayer (Hrsg.), Kontinuität und Wandel des Versicherungsrechts – Festschrift für Egon Lorenz, Karlsruhe 2004, S. 211; *Dreher/Kling*, Kartell- und Wettbewerbsrecht der Versicherungsunternehmen, 1. Auflage, München 2007 („Dreher/Kling"); *Dreher*, Das Versicherungskartellrecht nach der Sektoruntersuchung der EG-Kommission zu den Unternehmensversicherungen, VersR 2008, 15; *ders.*, „Neuartige Risiken" bei der kartellrechtlichen Beurteilung der Mitversicherung, VersR 2010, 1389; *Esser-Welliê/Hohmann*, Die kartellrechtliche Beurteilung von Mitversicherungsgemeinschaften nach deutschem und europäischem Recht, VersR 2004, 1211; *Görner*, Die Marktabgrenzung im Versicherungskartellrecht am Beispiel der Berufshaftpflichtversicherungen, ZVersWiss 94 (2005) 739; *v. Hülsen/Manderfeld*, Neue Rahmenbedingungen des Versicherungskartellrechts – Die neue Gruppenfreistellungsverordnung für den Versicherungssektor, VersR 2010, 559; *Kerst/Mack*, Kartellrechtliche Zulässigkeit der Gebührenabkommen zwischen Rechtsschutzversicherungsunternehmen und Rechtsanwälten, VersR 2005, 479; *Koenig/Kühling/Müller*, Marktfähigkeit, Arbeitsgemeinschaften und das Kartellverbot, WuW 2005, 126; *McCarthy/Stefanescu*, The New Block Exemption Regulation for the Insurance Sector, Competition Policy Newsletter, 2010-2, 6; *Messmer*, Dem Prüfer in die tiefen Taschen greifen, VW 2004, 225; *Meyer-Lindemann*, Die Entscheidungen zum Fall „Wirtschaftsprüferhaftpflicht", ZWeR 2009, 522; *Obst/Stefanescu*, New Block Exemption Regulation for the Insurance Sector – main changes, ÖZK 2010, 130; *Pohlmann*, Musterversicherungsbedingungen nach Wegfall der GVO: Paradise lost?, WuW 2010, 1106; *Saller*, Die neue Gruppenfreistellungsverordnung der Europäischen Kommission für den Versicherungssektor, VersR 2010, 417; *Schaloske*, Das Recht der so genannten offenen Mitversicherung, Karlsruhe 2007 („Dissertation"); *ders.*, Offene Mitversicherung und Kartellverbot – Wettbewerbsbeschränkung oder Wettbewerbsneutralität? –, VersR 2008, 734; *ders.*, Mitversicherung nach der EU-Sektorenuntersuchung, VW 2008, 822; *Schoenfeldt*, Rechtliche Rahmenbedingungen des Gesundheitsmanagements in der Privaten Krankenversicherung, VersR 2001, 1325; *Schulze Schwienhorst*, Die kartellrechtlichen Rahmenbedingungen der „Mitversicherung im Einzelfall", in Bork/Hoeren/Pohlmann (Hrsg.), Recht und Risiko – Festschrift für Helmut Kollhosser, Bd. 1 Versicherungsrecht, Karlsruhe 2004, S. 329; *Schwintowski*, Rechtliche Grenzen der Datenweitergabeklausel in Versicherungsverträgen, VuR 2004, 242; *Stancke*, Vorsicht beim Informationsaustausch!, VW 2004, 1458; *Stancke*, Schadensregulierung und Kartellrecht, VersR 2005, 1324; *Stappert/Esser-Welliê*, Anmerkung zum Urteil des EUGH i.S. Asnef-Equifax, EuZW 2006, 758.

I. Die Besonderheiten des Versicherungssektors und ihre Auswirkungen bei der Anwendung des Kartellverbots

Der Versicherungssektor unterfällt mit seiner sektorspezifischen Gruppenfreistellungsverordnung[1] als einer der wenigen Sektoren noch einer Sonderregelung im Kartellrecht. Dies ist gerechtfertigt, weil sich die Zusammenarbeit im Versicherungssektor von jener in anderen Sektoren durch spezifische Besonderheiten unterscheidet. Die Kommission hat das Vorliegen von Besonderheiten für die nach der GVO Vers 2010 weiterhin freigestellten Statistiken, Tabellen

1

---

1 Verordnung (EU) Nr. 267/2010 der Kommission vom 24. März 2010 über die Anwendung von Artikel 101 Absatz 3 des Vertrags über die Arbeitsweise der Europäischen Union auf Gruppen von Vereinbarungen, Beschlüssen und abgestimmten Verhaltensweisen im Versicherungssektor, ABl. 2010 L 83/1 (nachfolgend „GVO Vers 2010").

und Studien sowie Mitversicherungsgemeinschaften anerkannt.[2] Die Besonderheiten des Versicherungssektors gehen jedoch über den Anwendungsbereich der GVO Vers 2010 und ihrer Vorgänger-Verordnungen hinaus. Sie gründen sich auf die Grundprinzipien des Versicherungsgeschäfts.

1. Der erhöhte Kooperationsbedarf

2 Versicherung ist die Deckung eines im einzelnen **ungewissen**, insgesamt aber schätzbaren Mittelbedarfs, auf der Grundlage eines Risikoausgleiches im Kollektiv und in der Zeit.[3]

3 Die Ungewissheit des Mittelbedarfs im Zeitpunkt der Risikoübernahme durch den Versicherer führt zu einer entsprechenden Ungewissheit bei der Bemessung des Preises für die Risikoübernahme, also der Versicherungsprämie. Denn nach dem Äquivalenzprinzip bestimmt sich die Versicherungsprämie nach der erwarteten Schadenverteilung. Der Versicherer muss also die Frage beantworten, wie viel (Risiko-)Prämie er benötigt, um die erwarteten Schäden zu decken. Für das einzelne Risiko ist die Antwort nicht mit einer hinreichenden Genauigkeit zu geben. Daher bildet der Versicherer aus einer Vielzahl gleichartiger Risiken ein Kollektiv (=Versicherungsbestand). Nach dem **Gesetz der großen Zahl** nähert sich der tatsächliche Ausgang dem erwarteten Ausgang eines (Schaden-)Ereignisses mit steigender Zahl von gleichartigen (Schaden-)Ereignissen, d.h. mit zunehmender Größe des Kollektivs an. Zugleich sinken das Risiko einer zufälligen Abweichung vom erwarteten Schadenverlauf, das sog. Schwankungsrisiko und damit auch das Risiko eines Kollektivversagens, also die Gefahr, dass das Kollektiv nicht über ausreichende Mittel verfügt, um alle Schäden zu bezahlen. Ein großes Kollektiv braucht daher proportional weniger Kapital als Vorsorge für ein solches Versagen, als ein kleines Kollektiv oder gar ein Individuum für sein eigenes Risiko. Geringeres Kapital bedeutet aber vor allem einen geringeren Finanzierungsbedarf. Damit bewirkt der Risikoausgleich im Kollektiv, dass Risiken für alle Beteiligten günstiger abgesichert werden können, als dies individuell möglich wäre. Bezogen auf die (Risiko-)Prämienkalkulation bedeutet ein geringeres Schwankungsrisiko, dass in die Prämie geringere Sicherheits- bzw. Schwankungszuschläge einkalkuliert werden müssen.

4 Ein Risikoausgleich im Kollektiv erfordert eine hinreichend große und möglichst detaillierte Datenbasis. Diese ist bei einem einzelnen Versicherer häufig nicht gegeben. Insbesondere mittlere und kleinere, aber auch größere Versicherer – z.B. mit Blick auf bestimmte Risikomerkmale bzw. -gruppen – sind daher auf eine Zusammenarbeit mit anderen Versicherern angewiesen, um über gemeinsame Schadenbedarfstatistiken hinreichend zuverlässige Aussagen zu dem erwarteten eigenen Schadenbedarf treffen und damit risikoadäquate Prämien kalkulieren zu können (vgl. Rn. 45 ff.).

5 Aber auch die Bildung von Mitversicherungsgemeinschaften, sog. Pools, dient dem Risikoausgleich im Kollektiv mit dem Ziel, den Versicherungsnehmern Kapazitäten zu kalkulierbaren Prämien zur Verfügung zu stellen. Dies gilt insbesondere für Pools zur (Rück-)Deckung von Katastrophenrisiken (z.B. die nationalen Atompools). Auch bei der gemeinsamen Versicherung von Spezialrisiken erlaubt die Risikoteilung den Versicherern den Aufbau einer umfassenden Datenbasis, die eine risikoadäquate Kalkulation der Prämie im Interesse der Versichertengemeinschaft ermöglicht (vgl. Rn. 85 ff.).

2. Der erhöhte Informationsbedarf

6 Eine Zusammenarbeit zwischen Versicherern ist ferner notwendig, um die die Versicherungsmärkte prägenden Informationsasymmetrien zulasten der Versicherer zu beseitigen.[4]

---

2 Mitteilung der Kommission über die Anwendung von Artikel 101 Absatz 3 des Vertrags über die Arbeitsweise der Europäischen Union auf Gruppen von Vereinbarungen, Beschlüssen und abgestimmten Verhaltensweisen im Versicherungssektor, ABl. 2010 C 82/20 (nachfolgend „Mitteilung GVO Vers 2010"), Rn. 5.

3 Vgl. *Farny*, Versicherungsbetriebslehre, 4. Auflage, Karlsruhe 2006, S. 8.

4 Auch zulasten der Versicherungsnehmer gibt es Informationsasymmetrien, z.B. was die Art und Qualität der Versicherungsprodukte und Versicherer betrifft. Sie kann durch eine Steigerung der Markttransparenz, z.B. durch Übermittlung von Informationen an Anbieter von Tarifvergleichsinstrumenten beseitigt werden.

J. Bartmann

So verfügt der Versicherungsnehmer **vor Vertragsschluss** über einen Informationsvorsprung 7
gegenüber dem Versicherer, da er wesentlich besser über sein Verhalten und seine Risiken Bescheid weiß als der Versicherer. Wenn es einem Versicherer nicht gelingt, gute von schlechten Risiken zu unterscheiden, wird er diese gleichermaßen zeichnen und mit einer einheitlichen Durchschnittsprämie belegen. Dies setzt einen Mechanismus in Gang, der als **Adverse Selektion**[5] bezeichnet wird: Versicherungsnehmer mit guten Risiken wird eine zu hohe und Versicherungsnehmern mit schlechten Risiken eine zu niedrige Prämie angeboten. In der Folge werden die Versicherungsnehmer mit guten Risiken keine Versicherungsprodukte mehr nachfragen, wodurch sich die Tarife für die verbleibenden Versicherungsnehmer mit mittleren und schlechten Risiken verteuern. In der Folge fragen auch Versicherungsnehmer mit mittleren Risiken keine Versicherungen mehr nach und die Prämien erhöhen sich weiter, bis es schlussendlich zu einem Marktversagen kommt, weil sich der Versicherer aus dem Geschäft zurückzieht.

Nach Vertragsschluss können auf Seiten des Versicherers weitere Informationsdefizite entstehen. So kann es sein, dass der Versicherungsnehmer aufgrund des Versicherungsschutzes den Schaden fahrlässig oder sogar vorsätzlich herbeiführt. Die Gefahr, dass sich der Vertragspartner mit einem Informationsvorsprung im Verborgenen anders verhält, als er nach außen vorzugeben scheint, wird als **Moral Hazard** bezeichnet. Auch Moral Hazard kann zu Marktversagen führen: Die von einzelnen Versicherungsnehmern verursachten Kosten werden auf die Versichertengemeinschaft umgelegt. Dadurch kommt es zu einer kontinuierlichen Verteuerung der Versicherungsleistung und Verknappung der Ressourcen.

Die Beseitigung von Informationsasymmetrien zulasten der Versicherer erfolgt – neben vertraglichen Regelungen (z.B. Vereinbarung von Selbstbehalten und Bonus-/Malus-Systemen) – durch **Screening**.[6] Beim Screening wird die schlechter informierte Partei (Versicherer) aktiv und verschafft sich die fehlenden Informationen über die andere Partei (Versicherungsnehmer/Risiko), entweder von dieser direkt oder von Dritten. So verpflichtet z.B. § 19 VVG den Versicherungsnehmer bis zur Abgabe seiner Vertragserklärung die ihm bekannten Gefahrumstände, die für den Entschluss des Versicherers, den Vertrag mit dem vereinbarten Inhalt zu schließen, erheblich sind und nach denen der Versicherer in Textform gefragt hat, dem Versicherer anzuzeigen. In einer konkreten Antragssituation ist der Versicherer zur angemessenen Risikobeurteilung zusätzlich auf Auskünfte des Vorversicherers zu Art und Qualität des ihm angetragenen Risikos angewiesen. Diese Informationen werden im Rahmen der sog. Vorversichereranfrage abgefragt (vgl. Rn. 22 ff.). Im Bereich der Privatversicherung werden Risikoinformationen auch über das Hinweis- und Informationssystem der Versicherungswirtschaft („HIS") erteilt. Zentral ist der Informationsaustausch zwischen Versicherern auch im Rahmen der Schadenregulierung (vgl. Rn. 141 ff.).

3. Das differenzierte Leistungsangebot – Marktabgrenzung im Versicherungssektor

Aufgrund der Einzigartigkeit von Versicherungsverträgen ist die Nachfragesubstituierbarkeit 10 theoretisch häufig gleich null.[7] Aus Nachfragersicht können sowohl in der Lebens- als auch in der Nicht-Lebensversicherung letztlich so viele Produktmärkte unterschieden werden, wie es Versicherungen für unterschiedliche Risiken gibt.[8] Da sich die Eigenschaften, Prämien und Verwendungsmöglichkeiten der einzelnen Versicherungen deutlich unterscheiden, sind diese für die Versicherungsnehmer nur in sehr seltenen Fällen austauschbar.[9] Eine Marktabgrenzung unter dem Aspekt der Nachfragesubstituierbarkeit führt daher tendenziell zu einer Atomisie-

---

5 Auch Negativauslese, Gegenauslese oder Antiselektion (Lebensversicherung) genannt. Siehe *Akerlof*, The Market for „Lemons": Quality Uncertainty and the Market Mechanism, Quarterly Journal of Economics, Vol. 84, No. 3 (Aug., 1970) 488-500.

6 Vgl. *Kaas*, Marktinformationen: Screening und Signaling unter Partnern und Rivalen, ZB 61 (1991) 357-370.

7 Bericht an das Europäische Parlament und den Rat über die Anwendung der Verordnung Nr. 3932/92 der Kommission über die Anwendung von Artikel 81 Absatz 3 EWG-Vertrag (ex Artikel 85 Absatz 3) auf bestimmte Gruppen von Vereinbarungen, Beschlüssen und aufeinander abgestimmten Verhaltensweisen im Bereich der Versicherungswirtschaft v. 12.5.1999, KOM(1999) 192 endg. („Bericht GVO Vers 1992"), Rn. 26.

8 Komm. E. v. 28.6.2004, COMP/M.3446 – Uniqa/Mannheimer, Rn. 10.

9 Komm. E. v. 17.6.2008, COMP/M.5075 – Vienna Insurance Group/EBV, Rn. 39.

rung der Märkte, die die wettbewerbliche Stellung der auf diesen Märkten tätigen Versicherer nicht zutreffend beschreiben würde.[10]

11   Hierin liegt eine weitere Besonderheit des Versicherungssektors gegenüber anderen Branchen, der im Rahmen der Marktabgrenzung durch eine verstärkte Berücksichtigung der Angebotsumstellungsflexibilität Rechnung zu tragen ist.[11] Dies bedeutet freilich nicht, dass dem Nachfrageverhalten des Versicherungsnehmers keine Bedeutung zukäme. Wohl aber führt eine unterschiedliche Ausgestaltung von Besonderen Versicherungsbedingungen – z.b. um den Versicherungsbedarf bestimmter Risikogruppen (Risikobeschreibung) bzw. gesetzliche Vorgaben abzubilden – nicht zu unterschiedlichen Märkten. Gleiches gilt im Hinblick auf einen unterschiedlichen Deckungsumfang (z.B. Selbstbehalte, Deckungssummen). Daran ändert nichts, dass die betreffenden Versicherungsprodukte aufgrund dieser Besonderheiten aus Sicht der unterschiedlichen Versicherungsnehmer bei ihrer Bedarfsdeckung nicht austauschbar sind.

12   Angebotsumstellungsflexibilität setzt voraus, dass ein Versicherer, der ein bestimmtes Versicherungsprodukt nicht anbietet, in Reaktion auf kleine, dauerhafte Prämienerhöhungen sein Angebot kurzfristig (d.h. innerhalb eines Zeitraums, in dem es zu keiner erheblichen Anpassung bei den vorhandenen Sachanlagen und immateriellen Aktiva kommen kann) auf dieses Versicherungsprodukt ausdehnen könnte, ohne spürbare Zusatzkosten und Risiken zu gewärtigen.[12]

13   Der Entscheidungspraxis der Kommission sind nur selten konkrete Hinweise zu entnehmen, wie dieser Grundsatz in der Praxis der Abgrenzung von Versicherungsmärkten konkret anzuwenden ist. Dies gilt sowohl für die kartellrechtlichen Einzelfreistellungs-[13] als auch für die einschlägigen Fusionskontrollentscheidungen. So hat die Kommission zwar einerseits festgestellt, dass aus Sicht der Anbieter die Bedingungen (Know-how, Risikoeinschätzung und Ressourcen einschließlich Risikomanagement, Verwaltung, IT-Systeme und -Technologie)[14] für die Versicherung verschiedener Risiken häufig ähnlich sind und dass meisten großen Versicherungsunternehmen für mehrere Risiken Versicherungen anbieten.[15] Andererseits hat sie aber auch entschieden, dass es nötig ist oder sein könnte, die Märkte enger zu definieren, z.B. für Spezialversicherungen wie die Kreditversicherung,[16] die Luft- und Raumfahrtversicherung[17] oder die Lebensversicherung.[18]

14   Lediglich in zwei fusionskontrollrechtlichen Entscheidungen bezieht die Kommission konkreter zu den relevanten Kriterien bei der Prüfung der Angebotsumstellungsflexibilität und des relevanten Marktes in der Versicherungswirtschaft Stellung:

---

10   So auch *Brinker/Schädle*, VersR 2004, 673, 676, die die Problematik allerdings vornehmlich im Bereich der gewerblichen und industriellen Versicherung verorten; *Barth/Gießelmann*, VersR 2009, 1454, 1459.

11   Bericht GVO Vers 1992, Rn. 26; zustimmend *Barth/Gießelmann*, VersR 2009, 1454, 1460.

12   Vgl. Bekanntmachung zur Marktabgrenzung, Rn. 20.

13   Komm. E. v. 20.12.1989, ABl. 1990 L 13/34 – TEKO (Maschinenunterbrechungs- und Raumfahrtversicherung); Komm. E. v. 20.12.1989, ABl. 1990 L 15/25 – Concordato Incendio (industrielle Feuerversicherung); Komm. E. v. 14.1.1992, ABl. 1992 L 37/16 – Assurpol (Umwelthaftpflichtversicherung); Komm. E. v. 4.12.1992, ABl. 1993 L 4/26 – Llyod's Underwriters (Schiffskaskoversicherung); Komm. E. v. 12.4.1999, ABl. 1999 L 125/12 – P&I Clubs (P&I Versicherung).

14   Komm. E. v. 27.9.2007, COMP/M.4713 – Aviva/Hamilton, Rn. 10.

15   Vgl. Fn. 9; Komm. E. v. 5.4.2006, COMP /M.4055 – Talanx/Gerling, Rn. 13, für einen Gesamtmarkt der Schadenversicherung von Nicht-Privatpersonen mit Ausnahme von ausgesprochenen Spezialversicherungen.

16   Komm. E. v. 5.3.2008, COMP/M.4990 – Euler Hermes/OEKB/JV, Rn. 13-16 (offen gelassen, ob der Markt nach Art der Kreditversicherung weiter zu unterteilen ist); Komm. E. v. 29.3.2006, COMP/M.3786 – BPI/Euler Hermes/COSEC, Rn. 15/16 (Annahme eines separaten Marktes für Delcredere-Versicherung für Zwecke der Entscheidung in Übereinstimmung mit dem Parteivortrag; so bereits Komm. E. v. 11.12.2001, COMP/M. 2602 – Gerling/NCM, Rn. 8-16.

17   Komm. E. v. 14.7.2008, COMP/M.5010 – Berkshire Hathaway/Munich Re/GAUM, Rn. 24-27; Komm. E. v. 28.2.2003, COMP/M.3035 – Berkshire Hathaway/Converium/ GAUM/JV, Rn. 26-28, jeweils unter Hinweis auf eine mögliche weitere Unterteilung des Luftfahrtversicherungsmarktes in unterschiedliche Risikogruppen wie z.B. Luftverkehrsgesellschaften, Kleinluftfahrtgeschäft und Produkte/Flughäfen (letztlich aber offen gelassen).

18   Komm. E. v. 28.6.2004, COMP/M.3446 – Uniqa/Mannheimer, Rn. 10; Komm. E. v. 17.6.2008, COMP/M.5075 – Vienna Insurance Group/EBV, Rn. 27 (separate Märkte für Schutzprodukte einerseits und Altersvorsorge- und Veranlagungsprodukte andererseits).

In *Vienna Insurance Group/EBV*[19] weist die Kommission darauf hin, dass die Frage nach der   **15**
Austauschbarkeit auf der Angebotsseite für jeden räumlich relevanten Markt gesondert zu
prüfen ist, also nicht pauschal bejaht oder verneint werden kann.

Als die Angebotsumstellungsflexibilität verschiedener Versicherungsprodukte begrenzende   **16**
Faktoren nennt die Kommission ein unterschiedliches Entwicklungsniveau der Produkte, deutliche Unterschiede in Zusammensetzung und Marktanteil der anbietenden Versicherer, abweichende regulatorische Rahmenbedingungen, unterschiedliche Vertriebsstrukturen, unterschiedliche Bedeutung der Markenwiedererkennung und der sie bestimmenden Faktoren (z.B.
Solidität) sowie signifikante Unterschiede in Bezug auf Art und Umfang von Leistungen im
Schadenfall.

In *Talanx/Gerling* hatte die Kommission zur Begründung eines separaten Marktes für die   **17**
Pharma-Haftpflichtversicherung bereits folgende Faktoren angeführt: ein besonders hohes
Schadenpotential, die Gefahr von Serienschäden, ein latentes Spätschadenpotential, die Beschränkung auf Personenschäden, die Notwendigkeit medizinischen Spezialwissens bei der Risikoeinschätzung, haftungsrechtliche Besonderheiten sowie die Existenz des Pharma-Pools als
spezieller Mit-Rückversicherungsgemeinschaft.[20]

Weitere Klarheit in Fragen der Angebotsumstellungsflexibilität hat die Entscheidung des OLG   **18**
Düsseldorf im Fall *Wirtschaftsprüferhaftpflicht* gebracht. Danach ist Angebotsumstellungsflexibilität zwischen unterschiedlichen Versicherungsprodukten zu bejahen, wenn die Voraussetzungen für die Entwicklung und den Vertrieb des jeweiligen Versicherungsprodukts bereits
vorhanden sind oder schnell geschaffen werden können. Die Anforderungen an die Betriebsabteilungen beim Angebot dieser Versicherungsprodukte müssen die gleichen oder hinreichend
ähnlich sein wie bei den bereits angebotenen, so dass der Versicherer diese Versicherungsprodukte kurzfristig und mit wirtschaftlich vertretbarem Aufwand in sein Angebotsportfolio aufnehmen kann.[21]

Für die Feststellung der hinreichenden Ähnlichkeit der Angebotsvoraussetzungen hat das OLG   **19**
Düsseldorf in Übereinstimmung mit den dargestellten Entscheidungen der Kommission insbesondere auf die Vergleichbarkeit der Kalkulationsgrundlagen für die zu versichernden Risiken
(Schadenhöhe/Schadenhäufigkeit), des erforderlichen Know-hows bei der Schadenbearbeitung
und der Vertriebswege abgestellt. Auf Grundlage dieser Erwägungen hat das Gericht entgegen
der Rechtsauffassung des Bundeskartellamtes[22] einen einheitlichen Markt für die Vermögens-
schaden-Haftpflichtversicherung zumindest der rechts-, steuer- und wirtschaftsberatenden Be-
rufe angenommen, sogar einen einheitlichen Markt der Berufshaftpflichtversicherung für möglich erachtet. In der *Literatur* findet diese Marktdefinition breite Zustimmung.[23] Vielfach wird
sogar ein weiterer Markt befürwortet.[24]

Dem Ansatz des OLG Düsseldorf ist zuzustimmen. Hauptzweck der Marktdefinition ist die   **20**
systematische Ermittlung der Wettbewerbskräfte, denen sich die beteiligten Unternehmen zu
stellen haben. Sie drückt aus, welche konkurrierenden Unternehmen tatsächlich in der Lage
sind, dem Verhalten der beteiligten Unternehmen Schranken zu setzen und sie daran zu hindern,
sich einem wirksamen Wettbewerbsdruck zu entziehen.[25] Eine auf einzelne Berufsgruppen abstellende Betrachtung zeichnet kein zutreffendes Bild der Wettbewerbskräfte auf den Versiche-

19   Komm. E. v. 17.6.2008, COMP/M.5075 – Vienna Insurance Group/EBV, Rn. 41.
20   Komm. E. v. 5.4.2006, COMP /M.4055 – Talanx/Gerling, Rn. 14. Für die Haftpflichtversicherung von deut-
     schen Pharmaunternehmen wurde darüber hinaus ein eigenständiger deutscher Markt für die Grunddeckung
     angenommen (Rn. 20).
21   OLG Düsseldorf 17.9.2008 – VI-Kart 11/07 (V) – Wirtschaftsprüferhaftpflicht, WuW/E DE-R 2540,
     2545/2546.
22   BKartA 10.8.2007 – B 4-31/05 – Wirtschaftsprüferhaftpflicht, WuW/E DE-V 1459.
23   *Görner*, ZVersWiss 94 (2005), 739, 750; *Meyer-Lindemann*, ZWeR 2009, 522, 531.
24   So z.B. *Brinker/Schädle*, VersR 2004, 673, 678, für einen Markt der berufsbezogenen Vermögensschaden-
     Haftpflichtversicherung; *Messmer*, VW 2004, 225, 230, für einen VSH-Markt für verkammerte Berufe; *Barth/
     Gießelmann*, VersR 2009, 1454, 1460, für einen Markt der Berufshaftpflichtversicherung unter Ausschluss
     von komplexen und völlig ungleichartigen Risiken. Als Beispiel wird die Berufshaftpflichtversicherung von
     Ärzten durch einen Versicherer, der bisher ausschließlich Wirtschaftsprüfer versichert hat, angeführt.
25   Vgl. Bekanntmachung zur Marktabgrenzung, Rn. 2; 1. Kap., Rn. 129 ff.

rungsmärkten. Oft werden Standardprodukte an die besonderen Bedürfnisse einer konkreten Berufsgruppe angepasst oder es bilden sich bei bestimmten Versicherern Schwerpunkte in der Versicherung bestimmter Berufsgruppen heraus. Das macht die Versicherung dieser Berufsgruppen aber noch nicht zu eigenständigen sachlichen Märkten. Vielmehr entscheidet die **Vergleichbarkeit der versicherten Risiken** darüber, welche Versicherer in der Lage sind, bestimmte Versicherungsprodukte anzubieten. Danach ist von einem einzigen Markt auszugehen, wenn die Bildung eines Kollektivs aus den Risiken versicherungsmathematisch sinnvoll möglich ist. Gleiches gilt, wenn zwar eine separate Risikokalkulation notwendig ist, diese aber aufgrund der Vergleichbarkeit der Risiken mit den bereits versicherten Risiken dem Versicherer keine größeren Mühen bereitet.

21 Bei der **räumlichen Marktabgrenzung** gehen sowohl die Kommission als auch das Bundeskartellamt in ihrer bisherigen Entscheidungspraxis davon aus, dass die **Erstversicherungsmärkte** in der Regel national sind.[26] Räumlich größere Märkte wurden von der Kommission für industrielle Großrisiken wie z.B. Luft- und Raumfahrtrisiken (mindestens EWR-weiter Markt)[27] und die Anschlussdeckung von Pharmahaftpflichtrisiken (weltweit)[28] bejaht. Auch jenseits industrieller Großrisiken werden Risikodeckungen nicht selten grenzüberschreitend angeboten (z.B. in der Transportversicherung). Insbesondere durch die Einschaltung international agierender Makler werden Angebot und Nachfrage über die nationalen Grenzen hinaus ausgeweitet. Die **Rückversicherungsmärkte** sind grundsätzlich weltweit abzugrenzen.[29]

II. Die Zusammenarbeit von Versicherungsunternehmen bei der Zeichnung von Risiken

1. Die Vorversichereranfrage

22 **a) Grundsätze.** Als Vorversichereranfrage wird die Anfrage eines um die Abgabe eines Versicherungsangebots ersuchten Versicherers beim vertragsführenden Versicherer (Vorversicherer) zur Einholung risikorelevanter Informationen bezeichnet.[30] Sie wird durch den Antrag eines potentiellen Versicherungsnehmers veranlasst, der gemäß § 19 Abs. 1 VVG gesetzlich verpflichtet ist, die ihm bekannten Gefahrumstände offenzulegen. Ihr Ziel ist die Beseitigung von Informationsasymmetrien zulasten des Versicherers (vgl. Rn. 9).

23 Soweit es bei der Vorversichereranfrage zu einem **direkten identifizierenden Informationsaustausch** zwischen im Wettbewerb stehenden Versicherern kommt, ist darauf zu achten, dass die Grenzen des Kartellverbots eingehalten werden. Diese Grenzen stehen einem Austausch von Informationen zu aktuellen oder gar künftigen Prämien bzw. etwaigen Sanierungsabsichten des Vorversicherers, der anlässlich einer Vorversichereranfrage erfolgt, grds. entgegen. Solche Informationen betreffen unmittelbar wettbewerbsrelevantes Verhalten. Ein Austausch hierüber wird – soweit es sich um zukünftiges Preisverhalten handelt – nach den Leitlinien über horizontale Zusammenarbeit als bezweckte Wettbewerbsbeschränkung gewertet.[31]

24 Aber auch der Austausch anderer Informationen kann eine Wettbewerbsbeschränkung bewirken, wenn er den beteiligten Unternehmen Aufschluss über die Marktstrategien ihrer Wettbewerber gibt. Ob dies der Fall ist, hängt von den Umständen des konkreten Einzelfalls ab, insbesondere von der Art der ausgetauschten Informationen und den Eigenschaften des Marktes, auf dem der Austausch stattfindet (z.B. Konzentration, Transparenz, Stabilität, Komplexi-

---

26 Komm. E. v. 17.6.2008, COMP/M.5075 – Vienna Insurance Group/EBV, Rn. 13.
27 Komm. E. v. 28.2.2003, COMP/M.3035 – Berkshire Hathaway/Converium/ GAUM/JV, Rn. 23.
28 Komm. E. v. 5.4.2006, COMP /M.4055 – Talanx/Gerling, Rn. 24-29; für die Pharmahaftpflichtversicherung nach AMG und die Grunddeckung nahm die Kommission aufgrund gesetzlicher Bestimmungen bzw. unterschiedlicher Marktbedingungen hingegen einen deutschen Markt an.
29 Komm. E. v. 28.2.2003, COMP/M.3035 – Berkshire Hathaway/Converium/ GAUM/JV, Rn. 36/37.
30 Nicht Gegenstand der vorliegenden Betrachtung ist die gesetzlich vorgeschriebene und damit kartellrechtlich per se unbedenkliche Versichererwechselbescheinigung gemäß § 5 Abs. 7 PflVG. Ebenfalls nicht weiter behandelt wird hier der Informationsaustausch zur Antragsprüfung im Rahmen des Hinweis- und Informationssystems der Versicherungswirtschaft (HIS), da dieser anonymisiert in Form einer Auskunftei organisiert ist und als solcher ebenfalls keinerlei kartellrechtlichen Bedenken unterliegt.
31 Vgl. Leitlinien über horizontale Zusammenarbeit, Rn. 74.

tät).[32] Die Identifizierbarkeit der Informationen ist im Rahmen dieser Gesamtwürdigung lediglich ein Merkmal unter vielen.

Etwas anderes kann auch nicht der *Asnef-Equifax*-Entscheidung des EuGH[33] entnommen werden. Zwar war die von der spanischen Kartellbehörde geforderte Anonymisierung der Daten in Ansehung der über das Register ausgetauschten Informationen im konkreten Fall offenbar erforderlich, um eine Aufdeckung der Marktstellung oder Geschäftsstrategien von konkurrierenden Kreditinstituten zu verhindern.[34] Ein generelles Anonymisierungserfordernis für Risikoinformationen ergibt sich hieraus aber nicht.[35] Im Gegenteil: Auch der EuGH betont ausdrücklich die Notwendigkeit, die für das betreffende System charakteristischen Eigenschaften, u.a. die Natur der ausgetauschten Informationen zu betrachten. Erlauben diese ihrer Art nach bereits keinen Aufschluss über Geschäftsstrategien der Wettbewerber, ist eine Anonymisierung entbehrlich. **25**

b) Fehlende Wettbewerbsbeschränkung. Bei den im Rahmen einer Vorversichereranfrage ausgetauschten Daten handelt es sich überwiegend um reine **Risikoinformationen**. Dazu gehören insbesondere Angaben zum objektiven Risiko, insbesondere zu Zeitpunkt, Anzahl, Art und Höhe von Vorschäden und zu besonderen Gefahr erhöhenden bzw. mindernden Umständen[36] sowie Informationen zum subjektiven Risiko, d.h. zu Risiken, die auf menschlichem Verhalten beruhen und in einem Zusammenhang mit der versicherten Gefahr stehen (z.B. Abschluss mehrerer Lebens- oder Berufsunfähigkeitsversicherungen mit einer Gesamtversicherungssumme, die über den wirtschaftlichen Verhältnissen des Versicherungsnehmers liegt). **26**

Reine Risikoinformationen betreffen eindeutig keine Wettbewerbsparameter und geben keinerlei Aufschluss über das Marktverhalten des Vorversicherers. Es handelt sich vielmehr um vergangenheitsbezogene Tatsachen, die einer Abstimmung ihrer Natur nach nicht zugänglich sind. Ihr Austausch ist damit kartellrechtlich unbedenklich.[37] **27**

Eine Wettbewerbsbeschränkung durch den Austausch von Risikoinformationen scheidet aber auch in Anlehnung an den Gesichtspunkt des **Arbeitsgemeinschaftsgedankens** aus: Risikoinformationen bilden die Grundlage der sich anschließenden eigenständigen Risikoprüfung und Entscheidung des potentiellen Nachversicherers, ob und zu welchen Konditionen er das Risiko zeichnen will. Erst eine möglichst umfassende Risikokenntnis ermöglicht den Wettbewerb und beschränkt ihn nicht, weil nur sie den Nachversicherer in die Lage versetzt, ein risikoadäquates Versicherungsangebot zu erstellen.[38] Diesen wettbewerbsbegründenden Charakter des Austausches risikobezogener Informationen hat auch die Kommission in ihrer Entscheidung *Lloyd's Underwriters* ausdrücklich anerkannt und vor diesem Hintergrund im konkreten Fall sogar eine Verpflichtung des Vorversicherers zur Übermittlung dieser Informationen an den Nachversicherer zur Begründung für das Fehlen einer Wettbewerbsbeschränkung herangezogen.[39] **28**

Die erforderliche umfassende Risikokenntnis kann sich der Versicherer oft nicht direkt vom Versicherungsnehmer beschaffen, da dieser regelmäßig nicht über alle erforderlichen Informationen verfügt. Weder trifft den Versicherungsnehmer eine Aufbewahrungspflicht für Belege, noch ist er verpflichtet, sich mit den Details zu Art, Umfang, Entstehung und Ursache von Schäden zu befassen. Hinzu kommt, dass der Versicherungsnehmer z.B. bei einem Eigentumswechsel häufig keine Kenntnis von etwaigen Vorschäden hat, die vor Besitzerlangung eingetreten sind, und diese demnach auch nicht angeben kann. Demgegenüber hat der Vorversicherer **29**

---

32 Vgl. Leitlinien über horizontale Zusammenarbeit, Rn. 58.
33 EuGH, Rs. C-238/05 (Asnef-Equifax), Slg. 2006, I-11125, Rn. 54, 59.
34 So auch GA Geelhoed, Rs. 238/05 (Asnef-Equifax), Slg. 2006 I-11125, Rn. 49.
35 Im Ergebnis so wie hier *Stappert/Esser-Wellié*, EuZW 2006, 758, 759.
36 Z.B. in der Feuerversicherung: Fremdbrandstiftung, Kurzschluss.
37 Bericht GVO Vers 1992, Rn. 47; GA Geelhoed, Rs. 238/05 (Asnef-Equifax), Slg. 2006 I-11125, Rn. 53-56. H.M. in der Literatur; **a.A.** offenbar *Schwintowski*, VuR 2004, 242, 249.
38 So auch *Esser-Wellié/Stappert*, in: MünchKomm, SB VersW, Rn. 75. Siehe hierzu auch Rn. 7. Sofern eine Wettbewerbsbeschränkung angenommen wird, ist jedenfalls eine Einzelfreistellung zu bejahen. Vgl. hierzu Rn. 39.
39 Komm. E. v. 4.12.1992, ABl. 1993 L 4/26 – Lloyd's Underwriters' Association and The Institute of London Underwriters, Rn. 39.

konkrete Kenntnisse von Vorschäden und ist in der Lage, diese ohne Weiteres dem potentiellen Nachversicherer auf Anfrage zur Verfügung zu stellen.

30 Der Arbeitsgemeinschaftsgedanke beansprucht nicht nur Geltung für reine Risikoinformationen, sondern auch für andere für die Risikoprüfung erforderliche Daten, selbst wenn diese sich auf den **Vertragsinhalt** beziehen. Hierzu gehören z.b. Angaben zu den versicherten Gefahren, dem Versicherungsumfang bzw. den versicherten Risikoarten sowie zu Selbstbehalten.

31 Bei den Angaben zu den versicherten Gefahren, dem Versicherungsumfang bzw. den versicherten Risikoarten handelt es sich lediglich um die Beschreibung des beim Vorversicherer bestehenden Versicherungsschutzes. Die Abfrage ist zur Risikoprüfung, insbesondere zur Plausibilisierung des Schadenaufwands notwendig. Wenn bestimmte Gefahren (z.B. Leitungswasser) beim Vorversicherer nicht versichert waren, können hierzu auch keine Schäden gemeldet worden sein. Die Abfrage der Schäden ist daher nur gemeinsam mit der Angabe der **versicherten Gefahren** aussagekräftig. Im Übrigen handelt es sich auch bei diesen Angaben nicht um Wettbewerbsparameter, denn den Umfang des Versicherungsschutzes bestimmt nicht der Versicherer, sondern der Versicherungsnehmer und zwar rein nach seinem Bedarf. Für diesen Bedarf muss ihm der potentielle Nachversicherer ein Angebot unterbreiten und ihn ggf. auf Deckungslücken sowie Möglichkeiten zu deren Schließung z.b. durch Versicherung weiterer Gefahren hinweisen (§ 61 VVG).[40] Vor diesem Hintergrund sind Auswirkungen auf das wettbewerbliche Verhalten des anfragenden Nachversicherers jenseits der gebotenen Ausrichtung des Versicherungsschutzes am Bedarf des Versicherungsinteressenten nicht zu erwarten.[41]

32 Entsprechendes gilt für die Übermittlung von Informationen zu den vereinbarten **Selbstbehalten**.[42] Auch sie werden maßgeblich durch die Entscheidung des Versicherungsnehmers bei Vertragsabschluss geprägt und sind Ausdruck seines Risikotyps und nicht der Geschäftspolitik des Vorversicherers. Zu letzterer gehört allenfalls der Umstand, dass der Vorversicherer Selbstbehalte als Mittel zur Reduzierung seines Informationsdefizits im konkreten Fall einsetzt. Durch den Austausch dieser Information wird der Wettbewerb aber nicht spürbar beschränkt, da diesem Umstand, insbesondere im Massengeschäft mit vorgegebenen Tarifen, für das Wettbewerbsverhalten des Nachversicherers keine Bedeutung zukommt. Vielmehr beginnt der Prozess der Selbstselektion – sofern in der Tarifstruktur des Nachversicherers vorgesehen – dort von Neuem. Der potentielle Nachversicherer benötigt die Information zu den Selbstbehalten, um den Schadenaufwand zu plausibilisieren. Erst in Kenntnis des Selbstbehalts kann er das tatsächliche Risikoexposure beurteilen, insbesondere einschätzen, in welchem Umfang die tatsächlichen Schäden über die vom Vorversicherer angegebenen Schäden hinausgehen können, z.B. weil sie sich der Höhe nach im Rahmen des Selbstbehalts bewegten und daher dem Vorversicherer gar nicht erst gemeldet wurden.

33 Soweit im Rahmen einer Vorversichereranfrage die **Versicherungssumme** abgefragt wird, erfolgt dies in der Schadenversicherung in der Regel um festzustellen, ob es sich bei dem angefragten Risiko und dem durch den Vorversicherer versicherten Risiko um ein und dasselbe Risiko handelt. Stark abweichende Versicherungssummen deuten auf eine Verwechslung bzw. erhebliche Veränderungen im Risiko hin. In der Schadenversicherung (z.B. Hausratversicherung) begrenzt die Versicherungssumme die Leistungspflicht des Versicherers. Sie beschreibt die maximale Entschädigungsleistung des Versicherers im Falle eines Totalverlustes und ist damit kein Wettbewerbsparameter. Dies gilt auch dann, wenn die Versicherungssumme zur Vereinbarung eines Verzichts auf die Einrede der Unterversicherung durch den Versicherer

---

40 Vgl. *Dörner*, in: Prölls/Martin, Versicherungsvertragsgesetz, 28. Auflage, München 2010, § 61, Rn. 27.
41 Im Ergebnis so auch *Dreher/Kling*, Teil 1, Rn. 173, *Esser-Wellié/Stappert*, in: MünchKomm, SB VersW, Rn. 76.
42 So auch *Esser-Wellié/Stappert*, in: MünchKomm, SB VersW, Rn. 76. **A.A.** *Dreher/Kling*, Teil 1, Rn. 176 unter Bezugnahme auf Art. 3 Abs. 1 lit. a) i.V.m. Abs. 2 bzw. Art. 6 Abs. 1 lit. b) GVO Vers 2003 (siehe Fn. 51), denen allerdings aufgrund des gänzlich anderen Regelungsgegenstandes (kollektive Erstellung von Musterversicherungsbedingungen) m.E. keine Aussage zur kartellrechtlichen Zulässigkeit des Informationsaustausches zu Selbstbehalten i.R.d. Vorversichereranfrage entnommen werden kann.

J. Bartmann

unter Anwendung einer bestimmten Methode berechnet wird.[43] Der Wettbewerb um den Versicherungsnehmer erfolgt über die Prämie und die Ausgestaltung der Deckung und nicht darüber, wie der Versicherer seine Höchstleistung kalkuliert. Auf das Wettbewerbsverhalten des potentiellen Nachversicherers hat die Höhe der Versicherungssumme keine Auswirkungen. Verwendet er eine andere Berechnungsmethode, wird er diese auch im konkreten Einzelfall zugrunde legen. Und selbst bei einer Übernahme der Versicherungssumme würde der Preis- und Produktwettbewerb zwischen Nach- und Vorversicherer nicht beeinflusst. In der Schadenversicherung ist die Vorversicherungssumme ein Indikator für das subjektive Risiko (vgl. Rn. 26). Als vom Versicherungsnehmer selbst bestimmte Größe gibt sie keinerlei Aufschluss über das Wettbewerbsverhalten des Vorversicherers.

Neben den reinen Risikoinformationen und Informationen zu risikorelevanten Vertragsinhalten werden auch **Vertragsdaten** wie z.B. Vertragsbeginn und -ende, Vertragsdauer, Vertragsstatus, Versicherungsscheinnummer, Fahrzeugidentifikationsnummer abgefragt und übermittelt, um die Identität des Risikos festzustellen. Der Austausch dieser Daten ist kartellrechtlich ebenfalls unbedenklich, weil sie keine Rückschlüsse auf wettbewerbsrelevantes Verhalten des Vorversicherers erlauben.   **34**

Schließlich ist auch die Frage nach einer **Kündigung** durch den Vorversicherer und den Gründen hierfür für die Beurteilung des Risikos wichtig und erforderlich. Dies betrifft insbesondere die so genannte Vertragsgefahr, d.h. die Gefahr einer unberechtigten Inanspruchnahme durch den Versicherungsnehmer, sowie die Glaubwürdigkeit und Vertragstreue des Versicherungsnehmers (z.B. Kündigung wegen Zahlungsverzugs, Kündigung wegen Vornahme einer Gefahrerhöhung durch den Versicherungsnehmer ohne Einwilligung des Vorversicherers oder Kündigung wegen Obliegenheitsverletzungen durch den Versicherungsnehmer). Einen Rückschluss auf das Wettbewerbsverhalten des Vorversicherers erlauben diese Informationen nicht.[44] Weder prägt das **Kündigungsverhalten** eines Versicherers seinen Auftritt am Markt, auf dem Versicherungsprodukte angeboten und nachgefragt werden, noch erlaubt die Risikobezogenheit der Vorversichereranfrage eine generelle Aussage über die Kündigungspolitik des Vorversicherers. Aus Gründen kartellrechtlicher Vorsicht und um überschießende Antworten (z.B. Kündigung aufgrund von Sanierung) zu verhindern, könnte es sich empfehlen, die Angabe von Kündigungsgründen nur für den Fall zu erbitten, dass diese für die Risikobeurteilung relevant sind und sich nicht bereits aus den übermittelten Schadendaten ergeben.   **35**

Unabhängig vom Informationsinhalt ist zu berücksichtigen, dass im Rahmen der Vorversichereranfrage nur **Daten zu einzelnen Risiken** ausgetauscht werden, die zudem häufig deutlich älter sind als ein Jahr. Solche Daten sind für eine Verhaltenskoordination in der Regel untauglich und irrelevant.[45] Zudem ist der Vorversicherer nur einer der auf dem Markt tätigen Versicherer, der zudem häufig an dem Wettbewerb um das konkrete Risiko nicht einmal mehr beteiligt ist, z.B. wenn er den Versichererwechsel durch seine Kündigung ausgelöst hat. Über andere Wettbewerber, insbesondere das Angebotsverhalten anderer potentieller Nachversicherer erfährt der anfragende Versicherer im Rahmen der Vorversichereranfrage nichts. Kein vernünftig handelndes Unternehmen wird sein aktuelles Wettbewerbsverhalten an punktuellen historischen Wettbewerberinformationen ausrichten. Ebenso wenig ist es realistisch, dass ein Unternehmen   **36**

---

43 **A.A.** *Dreher/Kling*, Teil 1, Rn. 175 unter Hinweis auf Art. 3 Abs. 1 lit. a) i.V.m. Abs. 2 bzw. Art. 6 Abs. 1 lit. b) GVO Vers 2003 (siehe Fn. 51), denen allerdings nicht zu entnehmen ist, dass ein Informationsaustausch über den Gesamtbetrag der Versicherungssumme pro Risikojahr unzulässig wäre. Vielmehr wird in Art. 3 Abs. 1 lit. a) lediglich gefordert, dass dieser Gesamtbetrag für Zwecke einer freigestellten Schadenbedarfstatistik beziffert werden kann. Auch Art. 6 Abs. 1 lit. b) beinhaltet kein Verbot eines punktuellen Austausches von Versicherungssummen in konkreten Versicherungsverträgen. Die Vorschrift verbietet lediglich eine kollektive Begrenzung des quantitativen Umfangs der Versicherungsleistung im Rahmen von Musterversicherungsbedingungen.

44 So auch *Esser-Wellié/Stappert*, in: MünchKomm, SB VersW, Rn. 76; *Dreher/Kling*, Teil 1, Rn. 173.

45 Leitlinien für die Anwendung von Art. 81 des EG-Vertrags auf Seeverkehrsdienstleistungen, ABl. 2008 C 245/2, Rn. 54. Hiervon abweichend qualifizieren die Leitlinien über horizontale Zusammenarbeit (Rn. 90) Daten als historisch, wenn sie um ein Mehrfaches älter sind als die branchenübliche durchschnittliche Vertragslaufzeit, wenn diese Aufschluss über Preisneuverhandlungen gibt, was in der Versicherungswirtschaft in der Regel aber nicht der Fall ist. Darüber hinaus beinhaltet die Vorversichereranfrage gerade keine Informationen zu Prämien, so dass es auf deren Neuverhandlung nicht ankommen dürfte.

die (in der Regel nicht mehr aktuellen) punktuellen Informationen sammelt, um dann sein Wettbewerbsverhalten auf Basis einer statistisch auswertbaren Größe dieser Informationen festzulegen. Dies wäre bereits organisatorisch nicht darstellbar.

37 Wie dargelegt ist ein Informationsaustausch nur dann geeignet, den Wettbewerb zu beeinträchtigen, wenn er Aufschluss über die Marktstrategien der beteiligten Wettbewerber geben kann. Entscheidend hierfür ist zum einen der **Transparenzgrad des relevanten Marktes** vor dem Informationsaustausch als auch die Veränderung der Transparenz durch den Informationsaustausch. Beide Elemente stehen in einer Art Wechselwirkung zueinander: Je höher der Transparenzgrad eines Marktes vor dem Informationsaustausch, desto geringere Anforderungen sind an den Transparenz erhöhenden Charakter des Informationsaustausches zu stellen und umgekehrt.[46]

38 Der Transparenzgrad in den Sparten, in denen schwerpunktmäßig von der Vorversichereranfrage Gebrauch gemacht wird, ist gering. Es gibt eine Vielzahl von Versicherern und die Produkte sind komplex und schwer miteinander zu vergleichen. Zudem sind die Marktstrukturen asymmetrisch. Die im Wettbewerb miteinander stehenden Versicherer unterscheiden sich nicht unerheblich in Bezug auf Kosten, Nachfrage, Marktanteile und Kapazitäten. Unter diesen Bedingungen ist ein punktueller Austausch risikorelevanter Informationen im Rahmen einer Vorversichereranfrage nicht geeignet, die für die Bejahung einer spürbaren Wettbewerbsbeschränkung erforderliche Transparenz über das Wettbewerbsverhalten konkurrierender Versicherer herzustellen.

39 **c) Einzelfreistellungsfähigkeit.** Sofern man den Informationsaustausch im Rahmen der Vorversichereranfrage entgegen der hier vertretenen Ansicht als spürbar wettbewerbsbeschränkend bewertet, dürfte er in den dargestellten Grenzen grds. nach Art. 101 Abs. 3 AEUV einzelfreigestellt sein. Der Austausch von Verbraucherdaten auf Märkten mit asymmetrischen Informationen wie den Versicherungsmärkten kann anerkanntermaßen zu **Effizienzgewinnen** führen:[47] Die Vorversichereranfrage ermöglicht dem potentiellen Nachversicherer eine risikoadäquate Prämienkalkulation und führt zu einer Wettbewerbsintensivierung durch erleichterten Versichererwechsel. Der Umstand, dass einzelne Versicherungsnehmer aufgrund der so erlangten besseren Risikokenntnis des Nachversicherers u.U. keinen Versicherungsschutz oder einen solchen nur zu höheren Prämien oder für sie schlechteren Bedingungen erhalten, steht einer Entstehung bzw. Weitergabe von Effizienzgewinnen beim bzw. an den Verbraucher nicht entgegen, da es im Rahmen von Art. 101 Abs. 3 AEUV ausschließlich darauf ankommt, dass die Versichertengemeinschaft, nicht jedoch jeder einzelne Versicherungsnehmer bzw. -interessent an den Effizienzgewinnen partizipiert.[48]

40 In Ansehung von Art und Umfang des Informationsaustausches im Rahmen der Vorversichereranfrage dürften die dargestellten Vorteile etwaige wettbewerbsbeschränkende Wirkungen in aller Regel zumindest ausgleichen. Ein Wettbewerbsausschluss kommt mit Blick auf die Eigenschaften der Märkte, auf denen von der Vorversichereranfrage regelmäßig Gebrauch gemacht wird, nicht in Betracht.

41 **d) Die Informationsabfrage beim Versicherungsnehmer und seine Einwilligung in die Informationsübermittlung durch den Vorversicherer.** Keinen kartellrechtlichen Einschränkungen unterliegt die Abfrage von Informationen zu Vorversicherungen direkt beim Versicherungsnehmer oder dem von diesem beauftragten Makler. Soweit der Versicherungsnehmer zur Auskunft gesetzlich verpflichtet ist (z.B. nach § 19 VVG), folgt dies bereits aus dem Fehlen eines rechtmäßigen Alternativverhaltens. Aber auch jenseits einer gesetzlichen Auskunftpflicht disponiert der Versicherungsnehmer mit der Erteilung von Auskünften zu seinen Versicherungsverhältnissen in zulässigem Umfang über die zu seinem Schutz bestehenden Wettbewerbsregeln.[49] Der Informationsaustausch im Rahmen der Vorversichereranfrage ist auf das konkrete Risiko be-

---

46 Vgl. Leitlinien über horizontale Zusammenarbeit, Rn. 78.
47 Leitlinien über horizontale Zusammenarbeit, Rn. 97 unter ausdrücklicher Bezugnahme auf den Versicherungssektor; so auch EuGH, Rs. C-238/05 (Asnef-Equifax), Slg. 2006, I-11125, Rn. 55/56.
48 EuGH, Rs. C-238/05 (Asnef-Equifax), Slg. 2006, I-11125, Rn. 69/70.
49 Die für eine Anwendung des Kartellverbots auf Verhaltensweisen des Versicherungsnehmers erforderliche Unternehmenseigenschaft wird für Zwecke dieser Fragestellung unterstellt.

J. Bartmann

schränkt. Es geht also um mögliche Beschränkungen, die sich aus dem Austausch wettbewerbsrelevanter Informationen auf den Wettbewerb um dieses konkrete Risiko ergeben. Über diesen Wettbewerb kann der Versicherungsnehmer als Risikoträger frei disponieren. Eine Wettbewerbsbeschränkung ist insoweit ausgeschlossen.[50]

Soweit der Versicherungsnehmer befugt ist, über den Wettbewerb zu disponieren, entfaltet eine **42** rechtswirksame Einwilligung in die Informationsübermittlung durch den Vorversicherer, soweit diese überhaupt geeignet ist, wettbewerbsbeschränkende Wirkungen zu entfalten, grds. tatbestandsausschließende Wirkung. Sie ist daher vom Versicherer zu beweisen und sollte vor diesem Hintergrund schriftlich dokumentiert werden und – um Zweifel am erforderlichen Erklärungswillen des Versicherungsnehmers zu vermeiden – auch ausdrücklich, d.h. insbesondere unter konkreter Nennung der abzufragenden Informationen und zusätzlich zur üblichen Datenschutzerklärung, erfolgen.

Darüber hinaus ist es aus Gründen kartellrechtlicher Vorsicht angezeigt, die Abgabe von An- **43** geboten nicht von der Einwilligung in Vorversichereranfragen abhängig zu machen, die über das zur Risikobeurteilung erforderliche Maß hinausgehen (z.B. Angabe der Prämie des Vorversicherers). Insbesondere wenn mehrere Versicherer eine solche Praxis an den Tag legen, kann der Verdacht abgestimmten Verhaltens der Versicherer untereinander entstehen, das von der Einwilligung nicht mehr gedeckt wäre.

Soweit eine Vorversichereranfrage – wie in den allermeisten Fällen – nicht geeignet ist, den **44** Wettbewerb zu beschränken bzw. aufgrund ihrer überwiegend wettbewerbsfördernden Wirkungen einzelfreistellt ist, ist eine Einwilligung des Versicherungsnehmers in die Informationserteilung kartellrechtlich entbehrlich.

2. Gemeinsame Erhebungen, Tabellen und Studien

Nach Art. 2 der GVO Vers 2010 sind von der Anwendung des Kartellverbots Vereinbarungen **45** zwischen zwei oder mehr Unternehmen des Versicherungssektors über die gemeinsame Erhebung und Verbreitung von Daten, die erforderlich sind für die (i) Berechnung von Durchschnittskosten für die Deckung eines genau beschriebenen Risikos in der Vergangenheit ("**Erhebungen**") oder (ii) die Erstellung von Sterbetafeln und Tafeln über die Häufigkeit von Krankheiten, Unfällen und Invalidität im Bereich der Versicherungen, die ein Kapitalisierungselement beinhalten ("**Tabellen**"), freigestellt.

Ferner sind die gemeinsame Durchführung von **Studien** zu den wahrscheinlichen Auswirkungen **46** allgemeiner Umstände, die außerhalb des Einflussbereichs der betreffenden Unternehmen liegen, auf die Häufigkeit oder das Ausmaß von künftigen Forderungen bei einem bestimmten Risiko oder einer bestimmten Risikosparte oder auf den Ertrag verschiedener Anlageformen sowie die Verbreitung der Ergebnisse solcher Studien freigestellt.

Damit wurde die bereits nach der Vorgängerregelung[51] gewährte Gruppenfreistellung von ih- **47** rem Gegenstand her vollumfassend verlängert. Als Grund für die Verlängerung führt die Kommission zutreffend den bereits in Rn. 2 ff. näher dargelegten spezifischen Kooperationsbedarf der Versicherer im Bereich der Risikokalkulation an.[52]

Begrifflich wurden gegenüber der Vorgängerregelung **Änderungen** vorgenommen, die aller- **48** dings keine materiellen Auswirkungen auf den Umfang der Freistellung haben. So trat an die Stelle des Begriffs "gemeinsame Berechnungen" der Begriff "gemeinsame Erhebungen",[53] die gemäß Erwägungsgrund 9 auch statistische Berechnungen enthalten können. Dies wird durch Art. 3 Abs. 1 lit. a) und b) GVO Vers 2010 bestätigt, wonach Ergebnis der Erhebungen der Durchschnittskosten eine statistisch auswertbare Größe sein muss, die eine taugliche Kalkula-

---

50 Im Ergebnis so auch *Esser-Wellié/Stappert*, in: MünchKomm, SB VersW, Rn. 78; *Dreher/Kling*, Teil 1, Rn. 177.

51 Verordnung (EG) Nr. 358/2003 der Kommission vom 27.2.2003 über die Anwendung von Artikel 81 Absatz 3 EG-Vertrag auf Gruppen von Vereinbarungen, Beschlüssen und aufeinander abgestimmten Verhaltensweisen im Versicherungssektor, ABl. 2003, L 53/8 ("GVO Vers 2003").

52 Mitteilung GVO Vers 2010, Rn. 8/9.

53 Die englische und französische Fassung sprechen von "compilations". Anders als die deutsche Übersetzung umfasst dieser Begriff bereits unmittelbar auch eine Aufbereitung der Daten.

tionsgrundlage darstellt und die Statistiken so detailliert wie versicherungsstatistisch angemessen sein müssen. Beide Regelungen ergeben nur dann einen Sinn, wenn eine statistische Aufbereitung der Daten von der Freistellung umfasst ist. Der Umfang der statistischen Berechnungen wird durch die Regelung nicht beschränkt.[54] Ferner wurde präzisiert, dass der Austausch von Informationen nur insoweit zulässig ist, als er zur Erreichung der genannten Zwecke erforderlich ist. Auch dies entspricht der Rechtslage vor Inkrafttreten der GVO Vers 2010.

49   Die Freistellung ist nach Art. 3 GVO Vers 2010 unverändert an die Einhaltung von **Voraussetzungen** geknüpft: So müssen Erhebungen und Tabellen („Statistiken") wie nach der Vorgängerverordnung auf der Zusammenstellung von Daten beruhen, die sich auf eine als Beobachtungszeitraum gewählte Anzahl von Risiko-Jahren beziehen und die identische oder vergleichbare Risiken in ausreichender Zahl betreffen, damit eine statistisch auswertbare Größe entsteht und unter anderem Folgendes beziffert werden kann: (i) die Anzahl der Schadenfälle in dem genannten Zeitraum, (ii) die Zahl der in dem Beobachtungszeitraum in jedem Risiko-Jahr versicherten einzelnen Risiken, (iii) die Gesamtheit der innerhalb dieses Zeitraums aufgrund der aufgetretenen Schadenfälle geleisteten oder geschuldeten Zahlungen und (iv) der Gesamtbetrag der Versicherungssummen pro Risiko-Jahr während des gewählten Beobachtungszeitraums.

50   Ferner dürfen die Statistiken und Studien die beteiligten Versicherungsunternehmen oder einen Versicherungsnehmer nicht identifizieren und weder einen Hinweis auf die Höhe von Bruttoprämien enthalten, noch unternehmensindividuelle Komponenten wie Sicherheitszuschläge, Erträge aus Rückstellungen, Verwaltungs- oder Vertriebskosten oder Steuern und sonstige Abgaben beinhalten oder Investitionserlöse oder erwartete Gewinne berücksichtigen. Sie müssen hinsichtlich der verfügbaren Statistiken so detailliert wie versicherungsstatistisch angemessen sein und bei der Erstellung und Verbreitung einen Hinweis auf ihre Unverbindlichkeit enthalten. Schließlich sind sie allen Versicherungsunternehmen (auch solchen die nicht auf dem räumlichen oder sachlichen Markt tätig sind, auf den sich diese Statistiken oder Studienergebnisse beziehen), die ein Exemplar erbitten, zu angemessenen und diskriminierungsfreien Konditionen sowie – das ist neu – erschwinglichen Preisen zur Verfügung zu stellen.

51   Zusätzlich wird nunmehr in Art. 3 Abs. 2 lit. e) GVO Vers 2010 verlangt, dass die Statistiken und Studien **Verbraucher- und Kundenorganisationen**, die spezifische und präzise Zugangsanträge aus ordnungsgemäß gerechtfertigten Gründen stellen, zu angemessenen und diskriminierungsfreien Konditionen und erschwinglichen Preisen zur Verfügung gestellt werden (ausgenommen wenn die Nichtoffenlegung aus Gründen der öffentlichen Sicherheit[55] objektiv gerechtfertigt ist). Die Kommission begründet dies damit, dass Statistiken und Studienergebnisse auch für Verbraucher- und Kundenorganisationen von Interesse sein können und versteht diese zusätzlichen Voraussetzungen als Ausfluss der für eine Freistellung nach Art. 101 Abs. 3 AEUV erforderlichen angemessenen Verbraucherbeteiligung.[56]

52   Inhaltlich ist die Regelung unscharf. Bereits der Begriff der **Kundenorganisation** ist nicht klar umrissen. So ist fraglich, ob hierfür jede Organisation, deren Mitglieder auch Versicherungsnehmer sind, qualifiziert oder es erforderlich ist, dass der Zweck der Organisation spezifisch auf die Vertretung der Interessen der versicherungsnehmenden Wirtschaft gerichtet ist (wie z.B. beim Deutscher Versicherungs-Schutzverband e.V.). Nachdem das Zugangsrecht im Entwurf der GVO Vers 2010 zunächst noch weiter gefasst war und die Beschränkung auf Verbraucher- und Kundenorganisationen damit begründet wird, dass das von der Versicherungswirtschaft vorgebrachte Risiko von Fehlinterpretationen reduziert werden sollte, dürfte die Kommission wohl eher zu einer weiten Begriffsauslegung tendieren. Dafür spricht auch die gleichzeitige Erwähnung von Verbraucherorganisationen, die ebenfalls keinen spezifischen Versicherungsbezug aufweisen müssen.[57]

---

54   So im Ergebnis auch *v. Hülsen/Manderfeld*, VersR 2010, 559, 561. **A.A.** *Saller*, VersR 2010, 417, 419, der den Wortlaut von EG 9 allerdings insoweit nicht zutreffend wiedergibt.
55   EG 11 GVO Vers 2010 a.E. nennt als Beispiel Daten, die die Sicherheitssysteme von Kernkraftwerken oder Schwachstellen von Hochwasserschutzsystemen betreffen.
56   EG 11 GVO Vers 2010; vgl. *McCarthy/Stefanescu*, Competition Policy Newsletter 2010-2, S. 6, 8.
57   **A.A.** *v. Hülsen/Manderfeld*, VersR 2010, 559, 562, die eine enge Auslegung fordern.

J. Bartmann

Vor demselben Hintergrund dürfte das Erfordernis eines **spezifischen und präzisen Zugangs-** **antrags** aus ordnungsgemäß gerechtfertigten Gründen aus Sicht der Kommission nur den Zweck verfolgen, missbräuchliche Zugangsanträge zu vermeiden. Eine qualitative Einschränkung der Zugangsberechtigung nur für den Fall eines besonderen oder gar überwiegenden Interesses ist hiermit wohl nicht verbunden.[58] Allerdings muss ein nachvollziehbares Interesse der jeweiligen Organisation am Zugang zu den konkret begehrten Statistiken bzw. Studien bestehen. Hierzu gehört m.E., dass die Statistik bzw. Studie konkrete Auswirkungen auf die von der Organisation vertretene Kundengruppe haben kann.

53

Ausdruck eines möglichst umfassenden Zugangsrechts der Verbraucher ist nicht zuletzt auch die Regelung, dass die Statistiken und Studien zu **erschwinglichen Preisen** zur Verfügung zu stellen sind. Die Erschwinglichkeit tritt neben das Erfordernis angemessener und diskriminierungsfreier Konditionen und zwar sowohl für das neu geschaffene als auch für das aus der GVO Vers 2003 übernommene Zugangsrecht für alle Versicherungsunternehmen. Sie scheint eine subjektive, auf die Leistungsfähigkeit des Zugangsberechtigten abstellende Betrachtungsweise zu erfordern. So ist die Regelung jedoch m.E. nicht zu verstehen. Vielmehr soll hierdurch das für die Zugangsbedingungen festgeschriebene Angemessenheitserfordernis ausdrücklich auch auf die Preisgestaltung bezogen werden.[59] Vor diesem Hintergrund dürften die Kosten für die Erstellung der Statistik/Studie als Sowieso-Kosten nicht berücksichtigungsfähig sein. Vielmehr hat man sich wohl an den tatsächlichen Bereitstellungskosten zu orientieren.[60] Zu diesen gehören m.E. auch Kosten, die mit der Prüfung des Zugangsantrags verbunden sind, sowie solche, die zur Sicherstellung einer zweckentsprechenden Verwendung der Daten aufgewandt werden.

54

Ein Trittbrettfahren durch andere Versicherer wird dadurch vermieden, dass diesen eine Selbstverpflichtung auferlegt werden darf, selbst statistische Informationen über Schadenfälle einzumelden und Mitglied in dem die Statistik aufstellenden Versicherungsverband zu werden.[61]

55

Zu den **angemessenen Konditionen** gehören m.E. auch Beschränkungen hinsichtlich des Rechts zur Weiterverbreitung der Statistik in ihrer Gesamtheit. Denn bei den in der Statistik enthaltenen Daten handelt es sich um vertrauliche Daten mit Geschäftsgeheimnischarakter, auch wenn sie sich durch die Anonymisierung und Aggregierung nicht einem konkreten Unternehmen zuordnen lassen. Eine Einschränkung dieses Vertraulichkeitsschutzes ist allenfalls in dem Umfang hinzunehmen, wie es die GVO Vers 2010 erfordert. Danach obliegt es allein den Versicherern zu prüfen, ob die Zugangsvoraussetzungen vorliegen oder nicht. Jegliches Weiterverbreitungsrecht einer Kunden- oder Verbraucherorganisation würde dieses Recht in der Praxis aushöhlen. Etwas anderes gilt freilich für die Auswertung der Statistik durch die Kunden- oder Verbraucherorganisation. Deren Veröffentlichung oder Weitergabe kann grundsätzlich nicht verhindert werden.

56

Vom **zeitlichen Anwendungsbereich** her stellt sich die Frage, ob das neue Zugangsrecht von Verbraucher- und Kundenorganisationen auch auf bereits bestehende Statistiken und Studien Anwendung findet. Dies ist für Statistiken und Studien, die in Übereinstimmung mit der GVO Vers 2003 erstellt, anerkannt und bekanntgegeben worden sind, m.E. zu verneinen. Denn die relevanten Verhaltensweisen sind im Zeitpunkt des Inkrafttretens der GVO Vers 2010 bereits beendet. Einer fortgesetzten Freistellung nach der GVO Vers 2010 bedarf es nicht.

57

Dem kann m.E. auch nicht mit Erfolg entgegengehalten werden, dass die wettbewerbsbeschränkenden Wirkungen (unterstellt, es gäbe solche) über die Beendigung der Verhaltensweisen durch die fortgesetzte Verfügbarkeit der Statistiken/Studien hinaus fortbestehen. Soweit es jährlich aktuelle Statistiken gibt, verlieren die alten Statistiken ohnehin ihre praktische Relevanz

58

---

58 Vgl. *Obst/Stefanescu*, ÖZK 2010, 130, 132. **A.A.** *v. Hülsen/Manderfeld*, VersR 2010, 559, 562.

59 In der englischen und französischen Fassung wird nicht zwischen Konditionen und Preisen unterschieden, sondern auch die Erschwinglichkeit auf die Konditionen bezogen ("affordable terms", "conditions abordables").

60 *Obst/Stefanescu*, ÖZK 2010, 130, 132.

61 Vgl. EG 11 GVO Vers 2010, der in Abweichung von der Vorgängerregelung die Verbandsmitgliedschaft allerdings nur noch "unter Umständen" zu den angemessenen und diskriminierungsfreien Konditionen zählt. Eine materielle Einschränkung ergibt sich hieraus jedoch nicht, wie ein Blick in die englische ("Such terms... might also include...") und französische ("Ces conditions pourraient comprendre, par exemple,...") Fassung der GVO Vers 2010 zeigt.

für die Prämienermittlung. Dessen ungeachtet käme eine Anwendung der GVO Vers 2010 auf diese abgeschlossenen Altsachverhalte aber auch einer rückwirkenden Einführung von Freistellungsvoraussetzungen (echte Rückwirkung) gleich, die unter Rechtsstaatlichkeitsgesichtspunkten nicht zulässig ist.

59 Die GVO Vers 2010 begründet ausweislich ihres Erwägungsgrundes 8 weder die Vermutung, dass Vereinbarungen, die von ihr erfasst sind, oder solche, die es nicht sind, z.B. weil sie von ihrer Art her nicht (mehr) erfasst sind oder aber die dort genannten Voraussetzungen nicht erfüllen, unter Artikel 101 Absatz 1 AEUV fallen, noch dass sie die Voraussetzungen von Artikel 101 Absatz 3 AEUV nicht erfüllen. Obwohl Statistiken und Studien grundsätzlich in den sachlichen Anwendungsbereich der GVO Vers 2010 fallen, ist also bei Nichtvorliegen der Gruppenfreistellungsvoraussetzungen stets zu prüfen, ob durch sie überhaupt eine Wettbewerbsbeschränkung bewirkt wird und – wenn dies bejaht wird – eine Freistellung nach Art. 101 Abs. 3 AEUV in Betracht kommt.

60 Insoweit als die gemeinsame Statistikarbeit für die an ihr beteiligten Versicherungsunternehmen Voraussetzung für die Kalkulation risikoangemessener Prämien ist, fehlt es im Sinne des **Arbeitsgemeinschaftsgedankens** bereits an einer Wettbewerbsbeschränkung, da die Zusammenarbeit in diesem Fall eine Versicherungstätigkeit überhaupt erst ermöglicht. Dies ist im Einzelfall zu prüfen.

61 Darüber hinaus ist zu berücksichtigen, dass die gemeinsame Statistikarbeit zu erheblichen **Effizienzgewinnen** führt, an denen auch die Verbraucher und Versicherungsnehmer z.B. in Form von risikoadäquaten, d.h. in vielen Fällen niedrigeren Prämien und einem umfassenderen und vielfältigeren Versicherungsangebot angemessen beteiligt werden[62] und zwar auch ohne dass den Verbrauchern Zugang zu den Statistiken gewährt wird.[63] Ein solcher Zugang ist daher keine notwendige, allenfalls eine hinreichende Bedingung für das Vorliegen der ersten Freistellungsvoraussetzung.[64] Diesem Verständnis steht auch die Aufnahme des Zugangsrechts zugunsten von Verbraucher- und Kundenorganisationen in die GVO Vers 2010 nicht entgegen. Denn es steht der Kommission frei, an eine Freistellung nach der GVO Vers 2010 strengere Anforderungen zu stellen, als für das Vorliegen einer Einzelfreistellung bestehen, da die Gruppenfreistellung für Verhaltensweisen gewährt wird, die – ohne Ansehung des konkreten Einzelfalls – in jedem Fall die Voraussetzungen des Art. 101 Abs. 3 AEUV erfüllen.

3. Musterversicherungsbedingungen und Überschussbeteiligungsmodelle

62 **a) Rechtsgrundlage.** Nach der GVO Vers 2003 waren die gemeinsame Aufstellung und Verbreitung nichtverbindlicher allgemeiner Versicherungsbedingungen für die Direktversicherung (Musterversicherungsbedingungen – „MVB") unter bestimmten Voraussetzungen von der Anwendung des Kartellverbots freigestellt.

63 Im Rahmen ihrer Überprüfung des Funktionierens der GVO Vers 2003 ist die Kommission zu der Überzeugung gelangt, dass eine Regelung dieses Bereichs durch eine sektorspezifische Gruppenfreistellungsverordnung nicht gerechtfertigt sei, weil die gemeinsame Musterbedingungsarbeit keine Besonderheit des Versicherungssektors darstelle, sondern auch in vielen anderen Sektoren wie z.B. dem Bankensektor üblich sei, die nicht den Schutz einer Gruppenfreistellungsverordnung genießen.

64 Hinzu kam, dass die Kommission trotz der Erkenntnis, dass MVB in vielen Fällen positive Effekte für den Wettbewerb und die Verbraucher haben, die Gefahr sah, dass MVB eine zu starke Standardisierung von Produkten mit der Folge einer Einschränkung des nichtpreislichen Wettbewerbs bewirken könnten. Da MVB zudem unausgewogen sein könnten, war es aus Sicht der Kommission angemessener, die Versicherer zu einer Selbstveranlagung zu verpflichten und ihnen damit die Beweislast dafür aufzuerlegen, dass die Musterbedingungsarbeit, an der sie sich

---

62 Ebenso Komm. E. v. 30.3.1984, ABl. 1984 L 99/29 – Nuovo Cegam, Rn. 19; Komm. E. v. 20.12.1989, ABl. 1990 L 15/25 – Concordato Incendio, Rn. 23 ff.
63 Bericht GVO Vers 2003 (siehe Fn. 115), Rn. 8.
64 Vgl. *Saller*, VersR 2010, 417, 419.

beteiligen, sofern sie wettbewerbsbeschränkend ist, Effizienzgewinne erzeugt, die zu einem angemessenen Teil auch den Verbrauchern zugutekommen.

Vor diesem Hintergrund ist in der GVO Vers 2010 keine Freistellung für MVB und Überschussbeteiligungsmodelle (ohne dass letztere im Rahmen der Überprüfung gesondert adressiert worden wären) mehr vorgesehen. Stattdessen finden sich sektorübergreifende Regelungen zu Standardbedingungen im Abschnitt zu Vereinbarungen über Normen in den Leitlinien über horizontale Zusammenarbeit.[65] **65**

Die Kommission definiert Standardbedingungen in den Leitlinien über horizontale Zusammenarbeit (Rn. 259) als Bedingungen, die von einem Wirtschaftsverband oder aber direkt von Wettbewerbern ausgearbeitet werden und die die Bedingungen für den Kauf oder Verkauf untereinander austauschbarer Waren oder Dienstleistungen zwischen einem Wettbewerber und einem Verbraucher festlegen. Die Versicherungswirtschaft wird ausdrücklich als ein Sektor bezeichnet, in dem Standardbedingungen eine wichtige Rolle spielen. **66**

b) Wettbewerbsbeschränkung. Ausgangspunkt der Beurteilung von Standardbedingungen nach den Leitlinien über horizontale Zusammenarbeit (Rn. 301) ist die Feststellung, dass Standardbedingungen, solange sie – wie in der Versicherungswirtschaft üblich – unverbindlich sind,[66] eine uneingeschränkte Beteiligung der Wettbewerber auf dem relevanten Markt an ihrer Erarbeitung gewährleistet ist[67] und sie für alle interessierten Kreise uneingeschränkt zugänglich sind, im Allgemeinen keine wettbewerbsbeschränkenden Auswirkungen haben. **67**

Eine Ausnahme von diesem Grundsatz kann nach Ansicht der Kommission allerdings dann gelten, wenn (verbindliche oder nicht verbindliche) Standardbedingungen Bestimmungen enthalten, bei denen es wahrscheinlich ist, dass sie sich negativ auf den **Preiswettbewerb** auswirken.[68] MVB mit Bestimmungen, die sich direkt auf Kundenpreise auswirken, z.B. durch Hinweise auf Bruttoprämien,[69] Prämienelemente oder – insbesondere bei Lebensversicherungsprodukten – Angaben zu Zinsen, werden als bezweckte Wettbewerbsbeschränkung eingestuft.[70] Betragsmäßige Angaben zu Versicherungssummen oder Selbstbehalten haben hingegen lediglich mittelbare Auswirkungen auf die Bruttoprämien. Als solche können sie eine Beschränkung des Preiswettbewerbs bewirken. Im Rahmen der Prüfung der Freistellungsvoraussetzungen dürfte Art. 6 Abs. 1 GVO Vers 2003 weiterhin Bedeutung haben und unter dem Gesichtspunkt der Unerlässlichkeit regelmäßig einer Freistellung betragsmäßiger Festschreibungen von Versicherungssummen und Selbstbehalten entgegenstehen.[71] **68**

Eine weitere Ausnahme von dem Grundsatz bilden **produktgestaltende** Standardbedingungen.[72] Als produktgestaltend dürften Klauseln in MVB zu werten sein, die den Umfang des Versicherungsschutzes positiv oder negativ beschreiben. Hierzu gehören neben den Regelungen zum Gegenstand der Versicherung (Was ist versichert?) und dem Versicherungsfall/Leistungs- **69**

---

65 Leitlinien über horizontale Zusammenarbeit, Rn. 257 ff. Weder die Verortung noch die Bezeichnung erweist sich als zutreffend, da die Musterbedingungsarbeit – anders als die Normungsarbeit – nicht auf eine Standardisierung der Versicherungsprodukte abzielt, sondern lediglich unverbindliche Musterklauseln hervorbringt, auf die die Versicherer nach Belieben zurückgreifen können.

66 Ist die Verwendung von Standardbedingungen zwingend, müssen sie auf ihre Auswirkungen auf Produktqualität, Produktvielfalt und Innovation geprüft werden insbesondere, wenn die Standardbedingungen für den gesamten Markt verbindlich sind (Rn. 306).

67 Einschränkungen, die sich aus den Anforderungen an ein funktionierendes Verfahren der Erstellung von MVB ergeben (z.B. zahlenmäßige Begrenzung der unmittelbar an der Klauselarbeit beteiligten Unternehmen) sind unschädlich, wenn sie transparent und diskriminierungsfrei sind.

68 Leitlinien über horizontale Zusammenarbeit, Rn. 271, 307.

69 Dies war bereits nach Art. 6 Abs. 1 lit. a) GVO Vers 2003 freistellungsschädlich. In der Literatur werden hierunter auch Methoden zur Berechnung der Bruttoprämie z.B. in Abhängigkeit von der Schadenquote subsumiert; so z.B. *Pohlmann*, WuW 2010, 1106, 1110; *Hörst*, in: Loewenheim/Meessen/Riesenkampff, Art. 6 GVO-VersW, Rn. 60.

70 Leitlinien über horizontale Zusammenarbeit, Rn. 276.

71 Zur fortgesetzten Bedeutung von Art. 6 Abs. 1 GVO Vers 2003 im Rahmen von Art. 101 Abs. 3 AEUV vgl. die Ausführungen der Kommission in ihrer Mitteilung GVO Vers 2010, Fn. 4 zu Rn. 23.

72 Die Kommission spricht von Standardbedingungen, „in denen der Anwendungsbereich des verkauften Produkts festgelegt ist" (Rn. 303). In der englischen Fassung wird zutreffender von „scope of the product" gesprochen. Hiermit werden die Eigenschaften und Funktionen umschrieben, die ein Produkt kennzeichnen. Es geht also um den Produktinhalt und -umfang.

fall die Beschreibung des versicherten Risikos und der Leistungen der Versicherung bzw. ihrer Begrenzung nach Art und Umfang sowie Regelungen zu den Ausschlüssen. *Pohlmann* will zu dieser Gruppe auch die Obliegenheiten des Versicherungsnehmers zählen, da sie regelmäßig Konsequenzen für das Bestehen des Versicherungsschutzes haben.[73] Dies vermag nicht zu überzeugen. Zum einen haben auch andere Regelungen wie z.b. die Nichtzahlung der Versicherungsprämie oder die Kündigung des Versicherungsvertrages Auswirkungen auf das Bestehen des Versicherungsschutzes. Zum anderen ähneln sich die Regelungen zu den Obliegenheiten in den unterschiedlichen Versicherungszweigen. Dies gilt z.b. für die Anzeigepflichten des Versicherungsnehmers über gefahrerhebliche Umstände (vgl. Ziff. 23 AHB 2010, Abschnitt B § 1 VHB 2008 (QM)).

70 Produktgestaltende Standardbedingungen können nach Ansicht der Kommission wettbewerbsbeschränkende Wirkungen entfalten, wenn sie aufgrund ihrer allgemein gängigen Anwendung de facto zu einer Einschränkung von Innovation und Produktvielfalt führen. Ein solcher Fall könnte nach den Leitlinien über horizontale Zusammenarbeit (Rn. 303) vorliegen, wenn die MVB den Kunden in seiner praktischen Wahl **zentraler Vertragselemente** (z.b. abgedeckte Standardrisiken) einschränken würden. D.h. die produktgestaltenden Klauseln sind ihrerseits in Hinsicht auf ihre Bedeutung für die Ausgestaltung des Produktes zu gewichten. Nur wenn die de facto Standardisierung Klauseln betrifft, die das Produkt ausmachen, kommt eine Beschränkung des Produktwettbewerbs überhaupt in Betracht. Zudem muss bezüglich der betreffenden Klauseln ein **Gestaltungsspielraum** bestehen. Die bloße Umsetzung gesetzlicher Vorgaben kann auch in weit verbreiteten (zentralen) produktgestaltenden Standardbedingungen nicht wettbewerbsbeschränkend wirken. An einer Einschränkung des Produktwettbewerbs fehlt es auch bei MVB, die zum Wesen der Versicherung gehören, wie z.b. der Tod während der Versicherungsdauer als Voraussetzung für die Auszahlung der Versicherungssumme bei einer Risikolebensversicherung oder ein tradierter Klauselbestand aus der Zeit vor der Deregulierung.

71 Um festzustellen, ob ein Risiko der de facto Standardisierung besteht, muss der Wettbewerb im relevanten Markt berücksichtigt werden: Bei einer großen Anzahl insbesondere auch kleinerer Wettbewerber ist das Risiko einer Standardisierung deutlich geringer als bei wenigen großen Versicherern. Weitere wesentliche Aspekte sind der Marktanteil der Versicherer, die die Standardbedingungen anwenden[74] sowie der Abdeckungsgrad der Standardbedingungen (Beschreibung des gesamten Produktes oder nur von Teilen).[75] Letzterem Aspekt könnte präventiv durch die Erstellung von MVB in Form eines **Baukastensystems** anstelle eines in sich geschlossenen Klauselwerkes Rechnung getragen werden. Auch die Entwicklung sinnvoller Alternativklauseln kann einer Standardisierung effektiv entgegenwirken.

72 Auch wenn die Überlegungen der Kommission zu wettbewerbsbeschränkenden Wirkungen einer de facto Standardisierung durchaus nachvollziehbar sind, sind sie für eine ex ante Selbsteinschätzung zur kartellrechtlichen Unbedenklichkeit der gemeinsamen Musterbedingungsarbeit nur eingeschränkt nutzbar, weil der **Durchsetzungsgrad** von MVB im Zeitpunkt ihrer Erstellung nicht vorhergesagt werden kann.[76] Sofern Erfahrungen aus der Vergangenheit mit demselben bzw. vergleichbaren Versicherungsprodukten gezeigt haben, dass die MVB nicht zu einem eingeschränkten Produktwettbewerb geführt haben, dürfte dies Indizwirkung auch für die zukünftige Zusammenarbeit haben.[77] Vor diesem Hintergrund bietet es sich an, den Durchsetzungsgrad bestehender aber auch neuer bzw. geänderter produktgestaltender MVB in kartellrechtlich zulässiger Weise in regelmäßigen Abständen zu prüfen und das Ergebnis dieser Prüfung zu dokumentieren. Bei neuen MVB macht dies regelmäßig erst nach Ablauf einer ge-

---

73 *Pohlmann*, WuW 2010, 1106, 1109.
74 Es erscheint mir zweifelhaft, ob man – wie von der Kommission vertreten – tatsächlich von der Beteiligung an der Erstellung der Standardbedingungen auf eine Nutzung derselben schließen kann.
75 Leitlinien über horizontale Zusammenarbeit, Rn. 304.
76 Nur auf diesen Durchsetzungsgrad, nicht aber auf die Bereitschaft des einzelnen Versicherungsunternehmens, die eigenen, individuellen Versicherungsbedingungen an die Bedürfnisse einzelner Versicherungsnehmer anzupassen (so aber Leitlinien über horizontale Zusammenarbeit, Rn. 335), kommt es in diesem Kontext an.
77 Vgl. Leitlinien über horizontale Zusammenarbeit, Fn. 2 zu Rn. 304.

J. Bartmann

wissen Zeit Sinn. Bei der Beurteilung der Wirkungen des festgestellten Durchsetzungsgrades auf den Produktwettbewerb sind die produktgestaltenden Klauseln in ihrer Gesamtheit zu würdigen, d.h. eine hohe Marktdurchdringung einzelner produktgestaltender Klauseln kann durch erhebliche Abweichungen in anderen produktgestaltenden Klauseln derselben MVB oder durch zusätzliche produktgestaltende Klauseln in den individuellen Bedingungswerken der Versicherer kompensiert werden. Ebenso können erhebliche Abweichungen in einer zentralen produktgestaltenden Klausel eine hohe Marktdurchdringung weniger zentraler Klauseln in denselben MVB ausgleichen. Ferner ist zu berücksichtigen, dass der Durchsetzungsgrad von MVB durch einen Abgleich nur mit den Standardbedingungswerken der Versicherer außerhalb der Massensparten in der Regel überzeichnet wird, da von diesen Bedingungswerken in konkreten Verhandlungen mit dem Versicherungsnehmer nicht selten abgewichen und die Produktgestaltung in diesem Bereich auch durch Bedingungswerke von Maklern geprägt wird.[78]

Schließlich ist bei allen Standardbedingungen die Gefahr einer wettbewerbswidrigen **Markt-** **verschließung** zu gewärtigen, wenn sich der Zugang zu diesen Bedingungen für den Marktzutritt als entscheidend erweist. Solange allen Versicherern, die Zugang zu den MVB wünschen, dieser Zugang nicht verwehrt wird, ist eine wettbewerbswidrige Marktverschließung allerdings unwahrscheinlich.[79]   73

c) Einzelfreistellung. Sofern MVB nach dieser Maßgabe wettbewerbsbeschränkende Wirkungen entfalten, ist zu klären, inwieweit ihre gemeinsame Aufstellung nach Art. 101 Abs. 3 AEUV **freigestellt** ist. Die gemeinsame Aufstellung[80] von Standardbedingungen dürfte in aller Regel Effizienzgewinne bewirken, die zu einem nicht unerheblichen Teil auch genuin direkt den Verbrauchern erwachsen, an sie also nicht erst weitergegeben werden müssen. Zu diesen Vorteilen gehört insbesondere die bessere Vergleichbarkeit der Versicherungsprodukte mit der Folge einer Intensivierung des Preiswettbewerbs sowie der leichtere Anbieterwechsel und die gesteigerte Rechtsbeständigkeit der Klauseln.[81] Weitere Effizienzgewinne, deren angemessene Weitergabe an die Verbraucher in einem von Wettbewerb geprägten Umfeld wahrscheinlich ist, entstehen in Form geringerer Transaktionskosten auf Seiten der Versicherer und – insbesondere bei komplexen Versicherungsprodukten – eines erleichterten Marktzutritts für neue Wettbewerber. Dabei ist es m.E. nicht erforderlich, dass jede einzelne Klausel daraufhin überprüft wird, ob sie einen der genannten Effizienzgewinne generiert.[82] Vielmehr ist insoweit das Bedingungswerk in seiner Gesamtheit zu prüfen.   74

Bei der Frage, ob die Effizienzgewinne die wettbewerbsbeschränkenden Wirkungen der gemeinsamen Bedingungsarbeit mindestens aufwiegen, ist zu berücksichtigen, dass mit steigendem Durchsetzungsgrad auf der einen Seite die Wahrscheinlichkeit wettbewerbsbeschränkender Auswirkungen in Form einer eingeschränkten Produktvielfalt, auf der anderen Seite aber ebenso die Effizienzgewinne für den Verbraucher wachsen.[83] Dies gilt insbesondere für die bessere Vergleichbarkeit der Produkte, der um so mehr Bedeutung zukommt, je mehr Wettbewerber auf dem Markt sind.[84]   75

Es stellt sich die Frage, ob die ehedem in **Art. 6 GVO Vers 2003** verankerten Freistellungsvoraussetzungen im Kontext der Einzelfreistellung heute noch eine Bedeutung haben. Die Kommission hat dies für die preis- bzw. produktgestaltenden Regelungen in Art. 6 Abs. 1 lit. a) bis c) und i) aufgrund ihrer negativen Auswirkungen auf Preise und Produktinnovation ausdrück-   76

---

78 Vgl. Leitlinien über horizontale Zusammenarbeit, Rn. 335, wobei der Gedanke für die dort in Bezug genommene Wohngebäudeversicherung als Teil des Massengeschäfts weniger praxisrelevant sein dürfte.
79 Leitlinien über horizontale Zusammenarbeit, Rn. 272.
80 Die Leitlinien über horizontale Zusammenarbeit, Rn. 312, sprechen insoweit von Anwendung, was m.E. aber nicht zutreffend ist, da die Anwendung nicht Bestandteil der Zusammenarbeit ist.
81 Vgl. Leitlinien über horizontale Zusammenarbeit, Rn. 323.
82 So aber wohl *Pohlmann*, WuW 2010, 1106, 1115.
83 Leitlinien über horizontale Zusammenarbeit, Rn. 322, wobei die Kommission darauf hinweist, dass es in keiner Situation die Vermutung gebe, dass Effizienzgewinne in einem Maße weitergegeben würden, dass sie die wettbewerbsbeschränkenden Wirkungen "überwiegen" – wobei festzuhalten ist, dass Art. 101 Abs. 3 AEUV lediglich ein Kompensieren, nicht ein Überwiegen erfordert; vgl. Leitlinien zu Art. 81 Abs. 3 EG, Rn. 85.
84 Leitlinien über horizontale Zusammenarbeit, Rn. 313.

lich bejaht.[85] Solche Regelungen bleiben – von begründeten Ausnahmen abgesehen – auch künftig freistellungsschädlich. Gleiches gilt für Klauseln, die die Ausschlussverbote des Art. 6 Abs. 1 lit. k) bzw. Art. 6 Abs. 3 GVO Vers 2003 missachten. Für die übrigen Bestimmungen ist zu differenzieren:

77 Unter dem Gesichtspunkt der Unerlässlichkeit dürfte es in aller Regel nicht erforderlich sein, die MVB für verbindlich zu erklären.[86] Von begründeten Ausnahmen abgesehen, sollte die Bekanntgabe der MVB daher mit einem ausdrücklichen Hinweis auf ihre Unverbindlichkeit und fakultative Verwendung sowie die Möglichkeit zur Vereinbarung abweichender Bedingungen verbunden werden. Zudem sollten die MVB für jedermann frei zugänglich sein und auf einfache Anfrage übermittelt werden.[87] Auch im Rahmen von Art. 101 Abs. 3 AEUV dürfte die Freistellungsfähigkeit von Vereinbarungen, mit denen Unternehmen einander verpflichten, von der Verwendung anderer Versicherungsbedingungen als den gemeinsam aufgestellten Mustern abzusehen[88] oder bestimmte Risikosparten im Hinblick auf Besonderheiten des Versicherungsnehmers von der Deckung auszunehmen,[89] an dem Erfordernis der Unerlässlichkeit scheitern.

78 Etwas anderes dürfte für die vormals in Art. 6 Abs. 1 GVO Vers 2003 enthaltenen Anforderungen an die **Ausgewogenheit des Klauselwerks** im Kontext der Einzelfreistellung (lit. d) bis h) sowie j)) gelten. Anders als den von der Kommission auch künftig für freistellungsschädlich erachteten Klauseln (siehe Rn. 76) fehlt diesen Regelungen der produktgestaltende Charakter mit der Folge, dass sie den Wettbewerb grundsätzlich nicht beschränken. Selbst wenn man in Ausnahmefällen wie z.B. bei einem hohen Durchsetzungsgrad gepaart mit einer sehr langen Vertragsdauer eine Wettbewerbsbeschränkung annehmen wollte, käme den genannten Regelungen nicht mehr die Qualität von schwarzen, d.h. die Freistellungsfähigkeit per se ausschließenden Klauseln zu, da die Freistellungsvoraussetzungen in Art. 101 Abs. 3 AEUV abschließend geregelt sind. Relevanz könnten diese Regelungen unter dem Gesichtspunkt einer angemessenen Verbraucherbeteiligung, und zwar im Rahmen der erforderlichen Gesamtwürdigung aller positiven und negativen Wirkungen der konkreten Musterbedingungsarbeit, erlangen. So dürften ehedem schwarz gelistete Klauseln in MVB negativ in die Gesamtbilanz eingehen und in Ermangelung kompensierender positiver Wirkungen die Angemessenheit der Verbraucherbeteiligung in Frage stellen. Von daher empfiehlt es sich, auch künftig auf solche Klauseln zu verzichten.

79 Unter dem Gesichtspunkt einer **angemessenen Verbraucherbeteiligung** wird in den Leitlinien über horizontale Zusammenarbeit (Rn. 335) auch die Beteiligung von Verbraucherverbänden an der Ausarbeitung der MVB angesprochen. Sie soll nach Meinung der Kommission „in bestimmten Fällen" die Wahrscheinlichkeit der Weitergabe von Effizienzgewinnen, die nicht ohnehin direkt beim Verbraucher entstehen, erhöhen. Welche Fälle das sind, bleibt unklar. Notwendig ist eine solche Beteiligung danach richtigerweise jedenfalls nicht.[90]

80 Eine **Ausschaltung des Wettbewerbs** durch eine gemeinsame Musterbedingungsarbeit kommt nach Ansicht der Kommission in Betracht, wenn ein Großteil einer Branche Standardbedingungen mit der Folge verwendet, dass eine De-facto-Norm geschaffen und Dritten ein zu fairen, zumutbaren und diskriminierungsfreien Bedingungen erfolgender Zugang zu dieser Norm verwehrt wird.[91] Wenn und soweit die MVB jedoch jedem Marktteilnehmer auf Anforderung zugänglich gemacht werden, ist ein Wettbewerbsausschluss nicht zu erwarten, solange die als De-facto-Norm durchgesetzten MVB nur einen begrenzten Teil des Versicherungsproduktes

---

85 Mitteilung GVO Vers 2010, Fn. 4 zu Rn. 23. Hierbei geht es um Klauseln, die: a) Hinweise auf die Höhe von Bruttoprämien oder b) Angaben über die Versicherungssummen oder Selbstbehalte enthalten, c) einen umfassenden Versicherungsschutz vorschreiben auch für Risiken, denen eine erhebliche Anzahl von Versicherungsnehmern nicht gleichzeitig ausgesetzt ist oder i) dem Versicherungsnehmer vorschreiben, unterschiedliche Risiken vom selben Versicherer versichern zu lassen. Zu den Voraussetzungen dieser Klauselverbote vgl. *Dreher/Kling*, Teil 1, Rn. 362 ff., *Hörst*, in: Loewenheim/Meessen/Riesenkampff, Art. 6 GVO-VersW, Rn. 59 ff.
86 Leitlinien über horizontale Zusammenarbeit, Rn. 320.
87 Vgl. Art. 5 Abs. 1 lit. a) – c) GVO Vers 2003.
88 Vgl. Art. 6 Abs. 2 GVO Vers 2003.
89 Vgl. Art. 6 Abs. 3 GVO Vers 2003.
90 So im Ergebnis auch *Pohlmann*, WuW 2010, 1106, 1116.
91 Leitlinien über horizontale Zusammenarbeit, Rn. 324.

J. Bartmann

betreffen. Bei der Beurteilung der Auswirkungen der durch die Übernahme der MVB bewirkten Standardisierung auf den Wettbewerb ist auch zu berücksichtigen, dass die Prämie als entscheidender Wettbewerbsparameter von der bedingungsseitigen Zusammenarbeit unberührt bleibt.

Bestehende Musterbedingungswerke, die nach der GVO Vers 2003 freigestellt waren, müssen 81 m.E. nicht erneut auf ihre Vereinbarkeit mit dem Kartellrecht nach Art. 101 AEUV überprüft werden, denn – wie bei den Statistiken und Studien – sind die relevanten Verhaltensweisen in Form der gemeinsamen Erstellung und Bekanntgabe bereits unter Geltung des alten Rechts erfolgt und im Zeitpunkt des Inkrafttretens der GVO Vers 2010 beendet, es sei denn, es würden Überarbeitungen vorgenommen, die dann naturgemäß den neuen Regeln unterfallen.[92]

d) Modelle. **Modelle** zur Darstellung von Überschussbeteiligungen eines Versicherungsvertra- 82 ges mit Kapitalisierungselement (z.B. in der Lebensversicherung) werden verwendet, um dem Versicherungsnehmer bei Abschluss der Vertrages zu zeigen, wie sich die Überschüsse unter bestimmten Annahmen entwickeln. Ebenso wie MVB erleichtern Überschussmodelle die Vergleichbarkeit von Versicherungsprodukten konkurrierender Anbieter. Nach Art. 1 lit. d) GVO Vers 2003 war die gemeinsame Aufstellung und Bekanntgabe unverbindlicher Modelle freigestellt. Auch diese Freistellung ist in der GVO Vers 2010 nicht mehr enthalten, und zwar ohne dass die Kommission dies näher begründet hätte.[93] Dies vermag mit Blick auf die Sonderstellung, die Modelle für die Darstellung insbesondere von Lebensversicherungsprodukten haben, nicht zu überzeugen.

Das Problem der de facto Standardisierung mit der Folge eines beschränkten Produktwettbe- 83 werbs stellt sich bei Modellen nicht. Vor diesem Hintergrund werden die Modelle in den Leitlinien über horizontale Zusammenarbeit unter dem Gesichtspunkt der Normung auch nicht behandelt. Kartellrechtliche Bedenken können sich bei der gemeinsamen Aufstellung und Verbreitung von Überschussmodellen allenfalls unter dem Gesichtspunkt der Vereinheitlichung wesentlicher Wettbewerbsparameter ergeben.

Dies zeigt sich an den Regelungen der ausgelaufenen GVO Vers 2003, an denen man sich im 84 Rahmen der Selbsteinschätzung auch künftig orientieren kann. Danach galt die Freistellung nur unter der Voraussetzung, dass die unverbindlichen Modelle lediglich in Form von Hinweisen aufgestellt und bekannt gegeben werden (Art. 6 Abs. 2). Aus dem Begriff „Hinweis" wird in der Literatur z.T. gefolgert, dass keine vollständigen Rechenbeispiele, sondern nur allgemeine strukturelle Darstellungen verbreitet werden dürfen.[94] Die Freistellung für Überschussmodelle entfiel, wenn sie – jenseits der bloßen Umsetzung gesetzlicher Vorgaben – „lediglich bestimmte" Zinssätze oder „bezifferte" Angaben über (individuelle) Verwaltungskosten enthielten, oder wenn sich die beteiligten Unternehmen darüber verständigten, keine anderen Modelle als die gemeinsam erarbeiteten zu verwenden (Art. 6 Abs. 4 und 5). Die Formulierung „lediglich bestimmte Zinssätze" wird in der Literatur überwiegend so verstanden, dass die Erstellung einer Tabelle mit einer freien Spalte für den Eintrag des unternehmensindividuellen Zinssatzes zulässig ist.[95]

4. Die Mitversicherung

a) Mitversicherungsgemeinschaften. Mitversicherungsgemeinschaften (MVGen) und Mit- 85 Rückversicherungsgemeinschaften (MRVGen) sind aufgrund ihrer anerkannten positiven wettbewerblichen Wirkungen seit Erlass der ersten Gruppenfreistellungsverordnung unter bestimmten Voraussetzungen von der Anwendung des Kartellverbots freigestellt. Die Freistellungsvoraussetzungen waren allerdings einem steten Wandel unterworfen und wurden durch

---

92 **A.A.** *Pohlmann,* WuW 2010, 1106, 1107, die bestehende MVB zivilrechtlich für unwirksam erachtet, wenn sie einer Überprüfung nach Art. 101 AEUV nicht standhalten. In Ermangelung einer Bindungswirkung von MVB läuft eine zivilrechtliche Unwirksamkeit einzelner Klauseln m.E. aber ins Leere.
93 Vgl. die Mitteilung GVO Vers 2010.
94 So *Kiecker,* Wiedemann, § 33, Rn. 86.
95 Vgl. *Hootz* in: GK, VO 358/2003, Art. 6 Rn. 16. Zweifelnd *Kiecker,* Wiedemann, § 33, Rn. 87.

die GVO Vers 2010 noch einmal erheblich geändert. Mit Ablauf der Übergangsfrist am 30.9.2010 gelten die neuen Regeln für alle MVGen.

86 **aa) Definition von MVGen und MRVGen nach der GVO Vers 2010.** Nach Art. 1 Abs. 4 sind MVGen i.S.d. der GVO Vers 2010 unmittelbar oder über einen Makler oder einen bevollmächtigten Vertreter von Versicherungsunternehmen gegründete Gemeinschaften, die a) sich verpflichten, im Namen und für Rechnung aller Beteiligten Versicherungsverträge für eine bestimmte Risikosparte abzuschließen oder b) den Abschluss und die Abwicklung der Versicherung einer bestimmten Risikosparte in ihrem Namen und für ihre Rechnung durch eines der Versicherungsunternehmen, einen gemeinsamen Makler oder eine zu diesem Zweck geschaffene gemeinsame Organisation vornehmen lassen. Ausgenommen vom Begriff der MVG sind „Ad-hoc-Mitversicherungsvereinbarungen auf dem Zeichnungsmarkt, bei denen ein Teil des jeweiligen Risikos von einem Hauptversicherer und der verbleibende Teil von zur Deckung dieses verbleibenden Teils aufgeforderten Nebenversicherern gedeckt wird".

87 Neu an dieser Definition ist die Erwähnung der Gründung von MVGen über einen Makler oder einen bevollmächtigten Vertreter. Hieraus wird deutlich, dass der Begriff der MVG nicht nur Vereinbarungen zwischen Versicherern erfasst, sondern auch MVGen zwischen einer Mehrzahl von Versicherern im Wege sternförmiger Verträge mit einem Makler (sog. **Maklerkonzepte**) oder zeichnungsbevollmächtigten Mehrfachagenten gebildet werden.[96] Voraussetzung ist allerdings, dass die Verträge inhaltlich aufeinander abgestimmt die Beteiligungsquoten, Versicherungsbedingungen und Prämien regeln, zu denen die Versicherer an den vom Makler/Mehrfachagenten akquirierten Risiken beteiligt werden und alle Versicherer im Bewusstsein handeln, dass mit den anderen Versicherern entsprechende Vereinbarungen getroffen werden.

88 Neu ist ferner die ausdrückliche Abgrenzung zu „Ad-hoc-Mitversicherungsvereinbarungen auf dem Zeichnungsmarkt". Die Terminologie ist nur in einer Gesamtschau mit der von der Kommission im Jahre 2005 eröffneten Sektorenuntersuchung der Unternehmensversicherung verständlich.[97] Sie beschreibt ein zweistufiges Verfahren zur Begründung einer Mitversicherung im Einzelfall zu einheitlichen Prämien und Bedingungen, das insbesondere am Londoner Markt weit verbreitet ist (sog. *subscription market*). Materiell bringt diese Regelung allerdings nichts Neues, da bereits unter der GVO Vers 2003 anerkannt war, dass Mitversicherungen im Einzelfall nicht unter die Gruppenfreistellung fallen. Allerdings wurde die Freistellung von MVGen nach der GVO Vers 2003 argumentativ im Sinne eines a majore ad minus Schlusses für die Freistellung von Mitversicherungen im Einzelfall herangezogen. Dieser Argumentation dürfte mit der Neuregelung der Boden entzogen sein,[98] ohne dass hiermit vor dem Hintergrund der Abkehr der Kommission vom Grundsatz der generellen kartellrechtlichen Unbedenklichkeit der Mitversicherung im Einzelfall[99] im Rahmen der Sektorenuntersuchung allerdings wesentliche Auswirkungen auf die Praxis der Selbsteinschätzung verbunden wären (siehe hierzu Rn. 125 ff.).

89 Die Trennlinie zwischen MVGen und **Mitversicherungen im Einzelfall** verläuft nach der Definition in Art. 1 Abs. 4 GVO Vers 2010 entlang der MVGen auszeichnenden Pflicht zum Abschluss von „Versicherungsverträgen für eine bestimmte Risikosparte".[100] Danach geht es bei einer MVG also zunächst einmal um den Abschluss einer **Mehrzahl von Versicherungsverträgen** für die Deckung einer Mehrzahl miteinander unverbunder Risiken, die einer bestimmten Risikoart zuzuordnen sind. Demgegenüber ist weder die Anzahl der Versicherungsnehmer oder

---

96 So auch *v. Hülsen/Manderfeld*, VersR 2010, 559, 563/564; *Schaloske*, Dissertation, S. 337, 357 ff. m.w.N. zum Meinungsstand unter Geltung der GVO Vers 2003; BKartA, Leitbrief v. 18.12.1981, VerBAV 1982, 13, 14, Ziff. 1.2.

97 Der Begriff des „Zeichnungsmarktes" ist im Deutschen nicht gebräuchlich. Die Begriffe Haupt- und Nebenversicherer sind versicherungsvertragsrechtlich in diesem Zusammenhang nicht zutreffend. Vielmehr geht es hier um den führenden Versicherer (lead insurer) und die Mitversicherer (following insurers).

98 Eine Absage an eine analoge Anwendung enthält auch das Arbeitspapier Sektoruntersuchung der Kommission (vgl. Fn. 147), S. 36. Dennoch für eine fortgesetzte analoge Anwendung der GVO Vers, *Schaloske*, VersR 2008, 734, 743.

99 So noch Bericht GVO Vers 1992, Rn. 25.

100 Der in der deutschen Sprachfassung verwandte Begriff der „Risikosparte" ist nicht gebräuchlich. Ausweislich der englischen Sprachfassung geht es um eine „risk category", also eine Risikoart.

J. Bartmann

der Risiken noch die zeitliche Dauer der Zusammenarbeit für die Qualifikation einer MVG nach der GVO Vers 2010 entscheidend.[101] In einzelnen Fällen muss diese vergleichsweise formale Trennlinie allerdings durch eine wertende Betrachtung korrigiert werden, um eine am konkreten wettbewerblichen Risikopotential orientierte Einordnung zu gewährleisten.[102] Dies zeigt sich insbesondere an den nachfolgend dargestellten vertraglichen Gestaltungen.

Echte **Gruppenversicherungsverträge**, die vertragsrechtlich nichts anderes als einheitliche, eine bestimmte Personengruppe erfassende Versicherungsverträge sind, unterfallen nicht dem Begriff der MVG i.S.d. GVO Vers 2010, wenn die versicherten Risiken miteinander in einem inneren Zusammenhang stehen, so dass von einem Gesamtrisiko ausgegangen werden kann.[103] Dies ist z.B. der Fall bei konsortialen betrieblichen Altersvorsorgelösungen für einen Arbeitgeber. Anders kann dies zu beurteilen sein, wenn der Versicherungsnehmer (z.B. ein Vermittler) keinerlei inneren Bezug zu den Versicherten aufweist und den Gruppenversicherungsvertrag lediglich als organisatorische Vereinfachung nutzt, z.B. um Sonderkonditionen zu erlangen. In dieser Konstellation bestehen Zweifel, ob die formale vertragrechtliche Zusammenfassung einer Vielzahl, im Zeitpunkt des Vertragsschlusses noch unbestimmter Risiken noch als Mitversicherung im Einzelfall zu qualifizieren ist.[104] Der Übergang zu Maklerkonzepten oder Rahmenvereinbarungen ist hier fließend und gestaltbar. **90**

Rahmenvereinbarungen z.B. mit Maklern, Verbänden, berufsständischen Vertretungen oder Vereinen bilden die Grundlage für den Abschluss einer Mehrzahl von Versicherungsverträgen zur Deckung einer Vielzahl von Risiken. Wenn sich die Versicherer verpflichten, im Namen und für Rechnung aller Beteiligten Versicherungsverträge für die Deckung dieser Risiken abzuschließen, sind die Voraussetzungen einer MVG nach Art. 1 Abs. 4 GVO Vers 2010 dem Wortlaut nach gegeben.[105] Fraglich ist allerdings, ob der Umstand, dass die potentiellen Versicherungsnehmer zu einer bestimmten Gruppe (z.B. Mitgliedschaft in dem Verband) gehören und damit einen gewissen inneren Zusammenhang aufweisen, in Abweichung hiervon zur Annahme eines Gesamtrisikos und damit einer Mitversicherung im Einzelfall führen kann.[106] Dafür sprechen m.E. gute Argumente, wenn über den Rahmenvertrag ein einheitliches, sich in den Mitgliedern des Verbands typischerweise verwirklichendes Risiko gedeckt werden soll (z.B. Rahmenvertrag über Luftfahrtversicherung mit einem Segelflugverein), das ebenso gut über einen Gruppenversicherungsvertrag gedeckt werden könnte. In einem solchen Fall wäre eine unterschiedliche kartellrechtliche Einordnung von Gruppenversicherungs- und Rahmenvertrag nicht gerechtfertigt. Über die Vereinbarkeit der Rahmenvereinbarung mit Art. 101 AEUV ist mit dieser Einordnung freilich noch nichts gesagt. **91**

U.U. kann die Qualifikation einer Rahmenvereinbarung als MVG aber daran scheitern, dass die einzelnen Versicherer in ihrer Entscheidung, ob sie unter den Rahmenvertrag fallende Risiken zeichnen oder nicht, völlig frei sind. Denn Art. 1 Abs. 4 GVO Vers 2010 verlangt entweder eine Verpflichtung der Versicherer zum Abschluss der Versicherungsverträge (vgl. lit. a) bzw. eine Verlagerung der Entscheidungsbefugnis auf Dritte, z.B. durch entsprechende Zeichnungsvollmacht (vgl. lit. b). Behalten die Versicherer hingegen die Freiheit, ihnen nach der Rahmenvereinbarung angebotene Risiken zu zeichnen oder abzulehnen bzw. abweichende Konditionen oder Beteiligungsquoten zu verlangen, fehlt es m.E. an der eine MVG prägenden Klammer um die Zeichnung der Einzelrisiken herum. Es handelt sich vielmehr um ein Bündel von Mitversicherungen im Einzelfall, deren kartellrechtliche Unbedenklichkeit im Rahmen von Art. 101 **92**

---

101 Vgl. Bericht GVO Vers 1992, Rn. 25; so auch *Schaloske*, Dissertation, S. 330/331; *Dreher*, in: FS Lorenz, S. 215 ff. **A.A.** *Stancke*, VW 2004, 1458, 1459; *Esser-Wellié/Stappert*, in: MünchKomm, SBVersW, Rn. 35.

102 Ebenfalls für eine kartellrechtsfunktionale Auslegung des Begriffs der MVG, wenn auch im konkreten Fall z.T. mit abweichendem Ergebnis: *Dreher/Kling*, Teil 1, Rn. 230 ff.; *Schaloske*, Dissertation, S. 332 ff.; *Veelken*, in: Immenga/Mestmäcker, Vers-VO, Rn. 42.

103 H.M., vgl. *Dreher/Kling*, Teil 1, Rn. 238 ff. m.w.N.

104 Ablehnend *Dreher*, in: FS Lorenz, S. 217; anders für den Fall eines Verbandsgruppenvertrages, S. 220.

105 So auch BKartA, Leitbrief v. 18.12.1981, VerBAV 1982, 13, 14, Ziff. 1.3; *Dreher*, in: FS Lorenz, S. 222.

106 **Dagegen:** die wohl h.M., vgl. BKartA, Leitbrief v. 18.12.1981, VerBAV 1982, 13, 14 Ziff. 1.3, wobei Rahmenverträge in der Praxis in aller Regel keine Abreden enthalten dürften, Versicherungsverträge „nur zu bestimmten Prämien oder Bedingungen abzuschließen"; *Dreher/Kling*, Teil 1, Rn. 242 m.w.N. **Dafür:** *Schaloske*, Dissertation, S. 342 m.w.N.

AEUV mit Blick auf die konkreten wettbewerbsbeschränkenden Auswirkungen (siehe hierzu Rn. 124 ff.) zu prüfen ist.[107]

93 Rahmenvereinbarungen über den Abschluss von Versicherungsverträgen mit einer **wirtschaftlichen Risikogesamtheit** (z.b. BU-Risiken der Gesellschaften eines Konzerns), die mit einer für die Platzierung dieser Risiken zuständigen zentralen Stelle geschlossen werden, sind unstreitig als Mitversicherung im Einzelfall zu qualifizieren.[108] Nicht eindeutig zu beurteilen ist der Fall, dass eine Mehrzahl von Versicherungsverträgen für miteinander unverbunden aber **individualisierte Risiken** im Rahmen einer (nicht notwendigerweise formalen) **Ausschreibung gebündelt** wird. Beteiligen sich mehrere Versicherer zu denselben Quoten, Prämien und Bedingungen an diesen Risiken, sind die formalen Voraussetzungen für das Vorliegen einer MVG gegeben (siehe Rn. 89). Fraglich ist jedoch, ob unter den genannten Umständen bei wertender Betrachtung nicht dennoch von einer Mitversicherung im Einzelfall auszugehen ist. Dies ist aufgrund des mit einer Mitversicherung im Einzelfall vergleichbar begrenzten wettbewerblichen Risikopotentials der gebündelten Ausschreibung m.E. zu bejahen. Wie bei der Mitversicherung im Einzelfall sind die zu versichernden Risiken nach Art und Umfang konkret bestimmt und abgegrenzt; es fehlt an der für MVGen typischen Zukunftsgerichtetheit. Zwar sind die Risiken innerlich unverbunden, durch ihre Zusammenfassung in einer einzigen Ausschreibung werden sie jedoch verfahrenstechnisch so eng miteinander verknüpft, dass sich der interessierte Versicherer nur an ihrer Gesamtheit beteiligen kann. Der ggf. höheren wettbewerblichen Relevanz dieser Konstellation gegenüber der Mitversicherung eines einzelnen Risikos ist im Rahmen des Verbotstatbestands des Art. 101 Abs. 1 AEUV, insbesondere unter dem Aspekt der Spürbarkeit bzw. erforderlichenfalls im Kontext der Einzelfreistellungsvoraussetzungen des Art. 101 Abs. 3 AEUV Rechnung zu tragen.[109]

94 Als weiterer Grenzfall zwischen MVG und Mitversicherung im Einzelfall wird in der Literatur **die laufende Versicherung** erörtert. Bei der laufenden Versicherung ist das versicherte Interesse bei Vertragsschluss nur der Gattung nach bezeichnet und wird erst nach seiner Entstehung dem Versicherer einzeln aufgegeben (§ 53 VVG). Auch wenn die laufende Versicherung im konkreten Fall aufgrund ihrer fakultativen Ausgestaltung als Rahmenvertrag mit anschließendem Abschluss einer Mehrzahl von Versicherungsverträgen zu qualifizieren ist, stehen die unter den Rahmenvertrag fallenden Risiken durch die konkrete Risikolage des Versicherungsnehmers in einem inneren Zusammenhang, der es rechtfertigt von einem einzelnen Gesamtrisiko und damit von einer Mitversicherung im Einzelfall zu sprechen.[110]

95 Unter **Mit-Rückversicherungsgemeinschaften** (MRVGen) versteht man nach Art. 1 Abs. 5 GVO Vers 2010 unmittelbar oder über einen Makler oder einen bevollmächtigten Vertreter gegründete Gemeinschaften aus Versicherungsunternehmen, gegebenenfalls unter Beteiligung eines oder mehrerer Rückversicherungsunternehmen, um wechselseitig alle oder Teile ihrer Verpflichtungen hinsichtlich einer bestimmten Risikosparte rückzuversichern bzw. gelegentlich für dieselbe Risikosparte Rückversicherungsschutz im Namen und für Rechnung aller Beteiligten anzubieten.[111] Materiell haben sich gegenüber der Definition in der GVO Vers 2003 keine Änderungen ergeben. Nach wie vor sind MRVGen, die ausschließlich von Rückversicherern gebildet werden, ebenso wenig erfasst wie MRVGen, die schwerpunktmäßig Drittgeschäft betreiben. Durch die Verwendung des Begriffs „gelegentlich" anstelle von „nebenbei" wird suggeriert, dass es für die Bestimmung des Schwerpunkts auf das zahlenmäßige Verhältnis

---

107 **A.A.** BKartA, Leitbrief v. 18.12.1981, VerBAV 1982, 13, 14, Ziff. 1.2, sofern die Quoten der Versicherer an den gezeichneten Einzelrisiken identisch sind.

108 Dieser Fall entspricht dem der Konzernpolice, die nach h.M. als Mitversicherung im Einzelfall einzustufen ist; vgl. BKartA, Leitbrief v. 18.12.1981, VerBAV 1982, 13, 14, Ziff. 1.3; *Stancke*, VW 2004, 1458, 1459; *Schaloske*, Dissertation, S. 337 ff. m.w.N.

109 So auch *Veelken*, in: Immenga/Mestmäcker, Vers-VO, Rn. 42; **a.A.** *Dreher*, in: FS Lorenz, S. 227/228, der selbst für den Fall des Abschlusses eines einzelnen Versicherungsvertrages das Vorliegen einer Mitversicherung im Einzelfall verneint.

110 So auch *Schaloske*, Dissertation, S. 345; *Veelken*, in: Immenga/Mestmäcker, Vers-VO, Rn. 42; **a.A.** *Dreher/Kling*, Teil 1, Rn. 252/253, die allerdings übersehen, dass es bei der fakultativen laufenden Versicherung an der ebenfalls für eine MVG konstitutiven Zeichnungspflicht der Versicherer fehlt.

111 Auch hier findet sich ein entsprechender Ausschluss von Ad-hoc-Mit-Rückversicherungsvereinbarungen.

J. Bartmann

zwischen wechselseitiger Rückversicherung und Dritt-Rückversicherung ankommt. Die englische und französische Fassung lassen aber auch eine qualitative Betrachtung auf Basis der Höhe der in beiden Bereichen generierten Bruttobeitragseinnahmen zu.[112] In jedem Fall muss es sich beim Dritt-Rückversicherungsgeschäft um ein eindeutig untergeordnetes Geschäftssegment der MRVG handeln.

bb) Freistellungsvoraussetzungen nach der GVO Vers 2010. Die GVO Vers 2010 differenziert 96
bei der Freistellung von MVGen und MRVGen unverändert nach solchen, die ausschließlich zur Deckung neuartiger Risiken und solchen, die zur Deckung auch anderer Risiken gegründet werden. Für beide Kategorien haben sich Änderungen gegenüber der GVO Vers 2003 ergeben.

MVGen und MRVGen, die der Deckung **ausschließlich neuartiger Risiken** dienen, sind – wie 97
bisher – nach Art. 6 Abs. 1 GVO Vers 2010 unabhängig von Marktanteilsschwellen für die Dauer von drei Jahren seit erstmaliger Gründung freigestellt. Der Begriff des neuartigen Risikos wurde allerdings deutlich erweitert. Nach Art. 2 Nr. 7 GVO Vers 2003 waren nur solche Risiken neuartig, die (i) zuvor noch nicht existierten und (ii) nur durch ein völlig neuartiges Versicherungsprodukt gedeckt werden konnten, nicht aber durch Ergänzung, Verbesserung oder Ersatz eines vorhandenen Versicherungsproduktes. Nach Art. 6 lit. b) GVO Vers 2010 wird diese Definition ergänzt um Risiken, die sich einer objektiven Analyse zufolge so wesentlich verändert haben, dass nicht vorhersehbar ist, welche Zeichnungskapazität zur Risikodeckung erforderlich ist. Dies dürfte z.B. auf die Versicherung neuer Techniken wie der CO_2-Speicherung zutreffen.[113] Ob die Freistellungsdauer von drei Jahren tatsächlich ausreicht, um die erforderliche Zeichnungskapazität aktuariell zuverlässig zu ermitteln, darf bezweifelt werden. Sofern dies nachweislich nicht der Fall sein sollte, dürfte die Kooperation bis zu diesem Zeitpunkt als Arbeitsgemeinschaft zu qualifizieren und weiterhin mit dem Kartellverbot vereinbar sein.

MVGen und MRVGen, die (auch) der Deckung **anderer als neuartiger Risiken** dienen, sind 98
weiterhin nur freigestellt, wenn sie bestimmte Marktanteilsschwellen nicht überschreiten. Die Marktanteilsschwellen liegen für MVGen unverändert bei einem Marktanteil von 20 %, bei MRVGen unverändert bei 25 %. Neu ist allerdings die für die Berechnung des Marktanteils anzuwendende Methode. Nach Art. 7 Abs. 2 GVO Vers 2003 kam es ausschließlich auf den Marteil der jeweiligen MVG an. Nunmehr sind gemäß Art. 6 Abs. 3 GVO Vers 2010 (i) der Marktanteil der beteiligten Unternehmen außerhalb der jeweiligen Versicherungsgemeinschaft, (ii) der Marktanteil der beteiligten Unternehmen innerhalb der jeweiligen Versicherungsgemeinschaft sowie (iii) der Marktanteil der beteiligten Unternehmen innerhalb anderer Versicherungsgemeinschaften auf demselben relevanten Markt zu berücksichtigen.[114] Wie üblich, ist bei der Marktanteilsberechnung auf eine Konzernsicht abzustellen, d.h. es sind die Aktivitäten sämtlicher mit den beteiligten Versicherern verbundenen Unternehmen mit einzubeziehen (vgl. Art. 1 Ziff. 2 und 3 GVO Vers 2010). In der Praxis führt dies neben den typischen Herausforderungen bei der Abgrenzung des relevanten Marktes und der Beschaffung von Marktdaten zu einem Problem bei der Selbsteinschätzung: Sind Marktanteilsdaten für die beteiligten Versicherer nicht öffentlich verfügbar, könnte ein unmittelbarer Austausch derselben zwischen den beteiligten Unternehmen zu einem kartellrechtlich bedenklichen Informationsaustausch führen. Dieser kann jedoch durch Einschaltung der jeweiligen Rechtsabteilung mit entsprechender Informationsabschottung gegenüber dem Geschäft oder – noch sicherer – eines externen Anwalts/Treuhänders vermieden werden.

Die Änderung in der Methode zur Berechnung des Marktanteils bedeutet zumindest in der 99
Erstversicherung eine erhebliche **Einschränkung des Anwendungsbereichs** der GVO Vers 2010, ohne dass dies durch die kartellrechtliche Risikolage bei MVGen gerechtfertigt wäre. Auch die

---

112 Vgl. *Veelken*, in: Immenga/Mestmäcker, Vers-VO, Rn. 45.
113 Zum Begriff vgl. *Dreher*, VersR 2010, 1389. *McCarthy/Stefanescu*, Competition Policy Newsletter 2010-2, S. 6, 9, führen in diesem Kontext Risiken durch Klimaveränderung und noch nicht dagewesene Terrorrisiken an.
114 Abzustellen ist auf die Bruttobeitragseinnahmen des vorangegangenen Jahres (Art. 6 Abs. 4 lit. a) und b) GVO Vers 2010). Liegen hierzu keine Angaben vor, soll eine Schätzung anhand anderer verlässlicher Marktinformationen erfolgen.

von der Kommission zur Begründung der Änderung angeführte Notwendigkeit zur Anpassung an andere allgemeine und sektorspezifische Wettbewerbsvorschriften[115] verfängt nicht.

100 MVGen unterscheiden sich in ihrer wettbewerblichen Beurteilung von anderen Formen horizontaler Kooperation wie z.b. der Spezialisierung und der Forschung & Entwicklung, die sich nicht auf einen klar abgrenzbaren Bereich, dem durch gesonderte geschäftliche Aktivitäten konkrete Marktanteile zugerechnet werden können, beschränken. Vielmehr wird durch diese Kooperationsformen das Wettbewerbsverhalten der beteiligten Unternehmen auf dem relevanten Markt insgesamt beeinflusst. Dagegen beziehen sich die für eine MVG erforderlichen Abstimmungen der Mitglieder insbesondere zu Beteiligungsquoten, Prämien und Bedingungen ausschließlich auf die Tätigkeit der Mitglieder innerhalb der Gemeinschaft. Das Wettbewerbsverhalten der Mitglieder außerhalb der Gemeinschaft ist von diesen Abstimmungen nicht betroffen und darf dies auch nicht sein, wie die schwarzen Klauseln in Art. 7 GVO Vers 2010 deutlich machen. Es kann also allenfalls um nicht von vornherein völlig auszuschließende faktische Rückwirkungen der Abstimmungen innerhalb der Gemeinschaft auf das Geschäft der Mitglieder außerhalb der Gemeinschaft gehen.

101 Unabhängig hiervon wird durch die Änderung der Methode der Berechnung der Schwellenwerte die auch von der Kommission als positiv anerkannte Kooperation in diesem Bereich zumindest in den Erstversicherungsmärkten unnötig erschwert. De facto führt sie dazu, dass sich Unternehmen mit höheren Marktanteilen nicht mehr an gruppenfreigestellten MVGen beteiligen können und damit auch für solche Kooperationen mit kleineren Marktteilnehmern, denen es an der notwendigen Erfahrung fehlt, nicht mehr zur Verfügung stehen. Diese Konsequenzen konterkarieren die Erwägungen der Kommission zur Verlängerung der GVO Vers 2010[116] und werden auch nicht dadurch abgemildert, dass gleichzeitig die Toleranzwerte für MVGen/MRVGen, die während ihrer Dauer die Marktanteilsschwellen überschreiten, erhöht wurden.[117]

102 Die Freistellung von MVGen und MRVGen greift nur, wenn die in **Art. 7 GVO Vers 2010** genannten Voraussetzungen vorliegen. Diese stimmen weitgehend mit dem Altkatalog des Art. 8 GVO Vers 2003 überein. Insbesondere dürfen die Regeln der Gemeinschaft die an ihr beteiligten Unternehmen nicht verpflichten, Risiken der von der Gemeinschaft gedeckten Art ganz oder teilweise über die Gemeinschaft zu versichern oder rückzuversichern (sog. **Einbringungspflicht**). Der BGH hat bestätigt, dass der Begriff „Regeln der Gemeinschaft" nur rechtliche Verpflichtungen und nicht auch faktische Andienungspflichten meint.[118] Neu ist der Zusatz, dass es die Regeln den Unternehmen auch nicht untersagen dürfen, diese Risiken außerhalb der Versicherungsgemeinschaft zu versichern oder rückzuversichern (**Wettbewerbsverbot**). Damit ist es auch ausgeschlossen, dass sich Versicherer verpflichten, der Gemeinschaft keinen Wettbewerb zu machen und als Kompensation an den Beiträgen der Gemeinschaft beteiligt werden.

103 Weiterhin freistellungsschädlich ist es, wenn die Regeln der Gemeinschaft die Tätigkeit der Gemeinschaft oder der an ihr beteiligten Unternehmen auf die Versicherung oder Rückversicherung von Risiken in bestimmten geographischen Gebieten der Union beschränken.[119] Ziel dieser Regelung ist es, den **freien Dienstleistungsverkehr** im Binnenmarkt zu sichern, nicht aber die Gemeinschaft zu verpflichten, Versicherungsschutz im gesamten Binnenmarkt im gleichen

---

115 Vgl. Bericht der Kommission an das Europäische Parlament und an den Rat über das Funktionieren der Verordnung (EG) Nr. 358/2003 der Kommission über die Anwendung von Art. 81 Absatz 3 EG-Vertrag auf Gruppen von Vereinbarungen, Beschlüssen und aufeinander abgestimmten Verhaltensweisen im Versicherungssektor, KOM(2009) 138 endgültig, SEK (2009) 364, Rn. 22 („Bericht GVO Vers 2003") sowie das begleitende Arbeitspapier, Rn. 119/120.
116 Vgl. EG 17 GVO Vers 2010.
117 Bei einer Überschreitung um höchsten 5 % (bisher 2 %) gilt die Freistellung für zwei weitere Jahre, bei einer Überschreitung um mehr als 5 % (bisher mehr als 2 %) für ein Jahr fort (Art. 6 Abs. 5 bis 9 GVO Vers 2010).
118 BGH 23.6.2009 – KVR 57/08 – Versicherergemeinschaft (VersGVO), WuW DE-R 2732, Rn. 27/28. So auch die h.M. in der Literatur, vgl. z.B. *Hörst*, in: Loewenheim/Meessen/Riesenkampff, GVO-VersW, Rn. 84; *Kiecker*, in: Wiedemann, § 33, Rn. 119.
119 Art. 7 lit. c) GVO Vers 2010. Die englische Fassung spricht von "risks located in any particular geographical part of the Union".

J. Bartmann

Umfang anzubieten.[120] Dies würde häufig bereits daran scheitern, dass sich die Risiken in den einzelnen Mitgliedstaaten erheblich unterscheiden (z.B. aufgrund unterschiedlicher rechtlicher Vorgaben oder geographischer Besonderheiten) und die an der Gemeinschaft beteiligten Versicherer folglich nicht in allen Gebieten über das erforderliche Zeichnungs-Know-how verfügen. Vor diesem Hintergrund ist es nicht freistellungsschädlich, im Rahmen der Gemeinschaft die Deckung so auszugestalten, dass sie typischerweise nur in bestimmten EU-Staaten nachgefragt wird.[121] Auch die tatsächliche Konzentration der werblichen Tätigkeit der Gemeinschaft auf ein begrenztes Gebiet unter kaufmännischen Gesichtspunkten verstößt nicht gegen diese Freistellungsvoraussetzung.

Ferner darf die Mit(rück-)versicherungsvereinbarung nach Art. 7 GVO Vers 2010 – wie gehabt – weder Produktion noch Absatz einschränken (lit. d) und keine Aufteilung von Märkten oder Kunden vorsehen (lit. e). Dies gilt sowohl mit Blick auf die Aktivitäten der beteiligten Unternehmen als auch der Gemeinschaft selbst, wobei hier dieselben Überlegungen zum Verbotsumfang gelten wie zu den Gebietsbeschränkungen. **104**

MRVGen dürfen zudem keine Bruttoprämien für die Direktversicherung vereinbaren. Der Begriff der Vereinbarung macht auch hier deutlich, dass es sich um eine rechtliche Verpflichtung handeln muss. **105**

Neu ist, dass das sog. **Verbot von Doppelmitgliedschaften** gestrichen wurde. Dies ist im Wesentlichen der neuen Marktanteilsberechnungsmethode geschuldet, die Tätigkeiten der beteiligten Unternehmen in anderen Gemeinschaften auf dem relevanten Markt bereits abbildet. Doppelmitgliedschaften unterhalb der Marktanteilsschwelle können zur Entziehung der Freistellung führen, wenn hierdurch den Wettbewerb schädigende Auswirkungen eintreten.[122] **106**

Neu ist ferner, dass die rigide **Kündigungsregelung** der GVO Vers 2003 von maximal einem Jahr, die in der Praxis aufgrund der Jahresendfälligkeit vieler Versicherungsverträge immer wieder zu Problemen geführt hat, durch das Erfordernis einer sanktionslosen Kündigungsmöglichkeit nach einer angemessenen Frist ersetzt wurde. Die Angemessenheit der Frist ist in Abhängigkeit von Art und Umfang der Gemeinschaft zu bewerten. Dabei spielt die Amortisation von Investitionen ebenso eine Rolle wie die Zeit, die notwendig ist, vergleichbare Kapazitäten außerhalb der Gemeinschaft aufzubauen. Eine Kündigungsfrist von einem Jahr zum Jahresende wird stets als angemessen zu bewerten sein. Aber es sind auch längere Fristen denkbar, wobei der Begründungsaufwand für die Angemessenheit proportional zur Länge der Frist steigen dürfte. **107**

cc) MVGen/MRVGen, die nicht unter die GVO Vers 2010 fallen. MVGen/MRVGen, die nicht unter die GVO Vers 2010 fallen, weil sie eine oder mehrere Freistellungsvoraussetzungen nicht erfüllen, sind daraufhin zu prüfen, ob sie unter das Kartellverbot fallen und – wenn ja – ob sie die Einzelfreistellungsvoraussetzungen nach Art. 101 Abs. 3 AEUV erfüllen. **108**

Nach Auffassung der Kommission und der herrschenden Meinung in der Literatur beschränkt die Tätigkeit von MVGen, die eine auf Dauer angelegte Zusammenarbeit von Wettbewerbern zum Gegenstand haben, regelmäßig den Wettbewerb, weil die – ansonsten konkurrierenden – Mitversicherer dauerhaft und für eine Vielzahl von Risiken ihre Bedingungen und Prämien abstimmen und die hierfür erforderlichen Informationen untereinander austauschen.[123] **109**

Allerdings gibt es MVGen, die den Wettbewerb nicht beeinträchtigen, weil sie erforderlich sind, um den beteiligten Unternehmen die Teilnahme am Wettbewerb um die betreffenden Risiken (nach Art und/oder Umfang) zu ermöglichen. In dieser Regelung kommt der in der Kommissionspraxis und Rechtsprechung der europäischen Gerichte allgemein anerkannte **Arbeitsge-** **110**

---

120 So auch *Veelken*, in: Immenga/Mestmäcker, EG-WettbR, Vers-VO, Rn. 120.

121 Im Ergebnis so auch *Bechtold/Bosch/Brinker/Hirsbrunner*, Art. 8 VO 358/2003, Rn. 8.

122 EG 22 GVO Vers 2010 i.V.m. Art. 29 VO 1/2003. Zur Motivation für die Streichung des Verbots vgl. *McCarthy/Stefanescu*, Competition Policy Newsletter 2010-2, S. 6, 9.

123 OLG Düsseldorf 17.9.2008 – VI-Kart 11/07 (V) – Wirtschaftsprüferhaftpflicht, WuW DE-R 2540, 2542, unter Hinweis auf den Bericht GVO Vers 1992, Rn. 26, sowie *Esser-Wellié/Stappert*, in: MünchKomm, SB VersW, Rn. 24 und 36 m.w.N. zur h.M. in der Literatur.

meinschaftsgedanke zum Ausdruck.[124] Die Zusammenarbeit muss dabei nicht für alle Mitglieder der MVG gleichermaßen erforderlich sein. So kann z.b. die Beteiligung eines großen Versicherers, der die betreffenden Risiken auch alleine decken könnte, erforderlich sein, wenn die übrigen an der MVG beteiligten Versicherer erst durch die Beteiligung des großen Versicherers in die Lage versetzt werden, die Deckung anzubieten.[125]

111   Maßstab für die Beurteilung, inwieweit ein Versicherer in der Lage ist, bestimmte Risiken nach Art bzw. Umfang allein zu zeichnen, ist die wirtschaftliche Sinnhaftigkeit. Für ihre Beurteilung kommt dem Versicherer ein Spielraum zu. Die Ausfüllung dieses unternehmerischen **Beurteilungsspielraumes** durch den Versicherer im konkreten Fall kann von den Kartellbehörden allerdings anhand objektiver Maßstäbe daraufhin überprüft werden, ob sie sich mit der Zeichnungspolitik und dem Zeichnungsverhalten des betreffenden Versicherers im Übrigen deckt. Entgegen der Auffassung des Bundeskartellamtes ist das Zeichnungsverhalten anderer, an der MVG nicht beteiligter Versicherer nicht entscheidend.[126] Ist die Bildung einer MVG nach diesen Maßstäben wirtschaftlich sinnhaft, ist die Kartellbehörde nicht befugt, ihre Beurteilung an die Stelle derjenigen des Versicherers zu setzen und die wirtschaftliche Sinnhaftigkeit seines Verhaltens abweichend zu beurteilen. Denn die Einschätzung von Risiken, die Allokation von Risikokapital und die Festlegung einer darauf basierenden Zeichnungspolitik ist ureigenste Aufgabe und Kerngeschäft des Versicherers.[127]

112   Anerkannte Gründe für die Notwendigkeit der Bildung einer MVG sind – neben der Risikogröße und fehlenden Zeichnungskapazität – fehlendes Know-how, fehlende Erfahrungen sowie die Erreichung einer für den Risikoausgleich erforderlichen Mindestanzahl von Risiken.[128] Werden in einer MVG unterschiedliche Größen von Risiken gezeichnet, muss der Arbeitsgemeinschaftsgedanke nach Ansicht des OLG Düsseldorf allerdings für jede Risikokategorie gesondert geprüft und bejaht werden. Der Gesichtspunkt des notwendigen **Risikoausgleichs im Kollektiv**, um auch Großrisiken zeichnen zu können, ist nach Ansicht des OLG Düsseldorf nicht geeignet, die Notwendigkeit der Zusammenarbeit auch für Risiken, die die Mitversicherer grundsätzlich allein zu zeichnen in der Lage wären, zu begründen.[129]

113   Auch eine als kartellfreie Arbeitsgemeinschaft qualifizierende MVG unterliegt hinsichtlich ihrer **konkreten Ausgestaltung** der Kontrolle nach Art. 101 Abs. 1 AEUV; d.h. alle ihr zugrundeliegenden Vereinbarungen sind daraufhin zu überprüfen, ob sie für die Durchführung der Arbeitsgemeinschaft notwendig und angemessen sind. Nur insoweit profitieren sie von der kartellrechtlichen Privilegierung.[130]

---

124 EG 13 GVO Vers 2010; Leitlinien über horizontale Zusammenarbeit, Rn. 30, 237; Leitlinien zu Art. 81 Abs. 3 EG, Rn. 18 Nr. 1 a.E.; *Esser-Wellié/Hohmann*, VersR 2004, 1211, 1213.

125 Komm. E. v. 12.4.1999, ABl. 1999 L 125/12 – P&I Clubs, Rn. 66, 72, 117; Bericht GVO Vers 1992, Rn. 33. So auch *Lübbig*, in: Wiedemann, § 8, Rn. 231, mit dem zutreffenden Hinweis, dass es insoweit an einem Wettbewerbsverhältnis zwischen den Konsorten fehlt; *Barth/Gießelmann*, VersR 2009, 1454, 1456/1457; *Koenig/Kühling/Müller*, WuW 2005, 126, 135/136, die die Grenze allerdings in der Beteiligung marktmächtiger Unternehmen und einer hiermit verbundenen Abschottung Dritter sehen. **A.A.** *Schaloske*, Dissertation, S. 369.

126 Vgl. *Bunte*, in: Langen/Bunte, § 1, Rn. 147; *Schaloske*, VersR 2008, 734, 742. **A.A.** BKartA 10.8.2007 – 34-31/05 – Wirtschaftsprüferhaftpflicht, WuW/E DE-V 1459, Rn. 130. Das OLG Düsseldorf hat zu diesem Aspekt wegen fehlender Relevanz keine Stellung genommen.

127 So auch Leitlinien zu Art. 81 Absatz 3 EG, Rn. 75; sowie OLG Frankfurt a.M. 27.6.2003 – 11 Verg 2/03 – Zweckverband, WuW VERG 823, 825; OLG Naumburg 21.12.2000 – 1 Verg 10/00 – Abschleppaufträge, WuW VERG 493, 496; BGH 13.12.1983 – KRB 3/83 – Bauvorhaben Schramberg, , WuW/E BGH 2050, sämtlich zur vergleichbaren Fragestellung bei Bietergemeinschaften.

128 Vgl. Bericht GVO Vers 1992, Rn. 28; *Schaloske*, VersR 2008, 734, 741/742; *Schulze Schwienhorst*, in: FS Kollhosser, S. 335-337, der zutreffend darauf hinweist, dass fakultative Rückversicherung aufgrund der unterschiedlichen bilanziellen Auswirkungen und Ausfallrisiken die Mitversicherung nicht gleichwertig ersetzen kann.

129 OLG Düsseldorf 17.9.2008 – VI-Kart 11/07 (V) – Wirtschaftsprüferhaftpflicht, WuW DE-R 2540, 2541/2542, unter Hinweis darauf, dass der Risikoausgleich erst bei der Frage der Unerlässlichkeit im Rahmen der Einzelfreistellungsprüfung eine Rolle spiele. Zustimmend *Barth/Gießelmann*, VersR 2009, 1454, 1457. **A.A.** *Meyer-Lindemann*, ZWeR 2009, 522, 527.

130 Leitlinien zu Art. 81 Abs. 3 EG, Rn. 29.

In der Literatur wird zudem die Meinung vertreten, dass MVGen, die auf einen **Wunsch des** 114 **Kunden** zurückgehen, nicht vom Kartellverbot erfasst werden.[131] Auch wenn diese Feststellung im Grundsatz zutreffend ist, stellt sich die Frage, inwieweit es in der Praxis tatsächlich MVGen gibt, deren Bildung auf einen Kundenwunsch zurückgeht. Dies wird insbesondere mit Blick auf konsortiale **Maklerkonzepte** kontrovers diskutiert. Im Zentrum der Diskussion steht dabei die Rolle des Maklers, ohne dass hieraus m.E. entscheidende Erkenntnisse für das Vorliegen einer Wettbewerbsbeschränkung gewonnen werden können. Der Makler ist bei der Vermittlung von Versicherungsprodukten in erster Linie Interessenvertreter und Sachwalter des Versicherungsnehmers[132] und berücksichtigt als solcher bei der Ausgestaltung des Versicherungsschutzes nach dem Maklerkonzept vorrangig die Interessen seiner Zielgruppe. Dessen ungeachtet handelt der Makler bei der Vermittlung von Versicherungsprodukten selbstverständlich auch im eigenen Interesse. Das gilt insbesondere für die Konzeptionierung von Maklerkonzepten, die dem Makler die Platzierung von Risiken und damit die Generierung von Einnahmen erleichtern sollen.

Die Interessenlage ist für das Vorliegen oder Fehlen einer Wettbewerbsbeschränkung jedoch 115 nicht ausschlaggebend. Vielmehr ist die Frage zu beantworten, ob durch das Maklerkonzept die **Handlungsfreiheit** der Beteiligten bzw. anderer Marktteilnehmer in kartellrechtlich relevanter Weise **beschränkt** wird. Dies ist dann zu verneinen, wenn die Begrenzung der Handlungsfreiheit ausschließlich darin begründet ist, dass der einzelne Kunde/Versicherungsnehmer durch die eigene Bedarfsdeckung keinen Versicherungsschutz bei konkurrierenden Versicherern nachfragt und diese insoweit in ihren Absatzmöglichkeiten beschränkt werden.[133] Von dieser bei der Mitversicherung im Einzelfall typischen Konstellation unterscheidet sich die Bildung einer MVG durch einen Makler aber dadurch, dass das konsortiale Maklerkonzept nicht der Befriedigung eines konkret bestehenden Bedarfes eines Nachfragers dient, sondern Auswirkungen auf den Wettbewerb um eine Vielzahl potentieller Versicherungsnehmer hat. Zudem werden sich die Versicherer häufig zu einer Zeichnung der unter das Konzept fallenden Risiken zu bestimmten Prämien und Bedingungen verpflichten. Damit wird bei konsortialen Maklerkonzepten die Handlungsfreiheit der beteiligten aber auch konkurrierender Versicherer in kartellrechtlich relevanter Weise eingeschränkt und dem Grunde nach eine Wettbewerbsbeschränkung bewirkt.[134] Aus denselben Überlegungen heraus liegt auch bei konsortialen Rahmenvereinbarungen z.B. mit Verbänden, Vereinen und berufsständischen Vertretungen unabhängig von ihrer Qualifikation als MVG oder Mitversicherung im Einzelfall (vgl. hierzu Rn. 91 ff.) dem Grunde nach eine Wettbewerbsbeschränkung vor.

Im Zusammenhang mit dem Erfordernis einer **spürbaren Wettbewerbsbeschränkung** wird in 116 der Literatur kontrovers diskutiert, inwieweit der Umstand, dass die Zeichnung von Risiken im Rahmen von MVGen in aller Regel auf Basis abgestimmter Prämien(sätze) erfolgt, dazu führt, dass in diesen Fällen stets von einer spürbaren Wettbewerbsbeschränkung auszugehen ist. Dies wird von einigen Autoren unter Hinweis auf die Nichtanwendbarkeit der De-minimis-Bekanntmachung auf Kernbeschränkungen wie der Festsetzung von Verkaufspreisen zwischen Wettbewerbern befürwortet.[135] Andere halten die Kernbeschränkungsregelung in Rn. 11 Ziff. 1 lit. a) der Bekanntmachung auf Prämienabstimmungen im Rahmen einer MVG für nicht anwendbar, weil diese für die Durchführung der MVG unerlässlich und wettbewerblich positiv zu bewerten seien.[136] Beide Ansichten vermögen m.E. nicht zu überzeugen.

Die **Unerlässlichkeit** ist kein Kriterium der Spürbarkeitsprüfung, sondern eine Freistellungs- 117 voraussetzung, die erst dann geprüft wird, wenn eine spürbare Wettbewerbsbeschränkung vorliegt. Ferner spielt die Unerlässlichkeit bei der Qualifikation einer Wettbewerbsbeschrän-

---

131 So z.B. *Esser-Wellié/Hohmann*, VersR 2004, 1211, 1213. **A.A.** *Dreher/Kling*, Teil 1, Rn. 279 ff.

132 *Dörner*, in: Prölls/Martin, Versicherungsvertragsgesetz, 28. Auflage, München 2010, § 59, Rn. 43.

133 Vgl. hierzu *Bunte*, in: Langen/Bunte, Art. 81 Generelle Prinzipien, Rn. 41 b und 63.

134 So auch *Schaloske*, Dissertation, S. 357, 364.

135 So z.B. *Dreher/Kling*, Teil 1, Rn. 291; ihm folgend *Schaloske*, Dissertation, S. 375/376.

136 *Stancke*, VW 2004, 1458, 1461; *Esser-Wellié/Hohmann*, VersR 2004, 1211, 1216 – beide unter Bezugnahme auf informelle Gespräche zwischen dem GDV und der Kommission im Jahre 2003; für eine Anwendbarkeit der De-minimis-Bekanntmachung auch *Hootz*, in: GK, VO 358/2003, Art. 1 Rn. 64.

kung als Nebenabrede eine Rolle. Eine kartellrechtlich unbedenkliche Nebenabrede setzt allerdings eine nicht wettbewerbsbeschränkende Hauptvereinbarung voraus. Spätestens hier würde man sich in einen Zirkelschluss begeben, denn die Prämienvereinheitlichung ist untrennbarer Bestandteil der MVG als Hauptvereinbarung, deren spürbare wettbewerbsbeschränkende Wirkung aber gerade zu beurteilen ist.

118 Die Unanwendbarkeit der De-minimis-Bekanntmachung bedeutet nicht, dass Prämienabstimmungen in MVGen stets spürbar wären. Denn mit der De-minimis-Bekanntmachung macht die Kommission im Rahmen ihres **Aufgreifermessens** lediglich deutlich, dass sie wettbewerbsbeschränkende Vereinbarungen unterhalb bestimmter quantitativer Bagatellschwellen grds. nicht verfolgen wird. Für Kernbeschränkungen wie z.b. die Festsetzung von Verkaufspreisen zwischen Wettbewerbern macht die Kommission von diesem Grundsatz allerdings eine Ausnahme und behält sich vor, diese auch bei Unterschreiten der Bagatellschwellen zu verfolgen. Eine Aussage über die Spürbarkeit von Kernbeschränkungen trifft die – für Gerichte ohnedies nicht bindende – De-minimis-Bekanntmachung damit nicht. Diese ist – auch im Falle von Prämienabstimmungen in MVGen – vielmehr im konkreten Einzelfall zu ermitteln.[137]

119 Die Ermittlung erschöpft sich nicht in der Feststellung, dass Kernbeschränkungen von der Kommission in der Regel als **bezweckte Wettbewerbsbeschränkungen** mit der Folge eingestuft werden, dass das Kartellverbot anwendbar ist, ohne dass nachteilige Auswirkungen auf den Wettbewerb nachgewiesen werden müssten.[138] Denn diese Regel greift bei Prämienabstimmungen im Rahmen von MVGen nicht. Dies ergibt sich eindeutig aus den sektorspezifischen Regelungen der GVO Vers 2010, nach denen Abstimmungen über Prämien und Bedingungen im Rahmen von MVGen aufgrund ihrer per Saldo wettbewerbsfördernden Wirkungen unter bestimmten Voraussetzungen freigestellt sind. Dies unterscheidet Prämienabstimmungen im Kontext von MVGen eindeutig von anderen horizontalen Preisabsprachen. Diese Wertung geht aufgrund ihrer Spezialität der allgemeinen Regelung in der De-minimis-Bekanntmachung mit der Folge vor, dass Prämienabstimmungen im Rahmen von MVGen nicht als bezweckte Wettbewerbsbeschränkung zu qualifizieren sind. Es ist also in jedem Einzelfall – und zwar anhand sowohl quantitativer als auch qualitativer Aspekte – zu prüfen, ob die MVG unter Zugrundelegung der bestehenden Marktverhältnisse den Schluss nahelegt, dass sie wahrscheinlich spürbare wettbewerbswidrige Auswirkungen auf den Markt haben wird.

120 Sofern eine nicht der GVO Vers 2010 unterfallende MVG spürbar wettbewerbsbeschränkend ist, erlangen die Freistellungsvoraussetzungen des Art. 7 im Rahmen der dann erforderlichen **Einzelfreistellungsprüfung** unter dem Gesichtspunkt der Unerlässlichkeit Relevanz. Von begründeten Ausnahmen abgesehen, wird sich eine Nichteinhaltung dieser Voraussetzungen auch insoweit freistellungsschädlich auswirken. Die Zeichnung zu gemeinsamen Prämien und Bedingungen sowie zu denselben Quoten ist der MVG wesensimmanent und damit unerlässlich i.S.v. Art. 101 Abs. 3 AEUV, ohne dass dies gesondert begründet werden müsste. Zu den **Effizienzgewinnen**, die typischerweise im Rahmen von MVGen erzielt werden, gehören (i) die Generierung, Vorhaltung und der Transfer von Spezial-Know-how, (ii) Kosteneinsparungen durch den gemeinsamen Versicherungsbetrieb, (iii) die gemeinsame Rückversicherung zu vorteilhaften Konditionen,[139] (iv) Kapazitätserweiterungen und (v) langfristige Versorgungssicherheit. Ihr Vorliegen ist im Einzelfall zu prüfen, wobei der GVO Vers 2010 insoweit eine gewisse Indizwirkung zukommt.[140]

121 Einige dieser Effizienzgewinne (i, iv und v) entstehen originär beim **Verbraucher**, während andere (ii, iii) über die Prämiengestaltung aktiv an den Verbraucher weitergegeben werden müs-

---

137 Vgl. Leitlinien zu Art. 81 Abs. 3 EG, Rn. 24 sowie BKartA, Leitbrief v. 18.12.1981, VerBAV 1982, 13, 15, Ziff. 2, nach dem MVGen mit einem Marktanteil von weniger als 2% unter Spürbarkeitsgesichtspunkten nicht verfolgt werden.

138 Leitlinien zu Art. 81 Abs. 3 EG, Rn. 21, 23. So aber wohl *Schaloske*, Dissertation, S. 377, der die Möglichkeit einer Verneinung der Spürbarkeit aus qualitativen Gründen als „allenfalls theoretisch" bezeichnet. Vgl. hierzu 1. Kap., Rn. 96.

139 Vgl. EG 17 GVO Vers 2010.

140 So auch *Bechtold/Bosch/Brinker/Hirsbrunner*, Art. 81, Rn. 161; *Bunte*, in: Langen/Bunte, Art. 81 Generelle Prinzipien, Rn. 201, m.w.N.

J. Bartmann

sen. Davon ist gemeinhin auszugehen, wenn auf dem Markt, auf dem die MVG tätig ist, hinreichend Wettbewerb herrscht.[141] Dieser Wettbewerb kann sowohl von den Unternehmen ausgehen, die an der MVG beteiligt sind (Innenwettbewerb) als auch von denen, die es nicht sind (Außenwettbewerb). Es ist sodann zu prüfen, ob die Effizienzgewinne die wettbewerbsbeschränkenden Wirkungen der MVG zumindest ausgleichen.

Für die bei der Prüfung des **Ausschlusses wirksamen Wettbewerbs** erforderliche qualitative   122
Gesamtwürdigung kommt es primär auf den Marktanteil der MVG an. Dies steht nicht im Widerspruch zur Marktanteilsberechnung nach der GVO Vers 2010. Denn diese beschreibt lediglich eine Konstellation, bei der im Rahmen einer pauschalen, keiner Einzelbewertung mehr zugänglichen Prüfung von einer Freistellungsfähigkeit von MVGen auszugehen ist.[142] Im Rahmen der konkreten Prüfung der Einzelfreistellungsvoraussetzungen kommt es hingegen entscheidend auf die durch die Kooperation der Unternehmen bewirkten Wettbewerbsbeschränkungen an, die maßgeblich von dem auf die MVG entfallenden Marktanteil geprägt werden. Zusätzlich ist zu fragen, ob Rückwirkungen auf den Binnen- (zwischen den Mitgliedern) bzw. Außenwettbewerb (zu anderen Wettbewerbern) jenseits der MVG zu erwarten sind. Hier sind insbesondere das Individualgeschäft der Mitglieder betreffende (überschießende) Abreden oder ein hierfür relevanter Informationsaustausch im Rahmen der MVG zu prüfen. Ferner ist in diesem Kontext der Anteil des MVG-Geschäfts im Verhältnis zum Gesamtgeschäft der Mitglieder außerhalb der MVG relevant: Je kleiner der Anteil des MVG-Geschäfts, desto unwahrscheinlicher dürften wettbewerbsbeschränkende Rückwirkungen auf das Individualgeschäft der Mitglieder sein. Auch die Beteiligungsstruktur der MVG spielt bei der Prüfung möglicher faktischer Rückwirkungen eine Rolle. Je asymmetrischer die Beteiligungsquoten der Mitglieder ausgestaltet sind, desto größer dürften die einer Rückwirkung auf das Individualgeschäft der Mitglieder entgegenstehenden Interessenunterschiede sein. Bei konsortialen Maklerkonzepten, die sich nur auf die von Makler akquirierten Risiken beziehen und als solche ein zusätzliches Produktangebot schaffen, ist die wettbewerbsbeschränkende Wirkung regelmäßig geringer als bei versicherergetriebenen MVGen, denen die beteiligten Versicherer selbst das Geschäft zuführen.

b) **Mitversicherung im Einzelfall.** Die Mitversicherung im Einzelfall, auch Ad hoc Mitversi-   123
cherung genannt, ist die einvernehmliche gemeinsame Versicherung ein und desselben Interesses[143] gegen dieselben Gefahren durch eine Mehrzahl von Versicherern, wobei jeder beteiligte Versicherer ausschließlich für seinen eigenen Anteil haftet (Risikoteilung).

Bis zur 7. GWB Novelle[144] war die Mitversicherung im Einzelfall im deutschen Kartellrecht   124
von der Anwendung des Kartellverbots ausgenommen. Parallel hierzu vertrat die Kommission die Auffassung, dass die Mitversicherung im Einzelfall grundsätzlich mit keinerlei wettbewerbsrechtlichen Bedenken verbunden sei, ohne dass sie dies näher begründete.[145] Hierauf wurde in der Gesetzbegründung zur 7. GWB-Novelle ausdrücklich Bezug genommen und darauf hingewiesen, dass der Wegfall der bis dahin vorgesehenen Freistellung die kartellrechtliche Zulässigkeit von Mitversicherungen im Einzelfall nicht infrage stelle.[146]

Die Ergebnisse der **Sektorenuntersuchung** in der Unternehmensversicherung sowie die Aus-   125
führungen der Kommission im Kontext der Überprüfung der GVO Vers 2003 lassen Zweifel

---

141 EG 17 GVO Vers 2010.
142 **A.A.** offenbar *Dreher*, VersR 2010, 1389, 1394, der insoweit einen Gleichlauf sieht.
143 Das versicherte Interesse beschreibt die rechtlichen Beziehungen, aufgrund derer der Versicherungsnehmer bzw. ein versicherter Dritter durch den Eintritt des Versicherungsfalls einen Nachteil erleiden kann und die durch den Versicherungsvertrag gedeckt sind; vgl. *Armbrüster*, in: Prölls/Martin, Versicherungsvertragsgesetz, 28. Auflage, München 2010, Vor § 74, Rn. 28, 37.
144 Vgl. § 102 Abs. 2 S. 2 GWB 1990; § 29 Abs. 2 S. 2 GWB 1998.
145 Vgl. hierzu Bericht GVO Vers 1992, Rn. 25 a.E.
146 BT-Drs. 15/3640, S. 49.

aufkommen, ob die Kommission an dieser Auffassung festhalten will.[147] Sie hat in diesem Kontext deutlich gemacht, dass die Offenlegung der zwischen Versicherungsnehmer und führendem Versicherer verhandelten Prämie gegenüber den anderen Konsorten, jedenfalls aber die darauf folgende Beteiligung der Mitversicherer zu dieser einheitlichen Prämie im Rahmen eines maklergetriebenen zweistufigen Subskriptionsverfahrens[148] das Kartellverbot verletzen könne. Auch in der Literatur werden vermehrt Bedenken gegen eine pauschale Bewertung der Einzelfallmitversicherung als kartellrechtlich unbedenklich erhoben.[149]

126   Selbst wenn die Äußerungen der Kommission – sowohl von den Tatsachen als auch der rechtlichen Subsumtion her – in weiten Teilen nicht zu überzeugen vermögen, ist die Prämisse richtig, dass das **Selbständigkeitspostulat** berührt wird und Wettbewerbsnachteile für konkurrierende Versicherer nicht von vornherein von der Hand zu weisen sind, wenn es im Rahmen einer Mitversicherung im Einzelfall zwischen Wettbewerbern zu einer koordinierten Festlegung von Prämien und Bedingungen für die gemeinsame Versicherung eines Risikos kommt.[150] Vor diesem Hintergrund ist auch bei einer Mitversicherung im Einzelfall konkret zu prüfen, ob eine spürbare Wettbewerbsbeschränkung gegeben ist und wenn ja, ob eine Freistellung in Betracht kommt. Das Ergebnis dieser Prüfung hängt jenseits des Arbeitsgemeinschaftsgedankens allerdings maßgeblich davon ab, wie die Mitversicherung im Einzelfall zustande kommt.

127   Mit Blick auf das Selbständigkeitspostulat kann die Bildung einer Mitversicherung im Einzelfall eine Wettbewerbsbeschränkung bewirken, wenn die Versicherer von vornherein ein gemeinsames Angebot zu abgestimmten Prämien, Bedingungen und Quoten vorlegen (sog. **versichererergetriebene Mitversicherung**). Denn in diesem Fall tritt ein koordiniertes Vorgehen an die Stelle eines autonomen Marktverhaltens der Versicherer. In der Folge kommt es zu einer Einschränkung der Handlungsfreiheit der einzelnen Versicherer, die ohne vorherige Fühlungnahme ggf. andere Prämien und Bedingungen geboten hätten. Unter Umständen erleiden Mitbewerber durch das koordinierte Vorgehen der beteiligten Versicherer Wettbewerbsnachteile, weil sie nicht in der Lage sind, vergleichbare Vorteile zu generieren und diese im Wettbewerb für ein günstigeres Prämienangebot zu nutzen.

128   An einer Wettbewerbsbeschränkung kann es dennoch fehlen, wenn die Bildung der Mitversicherung im Sinne des **Arbeitsgemeinschaftsgedankens** erforderlich ist, um die beteiligten Versicherer überhaupt in die Lage zu versetzen, ein erfolgversprechendes Angebot abzugeben (vgl. hierzu Rn. 110 ff.). Ist dies nicht der Fall und ist die Wettbewerbsbeschränkung spürbar,[151] ist das Vorliegen der Freistellungsvoraussetzungen nach Art. 101 Abs. 3 AEUV zu prüfen und nachzuweisen.[152]

129   An einer Wettbewerbsbeschränkung fehlt es auch, wenn die Einzelfall-Mitversicherung auf Wunsch des Versicherungsnehmers gebildet wird (sog. **kundengetriebene Mitversicherung**). Der Versicherungsnehmer ist in der Wahl des Platzierungsverfahrens und seiner Vertragspartner grundsätzlich frei. Entscheidet er sich dafür, ein Risiko in Mitversicherung zu platzieren – entweder, weil ihn die Angebotslage, Aspekte der Risikostreuung oder andere wirtschaftliche

---

147 Mitteilung der Kommission an das Europäische Parlament, den Rat, den Europäischen Wirtschafts- und Sozialausschuss sowie den Ausschuss der Regionen – Untersuchung der Unternehmensversicherungen gemäß Artikel 17 der Verordnung (EG) Nr. 1/2003 (Abschlussbericht), KOM(2007) 556 endg., SEK(2007) 1231 Rn. 14/15 i.V.m. dem begleitenden Arbeitspapier, SEC(2007) 1231, S. 34-39 („Arbeitspapier Sektorenuntersuchung"); Mitteilung GVO Vers 2010, Rn. 17.

148 Das von der Kommission beschriebene zweiphasige Subskriptionsverfahrens mit einer strikten Trennung in ein Verfahren zur Auswahl des führenden Versicherers (Ausschreibungsphase) und einem anschließenden Verfahren zur Auswahl der Mitversicherer (Zeichnungsphase) mit jeweils unterschiedlichen beteiligten Versicherern gibt es in Deutschland nicht.

149 Vgl. *Dreher/Kling*, Teil 1, Rn. 258; *Schaloske*, VersR 2008, 734, 736.

150 Der Umstand, dass Art. 2 Abs. 1 der EG-Mitversicherungsrichtlinie (Richtlinie 78/473/EWG des Rates vom 30.5.1978, ABl. 1978 L 151/25) eine Festsetzung der Versicherungsbedingungen und Prämien als Bestandteil der Definition einer Mitversicherung auf Gemeinschaftsebene festschreibt und die Prämien- und Bedingungsvereinheitlichung auch darüber hinaus als begriffsprägend für die Mitversicherung angesehen wird, ändert hieran nichts; vgl. hierzu *Dreher*, VersR 2008, 15, 22/23.

151 Zur qualitativen Spürbarkeitsprüfung vgl. Rn. 119. Allerdings sind hier auch die kumulativen Effekte durch eine Vielzahl von Mitversicherungen auf dem relevanten Markt in die Betrachtung mit einzustellen.

152 Vgl. hierzu Rn. 120 ff. sowie *Schaloske*, VW 2008, 822, 824/825.

J. Bartmann

Überlegungen (z.B. Beziehungspflege) dazu veranlassen – und mit jedem ausgewählten Versicherer in Bezug auf dessen jeweiligen Anteil zu einheitlichen, mit dem Führenden vereinbarten Prämien und Bedingungen zu kontrahieren, bewirkt der Abschluss der einzelnen Versicherungsverträge mit den beteiligten Versicherern über ihre jeweilige Quote keine Wettbewerbsbeschränkung.[153] In diesen Fällen der reinen Bedarfsdeckung[154] gibt es keinen schutzwürdigen Wettbewerb, der beschränkt werden könnte und zwar auch nicht mit Blick auf die wettbewerbliche Handlungsfreiheit Dritter. Denn Auswirkungen dieser Bedarfsdeckung auf Dritte ergeben sich nicht durch eine freiwillige Einschränkung der Handlungsfreiheit der an der Mitversicherung beteiligten Versicherer, sondern allein durch die Auswahlentscheidung des Kunden. Die so bewirkte Einschränkung der wettbewerblichen Handlungsfreiheit Dritter ist der Bedarfsdeckung durch einen Nachfrager aber immanent und als solche nicht von Art. 101 Abs. 1 AEUV erfasst.[155] Dies gilt auch, wenn nicht der Kunde selbst, sondern in Abstimmung mit ihm sein Makler die Versicherer auswählt, oder gar der vom Kunden ausgewählte führende Versicherer diese Aufgabe im ausdrücklichen Auftrag des Kunden auf Basis seines Versicherungsangebots übernimmt.

Die Kommission hat sich in ihrem begleitenden Arbeitspapier zum Abschlussbericht der Sektorenuntersuchung zur Frage der **Wettbewerbsneutralität des Kundenwunsches** nicht eindeutig positioniert. Einerseits wird deutlich, dass die Kommission der freien aufgeklärten Kundenentscheidung für ein bestimmtes Ausschreibungsverfahren eine wesentliche Bedeutung im Wettbewerbsprozess zumisst. Andererseits weist die Kommission darauf hin, dass – soweit die Versicherungsnehmer Unternehmen sind – Vereinbarungen zwischen ihnen und den Versicherern in den Anwendungsbereich des Kartellverbotes fallen und diese auch wettbewerbsbeschränkend sein können, wenn die Entscheidung für ein Ausschreibungsverfahren zu einer höheren Versicherungsprämie führen und in der Folge die Angebotspreise in nachgelagerten Märkten steigen sollten.[156] Dem ist nicht zu folgen.[157] Zum einen dürfte es selbst bei marktbeherrschenden oder -mächtigen Anbietern kaum ökonomischer Realität entsprechen, dass sie auf eine mögliche Reduzierung von Einkaufspreisen verzichten, weil sie diese über ihre Angebotspreise weitergeben können. Zum anderen ist der Preis nur ein Kriterium für die Auswahl von führenden und beteiligten Versicherern. Hinzu kommen z.B. die finanzielle Leistungsfähigkeit, das Know-how und die Regulierungspraxis des Versicherers sowie die Transaktionskosten und -dauer.[158] Schließlich liegt in einem unterstellt wirtschaftlich unvernünftigen Handeln einer Vertragspartei noch keine Beschränkung des Wettbewerbs. | 130

Der Kundenwunsch geht so weit, wie der Kunde über die Nachfrage disponieren kann. Er umfasst z.B. bei einem zentral gesteuerten Versicherungsmanagement auch eine Vielzahl von Versicherungsverträgen mit Gesellschaften ein und desselben Konzerns (sog. **Konzernpolice**) oder die Versicherung einer Vielzahl von Arbeitnehmern im Rahmen eines vom Arbeitgeber geschlossenen **Gruppenversicherungsvertrages** z.B. über eine betriebliche Altersvorsorgelösung in seinem Betrieb. Aber auch die **laufende Versicherung** ist eine Form der kartellrechtlich unbedenklichen Nachfragedisposition durch den Kunden und zwar unabhängig davon, ob sie als obligatorisch (ein Versicherungsvertrag mit Deklarierungszwang für den Versicherungsnehmer und Annahmezwang für die Versicherer) oder fakultativ (ein Bündel einzelner Versicherungsverträge) ausgestaltet ist. | 131

Die dargelegten Grundsätze gelten nicht nur bei der ersten Bildung einer Mitversicherung, sondern auch im **Renewal**, d.h. bei der Vertragsverlängerung. Bei Versicherungsverträgen, die sich in Ermangelung einer Kündigung automatisch verlängern, bleibt die Mitversicherung grundsätzlich solange bestehen, bis eine der Vertragsparteien den Vertrag kündigt. Wird die Kündi- | 132

---

153 So auch *Schaloske*, VW 2008, 822, 824/825; **a.A.** *Dreher/Kling*, Teil 1, Rn. 279 ff.
154 Vgl. hierzu *Bunte*, in: Langen/Bunte, Art. 81 Generelle Prinzipien, Rn. 41 b und 63.
155 Zum Konzept der Wettbewerbsbeschränkung in der europäischen Rechtsprechungs- und Entscheidungspraxis vgl. *Emmerich*, in: Immenga/Mestmäcker, EG-WettbR, Art. 81 Abs. 1 EGV, Rn. 135 ff.
156 Arbeitspapier Sektorenuntersuchung, S. 38; siehe hierzu auch Leitlinien über horizontale Zusammenarbeit, Rn. 71.
157 Im Ergebnis so auch *Schaloske*, VW 2008, 822, 824.
158 So zutreffend *Dreher*, VersR 2008, 15, 23.

gung vom Versicherungsnehmer direkt oder über seinen Makler ausgesprochen, ist eine Abstimmung über die Abgabe von Angeboten durch die Konsorten der bisherigen Mitversicherung unzulässig. Die Bildung einer erneuten Mitversicherung und Abgabe eines gemeinsamen Angebots ist kartellrechtlich nur im Rahmen der o.g. Voraussetzungen zulässig. Ohne ein Kündigung durch den Versicherungsnehmer dürfen sich die Konsorten grundsätzlich darüber austauschen, ob sie bereit sind, die Mitversicherung zu unveränderten Konditionen fortzusetzen. Ergibt sich hieraus ein Anpassungsbedarf, ist es aus Gründen der kartellrechtlichen Vorsicht angezeigt, dass der Führende vor einem Austausch mit den Konsorten über angepasste Prämien und Bedingungen für die Fortsetzung der Mitversicherung den Versicherungsnehmer bzw. den von ihm beauftragten Makler über den Anpassungsbedarf informiert und mit ihm das weitere Prozedere abstimmt. Auf diese Weise ist sichergestellt, dass Abstimmungen zu Prämien und Bedingungen zwischen den Konsorten erst erfolgen, wenn der Kunde hierzu sein Einverständnis gegeben hat.[159]

133 Abstimmungen, im Fall der Vertragsverlängerung den Führenden nicht zu unterbieten oder sich nicht selbst um die Führung zu bewerben (sog. **Respect the lead-Klauseln**) sind kartellrechtlich unzulässig.[160]

III. Die Zusammenarbeit von Versicherern und mit Dritten bei der Verhütung und Regulierung von Schäden

1. Die gemeinsame Erarbeitung von Sicherheitsvorkehrungen

134 Die GVO Vers 2003 stellte unter bestimmten Voraussetzungen die Erstellung, Anerkennung und Bekanntgabe von technischen Spezifikationen, Regeln und Verhaltenskodizes über Sicherheitsvorkehrungen (Vereinbarungen über Sicherheitsvorkehrungen), für die keine auf EU-Ebene harmonisierten Vorschriften bestanden, von der Anwendung des Kartellverbots frei. Von der Freistellung erfasst waren auch die Erstellung, Anerkennung und Bekanntgabe (i) von Verfahren zur Überprüfung der Sicherheitsvorkehrungen und zur Erklärung ihrer Übereinstimmung mit den jeweiligen technischen Spezifikationen, Regeln und Verhaltenskodizes sowie (ii) von Regeln über Einbau und Wartung von Sicherheitsvorkehrungen und die Überprüfung von Installations- und Wartungsunternehmen (Prüfungs- und Zertifizierungsvereinbarungen).

135 Im Rahmen der Überprüfung der GVO Vers 2003 kam die Kommission zu dem Ergebnis, dass Vereinbarungen über Sicherheitsvorkehrungen sowie Prüfungs- und Zertifizierungsvereinbarungen der allgemeinen Normungstätigkeit zuzuordnen und als solche keine Besonderheit des Versicherungssektors seien.[161] Folglich wurde die Freistellung dieser Vereinbarungen im Rahmen der GVO Vers 2010 nicht verlängert. Sie werden nunmehr im Kapitel Normung der neuen Leitlinien über horizontale Zusammenarbeit (Rn. 257 ff.) behandelt.

136 Danach anerkennt die Kommission grundsätzlich die positiven Wirkungen von Normungsvereinbarungen für die Wirtschaft (insbes. durch Entwicklung neuer, besserer Produkte/Märkte und Lieferbedingungen). Unter bestimmten Umständen kann die Normung nach Ansicht der Kommission jedoch auch wettbewerbsbeschränkende Wirkungen haben, da sie potenziell den Preiswettbewerb verringern, den Markt gegenüber innovativen Technologien verschließen und bestimmte Unternehmen ausschließen oder diskriminieren kann, wenn ihnen der Zugang zur Norm verwehrt wird.[162]

137 Für Vereinbarungen von Sicherheitsvorkehrungen bedeutet dies konkret, dass eine Wettbewerbsbeschränkung grds. zu verneinen ist, wenn und soweit

■ keine Verpflichtung zur Einhaltung der Sicherheitsvorkehrungen besteht (Nicht-Verbindlichkeit),

---

159 Weitergehend *Esser-Welliè/Stappert*, in: MünchKomm, SB VersW, Rn. 83.
160 Anders ist dies für sog. Follow the lead-Klauseln (FLK) zu bewerten, die die Bindung der Konsorten an die Entscheidungen des Führenden bei der Abwicklung des Versicherungsvertrages (z.B. bei der Schadenregulierung) beschreiben. Basis hierfür ist eine entsprechende Bevollmächtigung des Führenden im Rahmen der Führungsklausel. FLK sind nicht wettbewerbsbeschränkend; vgl. *Schaloske*, Dissertation, S. 352.
161 Vgl. die Mitteilung GVO Vers 2010, Rn. 26.
162 Leitlinien über horizontale Zusammenarbeit, Rn. 263, 264.

J. Bartmann

- kein Druck auf Dritte ausgeübt wird, keine Sicherheitsvorkehrungen auf den Markt zu bringen, die der erarbeiteten Norm nicht entsprechen (Freiwilligkeit),

- der Prozess der Erarbeitung von Sicherheitsvorkehrungen transparent ist (Transparenz),

- interessierte Hersteller von Sicherheitsvorkehrungen oder deren Interessenvertreter an diesem Prozess beteiligt werden (Offenheit),

- das Ergebnis des Prozesses auf zumutbarer und diskriminierungsfreier Grundlage allen, die dies wünschen, zugänglich gemacht wird (Diskriminierungsfreiheit)[163] und

- die erarbeitete Norm eine bestimmte Lücke schließt, um die Versicherer beim Risikomanagement zu unterstützen und es ihnen zu ermöglichen, risikoadäquate Prämien anzubieten, sowie keine negativen Auswirkungen auf den nachgelagerten Markt hat, z.B. indem bestimmte Montageunternehmen durch sehr spezifische oder ungerechtfertigte Anforderungen an die Installation der Sicherheitsvorkehrungen ausgeschlossen werden (Erforderlichkeit).

Sollten Vereinbarungen über Sicherheitsvorkehrungen trotz Erfüllung dieser Kriterien wettbewerbsbeschränkende Wirkung haben, dürften die Voraussetzungen von **Art. 101 Absatz 3 AEUV** in der Regel erfüllt sein: Die Normen unterstützen die Versicherer bei der Prüfung, inwieweit Sicherheitsvorkehrungen das einschlägige Risiko mindern und Verluste verhindern. Entsprechend können die Versicherer ihr Risikomanagement ausrichten und risikoadäquate Versicherungsprämien anbieten. Insbesondere kleinere Versicherungsunternehmen, die nicht über die Kapazitäten für separate Überprüfungen verfügen, profitieren von der kollektiven Normsetzung. Aber auch Montageunternehmen erzielen durch die Normen, solange sie konkret erforderlich sind, Effizienzgewinne, da alle Versicherungsgesellschaften die Einhaltung ein und derselben Normen verlangen. Schließlich profitiert auch der Verbraucher von den Normen, da sie ihm den Wechsel zu einem anderen Versicherer erleichtern und seine Investitionen in Sicherheitsvorkehrungen, die dem Stand der Technik entsprechen, sichern. Sofern die Sicherheitsvorkehrungen nicht verbindlich sind und nicht über das hinausgehen, was für die Erzielung der genannten Effizienzgewinne erforderlich ist, besteht nach dem Wortlaut der Leitlinien über horizontale Zusammenarbeit (Rn. 328) „der Eindruck", dass die sich daraus ergebenden Vorteile an die Verbraucher weitergegeben werden, sofern sie ihnen – wie z.B. der erleichterte Anbieterwechsel – nicht ohnedies direkt zugutekommen und dass die Beschränkungen nicht zu einer Ausschaltung des Wettbewerbs führen.

138

Interessant ist, dass die Leitlinien über horizontale Zusammenarbeit – anders als noch ihr Entwurf und die GVO Vers 2003 – nicht mehr darauf abstellen, dass keine harmonisierte Regelung zu den Sicherheitsvorkehrungen auf EU-Ebene besteht bzw. die Versicherer die Notwendigkeit harmonisierter Standards den europäischen Normungsorganisationen zur Kenntnis gebracht und diese eingebunden haben. Vielmehr ist in dem Beispiel zur „Normung in der Versicherungsbranche" nur noch allgemein davon die Rede, dass die nicht-verbindlichen Normen vereinbart wurden, „um eine bestimmte Lücke zu schließen". Hiermit ist auch die Erforderlichkeit der Vereinbarung von Sicherheitsvorkehrungen auf nationaler Ebene angesprochen. Allerdings eröffnet die jetzige Formulierung den Versicherern einen wesentlich größeren Handlungsspielraum, weil sie z.B. auch die Weiterentwicklung bzw. Ergänzung bestehender europäischer Normen ermöglicht. Auch wenn die **fehlende Harmonisierung** eine Voraussetzung für die Gruppenfreistellung nach der ausgelaufenen GVO Vers 2003 war, ist es zutreffend, im Kontext der Leitlinien über horizontale Zusammenarbeit auf diesen Aspekt zu verzichten: Zum einen, weil er sich auch bei anderen Branchen so nicht wiederfindet; zum anderen, weil die nationale Aufstellung von Sicherheitsvorkehrungen nicht selten der Motor für die Normung auf europäischer Ebene ist.

139

Prüfungs- und Zertifizierungsvereinbarungen gehen über das Hauptziel der Normung hinaus und stellen normalerweise eine eigene Vereinbarung und einen eigenen Markt dar. Sie sind gesondert daraufhin zu prüfen, ob sie den Wettbewerb beschränken. Die Leitlinien über hori-

140

---

163 Im Beispiel über die Normung in der Versicherungsbranche erfolgt eine Veröffentlichung der Norm auf der Verbandswebseite; vgl. Leitlinien über horizontale Zusammenarbeit, Rn. 328.

zontale Zusammenarbeit enthalten für die Prüfung keine weiteren Hinweise. Lediglich für den Fall, dass einer bestimmten Einrichtung ein ausschließliches Recht eingeräumt werden soll, die Normenkonformität zu prüfen, weist die Kommission daraufhin, dass dies über das primäre Ziel der Normierung hinausgehe und den Wettbewerb beschränken könne. Allenfalls eine zeitlich begrenzte Exklusivität könne z.B. zur Amortisierung von Anlaufkosten erforderlich sein. In jedem Fall müssten dann aber angemessene Schutzmechanismen vorgesehen werden, die insbesondere gewährleisten, dass die Zertifizierungsgebühr angemessen und zumutbar ist.[164]

2. Die Zusammenarbeit von Versicherern in der Schadenregulierung

141 Regulierungsverhalten ist Wettbewerbsverhalten, denn die Regulierung eines Schadens durch den Versicherer konkretisiert sein versicherungsvertragliches Leistungsversprechen. Es beeinflusst somit unmittelbar die Qualität der Versicherungsleistung, die wiederum für den Versicherungsnehmer ein Aspekt bei der Auswahl seines Versicherers ist. Darüber hinaus sind die Schadenkosten wesentlicher Bestandteil der Gesamtkosten für die Erbringung der Versicherungsleistung und beeinflussen als solche die Prämienhöhe.

142 Nichtsdestotrotz ist eine Zusammenarbeit von Versicherern bei der Schadenabwicklung in weiten Teilen kartellrechtlich unproblematisch. Dies gilt zum einen für den Austausch von **Schadeninformationen** im Einzelfall wie z.B. über den Schadenhergang, die Schadenart und den Schadenumfang. Diesen Daten fehlt jede strategische Relevanz.[165] Kartellrechtlich ebenfalls unbedenklich ist die Zusammenarbeit von Versicherern bei der **Ermittlung eines konkreten Schadens** z.B. durch die gemeinsame Bestellung von Gutachtern. Durch diese Zusammenarbeit werden keine Wettbewerbsparameter beeinflusst, wohl aber Effizienzen durch Kosteneinsparungen generiert.

143 Eine weitergehende Zusammenarbeit der Versicherer unter Einbeziehung des **konkreten Regulierungsverhaltens**[166] ist kartellrechtlich unbedenklich, wenn sie im Rahmen einer kartellrechtlich zulässigen Mitversicherungslösung oder aus einem Gesamtschuldverhältnis aufgrund Mehrfachversicherung[167] heraus erfolgt. In beiden Fällen ist eine Abstimmung über die Schadenregulierung erforderlich, weil die Versicherer von Gesetzes bzw. Vertrags wegen im Verhältnis zueinander verpflichtet sind, für den entstandenen Schaden anteilig aufzukommen. Im Falle der Mehrfachversicherung haften die Versicherer als Gesamtschuldner gegenüber dem Versicherungsnehmer jeweils auf den vollen Ersatz des Schadens, intern sind sie über den Gesamtschuldnerausgleich (§ 78 Abs. 2 S. 1 VVG i.V.m. §§ 423-426 BGB) jedoch berechtigt, von den mithaftenden Versicherern die Erstattung ihres Anteils zu verlangen. Im Falle der Mitversicherung haften die Versicherer zwar auch gegenüber dem Versicherungsnehmer nur beschränkt auf ihren eigenen Anteil, in der mit dem Versicherungsnehmer geschlossenen Führungsvereinbarung ist jedoch in aller Regel eine gemeinsame Schadenregulierung durch den Führenden vorgesehen. Bei der Mehrfachversicherung dient die gemeinsame Regulierung des konkreten Schadens dem berechtigten Interesse des in Anspruch genommenen Versicherers, seinen mit Eintritt des Versicherungsfalls entstehenden Befreiungs- bzw. Ausgleichsanspruch gegenüber den mithaftenden Versicherern durch eine einvernehmliche Regulierung gegenüber dem Versicherungsnehmer zu sichern. Für den Versicherungsnehmer hat dies den Vorteil, dass ein Versicherer die Regulierung übernimmt, die Abwicklung also insgesamt vereinfacht und

---

164 Leitlinien über horizontale Zusammenarbeit, 310, 319.
165 Leitlinien über horizontale Zusammenarbeit, Rn. 58, 86. Danach können sich strategische Informationen zwar auch auf „Risiken" beziehen. Aus einer Gesamtschau beider Textstellen wird m.E. jedoch deutlich, dass hiermit nicht Risikoinformationen an sich gemeint sein können, sondern der Austausch zu Risiken Aufschluss über Marktstrategien von Wettbewerbern ermöglichen muss z.B. dadurch, dass Informationen zum Zeichnungsverhalten der Versicherer offenbart werden.
166 Neben der Aufklärung des Schadenfall zugrunde liegenden Sachverhalts (insbes. Art und Höhe des Schadens) geht es hierbei vornehmlich um die Fragen, ob ein Anspruch besteht und wenn ja, in welcher Höhe sowie welcher Versicherer die Regulierung gegenüber dem Versicherungsnehmer übernimmt.
167 Von Mehrfachversicherung spricht man, wenn bei mehreren Versicherern ein Interesse gegen dieselbe Gefahr versichert ist und die Versicherungssummen zusammen den Versicherungswert oder aus anderen Gründen die Summe der Entschädigungen, die von jedem Versicherer ohne Bestehen der anderen Versicherung zu zahlen wären, den Gesamtschaden übersteigen (§ 78 VVG).

J. Bartmann

beschleunigt wird. Freilich darf die Zusammenarbeit der Versicherer nicht über das hinausgehen, was zur Erreichung dieses legitimen und kartellfreien Ziels erforderlich ist. Insbesondere dürfen die Versicherer die Regulierung von nach Sach- und Rechtslage bestehenden Ansprüchen des Versicherungsnehmers nicht durch Abstimmung beschränken oder verzögern.[168]

Eine über den Einzelfall hinausgehende Zusammenarbeit in der Schadenregulierung gibt es insbesondere in Form sog. **Schadenteilungs- und Regressabkommen**, in denen geregelt wird, welcher Versicherer in welchem Umfang künftige Schäden in einem bestimmten Bereich reguliert bzw. in welchem Umfang er bei Regulierung Regress bei anderen Versicherern nehmen kann. Ziel dieser Abkommen ist es, im Sinne der Versicherungsnehmer gerichtliche oder außergerichtliche Auseinandersetzungen der Versicherer über ihre Leistungspflichten und die damit verbundenen erheblichen Kosten zu vermeiden.

144

Kartellrechtlich relevant sind Schadenteilungs- und Regressabkommen unter dem Gesichtspunkt der **Nivellierung von Schadenkosten** als wesentlicher Prämienbestandteil mit der Folge einer möglichen Prämienangleichung.[169] Das Risiko einer spürbaren Kostennivellierung ist um so geringer, um so kleiner der Anwendungsbereich des Abkommens ist. Dies lässt sich insbesondere durch eine Begrenzung auf relativ geringe Schadenforderungen oder einen engen sachlichen Anwendungsbereich erreichen.[170] Zudem sollte die Quote der durchschnittlichen Verteilung der Haftungsquote bei typischen Fallgestaltungen entsprechen.

145

Aber auch wenn es zu einer spürbaren Kostenangleichung durch ein Schadenteilungs- bzw. Regressabkommen kommt, kann eine hierdurch bewirkte Wettbewerbsbeschränkung nach Art. 101 Abs. 3 AEUV von der Anwendung des Kartellverbots freigestellt sein, wenn sich durch das Abkommen **Effizienzgewinne** generieren lassen, die in angemessenem Umfang an die Verbraucher weitergegeben werden. Effizienzgewinne können vornehmlich in Form der Einsparung von Regulierungskosten entstehen, wenn die Gesamtkosten (Schadenkosten plus interne und externe Schadenregulierungskosten), die einem Versicherer aus der Regulierung von Schäden entstehen, durch das Abkommen spürbar reduziert werden. Im Rahmen der für die Selbsteinschätzung durchzuführenden ex-ante-Betrachtung können die Effizienzgewinne freilich nur auf Basis von Annahmen und auf diese gestützte Modellrechnungen quantifiziert werden. Es sollte nachgehalten werden, ob sich diese Annahmen im Zuge der Durchführung des Abkommens als richtig erweisen.

146

Mit Blick auf die erforderliche angemessene **Weitergabe der Effizienzgewinne** an den Verbraucher wird zum einen darauf zu achten sein, dass die Leistungspflichten gegenüber dem Versicherungsnehmer durch das Abkommen nicht beschränkt werden. Darüber hinaus ist darzulegen, dass die Kosteneinsparungen auf Seiten der Versicherer an den Versicherungsnehmer über die Prämien weitergegeben werden. Auf Märkten mit wirksamem Wettbewerb ist dies grds. zu erwarten, z.T. ist eine solche Weitergabe auch in den Versicherungsbedingungen verankert.[171] Die Vorteile einer schnelleren Regulierung kommen den Versicherungsnehmern unmittelbar zugute.

147

Im Kontext von Schadenteilungs- und Regressabkommen wird von der Kommission auch eine mögliche **Quersubventionierung** zwischen den nach dem Abkommen haftenden und nicht haftenden Versicherern als kritisch angesehen.[172] Es ist m.E. zweifelhaft, inwieweit diesem Aspekt

148

---

168 So auch *Esser-Wellié/Stappert*, in: MünchKomm, SB VersW, Rn. 138.
169 Im Verhältnis zwischen Haftpflicht- und Kaskoversicherern einerseits und Sozialversicherungsträgern andererseits fehlt es in Bezug auf die Regulierung gesetzlicher Ansprüche an einem Wettbewerbsverhältnis. Bilaterale Schadenteilungs- und Regressabkommen zwischen einem Versicherer und Sozialversicherungsträgern unterfallen daher nicht dem Kartellverbot; so auch *Esser-Wellié/Stappert*, in: MünchKomm, SB VersW, Rn. 122.
170 Bericht GVO Vers 1992, Rn. 44.
171 Nach Ziff. 15.3 AHB 2010 des GDV ist der Versicherer verpflichtet, eine prozentuale Reduzierung des von dem unabhängigen Treuhänder ermittelten Durchschnitts der Schadenzahlungen aller zum Betrieb der Allgemeinen Haftpflichtversicherung zugelassenen Versicherer gegenüber dem vorvergangenen Jahr um eine entsprechende Reduzierung der Folgeprämie an die Versicherungsnehmer weiterzugeben. Als Schadenzahlungen gelten dabei auch die speziell durch den einzelnen Schadenfall veranlassten Ausgaben für die Ermittlung von Grund und Höhe der Versicherungsleistungen.
172 Bericht GVO Vers 1992, Rn. 44.

sowohl unter praktischen als auch unter rechtlichen Gesichtspunkten im Rahmen des Kartell-verbotstatbestands tatsächlich Bedeutung zukommt. Die Kommission hat sich hierzu nicht weiter geäußert. Zunächst einmal dürften Fälle von Quersubventionierung in der Praxis allenfalls unbeabsichtigt und in einem untergeordnetem Umfang vorkommen, da sich Versicherer unter ökonomischen Gesichtspunkten kaum an einem Abkommen beteiligen werden, das absehbar zu einer Verlagerung von Schadenkosten zu ihren Lasten führt. Wenn die Haftung zwischen Versicherern unterschiedlicher Versicherungsarten (z.B. Sach-/Haftpflichtversicherung) geregelt wird, ist eine Verzerrung des Wettbewerbs in Ermangelung eines Wettbewerbsverhältnisses zwischen diesen Versicherern von vornherein ausgeschlossen. In den verbleibenden Fällen sollte einer Quersubventionierung insbesondere dadurch angemessen vorgebeugt werden, dass die Haftungsquoten in dem Abkommen die durchschnittliche Verteilung der Haftungsquoten bei typischen Fallgestaltungen abbilden. Auch durch eine etwaige Quersubventionierung bewirkte Wettbewerbsbeschränkungen können durch die Generierung von Effizienzgewinnen und eine angemessene Verbraucherbeteiligung hieran kompensiert werden.

3. Die Zusammenarbeit von Versicherern mit Leistungserbringern in der Schadenregulierung

149 Der Begriff des **aktiven Schadenmanagements** umschreibt unterschiedlichste Maßnahmen der Versicherer, die Geschäftsprozesse in der Regulierung von Schäden effizienter zu gestalten. Ziele sind dabei u.a. die Verbesserung der Servicequalität, die Steigerung der Transparenz und Vereinfachung von Prozessabläufen, die Reduzierung des Schadenaufwands und der Bearbeitungskosten.

150 Primäre Voraussetzung für ein aktives Schadenmanagement ist, dass der Versicherer einen direkten Kontakt zum Leistungserbringer hat. Dies ist vor dem Hintergrund der versicherungsvertraglichen Regelkonstellation des **Geldersatzes** und der freien Wahl des Leistungserbringers nicht selbstverständlich. Denn in dieser Konstellation ist typischerweise der Versicherungsnehmer bzw. der Geschädigte, der im konkreten Schadenfall den Leistungserbringer aussucht und mit diesem die Bedingungen der Schadenbeseitigung vereinbart. Der Versicherer ersetzt dem Versicherungsnehmer sodann die für die Schadenbeseitigung erforderlichen Kosten.

151 In der Konstellation des Geldersatzes kann es zu ökonomischen Ineffizienzen bis hin zum **Marktversagen** kommen, die ihre Ursache darin haben, dass rechtlicher und wirtschaftlicher Nachfrager auseinanderfallen. Der Versicherungsnehmer oder Geschädigte kontrahiert Leistungen, deren wirtschaftliche Folgen in Form der Gegenleistung ihn nicht treffen. Dies wiederum hat Einfluss auf das Angebotsverhalten des Leistungserbringers, der in diesem Vertragsverhältnis regelmäßig andere Konditionen durchsetzen kann.

152 Ein interessantes Beispiel für ein solches Marktversagen war der Markt für das Unfallersatzwagengeschäft in den neunziger Jahren. Vor dem Hintergrund einer Rechtsprechung, die die Schadenminderungspflichten des Versicherungsnehmers zunächst sehr restriktiv definierte,[173] wurden Mietwagen im versicherten Unfallersatzwagengeschäft zu Preisen vermietet, die die einer Anmietung im Selbstzahlergeschäft erheblich überstiegen.

153 Nun gibt es unterschiedliche Möglichkeiten, dieses Marktversagen im Sinne der Versichertengemeinschaft, die über die Prämien letztlich für einen überhöhten Schadenaufwand aufkommen muss, zu beseitigen:

- ■ Der Versicherer kann diese Leistungen gegenüber dem Versicherungsnehmer selbst erbringen. Hierzu müsste er im Versicherungsvertrag oder durch Individualabrede im konkreten Schadenfall allerdings zunächst eine entsprechende Grundlage schaffen und Naturalersatz/-leistung vereinbaren. Sodann müsste er mit den Leistungserbringern (quasi als Generalübernehmer) die Erbringung der Leistungen gegenüber den Versicherungsnehmern vereinbaren.[174]

---

173 BGH 7.5.1996 – VI ZR 138/95, NJW 1996, 1958; deutlich höhere Anforderungen an die Schadenminderungspflicht des Versicherungsnehmers dann in BGH 19.4.2005 – VI ZR 37/04, NJW 2005, 1933.

174 In Ermangelung einer Vertragsbeziehung ist eine versicherungsvertragliche Lösung bei anspruchsberechtigten Dritten wie z.B. in der Haftpflichtversicherung nicht möglich.

J. Bartmann

- Vorstellbar ist aber auch, dass die vertraglichen Rechtsbeziehungen zwischen Versicherer und Versicherungsnehmer grds. unverändert bleiben, der Versicherer aber auf die Auswahlentscheidung des Versicherungsnehmers z.B. über die Versicherungsbedingungen Einfluss nimmt. Ein Beispiel hierfür sind Werkstattsteuerungstarife in der Kfz-Kasko-Versicherung.

- Parallel zu den Vereinbarungen mit dem Versicherungsnehmer oder auch unabhängig davon kann es Vereinbarungen zwischen dem Versicherer und den Leistungserbringern geben, in denen die Modalitäten der Leistungserbringung (z.B. Inhalt der Abrechnungsunterlagen, Direktabrechnung) und -vergütung geregelt werden.

Fraglich ist, inwieweit mit diesen verschiedenen Gestaltungsvarianten Wettbewerbsbeschränkungen verbunden sein können. Eindeutig dürfte sein, dass die Vereinbarung einer Leistung in Form von **Naturalersatz** den Versicherungsnehmer in seiner wirtschaftlichen Handlungsfreiheit nicht beeinträchtigt. Eine Wettbewerbsbeschränkung liegt nicht vor. Der Versicherungsnehmer ist frei in seiner Entscheidung, das Versicherungsangebot anzunehmen oder nicht. Schließt der Versicherer mit bestimmten Leistungserbringern Rahmenvereinbarungen über den Bezug dieser Leistungen und deren Erbringung gegenüber dem Versicherungsnehmer, liegt hierin eine reine Maßnahme der Bedarfsdeckung durch einen Nachfrager. Die mit dieser Bedarfsdeckung immanenten Beschränkungen in der Handlungsfreiheit der kontrahierenden und übrigen Leistungserbringer sind vertragsimmanent und nicht als Wettbewerbsbeschränkung zu qualifizieren.[175] 154

Fraglich ist, ob sich an dieser Wertung etwas ändert, wenn es zwischen Versicherer und Versicherungsnehmer beim vertraglich vereinbarten **Geldersatz** bleibt, der Versicherer also nicht in die rechtliche Nachfragerstellung einrückt, aber dennoch einen Vertrag über die Modalitäten der Leistungserbringung und -vergütung mit dem Leistungserbringer (sog. Regulierungsvereinbarung) schließt. Dies dürfte zu verneinen sein, denn wirtschaftlich gesehen ist der Versicherer auch in diesem Fall der Nachfrager der Leistung, weil ihn das wirtschaftliche Risiko und die finanziellen Folgen der Auswahlentscheidung des Versicherungsnehmers treffen.[176] Dieser Grundsatz findet sich in der BGH-Entscheidung „Zahnersatz aus Manila" wieder. Zwar ging es dort um die Erbringung zahntechnischer Leistungen durch eine gesetzliche Krankenkasse unter Geltung des Sachleistungsprinzips, also einer Form der Naturalleistung. Allerdings sind die Aussagen auf die Geldersatzleistung übertragbar.[177] Denn obwohl der BGH die Nachfragereigenschaft der Krankenkasse in Ermangelung eines Auswahlrechtes bezüglich der Leistungserbringer in Frage stellte, gestand er einem Verband von Krankenkassen das Recht zum Abschluss von Preisvereinbarungen mit den Leistungserbringern zu, weil die einzelnen Krankenkassen „*das wirtschaftliche Risiko der Auswahlentscheidung, die der einzelne Patient oder Zahnarzt trifft*", tragen müssen. *Sie müssen die nachgefragte Leistung der Zahntechniker – ungeachtet der prozentualen Beteiligung der Versicherten – bezahlen. [...] Mit der Auftragsvergabe verhält es sich insofern ähnlich wie mit dem Handelsvertreter- oder Kommissionsgeschäft, bei dem der Handelsvertreter oder der Kommissionär jedenfalls für fremde Rechnung handelt.*"[178] Aus diesen Ausführungen wird deutlich, dass auch der Umstand, dass sich der Versicherungsnehmer z.B. über eine Selbstbeteiligung an den Kosten der Schadenbeseitigung beteiligen muss, nichts an der Wertung ändert.[179] 155

---

175 Ebenso *Dreher/Kling*, Teil 1, Rn. 445, 451. Die für eine Anwendung des Kartellverbots auf Verhaltensweisen des Versicherungsnehmers erforderliche Unternehmenseigenschaft wird für Zwecke dieser Fragestellung unterstellt, auch wenn sie in der Praxis häufig fehlen dürfte.

176 H.M. *Bunte*, VersR 1997, 1429, 1433; *Kerst/Mack*, VersR 2005, 479, 481; *Stancke*, VersR 2005, 1324, 1331; *Esser-Wellié/Stappert*, in: MünchKomm, SB VersW, Rn. 140; *Kirsch*, Versicherungskartellrecht, Karlsruhe 2003, S. 198. A.A. *Dreher/Kling*, Teil 1, Rn. 453 ff.

177 Im Ergebnis so auch *Schoenfeldt*, VersR 2001, 1325, 1331; *Stancke*, VersR 2005, 1324, 1331; a.A. *Dreher/ Kling*, Teil 1, Rn. 454, die insoweit m.E. allerdings verkennen, dass gerade die Verneinung der Nachfragereigenschaft der Krankenkasse in Ermangelung eines Auswahlrechtes bezüglich der Leistungserbringer den Fall mit dem des Geldersatzes vergleichbar macht.

178 BGH 14.3.2000 – KZR 15/98 – Zahnersatz aus Manila, WuW/E DE-R 487, 489.

179 A.A. *Brinker/Siegert*, VersR 2006, 30, 33, die die Bedeutung dieser Beteiligung in ihren disziplinierenden Wirkungen zumindest bei den üblicherweise vereinbarten Selbstbehalthöhen m.E. überschätzen.

156 Das legitime wirtschaftliche Interesse des Versicherers reicht allerdings nur soweit, wie er sein Risiko durch die Preisvereinbarung begrenzt. Hierfür dürfte es regelmäßig genügen, wenn er mit den Leistungserbringern Höchstpreisvereinbarungen schließt.

157 Selbst wenn man – entgegen der hier vertretenen Ansicht – von dem Vorliegen einer Wettbewerbsbeschränkung ausgeht, dürfte ein Kartellverstoß zu verneinen sein, da es entweder bereits an der **Spürbarkeit** fehlt oder aber die Vereinbarung von der Anwendung des Kartellverbots freigestellt ist. Nach der De-minimis-Bekanntmachung sind Wettbewerbsbeschränkungen im Vertikalverhältnis in Ermangelung von Kernbeschränkungen nur dann spürbar, wenn der von jedem der beteiligten Unternehmen gehaltene Marktanteil auf keinem der von der Vereinbarung betroffenen relevanten Märkte[180] 15 % überschreitet. Sofern auf den relevanten Märkten parallele Netze entsprechender Regulierungsvereinbarungen bestehen, sinkt der relevante Marktanteil auf 5%.[181]

158 Eine Freistellung für spürbar wettbewerbsbeschränkende Regulierungsvereinbarungen kommt zunächst nach der **Vertikal-GVO** in Betracht, wenn der Marktanteil des Leistungserbringers auf dem Markt, auf dem er seine Schadenbeseitigungsleistungen anbietet, sowie der Marktanteil des Versicherers auf dem Markt, auf dem er Schadenbeseitigungsleistungen nachfragt, jeweils nicht mehr als 30% beträgt. Fraglich ist allerdings, ob zwischen Leistungserbringer und Versicherer ein Vertikalverhältnis i.S.d. Vertikal-GVO besteht. Dies wird in der Literatur kontrovers diskutiert.[182] Gemäß Art. 1 Abs. 1 lit. a) Vertikal-GVO ist eine „vertikale Vereinbarung" eine Vereinbarung, die zwischen zwei oder mehr Unternehmen, von denen jedes für die Zwecke der Vereinbarung auf einer anderen Ebene der Produktions- oder Vertriebskette tätig ist, geschlossen wird und die die Bedingungen betrifft, zu denen die beteiligten Unternehmen (Anbieter und Abnehmer) Waren oder Dienstleistungen (hier: bestimmte Schadenbeseitigungsleistungen) beziehen, verkaufen oder weiterverkaufen dürfen.

159 Inhaltlich enthalten Regulierungsvereinbarungen Regelungen zu den Modalitäten der Leistungserbringung durch den Leistungserbringer an den Versicherungsnehmer. Der Leistungserbringer wird also als Anbieter bezüglich der Bedingungen des Verkaufes seiner Leistungen an Versicherungsnehmer als Abnehmer derselben gebunden. Da die Definition offen lässt, ob der Bezug, Verkauf bzw. Weiterverkauf vom bzw. an den Vertragspartner erfolgen muss, dürfte eine solche „**Drittregelung**" vom Wortlaut erfasst sein. Fraglich ist jedoch, ob sich eine vertikale Vereinbarung in der Regelung von Verkaufsbedingungen an Dritte erschöpfen kann, denn die Definition verlangt, dass die Vertragsparteien für die Zwecke der Vereinbarung auf einer anderen Ebene der Produktions- oder Vertriebskette tätig sind, d.h. sich im Rahmen eines Austauschvertrages über Waren oder Dienstleitungen als Anbieter und Abnehmer gegenüberstehen.[183]

160 Entscheidend ist hier, wie der Begriff des „**Abnehmers**" zu verstehen ist. Eine Definition sieht die Vertikal-GVO nur in Art. 1 Abs. 1 lit. h) vor, nach dem „Abnehmer" auch ein Unternehmen ist, das auf der Grundlage einer unter Artikel 101 Absatz 1 AEUV fallenden Vereinbarung Waren oder Dienstleistungen für Rechnung eines anderen Unternehmens verkauft. Sofern also zum Gegenstand der Vereinbarung zwischen Leistungserbringer und Versicherer gehört, dass der Versicherer den Absatz der Dienstleistungen des Leistungserbringers gegenüber seinen Versicherungsnehmern z.B. durch entsprechende Empfehlungen fördert, könnte man durchaus von einem Absatzmittlerverhältnis zwischen Leistungserbringer und Versicherer ausgehen, das die Anwendung der Vertikal-GVO rechtfertigt. Denkbar erscheint es auch, den Begriff des Abnehmers wirtschaftlich zu verstehen und den Versicherer vor dem Hintergrund seiner aus dem

---

180 Dies dürfte neben dem Angebots- und Nachfragemarkt für die kontrahierte Schadenbeseitigungsleistung auch der Markt für die relevante Versicherungsleistung sein.

181 *Dreher/Kling*, Teil 1, Rn. 461, verneinen die Anwendbarkeit der De-minimis-Bekanntmachung mit dem Argument, dass die Preisregelungen Kernbeschränkungen bildeten, was m.E. jedoch unzutreffend ist, weil der Leistungserbringer in seiner Rechtsbeziehung zum Versicherer nicht als „Käufer„ zu qualifizieren ist. So auch *Brinker/Siegert*, VersR 2006, 30, 35 mit Blick auf die gleichlautende Regelung in Art. 4 lit. a) Vertikal-GVO.

182 **Dafür** *Brinker/Siegert*, VersR 2006, 30, 35. **Dagegen** *Dreher/Kling*, Teil 1, Rn. 463; *Stancke*, VersR 2005, 1324, 1331.

183 Vgl. *Veelken*, in: Immenga/Mestmäcker, EG-WettbR, Vertikal-GVO, Rn. 61; *Schultze/Pautke/Wagener*, Vertikal-GVO, Rn. 231-233.

J. Bartmann

Versicherungsvertrag folgenden Kostentragungspflicht als Abnehmer der Schadenbeseitigungsleistung zu qualifizieren, auch wenn diese rechtlich gesehen zwischen dem Leistungserbringer und dem Versicherungsnehmer kontrahiert wird. Dass die Kommission wirtschaftlichen Überlegungen im Rahmen des Kartellverbots Vorrang vor einer rein rechtlichen Qualifikation einräumt, zeigen die Ausführungen zu Handelsvertreterverträgen in den Vertikal-Leitlinien (Rn. 12 ff.). Im Ergebnis sprechen daher gute Argumente für eine Eröffnung des Anwendungsbereichs der Vertikal-GVO. Im Anwendungsbereich der Vertikal-GVO ist eine Preisbindung des Leistungserbringers auch jenseits der Vereinbarung von Höchstpreisen grundsätzlich freigestellt. Art. 4 lit. a) ist nicht anwendbar, da der Leistungserbringer nicht Abnehmer, sondern Anbieter der relevanten Leistung ist.[184]

In Ermangelung von Rechtssicherheit – sowohl was die hier vertretene Ansicht einer fehlenden **161** Wettbewerbsbeschränkung als auch die Anwendbarkeit der Vertikal-GVO angeht – empfiehlt es sich dennoch, ausschließlich **Höchstpreise** zu vereinbaren, sofern diese dem legitimen Interesse des Versicherers an der Begrenzung seiner Schadenkosten hinreichend Rechnung tragen. Denn dies wäre im Rahmen einer sich ggf. als notwendig erweisenden Prüfung der Einzelfreistellungsvoraussetzungen unter dem Gesichtspunkt der Unerlässlichkeit ein wesentliches Kriterium. Darüber hinaus wäre die Darlegung von Effizienzgewinnen und ihrer angemessenen Weitergabe an die Verbraucher erforderlich. Effizienzgewinne durch Regulierungsvereinbarungen dürften häufig in der Beschleunigung des Regulierungsprozesses und der Einsparung sowohl von Schaden- als auch Schadenbearbeitungskosten liegen. Während erstere unmittelbar dem Verbraucher zugute kommen, ist bei den Kosteneffizienzen die Weitergabe an den Versicherungsnehmer über die Prämien darzulegen.

Wird aktives Schadenmanagement **kollektiv**, d.h. unter Beteiligung mehrerer, miteinander in **162** Wettbewerb stehender Versicherer betrieben, sind neben den beschriebenen vertikalen Aspekten der Zusammenarbeit auch die horizontalen Aspekte eines gemeinsamen Einkaufs zu berücksichtigen. Vor dem Hintergrund, dass die kooperierenden Versicherer auf ihren Angebotsmärkten Wettbewerber sind und die Schadenkosten einen erheblichen Anteil an den Gesamtkosten und damit Prämienrelevanz haben, sind die Auswirkungen der Vereinbarung auf den Wettbewerb in beiden Märkten zu prüfen. Überschreitet der gemeinsame Marktanteil der Versicherer auf keinem der beiden Märkte 15%, ist das Vorliegen einer Wettbewerbsbeschränkung unwahrscheinlich bzw. der Einzelfreistellungsvoraussetzungen wahrscheinlich. Bei Marktanteilen, die diese Schwelle überschreiten, muss die Vereinbarung eingehend auf ihre Auswirkungen auf die betroffenen Märkte geprüft werden.[185] Von besonderer Bedeutung ist dabei der Umfang der koordinierten Kosten, weil dieser ein Indikator für die Wahrscheinlichkeit von Prämienangleichungen ist. Werden in diesem Kontext sensible Geschäftsinformationen unter den Versicherern ausgetauscht, sind diese zum einen auf ihre Erforderlichkeit für den gemeinsamen Einkauf und zum anderen auf ihre wettbewerbsbeschränkenden Auswirkungen hin zu untersuchen.[186]

B. Energiewirtschaft

Literatur: *Becker/Zapfe*, Energiekartellrechtsanwendung in Zeiten der Regulierung, ZWeR 2007, 419; *Büdenbender*, Die Regulierung der Netzentgelte für den Zugang zu überregionalen Gasfernleitungsnetzen, DVBl 2010, 1529; *Calzado/Motta/Martín-Casallo*, The European Commission's Recent Activity in the Electricity and Gas Sectors: Integrated Approach, Pragmatism and Guidance in EU Competition Enforcement, The European Antitrust Review 2011, 90; *Cardoso/Kijewski/Koch/Lindberg/Nagy*, The Commission's GDF and E.ON Gas decisions concerning long-term capacity bookings, Competition Policy Newsletter 2010-3; *Danner/Theobald*, Energierecht, Kommentar, Loseblatt (Stand 2010), München; *Drauz/Schnichels*, Die Reform des europäischen Kartellrechts – Auswirkungen auf die Energieindustrie, ZNER 2005, 2; *Gundel*, Die Regulierung der europäischen Energiemärkte – Perspektiven nach dem Dritten Binnenmarktpaket, WiVerw 2010, 127; *Gundel/Germelmann*, Kein

---

184 So wie hier *Brinker/Siegert*, VersR 2006, 30, 36. **A.A.** *Dreher/Kling*, Teil 1, Rn. 462.
185 Leitlinien über horizontale Zusammenarbeit, Rn. 208/209.
186 Leitlinien über horizontale Zusammenarbeit, Rn. 213-216 i.V.m. 55 ff.

Schlussstein für die Liberalisierung der Energiemärkte: Das Dritte Binnenmarktpaket, EuZW 2009, 763; *Henseler-Unger*, Harmonisierung und Wettbewerb der Systeme: Regulierung der Netzwirtschaften in Europa, WiVerw 2010/2, 111; *Homann/Balzer*, Verschärfung des Energie-Kartellrechts?, ZRP 2008, 31; *Jones* (Hg.), EU Energy Law, Volume I: The Internal Energy Market, Leuven, 2010; *Klaue/Schwintowski*, Die Abgrenzung des räumlich relevanten Marktes bei Strom und Gas nach deutschem und europäischem Kartellrecht, BB Special 1 (zu BB 2010, Heft 14), 1; *Klees*, Freie Bahn für die Kommission in Kartellverfahren bei der Anwendung des Art. 9 VO Nr. 1/2003, RIW 2010, 688; *Kühling/Pisal*, Das Dritte Energiebinnenmarktpaket – Herausforderungen für den deutschen Gesetzgeber, RdE 2010, 161 ff.; *Litpher/Böwing*, Langfristige Gaslieferverträge im Wettbewerb, kritische Anmerkungen zum Diskussionspapier des Bundeskartellamtes vom 25. Januar 2005, ET 2005, 430; *Nill-Theobald/Theobald*, Grundzüge des Energiewirtschaftsrechts, 2. Aufl., München, 2008, *Säcker*, Verhältnis Ex post und Ex ante-Regulierung am Beispiel aktueller Debatten zum Entflechtungsregime, WiVerw 2010/2, 62; *Scholz/Purps*, The Application of EU Competition Law in the Energy Sector, JECLAP 2011, Vol. 2, 62; *dies.*, The Application of EU Competition Law in the Energy Sector, JECLAP 2010, Vol. 1, 37; *Strohe*, Langfristige Gaslieferverträge im Wettbewerb, ET 2005, 359; *Theobald*, Auslaufende Konzessionsverträge Strom und Gas: Was ist seitens der Kommunen zu tun?, DÖV 2009, 356; *Weitbrecht/Mühle*, Europäisches Kartellrecht 2009, EuZW 2010, 327.

I. Besonderheiten der Energiewirtschaft

163 Die Energiewirtschaft weist gegenüber anderen Wirtschaftsbereichen rechtliche Besonderheiten auf, die auf den Eigenarten der Energieträger Gas und Strom beruhen. So ist Gas zwar speicherbar. Allerdings nimmt die Nachfrage nach Erdgas in der Europäischen Union kontinuierlich zu, während die inländische Förderung stetig abnimmt, sodass die Mitgliedstaaten zunehmend auf Gasimporte angewiesen sind.[187] Anders als Gas ist Strom – zumindest derzeit – nahezu nicht speicherbar. Daher muss die von den Nutzern aus dem Stromnetz entnommene Strommenge zeitgleich von Stromerzeugern eingespeist werden.[188]

164 Aufgrund der Leitungsgebundenheit werden für den Strom- und den Gastransport Netze benötigt, die hohe Investitionen in Errichtung und Unterhaltung erfordern.[189] Im Hinblick auf die Kapitalintensität lohnt es sich in der Regel nicht, parallel laufende Netze zu errichten und zu betreiben.[190] Bei den benötigten Netzen handelt es sich deshalb um natürliche Monopole.[191]

II. Regulatorischer Rahmen

165 Das europäische Kartellrecht ist grundsätzlich im Bereich der Energiewirtschaft anwendbar.[192] Für die Öl-, Strom- und Gaswirtschaft bestehen auf europäischer Ebene keine gesetzlichen Ausnahmevorschriften. Auf deutscher Ebene war das Energiewirtschaftsrecht allerdings bis zur Novellierung im Jahr 1998 durch kartellrechtliche Ausnahmeregelungen geprägt. In **Demarkationsverträgen** vereinbarten die Energieversorgungsunternehmen (EVU), keine Kunden im Gebiet der jeweils anderen Partei zu beliefern. In **Konzessionsverträgen** räumten die Gebietskörperschaften dem jeweiligen EVU gegen Zahlung einer Konzessionsabgabe ausschließliche Wegerechte für die Leitungen ein. Demarkations- und Konzessionsverträge waren nach § 103 GWB a.F. sowohl vom Kartellverbot als auch von den Vorschriften des GWB be-

---

187 Monopolkommission, Sondergutachten 54, Strom und Gas 2009: Energiemärkte im Spannungsfeld von Politik und Wettbewerb, Sondergutachten der Monopolkommission gemäß § 62 Abs. 1 EnWG („Sondergutachten 54"), Rn. 13.
188 Monopolkommission, Sondergutachten 54, Rn. 33.
189 *Braun*, in: Langen/Bunte, Anhang zum fünften Abschnitt, Sonderbereich Energiewirtschaft, Rn. 1.
190 *Braun*, in: Langen/Bunte, Anhang zum fünften Abschnitt, Sonderbereich Energiewirtschaft, Rn. 1; *Danner/Theobald*, Energierecht, § 46, Rn. 10; *Scholz*, in: Wiedemann, § 34, Rn. 57.
191 Kommission, COMP/39.317 (E.ON Gas), Rn. 97 zu Gasfernleitungsnetzen; COMP/M.3696 (E.ON/MOL), Rn. 97.
192 Zur Zuständigkeitsverteilung zwischen den Regulierungs- und Kartellbehörden auf nationaler Ebene siehe *Scholz*, in: Wiedemann, § 34, Rn. 50 ff.

T. Mäger

treffend Vertikalvereinbarungen freigestellt.[193] Hierdurch sollte die Versorgungssicherheit effektiv sichergestellt werden. Dies führte zur Bildung geschlossener Versorgungsgebiete ohne internen Wettbewerb. Eine Durchbrechung dieser monopolistischen Struktur sollte durch die auf europäischer Ebene angestoßene Liberalisierung der Energiemärkte erreicht werden. Auch netzgebundene Märkte sollten für den Wettbewerb geöffnet werden. Die damit zunächst auf europäischer Ebene initiierte Regulierung der Märkte für Strom und Gas zielte daher auf den Abbau von Marktzutrittsschranken im zwischenstaatlichen Handel sowie auf den erleichterten Zugang zu den Netzen. Letzterer ist maßgeblich für den Wettbewerb in den schon vorhandenen Netzen.[194] Die Erleichterung des Netzzugangs sollte sowohl den **Wettbewerb im Netz** ermöglichen, indem (End-)Kunden auch von Unternehmen ohne eigene Netzinfrastruktur versorgt werden können, als auch den **Wettbewerb von Netzen** fördern, indem zugleich die Möglichkeiten für den Netzausbau verbessert wurden.[195]

Ausgangspunkt der Regulierung der Gas- und Strommärkte waren die Elektrizitätsbinnen-markt-Richtlinie von 1996[196] sowie die Erdgasbinnenmarkt-Richtlinie von 1998.[197] Beide zielten auf die Erleichterung des Netzzugangs für Dritte und sahen eine verbindliche Öffnung der Energiemärkte in mehreren Schritten vor.[198] Zur Erreichung dieser Vorgaben hatte der nationale Gesetzgeber die Wahlmöglichkeit zwischen dem regulierten und dem verhandelten Netzzugang. Beim verhandelten Netzzugang handeln der Netzbetreiber und der Transportkunde die Netzzugangsbedingungen aus. Beim geregelten Netzzugang werden diese von staatlicher Seite vorgegeben. Der deutsche Gesetzgeber entschied sich mit § 5 EnWG 1998 und mit der Einfügung des § 6a EnWG im Jahr 2003 für den **verhandelten Netzzugang** im Strom- und Gasbereich. Die Einzelheiten sollten durch sog. Verbändevereinbarungen geregelt werden.[199] Da der Grad und die Geschwindigkeit der Liberalisierung in den einzelnen Mitgliedstaaten deutlich voneinander abwichen und sich das System des verhandelten Netzzugangs nicht bewährte, verabschiedeten das Europäische Parlament und der Europäische Rat 2003 die sog. Beschleunigungsrichtlinien Strom[200] und Erdgas.[201] Diese schrieben den regulierten Netzzugang mit einer allgemeinen **Ex-Ante-Regulierung** verbindlich vor,[202] sodass die Rahmenbedingungen des Netzzugangs durch den nationalen Gesetz- und Verordnungsgeber vorgegeben wurden.[203]

Gleichzeitig sahen die Richtlinien eine weitgehende vertikale Entflechtung (sog. **Unbundling**) vor.[204] Denn die Verflechtung von Übertragungs- bzw. Fernleitungsnetzbetreibern zu einem vertikal integrierten Unternehmen gilt als größtes Hemmnis für einen wirksamen Wettbe-

166

167

---

193 Zwar sind die Gemeinden nach wie vor zum Abschluss von Konzessionsverträgen verpflichtet, vgl. § 46 EnWG. Dies muss aber diskriminierungsfrei unter Beachtung der §§ 19, 20 GWB bzw. Art. 102 AEUV geschehen, vgl. § 111 Abs. 1, 2 EnWG, der sich gerade nicht auf § 46 EnWG erstreckt.

194 *Scholz*, in: Wiedemann, § 34 Rn. 5.

195 *Scholz*, in: Wiedemann, § 34 Rn. 4.

196 ABl. 1996 L 27/20.

197 ABl. 1998 L 204/1.

198 *Scholz*, in: Wiedemann, § 34 Rn. 5. Ausführlich zu den Vorgaben des europäischen Gemeinschaftsrechts und der Entwicklung des geltenden regulatorischen Rahmens *ders.*, a.a.O., Rn. 11 ff; *Klotz*, in: MünchKomm, Band 1, SB Energie, Rn. 129 ff.; *Nill-Theobald/Theobald*, Grundzüge des Energiewirtschaftsrechts, S. 49 ff.

199 Vertiefend zu den Verbändevereinbarungen *Scholz*, in: Wiedemann, Handbuch des Kartellrechts, § 34 Rn. 80 ff.

200 ABl. 2003 L 176/37.

201 ABl. 2003 L 176/57.

202 Im Gegensatz zur „ex-post-Regulierung" im Sinne einer ex post-Missbrauchsaufsicht nach Art. 102 AEUV. Zum Verhältnis beider Regulierungsmöglichkeiten zueinander vgl. *Säcker*, WiVerw 2010/2, 101 ff.

203 *Scholz*, in: Wiedemann, Handbuch des Kartellrechts, § 34 Rn. 5. Zur Entwicklung des regulatorischen Rahmens auf den Energiemärkten siehe auch *Scholz/Purps*, JECLAP 2010, Vol. 1, 37 ff.

204 *Scholz*, in: Wiedemann, Handbuch des Kartellrechts, § 34 Rn. 6; zu den einzelnen Entflechtungsarten siehe den Überblick bei *Braun*, in: Langen/Bunte, Kartellrecht Band 1, Anhang zum fünften Abschnitt, Sonderbereich Energiewirtschaft, Rn. 160 ff.

werb:[205] Ein vertikal integriertes EVU könnte Wettbewerber beim Netzzugang diskriminieren, indem es die eigene Netzstruktur Wettbewerbern nur zu völlig unattraktiven Bedingungen anbietet oder mit dem Netzbetrieb andere Geschäftsbereich quersubventioniert.[206] Auch dürften integrierte Netzbetreiber kaum daran interessiert sein, zugunsten von Wettbewerbern des EVU auf vor- oder nachgelagerten Märkten Investitionen in den Ausbau ihrer Netze zu tätigen.[207] Gleichzeitig birgt die vertikale Integration grundsätzlich die Gefahr des Austauschs von wettbewerbsrelevanten Informationen zwischen Netzbetreiber, Erzeuger und Versorger.[208] Ziel des Unbundling ist es daher, innerhalb eines integrierten EVU Quersubventionierungen zwischen der Netz- und den beiden anderen Unternehmenssparten zu unterbinden. Auch soll vermieden werden, dass der Netzbetreiber die Durchleitung verweigert oder nur gegen prohibitiv hohe Entgelte gewährt, um die Wettbewerbsposition seiner Vertriebsschwester zu verbessern. Im Rahmen des Unbundling können mehrere Stufen unterschieden werden. Das buchhalterische Unbundling fordert lediglich eine getrennte Buchhaltung für den Netzbetrieb. Das informatorische Unbundling soll den internen Austausch sensibler Marktdaten verhindern. Das gesellschaftsrechtliche Unbundling führt dazu, dass der Netzbetrieb eines integrierten EVU in einer rechtlich selbstständigen Gesellschaft geführt wird.[209] Das organisatorische Unbundling soll sicherstellen, dass die für das Netzgeschäft verantwortlichen Personen nicht zugleich für andere Unternehmenssparten tätig sind. Die Umsetzung dieser europarechtlichen Vorgaben erfolgte in den §§ 6 ff. EnWG.

168 Die Kommission stellte gleichwohl in ihrer 2005 eingeleiteten und 2007 abgeschlossenen **Sektoruntersuchung der europäischen Gas- und Elektrizitätssektoren** weiterhin das Bestehen von Wettbewerbshemmnissen fest.[210] Als Hauptprobleme identifizierte die Kommission in ihrem Abschlussbericht unter anderem die Marktkonzentration bzw. Marktmacht, die vertikale Integration (insbesondere die unzureichende Entflechtung von Netz- und Versorgungstätigkeiten), die einen diskriminierungsfreien Netzzugang verhinderte, die Aufteilung der Märkte unter den etablierten Energieversorgungsunternehmen und allgemein fehlende Transparenz.[211] Um diese Defizite wirksam beseitigen zu können, sollten nach Auffassung der Kommission die Befugnisse der Regulierungsbehörden erheblich ausgeweitet werden.[212] Die zur Umsetzung dessen erforderlichen und möglichen Maßnahmen erörtert die Kommission in der Mitteilung „Aussichten für den Gas- und Elektrizitätsbinnenmarkt".[213] Ergänzt wird diese nunmehr durch die Mitteilung Energie 2020, mit der die Kommission ihre jüngsten energiepolitischen Ziele und

205 Siehe hierzu ausführlich *Braun*, in: Langen/Bunte, Kartellrecht Band 1, Anhang zum fünften Abschnitt, Sonderbereich Energiewirtschaft, Rn. 37 ff.; BKartA, Bericht über die Evaluierung der Beschlüsse zu langfristigen Gaslieferverträgen vom 15. Juni 2010, S. 23 f., 39. abrufbar auf den Internetseiten des BKartA unter http://www.bundeskartellamt.de/wDeutsch/download/pdf/Stellungnahmen/100615_Bericht_ueber_die_Evaluierung_der_Beschluesse_zu_langfristigen_Gasliefervertraegen.pdf („Evaluierungsbericht Gaslieferverträge").

206 BKartA, Evaluierungsbericht Gaslieferverträge, S. 10; *Braun*, in: Langen/Bunte, Kartellrecht Band 1, Anhang zum fünften Abschnitt, Sonderbereich Energiewirtschaft, Rn. 39.

207 *Braun*, in: Langen/Bunte, Kartellrecht Band 1, Anhang zum fünften Abschnitt, Sonderbereich Energiewirtschaft, Rn. 39.

208 *Braun*, in: Langen/Bunte, Kartellrecht Band 1, Anhang zum fünften Abschnitt, Sonderbereich Energiewirtschaft, Rn. 39.

209 Hiervon ausgenommen sind die Betreiber von Elektrizitäts- und Gasverteilernetzen, wenn an das Versorgungsnetz des mit diesen rechtlich verbundenen Energieversorgers weniger als 100 000 Kunden unmittelbar oder mittelbar angeschlossen sind, vgl. § 7 Abs. 2 EnWG 2005.

210 Die Kommission leitete die Sektoruntersuchung im Juni 2005 ein (vgl. Pressemitteilung vom 13. Juni 2005, IP/05/716) und stellte erste Ergebnisse im November 2005 in einem Themenpapier vor (vgl. MEMO/05/425 vom 15. November 2005). Mit dem im Februar 2006 vorgelegten vorläufigen Bericht leitete die Kommission eine öffentliche Konsultation ein (vgl. Pressemitteilung vom 16. Februar 2006, IP/06/174 und MEMO/06/78 vom 16. Februar 2006).

211 Mitteilung der Kommission „Untersuchung der europäischen Gas- und Elektrizitätssektoren gemäß Artikel 17 der Verordnung (EG) Nr. 1/2003 (Abschlussbericht)" vom 10. Januar 2007, KOM(2006) 851 endg. („Abschlussbericht Sektoruntersuchung"), Rn. 4, 14 ff. sowie MEMO/07/15 vom 10. Januar 2007. Zur Sektoruntersuchung siehe auch *Scholz/Purps*, JECLAP 2011, Vol. 2, 62, 63.

212 Abschlussbericht Sektoruntersuchung, Rn. 57.

213 Mitteilung der Kommission an den Rat und das Europäische Parlament, „Aussichten für den Erdgas- und Elektrizitätsbinnenmarkt vom 10. Januar 2007", KOM(2006) 841 endg. („Mitteilung „Aussichten für den Gas- und Elektrizitätsbinnenmarkt"").

Strategien vorstellt.[214] Danach hat die Schaffung eines **europaweit integrierten Energiemarktes** oberste Priorität.[215]

Die Kommission wendete auch die **kartellrechtlichen Instrumentarien** verstärkt im Energiebereich an.[216] Hierzu zählen auch unangemeldete Nachprüfungen (Durchsuchungen), wie die Kommission sie beispielsweise im Sommer 2006 bei Gasversorgungsunternehmen in fünf Mitgliedstaaten[217] sowie Elektrizitätsversorgungsunternehmen in Deutschland[218] durchführte. Im Nachgang zu den Nachprüfungen im Gasbereich verhängte die Kommission gegen E.ON und Gaz de France ein Bußgeld von insgesamt mehr als EUR 1 Mrd. wegen einer langjährig praktizierten Marktaufteilung beim Betrieb der MEGAL-Pipeline[219] Daneben führte die Kommission eine Reihe von Missbrauchsverfahren gegen große europäische Energieversorgungsunternehmen durch.[220] Sämtliche Verfahren stellte die Kommission – soweit die Ermittlungen bereits abgeschlossen sind – im Rahmen von Zusagenentscheidungen nach Art. 9 VO (EG) Nr. 1/2003 ein.[221] So verpflichtete sich beispielsweise RWE zur Vermeidung eines Bußgeldes wegen angeblicher Kapazitätshortungen und Preis-Kosten-Schere („margin squeeze") zur Veräußerung seines Gasfernleitungsnetzes.[222] Wegen angeblicher Zurückhaltung von Stromerzeugungskapazitäten sowie Marktabschottung im Bereich der Sekundärregelenergie verpflichtete sich E.ON zur Veräußerung von rund 5.000 MW seiner Erzeugungskapazitäten und seines Stromübertragungsnetzes.[223]

169

Auch das Bundeskartellamt sieht strukturelle Probleme im Gas- und Stromsektor in Deutschland.[224] Im März 2009 leitete es die **Sektoruntersuchung „Stromerzeugung und Stromgroßhandel"** ein.[225] Gegenstand der Untersuchung waren die Wettbewerbssituation und der Preisbildungsmechanismus auf den deutschen Stromerzeugungs- und Stromgroßhandelsmärkten in den Jahren 2007 und 2008. Am 13. Januar 2011 veröffentlichte das BKartA seinen Abschluss-

170

---

214 Mitteilung der Kommission an das Europäische Parlament, den Rat, den Europäischen Wirtschafts- und Sozialausschuss und den Ausschuss der Regionen, „Energie 2020 Eine Strategie für wettbewerbsfähige, nachhaltige und sichere Energie" vom 10. November 2010, KOM(2010) 639 endg. („Mitteilung Energie 2020").

215 Mitteilung Energie 2020, S. 13 ff. Vgl auch zum Ausbau der Energienetze in Europa die Mitteilung der Kommission an das Europäische Parlament, den Rat, den Europäischen Wirtschafts- und Sozialausschuss und den Ausschuss der Regionen „Energieinfrastrukturprioritäten bis 2020 und danach – ein Konzept für ein integriertes europäisches Energienetz" vom 17. November 2010, KOM(2010) 677 endg.

216 Neelie Kroes, „More Competitive Energy Markets: Building on the Findings of the Sector Inquiry to Shape the Right Policy Solutions" (Rede vom 19. September 2007 am European Energy Institute Brüssel), SPEECH/07/547, S. 3. Siehe hierzu auch *Scholz/Purps*, JECLAP 2010, Vol. 1, 37, 39. Zu den von der Kommission im Jahr 2009 eingeleiteten Verfahren siehe dies., a.a.O., 40 ff. sowie *Calzado/Motta/Martín-Casallo*, The European Antitrust Review 2011, 90, 91; *Cardoso/Kijewski/Koch/Lindberg/Nagy*, Competition Policy Newsletter 2010-3.

217 MEMO/06/205 vom 17. Mai 2006.

218 MEMO/06/483 vom 12. Dezember 2006.

219 MEMO/07/316 vom 30. Juli 2007 sowie Kommission, COMP/39.401 – E.ON/GDF. Gegen die Entscheidung haben E.ON und GDF jeweils am 18. September 2009 Klage eingereicht, Rs. T-360/09 (E.ON Ruhrgas und E.ON/Kommission) und Rs. T-370/09 (GDF Suez/Kommission).

220 Vgl. MEMO/09/104 vom 11. März 2009.

221 Zur Praxis der Kommission, diese Verfahren durch Zusagenentscheidungen zu beenden siehe *Scholz/Purps*, JECLAP 2011, Vol. 2, 62, 64 f.; *Weitbrecht/Mühle*, EuZW 2010, 327, 332. Zu Recht kritisch *Calzado/Motta/Martín-Casallo*, The European Antitrust Review 2011, 90, 92; *Scholz/Purps*, JECLAP 2010, Vol. 1, 37, 50 f. Der Rechtsrahmen des Art. 9 VO (EG) Nr. 1/2003, auf dessen Grundlage die Kommission ihre Zusagenentscheidungen trifft, wurde durch das Urteil des EuGH vom 29. Juni 2010 in der Rs. C-441/07 P (Alrosa) konkretisiert, s. hierzu nur *Klees*, RIW 2010, 688; zu Art. 9. VO (EG) Nr. 1/2003 12. Kap. Rn. 45 ff.

222 Die Kommission hat die Verpflichtungszusage mit Entscheidung vom 18. März 2009 angenommen, Kommission, COMP/39.402 (Gasmarktabschottung durch RWE). Das deutsche Gasfernleitungsnetz wurde in der Thyssengas GmbH zusammengefasst und an Macquarie verkauft.

223 Die Kommission hat die Verpflichtungszusagen mit Entscheidung vom 26. November 2008 angenommen, Kommission, COMP/39.388 (Deutscher Stromgroßhandelsmarkt) und COMP/39.389 (Deutscher Regelenergiemarkt), siehe auch MEMO/08/132 vom 28. Februar 2008. Das Höchstspannungsnetz wurde an den niederländischen Übertragungsnetzbetreiber TenneT veräußert, vgl. die Freigabeentscheidung der Kommission vom 4. Februar 2010, COMP/M.5707 (TenneT/ E.ON).

224 Dazu *Becker/Zapfe*, ZWeR 2007, 419, 420 ff. sowie Monopolkommission, Sondergutachten 54, passim.

225 BKartA, B10-9/09. Zu den vom BKartA eingeleiteten Verfahren und Sektoruntersuchungen *Scholz/Purps*, JECLAP 2011, Vol. 2, 62, 67 f. und dies., JECLAP 2010, Vol. 1, 37, 44 ff.

bericht zur Sektoruntersuchung.[226] Das BKartA kommt unter anderem zu dem Ergebnis, dass nur unzureichender Wettbewerb auf den Erstabsatzmärkten herrscht.

171 Daneben fand von Februar bis Dezember 2009 die **Sektoruntersuchung „Kapazitätssituation in den deutschen Gasfernleitungsnetzen"** statt. Das BKartA untersuchte dabei die Wettbewerbsbedingungen im Bereich der Gasfernleitungsnetze. Insbesondere ging es darum, die Auswirkungen langfristiger Buchungen fester Ein- und Ausspeisekapazitäten zu untersuchen sowie mögliche Kartellverstöße aufzudecken. Im Dezember 2009 veröffentlichte das BKartA die Ergebnisse seiner Untersuchung in einem Abschlussbericht.[227] Die Untersuchung bestätigte die Üblichkeit von langfristigen Kapazitätsbuchungen. Diese erfolgten außerdem zu einem hohen Anteil durch konzernverbundene Unternehmen. Mit Blick auf die geplanten regulatorischen „Gegenmaßnahmen" sah das BKartA jedoch zunächst von der Einleitung von Kartell- oder Missbrauchsverfahren ab.[228]

172 Im Juni 2009 haben das Europäische Parlament und der Europäische Rat das **Dritte Energiebinnenmarktpaket** verabschiedet, das auf eine wirksamere Entflechtung und die Herstellung eines funktionierenden (Binnen-)Wettbewerbs zielt.[229] Es geht um die Regulierung von Marktmacht.[230] Das Paket umfasst eine Strom- und eine Gasrichtlinie sowie zwei Verordnungen über Netzzugangsbedingungen und eine Verordnung zur Gründung einer Agentur für die Zusammenarbeit der Regulierungsbehörden.[231] Kern des Pakets ist die strukturelle Entflechtung der Transportnetzbetreiber vom Erzeuger und Verteiler auf dem Strom- und Gasmarkt. Das Dritte Binnenmarktpaket sieht für die angestrebte Marktöffnung drei rechtlich gleichwertige Entflechtungsoptionen vor.[232] (1) So kann die Entflechtung eigentumsrechtlich erfolgen (sog. **Eigentumsentflechtung, „ownership unbundling"**). Hierbei wird das Eigentum am Netz auf ein unabhängiges Unternehmen übertragen, was auch die Übertragung der Kontrolle über den Netzbetrieb zur Folge hat. (2) Als zweite Möglichkeit ist die Benennung eines unabhängigen Netzbetreibers (Independent System Operator, **„ISO"**) vorgesehen, wodurch es zu einer Tren-

---

226 Sektoruntersuchung Stromerzeugung Stromgroßhandel: Bericht gemäß § 32e Abs. 3 GWB, abrufbar auf den Seiten im Internetseiten des BKartA unter http://www.bundeskartellamt.de/wDeutsch/download/pdf/Stellungnahmen/110113_Bericht_SU_Strom__2_.pdf.

227 Sektoruntersuchung Kapazitätssituation in den deutschen Gasfernleitungsnetzen: Abschlussbericht gemäß § 32e Abs. 3 GWB, abrufbar auf den Internetseiten des BKartA unter http://www.bundeskartellamt.de/wDeutsch/download/pdf/Stellungnahmen/0912_Abschlussbericht_SU_Gasfernleitungsnetze.pdf.

228 Sektoruntersuchung Kapazitätssituation in den deutschen Gasfernleitungsnetzen: Abschlussbericht gemäß § 32e Abs. 3 GWB, S. 29.

229 Siehe hierzu auch die Pressemitteilung vom 25. Juni 2009, IP/09/1038. Zum Dritten Binnenmarktpaket s. ausführlich *Calzado/Motta/Martín-Casallo*, The European Antitrust Review 2011, 90; *Gundel*, WiVerw 2010, 127 ff.; *Gundel/Germelmann*, EuZW 2009, 763 ff. m.w.N.; *Kühling/Pisal*, RdE 2010, 161 ff.; *Scholz/Purps*, JECLAP 2011, Vol. 2, 62, 63. Allgemein zur Harmonisierung der Netzwirtschaften in Europa: *Henseler-Unger*, WiVerw 2010/2, 111.

230 *Braun*, in: Langen/Bunte, Anhang zum fünften Abschnitt, Sonderbereich Energiewirtschaft, Rn. 158 ff.

231 Richtlinie 2009/72/EG des Europäischen Parlamentes und des Rates über gemeinsame Vorschriften für den Elektrizitätsbinnenmarkt und zur Aufhebung der Richtlinie 2003/54/EG („Strom-Richtlinie"); Richtlinie 2009/73/EG des Europäischen Parlamentes und des Rates über gemeinsame Vorschriften für den Erdgasbinnenmarkt und zur Aufhebung der Richtlinie 2003/55/EG („Gas-Richtlinie"); Verordnung (EG) Nr. 714/2009 des Europäischen Parlaments und des Rates über die Netzzugangsbedingungen für den grenzüberschreitenden Stromhandel und zur Aufhebung der Verordnung (EG) Nr. 1228/2003 („Strom-Verordnung"); Verordnung (EG) Nr. 715/2009 des Europäischen Parlamentes und des Rates über die Bedingungen für den Zugang zu den Erdgasfernleitungsnetzen und zur Aufhebung der Verordnung (EG) Nr. 1775/2005 („Gas-Verordnung"); Verordnung (EG) Nr. 713/2009 des Europäischen Parlaments und des Rates zur Gründung einer Agentur für die Zusammenarbeit der Energieregulierungsbehörden („ACER-Verordnung"). Zu weiterer Erläuterung hat die Kommission vier sog. Interpretative Notes („Notes for the implementation of the Electricity Directive 2009/72/EC and the Gas Directive 2009/73/EC") veröffentlicht: (1) The Unbundling Regime, (2) Third-Party Access to Storage Facilities, (3) Retail Markets und (4) The Regulatory Authorities.

232 Siehe hierzu eingehend das Arbeitspapier der Kommission vom 22. Januar 2010 „Interpretative Note on Directive 2009/72/EC concerning common rules for the Internal Market in Electricity and Directive 2009/73/EC concerning common rules for the Internal Market in Natural Gas – The Unbundling Regime"; vgl. hierzu auch ausführlich *Braun*, in: Langen/Bunte, Anhang zum fünften Abschnitt, Sonderbereich Energiewirtschaft, Rn. 43 f.; *Cabau*, in: Jones, EU Energy Law, Vol. 1, Rn. 4.25 ff.; *Gundel/Germelmann*, EuZW 2009, 763, 764 ff.; *Kühling/Pisal*, RdE 2010, 161, 163 ff.

T. Mäger

nung von Eigentum am Netz, welches beim Versorger verbleibt, und der Kontrolle, die an einen unabhängigen Betreiber übertragen wird, kommt. (3) Als dritte Möglichkeit ist die Einrichtung einer unabhängigen Transportgesellschaft (Independent Transmission Operator, „ITO") vorgesehen. Hierbei verbleibt das Eigentum beim integrierten Energieversorgungsunternehmen. Die Übertragungsnetzbetreibergesellschaft bleibt aber rechtlich und inhaltlich von der Leitung des Verbundunternehmens insoweit unabhängig, als sie über tatsächliche Entscheidungsrechte im Hinblick auf den Betrieb, die Wartung und den Ausbau des Netzes verfügen muss.[233]

Daneben enthält das Paket diverse weitere Neuerungen, insbesondere zur Gewährleistung eines **173** effektiveren Netzzugangs.[234] Zur Verwirklichung eines europäischen Binnenmarktes sehen die Verordnungen zudem den Zusammenschluss der Übertragungsnetzbetreiber zu je einem Europäischen Verbund im Strom- und Gasbereich vor.[235] Einen deutlichen Schritt zur Verwirklichung des europäischen Binnenmarkts haben die Stromnetzbetreiber sowie die Energiebörsen aus Deutschland, Frankreich und den Benelux-Staaten mit der Schaffung eines Stromverbunds zwischen den fünf Staaten zum 9. November 2010 unternommen.[236] Dieser neue zentraleuropäische Stromverbund wurde mit dem bereits existierenden Verbund zwischen Deutschland und Nordeuropa (Dänemark, Schweden, Norwegen und Finnland) vereinigt. Hiermit wurde ein grenzüberschreitender Stromhandelsmarkt geschaffen, der die Hälfte Europas umfasst.[237]

III. Marktabgrenzung

Die Abgrenzung der sachlich und räumlich relevanten Märkte ist nicht nur für die wettbe- **174** werbliche Beurteilung von Zusammenschlussvorhaben erforderlich, sondern auch, wenn es darum geht, bei der Prüfung des Kartellverbots die Erheblichkeit einer Wettbewerbsbeschränkung oder in Missbrauchsfällen die Marktmacht zu bestimmen. Eine erste Abgrenzung der sachlich relevanten Märkte im Energiebereich erfolgt dabei nach dem jeweiligen Energieträger (Strom oder Gas). Im Weiteren differenziert die Kommission nach der erbrachten Leistung.

1. Strom

a) **Sachliche Marktabgrenzung.** Im Stromsektor grenzt die Kommission **vor- und nachgelagerte** **175** **Märkte** sowie den **Netzbetrieb** ab.[238] Innerhalb dieser Marktstufen werden weitere Teilmärkte unterschieden. Dies führt zur Abgrenzung einer Vielzahl einzelner Produktmärkte. Auf den vorgelagerten Märkten unterscheidet die Kommission die Märkte für Stromerzeugung und -großhandel, Bereitstellung von Regel-/Ausgleichsenergie, und den Stromhandelsmarkt. Auf den nachgelagerten Märkten bestehen nach Auffassung der Kommission separate Produktmärkte für die Versorgung von Groß- und Kleinkunden. Mit dieser groben Differenzierung

---

233 Zur geplanten Umsetzung des Dritten Energiebinnenmarktpakets in deutsches Recht siehe die „Eckpunkte zur EnWG-Novelle 2011" vom 27. Oktober 2010 des Bundesministeriums für Wirtschaft und Technologie, abrufbar auf den Internetseiten des Bundesministeriums für Wirtschaft und Technologie unter http://www.bmwi.de/BMWi/Redaktion/PDF/E/eckpunkte-enwg-novelle,property=pdf,bereich=bmwi,sprache=de,rwb=true.pdf.

234 Zum Netzzugang siehe Rn. 201 ff.

235 Vgl. hierzu *Gundel/Germelmann*, EuZW 2009, 763, 767 f.

236 Siehe hierzu ausführlich Bundesnetzagentur („BNetzA"), Monitoringbericht 2010, S. 193 f.

237 Im Gassektor verringerte sich in Deutschland seit 2006 die Anzahl der Marktgebiete von 19 auf sechs, was die Kosten für den Gastransport senkte, da weniger häufig Marktgebietsgrenzen zu überschreiten sind, vgl. BKartA, Evaluierungsbericht Gaslieferverträge, S. 12 f. Eine Pflicht zur weiteren Reduzierung der Marktgebiete ergibt sich nunmehr aus § 21 Abs. 1 S. 2 GasNZV 2010. Bis zum 1. April 2011 ist die Zahl der Marktgebiete für L-Gas auf höchstens eins und die Zahl der Marktgebiete für H-Gas auf höchstens zwei zu reduzieren.

238 Kommission, M.3883 (GDF/Centrica/SPE), Rn. 8. Zur Abgrenzung der Märkte im Stromsektor auch auf nationaler Ebene: *Becker/Zapfe*, ZWeR 2007, 419, 421 ff., 433 ff.; *Braun*, in: Langen/Bunte, Anhang zum fünften Abschnitt, Sonderbereich Energiewirtschaft, Rn. 48 ff.; *Klaue/Schwintowski*, BB 2010, Special 1, 5; *Scholz*, in: Wiedemann, § 34 Rn. 181 ff.

lassen sich sämtliche sachlich relevante Produktmärkte entlang der Vertriebskette im Elektrizitätssektor abgrenzen.[239]

176 **aa) Vorgelagerte Märkte.** Der **Markt für Stromerzeugung und -großhandel** umfasst die Erzeugung von Elektrizität innerhalb des relevanten geographischen Marktes sowie den physikalischen Import von Elektrizität in dieses Gebiet über Interkonnektoren zum Weiterverkauf.[240] Zog die Kommission in früheren Entscheidungen noch die Abgrenzung eines separaten Produktmarktes für den physikalischen Handel mit Elektrizität in Erwägung,[241] ist sie hiervon in ihren jüngeren Entscheidungen abgerückt.[242] Allerdings diskutierte die Kommission im Fall RWE/Essent eine mögliche weitere Segmentierung nach Spitzenlastzeiten („peak hours"), Schwachlastzeiten („off-peak hours") und extremen Spitzenlastzeiten („super-peak hours"), ließ die Abgrenzung aber aufgrund des nicht eindeutigen Ergebnisses der Marktuntersuchung dahinstehen.[243]

177 Weiter definiert die Kommission einen eigenständigen **Markt für die Bereitstellung von Regelenergie**.[244] Da elektrische Energie nicht speicherbar ist und sowohl die eingespeiste wie die abgerufene Menge im Vorhinein nicht genau feststeht, sind voraussichtliche Einspeise- und Verbrauchsmengen zu prognostizieren. Gibt es, was die Regel ist, Abweichungen zwischen den entsprechenden Prognose- und Ist-Werten, wird zur Aufrechterhaltung einer konstanten Spannung im Netz Regelenergie benötigt. Dabei ist zwischen **primärer und sekundäre Regelenergie** sowie **Minutenreserve** zu unterscheiden.[245] Bislang hat die Kommission jedoch noch nicht abschließend entschieden, ob diese Arten der Regelenergie eigenständige Produktmärkte bilden.[246] Im Missbrauchsverfahren gegen E.ON hat die Kommission allerdings (wenn auch nur im Rahmen einer vorläufigen Beurteilung) einen eigenständigen Nachfragemarkt für Sekundärregelenergie abgegrenzt.[247] Daher wird die Kommission möglicherweise zukünftig den Markt für die Bereitstellung von Regelenergie in drei separate Produktmärkte gliedern. Während die Kommission darüber hinaus in der Vergangenheit **Systemdienstleistungen** (wie beispielsweise die Spannungsregelung und das Engpassmanagement) dem Markt für die Bereit-

---

239 Zur Lieferkette in der Elektrizitätswirtschaft vgl. Arbeitspapier der Kommissionsdienststellen zum Abschlussbericht zur Sektoruntersuchung Energie vom 10. Januar 2007, SEK(2006) 1724, Rn. 321; *Scholz*, in: Wiedemann, § 34 Rn. 181 ff.

240 Dabei differenziert die Kommission nicht noch weiter nach der Art und Weise der Stromerzeugung (beispielsweise mittels Atomkraft, Kohle, Gas, Kraft-Wärme-Kopplung, erneuerbare Energien), vgl. Kommission, M.5711 (RWE/Ensys), Rn. 17; M.5549 (EDF/Segebel), Rn. 18, 21; M.4180 (Gaz de France/Suez), Rn. 674 ff.; M.3268 (Sydkraft/Graninge), Rn. 14 ff.; COMP/39.388 und COMP/39.389 (Deutscher Stromgroßhandelsmarkt/Deutscher Regelenergiemarkt), Rn. 11.

241 Vgl. Kommission, M.5711 (RWE/Ensys), Rn. 28 unter Hinweis auf Kommission, JV.28 (Sydkraft/HEW/Hansa Energy Trading), Rn. 20; M.4180 (Gaz de France/Suez), Rn. 677 (vor Einführung der belgischen Stromhandelsbörse Belpex). Nach Auffassung der Kommission würde es sich jedenfalls in räumlicher Hinsicht um nationale Märkte handeln, M.5711 (RWE/Ensys), Rn. 31.

242 Kommission, M.5711 (RWE/Ensys), Rn. 28; M.5549 (EDF/Segebel), Rn. 21; Case M.5467 (RWE/Essent), Rn. 23; M.5224 (EDF/British Energy), Rn. 16 ff. (ohne Unterscheidung nach der Handelsart, z.B. dem Handel an der Strombörse oder durch bilaterale Verträge).

243 Kommission, M.5467 (RWE/Essent), Rn. 25; ähnlich M.4370 (EGN/Cogas Energy), Rn. 15. In ihrem Abschlussbericht zur Sektoruntersuchung Energie vom 10. Januar 2007 lässt die Kommission offen, die Märkte ggf. noch enger, nämlich in zeitlicher Hinsicht, d.h. nach Stunden, abzugrenzen, Arbeitspapier der Kommissionsdienststellen zum Abschlussbericht zur Sektoruntersuchung Energie vom 10. Januar 2007, SEK(2006) 1724, Rn. 398.

244 Kommission, M.5707 (TenneT/E.ON), Rn. 9; M.5549 (EDF/Segebel), Rn. 118; M.5467 (RWE/Essent), Rn. 21; vgl. auch M.3868 (DONG/Elsam/Energi E2), Rn. 240 und M.3440 (EDP/ENI/GDP), Rn. 31, 51-55; M.3268 (Sydkraft/Graninge), Rn. 46 ff., wobei die Kommission jeweils offen ließ, ob es sich gegenüber dem Markt für Stromerzeugung und -großhandel um einen eigenständigen Markt handelt. Im Gegensatz hierzu grenzt das BKartA keinen eigenständigen Markt für Regelenergie ab, sondern sieht diesen Bereich als Teil des Marktes für den Netzbetrieb.

245 Vgl. Kommission, M.5549 (EDF/Segebel), Rn. 118 und M.4180 (Gaz de France/Suez), Rn. 684.

246 Jeweils offen gelassen in Kommission, M.3440 (EDP/ENI/GDP), Rn. 31, 51-55; M.3268 (Sydkraft/Graninge), Rn. 51; M.2947 (Verbund/EnergieAllianz), Rn. 51-54.

247 Kommission, COMP/39.388 & COMP/39.389 (Deutscher Stromgroßhandelsmarkt/Deutscher Regelenergiemarkt), Rn. 46.

T. Mäger

stellung von Regelenergie zurechnete, ließ sie in ihrer jüngeren Entscheidungen offen, ob es sich gegebenenfalls um separate Produktmärkte handelt.[248]

Auf der vorgelagerten Marktstufe existiert darüber hinaus ein separater Markt für den **Handel** **178** **mit Strom**. Während die Kommission in früheren Entscheidungen davon ausging, dass es sich um einen einheitlichen Markt handelt bzw. offen ließ, ob eine weitere Untergliederung vorzunehmen ist,[249] unterscheidet sie nunmehr zwei getrennte Märkte für den **physischen** und den **finanziellen** Stromhandel.[250]

bb) Netzbetrieb. Den Markt für den **Betrieb von Netzinfrastruktur** unterteilt die Kommission **179** weiter in die separaten Märkte für **Übertragungsnetze**, also den Betrieb von (überregionalen) Höchstspannungsleitungen, und **Verteilnetze**, nämlich den Betrieb regionaler Mittel- und Niederspannungsnetze.[251] Daneben ist nach Auffassung der Kommission im Hinblick auf Art. 2 Abs. 2 lit. b) der VO (EG) Nr. 714/2009[252] unter Umständen ein weiterer separater Produktmarkt für die grenzüberschreitende Übertragung von Energie mittels Interkonnektoren anzunehmen.[253] Desweiteren hat die Kommission einen eigenständigen Markt für „**Anschluss-dienstleistungen**" gegenüber Neukunden, die erstmals an das Übertragungs- oder Verteilernetze angeschlossen werden, identifiziert.[254] Zudem ist nach Auffassung der Kommission ein eigenständiger Markt für die **Bereitstellung von Allokations- und Anschlussdienstleistungen für Interkonnektoren** in der Entstehung begriffen.[255]

cc) Nachgelagerte Märkte. Auf der nachgelagerten Marktstufe grenzt die Kommission auf-**180** grund der unterschiedlichen Verbrauchsprofile der Endkunden separate Produktmärkte für die Versorgung von Groß- und Kleinkunden ab.[256] Dem Markt für die **Versorgung von Großkunden** sind die großen Industrie- und Gewerbekunden zuzurechnen.[257] Jedoch legt die Kommission keine einheitlichen Kriterien für die Zuordnung zu einem dieser Märkte zugrunde.[258] Für **Deutschland** differenziert die Kommission danach, ob es sich um leistungsgemessene oder nicht

---

248 Kommission, M.5224 (EDF/British Energy), Rn. 19; M.5549 (EDF/Segebel), Rn. 119-122.
249 Kommission, M.4517 (Iberdrola/Scottish Power), Rn. 14; M.4180 (Gaz de France/Suez), Rn. 677; M.3268 (Sydkraft/Graninge), Rn. 63-66; JV.28 (Sydkraft/HEW/Hansa Energy Trading), Rn. 20.
250 Kommission, M.5496 (Vattenfall/Nuon Energy), Rn. 8; M.5467 (RWE/Essent), Rn. 52 (für die Niederlande); M.3868 (DONG/Elsam/Energi E2), Rn. 245 ff. (für Dänemark).
251 Kommission, M.3883 (GDF/Centrica/SPE); Rn. 13, M.3440 (EDP/ENI/GDP), Rn. 31.
252 Verordnung (EG) Nr. 714/2009 des Europäischen Parlaments und des Rates vom 13. Juli 2009 über die Netzzugangsbedingungen für den grenzüberschreitenden Stromhandel und zur Aufhebung der Verordnung (EG) Nr. 1228/2003, ABl. 2003 L 211/15.
253 Kommission, M.5707 (TenneT/E.ON), Rn. 8; M.5154 (CASC JV), Rn. 21; M.4922 (EMCC), Rn. 14. Im Gegensatz dazu rechnete die Kommission im Fall M.5467 (RWE/Essent), Rn. 177 ff. innerhalb des Marktes für Stromübertragung die Interkonnektoren der jeweiligen Spannungsnetzebene zu. Die VO (EG) Nr. 1228/2003 wurde mittlerweile aufgehoben und durch die Verordnung (EG) Nr. 714/2009 vom 13. Juli 2009 ersetzt. Diese enthält mit Art. 2 Abs. 2 lit. b) eine inhaltsgleiche Vorschrift.
254 Kommission, M.2890 (EdF/Seeboard), Rn. 22-24, wobei die endgültige Marktabgrenzung offen gelassen wurde; M.2679 (EdF/TXU Europe/24 Seven), Rn. 21.
255 Kommission, M.5154 (CASC JV), Rn. 22; M.4922 (EMCC), Rn. 15.
256 Die Monopolkommission stellte diese Marktabgrenzung in ihrem Sondergutachten 54 in Frage und schlug eine weitere Untersuchung dahingehend vor, ob es sich hierbei tatsächlich um getrennte Produktmärkte handele oder vielmehr der Eintritt eines Versorgers auch im jeweils anderen Markt möglich sei, vgl. Monopolkommission, Sondergutachten 54, Rn. 76. Die Kommission hatte selbst in früheren Fällen für einige nationale Märkte die Möglichkeit des Bestehens eines einheitlichen Markets für die Versorgung von Endverbrauchern angenommen, vgl. Kommission, M.3268 (Sydkraft/Graninge), Rn. 77-79 (für Finnland und Schweden) und M.3318 (ECS/Sibelga), Rn. 13 (für Belgien).
257 Im Fall M.4180 (Gaz de France/Suez), Rn. 675 vertrat die Kommission die Auffassung, dass große „Industrie- und Gewerbekunden [..] unter bestimmten Bedingungen ebenfalls zur Nachfrageseite des Stromgroßhandelsmarktes gehören" können.
258 Siehe beispielsweise für **Belgien**: Anschluss an das Übertragungsnetz (mehr als 70kV), Kommission, M.4180 (Gaz de France/Suez), Rn. 689; **Großbritannien**: früher Abnahme von mehr als 100kW (vgl. Kommission, M.2890 (EdF/Seeboard), Rn. 31-33), in neueren Entscheidungen die Nutzung von „halbstündigen Raten", vgl. Kommission, M.5224 (EDF/British Energy), Rn. 87; **Niederlande**: maximale Stromstärke von 3,8 A (sog. „grootverbruikers", Kommission, M.5467 (RWE/Essent), Rn. 58) oder alternativ jährlicher Verbrauch von mehr als 10 GWh (vgl. Kommission, M.4370 (EGN/Cogas Energy), Rn. 9 (abschließende Marktabgrenzung offen gelassen)); **Portugal/Spanien**: Anschluss an Mittelspannungs- oder höhere Netzebene (vgl. Kommission, M.4110 (E.ON/Endesa), Rn. 10; M.3440 (ENI/EDP/GDP), Rn. 33, 73).

leistungsgemessene Letztverbraucher handelt.[259] Nicht leistungsgemessene Letztverbraucher sind Kleinkunden mit einem sogenannten Standardlastprofil (kurz „SLP"), die in der Regel an das Niederspannungsnetz angeschlossen sind und ihren Bedarf bei einem Weiterverteiler zu Tarifpreisen decken. Demgegenüber sind RLM-Kunden i.d.R. industrielle Großkunden oder größere Gewerbekunden, die an das Mittelspannungsnetz oder höhere Netzebenen angeschlossen sind. Ihr Verbrauch schwankt im Zeitverlauf. Über die registrierende Leistungsmessung (kurz „RLM") profitieren diese Kunden regelmäßig von auf ihr individuelles Nutzungsverhalten abgestimmten Sondertarifen.

181 Der **Markt für die Versorgung von Kleinkunden** umfasst die Versorgung von kleineren Gewerbe- und Geschäftskunden, landwirtschaftlichen Kunden sowie Haushalten.[260] Allerdings geht die Kommission für zahlreiche Mitgliedstaaten von dort bestehenden separaten Märkten für Haushaltskunden aus.[261]

182 b) Räumliche Marktabgrenzung. Die Kommission grenzte bislang den **Markt für Stromerzeugung und -großhandel** grundsätzlich national ab.[262] Neuerdings differenziert sie aber mit Blick auf die Auslastung zwischen Spitzen- und Schwachlastzeiten. Der erstgenannte Markt soll weiterhin nationale Dimensionen haben, während letzterer auch durchaus mehr als einen Mitgliedstaat umfassen kann.[263] Der **Markt für die Bereitstellung von Regelenergie** ist nach Auffassung der Kommission ebenfalls grundsätzlich national abzugrenzen.[264] Möglicherweise wird die Kommission mit Blick auf die Schaffung eines einheitlichen Strombinnenmarkts diesen Markt künftig aber weiter als national abgrenzen.[265] Die räumliche Abgrenzung der **Stromhandelsmärkte** ließ die Kommission bislang offen. Aufgrund der Vergleichbarkeit mit dem Handel von Derivaten anderer Erzeugnisse scheint hier aber eine EWR-weite Abgrenzung plausibel.[266]

183 Hinsichtlich des Netzbetriebs ist der Markt für **den Betrieb der Hochspannungsnetze (Übertragung)** in räumlicher Hinsicht auf das jeweilige Hochspannungsnetz begrenzt. Dies folgt da-

---

259 Kommission, M.5711 (RWE/Ensys), Rn. 42; M.5496 (Vattenfall/Nuon Energy), Rn. 14. Siehe auch Monopolkommission, Sondergutachten 54, Rn. 70.

260 Kommission, M.3440 (ENI/EDP/GDP), Rn. 33, 73; M.4110 (E.ON/Endesa), Rn. 10.

261 Für **Belgien**: M.4180 (Gaz de France/Suez), Rn. 689; M.3883 (GDF/Centrica/SPE), Rn. 16 (abschließende Marktdefinition offen gelassen); **Großbritannien**: M.5224 (EDF/British Energy), Rn. 87; M.2890 (EdF/Seeboard), Rn. 31-33; **Ungarn**: M.3696 (E.ON/MOL), Rn. 236 ff; **Niederlande**: M.4370 (EGN/Cogas Energy), Rn. 9. Auf der Endkundenstufe nimmt das BKartA für Standardlastprofilkunden (SLP-Kunden) drei separate Untermärkte für die Belieferung von SLP-Kunden (1) in der Grundversorgung, (2) mit Haushaltsstrom auf der Grundlage von Sonderverträgen und (3) mit Heizstrom auf der Grundlage von Sonderverträgen an. Die beiden erstgenannten Märkte sind in räumlicher Hinsicht regional, d.h. netzbezogen abzugrenzen. Den letztgenannten Markt grenzt das BKartA hingegen national ab, vgl. die Entscheidungen in den Verfahren B8-107/09 (Integra/Thüga), Rn. 32, 40 f.; B8-109/09 (RWE/EVP/SW Lingen/SW Radevormwald), Rn. 55 f. Allerdings hat das BKartA im Fallbericht vom 26. Februar 2010 zum Verfahren B8-23/10 (GESO/TWD) in Aussicht gestellt, den Markt für die Versorgung von SLP-Kunden in räumlicher Hinsicht künftig insgesamt national abzugrenzen.

262 Mit Ausnahme von **Dänemark** (mit den regionalen Märkten West-Dänemark, Ost-Dänemark und Süd-Norwegen), **Italien** (mit den regionalen Märkten Norden, Zentrum-Süden, Sizilien und Sardinien, Kommission, M.4368 (Edison/Eneco Energia), Rn. 12-14 (endgültige Marktabgrenzung offen gelassen)) und **Griechenland** (M.5445 (Mytilineos/Motor Oil/Corinthos Power), Rn. 23; M.5249 (Edison/Hellenic Petroleum/JV), Rn. 13). **Belgien**: M.5549 (EDF/Segebel), Rn. 22, 38; M.5519 (E.ON/Electrabel Acquired Assets), Rn. 15; **Tschechische Republik**: M.4238 (E.ON/Pražská Plynárenská), Rn. 19; **Frankreich**: M.4110 (E.ON/Endesa), Rn. 20-21; **Deutschland**: M.5496 (Vattenfall/Nuon Energy), Rn. 8; siehe auch Monopolkommission, Sondergutachten 54, Rn. 72; Klaue/Schwintowski, BB 2010, Special 1, 5; **Großbritannien**: M.5496 (Vattenfall/Nuon Energy), Rn. 8; M.5224 (EDF/British Energy), Rn. 22; **Ungarn**: M.3696 (E.ON/MOL), Rn. 256-267; **Niederlande**: M.5519 (E.ON/Electrabel Acquired Assets), Rn. 16; M.5467 (RWE/Essent), Rn. 32; **Polen**: M. 4110 (E.ON/Endesa), Rn. 20 ff.; **Portugal**: M.3440 (EDP/ENI/GDP), Rn. 76 ff.; **Spanien**: M.4110 (E.ON/Endesa), Rn. 20 ff.

263 In *RWE/Essent* nahm die Kommission im Hinblick auf die Auslastung der Interkonnektoren zu den fraglichen Zeiten einen Deutschland und die Niederlande umfassenden Markt an, M.5467 (RWE/Essent), Rn. 32.

264 Kommission, M.5707 (TenneT/E.ON), Rn. 9; M.5549 (EDF/Segebel), Rn. 123; M.4180 (Gaz de France/Suez), Rn. 737; M.3440 (EDP/ENI/GDP), Rn. 187.

265 Kommission, M.5707 (TenneT/E.ON), Rn. 12.

266 Kommission, M.5496 (Vattenfall/Nuon Energy), Rn. 9; M.4517 (Iberdrola/Scottish Power), Rn. 18-20; M. 3268 (Sydkraft/Graninge), Rn. 67; M.3868 (DONG/Elsam/Energi E2), Rn. 267 ff.

T. Mäger

raus, dass es sich bei den Netzen um natürliche Monopole handelt und jedes dieser Netze einen eigenständigen Produktmarkt bildet. Die Durchleitung durch ein Netz ist damit nicht mit der Durchleitung durch ein anderes Netz austauschbar.[267] Gleiches gilt für **den Betrieb regionaler Mittel- und Niederspannungsnetze (Verteilung)**: Diese Netze stellen ebenfalls natürliche Monopole dar. Jedes dieser Netze bildet daher einen eigenständigen räumlichen Markt.[268] Sofern daneben tatsächlich ein separater Produktmarkt für die Übertragung von Energie im Rahmen eines **grenzüberschreitenden Stromflusses** existiert, dürfte dieser jedenfalls in geographischer Hinsicht auf die jeweilige Interkonnektorenleitung begrenzt sein.[269] Der möglicherweise bestehende Markt für „**Anschlussdienstleistungen" gegenüber Neukunden, die erstmals an das Übertragungs- oder Verteilernetze angeschlossen werden**, wäre – ohne dass sich die Kommission bislang hierzu geäußert hat – wahrscheinlich national oder sogar nur netzbezogen abzugrenzen. Sollte sich die **Bereitstellung von Allokations- und Anschlussdienstleistungen für Interkonnektoren** zu einem eigenständigen Produktmarkt entwickeln, könnte dieser mit Blick auf den räumlichen Anwendungsbereich der VO 714/2009 EWR-weit abzugrenzen sein.

Auf der nachgelagerten Marktstufe grenzt die Kommission den Markt für die **Versorgung von Großkunden** national ab.[270] Im Gegensatz dazu soll der Markt für die **Versorgung von Kleinkunden** in räumlicher Hinsicht kleiner als national abzugrenzen sein. Die räumliche Abgrenzung dieses Marktes korrespondiert tatsächlich häufig mit dem räumlichen Gebiet des Netzes, an das der Kunde angeschlossen ist.[271]   **184**

2. Gas

a) Sachliche Marktabgrenzung. Die Kommission grenzt die Märkte im Gassektor ähnlich wie   **185** die im Stromsektor ab. Hierzu unterscheidet sie ebenfalls zwischen **vor- und nachgelagerten Märkten** sowie dem **Betrieb von Infrastruktur**, was im Ergebnis auch hier zur Abgrenzung einer Vielzahl einzelner Produktmärkte führt.[272] Zu den **vorgelagerten Märkten** für Erdgas zählt die Kommission die eigenständigen Märkte für die Exploration und die Produktion von Gas, den Großhandel mit Gas sowie den Gashandel. Daneben besteht nach Auffassung der Kommission ein eigenständiger Markt für den Handel an (virtuellen) Handelspunkten („Hubs"). Die **nachgelagerten Märkten** umfassen die Versorgung von (großen) Gaskraftwerken, Industriegroßabnehmern und großen gewerblichen Kunden sowie von kleinen Industriekunden, Kleingewerbekunden und Haushalten.

267 Kommission, M.5707 (TenneT/E.ON), Rn. 6 f.; M.4922 (EMCC), Rn. 12; M.5154 (CASC JV), Rn. 19; M.3696 (E.ON/MOL), Rn. 212-214, 253; M.3440 (EDP/ENI/GDP), Rn. 75; M.3268 (Sydkraft/Graninge), Rn. 72 ff.
268 Kommission, M.3696 (E.ON/MOL), Rn. 215-218, 254; M.3440 (EDP/ENI/GDP), Rn. 34, 75; M.2890 (EdF/Seeboard), Rn. 17 f.
269 Kommission, M.5707 (TenneT/E.ON), Rn. 8. Die Kommission schloss hier jedoch nicht aus, dass die an der deutsch-niederländischen Grenze belegenen Interkonnektoren möglicherweise substituierbar sind. Siehe auch Kommission, M.4922 (EMCC), Rn. 14; M.5154 (CASC JV), Rn. 21.
270 Kommission, M.5711 (RWE/Ensys), Rn. 43; M.5496 (Vattenfall/Nuon Energy), Rn. 16; M.5224 (EDF/British Energy), Rn. 88; M.4180 (Gaz de France/Suez), Rn. 739; M.5467 (RWE/Essent), Rn. 283-284. Für Deutschland siehe auch das Verfahren B8-107/09 (Integra/Thüga), Rn. 39. Das BKartA lehnt hier das Bestehen eines größeren – EWR-weiten – Marktes ab, weil in Deutschland der Import von Elektrizität im Vergleich zur Erzeugung von Strom eine nur untergeordnete Rolle spiele. Im Gegensatz dazu ist nach Auffassung der Monopolkommission zumindest im Großkundensegment eine nationale Marktabgrenzung nicht ausreichend. Stattdessen sei eine Erweiterung um Nachbarländer wie Österreich vorzunehmen, Monopolkommission, Sondergutachten 54, Rn. 76, 474; vgl. auch die Fallberichterstattung des BKartA im Verfahren B8-109/09 (RWE/EVP/SW Lingen/SW Radevormwald) vom 17. Mai 2010.
271 Kommission, M.5711 (RWE/Ensys), Rn. 43 f.; M.5467 (RWE/Essent), Rn. 293; M.5496 (Vattenfal/Nuon), Rn. 39, 40; M.4180 (Gaz de France/Suez), Rn. 740-743.
272 Kommission, M.5467 (RWE/Essent), Rn. 100, 325; M.4110 (E.ON/Endesa), Rn. 13; M.3883 (GDF/Centrica/SPE), Rn. 17 ff. Zur Abgrenzung der Märkte im Gasbereich auch auf nationaler Ebene siehe: *Becker/Zapfe*, ZWeR 2007, 419, 427 ff.; *Braun*, in: Langen/Bunte, Anhang zum fünften Abschnitt, Sonderbereich Energiewirtschaft, Rn. 82 ff.; *Klaue/Schwintowski*, BB 2010, Special 1, 5; *Scholz*, in: Wiedemann, § 34 Rn. 195 ff. m.w.N.

186   **aa) Vorgelagerte Märkte.** Innerhalb des Gesamtmarktes für die Exploration und Produktion von Gas[273] grenzt die Kommission separate Teilmärkte für die **Exploration**, also die Erschließung neuer Reserven einerseits und die **Raffinierung, Produktion und den (erstmaligen) Verkauf von Erdgas** andererseits ab.[274]

187   In früheren Entscheidungen, die den Gassektor betrafen, ging die Kommission zudem von einem separaten Markt für den **Großhandel mit Erdgas** aus.[275] Hierzu zählen die Geschäfte zwischen Händlern und Wiederverkäufern, nicht jedoch solche zwischen Händlern und Versorgern bzw. Endkunden.[276] In neueren Entscheidungen deutet die Kommission die Existenz verschiedener, jeweils separater Märkte im Hinblick auf die unterschiedlichen Gasqualitäten an.[277] Demnach wäre auf der Großhandelsstufe zwischen **H-Gas** („High-calorific Gas") und **L-Gas** („Low-calorific Gas") zu unterscheiden.[278] Für den Großhandelsmarkt in **Deutschland** gehen sowohl die Kommission als auch das BKartA davon aus, dass dieser in zwei eigenständige Teilmärkte zu gliedern ist, nämlich die **Import- und Erzeugungsstufe** einerseits und die **Distributionsstufe** andererseits.[279] Zur Import- und Erzeugungsstufe gehört die erstmalige Belieferung von anderen (regionalen) Ferngasgesellschaften durch überregionale Ferngasgesellschaften, während die Distributionsstufe die Belieferung von regionalen und lokalen Weiterverteilern, insbesondere Stadtwerken, durch (über-)regionale Ferngasgesellschaften umfasst.

188   In einigen Entscheidungen grenzte die Kommission zudem einen vom Großhandelsmarkt unabhängigen, eigenständigen **Markt für den Handel mit Gas an Handelspunkten** (sog. Hubs) ab.[280] Ein solcher Hub kann einem physischen Ort zugeordnet sein, an dem tatsächlich physische Gasströme verlaufen, oder ein virtueller Punkt sein, der dann ohne genaue geographische Lokalisierung den Erdgashandel in einer bestimmten Zone ermöglicht.

189   **bb) Betrieb von Infrastruktur.** Wie im Stromsektor differenziert die Kommission auch im Gasbereich bei dem Betrieb von Infrastruktur zwischen den separaten Produktmärkten für **Gasfernleitungsnetze**, also den Betrieb von Hochdruckleitungen (Übertragung) und für **Gasverteil-**

---

273   Kommission, M.4180 (Gaz de France/Suez), Rn. 341; M.3696 (E.ON/MOL), Rn. 88; M.1383 (Exxon/Mobil), Rn. 17.

274   Kommission, M.4545 (Statoil/Hydro), Rn. 7 ff.; M.3410 (Total/Gaz de France), Rn. 13; M.3318 (ECS/Sibelga), Rn. 14; M.3086 (Gaz de France/Preussag Energie), Rn. 8 ff.; Bei der Exploration unterscheidet die Kommission nicht zwischen Erdgas und Erdöl, weil die Art des Rohstoffvorkommens im Zeitpunkt der Exploration noch nicht bekannt ist, vgl. Kommission, M.1383 (Exxon/Mobil), Rn. 16.

275   Kommission, M.5467 (RWE/Essent), Rn. 115 ff. (für die Niederlande), Rn. 325 ff. (für Deutschland); M. 4180 (Gaz de France/Suez), Rn. 341; M.3886 (DONG/ELSAM/Energi E2), Rn. 71-83 (für Dänemark), 84-87 (für Deutschland und Schweden), Rn. 122.

276   Kommission, M.4180 (Gaz de France/Suez), Rn. 63, 73 ff. (für Belgien), Rn. 375-379 (für Frankreich); M. 3886 (DONG/ELSAM/Energi E2), Rn. 71; M.3696 (E.ON/MOL), Rn. 101; vgl. auch M.3440 (ENI/EDP/GDP), Rn. 217 ff. Nach Ansicht der Kommission ist die notwendige Beschaffung von Erdgas nur eine vorgeschaltete Tätigkeit eines Gasgroßhändlers/-importeurs, der Gas bei in- oder ausländischen Erzeugern oder Händlern zum weiteren Verkauf am Endnutzer kauft. Die Beschaffung soll daher bloß eine Vorbedingung sein, um in der Groß-/Einzelhandelslieferung von Gas tätig zu werden, vgl. Kommission, M. 3696 (E.ON/MOL), Rn. 100.

277   Die Qualität von Erdgas und damit dessen Energiegehalt ist abhängig vom Methan-Gehalt. Je höher der Methananteil, desto besser ist die Qualität des Gases.

278   Kommission, M.5802 (RWE Energy/Mitgas), Rn. 13-15 (abschließende Marktdefinition offen gelassen); vgl. für die einzelnen Handelsmärkte in **Belgien**: M.4180 (Gaz de France/Suez), Rn. 64-69; siehe auch Kommission. M.3883 (GDF/Centrica/SPE), Rn. 19 (abschließende Marktdefinition offen gelassen); M.3410 (Total/Gaz de France), Rn. 22 (abschließende Marktdefinition offen gelassen); **Frankreich**: M.4180 (Gaz de France/Suez), Rn. 344-345; **Deutschland**: M.5467 (RWE/Essent), Rn. 371; **Niederlande**: M.4370 (EGN/Cogas Energy), Rn. 11; M.3297 (Norsk Hydro/Duke Energy), Rn. 12 ff. (abschließende Marktdefinition offen gelassen).

279   Kommission, M.5802 (RWE Energy/Mitgas), Rn. 12; M.4890 (Arcelor/Ferngas), Rn. 11; BKartA, B8-96/08 (EnBW/EWE), Rn. 86; B8-67/09 (EnBW/VNG), Rn. 35; B8-107/09 (Integra/Thüga), Rn. 55 f.; B8-109/09 (RWE/EVP/SW Lingen/SW Radevormwald), Rn. 95; Monopolkommission, Sondergutachten 54, Rn. 16, 127.

280   Kommission, M.4180 (Gaz de France/Suez), Rn. 56, 70 ff., vgl. auch M.5220 (Eni/Distrigaz), Rn. 21. Anders im Fall M.5467 (RWE/Essent), Rn. 115 ff.

T. Mäger

netze, nämlich den Betrieb von Niederdruckleitungen.[281] Daneben hat die Kommission noch eigenständige Märkte für die **Speicherung von Gas** und für **LNG-Anlagen** identifiziert.[282] Hinsichtlich des Marktes für die Gasspeicherung musste die Kommission bislang allerdings nicht entscheiden, ob dieser Markt je nach der Art der Speicherung wegen der unterschiedlichen Nutzungsart und technischen Eigenschaften in separate Teilmärkte für Poren- und Kavernenspeicher zerfällt.[283] Soweit es um die Abgrenzung des Gasspeichermarktes für **Deutschland** geht, ließ die Kommission bislang offen, ob hier weiter nach der Gasqualität zu differenzieren ist (H-Gas/L-Gas).[284] Den Markt für den Betrieb von LNG-Anlagen hat die Kommission hingegen noch nicht abschließend definiert.[285]

cc) Nachgelagerte Märkte. Auf den nachgelagerten Märkten unterscheidet die Kommission **190**
grundsätzlich drei separate Produktmärkte für die Versorgung mit Erdgas. Dies sind neben der Versorgung von **(großen) gasbetriebenen Kraftwerken** die Versorgung von **Industriegroßabnehmern und großen gewerblichen Kunden** sowie die Versorgung von **kleinen Industriekunden, Kleingewerbekunden und Haushalten.** Eine andere Marktabgrenzung nimmt die Kommission jedoch in **Deutschland** vor.[286] Hier ist lediglich zwischen den beiden Teilmärkten für die Versorgung von Großkunden (Industriekunden und (Gas-)Kraftwerke) einerseits und die Versorgung von Kleinkunden (Haushalte) andererseits zu unterscheiden. Die Kommission segmentiert die jeweiligen Märkte in Deutschland,[287] Belgien,[283] den Niederlanden[289] und Frankreich[290] weiter im Hinblick auf die Gasqualität (H-Gas/L-Gas).[291]

Innerhalb des Marktes für die **Versorgung von (großen) Gaskraftwerken** geht die Kommission **191**
mit Blick auf den jeweiligen Kraftwerkstyp von weiteren Teilmärkten aus.[292] Für den Markt

---

281 Kommission, M.5467 (RWE/Essent), Rn. 100, 325; M.4890 (Arcelor/Ferngas), Rn. 11; M.4180 (Gaz de France/Suez), Rn. 341; M.4110 (E.ON/Endesa), Rn. 13; M.3696 (E.ON/MOL), Rn. 90, 98; M.3318 (ECS/Sibelga), Rn. 14.

282 „LNG" steht für liquefied natural gas, d.h. Flüssigerdgas; siehe hierzu: M.5467 (RWE/Essent), Rn. 410 ff.; M.1383 (Exxon/Mobil), Rn. 261; M.3410 (Total/GdF), Rn. 18; M.4180 (Gaz de France/Suez), Rn. 341; M.3696 (E.ON/MOL), Rn. 99; M.3886 (DONG/ELSAM/Energi E2), Rn. 50 ff.

283 Kommission, M.3410 (Total/GdF), Rn. 18; M.3086 (Gaz de France/Preussag Energie), Rn. 14-15.

284 Kommission, M.5467 (RWE/Essent), Rn. 413. Im Hinblick auf die Zuordnung bzw. Abgrenzung von bestimmten Flexibilitätsprodukten zu anderen Märkten bzw. als eigenständiger Markt vgl. Kommission M. 3868 (DONG/Elsam/Energi E2), Rn. 50-70; M.3410 (Total/GdF), Rn. 19.

285 LNG-Anlagen sind erforderlich, um Flüssiggas in die EU transportieren zu können. Zu den einzelnen Schritten und möglicherweise Produktmärkten im Zusammenhang mit der Regasifizierung von LNG vgl. Kommission, M.4180 (Gaz de France/Suez), Rn. 58; M.3440 (ENI/EDP/GDP), Rn. 397. In zwei Entscheidungen jüngeren Datums hat sich die Kommission die Abgrenzung von eigenständigen Märkten für den Bereich des Infrastrukturbetriebs bei der Regasifizierung offen gehalten, vgl. M.5649 (Rreef Fund/Endesa/UFG/Saggas), Rn. 12 ff.; M.5602 (Rreef Fund/BP/Eve/Repsol/BBG), Rn. 12 ff. Anders noch Kommission in M.1190 (Amoco/Repsol/Iberdrola/Ente Vacsco de la Energia), Rn. 15.

286 Kommission, M.5802 (RWE Energy/Mitgas), Rn. 16; M.4890 (Arcelor/Ferngas), Rn. 11; M.5467 (RWE/Essent), Rn. 365 ff. Hiermit stimmt die Praxis des BKartA überein, vgl. BKartA, B8-107/09 (Integra/Thüga), Rn. 58. Zur abweichenden Marktabgrenzung in den Niederlanden vgl. Kommission, M.4370 (EGN/Cogas Energy), Rn. 12.

287 Kommission, M.5467 (RWE/Essent), Rn. 371.

288 Kommission, M.4180 (Gaz de France/Suez), Rn. 64-69. Vgl auch Kommission, M.3883 (GDF/Centrica/SPE), Rn. 19 (abschließende Marktabgrenzung offen gelassen); M.3410 (Total/Gaz de France), Rn. 22 (abschließende Marktabgrenzung offen gelassen).

289 Kommission, M.4370 (EGN/Cogas Energy), Rn. 11; M.3297 (Norsk Hydro/Duke Energy), Rn. 12 ff. (abschließende Marktabgrenzung offen gelassen).

290 Kommission, M.4180 (Gaz de France/Suez), Rn. 344-345.

291 Darüber hinaus hat die Kommission offen gelassen, ob eine weitere Untergliederung im Hinblick auf Kunden mit unterbrechbarer und nicht unterbrechbarer Kapazitäten vorzunehmen ist, vgl. Kommission, M.3883 (GDF/Centrica/SPE), Rn. 19; M.3294 (ExxonMobil/BEB), Rn. 15; M.3096 (TotalFinaElf/Mobil Gas), Rn. 10-11.

292 Offen gelassen in Kommission, M.4180 (Gaz de France/Suez), Rn. 77 in Fn. 27, Rn. 367-370. M.3696 (E.ON/MOL), Rn. 107 ff. In M.3868 (DONG/Elsam/Energi E2), Rn. 89 ff. definierte die Kommission einen eigenen Markt für die Versorgung von Kraft-Wärme-Kopplungskraftwerken in Dänemark.

für die **Versorgung von kleinen Industriekunden, Kleingewerbekunden und Haushalten** ist bislang noch nicht abschließend geklärt, ob dieser Markt in weitere Teilmärkte zerfällt.[293]

192 Die Abgrenzung des Markts für die **Versorgung von Industriegroßabnehmern und großen gewerblichen Kunden**[294] vom Markt für die **Versorgung von kleinen Industriekunden, Kleingewerbekunden und Haushalten** trifft die Kommission anhand des Energieumsatzes/-verbrauchs des jeweiligen Abnehmers.[295]

193 **b) Räumliche Marktabgrenzung.** Auf den vorgelagerten Märkten handelt es sich bei dem **Markt für die Exploration von Erdgas** (und Erdöl, s.o.) um einen weltweiten Markt.[296] Der **Markt für die Herstellung und den Verkauf von Erdgas** ist hingegen EWR-weit abzugrenzen.[297] Enger grenzt die Kommission den Markt für den **Großhandel mit Erdgas** bzw. die in diesem Zusammenhang möglicherweise bestehenden separaten Untermärkte für **H- und L-Gas** ab: Diese sind nach Auffassung der Kommission national.[298] Insoweit als die Kommission und das BKartA für Deutschland innerhalb des Großhandelsmarkts zwischen der **Import- und Erzeugungsstufe** einerseits und der **Distributionsstufe** andererseits unterscheiden, gehen beide trotz der fortschreitenden Zusammenlegung der einzelnen Marktgebiete innerhalb des L- und H-Gasmarktes weiter davon aus, dass diese Märkte regional, d.h. netzbezogen, abzugrenzen sind.[299] Der räumlich relevante Markt für den **Gashandel an Hubs** ist grundsätzlich nicht nur auf den jeweiligen Hub beschränkt, sondern kann auch mehrere Hubs umfassen.[300]

194 Ähnlich wie die Hochspannungsnetze im Strombereich stellt auch **der Betrieb eines (Hochdruck-)Fernleitungsnetzes** für Erdgas ein natürliches Monopol dar.[301] Die räumliche Reichweite dieses Marktes ist daher auf das jeweilige Netz beschränkt.[302] Gleiches gilt für den **Betrieb der (Niederdruck)Verteilernetze** für Erdgas. Da diese ebenfalls natürliche Monopole bilden, reicht auch hier der räumliche Markt nicht weiter als das jeweilige Netz.[303] Für den **Gasspeichermarkt** vertritt die Kommission die Auffassung, dass der wirtschaftliche Radius für Poren-

---

293 Kommission, M.3883 (GDF/Centrica/SPE), Rn. 20 unter Hinweis auf die Entscheidung der Kommission im Fall M.3096 (TotalFinaElf/MobilGas); Ebenfalls offen gelassen in der Entscheidung M.3868 (DONG/Elsam/ Energi E2), Rn. 121; M.3696 (E.ON/MOL), Rn. 122-124. In Deutschland gibt es eine derartige Marktsegmentierung nicht, vgl. Monopolkommission, Sondergutachten 54, Rn. 16. Für Belgien und Frankreich geht die Kommission vom Bestehen eines eigenständigen Teilmarkts zur Versorgung von Haushaltskunden aus, vgl. Kommission, M.4180 (Gaz de France/Suez), Rn. 63, 83-86, 371-374.

294 Vgl. nur Kommission, M.3696 (E.ON/MOL), Rn. 116.

295 Kommission, M.4180 (Gaz de France/Suez), Rn. 79-81, 361; M.3696 (E.ON/MOL), Rn. 116 ff. Für **Deutschland**: Für die Zuordnung zum Markt für die Versorgung von Industriegroßabnehmern und großen gewerblichen Kunden ist ein stündlicher Verbrauch von mehr als 500 kW oder ein jährlicher Verbrauch von mehr als 1,5 GWh erforderlich, vgl. BKartA, B8-67/09 (EnBW/VNG), Rn. 36 (siehe auch § 24 GasNZV 2010, vormals § 29 GasNZV 2005).

296 Kommission, M.3086 (Gaz de France/Preussag Energie), Rn. 10.

297 Möglicherweise umfasst dieser Markt auch noch Russland und Algerien, vgl. Kommission, M.1532 (BP Amoco/Atlantic Richfield), Rn. 16; M.3086 (Gaz de France/Preussag Energie), Rn. 10. Angesichts der Entwicklung von LNG-Infrastruktur, die den Import von Gas aus anderen Herkunftsländern wie Katar, Ägypten, Trinidad & Tobago oder Nigeria ermöglicht, ist dieser Markt möglicherweise noch weiter abzugrenzen, sodass er unter Umständen auch die genannten Regionen umfasst, vgl. Kommission, M.4545 (Statoil/Hydro), Rn. 9 ff. (wobei die Kommission offen ließ, ob LNG einen eigenständigen Produktmarkt bildet).

298 Kommission, M.5467 (RWE/Essent), Rn. 122 (für die Niederlande); M.4180 (Gaz de France/Suez), Rn. 105 (für Belgien); M.3886 (DONG/ELSAM/Energi E2), Rn. 146-148 (für Dänemark).

299 BKartA, B8-107/09 (Integra/Thüga), Rn. 59-63; BGH, KVR 2/08 (Stadtwerke Uelzen), Rn. 13; Kommission, M.5802 (RWE Energy/Mitgas), Rn. 19; M.5467 (RWE/Essent), Rn. 333; M.5220 (Eni/Distrigaz), Rn. 29-32 (abschließende Marktabgrenzung offen gelassen); M.3440 (ENI/EDP/GDP), Rn. 271. Im Gegensatz hierzu geht die Kommission für Ungarn von einem nationalen Markt aus, vgl. Kommission, M.3696 (E.ON/MOL), Rn. 133. Allerdings ließ die Kommission in ihrer jüngsten Entscheidung offen, ob die Märkte in Übereinstimmung mit dem jeweiligen Marktgebiet oder sogar noch weiter, nämlich national, abzugrenzen sind, vgl. Kommission, M.5802 (RWE Energy/Mitgas), Rn. 20-21.

300 Kommission, M.4180 (Gaz de France/Suez), Rn. 99. Die Kommission rechnete hier die Hubs NBP und Zeebrügge einem räumlich relevanten Markt zu.

301 Kommission, M.4180 (Gaz de France/Suez), Rn. 341; M.3696 (E.ON/MOL), Rn. 97; M.3410 (Total/Gaz de France), Rn. 15. Für **Deutschland** vgl. Monopolkommission, Sondergutachten 54, Rn. 465; *Klaue/Schwintowski*, BB 2010, Special 1, 1.

302 Vgl. Kommission M.3696 (E.ON/MOL), Rn. 126.

303 Kommission, M.3696 (E.ON/MOL), Rn. 98. Siehe auch *Klaue/Schwintowski*, BB 2010, Special 1, 1.

T. Mäger

speicherung aus technischen Gründen weniger als 200 km und für Kavernenspeicherung weniger als 50 km beträgt.[304] Für **Deutschland** geht die Kommission hingegen davon aus, dass der Gasspeichermarkt regional, d.h. bezogen auf das jeweilige Fernleitungsnetz, an das der Gasspeicher angeschlossen ist, abzugrenzen ist.[305] In andere Mitgliedstaaten hingegen soll es sich um nationale Märkte handeln.[306]

Soweit die Kommission auf dem nachgelagerten Markt für die **Versorgung von (großen) Gaskraftwerken** weitere Teilmärkte abgrenzt, sind diese national.[307] Bei dem Markt für die **Versorgung von Industriegroßabnehmern und großen gewerblichen Kunden** handelt es sich ebenfalls um einen nationalen Markt.[308] Kleiner soll hingegen der Markt für die **Versorgung von kleinen Industriekunden, Kleingewerbekunden und Haushalten** abgegrenzt werden. Dieser Markt und – sofern weitere Teilmärkte existieren – diese Teilmärkte korrespondieren mit dem Gebiet des (Verteil-)Netzes, an das der Kunde angeschlossen ist.[309]

195

IV. Beispiele für kartellrechtlich kritische Fallgestaltungen

1. Vergabe von Strom- und Gaskonzessionen

Die Vergabe von Strom- und Gaskonzessionen kann kartellrechtlich kritisch sein. Eine Vergabe ist zwingend erforderlich, weil die Energieversorgungsunternehmen für die Errichtung ihrer (Netz-)Infrastruktur auf die Nutzung öffentlicher Verkehrsflächen angewiesen sind.[310] In Deutschland läuft ein Großteil der auf ca. 20.000 geschätzten Konzessionsverträge gegenwärtig bzw. in absehbarer Zeit aus, sodass diese durch die Kommunen neu zu vergeben sind.[311] Das deutsche Vergaberecht nach §§ 97 ff. GWB ist zwar nicht anwendbar, weil Konzessionsverträge keine öffentlichen Aufträge über Liefer-, Bau- oder Dienstleistungen im Sinne von § 99 GWB bzw. Baukonzessionen i.S.d. § 99 Abs. 1, 6 GWB zum Gegenstand haben. Gleichwohl haben die Gemeinden die sich aus dem europäischen Primärrecht ergebenden Vergabeprinzipien zu beachten.[312] Gleichzeitig stellt die Vergabe der Konzessionen eine unternehmerische Tätigkeit

196

---

304 Kommission, M.3868 (DONG/Elsam/Energi E2), Rn. 127; M.3086 (Gaz de France/Preussag Energie), Rn. 16; M.1383 (Exxon/Mobil), Rn. 262 ff.

305 Kommission, M.5467 (RWE/Essent), Rn. 414-415. Siehe jedoch Monopolkommission, Sondergutachten 54, Rn. 449, die vorschlägt, den Markt angesichts der fortschreitenden Zusammenlegung der Marktgebiete in Deutschland nunmehr national abzugrenzen.

306 Für **Belgien**: Kommission, M.3318 (ECS/Sibelga), Rn. 31; für **Dänemark**: M.3868 (DONG/Elsam/Energi E2), Rn. 123-124, 143-144; für **Ungarn**: M.3696 (E.ON/MOL), Rn. 130.

307 Kommission, M.3440 (ENI/EDP/GDP), Rn. 271; M.3696 (E.ON/MOL), Rn. 133.

308 Kommission, M.3696 (E.ON/MOL), Rn. 271; M.3440 (ENI/EDP/GDP), Rn. 271. Kritisch hierzu *Cabau*, in: Jones, EU Energy Law, Vol. 2, Rn. 2.305. Im Gegensatz hierzu grenzen der BGH und das BKartA den Markt für die Versorgung von Großkunden (einschließlich Gaskraftwerke) regional, d.h. netzbezogen, ab. Vgl hierzu BGH, KVR 2/08 (Stadtwerke Uelzen), WuW/E DE-R 2538, 2540, Rn. 13; BKartA, B8-109/09 (RWE/EVP/SW Lingen/SW Radevormwald), Rn. 96; B8-67/09 (EnBW/VNG), Rn. 38; B8-34/09 (RWE Energy/Exxon-Mobil), S. 17; B8-163/08 (Saar Ferngas/ESW), S. 7; B8-96/08 (EnBW/EWE), Rn. 88. Fallbericht vom 26 Februar 2010, B8-23/10 (GESO/TWD). Aufgrund einer Änderung der regulatorischen Rahmenbedingungen scheint es aber möglich, dass das BKartA diesen Markt in Zukunft weiter fassen wird und diesen in räumlicher Hinsicht auf das Marktgebiet, an das der Kunde angeschlossen ist, erweitert oder sogar national abgrenzt. Vgl. hierzu BKartA, B8-109/09 (RWE/EVP/SW Lingen/SW Radevormwald), Rn. 97; B8-163/08 (Saar Ferngas/ESW), S. 8 ff. sowie Kommission M.5802 (RWE Energy/Mitgas), Rn. 22-24; M.5467 (RWE/Essent), Rn. 372 ff.

309 Kommission, M.3440 (ENI/EDP/GDP), Rn. 275; M.3696 (E.ON/MOL), Rn. 125, 139 ff. (für **Ungarn**). Für **Deutschland** vgl. Monopolkommission, Sondergutachten 54, Rn. 16. A.A. *Klaue/Schwintowski*, BB 2010, Spezial 1, 10, nach deren Auffassung der Markt für die Versorgung von Kleinkunden national abzugrenzen ist.

310 Zu den Konzessionsverträgen siehe auch *Scholz*, in: Wiedemann, § 34 Rn. 208 ff.

311 Gemeinsamer Leitfaden von BKartA und BNetzA zur Vergabe von Strom- und Gaskonzessionen und zum Wechsel des Konzessionsnehmers vom 15. Dezember 2010 („Gemeinsamer Leitfaden"), abrufbar auf den Internetseiten des BKartA unter http://www.bundeskartellamt.de/wDeutsch/download/pdf/Diskussionsbeitraege/101215_Leitfaden_Konzessionsrecht_BNetzA-BKartA.PDF; Gemeinsame Pressemitteilung von BKartA und BNetzA vom 15. Dezember 2010, abrufbar auf den Internetseiten des BKartA unter http://www.bundeskartellamt.de/wDeutsch/aktuelles/presse/2010_12_15.php. Zu den Anforderungen an eine Neuvergabe von Konzessionen s. ausführlich *Theobald*, DÖV 2009, 356 ff.

312 Vgl. Gemeinsamer Leitfaden, Rn. 14 f.

der Gemeinden dar,[313] sodass das europäische (und nationale) Kartellrecht Anwendung findet.[314] Aus § 46 EnWG, der die Neuvergabe von Konzessionen ausschließlich der Gemeinde zuweist, folgt, dass die Gemeinde hinsichtlich der Konzessionsvergabe marktbeherrschend ist.[315] Sie muss daher die Konzessionen diskriminierungsfrei vergeben, um nicht gegen Art. 102 AEUV zu verstoßen. Gleichzeitig muss sie die Erreichung der in § 1 EnWG festgelegten Ziele einer möglichst sicheren, preisgünstigen, verbraucherfreundlichen, effizienten und umweltverträglichen Versorgung der Allgemeinheit mit Elektrizität und Gas sicherstellen.

197 Ein Verstoß gegen Art. 102 AEUV kommt bei der Vergabe von Konzessionen nach Auffassung des BKartA insbesondere in den folgenden Fällen in Betracht:[316] (1) Vergabe der Konzession ohne die nach § 46 Abs. 3 EnWG erforderliche Bekanntmachung, (2) Forderung bzw. sich Versprechenlassen von Gegenleistungen für die Vergabe der Konzession, die im Widerspruch zur Konzessionsabgabenverordnung stehen, (3) Einwirken auf die Vertriebstätigkeiten der Bieter oder des Altkonzessionärs, (4) Intransparenz bei der Vergabe, indem die Auswahlkriterien und deren Gewichtung dem Bieter gegenüber nicht offen gelegt werden und (5) Nichtzurverfügungstellung bzw. diskriminierendes Zurverfügungstellen der netzrelevanten Daten für eine sachgerechte Bewerbung um die Konzession. Im Hinblick auf die Auswahlentscheidung als solches verstößt es gegen Art. 102 AEUV, wenn (6) die Gemeinde bei ihrer Auswahlentscheidung von ihren vorher festgelegten und bekanntgegebenen Auswahlkriterien[317] abweicht oder aber (7) einzelne Bieter ohne sachlichen Grund bevorzugt.

198 Im Einzelfall kann der Abschluss eines Konzessionsvertrages auch gegen Art. 101 AEUV verstoßen, wenn nämlich der durch den Abschluss eines rechtwidrigen Vertrages der – zwar regulierte – aber noch mögliche Wettbewerb eingeschränkt wird.[318]

2. Energielieferverträge

199 Typisch für die Energiewirtschaft sind – auf allen Lieferstufen – langfristige Bezugsbindungen mit sehr hohen Deckungsquoten.[319] Der gebundene Abnehmer wird durch den Abschluss eines solchen langfristigen Liefervertrages mit (nahezu) Gesamtbedarfsdeckung für die Vertragslaufzeit einerseits den anderen Wettbewerbern des Lieferanten als Nachfrager bzw. Abnehmer entzogen, was zu einer tatbestandsmäßigen Wettbewerbsbeschränkung im Sinne des Art. 101 AEUV führen kann. Dabei ist aber wegen der teilweise nationalen Abgrenzung der betroffenen Märkte im Energiebereich[320] die Spürbarkeit der Wettbewerbsbeeinträchtigung durchaus zweifelhaft.[321] Handelt es sich jedoch um einen marktbeherrschenden Lieferanten oder Abnehmer, kann der Abschluss eines solchen Vertrages auch ein missbräuchliches Verhalten i.S.d. Art. 102

---

313 BKartA, B10-11/09 (Gasversorgung Ahrensburg), WuW/E DE-V 1803, 1806.
314 Vgl. BKartA, B10-11/09 (Gasversorgung Ahrensburg), WuW/E DE-V 1803, 1806.
315 Zur Begründung dieses Ergebnisses vgl. Gemeinsamer Leitfaden, Rn. 18 ff.
316 Gemeinsamer Leitfaden, Rn. 22 ff.
317 Zu den nach Auffassung des BKartA und der BNetzA im Rahmen eines wettbewerbsrechtlich unbedenklichen Konzessionsverfahrens vom Bietern mitzuteilenden Daten siehe Gemeinsamer Leitfaden, Rn. 25.
318 Vgl. Gemeinsamer Leitfaden, Rn. 24.
319 Das BKartA kam aufgrund eines Auskunftsersuchens im Zusammenhang mit dem E.ON Ruhrgas-Verfahren zu dem Ergebnis, dass fast 75 % der vom Ersuchen erfassten Lieferverträge von Ferngasunternehmen mit Regional- und Ortsgasunternehmen eine Vertragslaufzeit von mindestens vier Jahren und eine Deckung von mindestens 80 % des Bedarfs des Abnehmers vorsahen, BKartA, B8-113/03 (E.ON Ruhrgas), WuW/E DE-V 1147, 1149; BKartA, Evaluierungsbericht Gaslieferverträge, S. 8. Im Zeitraum von 2005 bis 2010 ging die durchschnittliche Vertragslaufzeit um 70 % zurück, vgl. hierzu ausführlich BKartA, a.a.O., S. 27 ff.; *Braun*, in: Langen/Bunte, Anhang zum fünften Abschnitt, Sonderbereich Energiewirtschaft, Rn. 142.
320 Rn. 182 ff., 193 ff.
321 *Scholz*, in: Wiedemann, § 34 Rn. 110.

T. Mäger

AEUV darstellen.[322] Andererseits können diese langfristigen Lieferverträge gerechtfertigt sein, weil sie den Vertragspartnern Planungssicherheit geben und so langfristige und kostenintensive Investitionen ermöglichen.[323] Die rechtliche Beurteilung dieser langfristigen Bezugsbindungen ist schwierig.[324] Dabei ist zwischen einer (echten) wirtschaftlichen **Gesamtbedarfsdeckung** und **Quasi-Gesamtbedarfsdeckungsklauseln** unterschieden. Bei echten Gesamtbedarfsdeckungsklauseln wird durch den Liefervertrag über 100 % des Bedarfs des Kunden gedeckt, während eine Quasi-Gesamtbedarfsdeckung vorliegt, wenn mehr als 80 % des Bedarfs gedeckt werden.[325] Für die Beurteilung beider Klauseln ist unerheblich, ob es die Deckungsquote **rechtlich** oder **faktisch** begründet wird. Eine faktische Gesamtbedarfsdeckung kann sich beispielsweise aus dem statistisch zu erwartenden Bedarf des Kunden ergeben.[326] Für die rechtliche Beurteilung ist dabei nicht nur auf den konkreten Vertrag abzustellen. Vielmehr ist i.S.d. **Bündeltheorie** des EuGH zu prüfen, ob der Vertrag Teils eines Netzes paralleler und gleichartiger (Langfrist)Verträge ist. In solchen Fällen ist die kumulative Wirkung dieser Verträge auf den Wettbewerb zu untersuchen.[327] Nach Auffassung des BGH können sogar nicht nur parallele Verträge mit unterschiedlichen Kunden, sondern auch zeitlich aufeinander folgende Verträge mit nur einem Kunden zu einem „Vertragsbündel" i.S.d. Bündeltheorie zusammengefasst werden. Insoweit wird zwischen sog. **Stapelverträgen**, bei denen mehrere nach Menge und Zeit gestaffelte Bezugsverträge geschlossen werden, und sog. **Kettenverträgen**, bei denen mehrere, zeitlich hintereinander geschaltete Verträge über einen Bedarf von je 80 % und mit einer Laufzeit von jeweils zwei Jahren abgeschlossen werden, differenziert.[328] Das kartellrechtliche Unwerturteil ergibt sich nämlich erst aus einer kombination von Bezugsgrad (Anteil der verbindlichen Liefermenge am Gesamtbedarf des Kunden) und der Bezugsdauer, wobei es unschädlich ist, eine „Stellschraube" anzuziehen, sofern die andere „Stellschraube" hinreichend gelockert wird.[329] Bis zur Evaluierung der Beschlüsse zu den langfristigen Gasverträgen vertrat das BKartA – bestätigt durch die höchstrichterliche Rechtsprechung[330] – die Auffassung, dass (zumindest) langfristige Gaslieferverträge eines Ferngasunternehmens mit Regional- und Ortsgasversorgern dann nicht mit Art. 101 AEUV vereinbar seien, wenn der Gesamtbedarf des Kunden zu 80 % oder mehr abgedeckt wird und die Laufzeit über zwei Jahre hinausgeht. Gleiches galt bei einer Bezugsquote von 50 bis 80 % und einer Laufzeit von mehr als vier Jahren.[331] Aufgrund der veränderten Marktstrukturen und Wettbewerbsbedingungen und der Marktöffnung im Bereich des Gasvertriebs kommt das BKartA in seinem Evaluierungsbericht Gaslieferverträge

---

322 *Braun*, in: Langen/Bunte, Anhang zum fünften Abschnitt, Sonderbereich Energiewirtschaft, Rn. 258. Die Kommission vertrat in den Zusageentscheidungen in den Rs. COMP/39.316 (Gaz de France) und COMP/39.317 (E.ON Gas) die Auffassung, dass das Verhalten von Gaz de France und E.ON in den konkreten Fällen als Verstoß gegen Art. 102 AEUV zu werten sei. Beide Verfahren betrafen jedoch keine langfristigen Versorgungsverträge, sondern vielmehr langfristige Kapazitätsbuchungen. Dabei ist bei der Beurteilung von langfristigen Kapazitätsbuchungen durch die Kommission insgesamt keine klare Linie zu erkennen. S. hierzu und zur Praxis der Gerichte *Scholz/Purps*, JECLAP 2011, Vol. 2, 62, 73 ff. Zur rechtlichen Beurteilung der Kommission in diesen Verfahren siehe auch *Cardoso/Kijewski/Koch/Lindberg/Nagy*, Competition Policy Newsletter 2010-3.
323 *Braun*, in: Langen/Bunte, Kartellrecht Band 1, Anhang zum fünften Abschnitt, Sonderbereich Energiewirtschaft, Rn. 150, 261.
324 Siehe allgemein 4. Kap. Rn. 114 ff.
325 BKartA, B8-113/03 (E.ON Ruhrgas), WuW/E DE-V 1147, 1149; *Klotz*, in: MünchKomm, SB Energie, Rn. 171 ff.; *Scholz*, in: Wiedemann, § 34 Rn. 116 ff.
326 BKartA, B8-113/03 (E.ON Ruhrgas), WuW/E DE-V 1147, 1149; *Braun*, in: Langen/Bunte, Anhang zum fünften Abschnitt, Sonderbereich Energiewirtschaft, Rn. 144 f.
327 EuGH, C-234/89 (Delimitis), Slg. 1991, I-935.
328 BGH, KVR 67/07 (Gaslieferverträge), WuW/E DE-R 2679 ff.; vgl. auch OLG Düsseldorf, 2 Kart 1/06 (E.ON Ruhrgas), WuW/E DE-R 1757 ff.
329 4. Kap. Rn. 117.
330 BGH, KVR 67/07 (Gaslieferverträge), WuW/E DE-R 2679 ff.
331 BKartA, Evaluierungsbericht Gaslieferverträge, S. 8; Diskussionspapier des BKartA vom 6. April 2005; (kritisch *Litpher/Böwing*, ET 2005, 430; *Strohe*, ET 2005, 359); siehe allerdings die Entscheidung des BGH, KZR 39/92 (Restkaufpreis), WuW/E DE-R 1305/1306, in der ein Stromlieferungsvertrag, der den gesamten Bedarf eines gewerblichen Abnehmers über eine Laufzeit von drei Jahren und vier Monaten deckte, trotz marktbeherrschender Stellung des Lieferanten als unbedenklich angesehen wurde; zum Musterverfahren der Kommission zur Beurteilung langfristiger exklusiver Gaslieferverträge betreffend den belgischen Gasmarkt siehe *Drauz/Schnichels*, ZNER 2005, 2, 5.

jetzt zu dem Ergebnis, dass eine entsprechende Untersagung derartiger langfristiger Gasliefer-verträge nicht mehr geboten sei.[332] Gleichwohl behält sich das BKartA vor, bei konkreten An-haltspunkten Verfahren wegen eines Verstoßes gegen § 1 GWB und Art. 101 AEUV einzulei-ten.[333]

200 Auch **Alleinvertriebsvereinbarungen** können kartellrechtlich kritisch sein.[334] Hierbei sichert der Energielieferant dem Abnehmer zu, diesen innerhalb eines bestimmten Gebietes exklusiv und damit ausschließlich zu beliefern. Neben diesen Beschränkungen zu Lasten des Lieferanten sind darüber hinaus auch Beschränkungen des Abnehmers üblich. Hierbei verpflichtet sich der Ab-nehmer im Rahmen eines Weiterverkaufsverbots, nicht in ein bestimmtes Gebiet weiterzuver-kaufen. Beide Formen der Exklusivität können gegen Art. 101 Abs. 1 AEUV verstoßen, weil sie den Lieferanten bzw. den Abnehmer als Wettbewerber entziehen und den Sekundärhandel be-hindern.[335] Wie bei allen vertikalen Vereinbarungen ist aber auch hier zu prüfen, ob diese nach der Vertikal-GVO[336] freistellungsfähig sind. Relevant werden hier vor allen Dingen die Art. 1 Abs. 1 lit. d), Art. 4 lit. b) und Art. 5 lit. a) Vertikal-GVO.[337]

3. Netzzugang

201 Die Übertragungs- bzw. Fernleitungs- und Verteilnetze bilden natürliche Monopole im jewei-ligen Netzgebiet. Um dennoch effektiven Wettbewerb zwischen den EVU zu ermöglichen, ist es daher erforderlich, neuen Lieferanten den Zugang zu (fremden) Netzen zu eröffnen.[338] Die Anforderungen an das „Ob" und „Wie" des seit den europäischen Beschleunigungsrichtlinien zwingend vorgeschriebenen **regulierten Netzzugangs** ist in unterschiedlichen Vorschriften ge-regelt.[339] Sie finden sich auf europäischer Ebene in der Strom- und Gas-Verordnung bzw. deren Vorgängerregelungen.[340] Nach deutschem Recht müssen Betreiber von Energieversorgungs-netzen jedermann nach sachlich gerechtfertigten Kriterien diskriminierungsfreien Netzzugang gewähren, § 20 Abs. 1 EnWG. Zur weiteren Konkretisierung des § 20 EnWG wurden Zugangs- und Netzentgeltverordnungen für Elektrizitäts- und Gasversorgungsnetze erlassen.[341] Die Be-dingungen und Entgelte für den Netzzugang müssen danach angemessen, diskriminierungsfrei und transparent und dürfen nicht ungünstiger sein, als die von den Netzbetreibern in ver-gleichbaren Fällen gegenüber verbundenen Unternehmen gewährt werden, § 21 EnWG. Zudem wurde mit § 29 GWB eine Sondervorschrift für die Energiewirtschaft geschaffen, die den Marktmissbrauch durch Versorgungsunternehmen verhindern soll.[342]

202 Wie die Sektoruntersuchung „Kapazitätssituation in den deutschen Gasfernleitungsnetzen" des BKartA zeigt, sind jedoch insbesondere **langfristige Kapazitätsbuchungen** an marktstrategisch wichtigen Netzpunkten (d.h. an Grenz- und Marktgebietsübergangspunkten) geeignet, auf den relevanten Märkten für die Ein- und Ausspeisung von Erdgas in Fernleitungsnetze selbst, vor allem aber auf den nachgelagerten Märkten für den Erdgasvertrieb eine Marktabschottung zu

---

332 BKartA, Evaluierungsbericht Gaslieferverträge, S. 43, entgegen Monopolkommission, Sondergutachten 54, Rn. 502. Zur Änderung der Wettbewerbsbedingungen vgl. BKartA, Evaluierungsbericht Gaslieferverträge S. 39 ff.

333 BKartA, Evaluierungsbericht Gaslieferverträge, S. 45.

334 *Braun*, in: Langen/Bunte, Anhang zum fünften Abschnitt, Sonderbereich Energiewirtschaft, Rn. 155 ff., all-gemein 4. Kap. Rn. 139 ff.

335 Das BKartA hat in diesem Zusammenhang eine Reihe von Verfahren u.a. gegen Ferngasunternehmen ein-geleitet, vgl. BKartA, Evaluierungsbericht Gaslieferverträge, S. 25.

336 Dazu allgemein 4. Kap. Rn. 14 ff.

337 Verordnung (EU) Nr. 330/2010 der Kommission vom 20. April 2010 über die Anwendung von Artikel 101 Absatz 3 des Vertrages über die Arbeitsweise der Europäischen Union auf Gruppen von vertikalen Verein-barungen und abgestimmten Verhaltensweisen, ABl. 2010 L 102/1 („Vertikal-GVO").

338 *Braun*, in: Langen/Bunte, Anhang zum fünften Abschnitt, Sonderbereich Energiewirtschaft, Rn. 184; *Scholz*, in: Wiedemann, § 34 Rn. 58. Vgl. zur früheren Rechtslage ausführlich *ders.*, a.a.O, Rn. 59 ff.

339 Siehe zum deutschen Recht *Braun*, in: Langen/Bunte, Anhang zum fünften Abschnitt, Sonderbereich Ener-giewirtschaft, Rn. 187 ff. mit einem Überblick zur StromNZV und zur GasNZV sowie zu den Netzentgelten.

340 Siehe Nachweise Rn. 166.

341 Zur Regulierung der Netzentgelte im Gasbereich s. *Büdenbender*, DVBl 2010, 1529 ff. Seit dem 1. Januar 2009 regelt die Anreizregulierungsverordnung i.S.d. § 21a EnWG die Bestimmung der Netzentgelte.

342 Die Vorschrift gilt allerdings nur bis zum 31. Dezember 2012, vgl. § 131 Abs. 7 GWB. Siehe zu § 29 GWB auch *Scholz*, in: Wiedemann, § 34 Rn. 139 ff.

bewirken oder – im Falle von ‚Vorratsbuchungen' – sogar eine solche Wettbewerbsbeschrän-kung zu bezwecken.[343] Trotz des festgestellten dringenden Handlungsbedarfs im Sinne einer deutlichen Reduzierung des Anteils langfristig gebuchter Kapazitäten, plädierte das BKartA aber angesichts der Bemühungen um eine Novellierung der GasNZV für eine entsprechende regulierungsrechtliche Vorgabe, inhaltlich etwa nach dem Vorbild der Beschlüsse des BKartA zu langfristigen Gaslieferverträgen.[344]

Am 9. September 2010 trat die **novellierte Gasnetzzugangsverordnung** in Kraft.[345] Diese ent-hält erstmals eine Regelung zur Vertragslaufzeiten von Kapazitätsbuchungen an Grenz- und Marktgebietsübergangspunkten, § 14 Abs. 1 GasNZV 2010.[346] Zugleich sieht sie in § 13 Abs. 1 GasNZV 2010 die Verpflichtung der Fernleitungsnetzbetreiber zur diskriminierungs-freien Versteigerungen fester Ein- und Ausspeisekapazitäten (nach Markträumungspreis) vor[347] und soll damit den Zugang zu Transportkapazitäten erleichtern. Diesem Zweck soll auch ein neues Kapazitätsmanagement im Gasbereich dienen. Am 24. Februar 2011 veröffentlichte die BNetzA einen entsprechenden Beschluss im Festlegungsverfahren zur Neugestaltung des Kapazitätsmanagements an Grenz- und Marktgebietsübergangspunkten im deutschen Gas-markt.[348] Der darin als Anlage enthaltene **Standardkapazitätsvertrag** sieht insbesondere in § 2 Abs. 1 die Bündelung von Kapazitäten an diesen Netzpunkten vor.[349] Auf diese Weise soll der negative Effekt separater Buchungen von Ein- und Ausspeisekapazitäten, die letztlich zu einer Marktabschottung führen können (sog. „Flanschhandel"), beseitigt werden.[350]

203

---

343 Sektoruntersuchung Kapazitätssituation in den deutschen Gasfernleitungsnetzen: Abschlussbericht gemäß § 32e Abs. 3 GWB, S. 3.

344 Sektoruntersuchung Kapazitätssituation in den deutschen Gasfernleitungsnetzen: Abschlussbericht gemäß § 32e Abs. 3 GWB, S. 4.

345 Vgl. Art. 9 der Verordnung zur Neufassung und Änderung von Vorschriften auf dem Gebiet des Energie-wirtschaftsrechts sowie des Bergrechts vom 3. September 2010, BGBl. 2010, I-1261.

346 20% der technischen Jahreskapazität sind für Verträge mit Laufzeiten bis einschließlich zwei Jahren zu re-servieren, während nur 65% der technischen Jahreskapazität mittels Verträgen mit einer Laufzeit von mehr als vier Jahren vergeben werden dürfen.

347 Dies gilt allerdings nicht für interne Bestellungen nachgelagerter Netzbetreiber, § 8 Abs. 3 S. 2 GasNZV 2010.

348 BNetzA, BK7-10-001.

349 Dies bedeutet, dass sowohl Ausspeise- als auch Einspeisekapazitäten an Grenzübergangspunkten sowie an Marktgebietsgrenzen durch die Netzbetreiber zusammen angeboten werden, so dass für die Netznutzer nur noch eine Buchung und eine Nominierung notwendig ist, BNetzA, BK7-10-001, S. 16.

350 Allerdings nimmt der Beschluss – aufgrund des territorial begrenzten Geltungsbereichs des EnWG, § 109 Abs. 2 EnWG – ausdrücklich Grenzkopplungspunkte aus der verpflichtenden Kapazitätsbündelung aus, so-fern der ausländische Netzbetreiber eine solche Bündelung nicht ermöglicht.

11. Kapitel:
Zivilrechtliche Sanktionen bei Kartellverstößen

Literatur zu A. und B.: *Bundeskartellamt*, Private Kartellrechtsdurchsetzung – Stand, Probleme, Perspektiven, Diskussionspapier für die Sitzung des Arbeitskreises Kartellrecht am 26. September 2005, Internetseite des Amtes (www.bundeskartellamt.de/wDeutsch/download.Diskussionsbeiträge/05_Proftag.pdf); *Bunte*, die Bedeutung salvatorischer Klauseln in kartellrechtswidrigen Verträgen, GRUR 2004, 301; *Keßler*, Wettbewerbsbeschränkende Abreden in Gesellschaftsverträgen im Lichte von § 1 GWB und Art. 81 EGV – eine methodische und rechtsdogmatische Betrachtung, WRP 2009, 1208; *Schmidt, K.*, Europäisches Kartellverbot und „fehlerhafte Gesellschaft", in: Festschrift für Ernst-Joachim Mestmäcker zum 70. Geburtstag, Baden-Baden, 1996, S. 763; *Schmidt, K.*, Kartellprivatrecht – Zivilrechtswissenschaft und Kartellrechtswissenschaft: Herrin und Magd? Magd und Herrin?, ZWeR 2010, 15; *Thomas*, Grundsätze zur Beurteilung vertikaler Wettbewerbsverbote, WuW 2010, 177; *Weidenbach/Mühle*, Wettbewerbsverbote im Kartellrecht – Teil I: Unternehmenskaufverträge EWS 2010, 353.

A. Einleitung

1   Die Regeln des Wettbewerbsrechts betreffen weit überwiegend Rechtsverhältnisse unter Privaten. Dass das Unionsrecht auch privatrechtliche Rechtsfolgen auslöst, bedarf dennoch einer besonderen Rechtfertigung. Das gilt auch für die Begründung von Zuständigkeiten und die Etablierung von Verfahren zur Durchsetzung privatrechtlicher Ansprüche.[1] Art. 101 Abs. 2 AEUV ordnet die **Nichtigkeit wettbewerbsbeschränkender Vereinbarungen** an und stellt damit die einzige in diesem Sinne privatrechtliche Regelung im europäischen Wettbewerbsrecht dar. Die Zuständigkeit der Gerichte der Mitgliedstaaten zur Anwendung der Wettbewerbsregeln ergibt sich aus der Rechtsprechung des EuGH über die unmittelbare Wirkung der Art. 101 und 102 AEUV. Danach sind die Mitgliedstaaten und ihre Gerichte verpflichtet, das Unionsrecht im Rahmen ihrer Zuständigkeit anzuwenden, die volle Wirksamkeit seiner Regelungen zu gewährleisten und die Rechte zu schützen, die das Unionsrecht dem einzelnen verleiht.[2] Da das Unionsrecht weder hinsichtlich der Bestimmung der zuständigen Gerichte noch hinsichtlich der Ausgestaltung der Verfahren für Klagen, die dem Schutz der dem einzelnen aus der unmittelbaren Wirkung des Unionsrechts entstehenden Rechte dienen sollen, Bestimmungen enthält, sind die Mitgliedstaaten zu entsprechenden Regelungen aufgerufen.

2   Allerdings sind die Mitgliedstaaten nicht völlig frei. Vielmehr haben sie die Grundsätze der **Äquivalenz** und **Effektivität** zu beachten.[3] Dies bedeutet, dass die maßgeblichen Regelungen nicht ungünstiger ausgestaltet sein dürfen als die für gleichartige Klagen des innerstaatlichen Rechts geltenden Regelungen. Überdies dürfen die entsprechenden Regelungen den Schutz der unionsrechtlich gewährten Individualrechte nicht erschweren oder sogar unmöglich machen.[4] Konkret bedeutet dies, dass die Verletzung von Wettbewerbsregeln von den Gerichten der Mitgliedstaaten von Amts wegen zu prüfen ist, wenn dies auch für entsprechende Normen des innerstaatlichen Rechts gilt. Die Wettbewerbsregeln zählen zu den Vorschriften, die im Recht der Mitgliedstaaten Teil der öffentlichen Ordnung sind.[5] Mit den Wettbewerbsregeln wird ein doppelter Zweck verfolgt. Zunächst dienen diese Regeln dem Allgemeininteresse an einem unverfälschten Wettbewerb. Doch dienen sie auch dem **Individualschutz** einzelner Unternehmen und Verbraucher.[6] Aus dem Grundsatz des Individualschutzes ergibt sich in Verbindung mit

---

1   Statt aller *Mestmäcker/Schweitzer*, § 22, Rn. 1.
2   EuGH, Rs. 106/77 (Staatliche Finanzverwaltung/Simmenthal), Slg. 1978, 629, Rn. 16.
3   Ständige Rechtsprechung; vgl. nur EuGH, Rs. 261/95 (Palmisani), Slg. 1997, I-4025, Rn. 27.
4   Grundlegend insoweit EuGH, Rs. 45/76 (Rewe), Slg. 1976, 1989, Rn. 5; vgl. auch EuGH, Rs. C-430/93 u. C-431/93 (van Schijndel und van Veen), Slg. 1995, I-4705, 4737, Rn. 17.
5   Für die Rechtslage in Deutschland folgt daraus, dass die zwingenden kartellrechtlichen Bestimmungen unabhängig von ihrer Zuordnung zum deutschen und europäischen Kartellrecht zur öffentlichen Ordnung i.S.v. § 1041 Abs. 1 Nr. 2 ZPO zu rechnen sind; vgl. nur *Mestmäcker/Schweitzer*, § 22, Rn. 2.
6   EuGH, Rs. 46/87 u. 227/88 (Hoechst), Slg. 1989, 2859, Rn. 25 und EuGH, Rs. C-94/00 (Roquette Frères), Slg. 2002, I-9011, Rn. 42; dazu *K. Schmidt*, ZWeR 2010, 15, 26.

den Grundsätzen der Äquivalenz und Effektivität eine Verpflichtung der Mitgliedstaaten, die Wettbewerbsregeln mit Hilfe der Gewährung von Schadensersatzansprüchen durchzusetzen.[7] Unterschieden werden können die passive private Kartellrechtsdurchsetzung, d.h. die Rüge der Nichtigkeit einer kartellrechtswidrigen Absprache (B.) und die aktive private Kartellrechtsdurchsetzung, d.h. Klagen auf Unterlassung und Schadensersatz (Private Enforcement) (C.).[8]

B. Nichtigkeit

I. Nichtigkeit gem. Art. 101 Abs. 2 AEUV

Art. 101 Abs. 2 AEUV regelt abschließend die gemeinschaftsrechtliche Nichtigkeit wettbe- 3
werbswidriger Vereinbarungen. Die Norm soll mit ihrer weit reichenden Sanktion die Einhaltung des Vertrags gewährleisten. Zugleich soll sie sicherstellen, dass die Nichtigkeitsfolge nach Inhalt und Reichweite in allen Mitgliedstaaten gleich beurteilt wird.[9]

1. Nichtigkeit oder Unwirksamkeit (Begriff der Nichtigkeit)

Der Begriff der Nichtigkeit zählt zu den autonomen Begriffen des Gemeinschaftsrechts.[10] Al- 4
lerdings hat er dieselbe Bedeutung wie im deutschen Recht. Dies bedeutet, dass wettbewerbswidrige Vereinbarungen oder Beschlüsse keinerlei rechtliche Wirkungen entfalten. Die Nichtigkeit tritt **ex tunc** ein.[11] Nicht in Betracht kommt die Annahme einer schwebenden Unwirksamkeit. Die Nichtigkeit einer gegen Art. 101 Abs. 1 AEUV verstoßenden (und nicht gem. Art. 101 Abs. 3 AEUV vom Kartellverbot ausgenommenen) Vereinbarung ist spätestens seit dem 1. Mai 2004[12] sofort und absolut,[13] wirkt also für und gegen jedermann.[14] Dies bedeutet, dass eine nichtige Vereinbarung in den Rechtsbeziehungen zwischen Vertragspartnern keine Wirkungen erzeugt und auch Dritten nicht entgegengehalten werden kann.[15] Von vornherein ausgeschlossen sind insbesondere Ansprüche auf Erfüllung und auf Schadensersatz wegen Nichterfüllung.[16] Die Nichtigkeit tritt grundsätzlich unmittelbar kraft Gesetzes, also unabhängig von einer entsprechenden behördlichen oder gerichtlichen Entscheidung ein.

Wer sich auf die Nichtigkeit einer Vereinbarung beruft, verstößt damit nicht gegen den Grund- 5
satz von **Treu und Glauben** nach § 242 BGB.[17] Dies ergibt sich u. a. auch daraus, dass das Kartellverbot des Art. 101 Abs. 1 AEUV im öffentlichen Interesse besteht und nicht zuletzt die Handlungsfreiheit Dritter, die durch die Kartellabrede behindert werden, schützen soll.[18]

---

7 EuGH, Rs. 453/99 (Courage), Slg. 2001, I-6297, Rn. 29. Hiervon zu unterscheiden ist die autonome unionsrechtliche Begründung privatrechtlicher Ansprüche; vgl. hierzu EuGH, Rs. C-6/90 (Francovich), Slg. 1991, I-5357, Rn. 35 sowie *Mestmäcker/Schweitzer*, § 22, Rn. 4 f. Allg. zur Problematik der privaten Kartellrechtsdurchsetzung vgl. Bundeskartellamt, Private Kartellrechtsdurchsetzung – Stand, Probleme, Perspektiven, 2005.

8 *K. Schmidt*, ZWeR 2010, 15, 17, spricht von defensiven und offensiven Zivilrechtssanktionen.

9 Vgl. zum Ganzen auch *Jaeger*, in: Loewenheim/Meessen/Riesenkampff, Art. 81 Abs. 2, Rn. 1.

10 Vgl. nur *Schröter* in: Schröter/Jakob/Mederer, Art. 81 Abs. 2, Rn. 233 ("Institut des Gemeinschaftsrechts"). Bei der Auslegung des Begriffs ist insbes. die gemeinschaftsrechtliche Zielsetzung zu berücksichtigen; vgl. EuGH, Rs. 56/65 (Maschinenbau Ulm), Slg. 1966, 281.

11 Vgl. EuGH, Rs. 48/67 (Brasserie de Haecht), Slg. 1973, 86, wonach die Nichtigkeit die Vereinbarungen und Beschlüsse "in allen ihren vergangenen oder zukünftigen Wirkungen erfasst".

12 Zur Einführung des Prinzips der Legalausnahme siehe 1. Kap., Rn. 31 ff.

13 So jedenfalls *Jaeger*, in: Loewenheim/Meessen/Riesenkampff, Art. 81 Abs. 2, Rn. 7; a.A. *Mestmäcker/Schweitzer*, § 22, Rn. 8 u. 20.

14 Näher zu den Konsequenzen aus dem sog. Absolutheitsgrundsatz etwa *Jaeger*, in: Loewenheim/Meessen/Riesenkampff, Art. 81 Abs. 2, Rn. 4.

15 EuGH, Rs. 22/71 (Béguelin), Slg. 1971, 949, Rn. 29.

16 *Mestmäcker/Schweitzer*, § 22, Rn. 7. Demgegenüber bestehen im Grundsatz Ansprüche der beteiligten Unternehmen unter dem Gesichtspunkt der ungerechtfertigten Bereicherung. Allerdings ist im Verhältnis der an der Wettbewerbsbeschränkung Beteiligten die Grenze des § 817 S. 2 BGB zu beachten mit der Folge, dass Rückabwicklungsansprüche regelmäßig scheitern; vgl. nur *Bunte*, in Langen/Bunte, Art. 81, Generelle Prinzipien, Rn. 271.

17 Vgl. nur BGH v. 21.2.1989 (Schaumstoffplatten), WuW/E BGH 2565, 2567; vgl. auch *Dieckmann*, in: Wiedemann, § 40 Rn. 5.

18 Siehe oben Rn. 2.

2. Geltungserhaltende Reduktion

6   Die Nichtigkeitsfolge tritt nicht ein, wenn die an sich gegen Art. 101 AEUV verstoßende Abrede im Rahmen einer geltungserhaltenden Reduktion auf ein zulässiges Maß zurückgeführt werden kann.[19] Eine geltungserhaltende Reduktion ist z.b. bei übermäßigen Bezugsbindungen[20] und überschießenden Wettbewerbsverboten[21] denkbar.

7   Die **deutsche Rechtsprechung** hat sich insbesondere mit der Frage befasst, ob ein Wettbewerbsverbot, das sachlich, räumlich oder zeitlich „überschießend" ist, mit einem zulässigen Inhalt aufrecht erhalten werden kann. Bei **zeitlich** überschießenden Wettbewerbsverboten hat die deutsche Rechtsprechung dies bejaht.[22] Ist die **sachliche** Reichweite nicht gerechtfertigt, wird eine geltungserhaltende Reduktion demgegenüber abgelehnt.[23] Bei **räumlich** überschießenden Wettbewerbsverboten ist die Rechtsprechung uneinheitlich.[24] Ob eine geltungserhaltende Reduktion im Rahmen des **Art. 101 AEUV** vorgenommen werden kann, ist zwar nicht abschließend geklärt. Hierfür sprechen aber die besseren Argumente. Es geht nicht um die Rettung kartellrechtlicher Vereinbarungen durch Entschärfung des Kartellprivatrechts – dann gäbe es kaum kartellrechtswidrige, wohl aber viele richterlich moderierte Verträge -, sondern um die Verwirklichung des Vertragswillens auf der Basis des Kartellrechts.[25] Diese Überlegungen greifen auch wenn sich die Nichtigkeitsfolge aus Art. 101 Abs. 2 AEUV und nicht aus deutschem Recht ergibt.[26]

8   Gegen eine geltungserhaltende Reduktion wird das Sanktionsargument angewandt: Die Parteien sollen nicht dadurch belohnt werden, dass der Vertrag in dem gerade noch zulässigen Maß aufrecht erhalten bleibt.[27] Die Nichtigkeitsfolge des Art. 101 Abs. 2 AEUV hat aber den Zweck, die Durchsetzung rechtswidriger Rechtsgeschäfte zu verhindern und ist nicht auf die

---

19   Zur dogmatischen Einordnung des Instituts der geltungserhaltenden Reduktion im deutschen Recht (insbesondere Anwendungsfall von § 139 BGB oder von § 140 BGB, ergänzende Vertragsauslegung): K. Schmidt, in: Immenga/Mestmäcker, EG-WettbR, Art. 81 Abs. 2, Rn. 29. Auch wenn das Verhältnis des Instituts der geltungserhaltenden Reduktion zu § 139 BGB nicht abschließend geklärt ist, liegt es nahe, zunächst die Frage der geltungserhaltenden Reduktion zu prüfen. Kann die nichtige Klausel auf ein zulässiges Maß reduziert werden, verbleibt kein Nichtigkeitselement, das den Restvertrag "infizieren" kann. Die Frage der Reichweite der Nichtigkeit nach § 139 BGB unter Berücksichtigung einer etwaigen salvatorischen Klausel stellt sich nicht.
20   4. Kap., Rn. 114 ff., 125.
21   8. Kap., Rn. 272 ff.
22   Siehe etwa BGH, XIII ZR 85/84, NJW 1985, 2693, 2695; etwas zweifelnd im Hinblick auf den Sanktionsgedanken im Kartellrecht: BGH KZR 39/02 (Restkaufpreis), WuW/E DE-R 1305, 1306 (betr. eine überlange Ausschließlichkeitsbindung); die grundsätzliche Möglichkeit einer zeitlichen Reduktion wurde wiederum bejaht in BGH KZR 54/08 (Subunternehmervertrag II), WuW/E DE-R 2554, 2558, Rn. 25; dort wird die Nichtigkeit des Wettbewerbsverbots allerdings nicht auf § 1 GWB, sondern auf § 138 BGB gestützt.
23   Siehe etwa BGH, XIII ZR 62/88, GRUR 1989, 534, 536; BGH, KZR 39/02 (Restkaufpreis), WuW/E DE-R 1305, 1306 sowie (zu § 138 Abs. 1 BGB) BGH, KZR, 54/08 (Subunternehmervertrag II), WuW/E DE-R 2554, 2558, Rn. 25: keine geltungserhaltende Reduktion, da hierzu Änderung des gegenständlichen Grenzen des Verbots erforderlich wäre; kritisch dazu Thomas, WuW 2010, 177, 182: Argumentation berge die Gefahr einer Petitio Principii; im übrigen beschränke sich die Rechtsprechung etwa auch bei der gerichtlichen Absenkung rechtswidrig überhöhte Entgelte nicht auf zeitliche Aspekte, WuW 2010, 177, 183 m.w.N.; Topel, in: Wiedemann, § 50, Rn. 29 hält eine geltungserhaltende Reduktion für zulässig, wenn es nur eine denkbare gegenständliche Reduzierungsmöglichkeit gebe.
24   Für denkbar gehalten wurde eine geltungserhaltende Reduktion im Falle BGH, KZR 3/92 (Ausscheidender Gesellschafter), NJW 1994, 384, 386. Offengelassen wurde die Frage in BGH, II ZR 238/96, NJW 1997, 3089. Im Fall BGH KZR 39/02, (Restkaufpreis), WuW/E DE-R 1305, 1306 unter II. 3. hat der Kartellsenat ohne Bezugnahme auf die vorherigen Entscheidungen eine geltungserhaltende Reduktion für nicht möglich gehalten. In dieser Entscheidung ging es aber nicht um ein lediglich räumlich übermäßiges Wettbewerbsverbote, zu dem eine abschließende Stellungnahme des BGH wohl noch aussteht, Weidenbach/Mühle EWS 2010, 353, 359.
25   So K. Schmidt, in: Immenga/Mestmäcker, EG-WettbR, Art. 81 Abs. 2, Rn. 29; siehe auch Eilmannsberger, in: Streinz, Art. 81, Rn. 96 ff.
26   K. Schmidt, in: Immenga/Mestmäcker, EG-WettbR, Art. 81 Abs. 2 EGV, Rn. 29. Diese Frage ist vom EuGH zwar noch nicht geklärt, in der Sache VAG France/Magne hat der EUGH im Hinblick auf eine Ersatzungspflicht aber ausgeführt, dass es sich nach nationalem Recht bestimme, ob eine Nichtigkeit nach Art. 101 AEUV zur Folge haben könne, dass die Vertragsparteien verpflichtet seien, den Inhalt ihres Vertrages anzupassen, damit er nicht nichtig werde, EUGH, Rs. 10/86 (VAG France/Magne), Slg. 1986, 4071; Weidenbach/Mühle EWS 2010, 353, 358.
27   BGH, KZR 39/02 (Restkaufpreis), WuW/E DE-R 1305, 1306.

A. Johanns/T. Mäger

„Nichtigkeit als Strafe" gerichtet.[28] Grundsätzlich ist eine geltungserhaltende Reduktion allerdings dann schwierig, wenn ein rechtmäßiger Zustand durch eine Vielzahl denkbarer alternativer Abreden wiederhergestellt werden kann und ein eindeutiger Parteiwille nicht erkennbar ist. In diesem Fall dürfte der den Gerichten eingeräumte Gestaltungsspielraum überschritten sein, wenn das Gericht eine Entscheidung darüber trifft, wie ein rechtmäßiger Zustand herzustellen ist.[29] Denn eine geltungserhaltende Reduktion setzt stets den Nachweis eines entsprechenden Parteiwillens voraus.

3. Teil- oder Gesamtnichtigkeit des Vertrages

Eine andere Frage ist, ob eine nichtige Klausel den Restvertrag „infiziert". Die Nichtigkeit, die nach Art. 101 Abs. 2 AEUV eintritt, geht zunächst nur so weit, wie der Zweck oder die Wirkung der Vereinbarung oder des Beschlusses[30] mit dem Kartellverbot unvereinbar ist.[31] Dies bedeutet, dass nach Art. 101 Abs. 2 AEUV ohne weiteres nur diejenigen Teile der Vereinbarung oder des Beschlusses nichtig sind, die eine Wettbewerbsbeschränkung bezwecken oder bewirken.[32] Eine **Gesamtnichtigkeit** der Vereinbarung tritt nur dann ein, wenn sich die verbotswidrigen Teile von den anderen Teilen der Vereinbarung **nicht trennen** lassen.[33] Bei der Frage, ob eine Trennbarkeit in diesem Sinne besteht, muss geprüft werden (ggf. auch durch die Kommission),[34] ob der übrige Vertragsinhalt auch ohne die unwirksamen Abreden einen wirtschaftlich eigenständigen Regelungsgehalt behält.[35] Ist eine Trennbarkeit gegeben, so muss sich die Kommission darauf beschränken, die Zuwiderhandlung nur für diejenigen Teile der Vereinbarung festzustellen, die unter das Verbot fallen. Umgekehrt muss die Kommission, wenn sie eine Vereinbarung im Ganzen untersagt, in der Begründung angeben, weshalb sich die einzelnen Teile einer Vereinbarung nicht voneinander trennen lassen.[36]

9

Können Bestandteile einer Vereinbarung voneinander **getrennt** werden, so sind die Auswirkungen auf den Restvertrag nicht nach Gemeinschaftsrecht, sondern nach dem jeweiligen **nationalen Recht** zu beurteilen.[37] In Deutschland findet somit hinsichtlich der Beurteilung der Auswirkungen der Gemeinschaftswidrigkeit auf die gesamten vertraglichen Beziehungen § 139 **BGB** Anwendung. Da es auch nach § 139 BGB zunächst auf die Trennbarkeit einzelner Abreden ankommt, tritt eine Gesamtnichtigkeit nur dann ein, wenn sich die nichtigen Teile von den anderen nicht trennen lassen.[38] Liegt das Gewicht der Vereinbarung oder des Beschlusses, gemessen an dem von den Beteiligten hiermit verfolgten Zweck, auf den wettbewerbsbeschränkenden Teilen, so ist von einer **Gesamtnichtigkeit** auszugehen.[39] Bei einem Verstoß gegen Art. 101 Abs. 1 AEUV ist nach § 139 BGB also im Zweifel eine Nichtigkeit des Gesamtvertrags anzunehmen. Doch ist die Nichtigkeit des Gesamtvertrags keine zwangsläufige Folge, da insoweit auf den mutmaßlichen Parteiwillen abgestellt werden muss.[40]

10

---

28 *Thomas*, WuW 2010, 177, 183, auch unter Hinweis auf die exorbitanten Bußgeldsanktionen und die Schadensersatzmöglichkeiten bei Kartellrechtsverstößen.
29 BGH, II ZR 238/96, NJW 1997, 3089, 3090.
30 Näher zu diesen möglichen Gegenständen der Nichtigkeit statt aller *Jaeger*, in: Loewenheim/Meessen/Riesenkampff, Art. 81 Abs. 2, Rn. 18.
31 EuGH, Rs. 22/71 (Béguelin), Slg. 1971, 949; EuGH, Rs. C-234/89 (Delimitis), Slg. 1991, I-935.
32 EuGH, Rs. 56/65 (Maschinenbau Ulm), Slg. 1966, 281; EuGH, Rs. 22/71 (Béguelin), Slg. 1971, 949.
33 EuGH, Rs. 56/65 (Maschinenbau Ulm), Slg. 1966, 281; vgl. auch BGH v. 8.2.1994 (Pronuptia II), WM 1994, 1035, 1037.
34 Zur entsprechenden Verpflichtung der Kommission vgl. Kommission v. 12.12.1983 "Nutricia", ABl. 1983 L 376/22.; Kommission v. 5.9.1979 "BP/DDSF", ABl. 1979 L 286/32.
35 So *Dieckmann*, in: Wiedemann, § 40 Rn. 6; *Bunte*, in: Langen/Bunte, Art. 81, Generelle Prinzipien, Rn. 257; a.A. FK/Baur/Weyer, Art. 81 Zivilrechtsfolgen, Rn. 88, wonach fehlende Trennbarkeit anzunehmen sein soll, soweit an sich zulässige Klauseln für das Zustandekommen oder die Durchsetzung der verbotenen Klauseln von Bedeutung sind; ähnlich *Jaeger*, in: Loewenheim/Meessen/Riesenkampff, Art. 81 Abs. 2, Rn. 20.
36 EuGH, Rs. 56/64 u. 58/64, (Grundig/Consten), Slg. 1966, 322, 393.
37 EuGH, Rs. 56/65 (Maschinenbau Ulm), Slg. 1966, 281; EuGH, v. 18.12.1986 (VAG/Magne), Slg. 196, 4071, 4088.
38 BGH v. 27.2.1969 (Fruchtsäfte), WuW/E BGH 1004; BGH v. 9.4.1979 (Biesenkate II), WuW/E BGH 1117.
39 Vgl. hierzu auch OLG München v. 21.9.1989, DB 1990, 35; *Bunte*, in: Langen/Bunte, Art. 81, Generelle Prinzipien, Rn. 258.
40 Vgl. nur *Dieckmann*, in: Wiedemann, § 40, Rn. 7 m.w.N.

11 Mit einer **salvatorischen Klausel** bestimmen die Beteiligten, dass von der Nichtigkeit einer Vertragsklausel die Gültigkeit der Vereinbarung im Übrigen nicht berührt werden soll. Dabei kann sich die Klausel in einer sog. Restgültigkeitsklausel erschöpfen, die lediglich festlegt, dass der Restvertrag gültig bleiben soll. Doch ist ebenfalls denkbar, dass nach dem Willen der Beteiligten an die Stelle des nichtigen Teils eine Regelung treten soll, die der nichtigen Regelung wirtschaftlich gleichwertig ist (sog. Ersetzungsklausel).[41]

12 Eine **Restgültigkeitsklausel** regelt nach Auffassung des BGH nicht abschließend, dass nur von einer Teilnichtigkeit auszugehen ist. Vielmehr bleibt der Einwand der Gesamtnichtigkeit des Vertrages möglich. Nur muss diejenige Partei, die sich hierauf beruft, die Gesamtnichtigkeit darlegen und beweisen. Denn aus Sicht des BGH führt eine salvatorische Klausel lediglich zu einer **Umkehrung der in § 139 BGB enthaltenen Vermutung** zugunsten einer Gesamtnichtigkeit.[42] Der Entscheidung des BGH lag allerdings eine standardmäßig formulierte salvatorische Klausel zugrunde.[43] Demgegenüber dürfte sich die Wirkung einer salvatorischen Klausel nicht lediglich in einer Umkehrung der Vermutung des § 139 BGB erschöpfen, wenn eine Vertragsformulierung gewählt wird, in der von den Parteien klargestellt wird, dass bei einer **konkret beschriebenen Unwirksamkeitsfolge** der Restvertrag unberührt bleiben soll. Besteht z.B. ein Interesse an einem möglichst weitreichenden Wettbewerbsverbot, dessen Umfang zeitlich und/oder räumlich überschießend sein könnte, empfiehlt es sich, die salvatorische Klausel so konkret zu fassen, dass ihr ein auf eine geltungserhaltende Reduktion gerichteter Parteiwille entnommen werden kann. In der Praxis sind allerdings selten Klauseln anzutreffen, in denen Vertragsparteien ausdrücklich auf eine mögliche Kartellrechtswidrigkeit bestimmter Abreden Bezug nehmen.

13 Liegt eine **Ersetzungsklausel** vor, so ist eine Pflicht der Parteien anzunehmen, den Vertrag so anzupassen, dass er nicht mehr gegen Art. 101 Abs. 1 AEUV verstößt.[44] Eine derartige Klausel kommt allerdings nicht zum Tragen, wenn die als gleichwertig erachtete Regelung ihrerseits geeignet wäre, die wettbewerbsbeschränkenden Wirkungen des nichtigen Teils fortzusetzen.[45]

14 Offen bleibt, welche **Funktion** eine Ersetzungsklausel haben kann, wenn sich die Wirkung einer Restgültigkeitsklausel im Sinne der vorgenannten BGH-Rechtsprechung auf eine **Umkehr der Vermutung** des § 139 BGB beschränkt. Denn die Frage, ob die Parteien das teilnichtige Geschäft als Ganzes nicht mehr wollen oder aber den Rest gelten lassen wollen, kann sich erst dann stellen, wenn eine Vertragsergänzung aufgrund der Ersetzungsklausel stattgefunden hat. Nur dann kann beurteilt werden, ob nach der entsprechenden Ergänzung der Vertrag noch eine sinnvolle und ausgewogene Regelung der beiderseitigen Interessen enthält und ob deswegen anzunehmen ist, dass der Vertrag nach dem übereinstimmenden Willen der Vertragspartner zwar ohne die nichtige, aber mit der ergänzenden Bestimmung gelten soll.[46]

15 Die Nichtigkeit einer kartellrechtswidrigen Klausel kann zwar nicht durch den **Arglist-Einwand** entkräftet werden.[47] Der Arglist-Einwand kann aber bei der Frage von Bedeutung sein,

---

41 Beide Klauseln finden im Grundsatz vor dem europäischen Recht Anerkennung; EuGH, Rs. 10/86 (VAG/Magne), Slg. 1986, 4071, Rn. 15; vgl. auch *Jaeger*, in: Loewenheim/Meessen/Riesenkampff, Art. 81 Abs. 2, Rn. 27.

42 BGH, KZR 10/01 (Tennishallenpacht), WuW/E DE-R 1031 in Abkehr von BGH, KZR 2/93 (Pronuptia II), WuW/E BGH 2909, 2913; der Kartellsenat hat sich damit der Rechtsprechung mehrerer Zivilsenate angeschlossen, BGH, VIII ZR 25/94, NJW 1996, 773, 774; BGH, IX ZR 133/96, NJW-RR 1997, 684, 685; zuletzt BGH, IX ZR 18/09, Rn. 30; vgl. auch *Jaeger*, in: Loewenheim/Meessen/Riesenkampff, Art. 81 Abs. 2, Rn. 27.

43 Ebenso z.B. in der Entscheidung BGH v. 15.3.2010, II ZR 84/09, GWR 2010, 241, in dem der BGH die Wirkung einer salvatorischen Klausel – Umkehrung der Vermutung des § 139 BGB – bekräftigt hat.

44 EuGH, Rs. 10/86 (VAG/Magne), Slg. 1986, 4071, 4088. In der Praxis lassen sich zwei Typen von Ersetzungsklauseln unterscheiden: Entweder soll an die Stelle der nichtigen Abreden automatisch eine wirtschaftlich gleichwertige Ersatzregelung treten oder die Parteien werden lediglich verpflichtet, eine derartige Ersatzregelung zu vereinbaren.

45 Vgl. BGH v. 27.5.1986 (Pronuptia I), WuW/E BGH 2288, 2289; auch BGH v. 8.2.1994 (Pronuptia II) WuW/E BGH 2989; näher hierzu z.B. *Mestmäcker/Schweitzer*, § 22, Rn. 15; auch im Übrigen sind der Eignung einer Ersetzungsklausel, einen teilweise kartellnichtigen Vertrag in veränderter Gestalt zu "retten", verhältnismäßig enge Grenzen gesetzt; vgl. *Jaeger*, in: Loewenheim/Meessen/Riesenkampff, Art. 81 Abs. 2 Rn. 30.

46 *Bunte*, GRUR 2004, 301, 303.

47 Siehe Rn. 5.

ob Gesamtnichtigkeit eines Vertrages anzunehmen ist. Der BGH bejaht ausnahmsweise eine unzulässige Rechtsausübung in Fällen bejaht, in denen eine Partei durch die Nichtigkeit einer einzelnen Vertragsklausel besser gestellt wird. In diesem Fall solle es der begünstigten Partei verwehrt sein, sich auf die Nichtigkeit der Abrede zu berufen, um sonstigen Ansprüchen aus dieser Vereinbarung zu entgehen. Hingegen dürfe sich die Partei, für welche die Nichtigkeit einer einzelnen Klausel von Nachteil war, auf die Gesamtnichtigkeit des Vertrages berufen.[48]

4. Reichweite der Nichtigkeit

a) **Folge- und Ausführungsverträge.** Hinsichtlich der Reichweite der Nichtigkeit nach Art. 101 Abs. 2 AEUV kann man zwischen Ausführungsverträgen und Folgeverträgen unterschieden.[49] Bei den Ausführungsverträgen handelt es sich um **zusätzliche Vereinbarungen und Beschlüsse** zwischen den Beteiligten oder mit Dritten mit dem Ziel der Ergänzung, Absicherung, Durchführung oder Vertiefung der vereinbarten Wettbewerbsbeschränkung.[50] Ausführungsverträge werden von der Nichtigkeitsfolge des Art. 101 Abs. 2 AEUV erfasst. Entweder verstoßen sie selbst gegen Art. 101 Abs. 1 AEUV oder sie sind als nichtig zu qualifizieren, weil sie mit der Kartellabsprache ein einheitliches Ganzes bilden.[51] Anders zu beurteilen sind Folgeverträge mit Dritten. Bei den Folgeverträgen handelt es sich um Verträge, welche die Kartellmitglieder mit Dritten schließen und mit denen sie die **verbotene Absprache umsetzen.**[52] Diese werden von Art. 101 Abs. 2 AEUV nicht erfasst und sind daher voll wirksam.[53] Nach Auffassung des EuGH sind die Auswirkungen der Nichtigkeit nach Art. 101 Abs. 2 AEUV auf Folgeverträge nicht nach Unionsrecht, sondern nach nationalem Recht zu beurteilen.[54] Das deutsche Recht geht von dem Grundsatz aus, dass Folgeverträge zwischen Kartellmitgliedern und unbeteiligten Dritten wirksam sind.[55]

b) **Gesellschaftsverträge.** Sonderfragen stellen sich bei Gesellschaftsverträgen. Denn bei Gesellschaftsverträgen sind der Aspekt der Verhaltensbindung und der Aspekt der gesellschaftsrechtlichen Organisation häufig kaum zu trennen. Einfacher zu beurteilen sind dabei Fälle, in denen der Kartellrechtsverstoß lediglich auf **einzelne Bestimmungen** des Gesellschaftsvertrages beschränkt. Ob sich die Nichtigkeit auf den Gesamtvertrag erstreckt, beurteilt sich dann nach allgemeinen Regeln, d.h. nach § 139 BGB.[56]

Schwieriger zu beurteilen sind demgegenüber die Fälle, in denen der Gesellschaftsvertrag selbst durch den Kartellrechtsverstoß geprägt und somit in seiner **Gesamtheit** kartellrechtswidrig ist. Dies kann insbesondere Gemeinschaftsunternehmen betreffen. Geht es um eine deutsche **Kapitalgesellschaft** oder Genossenschaft, führt dies jedoch nicht automatisch zur rückwirkenden Totalnichtigkeit der Gesellschaft, sondern lediglich zur deren Liquidation mit Wirkung für die Zukunft, §§ 75 bis 77 GmbHG, §§ 275 bis 277 AktG, §§ 94 bis 97 GenG. Dies wird auch vom Unionsrecht anerkannt.[57] Bei einer deutschen **Personengesellschaft** fehlt es demgegenüber an einer vergleichbaren Regelung. In Betracht kommt die Anwendung der Lehre von der **fehlerhaften Gesellschaft**. Danach wird eine Gesellschaft als wirksam gegründet angesehen und kann nur – durch Auflösung der Gesellschaft oder durch Austritt eines Gesellschafters – mit Wirkung

16

17

18

---

48 BGH WuW/E BGH 2565, 2567; *Topel*, in: Wiedemann, § 50, Rn. 38.
49 Zuweilen macht die Unterscheidung Schwierigkeiten. So ist z.B. bei vertikal-wettbewerbsbeschränkenden Verträgen zu fragen, inwieweit der Einzelvertrag zur Gesamtwirkung des Systems beiträgt; vgl. hierzu nur *Mestmäcker/Schweitzer*, § 22, Rn. 18 u. § 10, Rn. 64 ff.
50 Vgl. nur *Bunte*, in: Langen/Bunte, Generelle Prinzipien, Art. 81, Rn. 262.
51 Dabei kommt es für die Erstreckung der Nichtigkeit wieder auf die Frage der Trennbarkeit an.
52 Ein Beispiel bilden Kaufverträge zu Kartellpreisen.
53 Krit. allerdings z.B. *Schröter* in: Schröter/Jakob/Mederer, Art. 81 Abs. 2, Rn. 241; dagegen *Jaeger*, in: Loewenheim/Meessen/Riesenkampff, Art. 81 Abs. 2, Rn. 24.
54 EuGH, Rs. 10/86 (VAG/Magne), Slg. 1986, 4071.
55 BGH v. 4.5.1956 (Spediteurbedingungen) WuW/E BGH 152, 153; OLG Düsseldorf v. 30.7.1987 (Delkredere-Übernahme), WuW/E OLG 4182, 4184.
56 Siehe Rn. 10 ff.; dies gilt nicht nur bei einem Verstoß gegen § 1 GWB, sondern auch bei einem Verstoß gegen Art. 101 Abs. 1 AEUV: *Keßler*, WRP 2009, 1208, 1213.
57 Siehe Art. 11 und 12 der 1. Publizitätsrichtlinie, Richtlinie 68/151/EWG vom 9.3.1968, ABl. 1968 L 65/8; siehe *Säcker/Jaecks*, in: MünchKomm, Art. 81 EG, Rn. 809; *Keßler*, WRP 2009, 1208, 1214.

für die Zukunft liquidiert werden. Nach Auffassung des BGH ist die Lehre von der fehlerhaften Gesellschaft jedoch nicht anzuwenden, wenn dem vorrangige Interessen der Allgemeinheit entgegenstehen. Dies hat der BGH im Falle der Kartellrechtswidrigkeit einer gesellschaftsrechtlichen Vereinbarung bejaht, und zwar zunächst im Hinblick auf eine kartellrechtswidrige BGB-Innengesellschaft[58] und in der Folge auch im Falle einer Außengesellschaft.[59] Das Allgemeininteresse gebietet jedoch keine rückwirkende Totalnichtigkeit. Unter Verkehrsschutzgesichtspunkten liegt es genau umgekehrt. Dem Interesse von Vertragspartnern (Gläubigern) und Mitarbeitern einer Gesellschaft entspricht es nicht, die Rechtsbeziehungen, die eine Gesellschaft ggf. über viele Jahrzehnte eingegangen ist, nach bereicherungsrechtlichen Grundsätzen rückabzuwickeln.[60] Es ist auch kein zwingendes wettbewerbspolitisches Interesse an einer rückwirkenden Totalnichtigkeit erkennbar. Die Annahme einer fehlerhaften Gesellschaft führt nicht zur Legitimation verbotener Kartellabsprachen. Die Kartellbehörden können eine Untersagungsentscheidung erlassen und Geldbußen verhängen. Drittgeschädigte können Schadensersatzklagen ergeben. Es kann sichergestellt werden, dass den Gesellschaftern einer kartellrechtswidrigen Gesellschaft der wirtschaftliche Erfolg aus der Durchführung einer Kartellvereinbarung genommen wird. Die Lehre von der fehlerhaften Gesellschaft steht lediglich der rückwirkenden Totalnichtigkeit[61] entgegen. Rückwirkend lässt sich Wettbewerb aber ohnehin nicht schaffen. Es ist auch kein überzeugender Grund erkennbar, die Lehre von der fehlerhaften Gesellschaft nur bei einem Verstoß gegen § 1 GWB, nicht aber bei einem Verstoß gegen Art. 101 Abs. 1 AEUV anzunehmen.[62]

II. Nichtigkeit gem. Art. 102 AEUV i.V.m. § 134 BGB

19 Art. 102 AEUV ist ebenso wie Art. 101 AEUV unmittelbar anwendbar. Zwar sieht die Bestimmung keine privatrechtlichen Rechtsfolgen vor. Doch gelten auch in diesem Zusammenhang die Grundsätze der Äquivalenz und Effektivität mit der Konsequenz, dass die Bestimmung in derselben Weise durchgesetzt werden muss wie die entsprechenden Regeln des nationalen Rechts. Der Missbrauch einer beherrschenden Stellung ist nach § 20 GWB auch nach deutschem Recht verboten. Daher ist auch eine gegen Art. 102 AEUV verstoßende Vereinbarung als nichtig zu beurteilen. Art. 102 AEUV ist ein **Verbotsgesetz i.S.d. § 134 BGB**. Die Nichtigkeitsfolge erfasst allerdings nur die gegen Art. 102 AEUV verstoßenden Vereinbarungen. Bei Teilnichtigkeit gilt § 139 BGB.[63]

---

58 BGH WuW/E BGH, 2675, 2678 (Nassauische Landeszeitung).

59 So ohne Begründung in der Entscheidung v. 4.3.2008, KVZ 55/07 (Nord-KS/Xella), WuW/E DE-R 2361, 2362 im Anschluss an die Vorinstanz: OLG Düsseldorf v. 20.6.2007, WuW/E DE-R 2146; siehe auch OLG Hamm v. 13.3.1986, WuW/E OLG 3748, 3749.

60 Es gibt allgemein Bestrebungen, den Anwendungsbereich des Bereicherungsrechts nicht unnötig auszudehnen. So wird z.B. bei kartellrechtlich unwirksamen Bezugsbindungen in langfristigen Energielieferverträgen ein sog. „Interimsverhältnis" befürwortet, das durch ein Sonderkündigungsrecht beendet werden könne, *Säcker/Jaecks*, Langfristige Energielieferverträge im Wettbewerbsrecht, Berlin, 2002, S. 86 Fn. 301; *Schöler*, Langfristige Gaslieferverträge, Köln, 2006, S. 227. Dabei geht es nur um schuldrechtliche Liefervverhältnisse. Der Verkehrsschutzaspekt muss erst recht gelten, wenn eine Gesellschaft mit vielfältigen Außenbeziehungen in Rede steht.

61 Das BKartA und die Gerichte gingen z.B. im Fall Nord-KS/Xella zwar von einer rückwirkenden Totalnichtigkeit eines SGU aus (BKartA, WuW/E DE-V 1277; OLG Düsseldorf, WuW/E DE-R 2146; BGH WuW/E DE-R 2361), haben das betroffene GU aber gleichwohl als Beteiligter eines Kartellverfahrens angesehen, einen Gesellschafter verpflichtet, aus dem GU auszuscheiden und sich mit der Frage befasst, ob es ausreicht, dem Gesellschafter zu untersagen, an Beiratssitzungen teilzunehmen und das Stimmrecht auszüben (OLG Düsseldorf). Diese Fragen stellen sich nicht, wenn tatsächlich von einer rückwirkenden Totalnichtigkeit ausgegangen wird.

62 *Keßler*, WRP 2009, 1208, 1214; *K. Schmidt*, in: Immenga/Mestmäcker, EG-WettbR, Art. 81 Abs. 2 EGV, Rn. 45; *Säcker/Jaecks*, in: MünchKomm, Art. 81 EG, Rn. 811; a.A. OLG Köln RIW 1995, 506, 508; *Jaeger*, in: Loewenheim/Meessen/Riesenkampff, Art. 81 Abs. 2, Rn. 33.

63 Vgl. zum Ganzen nur *Mestmäcker/Schweitzer*, § 22, Rn. 23.

A. Johanns/T. Mäger

C. Private Enforcement

Literaturhinweise zu C.: *Alexander*, Privatrechtliche Durchsetzung des Verbots von Verkäufen unter Einstandspreis, WRP 2010, 727; *Becker*, Kartellrechtliche Schadensersatzklagen à l'américaine?, in: Möschel/Bien, Kartellrechtsdurchsetzung durch private Schadensersatzklage?, Baden-Baden, 2010, S. 37; *Bongard*, Mehrerlöse, Mengeneffekte und volkswirtschaftliche Kartellschäden, WuW 2010, 762; *Bork*, Zurechnung im Konzern, ZGR 1994, 237; *Bulst*, Schadenseratzansprüche der Marktgegenseite im Kartellrecht, Baden-Baden, 2006; *ders.*, Zum Problem der Schadensabwälzung und seiner Analyse durch das KG in „Transportbeton", in: Möschel/Bien, Kartellrechtsdurchsetzung durch private Schadensersatzklage?, Baden-Baden, 2010, S. 225; *Bürger*, Die Haftung der Konzernmutter für Kartellrechtsverstöße ihrer Tochter nach deutschem Recht, WuW 2011, 130; *Buxbaum*, Private Enforcement of Competition Law in the United States – Of Optimal Deterrence and Social Costs, in: Basedow, Private Enforcement of EC Competition Law, Alphen/Rijn, 2007, S. 41; *Fort*, Leniency and Private Antitrust Litigation, GCLR 2008, 24; *Geimer/Schütze*, Europäisches Zivilverfahrensrecht, 3. Aufl., München, 2010, Art. 5 A 1, Rn. 250 und 251d; *Görner*, Die Anspruchsberechtigung der Marktbeteiligten nach § 33 GWB, 2007; *Grünberger*, Bindungswirkung kartellbehördlicher Entscheidungen, in: Möschel/Bien, Kartellrechtsdurchsetzung durch private Schadensersatzklage?, Baden-Baden, 2010, S. 135; *Haucap/Stühmeier*, Wie hoch sind die durch Kartelle verursachten Schäden: Antworten aus Sicht der Wirtschaftstheorie, WuW 2008, 413; *Hempel*, Privater Rechtsschutz im Kartellrecht, Baden-Baden, 2002; *ders.*, Kollektiver Rechtsschutz im Kartellrecht, in: Möschel/Bien, Kartellrechtsdurchsetzung durch private Schadensersatzklage?, Baden-Baden, 2010, S. 71; *Jones*, Private Enforcement of Antitrust Law in the EU, UK and USA, Oxford, 1999; *Mäger/Zimmer/Milde*, Konflikt zwischen öffentlicher und privater Kartellrechtsdurchsetzung, WuW 2009, 885; *Mankowski*, Das neue Internationale Kartellrecht des Art. 6 Abs. 3 der Rom-II-Verordnung, RIW 2008, 177; *McDougall/Verzariu*, Vitamins Litigation: Unavailability of Exemplary Damages, Restitutionary Damages and Account of Profits in Private Competition Law Claims, ECLR 2008, 181; *Weitbrecht*, Kommentar: Zeitenwende bei der Vorlage von Verfahrensakten der Kommission?, WuW 2010, 867; *Wilhelmi*, Zugang zu Beweismitteln und Auskunftsanspruch – Die Regelungen des deutschen Rechts und des Weißbuchs im Vergleich, in: Möschel/Bien, Kartellrechtsdurchsetzung durch private Schadensersatzklage?, Baden-Baden, 2010, S. 99; *Wurmnest*, Zivilrechtliche Ausgleichsansprüche von Kartellbeteiligten bei Verstößen gegen das EG-Kartellverbot, RIW 2003, 896.

I. Einleitung

1. Begriffsbestimmung

Der Begriff des Private Enforcement[64] trägt einen gewissen Widerspruch in sich. „Enforcement" deutet zunächst einmal auf ein hoheitliches Handeln hin. Unter Public Enforcement versteht man unstreitig die Durchsetzung von Rechtsregeln durch den Staat.[65] Das europäische Kartellrecht wird durch den Staat, genauer gesagt, durch bestimmte europäische und nationale Behörden und Gerichte (Art. 4-6 VO 1/2003) durchgesetzt. Von dem Vorstehenden ausgehend, müsste das Private Enforcement die zwangsweise Durchsetzung kartellrechtlicher Vorschriften durch Privatpersonen beinhalten. Der Einzelne würde dann mit besonderen Befugnissen ausgestattet werden, um ein Ziel zu verwirklichen, welches primär von staatlicher Seite umzusetzen ist, entsprechend der Tätigkeit eines Beliehenen. Gemeinhin wird der Begriff Private Enforcement aber materiell verstanden. Die Verfolgung kartellrechtlicher Ansprüche durch den Privaten (Schadensausgleich, Abstellung von Behinderungen, Lösung vom belastenden Vertrag) soll gleichzeitig das Kartellrecht als solches stärken. Insbesondere soll der dabei zugesprochene Schadensersatz neben dem Ausgleich auch der Abschreckung dienen.[66]

Üblicherweise wird zwischen der aktiven und der passiven privaten Kartellrechtsdurchsetzung unterschieden. Mit der ersteren sind Klagen auf Unterlassung und Schadensersatz gemeint. Unter letzterem versteht man die Rüge der Nichtigkeit einer kartellrechtswidrigen Absprache gemäß Art. 101 Abs. 2 AEUV.[67] Im Folgenden wird, entsprechend der rechtspolitischen Dis-

20

21

---

64 Der Begriff der „Privaten Kartellrechtsdurchsetzung" wird im Folgenden synonym verwendet.
65 *Hempel*, S. 21 f.
66 *Hempel*, in: Möschel/Bien, S. 75; *Haucap/Stühmeier*, WuW 2008, 413, 414.
67 *Görner*, S. 5 f., *Hempel*, S. 21.

kussion,[68] nur die aktive Durchsetzung des Kartellrechts im Wege der Schadensersatzklage wegen Verletzung kartellrechtlicher Vorschriften betrachtet.

22 Im Grundsatz sollte das Private Enforcement damit keiner besonderen Vertiefung bedürfen. Eine private natürliche oder juristische Person erleidet einen Nachteil durch das Verhalten eines oder mehrerer Unternehmen. Der derart Geschädigte bedient sich der Hilfe der Gerichte, um den erlittenen Nachteil ausgleichen zu lassen. Die jeweiligen nationalen Rechtsordnungen stellen entsprechende Schadensersatzvorschriften und Rechtswege zur Verfügung. Je leichter und attraktiver der Gang zum Gericht ist, desto effektiver wird das Kartellrecht durchgesetzt.

23 An dieser Überlegung entzündet sich die Kontroverse um das Private Enforcement. Stark verkürzt lässt sich dies in die Frage kleiden, ob es ein (europäisches) Sonderrecht geben muss, um die Attraktivität des Gerichtsgangs zu erhöhen, oder ob das jeweilige nationale Schadens- und Zivilverfahrensrecht ausreicht. Eine Jurisdiktion, in der Private Enforcement eine sehr große Rolle spielt, sind die Vereinigten Staaten. Im Folgenden soll ein knapper Überblick über die Ausprägung des Private Enforcement in den Vereinigten Staaten gegeben werden, um eine Antwort auf die Frage nach dem Sonderrecht zu erhalten.

2. Die Situation in den USA

24 Zwischen 90%[69] und 95%[70] der Kartellrechtsstreitigkeiten vor den amerikanischen Gerichten sind privatrechtlicher Natur, d.h. werden von Privatpersonen auf Kläger- und Beklagtenseite betrieben. In den Vereinigten Staaten gibt es neben den Privatklägern mehrere Behörden, die Verstöße gegen das Kartellrecht verfolgen: Das Bundesjustizministerium (DOJ), die Federal Trade Commission und die Justizministerien der Bundesstaaten.[71] Gemein ist den Vorgenannten, dass sie eine Zivil- oder Kriminalklage (zu letzterer ist nur das DOJ befugt) vor einem zuständigen Gericht erheben müssen, um eine Verurteilung der gegen das Kartellrecht verstoßenden Partei zu erreichen. Ein Verwaltungsverfahren, an dessen Abschluss eine Unterlassungsverfügung oder ein Bußgeldbescheid steht, wird von den US-Behörden nicht betrieben.[72] Das US-Kartellrecht hat von Anfang an private Schadensersatzklagen vorgesehen und auch schon sehr früh eine Verdreifachung des Schadensersatzes.[73] Der Schadensersatz wird dabei auch zum Schadensausgleich zugesprochen.[74] Vorrang hat jedoch die Abschreckung von Verstößen.[75] Dieser Vorrang geht zum Teil so weit, dass der Ausgleich nur noch als ein willkommenes Nebenprodukt angesehen wird.[76] So führt der weitgehende Ausschluss der Klagebefugnis mittelbar Geschädigter (Ausschluss der Passing-On-Defence) durch die Rechtsprechung des U.S. Supreme Court unter Hinweis auf die Effektivität der Rechtsdurchsetzung[77] unter Umständen dazu, dass der Kläger keinen Schaden hat, weil er die kartellbedingt erhöhten Preise vollständig an seine Kunden weitergegeben hat, aber dennoch Schadensersatz erhält. Das Primat der Abschreckung wird auch im Ausschluss von (zusätzlichen) Strafschadensersatzansprüchen in Kartellrechtsfällen deutlich, der auf den Strafcharakter der „treble damages" zurückzuführen ist.[78]

---

68 Dazu Rn. 26 ff.
69 Bericht des Centre for European Policy Studies, der Erasmus Universität Rotterdam und Luiss Guido Carli, Making antitrust damages actions more effective in the EU: welfare impact and potential scenarios, 2007. S. 9; EuGH, verb. Rs. C- 295/04-298/94 (Manfredi), Slg. 2006, I-6619, Rn. 29.
70 Bundeskartellamt, Private Kartellrechtsdurchsetzung, S. 15.
71 *Jones*, S. 14–16.
72 *Jones*, S. 17 Fn. 4.
73 *Buxbaum*, in: Basedow, S. 43. Seit dem 15. Oktober 1914 lautet die einschlägige Formulierung: „Any person who shall be injured in his business or property by anything forbidden in the antitrust laws may sue therefore and shall recover threefold of damages by him sustained, and the cost of suit including attorney's fee.".
74 *Buxbaum*, in: Basedow, S. 43; *Becker*, in: Möschel/Bien, S. 45.
75 *Becker*, in: Möschel/Bien, S. 44.
76 *Buxbaum*, in: Basedow, S. 46.
77 Bundeskartellamt, Private Kartellrechtsdurchsetzung, S. 16 f.
78 Bundeskartellamt, Private Kartellrechtsdurchsetzung, S. 16; näher *Becker*, in: Möschel/Bien, S. 45 f.

Neben der Verdreifachung des Schadensersatzes und dem – weitgehenden – Ausschluss der Passing-On-Defence ist noch der Ausschluss von Regressforderungen im Innenverhältnis der als Gesamtschuldner haftenden Kartellanten als Besonderheit zu nennen.[79]

Während dementsprechend die materiellrechtliche Seite der privaten Kartellrechtsdurchsetzung in den Vereinigten Staaten von den – im amerikanischen Rechtssystem – üblichen Standards abweicht, indem es insbesondere die Zuerkennung von überkompensatorischen Schadensersatzansprüchen nicht an ein gesondert nachzuweisendes verwerfliches Verhalten knüpft, sind im prozessualen Bereich kaum Besonderheiten gegenüber der Ausgestaltung anderer zivilrechtlicher Rechtsstreitigkeiten zu verzeichnen.[80] Bei isolierter Betrachtung scheint daher die Verdreifachung des Schadensersatzes, verbunden mit Sammelklagen, Ausforschungsbeweisen, sehr weitgehende Gebührenvereinbarungen und Verfahren vor Juroren, die besondere Stärke des Private Enforcement in den Vereinigten Staaten auszumachen. Wollte man daher von den Vereinigten Staaten lernen, wäre eine Umstellung sehr weiter Teile des kontinentaleuropäischen Rechtssystems erforderlich. **25**

3. Rechtspolitische Diskussion

a) **Die Sicht der Behörden.** Bereits für die Reform des Verfahrensrechts im EU-Wettbewerbsrecht war die Förderung der privaten Kartellrechtsdurchsetzung von zentraler Bedeutung.[81] Dennoch wird weiterer Handlungsbedarf gesehen. Die Kommission nimmt an, dass die durch Verstöße gegen Artt. 101 und 102 AEUV jährlich verursachten, aber nicht ausgeglichenen Schäden 5,7 bis 23,3 Milliarden Euro betragen.[82] Sie geht insofern von einem weit unterdurchschnittlichen Niveau der privaten Kartellrechtsdurchsetzung in den Staaten der EU aus. Als Ursache hierfür hat sie in einem **Grünbuch aus dem Jahre 2005** mannigfaltige Hindernisse in den materiellen und verfahrensrechtlichen Vorschriften der Mitgliedstaaten identifiziert. In ihrem **Weißbuch vom 2. April 2008** hat sie dann mehrere Vorschläge unterbreitet, um diese Defizite zu beseitigen, nämlich: **26**

- Erstreckung der Klagebefugnis auf indirekte Abnehmer; Einführung kollektiver Rechtsschutzmechanismen;

- Verbesserung des Zugangs zu Beweismitteln, insbesondere Herausgabepflichten der Partei mit überlegenem Wissen;

- Bindungswirkung der Entscheidungen nationaler Wettbewerbsbehörden;

- Verschuldensvermutung im Falle eines nachgewiesenen Verstoßes gegen Artt. 101 oder 102 AEUV;

- Festlegung der europäischen Grundsätze des Schadensersatzrechtes;

- Ausarbeitung einer Arbeitshilfe für Gerichte zur Bestimmung des entstandenen Schadens;

- Widerlegbare Vermutung der vollen Schadensabwälzung zugunsten des indirekten Abnehmers;

- Verjährungsfrist von mindestens 2 Jahren ab Bestandskraft der Entscheidung, auf die sich der Kläger beruft;

- Angemessene Deckelung der Gerichtskosten bei einer Schadensersatzklage;

- Schutz der Corporate Statements von Unternehmen, die im Rahmen einer Kronzeugenregelung abgegeben wurden.

---

79 *Texas Industries, Inc. v. Radcliff Materials, Inc.*, 451 U.S. 630, 646.
80 Genannt werden kann insbesondere das sog. One-way-fee shifting, wonach, in Abweichung zum sonstigen US-Recht, der Kläger vom Beklagten im Fall des Obsiegens den Ersatz seiner Anwaltskosten verlangen kann, aber im Fall des Unterliegens nicht zum Ersatz der Anwaltskosten des siegreichen Beklagten verpflichtet ist. Vgl. *Becker*, in: Möschel/Bien, S. 49.
81 Ausführlich dazu *Schwarze/Weitbrecht*, § 11 Rn. 23 ff.
82 Folgenabschätzungsbericht der Kommission, COM (2008), 165, SEC (2008), 404, Rn. 45.

27   Ende 2009 wurde eine Studie zur Bestimmung von Schäden aus Kartellrechtsverletzungen, die
      unter der Federführung des Beratungsunternehmens Oxera erstellt wurde[83] vorgestellt. Diese
      stellt eine Vorarbeit für die Kommission bezüglich ihres Bemühens um eine Anleitung für Ge-
      richte dar, den aus Kartellen oder sonstigen Kartellrechtsverstößen entstandenen Schaden zu
      bemessen. Weitere offizielle, d.h. veröffentlichte Schritte der Kommission sind, soweit ersicht-
      lich, noch nicht erfolgt. Allerdings kursierten im April und Juni 2009 bereits inoffizielle Ent-
      würfe einer Richtlinie, mit denen die vorgenannten Punkte umgesetzt werden sollten.[84] Das
      Bundeskartellamt zeigt sich in seinem Diskussionspapier zurückhaltender. Insbesondere sieht
      es die tiefen Eingriffe in nationale Rechtsordnungen – wobei in Deutschland bezeichnender-
      weise schon einige der vorgenannten Punkte im Zuge der 7. GWB Novelle umgesetzt wurden
      – skeptisch.[85]

28   **b) Bedenken der Wirtschaft.** Aus den Stellungnahmen der Wirtschaftsverbände zum Weiß-
      buch,[86] aber auch aus der Unternehmenspraxis insbesondere international tätiger Unternehmen
      lässt sich insbesondere die Furcht vor einer sog. Amerikanisierung des Rechts ableiten.[87] Dabei
      sind es drei Dinge, die im Vordergrund stehen und von denen zwei grundsätzlich in keinem
      besonderen Zusammenhang zu dem US-Kartellrecht stehen, nämlich die Pre-Trial Discovery,
      die Class Actions (der Jury-Prozess spielt insoweit keine Rolle) sowie der vorerwähnte dreifache
      Schadensersatz. Dabei sind es weniger die Rechtsinstrumente als solche als ihre praktische
      Handhabung durch amerikanische Gerichte und Anwälte, die ein gewisses Befremden auszu-
      lösen vermögen. Durch das Ansammeln großer Klägerzahlen und das Herausverlangen einer
      sehr großen Anzahl Dokumente, deren Bereitstellung großen Verwaltungs- und Kostenauf-
      wand erzeugen kann, wird ein Drohpotential aufgebaut, dass zahlreiche Unternehmen in Ver-
      gleiche treibt, unabhängig von der Validität der vertretenen Ansprüche.[88]

29   Insofern sind es insbesondere die Überlegungen zu kollektiven Rechtsschutz und der Heraus-
      gabe von Dokumenten, welche Bedenken erregen. Nach Einschätzung der Kommission sind
      die von ihr gemachten Vorschläge zu diesen Bereichen moderat und in Ansehung der Miss-
      bräuche in anderen Jurisdiktionen ausgestaltet.[89] Dies wird von Industrievertretern bestritten,
      wobei zu bedenken ist, dass die skizzenhaften Ausführungen des Weißbuch keine fundierte
      Analyse erlauben. Als weiterer Einwand wird vorgebracht, dass das bestehende Recht den
      Herausforderungen einer Schadensersatzklage im Kartellrecht ohne weiteres begegnen kann.
      Insofern soll im Folgenden der Status Quo des Private Enforcement beleuchtet werden.

II. Grundfragen der privaten Kartellrechtsdurchsetzung

30   Unabhängig von rechtspolitischen Erwägungen stellen sich für ein aktuell durch ein Kartell[90]
      vermeintlich geschädigtes Unternehmen eine Reihe von Herausforderungen für das Bemühen
      um einen Ausgleich seines Schadens.

1. Zuständigkeit der Gerichte

31   Art. 6 VO 1/2003 bestimmt, dass die nationalen Gerichte für die Anwendung der Art. 81 EGV
      (Art. 101 AEUV) und 82 EGV (Art. 102 AEUV) zuständig sind, ohne jedoch weitere Zustän-
      digkeitsregeln aufzustellen. Diese ergeben sich aus anderen Rechtsquellen.

32   **a) Rechtsgrundlagen.** Für den durch eine kartellrechtswidrige Handlung Geschädigten eröffnet
      die Verordnung (EG) Nr. 44/2001 vom 22. Dezember 2000 über die gerichtliche Zuständigkeit

---

83   Quantifying antitrust damages – Towards non-binding guidance for courts, December 2009.
84   Insbesondere zu den Vorschlägen zum kollektiven Rechtsschutz siehe *Hempel*, in: Möschel/Bien, S. 80 ff.
85   Bundeskartellamt, Private Kartellrechtsdurchsetzung, Überblick, II.
86   http://ec.europa.eu/competition/antitrust/actionsdamages/white_paper_comments.html.
87   Vgl. auch *Becker*, in: Möschel/Bien, S. 40.
88   *Becker*, in: Möschel/Bien, S. 64 f.
89   Arbeitspapier Weißbuch, Rn. 58 (zu kollektivem Rechtsschutz) und Rn. 94 (Herausgabe von Dokumenten).
90   Im Folgenden wird jeweils auf Kartelle, Kartellanten, Kartellverstöße etc. abgestellt. Hiermit sind, sofern sich
     aus dem Zusammenhang nichts anderes ergibt, auch andere Formen des Verstoßes gegen kartellrechtliche
     Vorschriften gemeint.

und die Anerkennung und Vollstreckung von Entscheidungen in Zivil- und Handelssachen (EuGVVO) mehrere Möglichkeiten der Gerichtswahl. Die EuGVVO begründet dabei unmittelbar gerichtliche Zuständigkeiten, vorausgesetzt, der Beklagte hat seinen (Wohn-)Sitz innerhalb des räumlichen Anwendungsbereichs der Verordnung (Art. 2 Abs. 1 und Art. 3 der EUGVVO).[91] Der Einwand des Forum Shopping, d.h. des Auswählens des klägerfreundlichsten Gerichtssystems, kann ihm dabei nicht entgegengehalten werden.[92]

b) Internationale Gerichtsstände. aa) Wohnsitz des Kartellanten. Nach Art. 2 Abs. 1 der   33
EuGVVO ist der Kläger grundsätzlich verpflichtet, Personen, die ihren Wohnsitz im Hoheitsgebiet eines Mitgliedstaats haben, ohne Rücksicht auf ihre Staatsangehörigkeit vor den Gerichten dieses Mitgliedsstaates zu verklagen. Gemäß Art. 60 Abs. 1 der Verordnung gilt für Gesellschaften und juristische Personen derjenige Ort als Wohnort im Sinne der Vorschriften der EuGVVO, an dem sich ihr satzungsmäßiger Sitz, ihre Hauptverwaltung oder Hauptniederlassung befindet.

bb) Ort der Unerlaubten Handlung. Nach Art. 5 Nr. 3 der EuGVVO kann eine Person abwei-   34
chend von Art. 2 Abs. 1 in einem ihrem Wohnsitzstaat verschiedenen EU-Staat verklagt werden, wenn eine unerlaubte Handlung den Gegenstand des Verfahrens bildet. In diesem Fall kann auch das Gericht am Ort zuständig sein, an dem das schädigende Ereignis einzutreten droht oder eingetreten ist. Aus dieser Formulierung folgt, dass sowohl der Handlungsort als auch der Erfolgsort Anknüpfungspunkt für den Gerichtsstand gemäß Art. 5 Nr. 3 der EuGVVO sein können.[93] Dabei ist zu beachten, dass im Falle einer deliktischen Handlung, die sich auf mehrere Mitgliedstaaten erstreckt, das Gericht des Handlungsorts über den gesamten – europaweit – entstandenen Schaden befinden kann, während das Gericht des Erfolgsorts nur über den im jeweiligen Mitgliedstaat entstandenen Schaden befinden kann.[94]

Im Falle von Preisabsprachen und vergleichbaren Kartellverstößen, die zu Vermögensschäden   35
führen, kann der Handlungsort der **Ort der Absprache, der Ort der Umsetzung oder der Sitz der jeweiligen Beklagten** sein. Der Erfolgsort ist hingegen der Ort der Vermögenseinbuße und damit in der Regel der Sitz des Kartellopfers.[95] Im Fall eines Boykottaufrufes wäre der Sitz des Verrufers oder der Sitz des Adressaten maßgeblich.[96]

cc) Mehrparteiengerichtsstand. Nach Art. 6 Nr. 1 EuGVVO können mehrere Personen – die   36
jeweils in verschiedenen Mitgliedstaaten ansässig sind[97] – am Sitz eines der Beklagten zusammen verklagt werden, sofern zwischen den Klagen eine so enge Beziehung gegeben ist, dass eine gemeinsame Verhandlung und Entscheidung geboten ist, um widersprechende Entscheidungen zu vermeiden. Die Klagen müssen im Wesentlichen sachlich oder rechtlich gleichartig sein, was insbesondere bei gesamtschuldnerisch haftenden Beklagten der Fall ist.[98] Da die **Mitglieder eines horizontalen Kartells** in der Regel als Gesamtschuldner haften, bietet diese Vorschrift dem Geschädigten einen weiteren Gerichtsstand.

Eine Besonderheit ergibt sich dann, wenn ein Beklagter nicht selber (nachweislich) am Kartell   37
beteiligt war, sondern nur mit einem Kartellanten konzernverbunden ist. So liegt der Fall in einem Schadensersatzprozess, den Reifenhersteller gegen Hersteller von Kautschukchemikalien im Anschluss an eine Bußgeldentscheidung der Kommission vor dem High Court in London angestrengt haben. Von den 23 Beklagten haben nur zwei Unternehmen (jeweils Tochterunternehmen der nach den Feststellungen der Kommission am Kartell beteiligten Mutterunternehmen) ihren Sitz in Großbritannien und gegen keines von ihnen hat die Kommission den Vorwurf des Verstoßes gegen Art. 101 AEUV erhoben. Nach Auffassung des High Court reicht es jedoch aus, dass die Tochterunternehmen Kautschukchemikalien verkauft und damit das

---

91 *Geimer*, in: Geimer/Schütze, A.1 Einl. Rn. 56.
92 *Geimer*, in: Geimer/Schütze, A.1 Einl. Rn. 66.
93 *Geimer*, in: Geimer/Schütze, Art. 5 A 1, Rn. 250 und 251d. Zu § 32 ZPO auch KG, WuW/E DE-R 384 – Show-Produktions-Vertrag.
94 EuGH, Rs. C-68/93 (Fiona Shevill I), Slg 1995, I-415, Rn. 33.
95 LG Dortmund, WuW/E DE-R 1352, 1353 – Vitaminpreise Dortmund.
96 KG WuW/E DE-R 384 – Show-Produktions-Vertrag.
97 *Geimer*, in: Geimer/Schütze, Art. 6 A.1 Rn. 15.
98 *Geimer*, in: Geimer/Schütze, Art. 6 A.1 Rn. 20.

Kartell, wenn auch unwissentlich, implementiert haben.[99] Diese Auffassung erscheint konsequent angesichts des Umstandes, dass auch im Bußgeldverfahren auf die „wirtschaftliche Einheit" abgestellt wird und damit regelmäßig die Muttergesellschaft für Handlungen ihrer Tochtergesellschaft einzustehen hat, unabhängig von der konkreten Kenntnis oder gar Teilhabe der Konzernmutter.[100] Sie erscheint aber nur sinnvoll, wenn man davon ausgeht, dass das Tochterunternehmen auch tatsächlich für die Implementierung des Kartells, unabhängig von seiner Kenntnis der auf Konzernebene getroffenen Absprache, haftet.[101] Denn andernfalls würde man zu dem prozessökonomisch wenig erstrebenswertem Ergebnis kommen, dass jahrelang über die Kenntnis der im Gerichtsstaat ansässigen Tochtergesellschaft gestritten wird und bei Scheitern des Nachweises die Klage wegen fehlender Zuständigkeit abgewiesen und dann der Prozess am Sitz der – regelmäßig unstrittig – verantwortlich handelnden Muttergesellschaft wiederholt wird.

38   c) **Gerichtswahl.** Der Kläger hat nach dem Vorstehenden insbesondere dann eine große Auswahl möglicher Gerichtsstände, wenn er sich als Opfer einer kartellrechtlichen Absprache mehrerer Beteiligter aus verschiedenen Mitgliedstaaten sieht. Er wird seine Auswahl nach dem ihm günstigsten Verfahrens- und Sachrecht treffen. Derzeit scheint Großbritannien eine bevorzugte Jurisdiktion zu sein, obschon auch die britischen Gerichte Zurückhaltung bei privaten Rechtsbehelfen zu erkennen gegeben haben.[102] Aber auch Deutschland kann ein attraktiver Gerichtsstand sein, da die Gerichtskosten verhältnismäßig gering sind, das materielle deutsche Schadensersatzrecht schon viele von der Kommission geforderte Maßnahmen[103] (Bindung an Entscheidungen anderer EU-Kartellbehörden und- Gerichte, weitgehende Begrenzung der Passing-On-Defence) enthält und die deutschen Gerichte sich in jüngster Zeit durch eine großzügige Rechtsprechung zugunsten der Kläger auszeichnen.[104] Dem Kläger ist es aber verwehrt, vor mehr als einem Gericht zu klagen. Tut er es doch, kommt Art. 27 EuGVVO zur Anwendung. Hiernach hat im Falle der Anrufung mehrerer Gerichte in verschiedenen Vertragstaaten wegen desselben Anspruchs, das oder die zeitlich später angerufenen Gericht(e) das Verfahren auszusetzen, bis die Zuständigkeit des zuerst angerufenen Gerichts feststeht. Steht diese fest, hat sich das zeitlich später angerufene Gericht für unzuständig zu erklären.

39   Art. 27 EuGVVO setzt dabei Identität der Parteien voraus und einen Streit wegen „desselben Anspruchs". Inhaltlich geht der EuGH von einem weiten Verfahrensgegenstandsbegriff aus. Hiernach betreffen mehrere Verfahren dieselbe Sache, wenn sie einen identischen Zweck verfolgen und sich um die gleiche Kernfrage drehen.[105] Daraus folgt, dass eine Klage auf Zahlung von Schadensersatz denselben Anspruch betrifft wie die Gegenklage des Erstbeklagten auf Feststellung, dass er dem Erstkläger nicht haftet.[106] Würde also ein möglicher Kartellant, der vor einem deutschen Gericht auf Schadensersatz verklagt wird, mit einer Klage auf Feststellung des Nichtbestehens der Kartellabsprache vor einem italienischen Gericht antworten, so hätte das italienische Gericht das Verfahren auszusetzen und sich später für unzuständig zu erklären, soweit die Zuständigkeit des deutschen Gerichts – unanfechtbar[107] – festgestellt ist. Umgekehrt

---

99   High Court of Justice, Queen's Bench Division, Commercial Court, [2009] EWHC 2609 (Comm) – *Cooper Tire & Rubbers Company and Others v Shell Chemicals UK Limited and Others*, Rn. 64 unter Hinweis auf High Court of Justice, Queen's Bench Division, Commercial Court. [2003] EWHC 961 (Comm) *Provimi Limited v Roche Products Ltd*, Rn. 30 f.; die Frage nach der Zurechnung wettbewerbswidrigen Verhaltens im Konzern stellt sich auch bei der Wahl des Beklagten, siehe dazu Rn. 50 ff.

100   Vgl. 12. Kap., Rn. 69 ff.

101   Hierzu unten Rn. 50 ff.

102   Vgl. McDougall/Verzariu, ECLR 2008, 181 ff. In einer Follow-On-Klage zum Vitaminkartell hat der Court of Appeal es abgelehnt, den Klägern Strafschadensersatz, Herausgabe des Verletzergewinns und Rechnungslegung zuzusprechen.

103   Siehe Rn. 26.

104   Vgl. KG, NJOZ 2010, 536; OLG Karlsruhe, Urteil vom 11. Juni 2010, Az.: 6 U 118/05 (Kart.) (noch nicht veröffentlicht).

105   EuGH, Rs. 144/86 (Gubisch/Palumbo), Slg. 1987, 4861, 4875; EuGH, Rs. C-406/92 (Tatry), Slg. 1994, I-5439, Rn. 41.

106   EuGH, Rs. 144/86 (Gubisch/Palumbo), Slg. 1987, 4861, 4875; EuGH, Rs. C-406/92 (Tatry), Slg. 1994, I-5439, Rn. 45.

107   *Geimer*, in: Geimer/Schütze, Art. 27 EuGVVO, A.1, Rn. 54.

P. Fort

gilt das gleiche, d.h. – anders als etwa nach deutschem Recht – kann mit einer zeitlich früheren negativen Feststellungsklage außerhalb Deutschlands eine Leistungsklage blockiert werden.[108]

d) „Italienischer Torpedo". Der Begriff des „Italienschen Torpedos" bezeichnet ein Szenario, 40 in dem durch Erhebung einer negativen Feststellungsklage auf Feststellung des Nichtbestehens eines Kartells (oder eines sonstigen haftungsrelevanten Sachverhalts) vor dem Gericht eines Mitgliedstaats die Leistungsklage des durch den Kartellverstoß geschädigten Unternehmen vor dem Gericht eines anderen Mitgliedstaats „torpediert" wird. Die Bezeichnung als italienisch ist dem Umstand geschuldet, dass Gerichte in Italien als besonders überlastet und damit langsam gelten. Insofern wird das Verfahren der Leistungsklage stark verzögert.[109]

e) Innerstaatliche Zuständigkeit. Steht die Zuständigkeit der Gerichte eines Mitgliedsstaates 41 fest, richtet sich die konkrete Zuständigkeit nach dem nationalen Verfahrensrecht. In Deutschland gilt insofern § 32 ZPO, der auf den Ort der Handlung abstellt, zu dem nach der Rechtsprechung des BGH sowohl jeder Ort, an dem die Handlung oder eine Teilhandlung begangen wurde als auch der Ort, an dem der Rechtsgutseingriff erfolgte (Erfolgsort), zählt.[110] Erfolgsort kann nach instanzgerichtlicher Rechtsprechung im Fall von Kartellschäden der Ort der Vermögensschädigung[111] sein oder der Ort, an dem sich die Wettbewerbsbeschränkung ausgewirkt hat.[112] Im Übrigen sind insoweit Zuständigkeitskonzentrationen in einzelnen Bundesländern zu beachten, etwa die KartKonzO NRW.[113]

2. Aktiv-/Passivlegitimation

a) Bestimmung des Anspruchsberechtigten. Anders als in vielen anderen Bereichen des De- 42 liktsrechts ist die Bestimmung des Klagebefugten im Kartellrecht nicht unproblematisch, da Eingriffe in Märkte theoretisch jeden Marktteilnehmer sowie dessen Lieferanten und Abnehmer berühren können.

aa) Einzelklagen. Nach der Rechtsprechung des EuGH widerspräche es der vollen Wirksam- 43 keit des Art. 101 AEUV, wenn nicht „jedermann" Ersatz des Schadens verlangen könnte, der

---

108 BGHZ 131, 201, 211.
109 Eine derartige Konstellation ergab sich in jüngster Zeit im Anschluss an die Bebußung kartellrechtswidrigen Verhaltens im Bereich der Kautschukchemie (COMP/F/38.638 – Butadien-Kautschuk und Emulsionsstyrol-Butadienkautschuk). Eine Reihe von Unternehmen, die von der Kommission belangt wurden, sind vor dem High Court in Großbritannien auf Schadensersatz verklagt worden. Nicht verklagt wurde das Unternehmen Enichem SpA. Dieses erhob – zeitlich vor der Klageerhebung in Großbritannien – vor dem Gericht in Mailand (dort fanden nach Feststellung der Kommission mehrere Kartelltreffen statt) negative Feststellungsklage gegen die „englischen" Kläger, mit dem Ziel, das Nichtbestehen eines Kartells oder die fehlende Teilnahme von Unternehmen der Eni-Gruppe vor aber die Abwesenheit von Schäden (generell oder speziell der Feststellungsbeklagten) aus einem möglichen Kartell feststellen zu lassen. Dieser negativen Feststellungsklage schlossen sich mehrere der vor dem High Court beklagten Unternehmen an. Hier stellt sich eine Sondersituation insofern, als dass dies kein unmittelbarer Fall von Art. 27 EuGVVO ist, da Enichem nicht vor dem High Court verklagt ist. Das Argument der Beklagten vor dem High Court, dass aufgrund der Gesamtschuldnerschaft und der untrennbaren Interessengleichheit zwischen ihnen und Enichem eine materielle Verfahrens- und Parteienidentität vorliegt, die eine entsprechende Anwendung des Art. 27 EuGVVO rechtfertigt, wies das Gericht zurück: einerseits seien die Beklagten unterschiedliche Firmen, andererseits habe Enichem als vermeintlicher Anführer des Kartells ein besonderes Verteidigungsanliegen (High Court of Justice, Queen's Bench Division, Commercial Court, [2009] EWHC 2609 (Comm) – *Cooper Tire & Rubbers Company and Others gegen Shell Chemicals UK Limited and Others*, Rn. 86). Art. 27 EuGVVO sei daher nicht anwendbar. Eine Anwendung des Art. 28 EuGVVO, der einem Gericht Ermessen einräumt, in Fällen möglicher Konflikte mit der Entscheidung eines anderen, zuerst angerufenen Gerichts das Verfahren auszusetzen, wurde aufgrund der Besonderheiten des Falls abgelehnt, kommt aber nach den Ausführungen des Gerichts durchaus in Betracht (Rn. 106). Auf italienischer Seite stellte sich die Frage, inwiefern ein Gericht überhaupt gegen eine – noch nicht bestandskräftige – Entscheidung der Kommission entscheiden kann. Das Gericht in Mailand hat hierzu entschieden, dass Art. 16 VO (EG) Nr. 1/2003 der Zulässigkeit der Klage entgegensteht.
110 BGH, NJW 1994, 1413, 1414; BGH, NJW 1996, 1411, 1413; BGH, NJW 1969, 1532, 1533.
111 LG Dortmund, EWS 2004, 434, 435 – Vitaminkartell.
112 LG Düsseldorf, WuW/E DE-R, 1948, 1949 – Zementkartell.
113 Kartellsachen-Konzentrations-VO, Verordnung vom 27. September 2005, GV. NRW, Seite 820.

ihm durch einen wettbewerbsverfälschenden oder -beschränkenden Vertrag entstanden ist.[114] Diese Rechtsprechung wurde anhand von Beschränkungen entwickelt, die das jeweilige nationale Recht zu Lasten eines Anspruchsstellers vorsah. Ihr ist aber nicht zu entnehmen, dass Art. 101 AEUV eine unmittelbare Anspruchsgrundlage darstellt, vielmehr stellt **das nationale Recht die Anspruchsgrundlagen für den Schadensersatz im Fall eines Kartellverstoßes** bereit.[115] Das nationale Recht muss sich jedoch am **Effektivitäts- und Äquivalenzgrundsatz** messen lassen: einerseits muss es dem Geschädigten die Möglichkeit geben, sowohl seinen unmittelbaren Schaden (*damnum emergens*) als auch seinen entgangenen Gewinn (*lucrum cessans*) geltend zu machen (Effektivitätsgrundsatz),[116] andererseits dürfen die Modalitäten für Klagen wegen Verstoßes gegen EU-Kartellrecht nicht schlechter sein als die für Verstöße gegen nationale Vorschriften (Äquivalenzgrundsatz).[117] Folglich kann selbst das an einer **Kartellrechtsverletzung beteiligte Unternehmen** Anspruch auf Schadensersatz haben, soweit es nicht erheblich an der Verletzung beteiligt war und die Gewährung von Schadensersatz nicht eine ungerechtfertigte Bereicherung darstellte.[118]

44   Im Kern bestimmt damit das nationale Recht den Kreis der möglichen Anspruchsberechtigten und kann diesen ggf. enger ziehen als „jedermann", also etwa den Kreis der Berechtigten auf unmittelbar Geschädigte beschränken.[119] Das deutsche Recht ist, der Rechtsprechung des EuGH folgend, sehr weit gegangen und räumt jedem von einem Kartellverstoß Betroffenen einen Anspruch auf Unterlassung, Beseitigung und, im Falle von Verschulden, Schadensersatz ein. Damit haben insbesondere auch Folgeabnehmer, also die Kunden der unmittelbaren Abnehmer des kartellierten Produkts, einen Anspruch auf Schadensersatz.[120] Nichtsdestotrotz kann auch nach deutschem Recht eine sinnvolle Eingrenzung je nach betroffener Vorschrift erfolgen: So können im Falle eines Verkaufs unter Einstandspreisen nach § 20 Absatz 4 GWB kleinere und mittlere Wettbewerber des kartellrechtswidrig handelnden Unternehmens Ansprüche geltend machen, nicht jedoch größere Wettbewerber, Abnehmer oder Anbieter;[121] insofern kann durch eine Auslegung des Schutzzwecks einer Norm die praktische Handhabbarkeit gewahrt werden.

45   Welches nationale Recht im Einzelnen Anwendung findet, richtet sich seit dem 11. Januar 2009 nach der Rom II-VO.[122] Artikel 6.3 lit. a) dieser VO bestimmt, dass das Recht desjenigen Staates anwendbar ist, dessen Markt beeinträchtigt ist oder wahrscheinlich beeinträchtigt wird. Dies kann im Falle transnationaler Wettbewerbsbeschränkungen zur Anwendbarkeit mehrerer Rechtsordnungen führen, da das sogenannte **Mosaikprinzip** gilt: Die Auswirkungen auf den einzelnen Märkten sind nach dem jeweiligen nationalen Recht (Marktrecht) zu beurteilen.[123] Um die Kosten und Schwierigkeiten der Anwendung fremder Rechtsordnungen zu vermei-

---

114   EuGH, Rs. C-453/99 (Courage and Crehan), Slg. 2001, I-6297, Rn. 26; EuGH, verb. Rs. C- 295/04-298/94 (Manfredi), Slg. 2006, I-6619, Rn. 63.

115   EuGH, verb. Rs. C- 295/04-298/94 (Manfredi), Slg. 2006, I-6619, Rn. 64 EuG, Rs. T-395/94 (Atlantic Container Line/Kommission), Slg. 2002, II-875, Rn. 414; *Wurmnest*, RIW 2003, 896, 897; *Bulst*, S. 213.

116   EuGH, verb. Rs. C- 295/04-298/94 (Manfredi), Slg. 2006, I-6619, Rn. 95; siehe auch 10. Kap., Rn. 2.

117   EuGH, Rs. C-453/99 (Courage and Crehan), Slg. 2001, I-6297, Rn. 29; EuGH, verb. Rs. C- 295/04-298/94 (Manfredi), Slg. 2006, I-6619, Rn. 99.

118   EuGH, Rs. C-453/99 (Courage and Crehan), Slg. 2001, I-6297, Rn. 30 f.; *Mestmäcker/Schweitzer*, § 22 Rn. 28 f.

119   Arbeitspapier Weißbuch, Rn. 37; *Topel*, in: Wiedemann, § 50 Rn. 83 ff.

120   *Emmerich*, in: Immenga/Mestmäcker GWB, § 33 Rn. 29; *Bulst*, in: Möschel/Bien, S. 240; KG, NJOZ 2010, 536, 545 m.N. zur Gegenansicht. Jüngst hat auch das OLG Karlsruhe in seinem Urteil vom 11. Juni 2010, Az.: 6 U 118/05 (Kart.) vertreten, dass nur die unmittelbare Marktgegenseite anspruchsberechtigt ist (Seite 14 des Urteils). Ausweislich seiner Pressemitteilung Nr. 118/2011 vom 29. Juni 2011 hat der BGH in seinem Urteil vom 28. Juni 2011, Az. KZR 75/10 dem OLG Karlsruhe widersprochen und entschieden, dass auch mittelbar Geschädigte einen Anspruch auf Schadensersatz haben und zwar sowohl nach altem als auch nach neuem Recht (§ 33 GWB n.F.). Damit dürfte die Frage vorbehaltlicher einer Auswertung des noch nicht veröffentlichten Urteils für die Praxis entschieden sein.

121   *Alexander*, WRP 2010, 727, 730.

122   Verordnung (EG) Nr. 864/2007 vom 11. Juli 2007 über das auf außervertragliche Schuldverhältnisse anzuwendende Recht („Rom II").

123   *Mankowski*, RIW 2008, 177, 188.

den,[124] bestimmt Art. 6 Abs. 3 lit. b) 1. Hs. der VO, dass unter bestimmten Bedingungen das Recht des erkennenden Gerichts auf den gesamten Anspruch des Geschädigten Anwendung findet. Voraussetzung hierfür ist, dass (a) die Märkte mehrerer Staaten beeinträchtigt sind, (b) der Beklagte an seinem Wohnsitz verklagt wurde und (c) der Wettbewerb in diesem Markt **unmittelbar und wesentlich beeinträchtigt** wurde. Das Kriterium der unmittelbaren und wesentlichen Beeinträchtigung dürfte dabei eine Korrektivfunktion haben, um bloße Reflexwirkungen auszugrenzen.[125] Werden mehrere Beklagte in Anspruch genommen, so bestimmt Art. 6 Abs. 3 lit. b) 1. Hs. der VO, dass der Kläger den gesamten Anspruch gegen alle Beklagten am Wohnsitz eines Beklagten geltend machen kann, wenn der Markt im Gerichtsstaat unmittelbar und wesentlich beeinträchtigt ist und sich das beeinträchtigende Verhalten als Grundlage für Ansprüche gegen jeden Beklagten darstellt.

bb) Mehrheit von Klägern. Insbesondere Kartelle in verbrauchernahen Märkten können zu   **46** Nachteilen für zahlreiche Personen führen, man denke etwa an eine Preisabsprache unter Lebensmittelherstellern. Da der Schaden des einzelnen oft sehr gering ist, ist fraglich, ob der Einzelne die Mühen einer Klageerhebung auf sich nimmt. Die Kommission sieht gerade bei solchen Streuschäden die Notwendigkeit, **Maßnahmen des kollektiven Rechtsschutzes** zu fördern.[126]

De lege lata besteht nach deutschem Recht die Möglichkeit und zunehmende Tendenz, neben   **47** der Bildung einer Streitgenossenschaft nach §§ 59 ff. ZPO oder der Streitverkündung nach § 72 ZPO, Schadensersatzansprüche an eine dritte Partei abzutreten, die diese dann im eigenen Namen und auf eigene Rechnung durchsetzt.[127] Derzeit prominentestes Beispiel ist die Klage des belgischen Unternehmens Cartel Damages Claim SA gegen die Mitglieder des Zementkartells, deren Zulässigkeit vom BGH, insbesondere das Fehlen eines Verstoßes gegen das Rechtsberatungsgesetz, bestätigt wurde.[128]

De lege ferenda strebt die Kommission die Einführung einer Verbandsschadensersatzklage so-   **48** wie Regelungen zu einer Opt-In-Sammelklage an. Im Fall der ersteren würden staatlich akkreditierte Verbände für ihre Mitglieder Schadensersatzklage erheben und den Erlös dann unter diesen nach noch festzulegenden Kriterien zu verteilen.[129] Im zweiten Fall würden sich mehrere Kläger bewusst zur gemeinsamen Rechtsverfolgung zusammenschließen. Nähere Regelungen hat die Kommission weder offiziell noch inoffiziell bekannt gemacht.[130]

b) Bestimmung des Anspruchsgegners. Sofern ein Kartellrechtsverstoß durch eine Behörde   **49** aufgedeckt wurde und es dann zu einem Schadensersatzprozess kommt, also im praktisch bedeutsamsten Fall, kann der Anspruchsgegner durch Lektüre der Behördenentscheidung ermittelt werden. Fraglich ist aber insbesondere die Behandlung von Konzernen.

aa) Konzernhaftung analog zur Bußgeldhaftung? In größeren Kartellfällen sind häufig Gesell-   **50** schaften beteiligt, die Teil eines Konzerns sind. Aus der Rechtsprechung des EuGH ist hinlänglich bekannt, dass im Rahmen des Art. 23 Abs. 2 der 1/2003 eine Zurechnung des Handelns einer Tochtergesellschaft an die Konzernmutter in Betracht kommt, wenn die Tochtergesellschaft trotz eigener Rechtspersönlichkeit ihr Marktverhalten nicht autonom bestimmt, sondern im Wesentlichen Weisungen der Muttergesellschaft befolgt.[131] Hierfür besteht im Fall von 100%-Beteiligungen eine widerlegliche Vermutung.[132] Eine verschuldensunabhängige Haftung der Muttergesellschaft wird nach Auffassung des EuGH hierdurch nicht begründet, denn diese (Muttergesellschaft) übt einen bestimmenden Einfluss auf die schuldhaft handelnde Tochter-

---

124 *Mankowski*, RIW 2008, 189.
125 *Mankowski*, RIW 2008, S. 190 m.w.N.
126 Weißbuch zu Schadensersatzklagen wegen Verletzung des EG-Wettbewerbsrechts, KOM(2008) 165, S. 4.
127 *Hempel*, in: Möschel/Bien, S. 78 f.
128 BGH GRUR-RR 2009, 319.
129 *Hempel*, in: Möschel/Bien, S. 80 ff., insbesondere mit Hinweisen zu den inoffiziellen Richtlinienentwürfen der Kommission aus April und Juni 2009.
130 *Hempel*, in: Möschel/Bien, S. 82.
131 EuGH, Rs. C 97/08 P (Akzo Nobel/Kommission), WuW/E EU-R 1639, 1640, *Aicher/Schumacher*, in Grabitz/Hilf, EGV Art. 81 Rn. 397, *Bürger*, WuW 2011, 130, 132 m.w.N. auch zur Kritik an dieser Rechtsprechung.
132 EuGH, Rs. C 97/08 (Akzo Nobel/Kommission), WuW/E EU-R 1639, 1640.

gesellschaft aus, auch wenn sie nicht unmittelbar an der Zuwiderhandlung beteiligt war.[133] In Fortführung dieses Gedankens könnte man zu der Auffassung gelangen, dass auch im Bereich privatrechtlicher Schadensersatzansprüche gegen eine Tochtergesellschaft ein Anspruch gegen die Konzernmutter besteht.[134] Dabei ist zu beachten, dass die vorgenannten Grundsätze vom EuGH im Hinblick auf Vorschriften des europäischen Rechts entwickelt wurden. Die Ausgestaltung der Schadensersatzansprüche wegen Verstöße gegen das europäische Kartellrecht ist jedoch dem nationalen Gesetzgeber überlassen, findet dabei aber seine Grenze im Effektivitäts- und Äquivalenzgrundsatz.[135]

51 Betrachtet man etwa das deutsche Konzernrecht, so ist eine Haftung der **Organe der Muttergesellschaft** im Vertragskonzern für Handlungen der Tochtergesellschaft nur dann denkbar, wenn an ein positives Handeln der Organe, also die Erteilung von Weisungen angeknüpft werden kann; das Unterlassen einer Weisung gegenüber der beherrschten Gesellschaft ist grundsätzlich nicht haftungsbegründend.[136] Die gleichen Grundsätze gelten auch für die Haftung der Muttergesellschaft selber.[137] Auch im sogenannten faktischen Konzern kommt eine Haftung der Konzernmutter nur bei einem Veranlassen der nachteiligen Maßnahme in Betracht (vgl. § 311 AktG) und auch dann besteht während des Bestands des faktischen Konzerns nur ein Anspruch der Tochtergesellschaft auf einen Ausgleich der Nachteile im Innenverhältnis.[138]

52 Eine Übertragung der Grundsätze des EuGH zur Bußgeldhaftung in Widerspruch zu den vorgenannten nationalen Grundsätzen wäre erforderlich, wenn die beschriebenen Regelungen dem Äquivalenz- und Effektivitätsgrundsatz zuwiderliefen. Da nach deutschem Recht ein Anspruch auf Schadensersatz gegen das Unternehmen, das schuldhaft das Kartellrecht verletzt, besteht und es dem allgemeinen Lebensrisiko entspricht, eine Rechtsverletzung durch einen wenig solventen Schädiger zu erleiden, dürften auch die Vorgaben des Effektivitäts- und Äquivalenzgrundsatzes nicht verletzt sein, wenn weiterhin eine aktive Beteiligung der Muttergesellschaft (oder sonstiger verbundener Unternehmen) an dem Kartell zur Voraussetzung für deren Schadensersatzpflicht gemacht wird.[139] Missbräuchen in Form von Strohmanngesellschaften, Unterkapitalisierung etc. kann ohne weiteres durch die allgemeinen Rechtsgrundsätze begegnet werden, etwa der sog. Durchgriffshaftung.[140]

53 **bb) Haftung nach zivilrechtlichen Maßstäben.** Geht man davon aus, dass es weiterhin einer aktiven Beteiligung der Konzernobergesellschaft an einem Kartellverstoß bedarf, um eine zivilrechtliche Haftung derselben für Handlungen von Untergesellschaften anzunehmen, so ist im Einzelfall zu klären, welche Voraussetzungen hierfür vorliegen müssen. Für das deutsche Recht ordnet § 31 BGB nach unstreitiger Ansicht an, dass jede juristische Person[141] für die **Handlungen ihrer Repräsentanten** haftet. Hierzu zählen nicht nur die Organmitglieder, sondern

---

133 EuGH, Rs. C 97/08 (Akzo Nobel/Kommission), WuW/E EU-R 1639, 1641; Folge dieser Rechtsprechung ist, dass sich der Bußgeldrahmen erheblich erweitert, sich nämlich am weltweiten Konzernumsatz und nicht nur demjenigen der konkret handelnden Konzerngesellschaften orientiert, vgl. die vorinstanzliche Entscheidung EuG, Rs. T-112/05 (Akzo Nobel/Kommission), Slg. 2007, II-5049, Rn. 90 f.

134 In diesem Zusammenhang sei insbesondere das Urteil des High Court of Justice, Queen's Bench Division, Commercial Court, [2003] EWHC 961 (Comm) – *Provimi Limited v Roche Products Limited & Ors.*, Rn. 31 erwähnt, das es für vertretbar hielt, zwei Gesellschaften eines Konzerns entsprechend der Sichtweise des EuGH als ein Unternehmen anzusehen, welches als solches schadensersatzpflichtig sein könnte. Inwiefern diese Sicht aber aufrecht erhalten wird, ist angesichts der Entscheidung des Court of Appeal [2010] EWCA Civ 864 (Comm) – *Cooper Tire & Rubbers Company and Others v Shell Chemicals UK Limited and Others* unklar. In Rn. 45 der letztgenannten Entscheidung führt der Court of Appeals aus, dass eine Haftung der Tochter für die Mutter eher ungewöhnlich sei, es aber für die Frage der Zuständigkeit des englischen Gerichts nur darauf ankomme, ob die englische Tochtergesellschaft von dem Kartellrechtsverstoß gewusst oder einen solchen selber begangen habe.

135 S.o. Rn. 43.

136 *Altmeppen*, in: Münchener Kommentar zum Aktiengesetz, 3. Aufl., München, 2010, § 309 Rn. 52; *Veil*, in: Spindler/Splitz, Kommentar zum Aktiengesetz, München, 2007, § 309, Rn. 16; *Hüffer*, Aktiengesetz, 9. Aufl., München, 2010, § 309 Rn. 10.

137 *Veil*, in: Spindler/Splitz, Kommentar zum Aktiengesetz, München, 2007, § 309, Rn. 40.

138 *Müller*, in: Spindler/Splitz, Kommentar zum Aktiengesetz, München, 2007, Vor § 311-318, Rn. 29 ff.

139 So auch *Bürger*, WuW 2011, 130, 139 f.

140 Vgl. den Überblick bei *Hüffer*, Aktiengesetz, 9. Aufl., München, 2010, § 1 Rn. 15 ff.

141 *Reuter*, in: Münchener Kommentar zum Bürgerlichen Gesetzbuch, 5. Aufl., München, 2007, § 31 Rn. 11.

alle sonstigen Personen, denen durch die allgemeine Betriebsregelung und Handhabung bedeutsame, wesensmäßige Funktionen der juristischen Person zur selbständigen, eigenverantwortlichen Erfüllung zugewiesen sind, so dass sie die juristische Person im Rechtsverkehr repräsentieren.[142] Dementsprechend haftet eine Aktiengesellschaft auch dann für die Folgen eines Kartellverstoßes, wenn die gegen Art. 101 AEUV verstoßende Vereinbarung von einem leitenden Vertriebsmitarbeiter ohne Kenntnis des Vorstands abgeschlossen wurde. Fraglich ist aber, wie mit einem rechtswidrigen Handeln des Vertriebsleiters einer Tochtergesellschaft dieser Aktiengesellschaft umzugehen ist. Ginge man von einer **umfassenden und originären Konzernleitungsmacht** aus, so haftete die Muttergesellschaft für sämtliche Handlungen ihrer Tochtergesellschaften.[143] Diese Auffassung wird aber ganz überwiegend abgelehnt.[144] Verwiesen werden kann auch auf den Corporate Governance Codex. Dieser sieht in seiner Ziffer 4.1.3 vor, dass der Vorstand [eines börsennotierten deutschen Unternehmens] für die Einhaltung der gesetzlichen Bestimmungen und der unternehmensinternen Richtlinien zu sorgen hat und auf deren **Beachtung durch die Konzernunternehmen hinwirkt.** Durch die Verwendung des Wortes „bewirken" wird auf die begrenzte Konzernleitungsmacht hingewiesen.[145]

Eine globale Konzernhaftung kommt damit auch für das Kartellrecht nicht in Betracht. Vielmehr muss im Einzelfall geprüft werden, ob entweder ein eigenes Verschulden der Repräsentanten der Muttergesellschaft vorliegt (z.B. Bestärkung der Tochtergesellschaft in kartellrechtswidrigem Tun) oder eine Zurechnung des Handelns von Vertretern der Tochtergesellschaft an die Muttergesellschaft in Betracht kommt. So können im Einzelfall die Tatbestände der allgemeinen Zurechnungsnormen des § 278 BGB bzw. des § 831 BGB erfüllt sein. Im Übrigen kommt eine Haftung der Muttergesellschaft unter dem Gesichtspunkt der Inanspruchnahme besonderen Vertrauens, der Instrumentalisierung einer Tochtergesellschaft im Einzelfall oder aber der gesteigerten Abhängigkeit („Betriebliche Einheit") in Betracht.[146] **54**

3. Feststellung der Kartellrechtsverletzung

Kartelle zeichnen sich durch ihre Heimlichkeit aus und die beteiligten Unternehmen geben sich **55**
oft große Mühe, ihre Absprachen geheim zu halten. Insofern unterscheiden sich Kartelldelikte von anderen Delikten, bei denen der Schaden (genauer: die Rechtsgutsverletzung) offensichtlich ist.[147] Dementsprechend ist es für Unternehmen, die kartellbedingt einen erhöhten Preis bezahlen, oft nicht klar, dass dies der Fall ist und in der Regel wird ihnen erst durch die Pressemitteilung der ermittelnden Behörde bewusst, dass ihnen möglicherweise ein Schaden entstanden ist. Insofern spielen Schadensersatzklagen eine sehr große Rolle, die im Anschluss an eine behördliche Sanktionierung wettbewerbswidrigen Verhaltens stattfinden (sog. follow-on Klage).

a) Bindung an behördliche Verbotsentscheidung. Mit Art. 16 der VO 1/2003 hat der Rat der **56**
Europäischen Union eine Vorschrift geschaffen, die Schadensersatzklagen im Anschluss an Verbotsentscheidungen der Kommission begünstigt.[148] Diese Vorschrift verpflichtet nationale Gerichte, **keine Entscheidungen zu Artt. 101 und 102 AEUV erlassen, welcher einer von der Kommission bereits getroffenen oder beabsichtigten Entscheidung zuwiderlaufen.** Bei laufenden Verfahren der Kommission kann das mit demselben Sachverhalt befasste Gericht prüfen, ob es sein Verfahren aussetzt, um einen Konflikt mit der beabsichtigten Kommissionsentscheidung zu vermeiden (Art. 16 Abs. 1 S. 3 VO 1/2003).

---

142 BGHZ 49, 19, 21.
143 Vgl. *Bork,* ZGR 1994, 237, 253.
144 Vgl. nur *Habersack,* in: Emmerich/Habersack, Aktien- und GmbH-Konzernrecht, 6. Aufl., München, 2009, § 311 Rn. 10 m.w.N.
145 *Ringleb,* in: Deutscher Corporate Governance Kodex, Kommentar, 3. Aufl., München, 2008, Rn. 616.
146 *Bork,* ZGR 1994, 237, 263 f.
147 *Bulst,* in: Möschel/Bien, S. 227.
148 *Zuber,* in: Loewenheim/Meessen/Riesenkampff, VO 1/2003/EG, Art. 16 Rn. 5.

57 Bindungswirkung entfalten – auch noch nicht bestandskräftige – Entscheidungen der Kommission nach Artt. 7, 8 und 29 der VO 1/2003,[149] strittig ist dies für Entscheidungen nach Art. 10 VO 1/2003.[150] Auch bei Bußgeldentscheidungen herrscht Streit, ob eine Bindungswirkung besteht, die sich dann auch auf das Verschulden erstreckt.[151] Unter Verweis auf Erwägungsgrund 22 der VO 1/2003 verneint wird die Bindungswirkung für Entscheidungen nach Art. 9 (Verpflichtungszusagen).[152] Die Entscheidung der Kommission ist nur bei Identität des Lebenssachverhalts (über den Kommission und Gericht entscheiden) und nur gegenüber ihrem Adressaten bindend.[153] Das bedeutet, dass der Kläger in einem kartellrechtlichen Schadensersatzprozess sich nicht unter Anwendung des Art. 16 VO 1/2003 auf eine Kommissionsentscheidung berufen kann, wenn der Beklagte nicht Adressat dieser Entscheidung war.[154] Inhaltlich bedeutet die Bindungswirkung – nach Auffassung der Kommission – dass das erkennende Gericht sowohl an die Tatsachenfeststellung als an die rechtliche Würdigung der Kommission gebunden ist.[155] Das Gericht hat damit nicht nur zur Kenntnis zu nehmen, dass es eine Kommissionsentscheidung gibt, sondern ist auch daran **gebunden, dass es sich um eine inhaltlich zutreffende Entscheidung handelt**. Dies wird in der deutschen Literatur bestritten.[156] Angesichts der Rechtsprechung des EuGH, welche einen wirksamen Schadensersatz fordert, ist für die Praxis von der Sichtweise der Kommission auszugehen.

58 Kommt dementsprechend die Kommission zu der Auffassung, dass ein Verhalten gegen Art. 101 oder 102 AEUV verstößt und erlässt sie ein Bußgeld, kann ein hierdurch vermeintlich Geschädigter in seinem Schadensersatzprozess gegen den oder die Adressaten der Entscheidung die schuldhafte Verletzung europäischen Kartellrechts unterstellen. Ist die Entscheidung der Kommission angefochten, kann das Gericht das Verfahren aussetzen, bis EuG und EuGH entschieden haben. Ist das Gericht nicht von der Richtigkeit der Entscheidung der Kommission überzeugt, kann es das Vorlageverfahren nach Art. 267 AEUV betreiben, solange die Entscheidung noch nicht bestandskräftig ist.[157]

59 Art. 16 VO 1/2003 erzeugt allerdings **keine Bindungswirkung hinsichtlich der Erkenntnisse der Kommission** jenseits der Feststellung der Verletzung der EU-Wettbewerbsregeln.[158] Für einen erfolgreichen Schadensersatzprozesses bedarf es mithin des nach nationalen Regeln zu erbringenden Nachweises von Kausalität zwischen (festgestellter) Verletzung und Schaden sowie Ausmaß des Schadens.[159]

60 Das deutsche Recht geht über den Art. 16 VO 1/2003 hinaus und bindet nach § 33 Abs. 4 Satz 1 GWB ausdrücklich aus über einen möglichen Schadensersatz erkennende Gericht an **die Feststellung des Verstoßes durch eine bestandskräftige** Entscheidung des Bundeskartellamts

---

149 *Zuber*, in: Loewenheim/Meessen/Riesenkampff, VO 1/2003/EG, Art. 16 Rn. 8; *Ritter*, in: *Immenga/Mestmäcker* EG-WettbR, VO 1/2003 Art. 16 Rn. 3; *Schneider*, in: MünchKomm, Art. 16 VO 1/2003 Rn. 8.

150 Zum Streitstand: *Grünberger,* in: Möschel/Bien, S. 162.

151 Bejahend: *Ritter*, in: *Immenga/Mestmäcker* EG-WettbR, VO 1/2003 Art. 16 Rn. 3; *Grünberger*, in: Möschel/Bien, S. 162 m.w.N. zur Gegenansicht.

152 *Zuber*, in: Loewenheim/Meessen/Riesenkampff, VO 1/2003/EG, Art. 16 Rn. 8; *Ritter*, in: *Immenga/Mestmäcker* EG-WettbR, VO 1/2003 Art. 16 Rn. 3; *Schneider*, in: MünchKomm, Art. 16 VO 1/2003 Rn. 8; *Grünberger*, in: Möschel/Bien, S. 162 m.w.N.

153 *Grünberger*, in: Möschel/Bien, S. 167.

154 Es kann sich aber ein Anscheinsbeweis für die Teilnahme eines nicht vom Bußgeldbescheid betroffenen Unternehmens an einem Kartell aus den Ausführungen des Bußgeldbescheides ergeben, vgl. KG, NJOZ 2010, 536, 539 – Zementkartell.

155 Arbeitspapier Weißbuch, Rn. 140.

156 Nachweise bei *Grünberger*, in: Möschel/Bien, S. 176.

157 *Zuber*, in: Loewenheim/Meessen/Riesenkampff, VO 1/2003/EG, Art. 16 Rn. 16. Bestandskraft tritt gemäß Art. 263 Abs. 6 AEUV nach Ablauf von 2 Monaten nach Bekanntgabe der Kommissionsentscheidung gegenüber dem Kläger, also im vorliegenden Zusammenhang des Kartellanten.

158 Das OLG Karlsruhe hat in einer noch nicht veröffentlichten Entscheidung vom 11. Juni 2010, Az.: 6 U 118/05 (Kart.) jedoch nur Teile der Sachverhaltsfeststellung der Kommission zugrunde gelegt, namentlich zu Details geplanter Preisabsprachen (Seite 10 des Urteils). Diese Feststellungen hat das Gericht für die Schadensbemessung in der Weise herangezogen, dass es für festgestellte Ankündigungen kartellrechtswidriger Preiserhöhungen eine vom Beklagten zu widerlegende Vermutung für die Umsetzung der Ankündigungen annahm (Seite 19 -21).

159 *Sura*, in: Langen/Bunte, VO 1/2003, Art. 16 Rn. 6; *Zuber*, in: Loewenheim/Meessen/Riesenkampff, VO 1/2003/EG, Art. 16 Rn. 16; LG Mannheim, GRUR 2004, 182, 183; Arbeitspapier Weißbuch, Rn. 156.

(oder einer Landeskartellbehörde), der Kommission oder einer anderen Kartellbehörde des Mitgliedsstaates. Damit entspricht das deutsche Recht jetzt schon den Vorstellungen der Kommission.[160]

b) Möglichkeiten der Sachverhaltsermittlung. aa) Einsicht in die Kommissionsakte. Da dem 61
Kläger nach dem oben Ausgeführten eine Kommissionsentscheidung lediglich den Nachweis erspart, dass ein oder mehrere bestimmte Unternehmen gegen Art. 101 und/oder Art. 102 AEUV verstoßen haben, stellt sich die Frage, inwiefern die sonstigen Feststellungen der Kommission zu dem Kartellverstoß vom Geschädigten genutzt werden können. Insbesondere Kartellanten, die mit der Kommission im Rahmen des Kronzeugenprogramms kooperiert haben, werden der Kommission eine Fülle von Details über das Kartell mitgeteilt haben, die für den Kläger von Interesse sein können. Fraglich ist damit das **Akteneinsichtsrecht des Kartellgeschädigten:**

Das nach Art. 27 Abs. 2 VO 1/2003 bestehende Akteneinsichtsrecht steht nur den Unternehmen 62
zu, gegen die sich die Entscheidung richtet und auch nur, soweit keine Geschäftsgeheimnisse betroffen sind.[161] Selbst wenn eine Partei bei der Kommission Beschwerde wegen eines sie betreffenden Kartellvergehens Dritter eingelegt hat (und die Partei also eine mögliche Schadensersatzklägerin ist), hat sie nur ein Einsichtsrecht, wenn ihre Beschwerde zurückgewiesen wird und dann auch nur in die Dokumente, auf welche die Kommission sich gestützt hat, um die Beschwerde zurückzuweisen.[162] Dokumente, die für einen Schadensersatzprozess förderlich sein können, werden sich darunter schwerlich finden. Ausdrücklich vor dem Zugriff Dritter geschützt sind die Unterlagen und Informationen, die Unternehmen im Rahmen des europäischen Kronzeugenprogramms an die Kommission übergeben.[163]

Auch nach den allgemeinen Regeln der Kommission zum Zugang zu ihren Akten kommt eine 63
Einsichtnahme durch andere als die an der Kommissionsuntersuchung beteiligten Unternehmen nicht in Betracht.[164] Die Kommission lehnt weiterhin den Zugang zu Dokumenten aus Kartell- und Beihilfeverfahren nach der VO 1049/2001 (sog. Transparenz-VO) regelmäßig ab.[165] Hierbei beruft sie sich auf die Ausnahmegründe in Art. 4 Abs. 2 der Transparenz-VO, u.a. Schutz von Geschäftsgeheimnissen und Schutz des Untersuchungszwecks. Das EuG billigt diese Praxis, wenn es auch der Kommission versagt hat, Akteneinsichtsanträge pauschal und ohne nähere Prüfung der einzelnen Dokumente abzulehnen.[166] Nunmehr hat der EuGH die Haltung der Kommission gestärkt, indem er entschieden hat, dass auch die pauschale Zurückweisung eines Auskunftsverlangens möglich ist. Insbesondere könne die Kommission bei der Auslegung des Art. 4 Abs. 2 Transparenz-VO berücksichtigen, dass das einschlägige spezielle Verfahrensrecht (es ging um ein Beihilfeverfahren) keine Auskunftsansprüche vorsehe und damit eine Vermutung dafür bestehe, dass eine Einsichtnahme die Untersuchung der Kommission gefährde.[167] Unklar bleibt die Bewertung der Rechtslage in Fällen abgeschlossener Kommissionsverfahren. Hier werden derzeit anhängige Klagen vor dem EuG weitere Klarheit bringen.

bb) Auskunftsanspruch gegen den Beklagten. Möchte der Kläger dennoch auf die Unterlagen, 64
die der Kommission vorgelegt wurden, zugreifen, so muss er aufgrund der derzeitigen Kommissionspraxis den Weg über den Beklagten wählen. Insofern sind die nationalen Regelungen zum Zivilrecht bzw. Zivilprozess maßgeblich und hierbei gilt zumindest für das deutsche Recht, dass die Möglichkeiten, eine Vorlage von Dokumenten durch den Prozessgegner zu erlangen,

---

160 Rn. 26.
161 Vgl. 12. Kap., Rn. 22 f.
162 Mitteilungen Akteneinsicht, Tz. 31.
163 *Fort*, GCLR 2008, 24, 26 f., *Mäger/Zimmer/Milde*, WuW 2009, 885, 895. Zur Entscheidung des EuGH vom 14. Juni 2011 in der Rs. C-360/09 (Pfleiderer AG/Bundeskartellamt) siehe 2. Kap., Rn. 130 und 12. Kap., Rn. 178.
164 Mitteilung zur Akteneinsicht, Tz. 7.
165 Vgl. *Weitbrecht*, WuW 2010, 867. Siehe auch EuGH, WuW/EU-R 1727, 1732 – Ilmenau. Gleiches gilt für das Bundeskartellamt im Hinblick auf die Kronzeugenanträge, welches das Einsichtsrecht des Klägers nach § 46 Abs. 1, 3 Satz 4 i.V.m. § 406e StPO insofern verweigert. Zur Entscheidung des EuGH vom 14. Juni 2011 in der Rs. C-360/09 (Pfleiderer AG/Bundeskartellamt) siehe 2. Kap., Rn. 130 und 12. Kap., Rn. 178.
166 EuG, Rs. T-2/03 (Österreichische Banken), Slg. 2005, II-1121, Rn. 82 ff.
167 EuGH, WuW/EU-R 1727, 1733 – Ilmenau.

begrenzt sind.[168] Denkbar ist allerdings ein Anspruch auf Auskunftserteilung und Rechnungslegung analog der Rechtsprechung des BGH im gewerblichen Rechtsschutz: danach besteht ein Auskunftsanspruch des Schadensersatzklägers, wenn eine besondere Rechtsbeziehung zwischen ihm und dem Beklagten besteht, wenn der Kläger in entschuldbarer Weise über das Bestehen oder den Umfang seines Rechts im Ungewissen ist, er sich die zur Vorbereitung und Durchführung seines Zahlungsanspruchs erforderlichen Informationen nicht auf zumutbare Weise selber beschaffen kann und der Verpflichtete sie unschwer, d.h. ohne unbillig belastet zu sein, zu erteilen vermag.[169] Da sich die besondere Rechtsbeziehung auch aus der Rechtsverletzung ergeben kann, dürfte dieser Anspruch auch im Kartellrecht begründbar sein, zumal bei festgestellter Rechtsverletzung.[170] Inhaltlich würde er sich auf das zur Schadensschätzung Erforderliche beziehen, unter Abwägung gegen den Aufwand und die Geheimhaltungsinteressen und -verpflichtungen des Beklagten. Soweit ersichtlich, gibt es noch keine entsprechende etablierte[171] kartellrechtliche Rechtsprechung in Deutschland, auch wenn mehrere Verfahren anhängig sind, in denen die Herausgabe aller Daten zu allen Transaktionen mit Kunden vor, während und nach Ende des Kartells gefordert wird.

4. Ermittlung des Schadens

65   Die größte Herausforderung, die sich dem Kläger stellt, ist die Bezifferung eines Schadens dem Grund und der Höhe nach. Aus betriebswirtschaftlicher Sicht führt ein typisches Preis- oder Mengenkartell zu höheren Preisen und in der Folge zu einem Nachfragerückgang, soweit das betroffene Produkt preiselastisch ist.[172] Nach der Rechtsprechung des EuGH steht dem durch ein Kartell Geschädigten daher der **Ersatz des eingetretenen Schadens und des entgangenen Gewinns** zu.[173] Zielsetzung ist der vollständige Schadensausgleich, Überlegungen zu Vervielfachung des Schadensersatzes hat die Kommission verworfen.[174]

66   Die Ausgestaltung des Schadensersatzes ist zwar eine nationale Angelegenheit. Stets gilt aber der Grundsatz, dass der auszugleichende Schaden sich aus einer Gegenüberstellung der Differenz zwischen dem hypothetischen Umsatz und Kosten des Klägers ohne Kartellrechtsverstoß und den tatsächlichen Umsatz- und Kostenpositionen ergibt.[175] Für jede Schadensbemessung ist damit die Abbildung der hypothetischen Situation ohne Kartellverstoß maßgeblich.[176] Die Abbildung der Marktentwicklung kann durch verschiedenste Modelle und Methoden erfolgen. Zu nennen sind insbesondere die **Vergleichsmarktmethode, die Kostenmethode und die Simulationsmethode.**[177] Diese Modelle ziehen entweder einen ähnlich strukturierten Markt mit funktionierendem Wettbewerb, die durchschnittlichen Kosten des kartellierten Produkts zuzüglich eines angemessenen Aufschlags oder die Analyse der Marktmechanismen des betroffenen Marktes heran, um den hypothetischen kartellfreien Markt abzubilden. Auf dieser Grundlage kann dann der sog. Wettbewerbspreis bestimmt oder, in der gerichtlichen Praxis, geschätzt

168   Vgl. *Wilhelmi*, in Möschel/Bien, S. 104 ff.; *Fort*, GCLR 2008, 27-29.
169   BGHZ 95,274, 278 f. – GEMA-Vermutung I; BGH GRUR 1994, 630, 633 – Cartier-Armreif; BGH GRUR 2007, 532, 533 – Meistbegünstigungsvereinbarung.
170   OLG Düsseldorf, WuW/E DE-R 143, 149 – Global One. Auf das Erfordernis der konkret festgestellten Rechtsverletzung weist auch *Wilhelmi*, in Möschel/Bien, S. 106 hin.
171   Das Urteil des OLG Düsseldorf, WuW/E DE-R 143, 149 – Global One führt diesen Punkt nicht aus.
172   *Haucap/Stühmeier*, WuW 2008, 413, 414; *Bongard*, WuW 2010, 762, 766.
173   EuGH, verb. Rs. C- 295/04-298/04 (Manfredi), Slg. 2006, I-6619, Rn. 95.
174   Dies ergibt sich aus dem Vergleich zwischen dem Grünbuch Schadensersatzklagen wegen Verletzung des EU-Wettbewerbsrechts, KOM (2005) 672, S. 8 (Option 16) und dem Weißbuch Schadensersatzklagen wegen Verletzung des EU-Wettbewerbsrechts, KOM (2008) 165, S. 8.
175   Oxera-Studie, S. 22.
176   *Haucap/Stühmeier*, WuW 2008, 413, 415.
177   Näher und instruktiv hierzu Bundeskartellamt, Private Kartellrechtsdurchsetzung, S. 21 ff.

werden.[178] Der Wettbewerbspreis bietet dann die Grundlage für die Schadensberechnung. Praktisch geschieht dies durch die Multiplizierung der Differenz zwischen tatsächlichem und Wettbewerbspreis mit der Menge der vom Kläger erworbenen Produkte.[179]

Zusätzliche Schwierigkeiten ergeben sich bei der Berechnung der Schäden von mittelbar Betroffenen, da der Kartellschaden in unterschiedlichem Maße zwischen dem unmittelbar Betroffenen (z.B. Großhändler) und dem mittelbar Betroffenen (z.B. Einzelhändler) aufgeteilt werden muss. Hier stellt sich das Problem der Schadensabwälzung (Passing-on) und -verteilung, da unklar ist, welcher Anteil des überhöhten Kartellpreises bei den unmittelbaren Abnehmern verblieben ist und welcher Anteil an deren Abnehmer weitergegeben wurde. Eine Lösung des Problems ist die Annahme einer Gesamtgläubigerschaft zwischen den Kartellbetroffenen auf den unterschiedlichen Wirtschaftsstufen und die Zuweisung einer Verteilfunktion an die unmittelbaren Abnehmer der Kartellanten.[180] Eine solche Lösung ist jedoch, insbesondere bei vielen Beteiligten, von beliebiger Komplexität, so dass abzuwarten bleibt, ob sich nicht der Ansatz der US-Rechtsprechung durchsetzt, aus Gründen der Effektivität nur unmittelbaren Vertragspartnern des Kartellanten Ersatzansprüche zuzubilligen.[181] **67**

5. Kausalitätsfragen

Auch wenn das Gericht das Ausmaß des erlittenen Schadens schätzen kann, so ist immer noch die Frage zu beantworten, inwiefern auch eine Verbindung zwischen Nachteil des Klägers und Handlung des Beklagten besteht. Angesichts der zahlreichen möglichen Faktoren für den wirtschaftlichen Erfolg oder Misserfolg eines Unternehmens kann ein beklagter Lieferant stets einwenden, dass seine Handlungen ohne (durchschlagende) Auswirkungen auf Umsatz und Gewinn des klagenden Abnehmers geblieben sind. Dabei ist zugunsten des Klägers zu beachten, dass nicht nur die Höhe des Schadens, sondern auch die haftungsausfüllende Kausalität, also die Verbindung zwischen Verletzung und Schaden, der Beweiserleichterung des § 287 ZPO unterliegt.[182] Fraglich ist auch, ob die Grundsätze, die der BGH wegen der „natürlichen Beweisschwierigkeiten" im gewerblichen Rechtsschutz bei der Anwendung des § 287 ZPO aufgestellt hat und die eine großzügige Annahme von schadensbegründenden Umständen erlaubt, übertragbar sind.[183] Die Übertragung der Grundsätze führte dazu, dass lediglich die Verletzungshandlung feststehen müsste und nur irgendwelche – großzügig anzunehmenden – Umstände für eine Schadensfolge beim Kläger sprechen müssten, um das Gericht zu verpflichten, den Schadensersatz zu schätzen. Angesichts der in beiden Rechtsgebieten gleichermaßen vorhandenen Beweisschwierigkeiten sprechen gute Gründe für eine Übertragung. **68**

6. Regressfragen

Zumindest im deutschen Recht, aber auch in vielen anderen europäischen Rechtsordnungen haften die Mitglieder eines Kartells den Geschädigten als Gesamtschuldner.[184] Dementsprechend kann ein Kläger seinen gesamten durch das Kartell entstandenen Schaden von einem Kartellanten ersetzt verlangen. Das in Anspruch genommene Unternehmen wird dann versuchen, bei den Mittätern Rückgriff zu nehmen. **69**

---

178 KG, NJOZ 2010, 536, 540 unter Verweis auf BGH WuW/E DE-R 1567 – Berliner Transportbeton I, eine Entscheidung zur Bußgeldbemessung im Kartellverwaltungsverfahren. Nach ständiger Rechtsprechung des Bundesgerichtshofs kann und hat ein Gericht den entstandenen Schaden zu schätzen, soweit der Kläger eine hinreichende Tatsachenbasis geschaffen und belegt hat, die eine Schätzung erlaubt und sie nicht als in der Luft hängend erscheinen lässt, vgl. BGH NJW-RR 1993, 795, 796; BGHZ 91, 243, 256 f., BGH NJW 1964, 589. Es sei auch auf die in Fn. 94 genannte Entscheidung des OLG Karlsruhe verwiesen, die erhebliche Beweiserleichterungen für Kläger bewirken könnte.

179 Vgl. KG, NJOZ 2010, 536, 540 – Zementkartell.

180 Vgl. KG, NJOZ 2010, 536, 545 ff. – Zementkartell. Zu den Schwierigkeiten dieser Konstruktion siehe *Bulst*, in: Möschel/Bien, S. 254 ff.

181 In diese Richtung geht das OLG Karlsruhe in seiner Entscheidung vom 11. Juni 2010, Az.: 6 U 118/05 (Kart.), Seite 16 f., in der es explizit die Lösung des KG als zu komplex verwirft.

182 BGHZ 29, 393, 400; BGHZ 66, 70, 75 ff.; BGH NJW 2005, 3275, 3277.

183 BGHZ 119, 20, 31 m.w.N.

184 Arbeitspapier Weißbuch, Rn. 281.

70 a) **Zuweisung von Haftungsquoten.** Zunächst stellt sich die Frage, nach welchen Gesichtspunkten die Haftungsquoten im Innenverhältnis festgelegt werden. Das deutsche Recht ordnet an, dass ohne eine abweichende Bestimmung die Gesamtschuldner zueinander zu gleichen Teilen verpflichtet sind, § 426 Abs. 1 Satz 1 BGB. Eine abweichende Bestimmung kann sich aus ausdrücklichen oder konkludenten Vereinbarungen, gesetzlichen Ausgleichsregelungen oder der Natur der Sache ergeben.[185] Auf dieser Grundlage ergibt sich die Möglichkeit, die Verantwortung gemäß Marktanteilen aufzuteilen.[186] Hierfür könnte insbesondere der Umstand sprechen, dass eine Verletzung des Kartellrechts auch eine Schädigung des Wettbewerbs als Gemeingut darstellt und man insoweit Unternehmen, die einen höheren Marktanteil haben, eine größere Verantwortung für die Erhaltung des Wettbewerbs zuweisen könnte. In der Praxis größerer Kartellverfahren dürfte es aber regelmäßig zu diesen Punkt regelnden Parteiabsprachen kommen.

71 b) **Sicherung des Regresses.** Der einzelne Kartellant läuft für den Fall, dass er allein verklagt und verurteilt wird, Gefahr, dass er im Regressprozess mit dem Einwand konfrontiert wird, dass eine Haftpflicht nicht bestanden habe. Das deutsche Recht sieht zur Vermeidung dieser Lage das Mittel der Streitverkündung vor (§ 72 ZPO). Durch die Streitverkündung wird der Streitverkündete an die rechtlichen und tatsächlichen Feststellungen des Gerichts, das über den Ausgangsanspruch entscheidet, gebunden. Insofern empfiehlt es sich, allen möglichen Kartellanten den Streit zu verkünden, um Rückgriff zu nehmen.

72 Handelt es sich bei den Mitkartellanten um Unternehmen mit Sitz in der EU, kann der in Anspruch genommene Kartellant Interventionsklage erheben und zwar, gemäß Art. 6 Nr. 2 der EuGVVO, vor dem Gericht des Hauptprozesses. Unter Interventionsklagen versteht man (nur) Regressklagen, die für den Fall des Unterliegens im Hauptprozess erhoben werden.[187] Über die Hauptsacheklage wird dann gemeinsam mit der Regressklage entschieden. Keine Anwendung findet die Vorschrift bei Klagen vor deutschen, österreichischen, spanischen und ungarischen Gerichten (Art. 65 EuGVVO).[188] Außerhalb des Anwendungsbereichs der EuGVVO kommt eine eigenständige Feststellungsklage oder aber, insoweit dem amerikanischen Vorbild folgend, eine privatrechtliche Vereinbarung zum Schadensersatzausgleich in Betracht.[189]

73 c) **Verjährung des Regressanspruchs.** Der Regressanspruch nach § 426 Abs. 1 BGB verjährt innerhalb der dreijährigen Regelverjährung des § 195 BGB und ist unabhängig von der Verjährung der Forderung, die nach Begleichung des Ausgangsverpflichtung auf den zahlenden Gesamtschuldner übergeht, § 426 BGB.[190] Dies ist vor allem von Bedeutung, wenn ein Kartellopfer nur einen Kartellanten innerhalb der Verjährungsfrist des § 195 BGB in Anspruch nimmt. Der Anspruch des Opfers gegen andere Kartellanten kann zwar verjährt sein, diese können sich aber im Rückgriffsprozess nicht auf die Verjährung berufen.[191] Zu bedenken ist aber, dass der BGH davon ausgeht, dass der Anspruch auf Ausgleich nach § 426 Abs. 1 BGB mit der Begründung der Gesamtschuld entsteht.[192] Insoweit kann sich der Ausgleichsberechtigte durch eine Berufung auf §§ 426 Abs. 2 i.V.m. § 33 GWB sogar besser stellen, da der übergehende Schadensersatzanspruch des Kartellgeschädigten wegen § 33 Abs. 5 GWB (Verjährungshemmung wegen laufenden Behördenverfahrens) womöglich deutlich später verjährt als der eigenständige Ausgleichsanspruch des § 426 Abs. 1 BGB.[193]

---

185 *Bydlinski*, in: Münchener Kommentar zum Bürgerlichen Gesetzbuch, 5. Aufl., München, 2007, § 426 Rn. 14.

186 Dies entspricht wohl der Praxis der Beklagten in den USA, die dem Ausschluss des Regresses im US-Recht durch entsprechende Ausgleichsvereinbarungen begegnen, vgl. *Hempel*, S. 202.

187 *Geimer*, in: Geimer/Schütze, A.1 Art. 6 Rn. 41.

188 Näher und kritisch hierzu *Geimer*, in: Geimer/Schütze, A.1 Art. 6 Rn. 39.

189 Vgl. *Hempel*, 2002, S. 202.

190 BGH NJW 2010, 62, 63; BGHZ 58, 216, 218, *Bydlinski*, in: Münchener Kommentar zum Bürgerlichen Gesetzbuch, 5. Aufl. 2007, § 426 Rn. 25.

191 BGH NJW 2010, 62, 63.

192 BGH NJW 2010, 62, 63.

193 Zur Frage des Beginns der Verjährung in Fällen einer Klage im Anschluss an ein Verfahren des Bundeskartellamts vgl. KG, NJOZ 2010, 536, 537 f.

III. Grenzen der Förderung der Privaten Kartellrechtsdurchsetzung

1. Verfassungsrechtliche Bedenken

Grundsätzliche verfassungsrechtliche Einwände gegen die Förderung des Private Enforcement   74
durch den nationalen Gesetzgeber bestehen nicht. Probleme bereiten jedoch diejenigen Vorschläge der Kommission, die eine Bindung des über den Schadensersatz erkennenden Gerichts an die Feststellung der Verletzung durch eine nationale Kartellbehörde vorsehen; insoweit wird auch der § 33 Abs. 4 GWB in Zweifel zu ziehen sein. Konkret stellt sich die Fragen nach der Unabhängigkeit der Gerichte, die sowohl in Art. 97 GG als auch in Art. 6 EMRK i.V.m. Art. 6 Abs. 3 EUV verbürgt ist. Insoweit wird man sagen müssen, dass immer dann, wenn eine unabhängige und effektive gerichtliche Überprüfung der kartellbehördlichen Entscheidung möglich ist, keine durchgreifenden verfassungsrechtlichen Bedenken gegen die Bindungswirkung solcher Entscheidungen bestehen.[194] Angesichts des unklaren Justizniveaus in der EU verbleiben Restzweifel.

2. Europarechtliche Bedenken

Unklar ist, inwiefern die Gemeinschaft eine Kompetenz zum Erlass von Vorgaben für das na-   75
tionale (Kartell-)Schadensersatzrecht hat und dementsprechend die Vorstellungen aus dem Weißbuch in konkrete Gesetzeswerke umgesetzt werden können.

a) **Art. 103 AEUV.** Art. 103 AEUV ermöglicht es dem Rat, auf Vorschlag der Kommission und   76
nach Anhörung des Europäischen Parlaments die zur Verwirklichung der in Art. 101 und 102 AEUV niedergelegten Grundsätze erforderlichen Verordnungen und Richtlinien zu erlassen. Da die Kommission mit der Förderung der privaten Kartellrechtsdurchsetzung eine Ergänzung der Kartellbehörden anstrebt,[195] scheint die Vorschrift einschlägig zu sein.[196] Dem wird entgegengesetzt, dass Art. 103 AEUV nicht die Begründung neuer Rechte ermögliche und es so an einer Kompetenz für zivilrechtliche Vorschriften fehle.[197] Letztere Ansicht ist zuzustimmen. Sinn und Zweck des Art. 103 AEUV ist es ausschließlich, Verfahrensvorschriften und inhaltliche Konkretisierungen des europäischen Kartellrechts zu ermöglichen.[198]

b) **Art. 352 AEUV.** Art. 352 AEUV ermöglicht den Erlass von Rechtsvorschriften auch dann,   77
wenn eine speziellere Regelung einschlägig, aber unzureichend ist.[199] Angesichts der Weite der Formulierung des Art. 352 AEUV und des erheblichen Ermessens der Gemeinschaftsorgane bei der Beurteilung, ob eine **Maßnahme zur Verwirklichung der Ziele der Gemeinschaft** erforderlich ist,[200] erscheint es möglich, Maßnahmen zur Förderung der privaten Kartellrechtsdurchsetzung unter diese Vorschrift zu fassen. Jedoch bedarf es für die Anwendung des Art. 352 AEUV stets der Erforderlichkeit einer gemeinschaftsweiten Regelung zur Erfüllung eines Ziels des AEUV.[201] Dem AEUV dürfte aber nicht das Ziel zu entnehmen sein, im Falle von Rechtsverstößen, die bereits umfassend von der Kommission und den nationalen Kartellbehörden verfolgt werden können, für einen besseren Schadensausgleich zu sorgen.

Im Ergebnis fehlt es folglich an einer Rechtsgrundlage für eine Verordnung oder Richtlinie des   78
Rates zum Thema Private Enforcement.

3. Konkurrenz zur staatlichen Kartellbekämpfung

a) **Verhältnis zwischen Behördenverfahren und Zivilverfahren.** Grundsätzlich stehen die Ver-   79
fahren der Kommission und der nationalen Kartellbehörden einerseits und zivilgerichtliche

---

194   *Grünberger*, in: Möschel/Bien, S. 195.
195   Arbeitspapier Weißbuch, Rn. 15.
196   Zustimmend *Pernice*, in: Grabitz/Hilf, Art. 87 Rn. 16; *Jung*, in: Callies/Ruffert, Art. 83 Rn 18. Vermittelnd *Görner*, Die Anspruchsberechtigung der Marktbeteiligten nach § 33 GWB, 2007, S. 103.
197   *Schröter*, in Schröter/Jakob/Mederer, Art. 83 Rn. 30; *Stadler*, in: Langen/Bunte, Art. 83 Rn. 22; *Jung*, in: Callies/Ruffert, Art. 83 Rn. 22 (insoweit widersprüchlich zu Rn. 18).
198   *Jung*, in: Callies/Ruffert, Art. 83 Rn. 7.
199   *Rossi*, in: Callies/Ruffert, Art. 308, Rn. 67.
200   *Rossi*, in: Callies/Ruffert, Art. 308, Rn. 46 ff.
201   *Winkler*, in: Grabitz/Hilf, Art. 308, Rn. 54 m.w.N.

Verfahren zur Erlangung von Schadensersatz andererseits nebeneinander. Während erstere Verfahren einen klaren Präventions- und Strafzweck haben, dienen letztere der Beseitigung von Schäden einzelner Personen und Unternehmen. Nach allen Verlautbarungen der Kommission ist nicht geplant, die Kartellbekämpfung in die Hände privater Kläger zu legen. Dennoch ergeben sich nicht nur theoretische Konflikte.

80 b) Konflikt zwischen Kronzeugenprogrammen und privater Kartellrechtsdurchsetzung. Im Zusammenhang mit möglichen prozessualen Ansprüchen auf Vorlage von Unterlagen, die im Rahmen eines Kronzeugenantrags vorgelegt wurden, stellt sich regelmäßig der Konflikt zwischen der Effizienz der behördlichen Kartellbekämpfung und der Durchsetzung privater Schadensersatzansprüche. Die Attraktivität des Kronzeugenprogramms wird gemindert, wenn der Antragsteller fürchten muss, dass sein detailliertes Eingeständnis der Teilnahme an einem Kartell im Zivilprozess gegen ihn verwendet wird. Die Kommission sieht diesen Punkt ebenfalls und betont daher den Schutz der Unterlagen sogar des erfolglosen Kandidaten auf Kronzeugenschutz vor zivilprozessualen Herausgabeverlangen.[202] Da die größte Bedrohung der Geheimhaltung der Unterlagen des Kronzeugen aber aus den Vereinigten Staaten droht,[203] dürfte nur eine völkerrechtliche Lösung in Betracht kommen.

81 Neben dem Konflikt zwischen Kronzeugenregelung und Auskunftsanspruch des Geschädigten kann sich ein weiterer Konflikt zwischen (über-)staatlicher Kartellbekämpfung und privater Kartellrechtsdurchsetzung im Bereich des Gesamtschuldausgleichs ergeben. Die erfolgreiche Inanspruchnahme des Kronzeugenprogramms führt dazu, dass ein Kartellmitglied nicht mit einem Bußgeld, weitere Kartellmitglieder nur mit verringerten Bußgeldern belegt werden. Ein Privatkläger kann nun zur Auffassung gelangen, dass Unternehmen, die keiner (großen) Belastung durch Bußgelder ausgesetzt warten, umso mehr in der Lage sein müssten, zivilrechtliche Verpflichtungen nachzukommen. Unter Umständen kommt hinzu, dass die sonstigen Kartellmitglieder durch die Bußgelder in wirtschaftliche Schwierigkeiten geraten und somit der Rückgriffsanspruch des Kronzeugen gefährdet ist. Insofern ergibt sich die Frage, inwiefern, analog zum amerikanischen Recht, die gesamtschuldnerische Haftung des Kronzeugen ausgeschlossen werden sollte.[204] Dies ist im Sinne der Effizienz der Kartellbekämpfung zu bejahen.

---

202 Weißbuch zu Schadenersatzklagen wegen Verletzung des EG-Wettbewerbsrechts, KOM(2008) 165, S. 12; siehe auch Rn. 62.
203 *Fort*, GCLR 2008, 30 f.
204 Die Laufzeit des dieses anordnenden Antitrust Criminal Penalty Enhancement and Reform Act (ACPERA) of 2004 wurde jüngst bis 2020 verlängert.

12. Kapitel:
Behörden, Verfahren, Rechtsschutz[1, 2]

Literatur: *Albrecht*, Die neue Kronzeugenmitteilung der Europäischen Kommission in Kartellsachen, WRP 2007, 417; *Barth/Budde*, Die „neue" Bußgeldobergrenze des OLG Düsseldorf, WRP 2010, 712; *Becker*, Entflechtung im Wettbewerbsrecht und Eigentumsgrundrecht, ZRP 2010, 105; *Bischke/Boger*, EuGH entscheidet zum Grundsatz der Verhältnismäßigkeit im Rahmen von Art. 9 VO 1/2003, NZG 2010, 900; *dies.*, EuGH – Kein Schutz der Vertraulichkeit für Korrespondenz mit Syndikusanwälten, NZG 2010, 1137; *dies.*, Neue Praxis der Europäischen Kommission bei Schwierigkeiten von Unternehmen, eine kartellrechtliche Geldbuße zu bezahlen, NZG 2010, 1019; *Bischke/Boger/Fülling*, Kommission leitet Kartellverfahren gegen Google ein, NZG 2011, 60; *Blake/Schnichels*, Schutz der Kronzeugen im neuen EG-Wettbewerbsrecht, EuZW 2004, 551; *Böge/Scheidgen*, Das neue Netzwerk der Wettbewerbsbehörden in der Europäischen Union, EWS 2002, 201; *Bongard*, Mehrerlöse, Mengeneffekte und volkswirtschaftliche Kartellschäden, WuW 2010, 762; *Bornkamm*, Die Rolle des Zivilrichters bei der Durchsetzung des Kartellrechts nach der VO Nr. 1/2003 und nach der 7. GWB-Novelle, Zentrum für Europäisches Wirtschaftsrecht – Vorträge und Berichte, Nr. 139, 1; *Brei*, Die Entscheidung des EuGH in Sachen Roquette Frères, ZWeR 2004, 107; *ders.*, Reichweite der Kontrollbefugnis nationaler Gerichte bei Nachprüfungsentscheidungen der Kommission in Kartellverfahren, ZWeR 1/2004, 107; *Brenner*, Wer freut sich, wenn zwei sich nicht streiten?, WRP 2010, 1333; *Brinker/Siegert*, EU Kommission: Wettbewerb in der Industrieversicherung stärker im Visier, VW 2005, 971; *Buntscheck*, Die gesetzliche Kappungsgrenze für Kartellgeldbußen – Bedeutung und Auslegung im Lichte der neuen Bußgeld-Leitlinien von Kommission und Bundeskartellamt, EuZW 2007, 423; *ders.*, § 81 Abs. 4 GWB n. F. – die geänderte Obergrenze für Unternehmensgeldbußen, WuW 2008, 941; *Buntscheck/Biermann*, „Legal Privilege" des Syndikusanwalts – Paradigmenwechsel im EG-Bußgeldverfahren?, wistra 2004, 457; *Busse/Leopold*, Entscheidungen über Verpflichtungszusagen nach Art. 9 VO (EG) Nr. 1/2003, WuW 2005, 146; *de Bronett*, Die neuen Ermittlungsbefugnisse der Kommission, EWS 2011, 8; *ders.*, Sektoruntersuchungen: Die Ausübung einer Ermittlungsbefugnis als Aufgabe europäischen Kartellrechts, WuW 2010, 358; *Deringer*, Stellungnahme zum Weißbuch der Europäischen Kommission über die Modernisierung der Vorschriften zur Anwendung der Art. 85 und 86 EG-Vertrag (Art. 81 und 82 EG), EuZW 2000, 5; *Eickhoff*, Anmerkung zu EuGH, C-407/08 P (Knauf Gips), GWR 2010, 379; *Eilmannsberger*, Zum Vorschlag der Kommission für eine Reform des Kartellvollzugs, JZ 2001, 365; *Fleischer*, Kartellrechtsverstöße und Vorstandsrecht, BB 2008, 1070; *Frenz/Distelrath*: Klagegegenstand und Klagebefugnis von Individualnichtigkeitsklagen nach Art. 263 IV AEUV, NVwZ 2010, 162; *Freund/Freund*: Verteidigungsrechte im kartellrechtlichen Bußgeldverfahren, EuZW 2009, 839; *Gaede*, EuGH: Kein Legal Privilege für interne Korrespondenz mit Syndikusanwälten – „Akzo Nobel", GWR 2010, 530; *Gauer/Dalheimer/Kjølbye/de Smijter*, Regulation 1/2003: A Modernized Application of EC COmpetition Rules, Competition Policy Newsletter 2003, 3; *Göhler*, Ordnungswidrigkeitenrecht, 15. Aufl. 2009; *Gussone/Michalczyk*, Der Austausch von Informationen im ECN – wer bekommt was wann zu sehen?, EuZW 2011, 130; *Hassemer/Dallmeyer*, Gesetzliche Orientierung im deutschen Recht der Kartellbußen und das Grundgesetz, Baden-Baden, 2010; *Hauck*, Verantwortlichkeit für Kartellverstöße einzelner Gesellschafter einer Konzerngruppe, GRUR-Prax 2010, 349; *Hensmann*, Die Ermittlungsrechte der Kommission im europäischen Kartellverfahren, Baden-Baden, 2009; *Hirsbrunner*, Settlements in EU-Kartellverfahren – Kritische Anmerkungen nach den ersten Anwendungsfällen, EuZW 2011, 12; *Hirsbrunner/Schädle*, Anwendung der Bußgeldleitlinien auf „Altfälle", WuW 2009, 12; *Hirsch*, Anwendung der Kartellverfahrensverordnung (EG) Nr. 1/2003 durch nationale Gerichte, ZWeR 2003, 233; *Hossenfelder/Lutz*, Die neue Durchführungsverordnung zu den Art. 101 und 102 EG-Vertrag, WuW 2003, 118; *Immenga/Lange*, Entwicklungen des europäischen Kartellrechts im Jahr 2003, RIW 2003, 889; *Kapp/Schlump*, Ist die Vernichtung von (kartellrechtlich relevanten) Unternehmensunterlagen zulässig?, BB 2008, 274; *Kapp/Schröder*, Legal Privilege des EG-(Kartell-)Verfahrensrechts: Ist § 97 Abs. 2 Satz 1 StPO gemeinschaftsrechtswidrig?, WuW 2002, 555; *Karl/Reichelt*, Die Änderungen des Gesetzes gegen Wettbewerbsbeschränkungen durch die 7. GWB-Novelle, DB 2005, 1436; *Kellerbauer*, Weitreichender Spielraum für einvernehmliche Lösungen nach Art. 9 Verordnung (EG) Nr. 1/2003. Anmerkung zum Urteil des EuGH vom 29.6.2010 in der Rechtssache Alrosa, EuZW 2010, 652; *Kienapfel/Wils*, Inability to pay – First cases and practical experiences, Competition Policy Newsletter 2010-3; *Klees*, Freie Bahn für die Kom-

---

[1] Artikel ohne Angabe der Vorschrift beziehen sich in diesem Kapitel auf die VO (EG) Nr. 1/2003.

[2] In diesem Kapitel wird die persönliche Auffassung der Autorin wiedergegeben, die nicht notwendigerweise mit der des Bundeskartellamtes übereinstimmt.

mission in Kartellverfahren bei Anwendung des Art. 9 VO Nr. 1/2003, RIW 2010, 688; *ders.*, Welcher Unternehmensbegriff gilt im GWB?, EWS 2010, 1; *Kling*, Die Haftung der Konzernmutter für Kartellverstöße ihrer Tochterunternehmen, WRP 2010, 506; *Koch*, Kartellgehilfen als Sanktionsadressaten, ZWeR 2009, 370; *Köhler*, EU-Kartellgeldbußen gegen Mutter- und Tochtergesellschaft: Gesamtschuldnerische Haftung und Ausgleich im Innenverhältnis, WRP 2011, 277; *Körber*, Die erstmalige Anwendung der Verpflichtungszusage gemäß Art. 9 VO 1/2003 und die Zukunft der Zentralvermarktung von Medienrechten an der Fußballbundesliga, WRP 2005, 463; *Köster*, Besprechung von Hensmann, Die Ermittlungsrechte der Kommission im europäischen Kartellverfahren, ZWeR 2010, 324; *Kuck*, Die Anwendung des Grundsatzes ne bis in idem im europäischen Kartellrecht und seine Anwendung in internationalen Kartellverfahren, WuW 2000, 689; *Kühnen*, Mehrerlös und Vorteilsabschöpfung nach der 7. GWB-Novelle, WuW 2010, 16; *Lutz*, Schwerpunkte der 7. GWB-Novelle, WuW 2005, 718; *Mäger/Zimmer/Milde*, Konflikt zwischen öffentlicher und privater Kartellrechtsdurchsetzung, WuW 2009, 885; *Meyer/Kuhn*, Befugnisse und Grenzen kartellrechtlicher Durchsuchungen nach VO Nr. 1/03 und nationalem Recht, WuW 2004, 880; *Le More*, Kartellbekämpfung, Verpflichtungszusagen und Grundrechte: eine schwierige „Ménage à trois", EuZW 2007, 722; *Moosmayer*, Der EuGH und die Syndikusanwälte, NJW 2010, 3548; *Murach*, EuG: Gleichbehandlung bei der Berechnung des kartellrechtlichen Bußgeldes, GWR 2009, 120; *Mundt*, Die Bußgeldleitlinien des Bundeskartellamtes, WuW 2007, 458; *Meyring*, Uferlose Haftung im Bußgeldverfahren? – Neueste Theorien der Kommission zur Zurechnung von Kartellverstößen, WuW 2010, 157; *Nordsjo*, Power of the Commission to adopt interim measures, ECLR 2006, 299; *Ost*, Die VO 1/2003-Grundlage des Netzwerks und grundrechtskonformes Modell eines Kartellverfahrensrechts, in: Schwarze (Hrsg.), Rechtsschutz und Wettbewerb in der neueren europäischen Rechtsentwicklung, Baden-Baden, 2010, S. 33; *Pampel*, Die Bedeutung von Compliance-Programmen im Kartellordnungswidrigkeitenrecht, BB 2007, 1636; *ders*, Rechtsnatur und Rechtswirkungen von Mitteilungen der Kommission im europäischen Wettbewerbsrecht, EuZW 2005, 11; *Podszun*, EuGH: Verschärfte Haftung im Konzern bei Kartellrechtsverstößen, GWR 2009, 353; *Pohlmann*, Keine Bindungswirkung von Bekanntmachungen und Mitteilungen der Europäischen Kommission, WuW 2005, 1005; *Reher/Haellmigk*, Die kartellrechtliche Rückzahlungsverpflichtung „nach § 32 II GWB", WuW 2010, 513; *Rizzuto*, Parallel Competence and the Power of the EC Commission under Regulation 1/2003 C According to the CFI', ECLR 2008, 286; *Roesen*, Mehrfache Sanktionen im internationalen und europäischen Kartellrecht, Köln, 2009; *Röhling*, Die Zukunft des Kartellverbots in Deutschland nach In-Kraft-Treten der neuen EU-Verfahrensrechtsverordnung, GRUR 2003, 1019; *Säcker*, Zu gesellschafts- und dienstvertragliche Fragen bei Inanspruchnahme der Kronzeugenregelung, WuW 2009, 362; *Scheidtmann*: Schadensersatzansprüche gegen eine Muttergesellschaft wegen Verstößen einer Tochtergesellschaft gegen Europäisches Kartellrecht, WRP 2010, 499; *K. Schmidt*, Umdenken im Kartellverfahrensrecht!, BB 2003, 1237; *Schnichels/Resch*, Das Anwaltsprivileg im europäischen Kontext, EuZW 2011, 47; *Schwarze*, Rechtsstaatliche Grenzen und richterliche Qualifikation von Verwaltungssanktionen im europäischen Gemeinschaftsrecht, EuZW 2003, 261; *ders*, Europäische Kartellbußgelder im Lichte übergeordneter Vertrags- und Verfassungsgrundsätze, EuR 2009, 171; *Seitz*, Unternehmensjuristen und das Anwaltsprivileg im europäischen Wettbewerbsverfahren, EuZW 2004, 231; *Seitz/Lohrberg*, „Dawn Raids" im europäischen Kartellverfahren. WuW 2007, 716; *Sieberg/Ploeckl*, Das neue Bundes-Informationsfreiheitsgesetz: Gefahr der Ausforschung durch Wettbewerber?, DB 2005, 2062; *Soltész*, Belohnung für geständige Kartellsünder – Erste Settlements im Europäischen Kartellrecht, BB 2010, 2123; *Soyez*, Die Bußgeldleitlinien der Kommission – mehr Fragen als Antworten, EuZW 2007, 596; *Steinle*, Kartellgeldbußen gegen Konzernunternehmen nach dem „Aristrain"-Urteil des EuGH, EWS 2004, 118; *Temple/Lang*, Commitment Decisions under Regulation 1/2003: Legal Aspects of a New Kind of Competition Decision, ECLR 2003, 347; *Terhechte*, Die Vollstreckung von EG-Bußgeldbescheiden in den Mitgliedstaaten der Europäischen Gemeinschaft – Rechtliche Grundlagen, Umsetzungspraxis und Rechtsmittel am Beispiel der Bundesrepublik Deutschland, EuZW 2004, 235; *von dem Busche/Albrecht*, Die Strafbarkeit der Kartellbeihilfe nach dem EuG-Urteil AC-Treuhand/Kommission, EWS 2008, 416; *Wagemann*, Verfahren bei Kartellordnungswidrigkeiten aus der Sicht des Bundeskartellamtes, in: Schwarze (Hrsg.), Rechtsschutz und Wettbewerb in der neueren europäischen Rechtsentwicklung, Baden-Baden, 2010, S. 82; *Weitbrecht*, Das neue EG-Kartellverfahrensrecht, EuZW 2003, 69; *Weitbrecht/Baudenbacher*, Bußgeld wegen Beihilfe zu einem Kartell? Zum Urteil des EuG vom 8. Juli 2008 (Rs. T-99/2004 – AC Treuhand), EuR 2010, 230; *Weitbrecht/Weidenbach*, Achtung, Dawn Raid! Die Rolle des Anwalts bei Durchsuchungen, NJW 2010, 2328; *Wiesner*, Zur Rechtmäßigkeit einer „Bonusregelung" im Kartellrecht, WuW 2005, 606; *Wolter*, Hohe Belastungen für Gasversorgungsunternehmen: Zur analogen Anwendbarkeit der §§ 119 ff. BGB auf Verpflichtungszusagen nach § 32b I GWB, RdE 2009, 24; *Zimmermann*, Kartellrechtliche Bußgelder gegen Aktiengesellschaft und Vorstand: Rückgriffsmöglichkeiten, Schadensumfang und Verjährung, WM 2008, 433.

A. Johanns

A. Kommissionsverfahren

I. Einleitung

Durch die Verordnung (EG) Nr. 1/2003 ist es im europäischen Kartellrecht zu einem „System- 1
wechsel im Kartellverfahrensrecht"[3] gekommen. Früher galt ein Genehmigungsvorbehalt und
es fand eine Vorabkontrolle (System der Anmeldungen und Freistellungsmonopol der Kommission im Rahmen von Art. 81 Abs. 3 EG) statt. Heute gilt das **System der Legalausnahme.**[4]
Damit einher ging die Abschaffung des Entscheidungsmonopols der Kommission. Stattdessen
kommt es nunmehr zu einer dezentralen Anwendung des Kartellrechts durch die Mitgliedstaaten auf der Grundlage eines Systems paralleler Zuständigkeiten auf Gemeinschaftsebene und
mitgliedstaatlicher Ebene.[5] Dieser Systemwechsel dient vor allem dem Ziel der Freisetzung von
Ressourcen bei der Kommission. Die Arbeit der Kommission soll nicht länger auf die Bestätigung erlaubter, sondern vielmehr auf die Untersagung, Korrektur und ggf. Sanktionierung verbotener Verhaltensweisen gerichtet sein.[6] Zugleich soll der Einfluss der Kommission auf die
Entwicklung des europäischen Wettbewerbsrechts verstärkt werden. Dabei fällt der Kommission in erster Linie die Aufgabe zu, für Rechtseinheit zu sorgen und Wettbewerbsverzerrungen
zu verhindern, die aufgrund der dezentralen Anwendung des Kartellrechts eintreten könnten.

II. Ermittlungsbefugnisse

1. Untersuchung einzelner Wirtschaftszweige und einzelner Arten von Vereinbarungen (Art. 17 VO (EG) Nr. 1/2003)

Art. 17 erlaubt die nicht auf den Einzelfall bezogene Untersuchung bestimmter (besonders 2
„kartellanfälliger")[7] Wirtschaftszweige oder bestimmter Arten von Vereinbarungen. Die Vorschrift knüpft an Art. 12 VO (EWG) Nr. 17/62 an,[8] erweitert jedoch deren Anwendungsbereich
auf die Überprüfung sektorübergreifender Vereinbarungen.[9] Art. 17 dient einem doppelten
Zweck: Zum einen sollen Erkenntnisse über bestimmte Wirtschaftszweige oder Vereinbarungen gewonnen und zum anderen sollen konkrete Wettbewerbsverstöße aufgedeckt werden.[10]
Eingeleitet wurden bisher nach Maßgabe von Art. 17 etwa Sektoruntersuchungen in den Bereichen Gas und Elektrizität, Einzelhandel, Unternehmensversicherungen, Pharmazeutika und
Medien.[11]

Ermittlungen nach Art. 17 setzen Preisstarrheiten oder andere – objektive – Umstände voraus, 3
welche die Vermutung zumindest nahe legen,[12] dass der Wettbewerb im Binnenmarkt „möglicherweise" eingeschränkt oder verfälscht ist.[13] Ein **allgemeiner (Anfangs-)Verdacht** für das
Vorliegen von Wettbewerbsbeschränkungen oder -verfälschungen genügt.[14] Nicht erforderlich
ist ein konkreter Verdacht,[15] der sich gegen einzelne Unternehmen oder Unternehmensverei-

---

3 Vgl. nur *Sura*, in: Langen/Bunte, Art. 1 VO Nr. 1/2003, Rn. 3.
4 Siehe im Einzelnen 1. Kap., Rn. 31 ff.
5 Überblicksweise hierzu *de Bronett*, Vorbem., Rn. 4 ff.; 1. Kap., Rn. 25 ff.
6 *Ost*, in: Loewenheim/Meessen/Riesenkampff, Einführung VerfVO, Rn. 11.
7 Vgl. *Schwarze/Weitbrecht*, § 4, Rn. 5.
8 Einen umfassenden Überblick von den „Anfängen" der Sektoruntersuchungen in den Jahren 1969 bis 1971
   über die „Wiedergeburt" in den 90er Jahren bis heute findet sich bei *de Bronett*, WuW 2010, 258 ff.
9 *Sura*, in: Langen/Bunte, Art. 1 VO Nr. 1/2003, Rn. 1.
10 So *Miersch*, in: Dalheimer/Feddersen/Miersch, Art. 17, Rn. 3.
11 *Sura*, in: Langen/Bunte, Art. 1 VO Nr. 1/2003, Rn. 1.
12 *Brinker/Siegert*, VW 2005, 971; *Sura*, in: Langen/Bunte, Art. 17 VO Nr. 1/2003, Rn. 3.
13 Umstritten ist, ob hiermit im Vergleich zu Art. 12 VO (EWG) Nr. 17/62 die Schwelle für ein Eingreifen der
   Kommission abgesenkt wurde; bejahend *Schwarze/Weitbrecht*, § 4 Rn. 5; verneinend *Barthelmeß/Rudolf*, in:
   Loewenheim/Meessen/Riesenkampff, Art. 17 VerfVO, Rn. 6; zurückhaltend auch *Klees*, § 9, Rn. 12 mit dem
   Hinweis, dass die entsprechende Vermutung auf objektive Umstände gestützt sein müsse.
14 Vgl. *de Bronett*, Art. 17, Rn. 1.
15 Die Beweislast für das Vorliegen der Tatsachen, die den Verdacht begründen, liegt in analoger Anwendung
   von Art. 2 bei der Kommission, *de Bronett*, WuW 2010, 261.

nigungen richtet.[16] Mit Einführung des neuen Systems der „Selbsteinschätzung der Unternehmen" ist die Kommission stärker als zuvor auf die Untersuchung einzelner Wirtschaftszweige angewiesen. Art. 17 gelangt häufiger zur Anwendung als die Vorgängervorschrift in Art. 12 VO (EWG) Nr. 17/62.[17] Da das Verfahren nicht gegen einen bestimmten Adressaten, sondern auf die Untersuchung eines bestimmten Wirtschaftszweiges oder auf die Untersuchung sektorübergreifender Vereinbarungen gerichtet ist, besteht mangels eines bestimmten Adressaten im Regelfall **kein selbständiger Rechtsschutz**.[18] Art. 17 Abs. 1 S. 2 bestimmt ausdrücklich, dass die Kommission im Rahmen ihrer Untersuchung bestimmte Auskünfte von Unternehmen und Unternehmensvereinigungen verlangen (Art. 18) und Nachprüfungen vornehmen kann (Art. 20). Außer der Durchsuchung in anderen Räumlichkeiten als Geschäftsräumen[19] stehen der Kommission alle Ermittlungsbefugnisse zu, über die sie auch im Rahmen von Einzelermittlungen verfügt.[20] Nach Art. 17 Abs. 2 muss die Kommission vor dem Beschluss, eine Untersuchung durchzuführen, den Beratenden Ausschuss hören (Art. 14).[21] Die Kommission kann einen Bericht über das Ergebnis ihrer Untersuchung veröffentlichen und interessierte Parteien um eine Stellungnahme bitten.[22]

2. Auskunftsverlangen (Art. 18 VO (EG) Nr. 1/2003)

4   Auskunftsverlangen bilden neben Nachprüfungen (Art. 20 und 21) die wichtigsten Instrumente zur Sachaufklärung und Aufdeckung von Wettbewerbsverstößen.[23] Will die Kommission Auskünfte von Unternehmen oder Unternehmensvereinigungen erlangen, so kann sie zwischen einem **einfachen (unverbindlichen) Auskunftsverlangen** nach Art. 18 Abs. 2 und einer (**verbindlichen**) **Auskunftsentscheidung** nach Art. 18 Abs. 3 wählen.[24] Anders als in der Vorgängerregelung in Art. 11 der VO (EWG) Nr. 17/62 stehen beide Möglichkeiten, jedenfalls nach dem Wortlaut der Vorschrift, selbständig nebeneinander.[25] Die Auswahl liegt somit im Ermessen der Kommission.[26] Vor Erlass einer Auskunftsentscheidung muss sie nicht mehr erfolglos den

---

16   Umstritten ist, ob hiermit im Vergleich zu Art. 12 VO (EWG) Nr. 17/62 die Schwelle für ein Eingreifen der Kommission abgesenkt wurde; bejahend *Schwarze/Weitbrecht*, § 4 Rn. 5; verneinend *Barthelmeß/Rudolf*, in: Loewenheim/Meessen/Riesenkampff, Art. 17 VerfVO, Rn. 6; zurückhaltend auch *Klees*, § 9, Rn. 12 mit dem Hinweis, dass die entsprechende Vermutung auf objektive Umstände gestützt sein müsse.

17   So u. a. schon die Einschätzung von *Miersch*, in: Dalheimer/Feddersen/Miersch, Art. 17, Rn. 2. Allerdings wird wohl schon der erforderliche Aufwand dafür sorgen, dass das Instrument (auch) in der Zukunft zurückhaltend eingesetzt wird; in diesem Sinne auch bereits *Schütz*, in: GK, Art. 17, Rn. 9; zur geringen praktischen Bedeutung des Art. 12 VO (EWG) Nr. 17/62 statt vieler *Barthelmeß/Rudolf*, in: Loewenheim/Meessen/Riesenkampff, Art. 17 VerfVO, Rn. 4.

18   Die Anordnung einer Untersuchung erfolgt durch Beschluss und stellt mangels Adressaten keine Entscheidung i.S.d. Art. 288 AEUV dar; vgl. hierzu nur *Miersch*, in: Dalheimer/Feddersen/Miersch, Art. 17, Rn. 9 f. Eine Verpflichtung, den Beschluss über die Durchführung der Untersuchung zu veröffentlichen, besteht (weiterhin) nicht; vgl. nur *Lampert/Niejahr/Kübler/Weidenbach*, Art. 17, Rn. 359.

19   § 21 Abs. 2 ist in Art. 17 Abs. 2 nicht aufgeführt. Eine Nachprüfung in Privaträumen (Wohnungen) kann somit nicht auf die unspezifische Vermutung evtl. wettbewerbsschädigender Praktiken in einem Wirtschaftszweig oder generell hinsichtlich einer bestimmten Art von Vereinbarungen gestützt werden; vgl. hierzu nur *Barthelmeß/Rudolf*, in: Loewenheim/Meessen/Riesenkampff, Art. 17 VerfVO, Rn. 10.

20   Bei der Anwendung der allgemeinen Ermittlungsbefugnisse müssen deren Voraussetzungen beachtet werden. Besonderheiten gelten allerdings für die Ermittlungsmaßnahmen gem. Art. 18 Abs. 1 u. Art. 20 Abs. 1; näher hierzu *Klees*, § 9, Rn. 13; vgl. zum Ganzen auch *de Bronett*, EWS 2011, 8.

21   Vgl. *Ritter*, in Immenga/Mestmäcker, EG-WettbR, Art. 14, Rn. 5. A.A. mit ausführlicher Begründung *de Bronett*, WuW 2010, 262.

22   Vgl. *Bartelhmeß/Rudolf*, in: Loewenheim/Meessen/Riesenkampff, Art. 18 VerfVO, Rn. 12.

23   *Barthelmeß/Rudolf*, in: Loewenheim/Meessen/Riesenkampff, Art. 18 VerfVO, Rn. 2.

24   Dabei versendet die Kommission die Auskunftsverlangen im Interesse eines zügigen Verfahrens in englischer Sprache, jedoch versehen mit einem Hinweis in der Sprache des Sitzstaates, dass eine Übersetzung in diese Sprache verlangt werden kann; vgl. hierzu *Köster*, ZWeR 2010, 352 in Erwiderung auf *Hensmann*, S. 72.

25   Daneben kann die Kommission Unternehmen weiterhin "informell" um Auskünfte ersuchen; vgl. *Klees*, § 9, Rn. 17.

26   *Barthelmeß/Rudolf*, in Loewenheim/Meessen/Riesenkampff, Art. 18 VO Nr. 1/2003, Rn. 17; *de Bronett*, Art. 18, Rn. 1 m.w.N.; vgl. aber auch *Sura*, in: Langen/Bunte, Art. 18 VO Nr. 1/2003, Rn. 1 (kein „echtes Wahlrecht"). Bei der Ermessensausübung wird es v. a. auf den Grad des Anfangsverdachts, die Schwere der vermuteten Zuwiderhandlung und ggf. das Vorverhalten des betroffenen Unternehmens ankommen; vgl. *Klees*, § 9, Rn. 20.

A. Johanns

Weg über das einfache Auskunftsverlangen beschritten haben.[27] Entscheidet sich die Kommission zunächst für ein einfaches Auskunftsverlangen, so kann sie den Zweck des Ersuchens vor Erlass einer Entscheidung – anders als im Rahmen der zwingenden Zweistufigkeit nach der Vorgängerregelung – abändern.[28]

Als formelle Ermittlungsmaßnahme mit Eingriffscharakter ist ein Auskunftsverlangen nach 5
Art. 18 nur zulässig, wenn ein **hinreichender Anfangsverdacht** einer Verletzung von Art. 101 oder 102 AEUV besteht.[29] Insoweit wird man die Anforderungen nicht überspannen dürfen. Unzulässig sind aber jedenfalls Auskunftsverlangen „ins Blaue hinein".[30] Das Auskunftsverlangen ist zu begründen.[31] Die Kommission kann von dem Unternehmen oder der Unternehmensvereinigung – die nicht Beteiligte eines Verfahrens sein müssen[32] – alle „erforderlichen" Auskünfte verlangen.[33] Bei der Einschätzung dessen, was erforderlich ist, verfügt die Kommission nach der Rechtsprechung über einen weiten Beurteilungsspielraum.[34] Das Auskunftsverlangen muss dem Grundsatz der Verhältnismäßigkeit genügen. Die hierdurch ausgelösten Belastungen dürfen, gemessen an den Erfordernissen der Untersuchung, nicht unverhältnismäßig sein.[35]

Die geforderte Auskunft muss sich nicht notwendigerweise auf Tatsachen, sondern kann sich 6
auch auf Schätzungen (z.B. Prognosen zur Marktentwicklung) beziehen.[36] Allerdings müssen die Informationen bereits im Unternehmen oder in der Unternehmensvereinigung vorhanden sein. Es besteht keine Verpflichtung, die Informationen erst noch von außen zu beschaffen.[37] Die Kommission kann im Rahmen ihres Auskunftsbegehrens auch die Übersendung von Unterlagen verlangen.[38] Konkret auskunftspflichtig sind die Inhaber der Unternehmen bzw. die organschaftlichen Vertreter (Art. 18 Abs. 4). Die Neuregelung stellt klar, dass auch Rechtsanwälte für ihre Mandanten die Auskünfte übermitteln können. Allerdings enthebt dies die Mandanten nicht von ihrer eigenen Verantwortung für eine ordnungsgemäße Beantwortung (Art. 18 Abs. 4 S. 2 u. 3). Der Umfang der Auskunftspflicht wurde in der Rechtsprechung bislang nur insoweit beschränkt, als solche Fragen nicht beantwortet werden müssen, die auf ein Geständnis abzielen (**Verbot des Zwangs zur Selbstbezichtigung**).[39] Ein darüber hinausgehen-

---

27   Vgl. *Barthelmeß/Rudolf*, in: Loewenheim/Meessen/Riesenkampff, Art. 18 VerfVO, Rn. 2 u. 17; *Schwarze/Weitbrecht*, § 4, Rn. 8.
28   A.A. *Lampert/Niejahr/Kübler/Weidenbach*, Art. 18, Rn. 372. Es ist aber nicht ersichtlich, warum die Verteidigungsrechte der Unternehmen beschnitten werden sollten, wenn die Kommission sie zunächst formlos und dann in abgewandelter Form förmlich auf Auskunft in Anspruch nimmt. Denn die Kommission hätte nach neuer Rechtslage auch sogleich den Weg über das förmliche Auskunftsverlangen beschreiten können.
29   *Burrichter*, in: Immenga/Mestmäcker, EG-WettbR, Art. 18, Rn. 9.
30   Vgl. nur *Barthelmeß*, in: Loewenheim/Meessen/Riesenkampff, Art. 18 VerfVO, Rn. 5.
31   Vgl. Art. 18 Abs. 2 (für das einfache Verlangen) und Art. 18 Abs. 3 (für das verbindliche Verlangen). Sowohl im einfachen Auskunftsverlangen als auch in den Auskunftsentscheidung muss die Kommission die Rechtsgrundlage, den Zweck des Auskunftsverlangens, die Frist, innerhalb derer die Beantwortung erfolgen muss, sowie die im Falle der Nicht- oder Falschbeantwortung vorgesehenen Sanktionen angeben. Den Wettbewerbsbehörden betroffener Mitgliedstaaten (Staat des Sitzes des Unternehmens oder Staat, dessen Gebiet ansonsten betroffen ist) ist unverzüglich eine Kopie des Auskunftsverlangens oder der Entscheidung zu übermitteln (Art. 18 Abs. 5).
32   In Betracht kommen insbesondere Wettbewerber, aber auch Kunden oder Lieferanten des Unternehmens, gegen das ermittelt wird.
33   So bereits EuG, Rs. T-39/90 (SEP), Slg. 1991, II-1497, Rn. 25 u. 29; EuGH, Rs. C-36/92 (SEP), Slg. 1994, I-1911, Rn. 21.
34   Näher zum Ganzen *Miersch*, in: Dalheimer/Feddersen/Miersch, Art. 18, Rn. 6 f.; *Sura*, in: Langen/Bunte, Art. 18 VO Nr. 1/2003, Rn. 11.
35   EuG, Rs. T-39/90 (SEP), Slg. 1991, II-1497, Rn. 51; vgl. auch *Miersch*, in: Dalheimer/Feddersen/Miersch, Art. 17, Rn. 8.
36   *Miersch*, in: Dalheimer/Feddersen/Miersch, Art. 17, Rn. 9. Demgegenüber darf sich ein Auskunftsverlangen nicht auf Werturteile oder Meinungen richten; vgl. *Burrichter*, in: Immenga/Mestmäcker, EG-WettbR, Art. 18, Rn. 37; *Barthelmeß/Rudolf*, in: Loewenheim/Meessen/Riesenkampff, Art. 18 VerfVO, Rn. 33.
37   So bereits EuGH, Rs. C-36/92 (SEP), Slg. 1994, I-1911, 1932; vgl. auch *Schütz*, in: GK, Art. 18, Rn. 4.
38   So bereits EuGH, Rs. 374/87 (Orkem), Slg. 1989, 3283; vgl. auch *Barthelmeß/Rudolf*, in: Loewenheim/Meessen/Riesenkampff, Art. 18 VerfVO, Rn. 32; kritisch *Schütz*, in: GK, Art. 18, Rn. 5.
39   EuGH, Rs. 374/87 (Orkem), Slg. 1989, 3283, Rn. 35; EuG, Rs. T-112/98 (Mannesmannröhren-Werke), Slg. 2001, II-729, Rn. 67; vgl. zum Ganzen nur *Klees*, § 9, Rn. 34.

des (allgemeines) Recht zur Auskunftsverweigerung kennt das europäische Kartellrecht auch weiterhin nicht.[40]

7 Das **einfache Auskunftsverlangen** löst keine Verpflichtung zur Beantwortung aus. Es ist daher nicht anfechtbar. Auch die nicht fristgemäße Beantwortung zieht keine Sanktionen nach sich. Wird es allerdings beantwortet, so müssen die Auskünfte zutreffend und dürfen nicht irreführend sein. Eine unvollständige Antwort ist nicht bußgeldbewehrt, soweit die Unvollständigkeit nicht dazu führt, dass die Auskunft irreführend wird. Andernfalls kann die Kommission eine Geldbuße verhängen (Art. 23 Abs. 1 lit. a). Wird eine **Auskunftsentscheidung** nicht innerhalb der festgesetzten Frist oder wird sie unrichtig, unvollständig oder irreführend beantwortet, so erfüllt auch dies einen Bußgeldtatbestand (Art. 23 Abs. 1 lit. b). Die Erteilung vollständiger, fristgemäßer und genauer Auskünfte kann nach Ablauf der gesetzten Frist auch im Wege der Verhängung von Zwangsgeldern durchgesetzt werden (Art. 24 lit. d). Die Verpflichtungen von Wettbewerbsbehörden und Regierungen zur Erteilung von Auskünften wurden mit der Neuregelung des Kartellverfahrens in einer gesonderten Bestimmung (Art. 18 Abs. 6) niedergelegt.

3. Befugnis zur Befragung

8 Art. 19 räumt der Kommission erstmals ausdrücklich ein **Recht zur Befragung** von natürlichen (auch Privatpersonen) und juristischen Personen – auch außerhalb von Nachprüfungen – ein. Voraussetzung einer solchen Befragung ist die Zustimmung der zu befragenden Person.[41] Weder die Verweigerung der Zustimmung noch irreführende oder unrichtige Angaben im Rahmen der Befragung ziehen eine Sanktion nach sich.[42] Dennoch macht die Kommission von Befragungen häufigen Gebrauch.[43] Nicht eingesetzt werden kann das Instrument indes mit dem Ziel, überhaupt erst die Eingriffsvoraussetzungen zu ermitteln.[44] Nach Art. 3 Abs. 2 VO (EG) Nr. 773/2004 kann die Befragung „auf jedem Wege einschließlich per Telefon oder elektronisch erfolgen". Die Kommission wird zudem verpflichtet, der befragten Person zu Beginn der Befragung die Rechtsgrundlage sowie den Zweck der Befragung mitzuteilen und auf ihre Absicht hinzuweisen, die Befragung aufzuzeichnen. Eine Zustimmung kann jederzeit widerrufen werden[45] und ist nur wirksam, wenn dem Befragten erkennbar ist, dass es sich bei der Befragung um den Einsatz eines förmlichen Ermittlungsinstruments handelt.[46] Bei der Befragung eines Unternehmens wird es nicht auf die Zustimmung der tatsächlich befragten Person, sondern auf die des Unternehmens (in Form der Zustimmung einer vertretungsberechtigten natürlichen Person) ankommen.[47] Dem Befragten wird eine Kopie der Aufzeichnung zur Genehmigung sowie ggf. zur Berichtigung überlassen (Art. 3 Abs. 3 VO (EG) Nr. 773/2004). Die Kommission kann ihm diesbezüglich eine Frist setzen, die nach Art. 17 Abs. 3 VO (EG) Nr. 773/2004 mindestens zwei Wochen betragen muss. Findet die Befragung „in den Räumen eines Unternehmens" statt, so ist nach Art. 19 Abs. 2 S. 1 VO (EG) Nr. 1/2003 die Wettbewerbsbehörde des Mitgliedsstaats, in dessen Hoheitsgebiet die Befragung erfolgt, vor der Durchführung der Befragung zu informieren. Auch können die Bediensteten dieser Behörde die Hinzuziehung zur

40 Näher zum Ganzen etwa *Barthelmeß/Rudolf*, in: Loewenheim/Meessen/Riesenkampff, Art. 18 VerfVO Rn. 41 ff.; *de Bronett*, Art. 18, Rn. 6.

41 Bei juristischen Personen ist die Zustimmung einer vertretungsberechtigten natürlichen Person erforderlich, die mit der zu befragenden Person identisch sein muss; a.A. *Miersch*, in: Dalheimer/Feddersen/Miersch, Art. 19, Rn. 6. Andernfalls handelt es sich um die Befragung einer natürlichen Person.

42 Anders zumindest in Bezug auf juristische Personen die Regelung hinsichtlich irreführender oder unrichtiger Angaben im Rahmen eines einfachen Auskunftsersuchens, dessen Beantwortung ebenfalls nicht verpflichtend ist. Eine Sanktionsmöglichkeit besteht auch, wenn Unternehmen eine im Rahmen einer Nachprüfung gegebene unrichtige, unvollständige oder irreführende Antwort nicht innerhalb der von der Kommission gesetzten Frist berichtigen (Art. 20 Abs. 2 lit. e).

43 Allerdings gibt es Überlegungen, die darauf abzielen, die Effizienz des Instruments zu verbessern; vgl. *Sura*, in: Langen/Bunte, Art. 19 VO Nr. 1/2003, Rn. 1 u. 7.

44 *Sura*, in: Langen/Bunte, Art. 19 VO Nr. 1/2003, Rn. 3 (sog. „fishing expeditions").

45 *Barthelmeß/Rudolf*, in: Loewenheim/Meessen/Riesenkampff, Art. 19 VO Nr. 1/2003, Rn. 4 unter Hinweis auf das „Freiwilligkeitserfordernis".

46 *Sura*, in: Langen/Bunte, Art. 1 VO Nr. 1/2003, Rn. 4.

47 *Burrichter*, in: Immenga/Mestmäcker, EG-WettbR, Art. 19, Rn. 13.

A. Johanns

Befragung verlangen.[48] Ob sich aus Art. 19 i.v.m. dem Gebot rechtsstaatlicher Verfahrensdurchführung eine Verpflichtung der Kommission zur Zeugenbefragung ergibt, wenn ein Unternehmen zu seiner Entlastung einen Zeugen anbietet, ist unklar.[49]

4. Nachprüfungsbefugnisse der Kommission

a) Nachprüfungsbefugnisse (Art. 20 VO (EG) 1/2003). Art. 20 ermächtigt die Kommission,[50] alle erforderlichen Nachprüfungen durchzuführen, die zur Durchsetzung der Art. 101, 102 AEUV erforderlich sind. Die Durchführung einer Nachprüfung erfordert das Bestehen eines **Anfangsverdachts**. Nicht gerechtfertigt sind dagegen Ermittlungen „ins Blaue hinein" oder gar sog. „fishing expeditions".[51] Die Nachprüfung muss zudem zur Erfüllung der Kommissionsaufgaben **erforderlich** sein.[52] Adressaten einer Nachprüfung sind nach Art. 20 Abs. 1 Unternehmen und Unternehmensvereinigungen. Erfasst sind auch Unternehmen der öffentlichen Hand und ausländische Unternehmen mit einer Niederlassung in der EU. Die Nachprüfung kann auch bei **Drittunternehmen**, gegen die selbst kein Verdacht eines wettbewerbswidrigen Verhaltens besteht, erfolgen, wenn dort Beweismittel vermutet werden. Allerdings ist in diesen Fällen an die Verhältnismäßigkeit der Maßnahme besonders strenge Anforderungen zu stellen. Die Nachprüfung erstreckt sich nach Art. 20 Abs. 2 lit. a) auf alle Räumlichkeiten, Grundstücke und Transportmittel. Der Kommission ist der Zutritt zu gewähren, ohne dass es auf die konkreten Eigentums- und Besitzverhältnisse ankäme.[53] Entsprechend der Unterscheidung in Art. 18 im Hinblick auf das einfache Auskunftsverlangen und die Auskunftsentscheidung hat die Kommission auch hinsichtlich von Nachprüfungen ein Wahlrecht, ob sie sich den Zutritt zum Unternehmen mittels eines einfachen **Prüfungsauftrags** (Art. 20 Abs. 3), zu dessen Befolgung für das Unternehmen keine Verpflichtung besteht,[54] oder – und dies ist der Regelfall – mittels einer zur Duldung der Nachprüfung verpflichtenden **Prüfungsentscheidung** (Art. 20 Abs. 4) verschafft. Die Prüfungsentscheidung bezeichnet nach Art. 20 Abs. 4 S. 2 den Gegenstand und den Zweck der Nachprüfung. Dadurch wird zugleich der Umfang der Mitwirkungs- und Duldungspflichten des Adressaten definiert. Umgekehrt werden die Ermittlungsbefugnisse der Kommission hierauf eingegrenzt. Aus der Entscheidung selbst muss sich klar ergeben, welchem Verdacht die Kommission nachzugehen beabsichtigt. Sie ist allerdings nicht verpflichtet, alle ihr zu diesem Zeitpunkt vorliegenden Informationen offen zu legen. Auch eine genaue rechtliche Einordnung der vermuteten Verstöße ist in diesem Ermittlungsstadium nicht erforderlich.[55] Die Entscheidung muss aber auf mögliche Sanktionen nach Art. 23 und 24 sowie auf die Möglichkeit der Erhebung einer Klage beim Gerichtshof hinweisen (Art. 20 Abs. 3 S. 1).

Vor Beginn der eigentlichen Nachprüfung wird eine beglaubigte Abschrift der Entscheidung übergeben und diese Übergabe protokolliert. Art. 20 Abs. 4 erlaubt der Kommission, eine

9

10

---

48 Vgl. hierzu auch *Miersch*, in: Dalheimer/Feddersen/Miersch, Art. 17, Rn. 12, der aus dem Territorialitätsgrundsatz zu Recht ableitet, dass die Informationspflicht und das Anwesenheitsrecht über den Wortlaut hinaus auch dann gelten, wenn sich die Bediensteten der Kommission zur Durchführung der Befragung "in das Hoheitsgebiet einer Wettbewerbsbehörde" begeben. Konsequenz ist jedoch, dass eine Informationspflicht und ein Anwesenheitsrecht einer nationalen Wettbewerbsbehörde nur in den Fällen nicht bestehen, in denen die Befragung an einem Dienstsitz der Kommission durchgeführt wird. A.A. unter Verweis auf Art. 11 Abs. 7 VO 139/2000 EG *Barthelmeß/Rudolf*, in: Loewenheim/Meessen/Riesenkampff, Art. 19 VerfVO, Rn. 9.

49 Vgl. hierzu etwa *Sura*, in: Langen/Bunte, Art. 19 VO Nr. 1/2003, Rn. 10 ff.; *Barthelmeß/Rudolf*, in: Loewenheim/Meessen/Riesenkampff, Art. 19 VerfVO, Rn. 5 („Gebot einer rechtsstaatlichen Verfahrensdurchführung") m.w.N.

50 D.h. die mit der Nachprüfung beauftragten Bediensteten (Beamte, Zeitbedienstete, nationale Experten) sowie sonstige von der Kommission ermächtigte Begleitpersonen, d.h. Personen, die von der Kommission benannt werden und unter der Aufsicht von Kommissionsbediensteten tätig werden, umfassend hierzu *Miersch*, in: Dalheimer/Feddersen/Miersch, Art. 20, Rn. 11.

51 *Nowak*, in: Loewenheim/Meessen/Riesenkampff, Art. 20 VerfVO, Rn. 52.

52 Näher *Seitz/Lohrberg*, WuW 2007, 716.

53 EuG, Rs. T-66/99 (Minoan Lines SA), Slg. 2003, II-5515 unter Rn. 88.

54 Entscheidet sich das Unternehmen indes, den Prüfungsauftrag zu akzeptieren, so ist es verpflichtet, alle angeforderten Unterlagen vollständig vorzulegen und alle Fragen richtig, vollständig und nicht irreführend zu beantworten. Befolgt es diese Verpflichtung nicht, so kann die Kommission nach Art. 23 Abs. 1 lit. c und d Bußgelder verhängen.

55 EuGH, Rs. 46/87 u. 227/88 (Hoechst), Slg. 1989, 2859, Rn. 41.

A. Johanns

Nachprüfung ohne vorherige Ankündigung unmittelbar nach Zustellung der Entscheidung zu beginnen (sog. *dawn raids*).[56] Für den Beginn der Nachprüfung ist weder die Anwesenheit eines Mitglieds der Geschäftsführung noch die eines Rechtsanwalts erforderlich.[57] Die Nachprüfungsentscheidung begründet – anders als ein Durchsuchungsbeschluss nach deutschem Recht – nicht nur Duldungs-, sondern auch **Mitwirkungspflichten**.[58] Die Kommission kann während der Durchsuchung nach Art. 20 Abs. 2 lit. e) von Vertretern oder Mitgliedern der Belegschaft des Unternehmens Erläuterungen zu Tatsachen oder Unterlagen[59] verlangen, die mit dem Gegenstand der Nachprüfung im Zusammenhang stehen. Dieser Vorgang kann protokolliert werden. Nach Art. 4 VO (EG) Nr. 773/2004 ist dem Unternehmen (nicht dem Befragten) eine Kopie des Protokolls zu übergeben. Dem Unternehmen steht ein Recht zur Berichtigung der Angaben zu, wenn der Befragte zur Abgabe solcher Äußerungen nicht berechtigt war oder ist. Es dürfen im Rahmen der Nachprüfung alle Geschäftsunterlagen, gleich in welcher Form sie vorliegen, eingesehen und Kopien davon angefertigt werden. Dies umfasst auch elektronische Kopien von Computerdateien und ähnlichem.[60] Das Unternehmen ist nicht verpflichtet, Kopiermöglichkeiten zur Verfügung zu stellen oder gar selbst zu kopieren. Im Interesse einer zügigen Durchführung der Nachprüfung kommen die Unternehmen einem Wunsch nach Gewährung einer Kopiermöglichkeit gleichwohl regelmäßig nach.[61] Anders als im Rahmen einer Durchsuchung nach deutschem Recht verbleiben die **Originaldaten beim Unternehmen**. Nur ganz ausnahmsweise kann die Mitnahme von Originaldokumenten zulässig sein.[62] Die Kommission fertigt in der Praxis jeweils zwei Kopien an. Eine Kopie jedes Dokuments und eine Kopie der „Asservatenliste" werden dem Unternehmen überlassen. Mit der VO (EG) Nr. 1/2003 neu eingeführt wurde die Möglichkeit nach Art. 20 Abs. 2 lit. d), betriebliche Räumlichkeiten, Bücher oder Unterlagen, soweit dies für die Durchführung der Nachprüfung erforderlich ist, zu versiegeln. Nach ErwGr 25 der VO (EG) Nr. 1/2003 soll die Versiegelung nicht länger als 72 Stunden dauern. Die Kommission ist nach Art. 20 Abs. 4 S. 3 verpflichtet, vor Erlass einer Nachprüfungsentscheidung[63] die Wettbewerbsbehörden desjenigen Staates, in dem die Nachprüfung stattfindet, anzuhören. Bedienstete der Wettbewerbsbehörde oder andere von ihr ermächtigte Personen können an der Nachprüfung teilnehmen. Die Kommission kann die Wettbewerbsbehörde auch um die Teilnahme ersuchen. Vertreter des Bundeskartellamts nehmen grundsätzlich an Nachprüfungen der Kommission in Deutschland teil.

11 Die Nachprüfung kann mit den Mitteln des nationalen Rechts durchgesetzt werden (Art. 20 Abs. 6). Nach deutschem Recht bedarf es insoweit eines **Durchsuchungsbeschlusses** nach § 105 StPO. In der Regel wird dieser vom Bundeskartellamt (vorsorglich) vor Beginn der Nachprüfung beantragt.[64] Das nationale Gericht ist im Rahmen seiner Entscheidung über den Erlass des Durchsuchungsbeschlusses darauf beschränkt, die Echtheit der Kommissionsentscheidung zu überprüfen sowie festzustellen, dass die Durchführung der Nachprüfung weder willkürlich noch unverhältnismäßig ist (Art. 20 Abs. 8 S. 1). Das gemäß Art. 20 Abs. 7 angerufene einzelstaatliche Gericht kann von der Kommission Erläuterungen anfordern, und zwar insbesondere zu den Gründen, die sie veranlasst haben, das Unternehmen einer Zuwiderhandlung gegen die

---

56 Näher hierzu *de Bronett*, Art. 20, Rn. 15; zur Rolle des Anwalts *Weitbrecht/Weidenbach*, NJW 2010, 2328; 2. Kap., Rn. 80 ff.

57 Verfügt das Unternehmen über keine eigene Rechtsabteilung, so ist die Kommission in der Regel bereit, vor dem Beginn der Nachprüfung eine kurze Zeit auf das Eintreffen eines Rechtsanwaltes zu warten.

58 *Burrichter*, in: Immenga/Mestmäcker, EG-WettbR, Art. 20, Rn. 6.

59 Zur Problematik einer Vernichtung von (kartellrechtlich relevanten) Unterlagen *Kapp/Schlump*, BB 2008, 2748.

60 Diese Möglichkeit war noch nach der VO (EWG) Nr. 17/62 umstritten. Daher wurde von allen elektronischen Dateien Ausdrucke gefertigt.

61 So auch *Klees*, § 9, Rn. 91; *Sura*, in: Langen/Bunte, Art. 20 VO Nr. 1/2003, Rn. 19. A.A. *Miersch*, in: Dalheimer/Feddersen/Miersch, Art. 20, Rn. 21, der – zu extensiv – aus dem Anführen des "Erlangens" von Kopien neben dem "Anfertigen" von Kopien den Schluss zieht, dass das Unternehmen zu Hilfestellungen beim Anfertigen der Kopien verpflichtet werden kann.

62 *Meyer/Kuhn*, WuW 2004, 880, 885; *Sura*, in: Langen/Bunte, Art. 20 VO Nr. 1/2003, Rn. 18.

63 Diese Verpflichtung besteht im Hinblick auf einen Prüfungsauftrag nur. Hier besteht lediglich die Verpflichtung, die Wettbewerbsbehörde rechtzeitig vor dem Beginn der Nachprüfung zu informieren.

64 Zur Anordnungsbefugnis der Staatsanwaltschaft und ihrer Ermittlungspersonen siehe § 105 Abs. 1 StPO.

A. Johanns

Art. 101 und 102 AEUV zu verdächtigen, sowie zur Schwere der behaupteten Zuwiderhandlung und zur Art der Beteiligung des betreffenden Unternehmens.[65] Die Überprüfung der Rechtmäßigkeit der Kommissionsentscheidung bleibt den europäischen Gerichten vorbehalten.[66]

Wird während der Durchsuchung lediglich die Einsichtnahme in einzelne Dokumente verweigert, so können diese **beschlagnahmt** werden. Allerdings darf die Beschlagnahme nach deutschem Recht nur von einem Richter angeordnet werden (§ 98 StPO). Wenn die Voraussetzungen von „Gefahr im Verzug" vorliegen, d.h. die richterliche Anordnung nicht eingeholt werden kann, ohne den Zweck der Maßnahme zu gefährden, können die (der Staatsanwaltschaft insoweit gem. § 46 Abs. 2 OWiG gleichgestellten) Beamten des Bundeskartellamts die Beschlagnahme anordnen (§ 98 Abs. 1 StPO).[67] Etwaige Beschlagnahmeverbote (§ 97 i.V.m. §§ 52 ff. StPO) sind als Teil des deutschen Verfahrensrechtes zu beachten.[68]   **12**

b) Nachprüfungen in anderen Räumlichkeiten (Art. 21 VO (EG) Nr. 1/2003). Das Recht der Kommission zur Durchführung von Nachprüfungen war in der Vergangenheit auf Räumlichkeiten[69] von Unternehmen und Unternehmensvereinigungen begrenzt. Aus der Erfahrung heraus, dass Geschäftsunterlagen in vielen Fällen in anderen Räumlichkeiten, insbesondere in Privatwohnungen von Unternehmensleitern, Führungskräften und Mitarbeitern[70] aufbewahrt werden, normiert Art. 21 nunmehr die Befugnis der Kommission, Nachprüfungen auch in **anderen Räumlichkeiten** durchzuführen.[71] Die Aufzählung in Art. 21 Abs. 1 ist dabei nicht abschließend.[72] Die der Kommission zustehenden Befugnisse sowie das Verfahren stimmen weitgehend mit Art. 20 überein. Es gelten allerdings einige Besonderheiten, die sich darauf zurückführen lassen, dass man wegen der den Betroffenen zustehenden Privatsphäre und der Unverletzlichkeit der Wohnung den mit einer Nachprüfung einhergehenden Eingriff als besonders schwerwiegend erachtet.[73] Anders als bei Art. 20 ist bei Nachprüfungen nach Art. 21 ein begründeter Verdacht aufgrund von glaubhaften konkreten Hinweisen erforderlich.[74] Auch müssen sich die Ermittlungen der Kommission auf einen „schweren Verstoß" gegen Art. 101, 102 AEUV beziehen.[75] Überdies stehen der Kommission die in Art. 20 Abs. 2 aufgeführten Ermittlungsbefugnisse nur mit Ausnahme der Versiegelung von Räumlichkeiten und der Vornahme von Befragungen zu. Zudem ist neben einer gerichtlichen Durchsuchungsanordnung[76] für den Fall der **Nachprüfungsverweigerung** nach Art. 21 Abs. 3 UA 1 Satz 1 eine **zweite gerichtliche Entscheidung** erforderlich.[77] Neben der Echtheit der Entscheidung der Kommission hat das Gericht – ebenso wie in Art. 20 Abs. 8 – zu überprüfen, ob die Entscheidung weder willkürlich noch unverhältnismäßig ist. Anders als in Art. 20 Abs. 8 werden dem nationalen Gericht aber die Kriterien an die Hand gegeben („weder willkürlich noch unverhältnismäßig"), die es im   **13**

---

65 EuG, Rs. T-339/04 (France Télécom). Slg. 2007, II-521.
66 Aus ErwGr 27 ergibt sich, dass damit die in der Rechtsprechung des EuGH, Rs. 46/87 u. 227/88 (Hoechst), Slg. 1989, 2859 und EuGH, Rs. C-94/00 (Roquette Frères), Slg. 2002, I-9011 aufgestellten Grundsätze kodifiziert wurden. Umfassend hierzu *Brei*, ZWeR 2004, 107.
67 Wird eine Beschlagnahme wegen Gefahr im Verzug angeordnet, so ist innerhalb von drei Tagen eine richterliche Bestätigung einzuholen (§ 98 Abs. 2 StPO).
68 Besondere Vorsicht gilt daher für Beweismittel im Gewahrsam (!) von Berufsgeheimnisträgern (Anwälte, Wirtschaftsprüfer, Steuerberater etc.) sowie im Hinblick auf sog. Verteidigerpost (§ 148 StPO) in Bezug auf das bereits eingeleitete Verfahren. Vgl. insoweit auch unten Rn. 183.
69 Sowie Grundstücke und Transportmittel.
70 Art. 21 spricht von "Unternehmensleitern, Mitgliedern der Aufsichts- und Leitungsorgane sowie sonstigen Mitarbeitern".
71 So ErwGr 26 zur VO (EG) Nr. 1/2003.
72 *Sura*, in: Langen/Bunte, Art. 21 VO Nr. 1/2003, Rn. 3.
73 Vgl. auch *Brei*, ZWeR 2004, 107 (127); *Sura*, in: Langen/Bunte, Art. 21 VO Nr. 1/2003, Rn. 12.
74 *Nowak*, in: Loewenheim/Meessen/Riesenkampff, Art. 21 VerfVO, Rn. 6.
75 Näher *Sura*, in: Langen/Bunte, Art. 21 VO Nr. 1/2003, Rn. 7 f.
76 Eine solche ist zumindest nach deutschem Recht erforderlich.
77 Der Wortlaut von Art. 21 Abs. 3 Satz 2, nach dem das Gericht überprüft, ob die beabsichtigte "Zwangsmaßnahme" weder willkürlich noch unverhältnismäßig sein darf, ist – zumindest von der Terminologie des deutschen Rechts her – unpräzise. Denn es geht bei der Genehmigung durch das Gericht nicht um die Genehmigung eines Zwangsmittels, sondern um die Genehmigung der Nachprüfung. Die Nachprüfung ist aber selbst nicht als Zwangsmittel anzusehen, da sie nicht gegen den Willen des Betroffenen durchgesetzt werden kann.

Rahmen der Prüfung anzulegen hat.[78] Entsprechend der Regelung für Nachprüfungsentscheidungen nach Art. 20 Abs. 4 ergeht die Entscheidung über die Nachprüfung erst nach Anhörung der Wettbewerbsbehörde des Mitgliedsstaats, in dem die Nachprüfung stattfindet. Wird die Duldung der Nachprüfung verweigert, so ist dies nicht bußgeldbewehrt. Jedoch kann die Durchführung der Nachprüfung gem. Art. 20 Abs. 6 mit der Unterstützung der Bediensteten der nationalen Wettbewerbsbehörden durchgesetzt werden.

5. Ermittlungen durch Wettbewerbsbehörden der Mitgliedstaaten (Art. 22 VO (EG) Nr. 1/2003)

14 Art. 22 ist Ausdruck der Amtshilfe, ohne die die Zusammenarbeit der Wettbewerbsbehörden im Netzwerk nicht funktionieren könnte.[79] Durch die Regelung[80] in Art. 22 Abs. 1 (Amtshilfe der mitgliedstaatlichen Wettbewerbsbehörden untereinander) wird den nationalen Behörden die unionsrechtliche Befugnis verliehen, auf ihrem Hoheitsgebiet nach Maßgabe ihres nationalen Rechts[81] im Namen und auf Rechnung einer anderen Wettbewerbsbehörde, welche hieran aufgrund des völkerrechtlichen Territorialitätsprinzips gehindert wäre,[82] Untersuchungshandlungen (sowohl Nachprüfungen als auch andere Ermittlungsmaßnahmen) vorzunehmen. Die Regelung begründet eine Befugnis, aber **keine Verpflichtung** zur Durchführung der Maßnahmen.[83] Die durch die Ermittlungsmaßnahme gewonnenen Informationen werden nach Maßgabe von Art. 12 zwischen den Wettbewerbsbehörden ausgetauscht.

15 Art. 22 Abs. 2 (Amtshilfe zu Gunsten der Kommission) verpflichtet die nationalen Wettbewerbsbehörden, auf ihrem Hoheitsgebiet auf Ersuchen der Kommission Nachprüfungen durchzuführen. Eine Verpflichtung der Kommission, Ermittlungen nach Art. 22 Abs. 2 an die nationalen Wettbewerbsbehörden zu delegieren, besteht nicht.[84] Grundlage der Nachprüfung kann sowohl ein einfacher Prüfungsauftrag (Art. 20 Abs. 3) als auch eine Entscheidung (Art. 20 Abs. 4) sein. Ihre Befugnisse üben die Wettbewerbsbehörden nach den Regeln des jeweiligen

---

78 Dies sind nach Art. 21 Abs. 3 S. 2 die Schwere der zur Last gelegten Zuwiderhandlung, die Wichtigkeit des gesuchten Beweismaterials, die Beteiligung des betreffenden Unternehmens und die begründete Wahrscheinlichkeit, dass Bücher- und Geschäftsunterlagen in den Räumen aufbewahrt werden, für die die Genehmigung beantragt wird. Gerade dies kann das Gericht aber vor Schwierigkeiten stellen, denn es ist ihm nach Art. 21 UA 2 Satz 1 untersagt, die Notwendigkeit der Nachprüfung als solche in Frage zu stellen.

79 Vgl. auch ErwGr 28 zur VO (EG) Nr. 1/2003.

80 Zur praktischen Relevanz dieser Vorschrift vgl. *Barthelmeß/Rudolf*, in: Loewenheim/Meessen/Riesenkampff, Art. 22 VerfVO, Rn. 3 ff.

81 Eine Ermächtigung nach dem anwendbaren nationalen Recht ist also erforderlich. Da Art. 22 Abs. 1 ausdrücklich auf die Anwendbarkeit des Rechts der ersuchten Behörde verweist und auch Art. 12 keinerlei Einschränkungen im Hinblick auf die Übermittlung der Informationen – mit Ausnahme des Schutzes natürlicher Personen nach Art. 12 Abs. 3 – enthält, könnten der ersuchenden Behörde auch Beweismittel übermittelt werden, die sie nach ihrem nationalen Recht nicht hätte erheben dürfen. Enger insoweit *Barthelmeß/Rudolf*, in: Loewenheim/Meessen/Riesenkampff, Art. 22 VerfVO, Rn. 32, die eine Übermittlung und Verwertung jedenfalls dann als unzulässig ansehen, wenn dadurch der Schutz des Unionsrechts unterlaufen würde.

82 *Sura*, in: Langen/Bunte, Art. 22 VO Nr. 1/2003, Rn. 2.

83 Eine Einschränkung des Ermessens der Behörde kann sich gleichwohl aus Art. 4 Abs. 3 EUV ergeben, der die Mitgliedstaaten verpflichtet, alle geeigneten Maßnahmen zu treffen, um ihre Verpflichtungen aus den Verträgen zu erfüllen; vgl. hierzu und zum Nichteingreifen eines Ordre-public-Vorbehalts sowie der grundsätzlichen Möglichkeit der Einleitung eines Vertragsverletzungsverfahrens und einer Klage vor den nationalen Gerichten bei Ablehnung eines Amtshilfeersuchens *Lampert/Niejahr/Kübler/Weidenbach*, Art. 22, Rn. 421 ff. m.w.N. sowie *Barthelmeß/Rudolf*, in: Loewenheim/Meessen/Riesenkampff, Art. 22 VerfVO, Rn. 11, verneinen zwar für die ersuchende Behörde die Möglichkeit, eine Kooperation der ersuchten Behörde zu erzwingen, verweisen aber zu Recht auf die Möglichkeit für die Kommission, das Verfahren nach Art. 11 Abs. 6 an sich zu ziehen und die Ermittlungsmaßnahme entweder selbst durchzuführen oder aber die ersuchte Behörde hierzu zu verpflichten.

84 EuG, Rs. T-339/04 (France Télécom), Slg. 2007, II-521; vgl. hierzu *Rizzuto*, ECLR 2008, 286.

A. Johanns

nationalen Rechts aus.[85] Auch die Anwendung von Sanktions- und Zwangsmitteln sowie der Rechtsschutz richten sich im Hinblick auf die Durchführung der Maßnahme nach den Vorschriften des nationalen Rechts.[86] Die Entscheidung über die Rechtmäßigkeit der Kommissionsentscheidung über die Nachprüfung sowie das Ersuchen an die nationale Behörde ist jedoch dem Gerichtshof vorbehalten (Art. 20 Abs. 8). Sowohl auf Verlangen der Kommission als auch auf Verlangen der nationalen Wettbewerbsbehörde können Bedienstete der Kommission sowie andere von ihr ermächtigte Personen an der Nachprüfung teilnehmen.[87]

III. Verfahrensgrundsätze und Verfahrensgarantien

1. Beweislast

Nach den in Art. 2 aufgestellten Grundsätzen über die Beweislastverteilung obliegt die Beweislast für eine Zuwiderhandlung gegen Art. 101 Abs. 1 und Art. 102 AEUV derjenigen Partei oder Behörde, die den Vorwurf einer entsprechenden Zuwiderhandlung erhebt. Art. 2 schreibt damit die bereits vor Inkrafttreten der Verordnung bestehende Gerichtspraxis fest und stimmt mit dem in nahezu allen Rechtsordnungen der Mitgliedstaaten geltenden allgemeinen Grundsatz überein, wonach jede Partei die Beweislast bezüglich der für sie günstigen Tatsachen trägt.[88] Art. 2 S. 2 stellt klar, dass der Übergang zum System der Legalausnahme im Hinblick auf die Voraussetzungen des Art. 101 Abs. 3 AEUV keinen Übergang der Beweislast bewirkt.[89]   **16**

Die Regelung des Art. 2 gilt grundsätzlich in allen mitgliedstaatlichen Verfahren, die Art. 101 und 102 AEUV zum Gegenstand haben.[90] Allerdings besteht nach Art. 2 eine Trennung zwischen dem Nachweis des Vorliegens der Voraussetzungen der Verbotsnorm und dem Nachweis des Vorliegens einer Rechtfertigung nach Art. 81 Abs. 3. Für erstere trägt die Beweislast die Partei oder Behörde, die eine Anwendung der Verbotsnorm anstrebt. Für das Eingreifen des Art. 101 Abs. 3 AEUV trifft die Beweislast die Partei, die sich auf diese Bestimmung beruft.[91] Die Anforderungen an das Beweismaß und die Modalitäten der Erbringung von Beweisen in einzelstaatlichen Verfahren richten sich nach einzelstaatlichem Verfahrensrecht, das allerdings den entsprechenden Grundsätzen des Unionsrechts genügen muss.[92] Besonderheiten gelten für das **Bußgeldverfahren**. Insoweit wurde von der deutschen Delegation bei Annahme der Verordnung in einer Protokollerklärung[93] der Schluss gezogen, dass die „Verordnung, insbesondere deren Art. 2, nicht derartige für Strafverfahren oder strafrechtsähnliche Verfahren geltende strafrechtliche oder strafverfahrensrechtliche Bestimmungen und Rechtsgrundsätze der Mitgliedstaaten ändern oder beeinträchtigen kann".[94] Diese Erklärung zielt insbesondere auf die   **17**

---

85 Damit gilt das jeweils nationale Schutzniveau etwa auch im Hinblick auf die Berücksichtigung von Verteidigungsrechten. Hier ergibt sich schon aus ErwGr 16 zur VO (EG) Nr. 1/2003, dass diese zwar von einem unterschiedlich ausgestalteten, aber gleichwertigen Schutzniveau ausgeht. Auch Art. 12 Abs. 3 Spiegelstrich 2 erkennt unterschiedliche Schutzniveaus ausdrücklich an. Daher muss eine nationale Wettbewerbsbehörde bei Ausübung ihrer Befugnisse das weitergehende Verteidigungsprivileg (vgl. unten Rn. 30 f.) nach europäischem Recht nicht beachten; a.A. *Barthelmeß/Rudolf*, in: Loewenheim/Meessen/Riesenkampff, Art. 22 VerfVO, Rn. 32.

86 Umfassend hierzu *Barthelmeß/Rudolf*, in: Loewenheim/Meessen/Riesenkampff, Art. 22 VerfVO, Rn. 27 u. 29; *de Bronett*, Art. 22, Rn. 4.

87 Dabei hat die Kommission dem Verlangen der Wettbewerbsbehörde auf Teilnahme von Bediensteten der Kommission ebenso Folge zu leisten wie dem Wettbewerbsbehörde die Teilnahme der Bediensteten auf Verlangen der Kommission zu akzeptieren hat; anders unter Hinweis auf den Widerspruch zwischen "Ersuchen" und "können" *Schütz*, in: GK, Art. 22, Rn. 5.

88 Vgl. zum Ganzen nur *Hirsch*, ZWeR 2003, 233, 242 m.w.N.

89 Vgl. hierzu nur *Jaeger*, in: Loewenheim/Meessen/Riesenkampff, Art. 2 VerfVO, Rn. 1.

90 So ausdrücklich *Zuber*, in: Loewenheim/Meessen/Riesenkampff, Art. 2 VerfVO, Rn. 5, wonach in Art. 2 z.B. nicht danach unterschieden werde, ob ein Gericht oder eine Verwaltungsbehörde Art. 101, 102 AEUV anwende. Nach a.A. soll in Verwaltungsverfahren der Mitgliedstaaten zur Anwendung von Unionsrecht, entgegen dem Wortlaut des Art. 2, ausschließlich das nationale Verfahrensrecht (§ 50 Abs. 4 GWB) gelten; so *Schütz*, in: GK, Art. 2, Rn. 6.

91 Vgl. nur *Dalheimer*, in: Dalheimer/Feddersen/Miersch, Art. 2, Rn. 5 f.

92 Vgl. *Dalheimer*, in: Dalheimer/Feddersen/Miersch, Art. 2, Rn. 9 u. 11.

93 Ratsdokument 15435/02 ADD 1 v. 10.12.2002.

94 Vgl. nur *Weitbrecht*, EuZW 2003, 69, 72.

im deutschen Recht geltende Unschuldsvermutung.[95] Bei der Kausalitätsvermutung des Art. 101 Abs. 1 AEUV handelt es sich nach Auffassung des EuGH um einen integralen Bestandteil des Unionsrechts.[96]

2. Anspruch auf rechtliches Gehör

18 Der Anspruch auf Gewährung rechtlichen Gehörs, der in besonderer Weise dem Gedanken der Waffengleichheit der Beteiligten verpflichtet ist,[97] zählt nach ständiger Rechtsprechung des EuGH zu den fundamentalen Grundsätzen des Unionsrechts.[98] Für den Bereich des Wettbewerbsrechts sind seine wesentlichen Aspekte in Art. 27 (i.V.m. Art. 10 ff. VO (EG) Nr. 773/2004) geregelt.[99] Ein Anspruch auf rechtliches Gehör besteht immer dann, wenn eine Entscheidung bevorsteht, welche die Interessen von Unternehmen oder Unternehmensvereinigungen spürbar berührt. In der Praxis konzentriert sich der Grundsatz auf den Zeitraum **nach Mitteilung der Beschwerdepunkte**.[100] Anspruch auf rechtliches Gehör haben gem. Art. 27 Abs. 1 S. 1 die Unternehmen oder Unternehmensvereinigungen, gegen die sich das Verfahren richtet. Dagegen haben die **Beschwerdeführer** oder gar sonstige **Dritte** keinen derartigen Anspruch.[101]

19 Eine Verletzung des Anspruchs auf rechtliches Gehör kann die Nichtigkeit der Entscheidung zur Folge haben.[102] Dabei liegt eine Verletzung des Anspruchs schon dann vor, wenn die nicht vorgelegten Unterlagen nur geeignet waren, den Verfahrensablauf und/oder die Entscheidung zu beeinflussen.[103] Nach Art. 27 Abs. 1 S. 1 muss Gelegenheit gegeben werden, sich zu den Beschwerdepunkten zu äußern, welche die Kommission in Betracht gezogen hat.[104] Damit ist gewissermaßen ein **Mindeststandard** für die Gewährung rechtlichen Gehörs bezeichnet, ohne dass sich der Grundsatz hierin erschöpfen würde.

20 Nach Art. 27 Abs. 1 S. 2 kann die Kommission eine (nachteilige) **Entscheidung** nur auf die Beschwerdepunkte **stützen**, zu denen sich die Parteien äußern konnten.[105] Dies bedeutet, dass die Kommission in ihrer Entscheidung Tatsachen nur verwerten darf, wenn das betroffene Unternehmen Gelegenheit zur Stellungnahme hatte. Die Gelegenheit zur Stellungnahme bezieht sich sowohl auf die tatsächlichen Grundlagen einer Entscheidung als auch auf rechtliche Gesichtspunkte,[106] z.B. die von der Kommission in Betracht gezogenen Rechtsgrundlagen. Was insbesondere Schriftstücke anbelangt, auf die sich die Kommission als Beweismittel stützen will, so müssen diese im Wortlaut vorgelegt werden. Wurden Schriftstücke nicht vollständig vorge-

---

95 Zurückhaltend gegenüber der Protokollerklärung z.B. *Dalheimer*, in: Dalheimer/Feddersen/Miersch, Art. 2, Rn. 13 f.; auch *Zuber*, in: Loewenheim/Meessen/Riesenkampff, Art. 2 VerfVO, Rn. 5; vgl. zum Ganzen auch *Klees*, § 5, Rn. 22 ff.

96 EuGH, Rs. C-8/08 (T-Mobile Netherlands u.a.), Slg. 2009, I-4529 u. Rn. 52; anders die Schlussanträge der Generalanwältin *Kokott*, wonach sich das Beweismaß eines Verstoßes gegen Art. 101 AEUV grundsätzlich nach dem jeweiligen nationalen Recht richte.

97 EuG, Rs. T-30/91 (Solvay), Slg. 1995, II-1775.

98 Vgl. etwa EuGH, Rs. 46/87 u. 227/88 (Hoechst), Slg. 1989, 2859.

99 In der VO 17 war der Grundsatz in Art. 19 geregelt. Insgesamt kritisch zur Neuregelung *Weiß*, in: Loewenheim/Meessen/Riesenkampff, Art. 27 VerfVO, Rn. 35, wonach die Regelung hinter dem „rechtsstaatlich Wünschenswerten" zurückbleibe.

100 *Schütz*, in: GK, Art. 27 Rn. 4; vgl. zur neueren Rspr. *Freund/Freund*, EuZW 2009, 839.

101 Zwar sind Beschwerdeführer gem. Art. 27 Abs. 1 S. 3 eng in das Verfahren einzubeziehen. Doch gehen die verfahrensmäßigen Rechte der Beschwerdeführer nicht so weit wie der Anspruch beschuldigter Unternehmen auf rechtliches Gehör; vgl. EuG Rs. T-64/89 (Automec), Slg. 1990, II-367; vgl. auch *Weiß*, in: Loewenheim/Meessen/Riesenkampff, Art. 27 VerfVO, Rn. 16 f.

102 EuGH, Rs. C-135/92 (Fiskano), Slg. 1994, I-2885.

103 EuG, Rs. T-30/91 (Solvay), Slg. 1995, II-1775.

104 Vgl. auch Art. 11 Abs. 2 VO (EG) 773/2004, ABl. 2004 L 123/18.

105 Vgl. nur *de Bronett*, Art. 27, Rn. 12. Dies führt dazu, dass die Kommission in den Beschwerdepunkten alles angeben muss, was für die beabsichtigte Entscheidung von Bedeutung sein kann, selbst wenn es letztlich in der Entscheidung nicht verwertet wird. Die Beschwerdepunkte sind deshalb ähnlich aufgebaut wie die Entscheidung und regelmäßig mindestens genauso lang; vgl. *Schütz*, in: GK, Art. 27, Rn. 9.

106 Dementsprechend kann die Kommission rechtliche Gesichtspunkte, mit denen sich die Unternehmen nicht auseinandersetzen konnten, nicht in ihrer Entscheidung berücksichtigen. Das bedeutet allerdings nicht, dass die Kommission ihre Argumente nicht in Auseinandersetzung mit dem Vorbringen der Unternehmen verändern dürfte; vgl. *Ritter*, in: Immenga/Mestmäcker, EG-WettbR, Art. 27 VO (EG) 1/2003, Rn. 9.

A. Johanns

legt, dürfen sie nicht als Beweismittel verwertet werden.[107] Darüber hinaus darf die Kommission nicht Unterlagen weglassen, die aus ihrer Sicht für die Verteidigung eines Unternehmens bedeutungslos sind. Insoweit ist ihre Bewertungsfreiheit eingeschränkt.[108] Besondere Probleme entstehen, wenn die Kommission bestimmte Tatsachen wegen des Erfordernisses des Schutzes von **Geschäftsgeheimnissen** nicht offen legen kann. In diesem Fall muss sie auf die Verwertung dieser Tatsachen verzichten.[109]

Ein wesentliches Element des Anspruchs auf rechtliches Gehör ist die **Anhörung** der Beteiligten. **21** Die Anhörung findet „vor Erlass der Entscheidung"[110] statt, wobei die Beschwerdepunkte die Grundlage bilden (Art. 10 ff. VO (EG) Nr. 773/2004). Hinsichtlich der Beteiligten besteht die Anhörung im Wesentlichen darin, dass ihnen nach Zustellung der Beschwerdepunkte Gelegenheit zur schriftlichen Stellungnahme innerhalb einer bestimmten Frist[111] gegeben wird (Art. 10 Abs. 1 VO (EG) Nr. 773/2004).[112] Beschwerdeführer, die ein Verfahren angestoßen haben, können, sofern sie dies in ihrer schriftlichen Äußerung beantragen, anlässlich der Anhörung der Beteiligten ebenfalls angehört werden (Art. 6 Abs. 2 VO (EG) Nr. 773/2004).[113] Andere Personen als Beteiligte oder Beschwerdeführer (z.B. Zeugen, Sachverständige, Interessenverbände, Verbraucherverbände) können nach Art. 27 Abs. 3 S. 2 VO (EG) Nr. 1/2003 angehört werden, wenn sie dies beantragen und ein „ausreichendes Interesse"[114] an der Anhörung nachweisen.[115] Ein ausreichendes Interesse in diesem Sinne können vor allem Wettbewerber und Repräsentanten der Marktgegenseite (Abnehmer, Lieferanten) haben. Nach Art. 27 Abs. 4 ist „interessierten Dritten"[116] u. U. Gelegenheit zur Stellungnahme zu geben.

3. Recht auf Akteneinsicht

Das Recht auf Akteneinsicht ist, obwohl es in der VO (EWG) Nr. 17/62 nicht geregelt war, im **22** Grundsatz als Ausfluss des Prinzips der Wahrung der Rechte der Verteidigung seit langem anerkannt.[117] Nunmehr ist dieses Recht in Art. 27 Abs. 2 (und Art. 15 ff. VO (EG) 773/2004) ausdrücklich geregelt.[118] Wird das Recht auf Akteneinsicht verletzt, kann das zur Nichtigkeit

---

107 EuGH, Rs. 82/267 (AEG-Telefunken), Slg. 1982, 1549.

108 Erweist sich, dass hierdurch die Verteidigung eines Unternehmens allgemein beeinträchtigt wurde, so kann dies in einem Gerichtsverfahren nicht mehr geheilt werden; vgl. zum Ganzen EuG, Rs. T-30/91 (Solvay), Slg. 1995, II-1775.

109 *Schütz*, in: GK, Art. 27, Rn. 3.

110 Vgl. ErwGr 32 zur VO (EG) Nr. 1/2003 (allerdings im Hinblick auf betroffene Dritte).

111 Die Mindestfrist beträgt nach Art. 17 VO 773/2004 vier Wochen.

112 Nach Art. 11 und 12 der neuen VO (EG) 773/2004 ergibt sich auch ein Anspruch auf mündliche Anhörung, sofern die Berechtigten eine solche beantragen. Darin liegt eine gewisse Aufwertung des Anspruchs im Vergleich zur früheren Rechtslage; vgl. *Weiß*, in: Loewenheim/Meessen/Riesenkampff, Art. 27 VerfVO, Rn. 7. Näher zur Ausgestaltung des grundsätzlich zweistufigen (schriftliche Angaben, mündliche Erörterung) Anhörungsverfahrens dort unter Rn. 8 ff.

113 Gegenüber der alten Rechtslage hat die VO (EG) 773/2004 die Stellung der Beschwerdeführer deutlich gestärkt. Aus Art. 6 Abs. 1 S. 3 ergibt sich, dass diese eng in das Verfahren einbezogen werden sollen. Dabei können Beschwerdeführer ihre Sicht gerade auch im Rahmen der mündlichen Anhörung der Parteien vortragen.

114 Dieses ist gegeben, wenn die zu treffende Entscheidung den Dritten i.S.d. Art. 263 Abs. 4 AEUV individuell und unmittelbar betrifft und ihn daher zur Anfechtungsklage berechtigen würde; näher zum Ganzen etwa *Klees*, § 5, Rn. 73.

115 Vgl. Art. 27 Abs. 3 S. 2 sowie Art. 13 VO (EG) 773/2004.

116 Näher zu diesem nicht „spezifizierten" Begriff *Weiß*, in: Loewenheim/Meessen/Riesenkampff, Art. 27 VerfVO, Rn. 34.

117 EuGH, Rs. 374/87 (Orkem), Slg. 1989, 3283; EuG, Rs. T-30/91 (Solvay), Slg. 1995, II-1775; EuG, verb. Rs. T-25/95 u. a. (Cimenteries CBR), Slg. 2000, II-491, Rn. 156; vgl. zum Ganzen zuletzt ausführlich *Gussone/Michalzyk*, EuZW 2011, 133.

118 Vgl. hierzu zuletzt die Mitteilung der Kommission v. 15.12.2005 über die Regeln für die Einsicht in Kommissionsakten in Fällen einer Anwendung der Artikel 81 und 82 EG-Vertrag, Art. 53, 54 und 57 des EWR-Abkommens und der Verordnung (EG) Nr. 139/2004, ABl. Nr. C 325/7. Zu unterscheiden ist das Akteneinsichtsrecht von dem – ganz anderen Zwecken dienenden – allg. Recht auf Zugang zu Dokumenten nach der VO Nr. 1049/2001; näher *Sura*, Langen/Bunte, Art. 27 VO Nr. 1/2003, Rn. 30; vgl. hierzu zuletzt Schlussanträge der Generalanwältin *Kokott* v. 3.3.2011 – Rs. C-506/08 P (Dokumente bzgl. des Zusammenschlusses First Choice/Airtours).

einer Entscheidung führen.[119] Akteneinsicht wird erst nach Zustellung der **Mitteilung der Beschwerdepunkte**[120] und grundsätzlich auch nur einmalig gewährt.[121] Das Recht zur Akteneinsicht erstreckt sich im Grundsatz auf die vollständige Ermittlungsakte. Zweck der Akteneinsicht ist es auch, entlastende Schriftstücke aufzufinden.[122] Das Recht auf Akteneinsicht als Ausfluss des Grundsatzes der Wahrung der Verteidigungsrechte impliziert, dass die Kommission dem betroffenen Unternehmen die Möglichkeit gibt, alle Schriftstücke in der Ermittlungsakte zu prüfen, die möglicherweise für seine Verteidigung erheblich sind. Dazu gehören sowohl belastende als auch entlastende Schriftstücke mit Ausnahme von Geschäftsgeheimnissen anderer Unternehmen, internen Schriftstücken der Kommission und anderen vertraulichen Informationen.[123] Dabei ist es nicht allein Sache der Kommission, die für die Verteidigung des betroffenen Unternehmens nützlichen Schriftstücke zu bestimmen. Sie darf aber vom Verwaltungsverfahren die Bestandteile ausschließen, die in keinem Zusammenhang mit den Sach- und Rechtsausführungen in der Mitteilung der Beschwerdepunkte stehen und folglich für die Untersuchung irrelevant sind.[124] Ein Recht auf Akteneinsicht haben nach Art. 27 Abs. 2 S. 2 nur die Unternehmen und Unternehmensvereinigungen, gegen die sich das Verfahren der Kommission richtet.

23 Art. 27 Abs. 2 S. 2 u. 3 normiert Ausnahmen vom Akteneinsichtsrecht. Diese führen in der Praxis nicht selten zu erheblichen Einschränkungen. Nach Art. 27 Abs. 2 S. 2 sind **Geschäftsgeheimnisse** (auch anderer Unternehmen)[125] zu wahren, wenn die Unternehmen daran ein berechtigtes Interesse haben.[126] Ausgenommen sind darüber hinaus **vertrauliche Informationen** (Art. 27 Abs. 2 S. 3 Alt. 1).[127] Auch **interne Schriftstücke der Kommission** und der Wettbewerbsbehörden der Mitgliedstaaten sind von der Akteneinsicht ausgenommen (Abs. 2 S. 3 Alt. 2).[128] Damit erstreckt sich das Akteneinsichtsrecht nicht auf Schriftstücke, die lediglich für behördeninterne Zwecke angefertigt wurden.[129] Darüber hinaus nimmt Art. 27 Abs. 2 S. 4 auch die Korrespondenz zwischen der Kommission und den Wettbewerbsbehörden der Mitgliedstaaten sowie die Korrespondenz zwischen den Wettbewerbsbehörden im „Netzwerk"[130] ausdrücklich aus.

---

119 EuGH, Rs. 238/99 (PVC II), Slg. 2002, I-8373.
120 Aus Art. 15 Abs. 1 VO (EG) Nr. 773/2004 ergibt sich, dass Akteneinsicht – im Einklang mit der bisherigen Praxis – erst nach Mitteilung der Beschwerdepunkte gewährt wird (dabei konnte Akteneinsicht nach II C der Mitteilung der Kommission v. 23.1.1997 über interne Verfahrensvorschriften für die Behandlung von Anträgen auf Akteneinsicht, ABl. 1997 C 23/3, nur in den Räumen der Kommission genommen werden; vgl. aber nunmehr II C der Mitteilung v. 15.12.2005).
121 *Miersch*, in: Dalheimer/Feddersen/Miersch, Art. 27, Rn. 18.
122 Vgl. nur *Weiß*, in: Loewenheim/Meessen/Riesenkampff, Art. 27 VerfVO, Rn. 18; zur Relativierung dieses Zwecks durch die Verteilung der Beweislast allerdings *Schnelle/Bartosch/Hübner*, S. 116.
123 EuG, Rs. T-410/03 (Hoechst), Slg. 2008, II-881, Rn. 145.
124 EuG, Rs. T-410/03 (Hoechst), Slg. 2008, II-881, Rn. 147.
125 *Sura*, in: Langen/Bunte, Art. 27 VO Nr. 1/2003, Rn. 35.
126 Vgl. insoweit ErwGr 32, wonach dem Schutz der Geschäftsgeheimnisse derselbe Rang zukommt wie der Wahrung der Verteidigungsrechte, insbesondere des Rechts auf Akteneinsicht. Die Einzelheiten des Schutzes von Geschäftsgeheimnissen ergeben sich aus Art. 16 VO (EG) 773/2004. Zu dem Verfahren, das Anwendung findet, wenn zwischen Kommission und Unternehmen Streit über das Vorliegen eines Geschäftsgeheimnisses besteht; vgl. Art. 9 der Kommissionsentscheidung 2001/462/EG v. 23.5.2001 über das Mandat des Anhörungsbeauftragten, ABl. 2001 L 162/21.
127 Vgl. I A 2 der Mitteilung v. 23.1.1997 (Rn. 22); vgl. allerdings nunmehr II A Rn. 18 ff. der Mitteilung v. 15.12.2005, ABl. Nr. C 325, 7.
128 Damit soll die Funktionsfähigkeit der Kommission und der nationalen Wettbewerbsbehörden sichergestellt werden. Zu bedenken ist aber auch, dass interne Unterlagen keinen Beweiswert haben und die Verteidigungsrechte der Parteien durch ihre Vorenthaltung nicht berührt werden; vgl. *Miersch*, in: Dalheimer/Feddersen/Miersch, Art. 27, Rn. 22.
129 Vgl. hierzu zuletzt die sehr weitgehende Auffassung in dem Schlussantrag der Generalanwältin *Kokott* v. 3.3.2011, Rs. C-506/08 P (Dokumente bzgl. des Zusammenschlusses First Choice/Airtours).
130 Näher zum Netzwerk unter Rn. 99 ff.

A. Johanns

4. Verwertungsbeschränkung

Art. 28 Abs. 1 bestimmt, dass auf Grundlage der Art. 17 bis 22 erlangte Informationen nur zu dem Zweck verwendet werden dürfen, zu dem sie eingeholt wurden.[131] Dieses Verbot der zweckwidrigen Verwertung richtet sich in erster Linie an die Kommission und die Wettbewerbsbehörden der Mitgliedstaaten, wenn sie aufgrund eigener Entscheidung nach Art. 22 Abs. 1 für eine andere Wettbewerbsbehörde tätig werden.[132] Wird eine nationale Wettbewerbsbehörde auf Ersuchen der Kommission für diese tätig, wozu sie nach Art. 22 Abs. 2 verpflichtet ist, so bleibt die Verfahrensherrschaft bei der Kommission und diese ist Adressat des Verbots.[133] Mit Blick auf die dezentrale Anwendung der Art. 101 und 102 AEUV wird der Kreis der möglichen Empfänger der erlangten Informationen allerdings durch Art. 12 und 15 erweitert. Diese Bestimmungen gehen Art. 28 Abs. 1 vor.[134] Im Ergebnis lässt Art. 28 Abs. 1 i.V.m. Art. 12 die Verwertung der betreffenden Informationen durch sämtliche Mitglieder des Netzwerks zu, wobei jedoch die in Art. 12 Abs. 2 genannten Zwecke zu beachten sind.[135]   **24**

Art. 28 Abs. 1 untersagt lediglich eine Verwertung außerhalb des bei der jeweiligen Maßnahme angegebenen Zwecks. Die Vorschrift hat also nicht zur Folge, dass die Behörde die durch die Maßnahme erlangten Informationen gar nicht berücksichtigen dürfte. Informationen unterliegen nur einer Zweckbindung, wobei auf den Zweck der konkreten Ermittlungsmaßnahme abzustellen ist.[136] Dagegen darf die Behörde Informationen dazu verwenden, ein neues Untersuchungsverfahren einzuleiten und sich auf diese Weise (weitere) Informationen und Beweismittel zu verschaffen.[137] „Zufallsfunde" sind somit durchaus **verwertbar**.   **25**

5. Berufs- und Geschäftsgeheimnisse

Der Vertraulichkeitsschutz hat in Kartellverfahren außerordentlich große praktische Bedeutung. Art. 28 Abs. 2 statuiert einen allgemeinen **Vertraulichkeitsschutz**. Hiervon zu unterscheiden ist der besondere Vertraulichkeitsschutz. Diesen enthalten insbesondere die Vorschriften, die in Art. 28 Abs. 2 als vorrangig angeführt sind. Aus diesen Bestimmungen ergeben sich auch manche Einschränkungen des allgemeinen Vertraulichkeitsschutzes.[138]   **26**

In Anlehnung an die Begrifflichkeit in Art. 339 AEUV normiert Art. 28 Abs. 2 eine Verpflichtung zur Wahrung des sog. **Berufsgeheimnisses**. Der Begriff des Berufgeheimnisses ist weder in der VO (EG) Nr. 1/2003 noch in der VO (EG) Nr. 773/2004 definiert. Er umfasst nach allgemeiner Ansicht Geschäftsgeheimnisse und andere vertrauliche Informationen.[139] Die Kommission versteht den Begriff denkbar weit.[140] Auch der Begriff des Geschäftsgeheimnisses ist weder in der VO (EG) Nr. 1/2003 noch in der VO (EG) Nr. 773/2004 definiert. Nach Art. 339 AEUV   **27**

---

131 Die Vorschrift ist analog anzuwenden auf alle Informationen, welche die Kommission im Rahmen von auf der Grundlage der VO Nr. 1/2003 geführten Verfahren erlangt; näher *Sura*, in: Langen/Bunte, Art. 28 VO Nr. 1/2003, Rn. 3 m.w.N.

132 Ausgenommen vom Verwertungsverbot ist die Weiterleitung von Informationen an nationale Gerichte zur Verwendung im Rahmen von Verfahren nach Art. 101 oder 102 AEUV; ausführlich hierzu *Klees*, § 9, Rn. 157 u. EuG, Rs. T-353/94 (Postbank), Slg. 1996, II-921.

133 *Schütz*, in: GK, Art. 28, Rn. 3.

134 Art. 28 Abs. 1 gilt „unbeschadet der Artikel 12 und 15".

135 Näher zum Ganzen *Miersch*, in: Dalheimer/Feddersen/Miersch, Art. 27, Rn. 9; *Barthelmeß/Rudolf*, in: Loewenheim/Meessen/Riesenkampff, Art. 28 VerfVO, Rn. 7 (dort auch zur Problematik von Anträgen auf Kronzeugenbehandlung).

136 Vgl. *Barthelmeß/Rudolf*, in: Loewenheim/Meessen/Riesenkampff, Art. 28 VerfVO, Rn. 9.

137 Vgl. insoweit die eingängige Formulierung von *Schütz*, in: GK, Art. 28, Rn. 3, wonach die Behörde nicht gehalten ist, die Ermittlungsergebnisse „gänzlich (zu) vergessen". Dies wäre auch lebensfremd; vgl. zur Rechtsprechung etwa EuGH, Rs. C-85/87 (Dow Benelux NV), Slg. 1989, 3137; vgl. z.B. auch EuGH, Rs. C-67/91 (Dirección General de Defensa de la Competencia), Slg. 1992, I-4785 (gegen eine Pflicht zur „akuten Amnesie").

138 *Barthelmeß/Rudolf*, in: Loewenheim/Meessen/Riesenkampff, Art. 28 VerfVO, Rn. 18, 23 ff.

139 Teilweise wird die Artikelüberschrift als „irreführend" kritisiert; vgl. etwa *Barthelmeß/Rudolf*, in: Loewenheim/Meessen/Riesenkampff, Art. 28 VerfVO, Rn. 17, wonach es in Art. 28 Abs. 2 weniger um den Schutz von „Berufsgeheimnissen als vielmehr um die Statuierung der Verpflichtung zur ,Amtsverschwiegenheit'" gehe.

140 Kommission, Entscheidung v. 13.7.1994 (Karton), IV/C/33833, ABl. 1994 L 243/1, Rn. 124 sowie Rn. 18 ff. der Mitteilung der Kommission vom 15.12.2005, ABl. C 325/7.

sind unter Berufsgeheimnissen „insbesondere Informationen über Unternehmen sowie deren Geschäftsbeziehungen oder Kostenelemente" zu verstehen. Nach der Rechtsprechung des EuG fallen Informationen ihrem Wesen nach zunächst nur dann unter das Berufsgeheimnis, wenn sie nur einer beschränkten Zahl von Personen bekannt sind. Ferner muss es sich um Informationen handeln, durch deren Offenlegung dem Auskunftgeber oder Dritten ein ernsthafter Nachteil entstehen kann. Schließlich ist erforderlich, dass die Interessen, die durch die Offenlegung der Information verletzt werden können, objektiv schützenswert sind. Bei der Beurteilung der Vertraulichkeit einer Information sind daher die berechtigten Interessen, die ihrer Offenlegung entgegenstehen, und das Allgemeininteresse daran, dass sich das Handeln der Gemeinschaftsorgane möglichst offen vollzieht, gegeneinander abzuwägen.[141] Der Begriff ist objektiv zu bestimmen.[142] Es kommt also nicht darauf an, ob die Unternehmen die Informationen als Geschäftsgeheimnisse bezeichnen. Entscheidend ist allein die Verkehrsauffassung, bei deren Ermittlung auf die einschlägigen Unternehmenskreise abgestellt wird.[143] Die Informationen sind Geschäftsgeheimnisse nur solange, wie sie nicht aus einer öffentlichen Quelle zugänglich sind.

28   Zu den vertraulichen Informationen zählen insbesondere die von natürlichen Personen gemachten Angaben, insbesondere wenn es sich hierbei um Angaben eines Informanten handelt.[144] Art. 28 Abs. 2 verpflichtet Beamte und Bedienstete der Kommission, Beamte und Bedienstete sowie andere unter ihrer Aufsicht tätige Personen der Wettbewerbsbehörden der Mitgliedstaaten, die Beamten und Bediensteten anderer Behörden der Mitgliedstaaten sowie alle Vertreter und Experten der Mitgliedstaaten, die an Sitzungen des Beratenden Ausschusses teilnehmen. Verboten ist nach Art. 28 Abs. 2 die „Preisgabe von Informationen". Unter den Begriff der „Preisgabe" fällt jede unbefugte Art der Mitteilung an Dritte.[145] Art. 28 Abs. 2, 1. Halbsatz nimmt die Weitergabe von Informationen innerhalb des **Netzwerkes** der Kartellbehörden ausdrücklich vom Anwendungsbereich der Vorschrift aus.

6. Recht der Unternehmen, sich nicht selbst zu belasten

29   Auch die VO (EG) Nr. 1/2003 enthält keine ausdrückliche Regelung zu einem Recht der Unternehmen, **sich nicht selbst belasten** zu müssen, also zu Auskunftsverweigerungsrechten. Allein ErwGr 23 enthält im Zusammenhang mit dem Auskunftsrecht der Kommission die Feststellung, dass die Unternehmen nicht verpflichtet werden können, „eine Zuwiderhandlung einzugestehen". Dies ist Ausdruck der Rechtsprechung des EuGH, nach der Unternehmen nicht zu einem Geständnis gezwungen werden dürfen.[146] Die Unternehmen sind aber nach ErwGr 23 verpflichtet, „Fragen nach Tatsachen zu beantworten und Unterlagen vorzulegen", selbst wenn dies dazu verwendet werden kann, den Beweis für ein wettbewerbswidriges Verhalten des betroffenen oder eines anderen Unternehmens zu erbringen. Damit verbleibt für ein **Auskunftsverweigerungsrecht** nur ein äußerst begrenzter Anwendungsbereich.[147]

7. Schutz der Vertraulichkeit zwischen Anwalt und Mandant

30   Im Unionsrecht gibt es keine Norm, die ein sog. **Anwaltsprivileg** (*legal professional privilege*) begründet. Nach der Rechtsprechung des EuGH[148] ist der Schriftwechsel zwischen Anwalt und

---

141 EuG, Rs. T- 198/03 (Bank Austria Creditanstalt AG), Slg. 2003, II-4879 (u. Rn. 7); EuG, Rs. T-474/04, (Hilfsstoffe für industrielle Prozesse), Slg. 2007, II-4255 (u. Rn. 65).
142 Vgl. zum Ganzen etwa *de Bronett*, Art. 28, Rn. 7.
143 *Schütz*, in: GK, Art. 28, Rn. 10.
144 Vgl. hierzu näher *Klees*, § 5, Rn. 83 m.w.N.
145 Vgl. nur *Klees*, § 5, Rn. 86.
146 EuGH, Rs. 374/87 (Orkem), Slg. 1989, 3283, Rn. 35; EuG, Rs. T-112/98 (Mannesmannröhren), Slg. 2001, II-729, Rn. 67; vgl. zur Herleitung und zur Entstehung des ErwGr 23 nur *Schütz*, in: GK, Art. 17, Rn. 5; näher zur Problematik auch *Schwarze/Weitbrecht*, § 2, Rn. 17 ff.
147 Vgl. auch insoweit nur *Schütz*, in: GK, Art. 17, Rn. 5, wonach man „bei geschickter Fragestellung … kein Geständnis mehr" (brauche).
148 Vgl. nur EuGH, Rs. 155/79 (AM&S Europe), Slg. 1982, 1575, Rn. 22 ff.; weitere Nachw. bei *Schwarze/Weitbrecht*, § 5, Rn. 30 (u. Fn. 245). Der EuGH leitet den Grundsatz der Vertraulichkeit aus den Rechtsordnungen der Mitgliedstaaten ab.

Mandant vor einem Zugriff der Kommission geschützt, wenn er mit einem unabhängigen, über eine anwaltliche Zulassung in einem Mitgliedstaat der Union verfügenden Rechtsanwalt[149] und im Rahmen des Rechts des Mandanten auf Verteidigung geführt wird.[150] Dabei kommt es nicht darauf an, ob der Schriftverkehr erst nach Eröffnung des Verfahrens oder schon davor stattgefunden hat.[151] Unerheblich ist auch, in wessen Besitz sich die Unterlagen befinden.[152] Dem Schriftwechsel gleich stehen unternehmensinterne Aufzeichnungen, die den Inhalt einer mit dem Mandanten geführten Beratung wiedergeben.[153]

Ausgenommen vom Schutz der Vertraulichkeit sind allerdings Schriftstücke von internen   **31**
Rechtsberatern des Unternehmens (**Syndikusanwälte**) und nicht in der EU zugelassenen Rechtsanwälten.[154]

Mit Urteil vom 14. September 2010 hat der EuGH entschieden, dass sich der kraft des Grund-   **32**
satzes der Vertraulichkeit der Kommunikation mit einem Rechtsanwalt gewährte Schutz nicht auf den unternehmens- oder konzerninternen Schriftwechsel mit Syndikusanwälten erstreckt, da das Erfordernis der Unabhängigkeit des Rechtsanwalts das Fehlen jedes Beschäftigungsverhältnisses zwischen dem Rechtsanwalt und seinem Mandanten voraussetze. Es verstoße auch nicht gegen den Grundsatz der Gleichbehandlung, dass die Kommunikation mit einem Syndikusanwalt nicht vom Grundsatz der Vertraulichkeit geschützt werde, da Syndikusanwälte nicht denselben Grad von Unabhängigkeit wie externe Rechtsanwälte aufwiesen. Auch habe sich die Rechtslage in den Mitgliedstaaten nicht in einem Maße entwickelt, dass es gerechtfertigt wäre, eine Weiterentwicklung der Rechtsprechung in dem Sinne zu rechtfertigen, dass der Kommunikation mit Syndikusanwälten der Schutz der Vertraulichkeit zuerkannt werde.[155]

IV. Einleitung und Abschluss des Verfahrens

1. Einleitung des Verfahrens

Die Einleitung des Verfahrens durch die Kommission ist ein förmlicher Rechtsakt, mit dem die   **33**
Kommission ihre Absicht anzeigt, eine Entscheidung zu erlassen.[156] Die Verfahrenseinleitung muss zeitlich vor der vorläufigen Beurteilung nach Art. 9 Abs. 1, vor der Übersendung der Mitteilung der Beschwerdepunkte[157] und vor der Veröffentlichung einer Mitteilung nach Art. 27 Abs. 1 erfolgen. Allerdings kann die Kommission von den ihr zustehenden Ermittlungsbefugnissen Gebrauch machen, ohne ein Verfahren eingeleitet zu haben.[158] Die Einleitung des Verfahrens ist durch die Verfahrensbeteiligten nicht selbständig anfechtbar, da es sich hierbei um eine Entscheidung erst vorbereitende Verfahrenshandlung ohne unmittelbare Rechtswirkung nach außen handelt.[159] Die Verfahrenseinleitung hat indes für die nationalen Wettbewerbsbehörden nach Art. 11 Abs. 6 die Wirkung, dass sie ihre Zuständigkeit verlieren.[160] Die nationalen Gerichte sind nach Art. 16 Abs. 1 S. 2 gehalten, zu Entscheidungen zu gelangen, die

---

149 Für eine Ausdehnung des Anwaltsprivilegs jedenfalls auf in den Mitgliedstaaten des EWR zugelassene Anwälte *Miersch*, in: Dalheimer/Feddersen/Miersch, vor Art. 17, Rn. 42.
150 *Sura*, in: Langen/Bunte, Art. 20 VO Nr. 1/2003, Rn. 14.
151 EuGH, Rs. 155/79 (AM&S Europe), Slg. 1982, 1575, Rn. 23. Nach deutscher Rechtslage ist dies anders.
152 Vgl. demgegenüber zum deutschen Recht § 97 StPO, wonach Schriftstücke im Besitz des Beschuldigten oder eines Dritten nicht unter das Anwaltsprivileg fallen; kritisch hierzu allerdings z.B. *Kapp/Schröder*, WuW 2002, 555.
153 EuG, Rs. T-30/89 (Hilti), Slg. 1990, II-163, Rn. 18; bestätigt durch EuGH, Rs. C-53/92 (Hilti), Slg. 1994, I-667; weitere Nachw. bei *Barthelmeß/Rudolf*, in: Loewenheim/Meessen/Riesenkampff, Art. 18, Rn. 50 (u. Fn. 123).
154 Zustimmend z.B. *Schwarze/Weitbrecht*, § 5, Rn. 30 m.w.N. zum teilweise abl. Schrifttum (u. Fn. 251).
155 EuGH, Rs. C -550/07 P (Akzo Nobel Chemicals Ltd.), ADAJUR Dok. Nr. 901/76; krit. Gaede, GWR 2010, 530; zum Ganzen auch *Bischke/Boger*, NZG 2010, 1137; *Schnichels/Resch*, EuZW 2011, 47; *Moosmayer*, NJW 2010, 3548.
156 Vgl. Art. 2 VO (EG) 773/2004 sowie Netzwerkbekanntmachung, Rn. 52.
157 Art. 10 VO (EG) 773/2004.
158 Art. 2 Abs. 3 VO (EG) 773/2004; vgl. hierzu auch *Klees*, § 5, Rn. 8 ff., der zwischen der Ermittlungsphase, der Zwischen- oder Fallverteilungsphase und der Entscheidungsphase unterscheidet.
159 Vgl. auch hierzu nur *Klees*, § 5, Rn. 13 m.w.N.
160 Vgl. hierzu zuletzt MMR-Aktuell 2011, 313183 (Einleitung einer Untersuchung der Kommission gegen DTAG).

nicht in Widerspruch zu einer Entscheidung stehen, die die Kommission in einem eingeleiteten Verfahren zu erlassen beabsichtigt. Die nationalen Wettbewerbsbehörden erhalten über das Netzwerk der Kartellbehörden Kenntnis von einer Verfahrenseinleitung der Kommission. Sind sie in einem Fall bereits tätig geworden, so sind sie überdies nach Art. 11 Abs. 6 S. 2 vor der Verfahrenseinleitung anzuhören. Die nationalen Gerichte können auf diese Weise zwar keine Kenntnis erlangen. Nach Art. 2 Abs. 2 VO (EG) Nr. 1/2003 kann die Kommission indes die Verfahrenseinleitung „in geeigneter Weise" allgemein bekannt machen.

2. Abschluss des Verfahrens

34 a) **Formeller und informeller Abschluss.** Nach altem Recht war zwischen dem formellen und dem informellen Abschluss eines Verfahrens zu unterscheiden. Der formelle Abschluss war in der VO (EWG) Nr. 17/62 geregelt. Doch wurde nur etwa ein Zehntel aller Verfahren auf diesem Wege beendet. In der weit überwiegenden Mehrheit der Fälle kam es dagegen zu einem informellen, nicht in der Verordnung geregelten **Verfahrensabschluss** (sog. *„comfort letter"*).[161] Nach der Neuregelung gibt es derartige informelle Verfahrensabschlüsse nur noch in Ausnahmefällen. In Betracht kommen sie nur noch dann, wenn sich die Kommission entschließt, mit dem betreffenden Unternehmen problematische Konstellationen zu erörtern. Um Nachteile, die sich aus dem zugrunde liegenden Systemwechsel für die Unternehmen ergeben können, nach Möglichkeit abzumildern, gibt die Kommission zur Erleichterung der Rechtsanwendung Mitteilungen, Bekanntmachungen und Leitlinien heraus. Dies auch mit dem Ziel, der Entscheidungsfindung durch die mitgliedstaatlichen Wettbewerbsbehörden Hilfestellung zu leisten.[162]

35 b) **Verfahrensabschluss durch die Mitgliedstaaten oder die Kommission.** Nach Art. 5 S. 2 können die Wettbewerbsbehörden der Mitgliedstaaten von Amts wegen oder aufgrund einer Beschwerde Entscheidungen erlassen, mit denen die Abstellung von Zuwiderhandlungen oder eine einstweilige Maßnahme angeordnet wird, Verpflichtungszusagen angenommen oder Geldbußen, Zwangsgelder oder sonstige im innerstaatlichen Recht vorgesehene Sanktionen verhängt werden. Nach Art. 5 S. 3 können sie auch entscheiden, dass für sie kein Anlass besteht, tätig zu werden. Damit entspricht das den Wettbewerbsbehörden der Mitgliedstaaten zur Verfügung stehende Instrumentarium von Verfahrensabschlüssen weitgehend den auch der Kommission zustehenden Möglichkeiten.[163] Art. 5 ist jedoch dahin auszulegen, dass die Wettbewerbsbehörde eines Mitgliedstaats nicht zum Erlass einer Entscheidung befugt ist, mit der festgestellt wird, dass eine Verhaltensweise nicht wettbewerbsbeschränkend im Sinne von Art. 102 AEUV ist, wenn sie nach Durchführung eines Verfahrens befindet, dass das Unternehmen nicht gegen das Verbot der missbräuchlichen Ausnutzung einer beherrschenden Stellung nach dieser Vertragsbestimmung verstoßen hat.[164]

36 Für die wettbewerbsrechtliche Beurteilung sind primär die Behörden der Mitgliedstaaten zuständig. Doch kann die Kommission jederzeit ein Verfahren zum Erlass einer Entscheidung einleiten mit der Folge, dass damit die Zuständigkeit der Wettbewerbsbehörden der Mitgliedstaaten entfällt (Art. 11 Abs. 6 S. 1). Dabei kann die Kommission von Amts wegen oder auf eine Beschwerde hin Zuwiderhandlungen feststellen und deren Beendigung anordnen (Art. 7), wobei auch einstweilige Maßnahmen ergriffen werden können (Art. 8). Zudem kann sie eine von einem Unternehmen angebotene Verpflichtungszusage annehmen und für verbindlich erklären (Art. 9). Die Kommission kann (deklaratorisch) die Nichtanwendbarkeit der Art. 101 und 102 AEUV in einem bestimmten Fall feststellen kann.

---

161 Vgl. Weißbuch der Kommission über die Modernisierung der Vorschriften zur Anwendung der Art. 85 und 86 EG-Vertrag, ABl. 1999 C 132/1, Rn. 34 u. 35. Die meisten Verfahren wurden durch sog. *comfort letters* beendet; siehe 1. Kap., Rn. 29.

162 Siehe 1. Kap, Rn. 13; vgl. auch hierzu nur *Schwarze/Weitbrecht*, § 6, Rn. 16. Zur allenfalls in faktischer Hinsicht bestehenden Bindung nationaler Behörden und Gerichte vgl. nur *Pohlmann*, WuW 2005, 1005 sowie *Pampel*, EuZW 2005, 11. Dies dient auch der „Kohärenz der Rechtsanwendung"; vgl. hierzu unten Rn. 162.

163 Auch hierzu *Schwarze/Weitbrecht*, § 6, Rn. 12.

164 So jedenfalls Schlussantrag des Generalanwalts Mazák v. 7.12.2010 in der Rs. C-375/09 (Tele2 Polska), BeckRS 2011, 80069.

3. Feststellung und Abstellung von Zuwiderhandlungen

Feststellung und Abstellung von Zuwiderhandlungen sind in Art. 7 geregelt. Die Vorschrift **37** entspricht weitgehend der Regelung in Art. 3 VO (EWG) Nr. 17/62.[165] Nach Art. 7 Abs. 1 S. 1 kann die Kommission Unternehmen und Unternehmensvereinigungen verpflichten, Zuwiderhandlungen gegen Art. 101 und 102 AEUV abzustellen. Dabei kann sie sowohl verhaltensorientierte[166] als auch strukturelle Maßnahmen[167] vorschreiben, wobei allerdings der Grundsatz der Verhältnismäßigkeit beachtet werden muss (Abs. 1 S. 2). Eine Abstellungsentscheidung muss sich auf das dafür **Notwendige** beschränken (erforderliche Abhilfemaßnahmen). **Abhilfemaßnahmen struktureller Art** (*structural remedies*), diese betreffen stets Eigentumsrechte und weisen somit eine hohe Eingriffsintensität auf,[168] kommen nur subsidiär in Betracht (Art. 7 Abs. 1 S. 3).[169] Insoweit gilt somit eine klare Rangordnung, die allerdings von den betroffenen Unternehmen auf freiwilliger Basis verändert werden kann.[170] Hervorzuheben ist, dass eine strukturelle Maßnahme im Einzelfall weniger belastend sein kann als eine **verhaltensorientierte Maßnahme**.[171] Beachtet werden muss auch, dass eine verhaltensorientierte Maßnahme nur dann nach S. 3 vorzugswürdig ist, wenn sie ebenso wirksam ist wie eine strukturelle Maßnahme.[172]

Bei Zuwiderhandlungen gegen Art. 101 AEUV kommen in erster Linie Unterlassungs- bzw. **38** Beseitigungsverpflichtungen in Betracht. Bei Zuwiderhandlungen gegen Art. 102 AEUV stehen insbesondere Gebote in Rede, bestimmte Tätigkeiten vorzunehmen oder Leistungen zu erbringen. In jedem Fall muss die Abstellungsentscheidung hinreichend bestimmt sein. Die Abstellungsentscheidung besteht aus zwei Teilen, nämlich zum einen aus der Feststellung von Zuwiderhandlungen und zum anderen aus der Verfügung von Abstellungsmaßnahmen.

Bei Abhilfemaßnahmen ist zunächst an **„glatte" Abstellungsentscheidungen** zu denken, mit **39** denen die betroffenen Unternehmen verpflichtet werden, bestimmte Praktiken zu unterlassen bzw. nicht fortzuführen, oder mit denen die Kommission gegenüber den Unternehmen bestimmte Leistungsgebote ausspricht.[173] Doch sind auch Maßnahmen, die darüber hinausgehen, zulässig, sofern sie für eine wirksame Abstellung der Zuwiderhandlung erforderlich und gegenüber dieser verhältnismäßig sind. Erforderlich ist eine Abhilfemaßnahme, wenn die „glatte" Abstellung nicht ausreicht, um einen rechtmäßigen Zustand (wieder-) herzustellen. Abhilfemaßnahmen dürfen nicht weiter reichen, als zur Wiederherstellung eines rechtmäßigen Zustands erforderlich ist.[174] Sie dürfen nicht zu einer laufenden **Verhaltenskontrolle** führen. Auch die Wiedergutmachung gehört nicht zur Abstellung.[175]

Abhilfemaßnahmen **struktureller Art** waren vor Inkrafttreten der VO Nr. 1/2003 unbe- **40** kannt.[176] Zulässig sind sie nach Art. 7 Abs. 1 S. 3 nur dann, wenn eine verhaltensorientierte Abhilfemaßnahme von gleicher Wirksamkeit nicht in Betracht kommt oder eine derartige Maßnahme mit einer größeren Belastung für die beteiligten Unternehmen verbunden wäre. Aus ErwGr 12 ergibt sich darüber hinaus, dass Änderungen der Unternehmensstruktur nur dann verhältnismäßig sind, wenn ein erhebliches, durch die Struktur eines Unternehmens als solche bedingtes Risiko anhaltender und wiederholter Zuwiderhandlungen gegeben ist. Ob es für Eingriffe in bestehende Unternehmensstrukturen überhaupt eine Rechtsgrundlage im AEUV

---

165 Vgl. zu den Unterschieden *Anweiler*, in: Loewenheim/Meessen/Riesenkampff, Art. 7 VerfVO, Rn. 3.
166 Näher hierzu z.B. *Anweiler*, in: Loewenheim/Meessen/Riesenkampff, Art. 7 VerfVO, Rn. 49 ff. Zu diesen Maßnahmen zählen etwa Informationspflichten gegenüber anderen Unternehmen oder Berichtspflichten gegenüber der Kommission.
167 Gemeint sind damit alle Abhilfemaßnahmen, durch die in Eigentumsrechte der Unternehmen eingegriffen wird, also beispielsweise die Verpflichtung zur Veräußerung eines Minderheitsanteils; näher hierzu statt aller *Dalheimer*, in: Dalheimer/Feddersen/Miersch, Art. 7, Rn. 11.
168 *Sura*, in: Langen/Bunte, Art. 7 VO Nr. 1/2003, Rn. 4; vgl. auch *Becker*, ZRP 2010, 105.
169 Vgl. *Anweiler*, in: Loewenheim/Meessen/Riesenkampff, Art. 7 VerfVO, Rn. 59.
170 So jedenfalls *Gauer/Dalheimer/Kjølbye/de Smijter*, Competition Policy Newsletter 2003, 3, 4 f.
171 Vgl. hierzu auch BGH 4.3.2008 „Nord-KS/Xella WuW/E DE-R 2361, 2363.
172 Vgl. *Dalheimer*, in: Dalheimer/Feddersen/Miersch, Art. 7, Rn. 12.
173 Vgl. *Schütz*, in: GK, Art. 7, Rn. 17.
174 Näher zum Ganzen *Sura*, in: Langen/Bunte, Art. 7 VO Nr. 1/2003, Rn. 5 f.
175 Vgl. *Schütz*, in: GK, Art. 7, Rn. 15.
176 Praktisch sind sie bislang nicht geworden; vgl. nur *Sura*, in: Langen/Bunte, Art. 7 VO Nr. 1/2003, Rn. 4.

gibt, wird vielfach bezweifelt.[177] Ganz unabhängig davon stellt aber die Anordnung struktureller Abhilfemaßnahmen als Reaktion auf Verstöße gegen die verhaltensorientierten Vorschriften der Art. 101 und 102 AEUV eine außergewöhnliche Maßnahme dar, die nur höchst selten verhältnismäßig sein wird. Will die Kommission sicherstellen, dass einer Abstellungsverfügung innerhalb der vorgeschrieben Fristen Folge geleistet wird, ernennt sie Überwachungsbeauftragte (sog. *Monitoring Trustees*).[178]

41 Nach Art. 7 Abs. 1 S. 4 kann die Kommission, sofern sie hieran ein berechtigtes Interesse hat, eine Zuwiderhandlung auch feststellen, nachdem diese **beendet** ist. Bedeutung gewinnt diese Befugnis insbesondere in den (wenigen) Fällen, in denen ein Verstoß aufgrund einer zwischenzeitlich eingetretenen Verfolgungsverjährung (Art. 25) nicht mehr mit einer Geldbuße belegt werden kann. In diesen (aber auch nur in diesen) Fällen werden durch die Regelung in Art. 7 Abs. 1 S. 4 die Befugnisse der Kommission erweitert. Angesichts der geringen Tragweite der Erweiterung der Möglichkeiten der Kommission sind an die Voraussetzungen des Merkmals „berechtigtes Interesse" keine allzu strengen Anforderungen zu stellen. Beispiele für das Vorliegen eines berechtigten Interesses sind das Bestehen von Wiederholungsgefahr und ein Interesse an der Fortentwicklung des Rechts.[179]

4. Einstweilige Maßnahmen

42 Art. 8 enthält – in Kodifizierung der Rechtsprechung des EuGH[180] – die Befugnis der Kommission, **einstweilige Maßnahmen** zu erlassen. Die einstweiligen Maßnahmen können sich nur gegen Absprachen oder Verhaltensweisen richten, die (prima facie) gegen Art. 101 oder Art. 102 AEUV verstoßen.[181] Nach dem klaren Wortlaut des Art. 8 kann die Kommission nur von Amts wegen, also nicht auf Antrag, tätig werden.[182] Nach dem Wortlaut setzt die Befugnis die Gefahr eines ernsten, nicht wiedergutzumachenden Schadens für den Wettbewerb voraus. Doch besteht weitgehende Einigkeit, dass Art. 8 die in der Rechtsprechung der europäischen Gerichte anerkannten Möglichkeiten zum Erlass einstweiliger Maßnahmen nicht einschränken sollte.[183] Dementsprechend kann die Kommission einstweilige Maßnahmen auch im Interesse der Mitgliedstaaten oder einzelner Unternehmen erlassen. Zu beachten ist allerdings, dass Interessen von Einzelunternehmen als solche keine Rolle spielen, wenn nicht zugleich das öffentliche Interesse am Wettbewerb als Institution berührt wird.[184] Immerhin mögen die Interessen einzelner Unternehmen im Einzelfall so gewichtig sein, dass sie im Rahmen der Feststellung des öffentlichen Interesses an einem funktionierenden Wettbewerb Berücksichtigung finden müssen.[185]

43 Einstweilige Maßnahmen dürfen nicht auf einen bloßen Verdacht gestützt werden. Grundlage der Entscheidung der Kommission ist vielmehr eine **prima facie festgestellte Zuwiderhandlung**. Dies bedeutet, dass einstweilige Maßnahmen ergriffen werden können, wenn die streitigen Praktiken nach dem ersten Anschein – Gewissheit ist nicht erforderlich[186] – einen Verstoß gegen EU-Wettbewerbsrecht darstellen, der durch eine endgültige Entscheidung der Kommission gem. Art. 7 geahndet werden kann.[187] Bei der Beantwortung der Frage nach dem Vorliegen der Gefahr eines ernsten, nicht wiedergutzumachenden Schadens für den Wettbewerb hat die

---

177 Vgl. auch hierzu nur *Schütz*, in: GK, Art. 7, Rn. 23 m.w.N.
178 Vgl. nur *de Bronett*, Art. 7, Rn. 10; vgl. auch Kommission v. 24.3.2004, Case COMP/C-3/37.792 Microsoft, C 2004(900)endg.
179 Vgl. *Dalheimer*, in: Dalheimer/Feddersen/Miersch, Art. 7, Rn. 46 f; *Anweiler*, in: Loewenheim/Meessen/Riesenkampff, Art. 7 VerfVO, Rn. 46.
180 *Ritter*, in: Immenga/Mestmäcker, EG-WettbR, Art. 8, Rn. 1.
181 Vgl. *Anweiler*, in: Loewenheim/Meessen/Riesenkampff, Art. 8 VerfVO, Rn. 7.
182 Vgl. auch *Nordsjo*, ECLR 2006, 299, 307. Wird das Verfahren von Beschwerdeführern angeregt, so sind diese aber eng in das Verfahren einzubeziehen (Art. 27 Abs. 1 S. 3).
183 Vgl. insoweit auch ErwGr 11; auch *Schwarze/Weitbrecht*, § 6 Rn. 46; *Schütz*, in: GK, Art. 8, Rn. 3; aber auch *Dalheimer*, in: Dalheimer/Feddersen/Miersch, Art. 8 Rn. 13 „Art. 8 ... restriktiver als die bisherige Rechtsprechung".
184 Vgl. *Schütz*, in: GK, Art. 8, Rn. 4; *Ritter*, in: Immenga/Mestmäcker, EG-WettbR, Art. 8, Rn. 7.
185 Vgl. *Schwarze/Weitbrecht*, § 6, Rn. 49.
186 *Ritter*, in: Immenga/Mestmäcker, EG-WettbR, Art. 8, Rn. 6.
187 Vgl. *Anweiler*, in: Loewenheim/Meessen/Riesenkampff, Art. 8, Rn. 8; *de Bronett*, Art. 8, Rn. 1 m.w.N.

A. Johanns

Kommission in eine Interessenabwägung einzutreten. Dabei sind das öffentliche Interesse an der Durchsetzung der Wettbewerbsregeln, das Interesse der von einer Beschränkung des Wettbewerbs Betroffenen, die bei Nichtergreifen einer einstweiligen Maßnahme einen Schaden erleiden könnten, und das Interesse der Urheber der fraglichen Wettbewerbsbeschränkung zu berücksichtigen.[188] In diesem Zusammenhang muss die Kommission die Frage beantworten, ob die ernsthafte Gefahr besteht, dass die nachteiligen Wirkungen der einstweiligen Maßnahme, wenn sie sofort durchgeführt wird, über diejenigen einer sichernden Maßnahme hinausgehen und in der Zwischenzeit zu Schäden führen, die erheblich größer sind als die unvermeidlichen, aber vorübergehenden negativen Begleiterscheinungen einer solchen Anordnung.[189] Bei der Prüfung des Vorliegens der **Gefahr eines nicht umkehrbaren Schadens** wird in der Rechtsprechung grundsätzlich auf den unmittelbaren Regelungsgehalt der Anordnung abgestellt. Reine Folgewirkungen einer Anordnung bleiben regelmäßig außer Betracht.[190] Nur geringe Bedeutung hat das Kriterium der Dringlichkeit, da dieses kaum jemals verneint werden kann, wenn festgestellt wurde, dass die Gefahr eines ernsten und nicht wiedergutzumachenden Schadens für den Wettbewerb besteht.[191] Wenn der drohende Schaden noch nicht (vollständig) eingetreten ist, ist die Dringlichkeit zu bejahen.[192]

Einstweilige Maßnahmen können nur durch Entscheidung angeordnet werden (Art. 8 Abs. 1). **44** Die Entscheidung ist zu befristen. Die Frist kann dann aber, sofern dies erforderlich und angemessen ist, verlängert werden (Art. 8 Abs. 2). Einstweilige Maßnahmen können mit Zwangsgeld sanktioniert werden (Art. 24 Abs. 1 lit. b). Zuwiderhandlungen gegen angeordnete einstweilige Maßnahmen erfüllen einen Bußgeldtatbestand (Art. 23 Abs. 2 lit. b).[193] Gegen einstweilige Anordnungen der Kommission ist Klage nach Art. 263 AEUV i.V.m. Art. 256 Abs. 1 AEUV vor dem EuG möglich. Diese Klage hat gem. Art. 278 S. 1 AEUV keine aufschiebende Wirkung. Unter gewissen Voraussetzungen kann jedoch die Durchführung der angefochtenen Entscheidung ausgesetzt werden (Art. 278 und 279 AEUV).[194] Hinsichtlich ihres Inhalts sind einstweilige Maßnahmen durch ihren Zweck begrenzt. Sie dürfen nur dem Erhalt des status quo dienen. Auch dürfen sie nur vorläufiger Natur sein.[195]

5. Verpflichtungszusagen

Art. 9 stellt eine wichtige und auch praktisch außerordentlich bedeutsame[196] Regelung dar, die **45** in erster Linie der Verfahrensökonomie dient.[197] Die Vorschrift enthält die Befugnis der Kommission, bei Anwendung der Art. 101 und 102 AEUV Verpflichtungszusagen der beteiligten Unternehmen entgegenzunehmen und diese dann für verbindlich zu erklären. Die Berücksichtigung derartiger Zusagen ist insofern ein Ausfluss des Grundsatzes der Verhältnismäßigkeit, als es im Einzelfall unverhältnismäßig sein kann, sogleich eine Abstellungsentscheidung nach Art. 7 zu erlassen.[198] Allerdings ist umgekehrt die Gefahr nicht von der Hand zu weisen, dass durch Art. 9 das Verhältnismäßigkeitsprinzip (und das Recht auf effektiven Rechtsschutz) ausgehöhlt wird. Ganz abgesehen davon ist im Einzelfall genau zu prüfen, ob es für ein Unternehmen im konkreten Fall überhaupt empfehlenswert ist, eine Verpflichtungszusage abzugeben. Dabei muss man berücksichtigen, dass die Einstellung des Verfahrens aufgrund einer Ver-

---

188 Vgl. wiederum *Anweiler*, in: Loewenheim/Meessen/Riesenkampff Art. 8, Rn. 15.

189 Weitere Nachw. bei *Schütz*, in: GK, Art. 8, Rn. 5.

190 *Schütz*, in: GK, Art. 8, Rn. 7.

191 *Anweiler*, in: Loewenheim/Meessen/Riesenkampff, Art. 8, Rn. 7; *Schütz*, in: GK, Art. 8, Rn. 8.

192 *Sura*, in: Langen/Bunte, Art. 8 VO Nr. 1/2003, Rn. 5.

193 *Sura*, in: Langen/Bunte, Art. 8 VO Nr. 1/2003, Rn. 12.

194 Näher zum Ganzen statt aller *Anweiler*, in: Loewenheim/Meessen/Riesenkampff, Art. 8, Rn. 25 ff.

195 *Sura*, in: Langen/Bunte, Art. 8 VO Nr. 1/2003, Rn. 9.

196 *Sura*, in: Langen/Bunte, Art. 9 VO Nr. 1/2003, Rn. 3; vgl. zuletzt auch RWE (COMP/39402), Rambus (COMP/38636), E.ON (COMP/39317), ENI (COMP/39315); vgl. auch *Bischke/Boger/Fülling*, NZG 2011, 60.

197 Vgl. *Anweiler*, in: Loewenheim/Meessen/Riesenkampff, Art. 9 VerfVO, Rn. 2. Zur erstmaligen Anwendung des neuen Instruments sowie der "Entstehungsgeschichte" von Verpflichtungszusagen *Körber*, WRP 2005, 463; vgl. auch *Busse/Leopold*, WuW 2005, 146.

198 *Schütz*, in: GK, Art. 9, Rn. 2. Eine andere Frage ist, ob man eine Verpflichtungszusage im Vergleich zu einer Abstellungsverfügung generell als milderes Mittel bezeichnen kann; kritisch insoweit *Klees*, § 6, Rn. 20.

pflichtungszusage im Verhältnis von Kommission und nationaler Wettbewerbsbehörde allenfalls in tatsächlicher, aber **nicht in rechtlicher Hinsicht bindend** ist,[199] so dass nationale Behörden nicht gehindert sind, ein eigenes Verfahren in dieser Sache zu führen.[200] Auch nehmen es Unternehmen, die Verpflichtungszusagen auf der Grundlage des Art. 9 anbieten, bewusst hin, dass ihre Zusagen über das hinausgehen können, wozu sie von der Kommission in einer gemäß Art. 7 nach eingehender Prüfung getroffenen Entscheidung verpflichtet werden könnten. Dagegen erlaubt es ihnen die Beendigung des gegen sie eingeleiteten Verfahrens, die Feststellung eines Wettbewerbsverstoßes und gegebenenfalls die Verhängung einer Geldbuße zu verhindern.[201]

46 Ungeachtet des Ermessensspielraums, über den die Kommission bei der Wahl zwischen dem Erlass einer Entscheidung nach Art. 7 Abs. 1 und nach Art. 9 Abs. 1 verfügt, und der Freiwilligkeit der von den Unternehmen im Rahmen der letztgenannten Bestimmung vorgeschlagenen Verpflichtungszusagen, muss die Kommission den Grundsatz der Verhältnismäßigkeit beachten, wenn sie beschließt, solche Zusagen für bindend zu erklären.[202] Anders als bei Entscheidungen nach Art. 7 Abs. 1 ist die Kommission zwar im Rahmen von Art. 9 Abs. 1 nicht verpflichtet, das Vorliegen einer Zuwiderhandlung förmlich festzustellen. Sie hat sich aber gleichwohl zu vergewissern, dass die wettbewerbsrechtlichen Bedenken, die es rechtfertigen, den Erlass einer Entscheidung gemäß den Art. 101 und 102 AEUV in Erwägung zu ziehen, und es erlauben, dem beteiligten Unternehmen die Einhaltung bestimmter Verpflichtungen vorzuschreiben, tatsächlich begründet sind. Dies setzt eine Marktuntersuchung und eine Ermittlung der Zuwiderhandlung voraus, die ausreichend sein müssen, um eine Kontrolle der Angemessenheit der Verpflichtung zu ermöglichen.[203]

47 Sofern eine Zuwiderhandlung gegen Art. 101 oder 102 AEUV die Verhängung eines Bußgeldes erfordert, scheidet die Möglichkeit, das Verfahren mit der Verbindlicherklärung einer Verpflichtungszusage zu beenden, in der Regel aus (vgl. ErwGr 13).

48 Voraussetzung für ein Vorgehen nach Art. 9 ist, dass die Kommission den **Erlass einer Abstellungsentscheidung** beabsichtigt (Abs. 1 S. 1).[204] Dies bedeutet, dass ein auf Abstellung gerichtetes Verfahren eingeleitet wurde und die Kommission den Unternehmen ihre vorläufige Beurteilung mitgeteilt hat. Dabei müssen die (vorläufigen) Bedenken soweit konkretisiert werden, dass die Unternehmen erkennen können, welche Zusagen die Bedenken ausräumen könnten. Verbreitet wird sogar angenommen, dass die Kommission eine Entscheidung nach Art. 9 erst erlassen darf, wenn sie den betreffenden Unternehmen förmlich die von ihr in Betracht gezogenen Beschwerdepunkte mitgeteilt hat.[205] In der Praxis wird es verhältnismäßig selten dazu kommen, dass Kommission und Unternehmen bereits in einem frühen Verfahrensabschnitt in „Verhandlungen" über mögliche Zusagen eintreten.[206] Ausgeschlossen ist ein solches Vorgehen indes nicht. Auch spricht nichts dagegen, auch „vorbeugende Verpflichtungszusagen", die ein Unternehmen im Vorgriff auf ein drohendes Verfahren anbieten mag, zu berücksichtigen.[207]

49 Die **Initiative** zur Abgabe von Verpflichtungszusagen liegt allein bei den beteiligten **Unternehmen**. Diese müssen ihre Zusagen formulieren und der Kommission (schriftlich) unterbreiten. Zwar bestehen keine Vorlagefristen. Doch müssen die Unternehmen ihre Zusagen so rechtzeitig anbieten, dass sie von der Kommission noch berücksichtigt werden können und dadurch eine Abstellungsentscheidung verhindert werden kann. Dabei ist aus der Sicht der beteiligten Un-

---

199 Kritisch daher *Lampert/Niejahr/Kübler/Weidenbach*, Art. 9, Rn. 160.

200 Entscheidungen nach Art. 9 sind keine Entscheidungen im Sinne von Art. 16; vgl. hierzu *Anweiler*, in: Loewenheim/Meessen/Riesenkampff, Art. 9, Rn. 34.

201 EuGH, Rs. C-441-07 P (Alrosa), BeckEuRS 2010, 522735 u. Rn. 48.

202 EuGH, Rs. C-441-07 P (Alrosa), BeckEuRS 2010, 522735; näher hierzu *Bischke/Boger*, NZG 2010, 900; auch *Klees*, RIW 2010, 688.

203 EuG, Rs. T-170/06 (Alrosa), Slg. 2007, II-2601. (u. Rn. 3).

204 Darüber hinaus dürfte die Regelung auch bei beabsichtigten Entscheidungen nach Art. 8 in Betracht kommen; vgl. *Anweiler*, in: Loewenheim/Meessen/Riesenkampff, Art. 9 VerfVO, Rn. 10.

205 *Temple Lang*, ECLR 2003, 347; *Anweiler*, in: Loewenheim/Meessen/Riesenkampff, Art. 9, Rn. 5 f; a.A. *Klees*, § 6, Rn. 114.

206 *Schütz*, in: GK, Art. 9, Rn. 3.

207 *Anweiler*, in: Loewenheim/Meessen/Riesenkampff, Art. 9 VerfVO, Rn. 6.

A. Johanns

ternehmen auch zu bedenken, dass die Kommission ein erstes auf eine Verpflichtungszusage gerichtetes Angebot als nicht ausreichend bewerten mag, so dass die Notwendigkeit entsteht, dieses „nachzubessern".[208]

Die Zusagen müssen **geeignet** sein, die von der Kommission mitgeteilten Bedenken auszuräumen (Art. 9 Abs. 1 S. 1). In Betracht kommen zunächst alle Zusagen, die auch Abhilfemaßnahmen nach Art. 7 sein könnten. Doch wird der Kreis möglicher Zusagen durch Art. 7 nicht abschließend bestimmt, da über ihren Inhalt die Unternehmen selbst entscheiden. Dies bedeutet vor allem, dass nichts gegen Zusagen spricht, die bei einer Entscheidung der Kommission Abhilfemaßnahmen struktureller Art wären.[209] Bei strukturellen Zusagen ist v. a. an Entflechtungs- und Marktöffnungszusagen zu denken. Demgegenüber kommen als Verhaltenszusagen in erster Linie Liefer-, Bezugs- und Lizenzierungszusagen in Betracht.[210]   **50**

Der Vorwurf einer Zuwiderhandlung ist erst dann ausgeräumt, wenn die Kommission die angebotenen Zusagen durch Entscheidung für verbindlich erklärt hat (Art. 9 Abs. 1 S. 1). Ein Anspruch auf Erlass einer derartigen Entscheidung besteht aber nicht. Vielmehr steht es im pflichtgemäßen Interesse der Kommission, ob diese den Weg nach Art. 9 oder den der Durchführung eines Untersagungsverfahrens wählt.[211] Bei der sog. **Zusagenentscheidung** handelt es sich der Sache nach um einen Verwaltungsakt auf Unterwerfung.[212] Aus dem Grundsatz der Verhältnismäßigkeit folgt unter dem Gesichtspunkt des geringstmöglichen Eingriffs – entsprechend der Rechtslage bei der Fusionskontrolle – dass die Kommission verpflichtet ist, geeignete und ausreichende Zusagen anzunehmen.[213] Dabei kann die Kommission nicht mehr verlangen, als dass ihre wettbewerblichen Bedenken aufgrund der Zusage ausgeräumt werden. Dementsprechend kann sie, sofern dies nicht zur Ausräumung der Bedenken erforderlich ist, nicht verlangen, dass ein früher bestehender Zustand wiederhergestellt wird.[214]   **51**

Einer Zusagenentscheidung der Kommission kommt nur eine **eingeschränkte Bindungswirkung** zu. Sie besagt nur, dass für ein Tätigwerden der Kommission kein Anlass (mehr) besteht.[215] Insbesondere enthält die Entscheidung keine Feststellung dazu, ob eine Zuwiderhandlung vorgelegen hat oder nicht.[216] Als einzige Entscheidungsart genießt sie **keinen Vorrang gegenüber nationalen Behörden und Gerichten**, bindet diese also nicht.[217] Auch dürften diese nicht daran gehindert sein, künftig einen Verstoß festzustellen, obwohl sich das betroffene Unternehmen an seine Zusagen hält. Dies folgt daraus, dass die Kommission im Zusammenhang mit Art. 9 keine Entscheidung in der Sache trifft.[218]   **52**

Wird eine Zusagenentscheidung zeitlich befristet (Art. 9 Abs. 1 S. 2),[219] so ist die Kommission nach Ablauf der Frist berechtigt und ggf. auch verpflichtet, über die Einleitung eines Verfahrens   **53**

---

208 *Schütz*, in: GK, Art. 9, Rn. 5.
209 *Klees*, § 6, Rn. 124. Allerdings dürften strukturelle Maßnahmen i. d. R. ausscheiden, wenn die Kommission lediglich die befristete Bindung des Unternehmens durch Verpflichtungszusagen ausspricht; vgl. *Lampert/ Niejahr/Kübler/Weidenbach*, Art. 9, Rn. 161.
210 Vgl. *Schütz*, in: GK, Art. 9, Rn. 6. Abzuwarten bleibt auch zukünftig, in welchem Umfang die Zusagenpraxis der Kommission im Bereich der europäischen Fusionskontrolle auch für Art. 9 Bedeutung erlangt. Von Interesse ist dies insbesondere deshalb, weil die Kommission hier regelmäßig nicht nur auf die Beseitigung des wettbewerblichen Problems zielende "Kernzusagen", sondern auch sog. "sichernde Zusagen" (z.B. Einschaltung eines Treuhänders bei Veräußerung von Unternehmensteilen) entgegengenommen hat; näher hierzu *Lampert/Niejahr/Kübler/Weidenbach*, Art. 9, Rn. 162 und 7. Kap., Rn. 218 ff.
211 EuG, Rs. T-170/06 (Alrosa), Slg. 2007, II-2601 unter Rn. 97 u. 130; näher *Anweiler*, in: Loewenheim/ Meessen/Riesenkampff, Art. 9 VerfVO, Rn. 16.
212 Vgl. *K. Schmidt*, BB 2003, 1237, 1242.
213 Vgl. nur *Anweiler*, in: Loewenheim/Meessen/Riesenkampff, Art. 9 VerfVO, Rn. 13.
214 Vgl. *Schütz*, in: GK, Art. 9, Rn. 7 m.w.N.
215 Insoweit tritt auch eine Bindung der Kommission ein; vgl. *Anweiler*, in: Loewenheim/Meessen/Riesenkampff, Art. 9, Rn. 35.
216 Vgl. ErwGr 13 Satz 2.
217 Vgl. ErwGr 13 Satz 3 und ErwGr 22 Satz 3. Allerdings ist umstritten, ob und inwieweit Feststellungen in den Begründungserwägungen den Anwendungsbereich der dazugehörigen Vorschrift beschränken können; vgl. hierzu *Anweiler*, in: Loewenheim/Meessen/Riesenkampff, Art. 9 VerfVO, Rn. 42.
218 *Sura*, in: Langen/Bunte, Art. 9 VO Nr. 1/2003, Rn. 12; *Anweiler*, in: Loewenheim/Meessen/Riesenkampff, Art. 9 VerfVO, Rn. 34 jew. m.w.N.
219 Vgl. hierzu nur *de Bronett*, Art. 9, Rn. 6.

mit dem Ziel einer Abstellungsentscheidung neu zu befinden. Während des Laufs der Frist ist die Kommission dagegen grundsätzlich an ihre Entscheidung gebunden.[220] Nunmehr bestimmt Art. 9 Abs. 2 ausdrücklich, dass die Kommission das Verfahren nur in verhältnismäßig eng umgrenzten Fällen (Änderung der tatsächlichen Verhältnisse, Nichteinhaltung der Verpflichtung und Beruhen der Entscheidung auf unzutreffenden Angaben der Beteiligten) – dieser Katalog ist abschließend[221] – wieder aufnehmen kann.[222]

54 Aufgrund einer Verpflichtungszusage tritt eine Bindung des Unternehmens gegenüber der Kommission ein.[223] Zur Durchsetzung von Verpflichtungszusagen stehen als Sanktionen Geldbuße (Art. 23 Abs. 2 lit. c) und Zwangsgeld (Art. 24 Abs. 1 lit. c) zur Verfügung.

55 Einer Zusagenentscheidung lässt sich nicht entnehmen, ob ein Verstoß gegen Art. 101 oder Art. 102 AEUV vorgelegen hat. Dies bedeutet, dass insoweit gegen diese Entscheidung keine Rechtsschutzmöglichkeit für das Unternehmen, das die Verpflichtungszusage angeboten hat, besteht.[224] Das Unternehmen bietet Verpflichtungszusagen freiwillig an und könnte bei Zweifeln am Vorgehen der Kommission ein – mit einer anfechtbaren Entscheidung endendes – Untersagungsverfahren erzwingen.[225] Wurde das Verfahren aufgrund der Beschwerde eines Dritten eingeleitet, so ist dieser darauf beschränkt, die Beachtung seiner Rechte als Beschwerdeführer zu verlangen. Eine Klagemöglichkeit gegen Entscheidungen nach Art. 9 hinsichtlich der Bewertung der Art. 101 oder 102 AEUV hat der Dritte nicht. Dennoch mag im Einzelfall ein schutzwürdiges Interesse des Dritten bestehen, das ihn zur Erhebung einer Nichtigkeitsklage gem. Art. 263 Abs. 4 AEUV berechtigt, nämlich dann, wenn der Dritte durch eine Verbindlicherklärung der Verpflichtungszusage in seiner Wettbewerbsposition wesentlich beeinträchtigt wird.[226] Lebhaft umstritten, aber nach Auffassung der Kommission zu bejahen[227] ist die Frage, ob sich Dritte vor nationalen Gerichten auf eine Verpflichtungszusage berufen können (*private enforcement*).[228]

6. Feststellung der Nichtanwendbarkeit

56 **a) Einzelheiten der Regelung.** Nach Art. 10 steht es im Ermessen der Kommission, durch eine Entscheidung festzustellen, dass eine bestimmte Vereinbarung oder eine bestimmte Vorgehensweise nicht nach Art. 101 oder 102 AEUV verboten ist. Voraussetzung für eine derartige Entscheidung ist, dass Gründe des öffentlichen Interesses der Union sie gebieten. Der Zweck der Regelung geht dahin, bei der dezentralen Anwendung des Kartellrechts die Rechtseinheitlichkeit zu wahren und wettbewerbspolitische Vorgaben zur Förderung der einheitlichen Anwendung des Kartellrechts zu formulieren.[229] Die **Feststellung der Nichtanwendbarkeit** ist nach

220 Für unbefristete Verpflichtungszusagen galt nach altem Recht, dass die Kommission ihre ursprüngliche Beurteilung nur ändern konnte, wenn neue tatsächliche oder rechtliche Umstände auftraten oder der Kommission bekannt wurden. In jedem Fall musste sie eine Änderung ihrer Beurteilung besonders sorgfältig begründen und sich dabei vor allem auch mit ihren früheren Erwägungen auseinandersetzen; vgl. auch EuG, Rs. T-241/97 (Stork), Slg. 2000, II-309.

221 EuG, Rs. T-170/06 (Alrosa), Slg. 2007, II-2601 unter Rn. 155.

222 Wollen Unternehmen die Aufhebung einer Zusagenentscheidung erreichen, so ist an Art. 9 Abs. 2 lit. a (Änderung der tatsächlichen Verhältnisse) zu denken; vgl. *Anweiler*, in: Loewenheim/Meessen/Riesenkampff, Art. 9 VerfVO, Rn. 46.

223 *Anweiler*, in: Loewenheim/Meessen/Riesenkampff, Art. 9 VerfVO, Rn. 30 f.

224 Einer Nichtigkeitsklage gem. Art. 263 Abs. 3 AEUV sind daher außerordentlich enge Grenzen gesetzt; vgl. *Schwarze/Weitbrecht*, § 6, Rn. 88.

225 Näher *Temple/Lang*, ECLR 2003, 347 (355); auch *Sura*, Langen/Bunte, Art. 9 VO Nr. 1/ 2003, Rn. 12 m.w.N.

226 EuG, Rs. T-170/06 (Alrosa), Slg. 2007, II-2601 unter Rn. 38 ff.; vgl. hierzu auch *Brenner*, WRP 2010, 1333; *Kellerbauer*, EuZW 2010, 652; *Le More*, EuZW 2007, 722; *Schwarze/Weitbrecht*, § 6, Rn. 88 f.; *Anweiler*, in: Loewenheim/Meessen/Riesenkampff, Art. 9 VerfVO Rn. 39 sowie *Sura*, in: Langen/Bunte, Art. 9 VO Nr. 1/2003, Rn. 22 m.w.N.

227 Kommission, MEMO 04/217 v. 17.9.2004; vgl. hierzu *Sura*, in: Langen/Bunte, Art. 9 VO Nr. 1/2003, Rn. 20 m.w.N.

228 Verneinend z.B. *Lampert/Niejahr/Kübler/Weidenbach*, Art. 9, Rn. 169; bejahend z.B. *Schwarze/Weitbrecht*, § 6, Rn. 92; *Anweiler*, in: Loewenheim/Meessen/Riesenkampff, Art. 9 VerfVO, Rn. 38 jew. m. w. N; vgl. zum Problem auch *Klees*, § 6, Rn. 132 f.

229 Vgl. nur *Schwarze/Weitbrecht*, § 6, Rn. 97.

A. Johanns

dem System der Legalausnahme die einzige Positiventscheidung der Kommission. Art. 10 tritt an die Stelle der beiden nach altem Recht möglichen Positiventscheidungen, nämlich die (Einzel-)Freistellung (Art. 6 ff. VO (EWG) Nr. 17/62) auf der einen und das Negativattest (Art. 2 VO (EWG) Nr. 17/62) auf der anderen Seite.[230] Die erstgenannte war konstitutiv, die letztgenannte angesichts des unmittelbar anwendbaren Art. 101 Abs. 1 AEUV nur deklaratorisch. In beiden Fällen fand der Verfahrensabschluss auf Antrag der betroffenen Unternehmen statt. Ein solcher ist nach dem neuen System nicht mehr erforderlich und auch nicht gewollt.[231] Unternehmen können eine Positiventscheidung anregen. Beantragen können sie eine derartige Entscheidung nicht.[232]

Nichtanwendbarkeitsentscheidungen nach Art. 10, die im Zusammenhang mit Art. 101 AEUV ergehen, erfassen Art. 101 AEUV insgesamt. Sie beziehen sich somit sowohl auf die Nichterfüllung der Kriterien des Art. 101 Abs. 1 AEUV als auch auf die Erfüllung der Kriterien des Art. 101 Abs. 3 AEUV. In jedem Fall hat die Entscheidung nach dem neuen System der unmittelbaren Anwendbarkeit nur noch feststellenden bzw. deklaratorischen Charakter.[233] Doch muss die **Begründung der Entscheidung** erkennen lassen, ob sich die Nichtanwendbarkeit aus Art. 101 Abs. 1 oder aus Abs. 3 AEUV ergibt. Beide Regelungen haben nach wie vor unterschiedliche Anwendungsbereiche und Rechtsfolgen.[234]   57

Nichtanwendbarkeitsentscheidungen ergehen im **öffentlichen Interesse** und daher ausschließlich von Amts wegen.[235] Da es sich um eine Entscheidung im Anwendungsbereich der Art. 101 und 101 AEUV handelt, ist erforderlich, dass das öffentliche Interesse einen Wettbewerbsbezug aufweist.[236] Privatinteressen reichen jedenfalls nicht aus, sofern sich aus ihnen nicht zugleich ein öffentliches Interesse ableiten lässt. ErwGr 14 nennt in diesem Zusammenhang ausdrücklich die Klärung der Rechtslage und die Sicherung der konsistenten Anwendung des Rechts in der gesamten Union, insbesondere im Hinblick auf neue Vertragstypen oder Verhaltensweisen.[237] Dabei unterliegt es allein der Beurteilung der Kommission, ob das öffentliche Interesse der Gemeinschaft eine Entscheidung erfordert. Ein Anspruch auf eine derartige Entscheidung scheidet aus. Umgekehrt können Dritte auch nicht das Fehlen eines öffentlichen Interesses geltend machen.[238]   58

Sofern die Kommission nicht ausnahmsweise eine Entscheidung nach Art. 10 erlässt,[239] bleibt es beim **Grundsatz der „Selbstveranlagung".** Dies bedeutet, dass für die positive Beurteilung einer Vereinbarung oder Verhaltensweise die beteiligten Unternehmen grundsätzlich selbst verantwortlich sind. Diese Verantwortung hat die Neuregelung sogar noch erheblich gestärkt, da die Unternehmen grundsätzlich mehr haben, durch Beantragung eines Negativtests von sich aus eine frühzeitige Klärung der Rechtslage herbeizuführen. Im Ergebnis führt dies zu einem erheblichen Maß an Rechtsunsicherheit, wobei diese noch dadurch verstärkt wird, dass die Entscheidung nur den aktuellen Zustand erfasst und somit bei veränderten Umständen automatisch hinfällig werden kann.   59

Zwar hat die Nichtanwendbarkeitsentscheidung lediglich deklaratorischen Charakter und entfaltet keine allgemeine Bindungswirkung. Doch ergibt sich aus Art. 16 Abs. 1, dass das natio-   60

---

230 Vgl. hierzu *de Bronett*, Art. 10, Rn. 4 f. bzw. 6 f.
231 Näher *Anweiler*, in: Loewenheim/Meessen/Riesenkampff, Art. 10 VerfVO, Rn. 1.
232 *Anweiler*, in: Loewenheim/Meessen/Riesenkampff, Art. 10 VerfVO, Rn. 4.
233 *Schütz*, in: GK, Art. 10, Rn. 6.
234 Auch hierzu nur *Schütz*, in: GK, Art. 10, Rn. 6.
235 Dies bedeutet indes nicht, dass nicht auch die Möglichkeit bestünde, einzelne Fälle mit den beteiligten Unternehmen informell zu erörtern; vgl. zu den entsprechenden Handlungsmöglichkeiten der Kommission etwa *Anweiler*, in: Loewenheim/Meessen/Riesenkampff, Art. 10 VerfVO, Rn. 22.
236 Anderweitige öffentliche Interessen (z.B. an einer Industrieförderung) sind nicht zu berücksichtigen; vgl. nur *Dalheimer*, in: Dalheimer/Feddersen/Miersch, Art. 10, Rn. 5.
237 Näher *Sura*, in: Langen/Bunte, Art. 10 VO Nr. 1/2003, Rn. 5 m.w.N.
238 Vgl. zum Ganzen *Schütz*, in: GK, Art. 10, Rn. 7.
239 Der außerordentliche Charakter dieser Entscheidungen wird in ErwGr 14 ausdrücklich betont.

nale Gericht und die nationale Wettbewerbsbehörde von der Kommissionsentscheidung nicht abweichen dürfen (angepasste Delimitis-Rechtsprechung).[240]

61 Hinsichtlich des **Adressaten** einer Nichtanwendbarkeitsentscheidung besteht ein Bedürfnis für die Gewährung von **Rechtsschutz** nur dann, wenn eine Verneinung der Anwendbarkeit des Art. 101 AEUV darauf beruht, dass die Zwischenstaatlichkeitsklausel nicht erfüllt ist. In diesem Fall beseitigt die Nichtanwendbarkeitsentscheidung die Vorrangwirkung des Art. 101 AEUV und führt u. U. dazu, dass die Vereinbarung oder Vorgehensweise strengerem nationalen Recht unterworfen wird. Liegen diese Voraussetzungen vor, besteht kein Grund, den betroffenen Unternehmen den Rechtsschutz zu versagen.[241]

62 **Dritten Unternehmen**, die sich durch die Nichtanwendbarkeitsentscheidung in ihren Interessen verletzt sehen, steht der Rechtsweg offen. Ihre Klagebefugnis richtet sich nach Art. 263 Abs. 4 AEUV (analog).[242] Danach müssen Dritte durch eine nicht an sie gerichtete Entscheidung unmittelbar und individuell betroffen sein. Popularklagen sollen ausgeschlossen sein. Nach der Rechtsprechung ließ sich die Klagebefugnis u. a. dadurch begründen, dass Einwendungen gegenüber der Kommission erhoben und diese von der Kommission in ihrer Entscheidung zurückgewiesen wurden.[243] Ganz generell lässt sich sagen, dass die individuelle Betroffenheit von der Wahrnehmung von Verfahrensrechten bzw. der tatsächlichen Verfahrensbeteiligung abhängt.[244] Vor diesem Hintergrund ist es von erheblicher Bedeutung, dass die Kommission nunmehr vor Erlass einer Nichtanwendbarkeitsentscheidung eine kurze Zusammenfassung des Falls und den wesentlichen Inhalt des geplanten Vorgehens zu **veröffentlichen** hat und interessierten Dritten unter Fristsetzung Gelegenheit zu Bemerkungen geben muss (Art. 27 Abs. 4).[245]

63 **b) Informelle Beratungen als Alternative.** Nichtanwendbarkeitsentscheidungen nach Art. 10 sind an verhältnismäßig strenge Voraussetzungen geknüpft. Nach ErwGr 38 der VO (EG) Nr. 1/2003 steht es der Kommission aber frei, einzelnen Unternehmen auch für eine informelle Beratung zur Vereinbarkeit ihrer Vereinbarungen oder Handlungsweisen mit Art. 101 oder 102 AEUV zur Verfügung zu stehen und zwar selbst dann, wenn diese nicht auf die Erteilung eines so genannten Beratungsschreibens gerichtet ist. Dies entspricht einem greifbaren Bedürfnis der Unternehmen, die im System der Selbstveranlagung mit einer erheblichen Rechtsunsicherheit leben müssen. Dass die Kommission von der Möglichkeit der **informellen Beratungen** großzügigen Gebrauch machen kann, muss indes allein schon angesichts der Begrenztheit der Ressourcen der Kommission bezweifelt werden.[246]

64 Aus einer Bekanntmachung der Kommission zu Beratungsschreiben[247] ergibt sich, dass durch diese Form der Beratung die vorrangige Aufgabe der Kommission, schwere Wettbewerbsverstöße stärker als bisher zu verfolgen, nicht beeinträchtigt werden soll. Zudem will die Kommission informelle Beratung nur erteilen, wenn es sich um **neue Rechtsfragen** handelt **oder neuartige Sachverhalte** („neue oder ungelöste Fragen")[248] betroffen sind. Die Initiative kann nur von den Unternehmen ausgehen (Rn. 8 u. 12). An eine Form ist der Antrag nicht gebunden. Er soll aber bestimmte Mindestangaben enthalten (Rn. 14), da die Kommission grundsätzlich keine weitere Sachverhaltsaufklärung betreiben will (Rn. 8 c u. 15). Ein Beratungsschreiben kommt nur in Betracht, wenn die fragliche Vereinbarung oder Verhaltensweise von ökonomischer Bedeutung für die Verbraucher ist, wenn sie im Markt verbreitet oder eine Verbreitung im Markt zu erwarten ist und wenn die fragliche Maßnahme relativ hohe Investitionen erfordert (Rn. 8). Die Kommission ist nicht gehindert, statt der Durchführung einer Beratung ein

---

240 *Eilmannsberger*, JZ 2001, 365, 373; *Hossenfelder/Lutz*, WuW 2003, 118, 123; a.A. *K. Schmidt*, BB 2003, 1237, 1242; *Deringer*, EuZW 2000, 5, 7; *Röhling*, GRUR 2003, 1019, 1023; weitere Nachw. bei *Anweiler*, in: Loewenheim/Meessen/Riesenkampff, Art. 10 VerfVO, Rn. 19.
241 *Lampert/Niejahr/Kübler/Weidenbach*, Art. 10, Rn. 173.
242 Vgl. *Schwarze/Weitbrecht*, § 6, Rn. 110.
243 Vgl. EuGH, Rs. 75/84 (Metro), Slg. 1986, 3021.
244 Vgl. *Anweiler*, in: Loewenheim/Meessen/Riesenkampff, Art. 10 VerfVO, Rn. 20.
245 Näher *Sura*, in: Langen/Bunte, Art. 10 VO 1/2003, Rn. 14.
246 Ähnlich *Lampert/Niejahr/Kübler/Weidenbach*, Art. 10, Rn. 175.
247 Bekanntmachung der Kommission über informelle Beratung bei neuartigen Fragen zu den Artikeln 81 und 82 des Vertrages, die in Einzelfällen auftreten (Beratungsschreiben), ABl. 2004 C 101/78.
248 Rn. 5 der Bekanntmachung.

A. Johanns

Verfahren einzuleiten (Rn. 11). Dies gilt auch dann, wenn das Unternehmen seinen Antrag zurückzieht (Rn. 18). Das Beratungsschreiben selbst enthält eine Begründung (Rn. 19). Schreiben, in denen die Kommission die informelle Beratung erteilt, werden zudem (unter Wahrung von Geschäftsgeheimnissen) auf den Internetseiten der Kommission veröffentlicht (Rn. 21). Beratungsschreiben binden weder die europäischen Gerichte noch die nationalen Wettbewerbsbehörden und Gerichte (Rn. 25). Ebenso wie dies früher bei Verwaltungsschreiben der Fall war, entfalten sie rechtliche Wirkungen nur für die Kommission selbst und zwar unter dem Gesichtspunkt einer Selbstbindung.[249] Die Kommission will vom Inhalt eines Beratungsschreibens in einem späteren Verfahren nur abrücken, wenn hierfür erhebliche sachliche Gründe vorliegen (Rn. 24).

Abgesehen von der Möglichkeit einer informellen Beratung in Form eines Beratungsschreibens, bleibt es Unternehmen grundsätzlich weiterhin unbenommen, mit Beamten der Kommission einzelne Fragen in einem unverbindlichen Gespräch zur erörtern.   **65**

7. Entzug des Rechtsvorteils einer GVO

Im Hinblick auf die Möglichkeit, den Rechtsvorteil einer GVO zu entziehen, wird auf die Ausführungen im 1. Kap., Rn. 33 und im 4. Kap., Rn. 76 ff. verwiesen.   **66**

V. Sanktionen

1. Zwangsgeld

Das in Art. 24 VO (EG) Nr. 1/2003 vorgesehene **Zwangsgeld** ist das Mittel, durch das die Kommission Unternehmen für die Zukunft zu einem bestimmten Handeln, Dulden oder Unterlassen anhalten kann. Das Zwangsgeld ist als Instrument des Verwaltungszwangs primär ein Beugemittel.[250] Es handelt sich hierbei um die einzige in der Verordnung vorgesehene Form von Verwaltungszwang. Anders als bei der Festsetzung von Bußgeldern ist für die Festsetzung von Zwangsgeldern schuldhaftes Handeln des Unternehmens keine Voraussetzung.[251] In der Vergangenheit haben Zwangsgelder im Rahmen der Durchsetzung von Nachprüfungs- und Auskunftsentscheidungen die größte praktische Bedeutung erlangt. In Art. 24 Abs. 1 findet sich eine abschließende Aufzählung der Entscheidungen,[252] die mittels eines Zwangsgeldes durchgesetzt werden können. Es handelt sich hierbei um Verfügungen zur Abstellung einer Zuwiderhandlung gegen Art. 101, 102 AEUV (Art. 7), Entscheidungen zur Anordnung einstweiliger Maßnahmen (Art. 8), Entscheidungen, durch die eine Verpflichtungszusage für bindend erklärt wird (Art. 9), Auskunftsentscheidungen (Art. 17 u. 18 Abs. 3) sowie Nachprüfungsentscheidungen (Art. 20 Abs. 4). Zu unterscheiden ist somit zwischen Zwangsgeldern zur Erfüllung materieller (Buchst. a-c) und Zwangsgeldern zur Erfüllung verfahrensmäßiger Pflichten (Buchst. d u. e); in der Praxis die größte Bedeutung haben die im letztgenannten Zusammenhang festgesetzten Zwangsgelder.[253]   **67**

Das Verfahren zur Festsetzung eines Zwangsgeldes ist zweistufig ausgestaltet. Zunächst erfolgt die – konkrete – **Androhung** des Zwangsmittels[254] mit der Festsetzung des Tagessatzes.[255] Die Androhung kann auch bereits vorbeugend mit Erlass der mit dem Zwangsmittel durchzuset-   **68**

---

249   Vgl. *de Bronett*, Art. 10, Rn. 12.

250   *Anweiler*, in: Loewenheim/Meessen/Riesenkampff, Art. 24 VerfVO, Rn. 5; *Sura*, in: Langen/Bunte, Art. 24 VO Nr. 1/2003, Rn. 2, Gleichzeitig kommt ihm eine gewisse präventive Funktion zu.

251   Vgl. nur *Feddersen*, in: Dalheimer/Feddersen/Miersch, Art. 24, Rn. 11 m.w.N.

252   Dabei handelt es sich größtenteils um Entscheidungen in der Sache, aber auch um Verfahrensentscheidungen.

253   *Sura*, in: Langen/Bunte, Art. 24 VO Nr. 1/2003, Rn. 8.

254   Die Androhung eines Zwangsgelds ist nach der Rechtsprechung nicht selbständig anfechtbar, da sie keine rechtlich bindende Wirkung entfaltet; vgl. z.B. EuG, Rs. T-596/97 (Dalmine), Slg. 1998, II-2383, Rn. 32; weitere Nachw. bei *Feddersen*, in: Dalheimer/Feddersen/Miersch, Art. 24, Rn. 14 (u. Fn. 10).

255   Diese Entscheidung ist – da keine vollstreckbare Entscheidung – nicht selbständig anfechtbar; vgl. EuG, Rs. T-596/97 (Dalmine), Slg. 1998, II-2383, Rn. 20.

zenden Entscheidung erfolgen.[256] Der Zeitpunkt des Verzugs muss in der Entscheidung genau angegeben werden und darf keinesfalls vor dem Zeitpunkt der Bekanntgabe der Entscheidung liegen.[257] In einem zweiten Schritt erfolgt dann die **Festsetzung** des Zwangsgeldes[258] und des vollstreckbaren Gesamtbetrages.[259] Erst vor Erlass der letztgenannten Entscheidung sind das betroffene Unternehmen selbst (Art. 27 Abs. 1 S. 1) sowie der Beratende Ausschuss (Art. 14 Abs. 1) zu hören.[260] Hinsichtlich der Durchsetzung von Zwangsgeldern gegenüber Unternehmensvereinigungen verweist Art. 24 Abs. 2. S. 2 auf Art. 23 Abs. 4.[261]

2. Kartellgeldbußen

69   a) **Grundzüge des Bußgeldverfahrens.** Zur Festsetzung von Bußgeldern nach Art. 23 ist allein die Kommission ermächtigt. Wollen nationale Wettbewerbsbehörden einen Verstoß gegen Art. 101 oder 102 AEUV ahnden, wenden sie ihr nationales Verfahrensrecht und die nationalen Regelungen über die Bußgeldbemessung an.[262] Art. 23 Abs. 5 bestimmt ausdrücklich, dass Bußgeldentscheidungen der Kommission nach Art. 23 keinen strafrechtlichen Charakter haben. Daran wird deutlich, dass das Unionsrecht weiterhin die alleinige Zuständigkeit der Mitgliedstaaten für das Strafrecht respektiert.[263]

70   Bei der Frage, ob die Kommission ein Bußgeld verhängt, gilt das Opportunitätsprinzip, das der Kommission sowohl ein Entschließungs- als auch ein Auswahlermessen eröffnet.[264] Die Kommission „kann" ein Bußgeld verhängen. Sie ist hierzu nicht verpflichtet. Unter dem Begriff der „einheitlichen und fortgesetzten Handlung" fasst die Kommission Einzelakte eines Verstoßes zusammen.[265] Adressat einer Bußgeldentscheidung nach europäischem Recht können nur **Unternehmen oder Unternehmensvereinigungen**, nicht aber natürliche Personen ohne Unternehmenseigenschaft[266] sein. Auch auf europäischer Ebene gibt es keine gesetzliche Definition des Unternehmensbegriffs. Auf der Grundlage von Entscheidungen der Kommission wurde er allerdings von der Rechtsprechung konkretisiert. Danach sind Unternehmen allen Einheiten, die eine wirtschaftliche Tätigkeit von gewisser Dauer ausüben, unabhängig von ihrer Rechtsform, dem Vorliegen oder Fehlen einer Gewinnerzielungsabsicht, dem Umfang der ausgeübten Tätigkeit oder der Art ihrer Finanzierung.[267] Es wird auf das Vorliegen einer „**wirtschaftlichen Einheit**" mit der Folge abgestellt, dass u. U. mehrere mit eigener Rechtspersönlichkeit ausgestattete Unternehmen eine „wirtschaftliche Einheit" bilden können.[268] Voraussetzung für das Vorliegen einer wirtschaftlichen Einheit ist einerseits, dass die betreffenden Gesellschaften kapitalmäßig so eng verflochten sind, dass dadurch die Möglichkeit einer einheitlichen Leitung eröffnet wird und andererseits dass diese einheitliche Leitung im konkreten Fall auch tatsächlich ausgeübt wird. Im Hinblick auf die Verantwortlichkeit einer Muttergesellschaft für einen Verstoß der Tochter gegen Art. 101, 102 AEUV[269] verlangt die Rechtsprechung daher nicht nur,

---

256   Vgl. nur *Feddersen*, in: Dalheimer/Feddersen/Miersch, Art. 24, Rn. 13 m.w.N. Von dieser Möglichkeit macht die Kommission allerdings regelmäßig nur bei einstweiligen Maßnahmen und dringenden Ermittlungshandlungen Gebrauch.

257   Vgl. *Feddersen*, in: Dalheimer/Feddersen/Miersch, Art. 24, Rn. 12.

258   Hinsichtlich des Höchstbetrags gilt die in Art. 24 Abs. 1 angeführte Grenze von 5% des im vorangegangen Geschäftsjahr erzielten durchschnittlichen Tagesumsatzes.

259   Näher *Sura*, in: Langen/Bunte, Art. 24 VO Nr. 1/2003, Rn. 9 ff.; *Anweiler*, in: Loewenheim/Meessen/Riesenkampff, Art. 24 VerfVO, Rn. 16 ff.

260   Es handelt sich bei der Androhung nicht um eine vollstreckbare Entscheidung und überdies würde eine „doppelte" Anhörung im Rahmen der Festsetzung eines Zwangsgeldes zu einer unverhältnismäßigen Verfahrensverzögerung führen; vgl. auch EuGH, Rs. 46/87 (Hoechst), Slg. 1989, 2851, Rn. 55.

261   Siehe hierzu unten Rn. 92 ff.

262   Siehe hierzu unten Rn. 183 ff.

263   *Schwarze*, EuZW 2003, 261, 267; *Schütz*, in: GK, Art. 23, Rn. 7.

264   Vgl. nur *Sura*, in: Langen/Bunte, Art. 23 VO Nr. 1/2003, Rn. 2; *Schütz*, in: GK, Art. 23, Rn. 22 jew. m.w.N.

265   Eine umfassende Analyse der Praxis der Kommission, die aus seiner Sicht sehr weit geht, findet sich bei *Meyring*, WuW 2010, 157 ff.

266   Damit unterscheidet sich die Rechtslage auf europäischer Ebene von der nach deutschem Recht, zu letzterem unten Rn. 183 ff.

267   So zuletzt EuGH, Rs. C -97/08 P (Akzo), Slg. 2009, I-8237; vgl. hierzu nur *Podszun*, GWR 2009, 353.

268   Zur wirtschaftlichen Einheit und zum Konzernprivileg allgemein vgl. 8. Kap.

269   Vgl. hierzu zuletzt auch *Scheidtmann*, WRP 2010, 499; *Kling*, WRP 2010, 506.

A. Johanns

dass die Muttergesellschaft die Tochtergesellschaft kontrolliert, also die Möglichkeit hat, Einfluss auf alle strategischen Entscheidungen der Tochtergesellschaft zu nehmen.[270] Vielmehr stellt die Rechtsprechung zusätzlich darauf ab, ob die Muttergesellschaft die bestehende Kontrollmöglichkeit tatsächlich ausübt.[271] Dabei ist ein rechtliches Unterordnungsverhältnis zwischen Mutter- und Tochtergesellschaft für die Annahme eines bestimmenden Einflusses keine zwingende Voraussetzung.[272]

Nach den von der Rechtsprechung aufgestellten Grundsätzen trifft jeden rechtlich selbständigen Teil der wirtschaftlichen Einheit die Verpflichtung, das Kartellverbot einzuhalten und einen Verstoß in seinem Verantwortungsbereich zu vermeiden.[273] Auch wenn die wirtschaftliche Einheit damit Adressat der materiellen Verbotsbestimmungen ist, muss sich die konkrete Bußgeldentscheidung – allein schon wegen der Möglichkeit der Vollstreckung – an eine rechtsfähige Person wenden. **71**

Die Kommission entscheidet grundsätzlich über den Adressaten der Bußgeldentscheidung unter dem Gesichtspunkt der verfahrensrechtlichen Zweckmäßigkeit.[274] Sind mehrere Tochtergesellschaften an dem Verstoß beteiligt, so ist Adressat der Bußgeldentscheidung regelmäßig die gemeinsame Muttergesellschaft.[275] Bei der Berechnung der Höhe der Geldbuße wird dann auf den Umsatz der Gruppe im Ganzen abgestellt. Die Befugnis, gegen die Muttergesellschaft eine Sanktion wegen des Verhaltens einer Tochtergesellschaft zu verhängen, wirkt sich aber nicht auf die Rechtmäßigkeit einer allein an die – an der Zuwiderhandlung beteiligte – Tochtergesellschaft gerichteten Entscheidung aus, weil die Kommission die Wahl hat, die Sanktion entweder der an der Zuwiderhandlung beteiligten Tochtergesellschaft oder der Muttergesellschaft aufzuerlegen, die sie im fraglichen Zeitraum kontrollierte.[276] Diese Wahl hat die Kommission auch im Fall einer wirtschaftlichen Nachfolge in der Kontrolle über die Tochtergesellschaft. In diesem Fall kann die Kommission zwar das Verhalten der Tochtergesellschaft für die Zeit vor dem Übergang der alten Muttergesellschaft und für die Zeit danach der neuen Muttergesell- **72**

---

270 Nachw. zur Rechtsprechung bei *Nowak* in: Loewenheim/Meessen/Riesenkampff, Art. 23 VerfVO, Rn. 18 (u. Fn. 75).

271 Grundlegend insoweit EuGH, Rs. 107/82 (AEG), Slg. 1983, 3151, Rn. 50; nochmals bestätigt durch EuG, Rs. T-325/01 (DaimlerChrysler), DB 2005, 2127. Diese Ausübung der Kontrolle wurde jedenfalls in den Fällen angenommen, in denen die Muttergesellschaft der Tochter eine entsprechende Anweisung im Hinblick auf das bußgeldbewehrte Verhalten gegeben hatte, vgl. EuGH, Rs. 48/69 (ICI), Slg. 1972, 619, Rn. 132, oder Vertreter der Muttergesellschaft die Tochtergesellschaft gegen der Treffen, bei denen Kartellabsprachen getroffen wurden, vertreten hatten. Die Rechtsprechung hat es im Hinblick auf die Zurechnung aber auch genügen lassen, dass die Muttergesellschaft über Management- und Kontrollmechanismen verfügt, die es ihr ermöglichen, das Marktverhalten der Tochtergesellschaft zu steuern und die umgekehrt der Tochtergesellschaft die Möglichkeit nehmen, ihr Verhalten am Markt autonom zu gestalten, EuGH, Rs. 107/82 (AEG) Slg. 1983, 3151, Rn. 49 ff. Die Beweislast für die Ausübung der Kontrolle im konkreten Fall liegt bei der Kommission. Allerdings hat die Rechtsprechung es als ein Indiz für die konkrete Ausübung der Kontrolle genügen lassen, dass die Muttergesellschaft über die Mehrheit in den Leitungsgremien der Tochtergesellschaft verfügt oder dass Mutter- und Tochtergesellschaft in demselben Markt tätig sind (EuGH, Rs. 286/98 (Stora), Slg. 1998, II-2117, Rn. 85 ff). Handelt es sich bei der Tochtergesellschaft um eine im vollständigen Eigentum der Muttergesellschaft stehende Gesellschaft, so besteht nach der Rechtsprechung eine – von den Parteien widerlegbare – Vermutung dafür, dass die Muttergesellschaft ihre Kontrolle auch tatsächlich ausübt (EuGH, Rs. 107/82 (AEG), Slg. 1983, 3151, Rn. 49 ff). Dies wird auch im Urteil „Akzo" bestätigt; in dieser Entscheidung hat der EuGH als zu prüfende Umstände für die Autonomie einer Tochtergesellschaft etwa deren Preispolitik, die Herstellungs- und Vertriebspolitik oder auch die Verkaufsziele sowie das Marketing genannt (EuGH, Urt. v. 14.9.2010, Rs. C -97/08 P, Slg. 2009, I-8237, Rn. 64). Allerdings hat er auch darauf verwiesen, dass die insoweit relevanten Gesichtspunkte von Fall zu Fall unterschiedliche sein können.

272 So der EuGH, Rs. C-407/08 P (Knauf Gips), BeckEuRS 2010, 522722 unter Rn. 106 ff., noch nicht in der amtlichen Slg). Der EuGH stellt in dieser Entscheidung vielmehr auf die tatsächliche Arbeitsweise und die tatsächliche Organisation der Gruppe ab, so dass im Ergebnis eine nicht an der Spitze der Gruppe stehende Schwestergesellschaft den bestimmenden Einfluss ausübte; vgl. zur Entscheidung auch die Anmerkungen von *Eickhoff*, GWR 2010, 379 u. *Hauck*, GRUR-Prax 2010, 349.

273 Im Fall „Akzo" (EuGH, Urt. v. 14. 9. 2010, Rs. C -97/08 P, Slg. 2009, I-8237, Rn. 56) spricht der EuGH daher auch von der „persönlichen Verantwortlichkeit" der wirtschaftlichen Einheit für die Zuwiderhandlung.

274 Vgl. aus der Rechtsprechung EuGH, Rs. C-279/98 P (Cascades), Slg. 1998, II-925, Rn. 77. Kritisch zu dieser Vorgehensweise *Steinle*, EWS 2004, 118.

275 Restriktiv hingegen EuGH, Rs. C-196/99 P (Aristrain), Slg. 1999, II-645, Rn. 87.

276 EuG, verb Rs. T-259/02 u. a. (Raiffeisen Zentralbank Österreich), Slg. 2006, II-5169 unter Rn. 331.

schaft zurechnen. Doch ist sie dazu nicht verpflichtet; sie kann sich daher auch dafür entscheiden, nur die Tochtergesellschaft wegen ihres eigenen Verhaltens mit einer Sanktion zu belegen.[277] Wird die Geldbuße innerhalb einer „wirtschaftlichen Einheit" mehreren juristischen Personen auferlegt, so besteht eine gesamtschuldnerische Haftung.[278]

73 Ist das Unternehmen nicht eine Einzelperson, so muss, da Unternehmen als solche nicht schuldhaft handeln können, diesem das schuldhafte (vorsätzliche oder fahrlässige) Verhalten einer **natürlichen Person zugerechnet** werden (Grundsatz der persönlichen Verantwortlichkeit).[279] Dabei werden alle Handlungen einer Person im Rahmen eines Organ- oder Beschäftigungsverhältnisses dem Unternehmen zugerechnet.[280] Auf die tatsächliche Vertretungsbefugnis oder die Kenntnis des Unternehmens von diesem Verhalten kommt es dabei nicht an.[281] Jede Person, die als Teil der Unternehmensorganisation im Außenverhältnis tätig werden kann, kommt als Täter eines Wettbewerbsverstoßes in Betracht. Die Gerichtspraxis ist insoweit großzügig und nähert sich einer eigenen Verbandsverantwortlichkeit an.[282] Auch dem „wirtschaftliche Nachfolger" kann bei Vorliegen bestimmter Voraussetzungen ein Verstoß zugerechnet werden.[283] Der Wettbewerbsverstoß muss grundsätzlich in **Täterschaft** begangen werden. Anstiftung und Beihilfe sowie der Versuch einer Zuwiderhandlung sind grundsätzlich nicht mit Bußgeld bedroht.[284] Allerdings wird die täterschaftliche Begehung weit in den Bereich der Beihilfe nach deutschem Verständnis ausgedehnt.[285] Die VO (EG) Nr. 1/2003 enthält keine Regelung über die Behandlung von Rechtsirrtümern. Dabei steht nach dem Wechsel zu dem System der Selbstveranlagung zu erwarten, dass diese Problematik weiter an Bedeutung gewinnen wird.[286]

74 **b) Geldbußen bei Verfahrensverstößen.** Im Falle eines **Verfahrensverstoßes** nach Art. 23 Abs. 1 kann die Kommission gegen das Unternehmen eine Geldbuße bis zu einem Höchstbetrag von 1% des im vorausgegangenen Geschäftsjahr erzielten Gesamtumsatzes festsetzen.[287]

75 Sanktioniert werden Verfahrensverstöße im Zusammenhang mit Auskunftsverlangen (Art. 18), der Untersuchung von Wirtschaftszweigen und einzelnen Arten von Vereinbarungen (Art. 17) sowie Nachprüfungen (Art. 20). Nicht erfasst sind hingegen Verstöße im Zusammenhang mit dem eine Zustimmung des Befragten voraussetzenden Befragungsrechts nach Art. 19. Im Hinblick auf Auskunftsverlangen und die Untersuchung von Wirtschaftszweigen spiegeln lit. a und b in Art. 23 Abs. 1 die Unterscheidung zwischen informellen und förmlichen Auskunftsverlangen wider. Beruht das Auskunftsverlangen auf einer Entscheidung, so sind sowohl unrichtige und irreführende als auch unvollständige und verspätete Auskünfte bußgeldbewehrt. Beruht das Auskunftsverlangen nicht auf einer **förmlichen Entscheidung**, so ist das Unternehmen zwar nicht zur Auskunft verpflichtet. Entschließt es sich aber hierzu, so muss die Auskunft richtig und darf nicht irreführend sein;[288] andernfalls greift die Sanktion nach Art. 23 Abs. 1 lit. a.

---

277 EuG, verb Rs. T-259/02 u. a. (Raiffeisen Zentralbank Österreich), Slg. 2006, II-5169 unter Rn. 332.
278 Näher *Köhler*, WRP 2011, 277; vgl. auch *Feddersen*, in: Dalheimer/Feddersen/Miersch, Art. 23 Rn. 62; *Mestmäcker/Schweitzer*, § 21, Rn. 16 und *Steinle*, EWS 2004, 118, 123 jew. m.w.N.
279 *Sura*, in: Langen/Bunte, Art. 23 VO Nr. 1/2003, Rn. 11.
280 Vgl. hierzu auch *Fleischer*, BB 2008, 1070; *Zimmermann*, WM 2008, 433.
281 EuG, Rs. T-236/01 (Tokai Carbon), Slg. 2004, II-1181, Rn. 308.
282 Vgl. *Schütz*, in: GK, Art. 23, Rn. 17; vgl. auch *Mestmäcker/Schweitzer*, § 21, Rn. 18, wonach der Zurechnung auf Seiten des Unternehmens stets ein Organisationsmangel zugrunde liegt.
283 Vgl. hierzu nur *Sura*, in: Langen/Bunte, Art. 23 VO Nr. 1/2003, Rn. 12 mit umfangreichen Nachweisen der Rechtsprechung.
284 Vgl. nur *Schütz*, in: GK, Art. 23, Rn. 18 sowie aus der Rspr. EuG, Rs. T-99/04 (AC-Treuhand), Slg. 2008, II-1501; kritisch *Weitbrecht/Baudenbacher*, EuR 2010, 230; *Koch*, ZWeR 2009, 370; zustimmend *von dem Busche/Albrecht*, EWS 2008, 416.
285 Vgl. hierzu *Schütz*, a.a.O und *Sura*, a.a.O.
286 Umfassend hierzu *Klees*, § 10, Rn. 110 ff.; *Schütz*, in: GK, Art. 23, Rn. 16 (Irrtumsproblematik wird "sozusagen systemimmanent"); im Einzelnen 1. Kap., Rn. 117.
287 Der nach Art. 15 der VO (EWG) Nr. 17/62 zur Verfügung stehende Bußgeldrahmen von 100 bis 5000 € wurde damit deutlich erhöht. Die nunmehr vorliegende Regelung stimmt mit der in Art. 14 Abs. 1 der FKVO überein.
288 *Sura*, in: Langen/Bunte, Art. 23 VO Nr. 1/2003, Rn. 25; *Anweiler*: in: Loewenheim/Meessen/Riesenkampff, Art. 23 VerfVO, Rn. 12. Nicht sanktioniert ist demgegenüber z.B. die unvollständige oder richtige, aber nicht fristgerechte Beantwortung; vgl. zum Ganzen nur *Feddersen*, in: Dalheimer/Feddersen/Miersch, Art. 23, Rn. 110 ff. und Rn. 4 ff.

Durch Art. 23 Abs. 1 lit. c wird die Nichtvorlage bzw. die nicht vollständige Vorlage von Bü- **76** chern und sonstigen Geschäftsunterlagen auch im Rahmen einer aufgrund eines einfachen Prü- fungsauftrags durchgeführten **Nachprüfung** sanktioniert (Art. 20 Abs. 3).[289] Dasselbe gilt für die Erteilung einer irreführenden oder unrichtigen Antwort (Art. 23 Abs. 1 lit. d 1. Spiegel- strich) oder die nicht fristgemäße Berichtigung einer unrichtigen, irreführenden oder unvoll- ständigen Antwort seitens eines Mitglieds der Belegschaft (Art. 23 Abs. 1 lit. d 2. Spiegelstrich). Auch die Sanktionierung des Siegelbruchs (Art. 23 Abs. 1 lit. e) setzt keine Nachprüfungsent- scheidung voraus. Die Verpflichtung, eine Nachprüfung zu dulden, besteht demgegenüber nur aufgrund einer Nachprüfungsentscheidung nach Art. 20 Abs. 4 und nur in diesem Falle greift die Bußgeldsanktion gem. Art. 23 Abs. 1 lit. c 2. Hs ein.

c) Geldbußen bei Verstößen gegen materielles Recht. Die Kommission kann nach Art. 23 **77** Abs. 2 wegen eines materiellen Verstoßes ein Bußgeld bis zu einem Höchstbetrag von 10%[290] des jeweils von dem Unternehmen im vorausgegangenen Geschäftsjahr erzielten Gesamtum- satzes verhängen.[291] Art. 23 Abs. 2 lit. a ermächtigt die Kommission zur Verhängung von Buß- geldern wegen eines materiellen Verstoßes gegen Art. 101 oder 102 AEUV. Art. 23 Abs. lit. b eröffnet ihr die (neue) Möglichkeit der Verhängung eines Bußgeldes wegen der Nichtbefolgung einer einst- weiligen Maßnahme nach Art. 8. Voraussetzung einer Entscheidung nach Art. 8 ist, dass zuvor eine Zuwiderhandlung gegen Art. 101 oder 102 AEUV zumindest prima facie festgestellt wur- de.[292] Es besteht auch die Möglichkeit, die Nichteinhaltung einer von der Kommission mittels Entscheidung nach Art. 9 für bindend erklärten Verpflichtungszusage mit einem Bußgeld zu ahnden (Art. 23 Abs. 2 lit. c). Rein praktisch gesehen spielen Bußgelder für materielle Verstöße eine weitaus größere Rolle als Bußgelder für Verfahrensverstöße.[293]

Die drei Alternativen des Art. 23 Abs. 2 weisen einen unterschiedlichen Unrechtsgehalt auf. Im **78** Rahmen der Bußgeldbemessung muss beachten werden, dass lit. a die festgestellte Zuwider- handlung gegen materielles Kartellrecht sanktioniert, während lit. b und c die Nichtbefolgung einer Entscheidung der Kommission auf der Grundlage eines erst prima facie festgestellten Verstoßes gegen materielles Recht ahnden. Problematisch ist insbesondere die Gleichstellung des Bußgeldtatbestands des Art. 23 Abs. 2 lit. b und c mit dem Bußgeldtatbestand des Art. 23 Abs. 2 lit. a.[294] Denn mit lit. b und c wird die Zuwiderhandlung gegen Entscheidungen der Kommission sanktioniert, in denen ein Verstoß gegen materielles Recht nicht abschließend ge- prüft wurde.[295]

d) Kronzeugenregelung und Settlement. Die Kommission hat erstmals im Jahr 1996 eine Kron- **79** zeugenregelung erlassen.[296] Diese wurde mit Wirkung vom 14. Februar 2002 durch eine neue Mitteilung der Kommission über den Erlass oder die Ermäßigung von Geldbußen in Kartell- sachen ersetzt.[297] Ab 8. Dezember 2006 gilt eine überarbeitete Fassung (EU-Kronzeugenmit-

---

289 Vgl. *Feddersen*, in: Dalheimer/Feddersen/Miersch, Art. 23, Rn. 119 ff.
290 Diese Grenze wurde bislang in der Praxis nur äußerst selten erreicht; vgl. *Sura*, Langen/Bunte, Art. 23 VO Nr. 1/2003 Rn. 35.
291 Näher *Buntscheck*, EuZW 2007, 423. Durch die Entscheidung EuGH, Rs. C-266/06, Slg. 2008, I-81 (Evonik Degussa) hat das Gericht klargestellt, dass aus seiner Sicht an der hinreichenden Bestimmtheit von Art. 23 (bzw. der vom Wortlaut her identischen Vorgängerregelung in Art. 15 Abs. 2 VO Nr. 17/62) keine Zweifel bestehen. Aus dem auch auf europäischer Ebene geltenden Grundsatz der Gesetzmäßigkeit folge, dass der Rechtsunterworfene aus der anwendbaren Bestimmung eindeutig ableiten können müsse, welche Handlun- gen und Unterlassungen seine Verantwortlichkeit begründen. Zwar verbleibe der Kommission bei Anwen- dung von Art. 23 ein Ermessensspielraum, dieser sei aber durch die Rechtsprechung der europäischen Ge- richte, die ihren Niederschlag in den die Kommission bindenden Leitlinien gefunden habe, hinreichend ob- jektiviert worden. Auch in der jüngst ergangenen Entscheidung des EuGH, Rs. C-413/08 P (Lafarge), Beck EuRS 2010, 521276 (unter Rn. 95), hat das Gericht betont, dass die Methode der Berechnung und die Grö- ßenordnung der bei einem bestimmten Verhalten drohenden Geldbußen vorhersehbar sind.
292 *Schütz*, in: GK, Art. 8, Rn. 10.
293 *Sura*, in: Langen/Bunte, Art. 23 VO Nr. 1/2003, Rn. 30.
294 *Sura*, in: Langen/Bunte, Art. 23 VO Nr. 1/2003, Rn. 33.
295 Näher zum Problem *Klees*, § 10, Rn. 41 ff.
296 Mitteilung der Kommission über die Nichtfestsetzung oder niedrigere Festsetzung von Geldbußen in Kar- tellsachen, ABl. 1996 C 207/4; näher hierzu etwa *de Bronett*, Art. 23, Rn. 53 ff.
297 ABl. 2002 C 45/3; vgl. zur Regelung aus dem Jahr 1996 nur *Feddersen*, in: Dalheimer/Feddersen/Miersch, Art. 23, Rn. 240 ff.

teilung).[298] Die Regelung unterscheidet zwischen der Nichtfestsetzung und der wesentlich niedrigeren Festsetzung (Ermäßigung) einer Geldbuße. Der Anwendungsbereich der Mitteilung der Kommission ist auf **horizontale** Vereinbarungen in Form von **Hard-core-Kartellen**[299] begrenzt. In der Praxis hat sich die neue Kronzeugenmitteilung als außerordentlich erfolgreiches Instrument erwiesen.[300]

80   Die Kommission erlässt einem Unternehmen, das seine Beteiligung an einem mutmaßlichen, die Union betreffenden Kartell offenlegt, die Geldbuße, die andernfalls verhängt worden wäre. Der Erlass ist nach der Kronzeugenmitteilung u. a. an folgende Voraussetzungen gebunden: Das Unternehmen legt als erstes Informationen und Beweismittel vor, die es der Kommission ihrer Auffassung nach ermöglichen, gezielte Nachprüfungen im Zusammenhang mit dem mutmaßlichen Kartell durchzuführen oder im Zusammenhang mit dem mutmaßlichen Kartell eine Zuwiderhandlung gegen Artikel 101 AEUV festzustellen (Rn. 11 der Mitteilung). Das Unternehmen arbeitet ab dem Zeitpunkt der Antragstellung während des gesamten Verwaltungsverfahrens ernsthaft, in vollem Umfang, kontinuierlich und zügig mit der Kommission zusammen (Rn. 12). Das Unternehmen hat seine Beteiligung an dem mutmaßlichen Kartell unmittelbar nach der Antragstellung beendet, außer jenen notwendigen Kartellaktivitäten, die nach Auffassung der Kommission im Interesse des Erfolgs der Nachprüfungen noch nicht beendet werden sollten (Rn. 12). Einem Unternehmen, das andere Unternehmen zur Aufnahme oder Weiterführung der Beteiligung an dem Kartell gezwungen hat, kann die Geldbuße nicht erlassen werden (Rn. 13).

81   Ein Unternehmen, das für einen vollständigen Erlass der Geldbuße nicht in Betracht kommt, kann eine **Ermäßigung der Geldbuße** (Rn. 23) erlangen, wenn es der Kommission Beweismittel vorlegt, die gegenüber dem Kenntnisstand der Kommission einen „**erheblichen Mehrwert**" (Rn. 24)[301] darstellen und es darüber hinaus seine Beteiligung an der Kartellabsprache spätestens zum Zeitpunkt der Beweisvorlage einstellt. Hinsichtlich der Beurteilung der Frage, ob dieser „Mehrwert" besteht, hat die Kommission ein weites Ermessen.[302] Das erste Unternehmen, das die genannten Voraussetzungen erfüllt, kann nach der Mitteilung der Kommission eine Ermäßigung zwischen 30 und 50% erhalten, das zweite eine Ermäßigung zwischen 20 und 30% und jedes weitere Unternehmen eine Ermäßigung bis zu 20%. Die Festlegung der genauen Höhe der Ermäßigung liegt im Ermessen der Kommission.[303] Sie trifft die Entscheidung über die endgültige Höhe der Ermäßigung zusammen mit der abschließenden Bußgeldentscheidung.

82   Die Kommission verfügt ebenso wie derzeit 26 Mitgliedstaaten über eine Kronzeugenregelung. Diese Regelungen sind nicht harmonisiert[304] und der bei einer Wettbewerbsbehörde gestellte

---

298 ABl. 2006 C 298/17; dazu *Albrecht*, WRP 2007, 417.
299 Nach der Einleitung zur Mitteilung aus dem Jahr 2006 sind dies "Absprachen und/oder abgestimmte Verhaltensweisen zwischen zwei oder mehr Wettbewerbern zwecks Abstimmung ihres Wettbewerbverhaltens auf dem Markt und/oder Beeinflussung der relevanten Wettbewerbsparameter durch Verhaltensweisen wie die Festsetzung der An- oder Verkaufspreise oder sonstiger Geschäftsbedingungen, die Aufteilung von Produktions- oder Absatzquoten, die Aufteilung von Märkten einschließlich Angebotsabsprachen, Ein- und Ausfuhrbeschränkungen und/oder gegen andere Wettbewerber gerichtete wettbewerbsschädigende Maßnahmen".
300 Nähere Angaben bei *Sura*, in: Langen/Bunte, Art. 23 VO Nr. 1/2003, Rn. 54; zur Abgrenzung der Kronzeugenregelung von sog. Settlements *Soltész*, BB 2010, 2123: Während es bei der Kronzeugenregelung um die Aufdeckung und Aufklärung von Kartellabsprachen in einem früheren Verfahrensstadium geht, belohnt die Settlement-Vereinbarung das Eingeständnis der Zuwiderhandlung; vgl. zu Settlements auch *Hirsbrunner*, EuZW 2011,12.
301 Der Begriff des Mehrwerts ist in der Mitteilung der Kommission nicht definiert, er soll sich aber nach Rn. 24 der Mitteilung auf das Ausmaß beziehen, "in dem die vorgelegten Beweismittel aufgrund ihrer Eigenschaft und/oder ihrer Ausführlichkeit der Kommission dazu verhelfen, den betreffenden Sachverhalt nachzuweisen"; näher hierzu *Feddersen*, in: Dalheimer/Feddersen/Miersch, Art. 23, Rn. 289 ff.
302 EuG, Rs. T-122/07 bis 124/07 (Siemens und VA Tech Transmission & Distribution), BeckRS 2011, 80175.
303 Daher bleibt es der Kommission unbenommen, auch höhere Ermäßigungen zu gewähren; vgl. nur *Feddersen*, in: Dalheimer/Feddersen/Miersch, Art. 23, Rn. 289.
304 *Bechtold/Bosch/Brinker/Hirsbrunner*, Art. 23 VO 1/2003, Rn. 86.

Antrag wird nicht als Antrag bei einer anderen Behörde gewertet.[305] Dies hat für die Unternehmen, die sich zu einer Aufdeckung ihrer Kartellbeteiligung entschließen, die nachteilige Folge, dass sie derzeit noch bei allen für die Fallbearbeitung in Betracht kommenden Behörden einen Antrag stellen müssen.[306] Mit dem so genannten ECN-Kronzeugenregelungsmodell soll nun aber seit einiger Zeit sichergestellt werden, dass potenzielle Antragsteller nicht durch die Unterschiede zwischen den verschiedenen Kronzeugenregelungen im European Competition Network (ECN) davon abgehalten werden, einen Antrag auf Kronzeugenbehandlung zu stellen.[307] Diese Modellregelung setzt einen Regelungsrahmen für die Behandlung von Anträgen auf Kronzeugenbehandlung für alle Unternehmen fest, die an unter die Regelung fallenden Absprachen, Vereinbarungen und Verhaltensweisen beteiligt sind. Die ECN-Mitglieder verpflichten sich, sich innerhalb ihrer Zuständigkeit nach Kräften um die Angleichung ihrer Regelungen an die ECN-Modellregelung zu bemühen. Unbeschadet des ECN-Modells können Wettbewerbsbehörden im Rahmen ihrer Regelungen Antragstellern weiterhin eine günstigere Behandlung gewähren.[308]

Die Kommission hat im Juli 2008 eine Mitteilung veröffentlicht, durch die die Grundlagen für die einvernehmliche Beendigung eines Kartellverfahrens festgelegt werden (sog. **Settlement**-**Verfahren**).[309] Nach diesem Verfahren können Beteiligte einer Kartellabsprache – nach Einsichtnahme in die Beweismittel – die Beteiligung an der Kartellabsprache zugeben und die Kommission kann als „Gegenleistung" hierfür die Geldbuße um 10 % reduzieren. Für beide Seiten bietet diese Vorgehensweise den Vorteil, sich ein aufwändiges und unter Umständen langwieriges Verfahren ersparen zu können. Die Kommission versucht zudem auf diese Weise, Ressourcen freizusetzen, um die Zahl der von ihr bearbeiteten und abgeschlossenen Fälle zu erhöhen. Was das Verfahren anbelangt, so erfolgt nach Durchführung der Settlement-Gespräche das Schuldeingeständnis in Form der „settlement submission", deren Kern das Anerkenntnis der Zuwiderhandlung ist, die aber auch Angaben zum Höchstbetrag der für den Beteiligten noch akzeptablen Geldbuße enthält. Weiterhin beinhaltet die „settlement submission" die Erklärung, über die Beschwerdepunkte in Kenntnis gesetzt worden zu sein und auf eine Akteneinsicht oder eine mündliche Anordnung verzichten zu wollen. Nachdem die Kommission die – auch in diesem Verfahren, wenn auch in deutlich abgekürzter Form erforderlichen – Beschwerdepunkte versandt hat und die Parteien hierauf erwidert haben, erfolgt die Verhängung der ermäßigten Geldbuße. Die Anwendung der Kronzeugenregelung und der Regelungen über das Settlement schließen sich nicht gegenseitig aus, wenn auch der für ein Settlement gewährte Anreiz so gewählt werden muss, dass damit die Anreizwirkung der Kronzeugenregelung nicht ausgehebelt wird.[310]

e) **Festsetzung von Geldbußen.** Die Verordnung selbst bestimmt in Art. 23 Abs. 3 lediglich, dass die Kommission bei der Festsetzung der Höhe der Geldbuße „sowohl die Schwere der

83

84

---

305 Es gibt bislang kein europäisches Markersystem. Durch einen sog. Marker erhält das Unternehmen eine Rangstelle bei möglicherweise mehreren eingehenden Anträgen und kann während eines begrenzten Zeitraums Informationen und Beweismittel vervollständigen.

306 Allg. zum Problem *Sura*, in: Langen/Bunte, Art. 23 VO Nr. 1/2003, Rn. 62. Zur Frage des Schutzes von im Rahmen von Kronzeugenregelungen übermittelten Informationen innerhalb des Netzwerkes der Kartellbehörden vgl. Rn. 102 ff.; zur Problematik eines Akteneinsichtsrechts in von einem Kronzeugenantragsteller mitgeteilte Informationen siehe das Urteil des EuGH vom 14. Juni 2011 in der Rs. C-360/09 (Pfleiderer gegen Bundeskartellamt), dazu 2. Kap., Rn. 130.

307 25 Mitgliedstaaten akzeptieren mittlerweile Kurzanträge zur Rangwahrung, wenn ein Antrag bei der Kommission gestellt wurde. Eine weitere Harmonisierung ist angestrebt, vgl. hierzu auch den Bericht der Kommission über das Funktionieren der VO 1/2003 vom 29.4.2009, KOM/2009/0206 endg., Rn. 37, der gerade auch die Harmonisierung der Kronzeugenregelungen als Beleg für die Funktionsfähigkeit des Netzwerkes wertet.

308 European Competition Network, Das ECN-Kronzeugenregelungsmodell, I. 2. u. 3; im Internet: http://ec.europa.eu/competition/ecn/model_leniency_de.pdf.

309 Mitteilung der Kommission über die Durchführung von Vergleichsverfahren bei dem Erlass von Entscheidungen nach Art. 7 und Art. 23 der Verordnung (EG) Nr. 1/2003 des Rates in Kartellfällen, ABl. 2008 C 167/1; umfassend hierzu *Soltész*, BB 2010, 2123, der das neue Verfahren als „fast track für Bußgelder" bezeichnet.

310 Daher kann für ein Settlement auch nur eine Reduktion bis max. 10 % gewährt werden. Zum Ganzen *Soltész*, BB 2010, 2123.

Zuwiderhandlung als auch deren Dauer" berücksichtigen muss. Die Kommission hat das ihr in diesem Rahmen zukommende Ermessen durch Erlass von Leitlinien für das Verfahren zur Festsetzung von Bußgeldern[311] konkretisiert. Diese aus dem Jahr 1998 stammenden Leitlinien wurden im Jahre 2006 durch neue Leitlinien („EU Bußgeldleitlinien") ersetzt.[312] Mit den neuen Leitlinien sollte die bisherige Methodik zur Festsetzung von Geldbußen wegen Zuwiderhandlungen gegen das Wettbewerbsrecht „verfeinert" werden. Sie bilden den neuen Rahmen für die Festsetzung der Geldbußen. Nach den Leitlinien ist eine Reihe von Faktoren zu berücksichtigen, so dass es nicht ohne Weiteres möglich ist, eine Aussage zu den Auswirkungen der überarbeiteten Leitlinien auf die Höhe der Geldbuße im Einzelfall zu treffen. Die wichtigsten Veränderungen, die vorgenommen wurden, bedeuten jedoch, dass Unternehmen, die an einer langen Zuwiderhandlung auf einem großen Markt beteiligt waren, mit deutlich höheren Geldbußen als bisher rechnen müssen.[313]

85 Nach den Leitlinien 2006 wird die Festsetzung von Geldbußen gegen Unternehmen[314] und Unternehmensvereinigungen in einem zweistufigen Verfahren vorgenommen: Zuerst wird für jedes einzelne Unternehmen und jede einzelne Unternehmensvereinigung ein Grundbetrag festgesetzt. Anschließend wird dieser Betrag nach oben oder unten angepasst (Rn. 10 u. 11).

86 Der Grundbetrag wird unter Zugrundelegung eines – je nach Schwere des Verstoßes – mehr oder weniger großen Teils des tatbezogenen Umsatzes ermittelt, der mit der Anzahl der Jahre der Zuwiderhandlung multipliziert wird. Im Regelfall ist der Umsatz im letzten vollständigen Geschäftsjahr zugrunde zu legen, in dem das Unternehmen an der Zuwiderhandlung beteiligt war (Rn. 13).[315] Zur Bestimmung des Grundbetrags wird ein bestimmter Anteil am Umsatz, der sich nach der Schwere des Verstoßes richtet, mit der Anzahl der Jahre der Zuwiderhandlung multipliziert (Rn. 19).[316] Grundsätzlich kann ein Betrag von bis zu 30 % des Umsatzes festgesetzt werden (Rn. 21).[317]

87 Zusätzlich und unabhängig von der Dauer der Beteiligung eines Unternehmens an der Zuwiderhandlung setzt die Kommission einen (weiteren) Betrag zwischen 15 % und 25 % des Umsatzes an, um die Unternehmen von vornherein an der Beteiligung an verbotenen horizontalen Vereinbarungen abzuschrecken (sog. Eintrittsgebühr). Allein der Umstand, dass ein Unternehmen in ein Kartell eintritt, kann dieses somit 15 bis 25 % seines Jahresumsatzes in dem betreffenden Wirtschaftszweig kosten. Dieser Zusatzbetrag kann auch in Fällen anderer Zuwiderhandlungen erhoben werden.

88 Die Kommission kann Umstände berücksichtigen, die zu einer Erhöhung oder Ermäßigung des festgesetzten Grundbetrags führen. Die Kommission würdigt in einer Gesamtperspektive sämtliche einschlägigen Umstände (Rn. 27). Dabei kann der Grundbetrag bei erschwerenden Umständen erhöht (Einzelheiten unter Rn. 28) und bei mildernden Umständen verringert werden (Einzelheiten unter Rn. 29). Nach dem unionsrechtlichen Grundsatz der Gleichbehandlung sind gleichgelagerte mildernde Umstände, die jeweils bei unterschiedlichen Unternehmen vorliegen, bei der Reduzierung des Grundbetrags des kartellrechtlichen Bußgeldes gemäß den Bußgeld-

---

311 Vom 14.1.1998, ABl. 1998 C 9/3.
312 ABl. 2006 C 2100/02; kritisch zu diesen *Soyez*, EuZW 2007, 596. Zur Anwendung der Bußgeldleitlinien auf „Altfälle" *Hirsbrunner/Schädle*, WuW 2009, 12.
313 Kritisch hierzu *Sura*, in: Langen/Bunte, § 81, Rn. 43 mit einem Überblick auf die Entwicklung anhand von Einzelfällen; vgl. auch das Memo der Kommission Nr. 06/256 v. 28.6.2006, S. 1; verfassungsrechtliche Bedenken bei *Schwarze*, EuR 2009, 171.
314 Hierbei wird entsprechend dem auf europäischer Ebene geltendem Unternehmensbegriff auf die „wirtschaftliche Einheit" abgestellt; vgl. hierzu oben Rn. 69 ff.
315 Betrifft die Zuwiderhandlung einer Unternehmensvereinigung die Tätigkeiten ihrer Mitglieder, entspricht der Umsatz im Allgemeinen der Summe der Umsätze ihrer Mitglieder (Rn. 14).
316 Zeiträume bis zu sechs Monaten werden nach den Leitlinien mit einem halben, Zeiträume von mehr als sechs Monaten bis zu einem Jahr mit einem ganzen Jahr angerechnet (Rn. 24). In der Praxis ist die Kommission jedoch dazu übergegangen, in Monatsschritten aufzurunden.
317 Bei der Bestimmung der genauen Höhe innerhalb dieser Bandbreite berücksichtigt die Kommission mehrere Umstände, u.a. die Art der Zuwiderhandlung, den kumulierten Marktanteil sämtlicher beteiligten Unternehmen, den Umfang des von der Zuwiderhandlung betroffenen räumlichen Marktes und die etwaige Umsetzung der Zuwiderhandlung in der Praxis (Rn. 22).

A. Johanns

leitlinien jeweils gleichermaßen zu berücksichtigen.[318] Eine Erhöhung des Grundbetrags der Geldbuße kann insbesondere im Fall der Fortsetzung einer Zuwiderhandlung oder des erneuten Begehens einer gleichartigen oder ähnlichen Zuwiderhandlung erfolgen (Rn. 28 1. Spiegelstrich). In Betracht kommt darüber hinaus ein „Aufschlag zur Gewährleistung einer abschreckenden Wirkung" (Rn. 30 f.). Die Geldbuße für jedes an der Zuwiderhandlung beteiligte Unternehmen oder jede beteiligte Unternehmensvereinigung darf gemäß Artikel 23 Absatz 2 der Verordnung (EG) Nr. 1/2003 10 % seines bzw. ihres jeweiligen im vorausgegangenen Geschäftsjahr erzielten Gesamtumsatzes nicht übersteigen (Rn. 32). Unter außergewöhnlichen Umständen kann die Kommission auf Antrag die Leistungsfähigkeit eines Unternehmens in einem gegebenen sozialen und ökonomischen Umfeld berücksichtigen. Die Kommission wird jedoch keine Ermäßigung wegen der bloßen Tatsache einer nachteiligen oder defizitären Finanzlage gewähren. Eine Ermäßigung ist nur möglich, wenn eindeutig nachgewiesen wird, dass die Verhängung einer Geldbuße gemäß diesen Leitlinien die wirtschaftliche Überlebensfähigkeit des Unternehmens unwiderruflich gefährden und ihre Aktiva jeglichen Wertes berauben würde (Rn. 35).[319]

f) Vollstreckung der Bußgeldentscheidung. Bußgeldentscheidungen der Kommission im Rahmen von Art. 23 sind vollstreckbare Titel im Sinne des Art. 299 Abs. 1 AEUV. Grundlage der **Vollstreckung** sind nach Art. 299 Abs. 2 AEUV die zivilrechtlichen Vorschriften des Mitgliedsstaates, in dessen Hoheitsgebiet die Vollstreckung stattfindet. Für die Erteilung der Vollstreckungsklausel ist in Deutschland das Bundesministerium der Justiz zuständig.[320] Dieses ist in seiner Prüfung auf die Überprüfung der Echtheit des Titels beschränkt (Art. 299 Abs. 2 AEUV). Die Aussetzung der Zwangsvollstreckung kann ausschließlich vor dem EuG beantragt werden (Art. 299 Abs. 4 AEUV). Demgegenüber sind die Gerichte in dem jeweiligen Mitgliedstaat für Rechtsmittel zuständig, die sich auf die Art und Weise der Vollstreckung beziehen.[321] **89**

g) Geldbußen gegen Unternehmensvereinigungen. Unter **Unternehmensvereinigungen** versteht das europäische Recht (ebenso wie das deutsche) nicht notwendigerweise mit eigener Rechtspersönlichkeit ausgestattete Zusammenschlüsse von Unternehmen oder Unternehmensvereinigungen, deren Zweck darin besteht, die Interessen der Mitglieder wahrzunehmen.[322] Nimmt die Unternehmensvereinigung eigene wirtschaftliche Interessen wahr oder verfolgt sie die Tätigkeiten im eigenen Interesse (und nicht dem ihrer Mitglieder), so ist sie selbst als Unternehmen und nicht als Unternehmensvereinigung anzusehen.[323] **90**

Bei einem Verstoß gegen Verfahrensrecht entspricht die Regelung hinsichtlich der Unternehmensvereinigung vollumfänglich der für den Verstoß eines Unternehmens geltenden Regelung. Die Kommission kann nach Art. 23 Abs. 2 wegen eines materiellen Verstoßes von einer Unternehmensvereinigung ebenso wie von einem Unternehmen ein Bußgeld bis zu einem Höchstbetrag von 10% des jeweils im vorausgegangenen Geschäftsjahr erzielten Gesamtumsatzes verhängen. Steht die Zuwiderhandlung der Unternehmensvereinigung im Zusammenhang mit der **Tätigkeit ihrer Mitglieder**, gilt allerdings die Besonderheit, dass die Geldbuße 10% des Umsatzes derjenigen Mitglieder, die auf dem Markt tätig waren, auf dem sich die Zuwiderhandlung auswirkte, nicht übersteigen darf (Art. 23 Abs. 2 UA 3). Aus den Leitlinien zur Bußgeldfestsetzung ergibt sich, dass die Geldbußen nach Möglichkeit gegen die beteiligten Unternehmen einzeln festgesetzt werden.[324] **91**

---

318 Vgl. nur EuG, Rs. T-18/03 (CD-Contact Data), Slg. 2009, II-1021; dazu *Murach*, GWR 2009, 120.

319 Vgl. insoweit zuletzt *Bischke/Boger*, NZG 2010, 1019; *Kienapfel/Wils*, Competition Policy Newsletter 2010-3; http://ec.europa.eu/competition/publications/cpn/cpn_2010_3.html. Zur Milderung bei „Krisensituationen" einer ganzen Branche, *Dannecker/Biermann*, in: Immenga/Mestmäcker, EG-WettbR, Art. 23 Rn. 183 u. allgem. Rn. 220; Einzelheiten zum Ganzen bei *Anweiler*, in: Loewenheim/Meessen/Riesenkampff, Art. 23 VerfVO, Rn. 25 ff.

320 Bekanntmachung v. 3.2.1961, BGBl. II, S. 50; vgl. hierzu *Terhechte*, EuZW 2004, 235.

321 Vgl. nur *Feddersen*, in: Dalheimer/Feddersen/Miersch, Art. 23 Rn. 201 m.w.N.

322 Dies sind insbesondere Wirtschaftsverbände, Berufsorganisationen und Arbeitgeberverbände.

323 Vgl. nur *Klees*, § 10, Rn. 132 sowie *Bunte*, in: Langen/Bunte, Art. 81 EG, Rn. 15 m.w.N. Ebenso wie nach deutschem Recht fallen auch Dachverbände (als Vereinigungen von Unternehmensvereinigungen) unter den Begriff der Unternehmensvereinigung, vgl. auch hierzu nur *Bunte*, a.a.O.

324 Vgl. Rn. 5c) der Leitlinien, wonach, sofern dieses Vorgehen nicht praktikabel ist, gegenüber der Vereinigung eine Gesamtgeldbuße festgesetzt wird, die dem Gesamtbetrag der Einzelgeldbußen entspricht.

92 Zudem enthält Art. 23 Abs. 4 detaillierte Regelungen für den Fall, dass gegen eine Unternehmensvereinigung ein Bußgeld festgesetzt wurde, diese sich aber als nicht zahlungsfähig erweist. Danach ergibt sich im Fall der **Zahlungsunfähigkeit** einer Unternehmensvereinigung eine gesamtschuldnerische Haftung. Für den Fall, dass die Geldbuße von der Unternehmensvereinigung nicht beigetrieben werden kann, normiert Abs. 4 UA 1 zunächst (erste Stufe) eine die Unternehmensvereinigung treffende Pflicht, den Betrag von ihren Mitgliedern zu fordern (sog. „Beiträge zur Deckung"). Sofern die Beiträge nicht innerhalb einer von der Kommission gesetzten Frist geleistet werden, ist die Kommission nach UA 2 berechtigt, die Zahlung im Wege des Durchgriffs unmittelbar von den Unternehmen zu verlangen, deren Vertreter Mitglieder in den „betreffenden Entscheidungsgremien der Vereinigung waren". Hierunter sind wohl die Entscheidungsgremien zu verstehen, die als für die Begehung der Zuwiderhandlung verantwortlich angesehen werden können.[325]

93 Ist eine vollständige Begleichung der Geldbuße auch nach der Inanspruchnahme des in UA 2 definierten Unternehmenskreises nicht erfolgt, reicht also der Rückgriff auf die primären Ausfallschuldner nicht aus, so ist die Kommission nach UA 3 berechtigt, die **Zahlung von allen Mitgliedsunternehmen** zu verlangen, die auf dem Markt tätig waren, auf dem die Zuwiderhandlung erfolgte (zweite Stufe). Das entsprechende Auswahlermessen der Kommission ist insoweit allerdings reduziert.[326] Sowohl bei einer Inanspruchnahme nach UA 2 als auch bei einer Inanspruchnahme nach UA 3 ist die Haftung des einzelnen Mitgliedsunternehmens gem. UA 5 auf 10% seines im letzten Geschäftsjahr erzielten Gesamtumsatzes begrenzt. UA 4 begründet Exkulpationsmöglichkeiten für die in Anspruch genommenen Unternehmen. Dies gilt allerdings nur für diejenigen Unternehmen, die nicht aktiv an der Umsetzung der Zuwiderhandlung beteiligt waren. Die Unternehmen dürfen nicht in Anspruch genommen werden, wenn sie von dem Beschluss der Vereinigung keine Kenntnis hatten oder sich – noch bevor die Kommission mit der Untersuchung begonnen hat – „aktiv davon distanziert" haben. Da die Unternehmen hinsichtlich der Exkulpationsmöglichkeit beweisbelastet sind, sollten sie darauf achten, dass sie ihre Vorgehensweise dokumentieren.[327] Weitgehend ungeklärt ist das Verhältnis der Individualhaftung der Unternehmen nach Art. 23 Abs. 2 zu der Ausfallhaftung nach Art. 23 Abs. 4.[328]

3. Verjährung

94 a) **Verfolgungsverjährung (Art. 25 VO (EG) Nr. 1/2003).** Die Befugnis der Kommission zur Festsetzung von Zwangsgeldern und Bußgeldern verjährt innerhalb von **drei Jahren** bei Zuwiderhandlungen gegen Vorschriften über die Einholung von Auskünften sowie die Vornahme von Nachprüfungen (verfahrensrechtliche Verstöße nach Art. 17, 18, 20 f., 23 Abs. 1, 24 Abs. 1 lit. d und e). Bei allen übrigen Zuwiderhandlungen beträgt die Verjährungsfrist **fünf Jahre** (materiellrechtliche Verstöße nach Art. 23 Abs. 2, 24 Abs. 1 lit. a-c). Die Verjährung beginnt mit dem Tag, an dem die Zuwiderhandlung begangen wurde (Art. 25 Abs. 2 S. 1). Bei dauernden oder fortgesetzten Zuwiderhandlungen beginnt sie mit dem Tag der Beendigung der Zuwiderhandlung (Art. 25 Abs. 2 S. 2).[329] Jede auf Ermittlung oder Verfolgung gerichtete

---

325 Ähnlich *Klees*, § 10, Rn. 134, der allerdings darauf abstellt, ob das Entscheidungsgremium die Zuwiderhandlung initiiert hat. Aus der Formulierung "waren" folgt zudem, dass die Vertreter zum Zeitpunkt der in Rede stehenden Entscheidung Mitglieder des Entscheidungsgremiums gewesen sein müssen. Eine spätere Mitgliedschaft löst keine Haftung nach UA 2 aus.

326 Näher hierzu *Nowak*, in: Loewenheim/Meessen/Riesenkampff, Art. 23 VerfVO, Rn. 23.

327 So auch *Klees*, § 10, Rn. 136, der daneben auf die Möglichkeiten der Kronzeugenregelung der Kommission verweist.

328 Näher *Sura*, in: Langen/Bunte, Art. 23 VO Nr. 1/2003, Rn. 19.

329 Einzelheiten zur Fristberechnung ergeben sich aus VO (EWG) Nr. 1182/71 des Rates vom 3. Juni 1971 zur Festlegung der Regeln für Fristen, Daten und Termine, ABl. (EG), Nr. L 1971 124/1.

A. Johanns

Handlung der Kommission oder der Wettbewerbsbehörde[330] eines Mitgliedstaats **unterbricht**[331] die Verjährung (Art. 25 Abs. 3 S. 1). In Abs. 3 werden beispielhaft Auskunftsverlangen (Art. 18), Nachprüfungsaufträge (Art. 20 f.), Verfahrenseinleitung und die Mitteilung von Beschwerdepunkten (Art. 27 Abs. 1) genannt. Die Unterbrechungshandlung entfaltet allerdings nur dann Wirkung, wenn sie dem betroffenen Unternehmen bekannt gegeben wird.[332] Sind mehrere Unternehmen betroffen, so entfaltet die Unterbrechungshandlung gegenüber einem Unternehmen auch Wirkung gegenüber allen anderen betroffenen Unternehmen (Art. 25 Abs. 4). Mit der Unterbrechung beginnt die Frist von neuem zu laufen (Art. 25 Abs. 5 S. 1). Eine Verjährung tritt aber spätestens ein, wenn die doppelte Verjährungsfrist verstrichen ist, also nach sechs Jahren (Abs. 1 lit. a) bzw. nach 10 Jahren (Abs. 1 lit. b), ohne dass die Kommission eine Geldbuße oder ein Zwangsgeld verhängt hat (absolute Verjährung). Die doppelte Verjährungsfrist verlängert sich um den Zeitraum, in dem ein Verfahren vor dem Gerichtshof (EuGH oder EuG) anhängig ist (Art. 25 Abs. 5 S. 3). Während dieses Zeitraums **ruht** die Verjährung (Art. 25 Abs. 6).

b) Vollstreckungsverjährung. Die Befugnis der Kommission zur Vollstreckung von Geldbußen und Zwangsgeldentscheidungen verjährt nach **fünf Jahren** (Art. 26 Abs. 1). Die Verjährung beginnt mit dem Tag, an dem die Entscheidung formell bestandskräftig geworden ist (Art. 26 Abs. 2).[333] Die Vollstreckungsverjährung wird **unterbrochen** durch die Bekanntgabe einer Entscheidung, durch die der ursprünglich festgesetzte Betrag der Geldbuße oder des Zwangsgelds abgeändert oder ein Antrag auf Abänderung abgelehnt wird (Art. 26 Abs. 3 lit. a) sowie durch jede auf zwangsweise Eintreibung des Betrags gerichtete Handlung der Kommission oder eines Mitgliedstaates (Art. 26 Abs. 3 lit. b). Nach einer Unterbrechung beginnt die Frist neu zu laufen (Art. 26 Abs. 4), wobei anders als bei der Verfolgungsverjährung keine zeitliche Höchstgrenze besteht. Die Vollstreckungsverjährung **ruht**, solange eine Zahlungserleichterung bewilligt oder die Zwangsvollstreckung durch Entscheidung des Gerichtshofs ausgesetzt ist (Art. 26 Abs. 5). | 95

4. Verbot der Doppelbestrafung (ne bis in idem)[334]

Der aus dem Bereich des Strafrechts stammende Grundsatz des **„ne bis in idem"** (Verbot der Doppelbestrafung) besagt, dass jemand wegen desselben rechtswidrigen Verhaltens zum Schutz derselben Rechtsgüter nicht mehrfach verfolgt und bestraft werden darf. Der Grundsatz ist sowohl in den Rechtsordnungen der Mitgliedstaaten als auch auf Unionsebene anerkannt.[335] Dabei besteht gerade bei grenzüberschreitenden Kartellabsprachen die Gefahr, dass ein- und dieselbe Zuwiderhandlung von mehreren Rechtsordnungen verfolgt und sanktioniert wird. | 96

Nach der Rechtsprechung des EuGH darf ein Unternehmen, das bereits wegen eines wettbewerbswidrigen Verhaltens mit einer bestandskräftigen Sanktion belegt oder von dem Vorwurf „freigesprochen" wurde, nicht erneut verurteilt oder verfolgt werden.[336] Allerdings haben die europäischen Gerichte die Anwendung des Grundsatzes im Verhältnis zwischen europäischem und nationalem Recht bislang abgelehnt. Begründet wurde dies mit der parallelen Anwendung der europäischen sowie der nationalen Rechtsordnungen und den daraus resultierenden un- | 97

---

330 Dies obwohl die nationalen Wettbewerbsbehörden gar keine Geldbußen oder Zwangsgelder nach der VO 1/2003 verhängen können.

331 Grundsätzlich ist anerkannt, dass Absprachen, die keine einheitliche und fortdauernde Zuwiderhandlung bilden, insbesondere weil das Kartell zwischenzeitlich zusammenbricht, erstens nicht in einem Verstoß zusammengefasst und zweitens hinsichtlich des Beginns der Verjährungsfrist selbständig betrachtet werden. Auch wenn der Zeitraum, der zwischen zwei „Ausdrucksformen" einer Zuwiderhandlung liegt, ein relevantes Kriterium für den Nachweis der Kontinuität einer Zuwiderhandlung ist, kann die Frage, ob dieser Zeitraum hinreichend lang ist, um als Unterbrechung der Zuwiderhandlung zu gelten, nicht abstrakt beantwortet werden. Nach Auffassung des EuG ist sie vielmehr im Zusammenhang mit der Funktionsweise des fraglichen Kartells zu beurteilen,vgl. EuG, Rs. T-18/05 (IMI plc), BeckEuRS 2010, 515952 (u. Rn. 89).

332 Vgl. hierzu *Nowak*, in: Loewenheim/Meessen/Riesenkampff, Art. 25 VerfVO, Rn. 10.

333 Vgl. hierzu *Nowak*, in: Loewenheim/Meessen/Riesenkampff, Art. 26 VerfVO, Rn. 5.

334 Vgl. hierzu 1. Kap., Rn. 63, 65.

335 Vgl. die Nachw. bei *Nowak*, in: Loewenheim/Meessen/Riesenkampff, Art. 23 VerfVO, Rn. 48; vgl. auch *de Bronett*, Vorbem. 21 f. Umfassend hierzu *Roesen*, Mehrfache Sanktionen im internationalen und europäischen Kartellrecht, 2009.

336 Vgl. nur EuGH, Rs. C-238/99 (PVC II), Slg. 2002, I-8373, Rn. 59.

terschiedlichen Schutzrichtungen.[337] Immerhin hat der Gerichtshof aus Billigkeitserwägungen heraus festgestellt, dass von den Mitgliedstaaten bzw. der Kommission festgesetzte Sanktionen wechselseitig bei Festsetzung einer weiteren Sanktion anzurechnen sind (sog. Anrechnungsprinzip).[338]

98 Mit Inkrafttreten der VO (EG) Nr. 1/2003 ist die Argumentation des EuGH neu zu überdenken.[339] Denn nach Art. 3 der VO wenden die Mitgliedstaaten bei Sachverhalten mit zwischenstaatlichem Bezug die Art. 101 und 102 AEUV an. Allerdings verbietet Art. 3 Abs. 2 nur, im Rahmen des Art. 101 AEUV positive Beurteilungen durch das Unionsrecht im Wege der Anwendung nationalen Rechts zu konterkarieren. Für Negativentscheidungen dürfte es daher beim alten Rechtszustand bleiben.[340] Im Verhältnis zu Drittstaaten, also z.B. den USA, hat der EuGH entschieden, dass die Kommission in den Drittstaaten verhängte Bußgelder bei grenzüberschreitenden Sachverhalten nicht zu berücksichtigen hat.[341]

B. Zusammenarbeit Kommission und Wettbewerbsbehörden der Mitgliedstaaten

I. Das Netzwerk der europäischen Wettbewerbsbehörden

1. Die Zusammenarbeit und ihre Grenzen (Art. 11 VO (EG) Nr. 1/2003)

99 Art. 11 bildet das „Rückgrat"[342] des **Netzwerks der Wettbewerbsbehörden (ECN)**, das nach Abschaffung des „Monopols" der Kommission bei der Anwendung von Art. 101 Abs. 3 die Durchsetzung des europäischen Wettbewerbsrechts sicherstellen soll.[343] Art. 11 enthält eine umfassende Verpflichtung aller Netzwerkmitglieder zu einer engen Zusammenarbeit. Erstes Ergebnis dieser Zusammenarbeit war die Verständigung auf die sog. **Netzwerkbekanntmachung**.[344]

100 Aus Art. 11 Abs. 2 bis 4 ergibt sich eine Reihe von Informationspflichten.[345] Einige dieser Pflichten bestehen ohne weiteres: Nach Art. 11 Abs. 2 S. 1 übermittelt die Kommission den Wettbewerbsbehörden der Mitgliedstaaten Kopien der wichtigsten Schriftstücke,[346] die sie zur Anwendung der Artikel 7, 8, 9, 10 und 29 Absatz 1 zusammengetragen hat. Nach Art. 11 Abs. 3 S. 1 unterrichten die Wettbewerbsbehörden der Mitgliedstaaten hierüber schriftlich die Kommission vor Beginn oder unverzüglich nach Einleitung der ersten förmlichen Ermittlungs-

---

337 Grundlegend insoweit die Entscheidung EuGH, Rs. 14/68 (Walt Wilhelm), Slg. 1969, 1; kritisch hierzu allerdings *Kuck*, WuW 2002, 689.

338 EuGH, Rs. 14/68 (Walt Wilhelm), Slg. 1969, 1. Eine umfassende Darstellung der Entwicklung der Rechtsprechung von „Walt Wilhelm" über „Gözütok/Brügge" bis hin zu „Zement" (italcementi), aus der man eine volle Anwendbarkeit des Grundsatzes schließen lassen könnte, findet sich bei *Roesen*, S. 133 f.

339 Näher *Sura*, in: Langen/Bunte, Art. 23 VO Nr. 1/2003, Rn. 71, der dabei allerdings mit Recht zu bedenken gibt, dass die mitgliedstaatlichen Wettbewerbsbehörden nur Sanktionen gegen Wettbewerbsverstöße mit Auswirkungen in ihrem jeweiligen Territorium verhängen (können).

340 Vgl. zum Ganzen *Schütz*, in: GK, Art. 23, Rn. 40; auch *Nowak*, in: Loewenheim/Meessen/Riesenkampff, Art. 23 VerfVO, Rn. 49 m.w.N. (u. Fn. 248).

341 Vgl. EuGH, Entscheidung v. 29.6.2006, Rs. C-308/04 (Graphitelektroden) sowie EuGH, Entscheidung v. 18.5.2006, Slg. 2006, 4429 (Lysin).

342 So *Hossenfelder*, in: Loewenheim/Meessen/Riesenkampff, Art. 11 VerfVO, Rn. 1; vgl. auch *Böge/Scheidgen*, EWS 2002, 201.

343 Art. 11 Abs. 1 trat an die Stelle des Art. 10 VO (EWG) Nr. 17/62 und ersetzte die bis dahin gegebene vertikale Kooperation zwischen nationalen Wettbewerbsbehörden und Kommission. Näher zur Entstehungsgeschichte *Bardong*, in: MünchKomm, Art. 11 Rn. 3 ff.

344 Bekanntmachung der Kommission über die Zusammenarbeit innerhalb des Netzes der Wettbewerbsbehörden, ABl. 2004 C 101/43.

345 Vgl. hierzu *Gussone/Michalczyk*, EuZW 2011, 131, die den Austausch nach Art. 11 als „institutionalisierten" Austausch bezeichnen, der von dem Austausch fallspezifischer Informationen im Einzelfall nach Art. 12 zu unterscheiden ist.

346 Zu den wichtigsten Schriftstücken zählen sicherlich, soweit schon vorhanden, die Beschwerdepunkte und die Stellungnahmen der Unternehmen. Im Übrigen genießt die Kommission ein Auswahlermessen; vgl. hierzu auch *Bardong*, MünchKomm, Art. 11 Rn. 15.

A. Johanns

handlung, wenn sie aufgrund von Art. 101 oder Art. 102 AEUV tätig werden.[347] Und nach Art. 11 Abs. 4 S. 1 u. 2 unterrichten die nationalen Wettbewerbsbehörden die Kommission über die in Aussicht genommene Entscheidung und stellen dabei eine Zusammenfassung des Falles zur Verfügung. Andere Informationspflichten entstehen erst dann, wenn ein entsprechendes Ersuchen einer Wettbewerbsbehörde vorliegt: Nach Art. 11 Abs. 2 S. 2 übermittelt die Kommission auch Kopien anderer als der in S. 1 genannten Unterlagen, sofern diese für die Beurteilung des Falles erforderlich sind. Nach Art. 11 Abs. 4 S. 4 stellt die handelnde Wettbewerbsbehörde der Kommission auf ein entsprechendes Ersuchen hin sonstige ihr vorliegende Unterlagen, die für die Beurteilung des Falls erforderlich sind, zur Verfügung.

Besondere Bedeutung hat die Pflicht der nationalen Wettbewerbsbehörde zur Unterrichtung bei **Verfahrensbeginn** (Art. 11 Abs. 3). Mit dieser Verpflichtung soll sichergestellt werden, dass die am besten geeignete Behörde (i.S.d. Netzwerkbekanntmachung) den Fall behandelt. Insbesondere soll die unkoordinierte Doppel- oder Mehrfachbehandlung eines Falles nach Möglichkeit ausgeschlossen werden. Parallele Verfahren sollen rechtzeitig erkannt werden, um ggf. eine Neuverteilung an eine „gut geeignete" Behörde vorzunehmen. Zu diesem Zweck haben Kommission und nationale Wettbewerbsbehörden ein **Intranet** eingerichtet, das ausschließlich den Netzwerkbehörden zugänglich ist. In diesem Intranet können sich die beteiligten Behörden über den Verfahrensstand der (vielen) Fälle informieren, die unter die Konsultationsverpflichtung fallen. In das Intranet eingestellt wird ein Standardformblatt, das die Grundinformationen über einen bestimmten Fall enthält, also Informationen über die das Verfahren durchführende Behörde, die vom Verfahren betroffenen Produkte, Gebiete und Parteien sowie den mutmaßlichen Verstoß, dessen vermutete Dauer und den Ursprung des Falles.[348]   **101**

Abgesehen von den Informations- bzw. Konsultationspflichten sieht Art. 11 zahlreiche weitere **Informations- und Konsultationsmöglichkeiten** vor: Nach Art. 11 Abs. 3 S. 2 kann eine nationale Wettbewerbsbehörde, welche die Kommission über ihr Tätigwerden aufgrund von Art. 101 oder Art. 102 AEUV informiert, diese Unterrichtung auch den Wettbewerbsbehörden der anderen Mitgliedstaaten zugänglich machen. Entsprechendes gilt gem. Art. 11 Abs. 4 S. 3 vor einer beabsichtigten Entscheidung. Nach Art. 11 Abs. 4 S. 5 kann die nationale Wettbewerbsbehörde, die der Kommission auf ihr Ersuchen sonstige Unterlagen zur Verfügung stellt, diese Unterlagen auch den Wettbewerbsbehörden der anderen Mitgliedstaaten zugänglich machen. Nach Art. 11 Abs. 4 S. 6 können die nationalen Wettbewerbsbehörden darüber hinaus Informationen untereinander austauschen, sofern diese zur Beurteilung eines von ihnen nach EU-Wettbewerbsrecht behandelten Falles erforderlich sind.   **102**

Obwohl es sich insoweit nicht um Verpflichtungen handelt, geht die Kommission doch davon aus, dass es das Bestreben aller am Netzwerk beteiligten Instanzen ist, Informationen umfassend zugänglich zu machen. Deutlich wird dies insbesondere in Rn. 10 der Gemeinsamen Erklärung,[349] auf die auch in Rn. 17 der Netzwerkbekanntmachung verwiesen wird. Darüber hinaus ergibt sich aus der Gemeinsamen Erklärung, dass die Mitglieder des Netzes die anderen Mitglieder auch über die Abweisung von Beschwerden und die Einstellung von Untersuchungen unterrichten, die gem. Art. 11 Abs. 2 u. 3 im Netz gemeldet wurden (Rn. 24 der Netzwerkbekanntmachung). In ihrem „Bericht über das Funktionieren der Verordnung (EG) Nr. 1/2003 des Rates"[350] verweist die Kommission darauf, dass der „Informationsaustausch und der Rückgriff auf Angaben anderer Wettbewerbsbehörden" die Gesamteffizienz des Netzwerkes erhöht haben und Grundlage einer effizienten Fallverteilung sind.   **103**

Das **Konzept eines umfassenden Informationsflusses** ist im Hinblick auf den Schutz von Geschäftsgeheimnissen nicht unproblematisch. Im Zuge des Informationsaustauschs werden in   **104**

---

347 Die Unterrichtung nach Abs. 3 dient dazu, Mehrfachverfahren und Überschneidungen möglichst frühzeitig zu erkennen und den Netzwerkmitgliedern eine Entscheidung über eine evtl. Umverteilung des Falles zu ermöglichen; vgl. *Dalheimer*, in: Dalheimer/Feddersen/Miersch, Art. 11, Rn. 7.
348 Vgl. Rn. 17 der Netzwerkbekanntmachung.
349 Gemeinsame Erklärung des Rates und der Kommission zur Arbeitsweise des Netzes der Wettbewerbsbehörden; vgl. http://register.consilium.eu.int.
350 KOM/2009/0206 endg. vom 29.4.2009, Rn. 31.

großem Umfang Geschäftsgeheimnisse in das Intranet eingestellt. Die Preisgabe von Geschäftsgeheimnissen ist jedoch strafrechtlich sanktioniert.[351]

105 Ein weiteres Problemfeld ergab sich im Zusammenhang mit Anträgen auf **Kronzeugenbehandlung**, wie sie entweder auf Antrag bei der Kommission oder aufgrund der Anwendung von Regelungen einzelner Mitgliedstaaten in Betracht kommt. Die Schwierigkeiten, die sich in diesem Zusammenhang stellen konnten, ergaben sich daraus, dass die nach Art. 11 stattfindende Unterrichtung einen Antrag auf Kronzeugenbehandlung ad absurdum führen konnte, da nicht alle Mitgliedstaaten eine Kronzeugenregelung kannten und die Gefahr bestand, dass sich ein Unternehmen den Behörden von Mitgliedstaaten ohne Kronzeugenregelung ausliefert. Allerdings waren sich die Beteiligten dieser Gefahr durchaus bewusst und haben die Problematik weitgehend entschärft. So sieht die Netzwerkbekanntmachung vor, dass eine Unterrichtung von anderen Mitgliedern des Netzes gem. Art. 11 nicht als Grundlage für die Einleitung eigener Ermittlungen nach Art. 101 und 102 AEUV oder nach nationalem Recht herangezogen werden darf.[352] Auch hinsichtlich der Weitergabe von im Rahmen einer Kronzeugenregelung freiwillig vorgelegten Beweismitteln und auf einem Antrag auf Kronzeugenregelung beruhenden Informationen sieht die Netzwerkbekanntmachung Schutzmechanismen vor (Rn. 40 f. bzw. 42).[353] Die Bedenken, die hinsichtlich der Kronzeugenbehandlung geäußert wurden, dürften schon damit weitgehend gegenstandslos geworden sein.[354] Zudem haben mittlerweile 26 Mitgliedstaaten ein – sich mehr oder weniger stark – an dem im Jahr 2006 veröffentlichten ECN-Modell-Kronzeugenprogramm orientierendes eigenes Kronzeugenprogramm aufgelegt.[355]

106 Soweit in der VO nicht bestimmte Entscheidungen allein der Kommission vorbehalten sind (vgl. Art. 10, 23 und 24), ergibt sich für die Anwendung des Unionsrechts grundsätzlich eine Allzuständigkeit von Kommission und nationalen Wettbewerbsbehörden. Dabei wird die Zuständigkeiten einzelfallabhängig im Konsens der Beteiligten festgelegt, wobei grundsätzlich die **„am besten geeignete Behörde"** (*best placed authority*) tätig werden soll. Hierzu gibt es eine wichtige Ausnahme, die allerdings schon nach altem Recht bestand.[356] Art. 11 Abs. 6 sieht ein Selbsteintrittsrecht (**Evokationsrecht**) der Kommission vor, das die Sonderrolle der Kommission innerhalb des Netzwerks belegt.[357] Art. 11 Abs. 6 stellt einen wichtigen Baustein zur Sicherung der Kohärenz bei der Anwendung des europäischen Wettbewerbsrechts dar.[358] Dabei ist unverkennbar, dass eine kohärente Anwendung des Unionsrechts angesichts der unmittelbaren Anwendung des Art. 101 Abs. 3 AEUV und angesichts der verstärkten dezentralen Anwendung des Unionsrechts besonders notwendig ist.[359]

107 Leitet die Kommission ein Verfahren zum Erlass einer Entscheidung ein, so entfällt nach Art. 11 Abs. 6 S. 1 die Zuständigkeit der Wettbewerbsbehörden der Mitgliedstaaten. Die Frage, ob der **Zuständigkeitsverlust** der nationalen Behörde endgültig ist oder sich lediglich auf die Dauer des Kommissionsverfahrens beschränkt, muss man differenziert beantworten. Sofern die Kommission eine Entscheidung erlässt, hat diese Frage geringe Bedeutung. Denn angesichts der

---

351 Näher hierzu unten Rn. 112. Kritisch insoweit *Lampert/Niejahr/Kübler/Weidenbach*, Art. 11, Rn. 221.

352 Etwas anderes gilt für den Informationsaustausch nach Art. 12, vgl. insoweit *Gussone/Michalczyk*, EuZW 2011, 131 f.

353 Ausführlich zum Ganzen *Blake/Schnichels*, EuZW 2004, 551.

354 So auch *Lampert/Niejahr/Kübler/Weidenbach*, Art. 10, Rn. 224.

355 25 Mitgliedstaaten akzeptieren mittlerweile Kurzanträge zur Rangwahrung, wenn ein Antrag bei der Kommission gestellt wurde. Eine weitere Harmonisierung ist angestrebt, vgl. hierzu auch den Bericht der Kommission über das Funktionieren der VO 1/2003 vom 29.4.2009, KOM/2009/0206 endg., Rn. 37, der gerade auch die Harmonisierung der Kronzeugenregelungen als Beleg für die Funktionsfähigkeit des Netzwerkes wertet.

356 Art. 9 Abs. 3 VO (EWG) Nr. 17/62.

357 Vgl. hierzu nur *Ost*, in: Schwarze, S. 36, der darauf verweist, dass diese Möglichkeit, von der die Kommission bei weit über 300 Entscheidungsentwürfen in keinem Fall Gebrauch gemacht hat, intern als „Atombombe" oder „Supergau" des Netzwerkes bezeichnet wird.

358 Dies entspricht auch der Rechtsprechung des EuGH, der immer wieder festgestellt hat, dass die Kommission für die Formulierung und Umsetzung der gemeinschaftlichen Wettbewerbspolitik zuständig ist; vgl. nur EuGH Rs. C-344/98 (Masterfoods), Slg. 2000, I-11369, Rn. 46.

359 Demgegenüber spielte das Evokationsrecht in der Vergangenheit keine große Rolle, da ohnehin nur die Kommission Positiventscheidungen, also Negativatteste und Freistellungen, erlassen konnte.

A. Johanns

Sperre des Art. 16 Abs. 2 wären die nationalen Behörden jedenfalls daran gehindert, abweichende Entscheidungen zu treffen.[360] Endet das Verfahren der Kommission ohne Entscheidung, dürfte die Zuständigkeit der nationalen Behörde wiederaufleben.[361] Zu beachten ist überdies die Regelung in Art. 35 Abs. 3 u. 4. Danach erstreckt sich die Wirkung von Art. 11 Abs. 6 nicht auf Gerichte, soweit diese als Rechtsmittelinstanzen tätig werden.[362]

Die Kommission kann ein Verfahren grundsätzlich ohne weiteres an sich ziehen und damit die Zuständigkeit der nationalen Wettbewerbsbehörden beenden. Nur wenn eine nationale Behörde bereits tätig geworden ist, muss die Kommission die betroffene Behörde **konsultieren** (Art. 11 Abs. 6 S. 2). Im Rahmen dieser Konsultationen trifft die Kommission die Verpflichtung, die betroffene Behörde und den anderen Mitgliedern des Netzwerks die **Gründe ihres Selbsteintritts** schriftlich darzulegen.[363] Auch muss die Kommission ihre Absicht zum Selbsteintritt rechtzeitig mitteilen und den Mitgliedern des Netzwerks auf diesem Weg Gelegenheit geben, eine Sitzung des Beratenden Ausschusses zu verlangen.[364] Im Übrigen ergibt sich aus der Gemeinsamen Erklärung sowie der Netzwerkbekanntmachung, dass ein Selbsteintritt nach der anfänglichen **Fallverteilungsphase** (i. d. R. zwei Monate) nur noch in verhältnismäßig eng umgrenzten Konstellationen stattfinden soll.[365] Immerhin gilt diese Beschränkung der Kommission nur „im Prinzip".[366] Indes dürfte die Funktionsfähigkeit des Netzwerks Schaden nehmen, wenn die Kommission von ihrem Selbsteintrittsrecht in der Praxis ohne zeitliche Beschränkung Gebrauch machen würde.[367]

Die Einleitung eines Verfahrens durch die Kommission ist ein **förmlicher Rechtsakt**.[368] Allein die Tatsache, dass bei der Kommission eine Beschwerde eingegangen ist, reicht nicht aus, um den nationalen Wettbewerbsbehörden ihre Zuständigkeit zu nehmen.[369] Nach Art. 2 Abs. 2 der VO (EG) Nr. 773/2004 kann die Kommission die Einleitung eines Verfahrens im Amtsblatt der Europäischen Union oder in jeder anderen geeigneten Weise bekannt machen. Durch diese Bekanntmachung sichert sie sich den Entscheidungsvorrang, wie er in Art. 11 Abs. 6 zum Ausdruck kommt.[370]

2. Informationsaustausch (Art. 12 VO (EG) Nr. 1/2003)

Der in Art. 12 geregelte **Informationsaustausch** bildet den Kern der Zusammenarbeit von Kommission und Wettbewerbsbehörden. Ermöglicht werden soll durch den Informationsaustausch sowohl ein paralleles als auch ein sich ergänzendes, komplementäres Handeln der Wettbewerbsbehörden. Art. 12 geht über die Bestimmung in Art. 11 noch hinaus. Während dort der

---

360 Dabei ist zu beachten, dass die Bindungswirkung nach Art. 16 Abs. 2 unabhängig vom Inhalt der Entscheidung eintritt und sich daher auch auf die Erteilung eines Negativattests bezieht.

361 Vgl. zum Ganzen *Schütz*, in: GK, Art. 11, Rn. 16.

362 Insoweit ergibt sich gegenüber der früheren Rechtslage eine Abweichung; vgl. nur *Dalheimer*, in: Dalheimer/Feddersen/Miersch, Art. 11, Rn. 22.

363 Vgl. Ziff. 22 der Gemeinsamen Erklärung.

364 Vgl. Netzwerkbekanntmachung, Rn. 56 i.V.m. Art. 14 Abs. 7 UA 2 VO (EG) Nr. 1/2003.

365 Genannt werden in Rn. 54 der Netzwerkbekanntmachung die folgenden Fälle: Netzmitglieder beabsichtigen im selben Fall den Erlass widersprüchlicher Entscheidungen; Netzmitglieder beabsichtigen den Erlass einer Entscheidung, die offensichtlich in Widerspruch zur gesicherten Rechtsprechung steht; ein oder mehrere Netzmitglieder ziehen Verfahren in dem Fall unangemessen in die Länge; eine Kommissionsentscheidung ist erforderlich zur Weiterentwicklung der gemeinschaftlichen Wettbewerbspolitik; die betroffene(n) nationale(n) Wettbewerbsbehörde(n) erhebt/erheben keine Einwände.

366 Netzwerkbekanntmachung, Rn. 54.

367 Auch praktisch gesehen haben sich die Erwartungen bestätigt, dass die Kommission von ihrem Eintrittsrecht zurückhaltenden Gebrauch macht. Dies ergibt sich zum einen aus den beschränkten Personal- und Sachressourcen und zum anderen aus dem Grundsatz der Subsidiarität, dem sich die Kommission verpflichtet fühlt; so bereits *Lampert/Niejahr/Kübler/Weidenbach*, Art. 11, Rn. 234.

368 Vgl. Rn. 52 der Netzwerkbekanntmachung. Dabei verweist die Netzwerkbekanntmachung auf das Urteil des EuGH, Rs. 48/72 (Brasserie de Haecht), Slg. 1973, 77. Zu der Frage, ob die Entscheidung als Zwischenentscheidung gerichtlich anfechtbar ist, *Schwarze/Weitbrecht*, § 9, Rn. 11.

369 Netzwerkbekanntmachung, Rn. 52.

370 *Immenga/Lange*, RIW 2003, 889, 891.

allgemeine Informationsfluss geregelt ist, geht es in Art. 12 um spezifische Informationen, v. a. aber um deren Verwertung durch die empfangende Behörde.[371]

111 Nach Art. 12 Abs. 1 können die Wettbewerbsbehörden untereinander alle (tatsächlichen und rechtlichen) Informationen unter Einschluss vertraulicher Informationen austauschen. Beschränkt wird diese Befugnis nur durch die **Rückbindung des Informationsaustauschs** an die Anwendung der Art. 101 und 102 AEUV.[372] Dies bedeutet, dass Informationen nur für den Zweck eingesetzt werden dürfen, zu dem sie erhoben wurden. Aus diesem Grund wird auch die Verwendung von durch Sektoruntersuchungen erlangten Erkenntnissen für die Verhängung von Sanktionen gegen einzelne Unternehmen mit der Begründung für nicht zulässig erachtet, dies stehe in keinem Zusammenhang mit dem Zweck derartiger Untersuchungen.[373] Zu beachten ist auch ErwGr 16. Danach soll der Austausch von Informationen „ungeachtet anders lautender einzelstaatlicher Vorschriften zugelassen werden". Art. 12 hat somit Vorrang vor etwaigen gegenteiligen Rechtsvorschriften eines Mitgliedstaats.[374] Darüber hinaus wird klargestellt, dass die Informationen nur für die Anwendung der Art. 101 und 102 AEUV sowie für die parallel dazu erfolgende Anwendung des nationalen Wettbewerbsrechts verwendet werden dürfen, sofern letztere Anwendung denselben Fall betrifft und nicht zu einem anderen Ergebnis führt.

112 Besondere Probleme wirft der Informationsaustausch bezüglich des Schutzes von **Geschäftsgeheimnissen** auf. Dabei ist insbesondere zu berücksichtigen, dass Behörden im Rahmen der von ihnen durchgeführten Ermittlungen die von ihnen empfangenen Informationen Dritten z.B. im Wege der Akteneinsicht zugänglich machen. Doch wird diese Problematik durch entsprechende Regelungen in der VO (EG) Nr. 773/2004 weitgehend entschärft. Gem. Art. 16 Abs. 1 der VO werden von der Kommission Informationen einschließlich Unterlagen nicht mitgeteilt oder zugänglich gemacht, soweit sie Geschäftsgeheimnisse oder sonstige vertrauliche Informationen von Personen enthalten.[375] Nach Art. 16 Abs. 3 kann die Kommission von Unternehmen und Unternehmensvereinigungen verlangen, dass sie die Unterlagen oder Teile von Unterlagen, die ihrer Ansicht nach Geschäftsgeheimnisse oder andere sie betreffende vertrauliche Informationen enthalten, kenntlich machen und die Unternehmen benennen, denen gegenüber diese Unterlagen als vertraulich anzusehen sind. Dabei ist davon auszugehen, dass der Begriff des Geschäftsgeheimnisses weit auszulegen ist.[376] Auch bei der Bestimmung des Kreises der Unternehmen, denen gegenüber bestimmte Informationen als geheim einzustufen sind, wird man großzügig verfahren müssen und zwar allein schon deshalb, weil insoweit häufig eine sinnvolle Abstufung kaum möglich sein dürfte.[377]

---

371 Näher hierzu *Gussone/Michalzyk*, EuZW 2011, 131 f.

372 Darüber hinaus wird dort klargestellt, dass die Informationen auch für die parallel dazu erfolgende Anwendung des nationalen Wettbewerbsrechts verwendet werden dürfen, sofern letztere Anwendung den gleichen Fall betrifft und nicht zu einem anderen Ergebnis führt. Weiter heißt es in ErwGr 16: "Werden die ausgetauschten Informationen von der empfangenden Behörde dazu verwendet, Unternehmen Sanktionen aufzuerlegen, so sollte für die Verwendung der Informationen keine weitere Beschränkung als die Verpflichtung gelten, dass sie ausschließlich für den Zweck eingesetzt werden, für den sie zusammengetragen worden sind, da Sanktionen, mit denen Unternehmen belegt werden können, in allen Systemen von derselben Art sind. Die Verteidigungsrechte, die Unternehmen in den einzelnen Systemen zustehen, können als hinreichend gleichwertig angesehen werden. Bei natürlichen Personen dagegen können Sanktionen in den verschiedenen Systemen erheblich voneinander abweichen. In solchen Fällen ist dafür Sorge zu tragen, dass die Informationen nur dann verwendet werden, wenn sie in einer Weise erhoben wurden, die hinsichtlich der Wahrung der Verteidigungsrechte natürlicher Personen das gleiche Schutzniveau wie nach dem für die empfangende Behörde geltenden innerstaatlichen Recht gewährleistet".

373 Vgl. hierzu nur *Sura*, in: Langen/Bunte, VO 1/2003, Rn. 8.

374 So ausdrücklich Netzwerkbekanntmachung, Rn. 27, wobei allerdings zugleich klargestellt wird, dass die Frage, ob die Informationen von der übermittelten Behörde rechtmäßig erhoben wurden, das für diese Behörde geltende nationale Recht regelt.

375 Diese Einschränkung betrifft allerdings nur Unternehmen und Unternehmensvereinigungen, die Akteneinsicht beantragt haben. Hinsichtlich der nationalen Wettbewerbsbehörden als Empfänger von Informationen gilt demgegenüber Art. 28 Abs. 2 VO.

376 Vgl. EuGH, Rs. 53/85 (Akzo), Slg. 1986, 1965, Rn. 28 f.

377 Vgl. *Lampert/Niejahr/Kübler/Weidenbach*, Art. 12, Rn. 240.

A. Johanns

Grenzen der Beweisverwertung ergeben sich aus Art. 12 Abs. 2 und 3. Dieser Bestimmungen **113** bedurfte es, weil Art. 12 gegenüber etwaigen gegenteiligen Rechtsvorschriften eines Mitgliedstaates vorrangig ist und somit nationale Schutzvorschriften, welche die Verwertung von Informationen als Beweismittel begrenzen, nicht zur Anwendung gelangen. Nach Art. 12 Abs. 2 S. 1 dürfen die ausgetauschten Informationen nur zum Zweck der Anwendung von Art. 101 oder 102 AEUV sowie in Bezug auf den Untersuchungsgegenstand als Beweismittel verwendet werden, für den sie von der übermittelnden Behörde erhoben wurden. Die Verwendung als Beweismittel ist also nicht nur normgebunden, sondern auch objekt- und verfahrensgebunden.[378] Darüber hinaus bestimmt Art. 12 Abs. 2 S. 2, dass ausgetauschte Informationen auch für die Anwendung des einzelstaatlichen Wettbewerbsrechts verwendet werden können, wenn dieses im konkreten Fall parallel zum gemeinschaftlichen Wettbewerbsrecht angewandt wird und nicht zu anderen Ergebnissen führt. Rein praktisch betrachtet kommt die **Verwendung als Beweismittel** durch eine andere als die erhebende Behörde, abgesehen von der Ausübung des Selbsteintrittsrechts nach Art. 11 Abs. 6, nur bei parallelen nationalen Verfahren[379] und bei Ermittlungen für eine andere nationale Behörde[380] (Art. 22 Abs. 1) in Betracht.

Auf den ersten Blick liegt hierin eine Abkehr von der Rechtsprechung des EuGH.[381] Dieser **114** hatte klargestellt, dass die Mitgliedstaaten bei der Anwendung des nationalen oder des europäischen Wettbewerbsrechts weder nicht veröffentlichte Informationen, die die Kommission aufgrund eines Auskunftsverlangens von einem Unternehmen erlangt hat, noch Informationen, die ein Unternehmen zur Verfügung gestellt hat, als Beweismittel verwerten dürfen. Demgegenüber ist nach Art. 12 Abs. 2 eine Beweisverwertung in gewissem Umfang möglich. Allerdings dürfte dies im Ergebnis keinen Unterschied machen. Denn zum einen besteht die Verpflichtung, eine früher verhängte Sanktion in derselben Sache bei der Verhängung einer weiteren Sanktion zu berücksichtigen.[382] Und zum anderen darf die Verwendung von Informationen bei der Anwendung nationalen Rechts nicht zu anderen Ergebnissen führen. Ganz abgesehen davon konnten aber auch vom Standpunkt des EuGH aus die ausgetauschten Informationen jedenfalls zur Beurteilung der Frage verwendet werden, ob es angebracht ist, ein nationales Verfahren einzuleiten, in dem dann die zum Beweis eines Verstoßes erforderlichen Informationen neu erhoben werden.[383]

Art. 12 Abs. 3 enthält Sonderregelungen bezüglich der Beweisverwertung, wenn die übermittelten **115** Informationen als Grundlage für **Sanktionen gegen natürliche Personen** verwendet werden sollen. Zwar sieht die VO (EG) Nr. 1/2003 lediglich Sanktionen gegen Unternehmen[384] vor. Doch bedurfte es einer besonderen Regelung, da einige mitgliedstaatliche Rechtsordnungen für den Fall eines Verstoßes gegen Art. 101 und 102 AEUV, wie etwa das deutsche Recht (vgl. §§ 8 ff., 30 OWiG), auch Sanktionen gegen natürliche Personen ermöglichen.[385] Nach Art. 12 Abs. 3 1. Spiegelstrich können ausgetauschte Informationen nur dann als Beweismittel verwendet werden, wenn das Recht der übermittelnden Behörde ähnlich geartete Sanktionen in Bezug auf Verstöße gegen Art. 101 oder 102 AEUV vorsieht.[386] Liegen diese Voraussetzungen nicht vor, dann können nach Art. 12 Abs. 3 2. Spiegelstrich ausgetauschte Informationen nur dann als Beweismittel verwendet werden, wenn die Informationen in einer Weise erhoben wurden, die hinsichtlich der Wahrung der Verteidigungsrechte natürlicher Personen das **gleiche**

---

378 So *Schütz*, in: GK, Art. 12, Rn. 4.
379 Die allerdings nach der Konzeption des Verordnungsgebers nach Möglichkeit vermieden werden sollen.
380 Ermittlungen im Auftrag der Kommission (Art. 22 Abs. 2) sind demgegenüber von vornherein rechtlich Ermittlungen der Kommission.
381 EuGH, Rs. C-67/91 (Spanischer Bankenverband), Slg. 1992, I-4820.
382 EuGH, Rs. 14/68 (Walt Wilhelm), Slg. 1969, 1.
383 Vgl. zum Ganzen auch *Lampert/Niejahr/Kübler/Weidenbach*, Art. 12, Rn. 245.
384 Eine Sanktion gegen eine natürliche Person kommt nur ausnahmsweise, nämlich nur dann in Betracht, wenn diese selbst Unternehmenseigenschaft besitzt.
385 Ein Beispiel bildet das Vereinigte Königreich, wo die entsprechenden Sanktionen bis zur Inhaftierung einer Person reichen (Enterprise Act 2002).
386 Dies bedeutet beispielsweise, dass die ausgetauschten Informationen in einem Strafverfahren, in dem den Beteiligten eine Gefängnisstrafe droht, nur dann Verwendung finden können, wenn beide Rechtsordnungen – die übermittelnden ebenso wie die der empfangenden Behörde – bei einem Kartellverstoß die Möglichkeit einer Inhaftierung kennen. Näher zum Ganzen z.B. *de Bronett*, Art. 13, Rn. 9.

Schutzniveau wie nach dem für die empfangende Behörde geltenden innerstaatlichen Recht gewährleistet.[387] Ergänzend bestimmt Art. 12 Abs. 3 S. 2, dass in diesem Fall die ausgetauschten Informationen von der empfangenden Behörde nicht verwendet werden dürfen, um Haftstrafen zu verhängen.[388] Art. 12 Abs. 3 hat keine Auswirkungen auf Sanktionen gegen Unternehmen. Insoweit ist die Verwendung von ausgetauschten Informationen ohne Einschränkung zulässig.[389]

3. Aussetzung und Einstellung des Verfahrens (Art. 13 VO (EG) Nr. 1/2003)

116 Art. 13 Abs. 1 S. 1 bezieht sich auf den Fall, dass Wettbewerbsbehörden mehrerer Mitgliedstaaten aufgrund einer Beschwerde oder von Amts wegen mit einem Verfahren gem. Art. 101 oder 102 AEUV gegen dieselbe Vereinbarung, denselben Beschluss oder dieselbe Verhaltensweise befasst sind. Der Umstand, dass eine Behörde den Fall bereits bearbeitet, stellt danach für die übrigen Behörden einen hinreichenden Grund dar, ihr Verfahren auszusetzen oder die Beschwerde zurückzuweisen.[390] Aussetzung oder Einstellung stehen im Ermessen der betreffenden Behörde.[391] Daraus wird deutlich, dass die Bedeutung der Vorschrift weniger bei der Aussetzung und Einstellung des Verfahrens als vielmehr darin liegt klarzustellen, dass mehrere Behörden gleichzeitig dieselbe Vereinbarung untersuchen und auch ahnden können und insbesondere eine einmal eingeleitete Untersuchung ohne weiteres fortgesetzt werden kann, obwohl eine andere Behörde tätig ist (**System paralleler Zuständigkeiten**).[392] Zwar wird in ErwGr 18 ausdrücklich das Ziel formuliert, „dass jeder Fall nur von einer Behörde bearbeitet wird" (sog. „*one-stop-shop*"). Doch ergibt sich aus der Regelung in Art. 13 eindeutig, dass auch die Durchführung paralleler Verfahren zulässig ist.

117 Angesichts dieser Rechtslage ist die Gefahr eines gewissen *forum shopping* nicht ganz von der Hand zu weisen. Allerdings dürfte das *forum shopping* in der Praxis keine allzu große Rolle spielen.[393] Auch die Gefahr eines Verstoßes gegen den Grundsatz ne bis in idem besteht bei näherer Betrachtung kaum.[394] Jedenfalls schafft die Neuregelung mit der Zulässigkeit paralleler Zuständigkeiten insoweit kein neues Problem, das nicht nach Maßgabe der bisherigen Handlungsweisen[395] in den Griff zu bekommen wäre.[396]

---

387 In diesem Zusammenhang wird zuweilen eine Parallele zum Herkunftslandprinzip gezogen; so *Schütz*, in: GK, Art. 12, Rn. 5.

388 Mit dieser Regelung versucht der Verordnungsgeber der Sorge der Mitgliedstaaten Rechnung zu tragen, dass über den Austausch von Informationen die sich aufgrund des nationalen Rechts ergebenden Verfahrensrechte zum Schutz der betroffenen Partei ausgehebelt werden könnten. Natürliche Personen sollen aufgrund der Weitergabe der Beweismittel nicht schlechter stehen als sie stünden, wenn es allein bei der Verfolgung durch die übermittelnde Behörde bliebe. Die Kommission wirft indes in ihrem „Bericht über das Funktionieren der Verordnung (EG) Nr. 1/2003 des Rates", KOM/2009/0206 endg. vom 29.4.2009, Rn. 32, die Frage auf, ob es nicht zu weit geht, die Verwendung von Informationen im Hinblick auf die Verhängung von Haftstrafen vollständig zu verbieten und ob es insoweit nicht Alternativlösungen gibt, um die Verteidigungsrechte der Betroffenen zu schützen.

389 Unterstrichen wird dies durch ErwGr 16. Dort wird einerseits betont, dass Sanktionen, mit denen Unternehmen belegt werden können, in allen Systemen von derselben Art sind, und andererseits festgestellt, dass die Verteidigungsrechte, die Unternehmen in den einzelnen Systemen zustehen können, als hinreichend gleichwertig angesehen werden.

390 Für die Rechtslage in Deutschland ergab sich hieraus keine Neuerung, da das Bundeskartellamt – im Unterschied zu einigen anderen nationalen Wettbewerbsbehörden – ein Verfahren (ggf. formlos) ohne Weiteres einstellen kann. Denn es gilt nach § 47 OWiG das Opportunitätsprinzip.

391 Vgl. Netzwerkbekanntmachung, Rn. 22, wonach eine nationale Wettbewerbsbehörde ihr Verfahren aussetzen oder einstellen kann, hierzu jedoch nicht verpflichtet ist. Art. 13 lasse "Spielraum zur Würdigung der Umstände des Einzelfalls"; vgl. auch *Hossenfelder/Lutz*, WuW 2003, 118, 124 f.

392 So *Lampert/Niejahr/Kübler/Weidenbach*, Art. 13, Rn. 249; vgl. auch *Dalheimer*, in: Dalheimer/Feddersen/Miersch*, Art. 12, Rn. 2.

393 Vgl. hierzu nur *Lampert/Niejahr/Kübler/Weidenbach*, Art. 13, Rn. 253 u. Art. 11, Rn. 208 ff.

394 Näher hierzu unten Rn. 96 ff. sowie *Roesen*, Mehrfache Sanktionen im internationalen und europäischen Kartellrecht, 2009.

395 Vgl. insoweit nur die vom EuGH in seiner Entscheidung in der Rs. 14/68 (Walt Wilhelm), Slg. 1969, 1 entwickelten Grundsätze.

396 Vgl. *Lampert/Niejahr/Kübler/Weidenbach*, Art. 13, Rn. 254 u. Art. 11, Rn. 206 f.

Anwendung finden kann Artikel 13 auch auf einen Teil einer Beschwerde oder eines Verfahrens. **118** So ist etwa der Fall denkbar, dass sich ein Verfahren nur partiell mit einem Fall überschneidet, mit dem sich eine andere Wettbewerbsbehörde befasst.[397] Voraussetzung für die **Aussetzung oder Einstellung des Verfahrens** ist, dass eine andere Behörde mit einem Verfahren gem. Art. 101 oder Art. 102[398] „befasst" ist. Hierfür ist nicht ausreichend, dass eine Beschwerde bei einer anderen Behörde eingereicht wurde. Von einer Bearbeitung des Falles in diesem Sinne ist vielmehr erst dann auszugehen, wenn die andere Behörde ein **eigenes Verfahren** durchführt oder durchgeführt hat.[399] Art. 13 greift dabei auch dann ein, wenn die andere Behörde aufgrund einer Beschwerde eines anderen Beschwerdeführers oder von Amts wegen tätig wurde oder tätig ist. Dies bedeutet, dass eine Berufung auf Art. 13 möglich ist, wenn die Vereinbarung oder Verhaltensweise dieselbe(n) Zuwiderhandlung(en) auf den gleichen sachlich und räumlich relevanten Märkten betrifft.[400] Nach Art. 13 Abs. 1 S. 2 kann auch die Kommission eine Beschwerde mit der Begründung zurückweisen, dass sich bereits eine Wettbewerbsbehörde eines Mitgliedstaats mit dieser Beschwerde befasst. Über den Wortlaut hinaus muss die Kommission eine Beschwerde jedoch auch dann zurückweisen können, wenn sich eine nationale Behörde von Amts wegen bereits mit einem Fall befasst.[401]

Nach Art. 13 Abs. 2 kann eine **Beschwerde abgewiesen** werden, wenn ein Fall bereits von der **119** Kommission oder einer anderen Wettbewerbsbehörde in der Sache behandelt, also bereits über ihn entschieden worden ist. Dabei kann die Entscheidung auch die Abweisung einer Beschwerde oder die Einstellung eines Verfahrens beinhalten. Weist die Kommission eine Beschwerde gem. Art. 13 Abs. 2 ab, so teilt sie dem Beschwerdeführer gem. Art. 8 VO (EG) Nr. 773/2004 unverzüglich mit, welche einzelstaatliche Wettbewerbsbehörde den Fall behandelt oder bereits behandelt hat.

4. Beratender Ausschuss (Art. 14 VO (EG) Nr. 1/2003)

Den Beratenden Ausschuss für Kartell- und Monopolfragen, in dessen Rahmen die Mitglied- **120** staaten an Entscheidungen der Kommission mitwirken, gab es schon aufgrund von Art. 10 VO (EWG) Nr. 17/62.[402] Zusammensetzung und Funktion des Ausschusses haben sich auch mit Inkrafttreten der VO (EG) Nr. 1/2003 nicht geändert.[403] Allerdings wurden dem Ausschuss neue Funktionen zugewiesen. Im Vergleich zur alten Rechtslage wurde der Katalog der **anhörungspflichtigen Entscheidungen** erweitert. Auch brachte die VO (EG) Nr. 1/2003 kleinere Veränderungen hinsichtlich des Verfahrens.[404] In jedem Falle bleibt es aber beim Beratenden Ausschuss als „Diskussionsforum", das dazu beitragen soll, dass die Wettbewerbsregeln der Gemeinschaft einheitlich angewandt werden.[405]

Der Beratende Ausschuss setzt sich nach Abs. 2 unterschiedlich zusammen. Für die Erörterung **121** von Einzelfällen besteht er aus **Vertretern der Wettbewerbsbehörden der Mitgliedstaaten** (Abs. 2 S. 1).[406] Anzuhören ist der Ausschuss vor jeder Entscheidung nach Art. 7, 8, 9, 10, 23, 24 Abs. 2 sowie 29 Abs. 1 (Abs. 1). Die Anhörung erfolgt grundsätzlich in einer dazu von der Kommission einberufenen Sitzung (Abs. 3).[407] Der Beratende Ausschuss nimmt zu dem **vorläufigen Entscheidungsvorschlag** der Kommission in jedem Fall schriftlich Stellung (Abs. 3

---

397 Vgl. hierzu Netzwerkbekanntmachung, Rn. 24.
398 Damit ist die Bestimmung nicht anwendbar, wenn eine Behörde allein nach einzelstaatlichem Wettbewerbsrecht vorgeht; vgl. *Dalheimer*, in: Dalheimer/Feddersen/Miersch, Art. 13, Rn. 5.
399 So ausdrücklich Netzwerkbekanntmachung, Rn. 20.
400 So ausdrücklich Netzwerkbekanntmachung, Rn. 21.
401 So *Schütz*, in: GK, Art. 13, Rn. 3.
402 Vgl. insoweit auch ErwGr 19, wonach sich die Arbeitsweise des Ausschusses als "sehr befriedigend" erwiesen habe und es nunmehr gelte, auf der alten Rechtslage "aufzubauen und gleichzeitig die Arbeit effizienter zu gestalten".
403 Jedes Mitglied des Ausschusses hat bei den Abstimmungen eine Stimme; vgl. *de Bronett*, Art. 14, Rn. 3.
404 Beispielsweise die Möglichkeit ein schriftliches Verfahren durchzuführen, § 14 Abs. 4 VO 1/2003, näher hierzu auch *Sura*, in: Langen/Bunte, VO Nr. 1/2003, Rn. 3 u. 17 m.w.N.
405 So wiederum ErwGr 19.
406 In Deutschland sind dies nach § 50 Abs. 2 und 3 Vertreter des Bundeskartellamtes.
407 Sog. Regelverfahren; vgl. hierzu Netzwerkbekanntmachung, Rn. 65 f. Hiervon zu unterscheiden ist das – neu geschaffene – schriftliche Verfahren (Art. 14 Abs. 4 sowie Netzwerkbekanntmachung, Rn. 67).

S. 4). Die Kommission berücksichtigt die Stellungnahme des Ausschusses „so weit wie möglich" (Abs. 5 S. 1). Doch ist die Kommission an die Auffassung des Ausschusses selbst dann **nicht gebunden**, wenn dieser einstimmig votierte. Die Kommission hat den Beratenden Ausschuss darüber zu unterrichten, inwieweit sie seine Stellungnahme berücksichtigt hat (Abs. 5 S. 2). Gibt der Beratende Ausschuss eine schriftliche Stellungnahme ab, so wird diese dem Entscheidungsentwurf beigefügt (Abs. 6 S. 1). Darüber hinaus kann der Beratende Ausschuss die Veröffentlichung einer Stellungnahme empfehlen (Abs. 6 S. 2). Dieser Empfehlung muss die Kommission grundsätzlich folgen.

122 Eine **zusätzliche Funktion** des Beratenden Ausschuss wird durch Art. 14 Abs. 7 begründet. Diese Erweiterung der Aufgaben des Ausschusses ist vor dem Hintergrund der verstärkt dezentralen Anwendung des Unionsrechts zu sehen. Nach Art. 14 Abs. 7 kann der Beratende Ausschuss auch Fälle beraten, die von der Wettbewerbsbehörde eines Mitgliedstaates behandelt werden und zwar entweder auf Antrag eines Mitgliedstaates (Abs. 7 UA 1 S. 1)[408] oder auf eigene Initiative der Kommission (Abs. 7 UA 1 S. 2). Von der Wettbewerbsbehörde eines Mitgliedstaats kann ein entsprechender Antrag insbesondere dann gestellt werden, wenn es sich um einen Fall handelt, bei dem die Kommission die Einleitung eines Verfahrens mit den Wirkungen des Art. 11 beabsichtigt (Abs. 7 UA 2). Zwar dient diese Regelung nicht primär der Zuständigkeitsverteilung. Doch macht sie nur dann Sinn, wenn auch die Möglichkeit besteht, dass die Kommission von ihrem Vorhaben Abstand nimmt.[409] Die Besprechung eines von einer nationalen Wettbewerbsbehörde behandelten Falls im Beratenden Ausschuss führt – im Unterschied zur Besprechung von Fällen der Kommission – nicht zu einer förmlichen Stellungnahme (Abs. 7 UA 3 S. 1). Der Ausschuss kann nur eine **informelle Erklärung** abgeben.

II. Die Verteilung der Zuständigkeiten

1. Grundsätze der Fallverteilung

123 Die VO (EG) Nr. 1/2003 begründet ein **System paralleler Zuständigkeiten** der Kommission und der Wettbewerbsbehörden der Mitgliedstaaten. Grundsätzlich kann jede Behörde ein Verfahren aufgreifen. Andererseits ist in ErwGr 18 der VO (EG) Nr. 1/2003[410] das Ziel definiert, dass jeder Fall nach Möglichkeit nur von einer Behörde bearbeitet werden soll.[411] Die VO (EG) Nr. 1/2003 selbst enthält aber – mit Ausnahme von Art. 11 Abs. 6, der die Zuständigkeit der nationalen Wettbewerbsbehörden entfallen lässt, sobald die Kommission ein Verfahren einleitet[412] – keine Bestimmungen darüber, welche Behörde im Einzelfall tätig werden soll. Zur Bestimmung der **zuständigen Behörde** ist daher auf die Gemeinsame Erklärung sowie auf die Netzwerkbekanntmachung der Kommission zurückzugreifen.[413] Danach prüft zunächst jede Behörde, ob sie in einem bestimmten Fall zuständig ist und ob – unter Ausübung ihres Ermessens – in dem Fall ein Verfahren eingeleitet werden soll oder nicht. Für die Bearbeitung eines Falles bestehen nach der Netzwerkbekanntmachung drei Möglichkeiten. Der Fall kann zunächst von einer **einzelnen nationalen Wettbewerbsbehörde** (ggf. mit der Unterstützung der Wettbewerbsbehörden anderer Mitgliedstaaten nach Art. 22 Abs. 1) bearbeitet werden. Es besteht aber auch die Möglichkeit der **parallelen Bearbeitung** des Falles durch mehrere Wettbewerbsbehörden. Schließlich kann der Fall **allein durch die Kommission** bearbeitet werden. Im letztgenannten Fall kann die Kommission durch die nationalen Wettbewerbsbehörden nach

---

408 Der Wortlaut der Vorschrift („Die Kommission setzt auf Antrag der Wettbewerbsbehörde eines Mitgliedstaats …") ist insoweit nicht ganz klar.

409 Zutreffend *Schütz*, in: GK, Art. 14, Rn. 6.

410 Sowie in der Gemeinsamen Erklärung und in der Netzwerkbekanntmachung (Rn. 5).

411 Sog. *„one-stop-shop"*. Kritisch zur Verwendung dieses Begriffes allerdings *Klees*, § 7, Rn. 138 (u. Fn. 221).

412 Als weitere Vorschriften, die zumindest einen Bezug zur Fallverteilung aufweisen, sind Art. 13 (Möglichkeit der Aussetzung und Einstellung des Verfahrens bei Bearbeitung des Falles durch eine andere Wettbewerbsbehörde) sowie die Informations- und Übermittlungspflichten im Rahmen der Bearbeitung eines Falles nach Art. 11 Abs. 3 und 4 zu nennen.

413 In ihrem Bericht über das Funktionieren der Verordnung (EG) Nr. 1/2003 des Rates, KOM/2009/0206 endg. vom 29.4.2009, Rn. 30, bewertete die Kommission das Verfahren der Fallverteilung als in der Regel unproblematisch und die Arbeitsteilung im Netzwerk als reibungslos.

A. Johanns

Art. 22 Abs. 2 unterstützt werden. Eine parallele Bearbeitung des Falles durch die Kommission und eine (oder mehrere) nationale Wettbewerbsbehörde(n) ist indes nicht möglich. Denn im Falle der Verfahrenseinleitung der Kommission verlieren die nationalen Wettbewerbsbehörden nach Art. 11 Abs. 6 ihre Zuständigkeit.[414]

Die Netzwerkbekanntmachung geht weiterhin davon aus, dass in den meisten Fällen diejenige   **124** Behörde, die als erste tätig geworden ist,[415] den Fall auch zu Ende führt. Eine **Neuverteilung** des Falles soll nur zu Beginn des Verfahrens (im Regelfall innerhalb einer Frist von zwei Monaten seit dem Zeitpunkt der erstmaligen Unterrichtung des Netzes gem. Art. 11)[416] erfolgen. Eine Neuverteilung findet statt, wenn entweder die Behörde, die zuerst tätig wurde, zu dem Ergebnis gelangt, sie sei zur Bearbeitung des Falles nicht „gut geeignet" oder eine andere Behörde zu der Auffassung gelangt, sie sei zur Bearbeitung dieses Falles ebenfalls „gut geeignet". Als „**gut geeignet**" gilt eine Behörde nach der Netzwerkbekanntmachung[417] dann, wenn „die Vereinbarung oder Verhaltensweise beträchtliche unmittelbare tatsächliche Auswirkungen auf den Wettbewerb innerhalb des Hoheitsgebiets dieser Behörde hat, innerhalb dieses Hoheitsgebiets umgesetzt wird oder dort ihren Ursprung hat; die Behörde die gesamte Zuwiderhandlung wirksam beenden und gegebenenfalls die Zuwiderhandlung angemessen ahnden kann; und die Behörde, gegebenenfalls mit Unterstützung anderer Behörden, die zum Nachweis der Zuwiderhandlung erforderlichen Beweise erheben kann".[418] Eine **einzelne nationale Wettbewerbsbehörde** ist danach im Regelfall gut geeignet, einen Fall allein zu bearbeiten, wenn im Wesentlichen ihr Hoheitsgebiet von einer Vereinbarung oder Verhaltensweise betroffen ist und ihr alleiniges Vorgehen ausreichen wird, um die gesamte Zuwiderhandlung zu beenden.[419] Ein **paralleles Vorgehen** von zwei oder auch drei – sich untereinander abstimmenden – Wettbewerbsbehörden soll dann erfolgen, wenn eine Vereinbarung oder Verhaltensweise im Wesentlichen Auswirkungen im Hoheitsgebiet dieser Mitgliedstaaten hat und eine einzelne Behörde die Zuwiderhandlung nicht erfolgreich allein abstellen kann.[420] Die **Kommission** soll immer dann gut geeignet sein, wenn durch die Zuwiderhandlung der Wettbewerb in mehr als drei Staaten betroffen ist.[421] Zudem kann es das Unionsinteresse erfordern, dass eine **Entscheidung auf Unionsebene** ergeht, um die wirksame Durchsetzung der Wettbewerbsregeln sicherzustellen oder die Wettbewerbspolitik der Union weiterzuentwickeln. Ebenso ist es nach der Netzwerkbekanntmachung denkbar, dass Unionsbestimmungen „effizienter von der Kommission angewandt werden können".[422]

2. Rechtsschutz

Die Fallverteilung innerhalb des Netzwerkes stellt einen **internen Abstimmungsprozess** der pa-   **125** rallel zuständigen Behörden dar. Die Entscheidung, welche Behörde(n) einen Fall aufgreift bzw. aufgreifen, ist als interne Maßnahme nicht angreifbar.[423] Ein Unternehmen – etwa ein Beschwerdeführer, dessen Verfahren nach der Fallverteilung innerhalb des Netzwerkes nicht mehr von der Behörde geführt wird, bei der er die Beschwerde eingereicht hat, sondern von einer anderen Behörde – ist von dieser Maßnahme nur mittelbar betroffen. Da alle Behörden dasselbe materielle Recht (allerdings nach ihrem jeweiligen Verfahrensrecht) anwenden, fehlt es auch an einem **Rechtsschutzbedürfnis**, denn der Beschwerdeführer hat keinen Anspruch auf die Be-

---

414 Vgl. zu den Grundsätzen der Fallverteilung *Ost*, in: Loewenheim/Meessen/Riesenkampff, Einführung VerfVO, Rn. 16 ff.

415 Entweder aufgrund einer Beschwerde oder aufgrund einer Verfahrenseinleitung von Amts wegen.

416 Netzwerkbekanntmachung, Rn. 5 u. 18.

417 Zu beachten sind die in der Bekanntmachung genannten Beispiele, welche die einzelnen Regelungen über die Zuständigkeit illustrieren.

418 Netzwerkbekanntmachung, Rn. 8.

419 Netzwerkbekanntmachung, Rn. 10 und 11 sowie Rn. 16 der Gemeinsamen Erklärung.

420 Netzwerkbekanntmachung, Rn. 12.

421 Netzwerkbekanntmachung, Rn. 14.

422 Netzwerkbekanntmachung, Rn. 15. Kritisch zum Ganzen mit der Begründung, die Fallverteilung sei kaum vorhersehbar, *Schwarze/Weitbrecht*, § 9, Rn. 41 f.

423 Vgl. zur Problematik nur *Lampert/Niejahr/Kübler/Weidenbach*, Art. 11, Rn. 203 ff.

arbeitung „seines" Falles durch eine bestimmte Behörde.[424] Auch eine Untätigkeitsklage gegen die das Verfahren nicht weiter betreibende Behörde, die sich nach den Vorschriften des nationalen Rechts richtet, dürfte kaum Aussicht auf Erfolg versprechen.

C. Beschwerden

I. Einleitung: Bedeutung von Beschwerden

126 Abstellungsentscheidungen können auf eine Beschwerde hin oder von Amts wegen ergehen. Die **Bedeutung von Beschwerden** für die Einleitung eines Verfahrens und den Erlass einer Abstellungsentscheidung sollte allerdings nicht überschätzt werden. Als Informationsquelle sind förmliche Beschwerden jedenfalls nicht anders zu bewerten als sonstige Informationen. Auch zwingen sie nicht zu Sachentscheidungen. Denn aus der bloßen Beschwerdebefugnis ergibt sich kein Anspruch der Beschwerdeführer auf Sachentscheidung. Eine Abstellungsentscheidung erfolgt stets nur im öffentlichen Interesse.[425]

II. Voraussetzungen für die Erhebung einer Beschwerde

1. Formelle Anforderungen

127 Nach Art. 5 UA 2 der VO (EG) Nr. 773/2004 müssen Beschwerden natürlicher und juristischer Personen grundsätzlich die im sog. **Formblatt C**[426] aufgeführten Angaben enthalten.[427] Zu den erforderlichen Angaben zählen zunächst ausführliche Angaben hinsichtlich des Beschwerdeführers sowie des Beschwerdegegners. Weiterhin werden eine ausführliche Darstellung des Sachverhalts und die Angabe aller Informationen hinsichtlich der Zuwiderhandlung (unter Einschluss der Marktstellung der betroffenen Unternehmen, der räumlichen Auswirkungen sowie der Beeinträchtigung des zwischenstaatlichen Handels) verlangt. Der Beschwerdeführer ist ferner verpflichtet, alle ihm mit zumutbarem Aufwand zur Verfügung stehenden Dokumente zu übermitteln sowie Angaben darüber zu machen, wo die Kommission weitere Unterlagen, auf die er selbst keinen Zugriff hat, erlangen kann.[428] Er hat mögliche Zeugen zu benennen und muss unter Darlegung seines berechtigten Interesses angeben, welches Ziel er mit seiner Beschwerde verfolgt. Hat sich der Beschwerdeführer bereits in derselben oder in einer eng verbundenen Sache an eine andere Wettbewerbsbehörde gewandt und/oder ein Verfahren vor einem nationalen Gericht angestrengt, so muss er auch dies mitteilen.

128 Die Kommission kann von der Vorlage eines Teils der im Formblatt C geforderten Angaben und Unterlagen **absehen**.[429] Um welchen Teil es sich dabei handeln soll, ist indes weder aus der VO (EG) Nr. 773/2004 selbst noch aus der Bekanntmachung über die Behandlung von Beschwerden ersichtlich. Die Bestimmung in der Bekanntmachung die darauf abstellt, dass diese Möglichkeit insbesondere Verbraucherverbänden Beschwerden erleichtern solle, ist nicht wei-

---

424 Vgl. Rn. 31 der Netzwerkbekanntmachung, wonach durch die Verteilung von Fällen „für Unternehmen, die an einer Zuwiderhandlung beteiligt oder davon betroffen sind, keinerlei Rechte dahingehend begründet (werden), dass sich eine bestimmte Behörde mit einem bestimmten Fall zu befassen habe"; dies wurde bestätigt durch die Entscheidung des EuG, Rs. T-339/04 (France Télécom). Slg. 2007, II-521. Hierzu und zu dem wegen der Klagerücknahme mit einer Entscheidung abgeschlossenen Fall „European Association of Euro-Pharamceutical Companies", Rs. T-152/06, BeckEuRS 2009, 498412, *Ost*, in Schwarze, S. 34 f. In Rn. 32 der Bekanntmachung wird klargestellt, dass eine Wettbewerbsbehörde, die einen Fall im Wege der Umverteilung übernimmt, „auf jeden Fall in der Lage gewesen (wäre), von Amts wegen eine Untersuchung gegen die Zuwiderhandlung einzuleiten".

425 Vgl. nur *Schütz*, in: GK, Art. 7, Rn. 5 u. 7.

426 Dieses findet sich im Anhang zur Bekanntmachung über die Behandlung von Beschwerden und im Anhang der Verfahrensordnung sowie auf der Internetseite der Generaldirektion Wettbewerb (http://europa.eu.int/dgcomp/complaints-form).

427 Wobei der Gebrauch des Formblatts keine Voraussetzung des Erfolgs einer Beschwerde ist; vgl. hierzu *Ritter*, in: Immenga/Mestmäcker, EG-WettbR, Art. 7, Rn. 10, der das Formblatt eher als „Checkliste" verstanden wissen will.

428 Vgl. Bekanntmachung über die Behandlung von Beschwerden, Rn. 31.

429 Art. 5 Abs. 1 UA 2 S. 2 VO (EG) 773/2004.

A. Johanns

terführend.[430] Denn insoweit ist zu beachten, dass Beschwerdeführer nach dem Formblatt C nur verpflichtet sind, solche Unterlagen vorzulegen, über die sie verfügen oder die mit zumutbarem Aufwand zu beschaffen sind.[431]

Die Beschwerde ist zwingend in **dreifacher Ausfertigung** auf Papier und nach Möglichkeit auch in elektronischer Form bei der Generaldirektion Wettbewerb einzureichen.[432] Soll ein Teil der Beschwerde vertraulich behandelt werden, so ist der Beschwerdeführer nach Art. 5 Abs. 2 VO (EG) Nr. 773/2004 verpflichtet, auch eine nicht vertrauliche Fassung der Beschwerde beizufügen. Genügt eine „Beschwerde" nicht den oben dargestellten Anforderungen, so behandelt die Kommission sie als formlose Anregung, ein Verfahren durchzuführen, mit der Folge, dass dem „Beschwerdeführer" die aufgrund einer förmlichen Beschwerde bestehenden Verfahrensrechte nicht zustehen.[433]

129

2. Beschwerdebefugnis

Beschwerdebefugt sind nach Art. 7 Abs. 2, neben den Mitgliedstaaten, natürliche und juristische Personen. Während bei von Mitgliedstaaten eingereichten Beschwerden das Bestehen eines berechtigten Interesses vermutet wird, ist Voraussetzung einer Beschwerde von natürlichen und juristischen Personen, dass sie ein **berechtigtes Interesse** darlegen und ggf. auch beweisen können.[434] Andernfalls ist die Kommission berechtigt, die Beschwerde nicht weiterzuverfolgen.[435] Die Anforderungen sind dabei geringer als die für eine Klageberechtigung erforderliche unmittelbare und individuelle Betroffenheit.[436] Nach der Bekanntmachung können Unternehmen ein berechtigtes Interesse geltend machen, wenn sie auf dem relevanten Markt tätig sind oder das beanstandete Verhalten geeignet ist, sie in ihren Interessen unmittelbar zu verletzen.[437] Ein Unternehmensverband hat ein berechtigtes Interesse, wenn er befugt ist, die Interessen seiner Mitglieder zu vertreten und die beanstandete Verhaltensweise darüber hinaus geeignet ist, die Interessen dieser Mitglieder zu verletzen.[438] Auch Verbraucherverbände sowie einzelne Verbraucher können ein berechtigtes Interesse aufweisen, wenn ihre wirtschaftlichen Interessen unmittelbar verletzt werden, weil sie Abnehmer der Produkte oder Dienstleistungen sind, die den Gegenstand der Zuwiderhandlung bilden.[439] Schließlich können auch Stellen der öffentlichen Verwaltung und Behörden über ein berechtigtes Interesse verfügen, wenn sie in ihrer Eigenschaft als Käufer und Nutzer von Waren oder Dienstleistungen von dem beanstandeten Verhalten betroffen sind. Ausgeschlossen sind damit Beschwerden, die allein im Interesse des Allgemeinwohls gestellt werden, ohne dass die Zuwiderhandlung geeignet wäre, den Beschwerdeführer selbst oder seine Mitglieder unmittelbar zu verletzen.[440]

130

3. Unionsinteresse

Hinsichtlich der Behandlung von Beschwerden steht der Kommission ein **Aufgreifermessen** zu. Sie ist also nicht verpflichtet, jeder Beschwerde nachzugehen, auch wenn die behauptete Zuwiderhandlung vorliegen sollte. Die Kommission kann die Beschwerde zurückweisen, wenn die Verfolgung der Zuwiderhandlung nicht im Unionsinteresse liegt.[441] Auf der Grundlage der zu dieser Frage ergangenen Rechtsprechung hat die Kommission die relevanten Kriterien im Rahmen der Prüfung des **Unionsinteresses** in der Bekanntmachung über die Behandlung von Beschwerden zusammengefasst. Zu berücksichtigen ist danach, ob der Beschwerdeführer die

131

---

430 Bekanntmachung über die Behandlung von Beschwerden, Rn. 31.
431 Kritisch z.B. auch *Klees*, § 6, Rn. 35.
432 Art. 5 Abs. 2 u. 3 VO (EG) 773/2004 sowie Bekanntmachung über die Behandlung von Beschwerden, Rn. 30.
433 Vgl. Bekanntmachung über die Behandlung von Beschwerden, Rn. 3 und 4.
434 Vgl. Art. 7 Abs. 2 sowie Bekanntmachung über die Behandlung von Beschwerden, Rn. 34 u. 40.
435 Dies gilt unbeschadet ihres Rechts auf Einleitung eines Verfahrens von Amts wegen, vgl. Bekanntmachung über die Behandlung von Beschwerden, Rn. 40.
436 *Schütz*, in: GK, Art. 7, Rn. 4.
437 Bekanntmachung über die Behandlung von Beschwerden, Rn. 36.
438 Bekanntmachung über die Behandlung von Beschwerden, Rn. 35.
439 Bekanntmachung über die Behandlung von Beschwerden, Rn. 37.
440 Bekanntmachung über die Behandlung von Beschwerden, Rn. 38 u. 39.
441 Vgl. hierzu nur *Dalheimer*, in: Dalheimer/Feddersen/Miersch, Art. 7, Rn. 20.

Möglichkeit hat, seine Rechte durch eine Klage vor den einzelstaatlichen Gerichten geltend zu machen. Weitere Kriterien sind die Dauer und das Gewicht der beanstandeten Zuwiderhandlung sowie deren Auswirkungen auf die Wettbewerbsverhältnisse in der Union. Die Bedeutung der Zuwiderhandlung für das Funktionieren des gemeinsamen Marktes, die Wahrscheinlichkeit des Nachweises des Vorliegens der Zuwiderhandlung sowie der Umfang der erforderlichen Ermittlungsmaßnahmen sind gegeneinander abzuwägen. Ferner können das mehr oder weniger fortgeschrittene Untersuchungsstadium eines Falles, die Fortdauer der Zuwiderhandlung oder ihrer Auswirkungen sowie die Bereitschaft der Unternehmen, ihr Verhalten zu ändern, Berücksichtigung finden.[442] Die Kommission weist aber in ihrer Bekanntmachung ausdrücklich darauf hin, dass die vorgenannten Kriterien aus ihrer Sicht nicht abschließend sind und es vom jeweiligen Einzelfall abhängt, welche der genannten Kriterien Anwendung finden und ob ggf. neue Kriterien zu berücksichtigen sind.[443]

III. Verfahren

132 Die bei der Kommission eingegangene Beschwerde durchläuft mehrere Phasen. In der **ersten Phase**, die sich unmittelbar an die Einreichung der Beschwerde anschließt, prüft die Kommission die Beschwerde. Um zu klären, wie mit der Beschwerde weiter zu verfahren ist, holt sie ggf. weitere Informationen ein und nimmt u. U. auch auf informeller Basis Kontakt mit dem Beschwerdeführer auf. Um dem Beschwerdeführer die Möglichkeit zu geben, sein Vorbringen, falls erforderlich, zu präzisieren, kann die Kommission ihm eine sog. „erste Reaktion" (sprich Einschätzung) zukommen lassen.[444] In der **zweiten Phase** kann die Kommission den Fall einer eingehenderen Prüfung unterziehen. Kommt die Kommission zu dem (vorläufigen) Ergebnis, dass keine ausreichenden Gründe für die Verfolgung der Beschwerde vorliegen, teilt sie dies dem Beschwerdeführer mit und gibt ihm Gelegenheit, sich innerhalb einer von ihr gesetzten Frist (Art. 7 Abs. 1 VO (EG) Nr. 773/2004) von mindestens vier Wochen hierzu zu äußern.[445] Äußert sich der Beschwerdeführer innerhalb der Frist nicht, so gilt nach Art. 7 Abs. 3 VO (EG) Nr. 773/2004 die Beschwerde als zurückgezogen. Art. 8 Abs. 1 begründet für den Beschwerdeführer das Recht, bereits in dieser Verfahrenslage Einsicht in die Unterlagen zu verlangen, die der (vorläufigen) Beurteilung zugrunde liegen.[446] Äußert sich der Beschwerdeführer innerhalb der gesetzten Frist, tritt das Verfahren in die **dritte Phase** ein. Führt die Äußerung des Beschwerdeführers nicht zu einer anderen Beurteilung durch die Kommission, so wird diese Phase durch Zurückweisung der Beschwerde beendet. Gelangt die Kommission zu einer anderen Würdigung des Sachverhaltes, leitet sie ein Verfahren (Art. 7 Abs. 1) ein.[447] Innerhalb einer Regelfrist von vier Monaten nach Eingang der Beschwerde soll die Kommission dem Beschwerdeführer mitteilen, wie sie in dem Fall vorzugehen beabsichtigt. Allerdings ist diese Frist rechtlich nicht verbindlich.[448]

IV. Rechtsstellung des Beschwerdeführers und Rechtsschutz

133 Erwägt die Kommission, einer Beschwerde nicht nachzugehen, so ist der Beschwerdeführer – wie bereits oben dargestellt – vor einer abschließenden Entscheidung durch Einräumung der Möglichkeit zu einer schriftlichen Stellungnahme **anzuhören** (Art. 7 Abs. 1 der VO (EG) Nr. 773/2004). Dabei steht dem Beschwerdeführer ein **Akteneinsichtsrecht** zu (Art. 8 Abs. 1 VO (EG) Nr. 773/2004). Kann der Beschwerdeführer die Kommission nicht von seiner Auf-

---

442 Bekanntmachung über die Behandlung von Beschwerden, Rn. 44.
443 Bekanntmachung über die Behandlung von Beschwerden, Rn. 43.
444 Bekanntmachung über die Behandlung von Beschwerden, Rn. 55.
445 Bekanntmachung über die Behandlung von Beschwerden, Rn. 56.
446 Im Regelfall wird dies durch Übersendung von Kopien der relevanten Unterlagen geschehen. Das Akteneinsichtsrecht erstreckt sich nicht auf die vertraulichen Unterlagen anderer Verfahrensbeteiligter (Geschäftsgeheimnisse). Die im Rahmen der Akteneinsicht erhaltenen Unterlagen dürfen zu keinem anderen Zweck als zur Anwendung der Art. 101 und 102 AEUV verwendet werden (Art. 8 Abs. 2 VO (EG) Nr. 773/2004).
447 Bekanntmachung über die Behandlung von Beschwerden, Rn. 57.
448 Bekanntmachung über die Behandlung von Beschwerden, Rn. 61. Kritisch zu dieser Bestimmung, mit der der Rechtsprechung des EuGH Rechnung getragen werden soll, *Klees*, § 6, Rn. 48 m.w.N.

A. Johanns

fassung überzeugen, so erfolgt die Abweisung der Beschwerde nach Art. 7 Abs. 2 VO (EG) Nr. 773/2004 durch Entscheidung der Kommission.[449] Dabei sind nach Art. 296 AEUV die Gründe für die Abweisung anzugeben.[450] Die Beschwerdeabweisung stellt keine Sachentscheidung dar, die nationale Gerichte und Wettbewerbsbehörden im Sinne des Art. 16 bindet.[451] Gegen die Entscheidung können Rechtsmittel bei den Unionsgerichten (Art. 263 Abs. 4 AEUV) eingelegt werden.[452] Die Nachprüfung durch die Gerichte beschränkt sich auf die Richtigkeit der Tatsachenfeststellung, auf eine von Rechtsirrtümern freie Subsumtion des Sachverhalts sowie auf offensichtliche Ermessensfehler und Ermessensüberschreitungen.[453]

Kein Anhörungsrecht, sondern lediglich ein **Recht auf Information** besteht in den Fällen, in denen die Kommission die Beschwerde zurückweist, weil sich bereits die Wettbewerbsbehörde eines anderen Mitgliedsstaates mit dieser Beschwerde befasst (Art. 13 VO (EG) Nr. 1/2003). In diesen Fällen hat die Kommission dem Beschwerdeführer unverzüglich mitzuteilen, **welche nationale Wettbewerbsbehörde** mit dem Fall befasst ist oder war (Art. 9 VO (EG) Nr. 773/2004). Auch diese Entscheidung kann mittels einer Klage nach Art. 263 Abs. 4 AEUV angefochten werden.[454] Wird aufgrund der Beschwerde ein Verfahren eingeleitet, so hat der Beschwerdeführer zwar kein **Akteneinsichtsrecht**. Dem Beschwerdeführer ist aber – wenn die Mitteilung der Beschwerdepunkte an die Parteien ergeht – eine Kopie der nicht vertraulichen Fassung zu übermitteln. Außerdem kann er innerhalb einer von der Kommission zu setzenden Frist zu den Beschwerdepunkten schriftlich Stellung nehmen (Art. 6 Abs. 1 VO (EG) Nr. 773/2004) und beantragen, seine Argumente auch im Rahmen einer Anhörung der Parteien vorbringen zu dürfen (Art. 6 Abs. 2 VO (EG) Nr. 773/2004). 134

D. Rechtsschutz

I. Rechtsmittel gegen Kommissionsentscheidungen vor den europäischen Gerichten

Maßnahmen der Kommission unterliegen grundsätzlich der Überprüfung durch die Unionsgerichte, also durch den EuGH und das EuG. 135

1. Grundzüge des Verfahrens vor EuG und EuGH

Die Vorschriften zu dem vor dem EuGH und EuG zu beachtenden Verfahren ergeben sich aus unterschiedlichen Quellen. Zu beachten sind neben dem AEUV, der Bestimmungen über die Klagearten enthält, die Satzung des EuGH,[455] welche die Vorschriften der Gerichtsverfassung sowie einige grundlegende Bestimmungen des Verfahrensrechts beinhaltet. Die Einzelheiten des Verfahrensablaufs ergeben sich in den Bereichen der drei Verträge (EUV, AEUV und EAGV) für den EuGH und das EuG aus einheitlichen Verfahrensordnungen.[456] Diese enthalten beispielsweise Regelungen über die Formalien der Klageerhebung und die Anforderungen an Beweise. Für den internen Ablauf von Bedeutung, wenngleich ohne Rechtswirkung gegenüber Dritten, ist die Geschäftsordnung.[457] 136

Im Folgenden werden die Grundzüge des Verfahrens vor dem EuGH und dem EuG dargestellt. Der Rechtsschutz in Fusionskontrollverfahren wird im 8. Kapitel behandelt.[458] 137

---

449 Näher zu den Abweisungsgründen *Klees*, § 6, Rn. 50 *Ritter*, in Immenga/Mestmäcker, EG-WettbR, Art. 7, Rn. 23 ff.
450 Bekanntmachung über die Behandlung von Beschwerden, Rn. 74 ff.
451 Vgl. Rn. 79 der Bekanntmachung.
452 Ständige Rechtsprechung; Nachw. hierzu bei *Klees*, § 6, Rn. 55 (u. Fn. 166). Die Zurückweisung der Beschwerde ist ein belastender Verwaltungsakt; vgl. hierzu nur *Ritter*, in Immenga/Mestmäcker, EG-WettbR, Art. 7, Rn. 24.
453 L. *Klees*, § 6, Rn. 54 m.w.N.
454 Umfassend zu dieser Frage und zum Prüfungsmaßstab *Klees*, § 6, Rn. 62 ff.
455 Protokoll Nr. 3 über die Satzung des Gerichtshofs der Europäischen Union, ABl. C 115/20.
456 Konsolidierte Fassung der Verfahrensordnung des Gerichtshofes 2010/C177/01 und des Gerichts 2010/C177/02.
457 Nachw. zu den Rechtsquellen bei *Schütte*, in: Wiedemann, § 49, Rn. 7 f.
458 8. Kap., Rn. 340 ff.

2. Anfechtungsklage (Nichtigkeitsklage) gem. Art. 263 AEUV

138   Die wichtigste Klageart in der Praxis ist die **Anfechtungsklage**. Mit ihr können Entscheidungen der Kommission, die Unternehmen beschweren (z.B. Bußgeld- oder Untersagungsentscheidungen), vor dem EuG[459] angegriffen und einer gerichtlichen Nachprüfung zugeführt werden. Zulässig ist die Klage allerdings nur dann, wenn sie sich gegen einen anfechtbaren Akt richtet und der Kläger klagebefugt ist.[460] Gem. Art. 263 Abs. 6 AEUV muss die Klage „binnen zwei Monaten" erhoben werden.

139   **Anfechtbar** sind alle Maßnahmen, die verbindliche Rechtswirkungen erzeugen und die Interessen des Betroffenen durch einen Eingriff in seine Rechtsstellung beeinträchtigen. Beispiele bilden Entscheidungen zur Verhängung von Bußgeldern oder Zwangsgeldern. In welcher Form gehandelt wird, ist unerheblich.[461] Die Anfechtungsklage ist nicht auf die in Art. 288 AEUV genannten Rechtsakte beschränkt. Vielmehr erstreckt sie sich auf alle Maßnahmen, die **verbindliche Rechtswirkungen** erzeugen, also Interessen des Klägers beeinträchtigen, indem sie seine Rechtstellung erheblich verändern oder unmittelbar und irreversibel berühren.[462] Anfechtbar sind alle das Verfahren endgültig abschließenden Handlungen, Entscheidungen und Maßnahmen. Dazu zählen Entscheidungen, die einen Wettbewerbsverstoß feststellen und untersagen, eine Beschwerde ausdrücklich zurückweisen oder einen Zusammenschluss untersagen oder freigeben.[463] Nicht anfechtbar sind demgegenüber lediglich **vorbereitende Maßnahmen** oder Rechtsakte (z.B. Auskunftsersuchen, Mitteilung von Beschwerdepunkten etc.). Zu berücksichtigen ist überdies, dass die Klage nach Art. 263 AEUV nur gegen beschwerende Maßnahmen zulässig ist. Dabei ist wiederum zu beachten, dass nur der Tenor einer Entscheidung eine Beschwer darstellen, sich diese also nicht allein aus den Gründen einer Entscheidung ergeben kann.

140   Begrenzt wird die Zulässigkeit der Anfechtungsklage durch das Erfordernis der **Klagebefugnis**. Art. 263 Abs. 4 AEUV unterscheidet zwischen Entscheidungen, die an den Kläger gerichtet sind und Entscheidungen, die gegen einen Dritten ergehen. Eine Entscheidung kann nach Art. 263 Abs. 4, 1. Alt AEUV durch den Adressaten der Entscheidung angefochten werden. Ein **Nichtadressat** einer Entscheidung (sog. nicht-privilegierter Kläger) kann nach Art. 263 Abs. 4, 2. Alt. AEUV gleichwohl Anfechtungsklage vor dem EuG erheben, sofern er von dem angefochtenen Rechtsakte unmittelbar und individuell betroffen ist. Eine **unmittelbare Betroffenheit** ist dann gegeben, wenn der Rechtsakt seine Rechtswirkungen ohne weitere Ausführungsmaßnahmen entfaltet, oder wenn zwar eine Umsetzung des Rechtsakts erforderlich ist, dabei jedoch kein Ermessen besteht.[464] **Individuell betroffen** ist nur derjenige, der wegen bestimmter persönlicher Eigenschaften oder besonderer, ihn aus dem Kreis aller übrigen Personen herausbender Umstände in ähnlicher Weise wie der Adressat der Entscheidung berührt ist.[465] Diese Voraussetzungen sind insbesondere bei Mitbewerbern erfüllt, die Beteiligungsrechte während des Verwaltungsverfahrens ausgeübt haben. Doch ist umgekehrt eine Klage gegen die abschließende Entscheidung der Kommission noch nicht notwendigerweise unzulässig, wenn ein Wettbewerber seine Rechte während des Verwaltungsverfahrens nicht wahrgenommen hat.[466] Ein Unternehmen, das nicht am Verwaltungsverfahren mitwirkt, muss aber darlegen, aufgrund welcher anderen Umstände es durch die Entscheidung der Kommission individuell betroffen ist.[467]

459   Nach Art. 256 Abs. 1 S. 1 AEUV ist grundsätzlich der EuG für Entscheidungen im ersten Rechtszug über die in den Art. 263, 265, 268, 270 und 272 AEUV genannten Klagen zuständig.

460   Näher *Frenz/Distelrath*, NVwZ 2010, 162.

461   Vgl. die Nachw. zur Rechtsprechung des EuGH bei *Schütte*, in: Wiedemann, § 49, Rn. 173; zur Anfechtbarkeit der von der Kommission im Rahmen des Verfahrens zur Kontrolle staatlicher Beihilfen getroffenen Maßnahmen zuletzt EuGH, Rs. C-322/09 P (NDSHT), BeckEuRS 2010, 555275.

462   EuG, Rs. T-9/97 (Elf Atochem), Slg. 1997, II-909.

463   So *Schütte*, in: Wiedemann, § 49, Rn. 173.

464   Vgl. die Nachw. zur Rechtsprechung des EuGH bei *Schütte*, in: Wiedemann, § 49, Rn. 206 (u. Fn. 378).

465   So EuGH, Rs. 25/62 (Plaumann), Slg. 1963, 213.

466   Näher hierzu *Schütte*, in: Wiedemann, § 49, Rn. 211.

467   Vgl. EuG, verb. Rs. T-528/93, T-542/93, T-543/93 und T/546/93 (Métropole Télévision), Slg. 1996, II-649.

        A. Johanns

Art. 263 Abs. 2 AEUV zählt eine Reihe von **Klagegründen** (Unzuständigkeit, Verletzung wesentlicher Formvorschriften, Verletzung des AEUV oder einer bei seiner Durchführung anzuwendenden Rechtsnorm, Ermessensmissbrauch) auf. Der EuGH hat diese Klagegründe für die Anfechtungsklage in Wettbewerbssachen konkretisiert und der Kommission bei der Bewertung komplexer wirtschaftlicher Sachverhalte ein weites Ermessen zugestanden. Der EuGH beschränkt sich bei der richterlichen Überprüfung auf folgende Elemente: Einhaltung von Verfahrensvorschriften, ausreichende Begründung, zutreffende Feststellung des Sachverhalts, keine offensichtlich fehlerhafte Würdigung des Sachverhalts, kein Ermessensmissbrauch.[468]   **141**

Hat die Anfechtungsklage Erfolg, so erklärt das EuG die Entscheidung für **nichtig** (Art. 264 Abs. 1 AEUV). Hat das Gericht eine Entscheidung der Kommission (ganz oder teilweise) für nichtig erklärt, so ist die Kommission gem. Art. 266 Abs. 1 AEUV verpflichtet, das Verwaltungsverfahren, das durch ihre Entscheidung abgeschlossen werden sollte, wieder aufzunehmen und erneut zum Abschluss zu bringen. Die Kommission muss somit über den Sachverhalt **neu entscheiden**.   **142**

3. Untätigkeitsklage gem. Art. 265 AEUV

Die **Untätigkeitsklage** gem. Art. 265 Abs. 3 AEUV kommt im EU-Kartellrecht dann in Betracht, wenn ein bestimmtes Verhalten der Kommission begehrt wird. Dabei geht es zumeist um Fälle, in denen die Kommission der Beschwerde eines Unternehmens, gegen ein anderes Unternehmen mit wettbewerbsrechtlichen Mitteln vorzugehen, nicht nachkommt.[469] Voraussetzung für eine Untätigkeitsklage nach Art. 265 Abs. 3 AEUV ist, dass die Kommission es unterlassen hat, an den Kläger einen „anderen Akt als eine Empfehlung oder eine Stellungnahme zu richten". Insoweit muss nachgewiesen werden, dass sich der Kläger „genau in der Rechtsstellung des potentiellen Adressaten eines Rechtsaktes befindet"[470] und überdies gegenüber dem Kläger eine Verpflichtung des betreffenden Organs zum Tätigwerden besteht. Hinsichtlich der letztgenannten Voraussetzung ist von Bedeutung, dass die Kommission zur sorgfältigen Prüfung der Beschwerde eines Unternehmens verpflichtet ist und darüber entscheiden muss, ob sie ein Verfahren einleitet oder die Beschwerde aus materiellrechtlichen Gründen zurückweist. Demgegenüber besteht kein Anspruch eines Mitbewerbers gegen die Kommission auf Durchführung einer Untersuchung. Auch soweit Rechtsschutz vor nationalen Gerichten erlangt werden kann, besteht kein Anspruch auf das Ergreifen bestimmter Maßnahmen durch die Kommission.[471]   **143**

Eine Untätigkeitsklage ist gem. Art. 265 Abs. 2 AEUV nur zulässig, wenn die Kommission zuvor aufgefordert wurde, die entsprechende Maßnahme zu ergreifen oder den entsprechenden Akt zu erlassen, und sie innerhalb einer Frist von zwei Monaten nicht Stellung genommen hat. Aus dem **Aufforderungsschreiben** muss klar und deutlich hervorgehen, welches Vorgehen verlangt wird. Auch muss der Antrag erkennen lassen, dass der Antragsteller die Kommission zu einer Stellungnahme zwingen will (Androhungscharakter). Untätigkeit auf Seiten der Kommission ist dann anzunehmen, wenn sie entweder einen Antrag nicht bescheidet (sog. „Nichtbescheidung") oder eine abschließende Stellungnahme verweigert (sog. „Nichtstellungnahme").[472]   **144**

---

468 Einzelheiten bei *Schütte*, in: Wiedemann, § 49, Rn. 225.
469 Vgl. *Schütte*, in: Wiedemann, § 49, Rn. 279.
470 Vgl. nur EuGH, Rs. 246/81 (Lord Bethell), Slg. 1982, 2277.
471 Vgl. *Schütte*, in: Wiedemann, § 49, Rn. 288 ff.
472 Vgl. *Schütte*, in: Wiedemann, § 49, Rn. 295; zur Abgrenzung von Untätigkeits- und Anfechtungsklage *ders.*, a.a.O., Rn. 299 ff.

4. Schadensersatzklage gem. Art. 340 AEUV

145 Einen äußerst seltenen Rechtsbehelf stellt die **Schadensersatzklage** nach Art. 340 AEUV dar.[473] Diese ist an drei Voraussetzungen geknüpft: ein Unionsorgan, also z.B. die Kommission, muss in Ausübung ihrer Amtstätigkeit einen Schaden verursacht haben, der über die Grenzen der wirtschaftlichen Risiken hinausgeht, die der Tätigkeit in dem betroffenen Sektor innewohnen.[474] Der streitige Unionsrechtsakt muss rechtswidrig sein, wobei ein hinreichend qualifizierter Rechtsverstoß vorliegen muss. Schließlich muss das vorgeworfene Handeln für den entstandenen Schaden kausal sein.[475] Zu beachten ist insoweit insbesondere, dass es nicht genügt, wenn das den Schaden angeblich verursachende Handeln rechtswidrig war. Erforderlich ist vielmehr, dass der geschädigte Kläger die Voraussetzung eines Verstoßes gegen eine höherrangige Rechtsnorm vorträgt, die zumindest auch dem Schutz seiner Interessen dient ("qualifizierter Verstoß"). Einen solchen Verstoß haben EuG und EuGH bislang nur bei Verstößen gegen das Diskriminierungsverbot, gegen unionsrechtliche Grundrechte sowie gegen (andere) allgemeine Rechtsgrundsätze bejaht. Demgegenüber kommt Form- und Verfahrensvorschriften kein Schutzcharakter in diesem Sinne zu.[476]

5. Einstweiliger Rechtsschutz

146 Der einstweilige Rechtsschutz hat im Bereich des Wettbewerbsrechts große Bedeutung.[477] Dies liegt daran, dass Entscheidungen der Kommission sofort vollziehbar[478] und teilweise auch sofort vollstreckbar sind[479] und ganz abgesehen davon eine Anfechtungsklage eines Betroffenen gegen Entscheidungen der Kommission keine aufschiebende Wirkung hat (Art. 278 S. 1 AEUV). Das EuG kann jedoch unter bestimmten Voraussetzungen die Durchführung der angegriffenen Maßnahme aussetzen (Art. 278 S. 2 AEUV). Es kann ferner die ihm erforderlich erscheinenden einstweiligen Anordnungen treffen (Art. 279 AEUV). Ein Antrag auf einstweiligen Rechtsschutz ist insofern streng akzessorisch, als er voraussetzt, dass der Rechtsstreit in der **Hauptsache** beim EuG **anhängig** ist (Art. 104 § 1 UA 1 u. 2 VerfO EuG) und sich der Antrag auf den anhängigen Rechtsstreit bezieht. Art. 104 § 2 VerfO EuG setzt die Notwendigkeit und Dringlichkeit einstweiliger Maßnahmen voraus. Dies muss dargelegt und glaubhaft gemacht werden.[480] Darüber hinaus ist eine Abwägung der betroffenen Interessen erforderlich.[481]

6. Rechtsmittel beim EuGH

147 Gem. Art. 256 Abs. 1 S. 2 AEUV können gegen bestimmte Entscheidungen des EuG Rechtsmittel vor dem EuGH eingelegt werden. Die näheren Voraussetzungen ergeben sich aus Art. 56 ff. der Satzung des EuGH. Da Rechtsmittel auf Rechtsfragen beschränkt sind, entsprechen sie der Rechtsbeschwerde an den BGH im deutschen Kartellverwaltungsrecht. Rechts-

---

473 Vgl. hierzu zuletzt EuGH, Rs. C-377/09 (Hanssens-Ensch), EuZW 2010, 677, wonach die nationalen Gerichte für eine gegen die Union gerichtete Klage wegen außervertraglicher Haftung nicht zuständig sind, auch wenn sie sich auf eine nationale Vorschrift stützt, mit der eine rechtliche Sonderregelung geschaffen wird, die von der allgemeinen Regelung des betreffenden Mitgliedstaats im Bereich der zivilrechtlichen Haftung abweicht.

474 EuGH, Rs. 59/83 (Biovilac/EWG), Slg. 1984, 4057, Rn. 28.

475 Vgl. *Schütte*, in: Wiedemann, § 49, Rn. 306 (m.w.N. u. Fn. 616).

476 Vgl. *Schütte*, in: Wiedemann, § 49, Rn. 307 m.w.N.

477 Zur Bedeutung im Rahmen der Fusionskontrolle: 8. Kapitel Rn. 355 ff.

478 Sofort vollziehbar sind alle Entscheidungen der Kommission (vgl. Art. 288 Abs. 4 AEUV).

479 Sofort vollstreckbar sind Entscheidungen, die den Adressaten zu Geldleistungen verpflichten wie dies beispielsweise bei Zwangsgeldfestsetzungen und Bußgeldentscheidungen der Fall ist (vgl. Art. 299 Abs. 1 AEUV).

480 Hinsichtlich der erstgenannten Voraussetzung muss glaubhaft gemacht werden, dass die Klage eine gewisse Aussicht auf Erfolg hat. Die Voraussetzung der Dringlichkeit ist erfüllt, wenn der Erlass einstweiliger Maßnahme erforderlich ist, um zu verhindern, dass dem Antragsteller oder einem Dritten ein schwerer und nicht wieder gutzumachender Schaden entsteht.

481 Im Rahmen der Interessenabwägung sind das Interesse der Union an der Anwendung der wettbewerbsrechtlichen Regeln und das Interesse des durch eine negative Entscheidung der Kommission betroffenen Unternehmens sowie die Interessen von Konkurrenten zu berücksichtigen; vgl. *Schütte*, in: Wiedemann, § 49, Rn. 140 ff.

A. Johanns

mittel auf dem Gebiet des Wettbewerbsrechts haben in der Praxis nur verhältnismäßig selten Erfolg.[482]

7. Außerordentliche Rechtsbehelfe

a) **Wiederaufnahme des Verfahrens.** Ein Antrag auf Wiederaufnahme des Verfahrens – dabei handelt es sich um einen außerordentlichen Rechtsbehelf und nicht um ein Rechtsmittel[483] – kann gem. Art. 44 Abs. 1 der Satzung des EuGH gestellt werden, wenn eine Tatsache von entscheidender Bedeutung bekannt wird, die vor der Verkündung des Urteils weder dem Gerichtshof noch den Parteien bekannt war.   **148**

b) **Drittwiderspruch.** Einen Drittwiderspruch kann gem. Art. 42 der Satzung des EuGH derjenige geltend machen, der durch ein Urteil in seinen Rechten beeinträchtigt wurde, wenn das Urteil in einem Rechtsstreit erlassen wurde, an dem er nicht teilgenommen hat. Er muss eine Beeinträchtigung in seinen Rechten geltend machen können. Nicht genügend ist eine bloße Beeinträchtigung von Interessen. Im Übrigen muss dargelegt werden, aus welchen Gründen eine Teilnahme am Verfahren nicht möglich war (Art. 123 § 1 lit. c VerfO EuG).[484]   **149**

II. Durchsetzung des EU-Kartellrechts vor den nationalen Gerichten

1. Einleitung: Zivilrechtliche Durchsetzung des EU-Kartellrechts (Art. 6, 15 u. 16 VO (EG) Nr. 1/2003)

Die **nationalen Gerichte** sind auch zur Anwendung der Art. 101 und 102 AEUV berufen. Dies ergibt sich aus Art. 15 u. 16.[485] Bei Art. 101 und 102 AEUV handelt es sich um Vorschriften, die der öffentlichen Ordnung zuzurechnen sind und die für die Erfüllung der Unionsaufgaben und insbesondere für das Funktionieren des Binnenmarkts unerlässlich sind. In Fällen, in denen einzelstaatliche Gerichte von Amts wegen aufgrund des innerstaatlichen Rechts rechtliche Gesichtspunkte beachten müssen, die von den Verfahrensbeteiligten nicht geltend gemacht wurden, müssen sie auch bezüglich des zwingenden Unionsrechts entsprechend verfahren.[486]   **150**

Wenn nationale Gerichte Art. 101 und 102 AEUV anwenden, so geschieht dies vor allem in Rechtsstreitigkeiten zwischen privaten Verfahrensparteien im Zusammenhang mit Vertrags- und Schadensersatzklagen und somit im Zusammenhang mit der Geltendmachung subjektiver Rechte. Darüber hinaus können nationale Gerichte auch in Verwaltungs- und Strafsachen zur Anwendung von Art. 101 und 102 AEUV gelangen.[487]   **151**

Besondere Bedeutung hat der Umstand, dass Art. 101 AEUV in Kartellzivilrechtsstreitigkeiten und als Vorfrage in anderen Zivilrechtsstreitigkeiten notwendigerweise (Art. 3 Abs. 1) unmittelbar Anwendung findet.[488] Die nationalen Gerichte können dem EU-Kartellrecht schnell und effektiv Geltung verschaffen, indem sie Verträge für nichtig erklären oder einem Kläger Schadensersatz zuerkennen. Die **Bekanntmachung über die Zusammenarbeit zwischen der Kommission und den Gerichten** spricht dies ausdrücklich an.[489] Mit der größeren Bedeutung der nationalen Gerichte gehen allerdings neue Herausforderungen einher. Denn die Gerichte müssen Prognoseentscheidungen treffen und extensiv von Frage- und Hinweispflichten Gebrauch machen.[490]   **152**

---

482 Vgl. zum Ganzen *Schütte*, in: Wiedemann, § 49, Rn. 322 f.
483 Vgl. auch hierzu nur *Schütte*, in: Wiedemann, § 49, Rn. 359 m.w.N.
484 Vgl. zum Ganzen *Schütte*, in: Wiedemann, § 49, Rn. 369.
485 *Sura*, in: Langen/Bunte, Art. 6 VO Nr. 1/2003, Rn. 1.
486 Bekanntmachung der Kommission über die Zusammenarbeit zwischen der Kommission und den Gerichten der EU-Mitgliedstaaten bei der Anwendung der Artikel 81 und 82 EG-Vertrag (ABl. Nr. C 101/54 vom 27.4.2004), im Folgenden „Bekanntmachung Gerichte", Rn. 3.
487 Vgl. Bekanntmachung Gerichte, Rn. 4.
488 Die nationalen Gerichte hatten früher in diesem Fall das Verfahren auszusetzen und mussten zunächst eine Entscheidung der Kommission nach Art. 101 Abs. 3 AEUV abwarten.
489 Bekanntmachung Gerichte, Rn. 4.
490 *Schütz*, in: GK, Art. 6, Rn. 2.

2. Verfahrensrechtliche Voraussetzungen der Durchsetzung und Beweislast

153 Die **verfahrensrechtlichen Voraussetzungen** für die Durchsetzung des EU-Kartellrechts durch einzelstaatliche Gerichte ergeben sich in erster Linie aus nationalem Recht.[491] Insoweit gilt für die Gerichte nichts anderes als bezüglich der Verfahren vor den nationalen Wettbewerbsbehörden. Problematisch ist dies deshalb, weil die gerichtlichen Verfahren von unterschiedlichen Verfahrensgrundsätzen bestimmt werden. So gelten im deutschen Zivilprozess der Beibringungsgrundsatz und die Dispositionsmaxime, wohingegen eine Ermittlung der Tatsachen von Amts wegen ausscheidet. Gerade hinsichtlich der Regeln zur Beweiserbringung wiegen die Unterschiede besonders schwer, da es z.B. einen erheblichen Unterschied macht, ob man fordert, dass der Richter hinsichtlich des Eintritts von Effizienzgewinnen i.S.d. Art. 101 Abs. 3 AEUV Gewissheit hat, oder es genügen lässt, dass er deren Eintritt nur für wahrscheinlich hält.[492]

154 In diesem Zusammenhang sind die Aussagen bedeutsam, die sich insoweit in der Bekanntmachung Gerichte finden. Darin wird zunächst hervorgehoben, dass das Unionsrecht Regelungen kennt, die den einzelstaatlichen Gerichten bestimmte Instrumente zur Verfügung stellen und Vorrang vor nationalen Vorschriften beanspruchen. Ausdrücklich genannt wird die Möglichkeit, eine **Stellungnahme der Kommission** zu Fragen der Anwendung der EU-Wettbewerbsregeln (Art. 15 Abs. 1) einzuholen.[493] Darüber hinaus wird in der Bekanntmachung darauf hingewiesen, dass die Anwendung der innerstaatlichen Bestimmungen mit den allgemeinen Grundsätzen des Unionsrechts vereinbar sein muss. In diesem Zusammenhang wird ausdrücklich an die Rechtsprechung des EuGH erinnert. Danach muss das innerstaatliche Recht bei Zuwiderhandlungen gegen das Unionsrecht Sanktionen vorsehen, die wirksam, angemessen und abschreckend sind. Natürliche oder juristische Personen müssen bei Schädigungen infolge von Zuwiderhandlungen gegen das Unionsrecht in die Lage versetzt werden, bei einem einzelstaatlichen Gericht unter bestimmten Voraussetzungen Schadensersatzansprüche geltend zu machen. Überdies dürfen die von einzelstaatlichen Gerichten zur Durchsetzung des Unionsrechts angewandten Verfahren und Vorschriften die Durchsetzung nicht übermäßig erschweren oder praktisch unmöglich machen (**Grundsatz der Wirksamkeit**). Schließlich dürfen sie auch nicht weniger günstig sein als die Vorschriften, die für die Durchsetzung gleichwertigen innerstaatlichen Rechts gelten (**Grundsatz der Gleichwertigkeit**).[494] In der Praxis dürfte insbesondere der Grundsatz der Wirksamkeit Bedeutung erlangen mit der Konsequenz, dass das materielle EU-Kartellrecht in gewissem Umfang das nationale Verfahrensrecht „überlagern" wird.[495]

3. Zusammenwirken zwischen Gerichten der Mitgliedstaaten und Wettbewerbsbehörden (Art. 15)

155 Die einheitliche Anwendung der Wettbewerbsregeln macht es erforderlich, **Formen der Zusammenarbeit** zwischen den Gerichten der Mitgliedstaaten und der Kommission vorzusehen.[496] Gerichte der Mitgliedstaaten sind dabei die Gerichte innerhalb eines Mitgliedstaats, die Art. 101 und 102 AEUV anwenden können und nach Art. 267 AEUV dazu berufen sind, dem EuGH eine Frage zur Vorabentscheidung vorzulegen.[497] Art. 15 Abs. 1 betrifft die Unterstützung der Gerichte durch die Kommission. Danach können die Gerichte der Mitgliedstaaten die Kommission um Übermittlung von Informationen, die sich in ihrem Besitz befinden, oder um Stellungnahmen zu Fragen bitten, die die Anwendung der Wettbewerbsregeln der Union betreffen. Die Vorschrift begründet allerdings **keine Verpflichtung der Kommission**, diese Unterstützung auch zu gewähren. Allerdings ist durch die Rechtsprechung von EuGH und EuG weitgehend geklärt, dass sich die Verpflichtung zu einer Zusammenarbeit mit den nationalen

---

491 Bekanntmachung Gerichte, Rn. 9.
492 Bsp. nach *Lampert/Niejahr/Kübler/Weidenbach*, Art. 15, Rn. 283; siehe auch 1. Kap., Rn. 120.
493 Bekanntmachung Gerichte, Rn. 9.
494 Bekanntmachung Gerichte, Rn. 10 lit. a) bis c).
495 Vgl. *Lampert/Niejahr/Kübler/Weidenbach*, Art. 15, Rn. 284.
496 So explizit ErwGr 21.
497 Bekanntmachung Gerichte, Rn. 1. Nach Rn. 2 der Bekanntmachung kann ein einzelstaatliches Gericht als Wettbewerbsbehörde eines Mitgliedstaats bestimmt werden. In diesem Fall gilt allerdings für die Zusammenarbeit mit der Kommission nicht die Bekanntmachung Gerichte, sondern die Netzwerkbekanntmachung.

Gerichten unmittelbar aus Art. 4 Abs. 3 EUV ergibt.[498] Daneben kann die Kommission in Verfahren vor Gerichten der Mitgliedstaaten auch aus eigenem Antrieb als *amicus curiae* Stellungnahmen abgeben (Art. 15 Abs. 3 S. 3 u. 4).[499]

Gerichte können zunächst die Unterstützung der Kommission anfordern mit dem Ziel, die ent- **156** scheidungserheblichen Tatsachen in Erfahrung zu bringen. Insoweit ist die Kommission nach dem **Grundsatz der Unionstreue** (Art. 4 Abs. 3 EUV) zur Unterstützung verpflichtet.[500] Ein einzelstaatliches Gericht kann die Kommission um in ihrem Besitz befindliche Unterlagen oder um Auskünfte verfahrensmäßiger Art ersuchen, damit es feststellen kann, ob ein bestimmter Fall bei der Kommission anhängig ist, ob die Kommission ein Verfahren eingeleitet oder ob sie bereits Stellung bezogen hat. Ein einzelstaatliches Gericht kann sich bei der Kommission auch danach erkundigen, wann mit einer Entscheidung zu rechnen ist, um sich darüber Klarheit zu verschaffen, ob die Voraussetzungen für eine etwaige Aussetzung des Verfahrens gegeben oder ob einstweilige Maßnahmen zu beschließen sind.[501] Die nationalen Gerichte sind darauf beschränkt, bei der Kommission die Übermittlung von ihr zur Verfügung stehenden Informationen zu beantragen. Demgegenüber kann die Kommission nicht mit dem Ziel der Ermittlung der für die Anwendung des EU-Kartellrechts erforderlichen Tatsachen angerufen werden.[502] Die Kommission nimmt also nicht die Aufgabe eines Sachverhaltsermittlers für das nationale Gericht wahr. Um eine möglichst effiziente Zusammenarbeit mit den einzelstaatlichen Gerichten sicherzustellen, bemüht sich die Kommission darum, die erbetenen Informationen spätestens einen Monat nach Eingang des Ersuchens dem einzelstaatlichen Gericht zur Verfügung zu stellen.[503]

Ein einzelstaatliches Gericht kann die Kommission auch um eine **Stellungnahme zu Rechtsfra-** **157** **gen** bitten.[504] Darüber hinaus kann es die Kommission um eine Stellungnahme zu wirtschaftlichen, sachlichen und rechtlichen Aspekten ersuchen.[505] Insoweit kommt der Kommission gewissermaßen die Rolle eines Sachverständigen zu. Bei ihrer Stellungnahme beschränkt sich die Kommission darauf, dem einzelstaatlichen Gericht die erbetenen Sachinformationen zu erteilen bzw. die gewünschte wirtschaftliche oder rechtliche Klarstellung zu geben, ohne auf den Klagegrund des anhängigen Verfahrens einzugehen.[506] Das einzelstaatliche Gericht ist an die Stellungnahme der Kommission nicht gebunden.[507] Im Interesse einer möglichst effizienten Zusammenarbeit bemüht sich die Kommission, die erbetene Stellungnahme in den genannten Fällen innerhalb von vier Monaten nach Eingang des Ersuchens abzugeben.[508] Unberührt vom Ersuchen um eine Stellungnahme der Kommission zu Fragen der Anwendung der EU-Wettbewerbsregeln bleibt die Möglichkeit bzw. Verpflichtung des einzelstaatlichen Gerichts, dem EuGH gem. Art. 267 AEUV eine Frage zur Vorabentscheidung über die Auslegung oder Rechtsgültigkeit von Unionsrecht vorzulegen.[509]

4. Einheitliche Anwendung des unionsrechtlichen Wettbewerbsrechts

Art. 16 stellt sicher, dass auch nach dem vollzogenen Wechsel zum System der dezentralen **158** Anwendung des Unionsrechts die **Kohärenz der Rechtsanwendung** gewahrt wird. Die Vorschrift verpflichtet nationale Gerichte und Wettbewerbsbehörden, keine Entscheidungen der

---

498 Vgl. nur *Sura*, in: Langen/Bunte, Art. 15 VO Nr. 1/2003, Rn. 5; *Zuber*, in: Loewenheim/Meessen/Riesenkampff, Art. 15, Rn. 27 m.w.N. (u. Fn. 72).
499 Die Möglichkeit für die nationalen Wettbewerbsbehörden nach Art. 15 Abs. 3 als amicus curiae aufzutreten, ist im deutschen Recht in § 90 GWB vorgesehen.
500 EuGH, Rs. 2/88 (J. J. Zwartfeld u.a.), Slg. 1990, I-3365, 22; vgl. auch *Schwarze/Weitbrecht*, § 11, Rn. 45.
501 Bekanntmachung Gerichte, Rn. 21.
502 Ebenso z.B. *Lampert/Niejahr/Kübler/Weidenbach*, Art. 15, Rn. 297.
503 Bekanntmachung Gerichte, Rn. 22.
504 *Sura*, in: Langen/Bunte, Art. 15 VO Nr. 1/2003 Rn. 8.
505 Bekanntmachung Gerichte, Rn. 27.
506 Letzteres bedeutet, dass die Kommission wirklich nur hinsichtlich des EU-Wettbewerbsrechts als "Sachverständige" auftritt.
507 Bekanntmachung Gerichte, Rn. 29.
508 Bekanntmachung Gerichte, Rn. 28.
509 Bekanntmachung Gerichte, Rn. 27.

Kommission (als „Hüterin der Verträge")[510] zuwiderlaufende Entscheidungen zu erlassen.[511] Dieses so genannte Kohärenzgebot[512] betrifft v. a. Entscheidungen der Kommission nach Art. 7 (Feststellung und Abstellung von Zuwiderhandlungen) und Art. 10 (Feststellung der Nichtanwendbarkeit).[513] Nach den ErwGr 13 S. 3 und 22 S. 3 kommt der Entscheidung über die Annahme von Verpflichtungszusagen, obwohl es sich um eine Entscheidung der Kommission handelt, keine Bindungswirkung zu. Denn durch diese Entscheidung wird lediglich festgestellt, dass aufgrund der Zusage für ein weiteres Tätigwerden der Kommission kein Bedarf (mehr) besteht.[514] Es wird dadurch keine abschließende Feststellung darüber getroffen, ob überhaupt eine Zuwiderhandlung vorgelegen hat. Art. 16 Abs. 1 verpflichtet die Gerichte der Mitgliedstaaten nicht nur im Hinblick auf bereits ergangene Entscheidungen der Kommission. Sie müssen es auch vermeiden, Entscheidungen zu erlassen, die einer beabsichtigten Entscheidung der Kommission in einem von ihr eingeleiteten Verfahren[515] zuwiderlaufen.[516] Art. 16 Abs. 1 S. 3 verweist ausdrücklich auf die Möglichkeit der **Aussetzung des Verfahrens**. Eine Aussetzung kommt auch in Betracht, wenn zwar eine Entscheidung der Kommission vorliegt, diese aber angefochten wurde. Art. 16 Abs. 1 S. 4 stellt ausdrücklich klar, dass die Bindung an Entscheidungen der Kommission die Rechte nach Art. 267 AEUV (Vorabentscheidungsersuchen zum EuGH) nicht beeinträchtigt.[517]

159   Demgegenüber bezieht sich Art. 16 Abs. 2 auf den Fall, dass eine Entscheidung der Kommission bereits vorliegt. Diese ist für das nationale Verfahren vorgreiflich und entfaltet Sperrwirkung.[518] Anders als die Gerichte sind die nationalen Behörden aber auch in verfahrensmäßiger Hinsicht stärker gebunden. Dies ergibt sich aus den Grundsätzen über die Fallverteilung, den Informationspflichten nach Art. 11 und insbesondere der Möglichkeit der Kommission, das Verfahren einer nationalen Behörde an sich zu ziehen (Art. 11 Abs. 6).

E. Verfahren vor den deutschen Behörden

I. Kartellbehörden und Zuständigkeit

160   Kartellbehörde ist nach § 48 Abs. 1 GWB das **Bundeskartellamt**, das eine selbständige Bundesoberbehörde im Geschäftsbereich des Bundesministeriums für Wirtschaft ist. Kartellbehörden sind zudem das **Bundesministerium für Wirtschaft** selbst und die vom Bundeskartellamt unabhängigen **Landeskartellbehörden**, die bei den **Wirtschaftsministerien der Länder** eingerichtet sind.

161   Die Zuständigkeit des Bundeskartellamts, dessen Entscheidungen von Beschlussabteilungen in einem **justizähnlichen Verfahren** durch einen Vorsitzenden und zwei Beisitzer getroffen werden (§ 51 GWB), ist in den Fällen begründet, in denen das GWB die **Zuständigkeit** nicht einer bestimmten Kartellbehörde zuweist und die Wirkung des wettbewerbsbeschränkenden oder diskriminierenden Verhaltens oder einer Wettbewerbsregel über das Gebiet eines Bundeslandes – und sei es nur in geringem Umfang – hinausreicht. Daneben ist das Bundeskartellamt nach § 50 Abs. 5 GWB für den Vollzug des europäischen Rechts außerhalb der Anwendung der Art. 101 und 102 AEUV (Anwendung der Artikel 84 und 85 AEUV sowie des Sekundärrechts

---

510 Vgl. hierzu nur *de Bronett*, Art. 16 m. w. N sowie *Bornkamm*, Zentrum für Europäisches Wirtschaftsrecht – Vorträge und Berichte, Nr. 139, 1 ff.
511 Die Regelung entspricht den vom EuGH in den Entscheidungen Delimitis (Rs. C-234/89, Slg. 1991, I-935) und Masterfoods (Rs. C 344/98, Slg. 2000, I-11369) aufgestellten Grundsätzen.
512 *Sura*, in: Langen/Bunte, Art. 16 VO Nr. 1/2003, Rn. 2.
513 Jedenfalls wird aber von einer „faktischen" Bindungswirkung auszugehen sein; vgl. zum Ganzen *Schütz*, in: GK, Art. 10, Rn. 9; *Zuber*, in: Loewenheim/Meessen/Riesenkampff, Art. 16 VerfVO, Rn. 14 jew. m.w.N.
514 Näher hierzu oben unter Rn. 45 ff.
515 Zur Frage der Einleitung des Verfahrens vgl. *Schütz*, in: GK, Art. 16, Rn. 4 m.w.N.
516 Allerdings ist sie nicht daran gehindert, das Verfahren bis zur Entscheidungsreife fortzuführen; vgl. wiederum *Schütz*, in: GK, Art. 16, Rn. 6.
517 Zum Verhältnis von Vorabentscheidungsverfahren vor dem EuGH und Nichtigkeitsverfahren vor dem Gericht erster Instanz und den sich daraus ergebenden Konsequenzen für das nationale Gericht *Hirsch*, ZWeR 2003, 233, 249.
518 *Sura*, in: Langen/Bunte, Art. 16 VO Nr. 1/2003, Rn. 9.

A. Johanns

im Bereich des Wettbewerbsrechts) ausschließlich zuständig. Ansonsten liegt die Zuständigkeit bei derjenigen Landeskartellbehörde, in deren Zuständigkeitsbereich die Auswirkungen eintreten. Treten die Auswirkungen in mehr als einem Bundesland ein, bleibt es bei der Zuständigkeit des Bundeskartellamts.

Durch die 7. GWB-Novelle neu eingefügt wurde die in § 49 Abs. 3 und Abs. 4 vorgesehene **162** Möglichkeit, eine Sache auf Antrag des Bundeskartellamts von der zuständigen Landeskartellbehörde an das Bundeskartellamt und umgekehrt eine Sache auf Antrag der Landeskartellbehörde an das Bundeskartellamt **abzugeben**. Allerdings ist im letzteren Fall zu beachten, dass eine Abgabe nicht erfolgt, wenn die – zuvor benachrichtigten – betroffenen Landeskartellbehörden der Abgabe widersprechen, die Abgabe also nicht **im Einvernehmen** aller betroffenen Behörden erfolgen würde.

Auch im Rahmen des Vollzugs des europäischen Rechts bleibt es bei der in §§ 48 und 49 GWB **163** vorgesehenen Zuständigkeitsverteilung, d.h. die Landeskartellbehörden sind neben dem Bundeskartellamt zuständig für die Anwendung der Art. 101 und 102 AEUV und damit zuständige Wettbewerbsbehörde im Sinne von Art. 35. Um jedoch im Außenverhältnis einheitlich aufzutreten, sind die Landeskartellbehörden verpflichtet, ihren Geschäftsverkehr im Rahmen der Anwendung des europäischen Rechts über das Bundeskartellamt abzuwickeln. Ebenso obliegt die Vertretung im Beratenden Ausschuss und die Mitwirkung an Verfahren der Kommission (etwa im Rahmen einer Nachprüfung der Kommission nach Art. 20, 21) allein dem Bundeskartellamt.

II. Verfahrensarten und Einleitung des Verfahrens

Anders als nach europäischem Recht ist im deutschen Kartellverfahrensrecht zwischen dem in **164** §§ 54 ff. GWB geregelten **Verwaltungsverfahren** und dem **Bußgeldverfahren** nach §§ 81 ff. GWB zu unterscheiden. Nach § 54 Abs. 1 GWB leitet die Kartellbehörde das Verwaltungsverfahren[519] von Amts wegen oder auf Antrag ein, wobei es keiner förmliche Einleitungsverfügung bedarf. Die Verfahrenseinleitung als solche ist damit auch nicht gesondert angreifbar. Notwendige Beteiligte sind nach § 54 Abs. 2 GWB der Antragsteller (Nr. 1), diejenigen, gegen die sich das Verfahren richtet (Nr. 2), sonstige Betroffene, die das Bundeskartellamt auf ihren Antrag hin beigeladen hat (Nr. 3), der Veräußerer im Bereich der Fusionskontrolle (Nr. 4) sowie das Bundeskartellamt bei Verfahren vor den obersten Landesbehörden (Nr. 5).

III. Ermittlungsbefugnisse

1. Untersuchungen einzelner Wirtschaftszweige und Arten von Vereinbarungen

In Anlehnung an die Regelung in Art. 17[520] und zum Ausgleich der im System der Legalaus- **165** nahme nicht mehr gegebenen kontinuierlichen Information der Kartellbehörden durch Anträge und Anmeldungen, gewährt § 32e GWB den Kartellbehörden die Befugnis, bestimmte Wirtschaftszweige oder Arten von Vereinbarungen zu untersuchen (sog. **Enquêtebefugnis**). Voraussetzung ist insoweit kein konkreter Anfangsverdacht, sondern allein die auf starren Preisen oder anderen Umständen beruhende Vermutung, dass der Wettbewerb eingeschränkt oder verfälscht ist. Den Kartellbehörden stehen im Rahmen dieser Untersuchung die in §§ 57, 59-62 GWB (Ermittlungen, Beweiserhebungen, Auskunftsverlangen, Durchsuchungen etc.) aufgezählten Befugnisse mit Ausnahme der Möglichkeit der Beschlagnahme zu.

2. Auskunftsverlangen

Das in § 59 GWB normierte **Auskunftsrecht** steht den Kartellbehörden allein im Verwaltungs- **166** verfahren zu. Im Bußgeldverfahren richten sich die Auskunftsbefugnisse wegen der Verweisung in § 46 OWiG nach den Regeln der StPO. Der Betroffene ist im Bußgeldverfahren nicht verpflichtet, sich zur Sache zu äußern. Hierüber ist er, ebenso wie über sein Recht, einen Verteidiger

---

519 Zum Bußgeldverfahren siehe Rn. 183.
520 Näher hierzu oben Rn. 2 ff.

hinzuzuziehen (§ 137 StPO), zu belehren (§ 136 StPO). Zeugen sind bei Verfahren gegen nahe Angehörige zur Verweigerung der Auskunft befugt (§ 52 StPO). Auch juristische Personen und Personenvereinigung sind (über ihre Organe) grundsätzlich zur Auskunft verpflichtet. Ob ihnen ein **Auskunftsverweigerungsrecht** zusteht, ist streitig.[521] Dieser Streit wird aber selten praktisch, da den Organen der juristischen Personen im Regelfall aus eigenem Recht Auskunftsverweigerungsrechte nach § 55 StPO zustehen bzw. sie sich, wenn sie selbst beschuldigt sind, entsprechend § 136 StPO nicht zur Sache äußern müssen. Geht die Kartellbehörde vom Verwaltungsverfahren in ein Bußgeldverfahren über, so sind die im Verwaltungsverfahren erlangten Erkenntnisse weiter verwendbar.[522] Die in § 59 Abs. 5 GWB vorgesehene Belehrung über das Bestehen eines Auskunftsverweigerungsrechts, für den Fall, dass die Beantwortung den zur Auskunft verpflichteten oder einen nahen Angehörigen der Gefahr einer strafgerichtlichen Verfolgung oder eines Ordnungswidrigkeitenverfahrens aussetzen würde, wird insoweit als ausreichender Schutz der Betroffenen erachtet.

167 In der Praxis des Verwaltungsverfahrens arbeiten die Kartellbehörden häufig mit sog. **informellen Auskunftsersuchen**, durch die in der Regel mittels einfachem Schreiben die erforderlichen Auskünfte erbeten werden. Die Adressaten werden dadurch jedoch nicht zur Erteilung der Auskunft verpflichtet und die in § 81 Abs. 2 Nr. 6 i.V.m. § 81 Abs. 4 S. 3 GWB vorgesehene Bußgeldsanktion (Bußgeld bis zu einer Höhe von € 100.000) greift nicht ein.

168 Adressaten eines **förmlichen Auskunftsverlangens** können nicht nur die von dem Verwaltungsverfahren betroffenen oder an ihm beteiligten Unternehmen und Unternehmensvereinigungen, Wirtschafts- und Berufsvereinigungen sowie deren Inhaber bzw. Vertreter sein; das Auskunftsverlangen kann sich auch an nicht am Verfahren beteiligte Dritte richten, die für die ihnen durch die Erteilung der Auskunft entstehenden Kosten keinen Ersatz verlangen können. Die Adressaten sind zur Auskunft über ihre wirtschaftlichen Verhältnisse verpflichtet. Seit Inkrafttreten der 7. GWB-Novelle umfasst die Verpflichtung zur Herausgabe von Unterlagen auch allgemeine Marktstudien, die der Einschätzung oder Analyse der Wettbewerbsbedingungen oder Marktlage dienen und die sich im Besitz des Adressaten befinden. Die Auskunftsverpflichtung erstreckt sich jetzt auch auf die wirtschaftlichen Verhältnisse von mit dem Adressaten des Auskunftsbeschlusses nach § 36 Abs. 2 GWB verbundenen Unternehmen, soweit der Adressat über die Unterlagen verfügt oder aufgrund bestehender rechtlicher Verbindungen zur Beschaffung in der Lage ist. Ausdrücklich klargestellt ist jetzt auch, dass die Auskunftsbefugnis bis zum Eintritt der Bestandskraft der Entscheidung besteht. Eine Auskunft kann mit der Begründung verweigert werden, sie enthalte Geschäftsgeheimnisse. Diese sind sinnvollerweise bereits von den Auskunftsverpflichteten als solche zu kennzeichnen. Die Kartellbehörde ist zur Wahrung von **Geschäftsgeheimnissen**, insbesondere auch im Rahmen einer Akteneinsicht, verpflichtet (§ 203 Abs. 2 StGB i.V.m. § 46 OWiG).

169 Nach § 59 Abs. 1 Nr. 3 GWB steht den Kartellbehörden die Befugnis zur **Einsicht und Prüfung von Unterlagen** bei den Betroffenen innerhalb der üblichen Geschäftszeiten zu. Auch wenn der Wortlaut des § 59 Abs. 1 GWB für eine Gleichrangigkeit von Auskunftsrecht auf der einen und Einsichts- und Prüfungsrecht auf der anderen Seite spricht, wird unter Verhältnismäßigkeitsgesichtspunkten das Auskunftsverlangen regelmäßig den milderen Eingriff darstellen.

170 Aus Verhältnismäßigkeitsgründen kann die Kartellbehörde eine **Durchsuchung** nach § 59 Abs. 4 GWB erst durchführen, wenn sie weder mittels Auskunftsersuchen noch durch Ausübung des Einsichts- und Prüfungsrechts zu den von ihr begehrten Informationen und Unterlagen gelangt. Zusätzliche Voraussetzung ist insoweit – Ausnahmen gelten bei Gefahr im Verzug – eine Anordnung des zuständigen Amtsrichters.

---

521 *Klose*, in: Wiedemann, § 52, Rn. 26 m.w.N.

522 Etwas anderes soll in dem (bislang nicht praktisch gewordenen) Fall gelten, in dem die Kartellbehörde unter dem Vorwand eines Verwaltungsverfahrens auf § 59 GWB zurückgreift, um ein Ordnungswidrigkeitenverfahren vorzubereiten, vgl. hierzu nur *Klose*, in: Wiedemann, § 52, Rn. 47, der darauf verweist, dass in diesem Fall der Rechtsgedanke des § 136 a StPO greifen würde; vgl. auch KG WuW/E OLG 2767, 2768.

A. Johanns

3. Verpflichtungszusagen

In Anlehnung an die Regelung in § 9 VO (EG) Nr. 1/2003[523] kann die Kartellbehörde nach   171
§ 32b GWB von den Unternehmen angebotene **Verpflichtungszusagen** für verbindlich erklären.[524] Das Instrument der Verpflichtungszusage ermöglicht es, ohne eine abschließende Feststellung des Verstoßes komplexe und kontroverse Fälle zügig zu erledigen. Voraussetzung ist, dass die Kartellbehörde ein Verfahren nach § 32 GWB eingeleitet und im Rahmen dieses Verfahrens ihre sich nach vorläufiger Beurteilung ergebenden Bedenken[525] dem Unternehmen mitgeteilt hat. Das Unternehmen bietet als Reaktion hierauf Verpflichtungszusagen an, die geeignet sind, diese Bedenken auszuräumen und die Behörde erklärt diese durch Entscheidung für verbindlich. Denkbar sind sowohl **strukturelle** als auch **verhaltensorientierte Zusagen**. Da es um die Abstellung von Zuwiderhandlungen geht, sind Zusagen in der Praxis meist verhaltensorientiert. In der Verfügung, die auch befristet werden kann, ist zugleich die Erklärung enthalten, dass die Behörde – soweit nicht die **Wiederaufnahmegründe** des § 32b Abs. 2 GWB vorliegen (Änderung der tatsächlichen Verhältnisse in einem für die Verfügung wesentlichen Punkt, Nichteinhaltung der Verpflichtungen durch die Unternehmen, Beruhen der Verfügung auf unvollständigen, unrichtigen oder irreführenden Angaben der Parteien) – von ihren Befugnissen nach § 32 und § 32a GWB keinen Gebrauch machen wird. Eine Pflicht zur vorherigen Veröffentlichung von Verpflichtungszusagen besteht – anders als im Rahmen der europäischen Regelung[526] – nicht. Es ist lediglich eine vorherige Anhörung[527] der Beteiligten (hierzu gehören auch die Beigeladenen) erforderlich. Die Behörde kann ihre Verfügung mittels eines Zwangsgeldes auf der Grundlage von § 86a GWB durchsetzen. Die Nichtbefolgung der Verfügung ist nach § 81 Abs. 2 Nr. 2 a i.V.m. § 81 Abs. 4 GWB bußgeldbewehrt. Nach § 63 Abs. 1 GWB kann das Unternehmen gegen die Verfügung des Bundeskartellamts Beschwerde einlegen. Allerdings wird es durch die Entscheidung regelmäßig nicht beschwert sein. Eine Ausnahme kann nur in Fallgestaltungen gelten, in denen auf eine Befristung verzichtet wurde, die Befristung dem Unternehmen zu lang erscheint, die Behörde von der vom Unternehmen angebotenen Verpflichtungszusage abgewichen ist, das Unternehmen geltend macht, es habe diese Verpflichtungszusage gar nicht abgegeben, oder aber, es sei zu dieser Zusage genötigt worden.[528] Eine Drittanfechtungsbeschwerde Beigeladener oder Dritter wird regelmäßig mangels Verletzung in eigenen Rechten ausscheiden. Mangels Feststellung der Kartellrechtswidrigkeit des Verhaltens hat die Entscheidung keine Bindungswirkung nach § 33 Abs. 4 GWB.

4. Kein Anlass zum Tätigwerden

In Anlehnung an die Regelung in Art. 5 VO (EG) Nr. 1/2003[529] haben die Kartellbehörden nach   172
§ 32c GWB die Möglichkeit, im Einzelfall festzustellen, dass die Voraussetzungen für ein Verbot gem. Art. 101 und 102 AEUV, §§ 1, 19-21 GWB nach den der Kartellbehörde vorliegenden Informationen nicht gegeben sind und daher für sie **kein Anlass zum Tätigwerden** besteht.[530] Die Entscheidung, die in Form einer Verfügung ergeht, enthält damit zugleich eine Zusicherung der Behörde, vorbehaltlich neuer Erkenntnisse von ihren Befugnissen nach §§ 32 und 32a GWB keinen Gebrauch zu machen. Die Entscheidung entfaltet eine **Bindungswirkung** allein für die entscheidende Behörde, die nur bei Vorliegen von neuen Erkenntnissen erneut tätig werden darf, nicht aber für andere Wettbewerbsbehörden oder die Gerichte.

Ein Anspruch auf eine Entscheidung nach § 32c GWB besteht grundsätzlich nicht. Die Frage,   173
ob eine Entscheidung getroffen wird, liegt grundsätzlich allein im pflichtgemäßen Ermessen der

523 Dazu oben Rn. 45.
524 Sowohl die Kommission als auch das Bundeskartellamt hatten diese Vorgehensweise in der Vergangenheit ohne gesetzliche Grundlage bereits auf informeller Basis praktiziert.
525 Nach der Regierungsbegründung zur 7. GWB-Novelle (BT-Drucks. 15/3640, S. 34) kann die Mitteilung dieser Bedenken, soweit erforderlich, in Form eines Abmahnschreibens erfolgen.
526 Oben Rn. 45 ff.
527 § 56 Abs. 1 GWB.
528 Gerade die beiden letzten Fallgestaltungen erscheinen eher theoretischer Natur zu sein; vgl. zum Ganzen *Bornkamm,* in: Langen/Bunte, § 32b, Rn. 36.
529 Dazu oben Rn. 35 ff.
530 Vgl. zu der sich aus Art. 5 ergebenden Grenze aber oben Rn. 35 m.w.N.

Behörde. Im System der Legalausnahme, in dem die Unternehmen selbst einschätzen müssen, ob ihr Verhalten rechtmäßig ist, kann die Behörde mittels dieses Instruments ihre Position zu wichtigen (Rechts-)Fragen oder Fallgestaltungen (System von Leitentscheidungen) bekannt machen.

5. Entzug eines Rechtsvorteils

174 Die ebenfalls in Art. 29 Abs. 2 VO (EG) Nr. 1/2003 enthaltene Befugnis der nationalen Wettbewerbsbehörden zum Entzug eines auf der Basis einer Gruppenfreistellungsverordnung gewährten Rechtsvorteils wird durch § 32d GWB wiederholt, wobei diese Vorgehensweise zugleich auf Fallgestaltungen ausgeweitet wird, in denen keine Beeinträchtigung des zwischenstaatlichen Handels gegeben ist und eine Gruppenfreistellungsverordnung nach § 2 Abs. 2 GWB für entsprechend anwendbar erklärt wurde.

IV. Verfahrensgrundsätze und Verfahrensgarantien

1. Rechtliches Gehör

175 Nach § 56 GWB hat die Kartellbehörde im Verwaltungsverfahren den Beteiligten – auf der Grundlage der für die Beurteilung der Kartellbehörde maßgeblichen Tatsachen – **Gelegenheit zur Stellungnahme** zu geben und auf Antrag eines Beteiligten eine mündliche Verhandlung durchführen. Im Bußgeldverfahren ist dem Beschuldigten nach § 163a StPO i.V.m. § 46, 55 OWiG spätestens vor dem Abschluss der Ermittlungen Gelegenheit zu geben, sich zu der Beschuldigung zu äußern.[531]

2. Akteneinsicht und Geschäftsgeheimnisse

176 Im **Kartellverwaltungsverfahren** richtet sich das **Akteneinsichtsrecht** der Beteiligten[532] nach §§ 29, 30 VwVfG.[533] Das Recht auf Akteneinsicht steht ihnen zu, soweit die Kenntnis der Akten „zur Geltendmachung oder Verteidigung ihrer rechtlichen Interessen erforderlich ist".[534] Bis zum Verfahrensabschluss von der Akteneinsicht ausgenommen sind Entscheidungsentwürfe und Arbeiten zur unmittelbaren Vorbereitung von Entscheidungen. Nach § 29 Abs. 3 VwVfG erfolgt die Akteneinsicht grundsätzlich bei der Behörde, die die Akte führt. Sie kann verweigert werden, wenn dadurch die Aufgabenerfüllung der Behörde beeinträchtigt wird.[535] Auch sind im Rahmen der Akteneinsicht nach § 30 i.V.m. § 29 Abs. 2 VwVfG **Geschäftsgeheimnisse** zu wahren.[536] Ein Akteneinsichtsrecht von nicht am Verfahren beteiligten Dritten sieht § 29 VwVfG nicht vor. Dies könnte allenfalls dann in Betracht kommen, wenn die Akteneinsicht unerlässliche Voraussetzung für eine wirksame Rechtsverfolgung des Dritten, etwa auch im Hinblick auf mögliche Schadensersatzforderungen, ist.[537]

---

531 In der Praxis erfolgt dies regelmäßig durch Übermittlung eines der späteren Bußgeldentscheidung ähnlnden Beschuldigungsschreibens, in welchem dem Betroffenen eine Frist zur Äußerung zu den Vorwürden gesetzt wird.

532 Der Kreis der möglichen Beteiligten ist in § 54 GWB definiert. Hierzu gehören jedenfalls die unmittelbar vom Verfahren betroffenen Unternehmen und die Beigeladenen.

533 Das GWB selbst enthält keine spezialgesetzliche Regelung; die Vorschrift in § 72 GWB bezieht sich allein auf die Akteneinsicht im gerichtlichen Verfahren. In diesem Zusammenhang ist auch das zum 1.1.2006 in Kraft getretene Gesetz zur Regelung des Zugangs zu Informationen des Bundes (Informationsfreiheitsgesetz – IFG) zu berücksichtigen; näher hierzu *Sieberg/Ploeckl*, DB 2005, 2062. Allerdings sind auch im Anwendungsbereich dieses Gesetzes Betriebs- und Geschäftsgeheimnisse zu wahren, vgl. § 6 IFG. Im Bußgeldverfahren findet das IFG wegen der nach § 1 Abs. 3 IFG vorrangigen Geltung des StPO und des OWiG keine Anwendung.

534 Hierzu zählen sowohl rechtliche als auch wirtschaftliche Interessen.

535 Die Voraussetzungen werden im Kartellverwaltungsverfahren selten praktisch werden.

536 Maßgeblich ist insoweit nicht die Bezeichnung als Geschäftsgeheimnis durch die Parteien. Es muss sich vielmehr um nicht offenkundige und nur einem begrenzten Personenkreis zugängliche Informationen handeln, die nach dem erkennbaren Willen des Inhabers geheim gehalten werden sollen und für die Wettbewerbsfähigkeit des Unternehmens von Bedeutung sind; vgl. nur OLG Düsseldorf, WuW/E OLG 1881, 1887.

537 BVerwGE 69, 278 m.w.N.

A. Johanns

Im **Bußgeldverfahren** steht dem Verteidiger des Betroffenen nach § 147 StPO i.V.m. § 46 OWiG   **177**
ein **umfassendes**[538] **Akteneinsichtsrecht** zu – und zwar auch in Geschäftsgeheimnisse und vertrauliche Unterlagen. Vor Abschluss der Ermittlungen (§ 61 OWiG) kann das Akteneinsichtsrecht nach § 147 Abs. 2 StPO versagt werden, wenn dadurch der **Untersuchungszweck** gefährdet werden könnte. Nicht versagt werden kann jedoch nach § 147 Abs. 3 StPO die Einsicht in Protokolle über mündliche Vernehmungen und in Gutachten von Sachverständigen. Entsprechend Nr. 187 Abs. 3 RiStBV erfolgt die Akteneinsicht grundsätzlich in den Räumen der Behörde. Einem durch die Ordnungswidrigkeit in seinen Rechten **unmittelbar**[539] **Verletzten** kann nach § 406e StPO über seinen Verteidiger bei Vorliegen eines berechtigten Interesses eine Akteneinsicht gewährt werden. Dem Verletzten selbst können nach Abs. 5 nur Auskünfte und Abschriften aus den Akten erteilt werden. Die Akteneinsicht ist nach § 406e Abs. 2 S. 1 StPO zu versagen, wenn überwiegende schutzwürdige Interessen des Beschuldigten oder anderer Personen entgegenstehen. Sie kann versagt werden, wenn dadurch der **Untersuchungszweck gefährdet** oder das Verfahren durch die Akteneinsicht **erheblich verzögert** würde. Voraussetzung einer Akteneinsicht ist indes nicht, dass Schadensersatzansprüche bereits geltend gemacht worden sind.[540] Die Kartellbehörde hat nur zu prüfen, ob solche Schadensersatzansprüche grundsätzlich bestehen können.[541] Zur Wahrung von Geschäftsgeheimnissen ist im Rahmen der Vorbereitung einer Akteneinsicht Dritter nach § 406e StPO allen anderen in dem Bußgeldbescheid genannten Betroffenen Gelegenheit zur Kennzeichnung der sie betreffenden Geschäftsgeheimnisse zu geben.[542] Da es bei der Inanspruchnahme auf Schadensersatz nicht um vertragliche Anspruchsgrundlagen geht, sondern es sich um deliktische Ansprüche handelt, sind grundsätzlich alle Teilnehmer einer Kartellabsprache passivlegitimiert mit der Folge, dass deren Namen nicht zu schwärzen sind.[543]

Das Akteneinsichtsrecht von nicht am Verfahren Beteiligten und nicht Verletzten richtet sich   **178**
nach § 475 StPO i.V.m. § 49b OWiG. Das Bundeskartellamt versagt grundsätzlich die Einsicht in bzw. die Auskunft über Anträge auf Behandlung nach der **Bonusregelung**,[544] da es davon ausgeht, das dem überwiegende schutzwürdige Interessen des Beschuldigten an einer vertraulichen Behandlung entgegenstehen und zudem der Untersuchungszweck bei einer Offenlegung regelmäßig gefährdet würde. Diese Frage war auch Gegenstand eines Vorabentscheidungsersuchens des Amtsgerichts Bonn an den EuGH nach § 267 AEUV.[545] Nach der Entscheidung des EuGH vom 14. Juni 2011 verbieten die Vorschriften des EU-Wettbewerbsrechts nicht, einer durch einen Kartellverstoß gemäß Art. 101 AEUV geschädigten und Schadensersatz fordernden Person Zugang zu Dokumenten eines Kronzeugenverfahrens, die den Urheber dieses Verstoßes betreffen, zu gewähren. Mangels einschlägiger verbindlicher EU-Vorschriften entscheidet das zuständige nationale Gericht auf Grundlage des nationalen Rechts, unter welchen

---

538   Ausgenommen sind nach Nr. 187 RiStBV nur Handakten und innerdienstliche Vorgänge der Behörde (etwa Vorentwürfe).
539   Dazu zählen nur diejenigen, gegen die sich der Verstoß gezielt richtete, etwa bei Boykottaufrufen oder Druckausübung. Eine nur mittelbare Betroffenheit genügt insoweit nicht.
540   Amtsgericht Bonn, Beschluss vom 19.7.2010, 51 Gs 1194/10.
541   Amtsgericht Bonn a.a.O.
542   Amtsgericht Bonn, Beschluss vom 21.4.2009, 51 Gs 551/09. Nachdem sich das umfassende Akteneinsichtsrecht von Betroffenen (§ 147 Abs. 1 StPO) von vornherein auf alle Aktenbestandteile aller Parallelverfahren richtet, kann allen Betroffenen eine ungeschwärzte Version des Bußgeldbescheides übermittelt werden, auch wenn darin möglicherweise Geschäftsgeheimnisse der jeweiligen Betroffenen enthalten sind.
543   Amtsgericht Bonn a.a.O.
544   Bekanntmachung Nr. 9/2006 über den Erlass und die Reduktion von Geldbußen in Kartellsachen – Bonusregelung – vom 7. März 2006 (verfügbar auf der Internetseite des Amtes), Rn. 22; zur Bonusregelung siehe Rn. 186; zur Frage, ob Kartellgeschädigten im Rahmen ihres Rechts auf Einsicht in die Akten des Bundeskartellamts auch Zugang zu den Kronzeugenanträgen von Kartellbeteiligten zu gewähren ist: *Mäger/Zimmer/Milde*, WuW 2009, 885.
545   Vorlagebeschluss vom 4.8.2009, 51 Gs 53/09, an den Europäischen Gerichtshof.

Voraussetzungen eine Akteneinsicht zu gewähren oder zu verweigern ist. Im Rahmen einer Abwägung sind (auch) die unionsrechtlich geschützten Interessen einzubeziehen.[546]

3. Untersuchungsgrundsatz

179 Entsprechend der Regelung in § 57 Abs. 1 GWB gilt im **Kartellverwaltungsverfahren** der Untersuchungsgrundsatz. Die Kartellbehörde ist von Amts wegen zur Aufklärung des Sachverhalts verpflichtet und dabei nicht an das Vorbringen der Beteiligten gebunden. Nach § 57 Abs. 2 S. 1 GWB, der auf die entsprechenden Vorschriften in der ZPO verweist, erfolgt die Beweiserhebung durch Augenschein, Zeugen und Sachverständige. Überdies sind der Urkundsbeweis, die Einholung amtlicher Auskünfte, Auskünfte nach § 59 GWB sowie die Anhörung der Beteiligten selbst möglich.[547] Der Kartellbehörde steht zudem nach § 58 Abs. 1 S. 1 GWB die Möglichkeit offen, Gegenstände, die als Beweismittel für die Ermittlung von Bedeutung sein können, zu beschlagnahmen.[548] Die Vorschrift hat allerdings nur eine geringe praktische Bedeutung, da sie nur im Verwaltungsverfahren gilt. Im **Bußgeldverfahren** ist Rechtsgrundlage einer Beschlagnahme §§ 94 ff. StPO i.V.m. 46 OWiG.[549]

V. Entscheidungsbefugnisse

1. Abstellung und nachträgliche Feststellung von Zuwiderhandlungen

180 In Anlehnung an die Regelung in Art. 7 VO (EG) Nr. 1/2003[550] ermöglicht § 32 GWB eine **positive Tenorierung**, d.h. die Kartellbehörden können den betroffenen Unternehmen aufgeben, eine Zuwiderhandlung gegen Vorschriften des GWB oder gegen Art. 101 oder 102 AEUV abzustellen. § 32 GWB erwähnt, anders als Art. 7 VO (EG) Nr. 1/2003, nicht ausdrücklich, dass die Abhilfemaßnahmen sowohl **verhaltensorientiert** als auch **struktureller** Art sein können. Dies ergibt sich aber aus dem offenen Wortlaut und auch aus der Regierungsbegründung zur 7. GWB-Novelle.[551] Denn diese enthält den ausdrücklichen Hinweis, dass Abhilfemaßnahmen struktureller Art vor dem Hintergrund der Verhältnismäßigkeit der Maßnahme nur dann auferlegt werden können, wenn es „keine verhaltensorientierte Abhilfemaßnahme von gleicher Wirksamkeit gibt oder wenn letztere im Vergleich zu Abhilfemaßnahmen struktureller Art mit einer größeren Belastung für die beteiligten Unternehmen verbunden wäre".[552] § 32 Abs. 3 GWB ermöglicht die Feststellung einer Zuwiderhandlung auch in den Fällen, in denen diese bereits beendet ist, wenn hierfür ein berechtigtes Interesse besteht. Dies wird insbesondere in Fallgestaltungen, in denen eine Klarstellung der Rechtslage wegen Wiederholungsgefahr gebo-

---

546 Nach Auffassung des Generalanwalts (Schlussantrag des Generalanwalts Mazák v. 16.12.2010, Rs. C-360/09 (Pfleiderer gegen Bundeskartellamt), BeckRS 2010, 91455 (unter Rn. 44)) in der Sache „Pfleiderer" würde die Gewährung einer solchen Akteneinsicht die effektive Durchsetzung von Art. 101 AEUV gefährden. Denn eine Akteneinsicht in die Anträge nach einer Kronzeugenregelung stelle eine Gefährdung der Funktionsfähigkeit solcher Regelungen dar. Mittelbar würde ein solches Einsichtsrecht nach der Auffassung des Generalanwalts auch einen Nachteil für die Verletzten darstellen, da die Bereitschaft der Betroffenen, mit der Kartellbehörde zu kooperieren, deutlich sinken würde. Nach Ansicht des Generalanwalts muss aber ein Unterschied zwischen dem Antrag nach der Kronzeugenregelung und sonstigen, von dem Antragsteller freiwillig übermittelten Dokumenten, die sich für den Verletzten zur Vorbereitung einer Schadensersatzklage als nützlich erweisen könnten, getroffen werden. In die letztgenannten Dokumente soll aus Sicht des Generalanwalts eine Akteneinsicht grundsätzlich möglich sein. Es fragt sich aber, ob dies auch dann gelten kann, wenn ein Mitgliedstaat, wie Deutschland durch die Regelung in § 33 Abs. 4 GWB, eine Vorschrift vorsieht, nach der das Gericht im Schadensersatzprozess an die Feststellung des Verstoßes durch die Kartellbehörden gebunden ist.

547 Umfassend hierzu *Klose*, in: Wiedemann, § 53, Rn. 79 ff. sowie *Ost*, in: MünchKomm GWB, § 58 GWB, Rn. 1 ff.

548 Auch hierzu nur *Klose*, in: Wiedemann, § 53, Rn. 112.

549 Vgl. auch *Vollmer*, in: MünchKomm GWB, § 81 GWB, Rn. 147.

550 Dazu Rn. 37 ff.

551 Die Frage ist str.; vgl. zum Streitstand nur *Bornkamm*, in: Langen/Bunte, § 32, Rn. 31, der eine Maßnahme struktureller Art nur dann für zulässig erachtet, wenn keine anderweitige Möglichkeit zur Abstellung des kartellrechtswidrigen Verhaltens besteht.

552 Regierungsbegründung, BT-Drucks. 15/3640, S. 51. Vgl. insoweit auch BGH vom 4.3.2008 (Nord-KS/Xella), WuW/E DE-R 2361, 2363.

A. Johanns

ten ist, gegeben sein. Möglich ist es auch, im Rahmen einer Abstellungsverfügung Maßnahmen anzuordnen, die der Beseitigung einer „bereits geschehenen, aber noch gegenwärtigen Beeinträchtigung" dienen.[553]

2. Anordnung einstweiliger Maßnahmen

In Anlehnung an die Regelung in Art. 8 VO (EG) Nr. 1/2003[554] normiert § 32a GWB die Befugnis der Kartellbehörden, in dringenden Fällen, wenn die Gefahr eines ernsten, nicht wieder gutzumachenden Schadens für den Wettbewerb besteht, von Amts wegen **einstweilige Maßnahmen** anzuordnen. Die Behörde kann dabei alle nach § 32 GWB möglichen Maßnahmen treffen. Die Maßnahme ist nach § 32a Abs. 2 GWB zu befristen, wobei die Frist nicht mehr als ein Jahr betragen sollte. Der Anwendungsbereich der Vorschrift erstreckt sich nach dem Willen des Gesetzgebers[555] auf die Durchsetzung des ersten bis fünften Abschnittes des Gesetzes (§§ 1 ff., 19 ff. sowie Art. 101 und 102 AEUV), soweit § 60 Nr. 3 GWB (dieser ist nach der Formulierung der Vorschrift lex specialis) nicht Sonderregelungen enthält. Als Anwendungsbereich von § 60 Nr. 1 und 2 GWB verbleibt damit nur noch die Fusionskontrolle. Der Verstoß gegen eine Anordnung nach § 32b GWB kann mit einem Bußgeld sanktioniert werden (§ 81 Abs. 2 Nr. 2 Buchst. a GWB). **181**

VI. Zwangsgeld

Seit Inkrafttreten der 7. GWB-Novelle enthält § 86a GWB eine eigenständige Regelung, die es den Kartellbehörden ermöglicht, anders als bislang nach den Verwaltungsvollstreckungsgesetzen (VwVG) des Bundes (oder der jeweiligen Landes bei Zuständigkeit der Landeskartellbehörde), **Zwangsgelder** zwischen € 1000 und € 10 Millionen festzusetzen. Mangels weitergehender Vorschriften im GWB richtet sich die Durchführung des Verwaltungszwangs nach dem jeweils anwendbaren VwVG. **Zwangsmittel** zur Erzwingung von Handlungen, Duldungen und Unterlassungen sind die Ersatzvornahme, das Zwangsgeld sowie der unmittelbare Zwang.[556] Zwangsmittel sind in der Regel schriftlich anzudrohen und es ist eine Frist zu bestimmen, innerhalb derer die Handlung vor Anwendung des Zwangsmittels durchgeführt werden muss. **182**

VII. Bußgeldverfahren

1. Verfahrensgrundsätze und Durchsuchung[557]

Die Vorschriften über das Bußgeldverfahren (Kartellordnungswidrigkeitenverfahren) finden sich in den §§ 81 ff. GWB. Ergänzend sind die Vorschriften des **Ordnungswidrigkeitengesetzes** (OWiG) anwendbar, das wiederum in § 46 Abs. 1 OWiG die sinngemäße Anwendung der Vorschriften des Strafrechts, insbesondere auch der **Strafprozessordnung**, anordnet. Nach § 47 Abs. 1 OWiG gilt das sog. Opportunitätsprinzip,[558] wonach die Verfolgung von Ordnungswidrigkeiten im pflichtgemäßen Ermessen der Behörde liegt, sie also nicht verpflichtet ist, ein Verfahren einzuleiten. Im Rahmen der Verfolgung von Ordnungswidrigkeiten stehen der Behörde nach § 46 Abs. 2 OWiG dieselben Rechte und Pflichten zu wie der Staatsanwaltschaft im Rahmen der Verfolgung von Straftaten.[559] Sie kann etwa Durchsuchungen[560] anordnen **183**

---

553 So der BGH in der Entscheidung „Stadtwerke Uelzen", Beschluss vom 10.12.2008, WuW/E DE-R 2538, im Hinblick auf die Anordnung, die durch ein missbräuchliches Verhalten erwirtschafteten Vorteile zurückzuerstatten; vgl. zum Ganzen auch *Reher/Haellmigk*, WuW 2010, 513.
554 Dazu Rn. 42 ff.
555 Regierungsbegründung, BT-Drucks. 15/3640, S. 51.
556 Vgl. nur § 9 VwVG des Bundes.
557 Zu Auskunftsverlangen und Akteneinsicht im Bußgeldverfahren s. oben unter Rn. 166 und Rn. 176.
558 Anders das im Bereich des Strafrechts nach § 152 Abs. 2 StPO geltende Legalitätsprinzip, das die Staatsanwaltschaft zur Verfolgung von Straftaten verpflichtet.
559 Mit Ausnahme der in § 46 Abs. 3 OWiG abschließend aufgeführten besonders schweren Eingriffe wie etwa Verhaftung und vorläufige Festnahme.
560 Näher zum Ganzen *Vollmer*, in: MünchKomm GWB, § 81 GWB, Rn. 147 ff.

(beim Verdächtigen[561] nach § 102 StPO und – unter engeren Voraussetzungen[562] – „bei anderen Personen" nach § 103 StPO), Vernehmungen von Zeugen und Betroffenen (§§ 48 ff. StPO) durchführen sowie Gegenstände sicherstellen (§§ 94 ff. StPO). Das Ordnungswidrigkeitenverfahren ist mit der ersten Maßnahme, die erkennbar darauf gerichtet ist, gegen einen Beschuldigten vorzugehen, eingeleitet. In der Praxis beginnt ein Kartellordnungswidrigkeitenverfahren häufig mit einer **Durchsuchung**.[563] Nach § 105 Abs. 1 StPO bedarf die Durchsuchung grundsätzlich einer richterlichen Anordnung.[564] Allein bei Gefahr im Verzug[565] kann sie (§ 105 Abs. 1, 46 Abs. 2 OWiG) von der Kartellbehörde selbst angeordnet werden. Der Betroffene ist verpflichtet, die Durchsuchung zu dulden. Ihn treffen **keinerlei Mitwirkungspflichten**, er hat aber – solange er die Durchführung der Durchsuchung nicht behindert (§ 164 StPO) – ein **Anwesenheitsrecht**. Werden die aufgefundenen Beweismittel vom Gewahrsamsinhaber freiwillig herausgegeben, so werden sie nach § 94 Abs. 1 StPO formlos sichergestellt, andernfalls sind sie nach § 94 Abs. 2 StPO förmlich zu beschlagnahmen.[566] Für die **Beschlagnahme** ist nach § 98 StPO grundsätzlich eine richterliche Anordnung erforderlich. Da vor der Durchsuchung regelmäßig nicht feststeht, welche Gegenstände beschlagnahmt werden, kann ein solcher Beschluss nicht vor der Durchsuchung erfolgen. Werden nur einzelne Gegenstände beschlagnahmt, so ist während der Durchsuchung (telefonisch) ein richterlicher Beschluss einzuholen. Handelt es sich um eine Vielzahl von Gegenständen, so kann eine Beschlagnahme wegen Gefahr im Verzug angeordnet werden.[567] Befinden sich schriftliche Mitteilungen zwischen dem Beschuldigten und einem Zeugnisverweigerungsberechtigten im Gewahrsam des Zeugnisverweigerungsberechtigten, gilt nach § 97 StPO ein Beschlagnahmeverbot, es sei denn der Zeugnisverweigerungsberechtigte ist selbst nach § 97 Abs. 2 S. 3 StPO einer Teilnahme an der Kartellordnungswidrigkeit verdächtig. Zu den Zeugnisverweigerungsberechtigten gehören nach § 53 Abs. 1 Nr. 2 StPO auch die Verteidiger des Beschuldigten.[568] Dieses Privileg gilt indes nicht für Syndikusanwälte, die innerhalb ihres Beschäftigungsverhältnisses tätig werden.[569] Das sog. Verteidigungsprivileg schützt Verteidigungsunterlagen auch dann, wenn sie sich beim Betroffenen befinden. Allerdings muss[570] bereits ein sog. Verteidigungsfall vorliegen, d.h. das Ordnungswidrigkeitenverfahren muss bei Erstellung der Unterlagen bereits eingeleitet gewesen

---

561 Wenn zu vermuten ist, dass die Durchsuchung zum Auffinden von Beweismitteln führt. Insoweit genügt, dass der Verdächtige Mitgewahrsam an den durchsuchten Räumlichkeiten hat, vgl. hierzu LG Bonn, Beschluss v. 10. 1. 2011, 27 Qs 33/10, zur Frage der Durchsuchung von Archivräumen und IT-Daten, wenn nur ein Rechtsanwalt einer Kanzlei Betroffener in einem Verfahren ist.

562 Sie ist nur zulässig zur Beschlagnahme bestimmter Gegenstände, wenn Tatsachen vorliegen, aus denen zu schließen ist, dass die gesuchten Gegenstände sich in den zu durchsuchenden Räumen befinden.

563 Durch Beschluss vom 2.9.2010, 27 Qs-B 7-34/10, hat das Landgericht Bonn die Verhältnismäßigkeit einer Durchsuchungsmaßnahme selbst für den Fall bejaht, dass ein Unternehmen in einem vorgelagerten Verwaltungsverfahren eng mit dem Bundeskartellamt kooperiert hat. Wenn ein schwerwiegender Kartellverstoß im Raum stehe, so das Gericht, könne mit einer freiwilligen Herausgabe belastender Unterlagen nicht gerechnet werden. Überdies könne schon das Ansinnen einer freiwilligen Herausgabe den Durchsuchungszweck gefährden.

564 Zuständig ist nach § 162 Abs. 1 S. 1 StPO grundsätzlich das Amtsgericht, in dessen Bezirk die Durchsuchung durchgeführt wird. In der Praxis werden Durchsuchungen aber regelmäßig an mehreren, weiter voneinander entfernten Orten durchgeführt, so dass regelmäßig das Amtsgericht Bonn (Sitz des Bundeskartellamts) zuständig ist.

565 Gefahr im Verzug liegt vor, wenn die richterliche Anordnung nicht mehr eingeholt werden kann, ohne dass der Zweck der Maßnahme, d.h. der Ermittlungserfolg, ernstlich gefährdet würde (so BVerfG, NJW 1979, 1539, 1540).

566 Dies gilt auch, wenn kein Gewahrsamsinhaber anwesend ist.

567 Da es dem Richter dann wegen der Vielzahl der Gegenstände nicht möglich ist, den Beschluss allein aufgrund telefonischer Angaben zu erlassen, so AG Bonn, Beschluss vom 25.10.2004, Az. 51 GS 1159/04. Nach § 98 Abs. 2 S. 1 StPO soll innerhalb von drei Tagen eine richterliche Bestätigung der Beschlagnahme eingeholt werden, wenn entweder der Gewahrsamsinhaber nicht zugegen war oder er der Beschlagnahme widersprochen hat.

568 Für das Eingreifen des Beschlagnahmeverbots müssen sich die Unterlagen jedoch in deren Gewahrsam befinden.

569 Vgl. nur BGH v. 18.6.2001, NJW 2001, 3130.

570 Anders als nach europäischem Recht, vgl. oben Rn. 30.

A. Johanns

sein.[571] Dies ist aber bei Durchführung der Durchsuchung regelmäßig noch nicht der Fall.[572] Das weitergehende, im europäischen Recht entwickelte *„legal professional privilege"*, das verfahrensbezogene Anwaltskorrepondenz auch dann schützt, wenn die Beratung vor Verfahrenseinleitung erfolgte, ist bei nationalen Durchsuchungen auch dann nicht anwendbar, wenn die nationale Durchsuchung auf der Grundlage eines Verstoßes gegen europäisches Recht erfolgt, da allein die nationalen Verfahrensvorschriften gelten.[573] Sog. **Zufallsfunde**, die auf das Vorliegen einer anderen, nicht vom Durchsuchungsbeschluss gedeckten Ordnungswidrigkeit oder einer Straftat hinweisen, können nach § 108 StPO einstweilen in Beschlag genommen werden.

2. Täterkreis und Zurechnung

Anders als im Bußgeldverfahren auf europäischer Ebene werden Bußgeldverfahren nach deutschem Recht sowohl gegen natürliche Personen als auch – über § 30 OWiG – gegen Unternehmen geführt. Art. 101, 102 AEUV sowie eine Vielzahl der Vorschriften des GWB nennen Unternehmen und Unternehmensvereinigungen als Beteiligte des wettbewerbswidrigen Verhaltens. Demgegenüber gehen die Bußgeldvorschrift des § 81 GWB und die in diesem Bereich ergänzend anwendbaren Vorschriften des OWiG von einem Handeln der **natürlichen Personen** aus.[574] Um den unterschiedlichen Anknüpfungspunkten Rechnung zu tragen, sind zwei Zurechnungsnormen anzuwenden. Die fehlende Unternehmenseigenschaft wird – ebenso wie sonstige besondere persönliche Merkmale – über § 9 Abs. 1 OWiG der natürlichen Person zugerechnet, wenn diese in einem besonderen Vertretungsverhältnis[575] steht. Hat eine Person im Rahmen eines besonderen Vertretungsverhältnisses eine Ordnungswidrigkeit begangen, so wird dieses Verhalten nach § 30 OWiG der vertretenen juristischen Person oder Personenvereinigung zugerechnet und es kann in sog. **selbständigen Verfahren** auch allein gegen die juristische Person oder die Personenvereinigung ein Bußgeld festgesetzt werden. Ein selbständiges Verfahren wird auch in den Fällen geführt, in denen Anhaltspunkte für das Vorliegen einer **Straftat** vorliegen, da in diesen Fällen nach § 30 Abs. 4 S. 2 OWiG i.V.m. § 82 GWB die Staatsanwaltschaft für die Verfolgung von Straftaten natürlicher Personen ausschließlich zuständig ist.[576] Im Bereich des Ordnungswidrigkeitenrechts ist der sog. **Einheitstäterbegriff** des § 14 Abs. 1 S. 1 OWiG maßgeblich, der formell nicht zwischen Täterschaft und Teilnahme (Anstiftung und Beihilfe) unterscheidet.[577] Ein unterschiedliches Beteiligungsmaß wird somit nur auf der Rechtsfolgenseite im Rahmen der Bußgeldzumessung berücksichtigt. Liegt ein besonderes persönliches Merkmal (etwa die Unternehmenseigenschaft), das die Ahndung der Tat begründet, nur bei einem Beteiligten vor, so wird dieses nach § 14 Abs. 1 S. 2 OWiG auch den anderen Beteiligten zugerechnet. Eine Rechtsnachfolge in die Bußgeldverantwortlichkeit ist nach der Rechtsprechung[578] nur unter der engen Voraussetzung möglich, dass das haftende, verselbständigte Vermögen bei einer wirtschaftlichen Betrachtung fortbesteht.[579] Der Täterkreis einer Kartellordnungswidrigkeit wird durch die Auffangvorschrift des § 130 OWiG auf **Aufsichtspflichtige** erweitert. Nach § 130 OWiG handelt ordnungswidrig, wer als Inhaber eines Betriebs oder Unternehmens die **Aufsichtsmaßnahmen** unterlässt, die erforderlich sind, um betriebsbezogene Zuwiderhandlungen der Mitarbeiter zu verhindern.[580] Unter bestimmten Vorausset-

184

---

571 Und der Betroffene muss von der Verfahrenseinleitung erfahren haben, vgl. BGH v. 25.2.1998, BGHSt 44, 46. Umfassend zu dieser Problematik die Beschlüsse des LG Bonn vom 29.9.2005, 37 Qs 27/05 und jüngst vom 14.9.2010, 27 Qs-B7-34/10-U2.

572 Etwas anderes würde daher nur in dem Fall gelten, in dem im Hinblick auf denselben Tatvorwurf eine weitere Durchsuchung erfolgt.

573 So zuletzt Beschluss des LG Bonn vom 29.9.2005, 37 Qs 27/05 sowie EuGH, Rs. 94/00 (Roquettes Frères), Slg. 2002, I-9011.

574 Vgl. den Wortlaut des § 81 GWB („Ordnungswidrig handelt, *wer...*").

575 Vgl. § 9 Abs. 1 u. 2 OWiG.

576 Dies wird insbesondere bei Vorliegen von Submissionsabsprachen nach § 298 StGB relevant.

577 Näher hierzu *Vollmer*, in: MünchKomm GWB, § 81 GWB, Rn. 54.

578 BGH, Urteil vom 11.3.1986, KRB 8/85, WuW BGH 2265, zu eng die nicht rechtskräftige Entscheidung des OLG Düsseldorf vom 13.1.2010 VI-Kart 55/06 OWi, DE-R 2932.

579 Vgl. hierzu nur *Vollmer*, in: MünchKomm GWB, § 81 GWB, Rn. 43.

580 Auch hierzu nur *Vollmer*, in: MünchKomm GWB, § 81 GWB, Rn. 44.

zungen können Unternehmen eine Übernahme bzw. **Freistellung** von Bußgeldern mit den betroffenen Mitarbeitern vereinbaren.[581]

3. Bußgeldrahmen

185 Seit Inkrafttreten der 7. GWB-Novelle kann nach § 81 Abs. 1 GWB auch der Verstoß gegen Art. 101 und 102 AEUV mit einem Bußgeld geahndet werden. Für schwere Verstöße gegen das Wettbewerbsrecht, insbesondere Verstöße gegen Art. 101, 102 AEUV sowie gegen §§ 1, 19 Abs. 1, 20 Abs. 1-4, 21 Abs. 3 und 41 Abs. 3 GWB, wurde der Regelbußgeldrahmen von bislang € 500.000 auf € 1 Million angehoben. Bei weniger schweren Verstößen wurde er von € 25.000 auf € 100.000 erhöht. Der erhöhte Bußgeldrahmen vom Dreifachen des erlangten Mehrerlöses[582] wurde durch einen nach oben offenen Rahmen mit einer **Kappungsgrenze**[583] von 10% des im vorausgegangenen Geschäftsjahr erzielten Gesamtumsatzes ersetzt.[584] Nachdem der im Rahmen der 7. GWB-Novelle gewählte Wortlaut im Hinblick auf den relevanten Umsatz für Irritationen sorgte, erfolgte im Rahmen der sog. Preismissbrauchsnovelle durch Einfügen eines Satzes 3 in § 81 Abs. 4 GWB einerseits die Regelung, dass auf das der Behördenentscheidung vorausgegangene Geschäftsjahr abzustellen ist[585] und andererseits die Klarstellung,[586] dass bei der Ermittlung des Gesamtumsatzes der weltweite Umsatz aller natürlichen und juristischen Personen, die als wirtschaftliche Einheit[587] operieren, zugrunde zu legen ist. Nach § 81 Abs. 4 S. 4 GWB kann der Umsatz geschätzt werden.[588] Die Regelung in § 81 Abs. 4 S. 1, 2 GWB

---

581 2. Kap., Rn. 28.
582 Die Anforderungen an den mehrerlösbezogenen Bußgeldrahmen wurden durch die Rechtsprechung des OLG Düsseldorf (etwa OLG Düsseldorf v. 6.5.2004 (Berliner Transportbeton), WuW/E DE-R 1315, 1321, äußerst strengen Beweisanforderungen sowohl im Hinblick auf die Frage, ob überhaupt ein Mehrerlös angefallen ist, als auch im Hinblick auf die Grundlage einer Schätzung der Höhe des Mehrerlöses unterworfen.
583 Die Einordnung als Kappungsgrenze und nicht als Obergrenze ist str. vgl. hierzu nur *Raum*, in: Langen/Bunte, § 81, Rn. 149 m.w.N. sowie die bislang nicht rechtskräftige Entscheidung des OLG Düsseldorf im Zementverfahren, Urt. v. 26.6.2009, Kart. 2-6/08; vgl. hierzu etwa *Barth/Budde*, WRP 2010, 712. Für eine Einordnung als Kappungsgrenze sprechen jedoch der Wortlaut der Vorschrift, denn nach der Formulierung in § 81 Abs. 4 Satz 2 GWB darf die Geldbuße 10% des Gesamtumsatzes „nicht übersteigen". Für diese Auslegung spricht auch der mit der Gesetzesänderung nach der Gesetzesbegründung verfolgte Zweck. Denn nach dem Willen des historischen Gesetzgebers sollte eine Angleichung an Art. 23 Abs. 2 Satz 2 VO Nr. 1/2003 erfolgen, wobei die europäische Vorschrift unstreitig als Kappungsgrenze verstanden wird. Da im System paralleler Zuständigkeiten, wie oben dargestellt, sowohl die Kommission als auch die nationalen Wettbewerbsbehörden zur Ahndung von Verstößen gegen Art. 101, 102 AEUV berufen sind, sollten sich die angewandten Vorschriften auch in ihrer Auslegung weitestgehend entsprechen, da andernfalls die unterschiedliche Behandlung gleich gelagerter Fälle droht, je nachdem welche Behörde innerhalb des Europäischen Netzwerks den Fall letztlich bearbeitet.
584 Im Hinblick auf die Frage, ob das neue oder das alte Recht bei der Ahndung eines Verstoßes anzuwenden ist, ist auf § 4 OWiG abzustellen. Hierbei ist insbesondere zu beachten, dass bei zum Zeitpunkt des Inkrafttretens der 7. GWB-Novelle beendeten Verstößen im Rahmen der Bußgeldentscheidung zu ermitteln ist, welches Gesetz im konkreten Fall das mildere ist. Wird auf den erhöhten Bußgeldrahmen abgestellt, so ist zu prüfen, ob der dreifache Mehrerlös oder die Neuregelung mit der Kappungsgrenze die günstigere Regelung darstellt.
585 Vgl. hierzu *Vollmer*, in: MünchKomm GWB, § 81 GWB, Rn. 112: „inhaltliche Änderung".
586 Vgl. *Vollmer*, a.a.O. Trotzdem werden in der Literatur weiterhin Bedenken gegen die Einbeziehung von Umsätzen weiterer konzernverbundener Gesellschaften geltend gemacht, näher hierzu m.w.N. *Raum*, in: Langen/Bunte, § 81, Rn. 150 ff.
587 Mit der Verwendung des Begriffs der „wirtschaftlichen Einheit" knüpft der Gesetzgeber ausdrücklich an den auf europäischer Ebene geltenden Unternehmensbegriff an (dazu 7. Kap.). Auch der Bundesgerichtshof stellt mittlerweile – vgl. die Entscheidung „Entega", Urt. v. 23.6.2009, KZR 21/08, Rn. 10 – im Hinblick auf die Verbotstatbestände des GWB ausdrücklich auf das Kriterium der „wirtschaftlichen Einheit" ab; vgl. zum Ganzen auch *Klees*, EWS 2010, 1.
588 Näher *Buntscheck*, WuW 2008, 941.

A. Johanns

entspricht der Regelung in Art. 23 Abs. 2 S. 2 VO (EG) Nr. 1/2003.[589] Der offene Bußgeldrahmen in § 81 Abs. 4 S. 2 GWB findet allein auf **Unternehmen und Unternehmensvereinigungen** Anwendung. Soll ein **Verhalten natürlicher Personen** – ohne Unternehmenseigenschaft – geahndet werden, so liegt der Höchstrahmen der Geldbuße bei 1 Million EUR.[590] Im Rahmen der Bußgeldzumessung nach § 81 Abs. 4 S. 4 GWB ist sowohl die Schwere der Zuwiderhandlung als auch deren Dauer zu berücksichtigen. Nach § 17 Abs. 4 OWiG soll die Geldbuße den **wirtschaftlichen Vorteil**, den der Täter aus der Ordnungswidrigkeit gezogen hat, übersteigen. Übersteigt der wirtschaftliche Vorteil die gesetzliche Bußgeldhöhe, so kann sie nach dieser Vorschrift überschritten werden.[591] Dies gilt auch für die Kappungsgrenze in § 81 Abs. 4 S. 2 GWB. Allerdings wird § 17 Abs. 4 OWiG (nach der der durch die Zuwiderhandlung entstandene wirtschaftliche Vorteil abgeschöpft werden „soll"), durch § 81 Abs. 5 GWB für den Anwendungsbereich des GWB dahingehend abgeändert, dass der wirtschaftliche Vorteil abgeschöpft werden „kann". Dies eröffnet der Kartellbehörde die Möglichkeit, sich bei der Festsetzung des Bußgeldes im Bußgeldbescheid auf die **Ahndung der Tat** zu beschränken.[592] Es verbleibt ihr dann die Möglichkeit, den entstandenen wirtschaftlichen Vorteil im Rahmen eines **Verwaltungsverfahrens nach § 34 GWB** abzuschöpfen.[593] Art. 81 Abs. 7 GWB ermächtigt das Bundeskartellamt, **ermessenskonkretisierende Verwaltungsgrundsätze** – vergleichbar den Leitlinien der Kommission – zu erlassen. Von dieser Ermächtigung hat das Bundeskartellamt durch Veröffentlichung der sog. „Bußgeldleitlinien"[594] Gebrauch gemacht. In Anlehnung an das Verfahren nach den Leitlinien der Kommission, sehen diese ein zweistufiges Verfahren vor. Zunächst ist danach ein Grundbetrag anhand tatbezogener Zumessungsfaktoren[595] festzusetzen, der Dauer und Schwere des Verstoßes berücksichtigt und der bis zu 30 % des für die Dauer der Zuwiderhandlung zugrunde gelegten tatbezogenen inländischen Umsatzes betragen kann. Auf der zweiten Stufe kommt es zur Anwendung täterbezogener Zumessungsfaktoren, der sog. Anpassungsfaktoren. Dies sind Zumessungsfaktoren, die unter den Stichworten Abschre-

---

589 An der Anknüpfung an den Gesamtumsatz des Unternehmens im Rahmen der Bußgeldzumessung wird wegen des fehlenden Tatbezugs sowie der Unbestimmtheit der Regelung Kritik geübt, vgl. nur *Schwarze*, EuZW 2003, 261. In einem Urteil zu der in § 43a StGB a. F. vorgesehenen Vermögensstrafe (Möglichkeit des Gerichts auf eine Geldstrafe zu erkennen, deren Höhe durch den Wert des Vermögens begrenzt ist) hat das Bundesverfassungsgericht (BVerfG v. 20.11.2001, BVerfGE 105, 135) diese Bestimmung wegen Unbestimmtheit des Tatbestandes für verfassungswidrig erklärt. Umgekehrt hat das Gericht selbst (BVerfG v. 5.6.1973, BVerfGE 35, 202, 204) im Rahmen einer einstweiligen Verfügung eine Geldstrafe in unbeschränkter Höhe angedroht. Bei der Festsetzung eines Bußgeldes handelt es sich aber gerade nicht um eine Kriminalstrafe gegen eine natürliche Person, sondern vielmehr um eine an die Unternehmenseigenschaft anknüpfende Geldbuße. Inhaber der betroffenen Unternehmen sind aber in der Mehrzahl der Fälle juristische Personen und Personenvereinigungen. Zudem hat der Gesetzgeber, insbesondere durch die Anknüpfung an das europäische Recht, klare Maßstäbe für die Bußgeldzumessung vorgegeben. Die Bestimmtheit bejaht ebenso, aber bezogen auf das Verständnis als Bußgeldobergrenze, *Raum*, in: Langen/Bunte, § 81, Rn. 152 m.w.N.

590 Letzteres ergibt sich aus der Formulierung in § 81 Abs. 4 S. 2, wonach die Kappungsgrenze von 10% "über Satz 1 hinaus" gilt.

591 Vgl. *Kühnen*, WuW 2010, 16.

592 Die Beschränkung auf die Ahndung entspricht dem europäischen Vorbild. Überdies wird auf diese Weise die Festsetzung der Bußgeldhöhe vereinfacht, da z.B. die auf den abgeschöpften wirtschaftlichen Vorteil entfallenden Steuern bei der Bußgeldberechnung nicht mehr berücksichtigt werden müssen.

593 Allerdings ist insoweit § 34 Abs. 2 GWB zu beachten, wonach die Möglichkeit der Abschöpfung im Rahmen eines Verwaltungsverfahrens subsidiär gegenüber einer Abschöpfung durch Schadensersatzleistungen oder der Anordnung des Verfalls ist.

594 Bekanntmachung Nr. 38/2006 über die Festsetzung der Geldbußen nach § 81 Abs. 4 Satz 2 des Gesetzes gegen Wettbewerbsbeschränkungen (GWB) gegen Unternehmen und Unternehmensvereinigungen vom 15.9.2006; veröffentlicht auf der Internetseite des Bundeskartellamtes; hierzu *Mundt*, WuW 2007, 458.

595 Etwa Art der Zuwiderhandlung, Auswirkungen auf den Markt, die Marktposition der beteiligten Unternehmen sowie die Größe und die Bedeutung des von dem Verstoß betroffenen Marktes.

A. Johanns   593

ckung,[596] erschwerende[597] und mildernde[598] Umstände zusammengefasst werden.[599] Danach wird die konkrete Höhe der Kappungsgrenze festgelegt und der nach dem zweistufigen Verfahren ermittelte Betrag ggfs. in dieser Höhe gekappt. Bislang wurde der nach den Leitlinien rechnerisch denkbare Höchstbetrag in keinem Fall voll ausgeschöpft. Vielmehr liegen die in der Praxis verhängten Bußgelder deutlich unter 10 % der insoweit maßgeblichen Umsätze der Unternehmen.[600]

186 Die Geldbuße kann bei Anwendung der vom Bundeskartellamt erlassenen **Bonusregelung** erlassen bzw. reduziert werden.[601] Die ursprünglich aus dem Jahr 2000 stammende Bonusregelung wurde mit dem Ziel, mehr Transparenz und Rechtssicherheit zu gewährleisten, im Jahr 2006 neu gefasst.[602] Nach der Bonusregelung können die an einer verbotenen Kartellabsprache beteiligten natürlichen Personen und die durch § 30 OWiG erfassten juristischen Personen und Personenvereinigungen einen vollständigen Erlass der Geldbuße erreichen, wenn sie nicht Anführer des Kartells waren und als erste durch eine umfassende Kooperation mit der Kartellbehörde entscheidend zur Aufdeckung des jeweiligen Kartells beitragen. Andere Kartellmitglieder, die durch ihre Angaben zur (weiteren) Aufdeckung der Kartellabsprache wesentlich beitragen, können eine Reduktion von bis zu 50 % der Geldbuße erlangen.[603]

187 Immer mehr Bedeutung für die Bußgeldverfahren des Bundeskartellamtes gewinnen einvernehmliche Absprachen zwischen dem Bundeskartellamt und den Betroffenen über den weiteren Fortgang und das Ergebnis des Verfahrens (sog. **Settlements**). Das Bundeskartellamt hat bislang – anders als die Kommission – auf eine Bekanntmachung zu diesem Thema verzichtet,[604] aber Eckpunkte für eine einvernehmliche Verfahrensbeendigung veröffentlicht.[605] Danach wird nach Eröffnung des Sachverhaltes, Gelegenheit zur Stellungnahme und einer begrenzten Akteneinsicht in bedeutsame Beweismittel eine Settlement-Erklärung verfasst und diese von dem Betroffenen bzw. den Vertretern der Nebenbetroffenen unterzeichnet. Die Settlement-Erklärung schildert den bis zu diesem Zeitpunkt festgestellten Sachverhalt und legt die Höhe des

---

596 Zu Abschreckungszwecken kann der Grundbetrag um bis zu 100 % erhöht werden.

597 Etwa das Vorliegen einer Wiederholungstat oder einer besonders herausgehobenen Rolle im Kartell.

598 Etwa das Nachtatverhalten oder eine passive Rolle im Kartell.

599 Sog. Compliance-Programme können, wenn es zu einem Kartellverstoß gekommen ist, grundsätzlich nicht bußgeldmindernd berücksichtigt werden, siehe aber ausführlich 2. Kap., Rn. 139 ff.; Einschränkungen können allenfalls im Bereich der Verletzung von Aufsichtspflichten gelten, vgl. hierzu näher *Wagemann*, in: Schwarze, S. 98 f. und *Pampel*, BB 2007, 1636.

600 Vgl. Tätigkeitsbericht des Bundeskartellamtes 2010/2011.

601 Zu gesellschafts- und dienstvertraglichen Fragen bei Inanspruchnahme der Kronzeugenregelung *Säcker*, WuW 2009, 362.

602 Bekanntmachung Nr. 6/2006 des Bundeskartellamts vom 7.3.2006 über den Erlass und die Reduktion von Geldbußen in Kartellsachen.

603 Die Bonusregelung führt auch nicht zu einer zusätzlichen Desorientierung des Rechtsunterworfenen, so aber *Hassemer/Dallmeyer*, S. 11 f., 17, 64 ff., 72 f. Dass ohne eine Bonusregelung Kartellabsprachen seltener aufgedeckt würden, die Beteiligten sich daher der Stabilität des Kartells sicherer sein könnten, ist kein schützenswertes Interesse. Die Bonusregelung führt auch nicht zu einer unzulässigen Einwirkung auf die Willensbetätigung der Betroffenen. Daher besteht auch kein Verwertungsverbot nach § 136 a StPO (OLG Düsseldorf, Urt. v. 30.3.2009 (Transportbeton), Az.VI-2 Kart 10/08 OWi, S. 18 ff. Der Möglichkeit eines Missbrauchs durch ein unberechtigtes Anschwärzen von Konkurrenzunternehmen stehen strenge Darlegungs- und Beweisanforderungen entgegen. Auch Bußgeldbescheide, deren Grundlage das Vorbringen eines Bonusantragstellers ist, unterliegen einer uneingeschränkten gerichtlichen Kontrolle. Der Bußgeldbescheid hat nach Einspruchseinlegung lediglich die Funktion einer Anklageschrift, die Verfolgungszuständigkeit geht nach Abgabe des Falles auf die Generalstaatsanwaltschaft über. Es folgt eine umfassende Prüfung des Tatvorwurfs im gerichtlichen Verfahren, bei der grundsätzlich die strengen Maßstäbe des Strafprozesses gelten (§ 46 Abs. 1 OWiG).

604 Vgl. zu den Gründen, vor allem Flexibilität und Uneinheitlichkeit der auftretenden Fallgestaltungen, *Wagemann*, in: Schwarze, S. 97 f.

605 Tätigkeitsbericht 2007/2008, S. 35. Die Vorgehensweise bei einem Settlement wird in dem am 18.12.2009 auf der Website des Bundeskartellamtes veröffentlichten Fallbericht „Kaffeeröster" (B11-18/08) näher beschrieben.

A. Johanns

Bußgeldes fest, sie enthält aber keinen Rechtsmittelverzicht.[606] Danach ergeht ein Kurzbescheid, der eine Bußgeldreduktion von bis zu 10 % (Settlement-Abschlag) von der anhand der Leitlinien ermittelten Geldbuße enthält.[607]

4. Vorsatz und Fahrlässigkeit

Mit Ausnahme von § 81 Abs. 3 GWB, der eine vorsätzliche Begehungsweise fordert, können die in § 81 GWB genannten Tatbestände sowohl **vorsätzlich** als auch **fahrlässig** verwirklicht werden. Nach § 17 Abs. 2 OWiG kann fahrlässiges Handeln nur mit der Hälfte des angedrohten Höchstmaßes der Geldbuße geahndet werden. Dies ist unproblematisch, soweit auf den Regelbußgeldrahmen von bis zu € 1 Million zurückgegriffen wird. Es ist aber problematisch im Hinblick auf den offenen Bußgeldrahmen in § 81 Abs. 4 S. 2 GWB, da insoweit auf keinen konkreten Höchstrahmen zurückgegriffen werden kann (die Kappungsgrenze stellt keinen Höchstrahmen dar). Die planwidrige Regelungslücke ist – da das Analogieverbot bei einer Analogie zugunsten des Täters nicht gilt – mittels einer ergänzenden Auslegung zu schließen. In Übereinstimmung mit den Leitlinien des Bundeskartellamtes ist die Kappungsgrenze zu halbieren, so dass die Grenze im Falle einer fahrlässigen Begehung bei 5 % des maßgeblichen Umsatzes liegt.[608]

188

5. Irrtumsproblematik

Seit dem Systemwechsel zur Legalausnahme liegt es nahe, dass Unternehmen sich vermehrt auf einen **Irrtum** bei der Beurteilung ihres Handelns berufen werden. § 11 OWiG unterscheidet zwischen dem den Vorsatz ausschließenden **Tatbestandsirrtum** (der Täter kennt bei Begehung der Tat einen Umstand nicht, der zum gesetzlichen Tatbestand gehört) und dem **Verbotsirrtum** (der Täter irrt über das Verbotensein seines Handelns, weil er das Bestehen oder die Anwendbarkeit der betreffenden Rechtsvorschrift nicht kennt). Der Verbotsirrtum ist nicht vorwerfbar, wenn er nicht vermeidbar war. An die **Vermeidbarkeit** werden hohe Anforderungen gestellt; so ist im Regelfall der Rechtsrat eines spezialisierten Rechtsanwalts einzuholen.[609]

189

6. Tatbegriff und Konkurrenzen

Es wird nur eine einzige Geldbuße festgesetzt, wenn eine **Tat** (**Tateinheit**) vorliegt, die mehrere Vorschriften, nach denen sie als Ordnungswidrigkeit zu ahnden ist, verletzt.[610] Die Geldbuße bestimmt sich dann nach dem Gesetz, das die höchste Geldbuße androht (§ 19 OWiG). Entsprechendes gilt, wenn mehrere Handlungen zu einer **Handlungseinheit** zusammengefasst werden können, es sich also bei den einzelnen Handlungen bei natürlicher Betrachtungsweise um einen **einheitlichen Lebenssachverhalt** handelt. Die Figur der „fortgesetzten Handlung" wurde zwar grundsätzlich aufgegeben. Jedoch nimmt die Rechtsprechung an,[611] dass auch auf der Basis der neuen Rechtsprechung die Ausführungshandlungen, die der Durchführung derselben Kartellvereinbarung dienen, zu einer tatbestandlichen Bewertungseinheit zusammenzufassen sind. Daher wird der mehrfache Verstoß gegen das Kartellverbot im Rahmen ein und derselben Kartellabsprache als tatbestandliche Bewertungseinheit zusammengefasst.[612] Unerheblich ist es

190

606 Ein Verzicht auf die Einlegung eines Einspruchs gegen einen Bußgeldbescheid ist zwar grundsätzlich möglich (§ 67 OWiG i.V.m. § 302 StPO), wobei der Verteidiger für die wirksame Erklärung des Verzichts einer gesonderten (ausdrücklichen) Ermächtigung des Beschuldigten bedarf (vgl. *Paul*, in: KK, § 302 Rz. 20). Frühester Zeitpunkt für die Erklärung des Verzichts ist aber grundsätzlich der Zeitpunkt nach Erlass und Mitteilung des Bußgeldbescheides. Ein vor Erlass erklärter Verzicht ist unwirksam (vgl. nur BGHSt 43,195, 205; OLG Stuttgart NJW 1999, 375, 376). Ob eine zuverlässige Unterrichtung über den Inhalt des Bußgeldbescheids bereits genügen kann, ist streitig (vgl. nur BGHSt 25, 234, 236).
607 Vgl. zum Ganzen *Wagemann*, in: Schwarze, S. 97 f.
608 Vgl. hierzu nur *Bechtold*, GWB, § 81, Rn. 25.
609 Siehe 1. Kap., Rn. 118 sowie *Raum*, in: Langen/Bunte, § 81, Rn. 56 ff.
610 Vgl. zum Ganzen nur *Vollmer*, in: MünchKomm GWB, § 81 GWB, Rn. 69 f.
611 OLG Düsseldorf, (Berliner Transportbeton), WuW/E DE-R 1315, 1321.
612 So OLG Düsseldorf a.a.O. unter Bezugnahme auf BGH WuW/E 3034 (Fortgesetzte Ordnungswidrigkeit) und BGH WuW/E 3057 (Fortgesetzte Ordnungswidrigkeit II), näher hierzu *Achenbach*, in: FK, Vorbem. § 81 GWB 2005, Rn. 157.

nach dieser Rechtsprechung auch, wenn im Rahmen einer einzigen Kartellabsprache sich im Laufe der Zeit der Teilnehmerkreis vergrößert oder sich die Quoten mehrfach ändern. Bei der Bebußung mehrerer Taten (Tatmehrheit) gilt nach § 20 OWiG das sog. **Kumulationsprinzip**, nach dem Geldbußen grundsätzlich addiert werden. Im Fall von Tatmehrheit ist die Kappungsgrenze auf jede selbständige Zuwiderhandlung anwendbar.[613]

7. Verzinsung und Verjährung

191 Nach § 81 Abs. 6 GWB sind im Bußgeldbescheid[614] festgesetzte Geldbußen gegen juristische Personen und Personenvereinigungen ab einem Zeitpunkt von zwei Wochen nach Zustellung des Bußgeldbescheides zu **verzinsen**.[615] Die **Verjährung** der Ordnungswidrigkeiten richtet sich grundsätzlich nach §§ 31 ff. OWiG. Nur für die schweren Verstöße bestimmt § 81 Abs. 8 GWB, dass diese erst nach fünf Jahren verjähren. Die Verjährung wird durch die in § 33 OWiG genannten Handlungen unterbrochen. § 81 Abs. 9 GWB bestimmt ergänzend, dass die Verjährung auch durch Handlungen der Netzwerkbehörden im ECN unterbrochen werden kann.

VIII. Rechtsmittel gegen Entscheidungen der nationalen Behörde

1. Beschwerde und Rechtsbeschwerde[616]

192 Gegen Verfügungen der Kartellbehörde ist nach § 63 GWB die Beschwerde zulässig. Es ist zwischen Anfechtungsbeschwerde,[617] Verpflichtungsbeschwerde,[618] Fortsetzungsfeststellungsbeschwerde[619] und allgemeiner Leistungsbeschwerde[620] zu unterscheiden. Nach § 63 Abs. 2 GWB sind beschwerdebefugt alle nach § 54 Abs. 2 und 3 GWB am Verfahren vor der Kartellbehörde Beteiligten.[621] Nach § 63 Abs. 4 GWB entscheidet über die Beschwerde das für den Sitz der Kartellbehörde zuständige Oberlandesgericht als Tatsacheninstanz nach § 71 Abs. 1 GWB.[622] Es besteht Anwaltszwang.[623] Die Beschwerde ist gem. § 66 Abs. 1 und 2 GWB schrift-

---

613 Denn andernfalls würde sich die Schwere und Bedeutung der einzelnen Tat nicht in ausreichendem Umfang in der Höhe des Bußgeldes niederschlagen und überdies käme es zu einer dem Gleichbehandlungsgebot widersprechenden Privilegierung des Mehrfachtäters; so im Ergebnis – wenn auch dem Verständnis als Obergrenze – die bislang nicht rechtskräftige Entscheidung des OLG Düsseldorf im Zementverfahren, Urt. v. 26.6.2009, Kart. 2-6/08. Auch auf europäischer Ebene wird die Kappungsgrenze im Fall von Tatmehrheit auf jede Einzeltat angewandt; vgl. beispielsweise die Entscheidung des EuG, Rs. T-30/05 (Prym and Prym Consumer), Slg. 2007, II-107 (unter Rn. 63), die implizit durch den EuGH bestätigt wurde (EuGH, Rs. C-534/07 (Prym and Prym Consumer), Slg. 2009, I-7415 (unter Rn. 36 ff.).

614 Die Vorschrift findet also keine Anwendung bei gerichtlichen Verurteilungen zur Zahlung eines Bußgeldes. Das Gericht könnte allerdings den zwischenzeitlich entstandenen Zinsvorteil bei der Bußgeldmessung berücksichtigen, siehe etwa *Hassemer/Dallmeyer*, S. 75.

615 Auf diese Weise soll Unternehmen der Anreiz genommen werden, den Einspruch gegen den Bußgeldbescheid als Mittel zur Erlangung eines Zahlungsaufschubes einzusetzen. Gegen die Verfassungsmäßigkeit der Norm werden Bedenken vorgebracht, vgl. nur *Göhler*, § 17, Rn. 48d. Zu Recht weist indes *Bechtold*, § 81, Rn. 36a, daraufhin, dass nicht jede Systemwidrigkeit gleich zur Verfassungswidrigkeit führen kann. Die Höhe der Zinsen bestimmt sich nach § 81 Abs. 6 Satz 2 GWB i.V.m. § 288 Abs. 1 Satz 2, § 289 Satz 1 BGB und liegt danach bei 5 Prozentpunkten über dem Basiszinssatz; Zinseszinsen fallen nicht an.

616 Rechtsbeschwerde gegen Verfügungen im Kartellverwaltungsverfahren.

617 Mit dem Begehren, eine bestimmte Verfügung ganz oder zum Teil aufzuheben, § 63 Abs. 1 GWB.

618 Mit der ein Beschwerdeführer den Erlass einer abgelehnten oder unterlassenen (Fall der Untätigkeitsbeschwerde) Verfügung begehrt, § 63 Abs. 3 GWB.

619 Die zulässig ist, wenn sich die Verfügung durch Zurücknahme oder auf andere Weise erledigt hat und wenn der Beschwerdeführer über ein besonderes Feststellungsinteresse (beispielsweise bei Vorliegen einer Wiederholungsgefahr) verfügt, § 71 Abs. 2 Satz 2 GWB.

620 Mit dieser, nicht im GWB erwähnten, sich aber aus Art. 19 Abs. 4 GG ergebenden Beschwerde kann ein Anspruch verfolgt werden, der nicht auf die Aufhebung oder den Erlass einer Verfügung gerichtet ist, sondern durch die Rechtsbeeinträchtigungen durch sonstiges Handeln beseitigt werden sollen, umfassend hierzu *Klose,* in: Wiedemann, § 54, Rn. 5.

621 Siehe oben, Rn. 160.

622 Für das Bundeskartellamt ist das OLG Düsseldorf zuständig.

623 § 68 GWB.

lich innerhalb einer Frist von einem Monat bei der Kartellbehörde[624] einzulegen.[625] Die Beschwerde ist nach § 66 Abs. 3 GWB innerhalb von zwei Monaten nach Zustellung der angefochtenen Verfügung zu begründen.[626] Ob eine Beschwerde aufschiebende Wirkung hat, richtet sich nach § 64 GWB, wobei nach § 65 GWB durch die Kartellbehörde die sofortige Vollziehung angeordnet bzw. wiederhergestellt werden kann. Gegen die Entscheidung[627] des OLG durch Beschluss gem. § 71 GWB ist, innerhalb einer Frist von einem Monat ab Zustellung der Entscheidung,[628] nach § 74 GWB die Rechtsbeschwerde zum BGH zulässig, wenn entweder das OLG gem. § 74 Abs. 2 GWB die Rechtsbeschwerde wegen grundsätzlicher Bedeutung der Rechtsfrage oder der Erforderlichkeit der Fortbildung des Rechts bzw. der Sicherung einer einheitlichen Rechtsprechung zugelassen hat[629] oder aber das Verfahren vor dem OLG einen der in § 74 Abs. 4 GWB aufgeführten Mangel aufweist.[630]

2. Rechtsmittel gegen Bußgeldbescheide (§ 82 ff. GWB)

Im Hinblick auf **Rechtsschutzmöglichkeiten** ist in laufenden Ermittlungsverfahren gegen richterliche Anordnungen die Möglichkeit der **Beschwerde** nach § 304 StPO i.V.m. § 46 Abs. 1 OWiG gegeben. Gegen Verfügungen, Anordnungen und sonstige Maßnahmen einer Kartellbehörde steht der Rechtsbehelf nach § 62 OWiG zur Verfügung, über den das nach § 68 OWiG zuständige Gericht (Amtsgericht, in dessen Bezirk die Behörde ihren Sitz hat) entscheidet. Beide Rechtsbehelfe haben keine aufschiebende Wirkung. Gegen den abschließenden Bußgeldbescheid kann nach § 67 OWiG innerhalb einer Frist von zwei Wochen ab Zustellung bei der Behörde, die den Bescheid erlassen hat, **Einspruch** eingelegt werden. Nach § 83 f. GWB ist gegen Bußgeldbescheide der Kartellbehörden der **Sonderrechtsweg zu den Kartellgerichten** gegeben. Es entscheidet zunächst das OLG, in dessen Bezirk die Kartellbehörde ihren Sitz hat.[631] Über die Rechtsbeschwerde entscheidet nach § 84 GWB i.V.m. § 94 GWB der Kartellsenat beim BGH, der an das zuständige OLG zurückverweisen kann, wenn weitere Tatsachenfeststellungen erforderlich sind. Mit dem Einspruch dürfen nicht nur einzelne Teile der Entscheidungsbegründung, wie etwa die Bußgeldzumessung, angegriffen werden.[632] Das OLG ist an die Feststellungen des Bußgeldbescheids nicht gebunden, es kann eine **umfassende eigene Beurteilung** des Sachverhalts vornehmen. Ist der Einspruch zulässig und nimmt die Kartellbehörde ihn nicht zurück, so leitet sie die Akten nach § 69 Abs. 3 OWiG an die Staatsanwaltschaft weiter, die damit die Verfolgungszuständigkeit erhält (§ 69 Abs. 4 OWiG). Die Staatsanwaltschaft kann ihrerseits, wenn sie weder das Verfahren einstellt noch weitere Ermittlungen durchführt, die Sache dem zuständigen OLG zuleiten. Das OLG entscheidet regelmäßig nach Durchführung einer Hauptverhandlung durch Urteil.[633] Diese erlangt nach § 84 Abs. 2 OWiG Rechtskraft, wenn keine Rechtsbeschwerde zum BGH eingelegt wird.

193

---

624 Es genügt, wenn die Beschwerde innerhalb der Frist bei dem Beschwerdegericht eingeht, § 66 Abs. 1 Satz 4 GWB.

625 Dies gilt für Anfechtungs- und Verpflichtungsbeschwerden und auch hinsichtlich der Fortsetzungsfeststellungsbeschwerde bei Erledigung der Hauptsache vor Einlegung der Beschwerde. Nach § 66 Abs. 2 GWB ist die Untätigkeitsbeschwerde, bei der keine Verfügung ergeht, an keine Frist gebunden.

626 Wobei im Fall der Untätigkeitsbeschwerde nach §§ 63 Abs. 3, 66 Abs. 2 GWB die Begründungsfrist auf einen Monat beschränkt ist.

627 Seit Inkrafttreten der 7. GWB-Novelle ist die Rechtsbeschwerde nicht mehr auf Entscheidungen in der Hauptsache begrenzt.

628 Die Rechtsbeschwerde ist beim OLG einzulegen.

629 Die Nichtzulassung kann durch Nichtzulassungsbeschwerde nach § 75 GWB angefochten werden.

630 Z.B. nicht vorschriftsmäßige Besetzung des Gerichts oder Versagung des rechtlichen Gehörs.

631 Für Bußgeldbescheide des Bundeskartellamtes ist das Oberlandesgericht Düsseldorf zuständig.

632 Eine Ausnahme gilt dann, wenn mit dem Bußgeldbescheid mehrere selbständige Taten geahndet werden sollen (§ 67 Abs. 2 OWiG).

633 Möglich ist aber auch die Durchführung eines schriftlichen Verfahrens. Dann wird durch Beschluss nach § 72 OWiG entschieden.

Stichwortverzeichnis

Die **fetten Zahlen** verweisen auf die Kapitel, die mageren auf die Randnummern.